DIREITOS FUNDAMENTAIS E ESTADO FISCAL

Estudos em homenagem ao Professor
RICARDO LOBO TORRES

Coordenadores
Carlos Alexandre de Azevedo Campos
Gustavo da Gama Vital de Oliveira
Marco Antonio Ferreira Macedo

DIREITOS FUNDAMENTAIS E ESTADO FISCAL

Estudos em homenagem ao Professor
RICARDO LOBO TORRES

Realização:

UERJ – Universidade do Estado do Rio de Janeiro
PPGD 1991
ABDF – Associação Brasileira de Direito Financeiro

2019

EDITORA *Jus*PODIVM
www.editorajuspodivm.com.br

EDITORA
*Jus*PODIVM
www.editorajuspodivm.com.br

Rua Território Rio Branco, 87 – Pituba – CEP: 41830-530 – Salvador – Bahia
Tel: (71) 3045.9051
• Contato: https://www.editorajuspodivm.com.br/sac

Capa: Maitê Coelho *(maitescoelho@yahoo.com.br)*

C198d Campos, Carlos Alexandre de Azevedo.
Direitos fundamentais e estado fiscal: estudos em homenagem ao Professor Ricardo Lobo Torres / Coordenadores Carlos Alexandre de Azevedo Campos, Gustavo da Gama Vital de Oliveira, Marco Antonio Ferreira Macedo – Salvador: Editora JusPodivm, 2019.

784 p.

Bibliografia.
ISBN 978-85-442-2684-1

1. Direitos Fundamentais. 2. Direitos Primordiais. I. Campos, Carlos Alexandre de Azevedo. II. Oliveira, Gustavo da Gama Vital de. III. Macedo, Marco Antonio Ferreira. IV. Título.

CDD 341.27

1.ª ed., *2.ª tir.:* ago./2019.

APRESENTAÇÃO

A presente obra coletiva foi organizada com o objetivo de prestar mais uma das diversas homenagens que serão sempre merecidas ao grande **Professor Ricardo Lobo Torres**. O livro foi idealizado e teve sua organização iniciada antes mesmo do falecimento do estimado Professor em 2018, para homenagear seus 80 anos. No entanto, como fomos surpreendidos com o seu passamento, foi necessário, com muito pesar, modificar o sentido da homenagem.

A organização dos capítulos procurou abordar alguns dos principais temas que foram objeto da intensa e profícua produção acadêmica do mestre. O objetivo foi ressaltar as principais características que fizeram sua obra ser tão marcante para o Direito Brasileiro: a teoria dos direitos fundamentais e sua intrínseca relação com o fenômeno tributário e orçamentário, a interpretação tributária e o planejamento tributário.

Com efeito, embora o Direito Financeiro tenha sido a disciplina que mais ocupou a produção acadêmica do Professor, sua contribuição ao Direito Público brasileiro foi notável, fato ilustrado pela influência considerável de sua obra em importantes autores do Direito Constitucional.

Como é próprio dos grandes mestres, a obra de Ricardo Lobo Torres construiu pontes e aproximações entre os diversos ramos do Direito: aproximou o Direito Tributário e o Direito Constitucional, o Direito Financeiro e o Direito Tributário. E foi além, ao estabelecer importantes pontes entre o Direito e os demais ramos do conhecimento, como a filosofia moral, a ética, a ciência política e a teoria da justiça.

Por tal razão, a leitura de sua obra – e dos trabalhos que compõem o presente trabalho coletivo – revela que o mestre era muito maior do que a própria cadeira de titularidade de Direito Financeiro que ocupou na UERJ. Não se podia defini-lo apenas como um tributarista, pois era, acima de tudo, um publicista.

Embora os livros deixados por Ricardo Lobo Torres sejam tão relevantes, certamente o seu maior legado não poderá ser descrito com as competentes palavras técnicas que permearam os artigos da presente obra. Trata-se dos seus exemplos de generosidade intelectual, cordialidade e humildade que sempre impressionaram a todos os que conviviam com ele. Tais exemplos, infelizmente, são muito difíceis de serem dimensionados em palavras, mas continuarão vivos na memória de todos os que tiveram a inefável oportunidade de desfrutar de sua companhia.

Janeiro de 2019.

Os Coordenadores.

Sumário

INTRODUÇÃO

Ricardo Lobo Torres, o ser Humano, o Homem de Família

Silvia Faber Torres[1]

Recebi, sensibilizada, o convite para dar um depoimento pessoal e familiar sobre meu pai, Ricardo Lobo Torres, em livro editado em sua homenagem, com a coordenação e colaboração de amigos e ex-alunos e com a apresentação de três grandes companheiros, com quem partilhou alguns de seus melhores momentos acadêmicos e de vida: Adilson Pires Rodrigues, Luís Roberto Barroso e Paulo Braga Galvão. O presente tributo é a coroação de um pensador que almejou não apenas transmitir seus conhecimentos, mas, sobretudo, incitar seus discípulos a seus próprios pensamentos[2].

Optei por uma sucinta biografia, a fim de procurar revelar o amor e o entusiasmo que sempre pontuaram o seu caminhar e, seguramente, lhe proporcionaram a plenitude na vida. E inicio minhas breves palavras com uma frase marcante que certa feita, em integral apoio às minhas escolhas, ele me presenteou: "minha filha, a única obrigação que a gente tem na vida é ser feliz e seja qual for a sua felicidade, se atire de cabeça". E foi essa a lição que ele levou a vida inteira. Se atirou de cabeça em tudo que o fazia feliz, mesmo tendo que muito lutar, superar dificuldades e revezes. Quando criança, deixava o futebol para os demais garotos e se atirava nos livros e na literatura. Gordinho que era, às vezes recebia palavras de desconforto dos então esportistas, mas já se impunha por sua inteligência e afabilidade. Na adolescência, já magricela, disputou a menina mais bonita da escola e, aos 17 anos, se atirou no que seria o seu destino: o seu amor pela sua Sonia. Apaixonado e se deparando com alguns empecilhos em seu namoro, não teve dúvidas: mesmo sem dinheiro e sem casa, se casou aos 19, tendo o jovem casal sido acolhido na casa de seus pais. Pai pela primeira vez aos 21 anos, da Leticia, trabalhava horas a fio e ganhava um baixo salário como bancário. Mas, perseverante, continuou atrás do que queria: estudar e se formar. De seu tio Arthur, filólogo, veio o incentivo de aprender línguas. Dentre elas, a preferida, que lhe abriu a mente e o coração:

---

1 Doutora em Direito Público – UERJ. Procuradora do Estado do Rio de Janeiro.

2 Aqui parafraseio Wittgenstein, em seu prefácio das Investigações Filosóficas: "Ich möchte nicht mit meiner Schrift Andern das Denken ersparen. Sondern, wenn es möglich wäre, jemand zu eigenen Gedanken anregen" (Com meu escrito não quero economizar aos outros o pensar. Mas, se isto for possível, incitar alguém aos seus próprios pensamentos).

o alemão de Kant, que, literalmente, provocou a primeira "virada kantiana" em sua cabeça!

Já graduado em direito e em filosofia, foi Procurador do antigo Estado do Rio de Janeiro e, se destacando na função, foi o Procurador-Geral da Fazenda mais jovem do Estado, aos 31 anos. Ali ganhou muitos amigos e companheiros de vida.

Durante todos esses anos estudou e estudou e, com a consciência de que, antes de ser conhecido, deveria acumular mais e mais conhecimento, estudou, com disciplina e afinco, sem parar. Sempre com a ajuda da minha mãe, que tornou-se frequentadora assídua do Gabinete Português de leitura para tirar cópia dos livros nacionais e estrangeiros sobre os quais se debruçava, o seu fichário se tornava cada vez mais rico e volumoso (de dar inveja ao Google!). Já dominado pela Filosofia, disciplina na qual se doutoraria dali alguns anos, foi um dos primeiros no Brasil a tratar o direito tributário, ramo de sua predileção, sob a ótica da filosofia.

A vida seguiu, vieram os dois outros filhos, Marcelo e eu. Foi então que ocorreu a fusão do Estado do Rio com a Guanabara e ele tornou-se Procurador do novo Estado do Rio de Janeiro. Mas, para além da advocacia pública, função que lhe trazia extrema satisfação, ali, na PGE, os desígnios do destino prepararam seu caminho rumo à UERJ, sua segunda casa. O Professor Flávio Bauer Novelli, também procurador do Estado e então titular de Direito Financeiro e Tributário da faculdade de direto, um dos grandes amigos que a vida lhe reservou, queria fazer dele o seu sucessor. Ao que ele retrucou: mas Novelli, eu não sei falar em público e nunca dei aula. E não sabia mesmo. Mas se amava aprender, porque não amar ensinar? E foi amor à primeira aula. E daí não parou mais, até concretizar o desejo de seu mentor. Aulas, palestras, congressos, livros escritos e uma legião de alunos e admiradores, o que se reflete nas inúmeras manifestações de carinho por todo Brasil que a família recebeu quando de seu falecimento. Nelas, os adjetivos brilhante, humilde e gentil se multiplicaram.

A vida acadêmica foi, sem dúvida, a grande realização de sua carreira. Só a Universidade, com sua imparcialidade e o seu instrumental teórico, dizia ele, é que pode exercer a função crítica e o permanente controle da ideologia do Judiciário. E o auge da felicidade que a academia lhe proporcionou veio com a "escola de Direito Público da UERJ", formada a partir do Programa de Pós-Graduação *stricto senso* em Direito Público da UERJ, de que foi um dos idealizadores e instituidores. Esta obra é um comovente reconhecimento de alunos e seguidores nele formados.

Na vida pessoal foi sempre um homem apaixonado e feliz. Disciplinado, acordava cedo e estudava também aos finais de semana, mas a hora da família era a hora da família e disso ele nunca abriu mão. A casa em São Francisco foi sempre cheia de crianças, depois adolescentes e jovens, depois crianças novamente, já com os primeiros netos, Leonardo e Mariana. O Lobinho, colégio fundado por ele e suas irmãs e que se tornou uma referencia educacional em

Niterói, também era um xodó. As férias com a família inteira reunida sempre foram uma alegria. A praia em janeiro era toda nossa e a festa era grande!

Infelizmente, quando no auge de sua atividade produtiva, foi acometido por uma pneumonia rara e muitas das coisas que o realizavam se inviabilizaram, em especial as aulas, palestras e estar entre os inúmeros jovens que faziam sua alma rejuvenescer, como dizia. Mas o seu percurso de vida continuou a dar frutos e isso também completou-lhe o espírito: vieram os três outros netos, o Ricardo, a Clara e a Beatriz, e em seu redor, sempre presente o amor que ele soube tão bem semear, inclusive com constante visitas de amigos e alunos.

Eu e minha família só temos a agradecer pelo pai, marido, sogro, irmão e tio que foi, pelo alicerce que representou, pelos valores que transmitiu e pela generosidade com que se doou. A comunidade jurídica, certamente, ao professor e à obra que produziu. A finitude do ser humano é vencida pelo legado que ele, ser humano, deixa na humanidade. A imortalidade de Ricardo Lobo Torres é prova fiel.

Ricardo Lobo Torres, o amigo e intelectual: uma vida exemplar

Adilson Rodrigues Pires[1]

Coube a mim a honrosa incumbência de fazer a apresentação deste livro, em que RICARDO LOBO TORRES, com todo o mérito construído durante uma vida inteira dedicada ao trabalho e aos estudos de Direito Financeiro, Direito Tributário, Teoria da Justiça, Filosofia e Direitos Humanos, é homenageado por seus amigos e colegas de academia.

Demonstrando desde cedo a sua vocação para as ciências humanas, graduou-se em Direito e em Filosofia. Sagrou-se Doutor em Filosofia pela Universidade Gama Filho, em 1990, onde lecionou Direito Tributário nos cursos de mestrado e doutorado por vários anos. Mais tarde, na Universidade do Estado do Rio de Janeiro, foi professor titular da cadeira de Direito Financeiro, exercendo, concomitantemente, relevantes funções administrativas, tais como Coordenador do Programa de Pós-Graduação e Vice-Diretor da Faculdade de Direito. Suas atividades acadêmicas se estenderam por outras instituições de ensino, como, por exemplo, a Universidade Candido Mendes, na qual integrou o corpo docente como professor do Curso de Mestrado em Direito.

Ricardo Lobo Torres é reverenciado por todos como um dos maiores destaques no estudo das ciências humanas, distinguindo-se como uma das grandes personalidades no campo do Direito Tributário em todo o mundo. Seus escritos são mencionados em obras acadêmicas e científicas em vários países.

Fugindo do estereótipo positivista, influenciado, certamente, por uma acentuada visão filosófica e humanista, Ricardo pregou e defendeu a justiça como o bem maior a ser atingido. Inspirou-se em uma miríade de pensadores, como Hobbes, Rousseau, Kant, Rawls, Witgenstein e muitos outros, que povoaram a sua mente prodigiosa, transformando teorias e escolas filosóficas, por vezes conflitantes, em harmoniosos ensinamentos que, pacientemente, transmitia aos seus milhares de alunos e participantes das muitas das dezenas de palestras que proferiu.

Nenhum profissional do direito, no Brasil de hoje, deixa de citar o mestre dos mestres em suas aulas e em seus escritos, tão vasta é a produção

1 Professor-Associado de Direito Financeiro da UERJ (aposentado). Amigo, discípulo e admirador.

bibliográfica deixada por ele, felizmente para nós, como herança de sua vitoriosa carreira de estudos nas diversas áreas a que se dedicou.

Nas relações com alunos e colegas, Ricardo sempre se mostrou afetuoso, generoso e simples, nunca se omitindo no estímulo e na ajuda a quem quer que se dedicasse a elaborar um artigo, uma dissertação ou uma tese. Muitas vezes, emprestava seus livros, alguns deles raros e valiosos, na certeza de que estava contribuindo para o desenvolvimento da pesquisa e do estudo aprofundado da ciência. Com paciência franciscana, atendia os milhares de alunos que o procuravam em busca de orientação.

A emoção de quem conviveu com Ricardo Lobo Torres em grande parte da vida é inimiga da tranquilidade e da isenção no relato dos muitos episódios com ele vivenciados. Todavia, em se tratando desse ilustre personagem, nada do que eu disser será exagero. Pelo contrário, corro, sim, o risco de me conter e falar menos do que Ricardo foi e ainda representa para todos nós, seus eternos discípulos e seguidores.

Ricardo casou-se com 19 anos de idade, em 1955, com Sônia Regina Faber Torres, seu grande amor, com quem dividiu uma vida feliz e de muito amor durante 63 anos. A dedicada bibliotecária exerceu relevante papel na vida de Ricardo, pesquisando livros e textos que o marido usaria nos quinze livros e dezenas de artigos que escreveu com uma linguagem simples e ao mesmo tempo esmerada.

Três filhos nasceram desse casamento, Letícia, Marcelo e Silvia, e cinco netos. Silvia seguiu os passos do pai. Foi aprovada em concurso para Procuradora do Estado, concluindo na UERJ, onde o pai lecionou por muitos anos, o curso de doutorado. Dado o natural impedimento do pai, tive o privilégio de ser seu orientador.

Aos 31 anos de idade, Ricardo assumiu o importante cargo de Procurador-Geral do então Estado do Rio de Janeiro. Foi homenageado em vários eventos jurídicos e agraciado com inúmeros prêmios e títulos, entre eles, o Prêmio Rubens Gomes de Souza, como Personalidade do Ano de 2001, pela Academia Brasileira de Direito Tributário, a Medalha do Mérito da Procuradoria Geral do Estado do Rio de Janeiro, em 2006, o Prêmio de Tributarista do Ano, em 2007, pela Informações Objetivas Publicações Jurídicas.

Ao completar 70 anos de idade, em plena atividade profissional e acadêmica, foi homenageado com edição de dois livros, os quais tiveram a participação de dezenas de amigos, coordenados, um por este que o apresenta e o eminente Heleno Taveira Tôrres, e outro, por duas grandes figuras do mundo jurídico, Flávio Galdino e Daniel Sarmento.

Talvez ainda mais difícil seja falar sobre a sua obra, dada a erudição e riqueza jurídica acumuladas nas várias áreas do conhecimento humano a que se dedicou. Incontáveis são os trabalhos publicados pelo homenageado, traduzidos em livros e artigos que se tornaram presença obrigatória em todas as bibliotecas de universidades, órgãos públicos, escritórios de advocacia, professores de direito e de estudiosos em geral.

Discorrer sobre toda a obra produzida constitui tarefa das mais árduas, razão pela qual me proponho comentar uma de suas primeiras produções bibliográficas, digna de menção pela qualidade e originalidade, bem como pela maneira simples e didática de expor. Trata-se do Restituição de Tributos, publicada em 1.983 pela Forense, uma das mais antigas e prestigiadas editoras do Brasil na época. Nela, Ricardo Lobo Torres, de forma pioneira na doutrina pátria, destaca o princípio da legalidade como a máxima expressão da soberania popular no campo do Direito Tributário. Prossegue, sustentando que a falta do respaldo legal ou constitucional para a exigência do tributo assegura ao contribuinte a legitimidade para pleitear a repetição do que pagou indevidamente, por consistir a arrecadação autêntica hipótese de enriquecimento sem causa em favor da Fazenda.

Para ele, a ordem jurídica em um Estado Democrático e Social de Direito não opera apenas formalmente, mas também materialmente. Vale dizer, o ordenamento visa alcançar o equilíbrio entre a validade e a eficácia da norma jurídica, sem o que não há certeza do direito aplicável, não há segurança jurídica nem paz social.

Preocupado com a justiça que deve presidir as relações entre o fisco e os contribuintes, a repetição do indébito tributário foi motivo de exaustiva reflexão para Ricardo Lobo Torres. Desde os primeiros artigos e livros publicados, percebe-se no homenageado a inquietante busca por um critério de sistematização científica do direito.

Com esse fim, consultava autores principalmente da Alemanha, da Itália, da Espanha, dos Estados Unidos e de Portugal, países que, segundo o eminente professor titular da Universidade do Estado do Rio de Janeiro, mais se destacaram na formulação de teses inovadoras no campo do Direito Financeiro e Tributário.

Contudo, mesmo na doutrina pesquisada, Ricardo Lobo Torres não logrou encontrar uma proposta aceitável de sistematização, motivo pelo qual se sentiu ainda mais inclinado e desafiado a refletir sobre o tema. Foi assim que o nosso homenageado revelou profundo conhecimento e aguçada erudição, ao distinguir o estudo do Direito Tributário, cujas regras dão respaldo à exigência do tributo, e o Direito Financeiro, em que se baseia a arrecadação e a repetição do indébito, estremando-se, assim, do primeiro.

Preconizava o notável jurista que a restituição de tributo como forma de incentivo fiscal viria a ser cada vez mais frequente no direito brasileiro, constituindo importante instrumento de intervenção do Estado no domínio econômico, com o propósito declarado de promover o desenvolvimento industrial no Brasil.

Nesse tempo, Ricardo Lobo Torres já reconhecia o direito como um sistema aberto, em que os conceitos jurídicos se agrupam e se inter-relacionam com outros sistemas de forma harmônica. O sistema jurídico se abre para as situações do dever ser e do ser, que se integram à perfeição, segundo ele.

O elevado sentido de justiça do autor o fez enfrentar o intrincado problema, à época, da restituição de tributos indiretos, fazendo ressalvas à posição da doutrina brasileira e à jurisprudência vigente. Considerando a interpretação literal que levou o Supremo Tribunal Federal a editar o verbete nº 71, da Súmula da Jurisprudência Dominante, não poupou críticas à interpretação dada ao tema, tendo sido coroado, mais tarde, com a publicação da Súmula nº 546, segundo a qual o direito de pleitear a restituição compete a quem suportou o ônus do tributo indevido, não importando tratar-se de imposto direto ou indireto.

O autor transcreve e comenta acórdãos do STF, todos claudicantes, variando ora em um sentido, ora em outro, para mostrar que a comunidade jurídica no Brasil ainda não havia estabelecido uma fronteira segura entre as duas categorias de tributos.

Uma coisa, porém, ficou evidente para o nosso homenageado, a saber, é ilegítimo o enriquecimento do sujeito ativo baseado no empobrecimento do *solvens*, consistindo em clara afronta ao ordenamento jurídico, assim como aos princípios gerais do direito, cobrar do sujeito passivo o que por ele não é devido.

Por ter acompanhado todo o processo de elaboração da Lei nº 5.172/66, que no ano seguinte, por força do Ato Complementar nº 36, foi guindada ao *status* de Lei Complementar, Ricardo Lobo Torres afirma que o projeto original capitaneado por Rubens Gomes de Souza admitia a devolução do tributo pago indevidamente, fosse ele direto ou indireto.

Desborda-se o autor a afirmar, com base em inúmeros acórdãos, que a restituição do tributo pago indevidamente deve ser acompanhada da correção monetária, tendo em vista juízos de equidade que se impõem. Recorde-se que, originariamente, os tribunais, inclusive os superiores, se negavam a conceder o direito à correção, alegando que a Carta Magna do país não previa esse benefício.

Se o contribuinte que atrasa o pagamento do tributo recolhe o débito corrigido, *mutatis mutandis*, nada mais justo que, ao devolver tributo pago indevidamente, o fisco tenha que o fazer também corrigido. É o que ocorre, hoje, sem contestação alguma.

Com base em estudos precedentes de Caio Tácito, em monografia intitulada Anulação de Leis Inconstitucionais publicada na RDA 59/342, o autor afirma que a administração tem competência para não aplicar lei considerada inconstitucional, concluindo, magistralmente, que "o controle da constitucionalidade não é monopólio do Poder Judiciário."

Ricardo Lobo Torres cita vários julgados do STF, nos quais resta claro que os Poderes Legislativo e Executivo podem "anular seus próprios atos" quando os considerem conflitantes com a Lei Maior. Assim, pode-se dizer, a administração pública detém poderes para balizar a aplicação do direito aos parâmetros estabelecidos pela Carta Magna, cabendo, porém, a palavra final sobre a afronta ou não à Constituição ao Poder Judiciário.

Analisando a composição da obrigação tributária, lembra Ricardo que a sentença ou acórdão que declarar a nulidade do lançamento não autoriza a restituição do valor pago, uma vez que, nesse caso, anula-se o ato administrativo de lançamento, subsistindo, porém, a relação jurídica que lhe deu causa. Isso possibilitará à administração promover novo lançamento em bases que entender corretas e sustentáveis. Neste ponto, recorda as lições de Alberto Xavier, segundo quem a natureza declaratória do ato de lançamento permite a sua anulação, sem que a obrigação tributária seja extinta.

Todavia, se declarada a inconstitucionalidade da lei pelo STF, não cabe à administração fazendária rever o ato de lançamento tornado nulo com a decisão. A declaração judicial, neste caso, supera, a presunção de legalidade e de legitimidade que caracteriza o ato administrativo.

Ricardo Lobo Torres se refere ao objeto da restituição, ou seja, ao valor restituído ao contribuinte que efetuou o recolhimento de forma indevida, como uma "prestação de direito público" para bem caracterizar a natureza da importância que se restitui. Com efeito, a exação imposta ao contribuinte, que se revela indevida posteriormente, não pode ser confundida com a obrigação tributária de que se origina, visto que de tributo não se trata.

Segundo o autor,

Essa característica básica, comum a todas as formas de reembolso, contribui para que a restituição de tributos se institucionalize como sistema de prestações de direito público.

Nesse sentido, entende Ricardo que a restituição não integra o Direito Tributário, mas sim o Direito Financeiro, tendo em vista o fato de constituir despesa pública, fenômeno que ocorre posteriormente à arrecadação tributária, que se revela ilegítima no presente caso.

Lembra, contudo, o autor que a íntima relação entre receita e despesa não desvincula totalmente a arrecadação, ainda que ilegítima, da restituição, uma vez que essa relação nos oferece duas faces. Cita, como exemplo, a hipótese da repetição do tributo que se revela injusto posteriormente a sua cobrança. Todavia, exclui desse raciocínio o empréstimo compulsório.

Por fim, concluindo o raciocínio sobre o objeto estudado, afirma que a restituição de tributos consiste no reverso da obrigação tributária que a originou, o que permite a comunicação entre o Direito Tributário e o Direito Financeiro, como dito acima. Desse modo, permite-se olhar a despesa com mais atenção, o que não tem sido a tônica dos estudiosos da ciência do Direito Financeiro e Tributário.

Em sua vasta bibliografia, Ricardo Lobo Torres nos brindou, ainda, com a publicação do Curso de Direito Financeiro e Tributário, que, em virtude da importância para a comunidade jurídica, foi reeditado por mais de uma dezena de vezes. Também coroou a sua brilhante defesa de tese de doutorado em Direito com a publicação das Normas de Interpretação e de Integração do Direito Tributário.

Outro trabalho de grande envergadura se traduz na Ideia de Liberdade no Estado Patrimonial e no Estado Fiscal, tese apresentada como conclusão do seu doutorado em Filosofia. Já em 2012, encerrou sua vitoriosa carreira acadêmica com a publicação do Planejamento Tributário.

Várias obras mais poderiam ser aqui citadas, como o Dicionário de Princípios Jurídicos, trabalho coordenado por Ricardo, sua filha Sílvia Torres e Eduardo Takemi Takaoka, que reuniu importantes nomes do Direito no Brasil e se constitui numa referência entre as publicações relativas a definições e conceitos em Direito.

Contudo, a obra máxima de autoria do professor homenageado consistiu no Tratado de Direito Constitucional, Financeiro e Tributário, composto de seis volumes, editado pela Renovar, hoje consultada e indicada em praticamente todos os cursos de graduação e pós-graduação no país. Nele, Ricardo teve a extrema felicidade de expor ideias já consagradas em publicações anteriores e de acrescentar, com sua prodigiosa inteligência, novos textos, consolidando, nesse extenso trabalho, o vasto conhecimento que transmitiu a seus alunos e aos profissionais do Direito que o têm como um exemplo de ser humano e de profissional.

A relevância de Ricardo Lobo Torres para o Direito Público Brasileiro: uma figura iluminada

Luís Roberto Barroso[1]

Não saberia precisar o momento exato em que conheci o Professor Ricardo Lobo Torres. Na verdade, tenho a impressão de que fomos amigos desde sempre. Seu jeito bonômico e afável escondia um pensador profundo, consistente e generoso. Ricardo era uma dessas personalidades que influenciam para sempre as pessoas que com elas convivem. À nossa relação bem se aplicaria a frase inspirada de Vinícius de Moraes: *"A gente não faz amigos. A gente os reconhece"*.

Ricardo Lobo Torres foi figura central na criação do nosso Programa de Pós-Graduação em Direito Público na Universidade do Estado do Rio de Janeiro (UERJ). Seu compromisso com o projeto e sua dedicação manifestaram-se em duas frentes: a travessia do labirinto burocrático e a elaboração do programa pedagógico. O Professor Paulo Galvão e eu fomos aplicados coadjuvantes nesse empreendimento, que resultou em um dos melhores programas de pós-graduação do país.

Ao longo de sua vitoriosa trajetória acadêmica, o Professor Ricardo Lobo Torres migrou, paulatinamente, da área do direito financeiro e tributário para a dos direitos humanos, onde fez história. Coordenou obras seminais na matériae, ao lado do saudoso Professor Celso de Mello, editou por muitos anos os *Arquivos de Direitos Humanos.*

Fluente em alemão, Ricardo trouxe para o debate brasileiro categorias importantes, e que viriam a influenciar decisivamente a doutrina e a jurisprudência brasileiras. Dentre esses temas, a normatividade dos princípios. as imunidades tributárias, a ponderação, a proporcionalidade e o mínimo existencial, em meio a muitos outros.

Destaco, a seguir, algumas passagens emblemáticas dos seus escritos. Sobre os *princípios*, escreveu ele:

> Os princípios compartilham com os valores as características da generalidade e da abstração, mas com menor intensidade.

1 Professor Titular de Direito Constitucional da Universidade do Estado do Rio de Janeiro – UERJ. Ministro do Supremo Tribunal Federal. *Senior Fellow* na Harvard Kennedy School.

> Enquanto os valores são ideias absolutamente abstratas, supraconstitucionais e insuscetíveis de se traduzirem em linguagem constitucional, os princípios se situam no espaço compreendido entre os valores e as regras, exibindo em parte a generalidade e abstração daqueles e a concretude das regras.
>
> Os princípios, de menor generalidade e abstração que os valores, podem ingressar no discurso constitucional, representando um primeiro estágio de concretização dos valores. Mas, se estiverem ausentes da escritura constitucional, nem por isso perderão os seus atributos característicos[2].

Sobre ponderação e proporcionalidade, debate acerca do qual foi um dos precursores entre nós, Ricardo divulgou e aprofundou o pensamento de Robert Alexy:

> Alexy aprofundou a distinção entre princípios e regras, dando àqueles a natureza de mandados de otimização (Optimierungsgebot), que os aparelha para o jogo de ponderação, no qual o princípio de maior peso, em confrontação com os interesses emergentes, terá prevalência. Há, segundo o autor alemão, uma lei de ponderação (Abwägungsgesetz), segundo a qual o cumprimento de um princípio depende da importância do outro; o peso de um princípio não pode ser determinado de modo absoluto, pois o discurso apenas pode versar sobre os pesos relativos. (...) Adverte Alexy, entretanto, que a ponderação não é um princípio como os demais princípios constitucionais, eis que com eles não entre no jogo da ponderação, da mesma forma que ocorre com o princípio da proporcionalidade, posto que este se divide em três máximas (drei Teilgrundsätzen): a idoneidade (Geeignetheit); a necessidade (Erforderlichkeit) - mandado do meio mais suave - (Gebot des mildesten Mittels); a proporcionalidade em sentido estrito (Verhältnissmässigkeit im ëngeren Sinne), que é o mandado de ponderação propriamente dito.[3]

Ao escrever sobre as limitações constitucionais ao poder de tributar, averbou:

> Por outro lado, como vimos, o tributo é o preço da liberdade e, por conseguinte, constitui restrição aos direitos fundamentais, designadamente à propriedade privada e aos frutos do trabalho. Sendo restrição aos direitos da liberdade o tributo fica sujeito à reserva da Constituição e da lei formal, que constituem os limites do poder de tributar. Tais limites, por seu turno, exibem também os seus limites, que os alemães chamam de "limites dos limites" (Schranken-Schranken). Entre os limites dos limites aparece a proporcionalidade (Verhältnismässigkeit) com todos os seus desdobramentos: princípios da determinação do fato gerador (Tatbestandbestimmtheitgund-

2 Ricardo Lobo Torres, *Tratado de Direito Constitucional Financeiro e Tributário*. Vol. II. 2.ed. Rio de Janeiro: Renovar, 2000, p. 194.

3 Ricardo Lobo Torres, *Tratado de Direito Constitucional Financeiro e Tributário*. Vol. II. 2.ed. Rio de Janeiro: Renovar, 2000, p. 227.

satz) da igualdade, da proteção dos direitos de terceiros e da tipicidade, com redução teleológica e analogia.[4]

Por fim, no que diz respeito ao denominado mínimo existencial, talvez seja possível dizer que, mais do que um teórico, Ricardo Lobo Torres foi ummilitante da ideia, contribuindo para sua introdução no *mainstream* do pensamento jurídico brasileiro. Note-se que a passagem a seguir transcrita é de 1989:

> O mínimo existencial não tem dicção constitucional própria. Deve-se procurá-lo na ideia de liberdade, nos princípios constitucionais da igualdade, do devido processo legal e da livre iniciativa, na Declaração dos Direitos Humanos e nas imunidades e privilégios do cidadão. (...)
>
> Sem o mínimo necessário à existência cessa a possibilidade de sobrevivência do homem e desparecem as condições iniciais da liberdade. A dignidade humana e as condições materiais da existência não podem retroceder aquém de um mínimo, do qual nem os prisioneiros, os doentes mentais e os indigentes podem ser privados.
>
> O fundamento do direito ao mínimo existencial, por conseguinte, está nas condições para o exercício da liberdade, que alguns autores incluem na liberdade real, na liberdade positiva ou até na liberdade para, ao fito de diferençá-las da liberdade que é mera ausência de constrição"[5].

Eu poderia seguir, indefinidamente, registrando passagens memoráveis dos seus textos. Ricardo nos faz uma falta imensa como amigo, como professor e como inspiração para as novas gerações. Exemplo de ser humano e de acadêmico, deixa como legado sua seriedade científica, o espírito crítico sem perda da cordialidade e a personalidade doce e carismática.

Ricardo Lobo Torres tem lugar de honra no panteão dos grandes professores da UERJ, onde figuram nomes como Afonso Arinos de Mello Franco, Oscar Tenório, Heleno Fragoso, Caio Tácito, José Carlos Barbosa Moreira, Flávio Bauer Novelli e Simão Issac Benjó, para citar apenas os que já nos deixaram.

Onde quer que esteja, Ricardo estará aglutinando pessoas e animando novos projetos. Abraço saudoso, querido amigo.

---

4 Ricardo Lobo Torres. *Planejamento Tributário: elisão abusiva e a evasão fiscal.* Rio de Janeiro: Elsevier Editora Ltda., 2013, p. 32-33.

5 Torres, Ricardo Lobo. O Mínimo Existencial e os Direitos Fundamentais. Revista de Direito Administrativo, Rio de Janeiro, 177, 1989, p. 29 e 30.

A Relevância de Ricardo Lobo Torres para a Escola de Direito Público da UERJ

Paulo Galvão[1]

Muito honrado com o convite que me foi formulado para apresentar um testemunho sobre como teve extraordinária importância para a Faculdade de Direito da UERJ a atuação do querido Professor Ricardo Lobo Torres, com quem tive o privilégio de conviver durante muitos anos, como colega do Departamento de Direito do Estado e mais especialmente como participante da equipe por ele coordenada na Pós-Graduação *strictosensu* em Direito Público, inicio dizendo que esta tarefa seria talvez desnecessária tal a evidência fática e os exemplos concretos de resultados altamente positivos que foram gerados a partir do que fez Ricardo ao longo de sua vida acadêmica.

Nem por isso, é claro, me eximiria de aproveitar esta oportunidade para lembrar alguns fatos e aspectos, dentre tantos outros que todos que o conheceram poderiam acrescentar, dessa singular trajetória que nos marcou a todos, não só alunos, mas também professores que pudemos aprender e dialogar com uma pessoa tão profundamente voltada ao ensino e à pesquisa do Direito.

E começo assinalando uma coincidência que é a de que Ricardo nasceu em 1935, o mesmo ano em que foi criada a nossa Faculdade. Como todos os seus amigos sabemos, Ricardo nasceu em Niterói, onde viveu toda a sua vida e onde se graduou em Direito. Mas em 1962 ele já estabelecia o seu primeiro vínculo com a UERJ, ao obter na nossa Universidade a licenciatura em Filosofia. E sua atividade profissional foi sendo desenvolvida de maneira mais concentrada no Rio de Janeiro, seja como Procurador do Estado, seja como advogado e em especial como professor universitário.

Professor de Direito Financeiro, disciplina que na UERJ passou a compreender a antes denominada Ciência das Finanças e o Direito Tributário, Ricardo viria a deixar muito bem marcada a sua atuação nessa área da ciência jurídica, numa Faculdade onde já haviam pontificado figuras como Aliomar Baleeiro e Amilcar Falcão e onde passou a atuar juntamente com Flávio Bauer Novelli, outro expoente dessa área e notável mestre.

1 Professor Associado de Direito Constitucional da UERJ (aposentado).

Nessa atividade, já se podia notar algumas de suas características pessoais de suma importância para a nossa Faculdade, eis que sua formação humanista e vasta cultura filosófica viria a ter clara influência na posterior configuração de nossa Pós-Graduação. Mesmo quando tratava de assuntos de aparência mais estritamente técnica, no campo do Direito Tributário, Ricardo lograva estabelecer elos consistentes entre esses e o universo dos valores e mais especialmente dos direitos fundamentais.

Tendo também uma visão crítica no tocante aos termos *neoconstitucionalismo* e *pós-positivismo*, que se revelam por vezes ambíguos, pois de fato podem simplesmente indicar algo que se pretende novo ou algo que se situa temporalmente em momento posterior, nem por isso deixava Ricardo Lobo de sublinhar que a passagem para o Estado Democrático de Direito, a superação dos positivismos, bem como a perda de substância da soberania, marcaram o que se convencionou chamar de neoconstitucionalismo ou de nova ordem constitucional.

Nesse processo, vai-se superando a visão tradicional que tendia à mera identidade entre Direito e norma e, com a reaproximação daquele com a ética, se chega ao reconhecimento dos princípios como síntese dos valores consagrados no ordenamento jurídico e principalmente da sua normatividade.

O ponto de partida do que viria a ser conhecido como a Escola de Direito Público da UERJ foi a criação, em 1997, dentro do Programa de Pós-Graduação *stricto sensu* da Faculdade de Direito, da área de concentração em Direito Público. Nesse processo, como escreveu o Professor Luís Roberto Barroso, "a contribuição decisiva foi de Ricardo Lobo Torres", que, aliando a sua cultura e determinação "domesticou a burocracia e conduziu o processo passo a passo".[2]

Uma das características da Pós-Graduação em Direito Público foi a de ela ter surgido com um perfil diferente do tradicionalmente adotado em outras Faculdades, com clara ênfase em temas como os direitos fundamentais e simultaneamente a reflexão sobre valores éticos e jurídicos (liberdade, justiça, segurança e solidariedade), os princípios fundamentais (dignidade humana, cidadania, democracia e soberania), os princípios estruturais (Estado Liberal, Estado Social e Estado Democrático de Direito) e os princípios de legitimação (ponderação, razoabilidade e igualdade).

Outro aspecto relevante foi o de que esse Programa se voltava a construir um direito público conectado com os problemas da realidade brasileira, buscando soluções que atendessem às nossas especificidades, pelo que o recurso à doutrina estrangeira se fazia na exata medida em que se pudesse dela extrair, com o necessário cuidado, tudo o que ajudasse a melhor compreensão do nosso mundo. Todos lembramos, a esse propósito, da observação que costumava fazer o Professor Ricardo no sentido de que "às vezes as ideias viajam mal

2 Barroso, Luís Roberto, prefácio ao livro *Direito Público*, organizadores Rodrigo Brandão e Patrícia Baptista, Freitas Bastos Editora, Rio de Janeiro, 2015, p. 17.

o Atlântico". Atentos a essa advertência, que recordam com toda pertinência, Patrícia Baptista e Rodrigo Brandão destacam:

> A *Escola de Direito Público da UERJ* chega, portanto, à sua maioridade pensando e produzindo um direito público moderno, crítico, inquieto e profundamente preocupado com os dilemas nacionais. Nossos mestrandos e doutorandos são permanentemente estimulados a pensar '*fora da caixa*', a desconstruir dogmas, a propor algo novo. E, seguindo assim, os publicistas da UERJ replicam o seu conhecimento em suas atividades profissionais e acadêmicas. Aliás, nestes dezoito anos a linha já formou inúmeros professores que lecionam e pesquisam, com grande sucesso, na UERJ e em diversas outras faculdades país afora. [3]

Quando Ricardo completou 70 anos, discípulos, admiradores e amigos dele se reuniram para elaborar um livro de estudos em sua homenagem, obra essa cujo eixo temático foi exatamente o dos direitos fundamentais. No prefácio, os seus organizadores, Daniel Sarmento e Flávio Galdino, destacam, entre outros pontos, ter sido Ricardo o introdutor no país do importantíssimo conceito de mínimo existencial, que se converteu num dos instrumentos mais relevantes para o combate à miséria e à exclusão social, destacando os autores que o liberalismo que Ricardo defende "não é o do *laissez-faire* e do individualismo possessivo, mas o liberalismo político, que reconhece a primazia dos direitos humanos sobre os interesses do Estado e prega o respeito à autonomia dos indivíduos, mas sem jamais rechaçar a necessidade de intervenção estatal na vida social, que vise a assegurar os pressupostos materiais necessários ao exercício efetivo da própria liberdade" [4]

Todos os seus alunos e colegas de magistério lembramos bem que, dentre os principais pontos destacados em seus textos e em suas aulas estava a ênfase no fato de que a partir dos anos 70 do século passado passamos a observar o retorno aos valores e à reaproximação entre ética e direito, momento que se convencionou chamar de "virada kantiana", que levou o pensamento jurídico a retomar a discussão sobre os princípios e os fundamentos da vida em sociedade.

Além das aulas ministradas na Faculdade, bem como da orientação a mestrandos e doutorandos, o Professor Ricardo ainda encontrava tempo para reunir em seu escritório de advocacia estudantes que pretendiam com ele aprimorar os seus conhecimentos sobre metodologia do Direito. Assim, desde 2001 e durante anos, essas sessões se desenvolveram, chegando ao tema dos princípios jurídicos e dando ensejo a brilhantes dissertações e teses dos participantes. Ricardo achou que seria útil compartilhar com o meio acadêmico

---

3 Brandão, Rodrigo e Baptista, Patrícia, apresentação do livro *Direito Público*, por eles organizado, ed. cit., p. 14.

4 Sarmento, Daniel e Galdino, Flavio, prefácio ao livro Direitos Fundamentais – Estudos em homenagem ao Professor Ricardo Lobo Torres, Editora Renovar, Rio de Janeiro, 2006.

os resultados dessas reflexões, consolidando numa única obra os princípios dos vários ramos do Direito. E foi por ocasião dos seus 75 anos, que veio a ser publicado o "Dicionário de Princípios Jurídicos" (Editora Elsevier, 2011). Essa obra foi coordenada pelo próprio Ricardo, que teve como co-organizadores Flávio Galdino e Eduardo Takemi Kataoka, cabendo destacar ainda o trabalho de supervisão de Silvia Faber Torres.

Importante ressaltar que ao longo do funcionamento da Pós-Graduação em Direito Público, Ricardo Lobo não deixava de permanentemente estimular mestrandos e doutorandos, bem como colegas professores a elaborar artigos com base nas pesquisas realizadas e ele próprio estava sempre escrevendo sobre os temas em discussão nas aulas e seminários, do que são exemplo marcante dois livros por ele organizados: Teoria *dos Direitos Fundamentais* (1999) e *Legitimação dos Direitos Humanos* (2002), ambos publicados pela Editora Renovar. Além disso, Ricardo também dirigiu, junto com o saudoso Professor Celso Duvivier de Albuquerque Mello, os *Arquivos de DireitosHumanos*, importante periódico que cuidava do tema numa abordagem interdisciplinar, contendo jurisprudência brasileira e estrangeira e textos normativos nacionais e internacionais.

Durante muitos anos, sob a presidência do Professor Ricardo, a banca examinadora de seleção dos candidatos à Pós-Graduação em Direito Público foi integrada pelo Professor Luís Roberto Barroso e por mim. Preparávamos as questões da prova de capacitação acadêmica, bem como, numa segunda etapa, entrevistávamos os postulantes às vagas e examinávamos os seus currículos e respectivos títulos. Foi um período de intenso trabalho, mas ao mesmo tempo de grande prazer intelectual na convivência com dois colegas de notável capacidade e simultaneamente de dois queridos amigos.

No ensejo da comemoração das oito décadas da Faculdade de Direito da UERJ, coincidindo com os 80 anos de Ricardo e os 18 anos da linha de Direito Público da Pós-Graduação, foi editada uma coleção de livros (nove no total), com artigos escritos pelos professores, sobre os assuntos estudados nas diferentes linhas de pesquisa, obra essa que teve a coordenação geral de Carlos Eduardo Guerra de Moraes e Ricardo Lodi Ribeiro. O volume 8 dessa coleção é o de Direito Público e foi organizado por Patrícia Baptista e Rodrigo Brandão.

No prefácio que escreveu para esse volume, Luís Roberto Barroso, ao lado de quem, como mencionei acima, tive o prazer de estar também trabalhando junto com o Professor Ricardo, alude aos primeiros tempos da Pós-Graduação em Direito Público e destaca que naquele início "tudo parecia difícil e improvável"[5]. Mas, prossegue ele, e nesse ponto julgo de todo conveniente transcrever mais extensamente suas palavras, que traduzem de um lado a realidade dos fatos e, de outro, opiniões com as quais estou de inteiro acordo.

> Aos poucos, no entanto, nós mesmos nos surpreendemos com a quantidade de jovens notáveis que disputavam vaga no programa, inicialmente de

5 Barroso, Luís Roberto, ob.cit., p. 18.

> mestrado e, mais à frente, de doutorado. Adotamos métodos absolutamente republicanos de admissão, com provas desidentificadas e critérios rigorosamente objetivos de classificação. Sem surpresa, atraímos os melhores, vindos de toda parte. Começamos como um teco-teco e fomos virando um Boeing, aprendendo a voar em pleno voo.
>
> O Programa de Pós-Graduação foi para mim uma lição de vida: com pouco dinheiro, uma dose de idealismo e pessoas que se gostam, se admiram e se ajudam, é possível fazer coisas extraordinárias. (...) E, assim, mudando o paradigma da academia brasileira, criamos uma escola e fizemos sucessores. Sucessores, e não seguidores! Formamos gente que tem voo próprio e pensa pela própria cabeça, com visão crítica e inciativa. Uma dessas iniciativas foi a criação da Clínica de Direitos Fundamentais. Inúmeros de nossos ex-alunos tornaram-se renomados professores da Casa (...)
>
> A abundante produção científica do nosso programa, boa parte dela publicada comercialmente, documenta de modo inequívoco um êxito que não é possível medir em formulários e pontuações. Daqui partiram as discussões e iniciativas de processos judiciais que levaram ao reconhecimento das uniões homoafetivas, ao fim do tabu contra a interrupção da gestação, à preservação de projetos de pesquisas com células-tronco embrionárias, à discussão judicial do financiamento eleitoral e da reforma do sistema penitenciário. A democracia contemporânea é feita de votos, direitos fundamentais e razões. Temos contribuído de maneira vigorosa para os dois últimos elementos: avanço dos direitos fundamentais e debate público de qualidade, feito de argumentos, e não de ofensas. [6]

É claro que o trabalho desenvolvido na Pós-Graduação em Direito Público da UERJ foi obra de um conjunto de professores dedicados e que o êxito do Programa se relaciona também diretamente à excelência dos participantes, mestrandos e doutorandos, mas é fora de dúvidas que tudo teve início e sempre foi estimulado com enorme empenho e criatividade pelo Professor Ricardo Lobo Torres, que, a par de nos legar um exemplo como docente, criou as condições para que a Escola de Direito Público da UERJ mantivesse a sua excelência acadêmica e tivesse o reconhecimento em todo o Brasil da importância de sua produção científica.

6 *Idem, ibidem*, p. 18.

Capítulo I - Direitos Fundamentais

Trajetória(s) da Dignidade Humana

Daniel Sarmento[1]

Sumário: 1. Homenagem a Ricardo Lobo Torres. 2. Introdução. 3. Da hierarquia à dignidade universal. 4. Do indivíduo abstrato à pessoa concreta. 5. De valor religioso e filosófico a princípio jurídico. 6. Brasil: dignidade num contexto desigual. 7. Conclusão

1. HOMENAGEM A RICARDO LOBO TORRES

O Professor Ricardo Lobo Torres não foi apenas um dos maiores juristas da história do país. Mais que isso, foi também um grande humanista, de cultura incomparável, sempre preocupado com os direitos fundamentais e com os valores liberais e democráticos. Foi o meu orientador de mestrado e doutorado, e uma influência decisiva sobre as minhas ideias, apesar de, no campo ideológico, não concordarmos sempre. Gentil e generoso, o Professor Ricardo era uma raríssima combinação de simplicidade pessoal com erudição e inteligência insuperáveis. Ele faz uma falta enorme para o país, para a nossa cultura jurídica, e para seus amigos e discípulos. Por isso, é uma grande honra participar dessa coletânea em sua homenagem.

2. INTRODUÇÃO

Na mitologia grega, a deusa Atena nasce da cabeça de Zeus, seu pai, já adulta e portando elmo, escudo e lança. Assim gerada, a deusa da sabedoria mantém a mesma aparência por toda a eternidade. Com os princípios jurídicos não ocorre o mesmo. Em geral, eles são esculpidos ao longo do tempo por fatores sociais, econômicos, culturais e políticos. Criaturas históricas, os princípios tendem a se transformar, assumindo novas feições ao sabor das mudanças que ocorrem nas sociedades em que vigoram.

Com o princípio da dignidade da pessoa humana não tem sido diferente. Independentemente da posição que se tenha sobre o *fundamento* deste princípio – se ele se ancora, por exemplo, em leis divinas, na natureza humana, ou se é o resultado contingente e provisório de lutas políticas e sociais – não há

---

1 O autor é Professor Titular de Direito Constitucional da UERJ, Mestre e Doutor em Direito Público pela UERJ, com pós-doutorado na Yale Law School. É advogado e Coordenador da Clínica de Direitos Fundamentais da UERJ. Integrou por quase 20 anos o Ministério Público Federal.

dúvida de que, do ponto de vista *descritivo,* o princípio da dignidade da pessoa humana, tal como hoje o concebemos, não nasceu pronto e acabado.

Ao invés de articular a exposição com base na linha do tempo, optei por discutir, separadamente, três transformações fundamentais que tiveram curso na compreensão sobre a dignidade humana: a sua universalização;a adoção de perspectiva mais concreta sobre a pessoa humana; e a positivação jurídica do princípio. A escolha desta forma de organização teve o propósito de conferir maior inteligibilidade aos complexos fenômenos históricos debatidos, que certamente não são estanques, mas reciprocamente implicados. Em seguida, discuto esses processos no Brasil, destacando o problema nacional com a universalização da dignidade, em razão da persistência no país de cultura social fortemente hierárquica e desigualitária. Nessa parte, o estudo seguirá uma linha mais sociológica do que histórica.

Na descrição das trajetórias da dignidade, dar-se-á ênfase à sua evolução no âmbito da cultura ocidental, em cuja periferia estamos inseridos.[2] Não ignoro, contudo, a existência de diversas contribuições não ocidentais altamente relevantes para a ideia de dignidade humana.[3] Aliás, não é só em sociedades diferentes que são cultivadas compreensões distintas sobre a dignidade. No interior de uma mesma sociedade também convivem interpretações heterogêneas sobre o conteúdo deste princípio, que possuem, igualmente, as suas raízes históricas. Nada obstante, não pretendo me debruçar aqui sobre estas diferenças entre culturas ou no seu interior, relativas à compreensão da dignidade da pessoa humana. Será indispensável proceder a algumas generalizações e simplificações neste texto, no afã de viabilizar a exposição didática de processos históricos tão complexos, multifacetados e não lineares.

3. DA HIERARQUIA À DIGNIDADE UNIVERSAL

A noção de dignidade humana evoca duas ideias diferentes, que se entrelaçam, mas não se identificam necessariamente: a dignidade da *pessoa* humana e a dignidade da *espécie* humana.[4] Pode-se dizer que a dignidade da pessoa humana pressupõe a da espécie humana, mas que o inverso não ocorre. No conceito moderno de dignidade humana, presente nas constituições

2 Apesar de situado nas margens do Ocidente cultural, o Brasil é um país multiétnico e pluricultural, que também recebeu e recebe decisivas influências de culturas não ocidentais, como a dos negros, originários da África, e dos povos indígenas.

3 Boaventura de Sousa Santos chega a afirmar que "todas as culturas possuem concepções de dignidade humana, mas nem todas elas a concebem em termos de direitos humanos". (SANTOS, Boaventura de Sousa. Por uma Concepção Multicultural dos Direitos Humanos. In: _____ (Org.). *Reconhecer para Libertar:* os caminhos do cosmopolitismo multicultural. Rio de Janeiro: Civilização Brasileira, 2003, p. 442). Em DÜWELL, Marcus et al(Orgs.). *The Cambridge Handbook of Human Dignity:* Interdisciplinary perspectives. Cambridge: Cambridge University Press, 2014, há artigos que exploram as compreensões sobre a dignidade humana existentes entre os povos indígenas norte-americanos, no mundo islâmico, no hinduísmo, no budismo, no confucionismo e no taoísmo.

4 Cf. KATEB, George. *Human Dignity.* Cambridge: The Belknap Press of Harvard University Press, 2011, p. 3-10.

contemporâneas e nos tratados internacionais sobre direitos humanos, estas duas noções estão presentes.

A dignidade da espécie humana consiste no reconhecimento de que o ser humano ocupa uma posição superior e privilegiada entre todos os seres que habitam o nosso mundo. Distintas razões foram empregadas para justificar esta superioridade, sendo as mais frequentes o uso da razão, o livre arbítrio e, no âmbito religioso, a criação à imagem de Deus. Já a dignidade da pessoa humana envolve a concepção de que todas as pessoas, pela sua simples humanidade, têm intrínseca dignidade, devendo ser tratadas com o mesmo respeito e consideração. Nas palavras de Antonio Pele, a compreensão moderna da dignidade humana tem, simultaneamente, um "alcance vertical", que expressa "a superioridade dos seres humanos sobre os animais", e um "alcance horizontal", que consiste "na igualdade dos seres humanos entre si, independentemente da função que cada um desempenhe na sociedade".[5]

A primeira ideia – a dignidade da *espécie* humana – é muito mais antiga do que a segunda. A faceta igualitária da dignidade só veio a se afirmar institucionalmente na Modernidade, após o advento do Iluminismo. Muito antes disso, porém, já era corrente a afirmação do valor ímpar do ser humano no mundo natural. Contudo, não se extraía dessa valorização da humanidade a exigência de reconhecimento de uma igualdade intrínseca entre as pessoas. Muito pelo contrário, ela convivia lado a lado com o reconhecimento da desigualdade natural entre os indivíduos.

Com efeito, não foram poucas as fontes pré-modernas que enfatizaram a natureza especial dos seres humanos diante dos outros entes da natureza. O Livro do Gênesis – primeiro livro da Bíblia cristã e do Pentateuco judaico, provavelmente escrito no século VI A.C. – proclamou a grandeza do homem, ao afirmar que Deus o criara "à sua imagem e semelhança", destinando-o a exercer autoridade sobre "os peixes do mar, sobre as aves do céu e sobre todos os seres vivos que se movam sobre a terra".[6] Esta ideia, do ser humano criado à imagem de Deus – *Imago Dei* – vem perpassando desde então o pensamento cristão[7] e judaico,[8] constituindo alicerce ainda hoje invocado por estas tradições religiosas para a afirmação da dignidade da pessoa humana.

No pensamento helenístico, a estatura do ser humano também é enaltecida.[9] Isso se percebe, por exemplo, na filosofia do sofista Protágoras, que afirmou

5 PELE, Antonio. Una Aproximación al Concepto de Dignidad Humana. *Universitas*, n. 1, dez/jan. 2004. Disponível em: <http://universitas.idhbc.es/n01/01_03pele.pdf>.

6 BÍBLIA. A.T. Gênesis, Português, *Bíblia Sagrada*, Capítulo 1, versículo 26.

7 Cf. HANVEY, James. Dignity, Person and Imago Trinitatis.In:MCCRUDDEN, Christopher (Ed.). *Understanding Human Dignity.* Oxford: Oxford University Press, 2013, p. 209-228.

8 Cf. LORBERBAUM, Yair. Blood and the Image of God: on the sanctity of life in Biblical and early Rabbinic law, myth, and ritual. In:KRETZMER, David; KLEIN, Eckert (Eds.). *The Concept of Human Dignity in Human Rights Discourse.* The Hague: Kluwer Law International, 2002,p. 55-86.

9 Veja-se, a propósito, BAKER, Hershel. *The Image of Man:* a study of the idea of human dignity in Classical Antiquity, the Middle Ages and the Renaissance. New York: Harper & Brothers, 1961, p. 3-68.

ser "o Homem a medida de todas as coisas".[10] A ideia também se evidencia na filosofia de Sócrates, que pregou o uso crítico da razão na busca da verdade, bem como a luta incessante pelo autoconhecimento.[11] Ela se entrevê, do mesmo modo, na dramaturgia grega, cujos personagens revelam com riqueza as inumeráveis capacidades da pessoa, como a razão, a coragem e a criatividade.

Inobstante, na Antiguidade grega a ideia de desigualdade intrínseca entre as pessoas estava profundamente enraizada. Na Grécia Antiga, sempre recordada como berço da democracia e da filosofia, a escravidão era aceita sem questionamentos,[12] bem como a completa subordinação da mulher ao homem.[13] Para que o cidadão grego pudesse participar da vida pública, deliberando na *polis* sobre os temas de interesse coletivo, era necessário que os escravos trabalhassem para sustentar materialmente a comunidade.[14] Se na esfera pública chegou-se a proclamar que cidadãos livres detinham os mesmos privilégios (*isonomia*),além de idêntico direito de se pronunciar nas assembleias públicas (*isegoria* - igualdade na ágora),no âmbito do lar, cada cidadão era um tirano todo-poderoso, ao qual se subordinavam sua mulher, seus filhos e escravos.

É certo que no pensamento grego já se discutia a igualdade. A teoria aristotélica sobre justiça distributiva e compensatória é até hoje uma referência central nos debates sobre a matéria.[15] O que então não existia era a crença de que todas as pessoas deveriam ser tratadas como iguais. Muito pelo contrário, acreditava-se na desigualdade natural entre os indivíduos como justificativa para discriminações legítimas. Nesse sentido, o próprio Aristóteles não hesitou em justificar a escravidão. Para ele, "que alguns devam mandar e outros obedecer é algo não apenas necessário, mas também útil, pois desde a hora do seu nascimento, alguns são marcados para serem escravos e outros para serem senhores".[16]

Outra formulação hierárquica da dignidade se encontra na ideia de *dignitas,* presente na Roma Antiga. A palavra *dignitas* era empregada na Antiguidade Romana para designar o prestígio de certas pessoas ou instituições, em razão do seu *status.*[17] Ela era também usada para designar a altivez que deveria

---

10 Cf. CHAUÍ, Marilena. *Introdução à História da Filosofia 1:* dos pré-socráticos a Aristóteles. São Paulo: Editora Schwartz Ltda., 2002, p. 169-172.

11 Cf. SÓCRATES. *Os Pensadores*: Seleção de textos de José Américo Motta Pessanha. Trad. Jaime Bruna et al. 2. ed, São Paulo: Editora Abril, 1980.

12 Veja-se, a propósito, COULANGES, Fustel de. *A Cidade Antiga.* 8. ed. Lisboa: Livraria Clássica, p. 121-144.

13 Cf. GAUDEMET, Jean. *Institutions de L'Antiquité.* Paris: Sirey, 1967, p. 207.

14 Cf. ARENDT, Hannah. *A Condição Humana.* Trad. Roberto Raposo. 10. ed. Rio de Janeiro: Forense, 2000, p. 91 e ss.

15 Cf. ARISTÓTELES. Nicomachean Ethics, Book V. Trad. W. D. Ross. In: *The Works of Aristotle,* vol II. 21ª imp. London: Encyclopaedia Britannica Inc., 1978, p. 376-387.

16 *Ibidem*, p. 447-448.

17 Cf. WALDRON, Jeremy. *Dignity, Rank and Rights. Op. cit., locs.* 474-483 (*e-book*);MCCRUDDEN, Christopher. Human Dignity and Judicial Interpretation of Human Rights. *European Journal of International Law,* v. 19, n. 4, 2008, p. 656-657.

caracterizar o comportamento desses indivíduos de *status* superior. A *dignitas* conferia a certas pessoas a expectativa de receberem respeito e honrarias da sociedade em geral. Tratava-se, porém, do privilégio de poucos e não de um atributo universal.

É verdade que Cícero – filósofo estóico da Roma antiga –, na sua obra *De Officiis* (Dos Deveres),[18] de 44 A.C, deu à expressão um sentido universalista até então inédito, ao aludir à dignidade como característica de todas as pessoas, decorrente da razão, que distingue os seres humanos dos animais.[19] Isto, contudo, não o impediu de aceitar a escravidão, limitando-se a criticar os excessos de violência cometidos contra os escravos pelos seus proprietários.[20]

Na Idade Média, o tema foi enfrentado, dentre outros, por Tomás de Aquino, na sua monumental *Suma Teológica.*[21]Para Aquino, a superioridade humana advém da racionalidade, bem como do livre arbítrio, em que o homem teria sido investido por Deus, ao criá-lo à sua imagem e semelhança. A pessoa humana, para o filósofo cristão, é a mais perfeita criação divina. Porém, também é visível no pensamento tomista a visão pré-moderna sobre as relações sociais. Na *Suma contra os Gentios,* por exemplo, Aquino afirma que existe uma ordem hierárquica entre os homens ditada pela Divina Providência.[22]

Enfim, até o advento da Modernidade, era corrente a afirmação da superioridade dos seres humanos em relação aos demais animais e seres da natureza. Nisso se pode entrever uma concepção embrionária de dignidade humana. Todavia, não se extraía daquela concepção um sentido igualitário, que importasse em reconhecer a todos os mesmos direitos e deveres. Prevaleceu durante todo este longo período uma concepção *estamental* das relações sociais, que pressupunha a existência de uma desigualdade natural entre as pessoas: algumas eram destinadas a exercer funções mais nobres na sociedade, e outras a desempenhar papéis subalternos. O *status* de cada indivíduo – seus direitos e deveres, bem como o tratamento que deveria receber dos demais – dependia, acima de tudo, da sua inserção em um determinado estamento, o que ocorria por ocasião do nascimento e, afora raríssimas exceções, não se alterava até o fim da vida. Do simples pertencimento à espécie humana não resultavam direitos inatos para cada indivíduo.

---

18 CÍCERO. *De Officiis.* Trad. Walter Miller. Cambridge: Harvard University Press, 1913. Disponível em: <http://www.constitution.org/rom/de_officiis.htm>.

19 Michael Rosen destacou que Cícero, em outras obras, como *De Oratore,* deu à palavra *dignitas* o sentido latino tradicional, despido da conotação universalista. (ROSEN, Michael. *Dignity:* its history and meaning. Cambridge: Harvard University Press, 2012, p. 12).

20 Cf. PELE, Antonio. *Dignidad Humana en la Historia y la Filosofía.* Tese (Doutorado em Direito) Universidad Carlos III, Madrid, 2006, p. 330-333.

21 TOMÁS DE AQUINO. *The Summa Theologica.* Trad. Daniel J. Sullivan. Londres: Encyclopaedia Britannica Inc., 1978.

22 TOMÁS DE AQUINO. *Summa contra Gentiles* Trad. Joseph Rickaby, Livro III, Cap. LXXXI, p. 449. Disponível em: <http://www.catholicprimer.org/aquinas/aquinas_summa_contra_gentiles.pdf>.

É verdade que algumas ideias surgidas na Antiguidade já tensionavam, em certa medida, a compreensão anti-igualitária das relações sociais. Foi o caso da afirmação cristã da igualdade dos homens perante Deus, proclamada na carta de São Paulo aos Gálatas: "Nisto não há mais judeu nem gentio; não há mais servo nem livre; não há macho nem fêmea; porque todos vós sois um em Cristo Jesus".[23] A bela epístola não continha, todavia, qualquer afirmação sobre a igualdade política, social ou jurídica das pessoas no mundo terreno. Não era a igualdade mundana, perante César, que o cristianismo pré-moderno postulava, mas tão somente aquela perante Deus.[24]

Uma fase de transição entre a concepção pré-moderna e a moderna de dignidade humana ocorre no Renascimento. No período, verificou-se uma grande valorização do ser humano, que se percebe em diversos campos, como nas artes, na literatura e na filosofia. As visões teocêntricas de sociedade, até então hegemônicas, começaram a ser substituídas por concepções antropocêntricas e seculares. O pensamento renascentista retomou o interesse pela tradição humanista greco-romana e aprofundou algumas ideias que importavam no enaltecimento da pessoa humana.

Um pensador italiano renascentista, Giovanni Pico della Mirandola, é autor de texto canônico sobre a dignidade humana – o *Discurso sobre a Dignidade do Homem*[25] – que bem expressa esta nova cosmovisão. Para Pico, a dignidade humana repousa antes de tudo na autonomia individual, que consiste na capacidade que tem o ser humano de fazer escolhas sobre os rumos de sua vida. A dignidade, nesta perspectiva renascentista, é, portanto, um atributo de todas as pessoas e não só de uma elite. Disso, porém, ainda não se extraía que todos devessem gozar dos mesmos direitos e se submeter aos mesmos deveres.

O discurso sobre a dignidade só ganha efetivamente um colorido universal com o Iluminismo. O igualitarismo da dignidade ressoou fortemente, por exemplo, nas revoluções francesa e norte-americana, embora a retórica revolucionária tenha se valido de outros termos, e não de "dignidade".[26] "Todos os homens nascem livres e iguais em direito", proclama o art. 1º da Declaração dos Direitos do Homem e do Cidadão de 1789, editada nos primórdios da

23 *Carta aos Gálatas*, Capítulo 3, versículo 28.

24 No mesmo sentido, afirma Fábio Konder Comparato: "Quando o apóstolo Paulo proclamou que 'não há mais judeu nem grego, não há mais escravo nem livre, não há mais homem nem mulher, pois todos vós sois um só em Jesus Cristo', ele claramente não se opunha à persistência transitória dessas desigualdades sociais cá na terra, pois elas não atentavam contra o princípio da igualdade absoluta de todas as almas perante Deus". (COMPARATO, Fábio Konder. *Ética:* Direito, Moral e Religião no Mundo Moderno. São Paulo: Companhia das Letras, 2006, p. 559).

25 CONDE DE MIRÂNDOLA E CONCÓRDIA, Giovanni Pico. *A Dignidade do Homem.* Trad. Luiz Feracine. 2. ed., Campo Grande: Solivros, 1999.

26 É curioso observar que na única vez que se falou em "dignidade" na Declaração, foi evocando o seu sentido pré-moderno de "distinção". Porém, o texto já apontava no sentido da universalização da dignidade: "Todos os cidadãos, sendo iguais aos seus (da lei) olhos, são igualmente admissíveis a todas as dignidades, cargos e empregos públicos, segundo suas capacidades e sem outra distinção a não ser a de suas virtudes e seus talentos" (trecho do art. 6º da Declaração dos Direitos do Homem e do Cidadão).

Revolução Francesa. Os franceses revolucionários tomavam a igualdade como valor fundamental, insurgindo-se contra os privilégios da nobreza e do clero, bem como contra os resquícios do feudalismo que ainda subsistiam. Poucos anos antes, a Declaração de Independência dos Estados Unidos de 1776 também afirmara, como verdade "autoevidente", que "todos os homens são criados iguais", e o valor da igualdade – formal, é certo – criou profundas raízes na cultura político-social norte-americana da época,[27] em que pese a paradoxal existência da escravidão negra.

O discurso iluminista dos *direitos naturais*, anteriores e superiores ao Estado e fundados na razão, tinha grande potencial igualitário, pois tais direitos eram hipoteticamente universais – eram os *direitos do Homem.*[28] Nisso, os direitos naturais da Ilustração diferiam do *Direito Natural*[29] pré-moderno, que, em geral, buscava legitimar as hierarquias sociais existentes, fundando-as numa ordem objetiva imutável, frequentemente associada à vontade divina.

O igualitarismo da dignidade se manifestou na obra dos grandes filósofos do Iluminismo. Em Rousseau, por exemplo, ele se evidencia na afirmação de que o contrato social deve instaurar um regime de plena igualdade entre os cidadãos, assegurado pela igual participação de todos na elaboração das leis e pela submissão de todas as pessoas às mesmas normas.[30] Ele também se manifesta na sua crítica radical às desigualdades sociais, geradas pela proteção da propriedade privada.[31]

A mais importante formulação sobre a dignidade humana do Iluminismo – provavelmente a mais influente em toda a história – é do filósofo alemão Immanuel Kant. É conhecida a teoria kantiana de que as pessoas, diferentemente das coisas e dos animais, não têm preço, mas *dignidade,* constituindo fins em si mesmas. Kant fundamentou essa dignidade na autonomia da pessoa humana, que lhe confere a capacidade de agir de acordo com a moralidade.[32]

27 Sobre o assunto, a obra clássica é TOCQUEVILLE, Alexis de. *A Democracia na América.* 2 v.. Trad. Eduardo Brandão. São Paulo: Martins Fontes, 2004. Neste texto clássico da Sociologia Política, Tocqueville, um aristocrata francês, descreve detalhes da vida social norte-americana, que presenciara em viagem ao país realizada nos anos de 1831/32.

28 É verdade, todavia, que a própria expressão então corrente – "direitos do homem" – já exprimia uma clara concepção sexista. Os direitos do homem não eram também *direitos das mulheres.* Esta crítica foi feita de maneira precursora pela francesa Olympe de Gouges, que, em 1791, escreveu a *Declaração dos Direitos da Mulher e Cidadã,* em que demandava a extensão às mulheres dos mesmos direitos reconhecidos aos homens pela Declaração dos Direitos do Homem e do Cidadão, de 1789. No ano seguinte, a inglesa Mary Wollstonecraft publicou outra obra importante com a mesma reivindicação: *A Vindication of the Rights of the Women.* Os fragmentos mais importantes dos dois textos se encontram em ISHAY, Micheline R. *The Human Rights Reader.* 2ª ed. New York: Routledge, 2007, p. 175-180 e 181-188.

29 Sobre a diferença entre a compreensão antiga de Direito Natural, e a moderna de direitos naturais, veja-se VILLEY, Michel. *Le Droit et les Droits de l'Homme.* Paris: PUF, 1983.

30 ROUSSEAU, Jean-Jacques. *Do Contrato Social.* Trad. Eduardo Brandão. São Paulo: Companhia das Letras, 2011.

31 ROUSSEAU, Jean-Jacques. *Discurso sobre a Origem da Desigualdade entre os Homens.* Trad. Paulo Neves e Maria Lacerda Moura. São Paulo: L&PM, 2008.

32 Cf. KANT, Immanuel. *Fundamentação da Metafísica dos Costumes.* Trad. Pedro Quintela. Lisboa: Edições 70, 2011, p. 50-124.

A autonomia, para Kant, é uma característica universal dos seres racionais capazes de descobrir e de se autodeterminar pela lei moral.[33] Ela não depende de classe social, raça ou qualquer outro fator.[34] Daí a formulação do conhecido imperativo categórico da dignidade, cujo viés igualitário é evidente: "Age de tal maneira que uses a humanidade, tanto na tua pessoa como na pessoa de qualquer outro, sempre e simultaneamente como fim, e nunca simplesmente como meio".[35]

Aliás, a própria ideia kantiana de estruturar as leis morais por meio de *imperativos categóricos*, que são máximas de ação universais, válidas para todas as pessoas e em todas as situações, já evidencia a sua natureza igualitária.[36] Esta compreensão se projeta na visão kantiana sobre o Direito, que o filósofo de Königsberg definiu como instrumento voltado à garantia recíproca da igual liberdade entre pessoas: "O Direito é a soma das condições sob as quais o arbítrio de um pode estar de acordo com o arbítrio de outro, segundo uma lei universal de liberdade".[37]

Uma das mais importantes mudanças ocorridas na Modernidade – que, naturalmente, não se deu da mesma forma, na mesma época, nem com a mesma intensidade em todos os lugares –, foi a tendencial universalização dos direitos e deveres humanos, ligada à emergência desta compreensão igualitária da ideia de dignidade da pessoa. Tal transformação sofreu influência do pensamento iluminista. Mas também foi provocada por vários outros fatores, como o interesse da burguesia – classe que se tornara hegemônica – na universalização das normas e direitos, necessária tanto à cristalização institucional do seu papel de protagonismo na vida político-social, quanto à garantia da segurança nas relações econômicas. O processo de universalização dos direitos no plano político-jurídico deu-se em resposta a alterações culturais profundas, que envolveram o questionamento e a corrosão das hierarquias pré-modernas e dos modelos estamentais de organização das relações sociais.

---

33 Como consignou John Rawls, para Kant, "o fundamento da dignidade é a capacidade de fazer a lei universal e de agir segundo o princípio de autonomia" (RAWLS, John. *História da Filosofia Moral.* São Paulo: Martins Fontes, 2005, p. 242).

34 Nesta formulação há, porém, uma clara exclusão dos indivíduos que não têm capacidades cognitivas plenamente desenvolvidas – como as pessoas com deficiência mental e mesmo as crianças menores. O ponto foi discutido por NUSSBAUM, Martha. *Frontiers of Justice:* disability, nationality, species membership. Cambridge: The Belknap Press of Harvard University Press, 2006, p. 127-140. Tanto é assim que há pensadores kantianos contemporâneos que negam o *status* de pessoa e o acesso aos mesmos direitos a indivíduos com deficiências mentais e a crianças pequenas, como o bioético H. Tristram Engelhardt. Cf. ENGELHARDT, H. Tristram. *Fundamentos da Bioética.* Trad. José A. Ceschin. São Paulo: Edições Loyola, 1998, p. 169-176.

35 KANT, Immanuel. *Fundamentação da Metafísica dos Costumes. Op. cit.*, p. 73.

36 Como registrou Bárbara Freitag, "o imperativo categórico kantiano constitui (...) a possibilidade de existência de uma sociedade justa, fundada em um contrato social que atenda aos direitos de todos e defenda a dignidade de cada homem dotado de razão, e, dessa forma, da humanidade como um todo". (FREITAG, Bárbara. *Itinerários de Antígona:* A questão da moralidade. São Paulo: Papirus Editora, 1992, p. 51).

37 KANT, Immanuel. *A Metafisica dos Costumes.* Trad. Edson Bini. 2. ed., Bauru: Edipro, 2008, p. 76.

Dentre os fatores que contribuíram para o surgimento desse *ethos* mais igualitário está a difusão nas sociedades europeias, a partir do século XVIII, de uma nova "imaginação moral", baseada na empatia com os sentimentos e experiências das pessoas comuns. Nesse sentido, a historiadora norte-americana Lynn Hunt atribuiu grande importância à publicação e circulação de romances cujos personagens principais eram pessoas simples, e não integrantes da nobreza, para a "invenção dos direitos humanos".[38] Isso serviu, segundo ela, para cultivar na mentalidade da época uma nova disposição, mais igualitária, marcada pela percepção da pessoa comum como sujeito de direitos, merecedor de respeito e consideração.

Dá-se então, nos ordenamentos jurídicos, a proclamação de direitos titularizados por todas as pessoas, pela simples razão da sua humanidade, em processo designado como *generalização* dos direitos fundamentais. Tal dinâmica conduziu também à abolição dos privilégios estamentais e corporativos e à adoção de modelo de regulação da vida social baseada em leis gerais e abstratas, que valeriam para todos, independentemente da sua posição social.

É certo, porém, que a igualdade e a generalização dos direitos, endossadas pelos textos constitucionais e pelos códigos, nem sempre se traduziram em mudanças sociais de viés emancipatório. Em geral, a vida do Direito continuou marcada por graves e injustificadas exclusões e assimetrias, como as que vitimaram negros, índios, povos coloniais, mulheres e pobres. Não há, por exemplo, maior ofensa à igual dignidade do que a escravização de pessoas, e esta foi a realidade em muitos países, cujos ordenamentos, paradoxalmente, proclamavam princípios do constitucionalismo liberal. Na verdade, durante a maior parte do tempo, os direitos humanos foram, no mundo real, pouco mais do que os direitos do homem branco e burguês. Isso se deveu tanto ao conteúdo dos direitos reconhecidos, em geral convergente com os interesses particulares dos grupos hegemônicos – *e.g.*, ênfase na proteção da propriedade e das liberdades econômicas, em sintonia com as reivindicações da burguesia –, como à falta de garantia do seu efetivo gozo pelas camadas desprivilegiadas da população.

Sem embargo, o discurso de universalidade dos direitos já exprimia uma cosmovisão igualitária, com o potencial de minar a legitimidade e abalar os pilares das hierarquias sociais vigentes. Ele plantava no solo das relações sociais as sementes da mudança.

Para o filósofo canadense Charles Taylor, o pano de fundo das transformações igualitárias no mundo moderno correspondeu à superação do paradigma da *honra,* assentado sobre hierarquias sociais típicas do *Ancien Régime,* para o paradigma da *dignidade,* de natureza universalista. A honra – afirma Taylor – "é uma questão de *préferénces*", porque "para que alguns tivessem honra (...) era essencial que nem todos a tivessem", enquanto a dignidade, tal como

38 Cf. HUNT, Lynn. *Inventing Human Rights:* A History. New York: W. W. Norton & Company, 2007, (*e-book*) pos. 354-790.

concebida na cultura moderna, tem sentido igualitário e universalista, e a sua "premissa subjacente é de que todos a compartilham".[39]

Pode-se dizer que a compreensão contemporânea da dignidade da pessoa humana representou a exigência de *nivelamento por cima* do tratamento dado às pessoas.[40] No mundo pré-moderno, apenas algumas pessoas eram tratadas com genuíno respeito. Na contemporaneidade, universalizou-se - pelo menos na teoria - a exigência normativa de tratamento respeitoso às pessoas, que antes era devido apenas aos nobres.

Porém, como já salientado, esse processo não se deu de forma universal e homogênea no tempo e no espaço. Em algumas sociedades, o vetor da equalização operou com menos força e certas hierarquias se mantiveram praticamente intactas, como é o caso do Brasil.

4. DO INDIVÍDUO ABSTRATO À PESSOA CONCRETA

Pode-se dizer, usando a célebre expressão de Henry Maine, que, pelo menos no Ocidente, o processo de modernização correspondeu a um movimento que conduziu o eixo das relações sociais "do *status* ao contrato".[41] Em outras palavras, a concepção de sujeito cujos direitos e deveres dependiam da sua posição social, em comunidades fortemente interligadas, foi paulatinamente substituída pela do indivíduo autônomo, que se obriga voluntariamente no âmbito da sociedade.

A emergência do *individualismo* foi um dos fenômenos mais importantes da história do pensamento e da sociedade ocidental, que não terei como analisar aqui.[42] A cosmovisão individualista se formou em resposta a alterações profundas ocorridas no âmbito das relações sociais, da economia e da religião, que se deram no Ocidente, a partir do final da Idade Média. Ela foi acolhida pelas teorias contratualistas do Estado de Thomas Hobbes[43] e John Locke,[44] que fundavam a existência da comunidade política no interesse dos indivíduos.[45]

---

39 TAYLOR, Charles. *El Multiculturalismo y la Política Del Reconocimiento.* Trad. Mónica Utrilla de Neira, México: Fondo de Cultura Económica, 1993, p. 45.

40 Esta é a tese central da obra de WALDRON, Jeremy. *Dignity, Rank and Rights.* New York: Oxford University Press, 2012. No mesmo sentido, BARROSO, Luís Roberto. Aqui, lá e em todo lugar: A dignidade humana no direito contemporâneo e no discurso transnacional. *Revista dos Tribunais,* São Paulo, v. 919, 2012, p. 194-195.

41 MAINE, Henry J. S. *Ancient Law:* its connection with the early history of society and its relation to modern ideas. New York: Henry Holt and Company, 1906.

42 Sobre a emergência do individualismo, veja-se a obra clássica de DUMONT, Louis. *Essais sur l'individualisme:* une perspective anthropologique sur l'idéologie moderne. Paris: Editions du Seuil, 1983.

43 HOBBES, Thomas. *Leviatã ou Matéria, Forma e Poder de um Estado eclesiástico e civil.* Trad. João de Paulo Monteiro e Maria Beatriz. Nizza da Silva. 2. ed. São Paulo: Abril Cultural, 1979.

44 LOCKE, John. *O Segundo Tratado sobre o Governo:* ensaio relativo à verdadeira origem, extensão e objetivo do governo civil. Trad. E. Jacy Monteiro. São Paulo: Abril Cultural, 1973.

45 Veja-se, a propósito, a obra clássica de MACPHERSON, C. B. *The Political Theory of Possessive Individualism:* Hobbes to Locke. Oxford: Oxford University Press, 2011. Macpherson designou este modelo de

Diferentemente do que propugnavam os antigos, para os contratualistas modernos eram os interesses individuais que justificavam a existência do Estado, e não o contrário. Embora essas influentes teorias do contrato social tenham preconizado modelos de Estado muito diferentes – o absolutismo em Hobbes e o Estado liberal em Locke – elas tinham em comum a premissa antropológica da pessoa como sujeito abstrato, desencarnado e desenraizado. O indivíduo era "essencialmente o proprietário da sua pessoa e de suas capacidades" e a sociedade "consistia em relações de troca entre indivíduos", sendo o Estado um "instrumento calculado para a proteção da propriedade a para a manutenção de relações ordenadas de comércio".[46]

O individualismo se baseia em concepção atomizada da sociedade, que relega a um plano secundário os laços sociais e os interesses comuns compartilhados pelas pessoas. Nas suas versões mais radicais, subjacentes ao discurso jurídico e filosófico do Estado liberal-burguês, os indivíduos são vistos e tratados como abstrações racionais e incorpóreas. Não se dá maior atenção às suas carências materiais, aos seus sentimentos, aos seus vínculos sociais, à sua corporalidade. Na Filosofia, tal concepção teve clara expressão na influente teoria sobre a dignidade humana de Immanuel Kant.

Como já salientado, Kant atribuiu uma dignidade intrínseca às pessoas, mas fundou-a exclusivamente na sua autonomia, compreendida como a capacidade dos seres humanos de agirem de modo racional, prescrevendo para si as leis morais.[47] Não é a pessoa real e concreta, que age também em razão dos seus sentimentos, inclinações e necessidades que a filosofia kantiana valoriza, mas tão somente a capacidade para o uso da razão, existente em cada indivíduo. Trata-se de um ser humano abstrato, cuja liberdade estaria fora da natureza, não se sujeitando sequer às leis da causalidade.[48] Uma pessoa que não existe, e que, a rigor, sequer é possível. Como observou Emilio Santoro, o fundamento kantiano para a dignidade das pessoas é, paradoxalmente, "impessoal": "se deve respeitar não o concreto ser humano, mas a abstração que está presente nele; não a dignidade da pessoa singular, mas a dignidade da lei moral; não o indivíduo específico, mas a humanidade que está em cada um".[49]

"individualismo possessivo" e apontou a sua profunda penetração no pensamento político e na sociabilidade moderna.

46 *Ibidem*, p. 3.

47 Cf. KANT, Immanuel. *Fundamentação da Metafísica dos Costumes. Op. cit.*, p. 82: "Ora, a moralidade é a única condição que pode fazer de um ser racional um fim em si mesmo, pois só por ela lhe é possível ser membro legislador no reino dos fins. Portanto, a moralidade, e a humanidade enquanto capaz de moralidade, são as únicas coisas que têm dignidade".

48 Como salientou a filósofa kantiana Onora O'Neill, "Kant sustenta que o livre arbítrio e a causalidade natural são compatíveis desde que a liberdade humana – a capacidade de agir autonomamente – não seja considerada um aspecto do mundo natural. Causalidade e liberdade se aplicam em domínios separados" (O'NEILL, Onora. Kantian Ethics. In:SINGER, Peter (Ed.). *A Companion to Ethics.* Malden: Blackwell Publishing, 1993, p. 178).

49 SANTORO, Emilio. *Autonomia Individuale, Libertà e Diritti:* una critica dell'antropologia liberale. Pisa: ETS, 1999, p. 44.

Outras formulações filosóficas foram concebidas, que tinham em comum uma concepção abstrata e desencarnada de pessoa. Elas encontraram solo fértil em sociedades em que os antigos vínculos estamentais se desfaziam, e em que se afirmava a hegemonia da burguesia e da economia de mercado. E enfrentaram não apenas críticas à esquerda, no sentido de que a abstração seria um disfarce para a dominação burguesa, como também à direita, dos saudosistas do Antigo Regime.[50] Não por outra razão, estas formulações tiveram decisiva influência na conformação dos principais institutos do Direito moderno, na sua configuração liberal-burguesa.

Na esfera constitucional, por exemplo, afirmava-se que o Estado não deveria intervir nas relações sociais travadas por agentes iguais perante a lei. Sujeitos autônomos deveriam ter a liberdade para definir os termos das relações que mantinham uns com outros, celebrar contratos e utilizar a sua propriedade como lhes aprouvesse. Afora os casos de violência ou fraude, não se justificaria a intervenção estatal nesta seara. O Estado deveria ser limitado, seja por arranjos institucionais que o contivessem – como a separação de poderes –, seja pela garantia de direitos individuais, concebidos como direitos negativos, que protegeriam o indivíduo e a sociedade civil da ação dos governantes. O modelo resultava no absenteísmo estatal na esfera econômica, deixando-se o equacionamento dos problemas sociais para a "mão invisível do mercado". *Laissez-faire, laissez-passer, le monde va de lui même* – o lema dos economistas fisiocratas do século XVIII – parecia inspirar o arranjo institucional projetado pelo constitucionalismo liberal.[51]

Muito embora, no plano do discurso, se enfatizasse a liberdade individual, as liberdades protegidas pelos ordenamentos jurídicos eram acima de tudo as econômicas, e não as existenciais. As restrições às liberdades existenciais, pelo contrário, abundavam no Direito, inspiradas por propósitos moralistas, em geral ligados a tradições culturais ou orientações religiosas autoritárias e desigualitárias. O direito de participação política, por outro lado, era denegado sistematicamente aos pobres, por meio do voto censitário, o que mantinha o poder político nas mãos da burguesia. Para o discurso burguês, interessava apenas a "liberdade dos modernos", de fruição privada de direitos individuais, e não a "liberdade dos antigos", consistente na participação democrática na vida política.[52]

---

50 No flanco conservador, tornou-se conhecida a crítica do francês Joseph de Maistre à abstração dos direitos do homem: "Conheci italianos, russos, espanhóis, ingleses e franceses, mas não conheço o homem em geral" (citado em DOUZINAS, Costas. *O Fim dos Direitos Humanos.* Trad. Luzia Araújo. São Leopoldo: Ed. Unisinos, 2007, p. 113). Na mesma linha, outra crítica conservadora influente desferida no século XVIII foi a do inglês BURKE, Edmund. *Reflections on the Revolution in France.* Indianapolis: Hackett, 1987.

51 Pode-se questionar, todavia, se a economia de mercado é mesmo uma realidade "natural", que prescinde do Estado, ou se antes ela depende de instituições estatais para funcionar, *e.g.*, normas que imponham o cumprimento dos contratos para os inadimplentes, instituições judiciais para assegurar a sua proteção etc. Veja-se, nesse segundo sentido, SUNSTEIN, Cass. *The Partial Constitution.* Cambridge: Harvard University Press, p. 68-92.

52 A distinção entre a "liberdade dos antigos", associada à democracia grega, e a "liberdade dos modernos", concebida como garantia de direitos negativos contra o Estado, remonta a Benjamin Constant, que de-

Ignorava-se, ademais, a opressão privada e a ausência de liberdade real das partes mais fracas das relações sociais. Se um indivíduo, em situação de penúria, aceitasse trabalhar para o seu patrão durante jornada de trabalho de 16 horas diárias, sem folgas semanais ou férias, e este se dispusesse a contratá-lo, não caberia ao Estado intervir naquela relação. Afinal, ela seria o resultado de um acordo livremente pactuado entre as partes.[53]

Não foi à toa, portanto, que Karl Marx criticou o excessivo individualismo latente no discurso dos direitos do homem presente no século XIX, que, nas suas palavras, eram "direitos do homem egoísta (...) do indivíduo destacado da comunidade, limitado a si próprio, ao seu interesse privado e ao seu capricho pessoal".[54] Para Marx, os "direitos do homem" não passavam de verniz que visava a emprestar legitimidade à exploração econômica presente no capitalismo.

No plano do Direito Privado, tal modelo ensejou a glorificação da propriedade e da autonomia da vontade, erigidas como os grandes pilares das codificações civis liberais-burguesas[55] – que desempenhavam verdadeiro papel constitucional naquela quadra histórica.[56] Tais codificações cristalizavam e vertiam para a ordem jurídica um suposto "direito natural",[57] cuja premissa filosófica era o indivíduo abstrato e racional do Iluminismo, concebido, porém, em harmonia com os interesses de um tipo de sujeito muitíssimo concreto: o homem branco, burguês, cristão e heterossexual.

A propriedade privada, naquele cenário, era "direito sagrado" (a expressão consta no art. 17 da Declaração dos Direitos do Homem e do Cidadão, de 1789 – única vez em que tal documento, forjado no contexto anticlerical da Revolução Francesa, se referiu ao sagrado). Ela era vista como direito absoluto,

---

fendeu a absoluta prioridade da segunda em face da primeira, em texto canônico da Filosofia Política: CONSTANT, Benjamin. De la liberté des Anciens comparée a celles des Modernes. In: _____. *Écrits Politiques.* Paris: Gallimard, 1997.

53 Veja-se, nessa linha, a célebre decisão da Suprema Corte dos Estados Unidos em *Lochner v. New York* – 198 U.S. 45 (1905) –, que invalidou lei que estabelecera jornada máxima de 10 horas diárias para os padeiros: "o real propósito e o objeto da lei é regular as horas de trabalho entre o patrão e seus empregados (...) em um negócio privado (...). Nessas circunstâncias, a liberdade entre o patrão e o empregado de contratarem um com o outro (...) não pode ser proibida ou sofrer interferência, sem violação da Constituição Federal".

54 MARX. Karl. A Questão Judaica. In: _____. *Manuscritos Econômicos e Filosóficos.* Trad. Alex Martins. São Paulo: Martin Claret, 2001, pp 13-59 – o trecho citado está na página 33.

55 Sobre a centralidade destes dois pilares no mais importante Código Civil do século XIX – o famoso *Code* de Napoleão, de 1804 – veja-se ARNAUD, André-Jean. *Les Origines Doctrinales du Code Civil Français.* Paris: L.G.D.J, 1969. Em perspectiva mais ampla, sobre o papel destes dois institutos no Direito Privado liberal-burguês, veja-se BARCELLONA, Pietro. *Diritto Privato e Società Moderna.* Napoli: Jovene, 1996, p. 320 ss.

56 Cf. HESSE, Konrad. *Derecho Constitucional y Derecho Privado.* Trad. Ignácio Gutièrrez y Gutièrrez. Madrid: Civitas, 1995, p. 38; GIORGIANNI, Michele. O Direito Privado e suas Atuais Fronteiras. Trad. Maria Cristina de Cicco. *Revista dos Tribunais,* São Paulo, n. 747, p. 41.

57 Cf. HESPANHA, António Manuel. *Panorama Histórico da Cultura Jurídica Europeia.* Mira-Sintra: Publicações Europa-América, 1997, p. 162-164.

que encarnava a própria ideia de liberdade do indivíduo, impondo limites ao poder estatal. Portalis, principal autor do Código Civil francês de 1805, sintetizou a ideia numa frase: "ao cidadão pertence a propriedade, ao soberano, o império".[58-59]

Já o princípio da autonomia da vontade partia da premissa de que é a vontade humana a fonte das obrigações que vinculam as pessoas.[60] Se uma obrigação deriva da própria vontade do obrigado, ela necessariamente é justa com o mesmo. Daí a famosa frase do jurista e filósofo francês do século XIX, Alfred Fouillée: *qui dit contractuel, dit juste*[61] (quem diz contratual, diz justo). No voluntarismo do Direito Civil liberal-burguês, a autonomia era vista de forma descontextualizada, com abstração das circunstâncias reais em que os indivíduos estavam mergulhados, que muitas vezes envolviam constrangimentos materiais ou sociais que tolhiam a sua liberdade real.

Na prática, o discurso em favor dos direitos do homem então vigente não se traduzia em emancipação social. Sob a égide do Estado liberal-burguês, vicejou a miséria e a exploração econômica dos pobres. A isonomia apenas formal revelou-se insuficiente para assegurar uma vida digna para os segmentos vulneráveis das sociedades. Campeava então a opressão dos mais fracos pelos poderosos, paradoxalmente mascarada pela própria retórica da igualdade. A contradição foi captada pelo escritor francês Anatole France no início do século XX, quando ironizou "a majestosa igualdade das leis, que proíbe os ricos e os pobres de dormirem sob as pontes, de mendigarem na rua e de furtarem pão".[62]

Uma série de fatores contribuiu para a crise daquele modelo. Generalizou-se a percepção de que o absenteísmo estatal gerava não apenas níveis de desigualdade social intoleráveis, como também patologias no próprio funcionamento do mercado, possibilitando o surgimento de monopólios, oligopólios, cartéis etc. Na Europa, a pressão dos trabalhadores nas grandes cidades, que viviam em situação de absoluta penúria, e o medo, por parte das elites dirigentes, de convulsões sociais e revoluções, foram fatores decisivos para que se deflagrasse uma significativa mudança no papel do Estado. Nos Estados Unidos, o processo ocorreu mais tarde, e em menor intensidade, na sequência da

58 Cf.PRATA, Ana. *A Tutela Constitucional da Autonomia Privada.* Coimbra: Livraria Almedina, 1984, p. 15.

59 A inspiração política liberal do Código de Napoleão transparece no histórico *Discours Préliminaire du Premier Projet du Code Civil*, de autoria de Jean-Étienne-Marie Portalis: "Governa-se mal quando se governa muito. Um homem que negocia com outro deve ser atento e prudente; deve zelar pelos seus interesses, obter as informações convenientes, e não negligenciar do que lhe for útil. O papel da lei é de nos proteger contra a fraude alheia, mas não o de nos dispensar de fazer uso da nossa própria razão. Se não fosse assim, a vida das pessoas, sob a vigilância das leis, não seria mais que uma longa e vergonhosa menoridade", p. 4. Disponível em http://www.justice.gc.ca/fra/apd-abt/gci-icg/code/index.html.

60 Sobre o desenvolvimento histórico da autonomia da vontade, veja-se o denso estudo de RUZYK, Carlos Eduardo Pianovski. *Institutos Fundamentaisdo Direito Civil e Liberdade(s).* Rio de Janeiro: GZ Editora, 2011, p. 79-164.

61 FOUILLÉE, Alfred. *La Science Sociale Contemporaine.* Paris: Hachette, 1880, p. 411.

62 FRANCE, Anatole. *Le Lys Rouge.* Paris: Calmann-Levy, 1906.

gravíssima crise econômica que culminou na quebra da Bolsa de Nova York, em 1929, e que foi combatida por políticas intervencionistas implementadas no âmbito do *New Deal*.

No plano das ideias, correntes como o marxismo, o socialismo utópico, o anarquismo e a doutrina social da Igreja, com perspectivas muito diferentes, criticavam o *status quo* e o capitalismo selvagem, deslegitimando-o na sociedade. A extensão do direito de voto a parcelas da população até então excluídas do sufrágio foi também um fator importante para a alteração do modelo político-jurídico do liberalismo-burguês, na medida em que criou um canal relevante para que os anseios dos pobres influíssem na definição das políticas estatais.[63]

Naquele contexto, o Estado foi assumindo novas tarefas, expandindo os serviços públicos que prestava, e passando a intervir de maneira mais frequente e incisiva nas relações sociais e econômicas, muitas vezes com o objetivo de proteger as partes mais fracas do arbítrio das mais fortes. No plano constitucional, as constituições passam a consagrar também direitos sociais, e a relativizar as liberdades econômicas, bem como o direito de propriedade, que, em alguns textos constitucionais, passou a estar condicionado por uma "função social".[64] No âmbito do Direito Privado, tornam-se cada vez mais frequentes as restrições à autonomia individual,[65] voltadas não só à tutela de interesses públicos, mas também à proteção dos mais débeis e dos direitos humanos em geral. Reconhecia-se, finalmente, o ponto destacado por Henri Lacordaire ainda no século XIX: "entre o forte e o fraco, entre o rico e o pobre, entre o mestre e o senhor, é a liberdade que oprime e a lei que liberta".[66]

É verdade que a crise do liberalismo alimentou também ideologias autoritárias ou mesmo totalitárias, que conseguiram se instalar no poder em diversos Estados, e que não só desprezaram as liberdades individuais e políticas, como voltaram a cultivar concepções organicistas sobre as relações entre o indivíduo e o Estado. É o que se deu, por exemplo, na Alemanha nazista, na Rússia stalinista e na Itália fascista. Tratava-se, em tais casos, não da adoção de

63 Veja-se, a propósito, MARSHALL, T. H. *Class, Citizenship and Social Development*. Garden City: Doubleday, 1964, em que se traça uma relação entre a extensão dos direitos políticos na Inglaterra e o advento dos direitos sociais. Vale, porém, o registro de que, de acordo com o historiador José Murilo de Carvalho, esta relação não se manifestou no Brasil, em que os direitos sociais surgiram na Era Vargas, no contexto de uma ditadura (Cf. CARVALHO, José Murilo. *A Cidadania no Brasil:* um longo caminho. 5ª ed. Rio de Janeiro: Tempo Brasileiro, 2004).

64 A função social da propriedade foi acolhida em muitas das constituições ditas sociais, a partir das Cartas do México de 1917 e de Weimar de 1919. Sobre a função social da propriedade no Direito Comparado, veja-se FOSTER, Sheila R.; MALDONADO, Daniel Bonilla. The Social Function of Property: A Comparative Law Perspective. *Fordham University Law Review*, New York, n. 80, 2011, p. 101-113. No Direito brasileiro, cf. TEPEDINO, Gustavo. Contornos Constitucionais da Propriedade Privada. In: _____. *Temas de Direito Civil*. Rio de Janeiro: Renovar, 1999, p. 267-292.

65 Cf. PRATA, Ana. *A Tutela Constitucional da Autonomia Privada. Op. cit.;* GOMES, Orlando. *Transformações Gerais do Direito das Obrigações*. São Paulo: Revista dos Tribunais, 1970.

66 LACORDAIRE, Jean-Baptiste-Henri Dominique. *Conferénces de Notre-Dame de Paris*. Paris: Sagnier et Bray, 1848, p. 246.

nova leitura dos direitos fundamentais, a partir de compreensão mais realista da pessoa, mas da total denegação desses direitos. Mesmo em outros Estados que não passaram por rupturas tão radicais com os direitos humanos, nem sempre foi nítida a distinção entre a necessidade de correção e o aperfeiçoamento do constitucionalismo liberal, para torná-lo mais inclusivo, e a sua total rejeição, com o recurso a formas autoritárias de exercício do poder, incompatíveis com o respeito à pessoa humana.

De todo modo, na Filosofia também houve várias mudanças importantes que auxiliaram a destronar a concepção abstrata de pessoa. Não há como resumi-las neste espaço, mas cabe apenas recordar muito brevemente alguns marcos importantes. Com Hegel, a historicidade do sujeito e da razão foram postas em evidência, em sentido oposto à matriz kantiana,[67] assim como ressaltada a importância do reconhecimento intersubjetivo.[68] Em outro flanco, o romantismo de filósofos como Schiller e Herder chamou a atenção para o enraizamento cultural das pessoas e para os seus sentimentos, valorizando-os.[69] Mais à frente, o chamado "giro linguístico",[70] nas suas variadas vertentes, rechaçou a "filosofia da consciência", tirando o foco do sujeito e deslocando-o para as relações intersubjetivas, mediadas pela linguagem.[71]

Na Psicologia, houve a corrosão da imagem do homem como ser racional, com a revelação de que as ações humanas são dirigidas também pelo inconsciente, motivadas por razões que muitas vezes o indivíduo desconhece.[72]

---

67 Cf. HEGEL, Georg Wilhelm Friedrich.*A Fenomenologia do Espírito.* 8. ed. Petrópolis: Editora Vozes, 2014; HEGEL, Georg Wilhelm Friedrich. *Princípios da Filosofia do Direito.* Trad. Orlando Vitorino. São Paulo: Martins Fontes, 2003. Sobre as influências do pensamento hegeliano (de difícil compreensão) sobre as concepções de pessoa e dignidade na contemporaneidade, veja-se, *e.g.,* TAYLOR, Charles. *Hegel e a Sociedade Moderna.* Trad. Luciana Pudenzi. São Paulo: Edições Loyola, 2005; e SEELMAN, Kurt. Pessoa e dignidade da pessoa humana na filosofia de Hegel. In:SARLET. Ingo Wolfgang (Org.). *Dimensões da Dignidade:* Ensaios de Filosofia do Direito e Direito Constitucional. 2. ed. Porto Alegre: Livraria do Advogado, 2013, p. 105-118.

68 Tratei extensamente do tema em SARMENTO, Daniel. *Dignidade da Pessoa Humana:* conteúdo, trajetória e eficácia.2ª ed. Belo Horizonte: Fórum, 2016, p. 241-298.

69 Sobre a influência do romantismo – não só como corrente filosófica, mas também como estilo artístico e literário – na conformação da subjetividade contemporânea, veja-se TAYLOR, Charles. *Sources of the Self:* The Making of Modern Identity. *Op. cit.,* p. 368-418.

70 Sobre o "giro linguístico" (*linguistic turn*) e as suas duas principais vertentes – a analítica e a hermenêutica – cf. D'AGOSTINI, Franca. *Analíticos e Continentais.* Trad. Benno Dischinger. São Leopoldo: Unisinos, 2003.

71 Veja-se, a propósito, a construção extremamente densa e sofisticada de HABERMAS, Jürgen. *Teoría de la Acción Comunicativa:* Critica de la Razón Funcionalista. v. 2. Trad. Manuel Jimenez Redondo. Madrid: Taurus, 2003.

72 Em passagem clássica, Sigmund Freud alude a essa revelação como a terceira ferida narcísica que a Ciência teria infligido à humanidade, abalando a sua autoestima. Foram, na sequência, a ferida cosmológica, quando se descobriu, com Copérnico, que a Terra não é o centro do universo; a ferida biológica, quando se revelou, com Darwin, que o homem é apenas mais um animal; e finalmente a ferida psicológica: "O que é mental, em você, não coincide com o que lhe é consciente (...) as informações de sua consciência são incompletas, e, frequentemente, suspeitas. (...). Mas esses dois esclarecimentos, de que a vida instinctual da sexualidade não pode ser inteiramente domada em nós, e de que os processos mentais são inconscientes em si e apenas submetidos ao Eu através de uma percepção incompleta e

Avanços no campo das Ciências Sociais[73] afastaram definitivamente a compreensão incorpórea e desenraizada de pessoa alentada por alguns filósofos iluministas, ao demonstrarem a importância dos vínculos sociais, da cultura e do "olhar do outro" para a formação da subjetividade.

Essas mudanças no plano das ideias nutriram e foram retroalimentadas por movimentos sociais importantes. Alguns se mobilizaram em favor da igualdade material e da justiça social. Outros, mais recentes, combateram dimensões diversas da opressão sobre os excluídos, chamando a atenção para o desprezo às identidades não hegemônicas nas instituições e nas práticas culturais cotidianas.

Assim, múltiplos fatores induziram à adoção de visão mais realista sobre o ser humano, não como o indivíduo racional isolado – "mônada ensimesmada", como ironizara Marx –, mas como a pessoa concreta, que tem necessidades materiais e espirituais, inserida em relações sociais que são constitutivas da sua identidade. Nesse novo contexto, o discurso sobre a dignidade humana também se modifica, incorporando uma dimensão social e relacional inafastável.[74] Não se retorna à compreensão pré-moderna e estamental do ser humano como parte subordinada ao todo social, mas tampouco se mantém a visão "insular" de pessoa,[75] alentada pelo discurso jurídico do liberalismo-burguês. O ser humano, nessa perspectiva, continua a ser concebido, na linha de Kant, como um fim em si mesmo. Mas não se trata mais de uma abstração racional, valiosa porque "tem a lei moral dentro de si", como queria Kant, mas sim de uma mulher ou de um homem concretos, imersos num determinado universo material e simbólico, partícipes de uma teia de relações intersubjetivas que compõem a sua identidade. Pessoas reais, que usam a razão e fazem escolhas, mas que também sentem fome, ficam doentes, cultivam amizades, amam,

---

suspeita, equivalem à afirmação de que o Eu não é senhor de sua própria casa" (FREUD, Sigmund. Uma dificuldade da psicanálise. In: _____. *Obras Completas*. v. 14. Trad. Paulo César de Souza. São Paulo: Companhia das Letras, 2010, p. 250-251).

73 Com perspectivas muito diferentes, veja-se, *e.g.* MEAD, George H. *Mind, Self and Society*. Chicago: University of Chicago Press, 1934; GOFFMAN, Erving. *Stigma:* Notes on the management of spoiled identities. New York: Simon & Schuster, 1963; LÉVI-STRAUSS, Claude. *A Antropologia diante dos Problemas do Mundo Moderno*. Trad. Rosa Freire Aguiar. São Paulo: Companhia das Letras, 2009; TAYLOR, Charles. *Multiculturalismo:* Examinando a política do reconhecimento. Trad. Martha Machado. Lisboa: Instituto Piaget, 1998; GUTMANN, Amy. *Identity in Democracy*. Princeton: Princeton University Press, 2003; TODOROV, Tzvetan *A Vida em Comum:* ensaio de antropologia geral.Trad. Mara Angélica Deângeli e Norma Wimmer. São Paulo: Unesp, 2013.

74 Cf., na literatura brasileira, SARLET, Ingo Wolfgang. As dimensões da dignidade da pessoa humana: construindo uma compreensão jurídico-constitucional necessária e possível. In: _____ (Org.). *Dimensões da Dignidade*: Ensaios de Filosofia do Direito e Direito Constitucional. *Op. cit.*, p. 23-27; BARROSO, Luís Roberto. *A Dignidade da Pessoa Humana no Direito Constitucional Contemporâneo:* A Construção de um Conceito Jurídico à Luz da Jurisprudência Mundial. Belo Horizonte: Fórum, 2013, p. 87- 98; MORAES, Maria Celina Bodin de. O princípio da dignidade da pessoa humana. In: _____. *Na Medida da Pessoa Humana*: Estudos de Direito Civil-Constitucional. Rio de Janeiro: Renovar: 2010, p. 44-51.

75 A expressão é de AZEVEDO, Antônio Junqueira de. Caracterização Jurídica da Dignidade da Pessoa Humana. *Revista USP*, n. 53, 2002, p. 90-101.

sofrem e precisam do outro, e que não deixam de ser dignas por isso.[76] Pelo contrário, essa humanidade "calorosa" - este "ser gente" - é uma das melhores justificativas para o reconhecimento da sua dignidade.

5. DE VALOR RELIGIOSO E FILOSÓFICO A PRINCÍPIO JURÍDICO

Até o advento da Modernidade, era sobretudo no discurso religioso que se encontravam exaltações à dignidade do ser humano, em geral expressas por meio de outro vocabulário. Já aludimos, neste capítulo, à conhecida passagem do *Gênesis,* que afirma a criação do homem *à imagem e semelhança de Deus,* e que tanta importância teve para o cristianismo ao longo de sua história.

Na religião judaica, também a ideia da dignidade humana tem raízes antigas, sendo frequentemente associada ao conceito de *kavod*[77]- palavra hebraica traduzida como dignidade, glória ou honra. Embora a palavra *kavod* seja mais frequentemente empregada em referências a Deus, também se encontra, na tradição judaica, a valorização da dignidade humana, sintetizada na expressão "*kvod Ha'adam*". Do mesmo modo, há no islamismo importantes sinalizações no sentido do reconhecimento da dignidade humana. Por exemplo, o Alcorão, na Sura 17, afirma que Allah conferiu "dignidade aos filhos de Adão", e determinou aos anjos que "se prostrassem perante os homens".[78] Além disso, em diversas outras tradições religiosas também é possível detectar manifestações importantes de enaltecimento do ser humano.[79]

É igualmente antiga a preocupação com a dignidade humana no pensamento dos grandes filósofos: Cícero, Pico della Mirandola e Kant foram apenas alguns dentre os muitos pensadores que, de uma maneira ou de outra, se debruçaram sobre o assunto ao longo do tempo. Porém, o que não havia, até muito recentemente, era a consagração *jurídica* do princípio da dignidade da pessoa humana. Essa é, basicamente, uma novidade do século XX, especialmente do segundo pós-guerra.[80]

As declarações de direitos, constituições e codificações dos séculos XVIII e XIX não aludiam à dignidade humana. Por conta disso, há quem afirme que a preocupação com a sua garantia era alheia ao discurso dos direitos humanos

---

76 Sobre a relevância dos sentimentos para a justiça política, veja-se NUSSBAUM, Martha C. *Political Emotions:* Why Love Matters for Justice. Cambridge: The Belknap Press of Harvard University Press, 2013.

77 De acordo com Orit Kamir, o coceito de *kavod* é ambíguo e, além da exegese que o associa à dignidade humana, também comporta interpretações ligadas a visões particulares e não inclusivas sobre a honra. Veja-se, a propósito, KAMIR, Orit. Honor and Dignity Cultures: the case of kavod and ha-adam in Israeli society and Law. In: KRETZMER, David; KLEIN, Eckart (Eds.). *The Concept of Human Dignity in Human Rights Discourse.* The Concept of Human Dignity in Human Rights Discourse. The Hague: Kluwer Law International, 2002, p. 231-258.

78 Cf. KAMALI, Mohammad Hashim. *Human Dignity in Islam.* Disponível em: <http://www.iais .org.my/e/index.php/publications-sp-1447159098/articles/item/36-human-dignity-in-islam.html>.

79 Cf. JOAS, Hans. *A Sacralidade da Pessoa:* nova genealogia dos direitos humanos. *Op. cit.,* p. 24-25.

80 Cf. GRIMM, Dieter. A Dignidade Humana é Intangível. Trad. Eduardo Mendonça. *Revista de Direito do Estado,* n. 19; n. 20, 2010, p. 4.

até a 2ª Guerra Mundial.[81] Não é este o meu entendimento. Tais documentos jurídicos se erguiam sobre pressupostos que são da essência da dignidade humana, como a autonomia, a igualdade - pelo menos a formal - e a necessidade de limitação do poder estatal.[82] Mais importante que isso, os direitos reconhecidos nesses documentos e nos que vieram depois - direitos individuais, políticos, sociais, culturais etc - foram o resultado de lutas históricas que, nas palavras de Habermas, tiveram como combustível a "indignação dos humilhados pela violação da sua dignidade humana".[83]

A experiência com a afronta à dignidade humana nutriu lutas como as que foram travadas em favor da tolerância e liberdade religiosas, - que estão na base do constitucionalismo moderno –, em prol da emancipação dos escravos, da universalização do sufrágio, da afirmação dos direitos dos trabalhadores explorados, do acesso dos pobres a condições materiais básicas de vida, da descolonização, do respeito às diferenças identitárias etc. Em geral, as reivindicações de direitos não se articularam sob a bandeira da dignidade humana. Contudo, em um plano mais profundo, um motor das lutas foi a percepção de que certos tratamentos ou condições de vida degradantes ofendiam a dignidade das suas vítimas. As normas jurídicas constitucionais ou infraconstitucionais que resultaram dessas lutas tampouco invocaram, no mais das vezes, a dignidade da pessoa humana. Porém, parece inegável que também beberam dessa fonte.

Pelo que consta, a primeira invocação explícita da dignidade da pessoa humana em texto jurídico deu-se no preâmbulo do decreto que aboliu a escravidão na França, editado em 1848, em que se afirmava que "a escravidão é um atentado contra a dignidade humana".[84] Algumas constituições anteriores à 2ª Guerra Mundial fizeram referência à dignidade humana. Foi o caso das constituições do México de 1917, da Alemanha e da Finlândia, ambas de 1919. Outro texto constitucional precursor na matéria foi a Constituição brasileira de 1934, cujo artigo 115 ditava que "a ordem econômica deve ser organizada conforme os princípios da Justiça e as necessidades da vida nacional, de modo que possibilite a todos existência digna".

Porém, foi depois da 2ª Guerra Mundial que normas internacionais e constituições passaram a positivar, com destaque, o princípio da dignidade

81 Neste sentido, MOYN, Samuel. The Surprising Origins of Human Dignity. In: _____. *Human Rights and the uses of History.* London: Verso, 2014, (*e-book*),pos. 428 e ss.

82 Nesta linha, em relação à Declaração dos Direitos dos Homens e do Cidadão, cf. GIMENO-CABRERA, Véronique. *Le Traitement Jurisprudentiel du Principe de Dignité de la Personne Humaine dans la Jurisprudence du Conseil Constitutionnel Français et du Tribunal Constitutionnel Espagnol.* Paris : L.G.D.J., 2004, p. 26-27.

83 HABERMAS, Jürgen. O conceito de dignidade humana e a utopia realista dos direitos humanos. In: _____. *Sobre a Constituição da Europa.*Trad. Luis Werle, Luiz Repa e Rúrion Melo. São Paulo: Ed. UNESP, 2012, p. 9.

84 Cf. SCOTT, Rebecca J. Dignité/Dignidade: Organizing against Threats to Dignity in Societies after Slavery. In:MCCRUDDEN, Christopher (Ed.). *Understanding Human Dignity. Op. cit.*, p. 61.

humana. O fenômeno correspondeu a uma reação diante da barbárie insuperável do nazismo, que disseminou a percepção de que era fundamental organizar os Estados e a comunidade internacional sobre novas e mais humanitárias bases, de modo a impedir que semelhante catástrofe moral pudesse voltar a acontecer. Trata-se de projeção do que Celso Lafer designou como "a reconstrução dos direitos humanos".[85]

Este cenário levou à entronização, em declarações e tratados internacionais, bem como em inúmeras constituições nacionais, do princípio da dignidade da pessoa humana. No plano internacional, o recurso à dignidade humana como fundamento dos direitos se afigurava, além de tudo, bastante útil, já que, pela plasticidade da categoria, a sua invocação se tornava palatável para pessoas de culturas, religiões e ideologias muito diferentes. Tais indivíduos encontrariam dificuldades provavelmente insuperáveis se buscassem definir algum fundamento último para os direitos, o que poderia até inviabilizar o consenso mínimo necessário à aprovação dos documentos e normas internacionais.[86] Mas podiam concordar com a fundamentação calcada na dignidade humana, já que esta se abre a leituras muito diversificadas - religiosas e laicas, liberais e socialistas, conservadoras e progressistas - que cabiam nas cosmovisões de quase todos os envolvidos. A dignidade, pode-se dizer, viabilizou um certo "consenso sobreposto" entre os membros da comunidade internacional no cenário do pós-guerra. Mas se tratava - ainda se trata - de um consenso "raso", "incompletamente teorizado", e o conteúdo da dignidade remanesce aberto não só a significativas variações culturais entre povos diferentes, como também a fortes disputas no interior de cada sociedade nacional.

A maior parte dos documentos internacionais sobre direitos humanos, editados após a 2ª Guerra Mundial, contêm a proclamação da dignidade da pessoa humana. Dentre outros, a Carta da ONU (1945), a Declaração Universal dos Direitos Humanos (1948), a Convenção Internacional para a Eliminação de Todas as Formas de Discriminação Racial (1965), o Pacto dos Direitos Civis e Políticos (1966), o Pacto dos Direitos Sociais e Econômicos (1966), a Convenção Interamericana de Direitos Humanos (1978), a Convenção sobre a Eliminação de Todas as Formas de Discriminação contra as Mulheres (1979), a Carta Africana de Direitos Humanos e dos Povos (1981), a Convenção contra a Tortura e outros Tratamentos Cruéis, Desumanos e Degradantes (1984), a Convenção sobre os Direitos das Crianças (1989), a Carta de Direitos Fundamentais da União Europeia (2000) e a Convenção sobre os Direitos das Pessoas com Deficiência (2007). Dentre estes textos internacionais, vale destacar, pela sua importância histórica ímpar, a Declaração Universal dos Direitos

85 LAFER, Celso. *A Reconstrução dos Direitos Humanos.* São Paulo: Companhia das Letras, 1988.

86 Para uma detalhada descrição da dificuldade de definição da base filosófica dos direitos durante os trabalhos de elaboração da Declaração Universal dos Direitos Humanos, veja-se GLENDON, Mary Ann; *The World Made New:* Eleanor Roosevelt and the Universal Declaration of Human Rights. New York: Random House, 2001.

Humanos, cujo preâmbulo afirma que "o reconhecimento da dignidade inerente a todos os membros da família humana e de seus direitos iguais e inalienáveis é o fundamento da liberdade, da justiça e da paz no mundo".

Também no plano interno, o princípio da dignidade da pessoa humana passa a ser consagrado com frequência cada vez maior depois da 2ª Guerra. Os exemplos são intermináveis, envolvendo países de todos os continentes. Das 194 constituições atualmente em vigor, 149 consagram expressamente o princípio da dignidade humana.[87]

Pela importância, vale uma brevíssima nota sobre a experiência germânica. A Lei Fundamental alemã proclama no seu artigo 1º, (1), que "a dignidade da pessoa humana é inviolável. Respeitá-la e promovê-la é dever de todas as autoridades estatais". No país, o princípio da dignidade da pessoa humana é considerado, de forma praticamente incontroversa, como o mais importante de toda a ordem jurídica, figurando no centro da ordem de valores constitucionais.[88] A jurisprudência da Corte Constitucional alemã está repleta de afirmações como a de que "a dignidade humana está no topo da ordem de valores da Lei Fundamental";[89] "a pessoa humana livre e sua dignidade são os valores mais elevados da ordem constitucional";[90] "o direito à inviolabilidade da dignidade humana é a base de todos os direitos fundamentais".[91]

Mais até do que princípio jurídico, a dignidade da pessoa humana se tornou, na Alemanha contemporânea, um valor socialmente compartilhado, que integra o *ethos* e a identidade constitucional da Nação. Nas palavras de Dieter Grimm, a frase da Lei Fundamental que decreta que a dignidade humana é inviolável é a que mais marca os alemães.[92] As razões históricas dessa extrema valorização da dignidade humana na cultura jurídica e social alemã são compreensíveis. Afinal, o constitucionalismo germânico contemporâneo se erigiu sobre os escombros no nazismo e do Holocausto, com a pretensão de erguer uma comunidade política e um sistema jurídico que representassem exatamente o oposto da barbárie nacional-socialista, que consistiu na mais radical e odiosa negação à ideia da dignidade humana em toda a história da

---

87 Cf. *Constitute Project.* Disponível em http://www.constituteproject.org/#/search.

88 Cf. GRIMM, Dieter. A Dignidade Humana é Intangível. *Op. cit.*, p. 5; HÄBERLE, Peter. A dignidade humana como fundamento da comunidade estatal. Trad. Ingo Wolfgang Sarlet e Pedro Scherer de Melo Aleixo. In: SARLET, Ingo Wolfgang (Org.). *Dimensões da Dignidade*: Ensaios de Filosofia do Direito e Direito Constitucional. Porto Alegre: Livraria do Advogado, 2005, p. 128; BENDA, Ernst. Dignidad Humana y Derechos de la Personalidad. In: BENDA, Ernst et al. *Manual de Derecho Constitucional.* 2. ed. Trad. Antonio López Pina, Barcelona: Marcial Pons, 2001, p. 118; STARCK, Christian. The Religious and Philosophical Background of Human Dignity and its Place in Modern Constitutions. In: KRETZMER, David; KLEIN, Eckart (Eds.). *The Concept of Human Dignity in Human Rights Discourse.* The Hague: Kluwer Law International, 2002, p. 179; EBERLE, Edward J. *Dignity and Liberty:* Constitutional Visions in Germany and the United States. Westport: Praeger, 2002, p. 41.

89 Tribunal Constitucional Federal da Alemanha. BVerfGE 27, 1 (1969).

90 Tribunal Constitucional Federal da Alemanha. BVerfGE 45, 187 (1977).

91 Tribunal Constitucional Federal da Alemanha. BVerfGE 30, 173 (1971).

92 GRIMM, Dieter. A Dignidade Humana é Intangível. *Op. cit.*, p. 3.

Humanidade. Como ressaltou Winfried Brugger, o sistema de direitos fundamentais da Lei Fundamental alemã, em cujo ápice está a dignidade humana, tem como *moto:* "Nunca mais! Nunca mais seja permitido à barbárie do aparato do terror nacional-socialista prevalecer na nossa comunidade".[93]

O exemplo alemão foi seguido por inúmeros países. A dignidade humana é hoje amplamente reconhecida como um princípio normativo de máxima estatura e não como mera proclamação retórica. Tribunais e cortes constitucionais de todo o mundo passam a invocar com frequência cada vez maior o princípio,[94] que é central na jurisprudência de países de todos os continentes, como África do Sul, Colômbia, Canadá, Israel e Hungria.

O fenômeno, praticamente universal, de positivação da dignidade da pessoa humana não importou, porém, no esmaecimento das facetas não jurídicas do princípio. Pelo contrário, a dignidade humana continua sendo um elemento central em diversas religiões, um pilar fundamental em inúmeras teorias filosóficas, um combustível importante para as reivindicações sociais dos grupos excluídos. De um modo ou de outro, tais facetas da dignidade não cessam de influenciar o Direito, contribuindo de forma decisiva nos processos de interpretação do princípio.

Como ressaltou Jürgen Habermas, a dignidade da pessoa humana converteu-se em uma importante "porta de entrada" da argumentação moral e filosófica no campo jurídico.[95] A sua consagração, no patamar mais elevado dos ordenamentos jurídicos, diminuiu, inclusive, a relevância prática da interminável querela entre positivistas e jusnaturalistas.[96] Hoje, mesmo um positivista que leve a sério a Constituição não terá como se evadir ao debate sobre os padrões mínimos de respeito ao ser humano que devem ser observados pelas instituições e práticas sociais, cuja dimensão moral é irrecusável.

---

93 BRUGGER, Winfried. Dignity, Rights and legal Philosophy within the Anthropological Cross of Decision--Making. *German Law Journal*, v 9, n. 10, 2008, p. 1.260.

94 Veja-se, a propósito, entre outros, MCCRUDDEN, Christopher. Human Dignity and Judicial Interpretation of Human Rights. *Op. cit;* BARROSO, Luís Roberto. *A Dignidade da Pessoa Humana no Direito Constitucional Contemporâneo:* A Construção de um Conceito Jurídico á Luz da Jurisprudência Mundial. *Op. cit.*; DALY, Erin. *Dignity Rights:* Courts, Constitution and the Worth of the Human Person. Philadelphia: University of Pennsylvania Press, 2013.

95 De acordo com Habermas, a dignidade humana introduz uma "moral universalista" nas constituições democráticas, produzindo uma "fusão explosiva da moral no *medium* do direito, no interior do qual deve ser efetuada a construção de ordens políticas justas" (HABERMAS, Jürgen. O conceito de dignidade humana e a utopia realista dos direitos humanos. *Op. cit.*, p. 36-37).

96 Não é este o espaço propício para enfrentar o tema, mas considero que nem o jusnaturalismo, nem o positivismo, em qualquer das suas versões, oferecem respostas satisfatórias para a teoria jurídica contemporânea. Como observei alhures, "o jusnaturalismo, mesmo na sua versão racional moderna, não reúne as condições necessárias para conferir legitimidade ao Direito, no cenário das sociedades contemporâneas, caracterizadas pelo pluralismo de visões de mundo. Por outro lado, a constatação de que o direito positivo pode assumir as feições mais monstruosas, como ocorreu na Alemanha nazista, torna imperativa a busca de algum fundamento moral para os ordenamentos, cuja validade não pode repousar apenas na autoridade ou na força de quem edita as normas jurídicas" (SOUZA NETO, Cláudio Pereira de; SARMENTO, Daniel. *Direito Constitucional:* teoria, história e métodos de trabalho. Belo Horizonte: Fórum, 2012, p. 427-428).

A dignidade humana, em síntese, de mera proclamação religiosa e filosófica converteu-se em princípio jurídico vinculante da mais elevada estatura, mas isso não a privou da sua dimensão moral. Pelo contrário, a sua positivação é parte importante do fenômeno de abertura do Direito à leitura moral.[97]

6. BRASIL: DIGNIDADE NUM CONTEXTO DESIGUAL

Dos três processos históricos descritos acima, o mais problemático no Brasil tem sido certamente o de universalização da dignidade humana.

No que concerne à positivação jurídica, a dignidade da pessoa humana está consagrada com destaque na Constituição de 1988, no art. 1º, inciso III, que a invoca como "fundamento da República", sendo também citada em outros preceitos mais específicos (arts. 170; 226, § 6º; 227; 230). O Brasil, ademais, ratificou e incorporou ao ordenamento jurídico quase todos os tratados internacionais de direitos humanos que contêm referências à dignidade. Não bastasse, sob a égide da Constituição de 88, e sobretudo nos últimos quinze anos, a invocação da dignidade se tornou moeda corrente no discurso jurisdicional, a ponto de suscitar legítimas preocupações quanto à sua banalização.

Em relação à adoção de concepção mais concreta de pessoa, o caso brasileiro tem singularidades. Por um lado, ao longo da nossa história, o discurso jurídico muitas vezes se deixou impregnar por concepções do sujeito muito abstratas e descoladas da realidade. Foi assim, por exemplo, no Direito Privado que se desenvolveu sob a égide do Código Civil de 1916, marcado pelo forte individualismo.[98] A Constituição de 88 certamente não guarda qualquer ranço atomista. A releitura do ordenamento guiada pelos valores da Constituição impõe que se rechace qualquer visão excessivamente abstrata do indivíduo – insensível à sua situação real no mundo – em favor de concepção mais concreta e integral da sua personalidade.

De todo modo, na esfera social, as pessoas são e sempre foram percebidas no Brasil como seres situados, inseridos numa teia de relações sociais constitutivas da sua identidade. Todavia, este enraizamento nunca funcionou como elemento emancipatório, que propiciasse proteção mais integral aos direitos e necessidades das pessoas vulneráveis. Trata-se exatamente do contrário: um enraizamento de feições pré-modernas, em que o *status* jurídico da pessoa se relaciona, na prática, a elementos como a classe social, cor, profissão, relações

97 Sobre a leitura moral do Direito Constitucional, veja-se DWORKIN, Ronald. Introduction: The Moral Reading and the Majoritarian Premise. In:_____. *Freedom's Law:* The Moral Reading of the American Constitution. Cambridge: Harvard University Press, 1996, p. 1-38.

98 Cf. MEIRELLES, Jussara. O ser e o ter na codificação civil brasileira: do sujeito virtual à clausura patrimonial. In:FACHIN, Luiz Edson (Coord.). *Repensando os Fundamentos do Direito Civil Brasileiro.* Rio de Janeiro: Renovar, 2000, p. 87-114.

familiares e de amizade do indivíduo.[99] A questão, portanto, acaba se reconduzindo ao mais crônico dos problemas nacionais: a *desigualdade.*

Assim, é no processo de universalização que se vislumbra o aspecto mais patológico do processo de afirmação da dignidade humana no Brasil. Subsistem nas nossas relações sociais traços fortemente hierárquicos, que se manifestam na assimetria entre as pessoas para o acesso aos direitos e submissão aos deveres impostos pela ordem jurídica. Houve, sem dúvida, avanços nesta área desde o advento da Constituição de 88, mas os nossos padrões de desigualdade continuam perversos e inaceitáveis.

Trata-se de uma desigualdade multidimensional, que não diz respeito apenas à elevada concentração de renda. Ela também se manifesta em outros planos, como na falta de acesso universal às liberdades básicas e aos serviços públicos, no tratamento dispensado às pessoas por agentes estatais e por particulares, na plutocratização da política e no desrespeito às diferenças identitárias. Esta desigualdade tem um forte componente econômico, mas também se deixa permear por outros critérios de diferenciação para a eleição das suas vítimas. Além dos pobres, ela também estigmatiza outros grupos vulneráveis, como os negros, os indígenas, as mulheres, os homossexuais, os presos e as pessoas com deficiência, cada um do seu modo.

Tais padrões desigualitários não são o produto contingente de alguma crise social ou econômica passageira. Eles não se devem aos insucessos desse ou daquele governo. O problema é crônico e está profundamente enraizado em nossa história e cultura. Nossa desigualdade tem direta ligação com o passado escravocrata, com o desenvolvimento tardio e incompleto da noção de cidadania[100] e com a nossa enorme dificuldade em superar uma compreensão pré-moderna, hierárquica e estamental das relações sociais, em que direitos e deveres são concebidos não em bases universalistas, mas a partir da posição ocupada por cada indivíduo na estrutura social

E nossa desigualdade se encontra fortemente naturalizada. Os brasileiros, em geral, são socializados desde a primeira infância para perceberem as relações sociais como naturalmente desiguais. Compreende-se como natural que os patrões se utilizem do elevador social e os empregados tenham de usar o de serviço. Natural que os mais humildes tenham de chamar as pessoas de classe superior de "doutor" ou "doutora", "senhor" ou "senhora", enquanto estas se dirigem aos mais humildes por meio do informal "você". Natural que só haja pobres na prisão; que as autoridades públicas tratem com subserviência os

99 Sobre esta questão, veja-se o clássico ensaio de DAMATTA, Roberto. Sabe com quem está falando? A distinção entre indivíduo e pessoa no Brasil. In:_____. *Carnavais, Malandros e Heróis:* Para uma sociologia do dilema brasileiro. 6. ed., Rio de Janeiro: Rocco, 1996, p. 181-248.

100 Sobre este desenvolvimento, veja-se CARVALHO, José Murilo de. *A Cidadania no Brasil:* um longo caminho. *Op. cit.*

poderosos e com prepotência e desrespeito os mais humildes. Nossas práticas sociais ensinam "a cada um o seu lugar". [101]

A desigualdade, para empregar uma categoria de Pierre Bourdieu, se inscreve no *habitus* do brasileiro, instalando-se abaixo do nível da nossa consciência racional.[102] Ela se deposita muito no fundo da nossa compreensão do mundo e passa a pautar o nosso comportamento espontâneo e pré-reflexivo. Cada um "aprende o seu lugar" e tende a agir automaticamente de acordo com estas regras implícitas da nossa gramática social. Isto, evidentemente, compromete a concretização, no plano das relações sociais, da ideia jurídica e moral da igual dignidade entre as pessoas. Jessé de Souza bem captou o problema ao registrar que "para que haja eficácia legal da regra da igualdade é necessário que a percepção da igualdade na dimensão da vida cotidiana esteja efetivamente internalizada",[103] o que não ocorre entre nós.

Neste quadro, a violação dos direitos das pessoas da elite causa escândalo. Se, por exemplo, um empresário é algemado indevidamente – o que é certamente lamentável –, alguém logo ensaia uma analogia exagerada com o nazismo. Mas não provoca comoção comparável a expedição de mandados de busca e apreensão genéricos pelo próprio Poder Judiciário, que permitem o ingresso da polícia em qualquer residência, em complexos de favelas com dezenas de milhares de casas; nem mesmo o assassinato diário de jovens pobres e negros pelas autoridades de segurança. Nas consciências entorpecidas pela hierarquia, nem todas as vidas valem o mesmo.

Marcelo Neves tratou dessa disfunção da nossa sociedade por meio da formulação das categorias da *subintegração* e da *sobreintegração*.[104] Neves parte da impossibilidade de aplicação no Brasil e em outros países da "Modernidade periférica" da teoria autopoiética do Direito, elaborada por Niklas Luhmann.[105] Tal teoria, como se sabe, postula que o sistema jurídico das sociedades modernas é operacionalmente fechado em relação ao ambiente, com o qual mantém apenas aberturas cognitivas.[106] Isso, em apertada síntese, significa dizer que as questões jurídicas são resolvidas por meio do código binário do próprio Direito – o lícito/ilícito –, não se sujeitando a imposições "vindas de fora", de esferas

101 Cf. DAMATTA, Roberto. Sabe com quem está falando? Ensaio sobre a distinção entre indivíduo e pessoa no Brasil. In: _____. *Carnavais, Malandros e Heróis*: Para uma sociologia do dilema brasileiro. *Op. cit.*

102 Cf. BOURDIEU, Pierre. *Razões Práticas:* sobre a teoria da ação. Trad. Mariza Corrêa. Campinas: Papirus, 1996; BOURDIEU, Pierre. *A Economia das Trocas Simbólicas.* Trad. Sérgio Miceli et al. São Paulo: Perspectiva, 1987.

103 SOUZA, Jessé de. A Gramática Social da Desigualdade Brasileira. In: _____ (Org.). *A Invisibilidade da Desigualdade Brasileira.* Belo Horizonte: Editora UFMG, 2006, p 31.

104 NEVES, Marcelo. Entre Subintegração e Sobreintegração: A cidadania inexistente. *Dados – Revista de Ciências Sociais,* v. 37, n. 2, 1994, p. 253-276.

105 Cf. NEVES, Marcelo. *A Constitucionalização Simbólica.* 2. ed., São Paulo: Martins Fontes, 2007.

106 Veja-se, a propósito, LUHMANN, Niklas. The self-reproduction of Law and its limits. In: TEUBNER, Gunther (Ed.). *Dilemmas of Law in the Welfare State.* New York: Walter de Gruyter, 1986; LUHMANN, Niklas. *Sociologia do Direito,* 2 v. Trad. Gustavo Bayer, Rio de Janeiro: Edições Tempo Brasileiro, 1983.

como a política, a economia ou a religião. Nosso Direito, segundo Marcelo Neves, teria permanecido *alopoiético,* sem suficiente diferenciação funcional em relação a outros subsistemas sociais. Dessa forma, elementos estranhos ao código do Direito – especialmente o dinheiro e o poder político – penetram generalizadamente nos processos de concretização das normas legais, dirigindo o seu resultado de forma desigualitária. Em tal contexto, não existe a universalidade da inclusão no Direito, mas sim a corrupção sistêmica, que se atualiza por meio de relações de subintegração e sobreintegração à cidadania.

Os subintegrados, de um lado, não têm condições reais de acesso aos direitos fundamentais, que "não desempenham qualquer papel relevante no seu agir e vivenciar".[107] Permanecem, porém, sujeitos ao poder do Estado, submetidos a toda a violência do seu aparelho repressivo e punitivo. Eles compõem as camadas populares, às quais pertence a maioria da população. Do outro lado, figuram os sobreintegrados, que são os "donos do poder". Estes possuem amplo acesso aos direitos e conseguem mobilizar e manipular o discurso constitucional em favor dos seus interesses, nem sempre legítimos. Além disso, os sobreintegrados logram se evadir aos limites que a ordem jurídica impõe à sua conduta, e, quando vulneram tais proibições, quase sempre ficam impunes.

A partir de perspectiva teórica distinta, Oscar Vilhena Vieira também demonstrou como a desigualdade brasileira subverte a própria ideia de Estado de Direito.[108] Para Vieira, a profunda desigualdade existente no Brasil é responsável pela sedimentação de um modelo de sociedade em que convivem "a *invisibilidade* daqueles submetidos à pobreza extrema, a *demonização* daqueles que desafiam o sistema e a *imunidade* dos privilegiados, minando a imparcialidade da lei".[109] A invisibilidade significa que o sofrimento e a violação de direitos dos pobres e excluídos não causam reação moral, política ou jurídica de monta. Já a demonização é o processo pela qual a sociedade elege "inimigos", justificando e legitimando a violação dos seus direitos mais básicos, e passando a tratá-los como menos que humanos. E a imunidade consiste na atribuição à elite de posição "acima da lei", por meio da impunidade e do acesso a privilégios. Temos no Brasil a invisibilidade dos pobres, moradores de favelas e de comunidades carentes, a demonização dos presos e de pessoas vistas como ligadas ao crime, e a imunidade das elites econômicas e políticas.

Esta hierarquização que permeia a vida concreta do Direito brasileiro por vezes está expressa na lei. Exemplo paradigmático é a previsão legal de prisão especial para os portadores de diploma de curso superior.[110] Não há qualquer

107 NEVES, Marcelo. Luhmann, Habermas e o Estado de Direito. *Lua Nova,* n. 37, 1996, p. 101.

108 VIEIRA, Oscar Vilhena. A Desigualdade e a Subversão do Estado de Direito. In: SARMENTO, Daniel; IKAWA, Daniela; PIOVESAN, Flávia (Orgs). *Igualdade, Diferença e Direitos Humanos.* Rio de Janeiro: Lumen Juris, 2008, p. 191-216.

109 *Ibidem*, p. 207.

110 De acordo com o art. 295 do Código de Processo Penal, os diplomados por qualquer faculdade têm direito a prisão especial até o trânsito em julgado de decisão condenatória. Esta prisão especial consiste em recolhimento em local distinto do preso comum, ou, na falta de estabelecimento específico, em cela

razão plausível que justifique o melhor tratamento na prisão, antes da condenação definitiva, das pessoas mais cultas – quase sempre também as mais ricas e mais brancas.[111] Pela sua instrução, essas pessoas tiveram até, presumivelmente, mais chance do que os demais presos de seguir outros caminhos de vida que não os da criminalidade.[112]

Com mais frequência, porém, o problema não está nas normas vigentes, mas nas práticas sociais que subsistem à margem da lei ou que se infiltram nos seus processos de aplicação. No Brasil contemporâneo, temos até boas leis, que se assentam na igual dignidade das pessoas – Constituição Federal, Estatuto da Criança e do Adolescente, Lei de Execução Penal, Estatuto da Igualdade Racial, entre outros diplomas. Porém, a desigualdade enraizada na nossa cultura sabota o emprego dessas normas jurídicas, que acabam não protegendo a todos os seus destinatários, e se sujeitando a aplicações assimétricas pelas autoridades estatais, inclusive do Poder Judiciário.

Isso ocorre até mesmo com o princípio da dignidade da pessoa humana, que, apesar do seu teor igualitário, se sujeita a abusos e silêncios eloquentes. Um exemplo anedótico deu-se no Tribunal de Justiça do Estado do Rio de Janeiro, em decisão que invocou a dignidade do magistrado, para obrigar os empregados do condomínio em que vive um juiz a chamarem-no apenas de "doutor" ou "senhor.[113] Em outro caso, o Tribunal Regional Federal da 1ª Região valeu-se da dignidade humana para afirmar que o valor do dano moral devido por ofensas praticadas contra magistrados deveria ser maior.[114]

Enquanto isso, práticas cotidianas de violação à dignidade de pessoas humildes ou integrantes de grupos vulneráveis não despertam a invocação do princípio. Como na Revolução dos Bichos, de George Orwell, todos são iguais, mas alguns são "mais" iguais do que os outros.

Enfim, o principal déficit de efetividade da dignidade da pessoa humana no Brasil deriva não de uma razão puramente jurídica ou mesmo econômica.

---

diferente, que pode ser coletiva, desde que "atendidos os requisitos de salubridade do ambiente, pela concorrência dos fatores de aeração, insolação e condicionamento térmico adequados à existência humana". Veda-se, ainda, o transporte do preso especial juntamente com o preso comum.

111 Neste sentido, cf. PADILHA, Valquíria. A distinção por trás das grades: reflexões sobre a prisão especial. *Revista Sociologia Jurídica*, n. 4, 2007. Disponível em: <http://www.sociologiajuridica.net.br/numero-4/193-a-distincao-por-atras-das-grades>.

112 Vale ressaltar que a Procuradoria-Geral da República ajuizou em março de 2015 a ADPF 334, questionando a validade da prisão especial, sob o argumento de que viola os princípios constitucionais da igualdade e da dignidade da pessoa humana, que ainda não foi julgada pelo STF.

113 Tribunal de Justiça do Estado do Rio de Janeiro. 9ª Câmara Cível, Processo 2004.002.173, Rel. Des. Gilberto Dutra. A decisão do relator foi posteriormente confirmada pela 9ª Câmara Cível do TJ/RJ, por 2 votos a 1. Os termos da decisão são eloquentes: "Tratando-se de magistrado, cuja preservação da *dignidade* e de decoro da função que exerce, e antes de ser direito do agravante, mas um dever e, verificando-se dos autos que o mesmo vem sofrendo, não somente um enorme *desrespeito* por parte de *empregados subalternos* do condomínio, mas verdadeiros desacatos, mostra-se, data vênia, teratológica a decisão do juízo *a quo* ao indeferir a antecipação da tutela pretendida. Isto posto, defiro-a de plano" (grifo meu).

114 Tribunal Regional Federal da 1ª Região. 5ª Turma, AC 2009.34000045541, Rel. Des. Federal Souza Prudente, e-DJF de 27/06/2013, p. 192.

A sua origem está em uma cultura muito enraizada, que não concebe a todas as pessoas como igualmente dignas. Nesse cenário, a dignidade humana periga, paradoxalmente, converter-se no seu inverso: um veículo adicional para reprodução e reforço do *status quo* de hierarquias e assimetrias, que consagra privilégios para uns à custa do tratamento indigno dispensado a outros.

Mas não precisa ser assim. Não se deve tomar essa descrição algo sombria do *ethos* desigualitário presente em nossa sociedade como uma capitulação fatalista do discurso constitucional diante de uma realidade refratária aos seus valores. O nosso quadro sociocultural não é imutável. É necessário combater a desigualdade, buscando desentranhar das instituições e das práticas sociais os traços da hierarquia e da exclusão que nelas subsistem, para promover o ideal constitucional da igual dignidade das pessoas.

7. CONCLUSÃO

Não há teleologia na história que empurre a humanidade em direção a um futuro glorioso. Porém, em relação à dignidade da pessoa humana, é possível captar a ação de três processos históricos importantes e virtuosos ao longo dos séculos. Em primeiro lugar, de atributo das elites na Antiguidade, a dignidade se tornou na Modernidade um predicado atribuído universalmente a todas as pessoas. Em segundo, passou-se a mirar na contemporaneidade não mais o sujeito abstrato e insular do Iluminismo e do liberalismo-burguês, mas a pessoa concreta e situada, com as suas necessidades materiais e psicológicas, imersa em relações intersubjetivas. Em terceiro, a dignidade humana deixou de ser apenas um valor religioso e moral, para se converter em princípio jurídico vinculante, que ocupa posição central na ordem constitucional de muitos estados, como o Brasil.

Em nosso país, porém, há um déficit grave em relação ao primeiro desses processos. Apesar de assegurada pela Constituição em bases universalistas, a dignidade por vezes ainda é lida através das lentes da hierarquia, que marcam desde sempre as nossas relações sociais, o que explica alguns silêncios e abusos na sua invocação judicial. Alguns passos já foram ensaiados na direção correta, mas ainda é cedo para falar em mudança de paradigma. Cabe a nós acelerar essa impreterível jornada, fundamental para a civilização brasileira.

Justificativas Filosóficas da Liberdade de Associação

Carlos Eduardo Frazão[1]

1. CONSIDERAÇÕES INICIAIS

Foi com genuína alegria que recebi o honroso convite formulado pelo meu dileto amigo Professor Carlos Alexandre de Azevedo Campos para contribuir nesta Coletânea em homenagem ao eterno Professor Ricardo Lobo Torres. Carlos Alexandre e eu tivemos a sorte de integrarmos a última turma do Professor Lobo Torres no Programa de Pós-Graduação em Direito Público da prestigiada Faculdade de Direito da UERJ na disciplina de Direitos Humanos. Uma experiência enriquecedora intelectualmente.

Ao lado da satisfação pessoal, o convite é, por certo, desafiador: abordar um dos temas caros àquela disciplina do Professor Lobo Torres (*i.e.*, buscar os fundamentos filosóficos de um direito fundamental – nesse texto específico, de associação), tentando manter o grau de excelência dos artigos que compõe a obra.

Eis, portanto, o objeto do presente estudo: apresentar, em linhas gerais, algumas justificativas filosóficas da liberdade fundamental de associação. Por razões de espaço, serão examinados os fundamentos sob a perspectiva de três principais matrizes: *(i)* liberalismo igualitário, *(ii)* libertarianismo ou liberalismo conservador e *(iii)* comunitarismo. Após a exposição, a conclusão que apresentaremos é a de que a liberdade de associação se encontra numa espécie de *"consenso sobreposto"* em relação a cada uma dessas vertentes, *i.e.*, todas elas advogam, dentro de suas premissas, a fundamentalidade e a essencialidade do associativismo e do direito fundamental de associar-se.

---

1 Mestre em Direito Público pela UERJ. Consultor Legislativo da Câmara dos Deputados. Advogado. Professor de Direito Constitucional e Eleitoral IDP. Ex-Secretário-Geral do Tribunal Superior Eleitoral.

Para tanto, o texto está assim estruturado: no item subsequente (2), serão analisados os fundamentos filosóficos sob o enfoque do liberalismo igualitário (2.1), do libertarianismo ou liberalismo conservador (2.2) e do comunitarismo (2.3). Ao final (item 3), as conclusões.

2. JUSTIFICATIVAS FILOSÓFICAS DA LIBERDADE DE ASSOCIAÇÃO

2.1. Justificativa liberal igualitária: liberdade de associação como uma das liberdades básicas dos indivíduos

É intuitivo estabelecer uma conexão entre o liberalismo e a liberdade de associação. Na tradição liberal, o indivíduo é dotado de autonomia e de racionalidade, circunstância que lhe permite determinar, de forma independente e livre de ingerências, seus próprios projetos de vida. Essas características, aliadas à noção de que os cidadãos possuem uma liberdade pré-jurídica e pré-política, representaram um limite à atuação do Estado.

Em um ambiente como esse, nada mais natural que as pessoas se unam às outras para atingir determinados fins permitidos pelo ordenamento jurídico, livres de intromissões estatais, de sorte empreender seus projetos de vida. Do Estado, exige-se tão somente uma postura de neutralidade e, sobretudo, comportamentos antipaternalistas[2], constatação que interdita que sejam endossadas concepções de vida de boa ou acerca do bem, ainda que majoritárias no seio da sociedade.

Mais recentemente, a vertente liberal recebeu contribuições de peso, em especial a partir da obra *Teoria da Justiça* de John Rawls, e a revisão e o aperfeiçoamento de algumas de suas ideias em *O Liberalismo Político*. Não se pretende detalhar o projeto teórico de Rawls, por escapar ao objeto deste estudo. Assim, será ressaltado, apenas aquilo que da obra de Rawls mais diretamente interessar ao escopo do trabalho – a liberdade de associação.

Em sua Teoria da Justiça, Rawls busca formular uma concepção política de justiça, que oferecesse explicações mais satisfatórias para as liberdades e os direitos básicos de cidadãos, tidos como "livres e iguais", do que aquelas apresentadas pelo consequencialismo utilitarista[3], contra o qual Rawls se insurge[4].

---

2 KYMLICKA, Will. **Filosofia constitucional contemporânea:** uma introdução. Tradução de. Luís Carlos Borges. São Paulo: Martins Fontes, 2006, p. 254-255. Segundo Kymlicka, em situações extremadas, os liberais admitem intervenções paternalistas estatais, como nos casos dos portadores de deficiência mental, os menores, pessoas em estado de coma e, até mesmo, em situações em que se presume alguma fraqueza pelo indivíduo que pode se autodeterminar.

3 GARGARELLA, Roberto. **As teorias da justiça depois de Rawls:** um breve manual de filosofia política. São Paulo: Martins Fontes, 2008, p. 4. Nas palavras do autor, "Rawls, como muitos outros liberais, defenderá uma concepção não-consequencialista("deontológica"), isto é, uma concepção segundo a qual a correção moral de um ato depende das qualidades intrínsecas dessa ação e – não, como ocorre nas posturas 'teleológicas', de suas consequências, de sua capacidade para produzir certo estado de coisas previamente avaliado".

4 RAWLS, John. **Teoria da justiça**. São Paulo: Martins Fontes, 2002, p. 14.

Para isso, o autor se vale de um ambiente contrafático, o qual denomina de "posição original". Trata-se, para Rawls, de uma condição procedimental, em que as pessoas – morais, livres e iguais –, desconhecendo por completo as suas condições reais de vida e tampouco influenciadas por situações e fatos particulares ("véu da ignorância"[5]), firmam um contrato hipotético e escolhem os princípios de justiça reitores da estrutura básica da sociedade dentro de uma pluralidade de situações[6]. Depois de fixadas essas condições procedimentais, os indivíduos escolheriam dois princípios de justiça – o primeiro, *da maior liberdade igual* e, o segundo, *da igualdade de oportunidades e da diferença*[7] –, que iriam reger a formação das instituições, além de estabelecerem um sistema de prioridades que orientariam a sua aplicação, em que o "primeiro antecede o segundo"[8].

Ao formular sua teoria da justiça, Rawls procura identificar, ainda, um catálogo de liberdades básicas e suas prioridades, que deveria ser adicionado aos dois princípios de justiça mencionados. A identificação das liberdades fundamentais tem um propósito específico: amealhar o máximo de adesão a estes valores, ao mesmo tempo em que visa a impedir o enfraquecimento daqueles considerados mais fundamentais. Daí por que as pessoas, na posição original, poderiam convergir acerca desses princípios de justiça, em detrimento de outros a elas acessíveis, com o intuito de afastar todos aqueles ligados ao utilitarismo, ao perfeccionismo e ao intuicionismo. Somente a partir dessa construção seria viável o atingimento do que Rawls denominara de "objetivo inicial" da justiça como equidade[9].

Volvendo à empreitada teórica de Rawls, esse catálogo de liberdades fundamentais seria composto pela liberdade de pensamento e de consciência, as

---

5 Segundo Rawls, o recurso ao "véu da ignorância" obsta o conhecimento de informações que os levassem a tomar decisões egoísticas, mas não impede o conhecimento de algumas proposições mais genéricas, tais como relações políticas e os princípios de ordem econômica. (RAWLS, John. Ibidem., p. 148).

6 Essa escolha passa necessariamente por dois estágios. Em primeiro lugar, as pessoas tomariam a decisão a partir da regra *maximin*, segundo a qual a decisão deve ser avaliada tendo em mente os piores resultados que porventura venham a ocorrer com as pessoas na loteria natural, se serão ricas ou pobres, mais inteligentes ou menos inteligentes etc. Em seguida, após a formulação dos princípios de justiça, proceder-se-á a um "equilíbrio reflexivo" (uma análise dos filósofos, e não dos partícipes da posição original), com vistas a elidir eventuais colisões entre eles, obtendo uma prioridade léxica. Nas palavras de Cláudio Pereira de Souza Neto, "Aqui está causa não o ponto de vista dos participantes da posição original, mas o ponto de vista dos observadores externos a ela (os filósofos). Os princípios de justiça, antes formulados através do artifício da posição original, são submetidos a 'nossas convicções mais firmes e mais ponderadas', fazendo-se os ajustes e revisões necessárias". (SOUZA NETO, Cláudio Pereira. **Teoria Constitucional e Democracia Deliberativa**. Um estudo sobre o papel do direito na garantia das condições para a cooperação na deliberação democrática. Rio de Janeiro: Renovar, 2006, p. 100).

7 O 1º princípio: Cada pessoa deve ter um direito igual ao esquema mais abrangente de liberdades básicas iguais que for compatível com um esquema semelhante de liberdades para as demais. 2º princípio: As desigualdades sociais e econômicas deverão ser constituídas de tal modo que ao mesmo tempo: a) vinculem-se a empregos e cargos acessíveis a todos em condições de igualdade equitativa de oportunidades; b) devem redundar no maior benefício possível para os membros menos privilegiados na sociedade. (Cf. RAWLS, John. As liberdades fundamentais e suas prioridades. Op. Cit., p. 345).

8 RAWLS, John. **Teoria da justiça**. Op. Cit., p. 65. No *Liberalismo Político,* Rawls reitera essa afirmação por diversas vezes. Cf. RAWLS, John. As liberdades fundamentais e suas prioridades. Op. Cit., p. 347.

9 RAWLS, John. Ibidem., p. 346.

liberdades políticas, as especificadas pela liberdade e integridade das pessoas, os direitos e liberdades protegidos pelo Estado de Direito, além da liberdade de associação que passaria a gozar de todos os apanágios por ele atribuídos às demais liberdades. Na filosofia rawlsiana, este conjunto denomina-se "elementos constitucionais essenciais"[10], por representarem projeções do primeiro princípio de justiça. Em caso de colisões entre estas liberdades fundamentais, seria exigida a edição de "regras institucionais" para estabelecer uma relação harmônica e coerente entre tais liberdades. Na prática, isso significa que a liberdade de associação somente poderia ser limitada ou negada quando em rota de colisão com outra liberdade fundamental[11].

Disso resulta que a liberdade de associação apresentaria um *status* especial, possuindo um "peso absoluto" em relação a tais razões de bem público, tipicamente utilitaristas, e a valores perfeccionistas[12]. Como se percebe, a postura rawlsiana, em franca influência liberal, concebe os direitos fundamentais como direitos da liberdade, consubstanciados no poder de autodeterminação do indivíduo, isentos de quaisquer ingerências estatais[13].

A partir dessa perspectiva liberal-igualitária, a liberdade assegurada a cada indivíduo de formar associações apresenta-se como um *direito moral*, reconhecimento que exige maior proteção jurídica, a despeito de juízos morais meramente contingentes em uma determinada comunidade[14]. Aliás, referido diagnóstico se ancora, em boa medida, pela *concepção de pessoa* engendrada pelo próprio liberalismo.

Com efeito, o projeto político formulado por Rawls se assenta em uma concepção *atomizada* de pessoa, com vistas a elaborar os princípios reitores

10 Para Rawls, os "elementos constitucionais essenciais" seriam de dois tipos: "a. os princípios fundamentais que especificam a estrutura geral do Estado e do processo político: as prerrogativas do legislativo, do executivo e do judiciário; o alcance da regra da maioria; b. os direitos e liberdades fundamentais e iguais de cidadania que as maiorias legislativas devem respeitar, tais como o direito ao voto à participação na política, a liberdade de consciência, a liberdade de pensamento e de associação, assim como as garantias do império da lei". (RAWLS, John. A ideia de razão pública. Op. Cit., p. 277).

11 Idem, p. 349. Segundo Samantha Chantal Dombrowolski, "os direitos e liberdades básicas, agrupados em um sistema coerente, só são passíveis de restrições recíprocas, isto é, relativas às exigencias de limitação de uns para a melhor realização de outros de igual *status*, nao sendo adminssível a prevalência de outros valores perfeccionistas ou de razões de bem público geral ou geral. Nesta medida, ostentam caráter inalienável, sendo inderrogáveis por qualquer ação pública coletiva, mesmo que majoritárias (...)". (DOMBROWOLSKI, Samantha Chantal. Uma teoria da justiça para os dilemas da sociedade contemporânea: Anotações em torno da resposta liberal de John Rawls. In: SARMENTO, Daniel (Org.). **Filosofia constitucional contemporânea.** Rio de Janeiro: Lumen Juris, 2009, p. 596-597).

12 Ibidem., p. 348.

13 TORRES, Ricardo Lobo. A cidadania multidimensional na era dos direitos. **Teoria dos direitos fundamentais** (obra coletiva). Rio de Janeiro: Renovar, 2002, p. 265.

14 Forçoso aqui traçar a distinção entre moral crítica ou ideal da moral positiva ou vigente. Segundo Carlos Santiago Nino, a diferença seminal entre ambas consiste no fato de que moral crítica ou ideal corresponde aos juízos morais válidos independentemente de serem aceitos ou não por determinada comunidade, ao passo que a moral crítica ou vigente dependeria de tal aceitação. O professor argentino reconhece, todavia, a existência de uma correlação entre os conceitos, na medida em que a moralidade crítica desempenharia um papel de filtro, por meio do qual a moralidade positiva deveria necessariamente passar para ser validamente aceita. Cf. NINO, Carlos Santiago. **Ética y derechos humanos**. Op. Cit., p. 3.

da estrutura básica da sociedade. É dizer: o liberalismo igualitário compreende os indivíduos como pessoas morais, livres e iguais. Em uma perspectiva liberal, os indivíduos são dotados de autonomia e de racionalidade, aptos, portanto, a guiar suas decisões existenciais sem ingerências de qualquer ordem. Especificamente quanto à liberdade de associação, pode-se depreender que esse elevado grau de autonomia para agir traduz-se na possibilidade de as pessoas poderem associar-se livre e voluntariamente para as mais diversas finalidades, independentemente, repisa-se, de qualquer tutela ou intromissão estatal.

Assim, os laços associativos decorreriam desse livre exercício racional e dessa concepção independente da pessoa: o direito de cada indivíduo de se associar seria inato (*i.e.*, encerraria um direito moral) e estaria situado em uma zona de intangibilidade, motivo por que a validade (e a tutela) da liberdade de associação prescindiria de sua positivação pela ordem jurídica. Da afirmação de que se trata de um direito moral, resultam algumas consequências dignas de nota.

Em *primeiro* lugar, ela impõe uma barreira contra interferências estatais despidas de justificativas legítimas. Assim, são moralmente ilegítimas as intervenções governamentais nesta liberdade por determinadas razões[15]. Ilustrativamente, seria defeso ao processo político majoritário afetar ou restringir o conteúdo essencial de uma liberdade fundamental, em geral, e da liberdade de associação, em particular, quando esta atuação não se pautar em argumentos que satisfaçam ou promovam outra liberdade fundamental.

Referida consequência suscita, ainda assim, algumas dificuldades que, se desconsideradas, podem comprometer a satisfação do conteúdo essencial da liberdade de associar-se. Algumas indagações servem para demonstrar o ponto. Em que medida e em que situações poderia o Estado afetar o conteúdo da liberdade de associação? Quaisquer restrições devem ser consideradas inconstitucionais? E quais consideradas constitucionais? Rawls enfrenta esses questionamentos e traça uma distinção entre *regulação* e *restrição*. Ao fazê-lo, admite a possibilidade de *regulação* de uma liberdade fundamental, mas estabelece que a regra de prioridade das liberdades fundamentais impõe que se mantenha intacta, tanto quanto possível, "a sua esfera central de aplicação"[16].

Em termos mais singelos, existiria *uma* área de incolumidade da liberdade fundamental que se encontra imune a constrições estatais, e *outra* dentro da qual seriam aceitáveis as regulações estatais. Nada obsta, portanto, que o legislador imponha limites à criação de associações, para obstar, por exemplo, associações ilícitas ou paramilitares, ou para condicionar a existência de

15 "To say that there is a moral right against government interference with a liberty is not to say that is wrong for the government to interference with this liberty for *every* reason, then; it is only to say that is wrong for the government to interference with this liberty for *some* reason." MARNEFFE. Peter de. Rights and reasons. In: GUTMANN, Amy. **Freedom of association**. Op. Cit., p. 146.

16 RAWLS, John. As liberdades fundamentais e suas prioridades. Op. Cit., p. 350.

partidos políticos à tutela de princípios e valores democráticos. Em situações como as mencionadas, o direito de formar associações está limitado por razões de ordem pública e de interesse geral, escolhidas pelos indivíduos na posição original. Permitir associações desta natureza implicaria colocar em risco à própria liberdade de todos[17]. Contudo, nos casos de ofensa à "esfera central de aplicação", provoca-se a jurisdição constitucional, ocasião em que a Suprema Corte, na qualidade de *instituição exemplar da razão pública*, invalidaria diplomas legislativos desta natureza, por ultraje ao conteúdo essencial da liberdade de associação[18].

Uma *segunda* implicação considera o direito de se associar como um *fim em si mesmo*, e não apenas visualizá-lo como um instrumento para a consecução de outras liberdades, como nos casos das entidades religiosas[19] ou da liberdade de expressão[20]. Isso significa que o direito de associação proporciona o estabelecimento e a manutenção de relações de amor, de afeto e de amizade bastante valiosas para os seus integrantes, além dos prazeres experimentados por tais vínculos[21].

Como corolário da primeira implicação, outorga-se aos indivíduos a prerrogativa de escolha de seus vínculos associativos. Mais: a perspectiva liberal igualitária suporta a tutela da dimensão negativa do direito de associação, porquanto faculdade o direito de não associar-se com pessoas indesejadas, sem que isso constitua qualquer ofensa a direito fundamental.

Admitir, assim, que as pessoas possam livre e racionalmente escolher seus vínculos associativos, e se juntarem com as pessoas que quiserem, implica, de igual modo, aceitar, também, a possibilidade de as pessoas serem recusadas por tais associações. Dado o pluralismo razoável, nada mais legítimo do que tolerar que um grupo, cujo mote seja a promoção da cultura dos afrodescendentes e, em razão disso, admita apenas o ingresso de indivíduos negros entre seus filiados e recuse não-negros, a partir de critérios por ele erigidos.

De fato, o viés liberal franqueia ampla margem de auto-organização das associações para o estabelecimento de restrições ao ingresso de pessoas não

---

17 Neste cenário, por exemplo, Rawls sustenta que facções intolerantes não podem ser, *a priori*, suprimidas por facções tolerantes. Apenas quando estas facções tolerantes, "sinceramente e com razão", veem as suas liberdades e a sua existência em risco, é possível proscrever a sua fundação de facções intolerantes. (RAWLS, John. **Teoria da justiça.** Op. Cit., p. 239).

18 Nas palavras do professor Luís Roberto Barroso, "a democracia não se assenta apenas no princípio majoritário, mas, também, na realização de ***valores substantivos***, na concretização dos direitos fundamentais e na observância de procedimentos que assegurem a participação livre e igualitária de todas as pessoas nos processos decisórios. A tutela desses valores, direitos e procedimentos é o fundamento de legitimidade da jurisdição constitucional". (grifou-se) BARROSO, Luís Roberto. **O controle de constitucionalidade no direito brasileiro.** Op. Cit., p. 58.

19 GREENAWALT, Kent. Freedom of Association and Religious Association. In: GUTMANN, Amy. **Freedom of association.** New Jersey: Princeton University, p. 109-144.

20 EMERSON, Thomas I. Freedom of association and freedom of expression. **Yale Law Journal**, v. 74, n. 1, nov. 1964.

21 GUTMANN, Amy. **Freedom of association**. New Jersey: Princeton University, 1998, p. 4.

queridas pelas demais. Como assinala Nancy Rosenblum, em uma sociedade tida por liberal, *"essas associações voluntárias são limitadas"*, motivo por que *"a utilização moral (e imoral) do pluralismo exige exclusão"*[22].

Uma *terceira* decorrência relevante da consagração do direito de associação como um *direito moral* reside no fato de o filiado ter a possibilidade de participar das discussões internas de suas associações, especialmente naquilo que lhe afeta diretamente. Ao se admitir um membro, outorga-se-lhe o direito de participar ativamente dos temas associativos[23].

Não bastasse, o reconhecimento como *direito moral* impõe a proteção especial à propria entidade associativa, enquanto pessoa jurídica, independentemente do direito subjetivo de seus integrantes. Tal reconhecimento interdita a adoção de quaisquer condutas, tanto *externas* quanto *internas*, que possam enfraquecer ou pôr em risco a existência da própria associação como uma entidade autônoma. No plano *externo*, as associações ficam protegidas de ingerências estatais indevidas ou de outras entidades em suas atividades e nos seus negócios. No plano *interno*, repudiam-se quaisquer condutas dos próprios membros contrárias aos interesses da própria associação. Esta preocupação nao é despida de utilidade prática. Ela se revela especialmente importante quando se analisam as questões atinentes às previsões estatutárias que preveem expulsões sumárias[24].

Obviamente, há autorizadas vozes, no sentindo de que existe um amplo espaço de conformação para a deliberação dos associados quando o tema relaciona-se com exclusão de outro associado[25]. A questão, todavia, é mais delicada e complexa do que à primeira vista possa parecer. Por agora, deixa-se consignado a nossa posição segundo a qual o direito de manter-se vinculado

---

22 ROSENBLUM, Nancy L. Compelled association: public standing, self-respect and the dynamics of exclusion. In: GUTMANN, Amy. **Freedom of association**. Op. Cit., p. 77. No original: *"The moral (and immoral) uses of pluralism require exclusion. Small wonder that the right to choose with whom one will associate necessarily implies the right to choose with whom one will not associate"*.

23 Com isso não quer afirmar que todos os filiados possuam os mesmos direitos dentro de uma associação. É possível, e legítimo, que as associações estabeleçam regras de participação, respeitando um núcleo mínimo para esta. Assim, nada impede que se criem categorizações entre os membros, outorgando a alguns maiores poderes e responsabilidades do que a outros. Reconhecemos, inclusive, que haverá casos em que a participação do indivíduo será reduzidíssima, como nas situações de associações em que a hierarquia entre os membros constitui uma característica essencial, como no caso da Maçonaria e das entidades religiosas. Sobre o tema, ROSENBLUM, Nancy L. Compelled association: public standing, self-respect and the dynamics of exclusion. In: GUTMANN, Amy. **Freedom of association**. Op. Cit., p. 82-96.

24 Na jurisprudência do STF, há um precedente famoso envolvendo a União Brasileira de Compositores. O caso será examinado, com as devidas críticas, no Capítulo IV. De antemão, deixamos consignado que o caso não foi de aplicação direta e imediata de direitos fundamentais nas relações privadas, uma vez que fora reconhecido o *status* público a tal entidade, o que mais se assemelharia à doutrina do *State Action*. Em segundo, a nosso ver, a questão encontra-se adstrita a uma contradição interna do próprio direito de associação.

25 Em um viés ultraliberal, George Kateb assevera que o direito de exclusão dos membros por uma associação decorreria dessa liberdade de os indivíduos se relacionarem com quem queiram. Cf. KATEB, George. The Value of Association. In: GUTMANN, Amy. **Freedom of association.** Op. Cit., p. 34-63.

aos quadros associativos e, consequentemente, a impossibilidade de exclusões sumária de filiados constitui uma das faculdades da liberdade de associação[26].

É possível ainda extrair uma segunda justificativa para o direito à liberdade de associação na filosofia rawlsiana: ao se unirem, os integrantes destas associações voluntárias poderiam estender a todos os demais indivíduos a responsabilidade social adquirida por suas experiências dentro de suas associações particulares.

Para compreender melhor o argumento que será exposto, transcreve-se uma passagem na qual Rawls sustenta que,

> A moralidade de grupo assume muitas formas, dependendo do grupo e do papel em questão, e essas formas representam vários níveis de complexidade. Mas se considerarmos os cargos mais exigentes, que são definidos pelas principais instituições da sociedade, os princípios de justiça serão reconhecidos como reguladores da estrutura básica, e pertencentes ao conteúdo de vários ideais importantes. De fato, esses princípios se aplicam ao papel de cidadão assumido por todos, já que todos, e não apenas aqueles que abraçam a vida pública, devem ter opiniões políticas concernentes ao bem comum. Assim, podemos supor que existe uma moralidade de grupo na qual os membros da sociedade se consideram como pessoas iguais, como amigos e consócios, reunidos em um sistema de cooperação que tem como objetivo reconhecido o bem de todos, e que é governado por uma concepção comum de justiça.[27]

O raciocínio arquitetado por Rawls é simples e parece coerente com toda a sua teoria: os cidadãos, guiados pelos princípios de justiça por eles escolhidos na posição original, sentir-se-iam motivados a engajar uma lealdade para com a comunidade, e não apenas para com o grupo particular a cujos quadros pertençam. E, para atingir tal desiderato, é central a participação das associações.

Decerto, o efeito integrativo almejado por Rawls deveria ser obtido por meio do incentivo dado pelas associações aos seus integrantes a agir conforme os princípios de justiça e, além disso, e mais importante, defender a sua extensão a todo o corpo coletivo, de maneira a conferir a desejada unidade social. Assim, somente a inclinação de agir consoante os princípios de justiça é que possibilitaria a extensão desse senso de justiça particular para um senso de justiça mais amplo, de modo a abarcar toda a comunidade[28].

Conquanto engenhosa e de certa forma coerente dentro de sua teoria, há poderosas críticas quanto à viabilidade da tese rawlsiana de que as associações desempenhariam efetivamente esse papel integrativo. Segundo Yael Tamir, não há razões, do ponto de vista prático e teórico, para assumir que as associações possam incutir em seus membros o sentimento de lealdade para

26 Confira Capítulo IV e V.

27 RAWLS, John. **Teoria da justiça.** Op. Cit., p. 523-524.

28 RAWLS, John. **Teoria da justiça**. Op. Cit., p. 526.

pautar suas ações conforme os princípios de justiça delineados por Rawls. Isto somente seria factível, prossegue Tamir, se os interesses das diversas associações particulares não se sobrepujarem aos interesses do Estado.

Sucede que, caso isso não ocorra, diferente do pensamento de Rawls, as associações vocalizariam seus próprios interesses, possuindo caráter menos integrativo e mais divisivo dentro da sociedade[29]. Com efeito, os interesses das mais diversas associações – ainda que se considere as associações voluntárias, como a teoria de Rawls parece supor – não necessariamente se superpõe aos interesses da sociedade como um todo. Existem, sim, interesses colidentes e diametralmente opostos propugnados por um sem número de entidades associativas e aqueles que presidem um suposto bem estar coletivo. Se esta premissa é verdadeira, torna-se tarefa assaz difícil conceber as associações como fios condutores de uma suposta unidade social, ao menos nestes termos sugeridos por Rawls.

Ademais, a tese desenvolvida por Rawls peca por uma excessiva idealização das associações. Ainda que na posição original os indivíduos tendam a escolher os dois princípios de justiça, o que por si só já é uma premissa bastante discutível, nada nos leva a acreditar que, após a loteria natural, as associações e seus integrantes não pautem suas condutas por meio de um *agir estratégico*. Cientes de suas posições dentro de uma sociedade, as pessoas tenderiam a se associar com outras que fortalecessem a sua posição, e a rejeitar aquelas que pouco ou nada lhes acrescentariam. Estendendo o raciocínio para as associações, somente haveria coalizão entre as associações que pudessem beneficiar umas às outras. Esse conflito entre os interesses associativos e a unidade social não só parece passar despercebido por Rawls, como também parece ser algo inimaginável dentro de sua formulação teórica.

Estabelecidas as justificativas do liberalismo igualitário, bem como suas consequências, no item subsequente será examinada a proposta libertária para a constituição de associações e seus reflexos práticos.

2.2. Justificativa liberal-conservadora ou libertária: a formação de associações como etapa necessária à formação do Estado Mínimo nozickiano

O associativismo desempenha um papel central dentro da formulação teórica do principal expoente do liberalismo conservador[30] Robert Nozick. Passa-se a descrever, sem pretensão de exaustividade, as principais bases de

29 TAMIR, Yael. Revisiting the civic sphere. In: GUTMANN, Amy. **Freedom of association**. Op. Cit., p. 231.

30 Não se devem confundir as expressões "liberalismo conservador" e "pensamento político conservador", termo de uso corrente na teoria política norte-americana e usada em oposição ao "pensamento liberal". Com efeito, o pensamento político conservador propugna uma postura de menor ativismo do Estado na seara econômica, ao mesmo tempo que exige a maior intervenção estatal em assuntos existenciais dos cidadãos (*e.g.*, quais os tipos de manifestações o Estado deve incentivar e tolerar, as formas legítimas pelas quais as pessoas devem se relacionar umas com as outras etc.). Conforme será visto no curso do tópico, o rótulo liberalismo conservador possui singularidades que impedem a sua superposição com o pensamento conservador. Os libertários são radicalmente contra quaisquer intervenções do Estado

sustentação do pensamento liberal conservador. Nunca é demais rememorar que não se encontra no objeto deste estudo proceder a uma análise extensiva do que seja o liberalismo conservador. Neste tópico, serão apontados alguns de seus aspectos centrais, em especial aquelas características relevantes para a compreensão do pensamento libertário, e que, por via de consequência, irão oferecer o suporte para a exata compreensão da defesa libertária da liberdade de associação.

O liberalismo conservador ou libertarianismo apregoa, em linhas bastante genéricas, que os indivíduos possuem uma ampla esfera de liberdade, dentro da qual seria legítimo que escolhessem seus projetos de vida sem quaisquer interferências, notadamente as estatais, desde que isso não implique ofensa a direitos de terceiros. Nessa perspectiva libertária, os indivíduos seriam titulares de alguns "direitos naturais" (*e.g.*, vida, liberdade e propriedade)[31], anteriores e oponíveis ao Estado, de sorte que a atuação estatal estaria circunscrita a assegurar estes valores, sobretudo para zelar para que não ocorram interferências indevidas aos direitos dos cidadãos.

De fato, a constatação da existência deste rol de direitos pré-políticos e pré-jurídicos justificaria não apenas o advento do Estado, que passa a ter a incumbência de resguardá-los e obstaculizar a utilização do uso ilegítimo da força, mas também por conferir legitimidade à sua conduta, com vistas a impedir que o Estado se imiscua nesta área de incolumidade individual. Sob pretexto de assegurar os pressupostos para a efetiva fruição destas liberdades negativas, não poderia o Estado atuar concretamente e, consequentemente, garantir condições materiais mínimas aos indivíduos. Justamente por isso, as liberdades positivas quedar-se-iam fora do âmbito de atuação estatal, pois, do contrário, haveria a perda de sua legitimidade, por constranger esse amplo espectro de liberdade individual para proporcionar um aumento no bem-estar da coletividade.

Como intuitivo, o individualismo salta aos olhos como uma primeira base de sustentação do liberalismo conservador. Reconhece-se o indivíduo como um ser dotado de racionalidade e de capacidade de tomar suas próprias decisões e determinar suas escolhas existenciais. O liberalismo conservador

---

tanto no aspecto econômico, o que os aproxima do pensamento conservador, quanto na esfera dos direitos individuais, e aqui se assemelham com as propostas liberais.

31 Os "direitos naturais", para Nozick, decorreriam do direito de propriedade que cada indivíduo titulariza sobre si mesmo e teriam como apanágios (i) o seu caráter eminentemente negativo, ou seja, consistem basicamente em direitos a abstenções estatais, não se admitindo a tutela de direitos prestacionais (salvo aqueles direitos resultados de um livre acordo de vontades) (ii) seu caráter limitativo às ações de outros indivíduos e (iii) e sua exaustividade, que lhe confere uma prioridade moral em relação aos demais direitos (*e.g.*, a proteção ao meio ambiente deve sucumbir quando entrar em rota de colisão com algum direito de propriedade). Como bem detectou Roberto Gargarella, o *"caráter de direitos 'naturais' parece derivar da importância que têm, a fim de assegurar que cada pessoa possa moldar sua vida à sua maneira – que cada um tenha garantidas as condições para poder levar adiante uma vida significativa."*. (GARGARELLA, Roberto. **As teorias da justiça depois de Rawls:** um breve manual de filosofia política. Op. Cit., p. 35).

enxerga cada pessoa como um componente integrante da sociedade, sem se assemelhar com o organicismo. Este, a seu turno, a despeito de também partir da premissa de que o indivíduo faz parte do todo social, se funda na ideia de que a realização do bem individual encontra-se adstrita à realização do bem comum[32]. No pensamento libertário, diversamente, postula-se o respeito a cada pessoa isoladamente considerada, a qual não poderá ser instrumentalizada para a satisfação de interesses da maioria da coletividade.

Intimamente atrelada ao individualismo, situa-se também a noção de que o Estado consubstancia produto das interações existentes entre os indivíduos, com o objetivo precípuo de proteger os seus próprios integrantes. Nessa perspectiva, os indivíduos com seus "direitos naturais" precedem o Estado, que passa ser entendido como resultado final de uma convenção firmada por estas mesmas pessoas, como meio de evitar a insegurança subjacente ao Estado de natureza. Assim, o Estado espelharia uma criação artificial decorrente da manifestação de cada vontade individual com um propósito específico de superar as dificuldades enfrentadas no Estado de natureza e assegurar o efetivo exercício dos direitos pelos cidadãos.

Ao lado do individualismo, o liberalismo conservador possui como um de seus pilares o reconhecimento do pluralismo existente dentro de uma sociedade. Cuida-se de um consectário lógico do caráter marcadamente individual: uma vez que o pensamento libertário confere uma centralidade na figura do indivíduo, é natural que sejam aceitas as diferentes concepções de vida de cada um deles. Em vista disso, cada um dos projetos existenciais deve ser levado em consideração e tolerado pelo Estado, que não poderá tolher a liberdade individual de perseguir seus objetivos de vida. Proscrevem-se, desta forma, práticas estatais que promovam determinadas concepções de vida boa, por mais que estas sejam predominantes no seio da socidade.

Decerto, a aplicação destas características consoante o pensamento libertário o distancia de outras propostas liberais, especialmente as de viés igualitário, pelo fato de restringir ao máximo o campo de atuação estatal no âmbito da vida privada. Por exemplo, ao contrário dos libertários, os liberais igualitários preocupam-se com os direitos prestacionais (direitos positivos), o que abre uma fresta de legitimidade para a atuação do Estado, sempre que for necessário para assegurar um patamar material mínimo aos cidadãos mais necessitados[33].

Da distinção apresentada, surge outro ponto de divergência entre libertarianos e liberais igualitários. Para os liberais conservadores, o direito de propriedade constitui direito individual por excelência, a partir do qual se

32 BOBBIO, Norberto. **Liberalismo e democracia**. Op. Cit., p. 45.

33 Deve-se ressaltar que os liberais conservadores admitem que, diante de situações limites e excepcionais (*e.g.*, indivíduos em situação extrema pobreza), seria possível afirmar que os cidadãos possuem uma espécie de *obrigação moral* de garantir sua subsistência (valendo-se inclusive de artifícios ilícitos como roubar), ou, até mesmo, que o Estado lhes assegura uma renda mínima.

extraem todos os demais direitos. Aqui, o direito de propriedade não deve ser compreendido como um aspecto meramente patrimonial, mas, para além disso, a ideia de propriedade possui um sentido mais elástico, dentro do qual os cidadãos teriam a propriedade de seu próprio corpo e bens e de dar o direcionamento às suas vidas sem ingerências externas. A seu turno, os liberais igualitários, como Rawls e Dworkin, sustentam que os dons e talentos pessoais não se justificam racionalmente, sendo fruto de algumas circunstâncias. Por isso, sustentam que nenhuma pessoa deva se beneficiar por seus talentos naturais. Mais que isso, segundo Ronald Dworkin, é plenamente aceitável que pessoas mais afortunadas dediquem parte de seus esforços a serviço dos menos afortunados.

Entretanto, os liberais conservadores advogam que este tipo de raciocínio reduz o âmbito de proteção do direito de propriedade dos indivíduos em prol de outros. No limite, o pensamento igualitário recairia em um problema enfrentado por utilitaristas, que eles – liberais igualitários – tanto criticam: a possibilidade de conceber o indivíduo como um meio (instrumento) para a promoção do bem-estar de outro (s)[34].

Estas considerações deixam claro que as propostas liberais igualitárias e libertarianas, embora possuam um ponto de contato inicial, não se superposicionam, possuindo distinções práticas relevantes. Para o objeto deste trabalho, estes pressupostos fundamentais desenvolvidos – individualismo e reconhecimento do pluralismo – irão nortear construção do pensamento libertário nozickiano, que visualiza na liberdade associativa um mecanismo para a salvaguarda dos valores liberais, por meio da figura do Estado.

Em seu *Anarquia, Estado e Utopia*, publicado em 1974, Robert Nozick tem por escopo apresentar uma via alternativa às propostas liberais igualitárias, especialmente nos termos sugeridos por seu companheiro de Harvard, John Rawls, na *Teoria da Justiça*. Com efeito, a relevância do associativismo na vertente libertária perpassa pela construção teórica de Robert Nozick, no momento em que apresenta a justificativa para o Estado mínimo. Um breve relato sobre a teoria de Nozick impõe-se necessário.

Em seu projeto teórico, Nozick se preocupou em fixar limites à esfera de intervenção do Estado, o qual estaria obstado de intervir além do necessário para preservar os "direitos naturais" dos indivíduos. Subjaz à formulação nozickiana um repúdio a posturas estatais ativistas pretensamente voltadas a equiparar as pessoas nos patamares mais básicos da vida. Assim, Nozick procura uma solução situada entre dois extremos: como dito, ele não guarda simpatia por um Estado invasivo e, a seu ver, violador dos direitos, ao mesmo

34 Os liberais conservadores, como Nozick, entendem que propostas como as apresentadas pelos liberais igualitários desconfiguram a noção clássica de propriedade, tornando-a *"direitos de propriedade (parciais) sobre outras pessoas"*. Contra esse tipo de empreitada igualitária, o filósofo de Harvard propõe a tese de direito de autopropriedade. NOZICK, Robert. **Anarquia, estado e utopia.** Rio de Janeiro: Jorge Zahar, 1994, p. 192.

tempo que rejeita um cenário anárquico, que invariavelmente iria culminar com a prevalência dos interesses dos grupos mais fortes em detrimento dos mais fracos. Daí ele pugnar por um "Estado Mínimo", segundo o qual atingiria este desejado ponto de equilíbrio, tornando-se o único ambiente capaz de acomodar harmonicamente as diferentes concepções de vida (*e.g.*, liberais políticas ou econômicas, conservadoras, comunistas etc.) dentro de uma sociedade pluralista.

Segundo o filósofo de Harvard, a construção desse Estado mínimo, destinado a proteger a propriedade e o uso ilegítimo da força e a tutelar os contratos firmados entre as pessoas, pode ser justificado a partir de uma suposta "mão invisível", que paulatinamente moldaria as instituições sem incidir em ofensa aos direitos dos indivíduos. Para ele, a passagem do Estado de natureza para o Estado mínimo decorreria de uma lenta e gradual sucessão de estágios, sendo resultado da prática de atos de indivíduos imbuídos de sentimentos egoístas e de auto-interesse. Desse modo, o Estado não refletiria um acordo artificial de vontades, mas sim um caminho naturalmente trilhado a partir de algumas injunções ocorridas no Estado de natureza (ex. a articulação de interesses individuais) e, sobretudo, da essência humana (egoísta e auto-interessada)[35].

É precisamente aqui que reside a centralidade e proeminência do associativismo na perspectiva libertária: a liberdade associativa desempenha um papel central como causa explicativa do Estado mínimo nozickiano. Isso porque é plenamente aceitável que as pessoas unam-se às outras para alcançarem seus objetivos, formando, em consequência, diferentes associações sem que haja qualquer interferência externa. E, por evidente, o cenário de insegurança verificado no estado de natureza facilita a comunhão de esforços para alcançar o resultado desejável. Explica-se com mais vagar.

Na etapa inicial de formação do Estado minimo, Nozick aduz que os indivíduos agrupar-se-iam em *"associações de proteção mútua"*, que se originam da preocupação com o desamparo e a insegurança existentes no Estado de natureza. Estes grupamentos propiciariam algumas vantagens que dificilmente seriam vistas em um ambiente que haja o predomínio dos interesses dos indivíduos mais fortes. Ao impedir que pretensões não-razoáveis ganhem espaço dentro da sociedade, a formação destas *"associações de proteção mútua"* possibilitaria, em alguma medida, a melhora das condições iniciais dos indivíduos, especialmente daqueles menos afortunados. Mais que isso, os conflitos diminuiriam consideravelmente com o advento das *"associações de proteção mútua"* se comparados com o Estado de natureza[36].

Sem embargo, o próprio Nozick reconhece que estas formas coletivas apresentam riscos e desvantagens. Diante da pluralidade de interesses dentro de uma sociedade, premissa amplamente reconhecida pelos libertários, não

35 NOZICK, Robert. **Anarquia, estado e utopia**. Op. Cit., p. 33-38.

36 NOZICK, Robert. Ibidem., p. 27.

seria absurdo imaginar a ocorrência de diversos litígios entre seus integrantes, razão por que se provocam as *"associações de proteção mútua"* para arbitrar estes conflitos. Como resultado, cria-se um permanente de estado de alerta entre os indivíduos, as quais poderão ser convocadas a qualquer momento para agir tanto na proteção de interesses próprios quanto na salvaguarda de algum membro de sua associação.

A depender da personalidade dos indivíduos integrantes destas associações (*e.g.*, compostas por um grupo de pessoas de má-fé), o risco de litígios sem relevância pode ser exponenciado, sempre que a associação for composta de indivíduos de má índole, seja alegando lesões inexistentes a seus direitos, seja atentando gratuitamente contra direitos de terceiros, o que dificulta a atuação destas associações neste primeiro estágio. Nao obstante, a constituição de *"associações de proteção mútua"* apresenta vantagens quando comparadas com o Estado de natureza. É que o risco de litígio pode ser diminuído pelo estabelecimento de mecanismos capazes de aferir a idoneidade da reivindicação do membro que supostamente teve seu direito violado, porquanto os demais membros podem não ter o interesse de dispensar tempo e energia litigando em pretensões infundadas ou pouco razoáveis[37].

Não bastasse isso, Nozick se preocupa com a forma de superar os inconvenientes causados pelo constante estado de alerta nos membros de tais *"associações de proteção mútua"*, que não poderiam dedicar-se integralmente a seu mister. Para solucionar este impasse, propõe um sistema calcado na habitual divisão de tarefas e pela troca – o que sugere sem maiores desenvolvimentos –, além da contratação de empresas especializadas em segurança, com empresários ingressando no negócio para vender estes serviços de proteção, nos mais diversos modelos e formatos, mais amplas e detalhadas (*e.g.*, serviços de proteção individual, resolução de conflitos, identificação e determinação judicial da culpa, castigo e, até mesmo, a indenização cabível)[38]. Com o passar do tempo, na sua linha de raciocínio, seria intuitivo que as pessoas lograssem maior interesse na contratação de empresas desta natureza do que manterem-se vinculadas às *"associações de proteção mútua"*. Trata-se de um novo estágio para a formação do Estado mínimo nozickiano: o modelo de *"associações comerciais de proteção"*[39].

Ocorre que, nessa nova etapa, Nozick visualiza a possibilidade – real dentro de sua teoria – de concorrência entre mais de uma agência de proteção oferecendo seus serviços dentro de uma mesma área geográfica, o que levaria conflitos entre integrantes de agências de proteção distintas. Aludido diagnóstico conduziria a uma natural divergência acerca do mérito da controvérsia,

37 NOZICK, Robert. **Anarquia, estado e utopia.** Op. Cit., p. 27.

38 NOZICK, Robert. Ibidem., p. 27-28.

39 BRANDÃO, Rodrigo. Entre a anarquia e o estado de bem-estar social: aplicações do libertarianismo à filosofia constitucional. In: SARMENTO, Daniel (Org.). **Filosofia constitucional contemporânea.** Rio de Janeiro: Lumen Juris, 2009, p. 545.

bem como o fato de que cada agência de proteção procurar defender os interesses de seus clientes em detrimento daqueles pertencentes à agência concorrente. Segundo Nozick, sempre que isso ocorrer, abrem-se três situações: *(i)* uma agência, por ser mais forte, sempre vence os litígios, *(ii)* uma agência de proteção prevalece em determinada região, enquanto outra agência tem predomínio em outra base geográfica, vencendo as controvérsias próximas a seu centro de poder e *(iii)* as agências frequentemente disputam, vencendo e perdendo na mesma proporção. Nessa terceira situação, ante a possibilidade de litígios constantes, com altos e dispendiosos custos, as agências de proteção poderão, por meio de seus executivos, convencionar a escolha de um terceiro – juiz ou tribunal – para arbitrar tais conflitos, ou mesmo instituir normas disciplinando a jurisdição de cada agência e em que circunstâncias ela poderia ser instada a se pronunciar para dirimir tais impasses. Como consequência, haveria um sistema judiciário unificado, imparcial, composto pelas diferentes companhias de proteção[40].

Com o decurso do tempo, as próprias leis de mercado alçariam determinada agência profissional à condição *"associação de proteção dominante"* constituindo um novo estágio na formação do Estado mínimo (Estado ultramínimo). Esse "Estado ultramínimo" não se equipararia ao Estado moderno por duas razões. Em primeiro lugar, a associação de proteção dominante não titularizaria o monopólio do uso da força. De fato, haveria o risco de pessoas excessivamente individualistas (os *John Waynes*) se recusarem a integrar tais associações, protegendo seus interesses por meio de seus esforços e arbitrando seus conflitos pela utilização da própria força, razão pela qual não seria possível falar em Estado. Em segundo lugar, os serviços de proteção encontrar-se-iam à disposição apenas dos membros da agência dominante, não se estendendo aos demais integrantes da mesma base geográfica. Vale dizer: um Estado presta seus serviços indistintamente a todos os habitantes de sua região, algo que não ocorre com as agências de proteção dominante. Por certo, estas entidades disponibilizam seus serviços de proteção tão somente a seus clientes, de sorte que indivíduos não filiados (os *John Waynes*) não seriam albergados pelos seus serviços.

O passo seguinte formulado por Nozick é precisamente inibir e combater o aparecimento de pessoas excessivamente individualistas, que, por buscarem a justiça por seus próprios meios, seriam perniciosas à associação de proteção dominante. Nesse particular, o mecanismo encontrado pelas agências consistiria em punir indivíduos do tipo *John Wayne*, ressalvando as hipóteses em que restar comprovado que o exercício dos direitos de autodefesa e de punição utilizados para dirimir os conflitos privados seja considerado justo e seguro pela agência dominante, além de proporcionais na aferição de culpa. Deste modo, conquanto seja assegurado o direito a cada um dos integrantes de um dado território a proceder à justiça privada, a agência dominante passaria a

40 NOZICK, Robert. **Anarquia, estado e utopia**. Op. Cit., p. 30-31.

dispor do poder de fato para eliminar, em caráter definitivo, as controvérsias envolvendo clientes e não clientes, impondo o procedimento que, de acordo com seus critérios, seja o mais adequado para o caso.

Essa utilização coercitiva do uso da força não consubstancia, porém, um poder de direito, mas sim um poder de fato. Com efeito, a associação de proteção dominante não se arvora a única a utilizar tal prerrogativa. Pelo contrário. Os próprios indivíduos permaneceriam com seus direitos naturais de audefesa e punição em face de outrem que tenda a causar lesões a seus direitos (*e.g.*, vida, liberdade e propriedade). A rigor, as associações de proteção dominante passam a adotar procedimentos próprios, de acordo com seus critérios, para arbitrar os conflitos sempre que estiver presente um de seus clientes. Desta forma, a agência exerceria o poder de fato de aplicar os procedimentos mais escorreitos ao caso, nas hipóteses de ultraje aos direitos de clientes por indivíduos independente.

E é esse poder que abre a fresta para o advento do Estado mínimo: a partir da prerrogativa fática do monopólio do uso da força pelas associações dominantes a todos os residentes daquele território em que esteja situada, bem como em razão da prestação de serviços a indivíduos independentes (*John Wayne*), justificada em razão de sua posição de inferioridade hierárquica em relação às associações de proteção e pela impossibilidade de exercerem seus direitos naturais de autodefesa e punição em face de violações praticadas por terceiros[41].

Eis, portanto, a justificativa libertária para a liebrdade plena de associação: o agrupamento de indivíduos em pequenas associações (associações não estatais de ajuda mútua, associações profissionais de proteção e associações de proteção dominante) constitui um fator essencial e indispensável à construção do Estado mínimo nozickiano. Mesmo os indivíduos radicais e independentes titularizam o direito de não filiar-se às associações de proteção, recebendo, ainda como contrapartida, o amparo de tais entidades. Para Nozick, faculta-se aos indivíduos o direito de livre ingresso e de retirada das diversas associações existentes na sociedade, de modo que não pode o Estado ou os concidadãos tolherem essa liberdade. Disso é possível concluir que, para Nozick, a atuação do Estado mínimo somente se afigura legítima quando observa a esfera de liberdade individual, notadamente na livre escolha de suas associações.

Na verdade, a premissa nozickiana diz respeito menos ao conteúdo das formas associativas e mais na liberdade dos indivíduos para ingressar e retirar-se voluntariamente das associações. Ao centrar sua análise no grau de autonomia dos indivíduos, porém, Nozick negligencia os inúmeros obstáculos fáticos que restringem as escolhas e as liberdades indivíduos. E um desses

41 Com esse argumento, Nozick afasta as críticas de que os integrantes da agência de proteção dominante financiariam a proteção dos não integrantes, o que configuraria uma atividade redistributiva. Por certo, é a impossibilidade de exercício dos direitos naturais à autodefesa e à aplicação de sanções aos trans-

entraves consiste na limitada capacidade de ingressar e de retirar-se das associações.

É certo que muitos indivíduos permanecem inseridos em associações por imposição de laços provenientes de seu nascimento ou, até mesmo, encontram-se alijados daquelas associações que desejariam participar. E isso ocorre por diversos fatores. Por vezes, a saída de determinada associação pode ensejar um elevado custo social e pessoal para o cidadão, de maneira que o indivíduo se vê compelido a manter o seu vínculo associativo em sentido amplo, a despeito de vivenciar injustiças ou outras formas de opressão. Mais: as entidades associativas de proteção poderiam encarecer ou desestimular a retirada de seus clientes, mantendo-os alienados quanto às vantagens das demais associações ou tentar prevenir o livre exercício de constituição de novas entidades com outros clientes. Assim, o grau de voluntarismo pintado por Nozick talvez não corresponda fielmente à realidade na qual os indivíduos estejam inseridos. Eis a conclusão inescapável: os indivíduos se tornam incapazes de levar a cabo seus projetos de vida, por estarem impedidos de associar-se com as pessoas que desejarem ou por não conseguirem se desvincular de entidades em que nao estejam sendo devidamente protegidos contra lesões a direitos ocorridas. Isto se torna especialmente problemático em um Estado mínimo, dentro do qual todos os serviços, inclusive a segurança, são providos por meio de associações de proteção dominante. No limite, o temor de Nozick de uma asfixia estatal pode ser transformado e, consequentemente, substituído por uma asfixia associativa.

Passa-se, a seguir, ao exame da justificativa comunitarista.

2.3. Justificativa comunitarista: críticas à concepção atomizada de pessoa, restrições à liberdade de associação e noção de comunidade como sujeito de direitos

O comunitarismo representa um conjunto de estudos publicados a partir da década de 80, que dialoga constantemente as propostas liberais conservadoras, como as de Nozick, mas especialmente com o liberalismo igualitário de John Rawls. Buscar com exatidão um conteúdo homogêneo para a corrente comunitarista, além de ser tarefa assaz difícil, muito provavelmente seria uma tentativa fadada ao fracasso. Todavia, em linhas gerais, o movimento pode ser sintetizado como uma corrente do pensamento que se surge como alternativa ao pensamento liberal ou, quando não possui tal pretensão, fornece críticas contundentes às propostas liberais[42].

Como dito no tópico anterior, a visão *atomizada* de pessoa conduz a conclusão de que todas as formas associativas decorreriam de adesões livres e

---

gressores de seus direitos à vida, à liberdade e à propriedade que suporta o oferecimento de proteção aos não clientes de uma agência de proteção dominante.

42 As principais críticas comunitaristas ao liberalismo podem ser encontradas na seguinte sistematização feita por José Adércio Leite Sampaio: "a) o atomismo da sociedade liberal, que, a um só tempo, confere

voluntárias, fruto do pleno exercício de sua autonomia individual. Dessa forma, inexistiriam constrições de qualquer ordem aptas a influenciar essas conexões interpessoais. É contra esse tipo de raciocínio mais simplório e reducionistra que se insurge o comunistarismo.

Ilustrativamente, para o liberalismo, nenhuma circunstância impediria que um certo indivíduo nascido em determinada comunidade, a partir de um exercício racional e de reflexão, possa estabelecer novos vínculos e, portanto, retirar-se de seu grupo associativo. Todavia, a perspectiva comunitária advoga que essa visão de indivíduo típica do liberalismo representa um exemplo de utopia ruim, além de sustentar que nenhuma sociedade poderia subsistir sem essas interações dos mais variados tipos[43].

Ao se constatar que nem todos os membros são livremente escolhidos e que há obrigações que não consubstanciam inteiramente o produto de um consentimento entre as pessoas, as implicações decorrentes da concepção de pessoa própria do liberalismo igualitário é posta em xeque. De fato, a noção de indivíduo concebida pelo liberalismo igualitário amolda-se tão só às associações voluntárias, nas quais o ingresso ou abandono pautam-se por nossas vontades.

Ela, porém, é míope e torna-se inadequada quando se refere a outras formas de vida social, como a família e a infância[44]. Assim, é de indagar: será que a proposta liberal responde satisfatoriamente todas as complexas interações existentes nas mais diferentes formas associativas? Todos os vínculos associativos, bem como seus rompimentos, justificam-se à luz da liberdade de pessoas racionais no pleno exercício de sua autonomia da vontade? Ou será que existem constrições que, de alguma forma, limitariam o livre exercício de escolha dos indivíduos, e são desconsideradas pelos autores liberais? Segundo Michael Walzer[45], um dos principais expoente do counitarismo, existem quatro tipos de restrições à liberdade de associação, tanto no sentido de nos pressionar para nos associarmos a um determinado tipo de associação quanto para impor limites à nossa retirada/saída.

---

primazia dos indivíduos sobre a coletividade e justifica os vínculos sociais a partir de um livre acordo de vontade ou contrato, desconsiderando o pertencimento à comunidade como elemento definidor da identidade individual; b) a prioridade deontológica do *justo* sobre o bem, de maneira que os direitos sejam definidos independentemente da definição do bem comum; c) a defesa do universalismo moral às custas de um procedimentalismo ético abstrato que relega o peso da tradição e das concepções éticas de cada comunidade concreta; e d) a neutralidade do Estado em relação às diversas concepções de vida boa". V. SAMPAIO, José Adércio Leite. A tradição comunitarista. In: SARMENTO, Daniel (Org.). **Filosofia constitucional contemporânea**. Rio de Janeiro, Lumen Juris, 2009, p. 245. Um resumo das principais críticas comunitaristas também pode ser encontrado em GARGARELLA, Roberto. **As teorias da justiça depois de Rawls:** um breve manual de filosofia política. Op. Cit., p. 138-148.

43 WALTZER, Michael. On involuntary association. In: GUTMANN, Amy. **Freedom of association.** Op. Cit., p. 64.

44 JOAS, Hans. O comunitarismo: uma perspectiva alemã. In: Jessé Souza (Org.). **Democracia hoje. Novos desafios para a teoria democrática contemporânea.** Brasília: Editora UnB, 2001, p. 96.

45 WALTZER, Michael. On involuntary association. In: GUTMANN, Amy. **Freedom of association.** New Jersey: Princeton University, 1998, p. 64.

A primeira restrição é de caráter social e familiar. Essas restrições decorreriam de vínculos criados desde o nascimento com nossos parentes, com a nação e com a classe social. Esses vínculos condicionariam as pessoas com as quais nos relacionaríamos ao longo da vida. Além disso, há situações concretas, como a iniciação em alguma religião, que impõem uma série de deveres e responsabilidades sem a anuência da pessoa própria pessoa[46].

Outro tipo de restrição se apresenta por meio de determinantes culturais para a validade de certas formas associativas. Nestes casos, Walzer salienta que, a despeito da possibilidade de as pessoas escolherem com quem se agruparão, não haveria a possibilidade de alterar a estrutura e o estilo da associação[47]. Nessa linha de pensamento, as formas associativas seriam produto de uma construção social, cujos princípios iniciais são reproduzidos reiteradamente. Assim, o espaço de livre escolha dos estatutos de uma associação seria moldado pelas convenções já existentes. O exemplo típico dessa constrição seria o casamento, em que as partes não podem dispor livremente como serão suas responsabilidades. E mesmo as novas formas de casamento – como casamento homossexual – não seriam mais do que reprodução do núcleo do modelo familiar tradicional, de modo que somente se admite alguma margem de liberdade para as partes dentro dos limites permitidos pelas regras culturais.

É possível, ainda, estabelecer constrições de caráter político. Estas decorreriam do pertencimento à determinada comunidade política. Com efeito, o bom funcionamento das instituições democráticas pressupõe que todos os indivíduos daquela comunidade sejam potencialmente considerados cidadãos. Para Walzer, a possibilidade do exercício cívico requer uma dupla limitação: aos legisladores, em que lhes franqueia a possibilidade de participarem do processo democrático, ainda que não exerçam efetivamente tais faculdades, e aos cidadãos, aos quais é defeso recusar estes direitos e obrigações para o exercício da cidadania[48].

Por derradeiro, existiriam as restrições de caráter moral. Embora reconheça que esta restrição esteja implícita nas três anteriores, Walzer vislumbra um grau de autonomia na constrição moral. Esta consiste em uma restrição interna, que compele os indivíduos a tentar fazer algo da forma mais escorreita possível[49].

Essas críticas comunitaristas são em boa medida razoáveis e, diria, consistentes, mas nenhuma delas parece efetivamente fazer ruir (se é que possuem tal pretensão!!) as teses liberais igualitárias. Na verdade, elas servem para demostrar a incompletude das formas associativas voluntárias, produto de vínculos formados por pessoas morais, livres e iguais. A partir dos *insights*

46 Ibidem., p. 65.

47 Ibidem., p. 66.

48 WALTZER, Michael. On involuntary association. In: GUTMANN, Amy. **Freedom of association**. Op. Cit., p. 68.

49 Loc. Cit.

comunistaristas, é possível verificar a existência de profundos vínculos entre as pessoas, especialmente em grupos tradicionais (*e.g.*, direitos dos indígenas, quilombolas ou de coletivos), e que o rompimento desses laços pode ser traumático para os membros em razão da perda de uma possível identidade coletiva. Em outras palavras, a identidade dos integrantes destas comunidades resulta dos intensos laços culturais e dos valores e tradições existentes naquela comunidade[50]. À evidência, as influências recebidas quando crianças, ou por nossos familiares, ou no ambiente em que vivemos moldam a nossa personalidade.

Como decorrência, a "dissociabilidade das pessoas". próprias do liberalismo, que examina as pessoas como independentes e separadas entre si, é mitigada. Não que se admita um sacrifício de um indivíduo em prol da coletividade ou para maximizar a satisfação da maioria. Nao é disso que se trata. Ao revés, cuida-se de reconhecer a existência – e tratar com o devido respeito e consieração – demandas e anseios de grupos, ante o pluralismo reconhecido, e visto como salutar mesmo entre autores liberais.

Com efeito, as respostas comunitaristas apresentam-se com mais autoridade do que as liberais para o equacionamento de demandas como essas. Um cristalino exemplo é extraído do art. 68 do ADCT da Constituição de 1988. O preceito consagra aos remanescente de quilombos a propriedade definitiva de suas terras, desde que estejam ocupando suas terras. Notem que a resposta liberal de "dissociar as pessoas" não se produz uma resposta adequada à controvérsia, uma vez que não se está a abordar a tutela de direitos individuais, mas de um direito da própria associação. Portanto, a vantagem das teses comunitaristas consiste, precisamente, na viabilização do reconhecimento dos direitos de grupos, para os quais as soluções estritamente liberais se afiguram insatisfatórias.

No entanto, e conforme dito, estas constatações não refutam por completo as teses liberais. É plenamente possível que uma pessoa criada no seio de determinada comunidade e que tenha constituído sua identidade a partir de interações com os demais membros de seu grupo se desvencilhe desta associação, sem rupturas e sem que isso seja uma experiência traumática. A pessoa, por certo, não perde a racionalidade e a capacidade de reflexão por estar situada em determinado grupo. A sua saída dependerá do grau de independência e de maturidade, e não dos laços. Daí por que o fato de alguém se sentir compelido a manter seus vínculos perpassa pela análise de um conjunto complexo de fatores que vai do grau de influências externas (*e.g.*, contato com outros grupos,

50 Nas palavras de Daniel Sarmento *"(...) não é preciso enfatizar que o ser humano não é um ente abstrato e desenraizado, mas uma pessoa concreta, cuja identidade é também constituída por laços culturais, tradições e valores socialmente compartilhados. (...) Por isso, a perda da identidade coletiva para os integrantes destes grupos costuma gerar crises profundas, intenso sofrimento e uma sensação de desamparo e de desorientação, que dificilmente encontram paralelo entre os integrantes da cultura capitalista de massas."*. SARMENTO, Daniel. Terras quilombolas e constituição: ADI 3.329 e o Decreto 4.887/2003. In: SARMENTO, Daniel. **Por um constitucionalismo inclusivo:** trajetória histórica, teoria da Constituição e direitos fundamentais. Op. Cit., p. 281.

amigos de escola e faculdade, do trabalho, internet etc.) e de sua relação interna com o grupo a que pertença (*e.g.*, a função que desempenha na comunidade, o grau de dependência da comunidade em relação à pessoa e vice-versa). Em nosso ponto de vista, a forma de equacionar a tensão entre fatores externos *versus* laços internos é que condiciona a saída ou permanência de um membro em uma coletividade, razão pela qual tanto as propostas liberais igualitárias quanto as teses comunitaristas são incapazes de apresentar respostas satisfatórias e adequadas, se isoladamente consideradas.

Uma segunda crítica comunitarista reside na exigência de neutralidade estatal. Sem adentrarmos nos detalhes sobre o Multiculturalismo – o que nos imporia desviar o foco do estudo –, os liberais igualitários, ao sustentar uma postura de inação por parte do Estado, parecem desconsiderar os direitos dos grupos minoritários. O cenário se agrava quando se verifica que alguns deles foram vítimas de preconceitos e exclusões no curso da história. No limite, sob as vestes de uma aparente neutralidade, essa omissão do Estado Liberal a demandas de grupos minoritários poderia servir de manutenção do *status quo*. Por isso, é de se questionar qual o ponto ótimo da regulação estatal na promoção de políticas públicas a estes grupos minoritários ante a diversidade cultural existente[51].

Nao bastasse, e ainda no que tange à postura estatal, resta evidente que subjacente às teses comunitaristas reside uma postura de simpatia a uma intensa atividade regulatória do Estado em assuntos de moralidade privada. No caso brasileiro, esse cenário é extremamente preocupante, porquanto o Estado estaria se arvorando como o bastião da moralidade, sendo extremamente restritivo à veiculação de propagandas de cigarros, passando pela edição de leis sobremodo paternalistas, como alguns dispositivos do ECA, até o estabelecimento de cláusulas indicativas em programas de televisão[52].

Por fim, além destas considerações, as teses comunitaristas seriam mais receptíveis a uma espécie de redução *teleológica* das funções do direito à liberdade de associação. Se a concepção de pessoa do liberalismo igualitário implicava a existência de associações voluntárias e consensualmente formadas e dissolvidas, no comunitarismo o cenário se inverte.

Com efeito, a ênfase no coletivo tende a valorizar os fins associativos, sobrepondo estes interesses sobre os dos filiados. A rigor, essa *funcionalização* seria visualizada com maior nitidez em associações involuntárias, como a família, a nação ou mesmo grupos minoritários, como tribos indígenas ou

---

51 Will Kymlicka refuta as teses comunitaristas de que o liberalismo não se coaduna com demandas multiculturais, sustentando existir uma compatibilidade entre ambas as ideias. Um ótimo resumo destas ideias pode ser encontrado em GARGARELLA, Roberto. **As teorias da justiça depois de Rawls:** um breve manual de filosofia política. Op. Cit., p. 162-164.

52 Trata-se do fenômeno de "asfixia regulatória", expressão cunhada por Gustavo Binenbojm, cujo traço característico se encontra na clara desconfiança da capacidade de discernimento das pessoas. BINENBOJM, Gustavo. **Asfixia regulatória**. Disponível em: <http://oglobo.globo.com/opiniao/mat/2011/03/09/asfixia-regulatoria-923971908.asp>. Acesso em: 03 jul. 2011.

quilombolas. No entanto, as associações voluntárias também podem receber essa influência teleológica, a depender do interesse por elas tuteladas. Existem entidades associativas que são criadas para atender determinados *fins*. As ONGs, cujo programa seja a defesa do meio ambiente ou da segurança pública, ou grupos religiosos são exemplos de associações criadas com vistas a tutelar bens específicos – meio ambiente, segurança ou fé. Vale dizer: é da natureza dessas formas associativas a proteção de bens imateriais. Em exemplos como os citados, a valorização excessiva dos fins da entidade associativa pode, no extremo, por em risco o direito moral dos associados. Assim, não se deve olvidar que, nestes casos, existe uma limitação à atuação das entidades associativas: o direito dos associados que, uma vez lesionados, impõe a intervenção judicial.

3. CONCLUSÃO: A LIBERDADE DE ASSOCIAÇÃO COMO UM "CONSENSO SOBREPOSTO"

As linhas anteriores demonstraram que o direito dos indivíduos de formar grupos sobressai como exigência fundamental para uma sociedade tida como liberal e para a democracia política. Como visto, autores liberais, como John Rawls, sustentam que a liberdade de associação integra o rol das liberdades básicas dos indivíduos[53]. Mesmo no pensamento libertário, a defesa da formação de associações está presente, especificamente na elaboração do seu mais eloquente defensor Robert Nozick, em sua obra Anarquia, Estado e Utopia, quando constroi sua concepção de Estado Mínimo.

Trata-se, assim, de conexão natural entre o direito de se associar e o liberalismo: a liberdade de associação decorreria da própria noção fundamental de liberdade e nela encontraria suas raízes. Essa aproximação, apesar de correta, esbarra, ao menos, em dois problemas principais: em primeiro lugar, peca por examinar o fenômeno associativo apenas sob a ótica das associações voluntárias; e, em segundo lugar, é insuficiente para responder a diversas controvérsias e impasses em uma sociedade plural. Há um absoluto reducionismo restringir a fundamentalidade da vida associativa apenas ao liberalismo, ou mais especificamente ao liberalismo igualitário, ou ainda buscar seu substrato filosófico apenas na ideologia liberal.

Quando examinamos outras correntes de pensamento filosófico, como o comunistarismo, o republicanismo e até mesmo o anarquismo, verificamos que todas elas defendem, com matizes distintos, a fundamentalidade e a proeminência do associativismo e da vida associativa. O comunitarismo, a despeito da dificuldade de se precisar um conteúdo homogêneo para esta corrente, enfatiza o direito à liberdade de associação, na medida em que valoriza os intensos laços que unem os indivíduos que integram determinada comunidade[54].

53 RAWLS, John. As liberdades fundamentais e suas prioridades. In: **Liberalismo Político**. Tradução de Dinah de Abreu Azevedo. 2. ed. São Paulo: Editora Ática, 2000, p. 345.

54 WALTZER, Michael. On involuntary association. In: GUTMANN, Amy. **Freedom of association.** Op. Cit., p. 64.

Diante dessa constatação, não seria abusrdo afirmar que a liberdade de associação se afigura como *consenso sobreposto* entre tais correntes da filosofia política. A afirmação requer uma melhor explicação de modo a evitar interpretações equivocadas. Não se deve confundir, em primeiro lugar, a ideia de um *consenso sobreposto* formulada com John Rawls em sua Teoria da Justiça[55] com a ideia que aqui se sustentará.

A tese que se defende é a de que as principais correntes do pensamento filosófico valorizam o associativismo e do direito de formar grupos – justamente pelo fato de a liberdade de associação ser considerada um componente indispensável para essas ideologias. Além disso, a ideia de *consenso sobreposto* não significa que as consequências jurídicas ou teóricas da adoção do associativismo por tais correntes filosóficas sejam as mesmas. Obviamente, os reflexos práticos gerados por se optar por uma visão mais alinhada à ideologia liberal-igualitária não serão similares às consequências da adoção do associativismo pelas demais, como por exemplo no caso dos comunitaristas ou dos libertarianos[56].

Não obstante isso, é possível concluir, sem incorrer, em grandes equívocos, que a liberdade de associação se posiciona como uma *ideia comum*, situando-se em uma espécie de consenso sobreposto a todas elas.

---

55 A ideia de um *consenso sobreposto (overlapping consensus)* foi formulada por Rawls na tentativa superar os desacordos morais decorrentes do pluralismo entre as diversas doutrinas abrangentes razoáveis existentes nas sociedades contemporâneas. Segundo ele, as diversas concepções individuais do bem não impedem a superação desses desacordos pelos indivíduos e que, por conseguinte, firmem um compromisso amplo e profundo, endossando uma concepção política de justiça. Para tanto, Rawls desenvolverá dois conceitos de extrema importância: a ideia de razão pública e o *consenso sobreposto*. Razão pública seria a razão de cidadãos livres que, enquanto corpo coletivo, exercem um poder político acerca dos "elementos constitucionais essenciais" e das questões de justiça básicas, tais como aqueles que têm direito de voto, quais religiões deveriam ser toleradas, a quem se deve garantir igualdade de oportunidades etc. Em outras palavras, os cidadãos devem pautar seus argumentos a partir do "uso público da razão" quando atuam na argumentação política no espaço público. Não se nega com isso que os indivíduos possam titularizar suas próprias concepções acerca do bem, na medida em que, como dito acima, isso é fato natural e não negligenciado pelo liberalismo igualitário. Ocorre que, na arena pública, o debate centra-se em argumentos de razão pública, de modo que devem ser afastados os fundamentos calcados em doutrinas filosóficas, religiosas ou morais abrangentes, e não compartilhadas pelos demais cidadãos. A segunda construção rawlsiana consiste no *consenso sobreposto*, categoria derivada do uso da razão pública. Diferente do que poderia parecer à primeira vista, o *consenso sobreposto* não consubstancia a mera aceitação de autoridades ou de arranjos institucionais, por intermédio de uma convergência de interesses pessoais ou de grupos. Ao revés, trata-se de uma concepção moral, endossada por "razões morais", na medida em que haveria o comprometimento com o destino das demais pessoas integrantes do contrato hipotético proposto. Assim, a partir de uma agenda liberal – preocupada em assegurar "direitos fundamentais" e conferir uma "prioridade especial" –, seria viável a convergência de certos acordos básicos entre os indivíduos das mais diversas doutrinas abrangentes razoáveis, sem ruir as bases de uma cooperação social. Do contrário, dado o pluralismo razoável existente na sociedade, seria tarefa assaz difícil atingir um patamar mínimo de convergências entre as pessoas. Além disso, o consenso sobreposto traduziria uma etapa ideal de uma construção progressiva do programa político proposto por Rawls, iniciada pelo *modus vivendi*, passando pelo consenso constitucional, até atingir o consenso sobreposto. (RAWLS, John. A ideia de um consenso sobreposto. In: **Liberalismo político.** Op. Cit., p. 206-216).

56 Como visto, há reflexos práticos inegáveis em cada uma delas, como a (suposta) autonomia dos indivíduos de formarem associações e de se desvincularem, típicos dos liberais e combatidos por autores ligados ao comunitarismo.

Proteção dos Direitos Sociais: Desafios dos Sistemas Global, Regional e Sul Americano[1]

Flávia Piovesan[2]

Sumário: 1. Introdução. 2. A Afirmação Histórica dos Direitos Humanos e os Direitos Sociais. 3. A Proteção dos Direitos Sociais no Sistema Global. 4. A Proteção dos Direitos Sociais no Sistema Regional Interamericano. 5. A Proteção dos Direitos Sociais no âmbito Sul-Americano: desafios do *ius commune*

1. INTRODUÇÃO

Como compreender os direitos sociais sob a perspectiva da concepção contemporânea de direitos humanos? Em que medida merecem o mesmo grau de importância dos direitos civis e políticos? Qual é a principiologia aplicável aos direitos sociais? São direitos acionáveis e justiciáveis? Qual é o alcance de sua proteção nos sistemas internacional e regional interamericano? Como fortalecer a projeção e a incorporação de parâmetros protetivos globais e regionais no âmbito sul-americano? Como intensificar o diálogo vertical e horizontal de jurisdições visando à pavimentação de um *ius commune* em direitos sociais na região sul-americana?

São estas as questões centrais a inspirar o presente estudo, que tem por objetivo maior enfocar a proteção dos direitos sociais sob o prisma internacional e regional interamericano, com destaque aos desafios da implementação

---

1 Um especial agradecimento é feito à Alexander von Humboldt Foundation pela fellowship que tornou possível este estudo e ao Max-Planck Institute for Comparative Public Law and International Law por prover um ambiente acadêmico de extraordinário vigor intelectual.

2 Professora doutora em Direito Constitucional e Direitos Humanos da Pontifícia Universidade Católica de São Paulo, Professora de Direitos Humanos dos Programas de Pós Graduação da Pontifícia Universidade Católica de São Paulo, da Pontifícia Universidade Católica do Paraná e da Universidade Pablo de Olavide (Sevilha, Espanha); visiting fellow do Human Rights Program da Harvard Law School (1995 e 2000), visiting fellow do Centre for Brazilian Studies da University of Oxford (2005), visiting fellow do Max Planck Institute for Comparative Public Law and International Law (Heidelberg - 2007; 2008; 2015; 2016; 2017; e 2018); Humboldt Foundation Georg Forster Research Fellow no Max Planck Institute (Heidelberg - 2009-2014); Foi membro da UN High Level Task Force on the implementation of the right to development e é membro do OAS Working Group para o monitoramento do Protocolo de San Salvador em matéria de direitos econômicos, sociais e culturais. Membro da Comissão Interamericana de Direitos Humanos (2018 a 2021).

dos direitos sociais nocontexto sul-americano visando à pavimentação de um constitucionalismo regional amparado em um *"ius commune"* social.

2. A AFIRMAÇÃO HISTÓRICA DOS DIREITOS HUMANOS E OS DIREITOS SOCIAIS

Os direitos humanos refletem um construído axiológico, a partir de um espaço simbólico de luta e ação social. No dizer de Joaquin Herrera Flores[3], os direitos humanos traduzem processos que abrem e consolidam espaços de luta pela dignidade humana. Invocam uma plataforma emancipatória voltada à proteção da dignidade e à prevenção do sofrimento humano. No mesmo sentido, Celso Lafer[4], lembrando Danièle Lochak, realça que os direitos humanos não apresentam uma história linear, não compõem a história de uma marcha triunfal, nem a história de uma causa perdida de antemão, mas a história de um combate.

Enquanto reivindicações morais, os direitos humanos nascem quando devem e podem nascer. Como realça Norberto Bobbio, os direitos humanos não nascem todos de uma vez e nem de uma vez por todas[5]. Para Hannah Arendt, os direitos humanos não são um dado, mas um construído, uma invenção humana, em constante processo de construção e reconstrução[6]. Simbolizam os direitos humanos, para parafrasear Luigi Ferrajoli[7], a lei do mais fraco contra a lei do mais forte, na expressão de um contrapoder em face dos absolutismos, advenham do Estado, do setor privado ou mesmo da esfera doméstica.

Considerando a historicidade dos direitos humanos, destaca-se a chamada concepção contemporânea de direitos humanos, que veio a ser introduzida pela Declaração Universal de 1948 e reiterada pela Declaração de Direitos Humanos de Viena de 1993.

Esta concepção é fruto do movimento de internacionalização dos direitos humanos, que surge, no pós-guerra, como resposta às atrocidades e aos

3 Joaquín Herrera Flores, *Direitos Humanos, Interculturalidade e Racionalidade de Resistência*, mimeo, p.7.

4 Celso Lafer, prefácio ao livro *Direitos Humanos e Justiça Internacional*, 2ª edição revista, ampliada e atualizada, Flávia Piovesan, São Paulo, ed. Saraiva, 2011, p.22.

5 Norberto Bobbio, *Era dos Direitos*, trad. Carlos Nelson Coutinho, Rio de Janeiro, Campus, 1988.

6 Hannah Arendt, *As Origens do Totalitarismo*, trad. Roberto Raposo, Rio de Janeiro, 1979. A respeito, ver também Celso Lafer, *A Reconstrução dos Direitos Humanos: Um diálogo com o pensamento de Hannah Arendt*, Cia das Letras, São Paulo, 1988, p.134. No mesmo sentido, afirma Ignacy Sachs: "Não se insistirá nunca o bastante sobre o fato de que a ascensão dos direitos é fruto de lutas, que os direitos são conquistados, às vezes, com barricadas, em um processo histórico cheio de vicissitudes, por meio do qual as necessidades e as aspirações se articulam em reivindicações e em estandartes de luta antes de serem reconhecidos como direitos". (Ignacy Sachs, Desenvolvimento, Direitos Humanos e Cidadania, In: *Direitos Humanos no Século XXI*, 1998, p.156). Para Allan Rosas: "O conceito de direitos humanos é sempre progressivo. (...) O debate a respeito do que são os direitos humanos e como devem ser definidos é parte e parcela de nossa história, de nosso passado e de nosso presente." (Allan Rosas, So-Called Rights of the Third Generation, In: Asbjorn Eide, Catarina Krause e Allan Rosas, *Economic, Social and Cultural Rights*, Martinus Nijhoff Publishers, Dordrecht, Boston e Londres, 1995, p. 243).

7 Luigi Ferrajoli, *Diritti fondamentali – Um dibattito teórico*, a cura di Ermanno Vitale, Roma, Bari, Laterza, 2002, p.338.

horrores cometidos durante o nazismo. É neste cenário que se vislumbra o esforço de reconstrução dos direitos humanos, como paradigma e referencial ético a orientar a ordem internacional. A barbárie do totalitarismo significou a ruptura do paradigma dos direitos humanos, por meio da negação do valor da pessoa humana como valor fonte do Direito. Se a Segunda Guerra significou a ruptura com os direitos humanos, o Pós-Guerra deveria significar a sua reconstrução. Nas palavras de Thomas Buergenthal: "O moderno Direito Internacional dos Direitos Humanos é um fenômeno do pós-guerra. Seu desenvolvimento pode ser atribuído às monstruosas violações de direitos humanos da era Hitler e à crença de que parte destas violações poderiam ser prevenidas se um efetivo sistema de proteção internacional de direitos humanos existisse".[8]

Fortalece-se a idéia de que a proteção dos direitos humanos não deve se reduzir ao domínio reservado do Estado, porque revela tema de legítimo interesse internacional. Prenuncia-se, deste modo, o fim da era em que a forma pela qual o Estado tratava seus nacionais era concebida como um problema de jurisdição doméstica, decorrência de sua soberania. Para Andrew Hurrell: "O aumento significativo das ambições normativas da sociedade internacional é particularmente visível no campo dos direitos humanos e da democracia, com base na idéia de que as relações entre governantes e governados, Estados e cidadãos, passam a ser suscetíveis de legítima preocupação da comunidade internacional; de que os maus-tratos a cidadãos e a inexistência de regimes democráticos devem demandar ação internacional; e que a legitimidade internacional de um Estado passa crescentemente a depender do modo pelo qual as sociedades domésticas são politicamente ordenadas"[9].

Neste contexto, a Declaração de 1948 vem a inovar a gramática dos direitos humanos, ao introduzir a chamada concepção contemporânea de direitos humanos, marcada pela universalidade e indivisibilidade destes direitos. Universalidade porque clama pela extensão universal dos direitos humanos, sob a crença de que a condição de pessoa é o requisito único para a titularidade de direitos, considerando o ser humano como um ser essencialmente moral, dotado de unicidade existencial e dignidade, esta como valor intrínseco à condição humana. Indivisibilidade porque a garantia dos direitos civis e políticos

8 Thomas Buergenthal, *International human rights*, op. cit., p. 17. Para Henkin: "Por mais de meio século, o sistema internacional tem demonstrado comprometimento com valores que transcendem os valores puramente "estatais", notadamente os direitos humanos, e tem desenvolvido um impressionante sistema normativo de proteção desses direitos". (*International law,* op. cit., p. 2). Ainda sobre o processo de internacionalização dos direitos humanos, observa Celso Lafer: "Configurou-se como a primeira resposta jurídica da comunidade internacional ao fato de que o direito *ex parte populi* de todo ser humano à hospitabilidade universal só começaria a viabilizar-se se o "direito a ter direitos", para falar com Hannah Arendt, tivesse uma tutela internacional, homologadora do ponto de vista da humanidade. Foi assim que começou efetivamente a ser delimitada a "razão de estado" e corroída a competência reservada da soberania dos governantes, em matéria de direitos humanos, encetando-se a sua vinculação aos temas da democracia e da paz". (Prefácio ao livro *Os direitos humanos como tema global*, op. cit., p. XXVI).

9 Andrew Hurrell, Power, principles and prudence: protecting human rights in a deeply divided world, In: Tim Dunne e Nicholas J. Wheeler, *Human Rights in Global Politics*, Cambridge, Cambridge University Press, 1999, p.277.

é condição para a observância dos direitos sociais, econômicos e culturais e vice-versa. Quando um deles é violado, os demais também o são. Os direitos humanos compõem, assim, uma unidade indivisível, interdependente e inter-relacionada, capaz de conjugar o catálogo de direitos civis e políticos com o catálogo de direitos sociais, econômicos e culturais. Sob esta perspectiva integral, identificam-se dois impactos: a) a inter-relação e interdependência das diversas categorias de direitos humanos; e b) a paridade em grau de relevância de direitos sociais, econômicos e culturais e de direitos civis e políticos.

Para Asbjorn Eide: "The term "social rights", sometimes called "socio-economic rights", refers to rights whose function is to protect and to advance the enjoyment of basic human needs and to ensure the material conditions for a life in dignity. The foundations of these rights in human rights law is found in the Universal Declaration of Human Rights, Article 22: "Everyone, as a member of society, has the right to social security and is entitled to realisation, through national effort and international cooperation and in accordance with the organisation and resources of each state, of the economic, social and cultural rights indispensable for his dignity and the free development of his personality"[10].

Ao examinar a indivisibilidade e a interdependência dos direitos humanos, leciona Hector Gros Espiell: "Só o reconhecimento integral de todos estes direitos pode assegurar a existência real de cada um deles, já que sem a efetividade de gozo dos direitos econômicos, sociais e culturais, os direitos civis e políticos se reduzem a meras categorias formais. Inversamente, sem a realidade dos direitos civis e políticos, sem a efetividade da liberdade entendida em seu mais amplo sentido, os direitos econômicos, sociais e culturais carecem, por sua vez, de verdadeira significação. Esta idéia da necessária integralidade, interdependência e indivisibilidade quanto ao conceito e à realidade do conteúdo dos direitos humanos, que de certa forma está implícita na Carta das Nações Unidas, se compila, se amplia e se sistematiza em 1948, na Declaração Universal de Direitos Humanos, e se reafirma definitivamente nos Pactos Universais de Direitos Humanos, aprovados pela Assembléia Geral em 1966, e em vigência desde 1976, na Proclamação de Teerã de 1968 e na Resolução

10 Asbjorn Eide, Social Rights, In: Rhona K.M. Smith e Christien van den Anker. *The essentials of Human Rights*, Londres, Hodder Arnold, 2005, p.234. Para Asborn Eide: "Economic, social and cultural rights constitute three interrelated components of a more comprehensive package. The different components also have links to civil and political rights. At the core of social rights is the right to an adequate standard of living. The enjoyment of this right requires, at a minimum, that everyone shall enjoy the necessary subsistence rights - adequate food and nutrition rights, clothing, housing and necessary conditions of care. Closely related to this is the right of families to assistance (...). In order to enjoy these social rights, there is also a need to enjoy certain economic rights. These are the right to property, the right to work and the right to social security. (...) The notion of cultural rights is more complex. (...) cultural rights contain the following elements: the right to take part in cultural life, the right to enjoy the benefits of scientific progress and its applications, the right to benefit from the protection of the moral and material interests resulting from any scientific, literary or artistic production of which the beneficiary is the author, and the freedom indispensable for scientific research and creative activity". (Asborn Eide, Economic, Social and Cultural Rights as Human Rights, In: Eide, A, C. Krause and A. Rosas (eds), *Economic, Social and Cultural Rights: a textbook*. 2nd revised edition, Dordrecht: Martinus Nijhoff Publishers, 2001, p.17-18).

da Assembléia Geral, adotada em 16 de dezembro de 1977, sobre os critérios e meios para melhorar o gozo efetivo dos direitos e das liberdades fundamentais (Resolução n. 32/130)".[11]

A partir da Declaraçåo de 1948, começa a se desenvolver o Direito Internacional dos Direitos Humanos, mediante a adoção de diversos instrumentos internacionais de proteção. A Declaração de 1948 confere lastro axiológico e unidade valorativa a este campo do Direito, com ênfase na universalidade, indivisibilidade e interdependência dos direitos humanos.

O processo de universalização dos direitos humanos permitiu a formação de um sistema internacional de proteção destes direitos. Este sistema é integrado por tratados internacionais de proteção que refletem, sobretudo, a consciência ética contemporânea compartilhada pelos Estados, na medida em que invocam o consenso internacional acerca de temas centrais aos direitos humanos, na busca da salvaguarda de parâmetros protetivos mínimos – do "mínimo ético irredutível". Neste sentido, cabe destacar que, até outubro de 2017, o Pacto Internacional dos Direitos Civis e Políticos contava com 169 Estados-partes; o Pacto Internacional dos Direitos Econômicos, Sociais e Culturais contava com 166 Estados-partes; a Convenção contra a Tortura contava com 162 Estados-partes; a Convenção sobre a Eliminação da Discriminação Racial contava com 178 Estados-partes; a Convenção sobre a Eliminação da Discriminação contra a Mulher contava com 189 Estados-partes; e a Convenção sobre os Direitos da Criança apresentava a mais ampla adesão, com 196 Estados-partes[12].

Ao lado do sistema normativo global, surgem os sistemas regionais de proteçåo, que buscam internacionalizar os direitos humanos nos planos regionais, particularmente na Europa, América e Africa. Adicionalmente, há um incipiente sistema árabe e a proposta de criaçåo de um sistema regional asiático. Consolida-se, assim, a convivência do sistema global da ONU com instrumentos do sistema regional, por sua vez, integrado pelo sistema americano, europeu e africano de proteçåo aos direitos humanos.

Os sistemas global e regional nåo såo dicotômicos, mas complementares. Inspirados pelos valores e princípios da Declaraçåo Universal, compõem o universo instrumental de proteçåo dos direitos humanos, no plano internacional. Nesta ótica, os diversos sistemas de proteção de direitos humanos interagem em benefício dos indivíduos protegidos. O propósito da coexistência de distintos instrumentos jurídicos – garantindo os mesmos direitos – é, pois, no sentido de ampliar e fortalecer a proteção dos direitos humanos. O que importa é o grau de eficácia da proteção, e, por isso, deve ser aplicada a norma que, no caso concreto, melhor proteja a vítima. Ao adotar o valor da primazia da pessoa humana, estes sistemas se complementam, interagindo com o sistema nacional

11 Hector Gros Espiell, *Los derechos económicos, sociales y culturales en el sistema interamericano*, San José, Libro Libre, 1986, p. 16-17.

12 Alto Comissariado de Direitos Humanos das Nações Unidas, *Status of Ratifications of the Principal International Human Rights Treaties*,www.unhchr.ch/pdf/report.pdf.

de proteção, a fim de proporcionar a maior efetividade possível na tutela e promoção de direitos fundamentais. Esta é inclusive a lógica e a principiologia próprias do Direito Internacional dos Direitos Humanos, todo ele fundado no princípio maior da dignidade humana.

A concepção contemporânea de direitos humanos caracteriza-se pelos processos de universalização e internacionalização destes direitos, compreendidos sob o prisma de sua indivisibilidade[13]. Ressalte-se que a Declaração de Direitos Humanos de Viena, de 1993, reitera a concepção da Declaração de 1948, quando, em seu parágrafo 5o, afirma: "Todos os direitos humanos são universais, interdependentes e inter-relacionados. A comunidade internacional deve tratar os direitos humanos globalmente de forma justa e equitativa, em pé de igualdade e com a mesma ênfase."

Logo, a Declaração de Viena de 1993, subscrita por 171 Estados, endossa a universalidade e a indivisibilidade dos direitos humanos, revigorando o lastro de legitimidade da chamada concepção contemporânea de direitos humanos, introduzida pela Declaração de 1948. Note-se que, enquanto consenso do "pós Guerra", a Declaração de 1948 foi adotada por 48 Estados, com 8 abstenções. Assim, a Declaração de Viena de 1993 estende, renova e amplia o consenso sobre a universalidade e indivisibilidade dos direitos humanos. A Declaração de Viena afirma ainda a interdependência entre os valores dos direitos humanos, democracia e desenvolvimento.

Não há direitos humanos sem democracia e nem tampouco democracia sem direitos humanos. Vale dizer, o regime mais compatível com a proteção dos direitos humanos é o regime democrático. Atualmente, 140 Estados, dos quase 200 Estados que integram a ordem internacional, realizam eleições periódicas. Contudo, apenas 82 Estados (o que representa 57% da população mundial) são considerados plenamente democráticos. Em 1985, este percentual era de 38%, compreendendo 44 Estados[14]. O pleno exercício dos direitos políticos pode implicar o "empoderamento" das populações mais vulneráveis, o aumento de sua capacidade de pressão, articulação e mobilização políticas. Para Amartya Sen, os direitos políticos (incluindo a liberdade de expressão e de discussão) são não apenas fundamentais para demandar respostas políticas às necessidades econômicas, mas são centrais para a própria formulação destas necessidades econômicas[15]. Realça ainda Amartya Sen: "The protective

13 Note-se que a Convenção sobre a Eliminação de todas as formas de Discriminação Racial, a Convenção sobre a Eliminação da Discriminação contra a Mulher, a Convenção sobre os Direitos da Criança, a Convenção sobre os Direitos das Pessoas com Deficiência e a Convenção para a Proteção dos Direitos dos Trabalhadores Migrantes e dos Membros de suas Famílias contemplam não apenas direitos civis e políticos, mas também direitos sociais, econômicos e culturais, o que vem a endossar a idéia da indivisibilidade dos direitos humanos.

14 Consultar UNDP, *Human Development Report 2002: Deepening democracy in a fragmented world*, New York/Oxford, Oxford University Press, 2002.

15 Amartya Sen, Foreword ao livro *Pathologies of Power*, Paul Farmer, Berkeley, University of California Press, 2003.

power of political liberty reveals that no famine has ever taken place in the history of the world in a functioning democracy"[16].Daí a relação indissociável entre o exercício dos direitos civis e políticos e o exercício dos direitos sociais, econômicos e culturais.

Além disso, em face da indivisibilidade dos direitos humanos, há de ser definitivamente afastada a equivocada noção de que uma classe de direitos (a dos direitos civis e políticos) merece inteiro reconhecimento e respeito, enquanto outra classe de direitos (a dos direitos sociais, econômicos e culturais), ao revés, não merece qualquer observância. Sob a ótica normativa internacional, está definitivamente superada a concepção de que os direitos sociais, econômicos e culturais não são direitos legais. A idéia da não-acionabilidade dos direitos sociais é meramente ideológica e não científica. São eles autênticos e verdadeiros direitos fundamentais, acionáveis, exigíveis e demandam séria e responsável observância. Por isso, devem ser reivindicados como direitos e não como caridade, generosidade ou compaixão.

Como aludem Asbjorn Eide e Allan Rosas: "Levar os direitos econômicos, sociais e culturais a sério implica, ao mesmo tempo, um compromisso com a integração social, a solidariedade e a igualdade, incluindo a questão da distribuição de renda. Os direitos sociais, econômicos e culturais incluem como preocupação central a proteção aos grupos vulneráveis. (...) As necessidades fundamentais não devem ficar condicionadas à caridade de programas e políticas estatais, mas devem ser definidas como direitos".[17]

A compreensão dos direitos econômicos, sociais e culturais demanda ainda que se recorra ao direito ao desenvolvimento. Para desvendar o alcance do direito ao desenvolvimento, importa realçar, como afirma Celso Lafer, que, no campo dos valores, em matéria de direitos humanos, a consequência de um sistema internacional de polaridades definidas - Leste/Oeste, Norte/Sul - foi a batalha ideológica entre os direitos civis e políticos (herança liberal patrocinada pelos EUA) e os direitos econômicos, sociais e culturais (herança social patrocinada pela então URSS). Neste cenário surge o "empenho do Terceiro Mundo de elaborar uma identidade cultural própria, propondo direitos de identidade cultural coletiva, como o direito ao desenvolvimento".[18]

É, assim, adotada pela ONU a Declaração sobre o Direito ao Desenvolvimento, em 1986, por 146 Estados, com um voto contrário (EUA) e 8 abstenções. Para Allan Rosas: "A respeito do conteúdo do direito ao desenvolvimento, três aspectos devem ser mencionados. Em primeiro lugar, a Declaração de 1986 endossa a importância da participação. (...) Em segundo lugar, a Declaração

---

16 Amartya Sen, *The Idea of Justice*, Cambridge, Harvard University Press, 2009, p.343.

17 Asbjorn Eide e Alla Rosas, Economic, Social and Cultural Rights: A Universal Challenge. In: Asbjorn Eide, Catarina Krause e Allan Rosas, *Economic, Social and Cultural Rights*, Martinus Nijhoff Publishers, Dordrecht, Boston e Londres, 1995, p.17-18.

18 Celso Lafer, *Comércio, Desarmamento, Direitos Humanos: reflexões sobre uma experiência diplomática*, São Paulo, Paz e Terra, 1999.

deve ser concebida no contexto das necessidades básicas de justiça social. (...) Em terceiro lugar, a Declaração enfatiza tanto a necessidade de adoção de programas e políticas nacionais, como da cooperação internacional."[19]

O direito ao desenvolvimento contempla, assim, três dimensões centrais: a) justiça social; b) participação e accountability; e c) cooperação internacional.[20]

De acordo com o artigo 28 da Declaração de Direitos Humanos: "Toda pessoa tem direito a uma ordem social e internacional em que os direitos e liberdades estabelecidos na Declaração possam ser plenamente realizados". A justiça social é um componente central à concepção do direito ao desenvolvimento. A realização do direito ao desenvolvimento, inspirado no valor da solidariedade, há de prover igual e oportunidade a todos no acesso a recursos básicos, educação, saúde, alimentação, moradia, trabalho e distribuição de renda.

Para a Declaração sobre o Direito ao Desenvolvimento, o desenvolvimento compreende um processo econômico, social, cultural e político, com o objetivo de assegurar a constante melhoria do bem estar da população e dos indivíduos, com base em sua ativa, livre e significativa participação neste processo, orientada pela justa distribuição dos benefícios dele resultantes. Reconhece o artigo 2º da Declaração que: "A pessoa humana é o sujeito central do desenvolvimento e deve ser ativa participante e beneficiária do direito ao desenvolvimento."

Na promoção do desenvolvimento, igual consideração deve ser conferida à implementação, promoção e proteção dos direitos civis, políticos, econômicos, sociais e culturais. Medidas efetivas devem ser ainda adotadas a fim de proporcionar às mulheres um papel ativo no processo de desenvolvimento.

Além do componente de justiça social, o componente democrático é essencial ao direito ao desenvolvimento. É dever dos Estados encorajar a participação popular em todas as esferas como um importante fator ao direito ao desenvolvimento e à plena realização dos direitos humanos. Estados devem promover e assegurar a livre, significativa e ativa participação de indivíduos e grupos na elaboração, implementação e monitoramento de políticas de desenvolvimento. Neste contexto, os princípios da participação e da *accountability* são centrais ao direito ao desenvolvimento.

O direito ao desenvolvimento compreende tanto uma dimensão nacional, como uma dimensão internacional. Prevê a Declaração sobre o Direito

---

19 Allan Rosas, The Right to Development, In: Asbjorn Eide, Catarina Krause e Allan Rosas, *Economic, Social and Cultural Rights*, Martinus Nijhoff Publishers, Dordrecht, Boston e Londres, 1995, p. 254-255.

20 Para a UN High Level Task Force on the implementation of the right to development: "The right to development is a right of individuals and peoples to an enabling environment for development that is equitable, sustainable, participatory and in accordance with the full range of human rights and fundamental freedoms – a national and global environment that is free from structural and unfair obstacles to development". See the report of the UN High Level Task Force on the implementation of the right to development for the April 2010 session of the Working Group, including the attributes of the right to development and the list of criteria, sub-criteria and indicators – A/HRC/15/WG.2/TF/2. Add 2.

ao Desenvolvimento que os Estados devem adotar medidas – individual e coletivamente – para criar um ambiente a permitir, nos planos internacional e nacional, a plena realização do direito ao desenvolvimento. Ressalta a Declaração que os Estados devem adotar medidas para eliminar os obstáculos ao desenvolvimento resultantes da não observância de direitos civis e políticos, bem como da afronta a direitos econômicos, sociais e culturais. Ainda que a Declaração reconheça ser os Estados os responsáveis primários na realização do direito ao desenvolvimento, enfatiza a importância da cooperação internacional para a realização do direito ao desenvolvimento.

Adiciona o artigo 4º da Declaração que os Estados têm o dever de adotar medidas, individualmente ou coletivamente, voltadas a formular políticas de desenvolvimento internacional, com vistas a facilitar a plena realização de direitos, acrescentando que a efetiva cooperação internacional é essencial para prover aos países em desenvolvimento meios que encorajem o direito ao desenvolvimento.

O direito ao desenvolvimento demanda uma globalização ética e solidária. No entender de Mohammed Bedjaqui: "Na realidade, a dimensão internacional do direito ao desenvolvimento é nada mais que o direito a uma repartição equitativa concernente ao bem estar social e econômico mundial. Reflete uma demanda crucial de nosso tempo, na medida em que os quatro quintos da população mundial não mais aceitam o fato de um quinto da população mundial continuar a construir sua riqueza com base em sua pobreza."[21] As assimetrias globais revelam que a renda dos 1% mais ricos supera a renda dos 57% mais pobres na esfera mundial[22].

Como atenta Joseph E. Stiglitz: "The actual number of people living in poverty has actually increased by almost 100 million. This occurred at the same time that total world income increased by an average of 2.5 percent annually".[23] Para a World Health Organization: "poverty is the world's greatest killer. Poverty wields its destructive influence at every stage of human life, from the moment of conception to the grave. It conspires with the most deadly and painful diseases to bring a wretched existence to all those who suffer from it."[24]Em média 80% da população mundial vive em países em desenvolvimento, caracterizados por elevada exclusão e desigualdade social.[25]

---

21 Mohammed Bedjaqui, The Right to Development, in M. Bedjaoui ed., *International Law: Achievements and Prospects*, 1991, p. 1182.

22 A respeito, consultar *Human Development Report 2002,* UNDP, New York/Oxford, Oxford University Press, 2002, p. 19.

23 Joseph E. Stiglitz, *Globalization and its Discontents*, New York/London, WW Norton Company, 2003, p.06. Acrescenta o autor: "Development is about transforming societies, improving the lives of the poor, enabling everyone to have a chance at success and access to health care and education." (op.cit.p.252).

24 Paul Farmer, *Pathologies of Power*, Berkeley, University of California Press, 2003, p.50.

25 Atenta Jeffrey Sachs: "eigth million people around the world die each year because they are too poor to stay alive" (Jeffrey Sachs, *The end of poverty: economic possibilities for our time*, New York, The Penguin Press, 2005, p.1). Acrescenta o mesmo autor: "One sixth of the world remains trapped in extreme po-

Um dos mais extraordinários avanços da Declaração de 1986 é lançar o *human rights-based approach* ao direito ao desenvolvimento.[26] O *human rights-based approach* é uma concepção estrutural ao processo de desenvolvimento, amparada normativamente nos parâmetros internacionais de direitos humanos e diretamente voltada à promoção e à proteção dos direitos humanos. O *human rights-based approach* ambiciona integrar normas, standards e princípios do sistema internacional de direitos humanos nos planos, políticas e processos relativos ao desenvolvimento. A perspectiva de direitos endossa o componente da justiça social, realçando a proteção dos direitos dos grupos mais vulneráveis e excluídos como um aspecto central do direito ao desenvolvimento. No dizer de Mary Robinson: "The great merit of the human rights approach is that it draws attention to discrimination and exclusion. It permits policy makers and observers to identify those who do not benefit from development. (...) so many development programmes have caused misery and impoverishment -- planners only looked for macro-scale outcomes and did not consider the consequences for particular communities or groups of people."[27]

O desenvolvimento há de ser concebido como um processo de expansão das liberdades reais que as pessoas podem usufruir, para adotar a concepção de Amartya Sen[28]. Acrescente-se ainda que a Declaração de Viena de 1993, enfatiza ser o direito ao desenvolvimento um direito universal e inalienável, parte integral dos direitos humanos fundamentais. Reitere-se que a Declaração de Viena reconhece a relação de interdependência entre a democracia, o desenvolvimento e os direitos humanos.

Feitas essas considerações a respeito da concepção contemporânea de direitos humanos e o modo pelo qual se relaciona com os direitos sociais,

---

verty unrelieved by global economic growth and the poverty trap poses tragic hardships for the poor themselves and great risks for the rest of the world (Jeffrey Sachs, *Common Wealth: economics for a crowed planet*, London, Penguin books, 2008, p.6).

26 Sobre o tema, ver Mary Robinson, What Rights can add to good development practice, In: Philip Alston e Mary Robinson (ed.), *Human Rights and Development: towards mutual reinforcement*, Oxford, Oxford University Press, 2005, p.37. Para Mary Robinson: "Lawyers should not be the only voice in human rights and, equally, economists should not be the only voice in development". (op. cit).

27 Mary Robinson, What Rights can add to good development practice, In: Philip Alston e Mary Robinson (ed.), *Human Rights and Development: towards mutual reinforcement*, Oxford, Oxford University Press, 2005, p.36.

28 Ao conceber o desenvolvimento como liberdade, sustenta Amartya Sen: "Neste sentido, a expansão das liberdades é vista concomitantemente como 1) uma finalidade em si mesma e 2) o principal significado do desenvolvimento. Tais finalidades podem ser chamadas, respectivamente, como a função constitutiva e a função instrumental da liberdade em relação ao desenvolvimento. A função constitutiva da liberdade relaciona-se com a importância da liberdade substantiva para o engrandecimento da vida humana. As liberdades substantivas incluem as capacidades elementares, como a de evitar privações como a fome, a sub-nutrição, a mortalidade evitável, a mortalidade prematura, bem como as liberdades associadas com a educação, a participação política, a proibição da censura,... Nesta perspectiva constitutiva, o desenvolvimento envolve a expansão destas e de outras liberdades fundamentais. Desenvolvimento, nesta visão, é o processo de expansão das liberdades humanas." (Amartya Sen, *Development as Freedom*, New York, Alfred A. Knopf, 1999, p.35-36 e p.297). Sobre o direito ao desenvolvimento, ver também Karel Vasak, *For Third Generation of Human Rights: The Rights of Solidarity*, International Institute of Human Rights, 1979.

transita-se à análise da proteção dos direitos sociais no sistema global, com ênfase no Pacto Internacional dos Direitos Econômicos, Sociais e Culturais, no Protocolo ao Pacto e na principiologia aplicável aos direitos sociais.

3. A PROTEÇÃO DOS DIREITOS SOCIAIS NO SISTEMA GLOBAL

Preliminarmente, faz-se necessário ressaltar que a Declaração Universal de 1948, ao introduzir a concepção contemporânea de direitos humanos, foi o marco de criação do chamado "Direito Internacional dos Direitos Humanos", como sistema jurídico normativo de alcance internacional, com o objetivo de proteger os direitos humanos.

Após a sua adoção, em 1948, instaurou-se uma larga discussão sobre qual seria a maneira mais eficaz em assegurar a observância universal dos direitos nela previstos. Prevaleceu o entendimento de que a Declaração deveria ser "juridicizada" sob a forma de tratado internacional, que fosse juridicamente obrigatório e vinculante no âmbito do Direito Internacional.

Esse processo de "juridicização" da Declaração começou em 1949 e foi concluído apenas em 1966, com a elaboração de dois distintos tratados internacionais no âmbito das Nações Unidas – o Pacto Internacional dos Direitos Civis e Políticos e o Pacto Internacional dos Direitos Econômicos, Sociais e Culturais – que passavam a incorporar, com maior precisão e detalhamento, os direitos constantes da Declaração Universal, sob a forma de preceitos juridicamente obrigatórios e vinculantes.

A elaboração de dois Pactos, por si só, revela as ambivalências e resistências dos Estados em conferir igual proteção às diversas categorias de direitos.

O Pacto Internacional dos Direitos Econômicos, Sociais e Culturais, que até 2017 contemplava a adesão de 166 Estados-partes, enuncia um extenso catálogo de direitos, que inclui o direito ao trabalho e à justa remuneração, o direito a formar e a filiar-se a sindicatos, o direito a um nível de vida adequado, o direito à moradia, o direito à educação, à previdência social, à saúde, etc. Como afirma David Trubek: "Os direitos sociais, enquanto *social welfare rights* implicam a visão de que o Estado tem a obrigação de garantir adequadamente tais condições para todos os indivíduos. A idéia de que o welfare é uma construção social e de que as condições de welfare são em parte uma responsabilidade governamental, repousa nos direitos enumerados pelos diversos instrumentos internacionais, em especial pelo Pacto Internacional dos Direitos Econômicos, Sociais e Culturais. Ela também expressa o que é universal neste campo, na medida em que se trata de uma idéia acolhida por quase todas as nações do mundo, ainda que exista uma grande discórdia acerca do escopo apropriado da ação e responsabilidade governamental, e da forma pela qual o social welfare pode ser alcançado em específicos sistemas econômicos e políticos."[29]

29 David Trubek, Economic, social and cultural rights in the third world: human rights law and human needs programs. In: MERON, Theodor (Editor). *Human rights in international law: legal and policy issues.*

Se os direitos civis e políticos devem ser assegurados de plano pelo Estado, sem escusa ou demora – têm a chamada auto-aplicabilidade -, os direitos sociais, econômicos e culturais, por sua vez, nos termos em que estão concebidos pelo Pacto, apresentam realização progressiva. Vale dizer, são direitos que estão condicionados à atuação do Estado, que deve adotar todas as medidas, tanto por esforço próprio como pela assistência e cooperação internacionais, principalmente nos planos econômicos e técnicos, até o máximo de seus recursos disponíveis, com vistas a alcançar progressivamente a completa realização desses direitos (artigo 2º, parágrafo 1º do Pacto)[30].

No entanto, cabe realçar que tanto os direitos sociais, como os direitos civis e políticos demandam do Estado prestações positivas e negativas, sendo equivocada e simplista a visão de que os direitos sociais só demandariam prestações positivas, enquanto que os direitos civis e políticos demandariam prestações negativas, ou a mera abstenção estatal. A título de exemplo, cabe indagar qual o custo do aparato de segurança, mediante o qual se assegura direitos civis clássicos, como os direitos à liberdade e à propriedade, ou ainda qual o custo do aparato eleitoral, que viabiliza os direitos políticos, ou, do aparato de justiça, que garante o direito ao acesso ao Judiciário. Isto é, os direitos civis e políticos não se restringem a demandar a mera omissão estatal, já que a sua implementação requer políticas públicas direcionadas, que contemplam também um custo.

Sobre o custo dos direitos e a justiciabilidade dos direitos sociais, compartilha-se da visão de David Bilchitz: "Whilst a number o writers accept the legitimacy of judicial review for final decisions concerning civil and political rights, they object to it where decisions concerning social and economic rights are concerned. One of the most important objections that has been made concerning the envolvement of judges in decisions relating to socio-economic rights has been that it is inappropriate for judges to decide how the budget of a society is to be allocated. (...) Judges are not traditionally experts on economic policy or on the complex issues involved in determining a budget. It is clamed that they are no therefore best placed to make determinations concerning the overall allocation of resources. In response, judicial review in a number of

Oxford: Claredon Press, 1984. p. 207. A respeito, ainda afirma David Trubek: "Eu acredito que o Direito Internacional está se orientando no sentido de criar obrigações que exijam dos Estados a adoção de programas capazes de garantir um mínimo nível de bem-estar econômico, social e cultural para todos os cidadãos do planeta, de forma a progressivamente melhorar este bem-estar." (op.cit. p.207). Sobre o tema, consultar ainda A. Chapman and S. Russell (eds), *Core Obligations: building a framework for economic, social and cultural rights*, Antwerp, Intersentia, 2002 e M. Craven, *The International Covenant on Economic, Social and Cultural Rights: a perspective on its development*, Oxford, Clarendon Press, 1995.

30 A expressão "aplicação progressiva" tem sido frequentemente mal interpretada. Em seu "General Comment n.03" (1990), a respeito da natureza das obrigações estatais concernentes ao artigo 2o, parágrafo 1o, o Comitê sobre Direitos Econômicos, Sociais e Culturais afirmou que, se a expressão "realização progressiva" constitui um reconhecimento do fato de que a plena realização dos direitos sociais, econômicos e culturais não pode ser alcançada em um curto período de tempo, esta expressão deve ser interpretada à luz de seu objetivo central, que é estabelecer claras obrigações aos Estados-partes, no sentido de adotarem medidas, tão rapidamente quanto possível, para a realização destes direitos. (General Comment n.3, UN doc. E/1991/23).

countries has for many years involved judges making determinations on civil and political rights. The realization of many of these rights also requires massive expenditure, which has an impact on the overall distribution of resources. (...) Yet, judges have generally acquitted themselves well in interpreting and enforcing these rights, and their role in this regard has not generally met with accusations that they are unqualified for the job, despite the resource implications of their decisions. (...) The rationale for this distinction seems to lie in the fact that the critics regard socio-economic rights are in some way inferior to civil and political rights and as not warranting equal protection. (...) there is no justifiable normative basis for this contention and the same normative foundations support both types of rights".[31] Acrescenta o mesmo autor: "(...) if a society is justified in recognizing fundamental rigths, and has good reasons for granting judges review powers, then the society is justified in allowing its judges to ensure that resources are allocated in accordance with the demands of fundamental rights. (...) Judges are given the power to review such decisions as to their conformity with the set of priorities mentioned in the Constitution. Judges are thus required to evaluate the allocation of resources against an area in which they have expertise: the application of human rights standards"[32].

O Pacto dos Direitos Econômicos, Sociais e Culturais apresenta uma peculiar sistemática de monitoramento e implementação dos direitos que contempla. Essa sistemática inclui o mecanismo dos relatórios a serem encaminhados pelos Estados-partes. Os relatórios devem consignar as medidas legislativas, administrativas e judiciais adotadas pelo Estado-parte no sentido de conferir observância aos direitos reconhecidos pelo Pacto. Devem ainda expressar os fatores e as dificuldades no processo de implementação das obrigações decorrentes do Pacto Internacional dos Direitos Econômicos, Sociais e Culturais.

Diversamente do Pacto dos Direitos Civis, o Pacto dos Direitos Sociais não estabelece o mecanismo de comunicação inter-estatal, mediante o qual um Estado-parte pode alegar haver um outro Estado-parte incorrido em violação aos direitos humanos enunciados no tratado. Até 2008 tampouco era previsto o direito de petição – instrumento que tem permitido a proteção internacional dos direitos civis e políticos desde 1966 por meio do Protocolo Facultativo ao Pacto Internacional dos Direitos Civis e Políticos.

A respeito do monitoramento dos direitos sociais e seu impacto na justiciabilidade destes direitos, afirma Martin Scheinin: "The intimate relationship between the existence of a functioning system of international complaints, giving rise to an institutionalized practice of interpretation, and the development of justiciability on the domestic level, has been explained very accurately by the Committee on Economic, Social and Cultural Rights: "As long as the majority of the provisions of the Convenant are not subject of any detailed

31 David Bilchitz, *Poverty and Fundamental Rights: The Justification and Enforcement of Socio-Economic Rights*, Oxford/NY, Oxford University Press, 2007, p.128-129.

32 David Bilchitz, op. cit. p. 132.

jurisprudential scrutiny at the international level, it is most unlikely that they will be subject to such examination at the national level either"[33].

Somente em 10 de dezembro de 2008 foi finalmente adotado o Protocolo Facultativo ao Pacto Internacional de Direitos Econômicos, Sociais e Culturais, que introduz a sistemática das petições individuais, das medidas de urgência (*interim measures*), das comunicaçõpes inter-estatais e das investigações *in loco* em caso de graves e sistemáticas violações a direitos sociais por um Estado-parte. Em 1996, o Comitê de Direitos Econômicos, Sociais e Culturais já adotava um projeto de Protocolo, contando com o apoio dos países da América Latina, África e Leste Europeu e a resistência de Reino Unido, EUA, Canadá, Austrália, dentre outros. Até 2017, o Protocolo contava com 22 Estados-partes.

Reitere-se que desde 1966 os direitos civis e políticos contam com o mecanismo das petições individuais, mediante a adoção do Protocolo Facultativo ao Pacto Internacional dos Direitos Civis e Políticos, o que fortaleceu a justiciabilidade destes direitos nas esferas global, regional e local. Já os direitos sociais, apenas em 2008 passam a contar com tal sistemática, que virá a impactar positivamente o grau de justiciabilidade destes direitos. O Protocolo Facultativo é uma relevante iniciativa para romper com a proteção desigual conferida aos direitos civis e políticos e aos direitos econômicos, sociais e culturais na esfera internacional.

Ademais, para fortalecer a efetividade dos direitos econômicos, sociais e culturais, a Declaração de Viena de 1993 também recomenda o exame de outros critérios, como a aplicação de um sistema de indicadores, para medir o progresso alcançado na realização dos direitos previstos no Pacto Internacional de Direitos Econômicos, Sociais e Culturais. Para Katarina Tomasevski: "The creation of indicators for economic and social rights provides an opportunity to extend the rule of law, and thereby international human rights obligations, to the realm of economics which has thus far remained by and large immune from demands of democratization, accountability and full application of human rights standards. Indicators can be conceptualized on the basis of international human rights treaties because these lay down obligations for governments"[34]. O sistema de indicadores contribuirá para fomentar informações pelo Estado, o que permitirá com maior precisão a formulação e a avaliação de políticas públicas, propiciando, sobretudo, a incorporação da perspectiva de direitos humanos na formulação de tais políticas.

Recomenda ainda a Declaração de Viena seja empreendido um esforço harmonizado, visando a garantir o reconhecimento dos direitos econômicos, sociais e culturais nos planos nacional, regional e internacional.

---

33 Martin Scheinin, Economic and Social Rights as Legal Rights Eide, A, C. Krause and A. Rosas (eds), Economic, Social and Cultural Rights: a textbook. 2nd revised edition, Dordrecht: Martinus Nijhoff Publishers, 2001, p.49. Ver também UN doc A/CONF.157/PC/62/Add.5/, para. 24.

34 Katarina Tomasevski, Indicators, In: Eide, A, C. Krause and A. Rosas (eds), *Economic, Social and Cultural Rights: a textbook.*2nd revised edition, Dordrecht: Martinus Nijhoff Publishers, 2001, p. 531-532.

Sob a perspectiva integral, aplica-se aos direitos sociais o regime jurídico dos direitos humanos, com sua lógica e principiologia próprias. Extraí-se da jurisprudência internacional, produzida especialmente pelo Comitê de Direitos Econômicos, Sociais e Culturais, 5 (cinco) relevantes princípios específicos concernentes aos direitos sociais: a) o princípio da observância do *minimum core obligation*; b) o princípio da aplicação progressiva; c) o princípio da inversão do ônus da prova; d) o princípio da participação, transparência e *accountability*; e e) o princípio da cooperação internacional.

a) princípio da observância do minimum core obligation

A jurisprudência internacional, fomentada pelo Comitê de Direitos Econômicos, Sociais e Culturais, tem endossado o dever dos Estados de observar um *minimum core obligation* no tocante aos direitos sociais. Para el Comité DESC: *"Minimum core obligations are those obligations to meet the "minimum essential levels of a right"*.

O dever de observância do mínimo essencial concernente aos direitos sociais tem como fonte o princípio maior da dignidade humana, que é o princípio fundante e nuclear do Direito dos Direitos Humanos, demandando absoluta urgência e prioridade.

A respeito da implementação dos direitos sociais, o Comitê adota os seguintes critérios: acessibilidade; disponibilidade; adequação; qualidade e aceitabilidade cultural. O Comitê ainda tem desenvolvido o conteúdo jurídico dos direitos sociais (moradia - recomendação geral n.4; alimentação adequada- recomendação geral n.12; saúde - recomendação geral n.14; e educação - recomendação geral n.13).

b) princípio da aplicação progressiva dos direitos sociais do qual decorre os princípios da proibição do retrocesso social e da proibição da inação estatal

O General Comment n.03 do Comitê de Direitos Econômicos, Sociais e Culturais afirma a obrigação dos Estados de adotar medidas, por meio de ações concretas, deliberadas e focadas, de modo mais efetivo possível, voltadas à implementação dos direitos sociais. Por consequência, cabe aos Estados o dever de evitar medidas de retrocesso social. Para o Comitê: "Any retrogressive meausures would involve the "most careful consideration and would need to be fully justified by reference to the totality of the rights provided for in the Covenant in the context of the full use of the maximum available resources".

Cabe reafirmar que o Pacto dos Direitos Econômicos, Sociais e Culturais estabelece a obrigação dos Estados em reconhecer e progressivamente implementar os direitos nele enunciados, utilizando o máximo dos recursos disponíveis. Da aplicação progressiva dos econômicos, sociais e culturais resulta a cláusula de proibição do retrocesso social em matéria de direitos sociais, como também a proibição da inação ou omissão estatal. Para J.J. Gomes Canotilho: "O princípio da proibição do retrocesso social pode formular-se assim: o núcleo essencial dos direitos sociais já realizado e efetivado através de medidas legislativas deve considerar-se constitucionalmente garantido, sendo inconstitucionais quaisquer medidas que, sem a criação de esquemas alternativos ou compensatórios, se traduzam na prática em uma anulação, revogação ou aniquilação pura e simples desse núcleo essencial. A liberdade do legislador tem como limite o núcleo essencial já realizado"[35].

Ainda no General Comment n.03, como destaca David Bilchitz: "The UN Committee has provided various categorizations of the obligations imposed by socio-economic rights on state parties. In General Comment 3, it recognized the distinction between obligations of conduct and obligations of result. Obligations of conduct require the taking of action "reasonably calculated to realise the enjoyment of a particular right". Obligations of result require "states to achieve specific targets to satisfy a detailed substantive standard. (...) socio-economic rights typically impose both obligations of conduct and obligations of result[36]."

Note-se que há medidas de aplicação imediata concernente aos direitos sociais, como é o caso da cláusula da proibição da discriminação. Como realçam os princípios de Limburg: "Some obligations under the Covenant require immediate implementation in full by the State parties, such as the prohibition of discrimination in article 2(2) of the Covenant. (...) Although the full realization of the rights recognized in the Covenant is to be attained progressively, the application of some rights can be made justiciable immediately while other rights can become justiciable over time".[37]

Do princípio da aplicação progressiva dos direitos sociais, a demandar dos Estados que aloquem o máximo de recursos disponíveis para a implementação de tais direitos, decorre a proibição do retrocesso social e a proibição da inação estatal. A censura jurídica à violação ao princípio da aplicação progressiva dos direitos sociais pode, ademais, fundamentar-se no princípio da proporcionalidade, com destaque à afronta à proporcionalidade estrita sob o prisma da proibição da insuficiência[38].

---

35 José Joaquim Gomes Canotilho, *Direito Constitucional e Teoria da Constituição*, Livraria Almedina, Coimbra, 1998.

36 David Bilchitz, *Poverty and Fundamental Rights: The Justification and Enforcement of Socio-Economic Rights*, Oxford/NY, Oxford University Press, 2007, p.183-184.

37 The Limburg Principles on the implementation of the International Convenant on Economic, Social and Cultural Rights, paragraph 22 (UN doc.E/CN.4/1987/17). Como observa Asborn Eide: "State obligations for economic and social rights were elaborated by a group of experts, convened by the International Commission of Jurists, in Limburg (the Netherlands) in June 1986. The outcome of the meeting is the so-called Limburg Principles, which is the best guide available to state obligations under de CESCR. (...) A decade later, experts on economic, social and cultural rights met in Maastricht to adopt a set of guidelines on violations of human rights (The Maastricht Guidelines on Violations of Economic, Social and Cultural Rights)." (Asborn Eide, Economic, Social and Cultural Rights as Human Rights, In: Eide, A, C. Krause and A. Rosas (eds), Economic, Social and Cultural Rights: a textbook. 2nd revised edition, Dordrecht: Martinus Nijhoff Publishers, 2001, p.25).

38 Note-se que o princípio da proporcionalidade compreende 3 (três) dimensões: a) adequação; b) necessidade; e c) proporcionalidade estrita – da qual resulta, de um lado, a proibição do excesso e, do outro, a proibição da insuficiência.

c) *princípio da inversão do ônus da prova*

Nos termos do artigo 2 (1) do Pacto Internacional dos Direitos Econômicos, Sociais e Culturais, os Estados têm a obrigação de adotar todas as medidas necessárias, utilizando o máximo de recursos disponível, para a realização dos direitos sociais.

É com base neste dever que emerge o princípio da inversão do ônus da prova. Como leciona Asborn Eide: "A state claiming that it is unable to carry out its obligation for reasons beyond its control therefore has the burden of proving that this is the case and that is has unsuccessfully sought to obtain international support to ensure the availability and accessibility of the right"[39].

d)princípio da participação, transparência e accountability

O componente democrático é essencial para a adoção de políticas públicas em matéria de direitos sociais. Tais políticas devem inspirar-se nos princípios da participação, transparência e accountability.

Como explica Amartya Sen: *"political liberties and democratic rights are among the constituent components of development"*[40]. Democracia requer participação política, diálogo e interação pública, conferindo o direito à voz aos grupos mais vulneráveis.

No entender de José Joaquim Gomes Canotilho: "a idéia de procedimento/processo continua a ser valorada como dimensão indissociável dos direitos fundamentais", acrescendo que "a participação no e através do procedimento já não é um instrumento funcional e complementar da democracia, mas sim uma dimensão intrínseca dos direitos fundamentais"[41].

Considerando o princípio da participação[42], fundamental é promover o direito à participação tanto no âmbito local, como no âmbito internacional, particularmente nas instituições financeiras internacionais, de forma a ampliar a participação da sociedade civil internacional e a fortalecer a participação dos

---

39 Asborn Eide, Economic, Social and Cultural Rights as Human Rights, In: Eide, A, C. Krause and A. Rosas (eds), Economic, Social and Cultural Rights: a textbook. 2nd revised edition, Dordrecht: Martinus Nijhoff Publishers, 2001, p.27.

40 Amartya Sen, *The Idea of Justice*, Cambridge, Harvard University Press, 2009, p.347. "Democracy is assessed in terms of public reasoning, which leads to an understanding of democracy as "government by discussion". But democracy must also be seen more generally in terms of capacity to enrich reasoned engagement through enhancing informational availability and the feasibility of interactive discussions. Democracy has to be judged not just by the institutions that formally exist but by the extent to which different voices form diverse sections of the peoples can actually be heard" (Amartya Sen, op. cit., p.XIII).

41 José Joaquim Gomes Canotilho, *Estudos sobre Direitos Fundamentais*, 1ª ed., Portugal, Coimbra editora, 2008.

42 O direito à participação é consagrado em diversos instrumentos internacionais de proteção dos direitos humanos, incluindo o artigo 21 da Declaração Universal de Direitos Humanos; o artigo 25 do Pacto Internacional dos Direitos Civis e Políticos; o artigo 7 da Convenção sobre a Eliminação de todas as formas de Discriminação contra a Mulher, dentre outros.

países em desenvolvimento.[43]Ressalte-se que as políticas adotadas pelas instituições financeiras internacionais são elaboradas pelos mesmos Estados que assumem obrigações jurídicas internacionais em matéria de direitos sociais ao ratificarem o Pacto Internacional de Direitos Econômicos, Sociais e Culturais.[44] Neste contexto, emergencial é um novo multilateralismo por meio de reformas da arquitetura financeira global, a fim de que se alcance um balanço mais adequado de poder na esfera global, fortalecendo a democratização, a transparência e a accountability das instituições financeiras internacionais[45].

e) princípio da cooperação internacional

O Comitê de Direitos Econômicos, Sociais e Culturais, em seu General Comment n.12, realça as obrigações do Estado no campo dos direitos econômicos, sociais e culturais: respeitar, proteger e implementar.

Quanto à obrigação de respeitar, obsta ao Estado que viole tais direitos. No que tange à obrigação de proteger, cabe ao Estado evitar e impedir que terceiros (atores não-estatais) violem estes direitos. Finalmente, a obrigação de implementar demanda do Estado a adoção de medidas voltadas à realização destes direitos[46].

Na visão de Katarina Tomasevski: "The obligations to respect, protect and fulful each contain elements of obligation of conduct and obligation of result. The obligation of conduct requires action reasonably calculated to realize the enjoyment of a particular right. The obligation of result requires States to achieve specific targets to satisfy a detailed substantive standard. (...) The obligation to protect includes the State's responsibility to ensure that private

---

43 Sobre a materia, ver *Analytical study of the High Commissioner for Human Rights on the fundamental principle of participation and its application in the context of globalization*, E/CN.4/2005/41, 23 December 2004. Como observa Joseph E. Stiglitz: "(...) *we have a system that might be called global governance without global government, one in which a few institutions – the World Bank, the IMF, the WTO – and a few players – the finance, commerce, and trade ministries, closely linked to certain financial and commercial interests – dominate the scene, but in which many of those affected by their decisions are left almost voiceless. It's time to change some of the rules governing the international economic order* (...)". (Joseph E. Stiglitz, *Globalization and its Discontents*, New York/London, WW Norton Company, 2003, p.21-22).

44 O "Maastricht Guidelines on Violations of Economic, Social and Cultural Rights" considera uma violação de direitos humanos baseada em omissão estatal *"the failure of a State to take into account its international legal obligations in the field of economic, social and cultural rights when entering into bilateral or multilateral agreements with other States, international organizations or multinational corporations."*

45 Para Joseph Stiglitz: "We have a chaotic, uncoordinated system of global governance without global government". (Joseph Stiglitz, *Making globalization work*, London, Penguin books, 2007, p.21). O autor defende a adoção das medidas seguintes: "1) changes in voting structure at the IMF and the World Bank, giving more weight to developing countries; 2) changes in representations (who represents each country); 3) adopting principles of representation; 4) increase transparency (since there is no direct democratic accountability for these institutions; 5) improving accountability; and 6) ensuring a better enforcement of the international rule of law." (Joseph Stiglitz, *Making globalization work*, London, Penguin books, 2007, p.21).

46 Observe-se que: "In some of the general comments, the committee has split the obligation to fulfil into two parts: in obligation to facilitate and an obligation to provide." (David Bilchitz, *Poverty and Fundamental Rights: The Justification and Enforcement of Socio-Economic Rights*, Oxford/NY, Oxford University Press, 2007, p.184).

entities or individuals, including transnational corporations over which they exercise jurisdiction, do not deprive individuals of their economic, social and cultural rights. States are responsible for violations of economic, social and cultural rights that result from their failure to exercise due diligence in controlling the behaviour of such non-state actors."[47]

No campo dos direitos sociais, além das clássicas obrigações de respeitar, proteger e implementar direitos, destaca-se a obrigação de cooperar. Isto porque, tal como o direito ao desenvolvimento, os direitos sociais têm como valor fundante a solidariedade, que, em uma ordem cada vez mais global, invoca o dever de cooperação internacional. A própria Declaração Universal de 1948, em seu artigo XXII, consagra o direito à segurança social e à realização, mediante o esforço nacional e a *cooperação internacional*, dos direitos econômicos, sociais e culturais indispensáveis à sua dignidade e ao livre desenvolvimento de sua personalidade". O princípio da cooperação internacional vem contemplado ainda no artigo 2º do Pacto Internacional dos Direitos Econômicos, Sociais e Culturais: "Cada Estado no presente Pacto compromete-se a adotar medidas, tanto por esforço próprio como pela *assistência e cooperação internacional*, principalmente nos planos econômico e técnico, até o máximo de seus recursos disponíveis, que visem a assegurar, progressivamente, por todos os meios apropriados, o pleno exercício dos direitos reconhecidos no presente Pacto (...)." Na mesma direção, realça o Protocolo de San Salvador em matéria de direitos econômicos, sociais e culturais, em seu artigo 1º, que os "Estados-partes comprometem-se a adotar as medidas necessárias, tanto de ordem interna como por meio da *cooperação entre os Estados*, especialmente econômica e técnica, até o máximo dos recursos disponíveis (...), a fim de conseguir, progressivamente (...), a plena efetividade dos direitos reconhecidos no Protocolo". A necessidade de cooperação internacional ainda vem realçada pela Convenção Americana, em seu artigo 26, quando trata da aplicação progressiva dos direitos econômicos, sociais e culturais.

A respeito, observam Philip Alston e Gerard Quinn: "O Pacto Internacional dos Direitos Econômicos, Sociais e Culturais consagra três previsões que podem ser interpretadas no sentido de sustentar uma obrigação por parte dos Estados-partes ricos de prover assistência aos Estados-partes pobres, não dotados de recursos para satisfazer as obrigações decorrentes do Pacto. O artigo 2 (1) contempla a frase "individualmente ou através de assistência internacional e cooperação, especialmente econômica e técnica". A segunda é a previsão do artigo 11 (1), de acordo com a qual os Estados-partes concordam em adotar medidas apropriadas para assegurar a plena realização do direito à adequada condição de vida, reconhecendo para este efeito a importância da cooperação internacional baseada no livre consenso. Similarmente, no artigo 11 (2) os Estados-partes concordam em adotar "individualmente ou por meio

47 Katarina Tomasevski, Indicators, In: Eide, A, C. Krause and A. Rosas (eds), *Economic, Social and Cultural Rights: a textbook*. 2nd revised edition, Dordrecht: Martinus Nijhoff Publishers, 2001, p.729 e 732.

de cooperação internacional medidas relevantes para assegurar o direito de estar livre da fome." [48]

Portanto, em matéria de direitos sociais, o princípio da cooperação internacional merece especial destaque.

4. A PROTEÇÃO DOS DIREITOS SOCIAIS NO SISTEMA REGIONAL INTERAMERICANO

O sistema regional interamericano simboliza a consolidação de um "constitucionalismo regional", que objetiva salvaguardar direitos humanos fundamentais no plano interamericano. A Convenção Americana, como um verdadeiro "código interamericano de direitos humanos", foi ratificada por 24 Estados, traduzindo a força de um consenso a respeito do piso protetivo mínimo e não do teto máximo de proteção. Serve a um duplo propósito: a) promover e encorajar avanços no plano interno dos Estados; e b) prevenir recuos e retrocessos no regime de proteção de direitos.

No contexto sul-americano, o sistema regional interamericano se legitima como importante e eficaz instrumento para a proteção dos direitos humanos, quando as instituições nacionais se mostram falhas ou omissas. Com a atuação da sociedade civil, a partir de articuladas e competentes estratégias de litigância, este sistema tem tido a força catalizadora de promover avanços no regime de direitos humanos. Permitiu a desestabilização dos regimes ditatoriais; exigiu justiça e o fim da impunidade nas transições democráticas; e agora demanda o fortalecimento das instituições democráticas com o necessário combate às violações de direitos humanos e proteção aos grupos mais vulneráveis.

No que se refere à proteção dos direitos sociais no sistema interamericano, há que se mencionar o Protocolo de San Salvador, em matéria de direitos econômicos, sociais e culturais, que entrou em vigor em novembro de 1999. Uma vez mais, constata-se a ambivalência dos Estados no diverso tratamento conferido aos direitos civis e políticos e aos direitos sociais. Enquanto os primeiros foram consagrados exaustivamente pela Convenção Americana de Direitos Humanos em 1969, contando em 2017 com 24 Estados-partes, os segundo só vieram consagrados pelo Protocolo de San Salvador em 1988 – quase vinte anos depois, contando com apenas 16 Estados-partes. A mesma ambivalência há no sistema europeu, em que a Convenção Européia de Direitos Humanos, que prevê exclusivamente direitos civis e políticos, apresenta 47 Estados-partes em 2017, ao passo que a Carta Social Européia apresenta somente 27 Estados-partes.

Tal como o Pacto dos Direitos Econômicos, Sociais e Culturais, este tratado da OEA reforça os deveres jurídicos dos Estados-partes no tocante aos direitos

48 Philip Alston e Gerard Quinn, The Nature and Scope of Staties Parties' obligations under the ICESCR, 9 Human Rights Quartely 156, 1987, p.186, apud Henry Steiner e Philip Alston, International Human Rights in Context: Law, Politics and Morals, second edition, Oxford, Oxford University Press, 2000, p.1327.

sociais, que devem ser aplicados progressivamente, sem recuos e retrocessos, para que se alcance sua plena efetividade. O Protocolo de San Salvador estabelece um amplo rol de direitos econômicos, sociais e culturais, compreendendo o direito ao trabalho, direitos sindicais, direito à saúde, direito à previdência social, direito `a educação, direito à cultura, dentre outros.

Este Protocolo acolhe -- tal como o Pacto dos Direitos Econômicos, Sociais e Culturais -- a concepção de que cabe aos Estados investir o máximo dos recursos disponíveis para alcançar, progressivamente, mediante esforços internos e por meio da cooperação internacional, a plena efetividade dos direitos econômicos, sociais e culturais. Este Protocolo permite o recurso ao direito de petição a instâncias internacionais para a proteção de dois dos direitos nele previstos – o direito à educação e os direitos sindicais, de acordo com o artigo 19, parágrafo 6º.

No que se refere à jurisprudência da Corte Interamericana de Direitos Humanos na proteção de direitos sociais, é possível criar uma tipologia de casos baseada em decisões que adotam 4 (quatro) diferentes estratégias e argumentos:

a) Dimensão positiva do direito à vida

Este argumento foi desenvolvido pela Corte no caso Villagran Morales versus Guatemala (Street Children case, 1999)[49], em que este Estado foi condenado pela Corte, em virtude da impunidade relativa à morte de 5 meninos de rua, brutalmente torturados e assassinados por 2 policiais nacionais da Guatemala. Dentre as medidas de reparação ordenadas pela Corte estão: o pagamento de indenização pecuniária aos familiares das vítimas; a reforma no ordenamento jurídico interno visando à maior proteção dos direitos das crianças e adolescentes guatemaltecos; e a construção de uma escola em memória das vítimas.

À luz de uma interpretação dinâmica e evolutiva, compreendendo a Convenção como um *living instrument*, a Corte afirma que o direito à vida não pode ser concebido restritivamente. Introduz a visão de que o direito à vida compreende não apenas uma dimensão negativa – o direito a não ser privado da vida arbitrariamente --, mas uma dimensão positiva, que demanda dos Estados medidas positivas apropriadas para proteger o direito à vida digna – o "direito a criar e desenvolver um projeto de vida". Esta interpretação lança um importante horizonte para proteção dos direitos sociais.

b) Aplicação do princípio da aplicação progressiva dos direitos sociais, especialmente para a proteção de grupos socialmente vulneráveis

Em outros julgados, a Corte endossa o dever jurídico dos Estados de conferir aplicação progressiva aos direitos sociais, com fundamento no artigo 26

49 Villagran Morales et al versus Guatemala (The Street Children Case), Inter-American Court, 19 November 1999, Ser. C, Nº. 63.

da Convenção Americana de Direitos Humanos, especialmente em se tratando de grupos socialmente vulneráveis.

No caso da comunidade indígena Yakye Axa versus Paraguai (2005)[50], a Corte sustentou que os povos indígenas têm direito a medidas específicas que garantam o acesso aos serviços de saúde, que devem ser apropriados sob a perspectiva cultural, incluindo cuidados preventivos, práticas curativas e medicinas tradicionais. Adicionou que para os povos indígenas a saúde apresenta uma dimensão coletiva, sendo que a ruptura de sua relação simbiótica com a terra exerce um efeito prejudicial sobre a saúde destas populações. A Corte afirmou o dever do Estado de adotar medidas positivas apropriadas para assegurar o direito desta comunidade indígena à existência digna, com proteção às suas vulnerabilidades específicas; o direito à identidade cultural; o direito à saúde; o direito ao meio ambiente sadio; o direito à alimentação (incluindo o direito à água limpa); o direito à educação e à cultura, com fundamento no artigo 26 da Convenção Americana (aplicação progressiva dos direitos sociais) e no Protocolo de San Salvador.

No caso da comunidade indígena Xákmok Kásek versus Paraguai (2010)[51], a Corte Interamericana condenou o Estado do Paraguai pela afronta aos direitos à vida, à propriedade comunitária e à proteção judicial (artigos 4º, 21 e 25 da Convenção Americana, respectivamente), dentre outros direitos, em face da não garantia do direito de propriedade ancestral à aludida comunidade indígena, o que estaria a afetar seu direito à identidade cultural. Ao motivar a sentença, destacou que os conceitos tradicionais de propriedade privada e de possessão não se aplicam às comunidades indígenas, pelo significado coletivo da terra, eis que a relação de pertença não se centra no indivíduo, senão no grupo e na comunidade – o direito à propriedade coletiva estaria ainda a merecer igual proteção pelo artigo 21 da Convenção. Afirmou o dever do Estado em assegurar especial proteção às comunidades indígenas, à luz de suas particularidades próprias, suas características econômicas e sociais e suas especiais vulnerabilidades, considerando o direito consuetudinário, os valores, os usos e os costumes dos povos indígenas, de forma a assegurar-lhes o direito à vida digna, contemplando o acesso à água potável, alimentação, saúde, educação, dentre outros.

No caso niñas Yean y Bosico versus Republica Dominicana (2005), a Corte enfatizou o dever dos Estados no tocante à aplicação progressiva dos direitos sociais, a fim de assegurar o direito à educação, com destaque à especial vulnerabilidade de meninas. Sustentou que: "en relación con el deber de desarrollo

---

50 Yakye Axa Community vs. Paraguay, Inter-American Court, 2005, Ser. C, No. 125.

51 Corte Interamericana de Direitos Humanos, CasoComunidad Indígena Xákmok Kásek. vs. Paraguay, Fondo, Reparaciones y Costas. Sentencia de 24 de agosto de 2010 Serie C N. 214. Note-se que, no sistema africano, merece menção um caso emblemático que, ineditamente, em nome do direito ao desenvolvimento, assegurou a proteção de povos indígenas às suas terras. Em 2010, a Comissão Africana dos Direitos Humanos e dos Povos considerou que o modo pelo qual a comunidade Endorois no Kenya foi privada de suas terras tradicionais, tendo negado acesso a recursos, constitui uma violação a direitos humanos, especialmente ao direito ao desenvolvimento.

progresivo contenido en el artículo 26 de la Convención, el Estado debe prover educación primaria gratuita a todos los menores, en un ambiente y condiciones propicias para su pleno desarrollo intelectual."[52]

c) Proteção indireta dos direitos sociais (mediante a proteção de direitos civis)

Há, ainda, um conjunto de decisões que consagram a proteção indireta de direitos sociais, mediante a proteção de direitos civis, o que confirma a idéia da indivisibilidade e da interdependência dos direitos humanos.

No caso Albán Cornejo y otros versus Equador (2007)[53] referente à suposta negligência médica em hospital particular -- mulher deu entrada no hospital com quadro de meningite bacteriana e foi medicada, vindo a falecer no dia seguinte, provavelmente em decorrência do medicamento prescrito –, a Corte decidiu o caso com fundamento na proteção ao direito à integridade pessoal e não no direito à saúde. No mesmo sentido, no caso Myrna Mack Chang versus Guatemala (2003)[54], concernente a danos à saúde decorrentes de condições de detenção, uma vez mais a proteção ao direito à saúde deu-se sob o argumento da proteção do direito à integridade física.

Outros casos de proteção indireta de direitos sociais atêm-se à proteção ao direito ao trabalho, tendo como fundamento o direito ao devido processo legal e a proteção judicial. A respeito, destaca-se o caso Baena Ricardo y otros versus Panamá (2001)[55], envolvendo a demissão arbitrária de 270 funcionários públicos que participaram de manifestação (greve). A Corte condenou o Estado do Panamá pela violação da garantia do devido processo legal e proteção judicial, determinando o pagamento de indenização e a reintegração dos 270 trabalhadores. No caso Trabajadores cesados del congreso (Aguado Alfaro y otros) versus Peru (2006)[56], envolvendo a despedida arbitrária de 257 trabalhadores, a Corte condenou o Estado do Peru também pela afronta ao devido processo legal e proteção judicial. Em ambos os casos, a condenação dos Estados teve como argumento central a violação à garantia do devido processo legal e não a violação ao direito do trabalho.

Um outro caso emblemático é o caso "cinco pensionistas" versus Peru (2003)[57], envolvendo a modificação do regime de pensão no Peru, em que a Corte condenou o Estado com fundamento na violação ao direito de propriedade privada e não com fundamento na afronta ao direito de seguridade

52 Caso de las ninas Yean y Bosico v. Republica Dominicana, Inter-American Court, 08 November 2005, Ser. C, N.130

53 Albán Cornejo y otros v. Ecuador, Inter-American Court, 22 November 2007, serie C n. 171.

54 Myrna Mack Chang v. Guatemala, Inter-American Court, 25 November 2003, serie C n. 101.

55 Baena Ricardo y otros v. Panamá, Inter-American Court, 02 February 2001, serie C n. 72.

56 Caso Trabajadores cesados del congreso (Aguado Alfaro y otros) v. Peru, Inter-American Court, 24 November 2006, serie C n. 158.

57 Caso "cinco pensionistas" v. Peru, Inter-American Court, 28 February 2003, serie C n. 98.

social, em face dos danos sofridos pelos 5 pensionistas. Em um sentido similar, destaca-se a jurisprudência da Corte Européia, ao assegurar a proteção de direitos sociais por via indireta, como obrigações positivas decorrentes de direitos civis notadamente do direito `a vida privada e familiar.[58]Para Martin Scheinin: "Other similar fields can be identified and elaborated on through the interpretation of treaty provisions on the right to life or the right to private and family life. The right to housing, or at least some dimensions of this right, seems particularly suitable for receiving protection under these provisions. In Lopez Ostra v. Spain, the European Court on Human Rights found a serious case of environmental damage by accompanying health problems to be a violation of Article 8 on the protection of private and family life."[59]

d) Proteção direta dos direitos sociais

Por fim, emerge uma tendência jurisprudencial voltada à justiciabilidade direta dos direitos sociais.

Ressalte-se que, no caso Acevedo Buendía y otros ("Cesantes y Jubilados de la Contraloría") versus Peru (2009)[60], a Corte condenou o Peru pela violação aos direitos à proteção judicial (artigo 25 da Convenção Americana) e à propriedade privada (artigo 21 da Convenção), em caso envolvendo denúncia dos autores relativamente ao não cumprimento pelo Estado de decisão judicial concedendo aos mesmos remuneração, gratificação e bonificação similar aos percebidos pelos servidores da ativa em cargos idênticos. Em sua fundamentação, a Corte reconheceu que os direitos humanos devem ser interpretados sob a perspectiva de sua integralidade e interdependência, a conjugar

58 Como lecionam Luke Clements e Alan Simmons: "Although Article 8 does not guarantee the right to have one's housing problem solved by the authorities, a refusal of the authorities to provide assistance in this respect to an individual suffering from a severe disease might in certain circumstances raise an issue under Article 8 of the Convention because of the impact of such a refusal on the private life of the individual". (Luke Clements and Alan Simmons, European Court of Human Rights: Sympathetic Unease, In: Malcolm Langford (ed.), *Social Rights Jurisprudence: emerging trends in International and Comparative Law*, Cambridge, Cambridge University Press, 2008, p.415). Na mesma direção, afirma Dinah L. Shelton: "In the case Taskin and Others v. Turkey (Appl. N.46117/99, Eur. Ct. H.R., Nov. 10, 2004), the Court points out that Article 8 applies to severe environmental pollution which may affect individuals' well-being and prevent them from enjoying their homes in such a way as to affect their private and family life adversely, without, however, seriously endangering their health (see also López Ostra v. Spain, judgment of 9 December 1994, Series A n.303-C, paragraph 51). (...) As the Taskin case indicates, despite the fact that the European Convention contains neither a right to health nor a right to environment, cases have been brought for injury due to pollution, invoking the right to life (Art.2) and the right to information (Art.10), as well as the right to privacy and family life (Art.8). (...) Decisions indicate that environmental harm attributable to state action or inaction that has significant injurious effect on a person's home or private and family life constitutes a breach of Article 8 (1)". (Dinah L. Shelton, *Regional Protection of Human Rights*, Oxford, Oxford University Press, 2008, p.203).

59 Martin Scheinin, Economic and Social Rights as legal rights, In: Asbjorn Eide, Catarina Krause and Allan Rosas, *Economic, Social and Cultural Rights*, Dordrecht/Boston/London, Martinus Nijhoff Publishers, 2001, p.41.

60 Corte Interamericana de Direitos Humanos, Caso Acevedo Buendía y otros ("Cesantes y Jubilados de la Contraloría") vs. Peru, Excepción Preliminar, Fondo, Reparaciones y Costas. Sentencia de 1 de julio de 2009 Serie C No. 198.

direitos civis e políticos e direitos econômicos, sociais e culturais, inexistindo hierarquia entre eles e sendo todos direitos exigíveis. Realçou ser a aplicação progressiva dos direitos sociais (artigo 26 da Convenção) suscetível de controle e fiscalização pelas instâncias competentes, destacando o dever dos Estados de não-regressividade em matéria de direitos sociais.

No caso Suárez Peralta *vs.* Equador[61] concernente à violação ao direito à saúde (decorrente na hipótese de uma prática médica que resultou graves danos à saúde da vítima), com base em voto concorrente do Juiz Eduardo Mac-Gregor Poisot, sustentou-se a interpretação do artigo 26 da Convenção Americana à luz dos artigos 1º e 2º da Convenção, relativamente aos deveres gerais dos Estados em matéria de respeito e garantia de direitos, com fundamento na indivisibilidade e interdependência de todos os direitos humanos. Uma vez mais, reiterou-se inexistir hierarquia entre os direitos humanos, sendo todos igualmente justiciáveis. Também houve alusão às regras de interpretação enunciadas no artigo 29 da Convenção, acerca do princípio "pro personae", com ênfase na interpretação dinâmica e evolutiva do artigo 26 da Convenção.

Na mesma direção, merece menção o caso Gonzales Lluy e outros contra o Equador, decidido em 2015, bem como o caso Lagos del Campo e o caso Trabalhadores Demitidos de Pretroperu, ambos contra o Estado do Peru, decididos em 2017, em que, ineditamente, a Corte considerou restar caracterizada uma violação autônoma do artigo 26 da Convenção Americana. Em sentido similar, destaca-se a sentença proferida em 21 de junho de 2018 no caso Poblete Vilches y Otros contra o Estado do Chile, que consolidou relevantes parâmetros interamericanos a respeito do direito à saúde envolvendo pessoa idosa, com ênfase ao direito ao consentimento informado. Para a Corte, o direito à saúde invoca como dimensões a disponibilidade, a acessibilidade, a aceitabilidade e a qualidade, tendo exigibilidade e justiciabilidade direta, na qualidade de direito autônomo. Adicionou, ainda, a importância de conferir visibilidade às pessoas idosas como sujeitos de direitos a merecer especial proteção.

A Corte Interamericana, por meio de uma interpretação dinâmica e evolutiva, inspirada na indivisibilidade e interdependência dos direitos humanos, tem permitido avanços na proteção dos direitos sociais. Tem desenvolvido seu próprio *framework* para a proteção destes direitos, ao consagrar a dimensão positiva do direito à vida; o princípio da progressividade dos direitos sociais (em especial para a proteção de grupos socialmente vulneráveis); a proteção indireta dos direitos sociais; e mais recentemente a proteção direta dos direitos sociais.

5. A PROTEÇÃO DOS DIREITOS SOCIAIS NO ÂMBITO SUL-AMERICANO: DESAFIOS DO *IUS COMMUNE*

Considerando os direitos sociais sob a perspectiva da concepção contemporânea de direitos humanos, a principiologia aplicável aos direitos sociais e os

61 Caso Suárez Peralta contra o Equador, sentença prolatada em 21 de maio de 2013, Serie C, n.261.

parâmetros protetivos do sistema global e regional interamericano, transita-se neste tópico ao exame da proteção dos direitos sociais no âmbito sul-americano. O foco central desta análise é identificar estratégias para fortalecer o diálogo global, regional e local na defesa dos direitos sociais, com vistas à pavimentação de um *"ius commune"* sul-americano em matéria de direitos sociais.

A análise da experiência sul-americana de proteção dos direitos sociais demanda sejam consideradas as peculiaridades da região. A América Latina é a região com o mais elevado grau de desigualdade no mundo, em termos de distribuição de renda.[62] A este elevado grau de exclusão e desigualdade social somam-se democracias em fase de consolidação. A região ainda convive com as reminiscências do legado dos regimes autoritários ditatoriais, com uma cultura de violência e de impunidade, com a baixa densidade de Estados de Direitos e com a precária tradição de respeito aos direitos humanos no âmbito doméstico.

Dois períodos demarcam, assim, o contexto latino-americano: o período dos regimes ditatoriais; e o período da transição política aos regimes democráticos, marcado pelo fim das ditaduras militares na década de 80, na Argentina, no Chile, no Uruguai e no Brasil.

No caso latino-americano, o processo de democratização na região, deflagrado na década de 80, é que propiciou a incorporação de importantes instrumentos internacionais de proteção dos direitos humanos pelos Estados latino-americanos. A título de exemplo, note-se que a Convenção Americana de Direitos Humanos, adotada em 1969, foi ratificada pela Argentina em 1984, pelo Uruguai em 1985, pelo Paraguai em 1989 e pelo Brasil em 1992. Já o reconhecimento da jurisdição da Corte Interamericana de Direitos Humanos deu-se na Argentina em 1984, no Uruguai em 1985, no Paraguai em 1993 e no Brasil em 1998. Atualmente constata-se que os países latino-americanos subscreveram os principais tratados de direitos humanos adotados pela ONU e pela OEA.

62 Para o ECLAC: "Latin America's highly inequitable and inflexible income distribution has historically been one of its most prominent traits. Latin American inequality is not only greater than that seen in other world regions, but it also remained unchanged in the 1990s, then took a turn for the worse at the start of the current decade." (ECLAC, *Social Panorama of Latin America – 2006*, chapter I, page 84. http://www.eclac.org/cgibin/getProd.asp?xml=/publicaciones/xml/4/27484/P27484.xml&xsl=/dds/tpli/p9f.xsl&base=/tpl-i/top-bottom.xslt (access on July 30, 2010). No mesmo sentido, advertem Cesar P. Bouillon e Mayra Buvinic: "(...) In terms of income, the countries in the region are among the most inequitable in the world. In the late 1990s, the wealthiest 20 percent of the population received some 60 percent of the income, while the poorest 20 percent only received about 3 percent.Income inequality deepened somewhat during the 1990s (...) Underlying income inequality, there are huge inequities in the distribution of assets, including education, land and credit. According to recent studies, the average length of schooling for the poorest 20 percent is only four years, while for the richest 20 percent is 10 years." (Cesar P. Bouillon and Mayra Buvinic, *Inequality, Exclusion and Poverty in Latin America and the Caribbean: Implications for Development*, Background document for EC/IADB "Seminar on Social Cohesion in Latin America," Brussels, June 5-6, 2003, p. 3-4, par. 2.8). Available at: http://www.iadb.org/sds/doc/soc-idb-socialcohesion-e.pdf, accessed on July 26, 2010.

Quanto à incorporação dos tratados internacionais de proteção dos direitos humanos, observa-se que, em geral, as Constituições latino-americanas conferem a estes instrumentos uma hierarquia especial e privilegiada, distinguindo-os dos tratados tradicionais. Neste sentido, merecem destaque o artigo 75, inciso 22 da Constituição Argentina, que expressamente atribui hierarquia constitucional aos mais relevantes tratados de proteção de direitos humanos e o artigo 5o, parágrafos 2° e 3° da Constituição Brasileira que incorpora estes tratados no universo de direitos fundamentais constitucionalmente protegidos.

As Constituições latino-americanas estabelecem cláusulas constitucionais abertas, que permitem a integração entre a ordem constitucional e a ordem internacional, especialmente no campo dos direitos humanos, ampliando e expandindo o bloco de constitucionalidade. Ao processo de constitucionalização do Direito Internacional conjuga-se o processo de internacionalização do Direito Constitucional.

À luz deste contexto, serão destacados 10 (dez) desafios voltados ao fortalecimento do diálogo dos sistemas global e regional com a ordem local, por meio da incorporação dos parâmetros protetivos internacionais pela ordem local, visando a contribuir para a pavimentação de um *ius commune* em matéria de direitos sociais no âmbito sul-americano:

a) Promover a ampla ratificação dos tratados internacionais de proteção dos direitos humanos da ONU e da OEA

Com a democratização na região sul-americana, os Estados passaram a ratificar os principais tratados de direitos humanos. Ao longo dos regimes autoritários ditatoriais, os direitos humanos eram concebidos como uma agenda contra o Estado; apenas com a democratização, é que passaram a ser incorporados na agenda estatal, sendo criada uma institucionalidade inspirada nos direitos humanos (compreendendo a adoção de Programas Nacionais de Direitos Humanos, Secretarias especiais, Ministérios e Comissões em casas do poder Legislativo em diversos Estados latino-americanos). Emerge a concepção de que os direitos humanos são um componente essencial ao fortalecimento da democracia e do Estado de Direito na região.

Contudo, embora os Estados sul-americanos tenham aderido a um universo significativo de instrumentos internacionais de proteção, resta ainda o desafio de ampliar a base consensual de ratificação do Protocolo de San Salvador em matéria de direitos econômicos, sociais e culturais - que até 2017 contava apenas com 16 Estados-partes - e do Protocolo Facultativo ao Pacto Internacional de Direitos Econômicos, Sociais e Culturais - que até 2017 contava apenas com 22 Estados-partes.

Ao compartilhar desta base consensual, os Estados sul-americanos estariam a aceitar o mesmo piso protetivo mínimo no campo da proteção de direitos sociais, o que se converte em um ponto de partida para a composição de um *"ius commune"*.

b) Fortalecer a incorporação dos tratados de direitos humanos com um status privilegiado na ordem jurídica doméstica

O constitucionalismo sul-americano tem se caracterizado por contemplar cláusulas constitucionais abertas a fomentar o diálogo constitucional-internacional, bem como a recepção privilegiada de tratados de direitos humanos na ordem doméstica.

A título exemplificativo, a Constituição da Argentina, após a reforma constitucional de 1994, dispões, no art. 75, inciso 22, que, enquanto os tratados em geral têm hierarquia infra-constitucional, mas supra-legal, os tratados de proteção dos direitos humanos têm hierarquia constitucional, complementando os direitos e garantias constitucionalmente reconhecidos. A Constituição Brasileira de 1988, no artigo 5º, parágrafo 2º, consagra que os direitos e garantias expressos na Constituição não excluem os direitos decorrentes dos princípios e do regime a ela aplicável e os direitos enunciados em tratados internacionais ratificados pelo Brasil, permitindo, assim, a expansão do bloco de constitucionalidade. A então Constituição do Peru de 1979, no mesmo sentido, determinava, no artigo 105, que os preceitos contidos nos tratados de direitos humanos têm hierarquia constitucional e não podem ser modificados senão pelo procedimento que rege a reforma da própria Constituição. Já a atual Constituição do Peru de 1993 consagra que os direitos constitucionalmente reconhecidos devem ser interpretados em conformidade com a Declaração Universal de Direitos Humanos e com os tratados de direitos humanos ratificados pelo Peru. Decisão proferida em 2005 pelo Tribunal Constitucional do Peru endossou a hierarquia constitucional dos tratados internacionais de proteção dos direitos humanos, adicionando que os direitos humanos enunciados nos tratados conformam a ordem jurídica e vinculam os poderes públicos. A Constituição da Colômbia de 1991, reformada em 1997, confere, no artigo 93, hierarquia especial aos tratados de direitos humanos, determinando que estes prevalecem na ordem interna e que os direitos humanos constitucionalmente consagrados serão interpretados em conformidade com os tratados de direitos humanos ratificados pelo país. Também a Constituição do Chile de 1980, em decorrência da reforma constitucional de 1989, passou a consagrar o dever dos órgãos do Estado de respeitar e promover os direitos garantidos pelos tratados internacionais ratificados por aquele país. Acrescente-se a Constituição da Bolívia de 2009, ao estabelecer que os direitos e deveres reconhecidos constitucionalmente serão interpretados em conformidade com os tratados de direitos humanos ratificados pela Bolívia, que prevalecerão em relação à própria Constituição se enunciarem direitos mais favoráveis (artigos 13,IV e 256). Na mesma direção, destaca-se a Constituição do Equador de 2008, ao consagrar que a Constituição e os tratados de direitos humanos ratificados pelo Estado que reconheçam direitos mais favoráveis aos previstos pela Constituição têm prevalência em relação a qualquer outra norma jurídica ou ato do Poder Público (artigo 424), adicionando que serão aplicados os princípios pro ser humano, de não restrição de direitos, de aplicabilidade direta e de cláusula constitucional aberta (artigo 416).

Logo, é neste contexto — marcado pela tendência de Constituições latino-americanas em assegurar um tratamento especial e diferenciado aos direitos e garantias internacionalmente consagrados — que se insere o desafio de encorajar todos os textos constitucionais latino-americanos a incluírem cláusulas abertas a conferir aos tratados de direitos humanos status hierárquico constitucional.

c) Fomentar uma cultura jurídica orientada pelo controle da convencionalidade das leis

Além da ratificação de tratados de direitos humanos, a serem recepcionados de forma privilegiada pela ordem jurídica local, fundamental é transformar a cultura jurídica tradicional, por vezes refratária e resistente ao Direito Internacional, a fim de que realize o controle de convencionalidade. Sobre o tema, instigante estudo de Néstor P. Sagues, acerca da "Situación (en los Tribunales nacionales) de la Doctrina del Control de Convencionalidad en el Sistema Interamericano"[63], propõe uma classificação baseada em 4 categorias de controle de convencionalidade: a) admissão expressa (com destaque à Argentina); b) admissão tácita (com destaque à Costa Rica, Peru, Chile, El Salvador e Bolivia); c) silêncio (com destaque ao Equador, Brasil, México e Colômbia); e d) negação tácita (com destaque ao grave caso venezuelano, em que a Sala Constitucional do Tribunal Supremo de Justiça declarou não executável um sentença da Corte Interamericana, encorajando o poder Executivo a retirar-se da Convenção Americana de Direitos Humanos, em 18 de dezembro de 2008 (caso "Apitz Barbera").

O pressuposto básico para a existência do controle de convencionalidade é a hierarquia diferenciada dos instrumentos internacionais de direitos humanos em relação à legalidade ordinária. A isto se soma o argumento de que, quando um Estado ratifica um tratado, todos os órgãos do poder estatal a ele se vinculam, compromentendo-se a cumpri-lo de boa fé.

Como enfatiza a Corte Interamericana: "Quando um Estado ratifica um tratado internacional como a Convenção Americana, seus juízes, como parte do aparato do Estado, também estão submetidos a ela, o que lhes obriga a zelar para que os efeitos dos dispositivos da Convenção não se vejam mitigados pela aplicação de leis contrárias a seu objeto, e que desde o início carecem de efeitos jurídicos. (...) o poder Judiciário deve exercer uma espécie de "controle da convencionalidade das leis" entre as normas jurídicas internas que aplicam nos casos concretos e a Convenção Americana sobre Direitos Humanos. Nesta tarefa, o Poder Judiciário deve ter em conta não somente o tratado, mas também a interpretação que do mesmo tem feito a Corte Interamericana, intérprete última da Convenção Americana".[64]

---

63 Ver "Situación (en los Tribunales nacionales) de la Doctrina del Control de Convencionalidad en el Sistema Interamericano", encuesta realizada por Néstor P. Sagués, noviembre de 2010. Este estudo foi apresentado no simpósio "Construcción y papel de los derechos sociales fundamentales. Hacia un *ius comune* latinoamericano", no Max-Planck-Institute, em Heidelberg, em 25 de novembro de 2010.

64 Ver caso Almonacid Arellano and others vs. Chile. Judgment of 26 September 2006. A título ilustrativo, em 24 de novembro de 2010, no caso Gomes Lund e outros *versus* Brasil, a Corte Interamericana

O controle de convencionalidade das leis contribuirá para que se implemente no âmbito doméstico os standards, princípios e a jurisprudência internacional em matéria de direitos sociais. Também esencial é assegurar que as sentenças internacionais condenatorias de Estados sejam obrigatórias e diretamente executáveis, otimizando a justiciabilidade dos direitos sociais.

d) Fomentar programas de capacitação para que os Poderes Legislativo, Executivo e Judiciário apliquem os parámetros protetivos internacionales em matéria de direitos sociais

A transformação da cultura jurídica requer a realização de programas de capacitação endereçados aos agentes públicos dos diversos poderes, a fim de que os instrumentos internacionais de proteção aos direitos sociais, a principiologia específica aplicável a estes direitos e a jurisprudência protetiva internacional convertam-se em referência e parâmetros a guiar a conduta de tais agentes.

A elaboração de normas, a formulação de políticas públicas e a formulação de decisões judiciais devem louvar o princípio da boa fé no âmbito internacional, buscando sempre harmonizar a ordem doméstica à luz dos parâmetros protetivos mínimos asegurados na ordem internacional no campo dos direitos sociais.

e) Assegurar o reconhecimento dos direitos sociais como direitos humanos fundamentais na ordem constitucional com a previsão de instrumentos e remédios constitucionais que garantam sua justiciabilidade

Para fortalecer o diálogo entre a ordem internacional, regional e local em matéria de direitos sociais, fundamental é que o marco jurídico constitucional acolha a concepção contemporânea de direitos humanos. Isto é, endosse a visão integral dos direitos humanos, baseada na indivisibilidade, interdependência e inter-relação dos direitos civis e políticos e dos direitos sociais, econômicos e culturais. Fundamental ainda é enfatizar a paridade hierárquica destes direitos.

Em decorrência da visão integral dos direitos humanos, o devido reconhecimento constitucional aos direitos sociais surge como medida imperativa, bem como a previsão de remédios que assegurem a sua proteção, em casos de violação. A proteção aos direitos sociais requer a existência de remédios efetivos voltados à sua garantia, enfatizando a fórmula "there is no right without remedies". Neste sentido, o papel das Cortes não é o de formular

---

entendeu que a decisão proferida pelo Supremo Tribunal Federal na Argüição de Descumprimento de Preceito Fundamental (ADPF) n.153, em 29 de abril de 2010 -- que manteve a interpretação de que a lei de anistia de 1979 teria assegurado anistia ampla, geral e irrestrita, alcançando tanto as vítimas como os algozes -- afeta o dever internacional do Estado de investigar e punir graves violações a direitos humanos, afrontando, ainda, o dever de harmonizar a ordem interna à luz dos parâmetros da Convenção Americana. Concluiu a Corte que "não foi exercido o controle de convencionalidade pelas autoridades jurisdicionais do Estado brasileiro", tendo em vista que o Supremo Tribunal Federal confirmou a validade da interpretação da lei de anistia sem considerar as obrigações internacionais do Brasil decorrentes do Direito Internacional, particularmente aquelas estabelecidas nos artigos 1, 2, 8 e 25 da Convenção Americana de Direitos Humanos.

políticas públicas em matéria de direitos sociais, mas o de fiscalizar, supervisionar e monitorar tais políticas considerando os parâmetros constitucionais e internacionais[65].

Note-se que a própria jurisprudência do Comitê da ONU de Direitos Econômicos, Sociais e Culturais, ao interpretar o artigo 2º do Pacto, adverte ser dever dos Estados a adoção de medidas que visem a assegurar, progresivamente, por todos os meios apropriados, o pleno exercício dos direitos reconhecidos no Pacto – o que estaria a incluir medidas legislativas, administrativas e também judiciais.[66]

Há que se fortalecer a perspectiva integral dos direitos humanos, que tem nos direitos sociais uma dimensão vital e inalienável, aprimorando os mecanismos de sua proteção e justiciabilidade, dignificando, assim, a racionalidade emancipatória dos direitos sociais como direitos humanos, nacional e internacionalmente garantidos.

f) Garantir uma prioridade orçamentária para a implementação dos direitos sociais

O princípio da utilização do máximo de recursos disponíveis voltados à implementação dos direitos sociais demanda seja fixada uma dotação orçamentária específica para a implementação de direitos sociais.

A título ilustrativo, a Constituição do Brasil estabelece um percentual da receita proveniente de impostos para a educação e para a saúde, sobe pna, inclusive, de intervenção federal, nos termos do artigo 34, inciso VII, "e". Na Constituição da Colômbia também é estabelecida a prioridade para gastos em educação e saúde no campo orçamentário, nos termos dos artigos 347 e 356 a 357. Na mesma linha, a Constituição do Equador prevê, no campo das finanças públicas, que os recursos para a saúde, educação e justiça são prioritários, nos termos do artigo 286.

---

65 A respeito, merece destaque decisão do Supremo Tribunal Federal do Brasil que consagra o direito à saúde como prerrogativa constitucional indisponível, garantido mediante a implementação de políticas públicas, impondo ao Estado a obrigação de criar condições objetivas que possibilitem o efetivo acesso a tal serviço. Acrescenta a decisão que "é possível ao Poder Judiciário determinar a implementação pelo Estado, quando inadimplente, de políticas públicas constitucionalmente previstas, sem que haja ingerência em questão que envolve o poder discricionário do Poder Executivo." (AI 734487, Rel. Min. Ellen Gracie, julgado em 03/08/2010, DJe-154, publicado em 20.08.2010). Também merece menção decisão proferida pelo Superior Tribunal de Justiça do Brasil a respeito da possibilidade do controle judicial de políticas públicas, em caso envolvendo a obrigação do Poder Público no fornecimento de medicamentos, com a conclusão de que a reserva do possível não pode opor-se ao mínimo existencial. De acordo com o julgado: "Não podem os direitos sociais ficar condicionados à boa vontade do Administrador, sendo de fundamental importância que o Judiciário atue como órgão controlador da atividade administrativa. Seria uma distorção que o princípio da separação dos poderes, originalmente concebido com o escopo de garantia dos direitos fundamentais, pudesse ser utilizado justamente como óbice à realização dos direitos sociais, igualmente fundamentais". (AgRg no REsp 1136549/RS, Rel. Ministro Humberto Martins, Segunda Turma, julgado em 08/06/2010, DJe 21/06/2010).

66 O Comitê de Direitos Econômicos, Sociais e Culturais sustenta que a expressão "por todos os meios apropriados" deve ser interpretada da forma mais ampla possível, de forma a abranger remédios judiciais (General Comment n.3, UN doc. E/1991/23).

Imperioso é fomentar nos textos constitucionais latino-americanos previsões que assegurem dotação orçamentária específica para os direitos sociais, sobretudo a educação e a saúde, em respeito ao princípio da utilização do máximo de recursos disponíveis voltados à implementação dos direitos sociais consagrado no Pacto Internacional de Direitos Econômicos, Sociais e Culturais - ratificado por 28 Estados da região[67]. A este princípio soma-se também o princípio da observância do *minimum core obligation*, na medida em que é dever dos Estados prover, ao menos, um núcleo essencial mínimo concernente ao direitos sociais, em defesa da prevalencia da dignidade humana.

g) Aplicar indicadores para avaliar a progressividade na aplicação de direitos sociais

Indicadores técnico-científicos capazes de mensurar a progressividade na aplicação dos direitos sociais surgem como uma medida de especial relevância voltada à plena implementação destes direitos.[68]

Além de conferir maior rigor metodológico, a utilização de indicadores permite realizar o *human rights impact assessment* em relação às políticas, programas e medidas adotadas pelo Estado, permitindo a *accountability* com relação às obrigações contraídas pelo Estado no âmbito internacional e doméstico. Fomenta, ainda, a geração de dados, estatísticas e informações, que compõe a base sólida para a composição de um preciso diagnóstico sobre a progressividade dos direitos sociais. Fundamental, neste sentido, é gerar dados desagregados compreendendo os critérios de gênero, raça, etnia, idade, orientação sexual, dentre outros - o que permitirá aliar políticas especiais às políticas universalistas.

Por meio da utilização de indicadores é possível identificar avanços, retrocessos e inações dos poderes públicos em matéria de direitos sociais. É condição para compor um diagnóstico preciso do enquadramento das ações e inações públicas no marco dos direitos sociais, permitindo um balanço crítico de programas e medidas implementadas. É a partir de um diagnóstico preciso que também é possível identificar prioridades e estratégias visando ao aprimoramento da realização de direitos sociais, o que poderá compreender uma melhor e mais eficaz interlocução dos Poderes Públicos, mediante arranjos inter-institucionais orientados à plena implementação dos direitos sociais[69].

---

67 Note-se que, dos 160 Estados-partes do referido Pacto, 28 são Estados membros da OEA.

68 A respeito, consultar o documento "Indicadores de progreso para medicion de derechos contemplados en el Protocolo de San Salvador", OEA/Ser.L/XXV.2.1, GT/PSSI/doc.2/11, 11 de março de 2011. Ver, ainda, report do UN High Level Task Force on the implementation of the right to development for the April 2010 session of the Working Group, including the attributes of the right to development and the list of criteria, sub-criteria and indicators - A/HRC/15/WG.2/TF/2. Add 2.

69 Sobre o tema, destaca-se, a título ilustrativo, audiência pública no Supremo Tribunal Federal do Brasil para debater as questões relativas às demandas judiciais que objetivam prestações de saúde, contando com 49 especialistas, em abril de 2009. Posteriormente, o Conselho Nacional de Justiça adotou a resolução n. 107, em 06 de abril de 2010, intituindo o Fórum Nacional do Judiciário para o monitoramento e resolução das demandas de assitência à saúde, com a atribuição de elaborar estudos e propor medidas

h) Impulsionar el componente democrático no processo de implementação dos direitos sociais

Em matéria de direitos sociais não bastam apenas os resultados, mas também importa o processo de sua realização. No campo da principiologia dos direitos sociais, especial relevância merece o princípio daparticipação, transparência e accountability.

O componente democrático é essencial para a adoção de ações, políticas e programas em direitos sociais. O componente participativo é estruturante aos direitos sociais, de forma a propiciar especialmente a participação dos grupos mais vulneráveis na formulação, implementação e monitoramento destes direitos.

Neste sentido, a Constituição do Brasil assegura a participação da comunidade nas ações e serviços públicos de saúde, nos termos do artigo 198. A Constituição da Bolivia, no artigo 18, afirma que o sistema único de saúde será universal, gratuito, equitativo, intracultural, intercultural, participativo e com controle social, realçando que os povos indígenas e campesinos têm direito a um sistema de saúde que respeite sua cosmovisão e práticas tradicionais. Por sua vez, a Constituição do Equador enuncia que a prestação de serviços de saúde será regida por princípios de universalidade, solidariedade, interculturalidade, qualidade, eficiência, precaução e bioética, com enfoque de gênero e geracional. Prevê também aConstituição da Colômbia que os serviços de saúde serão organizados com a participação da comunidade, nos termos do artigo 49. A respeito, destaca-se, ainda, emblemática decisão proferida pela Corte Constitucional colombiana (T-760-2008), ao frisar, em caso envolvendo a ampla revisão do sistema geral de seguridade social, que a progressividade dos direitos sociais demanda a existência de programas, ações e políticas públicas orientadas à realização gradativa destes direitos (sendo inaceitável a inação continuada do Estado), com a necessária observância da participação democrática, no processo de elaboração, implementação e avaliação de políticas públicas.

i) Fortalecer o princípio da cooperação internacional em matéria de direitos sociais

Defende este artigo que, tal como o direito ao desenvolvimento, os direitos sociais também demandam não apenas ações, programas e políticas nacionais, mas também assistência e cooperação internacional. O princípio da cooperação internacional encontra respaldo jurídico na Declaração Universal, no Pacto Internacional de Direitos Econômicos, Sociais e Culturais, na

concretas e normativas para o aperfeiçoamento, o reforço à efetividade dos processos judiciais e à prevenção de novos conflitos. Destaca-se também a sistemática de reenvio, mediante a qual, em demandas de alta complexidade e litígios estruturais, cabe ao poder Judiciário identificar os parâmetros jurídicos a serem observados, remanescendo ao poder Executivo avaliar, sob o prisma técnico, a solução concreta a ser dada – o que expressa o diálogo entre os poderes públicos na implementação dos direitos sociais.

Convenção Americana de Direitos Humanos e no Protocolo de San Salvador, como já enfocado.

Daí a importância em avançar na arena da cooperação internacional vocacionada à proteção dos direitos sociais, a partir de uma agenda de prioridades regionais em matéria de direitos sociais.

j) Avançar no diálogo vertical e horizontal de jurisdições

A abertura da ordem local ao diálogo horizontal com outras jurisdições e ao diálogo vertical com jurisdições supra-nacionais é condição, requisito e pressuposto para a formação de um *ius commune* em matéria de direitos sociais.

De um lado, é essencial que os sistemas sul-americanos possam enriquecer-se mutuamente, por meio de empréstimos constitucionais e intercâmbio de experiências, argumentos, conceitos e princípios vocacionados à proteção dos direitos sociais. Também relevante seria identificar as *best practices* em direitos sociais, estimulando sua adoção, com os ajustes necessários considerando as especificidades e particularidades de cada país.

Por outro, a abertura das ordens locais aos parâmetros protetivos mínimos fixados pela ordem global e regional, mediante a incorporação de princípios, jurisprudência e standards protetivos internacionais, é fator a dinamizar a pavimentação de um *ius commune* em direitos sociais na região.

Para a criação de um *ius commune*fundamental é avançar no diálogo entre as esferas global, regional e local, potencializando o impacto entre elas, para assegurar a maior efetividade possível aos direitos sociais sob a perspectiva emancipatória dos direitos humanos.

Por fim, se os direitos humanos não são um dado, mas um construído, as violações a estes direitos também o são. As violações, as exclusões, as injustitas são um construído histórico a ser desconstruído. É emergencial assumir o risco de romper com uma cultura que trivializa, naturaliza e banaliza a desigualdade e a exclusão social – especialmente em um contexto regional que ostenta a maior desigualdade do mundo.

Hannah Arendt afirma ser possível modificar pacientemente o deserto com as faculdades da paixão e do agir. Afinal *if "all human must die; each is born to begin".*[70]

70 Hannah Arendt, *The Human Condition.* Chicago, The University of Chicago Press, 1998. Para a autora: "Fluindo na direção da morte, a vida humana arrastaria consigo, inevitavelmente, todas as coisas humanas para a ruina e destruição, se não fosse a faculdade humana de interrompê-las e iniciar algo novo, faculdade inerente à ação como perene advertência de que os homens, embora devam morrer, não nascem para morrer, mas para começar". (Hannah Arendt, *A Condição Humana*, trad. Roberto Raposo, 10a ed., Rio de Janeiro, Forense Universitária, 2004, p.258)

Direitos Fundamentais Sociais, mínimo existencial e o papel das assim chamadas decisões estrutrantes na perspectiva da jurisdição constitucional - Uma Homenagem a Ricardo Lobo Torres

Ingo Wolfgang Sarlet[1]

1. INTRODUÇÃO

O assim chamado direito a um mínimo existencial para uma vida digna tem sido presença constante no debate acadêmico e jurisdicional brasileiro, especialmente na sua articulação com os direitos fundamentais sociais. Todavia, é precisamente na esfera dos direitos fundamentais sociais (doravante chamados de direitos sociais) que se percebe, à vista dos desenvolvimentos na esfera doutrinária e jurisprudencial, o quanto o recurso à noção de um mínimo existencial, designadamente de um direito fundamental à sua proteção e promoção, tem sido realmente produtiva, mas também apresenta aspectos dignos de maior reflexão quanto à sua correta compreensão e manejo.

Isso assume particular relevância quando se cuida de invocar o mínimo existencial como critério para balizar uma ponderação no contexto das decisões que envolvem o reconhecimento – ou não! – de um direito subjetivo a prestações sociais, dadas as colisões e tensões com outros direitos fundamentais ou outros princípios e regras de matriz constitucional e legal, mas também – e em especial – em face dos limites fáticos postos pelo problema da escassez de recursos e, do ponto de vista fático e jurídico, da assim chamada reserva do possível.

---

1 Doutor e Pós-Doutor em Direito pela Universidade de Munique (Ludwig-Maximilians-Universität-München). Professor Titular da Faculdade de Direito e dos Programas de Mestrado e Doutorado em Direito e em Ciências Criminais da PUCRS. Professor da Escola Superior da Magistratura do RS (AJURIS), Desembargador do TJRS.

Assim, muito embora se esteja a revisitar o tema, aproveitando parte de escritos anteriores, o presente texto carrega consigo uma dimensão nova e que vai além do que já escrevemos. Com efeito, além de uma atualização bibliográfica e jurisprudencial, o que se pretende aqui é situar o tema no contexto do debate que de há algum tempo se trava na doutrina brasileira em torno das assim chamadas decisões estruturantes (ou medidas estruturantes)[2], com atenção particular para a atuação do Supremo Tribunal Federal (STF), sem prejuízo de uma ótica comparativa, recorrendo aqui aexemplos extraídos da prática decisória do Tribunal Constitucional Federal da Alemanha (TCF).

Para tanto, não se intenta inventariar de modo exaustivo a jurisprudência dos Tribunais referidos, mas sim, à luz de alguns exemplos representativos, extraídos do respectivo repertório decisório, examinar se e em que medida também o modo pelo qual o direito ao mínimo existencial é compreendido e aplicado, especialmente no que diz com sua relação com o principio da dignidade da pessoa humana e os direitos fundamentais sociais, é compatível com a técnica das decisões do tipo estruturante e até que ponto tal técnica decisória pode efetivamente contribuir para aperfeiçoar o papel do Poder Judiciário na realização dos direitos sociais e ao mesmo tempo contornar algumas das principais objeções esgrimidas nesse domínio.

De todo modo, não se pretende aqui discorrer sobre a noção de decisões estruturantes em si (explorando seus aspectos conceituais, origens, etc.[3]), mas sim, verificar se – mediante a análise de decisões dos Tribunais referidos e de modo articulado com a doutrina sobre o tema – existem distorções relevantes no modo de compreensão e aplicação da noção de mínimo existencial e que possam, ou não, implicar críticas de ordem metodológica ou mesmo substancial, eventualmente ensejando até mesmo a objeção de uma intervenção inadequada ou mesmo excessiva (desproporcional) do Poder Judiciário na esfera legislativa ou administrativa. Além disso, como já enunciado, é o caso de averiguar e avaliar o possível papel (e seus limites) das decisões estruturantes da Justiça Constitucional no domínio dos direitos sociais e do mínimo existencial, sem renunciar a algumas notas de caráter crítico.

Mas o principal objetivo que nos move ao escolher este texto para integrar a presente obra coletiva, é o de participar da merecida e justa homenagem, desta feita e lamentavelmente em caráter póstumo, ao saudoso e grande – em todas as dimensões positivas que o termo possa expressar – Professor e Doutrinador RICARDO LOBO TORRES, a quem já tivemos a honra e o privilégio de homenagear em vida.

Note-se, ademais disso, que o que aqui estamos a pretender vai além de uma manifestação de respeito e admiração pela profícua e paradigmática obra

---

2 Sobre o tema, na literatura brasileira, imprescindível a leitura da paradigmática obra de JOBIM, Marco Félix. *Medidas Estrutrantes. Da Suprema Corte Estadunidense ao Supremo Tribunal Federal*. Porto Alegre: Livraria Editora do Advogado, 2013. No que diz com a terminologia, contudo, em se tratando de atos do Poder Judiciário, preferimos adotar a expressão decisões estruturantes.

3 Para tanto remetemos ao texto de Marco Jobim referido na nota de rodapé anterior.

e trajetória profissional do homenageado, mas abarca uma necessária dimensão pessoal, visto que o por mim mais do que admirado, estimado Professor Ricardo, também é merecedor de minha profunda gratidão. Gratidão por ter sido um dos primeiros, juntamente com os também queridos e admirados Professores Celso Albuquerque Mello (igualmente já falecido) e Luís Roberto Barroso, a abrir as portas da prestigiada Escola de Direito Público da UERJ – onde tenho sido até hoje acolhido e feito muitos amigos queridos -, mas nos apoiar e incentivar na própria trajetória.

Mas também no que concerne ao presente tema – e a isso tributo a escolha feita pelos organizadores da obra – não falta um intenso vínculo pessoal com o homenageado e sua obra, porquanto foi em seus escritos, pioneiros, originais em importantes aspectos e paradigmáticos – que encontrei inspiração e fundamentação para, numa perspectiva que sempre busquei ser constitucionalmente adequada ao direito brasileiro, pesquisar e escrever sobre os direitos sociais e o mínimo existencial.

Aliás, cabe, ainda, sublinhar, que mais do que uma relação unilateral, o convívio, pessoal em diversas jornadas acadêmicas e com a obra do Professor Ricardo, foi marcado por uma interação dialógica, posto que, em que pese algumas diferenças pontuais sobre a matéria, eu mesmo passei a ser citado (também ressalvadas as diferenças) recorrentemente nos textos do homenageado, tendo sido brindado com um item sobre minha perspectiva relativamente ao mínimo existencial em sua excepcional obra monográfica *O Direito ao Mínimo Existencial,* publicado pela Editora Renovar, em de 2009.

Assim, mais do que agradecer, me cabe um dever moral e intelectual de atender ao presente chamado e participar desta homenagem, que não representa um ponto final, mas sim, mais uma etapa para manter viva a obra do Professor Ricardo Lobo, que seguirá sendo referência e inspiração para as presentes e futuras gerações de juristas comprometidos com a causa dos direitos sociais (humanos e fundamentais) e a realização do objetivo central de qualquer Estado Democrático de Direito, no Brasil insculpido no artigo 170, caput, da CF, que é o de assegurar a todas as pessoas uma vida condigna.

2. O ASSIM CHAMADO MÍNIMO EXISTENCIAL COMO DIREITO FUNDAMENTAL – ORIGENS E CONTEÚDO

A atual noção de um direito fundamental ao mínimo existencial, ou seja, de um direito a um conjunto de prestações estatais que assegure a cada um (a cada pessoa) uma vida condigna, arranca da idéia de que qualquer pessoa necessitada que não tenha condições de, por si só ou com o auxílio de sua família prover o seu sustento, tem direito ao auxílio por parte do Estado e da sociedade, de modo que o mínimo existencial, nessa perspectiva, guarda alguma relação (mas não se confunde integralmente) com a noção de caridade e do combate à pobreza, central para a doutrina social (ou questão social) que passou a se afirmar já ao longo do Século XIX[4], muito embora a assistência aos desamparados tenha constado na agenda da Igreja e de algumas políticas oficiais já há bem mais tempo[5]. Convém recordar, ainda, que já na fase inaugural do constitucionalismo moderno, com destaque para a experiência francesa revolucionária, assumiu certa relevância a discussão em torno do reconhecimento de um direito à subsistência, chegando mesmo a se falar em "direitos do homem pobre", na busca do rompimento com uma tradição marcada pela idéia de caridade, que ainda caracterizava os modos dominantes de intervenção social em matéria de pobreza, debate que acabou resultando na inserção, no texto da Constituição Francesa de 1793, de um direito dos necessitados aos socorros públicos, ainda que tal previsão tenha tido um caráter eminentemente simbólico[6].

De qualquer sorte, independentemente de como a noção de um direito à subsistência e/ou de um correspondente dever do Estado (já que nem sempre se reconheceu um direito subjetivo (exigível pela via judicial) do cidadão em face do Estado) evoluiu ao longo do tempo, tendo sido diversas as experiências em diferentes lugares, o fato é que cada vez mais se firmou o entendimento – inclusive em Estados constitucionais de forte coloração liberal – de que a pobreza e a exclusão social são assuntos de algum modo afetos ao Estado Democrático de Direito. Que isso se justifica e impõe por razões nem sempre compartilhadas por todos e em todos os lugares, visto que mesmo no plano da fundamentação filosófica, ou seja, da sua sinergia com alguma teoria de Justiça, são diversas as alternativas que se apresentam, foi, no Brasil, amplamente demonstrado pelo nosso homenageado.[7] Mesmo na esfera terminológica nem sempre se verifica coincidência, pois ao passo que alguns (como também prevalece no Brasil) preferem utilizar a expressão mínimo existencial, outros falam em mínimos sociais, ou mesmo em um mínimo de subsistência ou um mínimo vital, embora nem sempre tais expressões sejam utilizadas como sinônimas, visto que podem estar associadas a conteúdos mais ou menos distintos, a despeito de alguns elementos em comum, como é o caso, em especial, o reconhecimento de um direito a prestações materiais por parte do Estado.

---

4 Cf., por todos, ARNAULD, Andreas von. "Das Existenzminimum", in: ARNAULD, Andreas von; MUSIL, Andreas (Ed.). *Strukturfragen des Sozialverfassungsrechts*, Tübingen: Mohr Siebeck, 2009, p. 253 e ss., apontando para o fato de que na Legislação da Prússia, em 1794, já havia a previsão da obrigação do Estado em cuidar da alimentação e atenção daqueles cidadãos que não conseguiam prover o seu próprio sustento ou mesmo por meio de outros particulares, com base em disposições legais especiais.

5 V. também TORRES, Ricardo Lobo. *O Direito ao Mínimo Existencial*, Rio de Janeiro: Renovar, 2009, p. 3 e ss., assim como, no âmbito da literatura brasileira dedicada especialmente ao tema, NETO, Eurico Bitencourt. *O Direito ao Mínimo para uma Existência Condigna*, Porto Alegre: Livraria do Advogado, 2010, p. 23 e ss.

6 Sobre este debate, v., por todos, HERRERA, Carlos Miguel. *Les Droits Sociaux*, Paris: PUF, 2009, p. 39 e ss.

7 Cf. TORRES, Ricardo Lobo. *O Direito ao Mínimo Existencial*, op. cit., p. 13-34 e 54-80, mas também e, pelo menos no que diz com as teorizações de John Rawls e Michael Walzer, já havia sido tematizado pela já então ex-aluna do homenageado, BARCELLOS, Ana Paula de. *A Eficácia Jurídica dos Princípios Constitucionais*, Rio de Janeiro: Renovar, 2002, p. 123 e ss. Por último, explorando o tema nessa perspectiva, v. WEBER, Thadeu. *Ética e Filosofia do Direito. Autonomia e Dignidade da Pessoa Humana*, Petrópolis: Vozes, 2013, especialmente p. 205, a partir do pensamento de John Rawls.

Sem prejuízo de sua previsão (ainda que com outro rótulo) no plano do direito internacional dos direitos humanos, como é o caso do artigo XXV da Declaração da ONU, de 1948, que atribui a todas as pessoas um direito a um nível de vida suficiente para assegurar a sua saúde, o seu bem-estar e o de sua família, a associação direta e explícita do assim chamado mínimo existencial com a dignidade da pessoa humana encontrou sua primeira afirmação textual, no plano, constitucional, na Constituição da República de Weimar, Alemanha, em 1919, cujo artigo 151 dispunha que a vida econômica deve corresponder aos ditames da Justiça e tem como objetivo assegurar a todos uma existência com dignidade,noção que foi incorporada à tradição constitucional brasileira desde 1934, igualmente no âmbito da ordem econômica e/ou social, de tal sorte que o artigo 170 da CF dispõe que "a ordem econômica, fundada na valorização do trabalho humano e na livre iniciativa, tem por fim assegurar a todos existência digna, conforme os ditames da justiça social...".

É preciso lembrar, contudo, que na condição de finalidade ou tarefa cometida ao Estado no âmbito dos princípios objetivos da ordem social e econômica, o mínimo existencial, ou seja, o dever de assegurar a todos uma vida com dignidade, não implicava necessariamente (aliás, como não implica ainda hoje a depender do caso), salvo na medida da legislação infraconstitucional (especialmente no campo da assistência social e da garantia de um salário mínimo, entre outras formas de manifestação), uma posição subjetiva imediatamente exigível pelo indivíduo. A elevação do mínimo existencial à condição de direito fundamental e sua articulação mais forte com a própria dignidade da pessoa humana e outros direitos fundamentais, teve sua primeira importante elaboração dogmática na Alemanha, onde, de resto, obteve também um relativamente precoce reconhecimento jurisprudencial, do qual se dará notícia na seqüência.

Com efeito, a despeito de não existirem, em regra, direitos sociais típicos, notadamente de cunho prestacional, expressamente positivados na Lei Fundamental da Alemanha (1949) – excepcionando-se a previsão da proteção da maternidade e dos filhos, bem como a imposição de uma atuação positiva do Estado no campo da compensação de desigualdades fáticas no que diz com a discriminação das mulheres e dos portadores de necessidades especiais (direitos e deveres que para muitos não são considerados propriamente direitos sociais) – a discussão em torno da garantia do mínimo indispensável para uma existência digna ocupou posição destacada não apenas nos trabalhos preparatórios no âmbito do processo constituinte, mas também após a entrada em vigor da Lei Fundamental de 1949, onde foi desenvolvida pela doutrina, mas também no âmbito da práxis legislativa, administrativa e jurisprudencial.

Na doutrina do Segundo Pós-Guerra, um dos primeiros a sustentar a possibilidade do reconhecimento de um direito subjetivo à garantia positiva dos recursos mínimos para uma existência digna foi o publicista Otto Bachof, que, já no início da década de 1950, considerou que o princípio da dignidade da pessoa humana (art. 1º, inc. I, da Lei Fundamental da Alemanha, na seqüência referida como LF) não reclama apenas a garantia da liberdade, mas também um mínimo de segurança social, já que, sem os recursos materiais para uma existência digna, a própria dignidade da pessoa humana ficaria sacrificada. Por esta razão, o direito à vida e integridade corporal (art. 2º, inc. II, da LF) não pode ser concebido meramente como proibição de destruição da existência, isto é, como direito de defesa, impondo, ao revés, também uma postura ativa no sentido de garantir a vida.[8] Cerca de um ano depois da paradigmática formulação de Bachof, o Tribunal Federal Administrativo da Alemanha (*Bundesverwaltungsgericht*), já no primeiro ano de sua existência, reconheceu um direito subjetivo do indivíduo carente a auxílio material por parte do Estado, argumentando, igualmente com base no postulado da dignidade da pessoa humana, direito geral de liberdade e direito à vida, que o indivíduo, na qualidade de pessoa autônoma e responsável, deve ser reconhecido como titular de direitos e obrigações, o que implica principalmente a manutenção de suas condições de existência.[9] Ressalte-se que apenas alguns anos depois o legislador acabou regulamentando - em nível infraconstitucional - um direito a prestações no âmbito da assistência social (art. 4º, inc. I, da Lei Federal sobre Assistência Social [*Bundessozialhilfegesetz*]).

Por fim, transcorridas cerca de duas décadas da referida decisão do Tribunal Administrativo Federal, também o Tribunal Constitucional Federal acabou por consagrar o reconhecimento de um direito fundamental à garantia das condições mínimas para uma existência digna. Da argumentação desenvolvida nesta primeira decisão, extrai-se o seguinte trecho: "certamente a assistência aos necessitados integra as obrigações essenciais de um Estado Social. [...] Isto inclui, necessariamente, a assistência social aos concidadãos, que, em virtude de sua precária condição física e mental, encontram-se limitados na sua vida social, não apresentando condições de prover a sua própria subsistência. A comunidade estatal deve assegurar-lhes pelo menos as condições mínimas para uma existência digna e envidar os esforços necessários para integrar estas pessoas na comunidade, fomentando seu acompanhamento e apoio na família ou por terceiros, bem como criando as indispensáveis instituições assistenciais".[10]

Em que pesem algumas modificações no que tange à fundamentação, bem quanto ao objeto da demanda, tal decisão veio a ser chancelada, em sua essência, em outros arestos da Corte Constitucional alemã, resultando no reconhecimento definitivo do *status* constitucional da garantia estatal do mínimo existencial.[11] Além disso, a doutrina alemã entende que a garantia das condições

---

8 Cf. BACHOF, Otto. "Begriff und Wesen des sozialen Rechtsstaates", in: *Veröffentlichungen der Vereinigung der deutschen Staatsrechtslehrer*, nº 12, 1954, p. 42-3.

9 Cf. *BVerwGE* (Coletânea oficial das decisões do Tribunal Administrativo Federal) nº 1, p. 159 (161 e ss.), decisão proferida em 24-06-1954.

10 Cf. tradução livre de trecho extraído da decisão publicada em *BVerfGE* (Coletânea oficial das decisões do Tribunal Constitucional Federal) nº 40, p. 121 (133).

11 Para tanto, v. *BVerfGE* nº 78, p. 104, reiterada em BVerfGE nº 82, p. 60 e nº 87, 1p. 53. Ressalte-se que nas duas últimas decisões, se tratou da problemática da justiça tributária, reconhecendo-se para o indiví-

mínimas para uma existência digna integra o conteúdo essencial do princípio do Estado Social de Direito, constituindo uma de suas principais tarefas e obrigações.[12] Nessa perspectiva, o que se afirma é que o indivíduo deve poder levar uma vida que corresponda às exigências do princípio da dignidade da pessoa humana, razão pela qual o direito à assistência social – considerado, pelo menos na Alemanha, a principal manifestação da garantia do mínimo existencial – alcança o caráter de uma ajuda para a autoajuda (*Hilfe zur Selbsthilfe*), não tendo por objeto o estabelecimento da dignidade em si mesma, mas a sua proteção e promoção.[13]

Desenvolvendo os aspectos já referidos, a doutrina (mas também a jurisprudência) constitucional da Alemanha passou a sustentar que – e, em princípio, as opiniões convergem neste sentido – a dignidade propriamente dita não é passível de quantificação, mas sim as necessidades individuais que lhe são correlatas e que devem ser satisfeitas mediante prestações que são quantificáveis.[14] Por outro lado, a necessária fixação, portanto, do valor da prestação assistencial destinada à garantia das condições existenciais mínimas, em que pese sua viabilidade, é, além de condicionada espacial e temporalmente, dependente também do padrão socioeconômico vigente.[15] Não se pode, outrossim, negligenciar a circunstância de que o valor necessário para a garantia das condições mínimas de existência evidentemente estará sujeito a câmbios,

---

duo e sua família a garantia de que a tributação não poderia incidir sobre os valores mínimos indispensáveis a uma existência digna. Cuidou-se, contudo, não propriamente de um direito a prestações, mas, sim, de limitar a ingerência estatal na esfera existencial, ressaltando-se aqui também uma dimensão defensiva do direito fundamental ao mínimo para uma existência digna. Note-se que o princípio da dignidade humana passa, sob este aspecto, a constituir limite material ao poder de tributar do Estado (sobre tal perspectiva, v., por todos, ÁVILA, Humberto. *Sistema Constitucional Tributário*, 3ª ed., São Paulo: Saraiva, 2008, p. 498 e ss.). No âmbito da jurisprudência mais recente do Tribunal Constitucional da Alemanha destaca-se especialmente a decisão proferida em 09.02.2010, que teve por objeto o exame da constitucionalidade de alentada reforma da legislação social, a polêmica Reforma Hartz-IV, com destaque para os valores pagos a título de seguro desemprego, igualmente afirmando o dever do Estado com a garantia do mínimo existencial e reconhecendo um direito subjetivo individual e indisponível correspondente. Para maiores detalhes, v. entre outros, as anotações ao julgamento de RIXEN, Stephan. Grundsicherung für Arbeitssuchende: Grundrecht auf Existenzminimum, in: *Sozialgerichtsbarkeit*, n. 04, 2010, p. 240 e ss.

12 Nesse sentido, v. por todos, ZACHER, Hans-Friedrich. "Das soziale Staatsziel", *in: Isensee-Kirchhof (Org.). Handbuch des Staatsrechts der Bundesrepublik Deutschland (HBStR), vol. I*, Heidelberg, CF Muller, 1987, p. 1062 e ss.

13 Esta a oportuna formulação de NEUMANN, Volker, "Menschenwürde und Existenzminimum", *in: Neue Zeitschrift für Verwaltungsrecht, 1995*, p. 425. Entre nós, trilhando perspectiva similar, excluindo a idéia de caridade e destacando que "o direito a um mínimo existencial corresponde ao direito à subsistência de que nos fala Pontes de Miranda", v. LEDUR, José Felipe. *Direitos Fundamentais Sociais, Efetivação no âmbito da democracia parti*cipativa, Porto Alegre: Livraria do Advogado, 2009, p. 109 e ss.

14 Cf. novamente e por todos, NEUMANN, Volker. "Menschenwürde und Existenzminimum", op. cit., p. 428-9.

15 Cf. STARCK, Christian. "Staatliche Organisation und Staatliche Finanzierung als Hilfen zur Grundrechtsverwirklichungen?", in: STARCK, Christian (Org). *Bundesverfassungsgericht und Grundgesetz, Festgabe aus Anla des 25 jëhrigen Bestehens des Bundesverfassungsrerichts, vol. II (BVerfG und GG II)*, Tübingen: J. C. Mohr (Paul Siebeck), *1976*, p. 522, bem como, dentre tantos, NEUMANN, Volker. "Menschenwürde und Existenzminimum", op. cit., p. 428.

não apenas no que diz com a esfera econômica e financeira, mas também no concernente às expectativas e necessidades do momento.[16]

De qualquer modo, tem-se como certo que da vinculação com a dignidade da pessoa humana resulta que a garantia efetiva de uma existência digna (vida com dignidade) abrange mais do que a garantia da mera sobrevivência física (que cobre o assim chamado mínimo vital e guarda relação direta com o direito à vida), situando-se, de resto, além do limite da pobreza absoluta. Sustenta-se, nesse sentido, que se uma vida sem alternativas não corresponde às exigências da dignidade humana, a vida humana não pode ser reduzida à mera existência.[17] Registre-se, neste contexto, a lição de Heinrich Scholler, para quem a dignidade da pessoa humana apenas estará assegurada "quando for possível uma existência que permita a plena fruição dos direitos fundamentais, de modo especial, quando seja possível o pleno desenvolvimento da personalidade".[18]

Tal linha de fundamentação, em termos gerais, tem sido privilegiada também no direito constitucional brasileiro, ressalvada especialmente alguma controvérsia em termos de uma fundamentação liberal ou social do mínimo existencial e em relação a problemas que envolvem a determinação do seu conteúdo, já que, não se há de olvidar, da fundamentação diversa do mínimo existencial podem resultar conseqüências jurídicas distintas, em que pese uma possível convergência no que diz com uma série de aspectos[19].

Ainda no contexto do debate jurídico-constitucional alemão, é possível constatar a existência (embora não uníssona na esfera doutrinária) de uma

16 Neste sentido, BREUER, Rüdiger. "Grundrechte als Anspruchsnormen", in: *Verwaltungsrecht zwischen Freiheit, Teilhabe und Bindung, Festgabe aus Anlass des 25 jährigen Bestehens des Bundesverwaltungsgerichts (FS für das BVerwG)*, München: CH Beck, 1978, p. 97.

17 Cf., por todos, NEUMANN, Volker. "Menschenwürde und Existenzminimum", op. cit., p. 428 e ss.

18 Cf. SCHOLLER, Heinrich. "Die Störung des Urlaubsgenusses eines 'empfindsamen Menschen' durch einen Behinderten", *in: Juristenzeitung,* 1980, p. 676 ("wo ein Dasein möglich ist, welches sich grundrechtlich entfalten kann, insbesondere wo die Möglichkeit der Persönlichkeitsentfaltung besteht").

19 Para além das referidas contribuições de RICARDO LOBO TORRES e as em grande parte nelas inspiradas e fundamentadas obras de Ana Paula de Barcellos e Eurico Bitencourt Neto (v. notas de rodapé nº 3 e 5, *supra*), v. também - igualmente com remissão ao homenageado - SCAFF, Fernando F. "Reserva do Possível, Mínimo Existencial e Direitos Humanos", in: *Revista Interesse Público* ,vol.32, 2005, p. 213 e ss., (aderindo ao conceito e fundamento proposto por Ricardo Lobo Torres), bem como, LEAL, Rogério Gesta. *Condições e Possibilidades Eficaciais dos Direitos Fundamentais Sociais,* Porto Alegre: livraria do Advogado, 2009, p. 72 e ss, e CORDEIRO, Karine da Silva. *Direitos Fundamentais Sociais. Dignidade da Pessoa Humana e Mínimo Existencial - O Papel do Poder Judiciário,* Porto Alegre: Livraria do Advogado, 2012, p. 97 e ss. Associando o conceito e o conteúdo do direito ao mínimo existencial a uma teoria das necessidades básicas, mas afinada - em adesão à tradição alemã referida - com uma noção mais alargada e compatível com um mínimo existencial que, além da existência física, abarca uma dimensão sociocultural, v., no direito brasileiro, LEIVAS, Paulo Gilberto Cogo. *Teoria dos Direitos Fundamentais Sociais,* Porto Alegre: Livraria do Advogado, 2006, especialmente p. 123 e ss. Em sentido similar, v., por último, LEAL, Mônia Clarissa Hennig; BOLESINA, Iuri. "Mínimo existencial versus mínimo vital: uma análise dos limites e possibilidades de atuação do Poder Judiciário na sua garantia e no controle jurisdicional das políticas públicas", in: ALEXY, Robert; BAEZ, Narciso Leandro Xavier; SANDKÜHLER, Hans Jörg; HAHN, Paulo (Org.), Níveis de Efetivação dos Direitos Fundamentais Sociais: um dilema Brasil e Alemanha, Joaçaba: Editora UNOESC, 2013, p. 543 e ss.

distinção importante no concernente ao conteúdo e alcance do próprio mínimo existencial, que tem sido desdobrado num assim designado mínimo fisiológico, que busca assegurar as necessidades de caráter existencial básico e que, de certo modo, representa o conteúdo essencial da garantia do mínimo existencial, e um assim designado mínimo existencial sociocultural, que, para além da proteção básica já referida, objetiva assegurar ao indivíduo um mínimo de inserção – em termos de tendencial igualdade – na vida social, política e cultural[20]. É nessa perspectiva que, no âmbito de sua justificação jurídico-constitucional – há quem diga que enquanto o conteúdo essencial do mínimo existencial encontra-se diretamente fundado no direito à vida e na dignidade da pessoa humana (abrangendo, por exemplo, prestações básicas em termos de alimentação, vestuário, abrigo, saúde ou os meios indispensáveis para a sua satisfação), o assim designado mínimo sociocultural encontra-se fundado no princípio do Estado Social e no princípio da igualdade no que diz com o seu conteúdo material[21].

Do exposto, em especial com base na síntese da experiência alemã, que, à evidência, em ternos de repercussão sobre o direito comparado, certamente é a mais relevante na perspectiva da dogmática jurídico-constitucional de um direito ao mínimo existencial, resultam já pelo menos duas constatações de relevo e que acabaram por influenciar significativamente os desenvolvimentos subseqüentes.

A primeira, diz com o próprio conteúdo do assim designado mínimo existencial, que não pode ser confundido com o que se tem chamado de mínimo vital ou um mínimo de sobrevivência, de vez que este último diz com a garantia da vida humana, sem necessariamente abranger as condições para uma sobrevivência física em condições dignas, portanto, de uma vida com certa qualidade[22]. Não deixar alguém sucumbir por falta de alimentação, abrigo ou prestações básicas de saúde certamente é o primeiro passo em termos da garantia de um mínimo existencial, mas não é – e muitas vezes não o é sequer de longe – o suficiente. Tal interpretação do conteúdo do mínimo existencial (conjunto de garantias materiais para uma vida condigna) é a que tem prevalecido não apenas na Alemanha, mas também na doutrina brasileira, assim como na jurisprudência constitucional comparada, notadamente no plano europeu, como dá, conta, em caráter ilustrativo, a recente contribuição do Tribunal Constitucional de Portugal na matéria, ao reconhecer tanto um direito negativo quanto um direito positivo a um mínimo de sobrevivência condigna, como algo que o Estado não apenas não pode subtrair ao indivíduo, mas também como algo

20 Neste sentido, v., em caráter ilustrativo, SORIA, José Martínez. "Das Recht auf Sicherung des Existenzminimums", in: *Juristenzeitung*, n. 13, 2005, especialmente p.647-48.

21 Cf., também, SORIA, José Martínez. "Das Recht auf Sicherung des Existenzminimums", op. cit., pp. 647-48.

22 Esta a posição que sempre temos sustentado e que corresponde à concepção amplamente dominante na doutrina brasileira, reportando-me aqui, entre outros, aos autores e contribuições citados na nota nº 17, supra.

que o Estado deve positivamente assegurar, mediante prestações de natureza material[23].

Em que pese certa convergência no que diz com uma fundamentação jurídico-constitucional a partir do direito à vida e do princípio da dignidade da pessoa humana, e tomando como exemplo o problema do conteúdo das prestações vinculadas ao mínimo existencial, verifica-se que a doutrina e a jurisprudência alemã partem – de um modo mais cauteloso – da premissa de que existem diversas maneiras de realizar esta obrigação, incumbindo ao legislador a função de dispor sobre a forma da prestação, seu montante, as condições para sua fruição etc., podendo os tribunais decidir sobre este padrão existencial mínimo, nos casos de omissão ou desvio de finalidade por parte dos órgãos legiferantes.[24] Relevante, todavia, é a constatação de que a liberdade de conformação do legislador encontra seu limite no momento em que o padrão mínimo para assegurar as condições materiais indispensáveis a uma existência digna não for respeitado, isto é, quando o legislador se mantiver aquém desta fronteira.[25] Tal orientação, de resto, é que aparentemente tem prevalecido na doutrina e jurisprudência supranacional e nacional (constitucional) Europeia,[26] e, de algum modo, parece ter sido assumida como substancialmente correta também por expressiva doutrina e jurisprudência sul-americana, como dão conta importantes contribuições oriundas da Argentina[27] e da Colômbia[28]. Para o caso brasileiro, basta, por ora, lembrar o crescente número

23 Cf. a decisão proferida no Acórdão n° 509 de 2002 (versando sobre o rendimento social de inserção), bem como os comentários tecidos por VIEIRA DE ANDRADE, José Carlos. *Os Direitos Fundamentais na Constituição Portuguesa de 1976*, 3ª ed., Coimbra: Almedina, 2004, p. 403 e ss., MEDEIROS, Rui. Anotações ao art. 63 da Constituição da República Portuguesa, in: MIRANDA, Jorge; MEDEIROS, Rui. *Constituição Portuguesa Anotada*, tomo I, Coimbra: Coimbra Editora, 2005, pp. 639-40.

24 Esta a posição de BREUER, Rüdiger. Op. Cit., p. 97, assim como, mais recentemente, MOREIRA, Isabel. *A solução dos Direitos, Liberdades e Garantias e dos Direitos Econômicos, Sociais e Culturais.* Coimbra: Almedina, 2007, p. 143 e ss. Também o Tribunal Federal Constitucional atribui ao legislador a competência precípua de dispor sobre o conteúdo da prestação. Neste sentido, v. *BVerfGE* 40, 121 (133) e 87, 153 (170-1). Por último, v., no mesmo sentido, a decisão de 09.02.2010.

25 Cf. o já referido *leading case* do Tribunal Constitucional Federal (*BVerfGE* 40, 121 [133]).

26 Ainda que não se trate do reconhecimento de um direito a prestações propriamente dito, o Tribunal Constitucional Espanhol, na Sentença nº 113/1989, entendeu que "Es incompatible con la dignidad de la persona el que la efectividad de los derechos patrimoniales se leve al extremo de sacrificar el mínimo vital del deudor, privándole de los medios indispensables para la realización de sus fines personales. Se justifica así, junto a otras consideraciones, la inembargabilidad de bienes y derechos como límite del derecho a la ejecución de las sentencias firmes." (*in*: LLORENTE, Francisco Rubio (Org.). *Derechos Fundamentales y Principios Constitucionales (Doctrina Jurisprudencial)*, Barcelona: Ed. Ariel, 1995, p. 73). Já admitindo um direito às prestações vinculadas ao mínimo existencial, v. a já citada decisão do Tribunal Constitucional de Portugal, na esteira de jurisprudência anterior, ainda que em princípio tímida e partindo da primazia da concretização pelos órgãos legiferantes.

27 V. especialmente COURTIS, Christian; ABRAMOVICH, Victor. *Los derechos sociales como derechos exigibles*, Madrid: Trotta, 2003, apresentando e comentando um expressivo elenco de casos envolvendo os direitos sociais e o mínimo existencial não limitado à experiência da Argentina.

28 Inventariando e comentando a jurisprudência constitucional da Colômbia, v. ARANGO, Rodolfo; LEMAITRE, Julieta (Dir.). *Jurisprudência constitucional sobre el derecho al mínimo vital*, in: Estudos Ocasionales CIJUS, Bogotá: Ediciones Uniandes, 2002.

de publicações e de decisões jurisdicionais sobre o tema. No plano judicial, o destaque, dado o enfoque do presente texto, fica com o STF, que tem produzido muitas decisões aplicando a noção de um mínimo existencial a vários tipos de situações envolvendo diversos direitos fundamentais[29].

É preciso frisar, por outro lado, que, também no que diz com o conteúdo do assim designado mínimo existencial existe uma gama variada de posicionamentos no que diz com as possibilidades e limites da atuação do Poder Judiciário nesta seara, de tal sorte que tal temática aqui não será especificamente examinada. De outra parte, mesmo que não se possa adentrar em detalhes, firma-se posição no sentido de que o objeto e conteúdo do mínimo existencial, compreendido também como direito e garantia fundamental, haverá de guardar sintonia com uma compreensão constitucionalmente adequada do direito à vida e da dignidade da pessoa humana como princípio constitucional fundamental.

Nesse sentido, remete-se à noção de que a dignidade da pessoa humana somente estará assegurada – em termos de condições básicas a serem garantidas pelo Estado e pela sociedade – onde a todos e a qualquer um estiver assegurada nem mais nem menos do que uma vida saudável[30]. Assim, a despeito de se endossar uma fundamentação do mínimo existencial no direito à vida e na dignidade da pessoa humana, há que encarar com certa reserva (pelo menos nos termos em que foi formulada) a distinção acima referida entre um mínimo existencial fisiológico e um mínimo sociocultural, notadamente pelo fato de que uma eventual limitação do núcleo essencial do direito ao mínimo existencial a um mínimo fisiológico, no sentido de uma garantia apenas das condições materiais mínimas que impedem seja colocada em risco a própria sobrevivência do indivíduo, poderá servir de pretexto para a redução do mínimo existencial precisamente a um mínimo meramente "vital" (de garantia da mera sobrevivência física), embora não se possa negar a possível relevância da distinção quando se trata de assegurar – com alguma racionalidade e capacidade de universalização – esferas de proteção do mínimo existencial, tal qual ocorre com outros direitos fundamentais.

---

29 V. aqui, entre outras (portanto, em caráter meramente ilustrativo) a decisão relatada pelo Ministro Celso de Mello (Agravo Regimental no RE nº 271.286-8/RS, publicada no DJU em 24.11.2000), onde restou consignado – igualmente em hipótese que versava sobre o fornecimento de medicamentos pelo estado (no caso, paciente portador de HIV) que a saúde é direito público subjetivo não podendo ser reduzido à "promessa constitucional inconseqüente". Entre muitos outros julgados que poderiam ser colacionados, v. a paradigmática decisão monocrática do STF proferida na ADPF n° 45, igualmente da lavra do Ministro Celso de Mello, afirmando – embora não tenha havido julgamento do mérito – a dimensão política da jurisdição constitucional e a possibilidade de controle judicial de políticas públicas quando se cuidar especialmente da implementação da garantia do mínimo existencial. Mais recentemente, v. a STA 241/RJ, Rel. Min. Gilmar Mendes, julgada em 10.10.08 (direito à educação, sufragada por decisões posteriores) e STA 175/CE, Rel. Min. Gilmar Mendes, julgada em 17.03.10 (direito à saúde), bem como, por último, pela sua relevância, as decisões sobre o benefício de assistência social (LOAS), julgadas em 18.04.2013 (RE 567.985 – Mato Grosso, Relator Min. Marco Aurélio, Relator do Acórdão, Ministro Gilmar Mendes) e em 18.04.2013 (Reclamação 4.374 – Pernambuco, Relator Ministro Gilmar Mendes).

30 Cfr. SARLET, Ingo Wolfgang, "*Dignidade da Pessoa Humana,...*", op. cit., pp. 59-60.

De outra parte, até mesmo a diferença entre o conteúdo do direito à vida e da dignidade da pessoa humana, que, a despeito dos importantes pontos de contato, não se confundem[31], poderá vir a ser negligenciada. Convém destacar, ainda nesta quadra, que a dignidade implica uma dimensão sociocultural e que é igualmente considerada como carente de respeito e promoção pelos órgãos estatais,[32] razão pela qual, prestações básicas em matéria de direitos e deveres culturais (notadamente no caso da educação fundamental e destinada a assegurar uma efetiva possibilidade de integração social, econômica, cultural e política ao indivíduo), mas também o acesso a alguma forma de lazer, estariam sempre incluídas no mínimo existencial, o que também corresponde, em termos gerais, ao entendimento consolidado na esfera da doutrina brasileira sobre o tema, tal como já sinalizado.

Dito isso, o que importa, nesta quadra, é a percepção - consagrada na evolução jurídico-constitucional alemã e em diversos outros lugares - de que o direito a um mínimo existencial independe de expressa previsão no texto constitucional para poder ser reconhecido, visto que decorrente já da proteção da vida e da dignidade da pessoa humana. No caso do Brasil, onde também não houve uma previsão constitucional expressa consagrando um direito geral à garantia do mínimo existencial, os próprios direitos sociais específicos (como a assistência social, a saúde, a moradia, a previdência social, o salário mínimo dos trabalhadores, entre outros) acabaram por abarcar algumas das dimensões do mínimo existencial, muito embora não possam e não devam ser (os direitos sociais) reduzidos pura e simplesmente a concretizações e garantias do mínimo existencial, como, de resto, já anunciado. Mas é precisamente o caso de países como o Brasil (o mesmo se verifica em outros Estados Constitucionais que asseguram um conjunto de direitos fundamentais sociais no plano constitucional) que revelam o quanto a relação entre o mínimo existencial e os direitos fundamentais nem sempre é clara e o quanto tal relação apresenta aspectos carentes de maior reflexão, a começar pela própria necessidade de se recorrer à noção de mínimo existencial quando o leque de direitos sociais cobre todas as suas possíveis manifestações[33].

A exemplo do que ocorre com a dignidade da pessoa humana, que não pode ser pura e simplesmente manejada como categoria substitutiva dos direitos

---

31 Sobre esta temática, remetemos igualmente ao nosso "Dignidade...," p. 88-89, assim como, de modo especial, ao ensaio de KLOEPFER, Michael. "Vida e dignidade da pessoa humana", in: SARLET, Ingo Wolfgang (Org.). *Dimensões da Dignidade. Ensaios de Filosofia do Direito e Direito Constitucional*, Porto Alegre: Livraria do Advogado, 2005, p. 153 e ss.

32 V. por todos HÄBERLE, Peter. "A Dignidade humana como fundamento da comunidade estatal", in: SARLET, Ingo Wolfgang (Org.). *Dimensões da Dignidade. Ensaios de Filosofia do Direito e Direito Constitucional*, op. cit., especialmente p. 116 e ss.

33 Ao versar sobre da relação entre direitos sociais e econômicos e o conteúdo do mínimo existencial, ver HACHEM, Daniel Wunder. Mínimo existencial e direitos fundamentais econômicos e sociais: distinções e pontos de contato à luz da doutrina e jurisprudência brasileiras. In: BACELLAR FILHO, Romeu Felipe;HACHEM, Daniel Wunder (Coord.). *Direito público no Mercosul:*intervenção estatal, direitos fundamentais e sustentabilidade. Belo Horizonte: Fórum, 2013. p. 205-240.

fundamentais em espécie, também o mínimo existencial, mesmo quando se cuida de uma ordem constitucional que consagra um conjunto de direitos sociais, não pode (ou, pelo menos, não deve) ser considerado como inteiramente fungível no que diz com sua relação com os direitos sociais, de modo a guardar uma parcial e sempre relativa autonomia, que lhe é assegurada precisamente pela sua conexão com a dignidade da pessoa humana. Qual o grau possível de autonomia (no sentido de um objeto e âmbito de proteção próprio) de um direito ao mínimo existencial na CF de 1988, que contempla todos os direitos sociais que usualmente são de algum modo relacionados ao mínimo existencial (há que considerar que nem todas as constituições que consagram direitos sociais o fazem com tanta amplitude como a nossa) é ponto que poderia merecer maior atenção, embora não seja aqui o momento próprio.

Tanto do ponto de vista teórico, quanto de uma perspectiva prática, a relação entre o mínimo existencial e os diversos direitos sociais tem sido marcada por uma doutrina e jurisprudência que em boa medida dão suporte à tese de que o mínimo existencial – compreendido como todo o conjunto de prestações materiais indispensáveis para assegurar a cada pessoa uma vida condigna representa o núcleo essencial dos direitos fundamentais sociais, núcleo este blindado contra toda e qualquer intervenção por parte do Estado e da sociedade[34]. Tal entendimento, conquanto possa ter a (aparente) virtude de auxiliar na definição do conteúdo essencial dos direitos sociais, notadamente quanto ao recorte dos aspectos subtraídos a intervenções restritivas dos órgãos estatais e mesmo vinculativas dos particulares, não evita a perda de autonomia dos direitos fundamentais sociais, pois se o núcleo essencial dos direitos e o mínimo existencial se confundem em toda a sua extensão, então a própria fundamentalidade dos direitos sociais estaria reduzida ao seu conteúdo em mínimo existencial, o que, aliás, encontra adesão por parte de importante doutrina, que, inclusive, chega, em alguns casos, a adotar tal critério como fator de distinção entre os direitos fundamentais e os demais direitos sociais, que, naquilo que vão além do mínimo existencial[35], não seriam sequer direitos fundamentais, posição esta que seguimos refutando, sem que, contudo, aqui se possa avançar na questão. Apenas para registrar o nosso ponto de vista, direitos fundamentais (o que se aplica também aos direitos sociais) são todos aqueles como tais consagrados na CF, dotados regime-jurídico especial e reforçado que lhes foi também atribuído pela ordem constitucional.

É nessa perspectiva que (o que se registra para espancar qualquer dúvida a respeito) comungamos do entendimento de que todos os direitos

34 Cf., por exemplo, seguindo esta linha argumentativa, MARTINS, Patrícia do Couto V. A. "A Proibição do Retrocesso Social como Fenômeno Jurídico", in: GARCIA, Emerson. (Coord.). *A Efetividade dos Direitos Sociais*, Rio de Janeiro: Lumen Juris, 2004, p. 412 e ss., referindo-se, todavia, à noção de necessidades básicas como núcleo essencial dos direitos sociais (noção esta similar a de um mínimo existencial), núcleo este blindado contra medidas de cunho retrocessivo.

35 Esta, por exemplo, a posição advogada por TORRES, Ricardo Lobo. *O Direito ao Mínimo Existencial.* Rio de Janeiro: Renovar, 2009, p. 40-3; 53-4.

fundamentais possuem um núcleo essencial, núcleo este que, por outro lado, não se confunde com seu conteúdo em dignidade da pessoa humana (ou, no caso dos direitos sociais, com o mínimo existencial), embora em maior ou menor medida, a depender do direito em causa, um conteúdo em dignidade humana e/ou uma conexão com o mínimo existencial se faça presente, do que não apenas podem, como devem, ser extraídas conseqüências para a proteção e promoção dos direitos fundamentais[36].

No caso da CF, diferentemente da Alemanha, onde inexistem direitos sociais típicos no catálogo constitucional, os direitos sociais não apenas foram consagrados como direitos fundamentais, quanto o foram de forma generosa em termos quantitativos (basta uma mirada sobre o amplo de direitos sociais (saúde, educação, moradia, alimentação, previdência, assistência social, trabalho, proteção da criança e do adolescente, do idoso, da maternidade), o caráter subsidiário da garantia do mínimo existencial (na condição de direito autônomo) é de ser sublinhado. Por outro lado, desde que não se incorra na tentação (já que os argumentos nesse sentido são sedutores) de chancelar a identificação total entre o núcleo essencial dos direitos sociais e o mínimo existencial, a noção de um mínimo existencial, tal como já demonstra também a evolução doutrinária e jurisprudencial brasileira, opera como relevante critério material (embora não exclusivo) para a interpretação do conteúdo dos direitos sociais, bem como para a decisão (que em muitos casos envolve um juízo de ponderação) a respeito do quanto em prestações sociais deve ser assegurado mesmo contra as opções do legislador e do administrador, mas também no âmbito da revisão de decisões judiciais nessa seara. Por outro lado, precisamente no âmbito de tal processo decisório (que envolve o controle das opções legislativas e administrativas) não se deve perder de vista a circunstância de que, *quando for o caso*, o que se poderia designar de um "conteúdo existencial" não é o mesmo em cada direito social (educação, moradia, assistência social, lazer etc.) não dispensando, portanto, a necessária contextualização em cada oportunidade que se pretender extrair alguma conseqüência jurídica concreta em termos de proteção negativa ou positiva dos direitos sociais e do seu conteúdo essencial, seja ele, ou não, diretamente vinculado a alguma exigência concreta da dignidade da pessoa humana.

Esta linha de entendimento, como se depreende de uma série de julgados, parece estar sendo privilegiada pelo STF, muito embora nem sempre este se tenha posicionado com clareza sobre a relação entre o núcleo essencial dos direitos sociais e o mínimo existencial, especialmente quanto ao fato de se tratar, ou não, de categorias fungíveis. De qualquer modo, impende sublinhar que no que diz com a orientação adotada pelo STF, os direitos sociais e o mínimo

36 Trilhando o mesmo caminho, ou seja, adotando a tese da distinção entre o mínimo existencial e o núcleo essencial dos direitos fundamentais (inclusive sociais), v. , por último, LEAL, Mônia Clarissa Hennig; BOLESINA, Iuri. "Mínimo Existencial versus Mínimo Vital...", op. cit., p. 547 e ss.

existencial exigem sejam consideradas as peculiaridades do caso de cada pessoa, visto que se cuida de direitos que assumem uma dimensão individual e coletiva, que não se exclui reciprocamente, cabendo ao poder público assegurar, pena de violação da proibição de proteção insuficiente, pelo menos as prestações sociais que dizem respeito ao mínimo existencial[37].

Ainda sobre a relação entre o mínimo existencial e os direitos sociais, convém lembrar que mesmo tendo sido expressamente previstos no texto constitucional, os direitos sociais, a despeito de sua direta aplicabilidade na condição de normas de direitos fundamentais (no sentido de que os órgãos judiciais podem aplicar tais normas ainda que não tenham sido objeto de regulamentação legislativa), dependem em grande medida de uma concretização pelo legislador e pela administração pública, portanto, de uma teia complexa e dinâmica de atos legislativos, atos normativos do poder executivo, de políticas públicas, etc. A determinação do núcleo essencial dos direitos sociais implica a consideração de tal normativa que, na esfera infraconstitucional, dá conteúdo e vida aos direitos sociais, mas também aos demais direitos fundamentais, ainda mais quando o texto constitucional nada ou pouco diz sobre o conteúdo do direito, como se verifica no caso dos direitos à moradia, alimentação e lazer, pois no caso dos direitos à saúde, educação, previdência e assistência social, assim como no caso da proteção do trabalhador, a própria CF apresenta algumas diretrizes que vinculam positiva e negativamente os atores estatais.

No âmbito de uma proibição de retrocesso, por exemplo, o que em geral está em causa não é a supressão do direito do texto constitucional, mas a redução ou supressão (de alguma maneira) de prestações sociais já disponibilizadas na esfera das políticas públicas, que, portanto, não podem ser artificialmente excluídas do processo de decisão judicial e das considerações sobre o quanto integram, ou não, o conteúdo essencial do direito. Não é à toa que autores do porte de um Gomes Canotilho de há muito sustentam que o núcleo essencial legislativamente concretizado de um direito social constitucionalmente consagrado opera como verdadeiro direito de defesa contra a sua supressão ou restrição arbitrária e desproporcional, ainda mais quando inexistem outros meios para assegurar tal conteúdo essencial[38].

Por derradeiro, situando-nos, ainda, na esfera da compreensão da fundamentação jurídico-constitucional e do conteúdo de um direito (garantia) ao mínimo existencial, importa sublinhar a impossibilidade de se estabelecer, de forma apriorística e acima de tudo de modo taxativo, um elenco dos elementos nucleares do mínimo existencial, no sentido de um rol fechado de posições subjetivas (direitos subjetivos) negativos e positivos correspondentes

37 Cf., paradigmaticamente, na decisão proferida na STA 175, Rel. Min. Gilmar Mendes, julgada em 17.03.2010.

38 Cf. CANOTILHO, José Joaquim Gomes. *Direito Constitucional e Teoria da Constituição*. 7ª ed. Coimbra: Almedina, 2003, p. 339-40.

ao mínimo existencial[39], o que evidentemente não afasta a possibilidade de se inventariar todo um conjunto de conquistas já sedimentadas e que, em princípio e sem excluírem outras possibilidades, servem como uma espécie de roteiro a guiar o intérprete e de modo geral os órgãos vinculados à concretização dessa garantia do mínimo existencial,[40] lembrando que no caso brasileiro os direitos sociais, ainda mais considerando a inserção dos direitos à moradia e à alimentação, em termos gerais cobrem os aspectos usualmente reconduzidos a um mínimo existencial, o que, mais uma vez, comprova que a noção de mínimo existencial exige um tratamento diferenciado de lugar para lugar, especialmente quando se trata de ordens constitucionais com ou sem direitos fundamentais sociais.

3. O DIREITO AO MÍNIMO EXISTENCIAL E O PROBLEMA DE SUA REALIZAÇÃO MEDIANTE DECISÕES DO TIPO ESTRUTURANTE

À vista do exposto e buscando identificar algumas conexões entre os diversos segmentos da presente contribuição, notadamente para o efeito de enfatizar o vínculo entre direitos fundamentais, mínimo existencial e justiça constitucional, resulta evidente que o reconhecimento de um direito (garantia) ao mínimo existencial, seja numa perspectiva mais restrita (mais próxima ou equivalente a um mínimo vital ou mínimo fisiológico), seja na dimensão mais ampla, de um mínimo existencial que também cobre a inserção social e a participação na vida política e cultura (o que em termos gerais corresponde à concepção dominante na Alemanha, Brasil e mesmo na Colômbia), constitui ao mesmo tempo condição para a democracia (ainda mais na esfera de um Estado Social de Direito) e limite desta mesma democracia.

Ao operar, especialmente no âmbito de atuação da assim chamada jurisdição constitucional, como limite ao legislador, implicando inclusive a possibilidade de declaração da inconstitucionalidade material de ato legislativo (como, de resto, de qualquer ato do poder público), o direito a um mínimo existencial se integra, no contexto do Estado Constitucional, ao conjunto do que já se

39 É preciso destacar posição doutrinária que não concorda com a abertura do conceito de mínimo existencial, pois entende que, ao permitir ao interprete da norma o preenchimento, de acordo com o caso concreto, do conteúdo desse direito fundamental, ocasiona prejuízo a sua operacionalidade funcional. Conforme essa visão, um conteúdo delimitado de mínimo existencial impede que toda e qualquer prestação estatal voltada à satisfação de um direito social possa nele se vincular e, por conseguinte, crie obstáculos para potencializar a exigibilidade imediata da parcela dos direitos econômicos e sociais essencial à garantia de uma vida minimamente digna (rol constitucional preferencial) na medida em que se aproxima da sua função principal de erradicar a pobreza e a marginalização. Sobre o tema, HACHEM, Daniel Wunder. op. cit.

40 É precisamente neste sentido que compreendemos a proposta de Barcellos, Ana Paula, op. cit., p. 247 e ss., ao incluir no mínimo existencial a garantia da educação fundamental, da saúde básica, da assistência aos desamparados e do acesso à justiça, pena de fecharmos de modo constitucionalmente ilegítimo (ou, pelo menos, problemático) o acesso à satisfação de necessidades essenciais, mas que não estejam propriamente vinculadas (pelo menos, não de forma direta) às demandas colacionadas pela autora.

designou de "trunfos" contra a maioria[41], pois se trata de algo subtraído – em alguma medida – à livre disposição dos poderes constituídos, inclusive ao legislador democraticamente legitimado.

Por outro lado, também no que diz com o mínimo existencial, é perceptível que procedimentalismo e substantivismo não são necessariamente inconciliáveis[42], muito antes pelo contrário, podem operar de modo a se reforçarem reciprocamente, assegurando assim uma espécie de concordância prática (Hesse) entre as exigências do princípio democrático e a garantia e promoção dos direitos fundamentais sociais, especialmente quando em causa as condições materiais mínimas para uma vida condigna.

Um exemplo digno de atenção, extraído da experiência dinâmica da jurisdição constitucional, é o da já referida decisão do Tribunal Constitucional Federal da Alemanha (09.02.2010), onde, a despeito de retomada a noção de que toda e qualquer pessoa é titular de um direito (subjetivo) às condições materiais mínimas para que possa fruir de uma vida com dignidade, merece ser sublinhada a manifestação do Tribunal no sentido de que ao legislador é deferida uma margem considerável de ação na definição da natureza das prestações estatais que servem ao mínimo existencial, mas também dos critérios para tal definição. Por outro lado, tal liberdade de conformação encontra seus limites precisamente na própria garantia do mínimo existencial, de tal sorte que nesta mesma decisão o Tribunal Constitucional veio a declarar a inconstitucionalidade parcial da legislação submetida ao seu crivo. Entre as diretrizes estabelecidas pelo Tribunal, está a de que para a definição do conteúdo das prestações exigíveis por parte do cidadão, o legislador está obrigado a avaliar de modo responsável e transparente, mediante um procedimento controlável

---

41 Nesse sentido, na esteira das já consideradas clássicas observações de DWORKIN, Ronald (v na obra tomando a sério os direitos, Taking Rights Seriously), v. , no âmbito da doutrina alemã, ALEXY, Robert. *Teoria dos Direitos Fundamentais.* 5ª. Ed.Tradução de Virgílio Afonso da Silva. São Paulo: Malheiros Editores, 2008, quando aborda a formação da vontade estatal e, em síntese, aponta conexão e tensão entre direitos fundamentais e princípio democrático (p. 498-99), e, na literatura em língua portuguesa, inclusive com particular referência aos direitos sociais, NOVAIS, Jorge Reis, Direitos Sociais. Teoria Jurídica dos Direitos Sociais enquanto Direitos Fundamentais, Coimbra: Wolters Kluwer e Coimbra Editora, 2010, em especial p. 319 e ss.

42 Na literatura nacional, explorando as diversas facetas da problemática, inclusive da legitimidade da jurisdição constitucional, v. dentre tantos, os excelentes estudos de SAMPAIO, José Adércio Leite. *A Constituição Reinventada pela Jurisdição Constitucional.* Belo Horizonte: Del Rey, 2002; CRUZ, Álvaro Ricardo de Souza. *Jurisdição Constitucional Democrática.* Belo Horizonte: Del Rey, 2004 (do mesmo autor, v., ainda *Hermenêutica Jurídica e (m) Debate. O Constitucionalismo Brasileiro entre a Teoria do Discurso e a Ontologia Existen*cial, Belo Horizonte: Editora Fórum, 2007), STRECK, Lenio Luiz. *Jurisdição Constitucional e Hermenêutica*, 2ª ed., Rio de Janeiro: Forense, 2006 (do mesmo autor v. *Verdade e Consenso, 4ª* ed., São Paulo: Saraiva, bem como *Jurisdição Constitucional e Decisão Jurídica*, 3ª ed., São Paulo: RT, 2013; CATTONI, Marcelo *(coord.). Jurisdição e Hermenêutica Constitucional,* Belo Horizonte: Mandamentos Editora, 2004,com destaque para as contribuições do próprio Marcelo Cattoni e de Menelick de Carvalho Neto; SAAVEDRA, Giovani Agostini. *Jurisdição e Democracia. Uma análise a partir das teorias de Jürgen Habermas, Ronald Dworkin e Robert Alexy*, Porto Alegre: Livraria do Advogado, 2006; MENDES, Conrado Hübner. *Controle de Constitucionalidade e Demo*cracia, Rio de Janeiro: Elsevier Editora, 2008; TAVARES, André Ramos (Coord.). *Justiça Constitucional e Democracia na América Latina*, Belo Horizonte: Editora Fórum, 2008.

e baseado em dados confiáveis e critérios de cálculo claros, a extensão concreta das prestações vinculadas ao mínimo existencial.

A deferência para com o legislador (e, portanto, para com o órgão legitimado pela via da representação popular), todavia não acaba por aí. Com efeito, reiterando decisões anteriores, o Tribunal – mediante exercício do assim chamado *judicial self restraint*[43], acabou não pronunciando a nulidade dos dispositivos legais tidos por ofensivos ao mínimo existencial constitucionalmente garantido e exigido, mas assinou prazo ao legislador para que ele próprio, no âmbito do processo político e democrático, venha a providenciar nos ajustes necessários, corrigindo sua própria obra e adequando-a aos parâmetros constitucionais. É claro que também a tradição alemã, ainda que sejam poucos os casos concretos onde se utilizou do expediente do apelo ao legislador, igualmente demonstra a seriedade com a qual a decisão do Tribunal Constitucional é recebida pelos órgãos legislativos (sem prejuízo de fortes críticas), de tal sorte que em todos os casos o legislador – embora lançando mão da sua liberdade de conformação – correspondeu aos apelos e revisou suas opções anteriores, ou mesmo, nos casos de omissão, editou a regulamentação exigida pelo Tribunal Constitucional.

Aliás, também aqui a trajetória inicial (acima descrita, inclusive com menção às decisões judiciais superiores) do reconhecimento da garantia do mínimo existencial já se manifestara fecunda, visto que foi precisamente a falta de previsão legislativa de uma prestação estatal destinada a assegurar uma vida condigna a quem não dispõe de recursos próprios, que motivou fosse acessada a jurisdição constitucional, designadamente para impulsionar o legislador a inserir tais prestações na codificação social alemã.

Tal linha de ação, mediante a qual a Corte Constitucional não fulmina (pelo menos num primeiro momento) de nulidade o regramento legislativo, não é desconhecida no Brasil e já foi utilizada em algumas ocasiões. Destaca-se, nesse contexto, especialmente pelo fato de se tratar de decisão que envolveu a noção de mínimo existencial (razão de sua referência e do paralelo com a decisão alemã), a recente decisão do STF sobre o benefício de assistência social e a forma de sua regulamentação pela Lei Orgânica da Assistência Social (LOAS). Sem que se vá adentrar o mérito propriamente dito da questão, que já vem ocupando doutrina e jurisprudência há muito tempo (lembre-se que o STF havia declarado a constitucionalidade do dispositivo legal impugnado[44]), o que aqui se pretende sublinhar é que também nesse caso o STF, reconhecendo a inadequação constitucional dos critérios legais – por violação também e especialmente da garantia de um mínimo existencial – acabou não aplicando a sanção da nulidade.

---

43 Sobre o tema, v., entre nós, especialmente MELLO, Cláudio Ari. *Democracia Constitucional e Direitos Fundamentais.* Porto Alegre: Livraria do Advogado, 2004.

44 V. julgamento da ADI 1.232, Relator Ministro Ilmar Galvão, Relator para o Acórdão Ministro Nelson Jobim, DJ de 01.06.2001.

Com efeito – fazendo inclusive referência expressa ao julgado do Tribunal Constitucional Federal Alemão de 09.02.2010 (Hartz IV) – o STF, por maioria, reconheceu a existência de um processo gradual inconstitucionalização do § 3º do artigo 20 da Lei nº 8.742/93 (LOAS), desembocando, na decisão ora referida, na declaração de inconstitucionalidade do dispositivo legal, sem, contudo, pronunciar de imediato a sua nulidade, porém mantendo-o em vigor até 31.12.2014, de modo a permitir – num prazo razoável – ao Poder Legislativo (e também ao Poder Executivo, no âmbito de seu poder regulamentar e das respectivas políticas públicas de assistência social) a adoção das medidas necessárias ao ajuste da situação tida como contrária à Constituição Federal[45].

A despeito da manutenção, em caráter substancial e como regra praticada pelo Tribunal alemão e pelo STF, das premissas acima colacionadas, merece referência, pela sua estreita vinculação com o tema e levando em conta a diversa postura adotada pela Corte, a mais recente decisão do Tribunal Constitucional Federal da Alemanha envolvendo o mínimo existencial. Nesse caso, julgado em 18.07.12, o Tribunal, para além de reafirmar em termos gerais o que já foi objeto de referência logo acima, designadamente quanto ao conceito e conteúdo do mínimo existencial, também declarou a incompatibilidade com a Lei Fundamental (no caso, com o direito e garantia ao mínimo existencial e com a dignidade da pessoa humana), da legislação que, desde 1993, não atualizou o valor do benefício assistencial em espécie alcançado a estrangeiros que estão solicitando asilo na Alemanha, ordenando ao Legislador que, em caráter praticamente imediato, corrigisse tal estado de coisas.

Mas o Tribunal – e aqui reside a novidade da decisão – foi além, elaborando regra de transição e determinando que, enquanto não efetivada a alteração legal, fosse pago, a título de prestação social, valor previsto e calculado de acordo com critérios legais já existentes no código de proteção social, aplicáveis à hipótese em caráter precário. Tal decisão, embora no caso alemão se trate de uma prestação social e no brasileiro do exercício de um direito de liberdade, guarda forte relação com a técnica decisória utilizada pelo STF quando da alteração de sua posição sobre o direito de greve dos servidores públicos, proferida em sede de Mandado de Injunção, ocasião na qual a Suprema Corte brasileira, à míngua de legislação específica, tal como previsto na CF, determinou fosse aplicada (sem prejuízo de ajustes promovidos caso a caso pelo Poder Judiciário, de modo a proteger interesses e direitos conflitantes) a legislação em vigor para a greve na esfera da iniciativa privada.

Se ambas as decisões (do Tribunal Constitucional Federal e do STF) podem ser enquadradas como representando um elevado grau de intervenção judicial na esfera de atuação do Poder Legislativo, reconduzidas, portanto, ao que se designa de uma "postura ativista", o mesmo não ocorre – como já sumariamente demonstrado, nos outros dois casos, julgados pelos mesmos Tribunais (Hartz IV e LOAS), os quais já demonstram a existência de um caminho

45 Cf. Reclamação 4.374 – Pernambuco, Relator Ministro Gilmar Mendes, julgada em 18.04.2013.

alternativo menos "invasivo", se é que é legítimo considerar as decisões referidas como efetivamente invasivas (em termos de relação entre os órgãos estatais), pois a Jurisdição Constitucional operou em face de um quadro – respeitadas as diferenças entre os casos e suas respectivas circunstâncias! – de manifesta e prolongada omissão legislativa e à vista dos graves problemas dai decorrentes. Em todas as situações, ademais, os respectivos Tribunais não deixaram de frisar que a tarefa de estabelecer em caráter definitivo o valor da prestação (caso alemão) ou a regulação do exercício da greve dos servidores públicos (caso brasileiro) – e mesmo os ajustes dos critérios estabelecidos pela LOAS – é do Poder Legislativo, cabendo à Jurisdição Constitucional um papel eminentemente corretivo e indutivo.

O quanto tal caminho se revela produtivo para o caso brasileiro, seja no que diz com a definição do mínimo existencial (abarcando a definição de seu conteúdo e das respectivas conseqüências jurídicas) seja quanto ao modo de atuação da Jurisdição Constitucional nessa seara, ainda está longe de ser satisfatoriamente equacionado[46]. A prática decisória dos tribunais brasileiros, especialmente, para o que nos interessa de perto neste texto, no âmbito do STF, revela que se trata de tema em fase de expansão qualitativa e quantitativa, mas que exige uma especial consideração do modelo constitucional brasileiro e do respectivo contexto social, econômico e político, além da construção de uma dogmática constitucionalmente adequada e que esteja em harmonia com os demais direitos fundamentais. Aliás, é precisamente nessa seara que os desafios são particularmente prementes, pois, consoante já referido, sem prejuízo de seu relevante papel para a compreensão e efetivação dos direitos fundamentais sociais, o mínimo existencial não deveria pura e simplesmente assumir lugar de tais direitos.

Por outro lado, um rápido olhar sobre o direito comparado – com destaque para o caso da Alemanha – revela que nem sempre (o que por si só não é necessariamente negativo ou mesmo positivo) os órgãos da jurisdição constitucional brasileira são sensíveis aos limites da própria noção de mínimo existencial na nossa própria ordem constitucional. Igualmente não muito bem digerida e manejada entre nós, pelo menos em diversos casos, é a ideia de que o mínimo existencial encontra-se sempre subtraído à disposição dos poderes constituídos e que a definição de seu conteúdo em definitivo é tarefa cometida à Jurisdição Constitucional.

Ainda que a situação no Brasil seja diferente, nunca é demais relembrar que, na Alemanha, a própria definição do conteúdo do mínimo existencial é deferida em regra e em primeiríssima linha ao legislador, que, além do mais,

46 Sobre esse ponto, cf. HACHEM, Daniel Wunder. op. cit., ao destacar que, embora existam avanços no âmbito da jurisprudência do Supremo Tribunal Federal brasileiro no sentido de estabelecer um consenso quanto à estrutura normativa do mínimo existencial como *direito definitivo*, não se pode aduzir a mesma conclusão em relação ao seu conteúdo e sua função como critério de justiciabilidade de direitos econômicos e sociais em face da, ainda, existente indefinição sobre a postura doutrinária a ser adotada de forma majoritária por aquela Corte.

deve estabelecer critérios claros, universais e isonômicos, embora simultaneamente deva (como ficou bem assentado na relativamente recente decisão do Tribunal Constitucional Federal da Alemanha, acima referida) a legislação preservar as circunstâncias pessoas de cada indivíduo titular do direito, pois diferentes as necessidades de cada um. Salvo em casos excepcionais, também é verdade que o Tribunal Constitucional da Alemanha não substituiu as opções do legislador pela sua própria, o que se verifica mesmo no caso da atualização do valor do benefício pago aos requerentes de asilo, onde foi aplicado critério previsto na legislação, em caráter provisório, tendo sido apelado ao legislador para a edição de nova lei para o efeito de fixar o valor corrigido do benefício.

Tudo isso somado, já nos aproxima do tema das assim chamadas decisões ou medidas de caráter estruturante, na esfera das quais os Tribunais – em se tratando de direitos sociais a prestações – geralmente não deferem pedidos na condição de direitos subjetivos individuais (ou mesmo coletivamente) de modo direto, mas de modo mais ou menos enfático e detalhado apontam determinados caminhos e medidas que devem ser levadas a efeito pelos atores estatais, seja na esfera legislativa, seja nas esferas de atuação do Poder Executivo e do Poder Judiciário.

É preciso lembrar, ademais disso, que inexiste um modelo fechado de formatação de decisões do tipo estruturante (as decisões é que impõe determinadas medidas, essa uma das razões de preferirmos o termo decisões!), que podem assumir dimensão mais ou menos complexa conciliando um ou mais provimentos jurisdicionais de natureza distinta.

Isso já é possível identificar a partir dos exemplos colacionados. Com efeito, no caso das decisões alemãs, além de se utilizar a técnica da declaração de inconstitucionalidade sem a pronúncia de nulidade (Caso Hartz IV), o TC apelou ao Poder Legislativo assinando prazo para a correção dos aspectos tidos como inconstitucionais, sem prejuízo das outras medidas estabelecidas pelo Tribunal. Mais invasiva – e mesmo assim deferindo prazo ao Poder Legislativo para a correção de acordo com critérios deliberados democraticamente pelo Parlamento, tendo o Tribunal determinado uma solução de caráter provisório.

Se no caso da Alemanha nesses casos (e já houve outros anteriores envolvendo o mínimo existencial) a tradição é de um respeito recíproco entre as Instituições, o Parlamento tem levado a sério os apelos do TC, atendendo-os em geral até mesmo no prazo assinado. Isso, contudo, não é o caso brasileiro, onde em geral nem o Legislativo e nem o Poder Executivo tem dado cumprimento às decisões dessa natureza e mesmo os órgãos da jurisdição ordinária opõe, a depender do caso, resistência.

Nesse mesmo contexto assume relevo o papel do Tribunal Constitucional da Colômbia, que já emitiu algumas decisões que podem ser enquadradas como sendo estruturantes. Dentre tais decisões, calha invocar o acórdão nº 760 de 31 de julho de 2008 na qual o TCC reuniu diversos casos a partir de situações e problemas distintos e proferiu uma sentença objetivando uma resposta única, mas individualizada, a respeito dos graves problemas enfrentados pelo sistema de saúde colombiano[47]. O que chama a atenção, no caso, é o fato de que a sentença do TCC abarca tanto a imposição de medidas estruturantes quanto a solução de casos individuais, dando conta que uma forma de demandar e decidir não exclui a outra, pelo contrário, a complementa e reforça.

Note-se que decisões do tipo estruturante pressupõe respeito pelas decisões e vontade política de atender as medidas exercendo as competências constitucionais para tal efeito. Sem isso as medidas estruturantes perdem sua possível eficácia e perdem sua relevância e legitimidade, cuidando-se de meros apelos que na melhor das hipóteses podem gerar um constrangimento e a necessidade de alguma justificação pelos demais atores estatais. Basta que se examine o mais recente caso das decisões do STF a respeito do lamentável estado do sistema penitenciário, decisão na qual foram determinadas diversas medidas, para que se perceba o quanto isso é realidade[48].

---

47 Sentencia T-760/2008 proferida em 31 de julho de 2008. Corte Constitucional Colombiana. Disponível em :< http://www.corteconstitucional.gov.co/relatoria/2008/T-760-08.htm>. Acesso em 02 de maio de 2017. Essa decisão no ordenamento jurídico colombiano na Lei nº 100/1993 e na Lei nº 1.122/2007, assim como em decisões anteriores do próprio tribunal relacionadas à área do direito à saúde. Nessa decisão, a referida Corte reuniu 22 (vinte e duas) ações individuais que versavam sobre violações recorrentes do direito à saúde relativas a problemas estruturais existentes nos diferentes níveis do sistema de saúde público colombiano causados por falhas na sua regulação, o que, por conseguinte, gerou a necessidade de a Corte promover medidas estruturantes, além das individuais. A Corte, então, proferiu 32 (trinta e duas) ordens, compreendendo da 01 a 16 aquelas que resolviam os casos individuais de negativa de acesso ou restrições indevidas aos serviços de saúde coberto pelo Plano de Saúde Obrigatório – POS (ações ou omissões violadoras do direito à saúde pelo Poder Público); e da 17 a 32 aquelas com natureza estruturante, pois buscavam solucionar problemas regulatórios no sistema de saúde colombiano a fim de reduzir as demandas judiciais que tratavam de direito à saúde. Nessa linha, a Corte considerou que existia uma questão jurídica geral relativa à violação pelo Poder Público dos deveres jurídicos constitucionais de respeitar, proteger e concretizar o direito fundamental à saúde. Por conseguinte, a Corte ordenou ao Poder Público a alteração das regras sobre o POS – Plano de Saúde Obrigatório, de modo a atualizá-las e aprimorá-las, bem como para promover a unificação dos planos de cobertura de saúde. Um dos pontos relevantes refere-se à mencionada decisão ter tutelado os serviços incluídos, como os não incluídos nos planos de saúde, desde que a pessoa não tenha condições econômicas de acessá-los, estabelecendo, nesse sentido, alguns critérios, tais como: se há ameaça ao direito à vida de quem o requer, se não pode ser substituído por outro do plano obrigatório, impossibilidade do requerente custeá-lo e se fora prescrito por médico vinculado à entidade que prestará o serviço. Assim, a referida decisão ocasionou os seguintes efeitos à esfera individual e estruturantes: a) determinou que as 22 pessoas recebessem uma indenização pelas violações específicas do direito à saúde e b) determinou a alocação de recursos financeiros para melhorar a prestação de serviços de saúde ofertado pelo citado POS, de tal sorte que 1000 novos procedimentos na área de saúde imprescindíveis à conservação da vida e da dignidade humana fossem incorporados gradativamente, bem como para melhorar a supervisão e avaliação dos serviços de saúdeprestados por empresas privadas. Ademais, a Corte determinou ao Ministério de Proteção Social que assegurasse a cobertura universal do Sistema de Seguridade em Saúde antes da data estabelecida na Lei nº 1122/2007, cabendo a prestação de informações periódicas àquele tribunal e à Defensoria Pública sobre os avanços no cumprimento dessa meta. A Corte, além de reafirmar a saúde como um direito fundamental naquele Estado, ao considerar que o acesso aos serviços de saúde deve ocorrer de forma oportuna, universal e efetiva, corrigiu os erros estruturais que ocasionavam uma limitação no acesso aos serviços de saúde e afastou o argumento de inviabilidade financeira para os gastos nessa aérea social. Nesse sentido, ver FUHRMANN, Italo. Direito fundamental à saúde na Colômbia: perspectivas constitucionais a partir da jurisprudência da Corte Constitucional da República da Colômbia. In: *Revista eletrônica Direito e Sociedade*, vol. 04, n. 02, nov. /2016. Canoas: Ed. UnilaSalle. Disponível em: <http://revistas.unilasalle.edu.br/index.php/redes>. Acesso em 02 de maio de 2017.

48 Cf. Brasil. Supremo Tribunal Federal. *ADPF 347 MC*. Rel. Min. Marco Aurélio. Julgado em 09/09/2015. Publicado em 19/02/2016. No caso da Colômbia, ressalte-se a decisão da Corte Constitucional colom-

Além disso, medidas estruturantes não podem substituir a litigância individual assim como as respectivas decisões, cuidando-se de um processo de recíproca complementação e reforço. Em especial onde a omissão legislativa e administrativa é aguda e prolongada – o que no Brasil tem sido frequente – decisões estruturantes servem para assegurar uma solução unitária e mais sistêmica, mas precisamente em virtude da resistência em relação ao seu cumprimento espontâneo não podem afastar demandas pontuais para correção dos problemas mais emergenciais existentes.

Por outro lado, em termos comparativos o recurso às decisões estruturantes parece mais viável (consideradas as ressalvas já formuladas) no caso brasileiro, inclusive em virtude do caráter analítico da CF e do fato de contemplar direitos sociais, do que nos Estados Unidos da América. Aliás, no ambiente estadunidense são raras as decisões da Suprema Corte que podem realmente serem chamadas de estruturantes, em particular os casos mais frequentemente citados Brown vs. Board of Education e o caso Roe *vs.* Wade.

Decisão tipicamente estruturante foi, contudo, a decisão proferida pela Suprema Corte no caso dos presídios superlotados da Califórnia[49], que guarda relação mais próxima com os casos submetidos ao STF e onde foram proferidas decisões do tipo estruturante, quais sejam, entre outros, os casos da demarcação das terras indígenas no estado de Roraima (caso "Raposa terra do sol") e, mais recentemente, o caso já referido do sistema penitenciário brasileiro, muito embora em ambos até o presente momento falte muito para a realização das medidas.

Além disso, é questionável a afirmação de que as decisões estruturantes devem ser privilegiadas pelo fato de evitaram dispersão, de inibirem a litigância individual, de assegurarem uma decisão politicamente legitimada, etc. O caso brasileiro bem o demonstra, bastando aqui invocar o caso da greve dos servidores públicos assim como o caso do sistema prisional desumano e degradante que predomina no Brasil.

Acrescente-se a isso que a depender do conteúdo da decisão estruturante (e das respectivas medidas) o "tiro pode sair pela culatra", em particular quando as medidas não forem atendidas de modo razoável, mas de modo mais especial ainda quando as medidas intervém de modo muito mais incisivo na esfera de atribuição dos demais órgãos estatais, inclusive ditando o que o Legislativo e o Executivo devem fazer (e retirando-lhes a convencional autonomia e independência funcional quanto a tal ponto), ademais de em alguns casos pretenderem inclusive impor o quê e mesmo o como fazer.

---

biana: Sentencia T-153/1998, em que esse tribunal reconheceu a existência do "estado de coisas inconstitucional" e, por conseguinte, determinou medidas estruturantes para combate-lo. Cf. Sentencia T-153, proferida em 28 de abril de 1998. Corte Constitucional Colombiana. Disponível em :< http://www.corteconstitucional.gov.co/relatoria/1998/t-153-98.htm>. Acesso em 02 de maio de 2017

49 Cf. Supreme Court USA. *Brown, Governor of California, et al X Plata et al. N. 09-1233.* Julgado em maio de 2011. Disponível em:< https://www.supremecourt.gov/opinions/10pdf/09-1233.pdf> Acesso em 02 de maio de 2017.

De qualquer modo, há como apoiar o entendimento de que tais decisões podem ser de grande utilidade para uma série de situações, em especial onde a constituição contempla um conjunto expressivo de direitos sociais e de direitos a prestações em geral. Mas, ao contrário de ações e decisões individualizadas, que até podem gerar disfunções sistêmicas, ações do tipo estruturante podem carecer de efetiva implantação e podem colidir de modo muito mais significativo com os princípios democrático, da separação de poderes e com o princípio do Estado Social, designadamente quando as medidas estruturantes determinadas pelo Poder Judiciário envolverem o como a medida dever ser levada a efeito pelos atores estatais, em especial o Executivo e o Legislativo. Nesse caso, a Jurisdição Constitucional não estaria apenas a corrigir, anular e exigir políticas públicas, mas de fato elaborando, ao menos em parte, a própria política.

Por isso, reitere-se, que ações do tipo estruturante demandam um mínimo grau de respeito pelos demais órgãos estatais e viabilidade de sua execução. Além disso, ações individuais e decisões convencionais seguem operativas em muitos casos, razão pela qual se propõe uma cultura de complementação e reforço recíproco.

Nessa perspectiva – a despeito das críticas já tecidas em relação às reais possibilidades de decisões estruturantes – é possível concordar com Marco Jobim quando propõe "as medidas coercitivas, como o pagamento de multa, prisão civil por descumprimento de ordem judicial e a questão dos interventores, poderão ser admitidas no bojo da sentença normativa se menos conservador for o Supremo Tribunal Federal, ou, não o sendo, por delegação, para os demais órgãos judiciários, o que trará, consequentemente, um novo modelo de Juiz ao Poder Judiciário"[50].

Conquanto se possa concordar com essa ideia em termos gerais, que poderá assegurar um papel possível e importante (ainda que limitado e não exclusivo) às decisões estruturantes no Brasil, há que verificar e avaliar quais as medidas coercitivas que de fato são legítimas do ponto de vista jurídico ou, mesmo o sendo nessa perspectiva, adequadas do ponto de vista prático a ensejar seja alcançado o seu objetivo.

Muito embora também concordemos com as críticas endereçadas por Marco Jobim à decisão sobre a proscrição da prisão civil, tema sobre o qual já escrevi há muito tempo, considerando equivocada a exclusão de qualquer possibilidade de prisão civil quando não se trata de típica prisão por divida ou com base em disposição contratual (essas sim vedadas pelo direito internacional dos direitos humanos), há que ocorrer uma mudança de orientação por parte do STF para viabilizar a utilização desse meio coercitivo.

O pagamento de multa aplicada aos órgãos estatais tem sido medida em geral ineficaz ou ao menos de adequação duvidosa, pois além de esbarrar em

50 Cf. JOBIM, Marco Féliz. *Medidas Estrutuantes. Da Suprema Corte Estadunidense ao Supremo Tribunal Federal*, op. cit., p. 203.

resistência ao seu cumprimento (eventualmente superável por bloqueio de recursos públicos), implica em mais uma esfera de oneração do mesmo contribuinte-cidadão que carece de proteção pelo Estado, ainda mais na esfera de prestações indispensáveis à salvaguarda do mínimo existencial, restando saber de onde serão retirados tais recursos e quais as rubricas que serão impactadas com isso. Aplicar a multa diretamente aos gestores, legisladores e mesmo Magistrados que descumprirem as medidas determinadas pelos órgãos judiciários superiores, com destaque para o STF, igualmente se revela como problemático do ponto do princípio (constitucional e fundamental!) da legalidade, ademais das dificuldades (jurídicas e práticas) de se identificar quem pode ser responsabilizado, ainda mais no plano do Poder Legislativo, onde há regras constitucionais e legais próprias sobre o processo legislativo, sua iniciativa, deliberação e aprovação.

A figura mais apropriada, bem referida por Marco Jobim, seria a de um monitoramento constante, mediante um plano de ação, muito embora – e aqui novamente uma sugestão – a figura de interventores como tal não se revela adequada, ainda que se trate apenas de uma terminologia, pois de intervenção não se trata, mas sim – e aqui uma proposta complementar – de agentes designados pelos Tribunais responsáveis pela decisão, mediante acompanhamento de representantes do Ministério Público e de experts da sociedade civil (com competência técnica específica) para verificar o cumprimento das medidas, mediante um sistema de pareceres e relatórios periódicos (a exemplo do que ocorre com o monitoramento pelos órgãos internacionais – e respectivos comitês – do cumprimento dos padrões mínimos estabelecidos).

Além disso, para evitar um efeito efetivamente interventivo de elaboração judicial da própria política, quem deveria apresentar um plano de ação factível e devidamente estruturado e justificado (por exemplo, para a ampliação da rede de atendimento no acesso a creches públicas, como ocorreu em caso emblemático julgado pelo Tribunal de Justiça de São Paulo[51]) são os demais

---

51 Brasil. Tribunal de Justiça do Estado de São Paulo. *Apelação Cível nº 0150735-64.2008.8.26.0002*. Câmara Especial do Tribunal de Justiça do Estado de São Paulo. Rel. Valter de Almeida Guilherme. Julgado em 16/12/2013. Disponível em: <www.tjsp.jus.br>. Acesso em maio de 2017. No referido acórdão, após tentativas conciliatórias frustradas e realização de audiência pública com participação de entidades da sociedade civil e representantes do Poder Público, o Tribunal de Justiça de São Paulo determinou ao Município de São Paulo que criasse, entre os anos de 2014 e 2016, 150 mil novas vagas em creches e pré-escolas para crianças de zero a cinco anos de idade. Para tanto, a Corte determinou que o Município criasse um plano para expansão dessa rede educacional voltado a realizar os parâmetros de qualidade previstos na legislação nacional e pelos Conselhos Nacional e Municipal de Educação, bem como determinou que a Coordenadoria de Infância do referido tribunal monitorasse a implementação desse plano juntamente com representantes do Ministério Público, Defensoria Pública, entes da sociedade civil envolvidos com a questão, dentre outras entidades. Nesse sentido, Vieira destaca que essa decisão, ao se preocupar em ofertar caminhos para sua realização prática e, portanto, ao possuir natureza gerencial e experimental, representou uma inovadora solução para tornar efetivas decisões relativas à concretização de direitos sociais que envolvem determinação de executar de políticas públicas no Brasil. Assim, o mencionado acórdão, na visão do autor, compreende um exemplo de como afastar os complexos desafios inerentes ao controle de políticas públicas realizado pelo Judiciário brasileiro sob uma forma

órgãos estatais, em especial a administração pública e se for o caso em articulação com os órgãos legislativos, plano este que, de modo dialógico – no sentido aqui de um autêntico diálogo institucional e não um discurso de via única – seria homologado pelo órgão judiciário que emitiu a decisão.

4. CONSIDERAÇÕES FINAIS

À vista de todo o exposto, é possível afirmar que para o efeito de uma efetivação do assim chamado direito a um mínimo existencial, na articulação com os diversos direitos sociais, necessário desde logo atentar para uma adequada compreensão do sentido e alcance de tal direito e dos seus efetivos pontos de contato com os direitos sociais, preservando sua (relativa) autonomia e concretizando de modo fundamentado e a partir de critérios vinculados a cada domínio específico (saúde, educação, moradia, etc.) o seu âmbito de proteção e respectivo núcleo essencial.

Já no campo processual, no que diz com a atuação dos órgãos do Poder Judiciário, há que ter presente que o direito a um mínimo existencial, assim como os direitos sociais, são – em primeira linha – direitos de titularidade individual, ainda que simultaneamente tenham uma forte dimensão transindividual, em especial no que diz com a perspectiva objetiva dos direitos fundamentais[52].

Isso não quer dizer que a litigância em Juízo tenha de ocorrer por meio de ações individuais, embora tal possibilidade não possa e nem deva ser afastada, mas sim que preferencialmente o caminho escolhido seja o de demandas coletivas ou, no campo da jurisdição constitucional (no controle difuso e incidental e controle concentrado) por meio de decisões vinculativas com efeitos gerais pelo STF, bem como, quando se revelar adequado ao propósito, de decisões do tipo estruturante.

No caso da utilização de decisões que imponham medidas de caráter estruturante, por sua vez, imperiosa – pena de esvaziar tais decisões e mesmo deslegitimar o órgão judiciário – que tais decisões indiquem os problemas a corrigir, mas transfiram a decisão de como proceder a correção aos demais órgãos constitucional e legalmente competentes para tanto, mediante a apresentação devidamente coordenada e deliberada, de um plano factível e justificado de ação.

Além disso, em vez de medidas coercitivas – que apenas deveriam ser utilizadas em caso excepcional de não cumprimento e ainda assim de forma compatível com a constituição e dotadas viabilidade prática – criar um sistema funcionalmente operativo (e tecnicamente qualificado) de monitoramento de

do que optou por denominar *experimentalismo judicial*. Cf. VIEIRA, Oscar Vilhena. Experimentalismo judicial. In: *Jornal Folha de São Paulo*. Artigo publicado em 03/05/2014. São Paulo.

52 Sobre o tema, sugere-se a leitura do nosso *A Eficácia dos Direitos Fundamentais*. Porto Alegre: Livraria do Advogado, 2015. p. 319 e seg.

perfil dialógico e representativo dos interesses e interessados envolvidos no processo.

Por outro lado, convém ressaltar que aqui se privilegiou a discussão em torno de um possível papel das decisões do tipo estruturante na esfera do exercício da Jurisdição Constitucional, no caso, pelo STF. Com isso não se está afastar, muito antes pelo contrário, a possibilidade de (a exemplo do que ocorreu no caso das creches julgado pelo TJSP) de manejar de modo produtivo- e com mais alternativas quantitativas e qualitativas – tais decisões em sede de ações coletivas, o que, contudo, aqui não poderá ser desenvolvido[53].

De todo modo, longe de esgotar aqui as possibilidades e manifestando a nossa simpatia por um recurso cauteloso e complementar às decisões de caráter estruturante, o que se buscou aqui foi manter um diálogo crítico e propor mais algumas questões para a reflexão e discussão sobre tão delicado e mesmo complexo tema. Cientes de que ainda (e isso não é de longe "privilégio" do Brasil) se está distante de construir um modelo sólido e operativo de efetivação dos direitos fundamentais, aqui com foco no direito ao mínimo existencial, o que se busca – ao invés de apostar em modelos de intervenção – é privilegiar fórmulas dialógicas (até mesmo recorrendo à conciliação e mediação) e que impliquem menor resistência por parte dos atores envolvidos, ao mesmo tempo assegurando inclusive maior legitimidade aos órgãos judiciários quando ao modo de decidir.

Além disso, o manejo adequado das decisões judiciais do tipo estruturante poderá então colaborar efetivamente para inibir uma litigância errática e individualizada, ademais de contribuir para uma cultura de diálogo e – o que segue sendo uma das principais carências – de respeito institucional, ademais dos efeitos de racionalização, organização do processo e da sua efetividade.

Retornado agora ao ponto de partida, é de se sublinhar, que, mesmo não tendo nos seus textos dado ênfase ao tema das ações e decisões de caráter estruturante, que à época eram muito rarefeitas, ademais de o foco não ter sido o processual, a obra do Professor Ricardo Lobos é central e indispensável também nessa perspectiva. Embora soe elementar, nunca é demais lembrar quem também (e de certa forma, de modo particularmente determinante, dadas as particularidades envolvendo a assim chamada reserva do possível e outras dimensões) também no concernente aos direitos sociais e ao direito/garantia do mínimo existencial como expressão da dignidade da pessoa humana, não é possível uma doutrina e prática processual adequada sem o domínio dos pressupostos relativos ao direito material, porquanto somente compreendendo o que (e o porquê) se pretende assegurar, há como refletir e agir corretamente no que diz com os meios para tanto.

53 Sobre o tópico v. ARENHART, Sérgio Cruz. Processos estruturais no direito brasileiro: reflexões a partir do caso da ACP do carvão. Disponível em: http://revistadeprocessocomparado.com.br/wp-content/uploads/2016/01/ARENHART-Sergio-Artigo-Decisoes-estruturais.pdf. Acesso 10 maio 2017.

CAPÍTULO II - TRIBUTAÇÃO E DIREITOS FUNDAMENTAIS

Afinal, o que é Tributo?

André Mendes Moreira[1]
Sophia Goreti Rocha Machado[2]

1. PROÊMIO

Em boa hora, os ilustres Professores Carlos Alexandre de Azevedo Campos, Gustavo da Gama Vital de Oliveira e Marco Antônio Ferreira Macedo, das prestigiosas Universidades do Estado do Rio de Janeiro e Federal Fluminense, convocam a comunidade jurídico-tributária a louvar a memória do Professor Ricardo Lobo Torres.

Fundador da "Escola de Direito Tributário do Rio de Janeiro", cuja presença é marcante no cenário jurídico nacional contemporâneo, o Professor

---

1 Professor Adjunto de Direito Tributário dos cursos de Graduação, Mestrado e Doutorado da UFMG. Pós-Doutorando e Doutor em Direito Tributário pela USP. Mestre em Direito Tributário pela UFMG. Diretor da ABRADT. Advogado.

2 Mestre em Direito Tributário pela USP. Especialista em Direito Tributário pelas Faculdades Milton Campos. Advogada.

Ricardo foi um Mestre na acepção mais completa da palavra. Ao mesmo tempo em que direcionava o caminho a seguir, conferia aos seus liderados a liberdade intelectual necessária para que alçassem voos próprios. Esse desprendimento intelectual, aliado a um sofisticado raciocínio jurídico-filosófico, colocam o Prof. Ricardo, a nosso sentir, no patamar de humanista – muito além de simples jurista ou tributarista. Um verdadeiro modelo a ser seguido, pelo que fez, por quem foi e pelo notável legado familiar, afetivo e profissional que deixou.

Aos nossos colegas fluminenses, agradecemos o gentil convite para participar desta coletânea, o que sobremaneira nos honra. Vida longa ao legado do Prof. Ricardo – é o que desejamos, hoje e sempre.

2. ESCORÇO HISTÓRICO DA TRIBUTAÇÃO: DA ANTIGUIDADE AO ESTADO SOCIAL

Seja compreendido como um fim em si mesmo, como sustentava MAQUIAVEL[3], seja como garantidor da segurança jurídica, como apregoava HOBBES[4], o Estado, em maior ou menor grau, sempre foi financiado pelos tributos.

Estudioso da história da tributação, GRAPPERHAUS[5] os definiu como "um sacrifício individual por um objetivo coletivo", modo simples de expressar temática deveras complexa.

Fato é, contudo, que a concepção e a importância do tributo se modificam conforme o conceito de Estado e o respectivo momento histórico.

2.1. Período greco-romano clássico

Na Grécia antiga, o imposto era "o meio de defesa do bem coletivo, entregue aos cuidados do Estado"[6] que, todavia, sempre que possível era suportado pelos povos vencidos ou libertos do jugo estrangeiro, como ensina SAINZ DE BUJANDA[7].

Roma, por sua vez, inspirou alguns dos atuais tributos, tendo se valido, como relata SILVIO MEIRA[8], de numerosos impostos e taxas que, em grande parte e tal como no período grego clássico, eram cobrados dos povos vencidos e subjugados, poupando ao máximo os cidadãos romanos. Afora os tributos em espécie, que incidiam sobre as propriedades, consumo, heranças, *et caterva*, eram também comuns as imposições *in natura* e até mesmo *in labore*, para atender a necessidades estatais específicas de suprimentos e mão-de-obra, respectivamente.

---

3 MACHIAVELLI, Nicolo. *The Prince*. Versão para iPAD.

4 HOBBES, Thomas. *Leviathan*. Versão para iPAD.

5 GRAPPERHAUS, Ferdinand H. M. *Tax Tales from the Second Millenium*. Amsterdan: IBFD, 2009, p.1.

6 GUIMARÃES, Ylves José de Miranda. *O Tributo. Análise Ontológica à luz do Direito Natural e do Direito Positivo*. São Paulo: Max Limonad, 1983, p. 24.

7 BUJANDA, Fernando Sainz de. *Hacienda y Derecho*. Madrid: Instituto de Estudos Políticos, 1955, vol. I, p. 130.

8 MEIRA, Sílvio. *Direito Tributário Romano*. São Paulo: Revista dos Tribunais, 1978, p. 26.

Entretanto, a tributação era efetivamente vista pelos romanos como uma forma de opressão e não seria demais afirmar que sua imposição para cobrir as crescentes necessidades de receitas do Império foi uma das razões para o declínio do sistema tributário romano.

2.2. A Idade Média: do feudalismo ao Estado Absolutista Patrimonial

Com a queda do império romano e a posterior implantação do sistema de organização feudal da Idade Média, passaram os senhores feudais a explorar os seus servos, na condição de proprietários soberanos das terras. Contrariamente ao que se passava na Grécia e Roma antigas, o tributo, apesar de não desaparecer, perdeu importância, cedendo lugar a exigências *in natura* ou *in labore*, pagas ao senhor feudal como contrapartida pela utilização de suas propriedades, configurando, sob esse prisma, verdadeira receita originária, em contraposição à tributação, que é fonte de receitas derivadas.

Nos Estados Absolutos, como todas as terras pertenciam ao monarca, cobrava-se igualmente pelo seu uso, o que originou a denominação Estado Patrimonial. Como afirma ADAM SMITH[9], "a renda proveniente das terras da Coroa constituiu por muito tempo a maior parte da receita das antigas soberanias da Europa".

Com as cruzadas dos séculos XI a XIII, os monarcas absolutistas foram compelidos a contribuir financeiramente e com seus próprios exércitos para os desígnios da Igreja Católica, que pretendia libertar a Terra Santa dos turcos muçulmanos. Desse modo, o recurso à tributação passou a ser cada vez mais necessário para financiar os crescentes gastos públicos.

Todavia, nessa época "o tributo ainda não havia ingressado plenamente na esfera da publicidade, sendo apropriado de forma privada" pelos governantes, o que gerava crescente insatisfação dos súditos[10].

Tendo em vista esse fato e, ademais, sufocados pela elevação dos tributos, os ingleses pressionaram sua monarquia e, em 1215, foi assinada a *Magna Charta Libertatum*, verdadeiro marco na imposição de limites ao poder de cobrar tributos, a partir do qual se iniciou a concepção de Estado fundado na legalidade como expressão da vontade consentida do povo, por meio de seus representantes.

Não obstante, antes mesmo da *Magna Charta Libertatum* pode-se identificar precedentes em que o consentimento dos súditos foi condição essencial para a cobrança de tributos.

De fato, em 1091, Alfonso I, Rei de Castela, já seguia essa linha e, em 1179, o Terceiro Conselho Luterano da Igreja Católica Romana proibiu seus bispos de tributar o clero sem o consentimento deste.

---

9 SMITH, Adam. *A Riqueza das Nações, v. II.* São Paulo: Martins Fontes, 2003, p. 1.040.

10 BATISTA JUNIOR, Onofre Alves. *Por que a Guerra Fiscal? Os Desafios do Estado na Modernidade Líquida.* Revista Brasileira de Estudos Políticos, n°102. Belo Horizonte: UFMG, jan-jun/2011, p. 309.

2.3. O Estado Tributário Liberal

O princípio do *no taxation without representation* assenta as bases para o surgimento, séculos depois, do Estado Liberal, já sob os ideais iluministas de JOHN LOCKE[11] e seu discípulo, o Barão de MONTESQUIEU[12]. Limitando o poder soberano, o liberalismo fomenta a produção de riqueza e o trabalho, aceita o lucro privado e distancia o homem do Estado, para que aquele possa desenvolver suas potencialidades no espaço público. Em contrapartida, deve o cidadão contribuir para o custeio da sociedade pelo pagamento de tributos, aprovados em assembleias representativas do povo.

O tributo, garantidor da sobrevivência do Estado Liberal, passa então a ser visto como o preço que se paga para exercer a própria liberdade, como leciona RICARDO LOBO TORRES[13]. Afinal, com o afastamento do Estado da economia e a alienação de seus bens - pressupostos do liberalismo - a primordial fonte de receitas para o seu sustento torna-se exatamente a tributação, originando o intitulado Estado Tributário ou Fiscal[14].

Dentro dessa nova linha de pensamento, a Declaração dos Direitos do Homem e do Cidadão de 1789 traz a noção de tributo como instrumento de manutenção das despesas do Estado que, em contrapartida, deve zelar pela "felicidade geral" do povo representado. De fato, a alienação da maior parte do patrimônio estatal, o alargamento do feixe de suas atribuições e consequente majoração de despesas, "cada vez mais a cobertura das despesas públicas passou a depender dos tributos"[15]. À época, positivam-se os direitos sociais de primeira dimensão, como liberdade, propriedade e segurança.

No paradigma liberal, a tributação era vista como uma forma de igualar os que, até então, possuíam privilégios de classe, vincando-se, para tanto, na igualdade formal. Optando-se pela tributação indireta e proporcional, o objetivo era fazer com que povo, nobres e clero pagassem igualmente os mesmos tributos. A ideia de tributação das rendas e das heranças era fortemente repelida pela burguesia. Sustentava-se à época que se os impostos "recaíssem sobre os lucros, matariam o único incentivo ao trabalho (...). Se alcançassem as heranças, destruiriam os sagrados laços de família"[16].

Da mesma forma, a simples cogitação de uma tributação progressiva - que já havia sido utilizada em alguns casos na Grécia antiga, na República

11 LOCKE, John. *Second Treatise of Government*. Versão para iPAD.

12 MONTESQUIEU, Baron de. *The Spirit of the Laws*. Encyclopaedia Britannica: Chicago, 1952, pp. 58-9.

13 TORRES, Ricardo Lobo. *Tratado de Direito Constitucional, Financeiro e Tributário*, vol. II. Rio de Janeiro: Renovar, 2005, p. 98.

14 NABAIS, José Casalta. *O Dever Fundamental de Pagar Impostos: contributo para a compreensão constitucional do Estado Fiscal contemporâneo*. Coimbra: Almedina, 2004, p. 191.

15 BATISTA JUNIOR, Onofre Alves. *Por que a Guerra Fiscal? Os Desafios do Estado na Modernidade Líquida*. Revista Brasileira de Estudos Políticos, n°102. Belo Horizonte: UFMG, jan-jun/2011, p. 310.

16 BALEEIRO, Aliomar. *Uma Introdução à Ciência das Finanças*, 16a ed, atualizado por DEJALMA DE CAMPOS. Rio de Janeiro: Forense, 2006, p. 177.

Florentina e na Basiléia do século XV – suscitava críticas severas, como o provável êxodo de capitais e o colapso da economia[17].

Assim, com esforço na igualdade formal, assentada na tributação indireta e proporcional, constrói-se o discurso de eliminação das desigualdades até então vigentes, o que se revelou, com o tempo, uma premissa equivocada, como antevisto, à época, por ROUSSEAU[18], ao afirmar que "essa igualdade é só ilusória e aparente, e não serve senão para manter o pobre na sua miséria e o rico na sua usurpação".

2.4. O Estado Tributário Social

Um século após a Revolução Francesa, os movimentos anarquistas, socialistas utópicos, socialistas cristãos e o marxismo vêm pleitear uma modificação no arquétipo de Estado Liberal exatamente para atender os problemas vaticinados por ROUSSEAU quando da própria gênese desse modelo organizacional.

Premido pela Revolução Russa de 1917, o Estado Liberal se converte em Social, notadamente pelas Constituições Mexicana de 1917 e de Weimar em 1919, restando claro que não bastava ao Estado garantir ao cidadão direitos como a liberdade de pensamento se este não tinha educação suficiente para elaborar suas próprias ideias.

A transição do Estado Liberal para o Estado Social marca, igualmente, uma mudança na tributação. Com a necessidade de garantir os direitos sociais de segunda dimensão, fulcrados no princípio da igualdade material, como o direito ao trabalho, moradia, educação, saúde e previdência, o papel do Estado agiganta-se e, para tanto, as receitas tributárias são elevadas.

O incremento na arrecadação se deu inclusive de modo a efetivar a premissa da igualdade material, orientando-se pelo princípio da capacidade contributiva que, já no século XIX, fora antecipado por STUART MILL[19] como o necessário balizador de um sistema tributário justo. O tributo deixa de ser uma simples fonte de receita para o Estado, passando a ser utilizado como instrumento de realização de justiça, valendo-se do princípio da capacidade contributiva como meio de onerar aqueles economicamente mais favorecidos a fim de beneficiar as regiões mais pobres[20].

Outrossim, os impostos sobre a renda, a propriedade e as heranças passam a ser utilizados em larga escala, sem que se observe a ocorrência das previsões catastrofistas da burguesia do século XVIII quanto a essas formas de imposição direta e, ademais, progressivas.

17 SELINGMAN, Edwin. *Progressive Taxation in Theory and Practice*. Princeton: Princeton University Press, 1908, p. 27.

18 ROUSSEAU, Jean-Jacques. *O Contrato Social (princípios de direito político)*. Rio de Janeiro: Edições de Ouro, 1970, p. 57.

19 MILL, John Stuart. *Princípios de Economia Política: com algumas de suas aplicações à filosofia social*, v. II. São Paulo: Abril Cultural, 1983, p. 290.

20 GRUPENMACHER, Betina Treiger. *A Reforma Tributária e a Afronta aos Direitos Fundamentais*. Revista Fórum de Direito Tributário, ano 1, n. 1. Belo Horizonte: Fórum, 2003, p.42.

Assim, distancia-se o Estado Tributário, tanto o Liberal como o Social, dos Estados Patrimoniais Absolutistas e também dos Estados Comunistas, que são neopatrimoniais. Inobstante possa-se identificar alguns Estados de Direito hodiernos não-Tributários, como Mônaco, que retira boa parte de suas receitas da exploração do jogo, as modernas democracias ocidentais são, em regra, Estados Tributários, que consistem na "projeção financeira do Estado de Direito"[21].

Analisemos, portanto, sob a ótica do Estado Democrático de Direito, o papel do tributo nos dias atuais.

2.5. O rompimento do paradigma do tributo como expressão do poder de império

De acordo com a hodierna concepção de Estado, o tributo deve financiar e direcionar a implementação dos direitos e garantias fundamentais de primeira, segunda e terceira dimensões, especialmente, neste último caso, os relativos ao meio ambiente.

Baseado nessa nova perspectiva, pode-se identificar um rompimento entre o conceito secular de tributo, compreendido como expressão do poder de império estatal, derivado unicamente da existência de um poder soberano[22].

O processo de legitimação democrática do tributo, portanto, afasta a tradicional concepção que opõe Fisco e Contribuinte, tornando o pagador de tributos partícipe da própria ordem na qual se insere.

A soberania popular é, pois, a verdadeira origem da tributação no Estado Democrático de Direito, fundamentando o Poder Constituinte. Somente a partir da criação da Lei Maior é que passa a existir uma soberania jurídica estatal – em relação análoga com a finalidade da regra de reconhecimento para o direito, tal como propugna HART[23].

Linha similar sobre os fundamentos do tributo no Estado Democrático de Direito é seguida por TIPKE[24], para quem o tributo é "uma contribuição necessária para que o Estado possa cumprir suas tarefas no interesse do proveitoso convívio de todos os cidadãos", bem como por LEVENE[25] que, apesar de reconhecer que o pagamento de tributos é um sacrifício, vinca-se na premissa de que ele somente se torna injusto e violador do direito de propriedade quando excede os limites do bem comum.

---

21 BATISTA JUNIOR, Onofre Alves. *Por que a Guerra Fiscal? Os Desafios do Estado na Modernidade Líquida.* Revista Brasileira de Estudos Políticos, n°102. Belo Horizonte: UFMG, jan-jun/2011, p. 310.

22 TORRES, Heleno Taveira. *Direito Constitucional Tributário e Segurança Jurídica – Metódica da Segurança Jurídica do Sistema Constitucional Tributário.* São Paulo: Revista dos Tribunais, 2011, p. 305.

23 HART, Herbert Lionel Adolphus. *O Conceito de Direito.* Lisboa: Fundação Calouste Gulbenkian, 1961.

24 TIPKE, Klaus; YAMASHITA, Douglas. *Justiça Fiscal e Princípio da Capacidade Contributiva.* São Paulo: Malheiros, 2002, p. 13.

25 LEVENE, Julio. *El pago de tributos configura um sacrifício injusto al derecho de propriedad cuando excede los limites del bien comum.* Revista Tributária e de Finanças Públicas, ano 8, n° 30. São Paulo: RT, jan--fev/2000, p. 21.

Outrossim, CASALTA NABAIS[26] ressalta que, "o imposto não pode ser encarado nem como um mero poder para o estado, nem como um mero sacrifício para os cidadãos", consistindo em um dever fundamental para estes últimos.

Sobre o "dever fundamental de pagar tributos", todavia, é importante o seguinte alerta: enunciada a expressão de modo isolado, pode-se chegar à conclusão equivocada de que o Estado Democrático de Direito imporia ao seu cidadão uma sujeição permanente ao pagamento de exações.

Ao revés, no Estado Democrático de Direito, a cidadania tributária, "antes de qualquer 'dever', consagra o *direito* de todos pagarem seus tributos segundo os critérios previstos em lei e desde que efetivados todos os direitos e garantias fundamentais"[27]. Conforme HUMBERTO ÁVILA[28], o sistema tributário brasileiro não apenas se encontra na Constituição, mas com ela se relaciona integralmente, especialmente e sobretudo com os princípios formais e materiais e com os direitos fundamentais, dentre as quais as garantias de propriedade e liberdade.

De todo modo, fato é que a receita obtida através das imposições tributárias deve dar suporte a uma atuação estatal que se oriente para proporcionar uma justiça social distributiva, arrecadando recursos de quem possa deles dispor para prestar serviços a quem deles necessita, sem prejuízo de induzir comportamentos por meio da extrafiscalidade, ferramenta imprescindível no modelo de Estado Tributário Democrático.

O Estado financiador e indutor de modificações sociais pela tributação admite dois modelos nas democracias ocidentais capitalistas[29]:

o Estado Tributário Distribuidor, que é o modelo do *welfare state* europeu, universalista e igualitário; e

o Estado Tributário anglo-saxão, que reserva os serviços públicos apenas aos hipossuficientes.

A Constituição de 1988 traz um arquétipo mais similar ao de um Estado Tributário Distribuidor do que ao de um Estado Tributário anglo-saxão, conforme se depreende, por exemplo, da assistência universal à saúde, assegurada a todos os cidadãos, independentemente de classe social.

Assentadas essas premissas, passemos, sem delongas, à análise do conceito de tributo e suas espécies no ordenamento jurídico brasileiro.

---

26 NABAIS, José Casalta. *O Dever Fundamental de Pagar Impostos*. Coimbra: Almedina, 1998, p. 679.

27 TORRES, Heleno Taveira. *Direito Constitucional Tributário e Segurança Jurídica – Metódica da Segurança Jurídica do Sistema Constitucional Tributário*. São Paulo: Revista dos Tribunais, 2011, p. 332.

28 ÁVILA, Humberto Bergmann. *Sistema Constitucional Tributário*. 5ª ed. São Paulo: Saraiva, 2012, p.20.

29 BATISTA JUNIOR, Onofre Alves. *Por que a Guerra Fiscal? Os Desafios do Estado na Modernidade Líquida*. Revista Brasileira de Estudos Políticos, nº 102. Belo Horizonte: UFMG, jan-jun/2011, pp. 316-7.

3. O CONCEITO CONSTITUCIONAL IMPLÍCITO DE TRIBUTO E A DEFINIÇÃO POSITIVADA NO CÓDIGO TRIBUTÁRIO NACIONAL

3.1. A inexistência de um conceito ontológico de tributo e sua concepção como norma jurídica

A utilização do conceito de tributo por diversas ciências, como a contabilidade e a economia, dificulta uma concepção unitária do vocábulo. Para além disso, ao longo dos séculos esse conceito sofreu mutações, que impedem muitas vezes - mesmo que dentro de uma única área científica - uma definição exata e precisa do seu significado.

Essa mutação histórica de paradigmas explica o motivo pelo qual as tentativas de se definir ontologicamente o conceito de tributo não lograram êxito. Os adeptos de uma definição ontológica do tributo rejeitam o normativismo jurídico, buscando apoio em premissas jusnaturalistas[30].

A definição ôntica de tributo não encontra espaço no atual Estado Democrático de Direito e, especialmente, no Sistema Constitucional Tributário.

Assim, pode-se dessumir que, antes de qualquer outra definição, o tributo é essencialmente uma norma jurídica, emitida e interpretada segundo os critérios de validade positivados no sistema jurídico, que seguirão os métodos genético, histórico, finalístico e sistemático, como sói ocorrer.

3.2. O conceito constitucional de tributo

O conceito de tributo é constitucional. Não é o legislador livre para ampliá-lo, reduzi-lo ou modificá-lo. Nosso homenageado, Prof. RICARDO LOBO TORRES[31], já nos ensinava que o tributo é "noção nuclear do Direito **Constitucional** Tributário".

Inexistindo uma definição expressa de tributo no atual Texto Magno Brasileiro (assim como nos anteriores), deve-se, por indução, partindo do particular para se chegar ao geral, analisar os regimes jurídicos aplicáveis a cada uma das espécies tributárias, a fim de delimitar as notas essenciais do conceito de tributo.

Sendo o tributo norma jurídica, sua análise no plano constitucional remete necessariamente às normas de competência, editadas para conferir o poder de tributar aos entes federados e que estão indissociavelmente ligadas à validade das normas jurídicas produzidas a partir de então.

Da análise das normas de competência tributária depreende-se, desde logo, que:

(a) o tributo deve ser instituído por lei;

---

30 GUIMARÃES, Ylves José de Miranda. *O tributo – Análise Ontológica à luz do Direito Natural e do Direito Positivo*. São Paulo: Max Limonad, 1983.

31 TORRES, Ricardo Lobo. *Curso de Direito Financeiro e Tributário*. 18ª ed. Rio de Janeiro: Renovar, 2011, p. 373.

(b) a ele não pode se opor o contribuinte, do que decorre sua compulsoriedade;

(c) o tributo não grava atos ilícitos, porquanto todos os fatos descritos pelas normas de competência como passíveis de tributação são lícitos;

(d) o tributo é prestação pecuniária, conclusão a que se chega pela análise dos conceitos de obrigação e de crédito tributário, mencionados no art. 146, III, *b* da CR/88, bem como das disposições sobre a repartição do produto da arrecadação constantes dos arts. 157 a 162 da CR/88;

(e) ao exercício da competência tributária se aplicam as limitações esculpidas nos arts. 150 a 152 da Lei Maior.

Com base nessas constatações e fundados na lição de TORRES[32], adotamos o seu conceito constitucional de tributo como a "prestação pecuniária compulsória, instituída por lei e sujeita às limitações constitucionais tributárias, segundo os regimes de impostos, taxas ou contribuições, que não se constitua em sanção a ilícitos e seja cobrada mediante atividade administrativa plenamente vinculada".

3.3. O tributo no ordenamento infraconstitucional

3.3.1. A Lei n° 4.320/64: o tributo sob a perspectiva da ciência das finanças

O primeiro diploma legal a positivar o conceito de tributo no ordenamento jurídico brasileiro foi a Lei n° 4.320/64, cujo art. 9° assim dispôs[33]:

> "Art. 9°. Tributo é a receita derivada instituída pelas entidades de direito público, compreendendo os impostos, as taxas e contribuições nos termos da Constituição e das leis vigentes em matéria financeira, destinando-se o seu produto ao custeio de atividades gerais ou específicas exercidas por essas entidades."

No âmbito do Direito Financeiro, as receitas somam-se ao patrimônio estatal em caráter definitivo, não-provisório, diferenciando-se das meras entradas ou ingressos, que adentram apenas de modo temporário nos cofres públicos. Sobre o assunto, RICARDO LOBO TORRES[34] afirma queo conceito de receita se diferencia do simples ingresso, pois este último "ingresso corresponde

---

32 TORRES, Heleno Taveira. *Direito Constitucional Tributário e Segurança Jurídica – Metódica da Segurança Jurídica do Sistema Constitucional Tributário*. São Paulo: Revista dos Tribunais, 2011, p. 376.

33 Anote-se que, antes da Lei n° 4.320/64, o Decreto-lei n° 2.416/40 definiu imposto como "tributo destinado a atender indistintamente às necessidades de ordem geral da administração Pública" (art. 1°, § 2°). Todavia, conforme salienta GERALDO ATALIBA, "como a destinação do produto dos tributos é problema de direito financeiro e não tributário só o que se aproveita de definição é o termo tributo... E, como isso, não se definiu nada". (ATALIBA, Geraldo. *Hipótese de Incidência Tributária*, 3a ed. São Paulo: Revista dos Tribunais, 1984, p. 151).

34 TORRES, Ricardo Lobo. *Curso de Direito Financeiro e Tributário*. 18. Ed. Rio de Janeiro: Renovar, 2011. P. 185.

também à entrada de dinheiro que ulteriormente será restituído, como ocorre no empréstimo e nos depósitos".

As receitas subclassificam-se em originárias, derivadas e transferidas.

As originárias decorrem da exploração, pelo Estado, de seu próprio patrimônio ou do exercício de atividade econômica, quando autorizado pela Constituição e pelas leis. As receitas derivadas advêm do patrimônio particular, de forma coativa, exatamente por meio dos tributos. Por fim, as receitas transferidas compreendem as transferências constitucionais de receitas, obrigatórias (como a repartição das receitas tributárias regida pelos arts. 157 a 162 do CTN) ou não.

O art. 9° da Lei n° 4.320/64, portanto, traz importante e pioneira definição de tributo no ordenamento infraconstitucional pátrio, qualificando-o como fonte de receitas derivadas para o patrimônio estatal, distinguindo os tributos de eventuais prestações pecuniárias compulsórias caracterizadas como receitas originárias do Estado.

É o caso, por exemplo, da CFEM – Compensação Financeira sobre Exploração Mineral, prevista no art. 20, §1º da CF/88.

ALBERTO XAVIER[35] e ROQUE CARRAZZA[36] atribuem à CFEM natureza tributária, exatamente por se subsumir ao conceito de tributo, isto é, por se tratar de prestação pecuniária compulsória, submetida ao regime de direito público, que não constitui sanção de ato ilícito e é cobrada mediante atividade administrativa plenamente vinculada.

Em que pese a proximidade entre os institutos, parece-nos que a CFEM não possui natureza de tributo, pois decorre da exploração do patrimônio do Estado, configurando, por isso mesmo, espécie de receita originária (patrimonial) ao passo que os tributos qualificam-se como receita derivada, isto é, proveniente do patrimônio privado, sem que haja qualquer vinculação, direta ou indireta, com o uso do patrimônio público.

A controvérsia restou solucionada pelo STF nessa linha, ao argumento de que "o tratar-se de prestação pecuniária compulsória instituída por lei não faz tributo da participação nos resultados ou compensação financeira por sua exploração"[37]. Portanto, a CFEM tem mesmo natureza de receita patrimonial, destinada a reparar a União e, principalmente, o Estado e Município, em que se der a exploração mineral, dos impactos gerados pela atividade.

Com espeque na definição do art. 9° da Lei n° 4.320/64, bem como na distinção entre meras entradas e receitas, há autores como BRITO MACHADO que

35 XAVIER, Alberto. *Natureza jurídica e âmbito de incidência da Compensação Financeira por Exploração de Recursos Minerais.* Revista Dialética de Direito Tributário, nº 29. São Paulo: Dialética, 1998, pp. 11-25.

36 CARRAZZA, Roque Antônio. *Natureza jurídica da compensação financeira pela exploração de recursos minerais – sua manifesta inconstitucionalidade.* Revista do Programa de pós-graduação em direito – PUC/SP, nº 2. São Paulo: Max Limonad, pp. 300-44.

37 STF, Primeira Turma, RE nº 228.800/DF, Relator Min. SEPÚLVEDA PERTENCE, DJ 16.11.2001, p. 21.

negam o cariz de tributo aos empréstimos compulsórios. Afinal, se tributos são fontes de receitas derivadas e os empréstimos compulsórios geram simples entradas ou ingressos, não se poderia abrigá-los naquele primeiro conceito. Assim, os empréstimos compulsórios equivaleriam aos empréstimos públicos, diferenciando-se destes por não serem autodeterminados pelas partes, mas sim impostos pela lei complementar, em atenção aos ditames constitucionais.

3.3.2. O Código Tributário Nacional e o conceito de tributo

É da lavra de GOMES DE SOUSA o conceito de tributo em torno do qual nos debruçaremos a seguir. Prescreve o CTN:

> "Art. 3º. Tributo é toda prestação pecuniária compulsória, em moeda ou cujo valor nela se possa exprimir, que não constitua sanção de ato ilícito, instituída em lei e cobrada mediante atividade administrativa plenamente vinculada."

A aludida definição é enaltecida pela maioria da doutrina, dado que sua abrangência permite a inclusão no conceito de tributo de quaisquer exigências compulsórias feitas pelos entes federados. A abarcância conceitual, dessarte, é um de seus principais atributos.Inobstante, há que se interpretar a definição legal de tributo à luz do seu conceito constitucional.

Vejamos, então, as características do tributo conforme o CTN e sob as luzes da Constituição da República.

3.3.2.1. Tributo é prestação pecuniária, em moeda ou cujo valor nela se possa exprimir

Como já averbado, o tributo deve ser pago em dinheiro e não em espécie (*in labore* ou *in natura*).

A concepção do tributo como prestação pecuniária permite-nos distingui-lo das requisições administrativas de bens particulares em caso de iminente perigo público (prestação *in natura*, não-pecuniária).

Outrossim, o serviço militar obrigatório, o trabalho no Tribunal do Júri ou nas eleições tampouco constituem tributo por não serem prestações em dinheiro, mas sim *in labore*. SCHOUERI[38] bem pontua que a obrigação tributária consiste eminentemente em obrigações de dar, não se podendo considerar como tributos as prestações de fazer, não fazer ou ainda aquelas que determinem obrigações de dar coisa diferente de dinheiro.

Não obstante, o CTN prevê, desde 2001 (por obra da LC nº 104), a possibilidade de dação em pagamento de bem imóvel para operar a extinção do crédito tributário, fato que não desnatura sua natureza pecuniária. A dação em pagamento de imóvel é forma de extinção do crédito tributário, que nasce

38 SCHOUERI, Luís Eduardo. *Direito Tributário*. 8ª ed. São Paulo: Saraiva, 2018, p. 144.

em pecúnia. Trata-se de alternativa que o devedor possui, desde que haja interesse público na aquisição de sua propriedade imóvel e sejam respeitados os princípios da legalidade, impessoalidade, moralidade, publicidade e eficiência (art. 37 da CR/88) na sua implementação.

3.3.2.2. Tributo é prestação compulsória

3.3.2.2.1. Compulsoriedade e regimes especiais de tributação

A compulsoriedade é o que distingue a obrigação tributária das obrigações contratuais, eis que o dever de dar dinheiro ao Estado, nesses casos, independe da vontade dos contribuintes, bastando a prática do fato jurígeno descrito no antecedente da endonorma tributária.

Excepcionalmente, adverte-se, as obrigações tributárias podem depender da manifestação de vontade do contribuinte. São as hipóteses de regimes simplificados ou alternativos de tributação, para cuja incidência exige-se a manifestação de vontade do sujeito passivo. Inobstante, fato é que, mesmo tendo o direito de optar, o contribuinte estará sujeito ao pagamento do tributo, de um modo ou de outro.

3.3.2.2.2. Compulsoriedade, taxas de serviço e preços públicos

A nota da compulsoriedade é essencial para distinguir os preços públicos das taxas de serviço público (não se mencionam aqui as taxas de polícia, pois nessas não há que se cogitar da alternativa "preço público").

Enquanto os preços públicos derivam de um acordo de vontades (contrato), as taxas de serviço são compulsórias e *ex lege*. Os preços públicos, sendo contratualmente acordados, partem da autonomia da vontade, ganhando elasticidade e fluidez em função da inexistência do engessamento legal para a alteração. As taxas, porém, são heterônomas, impostas unilateralmente e, nesse sentido, sujeitas ao controle legislativo e incidência das limitações constitucionais ao poder de tributar. Nesse sentido é a Súmula 545/STF, segundo a qual "preços de serviços públicos e taxas não se confundem, porque estas, diferentemente daqueles, são compulsórias e tem sua cobrança condicionada a prévia autorização orçamentária, em relação a lei que as instituiu".

Tornaram-se correntes, nos dias atuais, as cobranças de preços públicos pelo uso do solo urbano por concessionárias de energia e telecomunicações, que são obrigadas a enterrar o cabeamento no solo municipal para exercer suas funções. Algumas municipalidades têm instituído decretos estipulando o pagamento compulsório de preços pela utilização do solo nessas hipóteses. Ora, tratando-se de exigência compulsória não pode ser preço, mas sim tributo; todavia, como não há taxa devida pelo uso do solo público (eis que não se tem prestação de serviço ou exercício do poder de polícia), a cobrança é manifestamente inconstitucional, seja do ponto de vista formal – porquanto se trata de prestação pecuniária compulsória não fundada em lei – seja do ponto de vista material, dado que não há, na Constituição, essa modalidade de tributação, como inclusive já reconheceu o STF[39].

3.3.2.3. Que não constitua sanção de ato ilícito

3.3.2.3.1. Tributo x multas fiscais

Tributo e multa são institutos por demais próximos, já que ambos configuram dever *ex lege* de dar dinheiro ao Estado. A diferença elementar entre ambos, consiste, exatamente, na licitude ou ilicitude do pressuposto fático que enseje a obrigação dali nascida.

Devemos, todavia, registrar que o CTN incorreu em atecnia ao tratar do tributo e das multas fiscais.

Definindo, em seu art. 113, §1°, que a obrigação principal consiste no pagamento de tributo "ou penalidade pecuniária" pelo contribuinte, assim como, no §3° do mesmo dispositivo, que as obrigações acessórias "se convertem em obrigação principal pelo simples fato de seu descumprimento", o CTN confundiu os efeitos de normas tributárias impositivas e sancionadoras.

Ora, multa não é tributo, seja ela decorrente do descumprimento da obrigação de pagar quantia ao Estado, seja dos deveres instrumentais de fazer e não-fazer, ditos "acessórios" pelo Código.

O que pretendeu o CTN, em verdade, foi conferir o mesmo tratamento jurídico ao tributo e às penalidades tributárias, no que, efetivamente logrou êxito. Tanto é que, para afastar a cobrança conjunta de tributos e multas pecuniárias a ele relativas no processo de falimentar, foi necessária a modificação do Código de modo a dispor que as multas tributárias estão vários degraus abaixo do tributo na hierarquia dos créditos a serem pagos pela massa falida. Confira-se o CTN, nesta parte modificado pela LC n° 118/05:

> "Art. 186. O crédito tributário prefere a qualquer outro, seja qual for sua natureza ou o tempo de sua constituição, ressalvados os créditos decorrentes da legislação do trabalho ou do acidente de trabalho.
>
> Parágrafo único. Na falência:
>
> I – o crédito tributário não prefere aos créditos extraconcursais ou às importâncias passíveis de restituição, nos termos da lei falimentar, nem aos créditos com garantia real, no limite do valor do bem gravado;
>
> II – a lei poderá estabelecer limites e condições para a preferência dos créditos decorrentes da legislação do trabalho; e
>
> **III – a multa tributária prefere apenas aos créditos subordinados.**" (destaques nossos)

Ao assim proceder, o legislador complementar corretamente alterou o CTN para que, na falência, as multas tributárias não consumissem a totalidade

39 STF, Pleno, RE nº 581.947/RO, Relator Min. EROS GRAU, DJe 27.08.2010.

do patrimônio do falido, impedindo que outros credores recebessem o que de direito.

Cumpre notar que, anteriormente à edição da Lei, a egrégia corte brasileira já entendia pela impossibilidade de equiparação da multa ao crédito principal nos processos falimentares. A controvérsia, que vigia desde o ano de 1963, com a edição das súmulas 191 e 192 (que até então permitiam essa possibilidade), teve uma mudança no julgamento do RE 79.625/SP, em que o relator, Min. Cordeiro Guerra assentou a impossibilidade de cobrança da multa juntamente com o principal em processos falimentares[40]. Este precedente, juntamente com outros, deu origem à Sumula 565, que afirma que "A multa fiscal moratória constitui pena administrativa, não se incluindo nocrédito habilitado em falência."

3.3.2.3.2. A tributação das atividades ilícitas

Sendo certo que a inclusão de fato ilícito no antecedente da norma de tributação é vedada pelo conceito de tributo, o STF declarou inválida lei paulistana que elevava em 200% o valor do IPTU devido para imóveis irregularmente construídos[41].

Todavia, apesar de somente fato lícito poder ser eleito pelo legislador como hipótese de incidência tributária, ilidindo a cobrança de tributo sobre a atividade de jogo do bicho ou tráfico de drogas, por exemplo, isso não significa que os rendimentos auferidos a partir do exercício dessas atividades estejam imunes à tributação.

Ora, se o fato imponível consiste em auferir renda e esta, em si considerada, é uma atividade lícita (tanto que integra o antecedente da endonorma de tributação), é irrelevante para a incidência tributária a fonte de sua proveniência, averiguação que não é da alçada do Direito Tributário (*pecunia non olet*).

Este é o comando inserto no art. 118 do CTN, dirigido ao Fisco, que estipula serem irrelevantes para a configuração do fato gerador a validade jurídica, a natureza ou os efeitos dos atos praticados pelos contribuintes, assim como os efeitos dos *fatos* ocorridos.

Nessa linha de raciocínio, o STF entendeu, ao julgar um caso sobre tráfico ilícito de entorpecentes, que antes de ser agressiva à moralidade, a tributação do resultado econômico de tais atividades é decorrência do princípio da isonomia fiscal (HC nº 77.530/RS[42]). Nesse mesmo sentido, a Lei n° 4.506/64, relativa ao imposto de renda, já previra a tributação regular dos "rendimentos percebidos de atividades ou transações ilícitas, ou percebidos com infração à lei".

Obviamente, há que se compreender a decisão *cum modus in rebus*. Sendo certo que, no ordenamento jurídico brasileiro, a prática de crimes é punida

40 STF, Pleno, RE nº 79.625/SP, Relator Min. CORDEIRO GUERRA, DJ 08.17.1976, p. 3.086.

41 STF, Pleno, RE n° 94.001/SP, Relator Min. MOREIRA ALVES, DJ 11.06.1983, p. 5.680.

42 STF, Primeira Turma, HC n° 77.530/RS, Relator Min. SEPÚLVEDA PERTENCE, DJ 18.09.1998, p. 7.

não apenas com as medidas restritivas de liberdade mas, também, com o perdimento de bens ou valores auferidos pelo criminoso com a atividade censurada (art. 91, II, *b* do Código Penal), a decretação do perdimento elidirá a cobrança de qualquer tributo. Em situações como tais "o arrecadador tributário terá chegado tarde demais"[43].

Cite-se, por fim, o caso do IPTU progressivo no tempo que, a depender da perspectiva, pode apresentar caráter punitivo, pois se aplica na hipótese de o contribuinte não conferir ao imóvel destinação social adequada. Trata-se do disposto no art. 182, § 4° da CR/88 c/c a Lei n° 10.257/01 (Estatuto das Cidades) que, ao tratar da política de desenvolvimento urbano, permite a progressividade no tempo de alíquotas do IPTU (podendo dobrar a cada ano, sendo limitada a 15% do valor do imóvel) como instrumento hábil a incentivar o proprietário a conferir ao imóvel situado na zona do plano diretor da cidade a adequada destinação às diretrizes urbanas.

Essa situação, segundo se infere da Súmula 668/STF ("É inconstitucional a lei municipal que tenha estabelecido, antes da EC 29/2000, alíquotas progressivas para o IPTU, salvo se destinada a assegurar o cumprimento da função social da propriedade urbana"), seria um exemplo de extrafiscalidade e não de exceção ao elemento da licitude da hipótese de incidência. Todavia o tema ainda não foi debatido com profundidade pela Suprema Corte, havendo autores que sustentam ser essa uma hipótese excepcional, constitucionalmente autorizada, de tributação do ilícito, como CELSO BASTOS[44] e BRITO MACHADO[45].

Situação semelhante verifica-se em relação ao desconto concedido ao IPVA devido pelo proprietário de veículo que, durante o exercício fiscal, não houver cometido qualquer infração de trânsito. Ao apreciar lei estadual de tal conteúdo, o STF entendeu por seu caráter de estímulo fiscal à observância das regras de trânsito e deixou consignado que "o móvel da isenção não tem de guardar perfeita sintonia com os elementos, em si, do tributo, com os aspectos subjetivos e objetivos a ele inerentes"[46].

3.3.2.4. Instituída em lei

3.3.2.4.1. Legalidade formal

O princípio da legalidade, inserto no art. 150, I da CR/88, é taxativo ao vedar à União, Estados, DF e Municípios exigir ou aumentar tributo sem lei que o estabeleça.

Lei, no sentido empregado, deve ser interpretada como lei complementar (quando o texto constitucional assim o exige), lei ordinária (regra geral)

43 VILLEGAS, Hector. *Curso de Finanzas, Derecho Financiero y Tributario*, 8a ed. Buenos Aires: Ástrea, 2002, p. 364.

44 BASTOS, Celso. *Curso de Direito Constitucional*, 18a ed. São Paulo: Saraiva, 1997, p. 211.

45 MACHADO, Hugo de Brito. *Comentários ao Código Tributário Nacional*, v. I. São Paulo: Atlas, 2003, p. 105.

46 STF, Pleno, ADI nº 2301 MC, Relator Min. MARCO AURÉLIO, DJ 21-11-2003.

e, consoante o entendimento do STF[47], medida provisória, entendimento que é confirmado pelo art. 62, §2° da CR/88, alterado pela EC 32/00, que somente erige limites à utilização de MPs para criação de tributos no caso dos impostos, salvo os extraordinários de guerra e os com uso marcantemente extrafiscal, a saber: II, IE, IPI e IOF.

Segundo o Texto Magno, somente poderá ser cobrado o imposto criado por MP caso esta seja convertida em lei no exercício anterior ao do início da sua imposição. Isso faz com que, no caso dos impostos especificamente, haja uma proteção adicional para o contribuinte, derivada do fato de que, sem a conversão em lei no ano imediatamente anterior, o imposto não poderá ser cobrado. Vale notar que a CR/88 (art. 62, §1°, III) veda a utilização de MPs para instituição de tributos que somente podem ser criados por lei complementar, caso dos empréstimos compulsórios, impostos e contribuições residuais e imposto sobre grandes fortunas.

3.3.2.4.2. Legalidade material

Outrossim, discute-se atualmente qual o limite da delegação ao Poder Executivo do poder de fixar critérios para a definição do *quantum* devido em matéria de tributos, ou seja, qual o limite do princípio da legalidade material.

No caso do Seguro de Acidentes do Trabalho, cobrado com alíquotas que variam de 1% a 3% conforme o grau de risco da atividade (leve, médio ou grave) preponderante, o legislador (art. 22, II da Lei n° 8.212/91) atribuiu ao Executivo a função de definir as atividades enquadráveis em cada um dos respectivos graus de risco – o que impacta, portanto, na alíquota aplicável.

Contudo, os argumentos de inconstitucionalidade do SAT foram afastados pelo Pleno do Supremo Tribunal Federal[48]. Asseverou a Corte que a aplicação da lei exige a aferição de dados e elementos muitas vezes intangíveis pelo legislador. No caso do SAT, a lei fixou padrões e parâmetros, deixando para o regulamento a delimitação dos conceitos necessários à aplicação concreta da norma. Tanto é que a própria Lei n° 8.212/91 permitiu à Previdência alterar, com base nas estatísticas de acidentes do trabalho, apuradas em inspeção, o enquadramento das empresas para efeito de contribuição do SAT. No entender do STF, seria impossível criar uma nova lei toda vez que fosse necessário reclassificar os graus de risco, razão pela qual a delegação era não somente válida, como também necessária. Vale conferir trecho do voto do Min. CARLOS VELLOSO nos autos do RE nº 343.446/SC:

> "No caso, o §3º do art. 22 da Lei nº 8.212/91, estabeleceu que o Ministério do Trabalho e da Prev. Social 'poderá alterar, com base nas estatísticas de acidentes do trabalho, apuradas em inspeção, o enquadramento de empresas para efeito de contribuição a que se refere o inciso II deste artigo, a fim de estimular investimentos em prevenção de acidentes'. Da leitura conjuga-

47 STF, Pleno, RE nº 232.896, Relator Min. CARLOS VELLOSO, DJ 01.10.1999.

48 STF, Pleno, RE nº 343.446/SC, Relator Min. CARLOS VELLOSO, DJ 04.04.2003, p. 40.

da do inc. II, alíneas a, b, e c, do art. 22, com o §3º, do mesmo artigo, vê-se que a norma primária, fixando a alíquota, delegou ao regulamento alterar, com base em estatística, o enquadramento referido nas mencionadas alíneas. A norma primária, pois, fixou os padrões e, para a sua boa aplicação em concreto, cometeu ao regulamento as atribuições mencionadas."

Outrossim, rediscute-se atualmente questão semelhante, pois o art. 10° da Lei n° 10.666/03 permitiu ao Poder Executivo fixar em regulamento critérios para reduzir até a metade ou aumentar até o dobro a contribuição para o SAT, em função do desempenho da empresa quanto à proteção da segurança do trabalhador, comparativamente com as demais que atuam no mesmo segmento econômico. A apuração é toda feita administrativamente, conforme índices de frequência, gravidade e custo dos acidentes do trabalho apurados pelo Conselho Nacional da Previdência Social. A matéria já teve repercussão geral reconhecida pelo STF (RE n° 684.261/PR) e atualmente aguarda julgamento.

3.3.2.5. Cobrada mediante atividade administrativa plenamente vinculada

Se o tributo é instituído por lei e é uma prestação compulsória, é decorrência lógica afirmar que sua cobrança se dará mediante atividade administrativa plenamente vinculada, o que significa dizer que a administração não tem liberdade para decidir sobre a conveniência e oportunidade de agir.

Assim, a exigência do tributo pelo Poder Público não é um ato discricionário. Verificada a ocorrência do fato gerador, compete necessariamente ao Fisco – a depender da forma de lançamento do tributo – cobrar a respectiva exação ou verificar o acerto em seu recolhimento, impondo as cabíveis penalidades em caso de descumprimento do dever.

Todavia, tratar-se de atividade administrativa plenamente vinculada não equivale a uma ordem cega ditada pelo legislador ao Fisco. A autoridade administrativa deve lançar o crédito zelando sempre pela busca da verdade material.

A eficiência administrativa pressupõe a prática regular dos atos integrantes do procedimento de formalização do crédito tributário, tanto preparatórios como revisionais. Como leciona BATISTA JUNIOR[49], o princípio da eficiência deve, por imperativo constitucional, sempre pautar o agir da Administração Pública.

3.4. Considerações finais sobre o conceito de tributo

Visto que o tributo é amplamente conceituado como "toda prestação pecuniária compulsória, em moeda ou cujo valor nela se possa exprimir, que não constitua sanção de ato ilícito, instituída em lei e cobrada mediante atividade administrativa plenamente vinculada", há que se concordar com ATALIBA[50]

49 BATISTA JUNIOR, Onofre Alves. *Princípio Constitucional da Eficiência Administrativa*, 2a ed. Belo Horizonte: Fórum, 2012, pp. 109-63.

50 ATALIBA, Geraldo. *Hipótese de Incidência Tributária*, 6ª ed. São Paulo: Malheiros, 2006, p. 28.

quando afirma que, toda vez que o jurista se deparar com uma situação em que alguém seja colocado na contingência de dar dinheiro ao Estado, não se tratando de multa, obrigação convencional ou indenização/compensação, estar-se-á diante de uma exação tributária.

4. CONCLUSÕES

A função do Estado, conforme a Declaração Francesa dos Direitos do Homem, é assegurar a felicidade dos seus cidadãos.

Para tanto, concebeu-se o Estado Tributário Distribuidor que, em maior ou menor grau, tributa os que mais possuem para repassar – via serviços, bens ou mesmo pecúnia – aos que mais necessitam.

O tributo, sob o prisma econômico, deve sempre ser cobrado com base nos critérios de justiça, certeza, praticidade e economia na arrecadação, que são os conhecidos "cânones" de ADAM SMITH[51], regras de relevo para a tributação.

Inobstante, fato é que os Estados Nacionais de hoje se vêem sujeitos a uma ditadura do capital, cujo grau de mobilidade atingiu patamares inéditos[52]. Há hoje uma "modernidade líquida" do capitalismo, em que, diferentemente da "modernidade sólida" que unia de modo indissociável capital e trabalho em endereço certo e com pouco grau de mobilidade, permite hoje ao capital viajar globalmente, valendo-se do trabalho encontrado em diversos postos do mundo e trocando de lugar com muito maior facilidade do que há cinquenta anos.

Tal fenômeno possui importante impacto na tributação, porquanto dificulta a observância prática das quatro regras de ADAM SMITH para a imposição justa, certa, prática e econômica.

Aqueles que estão acorrentados ao Estado Nacional, por sua vez, acabam sofrendo uma tributação exacerbada, em detrimento do capital volátil, beneficiado por favores fiscais de toda a espécie.

Não por acaso, o maior desafio atual em matéria tributária no Brasil é exatamente combater-se o estado de "insegurança tributária". Afinal, como as despesas do Estado Democrático de Direito sofrem de um contínuo aumento para atender às suas inúmeras finalidades, os tributos – para acompanhar esse crescente – têm suas regras diuturnamente modificadas, gerando antinomias e dificuldades hermenêuticas.

Assim, o real desafio do Estado Tributário Distribuidor atual é manter o seu *status quo*, atendendo às necessidades dos cidadãos e, ao mesmo tempo, assegurando certeza, justiça, praticidade e economicidade na tributação, que ainda é o combustível-mor do ente estatal nos atuais tempos pós-modernos.

---

51 Cf. BALEEIRO, Aliomar. *Uma Introdução à Ciência das Finanças*, 16a ed. Rio de Janeiro: Forense, 2006, p. 234.

52 BATISTA JUNIOR, Onofre Alves. *Por que a Guerra Fiscal? Os Desafios do Estado na Modernidade Líquida.* Revista Brasileira de Estudos Políticos, n°102. Belo Horizonte: UFMG, jan-jun/2011, pp. 331-4.

Tributação e Direitos Fundamentais

Celso de Barros Correia Neto[1]

Sumário: 1. Introdução. 2. Das Limitações Constitucionais ao Poder de Tributar aos Direitos Fundamentais do Contribuinte. 3. Direitos Fundamentais do Contribuinte. 4. Direitos do contribuinte como cláusulas pétreas: ADI 939. 4.1. O caso. 4.2. Importância do julgado. 5. Direitos Fundamentais e os Direitos do Contribuinte. 6. Normas Tributárias e Direitos Humanos: interfaces e relações. 6.1. Direitos Fundamentais do Contribuinte como direitos de defesa. 6.2. Tributos como instrumentos de financiamento dos direitos fundamentais. 6.3. Extrafiscalidade como meio de efetivação dos direitos fundamentais. 7. Conclusão

1. INTRODUÇÃO

Este texto analisa as diferentes interfaces que se estabelecem entre os tributos e os direitos fundamentais na ordem jurídica brasileira, tanto no âmbito da formulação legislativa quanto da sua aplicação concreta em decisões judiciais.

Tomamos aqui "tributo" em sentido amplo para alcançar quaisquer normas jurídicas com conteúdo tributário. Interessa-nos a "legislação tributária", no alcance que a emprega o art. 96 do Código Tributário Nacional – "as leis, os tratados e as convenções internacionais, os decretos e as normas complementares que versem, no todo ou em parte, sobre tributos e relações jurídicas a eles pertinentes" –, bem como as próprias normas constitucionais que se referem à questão fiscal.

A análise destaca a maneira como a cultura dos direitos humanos afeta também o campo tributário e, progressivamente, desloca a atenção dos juristas das limitações à competência tributária para os direitos fundamentais do contribuinte. Não se trata apenas de fazer das vedações ao poder de tributar direitos fundamentais do contribuinte. A relação entre os tributos e os direitos humanos é mais complexa. Inclui também outras formas de relacionamento, que tomam a norma tributária como meio de financiamento de políticas públicas ou mesmo como instrumento extrafiscal imediato para sua concretização.

Em todas elas, fica clara a centralidade do discurso dos direitos fundamentais, no contexto jurídico atual, e a maneira como toca todos os segmentos do ordenamento jurídico, inclusive o tributário.

1 Doutor em Direito pela Universidade de São Paulo e graduado em Direito pela Universidade Federal de Alagoas. Consultor Legislativo da Câmara dos Deputados, advogado e professor do Instituto Brasiliense de Direito Público.

2. DAS LIMITAÇÕES CONSTITUCIONAIS AO PODER DE TRIBUTAR AOS DIREITOS FUNDAMENTAIS DO CONTRIBUINTE

Todas as constituições brasileiras, desde a Constituição do Império, trouxeram limitações ao poder de tributar: disposições destinadas a demarcar as fronteiras da competência para cobrar impostos e regular seu exercício. Nessas limitações, compreendem-se as imunidades, que demarcam negativamente o espaço de competência impositiva, e os princípios, que orientam a forma, o momento e a intensidade de seu exercício.

A origem desses limites, como bem destaca Aliomar Baleeiro, é anterior ao próprio Direito Tributário. Eram, inicialmente, princípios formulados pela Ciência das Finanças para o bom funcionamento da tributação. Ao depois, à medida que se incorporaram às constituições rígidas dos Estados democráticos, passaram a vigorar como limitações *jurídicas* ao poder tributário, tomado já não como mero poder de fato, mas como aptidão jurídica, competência legislativa.[2]

Mesmo a Constituição do Império de 1824, que não contava com um capítulo específico para o sistema tributário nacional, já previa no art. 15, X, as raízes da legalidade tributária, ao dispor que cabe à Assembleia-Geral "Fixar annualmente as despezas publicas, e repartir a contribuição directa". Estabelecia também as bases para o princípio da capacidade contributiva no art. 179, XV: "Ninguem será exempto de contribuir pera as despezas do Estado em proporção dos seus haveres".

A partir da Constituição de 1967, o texto constitucional passa a contar com um capítulo especificamente dedicado para o "Sistema Tributário Nacional", nele se incluindo as normas atinentes à divisão de competências tributárias e também às vedações ao poder tributário. Na Constituição de 1967, esse capítulo vai do art. 18 ao 28; no texto alterado pela Emenda Constitucional n. 1de 1969, estende-se do art. 18 ao 26.[3]

É interessante anotar que, na Constituição de 1969 (EC n.1, de 17 de outubro de 1969), os princípios tributários da legalidade e da anterioridade incluíam-se no capítulo dos "Direitos e Garantias Individuais" do Título da "Declaração de Direitos". Dispunha o art. 153, § 29:

> Nenhum tributo será exigido ou aumentado sem que a lei o estabeleça, nem cobrado, em cada exercício, sem que a lei o houver instituído ou aumentado esteja em vigor antes do início do exercício financeiro, ressalvados a tarifa

---

2 "Nos países de Constituição rígida e de controle judiciário das leis e atos administrativos os princípios que a Ciência das Finanças apurou em sua compósita formação política, moral, econômica ou técnica são integrados em regras estáveis e eficazes. Funcionam como *limitações ao poder de tributar*. Nenhuma Constituição excede a brasileira, a partir de 1946, pelo zelo com que reduziu a disposições jurídicas aqueles princípios tributários. Nenhuma outra contém tantas limitações expressas em matéria financeira." BALEEIRO, Aliomar. **Limitações constitucionais ao poder de tributar**. 7a ed. Atual. por Misabel Abreu Machado Derzi Rio de Janeiro: Forense, 2005.

3 A propósito do tema, ver: VALADÃO, Marcos Aurélio Pereira. **Limitações Constitucionais ao Poder de Tributar e Tratados Internacionais**. Belo Horizonte: Del Rey, 2000.

alfandegária e a de transporte, o imposto sobre produtos industrializados e o imposto lançado por motivo de guerra e demais casos previstos nesta Constituição.

O rol atual de direitos do art. 5º da Constituição Federal de 1988 não inclui expressamente legalidade tributária e anterioridade, como no texto anterior, mas a Carta hoje vigente é particularmente detalhada em matéria tributária. Traz um capítulo dedicado ao "Sistema Tributário Nacional" (arts. 145 a 162), a partir do Título VI "Da Tributação e do Orçamento" (arts. 145 a 169), dividido em seis seções, sendo a segunda delas denominada "Das limitações ao poder de tributar" (arts. 150, 151 e 152), na qual se encontram as principais disposições que hoje servem de base para defesa do contribuinte.

Não há na Constituição de 1988 referência textual a "direitos fundamentais dos contribuintes". A ausência, no entanto, não impediu que o tema ganhasse cada vez mais espaço no discurso jurídico contemporâneo, tanto em sede doutrinária quanto nas decisões judiciais. É comum que doutrina e jurisprudência afirmem direitos fundamentais do contribuinte, extraindo das tradicionais limitações constitucionais ao poder de tributar verdadeiros direitos subjetivos em favor do cidadão. O rol desses direitos que compõem o Estatuto do Contribuinte,[4] atualmente, só se amplia e ganha destaque no Direito Tributário brasileiro contemporâneo.

A tendência de aproximação entre estes dois discursos – o dos direitos fundamentais e o do Direito Tributário – é relativamente recente e parece encontrar sua razão de ser no protagonismo dos direitos humanos no contexto jurídico atual e na maneira como eles, em maior ou menor grau, irradiam seus efeitos por todo o ordenamento jurídico. De fato, como destaca Perez Luño, "o constitucionalismo atual não seria o que é sem os direitos fundamentais". Isso porque "as normas que sancionam o estatuto dos direitos fundamentais, junto àquelas que consagram a forma do Estado e as que estabelecem o sistema econômico, são decisivas para definir o modelo constitucional de sociedade".[5]

Ao influenciar o modo de interpretar e aplicar toda e qualquer norma jurídica, posicionando-se como conceito central do ordenamento jurídico, os direitos fundamentais operam verdadeiro deslocamento no Direito Público. Se antes se via o direito a partir do Estado, com a sedimentação do discurso dos direitos fundamentais, muda-se o ponto de vista: tem-se o direito, seja ele público ou privado, pensado do ponto de vista do cidadão. E isso, decerto, traz consequências práticas que não podem ser desprezadas.

4 "A expressão 'Estatuto do Contribuinte' denota um conjunto de normais que regula a relação entre o contribuinte e o entre tributante. Sua utilização possui conotação tanto *garantista* dos direitos do contribuinte como *limitativa* do poder de tributar". ÁVILA, Humberto. Estatuto do Contribuinte: conteúdo e alcance. **Revista Eletrônica de Direito Administrativo Econômico** (REDAE), Salvador, Instituto Brasileiro de Direito Público, n. 12, novembro/dezembro/janeiro, 2008. Disponível na Internet: <http://www.direitodoestado.com.br/redae.asp>. Acesso em: 27.6.2015. (Grifos originais).

5 PEREZ LUÑO, Antonio E. **Los Derechos Fundamentales**. Madrid: Tecnos, 2007, p. 19.

É claro que, exclusivamente do ponto de vista da lógica jurídica, a qualquer limitação à competência estatal ou dever imposto ao Poder Público corresponde um direito ao cidadão, como sua contraparte necessária. Em termos estritamente lógicos, direitos e deveres são dois lados da relação jurídica. Só há direito porque há dever, e vice-versa.[6] Afinal, o direito, como destaca Miguel Reale, marca-se pela nota de bilateralidade atributiva.[7] No entanto, a questão aqui não é apenas de lógica. Diz respeito ao plano do discurso político. O que se põe em destaque é a mudança de perspectiva, a inversão de posições operada pela afirmação histórica dos direitos humanos.

A propósito, Noberto Bobbio, na conhecida obra "A Era dos Direitos",[8] destaca a maneira como, historicamente, "a afirmação dos direitos do homem deriva de uma inversão radical de perspectiva, característica da formação do Estado moderno, na representação da relação política, ou seja, a relação estado-cidadão ou soberano-súditos".[9] O indivíduo assume o protagonismo, de sorte que se passa a compreender a relação do ponto de vista do direito dos cidadãos, não mais dos poderes do soberano.

A mudança de perspectiva é também assinalada por Gilmar Mendes e Paulo Branco, que destacam a centralidade do conceito de direitos fundamentais na sociedade e no Estado contemporâneos, nos seguintes termos:

> Os direitos fundamentais assumem posição de definitivo realce na sociedade quando se inverte a tradicional relação entre Estado e indivíduo e se reconhece que o indivíduo tem, primeiro, direitos, e, depois, deveres perante o Estado, e que os direitos que o Estado tem em relação ao indivíduo se ordenam ao objetivo de melhor cuidar das necessidades dos cidadãos.[10]

A tributação não fica de fora desse processo de mudança. No discurso tributário, também se nota certa alteração de enfoque, por exemplo, no uso cada

6 Daí afirmar Kelsen que certos direitos subjetivos não passam de "reflexos" de deveres jurídicos: "a afirmação de que alguém tem um direito (reflexo) a que um outro se conduza em face dele pela maneira devida não significa senão que este outro é obrigado a conduzir-se em face dele de determinada maneira. Quer isto dizer que o direito reflexo de um é idêntico ao dever do outro de se conduzir em face daquele de determinada maneira, que o conceito de direito reflexo é supérfluo. O direito reflexo é apenas o dever jurídico – visto da posição daquele em face do qual o dever há de ser cumprido. Por isso, não há qualquer relação entre um dever jurídico e o direito reflexo que lhe corresponde." KELSEN, Hans. **Teoria Pura do Direito**. São Paulo: Martins Fontes, 2003, p. 185.

7 Afirma Miguel Reale: "A relação jurídica apresenta sempre a característica de unir duas pessoas entre si, em razão de algo que atribui às duas certo comportamento e certas exigibilidades. *O enlace objetivo de conduta que constitui e delimita exigibilidades entre dois ou mais sujeitos, ambos integrados por algo que os supera, é o que chamamos bilateralidade atributiva*." REALE, Miguel. **Filosofia do Direito**. São Paulo: Saraiva, 2002, p. 403. (Grifo original).

8 BOBBIO, Noberto. **L'età dei diritti**. Torino: Einaudi, 1997.

9 No original: "In sede storica sostengo che l'affermazione dei diritti dell'uomo deriva da un rovesciamento radicale di prospettiva, caratteristico della formazione dello stato moderno, nella rappresentazione del rapporto politico, cioè nel rapporto stato-cittadini o sovrano-sudditi". BOBBIO, Noberto. **L'età dei diritti**. Torino: Einaudi, 1997, p. XI.

10 MENDES, Gilmar F.; BRANCO, Paulo Gustavo G. **Curso de Direito Constitucional**. 10a ed. São Paulo: Saraiva, 2015, p. 136.

vez mais frequente da expressão "direitos fundamentais dos contribuintes", em vez de "limitações constitucionais ao poder de tributar". A comparação entre as expressões registra uma mudança de perspectiva. Em lugar de se tomar a norma constitucional simplesmente do ponto de vista do Estado, representada como limite (ao poder de tributar), passa-se a enxergá-la da perspectiva do contribuinte, a quem confere direitos.

Não afirmarmos, é claro, que ambas as expressões – "limitações ao poder de tributar" e "direitos fundamentais do contribuinte" – tenham, rigorosamente, significado e alcance idênticos. Certamente não têm. Nem todas as limitações constitucionais ao poder de tributar têm como fundamento a proteção do contribuinte. A imunidade recíproca, por exemplo, está fundamentada no princípio federativo. Ademais, há direitos do contribuinte que resultam simplesmente da aplicação das disposições do art. 5º da Constituição em matéria fiscal, como direitos do cidadão-contribuinte – por exemplo, a inviolabilidade de domicílio (fiscal) –, e não decorrem das vedações do art. 150 do texto constitucional.

De toda sorte, ao compararmos as duas expressões – "limites" e "direitos" –, queremos destacar essa mudança de enfoque, que chama a atenção para a posição do contribuinte e sobretudo para a importância do respeito aos seus direitos e garantias individuais em matéria fiscal.

3. DIREITOS FUNDAMENTAIS DO CONTRIBUINTE

A mudança de enfoque e a ênfase no chamado "Estatuto do Contribuinte" não têm apenas valor simbólico. Trazem implicações essencialmente práticas, no plano da eficácia jurídica, e parecem ter relação estreita com a evolução operada no sistema tributário nas últimas décadas.

No caso do Brasil, é provável que, pelo menos, três razões tenham influenciado essa mudança de atitude: (1) o movimento de "publicização", de afirmação dos direitos fundamentais e de constitucionalização de todo o Direito e também do Direito Tributário; (2) o intento de renovação e reforço do discurso das limitações ao poder de tributar, em face do crescimento da carga tributária, especialmente a partir da década de 1990; e (3) as variadas mudanças operadas no texto constitucional em matéria tributária, que obrigaram os contribuintes a se utilizarem do único parâmetro material admissível para enfrentá-las: a violação a cláusulas pétreas, especialmente as do inciso IV, § 4º, do art. 60, da Constituição ("os direitos e garantias individuais").[11]

A atenção conferida às relações entre direitos fundamentais e legislação tributária ganha destaque no contexto de reafirmação do valor e da força das normas constitucionais que se opera no Brasil, mormente após a promulgação da Constituição Federal de 1988. Como é cediço, a constituinte de 1988

11 Cf. BRANCO, Paulo Gonet; MEIRA, Liziane Angelotti; CORREIA NETO, Celso de Barros. (Orgs.). **Tributação e Direitos Fundamentais – conforme a jurisprudência do STF e STJ**. São Paulo: Saraiva, 2012.

caracteriza-se como culminância do processo democrático, interrompido em 1964, e pela reconstrução e expansão das garantias do cidadão, doravante assinalados como a pedra de toque não só do ordenamento constitucional como também de todo o ordenamento jurídico. Daí em diante, o desafio central do direito público está não mais propriamente na declaração dos direitos, mas em assegurar meios de lhes conferir efetividade.[12]

A ideia de "publicização" e constitucionalização a que nos referimos, obviamente, não se limita à positivação constitucional, isto é, à inserção no próprio texto da Constituição de novos direitos, novos programas e de outras funções para o Poder Público. Além disso, diz também com a atitude do intérprete/aplicador diante do texto constitucional, que procura conferir-lhe a máxima eficácia possível – inclusive por meio da atuação do Poder Judiciário, quando preciso –, e com a influência que o texto constitucional irradia por todos os setores do ordenamento jurídico.

Nesse sentido, a aproximação entre o capítulo dos direitos fundamentais e o dos tributos é inevitável, tanto pelo fato de que a centralidade do discurso dos direitos humanos afeta todos os seguimentos do discurso jurídico quanto pelo ganho de eficácia das normas das protetivas do contribuinte contra o Fisco.

No plano do discurso político, o efeito de sentido que se obtém pelo uso da expressão "direitos fundamentais" ou "direitos humanos" não é idêntico ao que se observa no uso da expressão "limites", "limitações" ou "restrições" ao poder de tributar. Ainda que o fundamento constitucional possa ser exatamente o mesmo dispositivo, violar um direito fundamental do contribuinte apresenta-se como algo mais grave do que afrontar uma limitação à competência tributária.

Afora o aspecto retórico, a afirmação dos direitos e garantias individuais em matéria tributária implica reforçar as restrições impostas pelo constituinte ao legislador, no que se refere ao exercício da competência tributária. Sim, porque, além de destacar a posição do contribuinte, que faz jus a direito "reflexo", diante da norma de limitação ao poder tributário, a compreensão de tais direitos individuais como "fundamentais" confere-lhes outro *status* jurídico. Eleva à categoria de norma, hierárquica e axiologicamente, mais importante do ordenamento jurídico, protegida pelo manto da imutabilidade, nos termos do art. 60, §4º, IV: "Não será objeto de deliberação a proposta de emenda tendente a abolir: [...]IV – os direitos e garantias individuais.". Há, portanto, também ganho em termos de eficácia jurídica na passagem das limitações ao poder de tributar aos direitos fundamentais do contribuinte.

Tal reforço de eficácia pareceu especialmente oportuno no correr das duas décadas que sucedem à promulgação da Constituição de 1988, período marcado pela majoração da carga fiscal, notadamente por meio dos tributos de destinação constitucional vinculada, as contribuições sociais. À medida que se elevaram

12 A afirmação não é válida apenas para o cenário nacional, a propósito, ver: BOBBIO, Norberto, **L'età dei diritti**, Torino: Einaudi, 1997, p. 258-259 *et passim*.

os tributos cobrados e aperfeiçoaram-se os mecanismos de fiscalização, aumentaram também a resistência do contribuinte e o desejo de exonerar-se, no todo ou em parte, da carga fiscal. O incentivo ao uso de estratégias de planejamento tributário e o incremento do contencioso tributário se afiguram, por conseguinte, como consequências naturais da elevação da carga fiscal.

Além disso, há ainda outro aspecto a considerar. O incremento da carga fiscal, no Brasil, nos anos que se seguiram à promulgação da Constituição, demandou diversas reformas – ainda que parciais e insuficientes – no sistema tributário brasileiro. E muitas delas foram também reformas constitucionais, na medida em que não prescindiram de mudanças na própria Constituição Federal.[13] Por meio de alterações no texto constitucional, criaram-se novos tributos – como o Imposto Provisório sobre Movimentação Financeira (IPMF), pela Emenda Constitucional n. 3/1993, a Contribuição Provisória sobre Movimentação Financeira (CPMF), pela Emenda Constitucional n. 12/1996 e, anos mais tarde, a Contribuição para o Custeio do Serviço de Iluminação Pública (CONSIP), pela Emenda Constitucional n. 39/2002 –, bem como foram ampliadas competências tributárias já estabelecidas – como no caso da alteração procedida no art. 195 pela EC 20/1998 para efeito de ampliar a base de cálculo da contribuição para a seguridade social.

Nesse quadro, a violação de cláusulas pétreas era o argumento – e o parâmetro material – que restava ao contribuinte para questionar a validade das novas exações impostas com fundamento em emendas constitucionais. Pode-se dizer, então, que a elevação das limitações ao poder de tributar ao patamar de direitos fundamentais do contribuinte e, por conseguinte, de cláusulas pétreas na ordem constitucional de 1988, justificou-se mais por razões práticas do que por conta de elucubrações teóricas. Ganhou espaço diante da necessidade de se discutir a validade de normas introduzidas no sistema tributário nacional por força de emendas constitucionais.

O julgamento da Ação Direta de Inconstitucionalidade n. 939, na qual se discutia a validade do Imposto sobre Movimentações Financeiras (IPMF), acrescido pela EC n. 3/1993, oferece um importante exemplo de como os limites ao poder de tributar podem ser tomados como direitos individuais do contribuinte. A orientação firmada na decisão foi fundamental, na jurisprudência do STF, para afirmar esses direitos como cláusulas pétreas na ordem constitucional de 1988, como veremos a seguir.

4. DIREITOS DO CONTRIBUINTE COMO CLÁUSULAS PÉTREAS: ADI 939

O julgamento da ADI 939 merece lugar de destaque no contexto da jurisprudência do Supremo Tribunal Federal. Dizemos isso por, pelo menos, dois

13 Vejam-se, por exemplo, as modificações realizadas no texto constitucional, no plano da tributação e na partilha de recursos arrecadados, por meio das Emendas Constitucionais n. 12/1996, 20/1998, 21/1999, 27/2000, 39/2002, 41/2003, 42/2003 e 44/2004.

motivo. O primeiro é ter consolidado o entendimento da Corte quanto ao cabimento do controle jurisdicional de constitucionalidade em relação a emendas constitucionais. O segundo é ter estendido às limitações constitucionais ao poder de tributar o manto de imutabilidade, previsto no art. 60, § 4º, IV, da Constituição Federal de 1988.[14]

De certo modo, um e outro motivos estão entrelaçados. O parâmetro restrito de controle deve-se ao objeto: uma emenda à Constituição. Como se sabe, o art. 60 da Constituição Federal estabelece os requisitos para que se possa alterar o texto constitucional e ressalva que não será objeto de deliberação a proposta de emenda tendente a abolir: (I) a forma federativa de Estado; (II) o voto direto, secreto, universal e periódico; (III) a separação dos Poderes; e (IV) os direitos e garantias individuais. Assim, o controle de constitucionalidade material desse tipo de proposição legislativa leva em conta um parâmetro mais estreito, composto essencialmente das cláusulas pétreas, tal como previstas no próprio texto constitucional.

No caso em comento, duas delas mereceram especial atenção, a forma federativa e os direitos e garantias individuais. Vejamos, a seguir, os pormenores da decisão e suas principais implicações para o tema deste estudo.

4.1. O caso

A ação[15] foi proposta pela Confederação Nacional dos Trabalhadores do Comércio (CNTC) contra a criação do Imposto sobre Movimentações Financeiras (IPMF), previsto na Emenda Constitucional n. 3, de 17 março de 1993, e instituído pela Lei Complementar n. 77, de 13 de julho de 1993.

Na elaboração da emenda, o constituinte utilizou-se de técnica legislativa incomum. Em vez de modificar o próprio texto constitucional, pela mudança na redação originária de algum dispositivo ou pela inclusão de novos, a EC 3/1993 previu no seu próprio texto a criação de novo imposto, o Imposto sobre Movimentação ou Transmissão de Valores e de Créditos e Direitos de Natureza Financeira (IPMF).

O art. 2º da Emenda atribuiu à União competência para instituir, nos termos de lei complementar, com vigência até 31 de dezembro de 1994, imposto sobre movimentação ou transmissão de valores e de créditos e direitos de

14 É importante chamar atenção para as relações entre a política fiscal e o desenho institucional do sistema de controle de constitucionalidade. Em grande medida, pode-se dizer que o próprio redesenho institucional do controle abstrato nos anos que se sucederam à promulgação da Carta de 1988 tem relação direta com a necessidade de conferir certeza e segurança ao controle judicial da política fiscal do Governo Federal. Afirma, a propósito, Rafael Thomaz Favetti: "A criação da ADC pela EC n.3, que nada tinha a ver com o controle de constitucionalidade, explica-se pela urgência em criar um mecanismo para reduzir os custos transacionais da política fiscal, que começava a se consolidar fundada na centralização fiscal, por meio de contribuições sociais. A ADC n. 1 pedia, por sinal, a declaração de constitucionalidade da COFINS." FAVETTI, Rafael Thomaz. **Controle de Constitucionalidade e Política Fiscal**. Porto Alegre: Sergio António Fabris Editor, 2003, p.136.

15 BRASIL. Supremo Tribunal Federal. **Ação Direta de Inconstitucionalidade n. 939**. Relator: Sydney Sanches. Julgamento em 15.12.1993.

natureza financeira, o que se deu por meio da Lei Complementar n. 77/1993, já mencionada. A redação do art. 2° da EC 3 é a seguinte:

> Art. 2.º A União poderá instituir, nos termos de lei complementar, com vigência até 31 de dezembro de 1994, imposto sobre movimentação ou transmissão de valores e de créditos e direitos de natureza financeira.
>
> § 1.º A alíquota do imposto de que trata este artigo não excederá a vinte e cinco centésimos por cento, facultado ao Poder Executivo reduzi-la ou restabelecê-la, total ou parcialmente, nas condições e limites fixados em lei.
>
> **§ 2.º Ao imposto de que trata este artigo não se aplica o art. 150, III, "b", e VI, nem o disposto no § 5.º do art. 153 da Constituição.**
>
> § 3.º O produto da arrecadação do imposto de que trata este artigo não se encontra sujeito a qualquer modalidade de repartição com outra entidade federada.
>
> § 4.º Do produto da arrecadação do imposto de que trata este artigo serão destinados vinte por cento para custeio de programas de habitação popular.

As principais contestações em relação à Emenda diziam respeito às exceções previstas no seu § 2°. A disposição estabelecia que ao novo imposto não deveriam se aplicar as disposições do art. 150, III, "b", e VI, nem o disposto no § 5º do art. 153 da Constituição. Ou seja, o IPMF escaparia à aplicação do princípio da anterioridade e das imunidades recíprocas de templos de qualquer culto, de partidos políticos e suas fundações, de entidades educacionais e de assistência social, bem como de livros, jornais, periódicos e o papel destinado a sua impressão.

Em 15.9.1993, a medida cautelar requerida na ação direta foi deferida pelo Supremo Tribunal Federal para suspender, até 31.12.1993, os efeitos do art. 2º, e seus parágrafos, da EC 03/1993, bem como da Lei Complementar n. 77/1993. A mesma orientação foi adotada, ao depois, na decisão de mérito em 15.12.1993. O Tribunal julgou procedente, em parte, a ação, para declarar a inconstitucionalidade da expressão "o art. 150, III, "b" e VI, nem," contida no § 2° do art. 2° de EC n. 03/93.

4.2. Importância do julgado

Como já mencionamos, o julgamento é particularmente importante tanto pelo seu objeto, uma emenda constitucional, quanto pelos fundamentos adotados na decisão, a violação de cláusulas pétreas.

Quanto ao objeto, é provavelmente este o primeiro caso no qual o Supremo Tribunal Federal discutiu a constitucionalidade de uma emenda ao texto constitucional e, ao fim, julgou-a, ao menos em parte, inconstitucional. Esse aspecto não passou despercebido no julgamento. Há referências ao fato nos votos prolatados, especialmente no do Ministro Paulo Brossard, que registra a primazia do julgamento. Consta do voto o seguinte trecho:

> É a primeira vez que se discutem aspectos constitucionais de uma emenda constitucional. Antes só me recordo que a reforma de 1926 teve sua validade questionada, porque processada e promulgada sob estado de sítio.[...] Pela primeira vez, a constitucionalidade de uma emenda constitucional ou de aspectos de uma emenda constitucional chega até o Supremo Tribunal e é por ele enfrentada, discutida e decidida.

Antes desse julgamento, a controvérsia quanto ao cabimento de controle de constitucionalidade de emendas à Constituição havia sido ventilada no HC 18.178/DF, Rel. Min. Hermenegildo de Barros, julgado em 1º.10.1926. Mas nem o alcance da decisão nem os contornos do caso eram semelhantes aos da ADI 939. Foi no julgamento dessa ação que se consolidou, na jurisprudência do STF, a possibilidade de o Tribunal conhecer de ações diretas ajuizadas contra emendas constitucionais.[16]

Quanto aos fundamentos, ao decidir pela inconstitucionalidade, o Tribunal reconheceu que o princípio da anterioridade e as imunidades previstas no inciso IV, "b", "c" e "d" do art. 150 são garantias individuais do contribuinte e, portanto, cláusulas pétreas, na ordem constitucional de 1988. A imunidade prevista no art. 150, VI, "a" (a imunidade recíproca), é exceção, uma vez que está protegida pela hipótese do inciso I do § 4º, do art. 60 (forma federativa de Estado), e não pela do inciso IV do mesmo artigo (direitos e garantias individuais)

Tomar a anterioridade e as imunidades tributárias como direitos individuais do contribuinte tem evidente sentido prático no contexto do julgamento. Significa reconhecer que tais prescrições não podem ser afastadas nem mesmo por força de emenda constitucional, como pretendido pelo art. 2º, § 2º, da Emenda. Por isso, mais do que apenas reforçar a importância dessas disposições, o reconhecimento das limitações constitucionais ao poder de tributar como direito do contribuinte representou uma etapa necessária do raciocínio – isto é, da *ratio decidendi* –, que conduziu à declaração de inconstitucionalidade da EC 3/1993.

Com maior ou menor clareza e intensidade, o fundamento é suscitado em todos os votos proferidos. Contra a possibilidade de se estabelecerem novas

---

16 Nesse sentido, veja-se o que afirma Luciano Felício Fuck: "a ADI 939 constitui a primeira vez que o STF examinou a constitucionalidade material e declarou a inconstitucionalidade da mais alta e nobre espécie normativa concedida ao Poder Legislativo: a emenda constitucional. É certo que o STF já havia examinado a compatibilidade de emenda constitucional com o texto original no famoso caso da Emenda Constitucional de 1926 (HC 18.178/DF, Rel. Min. Hermenegildo de Barros, Pleno, julgado em 1o.10.1926). Já naquela oportunidade, o Tribunal demonstrou grande desenvoltura na análise de constitucionalidade formal em relação às regras dispostas na Constituição de 1891, afirmando sua competência para verificar a legitimidade da reforma constitucional, nada obstante o grande debate a propósito no direito comparado. No entanto, na ADI 939, o STF não só examina a constitucionalidade material de emenda constitucional devidamente aprovada pelo Congresso Nacional, como também, ao fazê-lo, reconhece a incompatibilidade de parte de suas disposições com cláusulas pétreas. Nesse ponto, o STF pacificou a possibilidade de controle jurisdicional de constitucionalidade de emendas constitucionais pouco mais de cinco anos após a promulgação da Carta Magna, dando segurança às disposições fundamentais e inibindo aventuras institucionais." FUCK, Luciano Felício. Tributação e cláusulas pétreas: ADI 939. In: Beatriz Bastide Horbach; Luciano Felício Fuck. (Org.). **O Supremo por seus Assessores**. São Paulo: Almedina Brasil, 2014, p. 17-18.

exceções ao princípio da anterioridade, além das que já constam do texto originário da Constituição Federal, aduz o relator do caso, Ministro Sydney Sanches, o seguinte:

> 12. Nem me parece que, além das exceções ao princípio da anterioridade, previstas expressamente no § 1º do art. 150, pela Constituição originária, outras pudessem ser estabelecidas por emenda constitucional, ou seja, pela Constituição derivada.
>
> 13. Se não se entender assim, o princípio e a garantia individual, que ele encerra, ficariam esvaziados, mediantes novas e sucessivas emendas constitucionais, alargando as exceções, seja para impostos previstos no texto originário, seja para os não previstos.[17]

Na mesma linha, o Ministro Carlos Velloso destaca a importância do princípio da anterioridade como garantia do contribuinte, ao afirmar que "as garantias dos contribuintes, inscritas no art. 150 da Constituição, são intangíveis à mão do constituinte derivado, tendo em vista o disposto no art. 160, § 4º, IV, da Constituição". E reconhece que "as imunidades inscritas no inciso VI do art. 150 são, também, garantais que o constituinte derivado não pode suprimir".[18]

O Ministro Celso de Mello, por sua vez, enfatiza a importância das cláusulas pétreas no contexto da Constituição Federal de 1988. Sublinha o papel da anterioridade, de um lado, como "limitação constitucional ao poder impositivo das pessoas políticas" e, de outro, como "direito público subjetivo oponível ao Estado pelos contribuintes que dela se beneficiam". Daí concluir que "o ato normativo em causa efetivamente agride e afronta o regime dos direitos fundamentais dos contribuintes".

Fica também clara, no mesmo voto, a relação entre as imunidades - das entidades sindicais, dos templos, dos partidos políticos, das instituições de educação e assistência social e dos livros - e os valores que lhe são subjacentes - liberdade de consciência, liberdade de manifestação do pensamento, liberdade de associação -, de modo que suprimi-las acabaria por comprometer os "valores em função dos quais essa prerrogativa de índole tributária foi conferida", aduz o Ministro Celso de Mello.

A orientação[19] firmada nesse julgamento - de que as vedações previstas no art. 150 da Constituição conferem direitos fundamentais aos contribuintes - influenciou decisivamente a jurisprudência do Supremo Tribunal Federal e foi,

17 BRASIL. Supremo Tribunal Federal. **Ação Direta de Inconstitucionalidade n. 939**. Relator: Sydney Sanches. Julgamento em 15.12.1993.

18 BRASIL. Supremo Tribunal Federal. **Ação Direta de Inconstitucionalidade n. 939**. Relator: Sydney Sanches. Julgamento em 15.12.1993.

19 O teor e o alcance da decisão não estão livres de crítica na doutrina. Veja-se, por exemplo, Ricardo Ribeiro Lodi, para quem a decisão "estabeleceu uma diretriz por demais exagerada, a partir da ideia de que todos esses direitos dos contribuintes [previstos no art. 150, VI] são cláusulas pétreas e que por isso não podem ser abolidos, restringidos e sequer excepcionados por emendas constitucionais". RIBEIRO, Ricardo Lodi. As Cláusulas Pétreas Tributárias. **Revista de Direito do Estado** (RDE), v. 21, p. 625-647, 2011.

depois, aplicada em outros casos enfrentados pela Corte. Citem-se, como exemplo, o Recurso Extraordinário n. 587.008, de relatoria do Ministro Dias Toffoli, julgado em 6.5.2011, e a Medida Cautelar na Ação Direta de Inconstitucionalidade n. 4.661, de relatoria do Ministro Marco Aurélio, julgada em 20.10.2011.

5. DIREITOS FUNDAMENTAIS E OS DIREITOS DO CONTRIBUINTE

Até aqui falamos de direitos fundamentais do contribuinte sem grande preocupação em explicar ou definir o conteúdo da expressão. Mas o que, afinal, são direitos fundamentais? E, em especial, quais deles podem ser tomados como direitos *dos contribuintes* especificamente?

Não é novidade que os direitos fundamentais designam-se por diferentes nomes: "direitos humanos", "direitos do homem", "direitos fundamentais", "direitos humanos fundamentais", "direitos fundamentais do homem", "direitos e garantias individuais", "liberdades públicas", entre outros. É fato que nem todas têm exatamente o mesmo alcance ou significado, mas a preferência por este ou aquele nome justifica-se mais por razões práticas ou histórico-geográficas do que por motivos estritamente lógicos.

O Supremo Tribunal Federal e o Superior Tribunal de Justiça usam indistintamente as expressões acima apontadas. Há, no entanto, clara preferência pelas expressões "direitos e garantias fundamentais" e "direitos humanos", adotadas no próprio texto constitucional em vigor, no Título II ("Dos Direitos e Garantias Fundamentais") e nos art.5º, §3º, e 109, V-A da Constituição, respectivamente.

Além de muitos nomes, também não há apenas uma definição doutrinária do tema. Costuma-se demarcar a noção por meio dos seguintes atributos: universalidade, essencialidade, aplicabilidade imediata, indisponibilidade, previsão constitucional e capacidade de vinculação os três poderes. Já se sabe, no entanto, que rigorosamente nem todas essas características estão presentes em alguns dos direitos fundamentais. Os direitos sociais do trabalhador, por exemplo, não são exatamente universais, tendo em vista que se destinam a uma categoria específica; mas nem por isso perdem seu *status* de direitos fundamentais.

Ingo W. Sarlet distingue duas perspectivas para demarcar a noção de direitos fundamentais – a formal e a material. Diz o autor:

> Direitos Fundamentais são, portanto, aquelas posições jurídicas concernentes às pessoas, que, do ponto de vista do direito constitucional positivos, foram, por seu conteúdo e importância (fundamentalidade em sentido material), integradas ao texto da Constituição e, portanto, retiradas da esfera de disponibilidade dos poderes constituídos (fundamentalidade formal), bem como as que, por seu conteúdo e seu significado, possam ser equiparados, agregando-se à Constituição material, tendo, ou não, assento na Constituição formal (aqui considerada a abertura material do catálogo).[20]

20 SARLET, Ingo W. A **Eficácia dos Direitos Fundamentais**. 7ª ed. Porto Alegre: Livraria do Adv., 2007, p. 91.

A preocupação deste estudo, obviamente, não é de conceituar "direitos fundamentais". A controvérsia a esse respeito, todavia, parece útil também para a matéria aqui enfrentada, tanto para delimitar quais seriam os direitos fundamentais do contribuinte quanto para compreender as diferentes interfaces entre tributos e direitos humanos.

Como se sabe, os direitos fundamentais não são apenas aqueles listados no art. 5º da Constituição Federal. O catálogo é aberto. Existem outros no texto constitucional e há permissão para que novos sejam incorporados. A disposição do § 2º do art. 5º não deixa dúvidas a esse respeito, ao prescrever que "Os direitos e garantias expressos nesta Constituição não excluem outros decorrentes do regime e dos princípios por ela adotados". Em matéria fiscal, a prescrição do art. 5º, § 2º, combina-se com a do *caput* do art. 150 que, ao consignar que as vedações dos incisos I a VI, determina que se apliquem "sem prejuízo de *outras garantias* asseguradas ao contribuinte".

Nesse quadro normativo, haveria, então, pelo menos, dois fundamentos para os direitos e garantias do contribuinte na Constituição Federal de 1988: (1) os que decorrem da aplicação, no campo tributário, dos direitos fundamentais genéricos, previstos no texto constitucional, principalmente no art. 5º da Constituição e (2) os que resultam de limitações constitucionais ao poder de tributar. No primeiro grupo, incluem-se, por exemplo, o sigilo fiscal (art. 5º, XII) e a inviolabilidade de domicílio (art. 5º, XIII), por exemplo, e, no segundo, a proibição do confisco (art. 150, IV) e a anterioridade (art. 150, III, "b").

A classificação certamente não é rigorosa. Vem aqui a título meramente ilustrativo. A bem da verdade, mesmo os direitos fundamentais do contribuinte, que se baseiam em disposições específicas do sistema tributário, não raro podem ser tomados como especificações de outros já previstos no texto constitucional. É o caso da isonomia e legalidade, que têm previsão genérica na Constituição (art. 5º, *caput*, e incisos I e II) e específica no campo tributário (art. 150, II e I, entre outros). Em outras situações, a norma tributária constitucional assume a forma de meio ou garantia a serviço de um direito previsto fora do capítulo tributário: por exemplo, a imunidade dos templos religiosos (art. 150, VI, "b") em relação à liberdade de culto (art. 5º, VI) ou a imunidade do livro em relação à liberdade de expressão (art. 5º, IX) e ao direito à cultura (art. 215).

Ainda que não seja rigorosa, essa forma de apresentar o tema já deixa claro que a influência dos direitos fundamentais em matéria de tributação não se reduz à função de limite à legislação tributária. A inter-relação entre direitos e tributos é mais ampla e pode assumir diferentes contornos, como veremos a seguir.

6. NORMAS TRIBUTÁRIAS E DIREITOS HUMANOS: INTERFACES E RELAÇÕES

Embora a defesa dos chamados "direitos fundamentais do contribuinte" seja a forma mais usual de relacionar a tributação com a temática dos direitos fundamentais, não é essa a única aproximação possível entre os direitos fundamentais e os tributos.[21]

Há, pelo menos, três interfaces possíveis entre direitos fundamentais e tributos, considerando a aplicação da legislação tributária e a efetivação dos direitos envolvidos. São elas: (1) os direitos fundamentais como limites à cobrança de tributos e à edição de normas tributárias; (2) a tributação como fonte de recursos para custeio de políticas públicas voltada à implementação de direitos fundamentais e (3) as normas tributárias como instrumentos extrafiscais de efetivação de direitos fundamentais.

A primeira interface toma os direitos fundamentais como típicos direitos de defesa. Essa abordagem refere-se especialmente aos ditos direitos de primeira geração ou dimensão, isto é, àqueles que se identificam com as liberdades públicas e impõem fundamentalmente limites negativos à atuação estatal. É o caso, por exemplo, da legalidade, da anterioridade (segurança jurídica) e do não confisco, utilizados pelo contribuinte contra a exigência de tributo indevido, extemporâneo ou desproporcional.

A segunda forma de relacionamento a que nos referimos é a que enxerga nas normas tributárias meios de financiamento – fonte de custeio – de medidas voltadas à efetivação de direitos fundamentais. Ganham especial destaque, nesse contexto, os direitos de segunda geração, como saúde, educação, previdência e assistência social, que demandam prestações positivas por parte do Poder Público, em geral, bastante dispendiosas.

Para custeá-los, a Constituição Federal de 1988 (art. 149) estabeleceu tributos específicos que se caracterizam pela destinação vinculada de sua arrecadação. É o caso do art. 195 da Constituição Federal, que prescreve que a seguridade social será financiada por meio de contribuições sociais, deixando clara a relação entre os direitos que compõem o conceito de seguridade social – saúde, assistência e previdência – e o tributo encarregado de financiá-los, as contribuições.

A terceira possibilidade a que nos referimos é a que toma as próprias normas tributárias como instrumentos para efetivação de direitos fundamentais, notadamente os de terceira geração. Nessa acepção, já não há confronto entre tributos e direitos fundamentais, nem a tributação serve apenas como meio de financiamento. A legislação tributária, na verdade, contribui diretamente para a concretização dos direitos fundamentais, tomados agora como objetivos a serem perseguidos. A título de exemplo, cite-se o uso de "normas tributárias

21 No mesmo sentido, afirma Fernando Facury Scaff: "Entendo que o debate sobre os direitos humanos e tributação não pode ficar cingido ao estudo dos direitos fundamentais dos contribuintes, que traduzem tão somente a primeira dimensão dos direitos humanos, mas deve ser abordada também sob o ângulo da segunda e terceira dimensão dos direitos." SCAFF, Fernando F. A Desvinculação de Receitas da União (DRU) e a Supremacia da Constituição. IN: SCAFF, Fernando; MAUÉS, Antonio G. Moreira. **Justiça Constituição e Tributação**. São Paulo: Dialética, 2005, p. 96.

indutoras"[22] – na forma de agravamentos ou desonerações – voltadas à proteção do meio ambiente (art. 225 da Constituição).

Apontar essas três interfaces serve para ilustrar as diferentes relações possíveis entre direitos fundamentais e tributos. Vale dizer, na atividade tributária, o Poder Público pode encontrar nos direitos fundamentais limites à sua ação, objetivos a serem perseguidos ou fundamentos para instituição do tributo.

A proposta de levar em conta as gerações dos direitos não é rigorosa, tem evidente intuito ilustrativo. Na verdade, como se sabe, nem mesmo a ideia de "gerações" ou, como preferem outros, "dimensões" dos direitos humanos pode ser tomada em termos absolutos. As dimensões não se superam cronologicamente, sobrepõem-se. Os direitos – das diferentes gerações – formam, no seu conjunto, o arcabouço normativo do Estado Social de Direito. Nas palavras de Jairo Schäfer, "as diversas gerações, em verdade, são diferentes dimensões do mesmo fenômeno, cuja magnitude somente é perceptível em seu conjunto".[23]

Ademais, nem mesmo a identificação entre os usos do tributo e os direitos fundamentais é precisa. Tome-se como exemplo o caso da tributação ambiental: usa-se o tributo com fins extrafiscais, não para arrecadar, mas para assegurar a proteção do meio ambiente, típico direito difuso, enquadrado como de terceira geração. Contudo, a invocação do regime extrafiscal não justifica o afastamento das limitações constitucionais ao poder de tributar e, portanto, dos direitos fundamentais do contribuinte, aqui empregados como direitos individuais e de defesa, tipicamente enquadrados como de primeira geração. Afinal, como afirma Geraldo Ataliba, "Não pode a extrafiscalidade servir de invocação mágica que arrede o conjunto de restrições que – em nome da organização estatal, moralidade política e direitos individuais – constitui o regime tributário".[24]

Assim, têm-se, numa mesma situação, interfaces diferentes entre a tributação e o discurso dos direitos fundamentais. De um lado, está o direito ao meio ambiente equilibrado como fundamento e escopo da legislação tributária ambiental e, de outro, o conjunto de garantias que forma o Estatuto do Contribuinte como parâmetros da validade dos tributos e das derrogações instituídas pelo regime extrafiscal.

De todo modo, ainda que não seja rigorosa, a classificação serve à finalidade didática. Faz ver que existem as diferentes formas de relacionamento entre as normas tributárias e as que asseguram direitos fundamentais no ordenamento brasileiro, muito além dos direitos fundamentais do contribuinte.

22 SCHOUERI, Luís Eduardo. **Normas Tributárias Indutoras e Intervenção Econômica.** Rio de Janeiro: Forense, 2005, p. 30 e ss.

23 SCHÄFER, Jairo. **Classificação dos Direitos Fundamentais**: do sistema geracional ao sistema unitário: uma proposta de compreensão. 2a ed. Porto Alegre: Livraria do Advogado, 2013, p. 61.

24 ATALIBA, Geraldo. **Apontamentos de Ciência das Finanças, Direito Financeiro e Direito Tributário**. São Paulo: Revista dos Tribunais, 1969, p. 149.

6.1. Direitos Fundamentais do Contribuinte como direitos de defesa

Entender os direitos fundamentais como direitos do contribuinte é a forma mais usual de relacioná-los com o sistema tributário. Nessa acepção, os direitos fundamentais do contribuinte podem ser descritos essencialmente como direitos de defesa, isto é, garantias do cidadão-contribuinte, pessoa física ou jurídica, contra o Estado-Fisco, destinados a assegurar-lhe espaço à margem da intervenção estatal. Operam, assim, como normas de competência negativa e impõem ao Poder Público obrigações de abstenção, isto é, omissões.[25]

Os fundamentos, como já dissemos, encontram-se nas disposições que formam o sistema tributário nacional, no rol do art. 5º e, grosso modo, em todo o texto constitucional em vigor. O exemplo mais evidente é o das limitações constitucionais ao poder de tributar, previstas nos arts. 150 a 152 da Constituição Federal, de que já cuidamos suficientemente ao examinar a decisão proferida na ADI 939.

As vedações previstas nos arts. 150 a 152 da Constituição, ao mesmo tempo em que estabelecem limites à competência impositiva estatal, resguardam a esfera da autonomia individual do cidadão (função defensiva). Ou seja, conferem a todos os contribuintes ou a algumas categorias em especial típicos direitos de defesa. Trata-se de assegurar ao indivíduo uma esfera de liberdade" e outorgar-lhe "um direito subjetivo que lhe permita evitar interferências indevidas no âmbito de proteção do direito fundamental ou mesmo a eliminação de agressões que esteja sofrendo em sua esfera de autonomia pessoal".[26]

Assim, tais disposições garantem ao contribuinte que a cobrança de tributos não lhe tolha a liberdade, não se dê sem lei, não lhe confisque o patrimônio, não afete o mínimo necessário a sua subsistência[27] e não se faça senão a partir do próximo exercício financeiro, nem antes de decorridos noventa dias. Não se trata aqui de propor um rol de direitos do contribuinte. A lista é exemplificativa. Pretende-se apontar apenas este traço comum: o fato de serem postulados de abstenção, obrigações de não fazer, impostas em favor do indivíduo e contra o Estado-Fisco. Em todas essas hipóteses – entre outras – o discurso da proteção dos direitos fundamentais serve ao contribuinte como meio de defesa e limite contra o Fisco. Ou seja, a atividade do Fisco é restringida por esse tipo de disposição, por ocasião da elaboração da lei (atividade legislativa) e também de sua aplicação (atividade administrativa).

---

25 A propósito da distinção entre direitos de defesa e direitos a prestações, especialmente os de proteção, explica Robert Alexy: "Para seus destinatários, direitos de defesa são, dentre outras, proibições de destruir ou afetar negativamente algo. Já os direitos a prestações são, para seus destinatários, dentre outras, obrigações de proteger ou fomentar algo." ALEXY, Robert. **Teoria dos Direitos Fundamentais**. 2ª ed. Trad. Virgílio Afonso da Silva. São Paulo: Malheiros, 2012, p.461.

26 SARLET, Ingo W. A **Eficácia dos Direitos Fundamentais**. 7ª ed. Porto Alegre: Livraria do Adv., 2007, p. 197.

27 Ver: TORRES, Ricardo Lobo. O Mínimo Existencial e os Direitos Fundamentais. **Revista de Direito Administrativo**, Rio de Janeiro, jul/set., 1898, p. 29-49.

Grosso modo, pode-se dizer que a maior parte das limitações constitucionais ao poder de tributar tem como cerne, direta ou indiretamente, a proteção da propriedade privada. Isso, aliás, não é de se estranhar. Afinal, a tensão entre propriedade e os impostos marca a própria essência do Direito Tributário – o tributo em si mesmo pode ser definido como uma restrição à propriedade. Mas existem outros valores e bens jurídicos afetados pela atividade impositiva.[28] É o caso das limitações previstas no art. 150, VI, "c" e "d", por exemplo, que se voltam à proteção de outros bens jurídicos. Vale dizer, as imunidades estabelecidas para os templos de qualquer culto e para o livro podem ser compreendidas como garantias em favor das liberdades de crença e de expressão, respectivamente.

De qualquer sorte, em todos esses casos, os direitos individuais do contribuinte são opostos ao fisco. Atuam como de forma a limitar o Poder Público, no exercício da atividade fiscal, como típicos direitos de defesa.

6.2. Tributos como instrumentos de financiamento dos direitos fundamentais

A segunda forma de relacionamento que destacamos é a que compreende os tributos como instrumentos de financiamento da ação estatal e, em particular, das ações voltadas à concretização dos direitos fundamentais. Nessa hipótese, já não se trata de opor vedações ao Estado nem de impor abstenções. O tributo é instrumento de financiamento da ação estatal voltada à realização dos direitos fundamentais.

A bem da verdade, essa relação ocorre de forma indireta, isto é, pelo gasto público, não pela norma tributária em si. Ou seja, os recursos públicos arrecadados por meio do sistema tributário são, ao depois, direcionados pelo orçamento para o financiamento de diversas formas. Sob esse viés, cabe considerar a vinculação entre direitos e seus custos, seja de forma genérica, no dever geral de pagar impostos, seja de forma específica, nas formas de vinculação de receitas tributárias previstas na legislação em vigor.

A efetivação dos direitos do homem – todos eles, qualquer que seja sua geração ou natureza (defesa, participação ou prestacional) – tem custos econômicos, e a cobrança de tributos é a principal forma de obtenção dos recursos necessários para supri-los. Mesmo as liberdades públicas, o direito de votar e o direito de ir e vir, por exemplo, demandam prestações públicas e exigem o estabelecimento de um aparato institucional para que possam ser exercidos.

28 Manoel Cavalcante de Lima Neto propõe classificar os direitos fundamentais do contribuinte entre quatro grupos, com base no critério do bem jurídico protegido: *liberdade* (imunidades, liberdade de tráfego, unidade tributária e livre exercício de atividade econômica); *igualdade* (isonomia tributária, tributação federal uniforme, isonomia da tributação dos títulos da dívida pública e dos vencimentos dos servidores públicos e a vedação da concessão de isenções heterônomas por parte da União; *segurança* (legalidade tributária, irretroatividade, anterioridade e transparência na tributação do consumo) e *propriedade* (vedação do confisco). LIMA NETO, Manoel Cavalcante de. **Direitos Fundamentais dos Contribuintes**. Recife: Nossa Livraria, 2005, p. 146-147.

É preciso construir e manter prédios públicos, adquirir equipamentos e contratar servidores. Há sempre alguma forma de atuação Estatal necessária. "Nenhum direito é simplesmente um direito de ser deixado sozinho por funcionários públicos. Todos os direitos são reivindicações de uma resposta governamental afirmativa.", como afirmam Holmes e Sustein.[29]

Por isso, não basta dizer que são "sagrados", "invioláveis" ou "absolutos".[30] Proteger e assegurar os direitos fundamentais requer que se considerem também seus custos e a maneira de obtenção dos recursos econômicos necessários à sua satisfação. E, como fonte primeva de recursos estatais, os tributos têm um papel destacado nessa tarefa.

No Estado moderno, os tributos e, particularmente, os impostos são o principal meio pelo qual o Estado obtém recursos para o atendimento das competências institucionais – encargos ou atribuições – a que é vinculado pela Constituição. Pelo instrumento fiscal, "o Estado supre-se das economias privadas a fim de atender às carências públicas".[31]

Não se trata de mera constatação de ordem econômica ou justificativa metajurídica. O sistema constitucional assinala para o tributo a função primordial de financiamento das atividades públicas, ao passo que restringe a exploração econômica por parte do Estado e relega a papel secundário os demais instrumentos de captação de receitas públicas.

A doutrina chama de "Estado Fiscal"[32] o modelo de "estado cujas necessidades financeiras são essencialmente cobertas por impostos".[33] A referência a impostos em particular, e não a quaisquer tributos em geral, explica-se porque "o imposto, como meio de financiamento geral, independente de prestações estatais concretas, permite ao Estado a necessária mobilidade e independência no financiamento das tarefas públicas", como salienta Juan Manuel Barquero Estevan.[34]

A ausência de bilateralidade cria certa independência nas escolhas (orçamentárias) do Estado, em relação aos contribuintes individualmente

29 No original: "No right is simply a right to be left alone by public officials. All rights are claims to an affirmative governmental response." HOLMES, Stephen; SUNSTEIN, Cass. **The Cost of Rights**: why liberty depends on taxes. New York: Norton &Co., 1999, p. 44.

30 "Rights are familiarly described as inviolable, preemptory, and conclusive. But these are plainly rhetorical flourishes. Nothing that costs money can be an absolute". HOLMES, Stephen; SUNSTEIN, Cass. **The Cost of Rights**: why liberty depends on taxes. New York: Norton &Co., 1999, p.97.

31 QUIROGA, Roberto. **Tributação e Política Fiscal**. In: Segurança Jurídica na Tributação e Estado de Direito, São Paulo: Noeses, 2005, p.560.

32 José Casalta Nabais distingue o conceito de "Estado Fiscal" do conceito de "Estado Tributário", que define como "um estado predominantemente assente em termos financeiros, não em tributos unilaterais – impostos –, mas sim em tributos bilaterais – taxas, contribuições especiais, etc." Segundo o autor, o Estado contemporâneo poderia assumir uma ou outra feição. NABAIS, José Casalta. **O Dever Fundamental de Pagar Impostos**. Coimbra: Almedina, 2004, p.199.

33 NABAIS, José Casalta. **O Dever Fundamental de Pagar Impostos**, Coimbra: Almedina, 2004, p.192.

34 ESTEVAN, Juan Manuel Barquero. **La Función del Tributo em el Estado Social e Democrático de Derecho**. Madrid: Centro de Estudios Políticos y Constitucionales, 2002, p. 110.

considerados, e assim "permite assegurar a racionalidade das decisões financeiras e facilitar a execução de medidas [...] necessárias, embora impopulares".[35] Ademais, a vinculação, na hipótese de incidência, a prestações estatais concretas pressupõe decisão prévia, a respeito das despesas públicas, e não possibilita realizar rigorosamente a distribuição equitativa de cargas fiscais a serem suportadas pelos cidadãos[36] nem o custeio de serviços ou tarefas prestadas difusamente à sociedade.

A ideia de Estado Fiscal pode ser entendida como a "projeção financeira do Estado de Direito".[37] O dever geral de pagar tributo[38] é um elemento basilar da forma de Estado hoje vigente: "pressuposto geral da existência e funcionamento do estado e consequente reconhecimento e garantia dos direitos fundamentais em seu conjunto".[39]

Algumas Constituições – por exemplo, a espanhola[40] e a italiana[41] – albergam previsões que estabelecem, de forma clara, o dever de todo cidadão contribuir, por meio do tributo, para a despesa pública. Na Constituição de 1988, não há disposição semelhante. Ainda assim, não se nega a existência de um dever fundamental de pagar impostos também em nosso texto constitucional.

Na Constituição de 1988, tal princípio encontra fundamento assim na demarcação de competências que compõem o sistema tributário nacional (*e.g.* do art. 145 a 155) como nas disposições que compõem a ordem econômica, especialmente os arts. 173 e 174. Lidas em conjunto, essas disposições não deixam dúvida quanto à função do tributo no Estado brasileiro, como meio

35 ESTEVAN, Juan Manuel Barquero. **La Función del Tributo em el Estado Social e Democrático de Derecho**. Madrid: Centro de Estudios Políticos y Constitucionales, 2002, p. 111.

36 ESTEVAN, Juan Manuel Barquero. **La Función del Tributo em el Estado Social e Democrático de Derecho**. Madrid: Centro de Estudios Políticos y Constitucionales, 2002, p. 113.

37 TORRES, Ricardo Lobo. **Curso de Direito Financeiro e Tributário**. 17a ed. Rio de Janeiro: Renovar, 2010, p.8.

38 A ideia de que existiria um dever fundamental de pagar impostos ganha destaque especial na doutrina brasileira a partir da divulgação dos trabalhos de José Casalta Nabais (NABAIS, José Casalta. **O Dever Fundamental de Pagar Impostos**. Coimbra: Almedina, 1998, e NABAIS, José Casalta. **Direito Fiscal**. Coimbra: Livraria Almedina, 1998). É de se reconhecer, no entanto, que o conceito de Estado Fiscal já havia sido explorado anos antes na doutrina nacional por Ricardo Lobo Torres, em sua tese de doutorado, publicada em 1991. TORRES. Ricardo Lobo. **A Ideia de Liberdade no Estado Patrimonial e no Estado Fiscal**, Rio de Janeiro: Renovar, 1991. Sobre o mesmo tema, vale conferir também: IVO, Gabriel. O Princípio da Tipologia Tributária e o Dever Fundamental de Pagar Tributos. In: ALENCAR, Rosmar Antonni Rodrigues Cavalcanti de. (Coord.). **Direitos Fundamentais na Constituição de 1988 – Estudos Comemorativos aos seus Vinte Anos**. Porto alegre: Nuria Fabris, 2008.

39 NABAIS, José Casalta. **O Dever Fundamental de Pagar Impostos**. Coimbra: Almedina, 1998, p.59.

40 Constituição Espanhola: "**Artículo 31**. 1. Todos contribuirán al sostenimiento de los gastos públicos de acuerdo con su capacidad económica mediante un sistema tributario justo inspirado en los principios de igualdad y progresividad que, en ningún caso, tendrá alcance confiscatorio. 2. El gasto público realizará una asignación equitativa de los recursos públicos y su programación y ejecución responderán a los criterios de eficiencia y economía. 3. Sólo podrán establecerse prestaciones personales o patrimoniales de carácter público con arreglo a la ley."

41 Constituição italiana: "**Art. 53**. Tutti sono tenuti a concorrere alle spese pubbliche in ragione della loro capacità contributiva. Il sistema tributario à informato a criteri di progressività."

preferencial de financiamento das contas públicas, bem como quanto à atuação subsidiária do Poder Público no domínio econômico. A propósito, consta do art. 173 da Constituição Federal: "a exploração direta de atividade econômica pelo Estado só será permitida quando necessária aos imperativos da segurança nacional ou a relevante interesse coletivo".

Nesse quadro, a ligação entre o sistema tributário e o discurso dos direitos fundamentais evidencia-se na perspectiva dos custos. Vale dizer, "para se garantir os direitos humanos, positivos ou negativos, é imprescindível o pagamento de tributos, pois são eles que sustentam o Estado", como aponta Marcos Valadão.[42] O autor chega a propor, teoricamente, a formulação de um "*direito* fundamental de pagar", em vez de um *dever*, como afirma Casalta Nabais.[43]

Há situações nas quais a relação entre os direitos e seus custos torna-se ainda mais específica. É que, para o financiamento de certos direitos, o constituinte reservou instrumentos tributários específicos. As contribuições têm sua arrecadação vinculada a gastos com prestações específicas, como as relativas à educação, saúde, assistência social e previdência – *e.g.* o salário-educação (art. 212) e a contribuição para a seguridade social (arts. 149 e 195).

A diferença explica-se porque esses são, grosso modo, direitos sociais, direito a prestação em sentido estrito.[44] Exigem uma postura especialmente ativa por parte dos poderes públicos, uma vez que demandam mais intensamente prestações fáticas, na forma de bens e serviços públicos (*e.g.* medicamentos, tratamentos, consultas médicas, internações, aulas, etc), com custos orçamentários significativos.

Por isso, ao reservar-lhes um instrumento de financiamento específico e vinculado, o constituinte procurou, ao menos em princípio,[45] assegurar-lhes fontes prioritárias de financiamento e, por conseguinte, recursos financeiros suficientes. Ou seja, os tributos vinculados representam, até certo ponto, garantias constitucionais em favor dos direitos à prestação que financiam.[46]

42 VALADÃO, Marcos Aurélio Pereira. Direitos Humanos e Tributação: Uma concepção Integradora. **Direito em Ação**, Brasília, v. 2, n.1, p. 221-241, 2001.

43 NABAIS, José Casalta. **O Dever Fundamental de Pagar Impostos**. Coimbra: Almedina, 1998.

44 A doutrina costuma dividir os direitos a prestação em direitos a prestação em sentido amplo e em sentido estrito. Em sentido amplo, como salienta Robert Alexy, todo direito a uma ação positiva do Estado é direito a uma prestação. Aí, estariam incluídas desde ações voltadas à proteção do cidadão contra outros cidadão, por meio da tutela penal, o estabelecimento de normas de organização e procedimento e também os direitos às prestação em sentido restrito. Daí o autor dividir o direito a prestações em três grupos: (1) direito a proteção; (2) direito a organização e procedimento; e (3) direito à prestação em sentido estrito. No último grupo, estão os "direitos do indivíduo em face do Estado, a algo que o indivíduo, se dispusesse de meios financeiros suficientes e se houvesse uma oferta suficiente no mercado, poderia obter de particulares". ALEXY, Robert. **Teoria dos Direitos Fundamentais**. 2a ed. Trad. Virgílio Afonso da Silva. São Paulo: Malheiros, 2012, p. 499.

45 Na prática, como se sabe, as vinculações orçamentárias e os tributos vinculados nem sempre implicam ganho de eficiência. A doutrina econômica costuma tecer duras críticas a esses instrumentos.

46 Daí afirmar Fernando Scaff: "para além dos direitos fundamentais do contribuinte, existem outros direitos, de segunda dimensão, que necessariamente obrigam o Estado a agir em decorrência, e vinculado, às finalidades que ensejaram esta arrecadação." SCAFF, Fernando Facury. Para além dos direitos fun-

Fernando Scaff chega a afirmar que "as contribuições se configuram como uma expressão dos direitos humanos de segunda dimensão".[47]

Nessa hipótese, é ainda mais evidente a relação de essencialidade entre os direitos e os meios necessários para seu financiamento situados no sistema tributário. Em todo caso, seja de forma geral, com os impostos, seja de forma específica, com as contribuições, é fundamental perceber que a realização das promessas constitucionais passa inexoravelmente também pela consideração dos recursos necessários para essa tarefa e dos meios para obtê-los.

6.3. Extrafiscalidade como meio de efetivação dos direitos fundamentais

A terceira perspectiva que destacamos é a que enxerga nos direitos fundamentais objetivos a serem atingidos e, nos tributos, instrumentos para lográ-los. Agora, já não se trata de tomá-los como fonte de financiamento de políticas públicas, mas de ver na norma tributária em si uma ferramenta para sua realização. Trata-se da função extrafiscal do tributo, ou seja, a utilização das normas tributárias com vistas a outros objetivos diversos da arrecadação.

A extrafiscalidade, como se sabe, é palavra com diversos sentidos.[48] E muitos podem ser os efeitos não fiscais dos tributos – isto é, extrafiscais.[49] Destacamos aqui particularmente o chamado "efeito de indução": a capacidade que as normas tributárias têm de influenciar o comportamento dos contribuintes. A indução pode ser positiva, quando se estimulam os comportamentos consentâneos ao interesse público, normalmente por meio da redução da carga fiscal (*e.g.* preservação do patrimônio histórico-cultural), ou negativa, quando o instrumento fiscal serve de desestímulo a condutas indesejadas (*e.g.* atividades poluidoras).

O exemplo do direito ao meio ambiente é o mais ilustrativo. Podemos citar os incentivos fiscais concedidos em favor de atividades de relevância ambiental ou, em sentido oposto, a utilização de tributação agravada em desfavor de atividades poluidoras. Em tais casos, "as políticas públicas que versam matéria

---

damentais do contribuinte: o STF e a vinculação das contribuições. In: Luís Eduardo Schoueri. (Org.). **Direito Tributário** – Homenagem a Alcides Jorge Costa. São Paulo: Quartier Latin, 2003, v. 2, p. 1125-1146.

47 SCAFF, Fernando F. A Desvinculação de Receitas da União (DRU) e a Supremacia da Constituição. IN: SCAFF, Fernando; MAUÉS, Antonio G. Moreira. **Justiça Constituição e Tributação**. São Paulo: Dialética, 2005, p. 96.

48 Luís Eduardo Schoueri, com base nos estudos de Klaus Vogel, defende que as imposições tributárias, ao lado de seu típico objetivo de arrecadar, podem desempenhar outras três funções: 1) distribuir a carga tributária e, assim, interferir na distribuição de riqueza numa sociedade; 2) induzir comportamentos e 3) simplificar o sistema tributário. A palavra "extrafiscalidade" poderia, então, ser empregada para designar tanto gênero, que compreende todas as funções tributárias diversas da arrecadação, quanto uma de suas espécies, a função indutora. Tal ambiguidade, a seu ver, recomendaria seu abandono do termo, substituindo-o pela expressão normas tributárias indutoras, de manifesta preferência do autor. SCHOUERI, Luís Eduardo. **Normas Tributárias Indutoras e Intervenção Econômica.** Rio de Janeiro: Forense, 2005, p. 27.

49 Cf. CORREIA NETO, Celso de Barros. **O Avesso do Tributo**. São Paulo: Almedina, 2014.

ambiental podem ser conjugadas aos tributos, e as ações governamentais podem-se valer do viés econômico-financeiro da extrafiscalidade na busca de seu desiderato".[50]

O direito tributário – leia-se: a legislação tributária – apresenta-se, nesse contexto, como um instrumento de tutela ambiental, valendo-se o legislador de normas tributárias com o objetivo de estimular condutas ecologicamente desejáveis e/ou desestimular comportamentos que acarretam degradação ambiental. Ou seja, os fins estão no direito ambiental; os instrumentos, no direito tributário. O regime jurídico permanece o da tributação, mas inspirado por diretrizes outras, que não a de arrecadar.[51]

É também o caso da utilização de estímulos de natureza tributária em favor da inclusão no mercado de trabalho de pessoas com deficiência física ou com idade avançada. O último dos exemplos já foi inclusive examinado pelo Supremo Tribunal Federal.[52]

No direito brasileiro hoje, há diversas leis de benefício fiscal que, com maior ou menor eficiência, podem ser concebidas como ferramentas de implementação de políticas públicas no Brasil. Entre as mais conhecidas, no plano federal, vale mencionar: a Lei Rouanet (Lei n. 8.313, de 1991), voltada ao fomento dos "meios para o livre acesso às fontes da cultura e o pleno exercício dos direitos culturais" (art. 1º, I); a Lei n. 11.438, de 2006, que se destina a incentivar atividades de caráter desportivo; e a Lei n. 11.096, de 2005, que institui o Programa Universidade para Todos – PROUNI, destinado à concessão de bolsas de estudo para estudantes de cursos de graduação e sequenciais de formação específica.[53]

Enfim, em todas essas situações, pode-se dizer que a política pública é realizada por intermédio do sistema tributário. Há uma clara relação de meio e fim entre tributos e direitos a serem concretizados. As leis tributárias são instrumentos voltados a um objetivo que se insere no rol dos direitos fundamentais.

7. CONCLUSÃO

O debate em torno da efetividade dos direitos fundamentais passa pela criação de condições concretas que permitam pôr em prática as promessas constitucionalizadas em 1988. Suas implicações atravessam todos os setores normativos do ordenamento jurídico brasileiro, inclusive o sistema tributário nacional.

---

50 TRENNEPOHL, Terence Dornelles. **Incentivos Fiscais no Direito Ambiental**. São Paulo: Saraiva, 2008, p.115.

51 SCHOUERI, Luis Eduardo. **Normas Tributárias Indutoras e Intervenção Econômica.** Rio de Janeiro: Forense, 2005, p.231.

52 BRASIL, Supremo Tribunal Federal. **Ação Direta de Inconstitucionalidade n. 429**. Relator Ministro Luiz Fux. Julgamento em 20.11.2014.

53 Sobre o tema dos benefícios fiscais, ver: CORREIA NETO, Celso de Barros. **O Avesso do Tributo.** São Paulo: Almedina, 2014.

Em matéria tributária, a cultura dos direitos fundamentais altera a maneira como são percebidas as vedações ao poder de tributar, agora tomadas da perspectiva do cidadão-contribuinte, como direitos e garantias individuais - cláusulas pétreas na ordem constitucional de 1988. O contribuinte é titular de direitos fundamentais, sejam aqueles contidos no rol do artigo 5º da Constituição, que se aplicam também no contexto da cobrança de tributos, sejam os que lhe são especificamente assegurados na forma de limitações ao poder de tributar (art. 150 e ss.).

As interfaces entre tributos e direitos fundamentais são várias. Os direitos fundamentais impõem restrições às normas tributárias, mas também podem encontrar nelas meios para sua efetivação. Isso se dá, diretamente, no emprego dos instrumentos extrafiscais e, indiretamente, no uso da arrecadação tributária como fonte de financiamento das políticas públicas.

São, aos menos, três as formas de relacionamento entre as normas tributárias e as disposições concernentes aos direitos fundamentais: (1) os direitos fundamentais representam limites à tributação, como nos direitos de defesa; (2) as normais tributárias são meio de financiamento das políticas públicas para efetivação dos direitos fundamentais, especialmente os direitos sociais à prestação, e (3) e os direitos fundamentais configuram ainda objetivos a serem atingidos por meio da legislação tributária, notadamente nas hipóteses de extrafiscalidade.

No campo dos tributos, espaço marcado pela tensão fisco-contribuinte e pela constrição necessária do direito (fundamental) de propriedade, o discurso dos direitos fundamentais apresenta tanto um limite quanto um objetivo a perseguir, direta ou indiretamente, pelas normas tributárias. E, em qualquer desses sentidos, o papel do tributação no desenvolvimento do Estado Social de Direito não pode ser ignorado.

Estado Democrático de Direito ou Estado Burocrático de Deveres? - A Tensão entre Direitos Humanos e a Administração Fiscal no Direito Tributário Brasileiro

Carlos Henrique Tranjan Bechara[1]
João Rafael L. Gândara de Carvalho[2]

Sumário: 1. Introdução. 2. O Lado Oculto do Direito Tributário. 3. Uma Teoria Normativa da Burocracia Fiscal. 4. A Burocracia e o Formalismo. 5. A Burocracia e o Oficialismo. 6. A Burocracia e o Punitivismo Fiscal. 7. Conclusão – A Desburocratização e a Busca da Cidadania Fiscal

> *"O relacionamento entre liberdade e tributo é dramático, por se afirmar sob o signo da bipolaridade: o tributo é a garantia da liberdade e, ao mesmo tempo, possui a extraordinária aptidão para destruí-la; a liberdade se autolimita para se assumir como fiscalidade e se revolta, rompendo os laços da legalidade, quando oprimida pelo tributo ilegítimo."*[3] (Ricardo Lobo Torres, 1935-2018)
>
> *"A finalidade de um bom ordenamento tributário não é a de fazer o imposto com o máximo rendimento para o Estado e com um mínimo incômodo para os contribuintes. Um imposto não é 'moderno' (...) se não é engendrado de modo a fazer o contribuinte preencher grandes formulários; a fazê-lo correr, a cada momento, o risco de pagar alguma multa, tornando-lhe a vida infeliz com minuciosos aborrecimentos (...). A finalidade do imposto não é a de buscar fundos para o erário, mas a de provocar repugnância ao contribuinte."*[4] (Luigi Einaudi, 1874-1961)

---

1 Professor de Direito Tributário da Pontifícia Universidade Católica do Rio de Janeiro – PUC-Rio. Mestre em Direito Tributário pela Universidade Cândido Mendes, Rio de Janeiro, orientado pelo Professor Ricardo Lobo Torres. Diretor da Associação Brasileira de Direito Financeiro – ABDF, afiliada à International Fiscal Association – IFA. Advogado.

2 Professor de Direito Tributário da Pós-Graduação da Fundação Getúlio Vargas no Rio de Janeiro – FGV-RJ e da PUC-Rio. Mestre em Direito Público pela Universidade do Estado do Rio de Janeiro – UERJ. Diretor da Associação Brasileira de Direito Financeiro – ABDF, afiliada à International Fiscal Association – IFA, Membro da Comissão Especial de Assuntos Tributários da OAB/RJ. Advogado.

3 Ricardo Lobo Torres, Os Direitos Humanos e a Tributação: imunidades e isonomia. Rio de Janeiro: Renovar, 1995, p. 5.

4 Luigi Einaudi, Mito e Paradossi della Giustizia Tributaria. Torino, 1959, p. 13 apud Alfredo de Augusto Becker, Teoria Geral do Direito Tributário. 6ª edição. SãoPaulo: Noeses, p. 10.

1. INTRODUÇÃO

Esse é um artigo sobre burocracia e Direito Tributário, notadamente sobre os impactos da burocracia tributária sobre os direitos fundamentais dos contribuintes. É também uma homenagem à memória do Prof. Ricardo Lobo Torres, querido Mestre de ambos os autores. Os direitos humanos e a tributação foram objeto de intenso estudo ao longo da vida do Professor, inclusive o título da sua tese de titularidade perante a UERJ, de onde se retirou a citação queo presente artigo traz em sua abertura.

O Prof. Ricardo Lobo Torres sempre fez ecoar em suas obras o ideal liberal de que o tributo é o "preço da liberdade"[5], pois é a receita pública essencial para a manutenação do Estado Democrático de Direito e para a própria rede de proteção dos direitos fundamentais. Mas, ao mesmo tempo, nunca descuidou de reconhecer a necessidade de preservação dessas liberdades, por vezes interditando a própria incidência tributária para salvaguarda do direitos humanos. Na obra de Ricardo Lobo Torres, as imunidades tributárias constituem a dimensão fiscal dos direitos fundamentais[6].

Inspirados por essa dicotomia, e nas lições do Professor Ricardo Lobo Torres, acerca da construção de uma "cidadania multidimensional"[7], tratamos nessa obra da tensão entre os direitos do cidadão e a imposição de deveres por parte da administração fiscal. Trata-se de um tema central, absolutamente corriqueiro e bastante impactante sobre o dia-a-dia do cidadão, mas, curiosamente, muito pouco explorado pela doutrina do Direito Tributário no Brasil. A ideia é demonstrar como diversas passagens da obra do Mestre proporcionam fundamento teórico para a construção de um Direito Tributário menos burocrático e mais atento às liberdades do cidadão.

2. O LADO OCULTO DO DIREITO TRIBUTÁRIO

Se, por hipótese, no Brasil houvesse um tributo sobre o céu e as estrelas fossem dedutíveis da base de cálculo, o Fisco só aceitaria a dedução fiscal se o contribuinte conseguisse comprovar a existência de cada uma das estrelas no universo. Na verdade, seria necessário fazer uma prova ampla e minuciosa, identificando-se, uma por uma, cada estrela, sua denominação, sua posição na galáxia e seu respectivo número de registro. Sem essa providência, todas as deduções feitas pelo contribuinte seriam glosadas e o Fisco cobraria o imposto presumindo que inexistem estrelas no céu.

O exemplo acima é evidentemente surreal e absurdo. No entanto, serve para ilustrar um cenário real, mas igualmente absurdo: o contexto do elevado nível de complexidade do sistema tributário brasileiro. Um problema que não

---

5 Presente, por exemplo, na clássica citação de Oliver Wendell Homes: "I like to pay taxes. With them, I buy civilization".

6 Cf. sua já citada obra: Os Direitos Humanos e a Tributação: imunidades e isonomia.

7 A Cidadania Multidimensional na Era dos Direitos. In: Ricardo Lobo Torres (org.), Teoria dos Direitos Fundamentais. 2ª ed. Rio de Janeiro: Renovar, 2001, p. 243.

se confunde com a carga tributária em si que, no Brasil, é alta, a maior entre os BRICS, mas que está longe de ser a maior do mundo[8]. O que está em discussão é o tamanho da burocracia tributária brasileira, esta sim, de longe, a maior do mundo. O País figura em um nada honroso último lugar, muito afastado do penúltimo, praticamente um *hors-concours* em matéria de "compliance costs" elevados. "Compliance costs", em português, significa "custos incorridos para se cumprir a legislação tributária, atendendo-se a todas as obrigações acessórias". Ou, em bom português, o que se paga apenas para se poder pagar tributos.

Duas mil e seiscentas horas gastas, por uma empresa de médio porte, apenas para se cumprir obrigações acessórias ao longo do ano. Essa é uma referência onipresente nos artigos que tratam da complexidade tributária brasileira, com a menção ao estudo "Paying Taxes de 2007"[9] do Banco Mundial, em parceria com a empresa de auditoria Price Waterhouse Coopers. O estudo é anual e desde então o Brasil evoluiu. Passamos de 2.600 horas, em 2007, para 1.958 horas, em 2018, mas ainda estamos muito atrás, por exemplo, da Bolívia, que aparece em penúltimo lugar antes do Brasil, com 1.025 horas, em 2018.

A pura e simples referência às 2.600 horas gastas, embora impressione, pode não dar a dimensão exata do desperdício de recursos do País nesse campo; assim como a menção a 33,17 milhões de hectares de soja plantados no Brasil[10], de forma isolada, talvez não permita compreender plenamente a extensão dessa cultura. É preciso trazer esses números para uma realidade mais próxima e concreta. Como cada hectare equivale à medida aproximada de um campo de futebol[11], estamos falando de mais de 33 milhões de maracanãs em plantações de soja no Brasil. Já 2.600 horas de trabalho podem ser ilustradas da seguinte forma: se cada empresa tivesse um único funcionário para cuidar das suas obrigações acessórias, essa pessoa passaria, ao longo do ano, sete horas por dia trabalhando ininterruptamente, sem finais de semana, feriados ou férias, apenas preenchendo formulários[12].

Quando se constata que um brasileiro trabalha em média 153 dias para pagar tributos[13], chega-se à conclusão surpreendente de que trabalhamos menos para gerar receitas e pagar tributos, e mais para transmitir informações

---

8 Cf. pesquisa da UHY disponível na internet em: <http://www.uhymoreira.com.br/imprensa/releases/11ºut03-(a)-UHY_Brasil%20tem%20maior%20carga%20tribut%C3%A1ria%20corporativa.pdf>. >. Acesso em 6.3.2018.

9 Disponível na internet em: <http://www.doingbusiness.org/reports/thematic-reports/~/media/WBG/DoingBusiness/Documents/Special-Reports/DB07-Paying-Taxes.pdf>. Acesso em 6.3.2018.

10 Informação disponível na internet em: <https://www.embrapa.br/soja/cultivos/soja1>. Acesso em 6.3.2018.

11 Informação disponível na internet em: <https://medidasemedicoes.blogs.sapo.pt/grande-area-9838>. Acesso em 6.3.2018.

12 Se for necessário que essa pessoa descanse aos finais de semana, tenha férias e mantenha uma jornada razoável de 8 horas de trabalho por dia, chega-se à conclusão de que é impossível que só ela dê conta desse trabalho em um ano. Considerando 200 dias úteis no ano e 30 dias de férias, são necessárias 15 horas diárias para execução desse trabalho.

13 Estudo da Associação Comercial de São Paulo disponível na internet em <https://impostometro.com.br/Noticias/Interna?idNoticia=192>. Acesso em 6.3.2018.

ao Fisco. Aliás, como vimos, um brasileiro sozinho trabalhando o ano inteiro em uma empresa média não é capaz de atender à voracidade fiscal, não em termos de dinheiro, mas em termos de papel consumido.

Esses números são impressionantes e alarmantes. No entanto, embora essa questão esteja nas pautas dos jornais quase que diariamente e haja um consenso amplo de que é preciso simplificar o Direito Tributário brasileiro, a doutrina lamentavelmente tem se ocupado muito pouco em debater a questão de forma mais técnica, específica e aprofundada, para apurar que medidas podem ser tomadas para se lidar com esse problema crônico.

É evidente que há muito espaço para trabalho no campo da política legislativa. Contudo, há muito campo para estudo tendo por base a própria legislação atualmente existente. Com efeito, é preciso verificar até que ponto certos expedientes da nossa caricata burocracia fiscal se revelam compatíveis com os limites jurídicos do nosso sistema tributário. E, mais ainda, se não há posições da doutrina ou da jurisprudência que potencializam o incremento da burocracia fiscal.

Nos últimos 30 anos, desde a Constituição de 1988, a doutrina do Direito Tributário tem dedicado enorme atenção a explorar as virtudes e as potencialidades do sistema nacional tributário, que é constitucionalizado como nenhum outro no mundo. Estudamos detalhadamente as limitações constitucionais ao poder de tributar, o sistema rígido de discriminação de competências tributárias e todo o arcabouço fiscal e financeiro que está radicado na Constituição. Analisamos até mesmo os efeitos irradiantes da Constituição Tributária sobre o Código Tributário Nacional e sobre a legislação de cada tributo, bem como sua repercussão sobre o processo tributário, nos campos judicial e administrativo.

No entanto, muito pouca atenção foi dada à interação direta e cotidiana entre Fisco e contribuinte, notadamente ao comportamento da Administração Tributária em seu campo de atuação primário. Trata-se do mundo – ou talvez sub-mundo – dos atos infralegais, materializados nas incontáveis portarias, resoluções, instruções normativas e mesmo atos de fiscalização – onde o Direito Tributário "real" se manifesta, longe das luzes da Constituição, da visão holística do legislador complementar e do radar do legislador ordinário. É aí que se dá o que os realistas chamam de "*law in action*", em oposição ao "*law in books*". É o Direito Tributário que não está nos livros ou manuais, porque é ungido nos gabinetes, elaborado por técnicos da administração fiscal, para lidar com as situações práticas e rotineiras de apuração, cálculo e recolhimento de tributos.

É esse o Direito Tributário que produz as famosas 2.600 horas, com sua miríade de obrigações acessórias, controles, formulários e guias. É esse o Direito Tributário que precisa ainda de um "choque de constitucionalidade e de legalidade". É desse Direito Tributário, oculto para a teoria, mas pujante para a prática, que trataremos no presente texto.

3. UMA TEORIA NORMATIVA DA BUROCRACIA FISCAL

Do ponto de vista histórico e etimológico, parece haver certo consenso que o termo "burocracia" foi cunhado na França iluminista como uma crítica ao excessivo poder dos funcionários do Estado, fundindo-se a palavra francesa "bureau", que significa mesa, escrivaninha, o local de trabalho, por excelência, do funcionário público, com o sufixo grego "cracia", que significa governo[14].

Por sua vez, sob o prisma jurídico, "burocracia fiscal" pode designar tanto, subjetivamente, a Administração Tributária, quanto, objetivamente, um determinado comportamento da Administração Tributária.

Na acepção subjetiva, não tem um viés tão pejorativo, embora seu uso seja mais raro. Com efeito, é pouco frequente o uso do termo "Burocracia Fiscal" como sinônimo de Autoridade ou de Administração Tributária. Talvez a expressão mais comum seja "burocrata" para designar o agente fiscal. Mas, nesse caso, o tom é claramente pejorativo e fortemente influenciado pela conotação negativa que o termo possui em sua acepção objetiva.

Na acepção objetiva, a "burocracia fiscal" é um termo com caráter pejorativo, com um número amplo de significados, designando práticas bastante diversas, mas sempre questionáveis da Administração Tributária, em detrimento do administrado.

Em um sentido amplo, a "burocracia fiscal" designa comportamentos formalistas dos órgãos públicos, que acarretam ônus excessivo e injustificado para o contribuinte, sem que sejam gerados, em contrapartida, maiores benefícios para o Fisco.

A burocracia é por definição "formalista", embora o próprio termo "formalista", no Direito, tenha um amplo espectro de significados, como trataremos adiante. O ponto é que, até mesmo dentro do tipo ideal weberiano, o formalismo aparece como característica essencial da "burocracia". Isso porque o formalismo envolve aplicação rígida de regras objetivas, sem maiores ponderações ou flexibilizações diante do caso concreto. Contudo, a "burocracia" tem uma conotação negativa precisamente porque o extremo apego à forma acaba gerando resultados indesejáveis. Há a observância implacável de determinados padrões de condutas, apenas porque contidos na letra da lei, mas em franca contradição com a lógica, a racionalidade e a própria finalidade da norma.

A burocracia é invariavelmente "onerosa", ou melhor, "excessivamente onerosa", para o contribuinte. Pode demandar tempo, trabalho, recursos ou uma combinação de todos esses elementos. São as senhas de espera para atendimento nas repartições públicas, inclusive quando o que se quer é pagar tributos. São os diversos formulários e declarações preenchidas, muitas vezes com informações repetidas e redundantes, exigidos pelo Fisco. São os R$ 60 bilhões consumidos anualmente pelas empresas, que gastam cerca de 1,5% de seu faturamento com empregados, consultores e tecnologia apenas para atender às exigências da burocracia fiscal[15].

---

14 Fred W. Riggs, Introduction: shifting meanings of the term 'bureaucracy'. International Social Science Journal, Volume XXXI, No. 4. Unesco, 1979, p. 563. isponível na internet em: <http://unesdoc.unesco.org/images/0003/000366/036645eo.pdf>. Acesso em 2.4.2018.

15 Pesquisa do Instituto Brasileiro de Planejamento e Tributação (IBPT) disponível na internet em: <https://ibpt.com.br/noticia/2627/Empresas-gastam-1-958-horas-e-R-60-bilhoes-por-ano-para-vencer-burocracia-tributaria-apontam-pesquisas>. Acesso em 6.3.2018.

E esse ônus, além de não ser justificável, implica muitas vezes violações a direitos do contribuinte, sem que represente qualquer incremento ou vantagem para o Fisco. A explicação do Fisco para a burocracia é quase sempre a necessidade de um controle mais efetivo sobre as atividades do contribuinte, de modo a se viabilizar uma fiscalização mais detalhada para uma arrecadação tributária mais eficiente. Contudo, o que se nota muitas vezes é que o ônus imposto ao contribuinte pela burocracia é muito superior ao incremento fiscal obtido. Na verdade, se há algum aumento, é na quantidade de autuações e multas aplicadas justamente pela inobservância de obrigações cada vez mais complexas e difíceis de serem corretamente adimplidas pelos contribuintes.

Em sentido mais estrito, é possível categorizar algumas práticas burocráticas em três grandes gêneros: (i) o formalismo; (ii) o oficialismo; e (iii) o punitivismo.

4. A BUROCRACIA E O FORMALISMO

Direito e forma estão indissociavelmente relacionados. Como já escreveu Ihering, "a forma está enraizada na essência mais interna do Direito"[16]. A estrutura, a sistematicidade e a ordem são elementos fundamentais do Direito e que lhe conferem segurança, previsibilidade e racionalidade. É impossível estudar Direito prescindindo do estudo da forma, mesmo em uma época marcada pela máxima de que "a substância deve prevalecer sobre a forma".

Um de nós já dedicou uma obra inteira a estudar a dicotomia forma e substância no Direito Tributário[17] e fugiria ao escopo do presente trabalho aprofundar aqui essa questão.

Para os fins ora pretendidos, cabe apenas destacar que a forma é um componente essencial do Direito e ela é bastante presente no Direito Tributário. A começar pelo papel de destaque do princípio da legalidade nesse campo do Direito. Diferentemente do que acontece no Direito Privado, em que a autonomia da vontade prevalece, apenas restringida por algumas normas de ordem pública, a lei tributária deve ser certa, determinada e não conter espaços para integração via analogia.

Não obstante a relevância da forma para o Direito Tributário e mesmo da crítica de determinados setores ao que seria uma visão formalista da legalidade tributária, entre os quais se destaca o nome do Professor Ricardo Lobo Torres[18], pouco ou nada se fala em doutrina com relação ao formalismo quase

---

16 Rudolf von Jhering, Geist des Römischen Rechts: auf dert verschiedenen Stufen seiner Entwicklung, vol. 2, Scientia Verlag, Aalen, 1993 apud Robert Summers, Form and Function in a Legal System.
– A General Study. New York: Cambridge University Press, 2006. João Rafael L. Gândara de Carvalho, Forma e substância no Direito Tributário: legalidade, capacidade contributiva e planejamento fiscal.

17 João Rafael L. Gândara de Carvalho, Forma e substância no Direito Tributário: legalidade, capacidade contributiva e planejamento fiscal. São Paulo: Almedina, 2016.

18 São conhecidas e sempre lembradas suas críticas ferrenhas à teoria da "tipicidade fechada" defendida por inúmeros autores na doutrina nacional. Cf. "O Princípio da Tipicidade no Direito Tributário". Revista de Direito Administrativo, Rio de Janeiro, v. 235, p. 193-232, 2004.

caricato da nossa Administração Tributária, embora esse seja um dos traços mais notáveis da nossa burocracia fiscal.

O termo "formalista", apesar de carregado de sentido, poucas vezes tem esses sentidos analiticamente examinados. Na verdade, "formalismo" é um rótulo genérico para designar práticas bem diversas. Algumas delas foram identificadas por Frederick Schauer[19] e estudadas por Sérgio André Rocha no campo do Direito Tributário brasileiro[20], seguramente inspirado pela visão crítica ao formalismo do Prof. Ricardo Lobo Torres[21].

Uma interpretação é considerada "formalista" quando nega a aplicação de normas pouco claras, como os princípios jurídicos, mais gerais e abstratos, preferindo se apoiar em regras mais estritas e concretas, ainda que contrárias àqueles princípios[22]. Também é "formalista" uma crença na interpretação literal e mecânica dos textos jurídicos. Da mesma forma, é "formalista" uma postura de isolamento do sistema jurídico de outros sistemas[23].

Um exemplo claro dessa interpretação formalista pode ser verificado em alguns precedentes de tribunais que desqualificam a não incidência de ICMS nas remessas destinadas à Zona Franca de Manaus ("ZFM"), pelo simples fato de o contribuinte não apresentar, no prazo previsto na legislação, documentos oficiais emitidos pela Superintendência da Zona Franca de Manaus ("SUFRAMA"), certificando o ingresso dessas mercadorias naquela região. A ZFM é constitucionalmente estabelecida como uma região de incentivos fiscais, na forma do artigo 40 dos Atos das Disposições Constitucionais Transitórias da CF/1988. A remessa para a Zona Franca de Manaus é equiparada, para todos os fins, pelo artigo 4º do Decreto-lei nº 288/1967 a uma operação de exportação de mercadoria, que a CF/1988, por sua vez, prevê como hipótese de imunidade tributária no que tange ao ICMS. Assim, por via reflexa, a remessa para a ZFM é considerada uma verdadeira imunidade tributária pelo STF[24]. No entanto, a legislação, notadamente

19 Frederick Schauer, "Formalism". The Yale Law Journal v. 97. Março de 1988, p. 508-548.

20 Sérgio André Rocha. "O que é formalismo tributário?". Revista Dialética de Direito Tributário nº 227. Agosto de 2014, p. 146-155.

21 O Professor Ricardo Lobo Torres é certamente um dos maiores críticos do formalismo no Direito Tributário. A sua defesa de um pós-positivismo, com a reaproximação do Direito Tributário da Moral, da Ética e dos Valores, nesse ponto, pode ser comparada ao movimento denominado "General Attack on Positivism", promovido por Ronald Dworkin na Teoria Geral do Direito. Cf. a respeito, uma de suas últimas obras editadas: Planejamento Tributário: elisão abusiva e evasão fiscal. 2ª ed. Rio de Janeiro: Elsevier, 2013.

22 São preciosas as lições do Professor Ricardo Lobo Torres sobre os princípios jurídicos, notadamente sobre os valores e princípios constitucionais tributários, aos quais dedicou o segundo volume de seu aclamado Tratado de Direito Constitucional Financeiro e Tributário, Rio de Janeiro: Renovar, 2005.

23 Frederick Schauer, "Formalism". The Yale Law Journal v. 97. Março de 1988, p. 508-548. Formalismo esse também criticado por Ricardo Lobo Torres: "A Ciência do Direito Financeiro é pluralista. Abre-se para o pluralismo metodológico, apoiando-se em vários métodos (...). Admite o pluralismo de doutrinas e a crítica permanente, pois sua identificação com uma só doutrina conduz ao fechamento totalitário e ao absurdo de se aceitar o sistema científico global; não há uma proposta teórica pronta e acabada sobre o Direito Financeiro, mas uma permanente, democrática e aberta discussão sobre os valores fundamentais do Estado Social de Direito". (Curso de Direito Financeiro e Tributário. 18ª ed. Rio de Janeiro: Renovar, 2011, p. 14).

24 "A determinação expressa de manutenção do conjunto de incentivos fiscais referentes à Zona Franca de Manaus, extraídos, obviamente, da legislação pré-constitucional, exige a não incidência do ICMS sobre

o Convênio ICMS nº 36/1997, prevê um procedimento para emissão de um certificado de internamento da mercadoria na Zona Franca de Manaus, a fim de se comprovar o ingresso da mercadoria naquela região.

Na prática, muitos contribuintes efetuam remessas para a ZFM e possuem vários meios de prova dessas operações (notas fiscais, conhecimentos de transporte, registro nos livros de entrada etc) e até mesmo conseguem obter os certificados da SUFRAMA, mas após o prazo previsto na legislação. No entanto, na prática, os Fiscos estatuais acabam desconsiderando todos esses documentos e cobrando o ICMS, inclusive com amparo em alguns precedentes jurisprudenciais.

Trata-se de uma interpretação formalista nas variadas acepções explicitadas acima. É formalista, porque se atém estritamente às regras e procedimentos previstos na legislação tributária, desconsiderando princípios constitucionais mais gerais e abstratos, ainda que hierarquicamente superiores, como os princípios da ampla defesa, do devido processo legal e o da liberdade de meios de prova, consagrados nos incisos LIV e LVI, do artigo 5º, da CF/1988.

É formalista também, porque se baseia em uma interpretação literal da legislação, na linha preconizada pelo artigo 111, inciso I, do CTN[25]. Para quem defende essa interpretação, é mais relevante saber se o contribuinte cumpriu o procedimento formal previsto na legislação do que verificar a ocorrência do fato que motiva a desoneração fiscal: a remessa para a ZFM propriamente dita.

Por fim, essa interpretação é formalista, porque pressupõe um fechamento do sistema legal. Além de não considerar normas constitucionais relativas à ampla defesa, à liberdade de provas e à própria imunidade, nega qualquer aproximação com os sistemas econômico e político. É dizer, o motivo econômico pelo qual uma remessa para a ZFM é considerada uma exportação e a justificativa política para sua desoneração fiscal. Para essa visão formalista, essas questões são irrelevantes diante da falta de um certificado da SUFRAMA.

Cabe ressaltar que o sistema tributário brasileiro, se, por um lado, tem uma inequívoca preocupação com a forma, notadamente quando trata de controlar o poder de tributar (legalidade, irretroatividade, anterioridade, reserva de lei complementar etc), por outro lado, está longe de impor um regime formalista, em especial no que tange à proteção de direitos de contribuintes (imunidades, proteção da capacidade contributiva, direito a imposto não-cumulativo etc).

A CF/1988, que zela pela cidadania fiscal, positiva direitos de contribuintes e prevê requisitos materiais para sua concessão. Os requisitos formais para o exercício de direitos no sistema tributário nacional, na verdade, vêm a reboque dos requisitos substanciais.

---

as operações de saída de mercadorias para aquela área de livre comércio, sob pena de se proceder a uma redução do quadro fiscal expressamente mantido por dispositivo constitucional específico e transitório" (STF, ADI nº 310, Plenário, Rel. Min. Carmen Lúcia, j. 19.2.2014).

25 O dispositivo em comento, assim como as demais disposições do CTN concernentes à interpretação do Direito Tributário, foram objeto de severas críticas do Prof. Ricardo Lobo Torres em sua tese de livre-docência: Normas de Interpretação e Integração do Direito Tributário. 4ª ed. Rio de Janeiro: Renovar, 2006.

Confira-se, por exemplo, a imunidade das "instituições de educação e de assistência social, sem fins lucrativos", prevista no artigo 150, inciso VI, "c", da CF/1988. O CTN dispõe, em seu artigo 14, que, para caracterização dessa imunidade, devem ser observados os seguintes requisitos por essas entidades: (i) não distribuírem qualquer parcela de seu patrimônio ou de suas rendas, a qualquer título; (ii) aplicarem integralmente, no País, os seus recursos na manutenção dos seus objetivos institucionais; e (iii) manterem escrituração de suas receitas e despesas em livros revestidos de *formalidades* capazes de assegurar sua exatidão. Os dois primeiros requisitos são, na verdade, condições materiais para que uma entidade possa ser qualificada como "assistencial" e "sem finalidade lucrativa". O terceiro requisito, da manutenção da escrituração contábil, tem natureza formal e serve justamente ao propósito de se avaliar a existência dos dois primeiros requisitos materiais.

Como já acentuou o STF em precedente clássico sobre a matéria: "*Os requisitos de lei que a (...) Constituição manda observar não dizem respeito aos lindes da imunidade, mas àquelas normas reguladoras da constituição e funcionamento da entidade imune*"[26].

Em suma, em uma Constituição que consagra direitos materiais dos contribuintes, a forma deve servir à substância, e não o contrário. O pleno exercício de direitos assegurados pela Constituição não deve ser restringido pela simples inobservância de procedimentos formais de somenos importância. O formalismo não deve prevalecer sobre a proteção dos direitos humanos.

5. A BUROCRACIA E O OFICIALISMO

Um desdobramento subjetivo da burocracia consiste na atribuição de um valor excessivo ou definitivo à atuação da autoridade. A autoridade detém um papel central e preponderante no sistema burocrático. A validade dos atos praticados pelos particulares depende dela. Só tem valor e produz os seus devidos efeitos o que possui, de forma direta ou indireta, o consentimento ou a chancela da autoridade.

Os contribuintes estão sujeitos à fiscalização de seus atos por parte da autoridade fiscal. Essa é uma premissa básica dos Estados de Direito. É necessário e bastante razoável que o Estado avalie a regularidade dos atos praticados pelos particulares à luz do sistema normativo. O oficialismo, porém, é uma radicalização dessa sistemática. Isso porque o oficialismo faz com que a validade plena dos atos do cidadão fique na dependência de um ato da própria autoridade.

Esse é um traço clássico do autoritarismo do Estado Patrimonial, tão bem retratado na obra do Professor Ricardo Lobo Torres[27], que ainda tem marcas bastante acentuadas no Direito Tributário brasileiro.

26 STF, RE 93.770, Relator: Min. Soarez Muñoz, j. mar/1981.

27 "No Estado Patrimonial se confundem o público e o privado, o imperium e o dominium, a fazenda do príncipe e a fazenda pública." (Curso de Direito Financeiro e Tributário. 18ª ed. Rio de Janeiro: Renovar, 2011,p. 7).

Em tempos mais remotos, o oficialismo fazia-se notar nos selos fiscais que precisavam ser apostos em documentos para que estes fossem dotados de validade. As estampilhas possuíam cores variadas e finalidades distintas, uma para cada tipo de documento, sendo tantas e de tal modo coloridas, que esse festival de matizes inspirou o título "Carnaval Tributário", para a obra clássica de Alfredo Augusto Becker.

Mas se os selos hoje já passaram de objeto de colecionadores a relíquias de museu, o Direito Tributário contemporâneo é marcado por outras alegorias quiçá menos lúdicas, mas não menos autoritárias e idiossincráticas. São os vistos e a prévia habilitação da autoridade para aproveitamento de créditos que decorrem de lei[28]. São as autorizações prévias do sistema para emissão de nota fiscal eletrônica[29]. São os documentos obrigatoriamente digitalizados, autenticados e transferidos eletronicamente para que só então possam ser analisados pela autoridade fiscal[30]. É uma espécie de "e-burocracia", em que a tecnologia funciona não como elemento facilitador e simplificador das práticas de rotina fiscal, mas como um elemento agregador de uma complexidade adicional: aquela decorrente do próprio sistema da tecnologia da informação.

O oficialismo fica bem evidenciado no valor que se dá, no Direito Tributário brasileiro, às obrigações tributárias acessórias. As notas fiscais, os livros fiscais e as declarações escriturados pelos contribuintes nada mais são do que reproduções da realidade feitas em documentos previamente formatados pela autoridade fiscal. Esses documentos servem, evidentemente, como "um meio de prova" de fatos relevantes para o Direito Tributário (ex: ocorrência de vendas, recebimento de pagamentos, realização de empréstimos etc). No entanto, as obrigações acessórias se converteram em uma espécie de fetiche da Administração Tributária no Brasil. Nesse contexto, os documentos gerados pelas obrigações acessórias não são considerados apenas "um meio de prova", mas muitas vezes "o único meio idôneo de prova", quando não "o requisito essencial e indispensável para o exercício de direito" por parte do contribuinte.

Esse apego aos documentos formais para o reconhecimento de direitos é bem antigo. Contudo, também é histórica a resistência do Poder Judiciário a esse

---

28 A Resolução da Secretaria de Fazenda do Estado do Rio de Janeiro nº 191/2017 condiciona a repetição de indébito a um procedimento prévio de análise do crédito e a apropriação de crédito a um limite mensal.

29 "A empresa emissora de NF-e gera um arquivo eletrônico contendo as informações fiscais da operação comercial, o qual deverá ser assinado digitalmente, transformando este arquivo em um documento eletrônico nos termos da legislação brasileira de maneira a garantir a integridade dos dados e a autoria do emissor. Este arquivo eletrônico será transmitido pela Internet para a Secretaria de Fazenda, Finanças ou Tributação da unidade federada de jurisdição do contribuinte emitente, a qual, após verificar a integridade formal, devolverá um protocolo de recebimento denominado 'Autorização de Uso', sem o qual não poderá haver o trânsito da mercadoria, ressalvados os casos previstos na legislação para a hipótese de haver problemas técnicos na comunicação do contribuinte com a Receita." (Manual de Orientação do Contribuinte, v. 6, disponível na internet em: <http://www.nfe.fazenda.gov.br/portal/listaConteudo.aspx?tipoConteudo=33ol5hhSYZk=>. Acesso em 6.3.2018.

30 A entrega de documentos à Receita Federal faz-se obrigatoriamente pela via digital, atualmente disciplinada pela Instrução Normativa nº 1.782/2018.

tipo de expediente por parte da Administração Tributária. A Súmula STF nº 571, que data da década de 70, assenta que: "*O comprador de café ao IBC, ainda que sem expedição de nota fiscal, habilita-se, quando da comercialização do produto, ao crédito do ICM que incidiu sobre a operação anterior*". O enunciado sumular reconhece a inconstitucionalidade e a ilegalidade da prática fiscal de se negar o direito ao crédito do ICMS incidente na operação anterior, apenas porque o contribuinte que adquiria café, do Instituto Brasileiro de Café ("IBC"), não possuía a nota fiscal correspondente, que não era emitida pelo IBC.

Mais recentemente, o STJ editou a Súmula nº 509, consignando que "*É lícito ao comerciante de boa-fé aproveitar os créditos de ICMS decorrentes de nota fiscal posteriormente declarada inidônea, quando demonstrada a veracidade da compra e venda*". O enunciado em questão foi aprovado após uma série de precedentes, inclusive o RESP Repetitivo nº 1.148.444, que coibiam a prática do Fisco de glosar o crédito de ICMS apropriado com base na documentação fiscal, declarada inidônea. Dessa forma, a jurisprudência enaltece aquele contribuinte de boa-fé que pratica a operação e adquire mercadoria, incorrendo no presumido ônus tributário, independentemente da regularidade da documentação fiscal que se limita a reproduzir a realidade e degravar a ocorrência de um evento ocorrido no mundo dos fatos.

As Súmulas STF nº 571 e STJ nº 509 são relevantes porque evidenciam que a aplicação do princípio constitucional da não-cumulatividade do ICMS e o reconhecimento do direito ao crédito do imposto não estão condicionados a um documento. O direito ao crédito do ICMS decorre da operação anterior, do fato, da materialidade existente na aquisição da mercadoria, e não de um pedaço de papel.

A propósito, a realização de provas no Direito Tributário, de um modo geral, também padece de um certo ranço oficialista, que procura desqualificar ou tornar extremamente onerosa a produção de evidências pelo contribuinte para exercício de seus direitos. Foi exatamente a esse problema que nos referimos logo na introdução desse texto quando tratamos do imposto imaginário sobre o céu, em que a dedução de estrelas precisaria ser minuciosamente comprovada.

O Direito Tributário brasileiro costuma demandar provas minuciosas, extensas e exaustivas dos contribuintes. Por exemplo, para a apropriação de crédito de ICMS sobre a energia elétrica, frequentemente os Fiscos estaduais exigem que o contribuinte faça uma prova pericial analisando potências e consumo de eletricidade de cada um das centenas de equipamentos do seu parque industrial. Só então reconhecem o direito ao crédito do ICMS sobre a energia elétrica consumida na atividade industrial do estabelecimento. Não resta dúvida de que essa é uma prova possível de ser produzida, mas é inegavelmente complexa e onerosa.

O que se vê, *grosso modo*, é que o Fisco exige um tipo especial de prova, no formato que lhe é mais conveniente, para que o contribuinte possa plenamente exercer seu direito previsto na lei. E esse formato é o da prova mais detalhada, complexa e abrangente possível. Além de uma prova difícil de ser produzida, se o Fisco detecta qualquer erro ou falta de conformidade da prova produzida com o modelo por ele adotado, ele procura desqualificar a prova, argumentando que ela não se encontra dentro dos padrões oficiais. E, o que é mais grave, se nega a reconhecer o direito do contribuinte.

Será que realmente esse é o único ou o melhor modelo existente? Será que o próprio contribuinte não preferiria, muitas vezes, optar por uma prova mais genérica, menos precisa, mas muito mais simples? Presunções se prestam justamente a essa finalidade. Elas permitem que se aceite um fato como verdadeiro apenas com base na estatística, isto é, no que ordinariamente acontece. Como explica Frederick Schauer, "Pitbulls são cães perigosos"[31] e isso justifica uma série de restrições a proprietários de pitbulls, por mais que isso provoque a ira de muitos deles, que juram que seus animais são dóceis, educados e incapazes de fazer mal a quem quer que seja. O modelo generalista, com base em padrões estatísticos ou mesmo "tipos", se revela muito útil para o Direito, especialmente para o Direito Tributário, como ensina Ricardo Lobo Torres[32].

Será que uma determinada indústria não preferiria apropriar como crédito de ICMS um percentual "x" sobre a conta de energia elétrica, obtido com base na média de energia consumida pelas fábricas similares que produzem a mesma mercadoria? Possivelmente os contribuintes nesses e em outros casos optariam por uma solução tributária mais simples e segura, a ter de se sujeitar a uma série de controles sofisticados e de provas onerosas para fazerem valer os seus direitos. Mesmo que eventualmente pudessem ter uma vantagem fiscal menor, isto é, ter um valor de crédito inferior em um ou outro período fiscal, em muitos casos é melhor perder "no varejo" para ganhar "no atacado".

Essa simplificação já acontece em muitos casos no Direito Tributário brasileiro. É a opção pela declaração simplificada na entrega da declaração de imposto de renda da pessoa física, que permite uma dedução padronizada, ao invés da declaração completa e a comprovação pormenorizada das despesas dedutíveis. É a opção pelo lucro presumido, ao invés da apuração do imposto sobre a renda da pessoa jurídica no lucro real. São as margens fixas utilizadas para cálculo dos preços de transferência, no lugar da complexidade do método dos preços independentes comparados. Em suma, há uma série de situações em que o Direito Tributário parte de uma presunção. E em todos esses casos é relevante notar que se trata de uma "opção" para o contribuinte. Isto é, não há qualquer imposição de um modelo simplificado. Se o contribuinte quiser pode perfeitamente adotar o método mais complexo e detalhado. O contribuinte pode optar pelo "modelo generalista" ou pelo "modelo particularista".

No entanto, entendemos que há muito mais espaço para esse tipo de simplificação no Direito Tributário brasileiro. Na verdade, essa deveria ser uma

31 Frederick Schauer, Profiles, probabilities and stereotypes. Harvard University Press, 2003, p. 55.

32 "O tipo representa a média ou a normalidade de uma determinada situação concreta, com as suas conexões de sentido. Segue-se, daí, que a noção de tipo admite as dessemelhanças e as especificidades, desde que não se transformem em desigualdade ou anormalidade." ("O Princípio da Tipicidade no Direito Tributário". Revista de Direito Administrativo, Rio de Janeiro, v. 235, p. 193-232, 2004).

obsessão do legislador e da administração tributária para se reduzir a burocracia. Deveríamos nos valer muito mais dos chamados "safe harbors", aquelas situações previstas pela legislação que, se seguidas pelos contribuintes, se revelam como "portos seguros", isto é, ficam a salvo de contestações.

Em um país como o Brasil, que bate recordes de complexidade tributária e principalmente de litigiosidade fiscal, parece bastante recomendável a adoção desse tipo de técnica, que reduz consideravelmente os custos de controle e o volume de divergência e contencioso entre Fisco e contribuinte. Para que esse modelo possa atender não apenas à demanda por simplificação tributária, mas também preservar a justiça fiscal, entendemos que ele não pode ser imposto como uma obrigação, mas deve estar previsto como uma faculdade para o contribuinte, que, se achar conveniente, pode seguir com sua discussão individual e específica, sem observar o modelo padronizado.

6. A BUROCRACIA E O PUNITIVISMO FISCAL

Por um lado, o formalismo cria um volume considerável de procedimentos a serem observados pelo contribuinte no seu dia a dia. Por outro, o oficialismo torna o contribuinte dependente do Fisco para a prática de inúmeros atos do seu cotidiano. Embora isso incremente de modo substancial a quantidade de obrigações e deveres a que o contribuinte está sujeito, há um terceiro elemento que torna a burocracia fiscal ainda mais danosa ao contribuinte: o punitivismo fiscal.

O punitivismo fiscal não reside na aplicação de sanções rígidas ao contribuinte em decorrência de situações em que claramente se verifica um grave descumprimento da legislação tributárias (ex: sonegação fiscal). Mas, muito pelo contrário, o punitivismo se caracteriza pela aplicações de multas elevadas e frequentes em repreensão a descumprimentos triviais e inofensivos de uma legislação tributária obscura e complexa.

A Administração Tributária brasileira pune de forma extremamente gravosa o descumprimento de obrigações acessórias, ainda que comprovadamente não tenha havido qualquer prejuízo para o erário ou mesmo qualquer prejuízo para a própria fiscalização do tributo. Essas práticas representam uma grave violação dos direitos fundamentais dos contribuintes.

Há casos de imposição de multas milionárias e por vezes bilionárias, desacompanhadas de qualquer cobrança de tributo, pela simples ausência de uma informação em um formulário apresentado ao Fisco.

É que, na maioria das vezes, as chamadas multas formais por descumprimento de obrigações tributárias acessórias têm seu cálculo completamente dissociado do valor do tributo relacionado àquele dever formal. Na verdade, é muito comum que essas penalidades tenham por base grandezas amplas como "a totalidade da receita do contribuinte". A explicação para isso é que elas são concebidas para o caso-limite de o contribuinte se negar a prestar qualquer tipo de informação sobre sua atividade (ex: deixar de apresentar declarações e escriturar livros fiscais). Nesse caso, a escolha de uma base ampla visa à previsão de uma multa bem elevada para dissuadir o contribuinte desse tipo de comportamento, que pode dificultar sobremaneira o trabalho de fiscalização.

Ocorre que essa é uma técnica de imposição de penalidade bastante discutível. Por um lado, porque, para essas casos-limite, o Fisco pode se valer do lançamento com base no arbitramento, utilizando-se de outros meios que não a escrita fiscal e contábil do próprio contribuinte para estimar o valor do tributo devido. Por outro lado, porque, na prática, esses casos-limite são raros, constituem a exceção, e, na maioria das vezes, esse tipo de previsão genérica acaba resultando na aplicação de multas extremamente gravosas pelo simples fato de o contribuinte ter incorrido em omissões ou inconsistências pontuais na entrega de informações.

Por exemplo, há um caso em que uma empresa de telecomunicações foi multada em mais de R$ 350 milhões, apenas porque deixou de entregar uma parte de um arquivo eletrônico de escrituração digital com informações detalhadas sobre operações registradas em equipamento emissor de cupom fiscal (ECF). Essas operações basicamente compreendiam as poucas vendas que a empresa efetuava diretamente ao consumidor final em suas lojas. A empresa registrou e tributou todas essas operações registradas no ECF, tinha até informações sobre elas em sua escrita contábil, mas não entregou ao Fisco o arquivo eletrônico oficial contendo detalhes dessas operações. Embora nenhum tributo estivesse sendo cobrado sobre essas operações – era incontroverso que ele havia sido pago – a penalidade foi aplicada considerando a base legal da "totalidade das operações e prestações de entrada e de saída praticadas pelo contribuinte".

Tratava-se, claramente, de uma penalidade prevista para o caso-limite em que o contribuinte simplesmente não entregava, na íntegra, o arquivo eletrônico como um todo e não apenas uma pequena parte dele, como acontecia no caso concreto. Na hipótese em tela, a penalidade aplicada por conta de algumas omissões relativas a uma parcela irrisória das operações do contribuinte estava sendo aplicada sobre uma base extremamente ampla, alcançando, inclusive e principalmente, a maior receita da operadora, relativa às prestações de serviço de telecomunicação. Prestações essas que nada tinham a ver com o objeto do descumprimento da obrigação acessória, o qual estava circunscrito às vendas de aparelhos de celulares a consumidor final, registradas em ECF.

Ainda na esfera administrativa, a penalidade foi reduzida parcialmente, tendo o tribunal administrativo acolhido a tese de que a base da multa deveria ficar restrita àquelas operações de ECF cuja informação detalhada não fora disponibilizada[33]. Caso contrário, o contribuinte estaria sendo penalizado com base no valor das operações que disponibilizou, ou seja, em última análise, também sobre a obrigação que cumpriu!

O punitivismo é uma das facetas mais contundentes da burocracia fiscal, porque ele implica a imposição de sanções de forma desarrazoada, afetando

33 Tribunal de Impostos e Taxas de São Paulo, AIIM 3.151.712, Câmara Superior, j. 5.8.2014.

gravemente a liberdade e o patrimônio do contribuinte, de maneira desproporcional à conduta por ele praticada e aos prejuízos causados ao erário. Pune-se indiscriminadamente, apenas pela punição. É necessário empreender uma ampla reformulação da teoria das sanções tributárias, trazendo maior racionalidade, sistematicidade e controle à aplicação de sanções no campo do Direito Tributário. Embora possa ter variadas causas, o punitivismo fiscal tem um grave efeito: é o mecanismo repressor de uma burocracia opressora. A burocracia fiscal, que por si só já consome muito tempo e recursos do contribuinte, com a imposição indiscriminada de penalidades passa a restringir de forma intolerável a liberdade e o patrimônio do contribuinte, quando não chega a confiscá-lo.

7. CONCLUSÃO – A DESBUROCRATIZAÇÃO E A BUSCA DA CIDADANIA FISCAL

O Professor Ricardo Lobo Torres concebeu uma cidadania multidimensional, fundada em um pacto constitucional, em que não há uma mera relação vertical de poder e sujeição entre príncipe-súdito, mas uma relação horizontal que se desenvolve entre cidadão e Estado, com respeito aos direitos humanos e observância dos princípios fundamentais de segurança e justiça[34].

Para se falar verdadeiramente de uma "Constituição-Cidadã", é preciso atentar para uma zona do Direito Tributário que anda um tanto negligenciada pela doutrina, embora seja um dos problemas mais crônicos do nosso sistema tributário e de ofensa a direitos fundamentais dos contribuintes: a burocracia fiscal.

Em sentido amplo, a burocracia fiscal pode ser compreendida a partir das práticas formalistas da Administração Tributária que causam excessivo ônus para o contribuinte, sem qualquer correspondente benefício para o Fisco.

Analisamos, no presente estudo, três principais vetores da burocracia fiscal: (i) o formalismo; (ii) o oficialismo; e (iii) o punitivismo.

O formalismo tem como características o apego à aplicação irracional de regras, a preponderância da interpretação literal sobre qualquer outro método interpretativo e o hermetismo do sistema legal. O formalismo burocrático impede que normas constitucionais e legais sejam plenamente aplicáveis, na medida em que abre espaço para uma restrição deliberada de direitos constitucionais e legais dos contribuintes por expedientes infralegais da Administração Tributária.

---

34 "A imbricação constitucional da relação tributária orienta a sua problemática para o campo das conexões entre receita e os gastos públicos, dado importantíssimo na atual fase das finanças públicas. A relação jurídica tributária, por outro lado, aparece totalmente vinculada pelos direitos fundamentais declarados na Constituição. Nasce por força de lei, no espaço previamente aberto pela liberdade individual ao poder impositivo estatal. É rigidamente controlada pelas garantias dos direitos e pelo sistema de princípios da segurança jurídica. Todas essas características fazem com que se neutralize a superioridade do Estado, decorrente dos interesses gerais que representa, sem que, todavia, se prejudique a publicidade do vínculo jurídico." (Curso de Direito Financeiro e Tributário. 18ª ed. Rio de Janeiro: Renovar, 2011, p. 237).

O oficialismo baseia-se no primado do ato da autoridade como lastro de validade do ato do particular. Ao condicionar a validade dos atos do contribuinte à intervenção direta ou indireta da Administração Tributária, o oficialismo torna o exercício de direitos dos contribuintes uma prática subordinada ao arbítrio do Fisco e dependente de fatores excessivamente onerosos. Há muito espaço nessa seara para a simplificação, pela adoção de presunções e de padronizações, especialmente quando elas constituem opção dos contribuintes e não uma imposição da autoridade.

Por fim, o punitivismo fiscal consiste na prática de imposição de penalidades gravosas ao contribuinte por práticas pouco ou nada ofensivas ao sistema tributário, em uma clara desproporcionalidade entre infração e punição. Neste ponto, é preciso uma revisão urgente de diversos pontos da teoria das sanções em matéria tributária, já que o sistema de multas deve servir ao binômio prevenção-punição, e não para opressão-confisco.

A obra do Professor Ricardo Lobo Torres será sempre fonte de inspiração e referência para aqueles que buscam soluções ponderadas para a questão da tributação, com observância da boa técnica hermenêutica, dos princípios da justiça e do respeito aos direitos humanos.

Seu texto é denso, mas simples. Profundo, porém, acessível ao estudante de graduação. Seu conhecimento é enciclopédico, não obstante seja sempre deduzido de forma didática e sistemática. Suas vastas referências bibliográficas expandem os horizontes, iluminando os caminhos a serem percorridos pelos tributaristas.

Todavia, se toda a sua imensa produção acadêmica tivesse que ser resumida em uma mensagem de poucas palavras talvez ela fosse: "não há tributo justo, sem cidadão livre".

Tão logo a Constituição de 1988 foi editada, alguém já disse que havia o risco de se ter um "cidadão de papel", é dizer, uma pessoa que apenas formalmente é titular de direitos, mas que não consegue exercê-los na realidade. Uma burocracia fiscal elevada como a brasileira aumenta a ênfase na parte "do papel". Acrescenta-se à baixa efetividade dos direitos uma elevada carga de deveres e entraves para o acesso a direitos verdadeiramente. De um lado, são as pilhas e pilhas de papel para impressão de uma legislação tributária vasta, complexa e obscura. De outro, são as pilhas e pilhas de papel com requerimentos, formulários e comprovantes para fazer valer o que a lei já garante ao contribuinte. É preciso desburocratizar o Direito Tributário e deslocar o eixo de atenções e prioridades da máquina estatal para o contribuinte. É preciso humanizar a tributação. Há um único papel que é elementar, fundamental e imprescindível para o perfeito funcionamento do sistema constitucional tributário inaugurado pela Constituição Federal de 1988: o de cidadão.

Tributação e Direitos Sociais: uma Reflexão sobre suas Múltiplas Conexões. Uma Homenagem ao Professor Ricardo Lobo Torres

Ana Paula de Barcellos[1]

Sumário: 1. Introdução: tributação e os direitos sociais. 2. Arrecadação tributária e Direitos Sociais: a dimensão do custeio das políticas públicas. 3. Imunidades tributárias e incentivos fiscais: direitos sociais para além do Estado. 4. Direitos sociais e ampliação da base produtiva para a arrecadação tributária. 5. Conclusões

1. INTRODUÇÃO: TRIBUTAÇÃO E OS DIREITOS SOCIAIS

Escrever um trabalho em homenagem ao Professor Ricardo Lobo Torres foi muito mais difícil emocionalmente do que eu suspeitava quando aceitei o honroso e gentil convite. É com saudade que lembro de suas aulas, conversas, comentários, indicações, conselhos, reflexões, posturas e generosidade; com gratidão e orgulho que registro ter tido o privilégio de ter estado sob sua influência; e com alegria e humildade que observo quanto de todo esse conjunto humano e acadêmico me marcou. Ele foi um mestre, no sentido mais amplo. Muito obrigada por tudo, Professor Ricardo.

A conexão entre Direito Tributário e Direitos Fundamentais em geral, e os Direitos Sociais em particular, sempre foi um tema central no pensamento do Professor Ricardo Lobo Torres[2]. Este breve trabalho pretende apresentar uma reflexão sobre as múltiplas dimensões dessa conexão.

É possível examinar as relações entre a tributação e os direitos sociais sob múltiplas dimensões, como sempre observou o Professor Ricardo Lobo Torres. Neste pequeno estudo se vai examinar de forma específica três delas. Em primeiro lugar, é a arrecadação tributária que fornecerá a maior parte dos recursos para o custeio das políticas públicas em matéria de direitos sociais.

---

1 Professora Titular de Direito Constitucional da Faculdade de Direito da UERJ. Pós-Doutora - Harvard. Mestre e Doutora - UERJ.

2 TORRES, Ricardo Lobo. *O direito ao mínimo existencial*. Rio de Janeiro: Renovar, 2009e *Tratado de Direito Constitucional, Financeiro e Tributário*. Rio de Janeiro: Renovar, 2000.

Embora o ponto seja um truísmo, essa relação de custeio entre tributação e políticas de direitos sociais continua mal resolvida no país: importantes discussões permanecem em aberto com graves repercussões para a promoção dos direitos sociais, sobretudo sob a perspectiva da igualdade.

Em segundo lugar, a promoção dos direitos sociais não é exclusividade do Estado. Assim, a disciplina, interpretação e aplicação de parte das imunidades tributárias está diretamente relacionada com a promoção de direitos sociais levada a cabo pela sociedade civil. Em outro segmento, a política de incentivos tributários frequentemente é utilizada para fomentar a promoção de direitos sociais, como o direito ao trabalho e o direito à moradia, e a avaliação do impacto dessas medidas é um tema de crescente importância. O direito tributário, como se sabe, não visa apenas a arrecadar recursos, mas também tem pretensões parafiscais de modo a estimular comportamentos que promovem fins constitucionais, de modo que essa segunda dimensão envolve justamente esse tipo de normatividade.

Por fim, em terceiro lugar, há igualmente uma conexão inversa nessa relação: a promoção dos direitos sociais é em boa medida responsável por ampliar a base produtiva sobre a qual a tributação irá incidir e fomenta o trabalho e seu valor social. Nessa linha, o sistema constitucional brasileiro estabelece como prioridade, no âmbito da promoção dos direitos sociais, políticas voltadas para a trabalhadora/o trabalhador e que visem a qualificação das pessoas para o trabalho, de modo a garantir a sustentabilidade do sistema e, de forma ampla, promover ao menos alguns dos fins do Estado brasileiro previstos no art. 3º: garantir o desenvolvimento nacional, erradicar a pobreza e a marginalização, reduzir as desigualdades sociais e regionais e garantir o bem de todos (art. 3º, II, III e IV). Antes de discutir cada uma dessas dimensões, porém, parece fundamental apresentar um breve quadro do sistema dos direitos sociais atualmente vigente no plano constitucional para que o debate ganhe maior concretude.

Como é corrente, o art. 6º da Constituição de 1988 apresenta a seguinte lista de direitos que identifica como direitos sociais: a educação, a saúde, a alimentação, o trabalho, a moradia, o transporte, o lazer, a segurança, a previdência social, a proteção à maternidade e à infância e a assistência aos desamparados. A partir do art. 193 a Constituição regula a chamada "ordem social" na qual alguns desses direitos são detalhados e delineadas desde logo algumas instituições e políticas públicas destinadas a proteger alguns deles.

O art. 194 organiza a seguridade social que, nos seus termos, se ocupa de assegurar os direitos relativos à saúde, à previdência social e a assistência social, e o art. 195 trata de suas fonte de custeio. O direito à saúde é disciplinado a partir do art. 196 ao art. 200. Como se sabe, o art. 196 estabelece que o direito à saúde é garantido mediante "*políticas sociais e econômicas que visem à redução do risco de doença e de outros agravos*", bem como mediante "*o acesso universal e igualitário às ações e serviços para sua promoção, proteção e recuperação*". A Lei nº 8.080/90 organizou o Sistema Único de Saúde – SUS, lei que tem sofrido diversas alterações ao longo do tempo. O SUS, nos termos do que prevê a própria Constituição, é um sistema que integra todos os entes federativos e oferece serviços gratuitamente aos usuários. Seu custeio, portanto, terá de ser absorvido por recursos públicos, como regra geral oriundos da tributação.

A previdência social (art. 201 e ss.) é um sistema de caráter contributivo, de filiação compulsória e financiamento mediante contribuições sociais e recursos orçamentários. Trata-se de um seguro público que visa a cobrir um conjunto amplo de riscos sociais, dentre os quais se inclui a perda da capacidade de trabalho em razão de doença, invalidez ou idade avançada (aposentadorias), o desemprego involuntário (seguro desemprego) e também a hipótese de afastamento do trabalho em decorrência da maternidade (licença maternidade). Embora contributivo, a previdência está longe de ser autossuficiente: o sistema é subsidiado por recursos orçamentários. A referência aqui é ao regime geral da previdência social (RGPS), gerido pelo INSS. Paralelamente existe também o regime próprio dos *servidores públicos* (RPSP), organizado por cada uma das entidades estatais – União, Estados, Distrito Federal e Municípios –, que reúne os servidores que ocupam ou ocuparam cargos públicos efetivos. As regras gerais do regime próprio estão delineadas pela Constituição no art. 40.

A assistência social, por seu turno, é o último recurso de proteção da dignidade humana e será prestada, nos termos do art. 203, a quem dela necessitar, independentemente de contribuição à seguridade social: os recursos necessários para o custeio dos benefícios virão dos orçamentos públicos, portanto. A Constituição estabelece diretrizes na matéria, a serem desenvolvidas pelo legislador, mas prevê desde logo a garantia de um salário mínimo de benefício mensal à pessoa portadora de deficiência e ao idoso que comprovem não possuir meios de prover à própria manutenção ou de tê-la provida por sua família, que a lei deverá regulamentar (art. 203, V). A Lei nº 8.743/93, e suas alterações posteriores, regula o sistema de assistência social.

Quando ao direito à educação, a Constituição de 1988 prevê expressamente que o ensino público em estabelecimentos oficiais deverá ser prestado gratuitamente (art. 206, IV). Além disso, o acesso ao ensino obrigatório e gratuito – isto é: a educação básica de 4 a 17 anos e a oferta para aqueles que não tiveram acesso a ela na idade própria, nos termos do art. 208, I – é descrito pela Constituição como um direito público subjetivo (art. 208, parágrafo 1º).

A Constituição desdobra o direito à educação em vários *direitos* mais específicos, aos quais correspondem serviços a serem prestados pelo Poder Público. Em primeiro lugar, (i) o direito das crianças de até 5 anos de idade de terem acesso ao ensino infantil em creche e pré-escola (art. 208, IV). A Emenda Constituição nº 59/2009 introduziu a figura já referida da educação básica (art. 208, I e VII) obrigatória, que abrange o ensino ministrado dos 4 (quatro) aos 17 (dezessete) anos e, portanto, inclui a pré-escola (crianças de 4 a 6 anos), o ensino fundamental (com duração de 9 anos e início aos 6 anos de idade) e o médio (com duração mínima de 3 anos), bem como a oferta desse mesmo ensino a adultos, que não tiveram acesso a ela na idade própria.

A Constituição assegura ainda: (ii) o direito dos educandos da educação básica como um todo – ou seja: pré-escola, ensino fundamental e médio – de serem atendidos por programas suplementares de material didático-escolar, transporte, alimentação e assistência à saúde (art. 208, VII); (iii) o direito das pessoas com deficiência de terem acesso a atendimentoeducacional especializado (art. 208, III); e (iv) o direito de qualquer indivíduo, de acordo com sua capacidade, de ter acesso a níveis mais elevados de ensino (art. 208, V). Todos esses serviços educacionais, como é fácil perceber, serão custeados por recursos orçamentários.

Por fim, alguns dos direitos sociais referidos no art. 6º – como a moradia, o transporte e o lazer – não são alvo de atenção específica no título da Ordem Social, mas estão bastante relacionados com as diretrizes da política urbana de que cuida o art. 182 e 183 da Constituição. Garantir oferta de moradia é uma das diretrizes da função social das propriedades imóveis urbanas, e a Lei nº 10.257/01 (Estatuto da Cidade), editada a fim de regulamentar esses dispositivos constitucionais, prevê dentre as funções da cidade, a serem desenvolvidas pela política urbana, o transporte e o lazer.

Descrito esse breve panorama acerca dos direitos sociais na Constituição de 1988, cabe agora examinar as três relações que se estabelecem entre eles e a tributação, bem como algumas questões que essas relações ensejam.

2. ARRECADAÇÃO TRIBUTÁRIA E DIREITOS SOCIAIS: A DIMENSÃO DO CUSTEIO DAS POLÍTICAS PÚBLICAS

A atividade estatal de arrecadar tributos é tradicionalmente associada, e com razão, à restrição de direitos e liberdades, sobretudo do direito de propriedade. Boa importante das normas constitucionais que tratam do assunto visam a justamente estabelecer limites a essa atividade, protegendo os contribuintes da ameaça que a ação tributária estatal pode representar, espoliando as pessoas de seus bens e meios de vida. Por outro lado, no entanto, as atividades estatais em geral, incluindo aquelas que envolvem a proteção e promoção dos direitos, são custeadas pelos recursos públicos, recursos esses em boa medida obtidos por meio da tributação.

Não há necessidade de reproduzir aqui o debate em torno da classificação que imaginaria que alguns direitos não exigiriam prestação estatal alguma, ao passo que outros demandariam grandes investimentos do Poder Público. A rigor, a proteção, promoção e/ou respeito de qualquer direito envolverá sempre algum tipo de iniciativa estatal que custa dinheiro: no mínimo, a existência dos próprios Poderes estatais para garantir sua disciplina e proteção normativa (Executivo e Legislativo) e assegurar que esse proteção seja respeitada em caso de violação (Judiciário). No caso dos direitos sociais, porém, é certo que as políticas públicas necessárias para sua promoção demandam quantidade importante de recursos públicos. A constatação de que todos os direitos demandam recursos públicos para sua promoção é importante, mas não torna a questão do custeio das políticas de direitos sociais (e de quaisquer outros direitos, a rigor) menos relevante por isso.

Ou seja: se o direito constitucional tributário se preocupa com os limites da ação estatal, ele está consciente de que a tributação define também, em boa medida, as possibilidades de atuação do Estado. Esse é um ponto que precisa ser levado a sério. A atribuição de tarefas e serviços ao Estado pela Constituição ou pelas leis importa a necessidade de recursos para custeá-los. Ora, esses recursos precisam vir de algum lugar, frequentemente da tributação. Quase tudo custa dinheiro e não adianta fingir que será suficiente a consagração constitucional ou legal de um direito que o Estado deve de alguma forma proteger ou promover para que automaticamente ele seja protegido ou promovido. Atos concretos terão de ser praticados para que esse fim se realize e eles têm custos.

É certo que há outras discussões da maior relevância nesse contexto. Uma delas envolve a gestão eficiente dos recursos públicos disponíveis: como fazer mais com menos. Também aqui se colocam temas como o combate à corrupção e ao desperdício, a melhor administração dos bens estatais, etc. Esses são aspectos da atividade pública que merecem atenção também do Direito, já que, em tese, normas podem criar estímulos e desestímulos para a prática de condutas não apenas probas, mas também mais eficientes. Seja como for, e sem prejuízo da importância dessas outras discussões, existe uma relação direta e inevitável entre tributação e a quantidade de recursos disponíveis para custear a promoção dos direitos sociais que a sociedade decidiu atribuir ao Estado.

Essa relação bastante intuitiva entre arrecadação tributária e efetiva promoção dos direitos sociais suscita ao menos três debates importantes que se quer aqui suscitar. O primeiro envolve a opção constitucional de vincular determinadas receitas à promoção dos direitos sociais. Como é corrente, a Constituição de 1988 utilizou dois mecanismos principais para esse fim. O primeiro deles corresponde às regras do investimento mínimo por parte da União, Estados, Distrito Federal e Municípios em saúde (art. 198, § 2º) e em educação (art. 212), apurado com base em diferentes recortes da arrecadação desses entes federados previstos pelo texto constitucional.

Não se vai aqui discutir se a fórmula é ou não boa, quais suas vantagens e desvantagens, e se haveria outras opções melhores. A favor dela, além de se tratar da opção vigente na Constituição que deve, por evidente, ser respeitada e cumprida, milita a enorme carência que, a despeito da passagem do tempo, continua a haver no atendimento aos direitos em questão. O caso da educação é emblemático. A prestação de serviços de educação – sobretudo a educação básica regular e noturna – é obrigatória e deve promover "o pleno desenvolvimento da pessoa, seu preparo para o exercício da cidadania e sua qualificação para o trabalho" (art. 205). Se, como é notório, nem bem os serviços referidos foram ainda universalizados, e muito menos os serviços existentes têm sido capazes de promover os fins referidos acima de forma razoável, parece certo que essa prioridade constitucional deverá ser refletida na quantidade de gastos destinados ao tema pelos entes federativos.

A questão que se quer suscitar aqui, na realidade, é outra e muito mais singela: trata-se da dificuldade de apurar o efetivo cumprimento dessa norma constitucional aparentemente simples - que deveria resultar de um cálculo matemático - e de como garantir esse cumprimento. A falta de informação pública, clara e compreensível acerca dos gastos das entidades e órgãos públicos tornam, para dizer o mínimo, difícil a verificação do respeito pelos entes federativos a tal norma, em total desacordo com a transparência que deveria caracterizar a gestão pública. A rigor, não se sabe ao certo se os entes federados cumprem ou não essa norma pois a informação disponível não permite essa avaliação com facilidade.

Um segundo mecanismo destinado a vincular receitas a determinadas despesas, dentre as quais a promoção de direitos sociais, envolve a técnica das contribuições que, nos termos do sistema constitucional atual, desdobram-se em três espécies: contribuições sociais, contribuições de intervenção no domínio econômico e contribuições de interesse das categorias profissionais e econômicas. Dentro da categoria geral das contribuições sociais destaca-se uma subcategoria que agrupa as chamadas contribuições da seguridade social, que se destinam ao custeio do sistema de seguridade social (que abarca os sistemas públicos de saúde, de previdência social e de assistência social de que a Constituição trata do art. 195 ao 204). Outras contribuições sociais podem ocupar-se do custeio de atividades estatais ligadas à promoção de outros direitos sociais, mas externas ao sistema de seguridade social, como é o caso, por exemplo, da educação.

De forma simples, o que particulariza as contribuições é a vinculação do emprego dos recursos arrecadados às finalidades que justificaram sua criação. Ao contrário do que se passa com os impostos, em relação aos quais a Constituição veda, como regra geral, a vinculação de sua receita a finalidades específicas (art. 167, IV), as contribuições são espécies tributárias vinculadas, no sentido de que seus recursos já têm um destino certo desde sua criação. Isso significa, portanto, que os valores obtidos por meio das contribuições sociais que se destinam ao custeio da seguridade social de que cuida o art. 195, por exemplo, devem ser aplicados no custeio da seguridade social e não em outras finalidades. O mesmo se diga da contribuição identificada como "salário-educação" (art. 212, parágrafo 5º): ela deverá ser investida na educação básica, como o dispositivo prevê.

O STF já teve ocasião de confirmar a obrigatoriedade da regra constitucional da vinculação das contribuições. O caso envolvia uma contribuição de intervenção no domínio econômico (art. 177, § 4º, a chamada CIDE-Combustíveis): o STF atribuiu interpretação conforme a Constituição à lei orçamentária de 2003 para afastar qualquer interpretação que importasse destinação dos recursos diversa da prevista constitucionalmente[3]. A mesma lógica, naturalmente, deveria aplicar-se às contribuições sociais. Isto é: toda e qualquer contribuição, não apenas aquelas expressamente previstas constitucionalmente, terão seus recursos vinculados à finalidade determinada em sua criação.

3 STF, ADI 2925/DF, Tribunal pleno, Rel p/ Acórdão Min. Marco Aurélio, j. 19dez. 2003, *DJ*04.03.2005.

Essa afirmação geral, porém, acerca do caráter vinculado dos recursos oriundos das contribuições, convive há vários anos com emendas constitucionais prevendo a chamada desvinculação de receitas da União (DRU). De acordo com a norma atualmente em vigor, a EC nº 93/16, até 2023, 30% da arrecadação da União com as contribuições sociais (salvo salário-educação) e com as contribuições de intervenção econômica estão desvinculados – isto é: não precisam ser aplicados pelo Executivo federal nas finalidades próprias de tais contribuições –, sem prejuízo do dever da União de honrar as despesas do Regime Geral da Previdência Social (ADCT, art. 76)[4].

É incerto, de todo modo, que os 70% restante das contribuições sociais sejam efetivamente aplicados na finalidade associada a essas contribuições, ou afinal gastos no custeio de outras despesas. Na realidade, a mesma dificuldade referida acima em relação à informação pública, clara e compreensível e à prestação de contas é enfrentada aqui. A pergunta "Em que os recursos obtidos por cada uma das contribuições sociais é gasto?" não é fácil de responder, mesmo por especialistas em Direito Financeiro, o que deveria ser considerado surpreendente em uma democracia. Caso haja razões para rediscutir a técnica das contribuições e seu regime jurídico, ou as regras sobre investimentos mínimos, que elas sejam expostas e debatidas publicamente. A falta de informação e transparência, porém, dificulta até mesmo a identificação dos problemas, que dirá a discussão em torno de eventuais soluções.

Uma segunda questão a examinar rapidamente sob a perspectiva da tributação como custeio das políticas de promoção dos direitos sociais é a federativa. Embora o tema federação pareça distante dos direitos sociais, essa desconexão veicula, na realidade, um equívoco. A Constituição atribui à União, aos Estados, ao Distrito Federal e aos Municípios diversas competências comuns para o desenvolvimento de políticas relacionadas com a proteção e promoção de diversos direitos sociais. Assim, o funcionamento desses entes e sua capacidade, financeira inclusive, de desenvolver de fato suas competências será sempre um assunto fundamental para o tema dos direitos.

O art. 23 da Constituição atribui a todos os entes competências para cuidar da saúde e assistência pública, da proteção e garantia das pessoas portadoras de deficiência (II); para proporcionar os meios de acesso à cultura, à educação, à ciência, à tecnologia, à pesquisa e à inovação (V); para promover programas de construção de moradias e a melhoria das condições habitacionais e de saneamento básico (IX); e para combater as causas da pobreza e os fatores de marginalização, promovendo a integração social dos setores desfavorecidos (X). Como já referido o SUS é, igualmente, uma sistema que integra todos os entes da Federação. Em relação a determinados temas – como saúde e educação – a própria Constituição ou o legislador tentaram distribuir de forma mais concreta

4 Sobre as críticas à DRU v. ABRAHAM, Marcus. Prós e contras da desvinculação das receitas da União. Disponível em: <https://jota.info/colunas/coluna-fiscal/coluna-fiscal-pros-e-contras-da-desvinculacao-das-receitas-da-uniao-dru-03032016>. Acesso em 01 jun. 2017.

atribuições a cada um dos entes. Em relação a outros, porém, a cooperação entre eles ainda não foi articulada, ao menos não em abstrato por meio normativo[5], nada impedindo que os entes voluntariamente se organizem para tanto.

Seja como for, todos os entes – União, Estados, Distrito Federal e Municípios – terão alguma competência a desenvolver na promoção desses direitos sociais e, em tese, os recursos obtidos por meio da tributação (ou aqueles oriundos de receitas originárias) deveriam ser capazes de custear ao menos o básico dessas atividades. A realidade, porém, não é tão simples, infelizmente, e isso reflete diretamente no tema da tributação. Cabe aos Municípios, por exemplo, e como regra, a oferta à população dos serviços da educação infantil e fundamental (art. 30, V) e de saúde básica (art. 30, VI), e a própria Constituição já registra, em ambos os incisos, que os Municípios deverão contar com a "cooperação técnica e financeira dos Estados e da União" para a prestação desses serviços.

Ocorre que o Brasil é um país desigual e uma das dimensões bastante pronunciadas dessa desigualdade é geográfica ou territorial. Os Estados-membros têm realidades econômicas, geográficas e populacionais muito diferentes, e o mesmo se diga dos Municípios. Do ponto de vista fático, portanto, o Brasil é uma federação assimétrica, isto é: Estados e Municípios são profundamente diversos na sua realidade econômico-social. A comparação de São Paulo com Piauí ou Maranhão e do Município de São Paulo com os Municípios de Teresina ou de São Luís são suficientes para demonstrar o ponto.

Nada obstante isso, do ponto de vista jurídico, a nossa federação é simétrica. Ou seja: todos os Estados receberam da Constituição as mesmas competências em geral, inclusive tributárias, e o mesmo acontece com todos os Municípios. Mais que isso, as competências tributárias dos entes federados é definida de forma rígida pela Constituição Federal e a espécie tributária que pode ser criada com maior facilidade – as contribuições – é da competência tributária exclusiva da União. Os demais entes federados apenas podem instituir e cobrar contribuições sociais de seus próprios servidores, destinadas a custear o sistema previdenciário que os beneficiará, e Municípios e o Distrito Federal podem ainda instituir e cobrar a contribuição para custear o serviço de iluminação pública. Afora tais hipóteses, não será possível a Estados, Distrito Federal e Municípios criarem contribuições sociais, por exemplo, a fim de incrementarem sua arrecadação e custearem políticas de direitos sociais.

Essa combinação de desigualdade fática e simetria jurídica da Federação brasileira significa que o Estado de São Paulo e o Estado do Piauí têm as mesmas responsabilidades e competências para prestar serviços em matéria de educação e saúde, assim como as mesmas competências tributárias. As

5 O federalismo dito cooperativo é marcado pela ausência de rigidez quanto à repartição das competências entre os diversos entes – essa rigidez é característica o federalismo dual. O caráter cooperativo resta evidenciado pela criação de esferas comuns de atuação a diversos entes. Sobre o tema, v. Augusto Zimmermann, *Teoria geral do federalismo democrático*, 1999, p. 56 e ss.; e André Luiz Borges Netto, *Competências legislativas dos Estados-membros*, 1999, p. 120 e ss.

realidades sobre as quais essas competências incidem, porém, são bastante diversas. Basta imaginar, para fins de ilustração, o volume de circulação de mercadorias e serviços nos dois Estados – sobre o que incidirá o ICMS, imposto estadual – e, portanto, a quantidade de tributos devidos em cada caso. O mesmo se passa com os Municípios: o imposto predial e territorial urbano – IPTU é um dos principais tributos municipais, mas muitos Municípios brasileiros são predominantemente rurais, arrecadando pouquíssimo IPTU. Ou seja: as competências tributárias atribuídas aos entes pela Constituição nem sempre serão capazes de prover recursos necessários para o desempenho sequer básico de suas atribuições, particularmente aquelas que dizem respeito à proteção ou promoção de direitos sociais.

Algumas soluções têm sido concebidas ao longo do tempo para minimizar esse problema, uma delas a criação de fundos por meio dos quais se tenta equalizar a desigualdade entre os entes por meio do repasse de recursos: é o caso do Fundo de Manutenção e Desenvolvimento da Educação Básica e de Valorização dos Profissionais da Educação – FUNDEB (ADCT, art. 60). Sem prejuízo da importância e da utilidade dessa solução, talvez seja o caso de repensar a simetria federativa e a distribuição de competências federativas em matéria de promoção de direitos sociais.

Um primeiro efeito colateral potencialmente nocivo da técnica dos fundos é a dependência política que ela pode gerar entre os entes federados, por conta da dependência econômica: frequentemente em relação à União. Além disso, o compartilhamento de competências entre os entes associado à desconexão entre o ente que tem realmente capacidade de prestar o serviço e aquele que seria o competente para tanto pode ter efeitos negativos também sobre o controle da sociedade em face da ação estatal.

Com efeito, diante da atribuição comum de competências, a população não sabe ao certo de quem é a responsabilidade pela prestação de tal ou qual serviço. Não raro, essa confusão de atribuições é alimentada pelos próprios agentes públicos que, diante de manifestações de insatisfação da população, procuram apontar os erros dos outros entes federativos, de modo a minimizar sua própria responsabilidade política diante dos eleitores. O roteiro é conhecido: as autoridades municipais alegam que a União e o Estado não cumpriram sua parte, pois deixaram de repassar as verbas necessárias, etc.. A União, por seu turno, acusa os Municípios de não aplicarem os recursos adequadamente ou de não prestarem contas.

No meio desse emaranhado de acusações cruzadas, quem é o responsável perante o cidadão? A rigor, é correto afirmar que todos são responsáveis mas, na prática da rotina democrática, ninguém é responsável. Na impossibilidade de exercer algum tipo de controle sobre todos os entes federativos em suas múltiplas e complexas relações, o cidadão acaba perdendo o interesse já que, na sua percepção, seu esforço não fará qualquer diferença. O resultado é que o cidadão acaba não controlando coisa alguma. A falta de controle social acaba por repercutir negativamente na própria qualidade da política pública e eventualmente até na existência da política em determinadas regiões. Não se pretende aqui fazer uma crítica mais abrangente acerca do federalismo cooperativo, mas suscitar os problemas que o descompasso entre capacidade e autonomia financeiras do ente federativo e competências para políticas em matéria de direitos sociais pode alimentar.

Por fim, a terceira questão – e talvez a mais importante – que emerge da relação entre tributação e direitos sociais é a necessidade imperiosa de discussão pública, clara e consistente acerca: (i) do custo estimado para as políticas públicas em geral, e particularmente para as políticas públicas de direitos sociais, e do diálogo entre as normas vigentes que tratam dessas políticas públicas e o orçamento; e (ii) da definição de prioridades que se orientem pelo atendimento, primeiro, do mínimo existencial a toda a população. Aprofunde-se brevemente a questão.

Não é incomum que uma lei em matéria de direitos sociais seja aprovada com grande estardalhaço mas que essa realidade normativa não tenha qualquer repercussão nos orçamentos dos anos subsequentes. Como consequência, nada acontece no mundo dos fatos e na vida das pessoas, ou acontece muito pouco, ou em apenas alguns lugares, ou somente em benefício de alguns grupos. A lei é aprovada, como se esse ato em si já promovesse o respeito, proteção e promoção dos direitos, as demandas sociais parecem ter sido atendidas e as forças políticas são desmobilizadas. Será necessário uma outra disputa política para tornar o que aquela lei dispõe – dentre tantas outras leis – prioridade efetiva para a alocação dos recursos necessários para sua execução. Dois exemplos ilustram o ponto.

A lei que prevê a obrigatoriedade de que vias e espaços públicos sejam adaptados para garantir a acessibilidade de pessoas com mobilidade reduzida é de 2000 (Lei n° 10.098), mas até hoje, muitos anos depois, não foi integralmente executada. Além disso, é muito provável que, na maior parte das cidades, os percentuais de sua execução não sejam os mesmos em todos os bairros e que os bairros considerados mais nobres, onde mora a população de maior renda, tenham melhores percentuais de execução da política pública do que as regiões mais carentes da cidade: trata-se de uma tendência observada em várias pesquisas que examinam políticas públicas de caráter geral e sua execução ao longo do tempo[6].

Em 2015, o IPEA divulgou uma avaliação nacional feita sobre os resultados e a efetividade da Lei Maria da Penha, promulgada em 2006[7]. O estudo

6 VICTORA, Cesar G., VAUGHAN, J. Patrick., BARROS, Fernando C., SILVA, Anamaria C., e TOMASI, Elaine. 2000. Explaining trends in inequities: evidence from Brazilian child health studies, Lancet, v. 356, p. 1093-1098; e Human Rights Watch, 2012 (disponível em https://www.hrw.org/sites/default/files/world_report_download/wr2012.pdf – acesso em 30.maio.2018). Os dois trabalhos ilustram a chamada "inverse equity hypothesis" segundo a qual as populações mais favorecidas tendem a se beneficiar primeiro das políticas públicas gerais, aumentando ainda mais a desigualdade em um primeiro momento.

7 http://www.ipea.gov.br/atlasviolencia/artigo/22/avaliando-a-efetividade-da-lei-maria-da-penha (acesso em 28 de abril 2018).

revela o impacto positivo da lei de uma forma geral, na média nacional, no que diz respeito à redução proporcional de homicídios contra mulheres. Todavia, o estudo destaca, também, que a execução das políticas previstas pela lei varia bastante regionalmente, e, talvez por isso mesmo, também o impacto esperado da lei não é uniforme, oscilando em função da região examinada.

Essa, portanto, a primeira dimensão do problema para o qual se quer chamar atenção aqui. A norma de direito social é apenas um ponto de partida, e não de chegada. Entre o pedaço de papel e a efetiva promoção dos direitos sociais das pessoas no dia a dia há um caminho a ser construído e percorrido, e esse caminho envolve, dentre outras providências, a alocação de recursos a ser feita no orçamento e a efetiva execução desse orçamento.

Ora, para alocar recursos é preciso avaliar o custo da política considerando a dimensão da população que deve por ela ser beneficiada. Imagine-se, por exemplo, que se decide – quem quer que tenha competência para tanto – incorporar um novo protocolo de tratamento para câncer de mama no âmbito do SUS. Naturalmente é preciso estimar a quantidade de mulheres que, a cada ano, procuram o SUS para o tratamento desse tipo de doença e, portanto, qual seria o custo estimado desse novo protocolo para atendê-las. Ou, caso não haja recursos para todas, é possível imaginar que o grupo de potencial beneficiárias deveria ser menor: apenas as mulheres com determinados tipos de câncer ou em determinados estágios da doença.

A ideia, em qualquer caso, é que se estime o custo e aloque recursos suficientes para todos aqueles que integrem o grupo que se definiu – a partir de critérios públicos – como público da política. O ponto parece óbvio, mas não é. Se não há recursos para implementar as políticas públicas de forma isonômica, para todas suas potenciais beneficiárias, haverá inevitavelmente uma seleção "informal" de quem será beneficiado. E, como se verá na sequência, não é incomum que a população socialmente mais excluída não esteja nessa seleção.

Embora o comentário a rigor faça pouco sentido, já que as normas pretendem transformar o mundo real, vale lembrar que os custos são relevantes não apenas na "realidade", mas também do ponto de vista normativo constitucional, como não poderia deixar de ser. A Constituição assume que as proposições normativas encaminhadas pelo Executivo, por exemplo, terão uma estimativa de custo, até para que seja possível avaliar se emendas parlamentares aumentarão ou não a despesa prevista[8]. Os impactos associados a alterações sugeridas pelo Legislativo ao projeto de lei do orçamento anual também devem ser avaliados[9]. A preocupação com os custos é claramente extraída do sistema constitucional.

O esforço pela promoção dos direitos sociais não pode simplesmente fingir que a questão dos custos não existe no esforço de tentar evitar esse debate. Ao contrário, é preciso enfrentá-lo de forma clara e criativa. É certo que as

8 Constituição de 1988, art. 63.

9 Constituição de 1988, art. 166 § 3º.

informações sobre os custos de uma proposição normativa de direitos sociais podem ser utilizadas retoricamente contra sua aprovação, sob o argumento singelo da inviabilidade financeira para sua realização, por exemplo. Mas essas mesmas informações podem desencadear outras discussões, fundamentais para a democracia, acerca da definição de prioridades para a atuação do Estado, de providências que precisem ser tomadas para que haja recursos em face da fundamentalidade dos direitos em discussão, etc.: esse é o segundo aspecto da discussão, sobre o que se tratará na sequência. Ou seja: as informações sobre os custos não são um trunfo conservador, mas um dado que pode e deve ser abordado sob diferentes perspectivas.

A segunda dimensão do problema envolve o tema das prioridades. Os recursos públicos são escassos e as necessidades potencialmente ilimitadas: essa é uma premissa inafastável com a qual é preciso lidar. Se é assim, apenas uma discussão pública acerca das várias necessidades e de seus custos viabilizará uma decisão democrática sobre a definição de prioridades. Ausente o debate público, a definição de prioridades continua a ser feita na prática, no dia a dia da ação estatal, não há dúvida: o problema é quem a faz, com base em que legitimidade, em benefício de quem e com fundamento em que critérios.

É razoável imaginar que os grupos melhor articulados e que tenham mais acesso às autoridades públicas serão os mais beneficiados; ou que os critérios considerados adequados por quem tenha mais acesso a essas autoridades prevalecerão, sem maior escrutínio público. E é igualmente razoável imaginar que as pessoas mais desfavorecidas da sociedade não estarão em qualquer desses grupos. A desigualdade social observada na realidade vai sendo ampliada ainda mais pelas prioridades definidas sem debate ou escrutínio público.

Pior, e como referido, a promoção dos direitos fundamentais, ainda quando aconteça de fato, tende a manter essas desigualdades, beneficiando primeiro os grupos em melhores condições sociais. Essa não é apenas uma realidade brasileira, sendo observada ao redor do mundo. Na verdade, estudos demonstram que é assim que funcionam, como regra, as políticas públicas gerais adotadas pelo Estado: primeiros seus benefícios são apropriados pelas classes mais favorecidas aumentando inicialmente a desigualdade, e apenas depois os mais necessitados se beneficiarão dela[10].

Esses dois elementos – a desigualdade e a tendência de políticas públicas gerais de não beneficiarem primeiro os mais pobres – têm suscitado a discussão acerca da promoção equitativa dos direitos[11]. A promoção equitativa de direitos significa, de forma simples, uma diretriz política no sentido de priorizar as ações que atendam os mais necessitados no esforço de respeito, proteção

10 V., além das referências na nota 5, BILCHITZ, 2007. Poverty and fundamental rights, New York: Oxford University Press.

11 MESTRUN, Francine e MELIK, Özden, 2012. The Fight against Poverty and Human Rights. Critical Report, v. 11, Geneva: CETIM; e BILCHITZ, 2007. Poverty and fundamental rights, New York: Oxford University Press, p. 208-215.

e promoção dos direitos, sobretudo nas suas dimensões mais básicas relacionadas com a superação permanente da pobreza extrema. Isto é: os esforços estatais devem se concentrar, primeiro, em garantir o mínimo existencial aos mais necessitados[12].

Afirma-se que a promoção equitativa de direitos é uma diretriz política pois, a rigor, e do ponto de vista constitucional, as pessoas de todas as classes sociais podem valer-se da gramática dos direitos fundamentais para fundamentar suas pretensões, e não apenas os mais pobres. A verdade, porém, é que se trata de uma diretriz política com consistente respaldo constitucional, já que não custa lembrar que a Constituição de 1988 estabelece como um dos objetivos da República justamente (art. 3°, III), *erradicar a pobreza e a marginalização e reduzir as desigualdades sociais e regionais.*

Mas qual a relação da promoção equitativa de direitos com o que se referiu acima, sobre a necessidade de se apurar o custo das políticas públicas vigentes e relacionar esse dado com os orçamentos? Ora, uma vez que se saiba quanto custa, por exemplo, assegurar que haja vagas suficientes na pré-escola em todas as localidades e que haja oferta suficiente e adequada de ensino básico regular e noturno (para os adultos que não tiveram acesso a ele na idade própria), considerando o público que deve ser o destinatário de cada uma dessas políticas, será viável discutir com mais clareza a prioridade dessas despesas em face de outras despesas associadas a outras políticas.

Em resumo: a ausência de uma discussão clara acerca dos custos - para todos - das políticas públicas em geral, e em matéria de direitos sociais em particular; a falta de uma conexão relevante entre políticas previstas na legislação e os orçamentos; e, por fim, o silêncio em torno do debate - difícil, não há dúvida, mas inevitável - acerca da escolha de prioridades, são problemas que é preciso enfrentar com urgência.

3. IMUNIDADES TRIBUTÁRIAS E INCENTIVOS FISCAIS: DIREITOS SOCIAIS PARA ALÉM DO ESTADO

No formato concebido pela Constituição de 1988 a promoção dos direitos sociais cabe fundamentalmente ao Estado que, por meio de políticas públicas

---

12 Embora em tese a ideia de que os mais pobres devem ser priorizados no esforço de promoção dos direitos humanos seja amplamente aceita, o tema gera discussões no que diz respeito à como essa prioridade se daria. BILCHITZ, 2007. Poverty and fundamental rights, New York: Oxford University Press, discute algumas possibilidades e conclui no sentido de uma prioridade em termos de peso, não temporal, p. 212-213: "Thus, I have defended an account of priority that involves giving pseical attention to minimal interests but does not require that they have absolute weight in relation to competing interests. (...) Writers generally assume that the UN Committee in its third General Comment wished states to realize minimum core obligations as a matter of temporal priority. (...) However, the General Comment need not be interpreted in this inflexible manner, and could be taken to suggest a more nuanced approach. (...) The state would thus have to justify its use of resources as displaying a special concern for the minimal interests of individuals. Whilst there could be reasons for not realizing the minimum core, such reasons have to be sufficient weight to override the special weight to be attached to the realization of an individual's minimal interests.".

custeadas por recursos sobretudo tributários, procura promover cada um dos direitos de que cuida o art. 6º da Constituição. Isso não significa, por evidente, que apenas o Estado se preocupe com o tema, ou seja capaz de promover direitos sociais, ou ainda que lhe deva ser atribuída qualquer exclusividade no particular: até porque a Sociedade é muito mais do que o Estado. Muito ao contrário, em matéria de direitos sociais, e considerando as necessidades ainda a atender no país, é possível afirmar que a lógica aplicável é a do quanto mais melhor.

Historicamente, muito antes de os direitos sociais serem consagrados como tais e os Estados se ocuparem deles, instituições filantrópicas de vários matizes já forneciam serviços de saúde e educação para os necessitados e acolhiam idosos e órfãos desamparados, por exemplo, e continuam a fazê-lo. A dinâmica, naturalmente, é outra: não se trata da gramática dos direitos e da cidadania, mas da linguagem da solidariedade e da filantropia, mas os resultados se aproximam. Sob outra perspectiva, embora os agentes econômicos privados visem sobretudo ao lucro, estímulos estatais podem tornar economicamente interessante que eles desenvolvam atividades que vão redundar, direta ou indiretamente, na promoção de direitos sociais, que poderá assim ser potencializada.

A percepção dessas duas realidades e de que o Estado, além de arrecadar recursos para custear políticas públicas, pode fomentar a ação da sociedade na promoção dos direitos sociais terá dois reflexos principais no Direito constitucional tributário. O primeiro envolve a disciplina das imunidades. Embora elas não se ocupem apenas dos direitos sociais, mas também de outros fins considerados valiosos pela Constituição, a parte final da alínea *c* do art. 150, VI, trata especificamente da imunidade de impostos assegurada constitucionalmente a instituições de educação e de assistência social sem fins lucrativos. O § 4º do mesmo dispositivo prevê que as imunidades previstas nas alíneas *b* e *c* compreendem somente "o patrimônio, a renda e os serviços, relacionados com as finalidades essenciais das entidades nelas mencionadas". Caso a entidade desenvolva outras atividades paralelas não relacionadas às quais estejam, por exemplo, vinculados patrimônio ou que gerem renda, a imunidade não as alcançará.

Além das imunidades previstas no art. 150, VI, o art. 195, § 7º, isenta de contribuições para a seguridade social as entidades beneficentes de assistência social que atendam às exigências estabelecidas em lei. Essa previsão complementa, de certo modo, a imunidade relativa a impostos de que gozam as instituições de ensino e de assistência social sem fins lucrativos relativamente a seu patrimônio, renda e serviços referidas acima.

Em relação à imunidade das instituições beneficentes de assistência social relativamente às contribuições, de que cuida o art. 195, § 7º, o STF concedeu mandado de injunção e determinou que o benefício poderia ser fruído independentemente da edição da lei a que o dispositivo se refere, tendo em vista a longa omissão legislativa na matéria[13]. De outra parte, a Corte considerou

13 STF, MI 232/RJ, Tribunal pleno, Rel. Min. Moreira Alves, j. 02 ago. 1991, *DJ* 27 mar. 1992.

inconstitucional lei que pretendia vedar, para o reconhecimento da imunidade às instituições assistenciais sem fins lucrativos, que todos os serviços prestados por elas fossem gratuitos. O STF entendeu que, embora a lei possa regular a matéria, não poderá inviabilizar a imunidade garantida pela Constituição o que aconteceria se tais instituições tivessem de sobreviver exclusivamente de doações[14].

Do ponto de vista constitucional, portanto, a imunidade tributária veicula o reconhecimento estatal da importância das instituições de assistência social sem fins lucrativos e uma manifestação de respeito ao seu esforço de ajuda ao próximo. O ponto é muito simples. Se os impostos são pagos pela população em geral para custear, prioritariamente, os serviços públicos como educação e saúde, a instituição que se ocupa justamente de prestar tais serviços ao necessitado sem fins lucrativos deve estar fora da incidência de tais tributos. A compreensão das imunidades, portanto, não deve assumir o pressuposto de que se trata de uma redução de arrecadação – até porque a arrecadação, por importante que seja, não é um fim em si mesma –, e sim partir da premissa de que a imunidade está associada à efetiva promoção dos direitos referidos.

De outra parte, o Estado pode valer-se de mecanismos de fomento (art. 174 da Constituição) capazes de tornar atraente para a iniciativa privada engajar-se em atividades que promovam fins considerados relevantes pela Constituição, dentre os quais a promoção de direitos sociais. Alguns dos mecanismos utilizados nesse contexto são financiamento a juros mais baixos, garantia de compra de produtos e serviços e, no campo da tributação, benefícios fiscais associados a determinadas atividades. Imagine-se, portanto, um benefício fiscal associado à instalação de empresas em determinada região, de menor desenvolvimento econômico, com a garantia de criação de "x" empregos e oferta de determinados treinamentos para a população local destinados ao preenchimento de posições oferecidas pela empresa. Tratar-se-ia aqui de uma política de fomento à qualificação para o trabalho e à geração de empregos em regiões menos desenvolvidas, de modo a reduzir as desigualdades regionais.

O art. 150, § 6º, da Constituição exige que a concessão de qualquer benefício fiscal seja feita por meio de lei específica e exclusiva. Vários limites impostos pelo sistema constitucional deverão ser observados pelo Estado (isto é: por qualquer ente federativo) ao implementar políticas de fomento, dentre os quais aqueles que dizem respeito à tomada de decisão propriamente acerca do benefício fiscal, uma vez que o fomento envolva esse tipo de mecanismo. O que o art. 150, § 6º exige é que qualquer espécie de benefício fiscal, sob qualquer formato, deverá ser objeto de lei específica e exclusiva do ente federado competente, isto é: o Legislativo de cada ente deverá discutir e aprovar uma lei que trate exclusivamente da matéria.

O objetivo constitucional é claro: assegurar que haja uma deliberação e decisão conscientes e específicas dos órgãos competentes acerca da questão.

14 STF, ADI 2.028 /DF, Tribunal pleno, Rel. para acórdão Min. Rosa Weber, *DJ* 08maio. 2017.

A Lei Complementar no 101/00, art. 14, prevê ainda que a concessão de benefícios fiscais deve ser acompanhada da estimativa do impacto-orçamentário, dentre outras avaliações. A lógica é similar: garantir transparência à decisão do ente federado de abrir mão de receitas tributárias, até para que se possa avaliar, no futuro, se os fins que se pretendia promover estão sendo afinal promovidos e se a renúncia fiscal valeu a pena e/ou continua a valer[15].

No exemplo referido, trata-se de apurar qual será a dimensão da redução de tributos arrecadados com o benefício fiscal *versus* o proveito em termos de promoção dos direitos sociais referidos. Quantas vagas de emprego serão abertas? Por quanto tempo? Qual a relevância do treinamento oferecido para a população sob a perspectiva da empregabilidade (na região ou fora dela)? Quantas pessoas serão beneficiadas pelo treinamento? Considerando o que o Poder Público poderia fazer com os recursos em prol dos direitos sociais dessas pessoas - caso não houvesse a renúncia fiscal –, a operação compensa? Essas são questões que precisam ser examinadas e registradas nesse relatório de avaliação que deve acompanhar as renúncias fiscais.

A exigência de que essa espécie de avaliação seja feita decorre, em primeiro lugar, da necessidade de garantir que a sociedade tenha informação acerca da decisão que concede o benefício fiscal, das razões subjacentes a ela e de seus impactos. Em segundo lugar, a exigência visa a criar melhores condições para que os benefícios tributários eventualmente concedidos promovam efetivamente os fins constitucionais a que estejam associados, no caso aqui em discussão, os direitos sociais. A avaliação torna mais clara, concreta e mensurável a conexão que deve existir entre a renúncia fiscal e a promoção dos direitos, viabilizando assim o controle.

4. DIREITOS SOCIAIS E AMPLIAÇÃO DA BASE PRODUTIVA PARA A ARRECADAÇÃO TRIBUTÁRIA

Por fim, a terceira relação que se quer destacar entre a tributação e os direitos sociais é, na verdade, de retroalimentação. A Constituição estabelece como prioridade em relação a vários direitos sociais os serviços que atendam os trabalhadores ou potenciais trabalhadores, de modo a ampliar a base produtiva para a arrecadação tributária, ciente de que, sobretudo os impostos, incidem sobre a capacidade econômica das pessoas - particularmente refletida em rendimentos e patrimônio –, e essa capacidade tende a se ampliar pelo trabalho.

A Constituição de 1988, como é corrente, prevê como um dos fundamentos do Estado brasileiro o valor social do trabalho, nos termos de seu art. 1º, IV, ao lado da livre iniciativa. O valor social do trabalho apresenta ao menos duas dimensões que se interligam. A primeira dimensão, e provavelmente a mais

15 BARCELLOS, Ana Paula de. *Direitos fundamentais e direito à justificativa: devido procedimento na elaboração normativa*. Belo Horizonte: Fórum, 2017, p.181 e ss.

discutida, é a individual: ela trata da necessidade de oportunidades de trabalho e da valorização daquele que trabalha, do trabalhador e de suas condições de vida no âmbito da sociedade. A ideia é a de que ao lado da livre iniciativa, o trabalho humano deve igualmente ser valorizado (art. 170, *caput*), bem como aquele que trabalha, daí o conjunto de previsões constitucionais que consta do art. 7°, dentre outras.

Mas há também uma outra dimensão a considerar. Embora o trabalho seja um fenômeno profundamente individual, diretamente relacionado à vida de cada trabalhador, ele também tem uma dimensão coletiva, social, que não pode ser ignorada e cuja importância não pode ser minimizada. É o trabalho de cada pessoa, nas diferentes áreas, que gera riqueza para a sociedade como um todo e para os indivíduos. É o trabalho de um sem número de pessoas que garante que alimentos, roupas e remédios serão produzidos e distribuídos e que poderão ser, afinal, adquiridos; que as crianças, adolescentes e adultos aprenderão as habilidades necessárias para participar da vida em sociedade de forma produtiva; que os doentes receberão atendimento médico; que as pessoas chegarão aos lugares a que se destinam, assim como as comunicações e os produtos, dentre tantos outros bens e serviços necessários à vida contemporânea e diretamente relacionados com os direitos sociais das pessoas. E é a riqueza resultante também do trabalho que gera os recursos apropriados pelo Estado por meio de tributos, utilizados para promover redistribuição e prestar os serviços que a sociedade considere relevante. O valor *social* do trabalho é evidente.

É certo que os Estados democráticos e que consideram a dignidade humana como centro de seu sistema – como é o caso do Brasil pós 1988 – já não qualificam o trabalho como um *dever* ou uma contrapartida que a sociedade poderia exigir do indivíduo por meio da autoridade estatal, mas sim, eventualmente, como um *direito*. Até porque, nas sociedades capitalistas, as pessoas em geral querem ou ao menos precisam trabalhar: é do trabalho que elas extraem o seu sustento e de sua família, e em alguma medida o desenvolvimento de sua própria personalidade e dignidade na relação com o mundo. Mas isso não significa que o Direito não se preocupe em criar estímulos para o trabalho, de tal modo que as necessidades sociais sejam atendidas e que a base produtiva sobre a qual a tributação incide seja preservada e preferencialmente ampliada.

Vários exemplos desses estímulos podem ser observados no próprio sistema dos direitos sociais de que trata a Constituição de 1988. O auxílio desemprego, por exemplo, é temporário e beneficia apenas o desempregado involuntário (arts. 7°, II e 201, III); os eventos cobertos pela previdência social descrevem situações nas quais, por razões variadas, o indivíduo não tem condições de trabalhar (art. 201), e também esse é o foco dos benefícios da assistência social (art. 203), que tem como um dos objetivos a "promoção da integração ao mercado de trabalho" (art. 203, III). Uma das prioridades do Sistema Único de Saúde são ações que visem a saúde do trabalhador (art. 200, II) e um dos objetivos do direito à educação consagrado pela Constituição é justamente a "qualificação para o trabalho" (art. 205).

As políticas de promoção dos direitos sociais visam, em primeiro lugar, a promover a autonomia e a dignidade individuais, permitindo que cada pessoa busque seus projetos existenciais de forma independente. Não se pode ignorar, porém, que há igualmente uma repercussão coletiva das atividades individuais humanas que repercute sobre a própria viabilidade das políticas referidas acima. De forma muitíssimo simplificada, é possível dizer que o trabalho gera riqueza; é sobre a riqueza que incidem os tributos; e são os tributos que custeiam as políticas de direitos sociais. Faz sentido, portanto, que a Constituição preveja que as políticas de direitos sociais devam priorizar a manutenção vital desse ciclo. Em conexão com o discutido acima acerca das prioridades em matéria de direitos sociais, parece importante que essas diretrizes constitucionais sejam levadas em conta no debate público sobre o assunto.

5. CONCLUSÕES

O Direito Tributário ganhou enorme desenvolvimento teórico e legislativo nas últimas décadas, de modo que seu estudo exige hoje uma dedicação e uma expertise específicas. De outra parte, também os direitos sociais se tornaram um tema central do Direito Constitucional contemporâneo e as relações indispensáveis entre os dois assuntos sempre foram uma das preocupações teóricas do Professor Ricardo Lobo Torres. Neste pequeno estudo se destacou algumas delas que nos parecem especialmente relevantes: a tributação como custeio das políticas de direitos sociais, a disciplina tributária relacionada com a promoção desses direitos levada a cabo pela sociedade civil, e a disciplina dos direitos sociais que visa a garantir a manutenção e ampliação da base produtiva que, afinal, é sobre a qual a tributação incidirá.

De todas essas dimensões, porém, uma parece fundamental: a necessidade de que o debate em torno dos direitos sociais enfrente a questão dos custos. A norma de direito social é apenas um ponto de partida, e não de chegada. Entre o pedaço de papel e a efetiva promoção dos direitos sociais das pessoas no dia a dia há um caminho a ser construído e percorrido, e esse caminho envolve, dentre outras providências, a alocação de recursos a ser feita no orçamento e a efetiva execução desse orçamento. Quase tudo custa dinheiro e não adianta alimentar a ilusão de que basta a consagração constitucional ou legal de um direito que o Estado deve de alguma forma proteger ou promover para que automaticamente ele seja protegido ou promovido.

A promoção dos direitos sociais não pode fingir que a questão dos custos não existe de modo a tentar evitar esse debate. Ao contrário, é preciso enfrentá-lo de forma clara e criativa. É nesse contexto que se coloca a necessidade de discussões claras acerca dos custos das políticas públicas em matéria de direitos sociais e da conexão que deve existir afinal entre as políticas previstas na legislação e os orçamentos. Essas duas perspectivas tornarão mais viável o debate – difícil, não há dúvida, mas inevitável – acerca da escolha de prioridades para os gastos públicos e, portanto, para as políticas públicas que serão implementadas em cada momento histórico, tendo em conta em particular o fim constitucional de erradicação da pobreza e de redução das desigualdades sociais.

Tributação Ambiental e o Direito das Gerações Futuras[1]

Rodolfo Tamanaha[2]

Sumário: 1. Introdução. 2. Sustentabilidade ambiental e o direito das gerações futuras. 3. A tributação como instrumento de proteção ambiental. 4. Aportes da teoria econômica comportamental à tributação ambiental. 5. Conclusão

1. INTRODUÇÃO

O mundo contemporâneo apresenta uma série de desafios complexos decorrentes da globalização econômica, da interligação de grupos sociais os mais diversos via redes de comunicação, da crescente velocidade das mudanças de padrões de consumo, valores e expectativas a serem atendidas, dentre outros fatores. E na contemporaneidade, ganha relevo a importante questão ambiental[3], não apenas sob a perspectiva dos recursos naturais que precisam ser preservados para promover o desenvolvimento econômico sustentável, mas também sob a óptica da qualidade de vida[4] das futuras gerações, que é decisivamente influenciada pelas escolhas das gerações precedentes.

---

1 Esta é uma singela homenagem à vida e à obra do saudoso jurista Ricardo Lobo Torres.

2 Coordenador de Pesquisa e Professor de Direito Público da Faculdade Presbiteriana Mackenzie Brasília. Doutor em Direito Tributário (USP). Mestre em Direito, Estado e Constituição (UNB). Especialista em Direito Administrativo e graduado em Direito (PUC-SP). Presidente da Comissão Especial de Inovação da OAB-DF. Advogado e Parecerista (tamanaha.adv.br).

Endereço: SHIS QL 04, Conjunto 02, Casa 15, Lago Sul, Brasília – Distrito Federal, CEP 71.610-225. Cel: (61) 9 9277-6710. E-mail: rodolfo@tamanaha.adv.br.

3 A preocupação com o risco ambiental se tornou uma das questões centrais na contemporaneidade. Temas como mudança climática, aquecimento global causado pelo efeito estufa, extinção de diversas espécies de animais e plantas, elevação do nível dos mares e processos de desertificação, além de acidentes ambientais, são de ampla divulgação e constituem objeto de discussão e análise nas instâncias política, acadêmica e científica, e também é explorada ampla e continuamente pela mídia. No contexto internacional, o exemplo mais eloquente foi a "Conferência das Nações Unidas sobre Desenvolvimento Sustentável", a Rio+20, na cidade do Rio de Janeiro, que comemorou o 20º aniversário da Conferência das Nações Unidas sobre Desenvolvimento e Meio Ambiente realizada em 1992, conhecida como Rio-92, e que teve como um dos seus eixos centrais o desenvolvimento sustentável e a questão ambiental. Na Rio+20 esperava-se pensar o futuro e, além de refletir sobre as ações de incentivo à proteção ambiental adotadas desde 1992, desejava-se estabelecer novas diretrizes para o desenvolvimento sustentável (cf. Documento final da Conferência Rio+20, "O Futuro que Queremos", disponível em http://www.rio20.gov.br/documentos/documentos-da-conferencia/o-futuro-que-queremos/). Para uma apreciação crítica da Rio+20 (cf. GOLDEMBERG, José. Uma avaliação da Rio+20. *O Estado de S. Paulo*. São Paulo, 18.06.2012).

4 "Qualidade de vida, proposta na finalidade do direito econômico, deve ser coincidente com a qualidade de vida almejada nas normas de direito ambiental. Tal implica que nem pode ser entendida como ape-

Isso porque, além da questão ambiental possuir necessariamente uma dimensão planetária, o que implica na necessidade de se articular medidas de caráter local e global, é evidente que a preocupação com a qualidade do meio ambiente perpassa a geração presente, pois as conseqüências negativas de uma má gestão ambiental podem perdurar por várias décadas. Assim, é indispensável que medidas que tratem da proteção do meio ambiente levem em conta um conceito de justiça intergeracional.

Diante da relevância do tema ambiental, torna-se evidente a busca por instrumentos jurídicos, econômicos e políticos que sirvam para planejar e regular a interação entre o homem e a natureza, desincentivar condutas consideradas prejudiciais ao meio ambiente e estimular a adoção de medidas de precaução e prevenção, tendo em vista as presentes e futuras gerações. Nesse cenário, a tributação comparece como eficiente instrumento de atuação mais ampla do Estado no enfrentamento das questões ambientais, como, inclusive, o pensamento econômico logrou êxito em demonstrar.

2. SUSTENTABILIDADE AMBIENTAL E O DIREITO DAS GERAÇÕES FUTURAS

A proteção ao meio ambiente é um dos temas mais candentes da atualidade, pois está diretamente ligado à preservação da própria vida humana nos moldes atuais[5]. Desde o Protocolo de Kyoto, reconhecido como o principal marco propulsor das atuais mudanças relativas à questão ambiental[6], o que se verifica no mundo é uma crescente preocupação com as condições do meio ambiente.

Muito se discute sobre a intensidade e efeitos das mudanças climáticas e do aquecimento global, porém, entende-se que algumas questões se encontram atualmente fora de controvérsia, ao menos com relação a pontos fulcrais[7]. Pode-se discutir o peso dessa ou daquela variável ambiental, mas o fenômeno do aquecimento global, por exemplo, não é mais posto em dúvida para muitos[8]. E

---

nas o conjunto de bens e comodidades materiais, nem como a tradução do ideal da volta à natureza, expressando uma reação e indiscriminado desprezo a toda elaboração técnica e industrial. Portanto, qualidade de vida no ordenamento jurídico brasileiro apresenta estes dois aspectos concomitantemente: o do nível de vida material e o do bem-estar físico e espiritual" (DERANI, Cristiane. *Direito Ambiental Econômico.* 3ª Ed., São Paulo: Saraiva, 2008, p. 59).

5 BECK, Ulrich. *Sociedade de Risco: rumo a uma outra modernidade.* São Paulo: Editora 34, 2010.

6 O Protocolo de Kyoto de 1997 definiu como metas a redução das emissões de dióxido de carbono ($CO2$) entre 2008 e 2012 para níveis 5,2% inferiores aos constatados em 1990 em cada um dos países signatários, também chamado de "primeiro período de compromisso".

7 Vide ABRANCHES, Sergio. *Copenhague: antes e depois.* Rio de Janeiro: Civilização Brasileira, 2010.

8 Para uma visão oposta, vale citar o caso de James Lovelock. Considerado um dos mais renomados cientistas ambientais do mundo e membro da Royal Society, do Reino Unido, Lovelock é o autor do livro "A vingança de Gaia", que foi lançado em 2006, e causou muita polémica ao afirmar que o efeito estufa havia chegado a um ponto sem retorno e que bilhões morreriam neste século. Ocorre que, recentemente, o cientista reconheceu que sua previsão quanto ao meio ambiente foi irreal: "*Depois de prever que o aquecimento global mataria bilhões de pessoas e reduziria a humanidade a um punhado de refugiados no Ártico, o cientista britânico James Lovelock, 92, admitiu que exagerou no catastrofismo. Criador da hipótese Gaia, segundo a qual a Terra se comportaria como um imenso organismo vivo, Lovelock é um dos gurus do movimento ambientalista*" (cf. "Guru verde nega catastrofismo climático". *Folha de São Paulo.* São Paulo, 05.05.2012, Caderno Ciência+Saúde. Disponível em: http://www1.folha.uol.com.br/fsp/ciencia saude/40940-guru-verde-renega-catastrofismo-climatico.shtml. Acessado no dia 05.07.2012).

apesar do contínuo progresso tecnológico, constata-se que a sociedade permanece dependente do meio ambiente e de seus recursos naturais. Nesse contexto, novos conceitos relacionados à proteção do meio ambiente surgem, sendo um dos mais relevantes a sustentabilidade ou desenvolvimento sustentável.

A expressão "desenvolvimento sustentável" ganhou projeção com o advento do Relatório Brundtland, da Comissão Mundial sobre Meio Ambiente e Desenvolvimento, de 1987, que o conceituou como sendo aquele desenvolvimento que satisfaz as necessidades presentes, sem comprometer a capacidade das gerações futuras de suprir as suas.

A partir desse marco, alguns pesquisadores pretenderam ampliar o conceito de sustentabilidade, como Juarez Freitas:

> "[...] trata-se do princípio constitucional que determina, independentemente de regulamentação legal, com eficácia direta e imediata, a responsabilidade do Estado e da sociedade pela concretização solidária do desenvolvimento material e imaterial, socialmente inclusivo, durável e equânime, ambientalmente limpo, inovador, ético e eficiente, no intuito de assegurar, preferencialmente de modo preventivo e precavido, no presente e no futuro, o direito ao bem-estar físico, psíquico e espiritual, consonância homeostática com o bem de todos."[9]

Verifica-se que os debates envolvendo a sustentabilidade devotam pouca atenção a uma análise mais detida do componente de justiça intergeracional. Segundo Axel Gosseries, apesar da relevância crescente do tema desenvolvimento sustentável, as teorias filosóficas que lidam com o problema da justiça não aprofundam suficientemente a questão da justiça intergeracional, o que é um componente importante quando se avaliam os riscos de catástrofes ambientais, que ultrapassam igualmente fronteiras e gerações[10].

Por esse motivo, Gosseries realiza uma análise comparativa de diferentes teorias filosóficas de justiça preocupadas com o tema da equidade intergeracional, a partir de dois prismas: em primeiro lugar, apenas leva-se em consideração o tamanho da "cesta" que será entregue para a próxima geração (e não o seu conteúdo), sendo que os elementos que compõem essa cesta representam o chamado "capital", no sentido mais amplo possível, abarcando não apenas aspectos físicos, mas igualmente tecnológicos, institucionais, ambientais, culturais e outros.

Em seguida, o autor propõe uma tabela para sumarizar as conclusões chaves de cada uma das teorias, baseada em dois conceitos: poupança e gasto geracionais. No primeiro caso, fala-se em poupança geracional, quando uma geração transfere para a próxima um capital maior do que herdou da geração precedente. Inversamente, gasto geracional corresponde a uma quantidade de

---

9 FREITAS, Juarez. *Sustentabilidade: Direito ao Futuro*. Belo Horizonte: Editora Fórum, 2011.

10 GOSSERIES, Axel. The Egalitarian Case Against Brundtland's Sustainability. *GAIA – Ecological Perspectives for Science and Society*. volume 14, n. 1: 40-46, January 2005. Disponível em: http://www.uclouvain.be/cps/ucl/doc/etes/documents/Brun.pdf. Acessado no dia 01.08.2012.

capital que é repassada para a geração seguinte significativamente menor do que a que foi recebida dos antepassados.

De posse desse instrumental[11], Axel Gosseries analisa algumas teorias de filosofia política[12] como a "reciprocidade indireta" (*indirect reciprocity*), discutida em particular por Brian Barry[13]; a "vantagem mútua" (*mutual advantage*), trabalhada por David Gaulthier[14]; o "utilitarismo" (*utilitarianism*) de, entre outros, Smart & Williams[15]; o "libertarianismo" de inspiração lockeana (*lockean provisos*)[16], até chegar à teoria da justiça de John Rawls[17].

11 Vale notar que Gosseries também trabalha com três modais (autorizado, proibido e obrigado) ao analisar as relações entre os gastos e poupanças intergeracionais.

12 GOSSERIES, Axel. Theories of intergenerational justice: a synopsis, *S.A.P.I.EN.S* [Online], 1.1, 2008. Disponível em http://sapiens.revues.org/165. Acesso no dia 03.06.2012.

13 A teoria da reciprocidade indireta desenvolve a idéia de que a geração presente deve algo à geração seguinte porque aquela recebeu alguma coisa da geração anterior, motivo pelo qual está obrigada a entregar à próxima ao menos o capital equivalente ao que foi herdado da precedente. As limitações dessa teoria são explicitadas por Gosseries ao utilizar o exemplo de uma pessoa que possui múltiplas deficiências congênitas que, em tese, entregará menos do que recebeu da sociedade. Sob a ótica da reciprocidade indireta, a justificativa do senso de obrigação para com essa pessoa com deficiência decorreria daquilo que foi recebido por outrem? E seria o caso de mensurar o que a sociedade deve a essa pessoa com deficiência com base naquilo que ela dará em retorno? A partir desses questionamentos, aos quais se respondem na negativa, Gosseries demonstra que a teoria da reciprocidade indireta não é capaz de refletir a intuição da justiça em geral e, especificamente, no contexto intergeracional (cf. BARRY, Brian. Justice as Reciprocity. In: *Liberty and Justice*, Oxford: Oxford University Press, 1989).

14 A idéia da vantagem mútua pressupõe que um agente racional – i.e. que aja exclusivamente com base no próprio interesse – irá atender melhor aos seus interesses ao se engajar em medidas de cooperação, que trazem como resultado um ganho para todos os envolvidos. Gosseries critica essa teoria com base no fato de nem todas as gerações são – mesmo temporalmente – contemporâneas, o que representa uma dificuldade de duas frentes: coloca em xeque a possibilidade dos benefícios da cooperação serem *mútuos* e infirma-se a garantia de que as condições para a existência da cooperação permanecerão válidas e serão efetivamente *respeitadas* pelas próximas gerações (cf. GAUTHIER, David. *Morals by agreement*. Oxford: Clarendon Press, 1986).

15 A teoria utilitária é caracterizada não apenas por sua preocupação com o bem estar das pessoas, porém, mais particularmente, com a organização justa da sociedade de maneira que seja maximizado o bem estar *agregado* dos seus membros. Essa teoria não está diretamente preocupada com o aspecto distributivo do bem estar, mas antes, com o tamanho do "bolo" que será repartido entre todos. Em circunstâncias específicas, Gosseries afirma que a perspectiva utilitarista não excluiria a hipótese de sacrificar inteiramente o bem estar de um grupo reduzido de pessoas se isso trouxesse ganhos consideráveis para a sociedade como um todo, o que é chamado de "consequências sacrificais". No contexto intergeracional, a teoria utilitarista trabalha com a idéia de que as primeiras gerações da história devem ter reduzido ao máximo a utilização do capital e investido para benefício das gerações futuras, uma vez que a preocupação central está no crescimento do bem estar, o que requer a poupança presente com vistas ao investimento para o futuro. Axel Gosseries entende que a teoria utilitarista parece inaceitável para alguns cuja concepção de justiça privilegia uma preocupação de ordem mais distributiva (cf. SMART, John Jamieson Carswell; WILLIAMS, Bernard. *Utilitarianism. For and Against*. Cambridge: Cambridge University Press, 1973).

16 De inspiracao lockeana, o libertarianismo é construído sob uma perspectiva de sólida proteção do direito à autodeterminação e da propriedade privada, o que torna os adeptos dessa teoria contrários a intervenções do Estado e de terceiros. Uma das principais preocupações do libertarianismo é com a forma de alocar para cada membro da sociedade a propriedade de bens herdados de gerações anteriores. Questiona-se em que extensão a existência das gerações presentes priva gerações futuras do acesso a determinados bens e condições. Segundo Gosseries, uma formulação do chamado "Lockean Proviso" seria a seguinte: cada geração deve deixar para a próxima ao menos o tanto que a próxima geração poderia ter se apropriado se a presente geração não tivesse contribuído com sua atuação, seja para incrementar, seja para deteriorar o que a geração seguinte teria de todo modo herdado (cf. ELLIOT, Robert. Future Generations, Locke's Proviso and Libertarian Justice. In: *Journal of Applied Philosophy*, Vol. 3, No. 2, p. 217-227.

17 De acordo com Gosseries, John Rawls, em sua principal obra "Uma teoria da justiça", considera necessário defender um modelo de duas etapas, no qual uma fase de "Estado estacionário" segue uma fase de

Após investigar o pensamento desses autores, Gosseries afirma que essas diferentes teorias da justiça proporcionam recursos para se refletir não apenas de acordo com diferentes linhas de interpretação, mas também permitem abordar o tema do direito intergeracional, inerente a uma reflexão sobre sustentabilidade, à luz de diferentes lógicas. Isso pode proporcionar algumas implicações práticas úteis para a análise de um tema verdadeiramente complexo e multifacetário, como a sustentabilidade, o que é indispensável para se pensar as instituições e os instrumentos jurídicos necessários para a sua concretização.

Com base nessa perspectiva filosófica, Axel Gosseries oferece algumas críticas ao conceito de desenvolvimento sustentável proposto pelo Relatório Brundtland, que é entendido como insuficiente para garantir uma efetiva justiça intergeracional. Isso porque, a mera referência do relatório às necessidades básicas dos seres humanos sugere que, uma vez satisfeitas essas necessidades mínimas, o critério de justiça não exige mais nenhuma atuação estatal para fins de redistribuição.

Na hipótese de uma pessoa possuir uma deficiência física, exemplifica Gosseries, a "lógica da suficiência" de Brundtland implicaria na desnecessidade dessa pessoa ser contemplada com algum tipo de auxílio, se essa deficiência não prejudicasse o acesso às condições mínimas de sobrevivência, o que é considerado pelo autor como insuficiente sob uma ótica igualitária.

Além das teorias filosóficas citadas, uma breve referência precisa ser feita à teoria da equidade intergeracional, desenvolvida por Edith Brown Weiss, em um estudo encomendado pela Organização das Nações Unidas - ONU[18], e que é reconhecido como um dos mais difundidos marcos teóricos sobre a justiça entre gerações[19].

De acordo com Weiss, a equidade intergeracional requer que cada geração repasse para as futuras gerações recursos em um estado ao menos equivalente àquele em que os recebeu de gerações precedentes. Referida teoria é erguida sobre três pilares: (i) princípio da conservação das opções (promoção da possibilidade das gerações futuras usufruírem da diversidade de recursos); (ii) princípio da conservação da qualidade ambiental (legar às gerações futuras os recursos ambientais em condições equivalentes aos que recebeu); e (iii) princípio da conservação do acesso a recursos naturais (garantir que todo os

"acumulação". Durante o período acumulativo, o princípio utilitarista da poupança obrigatória é aplicado, mas entende-se que essa fase deva ter uma duração limitada. E a racionalidade por trás da acumulação de capital é totalmente desvinculada da idéia de maximizar o tamanho do "bolo". Para Rawls, o objetivo é permitir o desenvolvimento da afluência econômica, de modo que exista uma estabilidade mínima das instituições responsáveis pela defesa das liberdades básicas (integridade física, liberdade de expressão e outras). Ao se atingir esse ponto, a acumulação deixa de ser considerada uma obrigação e a fase estacionária se inicia, a qual se identifica com a perspectiva da teoria da reciprocidade indireta (cf. RAWLS, John. *Uma teoria da justiça*. São Paulo: Martins Fontes, 3ª. Ed, 2008).

18 Cf. WEISS, Edith Brown. *In fairness to future generations: international law, common patrimony and intergenerational equity*. Tokyo: United Nations University, 1989.

19 BORDIN, Fernando Lusa. Justiça entre gerações e a proteção do meio ambiente. *Revista de Direito Ambiental*, vol. 52, Ano 13: 40, out - dez. 2008.

membros desfrutem de acesso equânime aos recursos naturais e que tal acesso seja transferido à próxima geração)[20].

Portanto, na teoria de Edith Brown Weiss, a perspectiva da equidade intergeracional aponta para a responsabilidade que cada geração tem de ser, ao mesmo tempo, guardiã ou depositária (*trustee*) do planeta e beneficiária de seus frutos, da mesma forma que teria sido dele beneficiária em face de gerações passadas. Por mais que implementar institucionalmente a responsabilidade para com as futuras gerações, o desenvolvimento sustentável requer que seja assumida uma perspectiva de longo prazo[21].

Assim, fato é que, em sua dimensão ambiental, a sustentabilidade implica em um compromisso com a preservação de um meio ambiente sustentável para as gerações presentes e futuras. Pode-se inclusive pensar essa idéia no contexto da "*solidariedade entre cidadãos que esperam um do outro que assumam a responsabilidade por cada um deles, mesmo que sejam desconhecidos*", como afirma Jurgen Habermas, ao tratar da questão de como se fundar legitimamente uma comunidade política com o auxílio do direito positivo.

Evidentemente, essa solidariedade é artificial, na medida em que é produzida por meio das normas jurídicas[22], mas o que se verifica na contemporaneidade é exatamente um processo de incorporação pelas constituições da dimensão ambiental, segundo as particulares experiências histórico-jurídicas dos vários Estados nacionais e de acordo com variada técnica, notadamente a tributária, foco deste estudo.

No contexto brasileiro de surgimento da Constituição Federal de 1988, o meio ambiente foi elevado ao patamar dos direitos fundamentais, o que proporcionou significativo progresso na defesa de um meio ambiente saudável. Mas no que tange aos direitos fundamentais, não basta a sua mera declaração, sendo preciso conferir-lhes efetividade, o que só se concretiza através do esforço da sociedade e do Poder Público.

Nesse particular, Habermas esclarece que "*a geração que estabeleceu a Constituição dá as gerações que a sucedem um modo de compreender como os princípios básicos da Constituição devem ser hermeneuticamente apropriados, concretizados e moldados*", o que não afasta a necessidade (ou conveniência) de se positivar o direito ao meio ambiente sustentável[23].

---

20 BORDIN, Fernando Lusa. op. cit.. p. 42.

21 "*But our responsabilities to the future generations demand that we take a long-term perspective. This requires adjustments in institutions, economic incentives, legal instruments, public consciousness and political will. Substainable development requires that we begin this process*" (WEISS, Edith Brown. In Fairness To Future Generations and Sustainable Development. *American University International Law Review* 8, n. 1 [1992]: 19-26).

22 MOURA JÚNIOR, Flavio Paixão de. O Direito Constitucional Ambiental: A Constituição como Via da Ecologização do Direito. Algumas Considerações. In *A Constitucionalização do Direito. Fundamentos Teóricos e Aplicações Especificas.* Rio de Janeiro: Lumen Juris, 2007, p. 45.

23 Habermas, no texto "Notas sobre a tríade de Denninger: diversidade, segurança e solidariedade", avalia três perspectivas sob as quais se pode compreender a opção do constituinte em codificar finalidades ou

Diante desse reconhecimento da dignidade constitucional do valor ambiental, que passa a influenciar o próprio delineamento do sistema jurídico-político brasileiro, tendo como pano de fundo as especificidades dos riscos ambientais na contemporaneidade[24], o passo seguinte é buscar-se os instrumentos jurídicos que sirvam para concretizar esse objetivo. Nesse contexto, se inserem os mecanismos econômicos de índole tributária, que possibilitam uma atuação de ordem mais abrangente do que os típicos instrumentos de comando e controle[25], como será demonstrado no que se segue.

3. A TRIBUTAÇÃO COMO INSTRUMENTO DE PROTEÇÃO AMBIENTAL

Entre os diversos mecanismos previstos na Constituição Federal de tutela ambiental, como o estudo prévio de impacto ambiental para fins de outorga de licença ambiental, o estabelecimento de espaços territoriais a serem especialmente protegidos, a promoção da educação ambiental da população, entre outros, destaca-se a possibilidade de utilização da tributação como forma de incentivar ou prevenir comportamentos dos agentes econômicos em prol do meio ambiente.

Isso porque, constata-se que, ao lado de medidas coativas, que se materializam por intermédio de normas proibitivas e ordenatórias, dotadas de sanções em caso de descumprimento, o direito também possui uma função promocional[26], sendo que o direito tributário, em especial, possui um cabedal

objetivos políticos na constituição (como no caso de um meio ambiente ecologicamente equilibrado e sustentável): (a) como diretrizes para o legislador político, ou seja, como verdadeiro "*guia legislativo*", retirando dos difíceis conflitos corriqueiros entre o governo e a oposição temas fundamentais, verdadeiros "*pressupostos factuais para o igual uso das liberdades e direitos de participação*"; (b) como mecanismo para expressar um senso específico de responsabilidade histórica ou uma determinada teia de valores, ou seja, a "*auto-compreensáo ético-politica da comunidade jurídica*"; e (c) e também como o resultado de uma reflexão racional acerca dos limites do "medium *do Direito*", que remete ao "*paradoxo da geração da legitimidade a partir da mera legalidade*", que só pode ser solucionado "*se uma cultura política liberal encoraja os seus cidadãos a não permanecerem na posição de atores auto-interessados do mercado, e a usarem, ao contrário, as suas liberdades políticas de uma maneira orientada para a compreensão mútua*".

24 De acordo com Julia S. Guivant, "*tratam-se de riscos com efeitos globais, invisíveis e, às vezes, irreversíveis*" (GUIVANT, Julia S. "A Trajetória das Análises de Risco: Da Periferia ao Centro da Teoria Social". *Revista Brasileira de Informações Bibliográficas – ANPOCS*, n. 46: p. 20, 1998).

25 "*De forma simplificada, instrumentos de comando e controle (CC) são aqueles que se apóiam na regulamentação direta, acompanhada de fiscalização e sanção para o não-cumprimento das normas e padrões estabelecidos. As políticas ambientais no Brasil são baseadas quase que exclusivamente no enfoque do comando e controle, como se percebe da análise da Lei n. 6.938/81* [que dispõe sobre a Política Nacional do Meio Ambiente]" (NOGUEIRA, Jorge M.; PEREIRA, Romilson R. Critérios e Análise Econômicos na Escolha de Políticas Ambientais).

26 "*Tomando essa observação como ponto de partida, proponho-me a examinar um dos aspectos mais relevantes – e ainda pouco estudados na própria sede da teoria geral do direito – das novas técnicas de controle social, as quais caracterizam a ação do Estado social dos nossos tempos e a diferenciam profundamente da ação do Estado liberal clássico: o emprego cada vez mais difundido das técnicas de encorajamento em acréscimo, ou em substituição, às técnicas tradicionais de desencorajamento. É indubitável que essa inovação coloca em crise algumas das mais conhecidas teorias tradicionais do direito, que se originam de uma imagem extremamente simplificada do direito. Refiro-me, em particular, à teoria que considera o direito exclusivamente do ponto de vista de sua função* protetora *e àquela que o considera exclusivamente do ponto de vista da sua função* repressiva" (BOBBIO, Norberto. *Da estrutura à função: novos estudos de teoria do direito*. Barueri: Manole, 2007, p. 3).

de instrumentos relevantes para a adoção de medidas de incentivo comportamental dos agentes econômicos destinados à proteção do meio ambiente.

Em sede internacional, o que se verifica há alguns anos é que a utilização de imposições tributárias podem ser utilizadas para a defesa do meio ambiente, sendo um exemplo a chamada *Green Tax Reform* ou *Environmental Tax Reform* (ETR), que é um movimento de reforma da legislação tributária[27] que alcançou realidade em grande parte dos países europeus da Organização para a Cooperação e Desenvolvimento Econômico (OCDE)[28].

O objetivo primordial desse movimento é a redução da emissão de gases poluentes na atmosfera, o que denota seu nítido caráter ambiental. Por outro lado, como objetivo igualmente importante, se busca o incentivo à criação de empregos e geração de renda por intermédio da desoneração fiscal, o que representa um importante instrumento de política anticíclica que deve ser considerado em períodos de forte inclinação recessiva e instabilidade econômica[29].

Diante desse cenário, entende-se que a tributação pode colaborar para preservar o meio ambiente. Recorde-se que a atividade tributária não é um fim em si mesmo, mas representa um dos mais importantes instrumentos do Estado, já que viabiliza o levantamento de recursos pecuniários de que o Estado necessita para atingir os fins que lhes são constitucionalmente apontados, como ofertar serviços de saúde à população, garantir a educação de todos, propiciar o acesso à cultura e ao lazer, promover a segurança pública, entre outras medidas[30].

Por outro lado, os tributos prestam-se igualmente ao atingimento de outros objetivos que não apenas os fiscais[31], como se depreende da leitura do art.

---

27 A título ilustrativo, vale consignar que encontrava-se em andamento um Projeto de Emenda Constitucional que propunha algumas alterações na Constituição Federal a fim de contemplar diretrizes gerais para uma verdadeira "Reforma Tributária Ambiental", que em muito se assemelhava ao mencionado movimento europeu do ETR. Era o Projeto de Emenda Constitucional 353/2009, do Deputado Federal Roberto Rocha, do PSDB/MA, apresentada em abril de 2009 na Câmara dos Deputados, e arquivado no início de 2011.

28 Cf. ALVAREZ, Xosé C.; GAGO, Alberto; LABANDEIRA, Xavier. Green Tax Reform: Facts and Experiences. In: *Australian Tax Forum*, Vol. 14.

29 "*From this point of view a positive employment effect of an ecological tax reform can be expected*" (KIRCHGASSNER, Gerbhard; MULLER, Ulrich; SAVIOZ, Marcel. *Ecological Tax Reform and Involuntary Unemployment: Simulation Results for Switzerland*. University of St. Gallen, Dept. of Economics, Discussion Paper No. 9806. Disponível em: http://papers.ssrn.com/sol3/papers.cfm?abstract_id=104675. Acesso no dia 05 de outubro de 2011).

30 No livro "The Cost of Rights", Stephen Holmes e Cass R. Sunstein esclarecem que todo direito legalmente previsto somente existe efetivamente quando está atrelado a um custo orçamentário. A partir dessa premissa, constatam os autores que reconhecer que os direitos custam dinheiro é também reconhecer que, muitas vezes, sua implementação implica necessariamente em uma escolha (e uma ou várias renúncias), dada a limitação de recursos que acomete qualquer Estado. Nesse contexto, percebe-se com clareza que a política tributária adotada pelo Estado acaba tendo uma vinculação muito estreita com a própria concretização dos direitos fundamentais e sociais previstos na Constituição Federal.

31 Um tributo é chamado de fiscal quanto seu objetivo primordial é arrecadar recursos financeiros para o Estado. Por sua vez, um tributo é entendido como extrafiscal quando a atende a outros fins que não (apenas) a arrecadação, tendo como objetivo primário a interferência no domínio econômico, viabili-

170, da Constituição Federal, o qual, ao tempo em que cuida do regramento afeto a ordem econômica, imprime ao Estado brasileiro uma nítida feição social e intervencionista, consentânea em tudo com sua configuração atual de um Estado Democrático de Direito.

Não é nova a percepção de que o tributo, além de mecanismo de obtenção de recursos, pode ser utilizado para a realização de outros objetivos de ordem social, econômica e política (extrafiscalidade), mediante o incentivo ou dissuasão na adoção de certas condutas.

Essa faceta da tributação ambientalmente direcionada ganha consistência a partir de uma análise do tema sob a perspectiva da ciência econômica, onde originariamente essa idéia surgiu, como será visto em seguida.

4. APORTES DA TEORIA ECONÔMICA COMPORTAMENTAL À TRIBUTAÇÃO AMBIENTAL

De acordo com Fabio Nusdeo, a ciência econômica se desenvolveu a partir da compreensão de que as necessidades humanas são ilimitadas, enquanto que os recursos para a satisfação de tais necessidades são, por sua vez, limitados. Incontornável, portanto, é a lei da escassez, ponto de partida do pensamento econômico, que busca maneiras de atenuar os seus efeitos[32].

São considerados bens econômicos aqueles dotados de utilidade para a sociedade e cujo suprimento seja escasso. Com isso, não é difícil perceber a razão pela qual os recursos do meio ambiente nem sempre foram levados em consideração pela ciência econômica. Fabio Nusdeo afirma que a relação que prevaleceu até o final do século XIX entre as ciências econômicas e o sistema ecológico foi de considerável independência, uma vez que o sistema produtivo detinha pequenas proporções diante do meio ambiente, não sendo relevante a utilização dos bens naturais no processo econômico, muito menos a produção de resíduos[33].

O que se verificou, posteriormente, diante do exponencial crescimento do sistema econômico, foi uma evolução na percepção de que também os bens integrantes do meio ambiente são escassos[34]. Partindo dessa constatação, os bens ambientais passaram a ser considerados bens econômicos, não podendo mais serem entendidos pelas teorias econômicas como sendo bens destituídos de valor.

---

zando que o Estado atue como condutor e/ou planejador da economia, corretor de situações indesejadas e um elemento decisivo para mudanças de comportamento de determinados agentes econômicos.

32 NUSDEO, Fábio. Desenvolvimento e Ecologia. *Justitia*, São Paulo, 47 (128): 52-59, jan./mar. 1985.

33 NUSDEO, Fábio. *Curso de economia – Introdução ao direito econômico*. 4ª ed. São Paulo: RT, 2005.

34 Como afirma Maria Alexandra de Sousa Aragão (*O princípio do poluidor-pagador: pedra angular da política comunitária do meio ambiente*. Coimbra: Coimbra Editora, 1997, p. 23): "*Sabemos hoje que os bens livres, mesmo quando sejam autoregeneráveis, também podem escassear, razão pela qual não há uma diferença qualitativa intrínseca entre os bens económicos e os bens livres e que a diferença, a existir, é tão só quantitativa, traduzindo-se na maior ou menos escassez relativa.*"

A partir daí, constatou-se que o uso dos recursos naturais tem a potencialidade de ocasionar externalidades[35] positivas e negativas. Por se tratar de bens difíceis de definir direitos de propriedade, ou seja, de apropriação privada, uma vez que, em regra, são bens de toda a coletividade, os agentes econômicos não internalizam[36] os custos sociais (externalidades negativas) nas suas decisões econômicas. Assim, os preços praticados nos mercados não refletem os verdadeiros custos econômicos, ocorrendo o cômputo apenas dos custos privados decorrentes do processo produtivo e ocasionando, por via de conseqüência, o repasse desses custos sociais a terceiros não envolvidos no processo ou para toda a sociedade.

Assim, de acordo com Ronaldo Seroa da Mota e co-autores, para que o verdadeiro preço econômico seja considerado, faz-se necessário internalizar o valor dos custos sociais (ambientais) ao custo privado. Nessa senda, a tributação tem sido defendida como um importante mecanismo de inclusão do valor dessas externalidades nas decisões econômicas relacionadas ao uso de recursos provenientes do meio ambiente[37].

Reputa-se a Arthur C. Pigou a inclusão na teoria econômica da tributação como mecanismo para solucionar os problemas do meio ambiente, diante da percepção de que as externalidades ocasionam uma falha do sistema econômico que gera discrepâncias entre a intensidade da utilização dos recursos naturais e o verdadeiro custo dos mesmos.

Na obra *The Economics of Welfare*, publicada originariamente em 1920, Pigou descreveu as externalidades como serviços (externalidades positivas) ou desserviços (externalidades negativas) que atingem terceiros estranhos à relação contratual. Pigou explicou que tal ocorre quando A, ao prestar um serviço remunerado a B, incidentalmente acaba submetendo outro "serviço" ou "desserviço" a outras pessoas não relacionadas diretamente ao processo produtivo, resultando na impossibilidade de se exigir pagamento dos beneficiados, ou impor a compensação em favor das partes prejudicadas[38].

---

35 Paul Krugman e Robin Wells (*Introdução à Economia*. Rio de Janeiro: Elsevier, 2007, p. 394) ensinam que, "*Quando os indivíduos impõem custos ou oferecem benefícios para outros, mas não têm incentivo econômico para levar em conta esses custos ou benefícios, os economistas dizem que a situação inclui externalidades*". No mesmo sentido, Fabio Nusdeo (*Curso de economia – Introdução ao direito econômico*. 4ª ed. São Paulo: RT, 2005, p. 155) explica que as externalidades são "*custos ou benefícios circulando externamente ao mercado, vale dizer, que se quedam incompensados, pois, para eles, o mercado, por limites institucionais, não consegue imputar um preço*".

36 O termo internalizar é utilizado no sentido de fazer com que as pessoas levem em consideração em suas atividades econômicas os efeitos externos (ambientais) de suas ações.

37 SEROA DA MOTA, Ronaldo e outros. Proposta de Tributação Ambiental. Atual Reforma Tributária Brasileira. *Texto para discussão n. 737*. Rio de Janeiro: IPEA, 2000.

38 No original: "*I now turn to the second class of divergence between social and private net product which was distinguished in § 3. Here the essence of the matter is that one person A, in the course of rendering some service, for which payment is made, to a second person B, incidentally also renders services or disservices to other persons (not producers of like services), of such a sort that payment cannot be exacted from the benefited parties or compensation enforced on behalf of the injured parties*" (PIGOU, Arthur Cecil.

E nessa situação, segundo esclarece Pigou, eventuais modificações contratuais que balizam a relação entre as duas partes contratantes (A e B) não tem o condão de mitigar as divergências ocasionadas pelas externalidades, sejam elas positivas ou negativas, exatamente porque são imputadas a terceiros, que não participam diretamente da relação negocial travada entre as partes contratantes[39].

De especial importância é a análise das externalidades negativas, os chamados desserviços, na linguagem de Pigou, porque os problemas relacionados ao meio ambiente são vistos como o exemplo mais evidente das externalidades negativas que, sem a atuação do Estado[40], quedam irremediavelmente incompensadas numa economia de mercado.

Para se enfrentar as externalidades negativas, Pigou defende a adoção pelo Estado de um mecanismo que consiga internalizar as externalidades, mediante o emprego de instrumento que promova um "extraordinário desincentivo"[41] a determinados comportamentos dos agentes econômicos, como no caso dos impostos[42]. Ou seja, Pigou sugeriu a adoção de um imposto (imposto "pigouviano") para a correção das externalidades negativas, como a poluição do ar e a produção de resíduos[43]. A formulação do imposto Pigou é a seguinte: para cada empresa poluidora, devem ser cobrados diferentes valores de tributo por unidade produzida ou por unidade poluente emitida em montante igual aos prejuízos sociais marginais causados[44].

Segundo Eugenio Lagemann, essa tradição teórica foi ampliada e modificada pela abordagem "padrão de qualidade do meio ambiente-preço" que, de acordo com BAUMOL e OATES, apresenta-se como uma "segunda melhor opção" para a solução do imposto de Pigou, haja vista que a sua base de cálculo

The Economics of Welfare. 4ª ed. London: Macmillan and Co., 1932, item II.IX.10. Disponível em: http://www.econlib.org/library/NPDBooks/Pigou/pgEW.html. Acessado no dia 04 de outubro de 2012).

39 No original: "*§ 13. It is plain that divergences between private and social net product of the kinds we have so far been considering cannot, like divergences due to tenancy laws, be mitigated by a modification of the contractual relation between any two contracting parties, because the divergence arises out of a service or disservice rendered to persons other than the contracting parties*" (PIGOU, Arthur Cecil. *The Economics of Welfare*. Idem. Item II.IX.16).

40 "*Em uma economia de mercado sem intervenção governamental que proteja o meio ambiente, somente os benefícios da poluição são levados em conta ao escolher a quantidade de poluição*" (KRUGMAN, Paul e WELLS, Robin. *Introdução à Economia*. Rio de Janeiro: Elsevier, 2007, p. 396 – g. n.).

41 No original: "*It is, however, possible for the State, if it so chooses, to remove the divergence in any field by 'extraordinary encouragements' or 'extraordinary restraints' upon investments in that field. The most obvious forms which these encouragements and restraints may assume are, of course, those of bounties and taxes*" (PIGOU, Arthur Cecil. *The Economics of Welfare*. Idem. Item II.IX.16).

42 Por mais que Pigou se refira a uma espécie tributária específica (impostos), o presente estudo pretende abarcar os tributos em geral.

43 E, igualmente, a concessão de um subsídio como compensação para os efeitos externos positivos decorrentes, por exemplo, do fato de um agente econômico se instalar em uma determinada cidade, trazendo investimentos e oportunidade de empregos locais, o que representa um exemplo trivial de internalização de benefícios sociais.

44 LAGEMANN, Eugenio. Tributação ecológica. *Ensaios FEE*. Porto Alegre, v. 23, n. 1, p. 301-324, 2002.

passa a ser a quantidade de emissões poluentes, avaliada pelo prejuízo causado em termos físicos[45]. Isso representaria um avanço diante da impossibilidade de quantificar o prejuízo social marginal[46] decorrente das agressões ao meio ambiente – pressuposto do imposto "pigouviano", uma vez que se exige, cumulativamente, a quantificação objetiva dos prejuízos causados e uma avaliação de caráter *subjetivo* (com base numa função de bem-estar social)[47].

Por seu turno, aponta-se ainda a abordagem alternativa de KNIGHT, que sugere que a origem das externalidades reside na sobrecarga de qualquer equipamento, sendo por isso necessário que cada participante se responsabilize igualmente por essa sobrecarga. Assim, para alcançar uma utilização racional da natureza, infere-se que o tributo seja exigido de todos os envolvidos na questão (poluidores e não poluidores), o que, a toda evidência, suscita uma dificuldade de ordem política considerável, já que é difícil convencer os não poluidores a contribuírem para a melhoria do meio ambiente por cuja degradação eles não são responsáveis[48].

Por fim, registra-se que Ronald Coase privilegia a atuação do setor privado (negociação entre causador e prejudicado) para lidar com as externalidades, desde que os custos para realizar uma transação seja suficientemente baixos, haja vista que mesmo a intervenção estatal não é destituída de custos[49]. Todavia, quando os custos de transação impedem o setor privado de lidar com as externalidades, impõe-se a necessidade do Estado intervir.

Vale sublinhar que a teoria econômica das externalidades influenciou sobremaneira a consolidação do Princípio do Poluidor-Pagador (*Polluter-Pays Principle*) – uma das grandes bases da tributação ambiental[50] –, segundo o

45 LAGEMANN, Eugenio. Tributação ecológica. *Ensaios FEE*. Porto Alegre, v. 23, n. 1, p. 301-324, 2002.

46 O prejuízo marginal social corresponde à diferença entre os custos marginais sociais e privados. De acordo com KRUGMAN e WELLS (2007: 395), o "*custo social marginal da poluição é o custo adicional imposto à sociedade em seu conjunto por uma unidade adicional de poluição. Por exemplo, chuva ácida prejudica estoques de peixe, os cultivos e as florestas, e cada tonelada adicional de dióxido de enxofre liberada na atmosfera aumenta o dano*".

47 Em razão dessa dificuldade de quantificar o curso social marginal diante da ausência de informação no mercado quanto às variações temporais e espaciais das externalidades e as incertezas científicas e metodológicas que inviabilizam a determinação dos impactos ecológicos das emissões, KRUGMAN e WELLS (2007: 395) afirmam que "*a sociedade muitas vezes subestima o verdadeiro custo social marginal da poluição*".

48 LAGEMANN, Eugenio. Tributação ecológica. *Ensaios FEE*. Porto Alegre, v. 23, n. 1, p. 301-324, 2002.

49 No original: "*But the governmental administrative machine is not itself costless. It can, in fact, on occasion be extremely costly. Furthermore, there is no reason to suppose that the restrictive and zoning regulations, made by a fallible administration subject to political pressures and operating without any competitive check, will necessarily always be those which increase the efficiency with which the economic system operates.* [...] *it will no doubt be commonly the case that the gain which would come from regulating the actions which give rise to the harmful effects will be less than the costs involved in government regulation*" (COASE, Ronald. The Problem of Social Cost. *Journal of Law and Economics*, Volume 3 [October, 1960]. Disponível em: http://www.sfu.ca/~allen/CoaseJLE1960.pdf. Acesso no dia 25 de setembro de 2011).

50 O Princípio do Poluidor-Pagador é fundamento das medidas reparatórias de danos ambientais, mas também é o pilar de medidas preventivas, repressivas e compensatórias de danos e impactos ao meio ambiente.

qual o poluidor deve arcar com as despesas de adoção das medidas ambientais contempladas pelo Estado e o custo dessas medidas deve refletir nos preços dos produtos e serviços que causam poluição no processo de produção e/ou consumo. Referido princípio se encontra previsto no § 3º, do artigo 225, da Constituição Federal[51].

Diante dessas considerações, deduz-se que os instrumentos tributários são mecanismos importantes para a defesa do meio ambiente, na medida em que permitem internalizar os custos com a degradação ambiental[52], mas a forma de viabilizar sua operacionalização ainda suscita algumas perplexidades, que demandam um maior aprofundamento teórico, ainda mais se pretender-se evidenciar os pontos de contato entre a análise econômica e a jurídica a fim compatibilizar as contribuições de ambas[53].

Isso porque, há que se observar que a base teórica da ciência econômica que faz referência ao uso da tributação para enfrentar a questão ecológica é oferecida pela teoria do bem-estar, segundo a qual a intervenção do Estado por meio da tributação orienta-se no sentido de corrigir falhas alocativas de mercado – pressupondo-se um mercado de concorrência perfeita – que ocorrem devido à existência de efeitos externos negativos[54]. Ou seja, adotam-se os pressupostos da economia neoclássica[55].

---

51 Referido dispositivo aponta que "*as condutas e atividades consideradas lesivas ao meio ambiente sujeitarão os infratores, pessoas físicas e jurídicas, a sanções penais e administrativas, independentemente da obrigação de reparar os danos causados*". Originalmente, o Princípio do Poluidor-Pagador foi consagrado pela Lei 6938/81, que trata da Política Nacional do Meio Ambiente, prevendo em seu art. 4º, VII, que essa política visará: "[...] à *imposição, ao poluidor e ao predador, da obrigação de recuperar e/ou indenizar os danos causados e, ao usuário, da contribuição pela utilização de recursos ambientais com fins econômicos*".

52 Marli Teresinha Deon Sette e Jorge Madeira Nogueira afirmam que o "*instrumento econômico tributação é um instrumento muito eficaz em sua finalidade, qual seja, a mudança de comportamento dos agentes econômicos, principalmente porque permite que estes racionalizem suas decisões em busca da maximização de cada firma individualmente. Porém, para que isso ocorra, é condição* sine qua non *que na sua instituição sejam observados aspectos como: a) a elasticidade preço da demanda; b) o cálculo adequado do tributo de forma a influenciar na decisão do agente econômico e, c) que as receitas advindas da tributação ambiental sejam revertidas em benefício do local do ambiente degradado/utilizado*" (DEON SETTE, Marli Teresinha; NOGUEIRA, Jorge Madeira. "Relevância da análise dos aspectos econômicos na instituição de um tributo ambiental. *Revista de Direito Tributário – RDT* n. 96, São Paulo: Malheiros, 2007, p. 211-224).

53 Vale mencionar, neste ponto, a importante contribuição trazida pela Análise Jurídica da Política Econômica (AJPE), que pretende desenvolver um instrumental teórico que permita o estudo mais aprofundado das decisões de política econômica sob uma perspectiva jurídica crítica. A AJPE se vale da interdisciplinaridade, mas sem abrir mão da **centralidade** da análise jurídica, uma vez que o direito tem a vantagem frente às demais ciências sociais de raciocinar com base em categorias normativas direcionadas à concretização de valores (cf. CASTRO, Marcus Faro. Análise Jurídica da Política Econômica, *Revista da Procuradoria-Geral do Banco Central*, Volume 3, n. 1, 2009).

54 LAGEMANN, Eugenio. Tributação ecológica. *Ensaios FEE*. Porto Alegre, v. 23, n. 1, p. 301-324, 2002.

55 "*A teoria neoclássica, desenvolvida de maneira sistemática a partir da segunda metade do século XIX, constitui-se ainda hoje no mainstream acadêmico. Dentre os principais teóricos que inicialmente construíram o seu quadro analítico, pode-se citar Jeremy Bentham, Karl Menger, Stanley Jevons e Francis Y. Edgeworth. Uma característica distintiva desta corrente é ter deslocado a análise do valor das mercadorias do lado da oferta (como fazia a análise dos clássicos) para o lado da demanda, atribuindo à avaliação subjetiva papel determinante na explicação do preço das mercadorias. O grande impulso a essa escola do*

Não se ignora, por outro lado, o desenvolvimento de visões teóricas alternativas que surgiram principalmente a partir da crise econômica mundial que eclodiu em 2008[56], como a economia comportamental (*behavioural economics*), que podem enriquecer a análise das questões tratadas nesta investigação, na medida em que alguns de seus preceitos parecem se conectar com a visão promocional do direito, que possibilita compreender os instrumentos tributários como mecanismos de alteração de comportamento dos indivíduos no sentido de proteger o meio ambiente.

Ao se falar em economia comportamental, vale destacar que a mesma utiliza *insights* da psicologia para aumentar a capacidade explanatória da própria ciência econômica. De acordo com Sendhil Mullainathan e Richard H. Thaler, este considerado o criador da economia comportamental, "*Behavioral Economics is the combination of psychology and economics that investigates what happens in markets in which some of the agents display human limitations and complications*"[57].

Por outro lado, para a economia convencional ou neoclássica, assume-se que os indivíduos são entes perfeitamente racionais, que se comportam de modo a sempre maximizar seus próprios interesses (utilidade)[58], a partir de uma análise objetiva de todas as opções disponíveis, antes de formar e expressar suas preferências por intermédio do mercado. Sob esse prisma, entende-se que os indivíduos sempre tentarão obter vantagens se estiverem em posição de barganha. Ademais, a lógica que pauta suas ações no sentido da escolha mais eficiente é baseada na avaliação estrita do custo e benefício,

---

pensamento econômico foi dado por Alfred Marshall, com a publicação de seus Principles of Economics em 1890. Marshall acreditava que havia limites ao aumento do tamanho das firmas, de modo que a atomização (concorrência perfeita) dos mercados seria a estrutura dominante na organização industrial capitalista" (COSTA, Achyles Barcelos da. Organização-Industrial, Mercados-Contestáveis e Política Pública. Texto Didático n. 5. Universidade Federal do Rio Grande do Sul. Departamento de Economia. Maio de 1995. Disponível em http://www.ufrgs.br/decon/publionline/textosdidaticos/Textodid05.pdf. Acessado no dia 10.09.2012.

56 Atribui-se a Rahm Emmanuel, ex-Chefe de Gabinete de Barack Obama, a seguinte frase: "*You don't ever want a crisis to go to waste; it's an opportunity to do important things that you would otherwise avoid*" (ZELENY, Jeff; CALMES, Jackie. "Obama, Assembling Team, Turns to the Economy". *The New York Times*, 7 de novembro de 2008). Essa frase resume bem, a partir de uma perspectiva otimista, a oportunidade que a atual crise econômica oferece de se reavaliar os fundamentos da ciência econômica ortodoxa. E para os que defendem uma postura mais crítica do papel que a economia pautada pelos pressupostos neoclássicos desempenhou na atual crise (cf. KRUGMAN, Paul. "How did economists get it so wrong?". *The New York Times*, 2 de setembro de 2009).

57 MULLAINATHAN, Sendhil; THALER, Richard H. "Behavioral Economics". Working Paper 00-27. Massachusetts Institute of Technology – MIT. Department of Economics. Working Paper Series. Setembro de 2000. Disponível em http://papers.ssrn.com/paper.taf?abstract_id=245828. Acessado no dia 10.06.2012.

58 Em **1881**, F. Y. Edgeworth afirmou em sua obra *Mathematical Physics*, que: "*the first principle of Economics is that every agent is actuated only by self-interested*" (cf. EDGEWORTH, F. Y. *Mathematical Physics: an essay on the application of mathematics to the moral sciences*. London: C. Kegan Paul & Co, 1881. Disponível em: http://socserv.mcmaster.ca/econ/ugcm/3ll3/edgeworth/mathpsychics.pdf. Acessado no dia 07.10.2012).

independentemente de fatores como compromissos ou valores, que somente serão consideradas relevantes se estiverem ligadas a algum tipo de sanção[59].

Por óbvio, mesmo no contexto da teoria econômica neoclássica, essas idéias não são compreendidas como uma descrição real da realidade, mas como simplificações que, se não verdadeiras, são ao menos úteis para o desenvolvimento de modelos econômicos[60]. A economia comportamental, por outro lado, evidencia que esses pressupostos neoclássicos não apenas se encontram ausentes na realidade, como são tão constantemente desrespeitados que, nem para fins teóricos, são úteis. E ao verificar esses "desvios" nos comportamentos considerados convencionais dos indivíduos à luz da economia neoclássica, a economia comportamental constatou que esses desvios ocorrem de maneira identificável e previsível[61].

A partir de análises empíricas, a economia comportamental articula 7 (sete) teses que seriam mais condizentes com o comportamento real dos indivíduos, segundo o estudo "Behavioural Economics: seven principles for policy-makers", de Emma Dawnay e Hetan Shah:

> "1. **Other people's behaviour matters**: people do many things by observing others and copying; people are encouraged to continue to do things when they feel other people approve of their behaviour.
>
> 2. **Habits are important**: people do many things without consciously thinking about them. These habits are hard to chance – even thought people might want to change their behaviour, it is not easy for them.
>
> 3. **People are motivated to 'do the right thing'**: there are cases where money is de-motivating as it undermines people's intrinsic motivation, for example, you would quickly stop inviting friends to dinner if they insisted on paying you.
>
> 4. **People's self-expectations influence how they behave**: they want their actions to be in line with their values and their commitments.
>
> 5. **People are loss-averse** and hang on to what they consider 'theirs'.
>
> 6. **People are bad at computation** when making decisions: they put undue weight on recent events and too little on far-off ones; they cannot calculate probabilities well and worry too much about unlikely events; and they are strongly influenced by how the problem/information is presented to them.

59 POLLITT, Michael G.; SHAORSHADZE, Irina. "The Role of Behavioral Economics in Energy and Climate Policy". ESRC Electricity Policy Research Group. University of Cambridge. Dezembro de 2011.

60 *"The general contention of behavioral economics is that the usual assumptions made in economics about how individuals form and express preferences – that they are perfectly rational, that they are perfectly self-interested, and so on – are not accurate representations of how individuals in fact think and choose. This is, in one respect, not especially revelatory. These are simplifying assumptions, used primarily for tractability in modeling and not intended as a real description of the world. They survive within economics not because they are necessarily true, but because they are useful"* (CONGDON, William J.; KLING, Jeffrey R.; MULLAINATHAN, Sendhil. "Behavioral Economics and Tax Policy". National Tax Association's 2009 Spring Symposium).

61 CONGDON, William J.; KLING, Jeffrey R.; MULLAINATHAN, Sendhil. "Behavioral Economics and Tax Policy". National Tax Association's 2009 Spring Symposium.

7. **People need to feel involved and effective to make a change**: just giving people the incentives and information is not necessary enough."[62]

Dessa forma, a presente investigação adota como pressuposto a compreensão de que a tributação ambientalmente direcionada deve focar indivíduos imperfeitamente racionais, que não necessariamente reagirão à indução tributária a partir de uma perspectiva maximizadora de suas utilidades e a partir da lógica de custo e benefício, em consonância com os postulados da economia comportamental. Portanto, "*For the purpose of thinking about tax policy, it is sufficient to understand these psychological insights aggregated at a relatively broad level, primarily in terms of the violations from the standard assumptions that they represent*"[63].

Por serem dotados de uma racionalidade imperfeita, os indivíduos não são especialmente capacitados para escolher sempre a opção mais eficiente (*optimal*), ainda mais levando em consideração que suas preferências são inconsistentes com os pressupostos mais arraigados da economia neoclássica, como visto acima. Um exemplo disso é o caso da utilização dos bens naturais escassos, entendidos como bens públicos.

Ao se pensar nos recursos do meio ambiente, é comum referir-se à dicotomia bens privados e bens públicos, corriqueira no campo do Direito[64] e que encontra eco na teoria econômica. De acordo com esta perspectiva teórica, os bens privados (*private consumption goods*) têm duas características básicas: são passíveis de excluir a sua utilização por outros indivíduos (excludente) e o seu consumo por um indivíduo impede o consumo por qualquer outra pessoa (rival). Já os bens públicos (*collective consumption goods*), "*which all enjoy in common in the sense that each individual's consumption of such a good leads to no subtraction from any other individual's consumption of that good*"[65], são considerados não excludentes e não rivais.

A doutrina apresenta uma interessante crítica a essa classificação[66], mas o que merece melhor reflexão no presente estudo é que essa dificuldade de

62 DAWNAY, Emma Dawnay; SHAH, Hetan. "Behavioural Economics: seven principles for policy-makers". *NEF (the new economics foundation)*, Julho de 2005. Disponível em: http://www.neweconomics.org/sites/neweconomics.org/files/Behavioural_Economics_1.pdf. Acessado no dia 02.02.212.

63 CONGDON, William J.; KLING, Jeffrey R.; MULLAINATHAN, Sendhil. "Behavioral Economics and Tax Policy". National Tax Association's 2009 Spring Symposium.

64 A rigor, o Código Civil apresenta, em seu art. 99, a seguinte classificação jurídica de bens públicos: bens públicos de uso comum do povo; bens públicos de uso especial; e bens públicos dominicais.

65 SAMUELSON, Paul A. "The pure theory of public expenditure". *Review of Economics and Statistics* 36, n. 4, novembro de 1954, p. 387-389.

66 "*Essa classificação demonstra,* prima facie, *dois problemas sérios. Em primeiro lugar, uma mistura evidente entre características dos bens e disciplina jurídica. Enquanto a rivalidade é uma característica, a exclusividade é um traço de disciplina jurídica – traço, aliás, que se justifica apenas em uma realidade de superabundância de bens. A possibilidade de exclusão de utilização do bem como característica do bem tem como consequência direta a despreocupação com concentração de referido bem em mãos particulares (poder econômico). Com efeito, se a exclusão é admitida, o poder também deve ser. Mas não é só. A referida classificação revela um bom grau de incoerência interna. Basta observar a própria enumeração das carac-*

regular adequadamente a utilização dos recursos do meio ambiente (bens públicos), impactando na sua preservação, mesmo pelos agentes econômicos diretamente envolvidos, foi bem colocada no famoso artigo *The Tragedy of the Commons*, do biólogo norte-americano Garret Hardin, em 1968.

O artigo aborda inicialmente a diferença entre problemas que podem ser solucionados por intermédio de novas técnicas e os "*no technical solution problems*", no qual o texto enfoca. O dilema reside no fato de que os indivíduos que agem de forma a maximizar seus próprios interesses, acabam por levar à destruição uma fonte de recursos de uso comum, por mais que esteja claro a todos os envolvidos que, no longo prazo, a degradação desses bens não seja de interesse de nenhum deles.

Hardin se vale de uma metáfora de um pasto aberto à utilização de todos os pastores. Pressupõe-se que cada pastor tentará manter o maior número possível de animais no pasto comum, maximizando seus ganhos econômicos. Explicita ou implicitamente, a pergunta que o pastor se faz é: "Qual é a utilidade *para mim* de adicionar mais um animal ao meu rebanho?".

Ocorre que essa utilidade tem um componente positivo e um negativo. O positivo é a função de incremento de um animal, uma vez que o pastor recebe integral e exclusivamente os benefícios da venda do animal, o que representa uma utilidade positiva de +1, totalmente apropriada por ele. O componente negativo é representado pela função de incremento adicional de dano ao pasto, que, por sua vez, é dividido entre todos os pastores, o que, para cada um dos pastores, representa uma utilidade negativa de apenas *parte* de -1. Portanto, sob uma perspectiva racional de somatória das utilidades parciais, a única conclusão a que os pastores podem chegar é a de que se deve "*add another animal to his herd. And another...*", levando, ao final, à destruição do bem comum[67].

Apresentada a tragédia dos comuns, Garry Hardin pergunta o que deveria ser feito, para, em seguida, sugerir que um terceiro (invariavelmente, o Estado) intervenha mediante a atribuição de direitos de propriedade aos pastores por meio do parcelamento do bem de todos ou pela manutenção do status de bem público do pasto, mas regulando o direito de usufruí-lo, a partir de diversos critérios (riqueza, mérito, aleatoriamente)[68].

Não obstante, mesmo essa intervenção estatal no *commons* pode não estar apta a solucionar a controvérsia afeta à utilização de um bem público, conforme esclarece L. Venkatachalam:

---

terísticas dos referidos bens. Enquanto a exclusão de utilização parece se referir a um bem não consumível, a rivalidade parece se referir a um bem consumível. Na verdade, essa dificuldade revela uma outra, mais profunda. Essa classificação não esgota as possíveis diferenças entre bens quanto a suas características – e, portanto, não é um bom parâmetro para a disciplina jurídica." (SALOMÃO FILHO, Calixto. "Regulação, Desenvolvimento e Meio Ambiente". In SALOMÃO FILHO, Calixto (org.). *Regulação e Desenvolvimento: Novos Temas*. São Paulo: Malheiros, 2012, p. 46).

67 HARDIN, Garry. "The Tragedy of the Commons". *Science*,162/1243-1248.

68 HARDIN, Garry. "The Tragedy of the Commons". *Science*,162/1243-1248.

> "However, Olson (1971) argued that self-interested rational individuals will always have the tendency to 'free-ride' and therefore, the collective action required for provision of the optimal level of public goods will not emerge even with government intervention. His suggestion was to have a 'market-like' approach by forming smaller groups that will behave like maximizing individuals by 'minimising' the transaction cost of monitoring the free-riders and sustaining resource use"[69]

E L. Venkatachalam prossegue afirmando que estudos desenvolvidos por Elinor Ostrom sugerem que nem o Estado, nem o mercado são capazes de administrar com eficiência bens públicos (ambiental), como ocorreu no caso de comunidades que, por conta própria, decidiram estabelecer suas próprias regras e regulamentos com esse objetivo[70]. De acordo com o L. Venkatachalam, *"Ostrom (1998) identified reciprocal behavior as one of the strategies of these communities which managed the environmental resources on a sustainable basis. The literature on the reciprocal behavior will reduce the 'free-riding' behavior and the associated transaction cost, and this would result in optimal level of provision of environmental goods through collective action"*[71].

Esse exemplo das perplexidades advindas da proteção de recursos naturais nos quais os direitos de propriedade não se encontram bem definidos, na medida em que a titularidade seria de todos – o que provocaria um comportamento dos indivíduos oposto ao pressuposto da maximização (no longo prazo) da utilidade do bem público –, serve para demonstrar como se faz necessário reavaliar a base econômica sob a qual se articula a utilização dos instrumentos econômicos[72], notadamente os tributários, como mecanismos de proteção do meio ambiente, com o objetivo de aperfeiçoá-la e aproximá-la mais da realidade dos agentes que devem responder àquela indução comportamental.

Não podendo mais ser acatados os pressupostos da economia neoclássica da avaliação puramente racional dos indivíduos, que buscariam única e exclusivamente maximizar suas utilidades, sugere-se pensar a tributação ambiental a partir da perspectiva do "paternalismo libertário", expressão cunhada por Richard H. Thaler e Cass R. Sunstein:

> "Libertarian paternalism is a relatively weak and nonintrusive type of paternalism, because choices are not blocked or fenced off. In its most cautious

69 VENKATACHALAM, L. "Behavioral economics for environmental policy". *Ecological Economics* 67 (2008) 640-645. Grifos nossos.

70 O que representa um comportamento oposto ao do *homo economicus* da teoria econômica neoclássica.

71 VENKATACHALAM, L. "Behavioral economics for environmental policy". *Ecological Economics* 67 (2008) 640-645. Grifos nossos.

72 Diferentemente dos instrumentos de comando e controle, de evidente corte repressor e sancionador, os os instrumentos economicos de protecao ambiental visam a incentivar o comportamento dos agentes econômicos. Segundo Alejandro Altamirano, quatro elementos os caracterizaram: (i) a existência de um estímulo financeiro; (ii) a faculdade do agente contaminador de reagir livremente diante deles; (iii) a intervenção estatal; e (iv) a finalidade protetora do meio ambiente (cf. ALTAMIRANO, Alejandro C. "El derecho constitucional a um ambiente sano, derechos humanos e su vinculación com El derecho tributário". In: MARINS, James (coord.). *Tributação e Meio Ambiente*. Curitiba: Juruá, 2003).

forms, libertarian paternalism imposes trivial costs on those who seek to depart from the planner's preferred option. But the approach we recommend nonetheless counts as paternalistic, because private and public planners are not trying to track people's anticipated choices, but are self-consciously attempting to move people in directions that will promote their welfare."[73]

Para os autores, o aspecto libertário do paradigma consiste no reconhecimento de que os indivíduos são livres para escolher, para exercer sua liberdade. Já o aspecto paternalista reside na compreensão de que seria legítimo que os "arquitetos de escolhas"[74] tentem influenciar o comportamento dos indivíduos no sentido de que as melhores escolhas sejam adotadas, haja vista que, em muitos casos, os indivíduos fazem escolhas ruins, que não ocorreriam se tivessem prestado mais atenção e se possuíssem todas as informações necessárias, ou ainda se fossem dotados de capacidades cognitivas perfeitas e detivessem total autocontrole[75].

Como o paternalismo libertário pretende ser relativamente brando e não intrusivo, Thaler e Sunstein defendem que o mecanismo de incentivo comportamental seja operado por intermédio de "cutucadas" (*nudges*), nos seguintes termos: "*Uma cutucada ou orientação, no sentido que usaremos esses termos, é qualquer aspecto da arquitetura de escolhas que altera o comportamento das pessoas de maneira previsível sem proibir nenhuma opção nem mudar significativamente seus incentivos econômicos. Para ser considerada uma mera cutucada ou orientação, a intervenção deve ser fácil e barata de evitar*"[76].

Na seara tributária, diversos são as técnicas de aplicação para fortalecer a política ambiental de maneira a reduzir ou eliminar externalidades e estimular a inovação e o desenvolvimento de tecnologias que promovam a sustentabilidade. Pensa-se na possibilidade de concessão de incentivos fiscais, na calibração de alíquotas, no tratamento tributário adequado dos serviços ambientais[77], na destinação dos recursos arrecadados com a CIDE-combustível[78]

---

73 THALER, Richard H.; SUNSTEIN, Cass R. "Libertarian Paternalism is Not an Oxymoron". *Public Law and Legal Theory Working Paper* n. 43, The University of Chicago Law School, Maio de 2003.

74 "*A choice architect has the responsability for organizing the context in which people make decisions*" (THALER, Richard H.; SUNSTEIN, Cass R.; BALZ, John P. "Choice Architecture" (Abril de 2010). Disponível em: http://ssrn.com/abstract=1583509. Acessado em 02.09.2012.

75 THALER, Richard H.; SUNSTEIN, Cass R. *Nudge: o empurrão para a escolha certa*. São Paulo: Campus, 2009, p. 5.

76 THALER, Richard H.; SUNSTEIN, Cass R. *Nudge: o empurrão para a escolha certa*. São Paulo: Campus, 2009, p. 6.

77 Serviços ambientais são "*fluxos de materiais, energia e informação que provêm dos estoques de capital natural e são combinados ao capital de serviços humanos para produzir bem estar aos seres humanos*", conforme definiu Robert Constanza e co-autores no pioneiro artigo "The value of the world ´s ecosystem services and natural capital", publicado na revista *Nature*, em 1997, e que suscitou diversos debates sobre o tema (CONSTANZA, Robert e outros. The value of the world ´s ecosystem services and natural capital. *Nature*. V. 387, 15 de maio de 1997, p 253-260).

78 Fruto da Emenda Constitucional n. 33, de 11 de dezembro de 2001, e da Lei n. 10.336, de 19 de dezembro de 2001, a "CIDE-combustível" tem por finalidade financiar projetos ambientais relacionados com

ou com uma hipotética contribuição de melhoria ambiental[79] para a proteção do meio ambiente, na criação de mecanismos como o "ICMS Ecológico"[80] e o "IPTU verde"[81], entre outras medidas. Há, inclusive, quem defenda a necessidade de alteração da Constituição Federal para que seja possível a instituição de um "imposto ecológico"[82].

Muito embora coexista variada técnica tributária que se adéqua à finalidade almejada de proteger o meio ambiente, constata-se que todas podem ser unidas a partir da perspectiva da extrafiscalidade tributária[83], que tem por objetivo primordial promover a indução de comportamentos dos agentes econômicos.

Um dos primeiros tributaristas a se debruçar sobre a função extrafiscal dos tributos foi Alfredo Augusto Becker, que afirmou que a "*principal finalidade*

---

a indústria do petróleo e do gás (art. 177, parágrafo 4, II, "b", da Constituição). Porém, passados mais de 10 (dez) anos da criação do tributo, até hoje não foi criado o fundo competente para emprego da sua receita para proteção do meio ambiente.

79 Conforme Fábio Nusdeo, a Contribuição de Melhoria (art. 81, CTN) é o tributo que tem por fato gerador a valorização imobiliária decorrente de obra pública, tendo como limite total a despesa realizada e como limite individual o acréscimo de valor que da obra resulta para cada imóvel beneficiado e que, muito embora tenha por finalidade capturar externalidades positivas geradas por uma iniciativa custeada por recursos de toda a sociedade, pode perfeitamente ser cobrada como compensação financeira ou ressarcimento pelos danos ambientais – externalidades negativas causadas pela atividade econômica –, com o fim de melhorar o meio ambiente inquinado (NUSDEO, 2005: 379/381).

80 A rigor, o ICMS Ecológico representa uma medida de compensação fiscal para a preservação ambiental entre entes políticos, na medida em que corresponde a um repasse de parcela do ICMS recolhido pelos Estados aos Municípios que adotarem determinadas práticas ambientais.

81 Alguns Municípios incorporaram em sua legislação a figura do IPTU Verde, que é operado por intermédio de descontos de alíquota para imóveis cujos proprietários adotem medidas ambientalmente adequadas.

82 Com efeito, o Princípio do Poluidor-Pagador vem sendo utilizado como base para várias propostas que sugerem, em suma, a introdução no texto constitucional de um imposto ambiental. Ademais, a idéia é defendida sob o fundamento de que isso tornará mais eficiente a entrada de recursos para proporcionar ao Estado uma melhor forma de agir e também uma mudança de comportamento na comunidade. A esse respeito, Roberto Ferraz discorre que, como a maioria dos danos causados à natureza não é reparável, ao imposto ambiental caberia a missão de aproximar, decisivamente, o custo do produto ambientalmente nocivo ao seu custo real (tendente ao infinito, se o custo é irreparável). É por isso que a experiência internacional tem apontado para a adequação da adoção de práticas tributárias que, ao invés de simplesmente incentivar atividades benéficas, como a substituição de equipamentos, ou ainda de simplesmente aumentar o peso tributário de determinados produtos cujo consumo se deseja diminuir, como os combustíveis ou a energia elétrica, busquem efetivamente demonstrar o custo ambiental dos produtos, colocando em seu preço tributos precipuamente destinados à restauração dos prejuízos ambientais que causam. Conclui que a melhor opção para uma política fiscal ambientalmente orientada é a adoção de impostos que internalizem o custo ambiental dos produtos, com necessária vinculação do produto de arrecadação a essa tarefa (FERRAZ, Roberto. Tributação e meio ambiente: O green tax no Brasil (a contribuição da Emenda 33/2001). *Revista de Direito Ambiental* n° 31. São Paulo: RT, 2003, p. 167/172).

83 Em sua importante obra *O Dever Fundamental de Pagar Impostos*, NABAIS (2004: 629) afirma que a extrafiscalidade traduz-se em um conjunto de normas que, "*ao preverem uma tributação, isto é, uma ablação ou amputação pecuniária (impostos), ou uma não tributação ou uma tributação menor à requerida pelo critério da capacidade contributiva, isto é, uma renúncia total ou parcial a essa ablação ou amputação (benefícios fiscais),* ***estão dominadas pelo intuito de actuar diretamente sobre os comportamentos econômicos e sociais dos seus destinatários, desincentivando-os, neutralizando-os nos seus efeitos econômicos e sociais ou fomentando-os, ou seja, de normas que contêm medidas de política econômica e social***" (g. n.).

de muitos tributos [...] *não será a de um instrumento de arrecadação de recursos para o custeio das despesas públicas, mas a de um instrumento de intervenção estatal no meio social e na economia privada*"[84].

Afastada a possibilidade no ordenamento jurídico brasileiro de se utilizar os tributos com fins sancionatórios, em atenção à Constituição Federal e ao art. 3, do Código Tributário Nacional, nada obsta que a tributação seja empregada com o objetivo de influir na tomada de decisão dos agentes econômicos, de tal forma que as condutas eleitas levem a uma situação mais desejável do ponto de vista da proteção do meio ambiente, o que não ocorreria autonomamente no caso da ausência do instrumento.

Entende-se que a tributação ambientalmente direcionada tem o condão de, mais do que apenas viabilizar a internalização das externalidades ambientais, servir primordialmente como instrumento de orientação de escolhas (*nudge*), na medida em que a economia comportamental evidenciou serem os agentes econômicos imperfeitamente racionais, que muitas vezes não estão capacitados a avaliar em termos de custo e benefício determinado estímulo tributário (*bad at computation*), mas que, invariavelmente, se preocupam com o comportamento de seus semelhantes, além de serem motivados a "fazer a coisa certa" e a harmonizar suas ações com seus valores e compromissos (mais do que maximizar seus interesses)"[85].

Porém, a extrafiscalidade ambiental não pode ser utilizada de forma a que sejam violados os limites materiais e formais que regem a tributação, previstos nos artigos 150 a 152, da Constituição Federal[86], sendo de fundamental importância os estudos desenvolvidos, entre outros, por José Casalta Nabais, a respeito dos limites da extrafiscalidade[87].

Por fim, deve haver a preocupação de evitar que referido instrumento atinja o "mínimo existencial"[88] dos contribuintes ou de alguma forma os impossibilitem de manter atividades econômicas lícitas, hipóteses em que, a um

---

84 BECKER, Alfredo Augusto. *Teoria geral do Direito Tributário*. 4ª ed. São Paulo: Noeses, 2007, p. 623.

85 DAWNAY, Emma Dawnay; SHAH, Hetan. "Behavioural Economics: seven principles for policy-makers". *NEF (the new economics foundation)*, Julho de 2005. Disponível em: http://www.neweconomics.org/sites/neweconomics.org/files/Behavioural_Economics_1.pdf. Acessado no dia 02.02.212.

86 Humberto Ávila esclarece que referidos dispositivos impõem condições ao exercício da competência tributária, regulando o procedimento e a condição temporal de eficácia (limitações formais), bem como o objeto e os limites substanciais das normas tributárias (limitações materiais) [ÁVILA, Humberto. *Sistema Constitucional Tributário*. 2ª ed. São Paulo: Saraiva, 2006].

87 José Casalta Nabais apresenta uma importante análise dos tributos extrafiscais e conclui que, para esses tipos de tributos, o princípio da legalidade fiscal deve sofrer uma atenuação, enquanto que o princípio da igualdade fiscal não teria, em rigor, aplicação. Porém, igual atenuação já não sofrerão os outros limites formais, derivados do princípio da segurança jurídica, como a retroatividade (NABAIS, José Casalta. *O Dever Fundamental de Pagar Impostos*. Coimbra: Almedina, 2004, p. 659).

88 Acerca dessas teorias cf. (BARCELLOS, Ana Paula de. *A eficácia jurídica dos princípios constitucionais – o princípio da dignidade da pessoa humana*. Rio de Janeiro: Renovar, 2002) e a decisão do Supremo Tribunal Federal na ADPF nº 45.

só tempo, se estaria minando a capacidade contributiva[89] dos contribuintes e tornando o tributo confiscatório[90]

5. CONCLUSÃO

À guisa de conclusão, verificou-se que a introdução no mundo jurídico dos valores ambientais foi um importante passo para promover a proteção de recursos naturais no contexto de um desenvolvimento econômico sustentável, mas também em razão da preocupação com a qualidade de vida das futuras gerações, pautada por uma perspectiva de justiça intergeracional.

Na busca por instrumentos jurídicos, econômicos e políticos que sirvam para planejar e regular a intervenção sustentável do homem na natureza, a partir da perspectiva da função promocional do direito, comparece a tributação extrafiscal como eficiente instrumento de atuação do Estado no enfrentamento dos problemas ambientais.

Como a teoria econômica contemporânea verificou que os agentes econômicos não se comportam no mercado da forma como supunha a teoria neoclássica, vislumbrar a tributação ambiental exclusivamente sob o prisma da internalização das externalidades pode representar uma limitação à utilização dos instrumentos tributários como mecanismos de indução de comportamento, haja vista que determinados estímulos podem não ser eficazes.

Em vista de todo o exposto, conclui-se que a Constituição Federal de 1988 autoriza a intervenção do Estado na atividade econômica para assegurar um meio ambiente equilibrado, e que a tributação extrafiscal ambiental é um importante mecanismo para promover essa intervenção, desde que respeitados os limites constitucionais da tributação.

89 *"O princípio da capacidade contributiva nada mais é do que um corolário do princípio da igualdade. Está expressamente disposto no art. 145, § 1º da Constituição Federal de 1988: 'Sempre que possível, os impostos terão caráter pessoal e serão graduados segundo a capacidade econômica do contribuinte [...]'" (CARRAZZA, Roque Antonio. Curso de direito constitucional tributário.* 18ª ed. São Paulo: Malheiros, 2002, p. 134).

90 O princípio da vedação do confisco é dirigido ao Estado como forma de garantir ao contribuinte limites para a ação estatal, pois impede o livre-arbítrio do legislador na instituição de tributos que, de alguma forma, impeçam o livre exercício da atividade econômica e violem o direito à liberdade de iniciativa e de propriedade.

Sociedade e Tributação Solidárias Pós Globalização Tecnológica: uma Homenagem ao Professor Ricardo Lobo Torres

Felipe Kertesz Renault Pinto[1]

Sumário: 1. Introdução. 2. A Solidariedade Tributária. 3. Sob que bases devemos tributar? Quem deve pagar mais? E, por fim, por quem devemos pagar?. 4. Conclusão

> *"E a cidadania: o que pode oferecer?*
>
> *Cidadania é um conceito extenso, de forte conotação política, multidimensional, vinculado diretamente às virtudes e perplexidades de temas como liberdade, justiça social, solidariedade, universalismo e nacionalismo. Desde a Grécia Antiga, surgiu como elo entre o homem livre e a cidade, mas, como magistralmente anotou o saudoso mestre Ricardo Lobo Torres, foi com a Revolução Francesa que o conceito adquiriu associação definitiva com os direitos fundamentais do homem – de todos os homens."*
>
> **Min. Marco Aurélio Mello. *In* Seminário de Verão 2018 da Universidade de Coimbra, em Portugal.**[2]

1. INTRODUÇÃO

Ser solidário significa comungar de cuidado e atenção com outrem. Um sentimento de origem familiar que perpassa pela formação das sociedades organizadas e da ideia de solidariedade social, em que membros de uma comunidade zelam um pelos outros em uma propulsão de coesão com vistas à preservação daquele núcleo social.

Na esfera tributaria não é diferente. Seja pela lógica da igualdade, seja pela da capacidade contributiva, a solidariedade social assinala que cada um deve pagar aquilo que lhe cabe, sob pena de onerar em demasia o restante da

1 Pós-Graduado *Latu Sensu* em Direito Fiscal pela PUC/RJ, Mestre em Direito Constitucional pela UFF/RJ e Doutorando em Finanças Públicas, Tributação e Desenvolvimento na UERJ.

2 Acessado em 03/12/2018, em: https://www.conjur.com.br/2018-jul-03/direitos-humanos-cidadania--ameacados-marco-aurelio

sociedade. E a ideia avança para além desse conceito: o que lhe cabe deve ser entendido como o valor correspondente a parcela do patrimônio passível de tributação, ou melhor, observada a sua capacidade contributiva, assim como o seu dever social de pagar mais por aqueles que não dispõem de recursos para tanto. Leia-se: quem tem mais paga por quem tem menos, de modo que cada um terá sua parcela de acordo com as riquezas que detém.

Essa linha de solidariedade remete-nos a Declaração dos Direitos do Homem e do Cidadão, de 03/11/1789, em cujo texto estou consagrado que *"Para a manutenção do poder público e para o custeio da administração é absolutamente necessária uma contribuição de todos: essa contribuição deve ser igualmente repartida entre todos os cidadãos do Estado na proporção do seu patrimônio."*

Ocorre que como todo sistema, necessário se faz impor parâmetros sobre os quais a solidariedade, não a espontânea, mas a imposta pelo sistema tributário, deve se pautar. E novas ideias, como a da capacidade contributiva sob o ponto de vista da coletividade[3] e da solidariedade intergeracional, abordada pelo Ministro do Supremo Tribunal Federal, Ricardo Lewandowski, no recurso extraordinário n.º 599.309[4], merecem ser aprofundadas para uma possível redefinição dos paradigmas até então vigentes.

E a discussão se mostra ainda mais atual e necessária quando analisamos todos os fenômenos pelos quais atravessou e vem atravessando a sociedade pós-moderna. O mundo se transformou - de comunidades fechadas - a uma grande civilização conectada, integrada e vigilante. As relações que se davam de forma física, passaram a se dar pelo *streaming*, mídias digitais e pelas milhões de câmaras espalhadas pelo planeta.

E antes já havia se tornado notório o fenômeno da globalização[5], em que a produção e venda de bens e serviços passou a romper as barreiras geográficas,

---

3 Klaus Tipke atribui aos sistemas pluralísticos a coexistência da capacidade contributiva com o principio do estado social, além de dispositivos de simplificação. Logo, existiriam: 1) normas com objetivo financeiro - meramente arrecadatórias, sem viés econômico, sendo este mera consequência; 2) normas com objetivo social - seriam normas motivadas por objetivos sociais, na forma de isenção ou adicionais de impostos, mais vinculadas com normas de redistribuição, em detrimentos das subvenções abertas; 3) Normas de simplificação - normas de simplificação do sistema. TIPKE, Klaus. "Fundamentos da Justiça Fiscal." Trad. Douglas Yamashita. In: TIPKE, Klaus e YAMASHITA, Douglas. *Justiça Fiscal e o Principio da Capacidade Contributiva.* São Paulo: Malheiros, 2002. Págs. 521 a 523.

4 STF. RE 599.309. Rel. Min. Ricardo Lewandowski. Tribunal Pleno.

5 Manuel Castells denomina de *"Uma revolução tecnológica concentrada nas tecnologias da informação começou a remodelar a base material da sociedade."*; e discorre acerca das alterações no cenário global, identificando duas novas características nas economias no mundo, quais sejam: i) interdependência global e; ii) nova forma de relação entre a economia, o Estado e a sociedade. Castells ainda faz reflexões importantes acerca do mercado globalizado em um sociedade em rede, quando aponta que *"Nas condições de integração financeira global, políticas monetárias nacionais autônimas tornaram-se literalmente inviáveis, uniformizando, portanto, os parâmetros econômicos básicos dos processos de reestruturação em todo o planeta".* Op. Citada. Pág. 56. A referida "integração financeira global" citada por Castells, e em paralelo com a recente adesão pelo Brasil ao IFRS (International Financial Reports Standarts), pela Lei n.º 11.638/2007, em um cenário de novas tecnologias, pode apontar para uma possível solução de

dando celeridade a uma grande simbiose cultural, movimentação de capital e redesenho, ainda pendente, das relações comerciais, trabalhistas, tributárias e da própria noção de soberania.

O avanço tecnológico imprimiu velocidade nunca antes vista na modificação dos *standards* de todas as naturezas. No mundo atual, há a existência de tecnologias que revolucionaram as formas de interação global, como a internet - rede mundial de computadores - despontando como a invenção de maior impacto global nas últimas décadas. Nesse movimento, surgiram aplicativos de comunicação como as redes sociais, além de funcionalidades por meio de softwares dos mais variados formatos e customizações, como se verifica nas operações envolvendo *cloud computing*[6].

Com vistas a tal transformação de integração e materialidade dos atos jurídicos, salta aos olhos a necessidade de aprofundamento do debate e reflexão acerca da pluralidade de matrizes legais.

Logo, quando indagamos acerca das bases tributáveis, do contribuinte e da capacidade contributiva e por quem se deve pagar, na já citada lógica de solidariedade social, uma pergunta – que soa mais como resposta – parece-nos um belíssimo pontapé inicial para solucionar todas as três indagações: será que ainda devemos enxergar as legislações tributarias mundiais como fenômenos regionais ou como instrumentos unos ou necessariamente harmônicos em todo globo terrestre, assumindo a feição de medida de aproximação da justiça fiscal e da solidariedade como conceito unificado?

2. A SOLIDARIEDADE TRIBUTÁRIA

A ideia de solidariedade nos remete, inicialmente, a acepção do conceito de igualdade, na medida em que cada individuo da sociedade deveria ter as mesmas obrigações e o mesmo tratamento em todas as relações com o estado, que os demais indivíduos.

Interessante a ideia no sentido de que a igualdade exerce nas constituições do século XX a função exercida pelas liberdades nas constituições do século XIX[7], na medida em que se tornaria verdadeira imposição ao legislador[8].

ordem tributária, partindo de uma parametrização única de incidência. CASTELLS, Manuel. A Sociedade em Rede – A era da informação: economia, sociedade e cultura. Volume 1. Pág. 39.

6 Nas palavras de Cezar Taurion, *cloud computing é*: *"um conjunto de recursos com capacidade de processamento, armazenamento, conectividade, plataformas, aplicações e serviços disponibilizados na internet, cujo resultado é que a nuvem pode ser vista como o estágio mais evoluído do conceito de virtualização, a virtualização do próprio data center."* *In***Cloud Computing: Computação em Nuvem: transformando o mundo da tecnologia**. Rio de Janeiro: Brasport, 2009, p.2.

7 PERAGÓN, José Manuel Galego. Los Principios Materiales de Justicia Tributaria. Granada: Comares, 2003.

8 Marciano Seabra de Godói trata dos eventos históricos, dos estados absolutistas, passando para a Revolução Francesa, em que fraternidade não guardava a mesma semântica que solidariedade, ate chegar no segundo quadrante do sec. XIX, em que o capitalismo indicou uma acumulação de riquezas nunca vista antes. Nesse momento, descreve o Autor, havia a Jurisprudência de conceitos na Alemanha e a Es-

Na mesma direção, o principio da igualdade funciona como instrumento de vedação ao tratamento diferenciado, benefícios ou privilégios, além de proteção às *"minorias desorganizadas diante das maiorias organizadas"*, sendo esta a grande divergência entre a previsão constitucional e a prática constitucional[9].

Nas lições de Luís Roberto Barroso:

> O Direito, a partir da segunda metade do século XX, já não cabia mais no positivismo jurídico. A aproximação quase absoluta entre Direito e norma e sua rígida separação da ética não correspondiam ao estágio do processo civilizatório e às ambições dos que patrocinavam a causa da humanidade. Por outro lado, o discurso científico impregnara o Direito. Seus operadores não desejavam o retorno puro e simples ao jusnaturalismo, aos fundamentos vagos, abstratos ou metafísicos de uma razão subjetiva. Nesse contexto, o pós-positivismo não surge com o ímpeto da desconstrução, mas como uma superação do conhecimento convencional. Ele inicia sua trajetória guardando deferência relativa ao ordenamento positivo, mas nele reintroduzindo as idéias de justiça e legitimidade.
>
> O constitucionalismo moderno promove, assim, uma volta aos valores, uma reaproximação entre ética e Direito. Para poderem beneficiar-se do amplo instrumental do Direito, migrando da filosofia para o mundo jurídico, esses valores compartilhados por toda a comunidade, em dado momento e lugar, materializam-se em princípios, que passam a estar abrigados na Constituição, explícita ou implicitamente. Alguns nela já se inscreviam de longa data, como a liberdade e a igualdade, sem embargo da evolução de seus significados. Outros, conquanto clássicos, sofreram releituras e revelaram novas sutilezas, como a separação dos Poderes e o Estado democrático de direito. Houve, ainda, princípios que se incorporaram mais recentemente ou, ao menos, passaram a ter uma nova dimensão, como o da dignidade da pessoa humana, da razoabilidade, da solidariedade e da reserva de justiça.[10]

E como bem observa Santiago Peragón[11], é possível se analisar três correntes acerca da igualdade tributária das quais se originaria a solidariedade tributária: a igualdade tributária a) como postulado em sentido formal e jurídico, de forma a atribuir sentido válido a todo o ordenamento e, logo, também ao tributário. b) seria um instrumento onipresente de justa distribuição do

---

cola da Exegese Francesa, em que uma valoriza mais a interpretação doutrinária e a outra com grande apego formalista, destacando a doutrina da corrente sociológica (Ilhering e Ehrlich), corrente essa que chega inserindo a sociedade no centro da ciência jurídica, afirmando teses do pluralismo jurídico e da efetividade social. O indivíduo é substituído pelo coletivo, pela visado grupo, especialmente vinculados a questões sociais e profissionais. *In* GODOI, Marciano Seabra de. "**Tributo e Solidariedade Social**." In: GRECO, MARCO Aurélio e GODOI, Marciano SEABRA de (Org.). *Solidariedade Social e Tributação*. São Paulo: Dialética, 2005.

9 TIPKE, Klaus. Principio da Igualdade e a Ideia de Sistema no Direito Tributário. *In:* BRANDÃO MACHADO (coord.) *Estudos em Homenagem ao Prof. Ruy Barbosa Nogueira*. São Paulo: Saraiva, 1984.

10 BARROSO, Luís Roberto. In: "Fundamentos Teóricos e Filosóficos do Novo Direito Constitucional Brasileiro (Pós- Modernidade, Teoria Crítica e Pós -Positivismo)", Revista da AJUFE, p. 51-52.

11 Op. Citad.

ônus tributário, podendo se admitir várias possibilidades, como a sua acepção da capacidade econômica e também uma superação e perfectibilização da generalidade e se concreta no principio da proporcionalidade; e, por fim, c) a igualdade como técnica, tendo como regra a capacidade contributiva.

Na pena de Ricardo Logo Torres, a solidariedade assume duas vestes jurídicas, como valor e como principio[12]. A solidariedade como valor decorre da reaproximação da ética e do direito, sendo desprovida de conteúdo material especifico, representando a superação do pensamento Kantiano vinculado às ideias de liberdade e legalidade, aproximando-se da liberdade, justiça e igualdade.

A solidariedade como principio, por sua vez, estaria "relacionada com os princípios da justiça tributária", máxime da capacidade contributiva e do custo/benefício. Importante observação do citado catedrático da Universidade do Estado do Rio de Janeiro no que tange à reaproximação ética do direito, que antes ignorava as razões politico-filosóficas[13], de sorte a esculpir a capacidade contributiva como um parâmetro positivo que impõe que os ricos recolham mais que os demais membros da sociedade, não se configurando como causa jurídica dos impostos, mas justificativa ético-juridica[14].

No entanto, a solidariedade tal como insculpida no sistema tributário brasileiro teria o condão de garantir que os direitos sociais inseridos como promessa constitucional na Constituição Federal de 1988 sejam efetivamente cumpridos, especialmente para os grupos representativos das minorias, mas que se revelam em uma triste maioria da sociedade brasileira.

Logo, o principio da solidariedade acabou por se acoplar exatamente à espécie tributária cuja função no ordenamento tributário é de financiamento da seguridade social, qual seja, as contribuições especiais. E nos referimos ao gênero contribuições de propósito, já que o Supremo Tribunal Federal vem alargando a eficácia da solidariedade para além das Contribuições de intervenção no Domínio Econômico e das previdenciárias.[15]

---

12 TORRES, Ricardo Lobo. *"Existe um Princípio Estruturante da Solidariedade?"* In: GRECO, Marco Aurélio e GODOI, Marciano SEABRA de. (Org.) *Solidariedade Social e Tributação.* São Paulo: Dialética, 2005.

13 Op. Citada.

14 Op. Citada.

15 Interessante se cotejar correntes. Como citado, para o Professor Ricardo Lobo Torres, a capacidade contributiva não seria causa, mas justificativa ético-jurídica dos impostos. Já a solidariedade do grupo justifica a cobrança das contribuições sociais e informa o principio do custo/beneficio, de forma a estar atrelada a parafiscalidade (Morselli). O sinalagma não se restringiria ao Estado e indivíduo, mas ao grupo ao qual pertence o indivíduo, em razão do trabalho e/ou profissão ou em razão de questões assistenciais (velhice, doença, gravidez, morte e etc). Operar-se-ia no próprio grupo, por força da igualdade e da proporcionalidade, de forma que patrões e empregados seguem subprincípios distintos (responsabilidade social do empregador), de sorte que a solidariedade do grupo é o principio da justiça que fundamenta a contribuição previdenciária sobre a folha, profissionais e econômicas, mas não às sociais. Contribuições sociais têm natureza causal ou finalística, de forma que a cobrança está desvinculada da atuação estatal, mas suas receitas sim às finalidades. Seria inconstitucional a contribuição desprovida de solidariedade e de reversão das receitas para beneficio do grupo, com exceção dos Impostos com destinação especial, que seriam aqueles incidentes sobre o faturamento, o lucro e a movimentação financeira. O direito ambiental seria, então, um bom exemplo, tal como a contribuição SAT.

Ricardo Lodi Ribeiro[16] bem explica a abrangência/eficácia dos princípios da capacidade contributiva e da Solidariedade Social:

> Assim, no Estado Social e Democrático de Direito, a Capacidade Contributiva incorpora os elementos da Justiça comutativa, caros ao Estado Liberal, a partir do princípio do Custo-Benefício, aplicável às taxas e às contribuições de melhoria, por meio da referibilidade individual. Por outro lado, e esse é o seu traço mais característico, mantém laços significativos com a Justiça distributiva do Estado Social, a partir da idéia de Solidariedade Social, fundamento dos impostos e dos empréstimos compulsórios,com base na personificação. Porém, funde os elementos da Justiça comutativa e da Justiça distributiva, por meio da Solidariedade de Grupo, baseada numa relação de custo-benefício coletivo, aplicável a todo o grupo e não ao indivíduo, característica encontrada nas contribuições parafiscais através da referibilidade de grupo.

Veja-se a ementa do Re-AgR 430.418[17], de relatoria do Professor e Ministro Luis Roberto Barroso, quando do julgamento da contribuição providenciária sobre o salário do aposentado que volta à atividade:

Também merece destaque, a linha destacada pelo Min. Luiz Fux em seu voto proferido no bojo do REsp n.º 977.058, de autoria de Simone Lemos Fernandes: "Consideramos que a infiltração do princípio da solidariedade no sistema tributário brasileiro, próprio do nono estágio de evolução dos fundamentos do poder de tributar (item 10 do capítulo 1), deu-se primordialmente, no momento da promulgação da Constituição de 1988, mediante a criação de subespécie contribuições especiais atípicas , com afetação constitucional de suas receitas para realização das necessárias intervenções na ordem social e econômica. A influência da solidariedade em nosso Sistema Constitucional Tributário foi observada, com sensibilidade, por Ataliba (1992, p. 179), para quem, efetivamente, basta considerar, no nosso Texto Constitucional, que inúmeras das possíveis contribuições irão ser aplicadas em benefício de pessoas destituídas de riqueza, de qualquer capacidade contributiva ou de toda possibilidade econômica. Essa circunstância está a indicar que a Constituição quer que, exata e precisamente, o legislador retire recursos de quem os tem para dar àqueles que não os têm. São inválidos, as viúvas, os aposentados, etc. (logo, não será nenhum dado econômico ligado a estas últimas pessoas que poderá servir de critério - base imponível - para tais contribuições). Wagner Balera sublinha que o 'empregador é um dos sujeitos históricos envolvidos, desde a criação do seguro social, nessa corrente de solidariedade que o direito torna compulsória'.

Identificamos, nessa subespécie de contribuições especiais, as contribuições sociais genéricas, as contribuições interventivas e as destinadas à Seguridade Social, à exceção das exigidas dos trabalhadores. Quando analisadas, tão-somente, por sua hipótese de incidência, aproxima-se, sem dúvida, dos impostos, deles no entanto se afastando pela presença do elemento finalístico no mandamento de sua norma instituidora. Misabel Derzi (1995, p. 227) já antevia, há muito, a natureza de imposto das contribuições sociais incidentes sobre o faturamento, o lucro e a folha de pagamentos, esclarecendo que a discriminação constitucional dos fatos econômicos aptos a autorizar a sua exigência impôs-se pela consciência de que se tratavam, em realidade, de imposto com destinação específica, denominados de contribuições." FERNANDES, Simone Lemos. "As Contribuições Neocorporativas na Constituição e nas Leis". Ed. Del Rey, Belo Horizonte, 2005, p. 189/205.

16 RIBEIRO, Ricardo Lodi. O Princípio da Capacidade Contributiva nos Impostos, nas Taxas e nas Contribuições Parafiscais. Acessado em https://www.google.com.br/url?sa=t&rct=j&q=&esrc=s&source=web&cd=2&ved=0ahUKEwjYhbT_pLbaAhVEFpAKHZEoCKUQFggvMAE&url=http%3A%2F%2Fwww.e-publicacoes.uerj.br%2Findex.php%2Frfduerj%2Farticle%2Fdownload%2F1371%2F1161&usg=AOvVaw1UNimZuvF57V0NPehqJpvB.

17 EMENTA: AGRAVO REGIMENTAL EM RECURSO EXTRAORDINÁRIO. CONTRIBUIÇÃO SOCIAL DO APOSENTADO QUE RETORNA À ATIVIDADE. POSSIBILIDADE. PRINCÍPIO DA SOLIDARIEDADE. PRECEDENTES. O Supremo Tribunal Federal consolidou o entendimento de que é constitucional a cobrança de contribuição previdenciária sobre o salário do aposentado que retorna à atividade. O princípio da so-

> O princípio da solidariedade faz com que a referibilidade das contribuições sociais alcance a maior amplitude possível, de modo que não há uma correlação necessária e indispensável entre o dever de contribuir e a possibilidade de auferir proveito das contribuições vertidas em favor da seguridade. Agravo regimental a que se nega provimento.

Também merece destaque o voto do Professor Luiz Fux, nos autos do REsp n.º 977.058[18], enquanto ainda exercia o *mister* de Ministro do Superior Tribunal de Justiça:

> A observância da evolução histórica legislativa das contribuições rurais denota que o Funrural (Prorural) fez as vezes da seguridade do homem do campo até o advento da Carta neo-liberal de 1988, por isso que, inaugurada a solidariedade genérica entre os mais diversos segmentos da atividade econômica e social, aquela exação restou extinta pela Lei 7.787/89.
>
> Diversamente, sob o pálio da interpretação histórica, restou hígida a contribuição para o Incra cujo desígnio em nada se equipara à contribuição securitária social.
>
> Sob essa ótica, à míngua de revogação expressa e inconciliável, a adoção da revogação tácita por incompatibilidade, porquanto distintas as razões que ditaram as exações sub judice, ressoa inequívoca a conclusão de que resta hígida a contribuição para o Incra.
>
> **Tal interpretação se coaduna não só com a literalidade e a história da exação, como também converge para a aplicação axiológica do Direito no caso concreto, viabilizando as promessas constitucionais pétreas e que distinguem o ideário da nossa nação, qual o de constituir uma sociedade justa e solidária, com erradicação das desigualdades regionais.**
>
> **A aplicação axiológica ou principiológica do Direito consubstancia, hodiernamente, a tônica na solução das questões judiciais.** (Grifos Nossos)
>
> E como noticiado pelo Supremo Tribunal Federal, o Ministro Ricardo Lewandowski, nos autos do RE 599.309, em que se discute a constitucionalidade da contribuição adicional de 2,5% sobre a folha de salários de instituições financeiras estabelecida antes da EC 20/98, inaugurou a ideia de solidariedade intergeracional: "*Ademais, as contribuições sociais têm como fundamento uma solidariedade intergeracional. Tal característica une as gerações presentes e futuras quanto à obrigação de arcar com os custos de manutenção da seguridade pública, de maneira a contemplar os beneficiários atuais e vindouros do sistema, sem contrapartida simétrica de todos os contribuintes em termos de benefícios.*[19]"

---

lidariedade faz com que a referibilidade das contribuições sociais alcance a maior amplitude possível, de modo que não há uma correlação necessária e indispensável entre o dever de contribuir e a possibilidade de auferir proveito das contribuições vertidas em favor da seguridade. Agravo regimental a que se nega provimento. (STF. Primeira Turma. RE-AgR 430418. Rel. Min. Luis Roberto Barroso. Julgamento de 18/03/2014).

18 STJ. Primeira Seção. Rel. Min. Luix Fux. RESP – RECURSO ESPECIAL – 977058. DJE 10.11.2008.

19 TÍTULO Instituições financeiras: Lei 7.787/1989 e contribuição adicional de 2,5% sobre a folha de salários.

Nota-se, portanto, que a solidariedade vem servindo como fundamento jurídico-impositivo, inclusive, a consubstanciar os deveres da sociedade para com as pessoas que a comporão no futuro. Rompem-se, nesse sentido, os limites hermenêuticos da solidariedade como dever de pagar por quem não dispõe, ou de pagar mais por ter mais, para a lógica de solidariedade de grupo geracional, ou seja, esta geração tem obrigações para consigo e para com as futuras gerações que advirão.

PROCESSO
RE 1ª Parte: 2ª Parte: 1ª Parte: 2ª Parte: DIREITO TRIBUTÁRIO – CONTRIBUIÇÃO – 599309
ARTIGO
O Plenário, ao apreciar o Tema 470 da repercussão geral, iniciou julgamento de recurso extraordinário em que se discute a constitucionalidade da contribuição adicional de 2,5% sobre a folha de salários de instituições financeiras estabelecida antes da EC 20/98. No caso, a contribuição adicional foi estabelecida pelo art. 3º, § 2º, da Lei 7.787/1989, em momento anterior à Emenda Constitucional 20/1998, que autorizou a adoção de alíquotas diferenciadas relativamente a contribuições sociais. O ministro Ricardo Lewandowski (relator) negou provimento ao recurso. Foi acompanhado pelos ministros Alexandre de Moraes, Edson Fachin, Roberto Barroso, Rosa Weber, Luiz Fux, Dias Toffoli, Gilmar Mendes e Celso de Mello. O **relator afirmou que, com a Constituição de 1988, o princípio da solidariedade assumiu papel de enorme relevo a justificar que os contribuintes sejam chamados a participar da manutenção do sistema, sem necessariamente a exigência de algum tipo de vínculo com os demais segurados, bem como façam jus a determinada retribuição ou qualquer espécie de benefício. Esclareceu que a seguridade social é financiada por toda a sociedade (CF, art. 195, "caput"). A participação dos distintos segmentos que a integram tem como parâmetro a capacidade contributiva de cada um deles, pois somente assim se afigura possível atingir a justiça social. Ademais, as contribuições sociais têm como fundamento uma solidariedade intergeracional. Tal característica une as gerações presentes e futuras quanto à obrigação de arcar com os custos de manutenção da seguridade pública, de maneira a contemplar os beneficiários atuais e vindouros do sistema, sem contrapartida simétrica de todos os contribuintes em termos de benefícios. O custeio da seguridade social baseia-se na diversidade de seu financiamento, assim como no princípio da equidade, sem que haja nisso qualquer ofensa ao princípio constitucional da isonomia. Por essa razão, antes mesmo da Emenda Constitucional 20/1998, que introduziu o § 9° no art. 195 do texto constitucional, já existia a possibilidade de o Estado exigir aportes diferenciados para a seguridade social, levando em consideração a maior ou menor capacidade de participação dos contribuintes na manutenção do sistema. Portanto, em momento anterior à promulgação da citada emenda, já se colocava em prática o conceito de diversidade da base de financiamento da seguridade pública, cujo fundamento é a ideia de equidade, com base no princípio da solidariedade.** A previsão de tributação diferenciada para segmentos econômicos determinados com destaque para as empresas que se utilizam de mão de obra intensiva, como no caso da Lei 7.789/1989, é compatível com a Constituição. O relator frisou que o princípio da capacidade contributiva, tal como previsto no art. 145, § 1°, aplica-se a todas as exações fiscais, e não exclusivamente aos impostos. Ressaltou ser possível concluir que a contribuição social previdenciária incidente sobre a folha de salários, na forma do § 2° do art. 3° da Lei 7.787/1989, atende ao disposto nos arts. 145, § 1°, e 194, parágrafo único, V, da Constituição. Afinal, leva em conta a capacidade econômico-financeira dos contribuintes a quem se dirige, concretizando o mandamento constitucional de equidade na forma de participação no custeio. Consignou que, quando uma emenda à Constituição se limita a explicitar algo, sem inovar no mundo jurídico, é descabida a discussão acerca da incidência de efeitos retroativos. Diante disso, também não cabe falar em "constitucionalização superveniente" do dispositivo legal atacado, já que ele não era inconstitucional antes da promulgação da Emenda Constitucional 20/1998. Observou que não cabe ao Judiciário, salvo em situações excepcionais, julgar se o legislador agiu acertada ou equivocadamente ao optar por determinada solução normativa. Por fim, concluiu que não padece de vício de inconstitucionalidade a norma que instituiu adicional à contribuição social devida por empregadores de certos segmentos produtivos ou financeiros, pois é compatível com os princípios da **solidariedade**, equidade e capacidade contributiva, que constituem os principais esteios da seguridade social. Em seguida, o ministro Marco Aurélio pediu vista dos autos. RE 599309/SP, rel. Min. Ricardo Lewandowski, julgamento em 24.5.2017. (RE-599309)

Rawls[20] abordou sob o prisma do principio justo de poupança com vistas à enfrentar o problema da justiça entre gerações, asseverando não ser possível indicar *"resposta definida para a questão de saber como o ônus da acumulação de capital e da elevação do padrão de civilização deve ser distribuído entre gerações."* No entanto, ressalvou que isso não implicaria em impossibilidade de *"formular algumas restrições éticas significativas."*A teoria da solidariedade intergeracional ou equidade intergeracional já vem há muito sendo invocada para a tutela do meio ambiente, em prol das futuras gerações. A lógica de preservação ambiental encontra guarida, inclusive, na Constituição Federal de 1988[21] e inclusive já foi objeto de análise pelo Supremo Tribunal Federal[22].

---

20 Segue a íntegra do trecho autoral: "Esses comentários a respeito de como especificar o mínimo social nos levaram ao problema da justiça entre gerações. Encontrar um principio justo de poupança é um aspecto dessa questão. Ora, acredito não ser possível, pelo menos no presente, definir limites precisos para a taxa de poupança. Não parece haver resposta definida para a questão de saber como o ônus da acumulação de capital e da elevação do padrão de civilização deve ser distribuído entre as gerações. Disso não decorre, entretanto, que não se possam formular algumas restrições éticas significativas. Como ja foi dito, uma teoria moral caracteriza um ponto de vista do qual as politicas devem ser avaliadas; e muitas vezes pode ficar claro que uma resposta sugerida é equivocada, mesmo que não exista uma doutrina alternativa disponível. Assim, parece evidente, por exemplo, que o principio clássico da utilidade aponta na direção errada no que respeita à justiça entre gerações. Pois se tomarmos o tamanho da população como variável, e postularmos uma alta produtividade marginal de capital e um horizonte temporal muito distante, a maximização da utilidade total pode conduzir a uma taxa excessiva de acumulação (pelo menos num futuro próximo). Como, de um ponto de vista moral, não ha motivos para que se deprecie o bem-estar futuro com base na preferencia temporal pura, a conclusão a que se chega, com toda probabilidade, será a de que as maiores vantagens das gerações futuras serão suficientemente grandes para superar em valor quase todos os sacrifícios presentes.Tal conclusão poderá ser verdadeira, mesmo que seja apenas porque, com mais capital e melhor tecnologia, será possível sustentar uma população suficientemente grande. Assim, a doutrina utilitarista pode nos levar a exigir grandes sacrifícios das gerações mais pobres em nome de maiores vantagens das gerações posteriores que estarão em situação muito melhor. RAWLS, John. Uma Teoria da Justica. Ed. Martins Fontes. São Paulo: 1997. Págs. 316/317.

21 Art. 225. Todos têm direito ao meio ambiente ecologicamente equilibrado, bem de uso comum do povo e essencial à sadia qualidade de vida, impondo-se ao Poder Público e à coletividade o dever de defendê-lo e preservá- lo para as presentes e futuras gerações.

22 **ADI 3540 MC. Rel. Min. Celso de Mello. Tribunal Pleno. DJ de 03.02.2006**: E M E N T A: MEIO AMBIENTE - DIREITO À PRESERVAÇÃO DE SUA INTEGRIDADE (CF, ART. 225) - PRERROGATIVA QUALIFICADA POR SEU CARÁTER DE METAINDIVIDUALIDADE - DIREITO DE TERCEIRA GERAÇÃO (OU DE NOVÍSSIMA DIMENSÃO) QUE CONSAGRA O POSTULADO DA SOLIDARIEDADE - NECESSIDADE DE IMPEDIR QUE A TRANSGRESSÃO A ESSE DIREITO FAÇA IRROMPER, NO SEIO DA COLETIVIDADE, CONFLITOS INTERGENERACIONAIS - ESPAÇOS TERRITORIAIS ESPECIALMENTE PROTEGIDOS (CF, ART. 225, § 1º, III) - ALTERAÇÃO E SUPRESSÃO DO REGIME JURÍDICO A ELES PERTINENTE - MEDIDAS SUJEITAS AO PRINCÍPIO CONSTITUCIONAL DA RESERVA DE LEI - SUPRESSÃO DE VEGETAÇÃO EM ÁREA DE PRESERVAÇÃO PERMANENTE - POSSIBILIDADE DE A ADMINISTRAÇÃO PÚBLICA, CUMPRIDAS AS EXIGÊNCIAS LEGAIS, AUTORIZAR, LICENCIAR OU PERMITIR OBRAS E/OU ATIVIDADES NOS ESPAÇOS TERRITORIAIS PROTEGIDOS, DESDE QUE RESPEITADA, QUANTO A ESTES, A INTEGRIDADE DOS ATRIBUTOS JUSTIFICADORES DO REGIME DE PROTEÇÃO ESPECIAL - RELAÇÕES ENTRE ECONOMIA (CF, ART. 3º, II, C/C O ART. 170, VI) E ECOLOGIA (CF, ART. 225) - COLISÃO DE DIREITOS FUNDAMENTAIS - CRITÉRIOS DE SUPERAÇÃO DESSE ESTADO DE TENSÃO ENTRE VALORES CONSTITUCIONAIS RELEVANTES - OS DIREITOS BÁSICOS DA PESSOA HUMANA E AS SUCESSIVAS GERAÇÕES (FASES OU DIMENSÕES) DE DIREITOS (RTJ 164/158, 160-161) - A QUESTÃO DA PRECEDÊNCIA DO DIREITO À PRESERVAÇÃO DO MEIO AMBIENTE: UMA LIMITAÇÃO CONSTITUCIONAL EXPLÍCITA À ATIVIDADE ECONÔMICA (CF, ART. 170, VI) - DECISÃO NÃO REFERENDADA - CONSEQÜENTE INDEFERIMENTO DO PEDIDO DE MEDIDA CAUTELAR. A PRESERVAÇÃO DA INTEGRIDADE DO MEIO AMBIENTE: EXPRESSÃO CONSTITUCIONAL DE UM DIREITO FUNDAMENTAL QUE ASSISTE À GENERALIDADE DAS PESSO-

Como elucidado por Marcela Vitoriano e Silva[23]:

> O pronunciamento do Tribunal Constitucional ocorreu em "ação cautelar inominada" com pedido liminar, ajuizada pelo Estado de Roraima em face da União Federal e do IBAMA, com o objetivo de suspender a realização de consulta pública com finalidade de criação de Reserva Extrativista, ao argumento de que esse Estado já possuía políticas públicas ambientais na área pretendida de criação da Unidade de Conservação – projetos de assentamento, reserva extrativista e programa de manejo florestal em benefício da população ribeirinha.
>
> Ao manifestar sobre o pedido liminar, a Suprema Corte, analisando a competência em matéria ambiental, invocou a importância da preservação da integridade do meio ambiente como obrigação político-jurídica indeclinável que se impõe a todas as esferas de poder e citou o pro- nunciamento acima, já proferido em um dos seus julgados.
>
> Dos princípios internacionais mencionados e aderidos pela nossa Constituição Federal, exsurge o Princípio da Equidade ou Solidariedade Intergeracional, com a clara noção do dever da coletividade e do Poder Pú- blico de defender e preservar o meio ambiente para as gerações futuras.

Interessante – e recente – trabalho que segue essa linha, com vistas à globalização e à economia digital, é da Professora Rita Calçada Pires, merecendo destaque:

> A partilha de tributação apresenta-se igualmente como uma questão de *dever-ser*, em nome da globalização e do seu impacto na base tributável. Porque vivemos numa era globalizada, onde a livre circulação do capital e do rendimento é uma realidade inegável, não se pode, pela própria natureza

---

AS. – Todos têm direito ao meio ambiente ecologicamente equilibrado. Trata-se de um típico direito de terceira geração (ou de novíssima dimensão), que assiste a todo o gênero humano (RTJ 158/205-206). Incumbe, ao Estado e à própria coletividade, a especial obrigação de defender e preservar, em benefício das presentes e futuras gerações, esse direito de titularidade coletiva e de caráter transindividual (RTJ 164/158-161). O adimplemento desse encargo, que é irrenunciável, representa a garantia de que não se instaurarão, no seio da coletividade, os graves conflitos intergeneracionais marcados pelo desrespeito ao dever de solidariedade, que a todos se impõe, na proteção desse bem essencial de uso comum das pessoas em geral. Doutrina. (...)

A QUESTÃO DO DESENVOLVIMENTO NACIONAL (CF, ART. 3º, II) E A NECESSIDADE DE PRESERVAÇÃO DA INTEGRIDADE DO MEIO AMBIENTE (CF, ART. 225): O PRINCÍPIO DO DESENVOLVIMENTO SUSTENTÁVEL COMO FATOR DE OBTENÇÃO DO JUSTO EQUILÍBRIO ENTRE AS EXIGÊNCIAS DA ECONOMIA E AS DA ECOLOGIA. – O princípio do desenvolvimento sustentável, além de impregnado de caráter eminentemente constitucional, encontra suporte legitimador em compromissos internacionais assumidos pelo Estado brasileiro e representa fator de obtenção do justo equilíbrio entre as exigências da economia e as da ecologia, subordinada, no entanto, a invocação desse postulado, quando ocorrente situação de conflito entre valores constitucionais relevantes, a uma condição inafastável, cuja observância não comprometa nem esvazie o conteúdo essencial de um dos mais significativos direitos fundamentais: o direito à preservação do meio ambiente, que traduz bem de uso comum da generalidade das pessoas, a ser resguardado em favor das presentes e futuras gerações. (...)

23 SILVA, Marcela Vitoriano e. O PRINCÍPIO DA SOLIDARIEDADE INTERGERACIONAL: um olhar do Direito para o futuro. Acessado em http://www.domhelder.edu.br/revista/index.php/veredas/article/view/179/188.

> das coisas, evitar reconhecer que a base tributável gerada numa economia globalizada é, a maior parte das vezes, uma base tributável nascida da contribuição de uma multiplicidade de jurisdições e dos seus vários níveis organizativos. A interdependência entre os vários factores e entre as economias revela a tendência para a partilha de funções económicas, dando espaço a uma base tributável globalizada, não pertencente a um único Estado isoladamente. Ao se verificar essa ideia de interação entre as várias economias jamais a ideia de exclusividade parece poder assumir uma posição de destaque. Antes, a ideia de partilha surge como a mais consentânea. Pode, assim, afirmar-se nascer do mundo globalizado de hoje uma base tributável globalizada que apela incessantemente, pela sua própria natureza, à partilha na tributação internacional.[24]

Temos então a solidariedade como princípio que conforma a superação do modelo Kantiano, reaproxima o direito da moral, serve como fundamental parâmetro de equidade conformada na primazia do dever fundamental de pagar tributo e na justa distribuição da carga tributária, sendo, portanto, nosso pontapé inicial como solução para um ambiente globalizado, conectado e com problemáticas que superam os limites geográficos, ja que as riquezas flutuam e se locomovem por meios eletrônicos. E vamos além: a solidariedade necessita de um vetor de conformação a que denominamos unidade normativa, conforme passamos a melhor elucidar.

3. SOB QUE BASES DEVEMOS TRIBUTAR? QUEM DEVE PAGAR MAIS? E, POR FIM, POR QUEM DEVEMOS PAGAR?

A realidade global de um mercado unificado pelos meios digitais e dos fatores de produção, mão de obra e capital se tornando cada vez mais desprovidos de materialidade e fluidez geográfica, urge, tal como vem ganhando força nas searas acadêmicas, de novos *standards* de balizamento dos sistemas tributários. E como abordamos no item anterior, todo e qualquer sistema para que seja provido de validade deve observar os parâmetros principiológicos capitaneados pela igualdade, capacidade contributiva e solidariedade.

No entanto, na medida em que as relações econômicas, como dito, são cada vez mais imperceptíveis materialmente, parece-nos absolutamente comprometidos os referidos princípios balizadores, mesmo porque, de um lado se defrontam diferentes soberanias buscando tributar uma mesma riqueza, e de outro a igualdade e seus corolários restam comprometidos, na medida em que interagem sujeitos, em uma mesma relação, porém submetidos à legislações distintas e, por muitas vezes, antagônicas.

Como já citamos em ensaio entitulado "Estabelecimento Permanente e as Novas Tecnologias: Um conceito em Mutação", em coautoria com Gustavo da Gama Vital de Oliveira:

24 PIRES, Rita Calçada. Manual de Direito Internacional Fiscal. Ed. Almedina. Coimbra, 2018. Pág. 115.

> A realidade suscitada na exploração dos modelos europeu, norte-americano e brasileiro, nos remete a duas afirmativas seguras: 1) temos conceitos baseados na materialidade, seja ela por meio de estabelecimento, seja ela por meio de pessoas; 2) as relações atualmente realizadas em um mercado global e interligado por bites, bytes, megas e gigas, dispensa a materialidade como requisito para a concretização de relações econômicas, de forma que o mundo vem fazendo negócios ao desamparo de legislações tributárias.

E prosseguimos:

> Não há dúvidas, portanto, que as balizas legais hoje vigentes não são suficientes para engendrar solução real, pois, em primeiro lugar, o direito tributário deve estar adstrito à legalidade. Em segundo lugar, especificamente para o Brasil, porque não é possível se reinterpretar atos cuja definição seja de direito privado,[25] de forma a não ser possível se alargar conceitos para atender o simples desejo de se tributar um fato jurídico-econômico não abarcado pela legislação tributária. Em terceiro lugar, por mais que se busque a tão almejada harmonização tributária, cada estado nacional é soberano e detém competência para legislar a sua maneira, com tendências para a defesa dos seus interesses financeiros. Por último, mesmo se tratando de entes soberanos, a relação tributária, seja em âmbito interno, seja em âmbito internacional, não pode deixar de observar, além do citado princípio da legalidade, a segurança jurídica e capacidade contributiva.
>
> Por outro lado, dizer que há uma mutação no conceito de estabelecimento permanente não nos parece a melhor solução, pois o conceito de estabelecimento comercial está consagrado na doutrina internacional, restando, apenas, o conceito de estabelecimento permanente, para fins tributários, oscilado de acordo com os interesses em voga, mas sem nunca ignorar seu conceito *mater*, ou seja, da presença física de coisas ou pessoas.
>
> (...)

---

25 adequado e compatível com o texto constitucional, pelo diploma normativo em questão. - Somente a alteração e a supressão do regime jurídico pertinente aos espaços territoriais especialmente protegidos qualificam-se, por efeito da cláusula inscrita no art. 225, § 1º, III, da Constituição, como matérias sujeitas ao princípio da reserva legal. - É lícito ao Poder Público - qualquer que seja a dimensão institucional em que se posicione na estrutura federativa (União, Estados-membros, Distrito Federal e Municípios) - autorizar, licenciar ou permitir a execução de obras e/ou a realização de serviços no âmbito dos espaços territoriais especialmente protegidos, desde que, além de observadas as restrições, limitações e exigências abstratamente estabelecidas em lei, não resulte comprometida a integridade dos atributos que justificaram, quanto a tais territórios, a instituição de regime jurídico de proteção especial (CF, art. 225, § 1º, III). "

PLANALTO. Lei nº 5.172/66 - Código Tributário Nacional - CTN : "Art. 109. Os princípios gerais de direito privado utilizam-se para pesquisa da definição, do conteúdo e do alcance de seus institutos, conceitos e formas, mas não para definição dos respectivos efeitos tributários.

PLANALTO. Lei nº 5.172/66 - Código Tributário Nacional - CTN "Art. 110. A lei tributária não pode alterar a definição, o conteúdo e o alcance de institutos, conceitos e formas de direito privado, utilizados, expressa ou implicitamente, pela Constituição Federal, pelas Constituições dos Estados, ou pelas Leis Orgânicas do Distrito Federal ou dos Municípios, para definir ou limitar competências tributárias."

> Parece-nos claro que o tema deve e irá ser objeto de grandes reflexões, mas a viabilidade prática de qualquer mudança dependerá da tão esperada harmonização tributária, que ao menos dê ao mundo comercialmente interligado a sensação de unidade tributária e viabilize a conformação dos sistemas ao já unificado mercado global online.
>
> Por tal razão, um sistema integrado como outrora tratado por KANT (1989) no século XVIII, representado por um "federalismo de estados livres", e como de fato ocorrido na Europa dois séculos depois, quando da assinatura do Tratado Maastricht, com a criação da União Europeia demonstra que a utilização das mesmas bases tributárias, em que pese não restar isenta de conflitos, serve como instrumento capital para a concretização de tão relevante alteração darealidade jurídico-tributária internacional.

Concluímos o supracitado ensaio invocando Kant, quando da sua previsão de um "*federalismo de estados livres*", bem como tendo a União Europeia como exemplo contemporâneo, no sentido de que a unificação das legislações tributárias seria um caminho concreto de solução das problemáticas ora em curso. E mantemos essa posição, porém incluindo um novo pilar, qual seja, o da solidariedade como vetor de igualdade frente às relações notadamente realizadas por, através ou de novas tecnologias.

Piketty tratou da análise econômico-política do Capital e do capitalismo no século XXI, indicando como caminho, no que tange à seara fiscal, "repensar o imposto progressivo sobre a renda" e instituir, o que parece incrivelmente utópico, como o próprio autor conceitua, um "imposto mundial sobre o capital"[26].

As realidades tratadas acima não nos parecem desassociadas, na medida em que ambas – a regulação do patrimonialismo globalizado do século XXI e a profusão de novas tecnologias relacionadas à rede mundial de computadores – tratam das consequências de um mundo globalizado, na esteira da queda de fronteiras físicas nas operações comerciais que marcam o caminho traçado pelo capital.

Por outro lado, a ideia de uma tributação em bloco, tal como ocorre na União Europeia, e, pretende-se, na América do Sul, aproxima-nos de uma tributação internacional do patrimônio, entendido como "*o capital individual, ou seja, sobre o valor líquido dos ativos controlados por cada pessoa*"[27], tal como

---

26 PIKETTY, Thomas. O Capital no século XXI; tradução Monica Baumgarten de Bolle. 1ª ed. Rio de Janeiro: Intrínseca, 2014. Pág. 501.

27 Piketty melhor explica seu conceito de tributação internacional sobre o capital: "*Para os indivíduos mais ricos do planeta, a base de tributação corresponderia, então, às fortunas individuais estimadas por revistas como a Forbes (supondo, é claro, que elas tenham reunido informações corretas – essa seria, aliás, uma boa oportunidade para averiguar). Para todo o resto, o patrimônio tributável também seria determinado pelo valor de mercado de todos os ativos financeiros (especialmente os depósitos e contas bancárias, ações, títulos e participações de todas as naturezas dentro de empresas cotadas em bolsas ou não) e não financeiros (sobretudo imobiliários) detidos pela pessoa em questão, líquido de dívidas. Em relação ao cálculo a ser aplicado para essa base de tributação, podemos, por exemplo, imaginar uma taxa igual a 0% para menos de 1 milhão de euros de patrimônio, 1% entre 1 e 5 milhões e 2% para além de 5 milhões. Contudo, também*

idealizada por Piketty. Para o Brasil, indiscutivelmente este caminho está muito mais longe, na medida em que deixou, há muito, de centrar sua tributação na renda, passando a exercê-la sobre o faturamento e sobre a circulação de mercadorias; e não por meio de impostos, mas sobretudo pelas contribuições especiais.

Em importante artigo, Roberto França de Vasconcelos[28] bem destaca os princípios que devem servir de base para a tributação do comércio eletrônico, sem prejuízo de outros. Vejamos:

> Especificamente em relação ao comercio eletrônico, destacam-se os seguintes princípios:
>
> a) Neutralidade – a tributação deve ser neutra e justa entre o comércio eletrônico e o convencional de tal forma que as decisões a respeito da constituição dos negócios devam ser motivadas por fatores outros que não o tributário;
>
> b) Eficiência – os custos de cumprimento para os contribuintes e os custos administrativos para as autoridades fiscais deverão ser minimizados tanto quanto possível;
>
> c) Certeza e simplicidade – as normas tributárias devem ser claras e de simples compreensão para que os contribuintes possam antecipar as consequências tributárias dos seus atos e negócios, incluindo quanto, onde e como o tributo incidirá;
>
> d) Eficiência e honestidade – a tributação deve ser adequada ao momento econômico, devendo a evasão ser minimizada; e
>
> e) Flexibilidade – as regras de tributação devem ser flexíveis e dinâmicas para assegurar que continuem a acompanhar os desenvolvimentos tecnológicos e comerciais.

Como nós expusemos anteriormente, o Autor comunga do pensamento no sentido de que o consenso global seria o melhor caminho: "*Um consenso internacional em torno da tributação do comércio eletrônico será particularmente difícil em virtude da competição natural entre as diferentes jurisdições como um reflexo da vocação internacional do comércio eletrônico. Entretanto, em que pesem as dificuldades, o consenso remanesce imprescindível (...).*"[29]

E tal assertiva é, mesmo que intuitivamente, a mais correta. Não nos debruçaremos nesse ensaio sobre o melhor elemento de conexão a nortear a alocação de competência tributária, mas sim na completa impossibilidade de

---

podemos preferir um imposto sobre o capital com uma progressão muito mais abrupta sobre as maiores fortunas (por exemplo, com uma taxa de 5% ou 10% para patrimônios acima de 1 bilhão de euros). Podemos ainda encontrar vantagens em se ter uma taxa mínima sobre os patrimônios modestos e médios (por exemplo, 0,1% para menos de 200.000 euros e 0,5% entre 200.000 e 1 milhão de euros). Op. Cit. Págs. 502/503.

28 VASCONCELOS, Roberto França de. Os Desafios da Tributação de Operações Internacionais na Economia Digital. In: SHOUERI, Luís Eduardo. E BIANCO, João Francisco. (org) Estudos de Direito Tributário: Em Homenagem ao Professor Gerd Willi Rothmann. Págs. 432/433.

29 Obra citada. Pág. 433.

garantir equidade e solidariedade em um ambiente plurinormativo e desarmônico, na medida em que os legisladores, enquanto desalinhados, terão por objetivo primordial garantir a arrecadação, e não a perspectiva da justa distribuição da carga tributária e a observância da solidariedade como corolário da equidade.

A Organização para a Cooperação e Desenvolvimento Econômico, no ano de 1998, indicou princípios que devem nortear os parâmetros que envolvam o comercio eletrônico[30]. Nessa oportunidade, em que se notabilizaram tais princípios como "Princípios de Ottawa", a OCDE destacou a neutralidade, entendida como a existência de uma tributação neutra e equânime sobre a economia digital, de forma que *"as decisões empresariais devem ser motivadas por considerações econômicas, e não por impostos. Contribuintes em situações semelhantes que realizam operações semelhantes devem estar sujeitos a níveis de tributação semelhantes."*

No plano BEPS não é diferente. No relatório da Ação 1 é destacada a equidade como parâmetro da politica fiscal, com base em três situações distintas: 1) Equidade entre contribuintes - equidade horizontal; 2) Equidade distributiva quanto às receitas - equidade vertical; e, por fim, 3) a equidade entre nações[31].

---

30 Destacou a OCDE os seguintes princípios: a (i) neutralidade; (ii) eficiência; (iii) certeza e simplicidade; (iv) efetividade; (v) flexibilidade. E, como bem explicitado por Matheus Carneiro Assunção:

"(...)

O princípio da neutralidade (neutrality) reclama um tratamento eqüitativo entre o comércio eletrônico e o convencional, de modo que contribuintes em situação similar, realizando transações similares, se sujeitem a níveis similares de tributação (para as empresas, isso se traduz em um level playing field adequado). O princípio da eficiência (efficiency), a seu turno, impõe que despesas tributárias e de arrecadação sejam minimizadas ao máximo. Já a certeza e simplicidade (certainty and simplicity) exigem regras tributárias claras e simples de serem entendidas, de forma a que o contribuinte possa prever as conseqüências tributárias de uma transação econômica a ser por ele realizada. Por fim, o princípio da efetividade (effectiveness) compele a tributação a produzir a quantidade certa de tributo no momento certo, minimizando o potencial de evasão fiscal, enquanto a flexibilidade (flexibility) requer dos sistemas tributários mobilidade e dinamismo para assegurar que eles caminhem pari passu com o desenvolvimento tecnológico e comercial.

Demais disso, defendeu-se em Ottawa a preservação dos princípios internacionais tributários existentes, ainda que sujeitos a certos ajustes, em virtude das circunstâncias específicas das transações comerciais levadas a cabo por meio da Internet (notadamente a ausência de presença física, desmaterialização dos bens comercializados e dos meios de pagamento), bem como se reafirmou a desnecessidade de criar figuras tributárias novas, que poderiam se revelar discriminatórias quanto a esses tipos de negócios. Por outro lado, a OCDE também reconheceu a necessidade de se continuar monitorando como as receitas de impostos diretos vêm sendo afetadas pelas mudanças nos modelos de negócios resultantes das novas tecnologias de comunicação." ASSUNÇÃO, Matheus Carneiro. PANORAMA INTERNACIONAL DA TRIBUTAÇÃO NO COMÉRCIO ELETRÔNICO. Acessado em *https://www.google.com.br/url?sa=t&rct=j&q=&esrc=s&source=web&cd=2&ved=0ahUKEwjXyPy-j7baAhVEhJAKHaC_BwoQFgguMAE&url=http%3A%2F%2Fwww.agu.gov.br%2Fpage%2Fdownload%2Findex%2Fid%2F2048797&usg=AOvVaw0LZjaQsHGm9g7Qsy_4ZwnQ*

31 Como bem resumido por Ricardo André Galendi Júnior e Guilherme Silva Galdino: *"Além desses princípios, o relatório destaca a importância da equidade para a concepção da politica fiscal. O relatório distingue equidade horizontal de equidade vertical. Enquanto a primeira exprime que contribuintes em circunstancias similares devem submeter-se a carga tributaria semelhante, a segunda diz respeito a considerações distributivas, cuja definição varia de um Estado para o outro. Ademais, outra perscpectiva de equidade a ser considerada seria a equidade entre nações, a qual se refere à justa alocação de receitas*

Já no relatório preliminar de 2018, entitulado "Desafios fiscais decorrentes da digitalização[32]", a OCDE enfatiza a necessidade de harmonização das legislações tributárias, por meio do consenso de 110 membros em manter um conjunto relevante e coerente de regras fiscais internacionais, visto que a proliferação de abordagens unilaterais provavelmente terá impactos adversos sobre o investimento e o crescimento, e corre o risco de aumentar a dupla tributação e a complexidade para os contribuintes e para as autoridades fiscais.

O Professor Ricardo Lobo Torres, homenageado desta pesquisa, já havia sinalizado pela equidade como baliza pétrea das relações internacionais. Vejamos:

> A equidade no direito internacional tributário, por seu turno, atende a duas considerações básicas, conforme se trate de equidade entre Estados ou entre indivíduos: aquela considera a divisão da riqueza mundial entre os Estados; esta procura determinar o limite individual justo.
>
> A equidade internacional se expressa principalmente no imposto de renda, afirmando-se através do princípio do país-de-fonte e do princípio de residência. O primeiro foi largamente empregado pelos países desenvolvidos. O da residência teve maior expressão nas nações exportadoras de capital. A tendência hoje é dosar e equilibrar os dois princípios, na busca de uma equidade tributária mais profunda.[33]

Ademais, em razão da complexidade da tributação da economia digital, e das diferentes visões dos membros da OCDE, também se chegou ao consenso quanto à revisão de dois aspectos-chave: do nexo e da alocação de lucros.[34]

Retornando as perguntas que inauguraram esse capitulo – Sob que bases devemos tributar? Quem deve pagar mais? E, por fim, por quem devemos pagar? – passemos as respostas ou melhor, a resposta.

---

tributarias provenientes de operações transnacionais entre o Estado da Fonte e o Estado da Residência (OCDE, 2015a, p.31)." JUNIOR, Ricardo André Galendi. GALDINO, Guilherme Silva. In "A Tributação Internacional na Era Pós-Beps: Soluções globais e peculiaridades de países em desenvolvimento./ Marcus Lívio Gomes, Luís Eduardo Schoueri (Organizadores). 1ª ed. Rio de Janeiro: Lumen Juris, 2016. Pág. 305.

32 Tax Challenges Arising from Digitalisation – Interim Report 2018. Acessado em https://read.oecd-ilibrary.org/taxation/tax-challenges-arising-from-digitalisation-interim-report_9789264293083-en#page214

33 TORRES, Ricardo Lobo. Tratado de Direito Constitucional Financeiro e Tributário. Volume II.

34 *"511. The more than 100 members of the inclusive Framework, representing a diverse range of economies at varying levels of development, recognise their common interest in maintaining a relevant and coherent set of international tax rules. The proliferation of unilateral approaches is likely to have adverse impacts on investment and growth, and risks increasing double taxation and complexity for taxpayers and tax authorities alike.*

512. However, the tax issues raised by digitalisation are technically complex, and this interim report identifies the different views among countries on whther and to what extent the features of highly digitalised business models and digitalisation more generally should result in changes to the international tax rules. Overall, there is support for undertaking a coherent and concurrent review of two key aspects of the existing tax framework, nexus and profit allocation rules that would consider the impacts of digitalisation." Pág. 214.

4. CONCLUSÃO

Para que haja igualdade, solidariedade e alocação de competência é preciso que concomitantemente exista: i) Uma ou mais sociedades organizadas; ii) Identifique-se quem são os detentores de maior riqueza e os desprovidos dela; iii) bases normativas que definam competência e preencham os aspectos da hipótese de incidência. A ausência de qualquer desses pontos levará a uma crise dos princípios balizadores e à plena insegurança dos contribuintes, na medida em que, por consequência, incerteza existirá quanto a quem pagar – levando à bitributação; quando e sobre o que pagar – havendo a falência dos instrumentos de concretização da igualdade, como a progressividade; e, por fim, a solidariedade, hoje imperativa, como fadada a ineficácia, na medida em que não se vislumbra exatamente a razão de existir de tal principio, qual seja, a identificação de quem não pode pagar.

Nessa linha, as relações no comércio eletrônico urgem sejam editadas normas cujos parâmetros normativos sejam os mesmos, mesmo que em Estados soberanos distintos, de modo que a harmonização de tais bases é o único meio de se atender à necessidade principiológica e, portanto, a validade dos sistemas tributários.

E o comércio eletrônico hoje une o mundo de ponta a ponta e sem necessariamente trazer recortes precisos de localização geográfica. Logo, o alinhamento normativo é o único meio de se garantir um sistema tributário – hoje global – válido, eficaz e justo.

Assim, concluímos o nosso ensaio utilizando como resposta a mesma pergunta com a qual o iniciamos: será que ainda devemos enxergar as legislações tributarias mundiais como fenômenos regionais ou como instrumentos unos ou necessariamente harmônicos em todo globo terrestre, assumindo a feição de medida de aproximação da justiça fiscal e da solidariedade como conceito unificado?

O Professor Ricardo Lobo Torres, como demonstrado neste trabalho, deu-nos a resposta em forma de valores e princípios.

CAPÍTULO III - DIREITO FINANCEIRO E ORÇAMENTO PÚBLICO

Normas de Direito Financeiro

Andrea Siqueira Martins[1]

Sumário: 1. Introdução. 2. Da norma jurídica. 2.1. Da produção do Direito. 2.2. Da hierarquia entre normas. 2.3. Norma de conduta e norma de produção normativa. 2.4. Norma Constitucional de Produção Normativa. 3. Normas de Direito Financeiro. 3.1. As normas de Direito Financeiro são normas de conduta ou de produção normativa? 3.2. Normas Constitucionais de Direito Financeiro. 3.3. O papel da lei complementar no Direito Financeiro. 3.4. O papel da lei ordinária no Direito Financeiro. 4. Considerações Finais

1. INTRODUÇÃO

O presente trabalho, longe de pretender pôr fim ao debate, traz considerações sobre a norma jurídica de Direito Financeiro. De início, procura caracterizar o conceito de norma jurídica – sem se ater a determinado ramo específico – e a sua importância para o fenômeno da produção do Direito, realçando suas especificidades em relação às demais normas existentes, *e.g.*, sociais e morais. De modo a se manter um sistema coeso e harmônico, considera-se a hierarquia entre as normas jurídicas, bem como as espécies destas últimas, a saber: normas de produção normativa e normas de conduta.

Em sua segunda parte, investigaa natureza das normas de Direito Financeiro propriamente ditas, ao esclarecer o seu objeto específico, que o diferencie dos demais ramos do Direito, incluindo as suas disposições como espécies de normas jurídicas. Passa-se, então, a estabelecer critérios para diferençar normas de Direito Financeiro que sejam de conduta das normas de produção normativa. Em breve exposição sobre as normas constitucionais de Direito Financeiro, faz-se sucinta análise dos normas que veiculam princípios, dando-se destaque ao princípio da legalidade orçamentária. E, por fim, perscruta-se o papel, tanto da lei complementar, como da lei ordinária no Direito Financeiro, em que é dada ênfase à existência de hierarquia entre as leis orçamentárias, ainda que venham a ingressar no ordenamento jurídico pelo mesmo instrumento introdutor de normas. Faz-se, ainda, uma correlação entre a natureza

---

1 Bacharel em Ciências Econômicas e Direito, ambas pela Universidade Federal Fluminense (UFF); pós-graduada em Direito Municipal; mestranda em Finanças Públicas, Tributação e Desenvolvimento pela Universidade do Estado do Rio de Janeiro (UERJ). Conselheira-Substituta no Tribunal de Contas do Estado do Rio de Janeiro (TCE-RJ).

jurídica do orçamento anual com os elementos das normas de conduta, dando-se destaque ao seu consequente, que variará conforme o entendimento quanto à natureza do orçamento.

Ressalta-se a importância do estudo das normas de Direito Financeiro para a correta compreensão do tema central desta coletânea – direitos fundamentais e Estado fiscal -, de modo que se possa evidenciar a problemática atual que aflige diversos países e entes subnacionais. De um lado, a necessidade de se concretizar as prescrições fundamentais previstas nas constituições; de outro, a obtenção dos recursos para que se promova a efetivação das demandas sociais.

Não podemos deixar de mencionar as valiosas contribuições do grande mestre RICARDO LOBO TORRES para a referida temática, que muito auxiliaram para o aprofundamento do debate no âmbito do Direito Financeiro, enfatizando-se, especialmente, as questões orçamentárias, que provocam tantas indagações aos operadores do Direito.

Já na nota prévia à 1ª edição de seu Tratado de Direito Constitucional Financeiro e Tributário, especificamente no volume V, que trata do orçamento na Constituição, o exímio docente nos ilustrava com as suas reflexões e inquietudes no que tange às consequências dos temas orçamentários em diversas áreas afins. No dizer de suas próprias palavras, "*advirta-se, porém, que a análise não se faz exclusivamente com base no texto positivo, senão que procura compreender a complexa questão do orçamento nas suas conexões com a política, a economia e a ética e no seu relacionamento com o direito orçamentário das nações cultas*".

2. DA NORMA JURÍDICA

A pesquisa quanto ao fenômeno da produção do Direito perpassa, necessariamente, pelo estabelecimento do conceito de norma jurídica. A doutrina, em geral, aponta a característica da coercibilidade como fator distintivo determinante da norma jurídica em relação às demais normas, *e.g.*, sociais e morais. Neste sentido, Norberto BOBBIO traz considerações, em seus estudos, sobre a natureza da norma jurídica:

> Com o objetivo de evitar os inconvenientes da sanção interna, isto é, sua escassa eficácia, e os da sanção externa não institucionalizada, sobretudo a falta de proporção entre violação e resposta, o grupo social institucionaliza a sanção, ou seja, além de regular os comportamentos dos cidadãos, regula também a reação aos comportamentos contrários. Esta sanção se distingue da moral por ser externa, isto é, por ser uma resposta de grupo, e da social por ser institucionalizada, isto é, por ser regulada, em geral, com as mesmas formas e através das mesmas fontes de produção das regras primárias. Ela nos oferece um critério para distinguir as normas que habitualmente se denominam jurídicas das normas morais e das normas sociais. Trata-se das normas cuja violação tem por consequência uma resposta externa e institucionalizada. Como se queria demonstrar, o tipo de sanção serve para

> introduzir uma nova distinção entre os vários tipos de normas, e é uma distinção que discrimina um tipo de norma tanto nos confrontos com as normas morais quanto com as sociais. A presença de uma sanção externa e institucionalizada é uma das características daqueles grupos que constituem, segundo uma acepção que foi se tornando cada vez mais comum, os ordenamentos jurídicos. Podemos, portanto, considerar este tipo de sanção como um novo critério para identificar as normas jurídicas. Diremos então, com base neste critério, que 'normas jurídicas' são aquelas cuja execução é garantida por uma sanção externa e institucionalizada.[2]

Quando o jurista italiano faz referência à "sanção externa e institucionalizada" como critério diferenciador das normas jurídicas, está, em verdade, se referindo aos que muitos chamam de "coercitividade", dado que as normas morais e sociais também podem ser dotadas de sanção. Internas, para as primeiras; e, externas, criadas pelo grupo social, para as segundas.

Em geral, constrói-se a norma jurídica a partir de um texto, que faz uso da linguagem prescritiva, de modo a regular as condutas humanas pela lógica do "dever-ser". Thiago Magalhães PIRES descreve, com acuidade, a razão da aplicação da norma jurídica:

> A aplicação de uma norma a um caso concreto pressupõe a ocorrência de determinado evento, previsto por ela, e implica a concretização de certos efeitos jurídicos, também indicados pela norma. Como se sabe, as normas jurídicas não operam segundo o princípio da causalidade, próprio das Ciências Naturais. A relação de causa e efeito se dá entre dois elementos do mundo do ser, de tal forma que, se A é, então B é (*e.g.*, se estamos no nível do mar, a água ferve a 100ºC). Nesse sentido, a causalidade é própria das proposições descritivas, que se sujeitam, dessa forma, a um juízo de verdade/falsidade. Esse raciocínio, porém, não se aplica ao âmbito do Direito, já que os efeitos jurídicos de um ato não são consequências necessárias da sua ocorrência factual. Como já apontava Kelsen, as proposições jurídicas seguem o princípio da imputação, segundo o qual, à vista de um evento determinado, algo deve ser feito. Como qualquer proposição prescritiva, as normas jurídicas não ligam um ser a outro ser, mas um ser a um dever-ser, de modo que, se A é, então B deve ser. Por essa razão, as proposições jurídicas não se sujeitam à verificação de sua verdade/falsidade, mas apenas aos debates quanto à sua validade/invalidade e à sua justiça/injustiça.[3]

Luís Cesar Souza de QUEIROZ[4], em sua percuciente análise sobre a norma jurídica como unidade fundamental do Direito, expõe alguns aspectos

---

2 BOBBIO, Norberto. *Teoria da Norma Jurídica*. Tradução Fernando Pavan Baptista e Ariani Bueno Sudatti. Apresentação Alaôr Caffé Alves. Bauru, SP: EDIPRO, 2ª ed. revista, 2003. Título original: Teoria della norma giuridica (G. Giappichelli Editore, Torino, 1993).

3 PIRES, Thiago Magalhães. *As Competências Legislativas na Constituição de 1988*. Belo Horizonte: Fórum, 2015, pp. 145-146.

4 QUEIROZ, Luís Cesar Souza de. *Sujeição Passiva Tributária*. 3ª edição. Rio de Janeiro: GZ Editora, 2017, pp. 20-21.

caracterizadores que envolvem a compreensão do seu conceito. Assim, a norma jurídica é construída a partir de um texto, vertido em linguagem prescritiva, sendo norteada pela lógica deôntica do dever-ser, de modo a regrar a conduta exterior e intersubjetiva, com a característica distintiva de poder ser imposta pela força (sob coação). Alerta o eminente autor que nem todas essas particularidades se fazem presentes nas chamadas "normas de produção normativa", as quais possuem coercitividade de forma reflexa – dado que orientam a elaboração de normas de conduta, estas, sim, dotadas de coercitividade direta -, e, realçando que os atributos da bilateralidade e da exterioridade são exclusivos das "normas de conduta".

A partir da compreensão das características ontológicas da norma jurídica, unidade fundamental do Direito, surge a necessidade de se averiguar o processo de formação deste último, dado que é composto pelo conjunto daquelas. No que tange à distinção entre normas de produção normativa e normas de conduta, haverá mais à frente um item específico a tratar sobre o tema.

2.1. Da produção do Direito

O ordenamento jurídico possui uma especificidade em relação aos demais sistemas. Destarte, além de regular a conduta humana, o Direito Positivo regula a sua própria existência, ou seja, as normas jurídicas não apenas determinam como deve ser a conduta humana (dever-ser), mas também definem como o Direito positivo é (ser). Nas palavras de Marçal JUSTEN FILHO:

> A peculiaridade (que torna o ordenamento jurídico um sistema único e inconfundível) é que a estrutura dele é fornecida e organizada através, também, de normas jurídicas – que, pelo simples fato de o serem, também estão compreendidas no repertório do sistema. Ou seja, é o próprio repertório que determina a estrutura do sistema jurídico. Enquanto em outros sistemas pode-se distinguir, com uma nitidez, repertório e estrutura, no Direito isso é muito difícil. O repertório do sistema jurídico é integrado por dois tipos diversos e inconfundíveis de elementos: as normas que regulam a conduta (elementos exclusivamente do repertório) e as normas que regulam a estrutura do próprio sistema. Vê-se então que a estrutura do sistema é regulada por normas que também integram o repertório do mesmo sistema, caracterizando-se o fenômeno da auto-referibilidade.[5]

No processo de formação do Direito, há duas espécies de normas que podem ser criadas: as normas de conduta – que tratam de relações intersubjetivas – e, normas de produção normativa, que trazem os requisitos, métodos e procedimentos para que outras normas passem a fazer parte, de forma válida, do ordenamento jurídico. Com relação a estas últimas, surge, a partir de KELSEN, o que se denominou como "estrutura escalonada do ordenamento jurídico". Nas palavras do eminente jusfilósofo:

---

5 JUSTEN FILHO, Marçal. *O Imposto sobre Serviços na Constituição.* São Paulo: Revista dos Tribunais, 1985, p.23.

> O Direito regula a sua própria criação, na medida em que uma norma jurídica determina o modo em que outra norma é criada e, também, até certo ponto, o conteúdo dessa norma. Como uma norma jurídica é válida por ser criada de um modo determinado por outra norma jurídica, este é o fundamento de validade daquela. A relação entre a norma que regula a criação de outra norma e essa outra norma pode ser apresentada como uma relação de supra-infra-ordenação, que é uma figura especial de linguagem. A norma que determina a criação de outra norma é a norma superior, e a norma criada segundo esta determinação é a inferior. A ordem jurídica, especialmente a ordem jurídica cuja personificação é o Estado, é, portanto, não um sistema de normas coordenadas entre si, que se achem, por assim dizer, lado a lado, no mesmo nível, mas uma hierarquia de diferentes níveis de normas.[6]

2.2. Da hierarquia entre normas

Parte-se da premissa, por conseguinte, que o ordenamento jurídico é composto de normas com diversos níveis hierárquicos, o que, ademais, permite que se possa considerar a classificação das normas jurídicas em superiores e inferiores. Há, desta forma, normas hierarquicamente superiores a outras normas, ditas inferiores. Surge, então, a seguinte questão: qual o critério para se definir uma norma como superior ou inferior?

Considerando o raciocínio de KELSEN acima, uma norma jurídica somente pode ser considerada validamente criada se atender ao modo determinado por outra norma. Assim, a norma que traz os requisitos de criação de outra norma é superior em face desta, ou, melhor dizendo, é o fundamento de validade da norma criada. Luís Cesar Souza de QUEIROZ esclarece a questão:

> Conforme o modelo de KELSEN, o último fundamento de validade repousa na norma fundamental, a qual é meramente pressuposta[7]. O vínculo entre uma norma superior e outra norma inferior é relativo. Para KELSEN, a Constituição é o fundamento de validade de uma lei, que por sua vez é o fundamento de validade de um decreto. Assim, na relação entre a Constituição e uma lei, aquela é a norma superior e esta é a norma inferior. Na relação entre uma lei e um decreto, aquela é a norma superior e este a inferior.
>
> Dessarte, **o critério definidor utilizado para classificar a norma em superior e em inferior é o de uma norma ser o fundamento de validade de outra ou o da posição relativa da norma na estrutura escalonada do ordenamento jurídico.**[8] (grifos do autor)

O autor pontua, ainda, que esse sistema jurídico, subdividido hierarquicamente entre normas de diversas estaturas, é o adotado em nosso ordenamento:

---

6 KELSEN, Hans. *Teoria Geral do Direito e do Estado*. São Paulo: Martins Fontes, 1998, p. 129.

7 A norma fundamental de Hans KELSEN se refere ao estudo do ponto de partida do ordenamento jurídico. Outros autores também retratam a mesma temática, *e.g.*, a última regra de reconhecimento de Herbert L. A. HART e a norma superior pressuposta de Alf ROSS. Não trataremos dessas teorias neste artigo, pois afasta-se da essência do proposto em sua introdução.

8 *Op. Cit.*, p. 52.

> Esse modelo que concebe o sistema jurídico como um conjunto de normas, as quais se apresentam em níveis hierárquicos diversos, em diferentes escalões, é adotado no Brasil. Examinando-se o texto constitucional, verifica-se a determinação de uma estrutura escalonada entre os veículos introdutores de normas (ex.: Constituição, Lei, Decreto, Portarias etc.). Do exame do enunciado do art. 102, inciso I, alínea "a", inciso III, alíneas "b" e "c", e § 2 º, da Constituição da República (CRFB), atesta-se que a relação entre a 'Constituição' e uma 'Lei' se apresenta como uma relação entre norma superior e inferior, respectivamente. Da análise do enunciado do art. 84, inciso IV, da Constituição da República (CRFB), conclui-se que a relação entre uma 'Lei' e um 'Decreto' é de norma superior com norma inferior, respectivamente.[9]

Há duas possibilidades para se considerar uma norma superior a outra: (i) em face do veículo introdutor da norma, que seja considerado, pelo ordenamento, hierarquicamente superior à norma introduzida por outro veículo – é o caso, *e.g.*, das normas introduzidas pela Constituição em face da Lei -; (ii) quando uma norma é o fundamento de validade de outra norma, por regular o modo de produção desta última. Aqui, pouca importância tem o veículo introdutor das normas, sendo possível que uma determinada norma seja considerada superior a outra – visto que determinou a forma de sua produção –, mesmo que ambas possuam o mesmo veículo introdutor, *e.g.*, as normas são introduzidas no ordenamento através de uma lei ordinária.

A partir da classificação que considera as normas superiores ou inferiores, extrai-se outra classificação, que com a primeira não se confunde, mas está intimamente relacionada, dado que ambas se referem ao processo de produção do Direito. Estamos a tratar da diferenciação entre normas de conduta e normas de produção normativa, que será melhor analisada no tópico seguinte.

2.3. Norma de conduta e norma de produção normativa

Inicialmente, deve-se assentar que não há convergência, na doutrina, quanto à nomenclatura a ser utilizada na precitada classificação normativa. Assim, as normas de conduta, que regulam diretamente a conduta humana, também são chamadas de **normas primárias, normas materiais ou normas de comportamento**.[10] Da mesma forma, as normas de produção normativa,

---

9 *Op. Cit.*, p. 52.

10 Fernando Borges MÂNICA descreve essa situação em seu artigo *"Normas de Estrutura e Normas de Conduta"*, disponível em http://fernandomanica.com.br/site/wp-content/uploads/2015/10/normas_de_estrutura_e_de_comportamento.pdf, da seguinte forma: *"Utilizam a denominação 'normas primárias': HART, Herbert. L. A. O Conceito de Direito. Lisboa: Fundação Calouste Gulbenkian, 1986. p. 91; normas de conduta: BARROSO, Luís Roberto. Interpretação e Aplicação da Constituição: Fundamentos de uma Dogmática Transformadora. 5. ed. São Paulo: Saraiva, 2003. p. 109. CARVALHO, Paulo de Barros. Curso de Direito Tributário. 13. ed. São Paulo: Saraiva, 2000. p. 136, JUSTEN FILHO, Marçal. O Imposto sobre Serviços na Constituição. São Paulo: Revista dos Tribunais, 1985. p. 22; normas materiais: CANOTILHO, J. J. Gomes. Direito Constitucional e a Teoria da Constituição. Coimbra: Almedina, 2002. p. 181; e normas de comportamento: BOBBIO, Norberto. Teoria do Ordenamento Jurídico. 9. ed. Brasília: Universidade de*

que organizam a estrutura do sistema jurídico, são denominadas **normas secundárias, normas de estrutura ou normas de organização.**[11]

Alerta-se que, neste trabalho, adotar-se-á as nomenclaturas normas de conduta e normas de produção normativa, além do critério da espécie de conteúdo do antecedente e do consequente normativos para distingui-las. Pela clareza da explanação, trazemos, mais uma vez, os ensinamentos de Luís Cesar de Souza QUEIROZ:

> (...) classifica-se a norma jurídica em:
>
> a) de produção normativa = é aquela cujo antecedente descreve uma específica situação de fato (de ocorrência possível), que se caracteriza por apresentar os requisitos necessários para que outra norma passe a pertencer (a ter validade – criação ou modificação) ou deixe de pertencer (revogação) ao sistema jurídico, e cujo consequente apresenta uma estrutura relacional, composta por variáveis, que simboliza a norma jurídica a ser criada, modificada ou revogada;
>
> b) de conduta = é aquela cujo antecedente descreve uma situação de fato qualquer (fato-evento ou fato-conduta), de possível ocorrência, e cujo consequente apresenta a regulação de uma conduta intersubjetiva, por meio de uma permissão (P), uma obrigação (O) ou uma proibição (V)".[12]

Observa-se, por conseguinte, que, ocorrendo, no mundo real, o fato descrito no antecedente da norma de conduta, obtém-se, como efeito, o nascimento, a modificação ou a extinção de uma dada relação jurídica. Já com relação à norma de produção normativa, ocorrendo o fato complexo descrito no antecedente, tem-se como efeito, no consequente, o nascimento, a modificação ou a extinção de uma norma jurídica.

Em face de esta última estar intrinsicamente ligada ao fenômeno da produção do Direito, especificar-se-á, de forma mais detalhada, a sua estruturação. De início, não se pode apartar o movimento dialético entre o fato e a norma, em que esta incide sobre aquele, tornando-o juridicizado. O fato, agora jurídico, produzirá a norma. Nas palavras de QUEIROZ, *"esse movimento dialético*

Brasília, 1997. p. 45 e BORGES, José Souto Maior. Teoria Geral da Isenção Tributária. 3. ed. São Paulo: Malheiros, 2001. p. 376."

11 *Idem, ibidem. "Adotam a expressão normas secundárias: HART, Herbert. L. A. O Conceito de Direito. Lisboa: Fundação Calouste Gulbenkian, 1986. p. 91; normas de estrutura: BOBBIO, Norberto. Teoria do Ordenamento Jurídico. 9. ed. Brasília: Universidade de Brasília, 1997. p. 45, CARVALHO, Paulo de Barros. Curso de Direito Tributário. 13. ed. São Paulo: Saraiva, 2000. p. 136, JUSTEN FILHO, Marçal. O Imposto sobre Serviços na Constituição. São Paulo: Revista dos Tribunais, 1985. p. 22; e normas de organização: BARROSO, Luís Roberto. Interpretação e Aplicação da Constituição: Fundamentos de uma Dogmática Transformadora. 5. ED. São Paulo: Saraiva, 2003. p. 109, CANOTILHO, J. J. Gomes. Direito* Constitucional e a Teoria da Constituição. Coimbra: Almedina, 2002. p. 181, CARVALHO, Paulo de Barros. Curso de Direito Tributário. 13. ed. São Paulo: Saraiva, 2000. p. 137, COÊLHO, Sacha Calmon Navarro. Teoria Geral do Tributo e da Exoneração Tributária. 2. ed. Belo Horizonte: Del Rey, 1999. p. 77 e Curso de Direito Tributário Brasileiro. 6. ed. Rio de Janeiro: Forense, 2003. p. 21-23 e REALE, Miguel. Lições Preliminares de Direito. 20. ed. São Paulo: Saraiva, 1993. p. 97. et seq.".

12 Op. Cit., p. 53.

norma-fato apresenta, como ponto limite inicial da cadeia da causalidade jurídica, a norma-origem ou fundamental e, como ponto limite final, os últimos atos de execução material".[13]

Parte-se da premissa, por conseguinte, que o conjunto de normas veiculadas pela Constituição se trata da norma-origem do direito positivo brasileiro, a qual representa a máxima hierarquia do sistema e, assim, é o fundamento de validade de todas as demais normas.

2.4. Norma Constitucional de Produção Normativa

As normas veiculadas pela Constituição, tanto podem ser normas de conduta, como normas de produção normativa. Dar-se-á, neste tópico, prevalência às últimas, por estarem relacionadas à produção do Direito.

Conforme já visto anteriormente, a norma de produção normativa apresenta, em seu antecedente, a descrição de requisitos - fato complexo - para que uma norma jurídica seja criada, modificada ou extinta; e, no seu consequente, uma estrutura que equivale à criação, modificação ou extinção de uma norma jurídica. Ao especificar o fato complexo integrante do antecedente da norma jurídica de produção normativa, QUEIROZ esclarece:

> Esse *fato complexo* é composto pelos seguintes elementos:
>
> a) um ou mais sujeitos de direito habilitados a manifestarem a vontade, ou melhor, efetuarem uma declaração (para evitar a discussão em torno do elemento vontade) em sentido prescritivo (*sujeito de direito*);
>
> b) uma declaração de cunho prescritivo (*declaração prescritiva*) que pode assumir duas formas distintas:
>
> b.1 - *se a norma a ser produzida for uma norma de conduta* - a declaração prescritiva se apresentará como uma proposição prescritiva-condicional de conduta intersubjetiva; ou
>
> b.2 - *se a norma a ser produzida for uma norma de produção normativa* - a declaração conterá uma *proposição implicante* (cujo conteúdo corresponde à descrição de um fato complexo, representativo dos requisitos necessários para a criação, modificação ou extinção de outra norma jurídica) vinculada a uma *proposição implicada* (cujo conteúdo corresponde à estrutura completa - antecedente e consequente - da norma jurídica a ser criada, modificada ou extinta);
>
> c) um *procedimento* (conjunto de fatos e atos) necessários ao surgimento, desenvolvimento, aperfeiçoamento (aprovação) e publicação (em forma de texto) da declaração de cunho prescritivo".[14](grifos do autor)

Verifica-se, da leitura acima, que há aspectos formais - sujeito competente e procedimento - e materiais - declaração prescritiva - no antecedente da

---

13 Op. Cit., p. 73.

14 *Op. Cit.*, p. 99.

norma constitucional de produção normativa, os quais devem ser observados para que uma norma jurídica seja validamente incluída, alterada ou extinta do ordenamento jurídico.

Vale ressaltar que as normas constitucionais pátrias regulam diretamente o processo legislativo, conforme se depreende dos artigos 59 e seguintes da Lei Maior, os quais estabelecem os diversos instrumentos introdutores de normas, com os seus respectivos elementos.

A partir da cadeia da causalidade jurídica, ou seja, do movimento dialético entre norma e fato, o Direito é produzido. Inicialmente, considera-se a norma origem do ordenamento, que trará os aspectos formais e materiais a serem observados para a formação de outras normas. Ocorrendo o fato complexo previsto no antecedente da norma constitucional de produção normativa, este se torna jurídico e apto a produzir outra norma, que pode ser de conduta ou de produção normativa. A validade da norma será aferida quanto ao atendimento dos aspectos formais e materiais, previstos na Constituição. Daí a doutrina constitucionalista se referir à inconstitucionalidade formal e à material, conforme exemplo trazido por Thiago Magalhães PIRES, ao retratar as normas de competência:

> É justamente aí que se inserem as normas de competências legislativas: elas não predefinem quaisquer questões substantivas; em vez disso, atribuem poder para que certos órgãos ou entidades decidam a respeito delas. Colocam-se, assim, entre as *normas constitucionais de procedimento*, definindo os canais a serem percorridos pelas deliberações políticas para que transcendam a esfera dos interesses e vontades e entrem no mundo jurídico como comandos válidos e imperativos. Não à toa, a incompetência legislativa é causa de inconstitucionalidade formal, à semelhança do que ocorre com o descumprimento das regras do processo legislativo.
>
> Isso significa que o enquadramento ou não em uma norma de competência *não* se confunde com a compatibilidade material entre a lei e a Constituição. No Brasil, uma lei estadual que criminalize determinada conduta sob pena de morte é inconstitucional por dois fundamentos diversos, um de ordem *material* – a proibição à pena de morte, ressalvado o caso de guerra declarada (CRFB, art. 5º, XLVII, *a*) – e outro de ordem *formal* – a competência privativa federal para legislar sobre direito penal (CRFB, art. 22, I). De fato, em ambos os casos será necessário investigar o conteúdo da lei cuja validade se discute; a diferença estará na norma constitucional violada: se ela dispuser sobre a competência para editar a lei ou sobre o procedimento a ser adotado para sua criação (maiorias qualificadas, sanção etc.), tratar-se-á de inconstitucionalidade formal; mas se a norma violada for substantiva, determinando diretamente condutas, valores ou fins a serem observados ou buscados, ter-se-á uma inconstitucionalidade material. Situando-se no primeiro caso, a incompetência federativa é razão para sustentar-se a inconstitucionalidade *formal* de um ato normativo".[15] (grifos do autor)

---

15 *Op. Cit.*, pp. 140-141.

Após a análise do fenômeno da produção do Direito, partindo do estudo da norma jurídica até chegarmos à natureza da norma constitucional de produção normativa, passaremos à investigação sobre as normas de Direito Financeiro propriamente ditas, o que será aprofundado nos tópicos seguintes.

3. NORMAS DE DIREITO FINANCEIRO

Sabe-se que o sistema jurídico é uno, mas, para fins didáticos, é mister que se faça referência aos vários ramos do Direito. O ramo objeto deste estudo é o Direito Financeiro. Assim, torna-se imprescindível diferençá-lo das demais unidades do Direito, através da investigação do seu conceito. No que tange ao seu núcleo, Regis Fernandes de OLIVEIRA parte de uma postura negativista do conceito de normas de Direito Financeiro para, posteriormente, defini-lo:

> Nele não se compreende o que se rotula de *direito bancário*, afeto ao câmbio, seu controle, as instituições oficiais de crédito da União e o órgão encarregado de tal atribuição que é o Banco Central. Ainda que se possa dizer que de finanças se cuida, didaticamente, tal matéria não entra no âmbito do conceito, uma vez que se trata de finanças que digam respeito à estrutura e disponibilidade de recursos do Estado e não à emissão e ao controle da moeda, câmbio e bancos. Tal estudo mais se aproximaria do direito econômico. Entretanto, não há repulsa em enquadrar o denominado direito bancário, monetário e cambial no âmbito do direito financeiro.
>
> Do âmbito do *direito financeiro* também escapa, didaticamente, o denominado *direito tributário*, isto é, o ramo do direito que regula os mecanismos jurídicos necessários para a transferência compulsória de recursos para os cofres públicos, sem que os mesmos sejam decorrentes de atividade ou de ato considerados ilícitos.
>
> (...)
>
> São, pois, matérias diferentes e exigem tratamento normativo diferente.
>
> Em sendo assim, pode-se fazer a exclusão do que não está afeto ao direito financeiro: a) os tributos; b) o câmbio; c) a moeda; d) o sistema bancário.
>
> O que está incluído no direito financeiro: a) as receitas não tributárias; b) as despesas; c) o orçamento; d) o controle orçamentário que engloba os Tribunais de Contas; e) a dívida pública; e f) a responsabilidade fiscal.
>
> (...)
>
> Podemos definir o direito financeiro como o conjunto de princípios e regras que dispõe sobre a arrecadação de receitas não tributárias, coloca-as no orçamento, estabelece as despesas, realiza-as, controla-as por seus órgãos e instrumentos de controle, administra receitas e despesas, distribui-as entre os diversos entes federativos, exige responsabilidade na aplicação dos recursos e impõe sanções às infrações cometidas.[16] (grifos do autor)

---

16 OLIVEIRA, Regis Fernandes de. *Curso de Direito Financeiro.* 7ª edição. São Paulo: Revista dos Tribunais, 2015, pp. 201-202.

Não há, no entanto, consenso doutrinário quanto ao conceito de Direito Financeiro, sendo que alguns autores não bipartem o Direito Tributário em ramo autônomo, mas sim, englobado pelo Direito Financeiro. Neste sentido, parece ser o magistério de Marcus ABRAHAM:

> O Direito Financeiro é o ramo do Direito Público destinado a disciplinar a atividade financeira do Estado, ou seja, é o conjunto de normas que regula o relacionamento do Estado com o cidadão para arrecadar, gerir e aplicar os recursos financeiros, de acordo com o interesse público.
>
> (...)
>
> Importante ressaltar que o Direito Tributário é considerado um ramo autônomo do Direito Financeiro, responsável por disciplinar todos os aspectos relativos à receita pública originária dos tributos, que é, apenas, uma das inúmeras fontes de financiamento do Estado regulada pelo Direito Financeiro, já que, como veremos adiante, existem outras fontes de receitas públicas, tais como aquelas originárias do próprio patrimônio estatal, da exploração de petróleo e de energia elétrica, do recebimento de heranças e legados e do pagamento de multas.
>
> Assim, **além de o Direito Financeiro englobar o Direito Tributário**, trata também do Direito Patrimonial Público, que disciplina a utilização dos bens do Estado como fonte de receitas; do Direito do Crédito Público, que regula a emissão dos títulos públicos e a captação de empréstimos no mercado de capitais; do Direito da Dívida Pública, que disciplina o empenho até o pagamento das obrigações do Estado; do Direito Orçamentário, que traz as regras para a elaboração dos orçamentos; e, finalmente, do Direito das Prestações Financeiras, que regula as transferências de recursos do Tesouro Nacional, como as subvenções a governos e a particulares, as participações no produto da arrecadação e os incentivos fiscais".[17] (grifo nosso)

Apesar das diferentes conceituações, há aparente unicidade quanto à amplitude do objeto do Direito Financeiro, que compreende, em linhas gerais, a receita, a despesa e o crédito públicos, a contabilidade pública, o orçamento e a responsabilidade fiscal.

3.1. As normas de Direito Financeiro são normas de conduta ou de produção normativa?

Conforme já exposto, há dois tipos de normas jurídicas: as de conduta e as de produção normativa. As normas de Direito Financeiro são espécies de normas jurídicas, podendo, por conseguinte, constituir normas de conduta ou normas de produção normativa. Também já vimos que toda norma jurídica é composta de um antecedente e um consequente, que, a depender da espécie normativa, se constituem de elementos próprios. As normas de Direito Financeiro não fogem à regra, possuindo antecedentes e consequentes diversos, a

---

17 ABRAHAM, Marcus. *Curso de Direito Financeiro Brasileiro*. 3ª edição. Rio de Janeiro: Forense, 2015, p. 27.

depender de sua natureza, se norma de conduta ou norma de produção normativa. Não há, por conseguinte, qualquer peculiaridade que diferencie a norma de Direito Financeiro das demais normas jurídicas de um dado ordenamento.

Dito isto, devemos considerar que há normas de Direito Financeiro previstas na Constituição e na legislação infraconstitucional. A partir do capítulo II, do título VI, a Constituição traz dispositivos que veiculam normas relativas às finanças públicas, consubstanciadas tanto em normas de produção normativa, como em normas de conduta, as quais serão melhor analisadas no tópico seguinte. No que tange à legislação infraconstitucional, também traremos ponderações mais à frente, relativas ao papel das leis complementares e das leis ordinárias no âmbito do Direito Financeiro.

3.2. Normas Constitucionais de Direito Financeiro

Na qualidade de norma jurídica, os dispositivos constitucionais referentes ao Direito Financeiro podem se constituir em normas de produção normativa ou normas de conduta. Deve-se destacar, ademais, que muitas das normas constitucionais de Direito Financeiro consubstanciam princípios, os quais serão analisados neste item.

Não há consenso entre os juristas sobre a natureza dos princípios. Cláudio Pereira de SOUZA NETO e Daniel SARMENTO, ao fazerem referência a Paulo BONAVIDES, dispõem sobre a evolução dos princípios no ordenamento jurídico:

> Paulo Bonavides reconstrói a trajetória histórica dos princípios aludindo a três fases de normatividade. Na primeira, correspondente ao predomínio do jusnaturalismo, os princípios eram encarecidos no plano moral, concebidos como postulados de justiça, mas não se lhes reconhecia natureza propriamente normativa. Na segunda fase, de domínio do positivismo jurídico, os princípios não eram concebidos como normas, mas sim como meios de integração do Direito. Naquele período, os princípios eram considerados como imanentes ao ordenamento, e não transcendentes a ele, e a sua construção dava-se por meio de um processo de abstração que extraía do próprio sistema jurídico as suas principais orientações. Já a fase atual, equivalente ao pós-positivismo, teria como característica central a valorização dos princípios, não só na dimensão ético-moral, como também no plano propriamente jurídico. Neste período, nas palavras de Bonavides, acentuar-se-ia a "hegemonia axiológica dos princípios, convertidos em pedestal normativo sobre o qual assenta todo o edifício jurídico dos novos sistemas constitucionais".[18]

Considerando a premissa metodológica utilizada neste estudo, partiremos do axioma de que as normas veiculadas pela Constituição se traduzem na norma-origem do Direito Positivo e que cada norma constitucional – de conduta ou de produção normativa – apresenta a estrutura lógica com antecedente e consequente.

---

18 SOUZA NETO, Cláudio Pereira de; SARMENTO, Daniel. *Direito Constitucional Teoria, história e métodos de trabalho.* 2ª edição. Belo Horizonte: Fórum, 2014, p. 379.

QUEIROZ elabora minuciosa análise, ao dispor sobre a definição de princípio constitucional, e orienta que o princípio pode ser um aspecto que envolve qualquer dos três elementos - sujeito, declaração prescritiva e procedimento - da norma constitucional de produção normativa. Já com relação à norma de conduta, a referência a princípio pode designar a totalidade dos aspectos do conteúdo do antecedente e do consequente da norma constitucional.[19]

Passaremos, a seguir, à análise da matéria relativa a princípios orçamentários. Há diversos princípios orçamentários previstos nas normas constitucionais, mas daremos destaque ao princípio da legalidade orçamentária, que se encontra presente não somente na elaboração das leis orçamentárias, mas também na execução do orçamento. Sobre ele, J. R. Caldas FURTADO faz algumas ponderações:

> Base da ordem jurídico-orçamentária, o princípio da legalidade informa que os planos, as diretrizes orçamentárias e os orçamentos, bem como as alterações orçamentárias, quer sejam pela via dos créditos adicionais (suplementares, especiais e extraordinários), quer sejam por intermédio de estornos de verbas (transposições, remanejamentos ou transferências), devem ser aprovadas por lei formal.
>
> Tal princípio está expressamente consignado no artigo 165, *caput*, da Lei Maior, segundo o qual as leis de iniciativa do Poder Executivo estabelecerão o plano plurianual, as diretrizes orçamentárias e os orçamentos anuais. O § 3º do artigo 167 do Texto Constitucional dispõe - e não poderia ser diferente - que a abertura de créditos orçamentários para atender a despesas imprevisíveis e urgentes, como as decorrentes de guerra, comoção interna ou calamidade pública - os denominados créditos adicionais e extraordinários -, pode ocorrer por meio de medidas provisórias. Justifica-se essa exceção pela urgência e relevância elementares dessas despesas".[20]

Eduardo Bastos Furtado de MENDONÇA reforça a ideia da necessidade de lei formal, no que tange à matéria orçamentária:

> A estimativa da receita e, sobretudo, a fixação da despesa são objeto de nítida reserva legal formal. Isso é o que decorre do art. 165, *caput*, da Constituição, que exige a edição de lei e estabelece que a iniciativa será privativa do Presidente da República. Embora não fosse necessário dizer que a modificação de uma lei só pode decorrer de outra lei, a Constituição explicitou o ponto, dispondo sobre a aprovação de créditos adicionais. Como visto, os créditos suplementares - destinados a introduzir novas dotações - devem ser objeto de lei específica. Por fim, os créditos extraordinários constituem hipótese peculiar, admitindo-se, nos termos do art. 167, § 3º, que sejam criados por medidas provisórias, em razão de seu caráter supostamente emergencial.
>
> Longe de enfraquecer a conclusão geral sobre a existência de uma reserva formal em matéria orçamentária, a previsão constitucional de um regime

19 *Op. Cit.*, p. 140. O autor esclarece, ainda, a dificuldade de se conceber princípios no consequente da norma constitucional de produção normativa.

20 FURTADO, J. R. Caldas. *Direito Financeiro*. 4ª edição. Belo Horizonte: Fórum, 2014, pp. 77-78.

> flexível para os créditos suplementares - autorização legislativa genérica - e de uma exceção, relativa aos créditos extraordinários, apenas confirma a regra. Com efeito, tendo a Constituição estabelecido a exigência de lei e disciplinado as situações particulares de forma analítica, parece evidente que o intérprete não está legitimado a criar exceções adicionais por meio de interpretações heterodoxas. É possível afirmar com segurança, portanto, que o orçamento está sujeito a uma reserva de lei formal".[21]

Verifica-se, portanto, que o princípio da legalidade orçamentária delimita a atuação, tanto do legislador infraconstitucional, como do chefe do executivo, no que tange à execução do orçamento.

Ao considerarmos a norma constitucional de produção normativa, quanto ao seu antecedente, teremos:

a) uma reserva de iniciativa por parte do Executivo para a elaboração das leis orçamentárias. Assim, a lei orçamentária somente será considerada validamente produzida se o sujeito de direito que iniciar o seu processo deliberativo for o Chefe do Executivo;

b) o procedimento a ser observado na elaboração das leis orçamentárias somente pode ser aquele previsto na Constituição relativo ao processo legislativo - artigos 61 a 67;

c) uma declaração prescritiva, que conterá como proposição implicante a possibilidade de se efetuar determinado gasto referente a uma despesa, caso a previsão da dotação de receita se concretize (que corresponderá ao antecedente da lei orçamentária a ser produzida) e como proposição implicada a prescrição de uma relação jurídica, representada por uma conduta modalizada - que poderá constituir uma obrigação (O) ou uma permissão (P)[22] - (que corresponderá ao consequente da lei orçamentária a ser produzida).

3.3. O papel da lei complementar no Direito Financeiro

A lei complementar, em geral - não apenas a referente ao Direito Financeiro - , é uma espécie de veículo introdutor de norma, que tem como critério distintivo dos demais instrumentos o aspecto formal relativo ao procedimento, em especial, a aprovação por maioria absoluta, conforme o artigo 69 da Carta Magna, bem como o aspecto subjetivo, ou seja, o aspecto formal relativo ao sujeito competente.

---

21 MENDONÇA, Eduardo Bastos Furtado de. *A Constitucionalização das Finanças Públicas no Brasil.* Rio de Janeiro: Renovar, 2010, pp. 207-208.

22 O modal deôntico do consequente da lei orçamentária, a se constituir em uma obrigação (O) ou uma permissão (P), dependerá da qualificação da natureza jurídica do orçamento, matéria controversa na doutrina, e que será melhor analisada no item 2.4, relativo ao papel da lei ordinária no Direito Financeiro.

Assim, os aspectos formais são imprescindíveis para caracterizar uma determinada espécie de instrumento introdutor de normas no ordenamento. Já o aspecto material, mesmo não sendo essencial para a caracterização dos diversos instrumentos introdutores de normas, também deve ser observado, para que se introduza norma válida no ordenamento jurídico. Neste último caso, a declaração prescritiva – um dos elementos do antecedente da norma constitucional de produção normativa – deve ser observada para o ingresso da norma no sistema do Direito Positivo.

Mas, afinal, qual é o papel da lei complementar de Direito Financeiro no sistema do Direito Positivo brasileiro? Já sabemos que a norma veiculada por lei complementar pode ser de conduta ou de produção normativa. A lei complementar de Direito Financeiro é superior à lei ordinária?

Deve-se esclarecer que a lei complementar possuirá superioridade hierárquica frente à lei ordinária, se e somente se, for norma de produção normativa em relação a esta. Se a lei complementar veicular norma de conduta, não há que se falar em superioridade em relação à lei ordinária. Um exemplo pode tornar a exposição mais clara.

O artigo 165, § 9º, inciso I, da CRFB assim dispõe: "*cabe à lei complementar dispor sobre o exercício financeiro, a vigência, os prazos, a elaboração e a organização do plano plurianual, da lei de diretrizes orçamentárias e da lei orçamentária anual*". Ao regular o referido dispositivo constitucional, a Lei de Responsabilidade Fiscal, em seu artigo 4º, traz uma série de comandos direcionados ao legislador ordinário, no que tange à elaboração da lei de diretrizes orçamentárias. Assim, caso a lei de diretrizes orçamentárias seja editada sem a elaboração, *e.g.*, do anexo de metas fiscais e o de riscos fiscais, não estará sendo observado o elemento referente à declaração prescritiva contido no antecedente da norma de produção normativa, *in casu*, a Lei de Responsabilidade Fiscal.

Dando-se continuidade ao exemplo acima, pode-se realizar a decomposição de cada aspecto da cadeia de causalidade jurídica. Partindo-se da norma origem, ou seja, da norma veiculada pela Constituição no artigo 165, § 9º, inciso I, tem-se:

- antecedente = quanto aos aspectos formais – sujeito competente e procedimento – há que se observar os limites dos artigos 61 e segs. da CRFB; quanto ao aspecto material, a lei complementar de produção normativa de Direito Financeiro delimitará a elaboração da lei de diretrizes orçamentárias;
- consequente = o surgimento de uma norma de produção normativa – a lei complementar de Direito Financeiro, a qual trará, como proposição implicante, um fato complexo, que, se vier a se concretizar, ocasionará o surgimento de uma terceira norma – a lei de diretrizes orçamentárias (proposição implicada).

A seguir, considera-se a norma de produção normativa de Direito Financeiro:

- antecedente = quanto aos aspectos formais - sujeito competente e procedimentos previstos nos artigos 61 e segs. da CRFB; quanto ao aspecto material, o legislador ordinário deverá observar as delimitações previstas na declaração prescritiva;
- consequente = o surgimento da lei de diretrizes orçamentárias.

Ao se observar a referida sequência da cadeia de causalidade jurídica, conclui-se que há superioridade hierárquica da Constituição frente à Lei de Responsabilidade Fiscal e frente à lei de diretrizes orçamentárias - federal, estadual e municipal, a depender da esfera federativa -, visto que a produção das diferentes normas jurídicas está condicionada aos parâmetros formais e materiais daquelas imediatamente superiores. Da mesma forma, há superioridade hierárquica da Lei de Responsabilidade Fiscal frente à lei de diretrizes orçamentárias.

Como dito no início deste tópico, a lei complementar de Direito Financeiro pode, também, veicular norma de conduta. É o que ocorre, *e.g.*, com os artigos 19 e 20 da Lei de Responsabilidade Fiscal, que tratam dos limites das despesas com pessoal. Verifica-se que o comando do artigo 169 da CRFB fora observado, visto que o dispositivo constitucional estabelece que o instrumento introdutor de norma que trate desta questão seja uma lei complementar. Considerando-se a decomposição dos aspectos da cadeia de causalidade jurídica, tem-se, a partir da norma constitucional de produção normativa:

- antecedente = quanto aos aspectos formais, os artigos 61 e segs. da CRFB devem ser observados; quanto ao aspecto material, os órgãos competentes devem emitir uma declaração prescritiva, *in casu*, os limites que reputam adequados para as despesas com pessoal dos diversos entes federativos;
- consequente = o surgimento de uma norma jurídica de conduta, segundo a qual, se ocorrer um determinado fato (extrapolação dos limites das despesas com pessoal, segundo os parâmetros e prazos descritos na lei complementar), o ente federativo deverá adotar as medidas para conduzir as despesas de pessoal aos limites previstos na lei complementar (artigos. 22 e 23 da Lei de Responsabilidade Fiscal).

Considerando-se, agora, a lei complementar como norma de conduta:

- antecedente = ocorrendo a situação fática prevista no antecedente da norma de produção normativa constitucional, *e.g.*, a extrapolação do limite com as despesas de pessoal;
- consequente = o ente federativo estará obrigado - existência do modal deôntico obrigação (O) - a reconduzir o total de gastos com as referidas despesas ao limite legal.

3.4. O papel da lei ordinária no Direito Financeiro

Conforme já visto, há dois critérios para classificar uma norma como superior ou inferior, a saber: a posição ocupada pela norma na estrutura escalonada do ordenamento jurídico e o de uma norma ser o fundamento de validade de outra, por regular a sua produção.

Também já vimos que o instrumento introdutor da norma somente tem importância, para fins de hierarquia, quando o ordenamento jurídico dispõe expressamente que a norma veiculada por determinado instrumento será superior à norma veiculada por outro tipo de instrumento, *e.g.*, lei ordinária é hierarquicamente superior ao decreto que a regulamenta[23].

No que tange ao segundo critério – o de uma norma ser o fundamento de validade de outra – o instrumento que introduziu a norma no ordenamento não tem importância para se aferir a hierarquia entre elas. É possível, portanto, que uma norma seja superior a outra, ainda que ambas sejam introduzidas no ordenamento pelo mesmo tipo de instrumento. É o que ocorre com as leis orçamentárias. Sobre este ponto, QUEIROZ dispõe:

> Importa dizer que parece ser possível cogitar de norma legal (veiculada por lei ordinária) de produção normativa que informa a produção de outra norma legal (veiculada por lei ordinária). É o que, mediante uma adequada interpretação da Constituição brasileira, se percebe ocorrer (a) entre normas veiculadas pela lei do plano plurianual (superior) com relação a normas veiculadas pela lei de diretrizes orçamentárias (§4º do art. 166) e pela lei orçamentária anual (§ 7º do art. 165; e art. 166, § 3º, I), bem como (b) entre normas veiculadas pela lei de diretrizes orçamentárias (superior) com relação a normas veiculadas pela lei orçamentária anual (arts. 165, § 2º; 166, § 3º, I; 99, § 1º; 127, § 3º; 134, § 2º; 195, § 2º). Vale sublinhar que também nesses casos prevalece o anteriormente dito: a norma de produção normativa é sempre superior em relação à norma produzida.[24]

Logo, como as demais normas jurídicas, a norma veiculada por lei ordinária de Direito Financeiro pode ser de conduta ou de produção normativa. Incluem-se as leis orçamentárias, em geral, nesta última espécie, visto que há uma sequência a ser observada, quando da formulação do orçamento. Primeiramente, o Plano Plurianual orienta a elaboração, tanto da lei de diretrizes orçamentárias, como da lei de orçamento anual, as quais não podem contrariar a declaração prescritiva contida no antecedente do Plano Plurianual, qual seja, as diretrizes, objetivos e metas da administração pública para as despesas de capital e outras delas decorrentes e para as relativas aos programas de duração continuada[25].

Da mesma forma, a lei orçamentária anual não poderá contrariar o disposto no Plano Plurianual, assim como as metas e prioridades da administração

23 De acordo com o previsto no art. 84, inc. IV, da CRFB: *"Compete privativamente ao Presidente da República: (...) IV – sancionar, promulgar e fazer publicar as leis, bem como expedir decretos e regulamentos para sua fiel execução;"*.

24 *Op. Cit.*, p. 69.

25 Art. 165, § 1º, da CRFB: *"A lei que instituir o plano plurianual estabelecerá, de forma regionalizada, as diretrizes, objetivos e metas da administração pública federal para as despesas de capital e outras delas decorrentes e para as relativas aos programas de duração continuada"*.

pública, previstas na lei de diretrizes orçamentárias[26]. Ao dispor sobre o planejamento orçamentário, Ricardo Lobo TORRES aduz que:

> O Estado Orçamentário, que pelo orçamento fixa a receita fiscal e a patrimonial, autoriza a entrega de prestações de educação, saúde, seguridade e transportes e orienta a promoção do desenvolvimento econômico, o equilíbrio da economia e da redistribuição de renda, é um Estado de Planejamento. A receita pública, os investimentos e as despesas se fazem segundo planos anuais ou plurianuais. (...)
>
> A Constituição do Estado Democrático de Direito, por conseguinte, proclama o *princípio do planejamento* ou da *programação*, que transcende os lindes da Constituição Orçamentária para penetrar em todos os outros subsistemas do texto fundamental. Mas esse princípio deve ser examinado com temperamentos.
>
> A CF 88 prevê, no art. 165, três planejamentos orçamentários: o plano plurianual, as diretrizes orçamentárias e o orçamento anual. Os três se integram harmoniosamente, devendo a lei orçamentária anual respeitar as diretrizes orçamentárias, consonando ambas com o orçamento plurianual (arts. 165, § 7º, 166, § 4º, 167, § 1º). E têm os três que se compatibilizar com o planejamento global – econômico e social (art. 165, § 4º). [27] (grifos do autor)

Pode-se concluir, portanto, que há hierarquia entre as leis orçamentárias, visto que a lei que veicula o plano plurianual é superior às normas que veiculam as leis de diretrizes orçamentárias e a lei orçamentária anual. Da mesma forma, a lei de diretrizes orçamentárias é superior em relação à lei orçamentária anual, visto que regula a sua produção, ao delimitar o seu conteúdo. Todas as três normas, conforme alertado por Ricardo Lobo TORRES, se submetem ao comando constitucional, no que se refere aos planos e programas nacionais, regionais e setoriais.[28]

Questão interessante surge quando se considera a lei orçamentária anual, que se trata de lei ordinária, de iniciativa do Chefe do Poder Executivo de cada esfera federativa, composta por normas de conduta, e, as implicações decorrentes de considerações sobre a sua natureza jurídica, especialmente no que tange à fixação da despesa. Conforme o escólio de Marcus ABRAHAM:

> A Lei Orçamentária Anual destina-se a possibilitar a execução dos planejamentos constantes na lei do plano plurianual e na lei de diretrizes orçamentárias, e engloba: I – o orçamento fiscal referente aos Poderes da União,

---

26 Art. 165, § 2º, da CRFB: *"A lei de diretrizes orçamentárias compreenderá as metas e prioridades da administração pública federal, incluindo as despesas de capital para o exercício financeiro subsequente, orientará a elaboração da lei orçamentária anual, disporá sobre as alterações na legislação tributária e estabelecerá a política de aplicação das agências financeiras oficiais de fomento".*

27 TORRES, Ricardo Lobo. *Tratado de Direito Constitucional Financeiro e Tributário, Volume V, O Orçamento na Constituição.* 3ª edição. Rio de Janeiro: Renovar, 2008, pp. 77-78.

28 Art. 165, § 4º, da CRFB: *"Os planos e programas nacionais, regionais e setoriais previstos nesta Constituição serão elaborados em consonância com o plano plurianual e apreciados pelo Congresso Nacional".*

> seus fundos, órgãos e entidades da administração direta e indireta, inclusive fundações instituídas e mantidas pelo Poder Público; II – o orçamento de investimento das empresas em que a União, direta ou indiretamente, detenha a maioria do capital social com direito a voto; III – o orçamento da seguridade social, abrangendo todas as entidades e órgãos a ela vinculados, da administração direta ou indireta, bem como os fundos e fundações instituídos e mantidos pelo Poder Público (§ 5º, art. 165, CF/1988).
>
> Trata-se de uma lei anual, cujo projeto deve ser encaminhado ao Poder Legislativo até 31 de agosto de cada ano, para viger no exercício financeiro seguinte.
>
> É o documento básico e fundamental para a realização da atividade financeira do Estado. Nela, temos a previsão de todas as receitas públicas e a fixação de todas asdespesas públicas, para os três Poderes, seus órgãos, fundos e entidades da administração direta e indireta, inclusive as fundações públicas, e também todas as despesas relativas à dívida pública, mobiliária ou contratual, e as receitas que as atenderão. Portanto, tudo referente a receitas e despesas constará da lei orçamentária anual".[29]

Continua o eminente autor, ao tratar da imperatividade da execução orçamentária no Brasil:

> Atualmente, podemos afirmar que o orçamento público no Brasil possui um perfil dúplice: em parte é impositivo, e em parte é autorizativo. É impositivo na parte cuja execução faz-se obrigatória (despesas constitucionais e legais), e autorizativo na parcela remanescente, passível de contingenciamento e de não execução. Assim, a nosso ver, restam superados os entendimentos que generalizavam e afirmavam ser meramente autorizativo o orçamento público no Brasil.
>
> O seu caráter híbrido de orçamento impositivo e autorizativo se explica, primeiramente, em razão da parcela cada vez maior de despesas obrigatórias não contingenciáveis previstas na Constituição e nas leis, e, mais recentemente, pela Emenda Constitucional nº 86/2015 (...).
>
> Mas, classicamente, não se fazia essa depuração e se dizia que o orçamento seria exclusivamente autorizativo ou impositivo, conforme o modelo jurídico analisado. Nossos autores, em sua grande maioria, postulavam a sua natureza exclusivamente autorizativa, pela qual se permitia a realização das despesas públicas, sem, contudo, obrigar a Administração Pública a cumprir as previsões orçamentárias. Assim, o orçamento apenas autorizaria a atividade financeira, não impondo ou vinculando a seus termos a atuação do Estado, que manteria sua autonomia política em matéria financeira. Noutras palavras, dizia-se que a lei orçamentária trazia em si uma 'autorização de gastar' e não uma 'obrigação de gastar', permitindo que o Poder Executivo, durante a execução orçamentária, não realizasse algumas das despesas previstas na lei orçamentária, contingenciando-as, sob a justificativa da ne-

29 *Op. Cit.*, pp. 282-283.

cessidade de se dotar o Poder Executivo de flexibilidade na execução orçamentária".[30]

Mesmo reconhecendo que uma parcela - cada vez maior - do orçamento é de natureza impositiva, por se tratar de despesas obrigatórias, não se pode olvidar que ainda há críticas severas ao orçamento autorizativo, ou melhor, à parcela autorizativa da lei orçamentária. Por todos, trazemos as lições de Eduardo Bastos Furtado de MENDONÇA:

> Caso a arrecadação prevista se confirme ou seja superada - o que tem ocorrido nos últimos anos - os recursos cogitados quando da elaboração do orçamento ganham concreção e somente podem ser utilizados para a execução de dotações orçamentárias existentes. (...) Quando uma dotação é simplesmente ignorada, aquela fatia da arrecadação estimada fica necessariamente paralisada. Em outras palavras, quando a arrecadação se concretiza, mas o Presidente não libera as verbas referentes à determinada dotação orçamentária e nem se produz um remanejamento, a consequência é deixar no limbo uma parcela da receita pública. Essa é a prerrogativa que se reconhece hoje ao Poder Executivo: a faculdade de não fazer nada. (...)
>
> Com efeito, não se adota a posição simplista de imaginar que todo o dinheiro contingenciado ficará sem emprego, indefinidamente. Na verdade, há duas possibilidades: i) em muitos casos, os recursos não utilizados serão finalmente convertidos em outras dotações, geralmente ao final do exercício. Possivelmente para financiar o aumento em despesas de custeio ou mesmo para amortizar a dívida pública. Mesmo que tal decisão se processe pelas vias regulares, defende-se que ela deveria ser motivada. Afinal, uma atividade tida como importante quando da elaboração do orçamento estará sendo superada por conveniência política e parece razoável que os motivos sejam indicados; ii) em outros casos, verifica-se de fato um saldo não empregado, que acaba compondo o chamado *superávit primário*. Não por acaso, todos os anos é noticiado que o Poder Executivo decide rever as metas para maior, à custa do corte nos investimentos previstos. Também aqui se verifica a superação da decisão orçamentária inicial, e de forma ainda mais grave (uma autêntica decisão de não gastar. As prioridades definidas no processo deliberativo orçamentário - que já levara em conta a questão das metas fiscais - são redesenhadas por ato unilateral da Administração.[31]

Há diversas considerações, na doutrina, sobre a natureza jurídica do orçamento, mas o seu exame de forma mais aprofundada foge ao objeto previsto neste estudo[32]. Afinal, em que medida o estudo da natureza do orçamento está relacionado ao papel da lei ordinária no Direito Financeiro?

---

30 *Op. Cit.*, pp. 299-300.

31 *Op. Cit.*, pp. 79-80.

32 Ricardo Lobo TORRES registra a importância do estudo da natureza jurídica do orçamento, por trazer implicações referentes a questões práticas durante a execução orçamentária: *"Parece-nos que, apesar desses desencontros, o problema da natureza do orçamento continua relevante, eis que dele dependem ou-*

Conforme já exposto, a norma de conduta possui, como todas as normas jurídicas, um antecedente e um consequente. O seu antecedente descreve uma situação de fato qualquer (fato-evento ou fato-conduta), de possível ocorrência, e o seu consequente apresenta a regulação de uma conduta intersubjetiva, por meio de uma permissão (P), uma obrigação (O) ou uma proibição (V).

Quanto ao antecedente da norma de conduta, a análise da natureza jurídica do orçamento não tem relevância, a qual estará presente no estudo do seu consequente. Pois bem, se considerarmos que o orçamento possui natureza impositiva, o modal deôntico previsto em seu consequente será uma obrigação (O). O Chefe do Poder Executivo, durante a execução orçamentária, estará obrigado a realizar as despesas fixadas na lei orçamentária, caso a previsão da receita venha a se consumar de fato. Por outro lado, se considerarmos que o orçamento possui natureza autorizativa, a concretização de determinada dotação de receita prevista na lei orçamentária não obrigará o Chefe do Executivo a realizar a despesa respectiva. Neste caso, haverá uma autorização para que a despesa seja efetivada, o que implicaria no reconhecimento da existência do modal deôntico permissão (P) no consequente da norma de conduta (lei orçamentária).

Assim, tal como a lei complementar, a lei ordinária, no Direito Financeiro, poderá assumir a condição de norma de produção normativa – em que a norma que regular a produção de outra será considerada superior em relação a esta, *e.g.*, a hierarquia verificada entre todas as leis orçamentárias (plano plurianual, lei de diretrizes orçamentárias e lei orçamentária anual, nesta ordem) – ou a condição de norma de conduta – *e.g.*, a lei orçamentária anual -, caso em que apresentará uma situação fática em seu antecedente, e, uma relação jurídica que consubstancie uma permissão (P) ou uma obrigação (O) no seu consequente. Neste último caso, a depender da natureza jurídica do orçamento: se autorizativo, o modal deôntico apresentado no seu consequente será uma permissão; se impositivo, uma obrigação.

4. CONSIDERAÇÕES FINAIS

A característica da coercibilidade se trata de fator distintivo determinante da norma jurídica, em especial, em relação às normas morais – dotadas da denominada "sanção interna" – e às normas sociais, dotadas de sanção externa, porém não organizada, ou seja, não institucionalizada.

A norma jurídica é construída a partir de um texto, que faz uso da linguagem prescritiva, de modo a regular as condutas humanas pela lógica do "dever-ser", e não, do "ser", que é próprio das Ciências Naturais.

No que tange ao fenômeno da produção do Direito, deve-se destacar que o ordenamento jurídico possui uma especificidade em relação aos demais

tras questões: a da obrigatoriedade de o Executivo realizar as despesas previstas; a da criação de direitos subjetivos para terceiros; a da revogação das leis financeiras materiais". Op. Cit., p. 94.

sistemas. Além de regular a conduta humana, o Direito Positivo regula a sua própria existência, ou seja, as normas jurídicas não apenas determinam como deve ser a conduta humana (dever-ser), mas também definem como o Direito positivo é (ser).

No processo de formação do Direito, há duas espécies de normas que podem ser criadas: as normas de conduta – que tratam de relações intersubjetivas – e, normas de produção normativa, que trazem os requisitos, métodos e procedimentos para que outras normas passem a fazer parte, de forma válida, do ordenamento jurídico. Com relação a estas últimas, surge, a partir de KELSEN, o que se denominou como "estrutura escalonada do ordenamento jurídico".

Há duas possibilidades para se considerar uma norma superior a outra: (i) em face do veículo introdutor da norma, que seja considerado, pelo ordenamento, hierarquicamente superior à norma introduzida por outro veículo – é o caso, *e.g.*, das normas introduzidas pela Constituição em face da Lei -; (ii) quando uma norma é o fundamento de validade de outra norma, por regular o modo de produção desta última. Aqui, pouca importância tem o veículo introdutor das normas, sendo possível que uma determinada norma seja considerada superior a outra – visto que determinou a forma de sua produção –, mesmo que ambas possuam o mesmo veículo introdutor.

Os elementos das normas jurídicas de produção normativa e de conduta são a seguir explicitados: (i) de produção normativa = é aquela cujo antecedente descreve uma específica situação de fato (de ocorrência possível), que se caracteriza por apresentar os requisitos necessários para que outra norma passe a pertencer (a ter validade – criação ou modificação) ou deixe de pertencer (revogação) ao sistema jurídico, e cujo consequente apresenta uma estrutura relacional, composta por variáveis, que simboliza a norma jurídica a ser criada, modificada ou revogada; (ii) de conduta = é aquela cujo antecedente descreve uma situação de fato qualquer (fato-evento ou fato-conduta), de possível ocorrência, e cujo consequente apresenta a regulação de uma conduta intersubjetiva, por meio de uma permissão (P), uma obrigação (O) ou uma proibição (V).

Apesar das diferentes conceituações, há aparente unicidade quanto à amplitude do objeto do Direito Financeiro, que compreende, em linhas gerais, a receita, a despesa e o crédito públicos, a contabilidade pública, o orçamento e a responsabilidade fiscal.

As normas de Direito Financeiro não fogem à regra prevista para as normas jurídicas em geral, possuindo antecedentes e consequentes diversos, a depender de sua natureza, se norma de conduta ou norma de produção normativa. Não há, por conseguinte, qualquer peculiaridade que diferencie a norma de Direito Financeiro das demais normas jurídicas de um dado ordenamento jurídico.

Na qualidade de norma jurídica, os dispositivos constitucionais referentes ao Direito Financeiro podem se constituir em normas de produção normativa ou normas de conduta. Muitas das normas constitucionais de Direito Financeiro consubstanciam princípios, não havendo consenso doutrinário quanto à natureza destes. No que se refere ao princípio da legalidade orçamentária, destaca-se que este delimita a atuação do legislador, quando da elaboração das leis orçamentárias, e, do Chefe do Executivo, quando da execução do orçamento.

Quanto ao papel da lei complementar no Direito Financeiro, elucida-se que tal veículo normativo possuirá superioridade hierárquica frente à lei ordinária, se e somente se, for norma de produção normativa em relação a esta. Se a lei complementar veicular norma de conduta, não há que se falar em superioridade desta em relação à lei ordinária.

Considerando-se a sequência da cadeia de causalidade jurídica, conclui-se que há superioridade hierárquica da Constituição frente à Lei de Responsabilidade Fiscal e frente à lei de diretrizes orçamentárias – federal, estadual e municipal, a depender da esfera federativa -, visto que a produção das diferentes normas jurídicas está condicionada aos parâmetros formais e materiais daquelas imediatamente superiores. Da mesma forma, há superioridade hierárquica da Lei de Responsabilidade Fiscal frente à lei de diretrizes orçamentárias.

No que tange ao papel da lei ordinária no Direito Financeiro, conclui-se que há hierarquia entre as leis orçamentárias, visto que a lei que veicula o plano plurianual é superior às normas que veiculam as leis de diretrizes orçamentárias e à lei orçamentária anual. Da mesma forma, a lei de diretrizes orçamentárias é superior em relação à lei orçamentária anual, visto que regula a sua produção, ao delimitar o seu conteúdo.

Tal como a lei complementar, a lei ordinária, no Direito Financeiro, poderá assumir a condição de norma de produção normativa – em que a norma que regular a produção de outra será considerada superior em relação a esta, *e.g.*, a hierarquia verificada entre todas as leis orçamentárias (plano plurianual, lei de diretrizes orçamentárias e lei orçamentária anual, nesta ordem) – ou a condição de norma de conduta – *e.g.*, a lei orçamentária anual -, caso em que apresentará uma situação fática em seu antecedente, e, uma relação jurídica que consubstancie uma permissão (P) ou uma obrigação (O) no seu consequente. Neste último caso, a depender da natureza jurídica do orçamento: se autorizativo, o modal deôntico apresentado no seu consequente será uma permissão (P); se impositivo, uma obrigação (O).

A Natureza Jurídica do Orçamento Público e suas Implicações para o seu Processo Decisório: um Problema Concreto da "Constituição Orçamentária" Brasileira?

Marco Antonio Ferreira Macedo[1]

Sumário: 1. Introdução. 2. O posicionamento em relação à querela sobre a natureza jurídica do orçamento. 3. A desconstrução das premissas: rumo à verdadeira natureza jurídica do orçamento. 3.1. O orçamento e sua ausência de regra jurídica. 3.2. O orçamento como lei em sentido "meramente formal". 4. Considerações Finais

1. INTRODUÇÃO

No Brasil, atualmente, um dos temas que mais empolga os debates sobre o processo orçamentário é o pertinente ao caráter autorizador (frequentemente referido como "autorizativo") do orçamento público vis-à-vis à sua obrigatoriedade ou caráter impositivo (não raro aludido como "mandatório") em países estrangeiros, que adotam o sistema de governo presidencialista (como é o caso dos Estados Unidos) ou mesmo o sistema semipresidencialista de governo (como ocorre na França, p. ex.).

A querela tem raízes na discussão acerca da natureza jurídica da lei orçamentária, deitando consequências na sua própria execução pelo Poder Executivo, após a intervenção do Poder Legislativo na sua formação, mormente no caso brasileiro em que são permitidas as emendas parlamentares aos projetos de lei orçamentária, consoante o disposto nos §§2º, 3º e §4º do art. 166 da Constituição Federal.

Dessa perspectiva, são correlacionados vários temas que não *necessariamente* estão imbricados, tais como: a criação de direitos subjetivos para terceiros; poderes presidenciais em face do Poder Legislativo (iniciativa reservada das leis orçamentárias, p. ex.); proibição de cobrar tributos sem previsão orçamentária (circunstância que promoveria melhor a segurança jurídica), de molde a configurar um ideal de previsibilidade mais intenso para o contribuinte, em comparação com a proibição de instituir tributos

1 Professor Adjunto IV de Direito Financeiro e Tributário da UFF. Mestre em Ciências Jurídicas (PUC-Rio), e Doutor em Direito Público (UERJ). Procurador do Município do Rio de Janeiro. Advogado.

no mesmo exercício financeiro em que houver sido publicada a lei que os instituiu ou majorou; e etc.

A proposição constante da primeira parte deste trabalho é que a disputa sobre a natureza jurídica do orçamento é *suficiente* para abordar essa miríade de temas correlatos, mas não é *necessária*, ou seja, a relação entre a natureza do orçamento público e essas questões é *contingente*. Esta posição não significa, desde já, adiantar qualquer conclusão deste trabalho sobre o conceito de orçamento ou sobre a polêmica teórica acerca da lei orçamentária, vale dizer, seu sentido meramente formal (ou de ato-condição), ou, de outro lado, formal e material, e muito menos quanto ao seu caráter autorizador ou impositivo, sob a perspectiva da realização pelo Executivo de despesas nela previstas, que, hodiernamente, é o tema que mais se sobressai, sob o rótulo da execução orçamentária.

Nessa parte inicial, o decisivo é justificar o posicionamento quanto ao aspecto *contingente* do debate sobre a natureza jurídica do orçamento, no que diz respeito a todos esses temas que, a par de se entrecruzarem, não necessariamente se imbricam com aquela e entre si. Em outras palavras, a natureza jurídica do orçamento com toda a sua carga dialética é *condição suficiente, mas não é condição necessária* para o tratamento daqueles temas que lhe são conexos[2]. Aqui, o desafio proposto é demonstrar o acerto dessa proposição.

A segunda parte deste trabalho é dedicada a estudar as premissas compartilhadas pela doutrina clássica e a jurisprudência do Supremo Tribunal Federal de que "não há regra jurídica na lei orçamentária" e "a lei orçamentária é lei em sentido apenas formal", e das quais derivaria o problema do caráter meramente autorizador do orçamento público brasileiro, em detrimento de sua imperatividade ou caráter impositivo.

2. O POSICIONAMENTO EM RELAÇÃO À QUERELA SOBRE A NATUREZA JURÍDICA DO ORÇAMENTO

A natureza jurídica do orçamento foi amplamente discutida pelos publicistas clássicos, que disputaram o seu enquadramento como lei em sentido meramente formal, como lei em sentido formal e material, e como ato administrativo da espécie **ato-condição**. O recenseamento das diversas posições doutrinárias que conformam esse debate sobre o enquadramento da lei orçamentária consta de várias e conceituadas obras jurídicas nacionais, que traçam o curso histórico dos argumentos configuradores da polêmica[3]; de conseguinte, não empreenderemos tal empreitada por não ser a mesma compatível com os limites deste artigo.

2 Em sentido oposto ao nosso, ao ressaltar, ainda hoje, a relevância da polêmica acerca da natureza jurídica do orçamento, fazendo dela *depender* questões como as arroladas no texto, cf. TORRES, Ricardo Lobo. *Tratado de direito constitucional financeiro e tributário*: Vol. V. O orçamento na Constituição. 2ª. ed. rev. e atual. Rio de Janeiro: Renovar, 2000, p. 74: "Parece-nos que, apesar desses desencontros [aludindo ao dissenso sobre a importância prática da questão da natureza do orçamento], o problema da natureza do orçamento continua *relevante, eis que dele dependem outras questões*: a da obrigatoriedade de o Executivo realizar as despesas previstas; a da criação de direitos subjetivos para terceiros; a da revogação das leis financeiras materiais". (grifo nosso).

3 A propósito, cf. TORRES, Ricardo Lobo. Idem, ibidem, pp. 74-78. SILVA, José Afonso da. *Orçamento-programa no Brasil.* São Paulo: Revista dos Tribunais, pp. 264-275, 1973. CAMPOS, Francisco. Orçamento

Inobstante, mesmo se a premissa de exame for o isolamento do aspecto estritamente ontológico-jurídico da lei orçamentária, pretextando um purismo cognitivo e dogmático em relação às ciências sociais (notadamente, a ciência política) e à filosofia moral ou política, da maneira tentada por alguns no século passado[4], ainda assim não seria desarrazoado advertir quanto ao caráter até mesmo antidemocrático do entendimento que perfilha a tese do caráter apenas formal da lei orçamentária ou de mero ato-condição.

Deveras, essa posição se justificaria porque tal entendimento já chegou a concepções extremamente relativistas sobre a lei orçamentária, inclusive sugerindo que, tecnicamente, fosse substituída pelo decreto legislativo na aprovação do orçamento, tendo em vista a natureza predominantemente de ato administrativo daquele.[5]

Dessa maneira, acreditamos que a relevância prática da polêmica reside na distinção entre lei em sentido formal e lei em sentido formal e material, no que atine ao orçamento anual, sob o influxo do princípio democrático e da cidadania no espaço público, vale dizer, à luz da renovação do consentimento popular, por intermédio de seus representantes, sobre as escolhas orçamentárias. A concepção do orçamento como mero ato-condição, modalidade de ato administrativo, é por demais reducionista, embora reconheça conteúdo jurídico ao orçamento, atributo que os adeptos clássicos da teoria da lei formal chegam a negar, balizados que estiveram pelo levantamento numérico das previsões relativas à despesa e à receita, isto, é a objetividade numérica e contábil

- Natureza jurídica - Anualidade - Discriminação de Rendas - Imposto de Indústrias e Profissões - Movimento econômico - Imposto sobre vendas e consignações. Pareceres. *In*: *Revista de Direito Administrativo*, v. 71, pp. 325-340, 1963.

4 Dentre os autores nacionais que trataram do problema, Francisco Campos foi aquele que expressamente averbou essa intenção de isolar o aspecto jurídico do orçamento dos demais: "[F]inalmente, o orçamento pode ser objeto de uma questão puramente jurídica. É sob êste último e exclusivo aspecto que o problema do orçamento constitui objeto do presente parecer". Cf. CAMPOS, Francisco. Orçamento - Natureza jurídica - Anualidade - Discriminação de Rendas - Imposto de Indústrias e Profissões - Movimento econômico - Imposto sobre vendas e consignações. Pareceres. *In*: *Revista de Direito Administrativo*, v. 71, p. 325, 1963. Mais adiante, o próprio autor se rende à importância dos demais aspectos envolvidos na problemática orçamentária, ao reconhecer "suas íntimas conexões com as raízes do sistema representativo e do regime constitucional", e ao desferir crítica certeira à doutrina de Paul Laband, principal corifeu da doutrina alemã do caráter meramente formal da lei orçamentária: "Êle [Laband] partiu de um conceito *a priori* do orçamento, como operação material de conta ou mera tábua de confronto ou de compensação numérica (*Rechnung*), *abstraindo-se da vontade a que a Constituição atribui o poder de chegar, mediante deliberações não apenas formais, mas de fundo*, às conclusões manifestadas no esquema aritmético das tábuas orçamentárias". Op. cit. p. 333 e p. 340. (grifo nosso). Bem se vê que o autor já destacara a importância da *deliberação* no processo orçamentário, impulsionada pela Constituição, que vem a ser uma das premissas cruciais deste nosso trabalho, ainda que com preocupações e justificações distintas.

5 A esse respeito, cf. MEIRELLES, Hely Lopes. *Finanças municipais*. São Paulo: Revista dos Tribunais, p. 161: "A nosso ver, a razão está com os que sustentam tratar-se de *ato-condição*, espécie do gênero *ato administrativo*. Não importa que, impropriamente, se apelide o orçamento anual de *lei orçamentária* ou *lei de meios*, porque sempre lhe faltará a força normativa e criadora da lei propriamente dita. Terá apenas, aspecto formal de lei, pela aprovação do Legislativo, mas isso não é o bastante para erigi-lo à categoria das normas legislativas. Em boa técnica, poderia e deveria o orçamento ser aprovado por *decreto legislativo*, após deliberação sobre o seu conteúdo, mas para possibilitar ao Executivo a iniciativa do projeto e o veto às modificações eventualmente introduzidas na proposta originária, é que se deu ao orçamento a tramitação de lei, a despeito de sua natureza predominantemente administrativa".

do orçamento, e na exclusiva repercussão disso nas relações políticas entre governo e parlamento.[6]

Pela teoria do ato-condição, o decisivo é a regra da anualidade tributária pela qual a previsão no orçamento é imprescindível à cobrança de tributos, portanto à arrecadação da principal fonte de receita pública[7]. É bem verdade que a concepção do orçamento como ato-condição entremeou-se com a da natureza de lei em sentido formal e material, chegando mesmo a subsidiar a teoria da lei *"sui generis"*[8]/[9]. Deveras, basta não olvidar que, no polo da receita

6 Em corroboração, v. CAMPOS, Francisco. Orçamento – Natureza jurídica – Anualidade – Discriminação de Rendas – Imposto de Indústrias e Profissões – Movimento econômico – Imposto sobre vendas e consignações. Pareceres. *In*: *Revista de Direito Administrativo*, v. 71, pp. 324-344, 1963. O autor identifica na doutrina de Paul Laband esse corte relativo ao orçamento: "*A doutrina de Laband consiste em despir o orçamento de qualquer significação jurídica*, considerando-o tão-somente como um expediente de ordem prática, destinado a pôr ordem na Administração. [...] Assim, o orçamento não é um ato de legislação, considerada esta como atividade criadora ou modificadora da ordem jurídica; é um simples ato de administração. Cometendo à representação popular a função de estimar anualmente a receita e a despesa do Estado, a Constituição, abrindo brecha ao princípio da separação dos poderes, se limita a atribuir ao parlamento o direito de participar da Administração e de exercer o controle sôbre ela um contrôle de caráter meramente político". (grifo nosso). Em sentido um pouco diverso, cf. TORRES, Ricardo Lobo. *Tratado de direito constitucional financeiro e tributário*: Vol. V. O orçamento na Constituição. 2ª. ed. rev. e atual. Rio de Janeiro: Renovar, 2000, p. 74: "A teoria de que o orçamento é *lei formal* foi desenvolvida inicialmente na Alemanha, por Laband, que entendia tratar-se de simples autorização do Parlamento para a prática de atos de natureza administrativa. A teoria surgiu no contexto da luta entre o Monarca e o Parlamento em torno do aumento das despesas públicas, [...] e representou a defesa da preeminência da Administração em tema de planejamento orçamentário".

7 De acordo com os magistérios de Ricardo Lobo Torres (op. cit., pp. 75-76) e Francisco Campos (op. cit., pp. 333-334 e p. 337-338), o principal artífice da teoria do orçamento como ato-condição é Gaston Jèze, influenciado pelas idéias iniciais de Paul Laband. Ricardo Lobo Torres assim se manifesta, ao aludir que Jèze "defendia o ponto de vista que o orçamento jamais é uma lei": "quanto à receita pública, é, nos países que adotam a regra da anualidade tributária um ato-condição, pois 'preenche a condição exigida pelo direito positivo para o exercício da competência dos agentes administrativos', e, nos países que abandonaram a regra da anualidade de impostos, não tem significação jurídica; quanto à despesa pública, ou é um ato-condição – que preenche a condição necessária para o agente administrativo realizar o gasto – ou não tem significação jurídica, como acontece com as despesas relativas a serviços públicos não criados por lei". A seu turno, Francisco Campos se pronuncia da seguinte maneira: "A autorização orçamentária é, assim, condição para que o Gôverno possa efetuar os gastos constantes da lei de despesas. Não importa que o orçamento como ato-condição seja qualificado de lei ou ato administrativo. O que importa é o incontestável efeito jurídico atribuído ao orçamento, ou o fato de eminente significação jurídica, de que os impostos criados em leis anteriores só poderão ser arrecadados se constam do orçamento, não pela sua designação, ou pela sua simples qualificação mediante a indicação de sua base de incidência ou do seu fato gerador, mas da sua quantidade, ou, se percentual, a sua respectiva alíquota".

8 A propósito dessa natureza de lei "*sui generis*" ou natureza de ato materialmente legislativo do orçamento, referindo ao magistério de Leon Duguit, conferir: Idem, ibidem, p. 78: "Também Duguit tem posição especial, ao defender que o orçamento tem natureza administrativa ou de ato-condição no que respeita à despesa, sendo lei material quando autoriza a cobrança de tributos, que sem ela não poderia ser exigido se prevalecente a regra da anualidade". Idem, ibidem, p. 337: "Duguit considera que a exigência da menção dos impostos no orçamento, a fim de poderem ser arrecadados, corresponde efetivamente, ao princípio de que os impostos devem ser votados anualmente, ou renovado o consentimento do Legislativo à sua vigência durante o exercício orçamentário. [...] Se para Duguit o orçamento é uma lei em sentido material, porque nêle se renova o consentimento do Legislativo aos impostos votados anteriormente, o que equivale a criar de novo os referidos impostos, para Gaston Jèze o orçamento é um ato-condição, isto é, não podem ser exigidos senão os impostos mencionados no orçamento como elementos de receita nêle autorizado".

9 Para invocação dessa teoria da lei "*sui generis*" na jurisprudência do Supremo Tribunal Federal, sob a égide da Constituição Federal de 1946, v. o Recurso Extraordinário nº 34.581/DF, julgado pela Primeira Turma em 10/10/57, acórdão publicado no DJ de 04/12/57, Relator Min. Cândido Mota Filho. Em seu

pública, a teoria do ato-condição teve como fundamento disposições constitucionais que, remontando, no mínimo, à Constituição francesa de 1875[10], estipularam a regra da renovação anual da autoridade para arrecadar impostos (conhecida como princípio da anualidade tributária)[11].

Contudo, o tratamento científico do turbilhão de assuntos conexos ao problema da natureza jurídica da lei de orçamento não autoriza a conclusão simplista que deságua nesse sentido, ao menos no atual estágio do nosso direito constitucional financeiro e tributário. Com efeito, se outrora entre nós já fez sentido falar-se em princípio da anualidade tributária e no orçamento como ato-condição para cobrança e arrecadação de tributos criados por leis a ele anteriores, tal cenário não mais se verifica há algum tempo.

De fato, a regra (ou, como é tradicionalmente denominada, princípio) da anualidade tributária foi introduzida pela Constituição Federal de 1946 (art. 141, §34). Depois de ter sido reinterpretada pela jurisprudência do Supremo Tribunal Federal, por intermédio das Súmulas 66 e 67, foi suprimida do texto constitucional pela Emenda Constitucional nº 18/65, sendo novamente introduzida pela Constituição Federal de 1967 em seu art. 150, §29. A Emenda Constitucional nº 1/69 não a reproduziu no art. 153, §29. A Constituição Federal de 1988 não a contemplou no art. 150, inciso III, alínea *b*, instituindo, outrossim, tão-somente a regra da anterioridade tributária, tendo como parâmetro o mesmo exercício financeiro em que haja sido publicada a lei que instituiu ou majorou tributos, para fins de limitação do poder de tributar.

Se assim se dá, descabe, a mais não poder, falar em orçamento ou de lei orçamentária como ato-condição no contexto de aplicação de normas, em virtude da perda de seu fundamento de validade constitucional. Por outro lado, basear-se na teoria do ato-condição como fundamentação da lei orçamentária, a pretexto de erigir um discurso de justificação do orçamento, implica apequenar o seu significado, não fazendo jus "às aspirações inadiáveis da massa popular"[12] e nem à elevação de regra constitucional da atribuição

---

voto, o relator afirmou: "O orçamento, como uma aprovação prévia da receita e das despesas públicas, é uma *lei formal*. É um *plano de governo, proposto pelo Executivo*. [...] *Assim é uma lei de características sui generis*, pela qual a Administração fica autorizada *a cobrar impostos* e a fazer várias e determinadas despesas". (grifo nosso).

10 Nesse sentido, cf. o art. 302 da Constituição da França de 1875: "Article 302. - Les contributions publiques sont délibérées et fixées chaque année par le Corps législatif. A lui seul apparient d'en établir. Elles ne peuvent subsister au-delà d'un an, si elles ne sont expressément renouvelées". ("As contribuições públicas são deliberadas e fixadas cada ano pelo Corpo legislativo. A ele único incumbe estabelecer. Não podem subsistir para além de um ano, se não são expressamente renovadas").Tradução livre do autor.

11 É importante registrar que na França, ainda hoje, a regra da anualidade tributária tem fundamento constitucional. É o que se extrai da combinação dos arts. 34, alínea 19 ("As leis orçamentárias determinam os recursos e os encargos do Estado nas condições e sob as reservas estabelecidas por uma lei orgânica".) e 47, alínea 4 ("Se a lei orçamentária definindo os recursos e encargos de um exercício não tiver sido apresentada em tempo hábil para ser promulgada antes do início desse exercício, o Governo pede ao Parlamento, em caráter de urgência, a autorização para receber os impostos e consignar por decreto os créditos relativos aos serviços votados".), ambos da Constituição de 04 de outubro de 1958, que instituiu a V República Francesa.

12 A expressão é de Francisco Campos. Op. cit., p. 325.

de competência orçamentária ao Poder Legislativo, que repousa no princípio da soberania popular e do sistema representativo (art. 1º, parágrafo único, da Constituição Federal).

De outro modo, as "aspirações inadiáveis da massa popular" não se confundem com a questão da não criação de direitos subjetivos para terceiros pelo orçamento, que visa a expurgar-lhe o aspecto material, fazendo remanescer o formal, tendo em vista o sentido atribuído de lei[13]. Desse ponto de vista, os orçamentos não são genuínas leis, portanto não conjugam os aspectos formal e material; faltam-lhes "a força normativa e criadora da lei propriamente dita"[14]. O substrato dessa concepção pode ser sintetizado na impossibilidade de identificação dos orçamentos com a máxima *ius est norma agendi*.

Nessa cadência, porque os orçamentos carecem dos atributos típicos das verdadeiras normas jurídicas[15] – *in casu*, as regras – são inaptos a criar direitos subjetivos para terceiros. Não há a projeção individual da norma orçamentária, ausente o poder de ação normalmente contido nas normas; a faculdade de exercer em favor do indivíduo o comando emanado do Estado. Essa consequência pode ser sumarizada na inviabilidade de identificação dos orçamentos com a parêmia *ius est facultas agendi*.

Traduzidas para a realidade orçamentária, isso implica dizer que suas disposições, ao autorizarem despesas e fixarem dotação orçamentária para atendimento das necessidades a elas relacionadas, são inexigíveis na via judicial, mesmo quando se tratem da modalidade de subvenção. Deveras, esse entendimento vetusto tem amparo na jurisprudência do Supremo Tribunal Federal, consagrado no magistério da Corte em torno do conceito e da natureza da lei orçamentária, conforme se depreende da ementa do Recurso Extraordinário nº 34.581/DF, julgado pela Primeira Turma:

> Ementa: Conceito de lei orçamentária. O simples fato de ser incluída uma verba de auxílio no orçamento, que depende de apreciação do governo, não cria direito subjetivo a seu recebimento.[16]

---

13 Nessa direção, cf. NASCIMENTO, Carlos Valder do. O orçamento público na ótica da responsabilidade fiscal: autorizativo ou impositivo? *In*: *Revista Ibero-Americana de Direito Público*, ano 2, vol. 6, 4º trimestre, p. 18, 2001: "A lei orçamentária efetivamente não cria direitos, nem tampouco os gastos públicos regulam-se em razão dela, de modo a emprestar-lhe o caráter de direito subjetivo". Em sentido semelhante, cf. TORRES, Ricardo Lobo, op. cit., p. 76: "A teoria de que o orçamento é *lei formal*, que apenas *prevê* as receitas públicas e *autoriza* os gastos, sem criar direitos subjetivos e sem modificar as leis tributárias e financeiras, é, a nosso ver, a que melhor se adapta ao direito constitucional brasileiro".

14 Cf. MEIRELLES, Hely Lopes, op. cit., p. 161.

15 Francisco Campos (op. cit., p. 326) registra da seguinte maneira essa "pedra fundamental da teoria de Laband", que é o cerne da teoria do orçamento como lei apenas formal: "Para Laband, com efeito, sòmente é lei a disposição que contenha um preceito ou uma regra jurídica, ou a lei em sentido material. Os atos que, embora revestindo a forma de lei, não tenham como conteúdo uma regra de Direito, não são pròpriamente leis ou não têm a força material de lei. Serão simples atos de administração ou de govêrno, aos quais a Constituição prescreve a forma ou a aparência de lei. O orçamento é uma dessas leis formais".

16 Cf. Recurso Extraordinário nº 34.581/DF, Relator Min. Cândido Mota Filho, julgado pela Primeira Turma em 10/10/57, acórdão publicado no DJ de 04/12/57. Destaca-se o seguinte excerto do voto do relator: "O simples fato de ser incluída uma verba de auxílio a esta ou a aquela instituição, não cria, de

Essa compreensão foi reiterada pelo Tribunal Pleno da Corte, por ocasião do julgamento da Ação Rescisória nº 929/PR, ainda mais explícito quanto à negativa de qualquer conotação material de parte do orçamento, relativamente à constituição de direitos subjetivos para terceiros, timbrada pela ausência de *justiciabilidade*:

> Ementa: – Orçamento – Verbas destinadas à instituição assistencial. – A previsão de despesa, em lei orçamentária, não gera direito subjetivo a ser assegurado por via judicial. – Ação rescisória improcedente.[17]

Nada obstante, a nosso ver, a questão crucial não está em saber se as disposições da lei orçamentária são dotadas do atributo da bilateralidade intrínseca, consoante se verifica em determinado tipo de regras jurídicas, expresso em outro axioma jurídico clássico: *ius et obligatio correlata sunt*. Porque isso acarreta uma perspectiva, para além de relativista, também reducionista da própria questão da natureza jurídica do orçamento, mormente sob o ângulo de visão decisória e deliberativa do processo orçamentário.

Aliás, essa acepção de regras jurídicas como atributivas de direitos subjetivos, de um lado, e constituintes de deveres jurídicos, de outro, apenas entremostra o fenômeno de instituição de regras[18] que é um modo especial de racionar sobre questões práticas[19]. Em verdade, configura tão-somente um efeito possível de ser constado, ou não, como no caso da lei orçamentária no âmbito do *design* institucional. O projetista deste pode ter vislumbrado outros efeitos a serem produzidos pelo orçamento enquanto ato jurídico, à parte os administrativos, por evidente. Dito em outras palavras: não se deve confundir determinados efeitos que determinada fonte (a lei) está apta – ou não – a produzir com a noção de **regra**, uma das dimensões normativas que pode ser extraída da análise de dispositivos objeto da interpretação.

Assim, em estrito rigor, apesar de concordar-se com a doutrina e a jurisprudência do Supremo Tribunal Federal, segundo as quais o orçamento não

---

pronto, direito, a este auxílio, que depende de apreciação do Governo, porque o ato do Executivo tem em vista, e que visa também o orçamento – a ordenação da vida financeira do Estado. E é por isso que Alcino Pinto Falcão e Águias Dias, escreveram em sua 'Constituição anotada', pg. 180: 'e daí dizer-se que não chega a ser propriamente uma lei a chamada lei orçamentária, tão certo é que seu objetivo é a ordenação financeira do Estado, conteúdo que se situa entre as leis formais que são somente pela autoridade legislativa de que emanam, mas, em substância, atos de governo ou administrativos'".

17 Cf. Ação Rescisória nº 929/PR, Relator Min. Rodrigues Alckmin, julgada pelo Tribunal Pleno em 25/02/76, acórdão publicado no DJ de 16/06/76.

18 A esse respeito, cf. ÁVILA, Humberto. Legalidade tributária multidimensional. *In*: FERRAZ, Roberto (Coord.). *Princípios e limites da tributação*. São Paulo: Quartier Latin, 2005, pp. 280-281: "As regras podem ser divididas em dois grandes grupos: o das regras comportamentais e o das regras constitutivas. As regras comportamentais descrevem comportamentos como obrigatórios, permitidos ou proibidos. As regras constitutivas atribuem efeitos jurídicos a determinados atos ou fatos".

19 Nesse sentido, cf. ALEXY, Robert. A institucionalização da razão. *In*: ___. *Constitucionalismo discursivo*. Trad. Luís Afonso Heck. Porto Alegre: Livraria do Advogado Editora, 2007, p. 39: "Na argumentação jurídica, trata-se, como na argumentação prática geral, em último lugar, sempre disto, o que é ordenado, proibido e permitido, portanto, de questões práticas".

gera direitos subjetivos para terceiros, discorda-se do argumento de que a lei orçamentária é lei meramente formal, por aquela razão, a revelar, também, ausência de regra jurídica.

No entanto, o raciocínio mesmo acerca da não criação de direitos subjetivos precisa ser mais bem explicitado. O patamar atual da teoria dos direitos fundamentais não concede que se retroceda a uma ótica patrimonialista da noção de direito, quando se trata de orçamento. Nem mesmo quando se concebe os direitos fundamentais como direitos a prestações positivas (tanto de índole concreta e material, quanto de índole normativa) de parte do Estado, pode-se retroceder ao extremo daquela visão. Admitir-se o contrário equivaleria a reduzir a intensidade da constitucionalização dessa área do direito público, aliás, em sentido inverso do que ocorreu com o direito privado na sua "materialização"[20], e, entre nós, na já cediça e decantada constitucionalização do direito civil, ocorrida por intermédio de fenômenos como a filtragem constitucional do ordenamento jurídico e o reconhecimento da normatividade dos princípios.

Mais ainda, o próprio Estado Democrático de Direito, analisado sob uma perspectiva evolutiva, revela-se mantenedor da dimensão do Estado Social[21], razão por que não pode retroceder a um modelo burguês ou puramente liberal na sua vertente orçamentária, sob a inspiração da acepção patrimonialista de direito subjetivo, onde prevalece uma concepção individual de base egoísta e os próprios indivíduos deixam de ser considerados como membros cooperativos da sociedade.

A preponderância dessa concepção estritamente patrimonial de direito subjetivo na seara do orçamento corresponderia a ideia de quinhões ou

20 Sobre a "materialização do direito privado", cf. HABERMAS, Jürgen. *Direito e democracia.* Entre facticidade e validade. Vol. II. Trad. Flávio Beno Siebeneichler. Rio de Janeiro: Tempo Brasileiro, 2003, p. 132: "A materialização do direito privado foi iniciada numa linha predominantemente autoritária, envolvendo deveres de proteção social; no entanto, a instauração da República de Weimar fez com que caíssem os fundamentos jurídico-constitucionais nos quais se apoiava a autarquia do direito privado; a partir de então, não era mais possível '*opor o direito privado, tido como o reino da liberdade individual, ao direito público, tido como o campo de ação das imposições do Estado*'.

21 Para essa configuração evolutiva e a persistência da faceta social no modelo de Estado Democrático de Direito, cf. NOVAIS, Jorge Reis. Contributo para uma teoria do Estado de Direito: do Estado de Direito liberal ao Estado social e democrático de Direito. Separata do volume XXIX do Suplemento ao Boletim da Faculdade de Direito da Universidade de Coimbra. Coimbra, 1987, p. 224: "Tal como o temos vindo a caracterizar, o Estado de Direito da nossa época é, por definição, social e democrático, pelo que, em rigor, seria desnecessária, por pleonástica, a referida adjectivação. Todavia, sua utilidade reside na transparência com que elucida as dimensões essenciais de uma compreensão actualizada do velho ideal de limitação jurídica do Estado com vista à garantia dos direitos fundamentais dos cidadãos. De facto, ela sugere imediatamente a confluência no mesmo princípio estruturante da ordem constitucional de três elementos que poderíamos sintetizar por: segurança jurídica que resulta da proteção dos direitos fundamentais, a obrigação social de configuração da sociedade por parte do Estado e a autodeterminação democrática". Sobre o tema, entre nós, cf. TORRES, Ricardo Lobo. *Tratado de direito constitucional financeiro e tributário.* Vol. V. O orçamento na Constituição. 2ª ed. ver. e atual. Rio de Janeiro: Renovar, 2000, pp. 16: "Mas a verdade é que o modelo de Estado Social não desaparece totalmente. Passa por modificações importantes, com a diminuição do seu tamanho e a restrição ao seu intervencionismo. [...] Continua a ser Estado Social Fiscal podado em seus excessos, ao fito de obter a síntese entre o que os alemães chamam de Estado de Impostos (*Steurstaat*) e Estado de Prestações (*Leistungsstat*).

legados, nacos ou fatias, porções individuais do produto da cooperação social que a lei orçamentária não estaria apta a conferir às pessoas, por não ser possível investi-las em direitos com esse conteúdo e, simultaneamente, atribuir ao Estado o respectivo dever jurídico de satisfação, com implicações, portanto, na *justiciabilidade* desses [supostos] direitos.

Quando se alude à importância do orçamento em termos de definição dos ganhadores e perdedores da ação do Estado, aquela concepção e as ideias dela decorrentes devem ser expungidas, porque é necessário entender essa definição num contexto de abertura e pluralismo de ideias da deliberação pública que deve nortear o processo institucionalizado de alocação de recursos públicos, isto é, o processo orçamentário.

Um exemplo será capaz de esclarecer o que se está querendo dizer. Ninguém irá objetar que, considerada a relação de jurídica de prestação de serviços estabelecida entre os diversos agentes e o Estado (representado pela Administração Pública) como tomador dos mesmos, desponta, *prima facie*, o caráter patrimonial, sinalagmático, comutativo dessa relação: o agente oferece uma prestação (de serviços) e adquire o direito subjetivo a uma contrapartida, uma contraprestação por parte do Estado; é direito subjetivo do agente perceber a remuneração (*lato sensu*) pelos serviços prestados.

Agora, considere-se que a Constituição Federal no inciso X do art. 37 (com a redação ofertada pela Emenda Constitucional nº 19/98), ao tratar da remuneração dos servidores e do regime de subsídio previsto no §4º do art. 39, estabeleceu a necessidade de lei específica para fixação e alteração dos mesmos, "observada a iniciativa privativa em cada caso", e assegurou a "revisão geral anual, sempre na mesma data e sem distinção de índices".

O Supremo Tribunal Federal teve oportunidade de fixar a interpretação constitucionalmente adequada do dispositivo, por ocasião do julgamento pelo Tribunal Pleno da ADI 3599/DF[22], conjugando-o com as disposições dos incisos I e II do §1º do art. 169 do texto constitucional, a exigir prévia dotação orçamentária e autorização específica na lei de diretrizes orçamentárias para assunção de despesas daquela natureza.

Em nenhum dos votos dos Ministros que participaram do julgamento desse importante caso – uma vez que se tratava da primeira ação direta de inconstitucionalidade proposta pelo atual Presidente da República, que decorreu da derrubada do veto aposto às Leis federais nº 11.169/2005 e 11.170/2005, que alteraram a remuneração dos servidores públicos integrantes dos Quadros de Pessoal da Câmara dos Deputados e do Senado Federal, respectivamente – se

22 CF. ADI 3.599-1/DF, Relator Min. Gilmar Mendes, julgada pelo Tribunal Pleno em 21/05/07, acórdão publicado no DJ de 14/09/07. A ação teve como fundamentos as alegações de ofensa aos seguintes artigos constitucionais: arts. 2º, 37, X, 61, §1º, II, a, (violação à separação de poderes e vício de iniciativa, respectivamente); art. 5º, *caput* (desrespeito ao princípio da isonomia); art. 169, §1º (inobservância da exigência de prévia dotação orçamentária). O Tribunal conheceu da ação apenas por este último fundamento, e na parte conhecida, julgou-lhe improcedente.

cogitou de que as leis orçamentárias fossem as efetivas criadoras dos direitos subjetivos relativos à alteração de estipêndio (remuneração ou subsídio) ou decorrentes da garantia de revisão geral e anual (a título de recomposição do poder aquisitivo dos estipêndios previstos em moeda corrente)[23].

Estabeleceu-se, isso sim, a necessidade de observância dos incisos I e II do §1º do art. 169 da Constituição Federal, *em termos de condição de eficácia da lei específica que trate de alteração estipendial*, pondendo decorrer, nesta hipótese, *a sua não-aplicação naquele exercício em que houver sido introduzida a alteração*, em virtude da ausência de previsão orçamentária para fazer face à despesa, conforme entendimento do próprio Tribunal em precedentes específicos sobre a exigência de prévia dotação orçamentária referente à despesa alusiva à vantagem funcional e o §1º do art. 169 do texto magno[24].

Um excerto do voto do Min. Cezar Peluso naquele julgamento é elucidativo sobre o ponto em destaque:

> É claro que não se pode, aqui, predicar para a expressão 'aumento de remuneração' aquela distinção quanto eventual remuneração geral, porque o que importa para o art. 169 não é tampouco o título do aumento, mas o acréscimo de despesa orçamentária, ou melhor, o acréscimo de despesa sem previsão orçamentária. Então, se o aumento de despesa também for a título de revisão, cairá na mesma exigência constitucional, pois não é irrelevante saber se esse é um aumento **stricto sensu** ou se é mera reposição do poder aquisitivo da moeda. O problema é que, com essa interpretação, reconhecemos uma espécie de inconstitucionalidade condicionada; reconhecemos que essa norma não tem eficácia, apenas enquanto não sobrevenha uma lei orçamentária e uma lei de dotação orçamentária que preveja os recursos suficientes para a eficácia da norma votada sem essas duas exigências. Isso, em relação ao aumento de remuneração, não é tão problemático, porque até que sobrevenha lei orçamentária e lei de diretrizes orçamentárias que prevejam recursos suficientes para atender à criação das leis, pode ser que nem

---

23 Aí se encontra talvez o único dissenso relevante entre os membros do Tribunal sobre a interpretação do art. 37, inciso X. Todavia, é um dissenso isolado porque se apoia no entendimento único do Min. Marco Aurélio de que a exigência de lei específica não alcança a garantia de revisão geral e anual. Lê-se de seu voto: "A cláusula 'na forma da lei' diz respeito à fixação de remuneração e à do subsídio, ao aumento da remuneração e ao do subsídio, e não à revisão geral".

24 Cf. voto do Min. Gilmar Mendes na ADI 3.599-1/DF: "O tema é conhecido do Supremo Tribunal Federal há bastante tempo. Na ADI 1292-MT, Rel. Ilmar Galvão, unânime, *DJ* de 15.9.1995, sagrou-se o entendimento de que não se viabiliza controle abstrato de constitucionalidade quando se pretende confrontar norma que impõe despesa alusiva à vantagem funcional e ao art. 169 da Constituição, pois a ausência de dotação orçamentária prévia em legislação específica não autoriza a declaração de inconstitucionalidade, impedindo tão-somente a sua aplicação naquele exercício. Outros precedentes seguiram-se, todos no sentido do não-conhecimento da ação direta quando fundada no argumento da ausência de prévia dotação orçamentária para a realização de despesas (ADI 1585 DF, Rel. Sepúlveda Pertence, unânime, *DJ* de 3.4.1998; ADI 2339 SC, Rel. Ilmar Galvão, unânime, *DJ* 1.6.2001; ADI 2343 SC, Rel. Nelson Jobim, maioria, *DJ* 13.6.2003)". A rigor, o entendimento do Tribunal sobre o tema remonta ao julgamento da ADI-MC 484-1/PR, Rel. Min. Célio Borja, julgada pelo Plenário em 06/06/91, acórdão publicado no DJ de 27/03/92. Nesse julgamento, o relator assentou em seu voto: "Observo que a inexistência de autorização na Lei de Diretrizes Orçamentárias torna inexequíveis no exercício em que ela vige, as providências não autorizadas. Mas, não as invalida, nem nulifica".

no exercício seguinte haja previsão suficiente, mas isso adia a eficácia para outros exercícios. *De modo que se teria norma vigente, mas temporariamente e condicionalmente ineficaz até que sobrevenham leis que atendam aos dois requisitos dos incisos I e II*". (grifo nosso).

Será razoável negar que, a par da evidente não-criação dos direitos subjetivos dos servidores envolvidos, as leis orçamentárias em questão na ADI 3599/DF são requeridas não a título de meros atos-condição ou lei em sentido puramente formal, mas na qualidade de regras jurídicas "definitórias" (de concretização)[25], que atribuem efeitos jurídicos a determinados atos ou fatos, ou ainda, estipulam quando estes tornar-se-ão aptos a produzir certos efeitos?[26]

A resposta parece-nos negativa e com uma consequência importantíssima: a argumentação jurídica daqueles que defendem a tese segundo a qual a lei orçamentária ostenta caráter meramente formal, à base da conclusão da não criação de direitos subjetivos, demandar-lhes-á um ônus argumentativo maior, tanto no que se refere ao discurso de justificação desse ponto de vista, quanto no que diz respeito ao contexto de aplicação das normas constitucionais relacionadas ao tema.

Um outro exemplo da jurisprudência do Supremo Tribunal Federal, ainda relacionado com direitos e orçamento, agora sem a presença de relação jurídica direta entre o titular do direito e o Estado. No entanto, o caso envolve a tônica da jusfundamentalidade, que demanda garantias processuais, máxime o acesso ao Poder Judiciário e seus possíveis desdobramentos, e, desse modo, servirá de incremento da posição aqui defendida.

A Primeira Turma do Supremo Tribunal Federal, ao julgar o Recurso Extraordinário nº 207.732-1/MS[27], oriundo de uma ação de investigação de paternidade, confirmou o entendimento do Tribunal de Justiça do Estado do Mato Grosso do Sul, na direção de que a garantia de assistência judiciária gratuita prevista no art. 5º, inciso LXXIV, da Constituição Federal compreende, naquela espécie de ação, o custeio por parte do Estado-membro do exame pericial de DNA, independentemente de previsão orçamentária relativa ao ônus dos honorários periciais daquele procedimento. O Estado do Mato Grosso do Sul alegara como fundamentos de seu recurso ofensas (1) ao devido processo

25 Sobre o termo e a função eficacial das regras jurídicas, cf. ÁVILA, Humberto. *Sistema Constitucional Tributário*. São Paulo, Editora Saraiva, pp. 51-52, 2004.

26 O voto do Min. Ilmar Galvão na decisão da ADI-MC 1.292-4/MT (julgada pelo Plenário em 23/08/95, acórdão publicado no DJ de 15/09/95) é elucidativo da questão, corroborando o nosso entendimento: "Na verdade, o objetivo da norma é prevenir a efetivação de despesas não autorizadas, capazes de impossibilitarem a execução do orçamento aprovado, nada impedindo que uma despesa não autorizada para um determinado exercício venha a sê-lo para exercício posterior. Por outro lado, parece fora de dúvida que, *uma vez autorizada para determinado exercício, a vantagem incorpora-se definitivamente à despesa pública, dispensando nova autorização para os exercícios futuros*". (grifo nosso). De efeito, essa dispensa de nova autorização é exatamente o efeito oposto ao preconizado pela teoria do ato-condição, como traço típico da matéria orçamentária nas leis que a veiculam.

27 Cf. Recurso Extraordinário nº 207.732-1/MS, Rel. Min. Ellen Gracie, julgado pela Primeira Turma em 11/06/2002, acórdão publicado no DJ de 02/08/2002.

legal (art. 5º, inciso LIV e LV), (2) à isonomia (art. 5º, inciso II), (3) à garantia de prestação de assistência judiciária gratuita (que compreenderia apenas assistência jurídica pela disponibilidade de advogados às classes menos favorecidas), (4) aos arts. 100, 157, 165 do texto constitucional, uma vez que o Estado somente pode efetuar pagamentos por meio de precatórios decorrentes de sentença judicial condenatória. Por derradeiro, alegou ofensa ao princípio da separação de poderes (art. 2º).

A Primeira Turma do Tribunal baseou-se em decisão anterior proferida por sua Segunda Turma, quando do julgamento do Recurso Extraordinário nº 224.775-6/MS[28], onde foram rechaçadas as mesmas alegações do Estado de Mato Grosso do Sul em causa idêntica.

Na condição de relatora, a Min. Ellen Gracie aderiu ao entendimento constante do voto do relator (Min. Néri da Silveira) do Recurso Extraordinário nº 224.775-6/MS, segundo o qual "Não seria possível concluir que não há obrigação à cobertura desse ônus [custeio do exame pericial de DNA], tão-só, porque não prevista no orçamento de certo exercício"; além disso, estabeleceu que ao Estado cabe dar "a maior eficácia possível a uma garantia tão importante ao Estado de Direito como a do acesso efetivo à prestação jurisdicional, principalmente aos mais carentes", sob pena do contrário configurar omissão estatal inaceitável.

Demais disso, a Relatora fez questão de ressaltar a importância do asseguramento da realização do exame mesmo às expensas do Estado, em virtude do papel decisivo do exame de DNA, pela precisão que lhe é inerente, no bojo de uma ação de "importância social", conforme é a de investigação de paternidade. Para a Min. Ellen Gracie, "em nome da segurança jurídica" se fundamenta o dever do Estado de custeio do exame pericial de DNA naquele tipo de ação, independentemente de previsão orçamentária.

Bem se vê que o estado ideal de *certeza* preconizado pelo princípio da segurança jurídica prevaleceu sobre a regra da legalidade orçamentária, em virtude da preponderância axiológica do princípio da segurança jurídica, *a fortiori* porque naquele caso a dignidade humana serviu de suporte material para aplicação daquele princípio pela Ministra, uma vez que na própria ação de investigação de paternidade a dignidade humana é um elemento que funda a pretensão deduzida (investigando) e resistida (investigado) em juízo.

Dos julgados de ambas as Turmas do Supremo Tribunal Federal a respeito do tema, dessume-se que os direitos fundamentais (ou da liberdade) e suas garantias institucionais e processuais provocam *custos gerais* a serem suportados pelo Estado, são plenamente justiciáveis (*justifiable*) e independem de complementação legislativa (na via orçamentária), tendo eficácia imediata.

Desse modo, o decisivo é não confundir a idéia do custo desses direitos[29] com a necessidade de previsão de dotação específica no orçamento para sua

28 Recurso Extraordinário nº 224.775-6/MS, Rel. Min. Néri da Silveira, julgado pela Segunda Turma em 08/04/2002, acórdão publicado no DJ de 24/05/2002.

29 Cf. HOMES, Stephen; SUNSTEIN, Cass R. *The costs of rights*. Why liberty depends on taxes. New York-London: WW. Norton & Company, 1999, p. 21: "Rights have social costs as well as budgetary costs".

materialização, mormente quando se trata de prestações estatais em favor dos pobres ou necessitados (*in casu*, o próprio fornecimento estatal do exame pericial de DNA), tocadas que são pelo mínimo existencial[30]. Portanto, também não se trata de criação de direitos e suas respectivas garantias, de índole fundamental, por parte do orçamento.

A jurisprudência do Supremo Tribunal Federal consagra que tanto direitos subjetivos, de incontestável matiz patrimonial, quanto os direitos e garantias, de caráter fundamental, não são criados pelo orçamento, sendo certo que no caso destes o problema se resolve pela assunção de custos gerais por parte do Estado, o que implica técnica (previsão) e decisão (alocação) responsáveis, razoáveis e racionais no processo orçamentário. À evidencia, o entendimento da Corte placita o posicionamento doutrinário de que nessa dimensão os direitos humanos não estão sujeitos à reserva orçamentária exercida na via da competência legislativa.

Indo além, com arrimo em tudo que se sustentou e no estudo dos casos apresentados, pode-se afirmar que embora a conclusão do silogismo compartilhado pela doutrina clássica e a jurisprudência do Supremo Tribunal Federal esteja correto, vale dizer, a não criação de direitos subjetivos pelo orçamento, as premissas segundo as quais "não há regra jurídica na lei orçamentária" e "a lei orçamentária é lei em sentido apenas formal" - e das quais deriva aquele resultado - **são aplicadas sem a correta justificação**. A justificação depende de argumentos: "os argumentos são elementos de justificação racional da interpretação jurídica"[31]. Como se sabe, a tarefa da interpretação jurídica é, exatamente, fundamentar esse tipo de premissa. Esse ofício de justificação das premissas escolhidas é qualificado de justificação externa, "mediante a qual são avaliados os argumentos empregados para decidir por uma interpretação em detrimento de outra (s)"[32].

Cumpre, então, avaliar se há argumentos suficientes o bastante para fundamentar essas premissas. Este será o passo seguinte deste trabalho.

3. A DESCONSTRUÇÃO DAS PREMISSAS: RUMO À VERDADEIRA NATUREZA JURÍDICA DO ORÇAMENTO

3.1. O orçamento e sua ausência de regra jurídica

A premissa tradicional de que a lei orçamentária não veicula regra jurídica precisa ser revista. Essa formulação teórica tem algumas consequências,

30 Nesse sentido, cf. TORRES, Ricardo Lobo. A jusfundamentalidade dos direitos sociais. *In*: BINENBOJM, Gustavo (Org.) *Revista de Direito da Associação dos Procuradores do Novo Estado do Rio de Janeiro*. Vol. XII: direitos fundamentais. Rio de Janeiro: Lumen Juris, 2003, p. 356: "Interessa-nos [...] o exame do *mínimo existencial*, que se inclui no rol dos direitos fundamentais, protege contra as constrições do Estado e de terceiros, carece de prestações positivas e é plenamente garantido pela jurisdição, independentemente da *reserva orçamentária*, pois goza também de garantias institucionais".

31 Cf. ÁVILA, Humberto. Argumentação jurídica e a imunidade do livro eletrônico. *In*: TORRES, Ricardo Lobo (Org.). *Temas de interpretação do direito tributário*. Rio de Janeiro: Renovar, 2003, p. 110.

32 Idem, ibidem, p. 111.

dentre elas a natureza puramente administrativa, e não legislativa, do orçamento e daí a possibilidade de sua alteração por "decretos ou regulamentos baixados pelo Poder Executivo, especialmente no caso de cancelamento de dotações orçamentárias e de contingenciamentos feitos, visando à não execução de gastos programados".[33]

Em primeiro lugar, a formulação parte de um entendimento altamente conceptualista do orçamento. Realmente, a busca de um objeto que se adéque no plano das ideias ao termo orçamento é o ponto de arranque daqueles que não lhe reconhecem a *normatividade* típica das regras jurídicas. No geral, esse tipo de concepção em muito se assemelha com o estágio anterior do conceito de constituição: faltava-lhe a *normatividade* e a decorrente *imperatividade*, razão por que todos os seus comandos careciam de *efetividade*, adstrita que estava a constituição à noção de mero aconselhamento ou de exortações destinadas ao legislador ordinário. Em suma: à constituição não se reconhecia o atributo da legalidade.[34]

Em síntese, as constituições careciam de força normativa e estavam subjugadas diante do fetichismo legalista, marcadamente representado pelos códigos e as leis ordinárias; os primeiros com a sua pretensão de conter as respostas para o desenlace de todas as questões da vida privada, cujo maior exemplo é o Código de Napoleão de 1804. Contribuiu para isso também a ideia quase universal da lei como expressão da vontade geral, uma manifestação racional capaz de afastar os males do estado de natureza pré-contrato social.

O declínio dessas concepções na seara da filosofia política e da teoria constitucional, e da teoria do direito em particular, ao longo do século XX (notadamente a partir do segundo pós-guerra)[35], parece não ter tido eco na teoria orçamentária. Esta continua presa a esquemas dogmáticos dos quais são deduzidas estruturas de raciocínio lógico, a todas as luzes, incompletas, ou dito em outras palavras, de fundamentação incompleta de premissas como a que ora estamos nos ocupando.

Dessa maneira, a par da dissociação que se realiza da noção de orçamento como regra decisória do regime democrático sobre alocação de recursos públicos (resumida na expressão processo orçamentário), a incompletude da premissa se verifica quando subavalia os modais deônticos, na medida que entende as regras comportamentais apenas como enunciados normativos que apenas obrigam ou proíbem condutas, sem atribuir a devida consideração às condutas permitidas ou autorizadas.

33 Cf. NASCIMENTO, Carlos Valder do. O orçamento público na ótica da responsabilidade fiscal: autorizativo ou impositivo? In: Revista Ibero-Americana de Direito Público, ano 2, vol. 6, 4º trimestre, p. 18.

34 Em corroboração, cf. BARROSO, Luís Roberto; BARCELLOS, Ana Paula. O começo da história. A nova interpretação constitucional e o papel dos princípios no direito brasileiro. *In*: BARROSO, Luís Roberto. *Temas de direito constitucional*. Tomo III. Rio de Janeiro: Renovar, 2005, p. 4.

35 Sobre essa temática e sua marcha histórica, sintetizada na ideia de "crise da lei formal", cf. BINENBOJM, Gustavo. *Uma teoria do direito administrativo*: direitos fundamentais, democracia e constitucionalização. Rio de Janeiro: Renovar, 2006, pp. 125-137.

Sob esse ângulo de análise, o propalado "caráter meramente autorizativo" da lei orçamentária não faz jus ao caráter *deôntico* das regras, que atribui idêntica importância às *razões* para a existência de obrigações, proibições ou permissões. Isso é decisivo no atual estágio do estudo das normas jurídicas e da racionalidade prática e discursiva do Direito[36].

Reduzir a noção de regra a uma norma que indica o que deve ser feito ("normas-do-que-fazer", em inglês "*ought-to-do norms*") apenas em termos de obrigações ou proibições significa reduzir arbitrariamente o seu *conteúdo deontológico*[37]. Parte-se, assim, de uma concepção *a priori*, ideológica mesmo, no que diz respeito às regras, e que não encontra qualquer respaldo cientifico hodiernamente, equivalendo a não "levar as regras a sério".

Desse modo, fica claro que a premissa segundo a qual o orçamento não veicula nenhuma norma jurídica esconde um juízo de valor, na verdade, um desvalor atribuído à lei orçamentária numa sede em que não se trata do aspecto axiológico das normas, na medida em que não se cogita se algo é bom e, por isto, digno de ser buscado ou preservado. Não se trata de atribuir uma qualidade à lei orçamentária em busca de seu valor intrínseco, de viés essencialista.

Por esses motivos, mesmo em sede da justificação interna (onde a fundamentação é sempre incompleta) a premissa ou a afirmativa da doutrina tradicional de que o orçamento não contém regra jurídica, por ser meramente autorizativo, deve ser descartada, porque está equivocada do ponto de vista da natureza dos enunciados prescritivos (os comportamentos descritivamente prescritos por determinadas regras), uma vez que opera indevida ablação das autorizações ou permissões do seu conteúdo e também das razões para existência destas.

O mesmo problema deve ser apontado quando a noção clássica é analisada em face do contexto de aplicação das normas. Como se sabe, o traço distintivo das regras está no modo como podem deixar de ser aplicadas integralmente (modo de justificação necessário à sua aplicação), e não no modo de aplicação propriamente dito (modo absoluto de cumprimento ou "tudo ou nada")[38].

E é justamente essa a questão da lei orçamentária, ao veicular razões para existência de autorizações ou permissões (caráter deôntico), estas decorrem de uma norma que indica o que deve ser feito (caráter deontológico). Portanto, a problemática da lei do orçamento não consiste nela não *obrigar* ou *impor* o seu cumprimento ao gestor executivo. A questão reside na justificação que este deve fornecer para sua não-aplicação, vale dizer, a não-realização das despesas

36 A propósito, Cf. ALEXY, Robert. A institucionalização da razão. *In*: ____. *Constitucionalismo discursivo*. Trad. Luís Afonso Heck. Porto Alegre: Livraria do Advogado Editora, 2007, p. 39: "Na argumentação jurídica, trata-se, como na argumentação prática geral, em último lugar, sempre disto, o que é ordenado, proibido e permitido, portanto, de questões práticas".

37 A respeito do caráter deôntico-deontológico das regras, cf. ÁVILA, Humberto. *Teoria dos princípios*: da definição à aplicação dos princípios jurídicos. 4ª. ed. rev, 2ª tiragem. São Paulo: Malheiros, 2005, p. 64.

38 Idem, ibidem, p. 65.

autorizadas. Em conseqüência disso, o ônus argumentativo do gestor executivo é – e não apenas "deve ser" – muito maior para o seu não-cumprimento.

Nessa toada, verifica-se que várias outras normas, de índole constitucional, incidem e decidem o problema no sentido dessa solução preconizada. Desse modo, a interpretação constitucionalmente adequada da questão leva em conta não só a finalidade que dá suporte a regra "autorizativa" orçamentária, mas também princípios constitucionais que lhe são axiologicamente sobrejacentes, tais como o democrático e do devido processo legal.

De conseguinte, é crucial não olvidar que o princípio democrático instaura o regime político-representativo (art. 1º, parágrafo único, da Constituição Federal) de forma *multifuncional*, ou dito em palavras, a representação popular e a necessidade de decisão sobre uma quantidade indeterminada de questões não se concentra no Legislativo; o Executivo desempenha parcela significativa dessa representação, da qual, aliás, retira igualmente a sua legitimidade. Isso atrai para o Executivo a mesma necessidade de fornecer razões ("*the duty of giving reasons*") para sua atuação, *a fortiori* quando participa do processo orçamentário em mais de uma fase (elaboração da proposta orçamentária e exercício eventual do veto executivo, parcial ou total, na formação da lei orçamentária).

Destarte, a própria execução da lei orçamentária, que exterioriza a sua aplicação pelo Executivo, é regida pelo princípio democrático no sentido aqui apontado. A propósito, reforçam-no as disposições constitucionais que determinam a expedição de decretos e regulamentos para fiel execução da lei (art. 84, inciso IV) e prescrevem o crime de responsabilidade para os atos do Presidente da República que atentem, especialmente, contra a lei orçamentária (art. 85 inciso VI), conforme definição da Lei nº 1.079/50[39].

Quanto ao devido processo legal, têm-se exigências de racionalidade para atuação do chefe do Executivo que são lastreadas na gestão racional e imparcial da *res publica*. O princípio do devido processo legal não se satisfaz com a simples observância de meros ritos formais (expedição pura e simples do decreto de executivo), ainda que em sede de execução da lei orçamentária. Desse modo, não se pode confundir essa exclusiva competência administrativa do Poder Executivo (ou reserva administrativa da execução orçamentária) – que deflui naturalmente do princípio da separação dos poderes (art. 2º) – com a desfiguração da lei orçamentária, sob pena de ofensa ao devido processo de elaboração das leis ("*due process of lawmaking*")[40].

Ao abrigo desse princípio, se encontra uma miríade de idéias fundamentais, tais como a primazia do processo legislativo, a importância da deliberação legislativa, a legitimidade institucional, as estruturas por meio das quais

39 O art. 10 da Lei nº 1.079, de 10 de abril de 1950, define os crimes de responsabilidade contra a lei orçamentária.

40 Para uma abordagem do "devido processo de elaboração das leis" integrada à *public choice theory*, cf. FARBER, Daniel A.; FRICKEY, Philip P. *Law and public choice*. A critical introduction. Chicago: The University of Chicago Press, 1991, p. 118-119.

políticas públicas são formadas e executadas, a promoção mesma do princípio da separação dos poderes e a decorrente conservação de uma prerrogativa de avaliação atribuída ao Legislativo e ao Executivo no âmbito do Estado Democrático de Direito[41].

Como se anotou, a representação política é multifuncional e compartilhada entre o Legislativo e o Executivo, sendo o processo orçamentário um espelho dessa realidade política e jurídica. Em decorrência disso, não se pode estabelecer uma hierarquia de legitimidade institucional como critério da tomada de decisão que deva prevalecer, máxime na hipótese de seleção da chefia do Executivo pelo sistema de voto direto e majoritário, a emprestar alto coeficiente de legitimidade democrática à sua atuação.

É justamente aí que entra em cena o devido processo de elaboração das leis com a sua exigência constitucional de um processo legislativo racional, cujo procedimento seja devidamente estruturado, orientando-se por determinados requisitos que envolvem não só a marcha dos trabalhos e a configuração das arenas decisórias, mas também a garantia da ocorrência da deliberação pública com a conseqüente intensificação do princípio democrático e do sistema representativo.

Justamente porque o Poder Legislativo toma decisões resultantes de discussões e votações democráticas que consubstanciam o processo orçamentário, há maiores razões para sustentar que a execução do orçamento pelo Executivo seja encarada em novos moldes, isto é, travejada por uma nova concepção de discricionariedade, que desafia a noção de que por debaixo da execução orçamentária exista um poder estritamente político e ilimitado de decidir, paradoxalmente estribado no alto coeficiente de legitimidade democrática do executor (portanto, na sua vinculação direta ao princípio democrático) e na regra geral de competência para execução das leis (decorrência do princípio da separação dos poderes e no caso do orçamento enfatizada pela iniciativa *vinculada* que se extrai do art. 84, inciso XXIII, combinado com os arts. 165, inciso IIII, §3º, e 166, §6°, da Constituição Federal).

A concepção e, sobretudo, a compreensão da discricionariedade recebeu importante e elucidativo aporte de Gustavo Binenbojm na seara do direito administrativo, mas de inegável aplicabilidade ao tema ora perscrutado, na medida em que a execução orçamentária configura exclusiva competência administrativa do Poder Executivo. Vale a pena, assim, o registro:

> [...] a discricionariedade deixa de ser compreendida como um campo externo ao direito – verdadeiro atavismo monárquico – para passar a ser vista como um *poder jurídico*. É dizer: um espaço decisório peculiar à Administração, não de escolhas puramente subjetivas, mas que se define pela priori-

41 Nesse sentido, cf. ÁVILA, Humberto. *Sistema constitucional tributário*. (De acordo com a Emenda Constitucional n. 42, de 19.12.03.). São Paulo: Saraiva, 2004, p. 429: "Um mínimo de liberdade de escolha é inerente ao sistema de divisão de funções. Cada Poder deve conservar uma prerrogativa de avaliação (*Einschatzungsprärogative*)".

> dade das autoridades administrativas na *fundamentação* e *legitimação* dos atos e políticas públicas adotados, dentro de parâmetros jurídicos estabelecidos pela Constituição, pelas leis ou por atos administrativos normativos editados pela próprias entidades da Administração.[42]

Depreende-se que, em estrito rigor, soa impróprio equiparar a reserva administrativa da execução orçamentária a um tacão do chefe do Executivo. O discurso do Direito não pode se compadecer com eventuais práticas políticas, porque decorram das circunstâncias concretas do regime de "presidencialismo de coalizão"[43]. Isto não equivale a dizer que as disposições orçamentárias sejam comandos para o Executivo gastar, preordenando a execução orçamentária; impediriam-no a separação dos poderes e a regra de exclusiva competência administrativa desse poder. Aliás, como já afirmado no início deste capítulo, esta não é a seara necessária para o trato do anseio de tornar obrigatória a execução da programação orçamentária, nem mesmo para avaliar se isso é desejável e imprescindível no âmbito das relações entre Legislativo e Executivo no processo orçamentário.

O Executivo, tanto no que entende com o governo quanto com a administração, não está indene de justificar suas ações[44]; muito ao revés, em uma democracia constitucional em bom funcionamento (*well-functioning*) exigem-no os valores democráticos da gestão racional, imparcial, sujeita à responsabilização (*accountability*) e deliberativa. Em síntese: atuação republicanamente justificada nas suas relações com as demais instituições políticas e as da sociedade.[45]

Questão diversa é saber se existe na nossa democracia constitucional um repertório suficiente de dispositivos institucionais capaz de limitar ou evitar que o Executivo atue exclusivamente em prol de grupos aliados ou que exerçam

---

42 Cf. BINENBOJM, Gustavo. *Uma teoria do direito administrativo*: direitos fundamentais, democracia e constitucionalização. Rio de Janeiro: Renovar, 2006, p. 198.

43 A respeito do presidencialismo de coalizão, identificando-o como um dilema do nosso sistema de governo presidencial, de forma pioneira, o clássico estudo de ABRANCHES, Sérgio Henrique Hudson de. Presidencialismo de coalizão: o dilema institucional brasileiro. *In*: *Dados – Revista de Ciências Sociais*, vol. 31, nº 1, 1988, pp. 5-34. No ponto, aquele cientista político assim o delineou (pp. 21-22): "Apenas uma característica, associada à experiência brasileira, ressalta como uma singularidade: o Brasil é o único país que, além de combinar o multipartidarismo e o 'presidencialismo imperial', organiza o Executivo com base em grandes coalizões. A esse traço peculiar da institucionalidade concreta brasileira chamarei, à falta de melhor nome, 'presidencialismo de coalizão', distinguindo-o dos regimes da Áustria e da Finlândia (e França gaulista), tecnicamente parlamentares, mas que poderiam ser denominados de 'presidencialismo de gabinete' (uma não menos canhestra denominação, formada por analogia com o termo inglês *cabinet government*)". Ver, ainda, do mesmo autor, o livro *Presidencialismo de Coalizão*. Raízes e evolução do modelo político brasileiro. São Paulo, Companhia das Letras, 2018.

44 Nesse sentido, cf. SUNSTEIN, Cass R. *The partial constitution*. Cambridge: Harvard University Press, 1993, p. 17: "In American constitutional law, government must always have a reason for what it does. [...] The required reason must count as public-regarding one. Government cannot appeal to private interest alone".

45 Sobre essa temática, tomando por base um republicanismo liberal ou madsoniano, cf. a seguinte obra de Cass R. Sunstein: The enduring legacy of republicanism. *In*: ELKIN, Stephen L.; SOLTAN, Karol Edward (Eds.). *A New Constitutionalism*. Designing political institutions for a good society. Chicago: The University of Chicago Press, 1993, pp. 174-203.

um poder licencioso (*raw power*), ao contemplá-los com a distribuição efetiva de recursos e oportunidades na via da execução orçamentária[46], por força das circunstâncias concretas do sistema político e das peculiaridades do regime brasileiro de presidencialismo de coalizão.

Nesse diapasão, é crucial afastar a ideia de que o resultado concreto da execução orçamentária (distribuição) é produto do Direito existente entre nós, quer o posto quer o pressuposto. O estudo teórico acerca da natureza jurídica do orçamento, que envolve a discussão se a lei que o veicula contém, ou não, regra jurídica não pode servir de base para uma execução orçamentária estritamente direcionada para os interesses individuais ou coletivos das facções políticas e dos grupos de interesse, típico de um modelo de democracia agregativa de interesses e preferências ou utilidades[47], que, por sua vez, é incompatível com o novo paradigma que se pretendeu instituir a partir da Constituição Federal de 1988.

Dessa sorte de ideias resulta equivocada a concepção jurídica que vê na suposta ausência de regra jurídica da lei orçamentária, ou no seu "caráter meramente autorizativo", um *bill* de indenidade para a execução orçamentária pelo Executivo, onde a tônica seja o não-oferecimento de razões para o exercício dessa exclusiva competência administrativa[48]. O postulado é o da "*justificabilidade*" da ação executiva, até mesmo para que se revelem as suas preferências e interesses, ou dos grupos da cidadania que representa, sujeitando-se ao escrutínio crítico e democrático na perspectiva de mudança para direção mais apropriada.[49]

---

46 Essa maneira de atuar pode ser vista como uma ofensa ao princípio da imparcialidade, entendido como proibição do governo agir "à base do puro auto interesse, ou poder, ou capricho", consoante descreve Sunstein (v. obra citada na nota de rodapé 42, *loc. cit.*). Na direção do nosso texto, cf. _____. The enduring legacy of republicanism, p. 191: "Much of modern constitutional doctrine reflects a single perception of the underlying evil: the distribution of resources or opportunities to one group rather than another solely because those benefited have exercised the raw [political] power to obtain governmental assistance". Em outra obra (*The partial constitution*, p. 25), o autor é ainda mais incisivo: "[...] I will call this underlying evil - a violation of the impartiality requirement - a *naked preference*".

47 A propósito, cf. SUNSTEIN, Cass R. Idem, ibidem, p. 199: "Preferences adapt to the available options; they are not autonomous. In these circumstances, politics properly has, at the heart of its functions, the selection, evaluation, and shaping of preferences, not simply their implementation. For this reason, the Madisonian ideal [of political deliberation] may well result in better laws than an approach that takes for granted the existing set of preferences. There is, in this sense, something like a 'common good' or 'public interest' that is distinct from the aggregation of private preferences or utilities".

48 Essa tendência pode ser inferida do seguinte trecho da posição defendida por Carlos Valder do Nascimento (op. cit., p. 19): "Verdade é que as reservas de contingência são realizadas sem a participação do Poder Legislativo, pela mesma forma, o cancelamento de dotações orçamentárias é feito pelo Poder Executivo, *quando assim quer e deseja*, o mesmo ocorrendo com o controle do fluxo de recursos objeto das liberações feitas pelo ordenador de despesas, ou pelo administrador". (grifo nosso).

49 Em corroboração, cf. SUNSTEIN, Cass R. *The partial constitution*, p. 20: "The minimal condition of deliberative democracy is a requirement of reasons for governmental action. We may thus understand the American Constitution as having established, for the first time, *a republic of reasons*. A republic of this sort is opposed equally to outcomes grounded on self-interest and to those based solely on 'nature' or authority". (grifo nosso). No mesmo sentido, v. REICH, Robert B. Public administration and public deliberation: an interpretive essay. *In*: *The Yale Law Journal*, volume 94, number 7, 1985, p. 1637: "The

3.2. O orçamento como lei em sentido "meramente formal"

A lei meramente formal emana dos corpos legislativos, mas não pode ser considerada lei *stricto sensu*, na medida em que falece o elemento definidor ou específico da lei, vale dizer, seu conteúdo não encerra normas que disciplinem relações jurídicas em abstrato. Esse conteúdo é tipificado como ato jurídico emanado do Estado, que detenha caráter normativo geral, abstrato, impessoal e obrigatório, cujo escopo seja reger a vida em sociedade. Trata-se, nesse último caso, da lei em sentido material. De conseguinte, a lei meramente formal é uma espécie de invólucro ou revestimento de um ato. Este é editado sob a forma de lei, contudo não encerra aquele conteúdo ou substância. É dizer: não é um ato normativo. A natureza jurídica do ato que é revestido é questão diversa.

Nessa cadência, é possível pensar em alguns exemplos de lei meramente formal: as que atribuem a logradouros ou instalações públicas os nomes de personalidades ou vultos históricos como forma de homenageá-los; as concessivas de títulos honoríficos; as que estabelecem datas comemorativas de profissões, instituições, etc.

Portanto, a doutrina clássica e a jurisprudência consolidada do Supremo Tribunal Federal quando asseveram o caráter tão-somente formal da lei orçamentária, além de afirmarem que tal lei não possui conteúdo ou substância, consagram o entendimento de que a manifestação legislativa é um mero invólucro ou ornamento de um ato, equivalendo a atribuir-lhe solenidade, sem negar, contudo, que essa forma solene é da substância do ato.

A premissa tradicional de que a lei orçamentária configura lei em sentido tão-somente formal precisa ser revisitada. Essa formulação teórica, além de padecer dos mesmos pré-conceitos da premissa que se acabou de avaliar, carrega consigo uma visão incompleta das leis orçamentárias que se baseia no vezo de não as analisar em suas disposições. A síntese numérica e contábil como traço típico dos orçamentos repercute tanto na doutrina clássica, quanto na jurisprudência tradicional do Supremo Tribunal Federal[50].

---

job of the public administrator is not merely to make decisions on the public's behalf, but to help the public deliberate over the decisions that need to be made. Rather than view debate and controversy as managerial failures that make policymaking and implementation more dificult, the public administrator shoud see them as natural and desirable aspects of the formation of public values, contributing to society's self-understanding".

50 Nesse sentido, cf. CAMPOS, Francisco. Orçamento – Natureza jurídica – Anualidade – Discriminação de Rendas – Imposto de Indústrias e Profissões – Movimento econômico – Imposto sobre vendas e consignações. Pareceres. *In*: *Revista de Direito Administrativo*, v. 71, 1963, p. 332: "Se o orçamento contém preceito jurídico, ordem, autorização ou proibição, é um fato que pode depender do modo por que se formou um conceito particular da lei orçamentária. Se êsse conceito se formou abstratamente, ou mediante uma ideia prévia ou *a priori* do que é orçamento, amputados os seus complexos aspectos formais e materiais, ou reduzido a um simples esquema aritmético, a operação orçamentária será, efetivamente, uma simples conta em que se confrontam com as somas destinadas às despesas as somas conjeturais que deverão resultar das fontes de receita". Ao ver de Francisco Campos, essa pré-compreensão do orçamento, ao lado das circunstâncias e da ideologia da época na Alemanha, é decisiva na formulação da prestigiada doutrina de Paul Laband sobre o tema. Na jurisprudência do Supremo Tribunal Federal, v. o Recurso Extraordinário nº 34.581/DF, julgado pela Primeira Turma em 10/10/57, acórdão publi-

Na verdade, a objetividade numérica dos orçamentos é o autêntico argumento para a formulação teórica de que a lei orçamentária é apenas um ato concreto sob a forma de lei. Eis, assim, o conteúdo ou a substância dessa lei: uma tábua numérica de valores ou recursos públicos a serem rateados para atendimento pelo Estado das finalidades constitucionais e legais existentes. Esse conteúdo é decisivo porque diz respeito à própria natureza jurídica do ato, e é por conta dele que a lei orçamentária não ostenta o sentido material capaz de disciplinar a vida coletiva. E não o contrário.

A previsão de receita e a fixação de despesa dão a tônica da lei orçamentária, na qualidade de indicação numérica de montantes que compõem as diversas dotações (recursos estabelecidos no orçamento para atender às necessidades de determinado órgão, fundo ou despesa), que são fixadas para execução de programas de trabalho (vinculados a determinado elemento de despesa) com as respectivas fontes de receita.

Em decorrência disso, no Direito brasileiro, a natureza jurídica do orçamento é de decisão político-administrativa para custeio de programas governamentais ou projetos específicos, de acordo com a própria função programática que se extrai do texto constitucional (p. ex., art. 48, inciso, IV; art. 165, §§4º e 7º; art. 166, inciso II). Daí resulta que a lei orçamentária é o veículo de atos políticos-administrativos em sentido material, que têm objeto determinado e destinatários certos; portanto, trata-se de **lei de efeitos concretos**, ou ainda, suas provisões são decisão sobre alocação (rateio), em concreto, dos recursos públicos (receitas). A lei orçamentária meramente formal, ainda que submissa ao procedimento parlamentar, carece, assim, do coeficiente bastante de normatividade, faltando-lhe **generalidade e abstração**.

Duas objeções, ao menos, se impõem, aqui, a essas concepções: a primeira delas diz respeito a um flagrante excesso de formalismo [cognitivo] quanto ao fenômeno orçamentário e seu processo decisório, de molde a configurar flagrante ausência de um pluralismo metodológico para abordar a temática orçamentária; a segunda é atinente à falta de transparência dos documentos orçamentários, sob o prisma de sua *inteligibilidade*, vale dizer, o orçamento público é obscuro tanto para os *financeiristas* (com o perdão pelo neologismo, digamos, infeliz) quanto para o cidadão médio.

4. CONSIDERAÇÕES FINAIS

De nossa parte, feitas as devidas distinções e esclarecimentos, continuamos a entender que as leis orçamentárias estipulam razões para a existência de autorizações ou permissões (aspecto deôntico) e continuam dizendo respeito a autorizações ou permissões que decorrem de uma norma, que **indica o que deve ser feito** (aspecto deontológico da lei orçamentária).

---

cado no DJ de 04/12/57, Relator Min. Cândido Mota Filho e a. Ação Rescisória nº 929/PR, Relator Min. Rodrigues Alckmin, julgada pelo Tribunal Pleno em 25/02/76, acórdão publicado no DJ de 16/06/76.

O crucial é não confundir a própria decisão político-administrativa de alocação (ou aplicação) de recursos para satisfação de uma despesa com a indicação da respectiva fonte de custeio, que é expressa na objetividade numérica orçamentária, com uma ausência de *ordem* ao Executivo para efetivação de despesas mediante o exaurimento dos recursos correspondentes.

Esse é o caminho normalmente trilhado por aqueles que não reconhecem normatividade à lei orçamentária, ao menosprezarem o aspecto deôntico-deontológico da **autorização** nela contida. Os seguidores desse entendimento "traduzem" a problemática jurídica da lei orçamentária com o "sinal trocado", uma vez que cambiam os modais deônticos e as ações deles decorrentes. Uma autorização não é uma ordem, e dessa maneira as ações derivadas são distintas.

Nessa direção, a consequência lógica dessa diferença não pode ser a sentença de que a lei orçamentária não contém regra jurídica e, de conseguinte, não é lei *stricto sensu*, mas em sentido meramente formal. A sentença que afirma o "caráter meramente autorizativo" da lei orçamentária, porque o Executivo não está obrigado a realizar as todas despesas fixadas e, sobretudo, a exaurir o montante respectivo das receitas, *não é sintaticamente bem formada*, uma vez que o enunciado acerca da ação (autorização que decorre da regra orçamentária) não encontra equivalência deôntica-deontológica na premissa da proposição.

O modal deôntico pertinente à ação do Executivo equivale, na verdade, ao estabelecimento de um limite para realização de despesas decididas (e à indicação de meios para tanto) na via democrática do procedimento parlamentar e à proibição de realizar despesas não estabelecidas por este. No seu âmbito não se cogita, pois, de ordem ou obrigação dirigida ao Executivo. O enunciado acerca da ação do Executivo não está deonticamente modalizado no sentido do que *é obrigatório*, mas – isto, sim – no do que *é permitido* (daí decorrendo limites intransponíveis) e do que *é proibido*.

Acodem-nos nesse entendimento os dispositivos constitucionais do art. 167, mormente os incisos I (ao vedar "o início de programas ou projetos não incluídos na lei orçamentária anual") e II (ao vedar "a realização de despesas ou a assunção de obrigações diretas que excedam os créditos orçamentários ou adicionais"). Outra disposição constitucional capaz de fundamentá-lo é a do art. 72 e seus parágrafos, onde se consagra mecanismo e procedimento para o trato de indícios de despesa não autorizada na lei orçamentária, ainda que sob a forma de investimentos não programados ou subsídios não aprovados.

A ausência de previsão orçamentária da despesa e a possibilidade do gasto causar dano irreparável ou grave lesão à economia pública constituem hipótese de adoção da sustação da despesa fora dos quadrantes da legalidade orçamentária, medida que é proposta pela Comissão mista permanente a que se refere o art. 166, §1º, mas de decisão privativa do Plenário do Congresso Nacional. O procedimento estabelece, ainda, o concurso do Tribunal de Contas da União, nas hipóteses dos §§1º e 2º do art. 72. Destarte, afigura-se intuitivo que a *ratio* do conjunto de disposições é manter a execução orçamentária submetida ao primado da lei orçamentária, em função do estado ideal de previsibilidade da ação estatal exigido pelos princípios da legalidade e da segurança jurídica.

Nada obstante a doutrina especializada identificar uma modalidade de controle externo *simultâneo* da execução orçamentária nesse tratamento da despesa que desborda a legalidade orçamentária[51], seu caráter excepcional não legitima a proposta de tornar a programação constante da lei orçamental de execução compulsória ou impositiva pelo Executivo. Trata-se, a todas as luzes, de proposição que não se enquadra no atual figurino jurídico-constitucional da lei orçamentária e nada diz a respeito do problema de sua natureza jurídica como lei *stricto sensu*.

Dito em outras palavras, tem-se que a natureza jurídica do orçamento e da lei que o veicula não é condição necessária para análise daquela proposta, que encerra problemática verdadeiramente institucional. Como se afirmou logo no início deste trabalho, a natureza jurídica da lei orçamentária é condição suficiente para abordagem daquele tema (mas não necessária) desde que – e somente nesta condição – se adote o tratamento adequado ao problema, isto é, considerar a necessidade de aprimoramento da doutrina clássica – e até mesmo superá-la – e da jurisprudência cristalizada do Supremo Tribunal Federal.

Essa atitude intelectual apresenta algumas vantagens diante do redimensionamento do direito financeiro nacional e da complexa relação entre Legislativo e Executivo no campo orçamentário, que é alvo de constantes especulações sobre um possível realinhamento institucional, cujo pano de fundo é o sistema de governo presidencialista e o regime político do presidencialismo de coalizão.

Uma dessas vantagens é o resguardo da pretensão de *decidibilidade* da regra orçamentária numa democracia constitucional com aspiração de bom funcionamento. Com efeito, ao se reiterar o caráter pleno de regra em relação à lei orçamentária, preserva-se uma espécie de decisão parlamentar preliminar sobre um conflito de interesses (alocação de recursos públicos extraídos do conjunto economicamente ativo e capaz da sociedade entre as diversas finalidades e programas estatais, visando à satisfação de necessidades públicas e coletivas).

A outra vantagem a ser apontada é que essa atitude faz jus à força normativa da Constituição e a intensificação da constitucionalização do direito financeiro nacional exatamente na proporção de seu redimensionamento entre nós. Num discurso teórico constitucionalmente adequado, o próprio guardião da Constituição reconhece que "a realização de despesas depende de políticas públicas"[52] e estas muito recentemente têm sido objeto de estudos jurídicos

---

51 Nesse sentido, a lição de TORRES, Ricardo Lobo. *Tratado de direito constitucional financeiro e tributário*: Vol. V. O orçamento na Constituição. 2ª. ed. rev. e atual. Rio de Janeiro: Renovar, 2000, p. 342.

52 Cf. excerto do voto de mérito do Min. Carlos Velloso no julgamento da ADI 2.925/DF: "Evidentemente que não estou mandando o Governo gastar. A realização de despesas depende de políticas públicas".

nacionais capazes de compreender a sua complexidade, em termos de análise e a sua repercussão prática para a vida em sociedade.

A etapa da execução concreta daquela decisão pelo Executivo não pode enfraquecer o reconhecimento da importância jurídica e política que as autorizações legislativas reclamadas pela Constituição Federal ostentam; no caso específico do orçamento público, a constituir, no mínimo, manifestação típica do poder de controle e fiscalização do Legislativo sobre o Executivo, desde épocas remotas e que se consolidou com o constitucionalismo no Estado Liberal, e a entremostrar a faceta do princípio da separação dos poderes.

De outro turno, a decisão mesma acerca da obrigatoriedade ou não da programação orçamentária, em face da exclusiva competência administrativa de execução das leis, ou melhor, a admissibilidade e a eventual adoção dessa decisão a implicar o realinhamento dos Poderes nesse tema, é matéria, portanto, referente ao desenho institucional e a novos possíveis arranjos, que somente podem ser analisados sob a perspectiva do melhor funcionamento de uma democracia constitucional e da própria Constituição em si, malgrado o advento da EC 86/15 que inseriu novos dispositivos ao art. 166 do Texto Constitucional, pretextando assegurar mais receitas "a ações e serviços de saúde", quando na verdade veio constituir um sistema impositivo de execução orçamentária de emendas parlamentares, em claro abandono da PEC 77/99 e 22/2000, oriundas do Senado Federal, que, aglutinadas na última, concebiam um novo e genuíno processo de tomada de decisão sobre a execução orçamentária.

Não causa surpresa que a EC 86/15 tenha sido objeto da ADI 5595, proposta pelo então Procurador-Geral da República em face de seus artigos 2º e 3º, perante o Supremo Tribunal Federal, tendo como Relator o Min. Ricardo Lewandowski. A eficácia dos dispositivos está suspensa por força de cautelar deferida em 06-04-17, "ad referendum" do Plenário da Corte.

A posição ortodoxa acerca do "caráter meramente autorizativo" do orçamento e as teses heterodoxas sobre o caráter impositivo da programação orçamentária, e bem assim a já existente vinculação constitucional de receitas tributárias a despesas, dizem pouco sobre a dimensão institucional brasileira, ou seja, em relação à ordem do sistema político delineada pelo sistema jurídico e à estrutura institucional do sistema político-administrativo. Em síntese apertada, traduzem pouco em termos de promoção dos valores democráticos de um governo republicano, imparcial, transparente, sujeito à responsabilização (*accountable*) entre nós.

Todo o exposto nos moveria em direção ao passo seguinte deste trabalho: o reconhecimento da crise de legitimação do atual orçamento e da necessidade de um outro paradigma de seu processo decisório, de matriz deliberativa, e não meramente agregativa de preferências e interesses. Porém, configura tarefa para uma outra oportunidade.

Orçamento, Planejamento e Gestão: Desafios e Perspectivas[1]

José Mauricio Conti[2]

Sumário: 1. Introdução. 2. Orçamento, planejamento e gestão. 3. Conclusão.

1. INTRODUÇÃO

O Professor Ricardo Lobo Torres deixou um grande legado para o Direito Financeiro. Um dos primeiros autores a se dedicar e esse ramo do Direito com a atenção, dedicação e seriedade que merece, vê-se ter reconhecido há muito a sua importância quando poucos cuidavam de estudá-lo. Fomentou os estudos de Direito Financeiro na UERJ, tornando-a uma das poucas universidades com produção na área. Deixou um legado de orientandos que produziram obras de relevância, e que engrandecem o Direito Financeiro. Deixou também uma grande obra infelizmente inacabada, seu "Tratado de Direito Constitucional Financeiro e Tributário" cujos volumes já lançados foram, são e continuarão sendo referência para todos aqueles que estudam a matéria. Um grande estudioso que nos deixou cedo, pois ainda tinha muito a oferecer para o Direito Financeiro, e nos fará falta. E que, ao estudar, ensinar e escrever sobre Direito Financeiro, sempre teve em mente as finalidades sociais da atividade financeira do Estado, vendo os recursos como instrumentos destinados a implantar os direitos sociais e proteger o mínimo existencial, reduzindo as desigualdades o que se evidencia e destaca no conjunto de sua obra: "O combate à miséria e à pobreza respectivamente, deve ser feito, pelo fortalecimento dos instrumentos de garantia do mínimo existencial e pela expansão das prestações positivas dos direitos sociais"[3], sintetiza, em suas poucas palavras, o que é a essência do Direito Financeiro.

É uma honra ter dividido com ele bancas de mestrado, doutorado, concursos de ingresso na carreira docente e obras coletivas. E também de ter sido

---

1 Texto baseado em outras publicações do autor. Já publicado, com algumas alterações, em CHADID, Ronaldo (Coord.). *Coletânea de estudos de direito financeiro*. Campo Grande: TCE-MS, 2016, pp. 132-141, e também em Cadernos Jurídicos da Escola Paulista da Magistratura, São Paulo, ano 17, n. 45, p. 29-40, out/dez 2016.

2 Professor de Direito Financeiro da Faculdade de Direito da USP. Doutor e Livre-docente em Direito Financeiro pela USP. Bacharel em Direito e em Economia pela USP. Juiz de Direito em São Paulo.

3 *Tratado de Direito Constitucional Financeiro e Tributário* – vol. V., p. 363.

por ele avaliado em minha banca de livre-docência. Momentos que foram de enriquecimento acadêmico e que guardo com orgulho em meu currículo.

É uma grande satisfação poder participar de uma obra em sua homenagem, e para isso discorrerei sobre aqueles que considero os principais pontos a serem destacados no Direito Financeiro, e que precisam ser efetivamente implantados, sendo os que reputo mais relevantes para o futuro do Direito Financeiro, pelo qual o Professor Ricardo Lobo Torres foi um dos grandes batalhadores.

2. ORÇAMENTO, PLANEJAMENTO E GESTÃO

Começo destacando, sendo sempre bom lembrar, que o orçamento é "a lei materialmente mais importante do ordenamento jurídico logo abaixo da Constituição", nas bem lançadas palavras do Ministro Carlos Ayres Brito[4]. Nela estão contempladas as decisões da sociedade sobre os recursos públicos, definindo no que o Estado os utilizará. Dentre as importantes funções da lei orçamentária, destacam-se as de planejamento, gestão e controle. Foi-se tempo em que a lei orçamentária tinha funções de mera peça contábil, registrando ingressos e saídas de recursos.

Hoje é instrumento fundamental para o planejamento, o que, no ordenamento jurídico brasileiro, a insere em um sistema mais amplo, que abrange também outras leis de natureza orçamentária: o plano plurianual, a lei de diretrizes orçamentárias e a lei orçamentária anual – o orçamento propriamente dito.

Viabiliza o controle, ao especificar objetivamente os gastos, permitindo que sejam transparentes aos olhos de todos e ao sistema de fiscalização, contendo informações que devem ser cada vez mais claras e precisas, e, principalmente, úteis, a fim de que todos saibam o que se faz com o dinheiro público.

E se inter-relaciona com os instrumentos de gestão pública, uma vez ser indissociável a administração dos recursos, que devem necessariamente estar contemplados nos orçamentos públicos, com as técnicas de gestão voltadas a obter melhores resultados nas ações governamentais.

Cada vez mais a preocupação com o bom uso dos recursos públicos se intensifica. Não somente em razão do cuidado e atenção para evitar desvios de toda ordem, mas também e principalmente pela aplicação eficiente dos recursos, sempre escassos. A disputa pelos recursos é cada vez maior, pois não se concebe mais aumento na arrecadação que pressione a carga tributária, que já atingiu seu limite, nem crescimento da dívida pública, que também não tem mais espaço para se expandir.

Resta apenas melhor aplicar os recursos existentes, como único meio de atender as sempre crescentes necessidades públicas. Sabe-se que muito dinheiro público é desperdiçado por falta de uma melhor gestão, tornando imprescindível que a administração pública seja mais eficiente, com técnicas

4 STF, ADI-MC 4048-1/DF, j. 14.5.2008, p. 92 dos autos.

mais modernas, associadas a mecanismos de contabilização orçamentária das despesas que favoreçam o gasto público voltado a atender as finalidades para a qual foi destinado.

O sistema de fiscalização financeira e orçamentária, nos termos previstos em nossa Constituição Federal, artigo 70 preconiza a fiscalização da legitimidade e economicidade do dinheiro público, e o texto constitucional, no art. 37, *caput*, erige a eficiência à condição de princípio que rege a administração pública, que já está há muito tempo desenvolvendo técnicas voltadas a uma fiscalização da qualidade do gasto público.

No mesmo sentido está a preocupação em adequar os orçamentos públicos a esta nova situação, tornando-os coerentes e compatíveis com a modernização da gestão pública, como se vê dos projetos de lei em tramitação no Congresso Nacional voltados a substituir a Lei 4320, de 1964, já alcunhados de "Lei de Qualidade Fiscal" e "Lei de Responsabilidade Orçamentária". Pretendem tornar as regras sobre os orçamentos públicos mais modernas, contendo novos dispositivos que aperfeiçoam o sistema orçamentário brasileiro, consolidando técnicas voltadas a favorecer a qualidade do gasto público, permitindo mais investimentos públicos e despesas na área social.

Modificações na contabilização orçamentária, com o aperfeiçoamento dos programas, construídos de forma que sejam voltados a resultados claros e mensuráveis por indicadores precisos e confiáveis, contextualizados em um sistema de planejamento da ação governamental que permita aos atores públicos e privados terem uma visão segura do que se espera do poder público, são algumas das medidas que integram esse necessário avanço na legislação vigente. Tornar definitivas regras de elaboração e execução orçamentárias, por norma aplicável de maneira uniforme a todos os entes da federação, garantindo maior segurança jurídica a regras que são atualmente veiculadas por leis de diretrizes orçamentárias (individualizadas para cada unidade federada e de caráter temporário), são também medidas importantes da nova legislação.

São necessárias normas voltadas a uniformizar e estabelecer limites para a execução orçamentária, especialmente nos restos a pagar, evitando que os pagamentos se prorroguem para o exercício seguinte e prejudiquem o planejamento, controle e transparência dos gastos. Ainda na execução orçamentária, há que se definir com mais clareza e precisão o grau de impositividade dos nossos orçamentos, criando mecanismos para tornar o orçamento executado o mais próximo possível daquele que foi aprovado, como será explicitado mais adiante.

Definir e padronizar a contabilização das receitas e despesas, seguindo padrões internacionais e estabelecendo limites e regras claras, de modo a dificultar ao máximo manobras de "contabilidade criativa" que contornem a legislação por caminhos tortuosos, é outra medida que se impõe.

Outra questão que exige atenção relaciona-se à adaptação de nosso sistema orçamentário ao federalismo fiscal cooperativo, especialmente por se constatar que as principais políticas públicas exigem a participação dos vários entes da federação. Neste ponto, é importante a criação, aperfeiçoamento e sistematização de mecanismos de cooperação intergovernamental, cada vez mais necessários à execução de políticas públicas que dependem da ação conjunta de vários entes da federação, tanto no financiamento quanto na operacionalização, evitando que o interesse público fique sujeito às alternâncias de governos, muitas vezes de partidos e ideologias diferentes, que são transitórios, e cujos atritos possam impedir, dificultar e atrasar a implementação de políticas públicas voltadas a atender necessidades fundamentais da população.

Aperfeiçoar a qualidade do gasto público é fazer mais com menos, ou seja, produzir mais benefícios públicos com menos recursos, o que exige, entre outras medidas além das já mencionadas, a modernização da gestão, aumento da participação popular nas decisões sobre o gasto público, maior transparência e controle. São inúmeras as providências a serem tomadas nesse sentido, que exigem não somente uma nova legislação, adaptada aos novos tempos e técnicas, mas também, e principalmente, uma mudança de cultura na administração pública.

Todas essas medidas dependem, em um primeiro momento, de um planejamento adequado, sendo a função de planejamento, juntamente com a de gestão e controle, fundamental para um sistema financeiro governamental bem estruturado.

O planejamento governamental no Brasil é constituído por um sistema complexo, e tem no PPA seu principal instrumento jurídico. Não é o único, uma vez que as demais leis orçamentárias, como a Lei de Diretrizes Orçamentárias (LDO) e a própria Lei Orçamentária Anual (LOA) compõem esse sistema, que abrange também muitas outras leis importantes, especialmente aquelas destinadas a setores específicos da ação governamental, como é o caso do Plano Nacional de Educação.

Embora não se possa conceber atualmente a gestão de administrações públicas complexas, como é o caso dos entes que compõem nossa federação – União, Estados, Distrito Federal e municípios –, e de órgãos e instituições públicas que os integram, como o Poder Judiciário, Ministério Público, Universidades Públicas e tantos outros, sem um sistema de planejamento governamental bem elaborado e executado, parece que esta cultura ainda não está plenamente consolidada entre nós.

Vê-se que técnicas de planejamento e orçamento que começaram a surgir há um século, voltadas a buscar maior eficiência na administração pública, com orçamentos elaborados por programas, contabilizando-se as despesas de forma a buscar resultados, medindo e avaliando desempenho, incorporaram-se à administração pública apenas formalmente. Definições de estratégias, materializando-as nos instrumentos de planejamento governamental, com o estabelecimento de objetivos e metas de curto, médio e por vezes até longo prazo, parecem ficar apenas no papel e na boa intenção daqueles que elaboram os documentos, pois, na prática, nem sempre são executados, nem fiscalizados com o devido rigor, mitigando a credibilidade que deveriam merecer.

Planos plurianuais municipais, especialmente de municípios menores, são elaborados com base em modelos que se repetem ano a ano, sem uma efetiva preocupação dos prefeitos de nele incorporarem as previsões para o que se vai fazer no decorrer do mandato. Mudam-se os prefeitos, alternando-se o partido e a ideologia de quem governa, com o povo esperançoso de mudanças, mas da leitura do PPA pouco ou nada se consegue constatar, deixando transparecer que nada vai se alterar.

Nota-se descaso com a cooperação federativa no planejamento, como se pode verificar na área de educação, em que o próprio governo federal demorou quatro anos para aprovar o Plano Nacional de Educação (Lei 13.005, de 2014), após cessada a vigência do anterior (Lei 10.172, de 2001), para o período 2001-2010. E muitos Estados e Municípios, que deveriam elaborar os respectivos Planos Estaduais e Municipais de Educação, para completar sistema de planejamento neste setor fundamental para o desenvolvimento econômico e social do país, permanecem inertes, apesar de decorrido o prazo de um ano que dispunham para aprová-los.

Um bom planejamento, dotado de clareza e transparência, é imprescindível para uma gestão eficiente e uso proveitoso dos recursos públicos. Planejar é escolher prioridades, ainda que essas escolhas sejam difíceis, e importem em deixar de lado muitas ações importantes – afinal, é para isto que os governantes são eleitos, esse é seguramente o maior ônus que pesa sobre seus ombros. Mas esta clareza e transparência nem sempre interessa aos que estão no alto comando da administração pública, que hesitam em desagradar a quem quer que seja, preferindo a opção política de, ainda que aparentemente, atender a todos, sem deixar claras as prioridades, até para não tornar transparente o que e quem não foi contemplado.

Daí porque muitas vezes nos deparamos com planos plurianuais genéricos, excessivamente abrangentes, incluindo praticamente tudo e para todos, deixando para a fase de execução, de forma opaca, a efetiva escolha do que vai ou não ser feito, tornando inúteis os instrumentos de planejamento para os fins a que se destinam. Muitas vezes elaborados sem estudos e análises prévias sobre a realidade do município e seus problemas, transformam-se em documentos que não apontam as soluções adequadas e os meios para resolvê-los. Mais do que isso, deixam a critério do governante decidir ao sabor dos acontecimentos, tomando decisões aleatoriamente, para resolver problemas imediatos, de forma descoordenada e sem critérios, o que só tende a agravar as distorções da administração pública no médio e longo prazo.

Ainda no âmbito do planejamento, é fundamental destacar o papel da lei de diretrizes orçamentárias, que tem exercido funções cada vez mais relevantes na organização das finanças públicas, especialmente após a Lei de Responsabilidade Fiscal, que lhe acrescentou atribuições.

A lei de diretrizes orçamentárias – a LDO – foi uma inovação da legislação brasileira, cujo desenho surgiu durante os trabalhos da Assembleia Constituinte, sendo introduzida em nosso ordenamento jurídico pela Constituição de 1988.

Prevista no art. 165, parágrafo 2º da Constituição Federal, tem por função estabelecer anualmente as metas e prioridades da administração pública para as despesas de capital (essencialmente investimentos públicos) e programas de duração continuada. Trata-se de verdadeiro "elo de ligação"[5] entre o plano plurianual, com previsão para quatro anos, e a lei orçamentária, que fixa as receitas e despesas de cada ano. Cumpre função relevante no sistema de planejamento da ação governamental, pois obriga os administradores públicos a definir, a cada ano, quais programas previstos no plano plurianual serão contemplados, e quanto se pretende realizar. Evita-se, com isto, o irresistível hábito de "deixar para a última hora", de modo a postergar o cumprimento dos programas para o final do plano plurianual, o que no mais das vezes inviabiliza alcançar as metas fixadas, até porque, no último ano do PPA, em regra quem está no exercício do mandato é outro governante.

Desde a promulgação da Constituição, passando pela Lei de Responsabilidade Fiscal, em 2000, até os dias atuais, a lei de diretrizes orçamentárias foi tendo suas atribuições ampliadas, representando um papel cada vez mais importante na organização das finanças públicas, exercendo hoje funções bem maiores do que aquelas inicialmente estabelecidas, de orientação da lei orçamentária e fixação das diretrizes e metas da administração pública.

Já no próprio texto original da Constituição de 1988, vê-se, no artigo 99, §1º, que compete à LDO, em ação conjunta dos Poderes, estipular os limites financeiros para a apresentação das propostas orçamentárias dos Tribunais. Trata-se de um dos mais, se não o mais, relevante instrumento para a plena eficácia da autonomia financeira do Poder Judiciário, pois retira do Poder Executivo a possibilidade de interferir no orçamento do Poder Judiciário, uma vez que, ao elaborar sua proposta dentro dos limites da LDO, aprovada pelo Poder Legislativo, não podem ter os valores reduzidos ou modificados por ato do Poder Executivo; o mesmo vale para o Ministério Público (CF, art. 127, § 3º). Com a Emenda Constitucional 45, de 2009, essa função da LDO estendeu-se também à Defensoria Pública (CF, art. 134, § 2º).

O artigo 165, § 9º, da Constituição Federal, previu a edição de lei complementar para dispor sobre o exercício financeiro, a vigência, os prazos, a elaboração e a organização do plano plurianual, da lei de diretrizes orçamentárias e da lei orçamentária anual, além de estabelecer normas de gestão financeira e patrimonial da administração direta e indireta, bem como as condições para instituição e funcionamento de fundos. Tal lei complementar ainda não foi publicada, não obstante os vários projetos em andamento, como já se referiu anteriormente, deixando muitas lacunas, pois estes assuntos ainda estão sendo regulados pela Lei 4320, de 1964. Suprir essas lacunas tem sido uma função inúmeras vezes cumprida pelas leis de diretrizes orçamentárias, como se tem notado ao longo dos últimos anos.

Além disso, em 2000, com a Lei de Responsabilidade Fiscal (Lei Complementar 101, de 5 de maio), que estabeleceu normas de finanças públicas

5 Com o perdão da redundância, mas valendo para enfatizar o significado.

voltadas a responsabilidade na gestão fiscal, a LDO passou a ser importante instrumento de viabilização de normas que pudessem regular e limitar os gastos públicos, o que ampliou sobremaneira seu papel no ordenamento jurídico das finanças públicas.

Entre eles, várias merecem destaque.

Regulamentar e estabelecer critérios e forma de limitação de empenho (LRF, art. 4º, I, *b*), por exemplo, permite que se organize, estabelecendo regras e limites, ao contingenciamento, evitando que o Poder Executivo, no exercício de sua função de comando na execução orçamentária, venha a descumprir a lei orçamentária, desviando-a de seu curso, e frustrando a aplicação da lei que havia sido legitimamente aprovada. Coloca, assim, freios aos abusos de há muito observados em matéria orçamentária, em que o Poder Executivo, fazendo uso do contingenciamento, superpõe-se indevida e não democraticamente aos demais Poderes e entes da federação, subjugando-os pela não liberação dos recursos previstos no orçamento.

Estabelecer normas para controle de custos e avaliação dos resultados dos programas orçamentários (LFR, art. 4º, I, *c*) é fundamental para que se consolide um sistema eficaz de planejamento e orçamento preocupado com o bom desempenho da administração pública, pois permite que se estabeleçam regras claras para avaliação do cumprimento das metas, asfixiando os desvios ilegítimos de recursos públicos pela sua destinação a programas de difícil mensuração, o que sempre facilitou a malversação de dinheiro público.

Fixar condições e exigências para transferências de recursos a entidades públicas e privadas (LRF, art. 4º, I, *d*) é outro papel da maior relevância, pois a entrega de recursos orçamentários a terceiros, a fim de que atendam a finalidades públicas, é ato que tem se intensificado cada vez mais, da mesma forma que as fraudes que a ele se associam. Nada mais relevante que estabelecer e aperfeiçoar as normas que coíbam esses desvios, no que as LDO têm representado importante papel.

O Anexo de Metas Fiscais (LRF, art. 4º, § 1º), com a fixação de metas para o exercício em curso e os dois subsequentes, a cada ano, é um avanço da legislação em matéria de planejamento, institucionalizando o sistema de "planejamento deslizante" da ação governamental, em que as necessárias alterações e adaptações dessas normas passam a ser feitas de forma gradual e formal, mantendo a segurança jurídica e confiabilidade do sistema. Com a avaliação e acompanhamento das metas estabelecidas, por métodos precisos e transparentes, os gestores ficam impedidos de fazer delas números voltados apenas a cumprir formalidades burocráticas.

O Anexo de Riscos Fiscais (LRF, art. 4º, § 3º) obriga também os administradores públicos a pensar nos problemas futuros, exigindo que se preparem antecipadamente a eles e antecipem as medidas a serem tomadas caso venham a se concretizar, evitando as sempre presentes ações imediatas e improvisadas, resolvendo problemas ocorridos e que só tenderão a aumentar, fato mais que conhecido em toda a burocracia estatal.

A exigência de que se divulguem os objetivos das políticas monetária, creditícia e cambial e as metas de inflação (LRF, art. 4º, § 4º) tem se mostrado fundamental para a transparência que se espera da administração pública, deixando claro, para o setor público, privado e a sociedade em geral, dos rumos que se pretende dar à ação governamental, o que é fundamental para que todos possam se orientar de forma coordenada e planejada.

No que tange à lei orçamentária anual, que também exerce um papel relevante em matéria de planejamento, sendo o documento responsável pelo planejamento de curto prazo, há alguns pontos que merecem maior atenção.

É o caso, por exemplo, da adaptação de uma lei cuja vigência é anual, pelo princípio da anualidade orçamentária, às novas situações com as quais se depara a administração pública, cujas atividades se realizam continuamente, e no mais das vezes de forma que não se compatibiliza com a rigidez do exercício financeiro.

A anualidade orçamentária, erigida à condição de princípio pelos doutrinadores, é, de um lado, uma necessidade, uma vez que os orçamentos públicos, com já mencionado, exercem as funções de controle, gestão e planejamento, e para isso torna-se imprescindível que se estabeleça um período determinado para que sejam previstas e autorizadas as receitas e despesas, a fim de que possam ser controladas.

Por outro lado, a existência de um prazo fixo para a vigência da lei orçamentária causa alguns problemas e distorções, dadas as características e particularidades da atividade financeira do setor público.

Daí porque a necessidade de mecanismos que permitam adaptar a necessária temporariedade da lei orçamentária com a diversidade de situações que decorrem da atividade financeira ininterrupta do setor público.

É o caso, por exemplo, dos "restos a pagar", instrumentos que permitem a postergação de pagamentos para o exercício financeiro subsequente, mas que se nota haver uso abusivo, generalizando-se a inscrição de valores em restos a pagar, fazendo com que o ano se inicie com expressivos valores já empenhados, criando-se um verdadeiro "orçamento paralelo", que dificulta o planejamento e a gestão e torna menos transparentes os gastos públicos.

Intensifica-se ainda a disputa pela liberação desses recursos no exercício seguinte, em um jogo sujeito a interferências políticas e de toda ordem, com regras pouco claras e transparentes.

Trata-se de aspecto que merece maior atenção e regulamentação, a fim de que sejam corrigidos os atuais problemas. Não obstante as várias limitações hoje impostas para a inscrição em restos a pagar, com vedações voltadas a evitar abusos e descontrole das contas públicas, além da previsão de relatórios que procuram dar maior transparência, não se tem logrado os resultados esperados.

É necessário um aperfeiçoamento da legislação que contemple a revisão da ideia de anualidade orçamentária, a fim de tornar nossas leis orçamentárias mais coerentes com a modernização da administração pública.

Note-se que muitas obras da maior relevância, como as voltadas a favorecer a mobilidade urbana, problema crescente nas grandes metrópoles, exigem altos investimentos em transportes coletivos de massa, como o metroviário, vias rápidas e outros; obras voltadas à produção de energia, como usinas hidrelétricas, são fundamentais para o país, e sua implantação ultrapassa em muito o período do exercício financeiro. Os contratos com o Estado cada vez menos se esgotam no curto prazo, e é necessário assegurar o seu cumprimento pelo poder público. Nosso sistema jurídico precisa estar preparado e adequado para dar segurança jurídica, em todos os aspectos, especialmente financeiros, para esses investimentos que ultrapassam a vigência da lei orçamentária.

A lei orçamentária, como se pode constatar, insere-se no contexto de um sistema orçamentário, coordenando-se com as outras leis que abrangem períodos mais amplos da atividade financeira do Estado, como a lei de diretrizes orçamentárias, o plano plurianual, plano nacional de educação e outras, que vêm exercendo funções cada vez mais relevantes. A ideia de plurianualidade está cada vez mais presente em matéria de gestão pública, e o sistema orçamentário deve ser compatível com essa nova realidade, criando instrumentos jurídicos que a ele se adaptem e deem a segurança jurídica que dele se espera.

Ainda no que tange à lei orçamentária, já reconhecida com a lei mais importante depois da Constituição, como mencionado no início deste texto, há que se dar maior ênfase à sua execução, de modo a torná-la um instrumento que dê segurança jurídica a todos, dando-lhe a merecida credibilidade, e espancando a tese de que se trata de uma peça de ficção.

3. CONCLUSÃO

Para isso, é importante que a lei executada seja a mais próxima possível da lei aprovada. A fase de execução orçamentária torna-se, assim, da maior relevância.

A eficácia, credibilidade e respeito à lei orçamentária exige que, uma vez aprovada, sua execução deva pautar-se pela busca do fiel cumprimento de seus dispositivos.

O papel do processo de execução do orçamento é cumprir, com a maior fidelidade possível, o orçamento aprovado, de modo que se façam apenas os ajustes necessários, no montante imprescindível para adequar a aplicação das receitas arrecadadas no atendimento às necessidades públicas. Os instrumentos de flexibilidade, necessários em face das peculiaridades da lei orçamentária, devem a serem utilizados de modo a cumprir o que foi nela estabelecido, sem descaracterizá-la.

Créditos adicionais, margem de remanejamento e contingenciamento são instrumentos úteis e necessários para o processo de execução orçamentária, mas devem ser utilizados com parcimônia, sem desviar a execução da lei orçamentária de seu curso, levando o orçamento executado a diferir substancialmente do que foi aprovado – e tornando-o, portanto, uma lei com pouco ou nenhum conteúdo material, incapaz de produzir os efeitos que lhe são próprios, como o de dar segurança jurídica ao sistema de planejamento governamental e gestão pública.

Não é o que se tem observado, dada a frequência com a qual os Poderes Executivos de todas as esferas de governo abusam desses instrumentos, contingenciando dotações de modo a impedir que sejam executadas antes de findo o exercício, realocando recursos com base em margens de remanejamento pré-aprovadas e de forma excessiva, e utilizando-se de outras tantas manobras orçamentárias que descaracterizam a lei orçamentária aprovada.

Daí porque são necessárias medidas voltadas a fazer com que a lei orçamentária venha a cumprir efetivamente seu papel constitucional, de condutora da atividade financeira do Estado, como é o caso da recente aprovação da "PEC do orçamento impositivo", que resultou na Emenda Constitucional 86, de 2015, tornou obrigatória a execução orçamentária, mas restringiu-se a pequena parte do conteúdo da lei orçamentária, limitando-se aos valores nela inseridos pelas emendas parlamentares individuais.

Um avanço, sem dúvida, mas muito menor do que poderia, uma vez que nas propostas originais previa-se a inclusão de dispositivo que considerava a programação constante da lei orçamentária de execução obrigatória, exigindo autorização prévia e expressa do Congresso Nacional para eventual cancelamento ou contingenciamento, parcial ou total, da dotação, não se restringindo às emendas parlamentares.

Reduziu, mas muito pouco, a excessiva discricionariedade do Poder Executivo no uso desses instrumentos de flexibilidade orçamentária, que passariam a ser submetidos à aprovação pelo Poder Legislativo, a quem caberia decidir sobre aspectos importantes do processo de execução do orçamento público. O orçamento, se aprovada a versão inicial das propostas de emenda voltadas a instituir o "orçamento impositivo", tornar-se-ia mais previsível e capaz de conferir maior segurança jurídica à administração pública e a todos que dela dependem e com ela se relacionem.

Ainda estamos longe do ideal, que seria da máxima "impositividade" do orçamento, o que contribuiria sobremaneira para o respeito à democracia, à vontade popular expressa por ocasião da aprovação da lei orçamentária, à independência e autonomia dos poderes e ao planejamento e gestão eficiente da administração pública, elementos essenciais para o desenvolvimento econômico e social.

Vê-se que há muito que fazer em matéria de aperfeiçoamento da legislação orçamentária, e a importância cada vez maior dos orçamentos públicos torna urgentes as várias medidas sobre as quais se fez referência, exigindo de toda maior atenção a esta lei tão importante para a sociedade.

A Trajetória do Controle Concentrado de Constitucionalidade do Orçamento e sua Ultrapassagem como Lei Formal

Fernando Facury Scaff[1]
Francisco Sergio Rocha[2]

Sumário: 1. Breves notas sobre a evolução histórica do orçamento. 2. O orçamento como lei em sentido formal. 3. A trajetória do controle concentrado de constitucionalidade do orçamento no brasil. 4. Conclusões

1. BREVES NOTAS SOBRE A EVOLUÇÃO HISTÓRICA DO ORÇAMENTO

O instrumento que, mercê de um determinado desenvolvimento histórico, veio a constituir o que atualmente chamamos de orçamento público, está originalmente vinculado ao controle do poder pelos corpos representativos.

É possível identificar elementos de sua formação desde a Baixa Idade Média, quando a peculiar forma de organização política, resultante da fusão entre instituições romanas e germânicas, implicava a existência de ampla autonomia exercida pelos senhores feudais em relação à realeza, possibilitando a criação de instrumentos para limitar o poder do monarca através do controle exercido na arrecadação dos impostos e outros direitos vinculados à liberdade, como o *habeas corpus*. No âmbito financeiro, a relação passou a favorecer a fluência de uma tributação em que o poder permanecia nas mãos dos senhores feudais, mantendo a realeza por meio de um quinhão necessariamente limitado, cuja ampliação dependia da concordância dos estamentos[3].

---

1 Professor Titular de Direito Financeiro da USP, Professor Titular de Direito Financeiro e Tributário da UFPA, e sócio de Silveira, Athias, Soriano de Melo, Guimarães, Pinheiro & Scaff Advogados.

2 Doutor em Direito pela UFPA, Professor Adjunto de Direito Constitucional da UFPA e Desembargador do Tribunal Regional do Trabalho da Oitava Região.

3 Na França, a convocação por Luís XVI da reminiscência deste instituto feudal – os Estados Gerais, cuja criação remonta ao ano de 1314, com a intenção de elevar a cobrança de impostos provoca a eclosão da Revolução Francesa e a conversão do Terceiro Estado em Assembleia Constituinte (BALEEIRO, Aliomar. Uma Introdução à ciência das finanças. Rio de Janeiro: Forense, 2004). Sobre o papel destas Assembleias feudais, especialmente na Espanha e Portugal, ver SAINZ DE BUJANDA, Fernando. Hacienda y derecho. Madri: Instituto de Estudios Politicos, 1962. v.1, p. 242 e seguintes.

A Magna Carta Inglesa de 1.215, por exemplo, que estipulou limites à atuação da realeza, inclusive no que concerne às hipóteses de taxação, é um exemplo da resistência à Coroa, com a previsão de limites ao poder de tributação do rei, desde que aprovado por tais estamentos.

Esta relação se modifica com o advento do absolutismo monárquico[4], onde o fortalecimento da Coroa em detrimento da nobreza[5] decorreu de um conjunto de situações que principiam seu desenvolvimento a partir da segunda metade do século XIII, em algumas partes da Europa. A razão destas alterações está no ressurgimento do comércio, propiciada pela reabertura do Mar Mediterrâneo, com o incremento das trocas comerciais, especialmente das cidades italianas[6], e a concentração de riqueza junto aos mercadores, que passam a financiar a atividade do monarca[7].

Este financiamento permite a afirmação do poder do rei sobre o sistema feudal e o surgimento de Estados Nacionais. O processo de definição do território nacional e a expansão ultramarina apenas foi possível a partir do financiamento levado a cabo por um Estado unificado e senhor das normas e da tributação exercida sobre o comércio e a produção. O Estado Nação demanda um direito nacional, sendo relevante para a presente análise a construção de um direito financeiro, do qual se destacam dois elementos: soberania financeira e supremacia financeira[8].

O questionamento ao absolutismo monárquico ocorre em vários países, porém se destacam as situações semelhantes, porém diferentes, que acontecem na Inglaterra e na França, onde o absolutismo foi substituído por um sistema de prevalência parlamentar.[9] Os documentos de garantia dos direitos em face do monarca denotam a migração do controle da Realeza ao Parlamento[10].

---

4 Sobre essa trajetória, ver SCAFF, Fernando Facury. Orçamento Republicano e Liberdade Igual. Belo Horizonte: Forum, 2018, em especial o item 1.2.

5 SAINZ DE BUJANDA, Fernando (1962, p.247) considera a existência de três fases em relação à vida do estado moderno: o absolutismo monárquico, que compreende o sistema ocorrido nos países europeus nos séculos XVI à XVIII; o constitucionalismo liberal, que se desenvolveu do século XIX ao primeiro quartel do século XX; e o totalitarismo. Ver também HOBSBAWM, Eric. A era das revoluções. 9.ed. São Paulo: Paz e Terra, 1994.

6 Para a análise do ressurgimento das cidades e a atividade comercial ver SCAFF, Fernando Facury. *Responsabilidade do Estado por Intervenção no domínio econômico*, 2ª ed., Rio de Janeiro: Renovar, 2001.

7 GALGANO, Francesco. Historia del derecho mercantil. Barcelona, 1980 e HUBERMAN, Leo. História da riqueza do homem. Rio de Janeiro: Zahar, 1981.

8 Para SAINZ DE BUJANDA, Fernando, 1962, a soberania financeira constitui a expressão da soberania política, concebida como atributo e condição do Estado; e a supremacia financeira refere-se ao órgão que, dentro do Estado, corresponde à faculdade decisória da imposição de tributos e realização de gastos. Desta situação surge a afirmativa de que o conceito de soberania financeira constitui o fundamento político da Fazenda Pública Moderna.

9 Para o processo como um todo ver COMPARATO, Fábio Konder. A afirmação histórica dos direitos humanos. São Paulo: Saraiva, 1999. Para observar como a prevalência parlamentar leva a fixar no Parlamento o poder de legislar e criar tributos, assim como a obrigatoriedade da convocação anual do Parlamento para conhecer e aprovar os gastos, o que é identificado com a origem do orçamento público, ver SAINZ DE BUJANDA, Fernando, 1962.

10 Veja-se um trecho pertinente da Declaração de Direitos de 1689: "That levying money for or to the use of the Crowne by pretence of Prerogative without Grant of Parliament for longer time or in other man-

Tal processo se deu de forma diversa na Alemanha, com a prevalência da Realeza sobre o Parlamento, tendo sido Paul Laband o teórico que amparou tal movimento, como será exposto.

Assim sendo, é possível afirmar que a origem do orçamento está ligada à ideia de controle da atividade do Executivo pelo Parlamento, como meio de impor limites ao poder, em respeito ao direito dos cidadãos – embora, em seu início, tenha sido um pacto estamental[11]. Parece nítida a noção do orçamento como instrumento para efetuar o controle das receitas e das despesas da administração pelos cidadãos ou pelos órgãos representativos, enquanto titular extremo dos poderes de soberania, embora na Alemanha o processo tenha tido trajetória distinta.

2. O ORÇAMENTO COMO LEI EM SENTIDO FORMAL

A natureza e o alcance deste controle pode ser bem identificado pelo desenvolvimento da crise prussiana de 1861[12] e a teorização sobre a natureza do orçamento público, tal como realizado por Paul Laband[13]. A Alemanha foi um dos países europeus onde o processo de unificação territorial mais tardou. Enquanto que Espanha e França realizaram o processo de unificação aproximadamente nos anos de 1493 (conquista de Granada) e 1627 (tomada de La Rochelle), respectivamente, a Alemanha completou o processo de unificação com a Guerra Franco-Prussiana (1871) e o realizou sob a liderança da Prússia, sob Guilherme I. Tratava-se de uma monarquia constitucional, na qual foi trilhado um peculiar caminho acerca do controle dos gastos públicos[14].

ner than the same is or shall be granted is illegall" No mesmo diapasão vemos a Declaração de Direitos do Homem e do Cidadão – 1789: Art. 13º. Para a manutenção da força pública e para as despesas de administração é indispensável uma contribuição comum que deve ser dividida entre os cidadãos de acordo com suas possibilidades. Art. 14º. Todos os cidadãos têm direito de verificar, por si ou pelos seus representantes, da necessidade da contribuição pública, de consenti-la livremente, de observar o seu emprego e de lhe fixar a repartição, a coleta, a cobrança e a duração.

11 SCAFF, Fernando Facury. Orçamento Republicano e Liberdade Igual. Belo Horizonte: Forum, 2018, em especial o item 1.2.1.

12 Curiosamente esta não foi a única dispute entre Executivo e Legislativo concernente ao orçamento público. A história de José Manuel Emiliano Balmaceda Fernández – Presidente do Chile entre 1886 e 1891 e a narrativa da crise ocorrida no Chile em torno da elaboração e implementação do orçamento, sem a concordância do Parlamento está documentada na obra Balmaceda por Nabuco, Joaquim Edições do Senado Federal volume 14, 2ª reimpressão. Brasília: Senado Federal, Conselho Editorial, 2010.

13 Paul Laband nasceu na região da Silésia, na cidade de Breslau em 24 de maio de 1838. Sua origem prussiana é significativa para a compreensão das posições que assumiu posteriormente. Sua obra de referência sobre o orçamento é: "El derecho presupuestario". Madri: Instituto de Estudios Fiscales, 1979. Um destaque para o excepcional estudo preliminar a versão espanhola, efetuado por Rodriguez Bereijo.

14 A revolução burguesa que implicou a afirmação de diferentes níveis de liberalismo político nos estados europeus (França e Inglaterra) não teve o mesmo êxito na Prússia, ante a aliança conservadora que se formou entre a classe de nobres proprietários rurais (junkers) e a burguesia. A Constituição de 1850 é outorgada pelo governante e constituí a base do estado alemão do período. Ver Bereijo (Laband y el Derecho Presupuestario del Imperio Aleman). Para verificar detalhes desta especial concepção de monarquia constitucional ver Sosa Wagner, Francisco. Maestros alemanes del derecho público. Madri: Marcial Pons, 2005, e também o estudo preliminar acima citado, escrito por Rodriguez Bereijo.

No ano de 1861 surge um conflito entre o Imperador e o Parlamento, quando este se recusa a aprovar o orçamento que lhe havia sido encaminhado, discordando do programa de reformas militares e das despesas de guerra, ocasionando uma situação de impasse. O conflito representa um questionamento ao papel do Parlamento no Império Alemão e, na realidade, significa a disputa de quem terá a palavra final em situações de conflito de Poderes.

As disputas orçamentárias na Prússia, e, por conseguinte, na Alemanha unificada tiveram por base lutas políticas sobre quem possuía o poder de ordenar as despesas durante o ocaso do absolutismo naquele país. Um episódio deitou raízes na doutrina orçamentária do final do século XIX e início do século XX. Trata-se da queda de braço entre o chanceler Otto von Bismarck e o Parlamento alemão acerca das autorizações para a realização de gastos militares.

Para compreensão do ocorrido é necessário recordar que a figura das monarquias constitucionais, também conhecida por *princípio monárquico,* que foi uma fórmula jurídica utilizada para manter a realeza, porém com poderes limitados pela Constituição e que deveria governar com a participação dos representantes do povo[15].

Na Prússia havia um Parlamento bicameral, composto pela *Câmara dos Deputados*, com representantes eleitos através do voto censitário (estabelecendo limites de renda e seletividade de profissões para o exercício do direito de votar e ser votado), e pela *Câmara dos Senhores*, que equivalia, na época, à Câmara dos Lordes inglesa, e era composta por senhores de terras nomeados pelo Imperador. Esse Parlamento se reunia periodicamente para deliberar sobre as proposições enviadas pelo monarca. A principal dessas proposições era o orçamento público, que previa as receitas a serem auferidas e as despesas a serem realizadas, bem como o controle sobre sua execução.

O conflito orçamentário prussiano se iniciou em 1860, com o envio do projeto de lei orçamentária à Câmara dos Deputados para análise, debate e aprovação.[16] Nele, o recém-entronado Rei Guilherme I, propunha um programa de reformas militares de grande envergadura, que geraria muitos gastos. Na Câmara, dominada pelos liberais, o debate foi intenso e o projeto de lei

---

15 A teoria do "princípio monárquico" foi formulada pela primeira vez na Carta Constitucional Francesa de 1814, como uma fórmula para restabelecer o princípio da soberania do príncipe em um estado constitucional, de modo a servir de obstáculo a futuras tentativas revolucionárias. Esta carta constitucional foi outorgada a partir da restauração monárquica resultante da derrota de Napoleão I e afirma a supremacia real como a verdadeira fonte de todo poder político. O Congresso de Viena, articulou a tendência constitucional que teve início com a carta outorgada por Luís XVIII e duraria até a Constituição de Weimar, com o surgimento de constituições que buscavam a preservação do poder da realeza pela afirmação do princípio monárquico. Ver CUNHA, Sérgio Sérvulo da, na introdução à edição brasileira da obra "Jurisdição Constitucional" de Hans Kelsen, 2007. Também Cerqueira, Marcelo – "A Constituição na história". Revan, 1993 e também RODRÍGUEZ Bereijo no prefacio a obra "El Derecho Presupuestario", p. XXII/XXIII.

16 RODRÍGUEZ Bereijo, Álvaro. Laband y en derecho pressupuestario del Imperio Aleman, escrito à guisa de Introdução. In: Laband, Paul. El derecho pressupuestário. Madrid: Instituto de Estudios Fiscales, 1979. p. XXX.

orçamentária foi retirado pelo monarca. O período de sessões legislativas de 1860 foi encerrado sem que o projeto fosse sequer reapresentado, porém, mesmo assim, os gastos com as reformas militares se iniciaram.

Em 1861, quando novo projeto de lei orçamentária foi enviado à Câmara, os deputados se negaram a autorizar a realização de gastos orçamentários ordinários com a reforma do exército. Ao final de 1861, ocorreram novas eleições parlamentares vencidas pelos liberais. Em março de 1862, na reabertura das atividades parlamentares, foi exigido que o monarca enviasse um orçamento com rubricas específicas, e não contendo autorização global de gastos, a fim de permitir maior controle sobre sua execução. O monarca dissolveu a Câmara dos Deputados e convocou novas eleições para o mês seguinte, mais uma vez vencidas pelos liberais, que então obtiveram ampla maioria. Estava formado o conflito entre os Poderes Legislativo e Executivo prussianos. Segundo relata Bereijo[17], o Rei chegou a manuscrever uma carta de abdicação, porém não enviada ao Parlamento. Em setembro de 1862, o Rei nomeou Otto von Bismarck como chanceler (cargo equivalente ao de Primeiro Ministro), que assumiu com o lema de "pelo Rei, contra a soberania do Parlamento". Poucos dias depois, Bismarck retira da Câmara o projeto de lei orçamentária para 1863, que então estava em debate, o que ocasiona da parte dos deputados uma moção contrária ao Poder Executivo – o que equivalia quase a uma declaração de guerra política.

Bismarck então submeteu o projeto de lei orçamentária de 1863 à *Câmara dos Senhores* que o aprovou; e determinou o encerramento das sessões parlamentares de 1862. Tal procedimento era inconstitucional, pois, em face da Constituição da Prússia, a aprovação das leis necessitava tramitar e ser aprovada por ambas as Casas do Parlamento, e não apenas por uma[18].

A luta prosseguiu com a reabertura das sessões parlamentares em 1863. Bismarck comparece ao Parlamento e discursa expondo as razões pelas quais entendia que a Câmara dos Deputados não tinha o direito de modificar livremente o orçamento público. Em síntese o discurso dizia que: 1) a não aprovação do orçamento era uma tentativa da Câmara de tomar o governo do Rei, pois estavam deliberando sobre gastos regulares dos ministérios, os quais eram subordinados ao Rei, diversamente do que ocorria na Inglaterra, que os ministérios eram subordinados ao Parlamento; 2) Se existiam três órgãos para deliberar sobre o orçamento: o monarca, a Câmara dos Senhores e a Câmara dos Deputados, como resolver o impasse entre eles, se a Constituição não estabelecia quem decidia neste caso?

As palavras de Bismarck sobre este aspecto soam ainda muito atuais:

---

17 RODRÍGUEZ Bereijo, Álvaro. Laband y en derecho pressupuestario del Imperio Aleman, escrito à guisa de Introdução. In: Laband, Paul. El derecho pressupuestário. Madrid: Instituto de Estudios Fiscales, 1979. p. XXXI.

18 RODRÍGUEZ Bereijo, Álvaro. Laband y en derecho pressupuestario del Imperio Aleman, escrito à guisa de Introdução. In: Laband, Paul. El derecho pressupuestário. Madrid: Instituto de Estudios Fiscales, 1979, p. XXXII-XXXIII.

> O orçamento não foi estabelecido; este estado de coisas é sem dúvida irregular, mas a Constituição não indica uma solução. Na eventualidade do conflito que hoje divide o Governo e as Câmaras não tenha sido previsto; somente podemos nos colocar de acordo com os meios de terminar com essa diferença. Muitas teorias foram formuladas para preencher esta lacuna: segundo uns, o orçamento anterior estaria vigente de pleno direito; segundo outros, seria preciso referir-se aos princípios do antigo direito, que consagravam a autoridade absoluta do Rei. Mas, o que importa a teoria quando a necessidade manda? O Estado existe, portanto é necessário assegurar a marcha regular dos serviços públicos.[19]

A Câmara não aceitou os argumentos, rechaçou o orçamento enviado em 1863 e, em janeiro de 1864 recusou autorização para um empréstimo visando o rearmamento do país. Mais uma vez Bismarck usa o expediente inconstitucional de submeter e obter aprovação da lei orçamentária apenas da Câmara dos Senhores, evitando o trâmite do projeto na Câmara dos Deputados.

Com o apoio da burguesia industrial e financeira alemã, a Prússia entra em guerra contra a Dinamarca em 1864, e contra a Áustria, em 1865-1866 – vence a ambas e segue o processo de unificação da Alemanha. Os conflitos orçamentários persistem, com o corte de verbas na Câmara dos Deputados, a aprovação da lei orçamentária *apenas* pela Câmara dos Senhores, e o prosseguimento dos gastos militares pelo monarca.

Após a guerra, e a tendo vencido, Bismarck convoca novas eleições com o prestígio em alta, e consegue maioria parlamentar na Câmara dos Deputados, pondo fim ao conflito orçamentário. Em setembro de 1866, com a opinião pública a favor do governo, foi aprovado um *bill of indenity,* chancelando de forma retroativa os gastos realizados à margem de deliberação orçamentária entre 1861 a 1866, e aprovando o orçamento para 1867. O passo seguinte foi a Guerra Franco-Prussiana (1870-1871), que culminou o processo de unificação alemã, mas o impasse orçamentário havia sido resolvido.

Observa Bereijo que, na Alemanha, o conflito foi resolvido em favor da Coroa, enquanto que em outros países europeus ele foi favorável ao Parlamento.[20]

A teoria de Laband sobre o orçamento foi elaborada para justificar a atuação do Império no conflito mantido com o Parlamento em função da aprovação do orçamento de 1862. A concepção de Laband, que embasou a posição do Imperador, entendia que o orçamento não era um ato materialmente legislativo, mas sim um ato administrativo, independentemente do órgão que o emitisse. Sua concepção decorreu do modo como via o Direito, considerando que o orçamento não seria uma norma jurídica, pois essa só existiria quando houvesse aptidão de produzir efeitos diretos nas relações com os particulares.

19 RODRÍGUEZ Bereijo, Álvaro. Laband y en derecho pressupuestario del Imperio Aleman, escrito à guisa de Introdução. In: Laband, Paul. El derecho pressupuestário. Madrid: Instituto de Estudios Fiscales, 1979. p. XXXV.

20 Idem, p. XXXVII.

A lei do orçamento estaria ligada ao duplo conceito da lei: lei em sentido material e lei em sentido formal. A lei em *sentido material* seria um ato jurídico que estabelecesse uma regra de direito. E a lei em *sentido formal* seria o ato jurídico que guardasse a aparência de lei, pois produzido como tal, porém não geraria aos particulares nenhuma obrigação. Logo, as leis em sentido formal são leis, pois sem nenhuma relação e eficácia para os particulares.

Desta feita, Laband, quando escreve em 1871 sua obra "Das Budgetrecht" tem em mente o conflito constitucional entre o Rei e o Parlamento e procura transferir o conflito de sua origem política e social para um conflito sob o ponto de vista do Direito. Buscou dissociar a teoria jurídica do orçamento de seus aspectos políticos, afirmando que o Parlamento não teria um direito ilimitado na tarefa de aprovação da autorização para a realização dos gastos públicos. Desta conclusão, buscava construir uma teoria jurídica abstrata sobre a natureza jurídica do orçamento, ignorando os pressupostos da realidade que haviam causado a crise institucional e a consequente possibilidade de paralisação da atividade administrativa, superada pelo ato de força da realeza prussiana.

A teoria dualista da lei, que a divide entre *formal* e *material*, é a peça fundamental da construção jurídica sobre a natureza do orçamento. Segundo esta teoria existe uma dualidade de tipos de lei: as leis em sentido material que significam uma norma jurídica, uma regra de direito emanada ou não do Poder Legislativo que tenha a possibilidade de afetar a esfera de direitos intersubjetivos privados, criando ou modificando direitos ou obrigações. As leis em *sentido formal* são as que expressam apenas a descoberta ou a exigência de um acordo entre o rei e ambas as casas do Parlamento, mas que materialmente não contêm qualquer manifestação da vontade do Estado para estabelecer ou declarar uma regra de direito. Tais leis, apenas *formais*, não possuiriam o condão de afetar a esfera de direitos individuais, possuindo alcance restrito ao funcionamento interno da Administração Pública.

Considerando esta concepção, a disposição da Lei Constitucional Prussiana, segundo a qual o orçamento do Estado era fixado anualmente por intermédio de uma lei[21], significava apenas que a elaboração do orçamento estatal seria realizada anualmente, conforme a conjunção de vontade entre o Rei e as Casas Parlamentares, sem qualquer criação de norma jurídica neste procedimento. Desse modo, se excluía a possibilidade de significação de ordem material na elaboração do orçamento anual do Estado, pois a lei não possuiria conteúdo jurídico capaz de afetar o "status" dos possíveis destinatários da norma, sendo meramente *uma conta*, a qual não possui regras de direito, pois

21 A teoria dualista da lei possibilita a conclusão da existência de um texto aprovado pelo Parlamento, despido, porém de conteúdo de lei material: "Si aplicamos este resultado al art. 99 de la Ley Constitucional prusiana, que dice: "El Presupuesto del Estado se fijará anualmente por medio de una ley" es indudable que el sentido de dicho artículo no es outro que el siguiente: "La fijación del Presupuesto del Estado se hará anualmente de conformidad entre la Corona y ambas Cámaras" (...) no se deduce, em modo alguno, que la fijación anual del Presupuesto por el Gobierno y la representación del pueblo sea un acto legislativo en el sentido material de la expresión." (Laband, p.17).

apenas registra as despesas e receitas a serem realizadas e apresenta expectativas, pelo que o orçamento não fundamenta qualquer obrigação jurídica[22].

Esta noção considera ser o orçamento uma mera *conta*, na qual está contida a demonstração numérica da previsão de receita e as despesas autorizadas, e neste sentido é um ato administrativo e não legislativo – embora aprovada por este último. Acresce que o orçamento não corresponderia a qualquer necessidade do direito, resultando apenas de uma imposição da economia; uma lei relacionada com a legislação vigente anterior, principalmente com as leis materiais que constituem a base jurídica das despesas e receitas públicas. A conclusão da tese de Laband é que a lei orçamentária não pode revogar ou alterar as leis que criam receitas e despesas, sendo-lhe defeso inovar através da introdução de novas normas legais[23].

Desta forma, com relação aos gastos estabelecidos em anterior deliberação do Parlamento a liberdade de conformação orçamentária seria restrita, pois não se admitiria a supressão de um gasto público já instituído, a não ser por expressa conjunção de vontade entre o Parlamento e o Executivo. Assim, Laband considerava existir uma força vinculativa nas despesas assumidas anteriormente pelo Parlamento em relação ao período continuado[24], sem que o orçamento inovasse em sua relação. Haveria uma contradição no estabelecimento de um serviço público permanente, cujo funcionamento dependesse, a cada ano, da boa-vontade parlamentar, manifestada pela lei do orçamento.

Assim, o Parlamento não poderia deixar de proceder à aprovação das receitas e despesas estabelecidas pela legislação anterior. Deste modo, sendo negado ao Legislativo o direito de recusar orçamento, obtém-se o mesmo resultado prático, ou seja, impedir a cessação possível da atividade do Estado, que estabelece o orçamento como um ato de legislação materialmente vinculada, conforme expressão de G. Jellinek[25].

---

22 Vistas así las cosas, es de meridiana claridad que el Presupuesto no contiene, por lo regular, princípios jurídicos y que, por tanto, no es una ley en el sentido material de la palabra. El Presupuesto es una cuenta y, por cierto, una cuenta que no se refiere a gastos e ingresos ya realizados, sino a los gastos e ingresos que se esperan en el futuro, constituyendo por tanto lo que se llama una estimación previa. Tiene su correspondência plena con la cuenta que se ha de presentar anualmente, uma vez concluído El ejercicio anual administrativo, sobre los ingresos y gastos efectivos. Uma cuenta, sin embargo, no contiene reglas – y mucho menos reglas de Derecho –, sino hechos; una cuenta registra, por medio de breves indicaciones cuantitativas, los gastos e ingresos ya producidos o los que son de prever. Por lo general, el Presupuesto no fundamenta la obligación jurídica para obtener ingresos o realizar gastos, sino que, más bien, la presupone y se limita a recoger sus resultados financieros." (Laband, 1979, p. 22-23)

23 RODRÍGUEZ Bereijo, Álvaro. Laband y en derecho pressupuestario del Imperio Aleman, escrito à guisa de Introdução. In: Laband, Paul. El derecho pressupuestário. Madrid: Instituto de Estudios Fiscales, 1979.

24 En efecto: de la misma manera que el Gobierno no puede crear unilateralmente nuevos establecimientos ni ampliar los existentes, el Parlamento tampoco puede suprimirlos unilateralmente ni restringir su envergadura tradicional o legal. Y está claro que si el Parlamento estuviera en condiciones, en virtud de los acuerdos tomados durante La discusión del Presupuesto, de negar los gastos indispensables para la continuación de estos establecimientos, tendría en sus manos cada año el poder de suprimirlos o de atrofiarlos e invalidarlos (Laband 1979, p.85)

25 JELLINEK, Georg. Teoria general del estado. Buenos Aires: Albatros, 1970.

Afirmava Laband que a lei orçamentária é uma lei meramente formal, pois "não se pode dar o nome de lei a uma regra senão no caso desta ter um conteúdo jurídico, que afete de algum modo a esfera jurídica do indivíduo ou da comunidade política",

> Afinal, segundo aquele autor, era de meridiana clareza que o orçamento não contém, regularmente, princípios jurídicos e que, portanto, não é uma lei no sentido material da palavra. O orçamento é uma conta e, por certo, é uma conta que não se refere a despesas e receitas já realizadas, senão a despesas e receitas que se esperam no futuro, constituindo, portanto, em uma estimativa prévia. Uma conta, sem dúvida, não contém regras – e muito menos regras de direito – senão fatos; uma conta registra, por breves indicações quantitativas, as despesas e receitas já produzidas e as que são previstas. [...] A necessidade do orçamento não é consequência de uma determinada forma de regime político, senão do grande volume de recursos movimentados pelo setor público; o estabelecimento do orçamento não satisfaz nenhuma necessidade do Direito, apenas responde a uma necessidade da economia[26].

E por aí segue a obra de Laband desqualificando a participação dos representantes do povo na elaboração do orçamento, transformando-o em uma peça meramente formal – em uma *lei em sentido formal* – e concentrando poderes nas mãos do Executivo, em prol do princípio monárquico. Afinal, quem tem o controle do orçamento, tem o controle financeiro da sociedade.

A distinção existente entre atividade livre e atividade vinculada é também usada por Georg Jellinek como critério de classificação das funções dos órgãos estatais, considerando como atividade livre aquela que é primária e que constitui o fundamento de outras atividades. A atividade vinculada é realizada para satisfação de uma obrigação jurídica. Georg Jellinek aceita as proposições básicas da tese de Paul Laband: a) existem leis que possuem apenas o sentido formal; b) o orçamento, apesar de se revestir da forma de lei, é um plano de gestão; c) tem a natureza de um ato administrativo.

Desta forma, defende[27] que a lei que aprova o orçamento é uma lei em sentido meramente formal, o que indica apenas uma participação do Legislativo e na necessidade da adoção de uma formalidade especial para sua aprovação. A aprovação do orçamento é um ato que interessa restritamente à Administração, apesar da participação dos corpos legislativos de participação popular na sua elaboração, na medida em que o ato de aprovação tem um alcance meramente formal. Assim distingue o orçamento propriamente dito da lei que o estabelece e aprova, com a finalidade de ressaltar o caráter formal de sua aprovação.

Corresponde a este raciocínio a noção de que os corpos legislativos possuem um alcance de atuação necessariamente restrito no processo de

26 Estudo preliminar a versão espanhola da obra de Paul Laband "El Derecho Presupuestario" escrito por Rodríguez Bereijo, Álvaro, p. 22-23.

27 JELLINEK, Georg. Teoria general del estado. Buenos Aires: Albatros, 1970.

formação do orçamento, na medida em que a função do orçamento é concebida apenas como correspondente à necessidade de controle e vigilância sobre os atos governamentais. Sua tarefa seria apenas limitar a possibilidade de taxação dos governados pelo estabelecimento de um orçamento com ordenação de receitas e autorização de despesas, mas sem possuir uma autêntica função legislativa, no sentido da criação de regra de direito. Decorre desta condição a impossibilidade da modificação formal da proposta orçamentária, cabendo ao corpo legislativo o ato de aprovar ou rejeitar a proposta oriunda do órgão que exerce a função executiva. Mesmo a possibilidade de rejeição resta consideravelmente limitada, pois conduziria a uma paralisação incompatível com a necessidade perene do desenvolvimento da atividade administrativa – os serviços públicos devem ser prestados independentemente da aprovação parlamentar do orçamento.

A competência dos corpos legislativos está reduzida a um mínimo de controle no que tange à elaboração ou confecção do orçamento, ao contrário do que acontece com relação à legislação ordinária, que possui a dupla natureza (formal e material) e pode ser considerada lei em seu sentido completo. O orçamento é materialmente um ato administrativo que assume a forma, mas não o conteúdo de legislação, pelo que o descumprimento da lei orçamentária não geraria uma responsabilidade da Administração, e nem uma obrigação para a Administração, em face dos que possivelmente fossem atingidos pela legislação citada. A natureza da responsabilidade é política pelo descumprimento da autorização legislativa, pois conforme já enunciado, existe a obrigação do Executivo de solicitar a aprovação do orçamento ao Parlamento, inclusive para os gastos extraordinários que possa ter tido a obrigação legal de realizar[28].

A correspondência entre o agir e a autorização legislativa seria efetivada pelo controle numérico dos valores apostos no orçamento e resultaria de uma apuração matemática de conformidade entre a despesa efetivada e os valores postos à disposição pela legislação do orçamento. O cumprimento da tarefa de controle da responsabilidade política seria efetivado com o auxílio de uma corte de contas, que apresentaria um parecer sobre o orçamento executado, podendo questionar a atuação do Executivo sob três aspectos: a) correção aritmética de cada uma das contas; b) correção, sob o ponto de vista orçamentário, da efetivação da despesa; c) equívocos da administração que sejam mensurados no procedimento de revisão da conta[29].

Contudo, não haveria possibilidade de uma efetiva responsabilização jurídica da administração por infração à lei orçamentária, vez que a Constituição restringia esta possibilidade de responsabilização à ocorrência de: a) violação da Constituição; b) suborno ou c) traição. Afasta, assim, a possibilidade de responsabilização civil de um funcionário por violação à lei do orçamento, mercê

28 LABAND, 1979, p.105-108.

29 LABAND, 1979, p.109-110.

da aprovação posterior de norma que responsabilize os ministros do governo por este tipo de atuação[30].

A teoria do orçamento de Laband, que sustenta o caráter dualista da Lei Orçamentária, possui um fundamento básico que não é possível deixar de evidenciar para sua melhor compreensão. Assenta-se na necessidade da justificação política da atuação do Imperador no episódio da aprovação do orçamento e na busca da harmonia entre a atuação imperial e a Constituição, com fundamento no *princípio monárquico*.

A teoria da dupla natureza da lei orçamentária foi incorporada por pensadores dos mais diversos, nos mais diferentes Estados, que nada tinham de equivalente com a situação da Prússia, cuja evolução histórica em nada correspondia a do Estado Alemão em que a teoria foi desenvolvida e aplicada. Compartilhamos a estranheza de Canotilho[31] quanto à possibilidade de aplicação de um instituto jurídico desenvolvido sob o pálio de uma conjunção de fatores em ambiente de conteúdo diverso dos fatores que levaram a sua criação.

De fato, é de usual percepção que os institutos jurídicos e políticos possuem uma vinculação com ambiente histórico onde nascem e se desenvolvem. Desta feita, nascem vinculados a necessidades existentes em um específico tempo e lugar. Criados para cumprir uma finalidade, têm sua evolução determinada pelo modo de desenvolvimento histórico de cada povo ou nação. Não existe a produção de instituto jurídico neutral historicamente ou em cujo surgimento/desenvolvimento não exista um determinante histórico.

Todavia, em franca revolta contra esta concepção, a teoria de Paul Laband foi transferida para realidades que não possuem a mesma história de desenvolvimento das relações político-jurídicas, tendo sido amplamente acolhida a distinção entre lei em sentido *material* e *formal* e a fixada a natureza da lei orçamentária, situada mais sob o ponto de vista do ato administrativo do que sob a natureza de lei em seu amplo aspecto.

Fez escola em vários países essa concepção sobre a natureza jurídica da lei orçamentária de Paul Laband, entre lei *formal* e lei *material*, e sobre a relativamente nenhuma importância da participação popular e do Parlamento em sua concepção e votação[32].

Rodríguez Bereijo aponta como seguidores da teoria labandiana, indicando as obras por eles escritas[33], na *Alemanha*: G. Seidler, Georg Jellinek, H. Schulze, R. Gneist, von Gerber, Otto Mayer; na *França*, identificam-se com essa

---

30 LABAND, 1979, p. 113.

31 CANOTILHO, J. J Gomes. A Lei do orçamento na teoria da lei. Separata de: Boletim Especial da Faculdade de Direito de Coimbra. Coimbra, 1978.

32 Para a análise mais detalhada de alguns autores, ver: Horvath, Estevão. O orçamento no século XXI: tendências e expectativas. Tese apresentada ao concurso de professor titular na área de direito financeiro da Faculdade de Direito da Universidade de São Paulo, 2014, em especial o capítulo 3.

33 Rodriguez Bereijo, Álvaro. Laband y en derecho pressupuestario del Imperio Aleman, escrito à guisa de Introdução. In: Laband, Paul. El derecho pressupuestário. Madrid: Instituto de Estudios Fiscales, 1979. p. LX- LXI.

teoria: Gastón Jèze[34], Leon Duguit, A. Esmein; na *Itália* seus seguidores são: V. E. Orlando. A. Graziani, O. Ranelletti. Dessa ampla matriz europeia essa teoria se espalhou pelo Brasil[35], e também para toda a América Latina[36], de forma acrítica, como apontado por Rodriguez Bereijo:

> Alguns tratadistas se converteram em ardentes defensores da teoria lema sobre o orçamento, tentando trasladá-la ou adaptá-la, um tanto mecanicamente, a seus respectivos ordenamentos jurídicos. Sem levar em conta esses epígonos das profundas diferenças existentes entre o direito público de um Estado simplesmente constitucional e o de um Estado parlamentar; e sem perceber até que ponto a teoria alemã do orçamento, de Laband, por exemplo, com sua lei em sentido formal, estava intimamente ligada a uma época histórica determinada e à particular forma política de corte autoritário, da monarquia limitada constitucional, imperante na Alemanha do século XIX.

A migração da teoria de Paul Laband para o sistema francês ocorre sob os auspícios e encantamento de Jèze[37]. Este autor considera que o orçamento é, na sua essência, um ato político que representa um programa de ação política, inerente a qualquer governo. Assim, assume uma singular importância política sua votação pelo Parlamento, pois equivale a um montante financeiro posto à disposição do partido político majoritário para a efetivação de sua proposta de ação governamental. A doutrina francesa deste autor ressaltou a ideia de que o orçamento é uma lei em sentido formal, possuindo a natureza material de ato administrativo, com intervenção e aprovação pelo Parlamento por razões de natureza jurídico-política, vinculadas à necessidade de controle dos atos estatais. Desta forma, não é um ato de vontade popular, personificada pelo Parlamento que produz a lei. A norma pode ser criada de modo formal, conforme estabelecido pela Constituição e ainda, assim, não reunir a potencialidade material de uma lei. É necessário para tanto um processo de constatação que reconheça naquele ato, a aptidão de produzir efeitos jurídicos típicos de uma legislação.

A consideração da natureza de lei formal do orçamento, além da enunciada verdade de que a natureza fundamental de um ato não pode variar segundo o órgão que o aprova, é trazida da doutrina prussiana para a doutrina francesa

34 JÈZE, Gaston. Cours de science des finances et de législation financière française. Paris: Giard, 1922. E também Principios generales del derecho adminstrativo. Buenos Aires: Depalma, 1950. v. 4, 5 e 6 e Traité de science des finances – Le budget. Paris: Giard et Brière, 1910.

35 Nesse sentido, ver: Viveiros de Castro, Augusto Olympio. Tratado dos impostos: estudo theorico e pratico, Rio de Janeiro, Impr. Nacional, 1910; BALEEIRO, Aliomar. Uma Introdução à ciência das finanças. Rio de Janeiro: Forense, 2004; Torres, Ricardo Lobo. Tratado de direito constitucional, financeiro e tributário. v. V – O orçamento da Constituição. 2. ed. Rio de Janeiro: Renovar, 2000.

36 Rodriguez Bereijo, Álvaro. Laband y en derecho pressupuestario del Imperio Aleman, escrito à guisa de Introdução. In: Laband, Paul. El derecho pressupuestário. Madrid: Instituto de Estudios Fiscales, 1979. p. XXXVIII.

37 JÈZE, Gaston. Cours de science des finances et de législation financière française. Paris: Giard, 1922. E também Principios generales del derecho adminstrativo. Buenos Aires: Depalma, 1950. v. 4, 5 e 6 e Traité de science des finaces, le budget. Paris: Giard et Brière, 1910.

e desta, para a doutrina brasileira. A doutrina do orçamento, assim exposta, é reproduzida até os dias de hoje, sendo admitida por autores como Aliomar Baleeiro[38] a natureza jurídica do orçamento como composto por atos-regra e ato-condição, sem conteúdo jurídico.

Enfim, na luta orçamentária entre a Câmara dos Deputados, representante do povo, e o monarca prussiano, este venceu, porém a teoria jurídica do orçamento foi a grande derrotada, em face da irrazoada expansão da ideia de que a lei orçamentária é uma lei *formal*, sem conteúdo jurídico. Venceram a concentração de poderes e o autoritarismo, perderam a democracia e a república. Foi um nítido retrocesso social, que durou várias décadas para ser revertido[39].

Rodríguez Bereijo sintetiza com precisão o que ocorreu naquele período:

> Em parte reconciliada com a política monárquico-conservadora da Prússia, pelos êxitos da política exterior de Bismarck a partir de 1864, em parte conquistada pelo extraordinário desenvolvimento econômico nos primeiros anos posteriores à fundação do Império, a burguesia se tornou o pilar do *Reich*. A tradição democrática-liberal de 1848 foi bloqueada, e o ano de 1848 caiu em descrédito como *o ano louco*[40].

O pensamento jurídico dos adeptos dessa visão formalista da lei orçamentária, iniciada por Laband, pode ser resumido nos seguintes pontos:

a) O direito se esgota nas normas jurídicas;

b) O jurista há de se ocupar apenas das formas jurídicas;

c) O fim do direito, o elemento teleológico, é algo metajurídico, *fora-do--mundo* do direito;

d) O direito é um sistema jurídico fechado, articulado logicamente em conceitos jurídico gerais, pois não admite lacunas.

Esses tópicos reúnem características meramente formais orçamentárias e não substanciais, pois seriam algo fora do Direito.

Essa concepção de que o orçamento é uma lei apenas em sentido formal não faz mais sentido na atualidade. É certo considerar que a lei orçamentária hoje tem essencial função gerencial-política, em especial com o surgimento e a adoção do orçamento-programa, após as crises capitalistas e o processo de sua superação a partir de 1929. Conformado, em termos de legislação brasileira a partir da edição da Lei 4.320/64, o orçamento ganha natureza diversa da proposta na teoria alemã, por passar a conter não só limites de gasto e a estima de receita do Estado, mas os próprios fins da administração enquanto

38 BALEEIRO, Aliomar. Uma Introdução à ciência das finanças. Rio de Janeiro: Forense, 2004.

39 Duarte, Tiago. A lei por detrás do orçamento – A questão constitucional da lei do orçamento. Coimbra: Almedina, 2007. p. 25 e ss.

40 Rodríguez Bereijo, Álvaro. Laband y en derecho pressupuestario del Imperio Aleman, escrito à guisa de Introdução. In: Laband, Paul. El derecho pressupuestário. Madrid: Instituto de Estudios Fiscales, 1979. p. XXXIX.

instrumento financeiro do Estado, suas diretrizes, objetivos e metas, como instrumentos para a consecução de seus objetivos. Ademais, com o advento de sistemática intervenção do Estado na economia, as funções orçamentárias passaram a se destacar nas relações privadas, alterando completamente a ótica privatística de *norma jurídica* que deu base à tal concepção.

Reproduzida por nossos doutrinadores, esta visão limitada da natureza jurídica da norma orçamentária manteve-se prestigiada em nossa doutrina e considerada até os albores do século XXI pela jurisprudência do Supremo Tribunal Federal.

3. A TRAJETÓRIA DO CONTROLE CONCENTRADO DE CONSTITUCIONALIDADE DO ORÇAMENTO NO BRASIL

Tal teoria formalista, criada no século XIX por Laband, foi recebida pelo Supremo Tribunal Federal, que até as últimas luzes do século XXI enfrentou a questão relativa à apreciação judicial do conjunto de leis que formam o sistema orçamentário, evoluindo recentemente desse persistente alheamento até a possibilidade reconhecida de uma modalidade de controle da constitucionalidade do orçamento em face da Constituição Federal.

Claro que não se pode deixar de considerar que se trata de um conjunto normativo diverso, materializado pelo modo como a lei do orçamento foi disciplinada ao longo de nossa evolução constitucional.

Pode-se identificar três distintas etapas nessa trajetória. A *primeira* versa sobre a jurisprudência anterior à vigência da Carta Constitucional de 1988, quando passou a vigorar o controle concentrado de constitucionalidade no Brasil (e não apenas a *representação interventiva*, do sistema anterior) e busca traçar uma ligação entre o pensamento do STF e a construção de um entendimento a respeito da sindicabilidade da norma integrante do sistema orçamentário e da própria atuação do Poder Público na aplicação deste tipo especial de norma jurídica perante a Constituição.

Outra fase pode ser identificada já sob a égide da Constituição de 1988, porém sem o reconhecimento da aplicação do controle concentrado de constitucionalidade sobre as normas orçamentárias, até a paradigmática decisão na ADI 2.925 em 19 de dezembro de 2003, e sua influência na jurisprudência.

Outro momento pode ser considerado a partir de janeiro de 2008, pois reflete a atual composição do STF, com pontuais alterações. Desta forma, busca-se uma apreciação da evolução dos julgados em comparação com a formação da Casa, observando o período das respectivas nomeações, pois, de fato, seis dos onze Ministros que integram atualmente a Corte foram nomeados dentro deste terceiro período.

A parte de decisões exaradas ainda na Primeira República[41], destaca-se decisão proferida sob a égide da Constituição de 1946, consubstanciada no

41 Habeas Corpus nº 3443 de 25 de outubro de 1913 e o Agravo de petição nº 1835, em 29 de janeiro de 1915.

Recurso Extraordinário nº 34.581, proferido em 10 de outubro de 1957. As partes deste processo eram, como recorrente, a União Federal e, como recorrido, a Escola de Medicina e Cirurgia do Rio de Janeiro e discutia-se o ato do Ministro da Educação de reduzir o valor dos recursos que a autora deveria receber, do montante de Cr$ 1.000.000,00, constante do orçamento, pois só lhe havia sido transferida a metade da subvenção prevista, Cr$ 500.000,00. O juiz *a quo* e o Tribunal Federal de Recursos haviam reconhecido o direito da autora em receber a integralidade da verba. Foi relator no STF o Ministro Cândido Mota Filho, e Presidente da Primeira Turma o Ministro Barros Barreto. Estavam presentes também os Ministros Ary Franco, Nelson Hungria e Luiz Gallotti. A ementa já dá o tom do amparo doutrinário adotado:

> Conceito de lei orçamentária. O simples fato de ser incluída uma verba de auxílio, no orçamento, que depende de apreciação do govêrno, não cria direito a seu recebimento.

A decisão unânime proferida pela Primeira Turma do STF serve de fundamento para as decisões posteriores e assenta o entendimento da preponderância da atuação da Administração na execução orçamentária e a impossibilidade de acionar o Poder Judiciário para correção de ato administrativo em desacordo com a lei do orçamento.

A normatização advinda da Constituição de 1967/69 não altera o entendimento do STF e sua visão sobre a lei orçamentária. Prova cabal é o julgamento proferido no Recurso Extraordinário nº 75.908, julgado em junho de 1973, tendo por relator o Min. Oswaldo Trigueiro, presidia a 1ª Turma o Min. Luiz Gallotti, e a compunham também os Ministros Aliomar Baleeiro, Djaci Falcão e Rodrigues Alckmin, com a seguinte ementa:

> Orçamento. A previsão de despesa, em lei orçamentária, não gera direito subjetivo a ser assegurado por via judicial. Carência de ação. Recurso conhecido e provido.

Extrai-se o seguinte trecho do voto do relator:

> O dispositivo de lei ordinária nem encerrava o poder de coagir os legisladores, de futuro, nem limitava o critério do Executivo, quanto ao atendimento da autorização orçamentária. De tal lei, à evidência, não nascem direitos subjetivos à obtenção de subvenções ou verbas, a favor da autora, a ser satisfeito em subsequentes orçamentos do Estado.

Tal acórdão, também paradigmático para o período, indica a manutenção da teoria anterior na análise da constitucionalidade da lei orçamentária.

Observe-se que, nos dois casos acima mencionados, o debate ocorre sob uma ótica processual distinta, não sendo discutido controle de constitucionalidade difuso ou concentrado. Há uma busca por verbas consignadas no orçamento em favor dos autores, que não foram adimplidas – entendimento que, neste particular aspecto, não foi modificado até os dias atuais.

Já sob a vigência da Constituição Federal de 1988 temos uma coerente sustentação original do STF, afastando a possibilidade de questionamento judicial. Os julgamentos dessa espécie de ação são todos da composição plenária do STF.

O julgamento que exemplifica esta posição está na apreciação da ADI 1.716/DF, julgada em 19 de dezembro de 1997, onde foi reconhecido que a Medida Provisória questionada efetivamente violou a disciplina constitucional para alteração da lei do orçamento. Foi relator do feito o Ministro Sepúlveda Pertence, sob a Presidência do Ministro Celso de Mello, tendo também participado os Ministros Moreira Alves, Néri da Silveira, Sydney Sanches, Octavio Gallotti, Carlos Velloso, Marco Aurélio, Ilmar Galvão, Maurício Corrêa e Nelson Jobim.

Na apreciação da ação o relator afirmou que atos de legislação orçamentária – sejam os de conformação original de orçamento anual de despesa, sejam os de alteração dela, no curso do exercício – são exemplos de leis formais, isto é, de atos administrativos de autorização, por definição, de efeitos concretos e limitados, e que, por isso, o Supremo Tribunal tem subtraído da esfera objetiva do controle abstrato de constitucionalidade de leis e atos normativos.

Observe-se que a visão do STF sobre o orçamento não considera como espécie legislativa de conteúdo normativo, tendo-o apenas como uma modalidade de ato administrativo.

A tese labandiana exsurge no voto do relator neste trecho:

> Sucede que tais atos de legislação orçamentária – sejam os de conformação original de orçamento anual de despesa, sejam os de alteração dela, no curso do exercício – são exemplos paradigmais de leis formais, isto é, de atos administrativos de autorização, por definição, de efeitos concretos e limitados que, por isso, o Supremo Tribunal tem subtraído da esfera objetiva do controle abstrato de constitucionalidade de leis e atos normativos.

Nesse sentido, o Ministro relator Sepúlveda Pertence subscreve a teoria de Hans Kelsen e transcreve trechos da obra Teoria Geral das Normas que o mestre austríaco deixou inclusa[42], e afirma:

> Nesse sentido – que parece corresponder, na jurisprudência da Corte, à identificação do ato normativo susceptível à ação direta – parece evidente que, no caso, não se tem regra de direito, necessariamente dotada de generalidade, mas norma individual plúrima, isto é, que impõe aos destinatários determinados – os responsáveis pelos recursos que especifica – uma certa conduta individualista e única, a necessária à efetivação, no presente exercício ou ao cabo de seu balanço patrimonial, da destinação comum que impôs – a amortização da dívida pública federal – às correspondentes disponibilidades financeiras.

42 Para informações sobre a obra, ver a RINGHOFER, K. e WALTER, R. na Introdução à edição brasileira de Teoria Geral das Normas. KELSEN, Hans. Porto Alegre: Sergio Fabris, 1986.

O Ministro ainda afirmou que poderia eventualmente mudar seu entendimento no futuro, mas que, naquele momento, não tinha como "resistir-lhe ao comando".

O fato é que, com essa paradigmática decisão unânime, na qual outros julgamentos esparsos haviam sido mencionados[43], consolidou-se a posição do STF sobre a inaplicabilidade do controle concentrado de constitucionalidade sobre as normas orçamentárias, tendo por base, como um dos argumentos, a teoria das leis formais, de Paul Laband, embora seu autor não tenha sido mencionado.

É curioso constatar que uma das obras de Hans Kelsen (1881-1973), escritas durante o período em que desempenhou funções administrativas no exército alemão, tem um título que deixa vislumbrar a proximidade teórica com a tese de Paul Laband; denomina-se: *Parecer sobre a questão da força legal formal e material dos atos administrativos militares*[44].

Surge uma alteração substancial na jurisprudência do STF com a apreciação da ADI nº 2925-8, julgada em 19 de dezembro de 2003. O STF considerou ser possível o controle concentrado de constitucionalidade de legislação orçamentária em típico ato anteriormente infenso à esta modalidade. Esta decisão se mostra paradigmática, pois, pela primeira vez ocorre uma explícita manifestação do STF no sentido de rever sua jurisprudência e conhecer a possibilidade de controle concentrado de norma orçamentária.

A Ministra Ellen Gracie, relatora do processo, propôs manter a jurisprudência consolidada e não conhecer da ação afirmando que:

> Entendo, na mesma linha do Procurador-Geral, estar-se diante de ato formalmente legal, de efeito concreto, portador de normas individuais de autorização.
>
> Além dos precedentes trazidos pela autora, que identificaram, como normas de efeito concreto, comandos de lei orçamentária que destinaram determinada soma pecuniária ou porcentagem da receita prevista a uma certa finalidade/despesa ADI 1.640, Rel. Min. Sydney Sanches, DJ 03.04.98, ADI 2.057, Rel. Min. Maurício Corrêa, Dl 31.03.2000 e ADI 2.100, Red. p/ o ac. Min. Nelson Jobim, DJ 01.06.2001 aponto outros julgados nos quais reafirmou-se, do mesmo modo, o entendimento de que as disposições constantes de lei orçamentária anual, ou de emenda à mesma, constituem atos de efeito concreto, insuscetíveis de controle abstrato de constitucionalidade, por estarem ligadas a uma situação de caráter individual e específica.

A divergência, suscitada pelo Ministro Marco Aurélio considerava ser dever do Tribunal examinar a questão pertinente à proteção da opção política

43 Inobstante esta consolidada posição é possível encontrar julgamentos, alguns em sede de medida cautelar, que aceitam a discussão da validade das leis do orçamento (LDO e LOA) quando em debate ofensa à separação de poderes (ADI nº 1911, ADI-MC nº 468, ADI-MC nº 810 e ADI nº 2108-7).

44 Sobre essa obra ver Sosa Wagner, Francisco. Maestros alemanes del derecho público. Madri: Marcial Pons, 2005, p. 388.

consubstanciada na destinação especial de recursos prevista na Constituição, asseverando que a exclusão da lei orçamentária desta verificação seria colocar a lei orçamentária acima da Carta da República.

A ação foi conhecida, por maioria, vencida a relatora, que restou isolada. Votaram pelo conhecimento o Presidente, Maurício Corrêa, e os Ministros Sepúlveda Pertence, Celso de Mello, Carlos Velloso, Marco Aurélio, Nelson Jobim, Gilmar Mendes, Cezar Peluso, Carlos Britto e Joaquim Barbosa.

Observa-se nítida mudança jurisprudencial a respeito do tema, entre o julgamento realizado em 19 de dezembro de 1997 (ADI 1.716, acima comentada) e este, realizado seis anos após, em 19 de dezembro de 2003 (ADI 2.925), fruto de dois distintos movimentos: mudança de entendimento de um grupo e renovação da composição da Corte. Mudaram seu entendimento acerca da matéria os Ministros Maurício Corrêa, Sepúlveda Pertence, Celso de Mello, Carlos Velloso, Marco Aurélio e Nelson Jobim. Já não compunham mais a Corte os Ministros Moreira Alves, Néri da Silveira, Sydney Sanches e Octavio Gallotti. Haviam ingressado na Corte e estavam presentes naquele julgamento, os Ministros Gilmar Mendes, Cezar Peluso, Carlos Britto, Ellen Gracie e Joaquim Barbosa. Apenas a Ministra Ellen Gracie manteve-se na linha jurisprudencial até então prevalente, e ficou isolada.

Embora importante, deixa-se de analisar o *mérito* da causa pois isso refoge ao escopo deste trabalho, registrando-se que se discutia a manutenção da referibilidade dos valores arrecadados a título de CIDE, de um para outro exercício financeiro. O autor foi vencedor, tendo sido dada interpretação conforme a Constituição à norma atacada, por maioria mais apertada do que a obtida no julgamento sobre o conhecimento da ação. No bloco minoritário ficou a relatora, Ministra Ellen Gracie, e os Ministros Joaquim Barbosa, Nelson Jobim e Sepúlveda Pertence.

As decisões posteriores mantiveram o afastamento do STF de sua posição anterior, sendo possível verificar um amadurecimento da jurisprudência da Corte no sentido de admitir uma amplitude maior para exame da legislação orçamentária através do controle concentrado de constitucionalidade.

Esta alteração jurisprudencial inicial, ocorrida com a ADI 2.925 em dezembro de 2003, foi reafirmada no julgamento da ADI-MC nº 4.048, julgada em 14 de maio de 2008, tendo por relator o Ministro Gilmar Mendes.

A ação, movida pelo Partido da Social Democracia Brasileira, questionava o uso da Medida Provisória nº 405/2007 para abrir crédito extraordinário orçamentário. A petição inicial considerava que este procedimento estava vinculado ao mandamento do artigo 167, §3º, da Constituição Federal, apenas podendo ocorrer na existência de despesas imprevisíveis e urgentes, tais como as decorrentes de guerra, comoção interna ou calamidade pública. A linha de argumentação do autor sustentava que "não há como comparar – porque não têm a mesma densidade de gravidade, de imprevisibilidade e de urgência de uma guerra, de uma comoção interna ou de uma calamidade pública a abertura de crédito extraordinário para cobrir despesas com, por exemplo, custeio ordinário ou de ressarcimento ao gestor do Fundo Nacional de Desestatização". A petição inicial criticava o entendimento tradicional do STF quanto ao não-cabimento de ação direta de inconstitucionalidade contra normas de caráter orçamentário.

O voto do relator enfrentou a anterior jurisprudência do STF que tinha considerado inadmissível a propositura de ação direta de inconstitucionalidade contra atos de efeito concretos destacando os julgamentos anteriores, que prestigiaram este entendimento, porém claramente, o considerou superado. Seu fundamento partiu do pressuposto de que, se a Constituição submete a lei ao processo de controle abstrato, até por ser este o meio próprio de inovação na ordem jurídica e o instrumento adequado de concretização da ordem constitucional, não parece admissível que o intérprete debilite essa garantia da Constituição, isentando um número elevado de atos aprovados sob a forma de lei do controle abstrato de normas. Destacou que muitos desses atos, por não envolverem situações subjetivas, dificilmente poderiam ser submetidos a um controle de legitimidade no âmbito da jurisdição ordinária. Assim, a jurisdição constitucional abstrata seria o único e principal momento de verificação de sua compatibilidade com a Constituição.

A posição majoritária do STF foi no sentido de considerar necessária a reafirmação da jurisprudência, então incipiente, pois iniciada com a ADI 2.925, em tema de instauração de controle abstrato de normas veiculadoras de regras pertinentes à matéria de despesa pública ou de caráter orçamentário para admitir a possibilidade de controle. Ademais, a decisão mencionada não apenas reconheceu esta possibilidade, mas afirmou que o controle concentrado de constitucionalidade é o mecanismo melhor estruturado para efetivar a defesa da ordem constitucional, inclusive quando se tem por objeto a apreciação, em tese, de legislação que disponha sobre a provisão de receita, fixação de despesa ou autorização para abertura de créditos adicionais. A ação foi conhecida por maioria, vencido apenas o Ministro Cezar Peluso.

Observa-se que a posição majoritária pelo conhecimento foi mantida, mesmo com a alteração na composição do STF entre dezembro de 2003 (julgamento da ADI 2.925) e maio de 2008 (julgamento da ADI-MC nº 4.048). Mantiveram seu entendimento os Ministros Celso de Mello, Marco Aurélio, Gilmar Mendes, Menezes Direito, Carlos Britto e Joaquim Barbosa. Os "novatos" seguiram a posição do relator, admitindo o conhecimento do controle de constitucionalidade das normas orçamentárias: Ministros Eros Grau, Cármen Lúcia e Ricardo Lewandowski. Houve uma "troca cruzada de posições", pois o Ministro Cezar Peluso mudou de posição, não admitindo o conhecimento da ação, e a Ministra Ellen Gracie, que antes não admitia, passou a fazê-lo – cada qual com posição divergente daquela adotada em dezembro de 2003 (ADI 2925).

No mérito, a liminar foi deferida, tendo votado com o relator os Ministros Eros Grau, Cármen Lúcia, Carlos Britto e Marco Aurélio. Estavam ausentes os Ministros Celso de Mello, Menezes Direito e Ellen Gracie. Votaram contra o relator os Ministros Ricardo Lewandowski, Cesar Peluso e Joaquim Barbosa.

A decisão de mérito considerou que o uso do mecanismo de crédito extraordinário tencionava subtrair da apreciação do Parlamento a prévia autorização para abertura de crédito suplementar e especial, evitando a necessidade da prévia tramitação legislativa para a aprovação dos valores, utilizando a medida provisória cujo efeito é imediato. Desta forma, a decisão que reconheceu a ilegitimidade do uso da medida provisória para a abertura deste tipo de crédito e proclamou sua incompatibilidade com a Constituição, inobstante sua posterior conversão em lei, agiu em defesa da prerrogativa parlamentar prevista na Constituição Federal e no direito destas Casas de apreciar a matéria orçamentária amplamente, sem a imposição efetuada pela premência do Executivo e pelo ritmo ditado pela urgência constitucional.

Neste julgamento e em outros que se seguiram[45] o STF se posicionou em defesa da prerrogativa de deliberação do Congresso Nacional, que possui a missão constitucional de elaborar o orçamento, aprovando suas normas por direito próprio. A elaboração orçamentária é tarefa do Congresso Nacional, mediante apresentação de proposta do Poder Executivo, mas a deliberação é tarefa exercida pelo Parlamento. Desta forma, a restrição à deliberação do Congresso Nacional na apreciação do orçamento foi refutada pelo STF.

Pode-se afirmar que relativamente ao modo como a visão do STF tem evoluído no específico tema de aplicação, elaboração e controle do orçamento público, não é possível deixar de ressaltar a significativa, para dizer o mínimo, alteração da concepção tradicional de controle dos atos do Poder Público para o patamar traçado pelas linhas acima. É de notar gradual, porém, persistente abandono da concepção formalista no tema de controle do orçamento, levando a uma importante discussão a respeito da aplicação dos recursos públicos, cujo patamar de detalhamento não encontra correspondência nos anteriores julgamentos efetuados pelo STF, conforme exposto.

Por derradeiro, cabe destacar uma decisão que, de modo definitivo, proclama a possibilidade da revisão judicial da norma orçamentária. Porém, diversamente dos julgados anteriormente narrados, a atuação do STF não se pauta pela defesa da prerrogativa do Parlamento na conformação da Lei do Orçamento, mas na convicção que é possível a revisão judicial, mesmo em desvalia da opção parlamentar materializada na lei orçamentária. Trata-se do julgamento da ADI nº 5.468, relatada pelo Min. Luiz Fux e julgada em 30 de junho de 2016.

Esta ação foi proposta pela Associação de Magistrados da Justiça do Trabalho e questionava a atuação parlamentar na elaboração da lei orçamentária para o ano de 2016. A alegação da inicial foi no sentido de que a Lei nº 13.255/2016 (LOA 2016) seria inconstitucional por afronta ao princípio da divisão funcional de poderes e que a redução do orçamento da Justiça do Trabalho foi realizada com desvio de finalidade e que, ademais, configuraria ato discriminatório, desproporcional e desarrazoado – uma espécie de "retaliação".

45 ADI nº 4049, ADI nº 2855 e muito especialmente ADI nº 3949, esta última sobre a sindicabilidade da Lei de Diretrizes Orçamentárias.

A inicial também consigna que a peça orçamentária anual estaria em desconformidade com o Plano Plurianual (PPA), estipulado para o quadriênio 2016 a 2019, com realce para a diretriz de "promoção do emprego com garantia de direitos trabalhistas e o fortalecimento das relações de trabalho", o que macula a opção realizada pelo legislador da lei ânua.

O processo teve origem na construção do orçamento para o ano de 2016, onde os valores destinados ao custeio e investimento da Justiça do Trabalho foram dramaticamente reduzidos. Foram retirados R$ 844 milhões da proposta orçamentária encaminhada, o que equivalia a 30% das verbas destinadas ao custeio e 90% das destinadas a investimentos. O fundamento utilizado pelo relator do projeto de orçamento de 2016[46] foi bem explícito na fundamentação para este corte:

> Estamos promovendo ajustes também nas despesas de custeio e investimento do Poder Judiciário. No caso da Justiça do Trabalho, propomos o cancelamento de 50% das dotações para custeio e 90% dos recursos destinados para investimentos. Tal medida se faz necessária em função da exagerada parcela de recursos destinados a essa finalidade atualmente. Na proposta para 2016 o conjunto de órgãos que integram a justiça do trabalho prevê gastos de R$ 17,8 bilhões, sendo mais de 80% dos recursos destinados ao pagamento dos mais de 50 mil funcionários, o que demanda a cada ano a implantação de mais varas, e mais instalações. As regras atuais estimulam a judicialização dos conflitos trabalhistas, na medida em que são extremamente condescendentes com o trabalhador. Atualmente, mesmo um profissional graduado e pós-graduado, com elevada remuneração, é considerado hipossuficiente na Justiça do Trabalho. Pode alegar que desconhecia seus direitos e era explorado e a Justiça tende a aceitar sua argumentação. Algumas medidas são essenciais para modernizar essa relação, tais como: sucumbência proporcional; justiça gratuita só com a assistência sindical; e limite de indenização de 12 vezes o último salário. Atualmente as causas são apresentadas com valores completamente desproporcionais.

E mais adiante:

> Tais medidas implicam alterações na legislação, mas é preciso que seja dado início a esse debate imediatamente. A situação atual é danosa às empresas e ao nosso desenvolvimento econômico, o que acarreta prejuízos aos empregados também. Nesse sentido, estamos propondo cancelamentos de despesas de maneira substancial, como forma de estimular uma reflexão sobre a necessidade e urgência de tais mudanças. O objetivo final é melhorar a justiça do trabalho, tornando-a menos onerosa e mais eficiente, justa e igualitária.

Parece nítido que o orçamento destinado à Justiça do Trabalho no ano de 2016 foi utilizado como instrumento[47] para, como diz o relatório, "impor uma

46 LOA 2016, Parecer da CMO – Relatório Deputado Ricardo Barros.

47 No mesmo parecer a restrição orçamentária aos demais ramos do Poder Judiciário foi de 15% para as despesas de custeio e 40% para as despesas de investimento.

reflexão" sobre a forma de atuação dos magistrados que integram aquele ramo de Justiça[48]. Parece clara a opção política da restrição orçamentária imposta. Não se tratava de adoção de uma política pública pela limitação de crescimento, mas sim medida que pretendeu, ao justificar os cortes impostos à Justiça do Trabalho em média superior ao dobro dos cortes suportados por outros ramos do mesmo Poder, para instar a magistratura do trabalho a "refletir sobre os entendimentos que alegadamente praticaria contra o patronato."[49]

A ADI 5468 foi considera improcedente por maioria de votos. O relator, Ministro Fux, enfrentou a matéria pertinente à ilegitimidade do ato parlamentar apreciando-o em seu mérito, tendo afirmado que:

> Embora a fundamentação apresentada pelo relatório final da Comissão Mista de Planos, Orçamentos Públicos e Fiscalização (CMO) do Congresso Nacional ostente, confessadamente, motivação ideologicamente enviesada, tal ato, per si, não vincula os parlamentares das Casas Legislativas do Parlamento Federal.

E mais adiante:

Dessarte, ainda quando se realiza a avaliação de cada um dos já subprincípios da proporcionalidade (necessidade, adequação e proporcionalidade em sentido estrito), não se configura abuso do poder legislativo a redução do orçamento público destinado a órgãos e programas orçamentários em decorrência de contexto de crise econômica e fiscal. A mera possibilidade de controle da atuação parlamentar em matéria orçamentária não pode ser pressuposta, genericamente, como ilegítima. Há de se efetuar a análise, detalhada, da existência de excessos, ou não, quanto às modificações realizadas em matéria de programação orçamentária, as quais são intimamente dependentes do contexto socioeconômico do país num dado momento histórico.

A admissibilidade da ação foi acatada pelos Ministros Celso de Mello, Gilmar Mendes, Ricardo Lewandowski, Cármen Lúcia, Dias Toffoli, Luiz Fux, Rosa Weber, Roberto Barroso e Edson Fachin, vencido apenas o Ministro Marco Aurélio, o que significou uma mudança de seu entendimento em face dos paradigmas anteriores. O Ministro Teori Zavascki esteve ausente.

Isso demonstra a aceitação da tese do controle concentrado de constitucionalidade de normas orçamentárias não só pelos Ministros mais antigos, que já haviam sufragado a tese no julgamento da ADI-MC nº 4.048, em maio de 2008 (Ministros Celso de Mello, Gilmar Mendes, Cármen Lúcia e Ricardo

48 Em face do corte no orçamento, entidades da sociedade civil foram ao Supremo Tribunal Federal questionar a violação à regra da Separação de Poderes. A ADI 5468 foi considera improcedente por maioria de votos, valendo transcrever trecho do voto (vencido) do Ministro Celso de Mello: "o Congresso Nacional incidiu em claro desvio de finalidade quando promoveu abusiva redução da dotação orçamentária da Justiça do Trabalho, fazendo-o, de modo arbitrário, em caráter de retaliação pelas decisões legitimamente proferidas por essa importantíssima instituição da República no estrito exercício de sua competência jurisdicional."

49 ADI 5468 pg. 127.

Lewandowski), como dos mais recentes (Ministros Dias Toffoli, Luiz Fux, Rosa Weber, Roberto Barroso e Edson Fachin). Mudou de posição o Ministro Marco Aurélio.

No mérito, o voto do relator não apenas admitiu a possibilidade da existência do abuso da legislação, como examinou se, no caso, o abuso aconteceu, afirmando sua não-ocorrência[50]. Este posicionamento de mérito, sufragado pela unanimidade dos Ministros do STF[51], significa uma decisiva mudança em relação às decisões anteriormente citadas, com a aceitação do controle da norma orçamentária quanto ao seu conteúdo e admitindo a possibilidade de modificação desta por decisão judicial[52].

Nos debates que se seguiram ao voto do relator a questão da possibilidade da investigação do desvio de finalidade foi debatida e qual seria a decisão do STF, caso a viesse a pronuncia-la. Tudo indica que o STF, naquela composição, muito semelhante à atual, não possui dúvidas sobre sua competência para, em determinadas situações, realizar o controle da lei do orçamento, em detrimento da opção realizada pelo Poder Legislativo. Para tanto foi aprovada, como tese, o enunciado a seguir transcrito:

> Salvo em situações graves e excepcionais, não cabe ao Poder Judiciário, sob pena de violação ao princípio da separação de poderes, interferir na função do Poder Legislativo de definir receitas e despesas da administração pública, emendando projetos de leis orçamentárias, quando atendidas as condições previstas no art. 166, § 3º e § 4º, da Constituição Federal.

Como consolidadora da discussão, a tese aprovada reflete a concepção da possibilidade da realização do controle judicial da lei orçamentária, desde que sob condições, o que representa uma considerável modificação na forma como era compreendida a norma do orçamento e os limites da atuação judicial para verificação de sua conformidade.

---

50 Apesar de considerar improcedente o pedido, faz o que chama de "apelo ao legislador", nos termos seguintes: "Não obstante a parte dispositiva acima enunciada, apresento como proposta adicional a esse provimento jurisdicional declaratório, que este STF lance mão da alternativa do "apelo ao Legislador", para que se notifique o Congresso Nacional, acerca da premência e da relevância de que as dotações orçamentárias previstas para o corrente exercício financeiro de 2016, conforme a sistemática indicada pelo § 5º do art. 99 da CRFB/1988). O objetivo é o de sinalizar ao Poder Legislativo federal acerca da observância da conveniência e da oportunidade das dotações ora vigentes possam ser eventualmente suplementadas, para fins de manutenção da regularidade das atividades básicas de prestação adequada e eficiente da atividade jurisdicional na seara trabalhista – um serviço público estratégico e de típica concreção da soberania e da cidadania (CRFB/1988, art. 1º, caput, incisos I e II) para a materialização do direito fundamental do acesso à Justiça."

51 A decisão foi por maioria de votos apenas quanto a ocorrência ou não do ato desviado de finalidade. Não houve contestação, com exceção de uma ressalva para discussão futura realizada pelo Ministro Edson Fachin, acerca da possibilidade do exame do conteúdo próprio da escolha parlamentar pelo Poder Judiciário.

52 O voto do relator, Ministro Fux, possui o seguinte trecho: "Essa pré-compreensão normativa contempla, por óbvio, a possibilidade de controle de constitucionalidade quanto a situações graves e excepcionais em que haja típico desvio, ou abuso legislativo em relação às premissas constitucionais. O fator decisivo, a meu sentir, entretanto, é que esta não foi a situação da norma ora impugnada."

Contudo, a decisão deixou de aprofundar a discussão em tema absolutamente relevante. Trata-se da questão da compatibilidade material entre o PPA e a LOA[53], trazida com um dos fundamentos da inicial. O voto do relator considera a incompatibilidade, porém não afirma que isto promova sua invalidade. Sua posição está assim manifestada:

> Não há, também quanto a essa última alegação de incompatibilidade com o PPA, qualquer fundamento constitucional decisivo que imponha a invalidação, em absoluto, da lei orçamentária já em vigor.[54]

A posição esposada parece levar a crer que a compatibilidade afirmada na Constituição seria uma norma apenas para a confecção do orçamento e, se ignorada, não implicaria em invalidá-lo. O fato é que a posição do relator e dos demais Ministros não está clara o suficiente para permitir considerar o posicionamento do STF neste ou naquele sentido sobre esta matéria.

Destaca-se que a composição atual da Corte[55], praticamente idêntica com a do último julgamento analisado, permite considerar certa estabilidade jurisprudencial, salvo eventual modificação de posicionamento de algum Ministro.

4. CONCLUSÕES

O entendimento jurisprudencial do STF a partir de 2003 sobre o controle concentrado de constitucionalidade das leis do sistema orçamentário indica o abandono da noção de lei formal e de lei material, ancoradas na teoria de Paul Laband, criada no apagar das luzes do século XIX. Parece incrível, mas somente no alvorecer do século XXI tais concepções formalistas foram abandonadas em definitivo pelo STF, e, mesmo assim, com errático posicionamento de alguns Ministros da Corte até os dias atuais.

A tese aprovada no julgamento da ADI nº 5468 identifica a consolidação da admissibilidade do controle concentrado de constitucionalidade das normas orçamentárias, âmbito que, até então, estava afastado desse tipo de controle judicial e de qualquer sindicabilidade efetiva pelo Poder Judiciário.

Assente a admissibilidade do controle concentrado das normas orçamentárias, o próximo desafio acadêmico e jurisprudencial diz respeito ao mérito do que deve ser controlado.

53 Constituição Federal. Artigo 166, § 3, I.

54 Voto do Ministro Luiz Fux, pg. 47.

55 Datas de ingresso no STF: José Celso de Mello Filho (17/ago/1989); Marco Aurélio Mendes de Farias Mello (13/jun/1990); Gilmar Ferreira Mendes (20/jun/2002); Enrique Ricardo Lewandowski (16/mar/2006); Cármen Lúcia Antunes Rocha (21/jun/2006); José Antonio Dias Toffoli (23/out/2009); Luiz Fux (03/mar/2011); Rosa Maria Pires Weber (19/dez/2011); Luís Roberto Barroso (26/jun/2013); Luís Edson Fachin (16/jun/2015) e Alexandre de Moraes (22/mar/2017). A mudança ocorreu com o ingresso do Ministro Alexandre de Moraes na vaga aberta em razão do falecimento do Ministro Teori Zavascki, ocorrida em 10/01/2017.

Entende-se que o controle deve incidir sobre a política eleita pelos órgãos legitimados para a realização das escolhas políticas que são o Poder Executivo e o Poder Legislativo. A opção da correção judicial do mérito das normas orçamentárias ocorre quando existe flagrante e manifesta violação da opção constitucional sendo implementada com desvio de finalidade, propiciando a negação do direito previsto na Constituição.

Desse modo, não existe a possibilidade da intervenção judicial de mérito para modificar a atuação do Estado se a política escolhida é compatível com a Constituição Federal, se o orçamento está formado em consonância com esta opção e ainda, se a norma orçamentária está sendo cumprida corretamente pelos órgãos administrativos encarregados de sua execução.

Esta é uma nova etapa de estudos que se abre, após a consolidação do entendimento jurisprudencial no STF acerca da admissibilidade do controle concentrado de constitucionalidade, e a consequente ultrapassagem da tese labandiana que considerava o orçamento como uma lei apenas em sentido formal.

Os Princípios Reitores da Lei de Responsabilidade Fiscal e as Lições de Ricardo Lobo Torres

Marcus Abraham[1]

Sumário: 1. Introdução. 2. O princípio do planejamento. 3. O princípio da transparência. 4. O princípio do equilíbrio das contas públicas. 5. Conclusão.

1. INTRODUÇÃO

Para o Direito Financeiro e Tributário no Brasil, um dos principais nomes da geração seguinte à de Alfredo Augusto Becker, Aliomar Baleeiro e Amilcar Falcão foi certamente o do Professor Ricardo Lobo Torres.

Através de sua valiosa contribuição acadêmica aos estudos dessas disciplinas, não apenas em sala de aula – com aquele seu jeito amável, sereno, generoso e com um sorriso no rosto –, mas também, e sobretudo, por suas clássicas obras "*Curso de direito financeiro e tributário*" (1993), "*Normas de interpretação e integração do direito tributário*" (1994), "*Os direitos humanos e a tributação: Imunidades e isonomia*" (1995) e "*Tratado de direito constitucional financeiro e tributário*: *Constituição financeira, sistema tributário e Estado fiscal. Vols. I-V*" (2009), nós – seus alunos e discípulos – pudemos compreender verdadeiramente o Direito Financeiro e Tributário à luz da filosofia jurídica, da Constituição, seus valores e princípios que formam a justiça fiscal.

Eu, particularmente, tive a sorte de já o ter conhecido, e academicamente convivido por quase 20 anos, desde os idos do ano de 1997, quando o Professor Ricardo participava da banca de avaliação para o ingresso no Mestrado em Direito Tributário por ele coordenado, ao lado de outros grandes nomes como Flavio Bauer Novelli, José Marcos Domingues, Aurélio Pitanga Seixas e outros. Desde então fui seu aluno, tanto no Mestrado quanto no Doutorado na UERJ, tendo sido meu orientador de Doutorado e presidido a banca desta minha titulação.

Mas continuo e sempre serei seu discípulo, por todas as lições com que nos brindou, pelas memórias e linhas que escreveu, dentre as quais se destacam aquelas devotadas à matéria dos valores e princípios.

---

1 Professor Associado de Direito Financeiro e Tributário da UERJ. Pós-Doutor em Direito (Univ. de Lisboa) e Doutor em Direito Público (UERJ). Desembargador Federal no Tribunal Regional Federal da 2ª Região.

Para esta homenagem, apresento resumidamente os três princípios basilares da Lei de Responsabilidade Fiscal na busca de uma gestão fiscal responsável, a saber, o princípio do planejamento, o princípio da transparência e o princípio do equilíbrio das contas públicas, salientando algumas reflexões do homenageado sobre esses temas.

A Lei de Responsabilidade Fiscal brasileira – Lei Complementar 101/2000 (doravante, LRF) – indica logo no início de seu texto seu objetivo principal (art. 1º): estabelecer "normas de finanças públicas voltadas para a *responsabilidade na gestão fiscal*". Por sua vez, o §1º deste artigo afirma que a responsabilidade na gestão fiscal

> Pressupõe a ação *planejada* e *transparente*, em que se previnem riscos e corrigem desvios capazes de afetar o *equilíbrio* das contas públicas, mediante o cumprimento de metas de resultados entre receitas e despesas e a obediência a limites e condições no que tange a renúncia de receita, geração de despesas com pessoal, da seguridade social e outras, dívidas consolidada e mobiliária, operações de crédito, inclusive por antecipação de receita, concessão de garantia e inscrição em Restos a Pagar.

Portanto, podemos identificar aí os três princípios basilares ou pilares que se revelam essenciais na realização do objetivo desta lei: o *planejamento*, a *transparência* e o *equilíbrio* nas contas públicas, os quais serão brevemente expostos a seguir.[2]

2. O PRINCÍPIO DO PLANEJAMENTO

*Planejamento*é o processo permanente, dinâmico e sistematizado de gestão, composto de um conjunto de ações coordenadas e integradas, pelo qual se estabelece antecipadamente o que se pretende realizar e quais metas se busca atingir, com o objetivo de se chegar a um resultado satisfatório e desejado. Procura-se, pelo planejamento, responder as seguintes questões básicas: onde queremos chegar e como atingiremos nossos objetivos?

Em se tratando de patrimônio e recursos financeiros públicos, o orçamento público é o instrumento típico de planejamento utilizado pela União, Estados, Distrito Federal e Municípios. Através dele, os entes federativos deverão projetar e controlar, a curto, médio e longo prazos, suas receitas e despesas, estabelecendo metas e objetivos a serem atingidos.

No ciclo orçamentário brasileiro, integram-se três leis orçamentárias que permitem o planejamento no setor público. No Plano Plurianual (PPA), lei de duração de 4 anos, encontramos a previsão, além do que já está em andamento, do que se pretende realizar no quadriênio em termos de aprimoramento

2 Para essa exposição, valemo-nos de nossas lições em ABRAHAM, Marcus. *Curso de direito financeiro brasileiro.* 5. ed. Rio de Janeiro: Forense, 2018 e ABRAHAM, Marcus. *Lei de Responsabilidade Fiscal Comentada.* 2. ed. Rio de Janeiro: Forense, 2017.

de ação governamental. Já na Lei de Diretrizes Orçamentárias (LDO), temos a orientação para a elaboração do orçamento, definindo as prioridades e metas do PPA para o exercício financeiro subsequente. E, finalmente, na Lei Orçamentária Anual (LOA), que é lei de execução do orçamento para o exercício seguinte, tem-se a estimativa de receita e a autorização das despesas. As duas primeiras planejam e a última executa.

Fato é que, até a promulgação da Lei de Responsabilidade Fiscal, em 4 de maio de 2000, verificava-se uma situação de total ausência de planejamento orçamentário pelos entes públicos. Justificava-se tal estado de coisas, principalmente, pela não edição da lei complementar exigida pela Constituição (art. 165, § 9º, CF), necessária para definir os contornos básicos dos três instrumentos que integram o processo orçamentário nacional: o plano plurianual (PPA), a lei de diretrizes orçamentárias (LDO) e a lei de orçamento anual (LOA). As peças orçamentárias elaboradas pelos entes públicos eram tidas como "fictícias", desprovidas de qualquer relação com a realidade, funcionando como mero indicador de intenções genéricas do governo.

No entanto, apesar de a LRF disciplinar detalhadamente o conteúdo de dois daqueles instrumentos – as diretrizes orçamentárias e a lei orçamentária anual –, percebe-se que a LDO é, sem sombra de dúvidas, a peça mais relevante do planejamento no ciclo orçamentário, com destaque para as regras sobre as *metas fiscais*, identificando-se o montante de receitas públicas a ser arrecadado e a sua destinação.

A *Lei de Diretrizes Orçamentárias*, relevante instrumento de planejamento orçamentário introduzido pela Carta de 1988 (§ 2º, art. 165), deve conter: a) metas e prioridades para o exercício seguinte, funcionando como uma "ponte"entre o plano plurianual e a lei orçamentária anual; b) orientação para a elaboração do orçamento-programa; c) alteração na legislação tributária; d) mudanças na política de pessoal. Porém, indo além do conteúdo previsto pela Constituição, a LRF estabeleceu que a LDO deverá também prever: a) equilíbrio entre receitas e despesas; b) critérios e forma para limitação de empenho, ou seja, contingenciamento de dotações quando a evolução da receita comprometer os resultados orçamentários pretendidos; c) regras para avaliar a eficiência das ações desenvolvidas; d) condições para subvencionar financeiramente instituições privadas e entes da Administração indireta; e) critérios para início de novos projetos; f) percentual da receita corrente líquida que será retido como Reserva de Contingência.

A LRF estabeleceu que a LDO deverá possuir também dois anexos (e uma mensagem de encaminhamento): *I – Anexo de Metas Fiscais*, contendo: I – avaliação do cumprimento das metas relativas ao ano anterior; II – demonstrativo das metas anuais, instruído com memória e metodologia de cálculo que justifiquem os resultados pretendidos, comparando-as com as fixadas nos três exercícios anteriores, e evidenciando a consistência delas com as premissas e os objetivos da política econômica nacional; III – evolução do patrimônio líquido, também nos últimos três exercícios, destacando a origem e a aplicação dos recursos obtidos com a alienação de ativos; IV – avaliação da situação financeira e atuarial: a) dos regimes geral de previdência social e próprio dos servidores públicos e do Fundo de Amparo ao Trabalhador; b) dos demais fundos públicos e programas estatais de natureza atuarial; V – demonstrativo da estimativa e compensação da renúncia de receita e da margem de expansão das despesas obrigatórias de caráter continuado; *II – Anexo de Riscos Fiscais*, onde serão avaliados os passivos contingentes e outros riscos capazes de afetar as contas públicas, informando as providências a serem tomadas, caso se concretizem; *III – Mensagem de Encaminhamento do Projeto de LDO*, apresentando os objetivos das políticas monetária, creditícia e cambial, bem como os parâmetros e as projeções para seus principais agregados e variáveis, e ainda as metas de inflação, para o exercício subsequente.

Finalmente, a *Lei Orçamentária Anual* (LOA), elaborada de forma compatível com o plano plurianual e com a lei de diretrizes orçamentárias, segundo o que dispõe a Constituição, conterá: a) o *orçamento fiscal*, onde se estimam receitas e despesas de toda a Administração Pública, incluindo a indireta; b) o *orçamento de investimento das estatais*, por fonte de financiamento *(Tesouro Central, recursos próprios, bancos);* c) o *orçamento de seguridade social*, nele incluído a Saúde, a Assistência e a Previdência Social. A LRF, porém, adicionou à LOA as seguintes informações complementares: I – conterá, em anexo, demonstrativo da compatibilidade da programação dos orçamentos com os objetivos e metas constantes do anexo de metas fiscais; II – será acompanhada do documento demonstrativo dos efeitos regionalizados das renúncias fiscais, bem como das medidas de compensação a renúncias de receita e ao aumento de despesas obrigatórias de caráter continuado; III – conterá reserva de contingência, cuja forma de utilização e montante, definido com base na receita corrente líquida, serão estabelecidos na lei de diretrizes orçamentárias, destinada ao atendimento de passivos contingentes e outros riscos e eventos fiscais imprevistos.

A utilização dessas três leis orçamentárias, de forma integrada e harmônica, permite ao gestor público uma administração fiscal responsável e zelosa dos recursos públicos, e a Lei de Responsabilidade Fiscal veio aprimorar o planejamento orçamentário (cujo modelo de orçamento-programa fora introduzido pela Lei nº 4.320/64), instituindo novas funções para a LDO e para a LOA, com o estabelecimento de metas, limites e condições para a gestão das receitas e das despesas.

Um planejamento orçamentário bem elaborado permite uma execução orçamentária eficiente e uma política fiscal de resultados concretos e visíveis para a sociedade. A execução orçamentária se realiza diariamente, iniciando-se em primeiro de janeiro e se encerrando em trinta e um de dezembro de cada ano. É através dela que se materializa o que foi estabelecido na Lei Orçamentária Anual de cada ente federativo, desde a arrecadação das receitas previstas até a realização das despesas autorizadas. Assim, para garantir o seu fiel cumprimento e resguardar o equilíbrio fiscal, a LRF estabelece regras de acompanhamento periódico da execução orçamentária, de maneira mensal, bimestral, quadrimestral e semestral.

Primeiramente, dispõe que, em até trinta dias da publicação dos orçamentos, o Poder Executivo deverá apresentar a programação financeira e o cronograma de *execução mensal* dos desembolsos (art. 8º, LRF). E complementa, impondo rigor na aplicação dos recursos vinculados, ao dispor que estes "serão utilizados exclusivamente para atender ao objeto de sua vinculação, ainda que em exercício diverso daquele em que ocorrer o ingresso" (parágrafo único).

Com a preocupação de buscar a compatibilização entre as receitas e despesas na manutenção do equilíbrio fiscal, a LRF prevê que, se verificado, ao final de um *bimestre*, que a realização da receita poderá não comportar o cumprimento das metas de resultado primário[3] ou nominal[4] estabelecidas no Anexo de Metas Fiscais, os Poderes e o Ministério Público promoverão, por ato próprio e nos montantes necessários, nos trinta dias subsequentes, limitação de empenho e movimentação financeira, segundo os critérios fixados pela lei de diretrizes orçamentárias (art. 9º, LRF).

A *limitação de empenho* nada mais é do que a suspensão momentânea (até o restabelecimento da receita prevista) da autorização para a realização de determinadas despesas autorizadas na lei orçamentária, quando as receitas efetivamente arrecadadas estiverem abaixo das estimativas previstas, podendo afetar o cumprimento das metas do resultado primário. Mas não são todas as despesas que poderão ser contingenciadas.

Excepcionando a regra, segundo o § 2º do art. 9º, não serão objeto de limitação as despesas que constituam obrigações constitucionais e legais do ente, inclusive aquelas destinadas ao pagamento do serviço da dívida, e as ressalvadas pela lei de diretrizes orçamentárias. Exemplos que constituem obrigações constitucionais são as despesas para alimentação escolar (Lei nº 11.947/2009), benefícios do regime geral de previdência social (Lei nº 8.213/1991), bolsa de qualificação profissional do trabalhador (MP nº 2.164-41/2001), pagamento de benefício do abono salarial (Lei nº 7.998/1990), pagamento do seguro-desemprego (Lei nº 7.998, de 11/01/1990), transferência de renda diretamente às famílias em condições de pobreza extrema (Lei nº 10.836, de 09/01/2004), despesas de pessoal e encargos sociais, pagamento de sentenças judiciais transitadas em julgado (precatórios), inclusive as consideradas de pequeno valor, pagamento de serviço da dívida, transferências constitucionais ou legais por repartição de receita etc.

---

3 *Resultado orçamentário primário*é a diferença decorrente entre o total de todas as receitas, excluindo-se destas as receitas do recebimento de amortizações dos empréstimos e respectivos juros, menos o total de todas as despesas, excluídas destas todos os pagamentos feitos com as amortizações dos empréstimos tomados e seus respectivos juros.

4 *Resultado orçamentário nominal* é a diferença entre o somatório de todas as receitas, incluindo-se as receitas decorrentes do recebimento de amortização de empréstimos concedidos e seus respectivos juros, menos o total de despesas, incluindo-se entre estas as despesas com o pagamento de amortização de empréstimos tomados e seus respectivos serviços da dívida (juros).

Determina também a LRF que, até o final dos meses de maio, setembro e fevereiro de cada ano, o Poder Executivo deverá demonstrar e avaliar o cumprimento das metas fiscais de cada *quadrimestre*, em audiência pública na Comissão Mista de Senadores e Deputados (§ 1º do art. 166, CF) e nas equivalentes nas Casas Legislativas estaduais e municipais (§ 4º, art. 9º, LRF).

E, no prazo de noventa dias após o encerramento de cada *semestre*, o Banco Central do Brasil apresentará, em reunião conjunta das comissões temáticas pertinentes do Congresso Nacional, avaliação do cumprimento dos objetivos e metas das políticas monetária, creditícia e cambial, evidenciando o impacto e o custo fiscal de suas operações e os resultados demonstrados nos balanços (§ 5º, art. 9º, LRF).

Finalmente, para que não se comprometa a programação financeira dos entes federativos, a LRF demonstra cuidado com o cumprimento no pagamento dos precatórios e seu cronograma de desembolso com estrita observância da ordem cronológica prevista na Constituição (art. 100), ao determinar que a execução orçamentária e financeira deverá identificar os beneficiários de pagamento de sentenças judiciais, por meio de sistema de contabilidade e administração financeira (art. 10, LRF).

Nesse sentido, verifica-se que, além de reforçar o papel das leis orçamentárias como instrumento de planejamento global, a LRF aproxima as atividades de programação e execução dos gastos públicos ao estabelecer metas fiscais e dispor sobre mecanismos para seu acompanhamento periódico.

Como se pode ver das normas acima apresentadas, Ricardo Lobo Torres estava correto ao definir o Estado Orçamentário como sendo também um Estado de Planejamento, pois "a receita pública, os investimentos e as despesas se fazem segundo planos anuais ou plurianuais".[5]

3. O PRINCÍPIO DA TRANSPARÊNCIA

Ricardo Lobo Torres situou a transparência fiscal como um dos *princípios de legitimação* do Estado e do ordenamento jurídico, entendida esta legitimação como um "processo de julgamento de suas qualidades e de sua validade ética", ou seja, aqueles princípios que buscam responder "à pergunta sobre o merecimento e a razão de ser dos direitos e dos princípios".[6]

Dentro dessa ideia, a transparência fiscal seria "um princípio constitucional implícito", que "sinaliza no sentido de que a atividade financeira deve se desenvolver segundo os ditames da clareza, abertura e simplicidade".[7] Estas qualidades ou virtudes éticas de clareza, abertura e simplicidade relacionam-se

5 TORRES, Ricardo Lobo. *Tratado de direito constitucional financeiro e tributário*: o orçamento na Constituição. 3. ed. Rio de Janeiro: Renovar, 2008. Vol. V. p. 77.

6 TORRES, Ricardo Lobo. *Tratado de direito constitucional financeiro e tributário*: valores e princípios constitucionais tributários. 2. ed. Rio de Janeiro: Renovar, 2014. Vol. II. p. 199.

7 TORRES, Ricardo Lobo. *Tratado...* Vol. II. op. cit. p. 253.

com a própria noção de um Estado que se queira democrático, em que a atividade financeira é realizada diante do povo, às suas vistas, e apresentada de tal forma que as informações possam ser compreensíveis. A publicidade no trato com o dinheiro público auxilia a dar sustentação e legitimar o sistema democrático como *governo do povo e para o povo.*

A transparência, portanto, não se expressa apenas pela quantidade de informações, mas também pela sua qualidade, objetividade, inteligibilidade e, sobretudo, utilidade. Nesse passo, como ressalva Jean Starobinski,[8] a transparência fiscal não pode ser vista apenas, ou simplesmente, sob a ótica do acesso à informação, mas seu conceito deve ser compreendido de maneira abrangente, abarcando outros elementos tais como responsividade, *accountability*, combate à corrupção, prestação de serviços públicos, confiança, clareza e simplicidade.

Nessa esteira, vimos a promulgação da Lei de Acesso à Informação (Lei nº 12.527/2011) que, além de colocar à disposição todo o tipo de informação, inclusive as de natureza financeira, permite, também, o acesso à informação relativa à implementação, acompanhamento e resultados dos programas, projetos e ações dos órgãos e entidades públicas, bem como metas e indicadores propostos; ao resultado de inspeções, auditorias, prestações e tomadas de contas realizadas pelos órgãos de controle interno e externo, incluindo prestações de contas relativas a exercícios anteriores (art. 7º, inciso VII). E, também, a promulgação da Lei nº 12.741, de 08/12/2012 (Lei de Transparência Tributária), que dispõe sobre as medidas de esclarecimento ao consumidor dos tributos incidentes sobre mercadorias e serviços de que trata o § 5º do art. 150 da Constituição Federal, bem como altera o inciso III do art. 6º e o inciso IV do art. 106 da Lei nº 8.078, de 11 de setembro de 1990 – Código de Defesa do Consumidor.

Um dos grandes méritos da Lei de Responsabilidade Fiscal foi o de estimular o exercício da cidadania na área financeira, através dos mecanismos de transparência que criou e regulamentou, como o reconheceu Ricardo Lobo Torres ao afirmar que "o princípio da transparência aparece também amalgamado ao da responsabilidade fiscal", o qual "começa a ingressar no Brasil por intermédio da Lei de Responsabilidade Fiscal".[9]

A *transparência* ressaltada pela LRF destina-se a promover o acesso e a participação da sociedade em todos os fatores relacionados com a arrecadação financeira e a realização das despesas públicas, havendo uma seção própria nesta lei com este objetivo (Seção I do Capítulo IX). Basicamente, podemos destacar os seguintes mecanismos de transparência contidos na lei: a) incentivo à participação popular na discussão e na elaboração das peças orçamentárias, inclusive com a realização de audiências públicas; b) ampla divulgação

8 STAROBINSKI, Jean. *Jean-Jacques Rousseau. A transparência e o obstáculo*: seguido de sete ensaios de Rousseau. Tradução de Maria Lúcia Machado. São Paulo: Companhia das Letras, 2011. p. 25.

9 TORRES, Ricardo Lobo. *Tratado...* Vol. II. op. cit. p. 260.

por diversos mecanismos, até por meios eletrônicos, dos relatórios, pareceres e demais documentos da gestão fiscal; c) disponibilidade e publicidade das contas dos administradores durante todo o exercício; d) emissão de diversos relatórios periódicos de gestão fiscal e de execução orçamentária.

Afinal, como assevera Vanessa Cerqueira, "no atual estágio de desenvolvimento da sociedade brasileira, é imprescindível para concretização da cidadania participativa que haja transparência nas relações fiscais propostas e efetivadas pelo Estado".[10] O Ministro do STF Gilmar Mendes[11] lembra que a transparência fiscal decorre da própria Constituição, e está vinculada ao ideal de *segurança orçamentária*:

> O princípio da transparência ou clareza foi estabelecido pela Constituição de 1988 como pedra de toque do Direito Financeiro. Poderia ser considerado mesmo um princípio constitucional vinculado à ideia de segurança orçamentária. Nesse sentido, a ideia de transparência possui a importante função de fornecer subsídios para o debate acerca das finanças públicas, o que permite uma maior fiscalização das contas públicas por parte dos órgãos competentes e, mais amplamente, da própria sociedade. A busca pela transparência é também a busca pela legitimidade.

Segundo o que dispõe o art. 48 da LRF, são instrumentos de transparência na gestão fiscal, aos quais será dada ampla divulgação, inclusive em meios eletrônicos de acesso público: os planos, orçamentos e leis de diretrizes orçamentárias; as prestações de contas e o respectivo parecer prévio; o Relatório Resumido da Execução Orçamentária e o Relatório de Gestão Fiscal; e as versões simplificadas desses documentos.

No parágrafo único deste artigo, afirma-se que a transparência será assegurada, também, pelo: I – incentivo à participação popular e realização de audiências públicas, durante os processos de elaboração e discussão dos planos, lei de diretrizes orçamentárias e orçamentos; II – liberação ao pleno conhecimento e acompanhamento da sociedade, em tempo real, de informações pormenorizadas sobre a execução orçamentária e financeira, em meios eletrônicos de acesso público; III – adoção de sistema integrado de administração financeira e controle, que atenda a padrão mínimo de qualidade estabelecido pelo Poder Executivo da União.

Tanto a União como os Estados, o Distrito Federal e os Municípios terão de disponibilizar suas informações e dados contábeis, orçamentários e fiscais conforme periodicidade, formato e sistema estabelecidos pelo órgão central de contabilidade da União, os quais deverão ser divulgados em meio eletrônico de amplo acesso público (art. 48, § 2º)

10 CARVALHO, Vanessa Cerqueira Reis de. Transparência Fiscal. *Revista de Direito da Procuradoria Geral do Estado do Rio de Janeiro*, Rio de Janeiro, nº 54, 2001.

11 MENDES, Gilmar Ferreira. Comentário ao art. 48. In: MARTINS, Ives Gandra da Silva; NASCIMENTO, Carlos Valder (Org.). *Comentários à Lei de Responsabilidade Fiscal*. 6. ed. São Paulo: Saraiva, 2012. Edição eletrônica.

Por sua vez, o art. 49 da LRF determina que as contas apresentadas pelo Chefe do Poder Executivo ficarão disponíveis, durante todo o exercício, no respectivo Poder Legislativo e no órgão técnico responsável pela sua elaboração para consulta e apreciação pelos cidadãos e instituições da sociedade. A prestação de contas da União conterá demonstrativos do Tesouro Nacional e das agências financeiras oficiais de fomento, incluído o Banco Nacional de Desenvolvimento Econômico e Social (BNDES), especificando os empréstimos e financiamentos concedidos com recursos oriundos dos orçamentos fiscal e da seguridade social e, no caso das agências financeiras, avaliação circunstanciada do impacto fiscal de suas atividades no exercício.

Ainda, em relação ao conhecimento e acompanhamento da execução orçamentária e financeira, o art. 48-A (introduzido pela Lei Complementar nº 131/2009) determina que os entes da Federação disponibilizem a qualquer pessoa física ou jurídica o *acesso a informações*: I – *quanto à despesa*: todos os atos praticados pelas unidades gestoras no decorrer da execução da despesa, no momento de sua realização, com a disponibilização mínima dos dados referentes ao número do correspondente processo, ao bem fornecido ou ao serviço prestado, à pessoa física ou jurídica beneficiária do pagamento e, quando for o caso, ao procedimento licitatório realizado; II – *quanto à receita*: o lançamento e o recebimento de toda a receita das unidades gestoras, inclusive referente a recursos extraordinários.

Outro instrumento tratado pela LRF para oferecer maior efetividade à transparência refere-se à escrituração e a consolidação das contas. Aprimorar a técnica de escrituração pública, que é um relevante instrumento de gestão para o administrador público e manancial de informações para o cidadão, é um dos diversos desígnios da LRF (arts. 50 e 51). A integração e a harmonização das normas contábeis federais com a dos Estados, do Distrito Federal e dos Municípios, por meio de normas gerais de consolidação das regras contábeis do setor público, é uma necessidade numa federação como o Brasil.

O conhecimento, a correta observância e a regular aplicação dessas normas são imprescindíveis para uma eficaz e eficiente arrecadação, administração e destinação dos recursos públicos. Conferir à Administração Pública informações adequadas permite uma tomada de decisão mais acurada e em linha com o interesse público.

Nesse sentido, determina a LRF que, além de obedecer às demais normas de contabilidade pública, a escrituração das contas públicas observará as seguintes regras: I – a disponibilidade de caixa constará de registro próprio, de modo que os recursos vinculados a órgão, fundo ou despesa obrigatória fiquem identificados e escriturados de forma individualizada; II – a despesa e a assunção de compromisso serão registradas segundo o regime de competência, apurando-se, em caráter complementar, o resultado dos fluxos financeiros pelo regime de caixa; III – as demonstrações contábeis compreenderão, isolada e conjuntamente, as transações e operações de cada órgão, fundo ou entidade da administração direta, autárquica e fundacional, inclusive empresa estatal dependente; IV – as receitas e despesas previdenciárias serão apresentadas em demonstrativos financeiros e orçamentários específicos; V – as operações de crédito, as inscrições em Restos a Pagar e as demais formas de financiamento ou assunção de compromissos junto a terceiros deverão ser escrituradas de modo a evidenciar o montante e a variação da dívida pública no período, detalhando, pelo menos, a natureza e o tipo de credor; VI – a demonstração das variações patrimoniais dará destaque à origem e ao destino dos recursos provenientes da alienação de ativos (art. 50, LRF).

Outrossim, cabe ao Poder Executivo da União promover, até o dia trinta de junho de cada ano, a *consolidação*, nacional e por esfera de governo, das contas dos entes da Federação relativas ao exercício anterior, e a sua divulgação, inclusive por meio eletrônico de acesso público (art. 51, LRF).

Atendendo ao preceito constitucional, a LRF regulamentou a publicação bimestral do *Relatório Resumido da Execução Orçamentária*(RREO), previsto no § 3º do art. 165 da CF/1988. Assim, segundo o art. 52 da LRF, este relatório será composto de: I – *balanço orçamentário*, que especificará, por categoria econômica, as: a) receitas por fonte, informando as realizadas e a realizar, bem como a previsão atualizada; b) despesas por grupo de natureza, discriminando a dotação para o exercício, a despesa liquidada e o saldo; II – *demonstrativos da execução*: a) das receitas, por categoria econômica e fonte, especificando a previsão inicial, a previsão atualizada para o exercício, a receita realizada no bimestre, a realizada no exercício e a previsão a realizar; b) das despesas, por categoria econômica e grupo de natureza da despesa, discriminando dotação inicial, dotação para o exercício, despesas empenhada e liquidada, no bimestre e no exercício; c) despesas, por função e subfunção.

Por sua vez, o art. 53 da LRF estabelece que acompanharão o Relatório Resumido demonstrativos relativos a: I – apuração da receita corrente líquida, sua evolução, assim como a previsão de seu desempenho até o final do exercício; II – receitas e despesas previdenciárias; III – resultados nominal e primário; IV – despesas com juros; V – Restos a Pagar, detalhando, por Poder e órgão, os valores inscritos, os pagamentos realizados e o montante a pagar. E o relatório referente ao último bimestre do exercício será acompanhado também de demonstrativos: I – do atendimento do disposto no inciso III do art. 167 da Constituição (vedação à realização de operações de créditos que excedam o montante das despesas de capital, ressalvadas as autorizadas mediante créditos suplementares ou especiais com finalidade precisa, aprovados pelo Poder Legislativo por maioria absoluta); II – das projeções atuariais dos regimes de previdência social, geral e próprio dos servidores públicos; III – da variação patrimonial, evidenciando a alienação de ativos e a aplicação dos recursos dela decorrentes.

Documento importante que deve acompanhar o RREO é o termo de justificativa que deverá ser apresentado, quando for o caso: I – da limitação de empenho; II – da frustração de receitas, especificando as medidas de combate à sonegação e à evasão fiscal, adotadas e a adotar, e as ações de fiscalização e cobrança (§ 2º, art. 53, LRF).

Outro relatório previsto na LRF é o *Relatório de Gestão Fiscal* (art. 54). Segundo a lei, ao final de cada quadrimestre, será emitido e assinado pelos titulares dos Poderes e órgãos, e conterá (art. 55): I – comparativo com os limites previstos na LRF dos seguintes montantes: a) despesa total com pessoal, distinguindo a com inativos e pensionistas; b) dívidas consolidada e mobiliária; c) concessão de garantias; d) operações de crédito, inclusive por antecipação de receita; II – indicação das medidas corretivas adotadas ou a adotar, se ultrapassado qualquer dos limites; III – demonstrativos, no último quadrimestre: a) do montante das disponibilidades de caixa em trinta e um de dezembro; b) da inscrição em Restos a Pagar, das despesas: 1) liquidadas; 2) empenhadas e não liquidadas; 3) empenhadas e não liquidadas, inscritas até o limite do saldo da disponibilidade de caixa; 4) não inscritas por falta de disponibilidade de caixa e cujos empenhos foram cancelados; c) da liquidação, com juros e outros encargos incidentes, até o dia dez de dezembro de cada ano, das operações de crédito por antecipação de receitas.

Além dos relatórios anteriormente citados, a LRF exige a realização das *prestações de contas*, a serem feitas pelos Chefes do Poder Executivo, que incluirão, além das suas próprias, as dos Presidentes dos órgãos dos Poderes Legislativo e Judiciário e do Chefe do Ministério Público, as quais receberão parecer prévio, separadamente, do respectivo Tribunal de Contas (arts. 56 e 57, LRF).

A prestação de contas evidenciará o desempenho da arrecadação em relação à previsão, destacando as providências adotadas no âmbito da fiscalização das receitas e combate à sonegação, as ações de recuperação de créditos nas instâncias administrativa e judicial, bem como as demais medidas para incremento das receitas tributárias e de contribuições (art. 58, LRF).

Finalmente, a participação do cidadão nas finanças públicas se expressa não apenas pelas previsões legais que permitem o conhecimento e o seu envolvimento nas deliberações orçamentárias e no acompanhamento da sua execução, mas também encontra respaldo no comando da lei (art. 73-A, LRF), prevendo que qualquer cidadão, partido político, associação ou sindicato será parte legítima para denunciar ao respectivo Tribunal de Contas e ao órgão competente do Ministério Público o descumprimento das prescrições estabelecidas na LRF.

4. O PRINCÍPIO DO EQUILÍBRIO DAS CONTAS PÚBLICAS

O *equilíbrio das contas públicas* é considerado a "regra de ouro" da Lei de Responsabilidade Fiscal. Este parâmetro representa a fórmula para que o Estado possa dispor de recursos necessários e suficientes à realização da sua atividade, sem ter de sacrificar valores tão importantes para a sociedade brasileira como a estabilidade nas contas públicas com o fim da inflação, a credibilidade brasileira no mercado financeiro internacional, pela administração do endividamento público externo. E, principalmente, a efetividade do orçamento, como verdadeiro instrumento de planejamento e não como "peça de promessas fictícias", em que, num passado não muito remoto, se incluíam todas as pretensões governamentais sem a preocupação de se identificarem os recursos para viabilizar a sua realização.

Não se trata de uma equação matemática rígida, em que a diferença numérica entre o montante de receitas e de despesas deva ser sempre igual a zero, mas sim que essa equação contenha valores estáveis e equilibrados, a fim de permitir a identificação dos recursos necessários à realização dos gastos. Representa uma relação balanceada entre meios e fins.

Nas palavras de Ricardo Lobo Torres – ao se referir ao equilíbrio orçamentário também como princípio de legitimação do Estado –, este traduz a "equalização de receitas e de gastos, harmonia entre capacidade contributiva e legalidade e entre redistribuição de rendas e desenvolvimento econômico".[12]

A fixação de *metas de resultados* entre receitas e despesas representa a concretização do planejamento orçamentário. Trata-se da aproximação entre a programação e a execução, que sempre restou desassociada da realidade em tempos anteriores à LRF. A efetividade das peças orçamentárias depende do cumprimento das metas estabelecidas pela Administração Pública. Do contrário, as leis orçamentárias não passariam de "peças fictícias", como já mencionado.

Nesse sentido, temos o *anexo de metas fiscais* (§ 1º, art. 4º, LRF), que integra a Lei de Diretrizes Orçamentárias, onde são estabelecidas metas anuais, em valores correntes e constantes, relativas a receitas, despesas, resultados nominal e primário e montante da dívida pública, para o exercício a que se referirem e para os dois seguintes. O cumprimento das metas deve ser periodicamente avaliado pelo Poder Executivo e demonstrado em audiência pública (§ 4º, art. 9º, LRF). Por sua vez, o atingimento dessas metas será fiscalizado pelo Poder Legislativo, diretamente ou com o auxílio dos Tribunais de Contas, e pelo sistema de controle interno de cada Poder e do Ministério Público (art. 59, inciso I, LRF).

A fixação de *limites e condições para renúncias de receitas e geração de despesas*é mais um dos mecanismos instituídos pela LRF para manter o equilíbrio fiscal, retirando do administrador público a liberdade plena e irrestrita que possuía para gastar ilimitadamente ou para conceder incentivos fiscais sem qualquer controle. Se antes bastava a previsão de crédito orçamentário para a realização de uma determinada despesa, a partir da LRF impõem-se limites, prazos e condições para tanto.

As limitações e condições aos gastos e desonerações fiscais se justificam porque a irresponsabilidade do administrador público, aliada às suas pretensões eleitoreiras de cunho populista e ao descaso em relação às gestões subsequentes, ensejava práticas extremamente danosas às contas públicas. Não era

12 TORRES, Ricardo Lobo. *Tratado*... Vol. V. op. cit. p. 174.

incomum, sobretudo em finais de mandatos, os gestores deixarem os chamados "testamentos políticos", oferecendo graciosos aumentos ao funcionalismo, comprometendo a gestão dos seus sucessores.[13] Igualmente, a concessão de incentivos ou renúncias fiscais muitas vezes eram feitas desprovidas de necessidade ou interesse público, com nítido atendimento a interesses particulares.

Assim, a lei passa a impor limites e condições para os gastos com pessoal e previdência social, contração de dívidas e renúncias fiscais, além de restringir a realização de certas despesas nos períodos de final de mandato.

As *despesas de pessoal* foram condicionadas a outros requisitos além daqueles que a Constituição já impunha nos arts. 37 e 169. Sua realização passa a exigir uma *estimativa de impacto orçamentário* e a comprovação de que seu gasto não afetará as metas de resultados fiscais, bem como a demonstração da sua *adequação à lei orçamentária* e *compatibilidade com o plano plurianual e lei de diretrizes orçamentárias*. Foi vedado o aumento da despesa com pessoal expedido nos cento e oitenta dias anteriores ao final do mandato do titular do respectivo Poder ou órgão. Foram criados limites de gastos globais e de gastos por poder ou órgão, fixados com base na receita líquida corrente, cujo atendimento será verificado quadrimestralmente. A partir de tais limites, instituiu-se um mecanismo de limite prévio, na base de 95% dos valores estabelecidos como teto de despesa de pessoal, para resguardar o volume máximo de gastos e não excedê-los.

A lei restringiu a realização de certas *despesas no último ano de mandato* dos governantes, buscando acabar com as reiteradas práticas de se deixar uma "herança de dívidas" para seus sucessores, que muitas vezes acabavam por inviabilizar boa parte da gestão. São de três ordens essas restrições: a) vedação ao aumento de despesas de pessoal nos últimos 6 meses do mandato (art. 21, parágrafo único, LRF); b) vedação de realização, no último ano de mandato do governante, das operações de crédito por antecipação de receita, destinadas a atender insuficiência de caixa durante o exercício (art. 38, inciso IV, letra *b*, LRF); c) vedação à assunção de obrigação de despesa, nos dois últimos quadrimestres do mandato, que não possa ser cumprida integralmente dentro dele, ou quetenha parcelas a serem pagas no exercício seguinte sem que haja suficiente disponibilidade de caixa para este efeito (art. 42, LRF).

5. CONCLUSÃO

Nesse texto, quisemos salientar o papel relevantíssimo que a Lei de Responsabilidade Fiscal assumiu na ordenação das contas públicas. Quiçá tenha sido esta lei a principal consolidadora, logo após a Constituição, de uma nova forma de encarar o Direito Financeiro: deixa-se para trás a visão de se tratar apenas de uma especialidade envolta em números e marcada meramente por

13 FIGUEIREDO, Carlos Mauricio; NÓBREGA, Marcos. *Responsabilidade fiscal*: Aspectos polêmicos. Belo Horizonte: Fórum, 2006. p. 68.

um tecnicismo contábil e formalista, em que reinava uma primazia do aspecto técnico em detrimento do axiológico, um domínio reputado exótico e distante pelos juristas em geral.

Por sua vez, a temática axial da obra do Professor Ricardo Lobo Torres revolveu sempre em torno dos valores e princípios. Na estruturação da LRF, os princípios também desempenham papel de protagonistas, como vimos na análise resumida das vigas mestras do sistema de gestão fiscal responsável: o planejamento, a transparência e o equilíbrio.

Este breve artigo configura um tributo à obra e as lições do nosso Professor Ricardo, que ficarão para sempre presentes e consolidadas na ideia fundamental de que o Direito Financeiro e Tributário devem ser cultivados sempre a partir dos valores e princípios, como parte integrante da reaproximação entre o fenômeno ético e o jurídico.

A Instituição Fiscal Independente do Senado Federal

Paulo Roberto dos Santos Corval[1]

Sumário: 1. Apontamentos Iniciais. 2. A Instituição Fiscal Independente (IFI) do Senado Federal. 3. A IFI no cenário internacional. 4. Problemáticas e potencialidades. 5. Considerações finais

1. APONTAMENTOS INICIAIS

A reflexão jurídica produzida sobre as finanças públicas no Brasil é, sem dúvida alguma, agradecida ao legado intelectual do professor Ricardo Lobo Torres.

Concordemos ou não com as premissas e conclusões por ele divulgadas em seus livros e artigos, ninguém que se debruce seriamente sobre a regulação jurídica da atividade financeira do Estado pode deixar de vincular o nome do professor Ricardo às conexões, hoje corriqueiras na dogmática do Direito Financeiro, entre as instituições atinentes às finanças públicas, a nova ordem democrática, a legitimação com base em valores, a constitucionalização e a observância dos direitos humanos e fundamentais.

Ainda antes de seus aclamados tratados, em artigos dos quais tomo a liberdade de destacar, para nossos propósitos, apenas um, sobre a legitimidade democrática e o controle das finanças pelos Tribunais de Contas (entidade fiscalizadora superior ou *supreme audit institution*, na literatura internacional), celebrava o professor homenageado, destacadamente, o fato de a Constituição de 1988, em enunciados como o do artigo 70, "abrir novas perspectivas para a reflexão jurídica (...) a[o] se afastar da ideia de uma legitimidade apoiada na norma ou no fato social para buscá-la nos próprios valores"[2].

Dizia, mais, que os direitos fundamentais dependiam, "para a sua integridade e defesa, da saúde e do equilíbrio da atividade financeira"[3], carecendo as finanças públicas, reflexivamente, "em todas as suas dimensões – tributária,

---

1 Professor de Direito Financeiro e Tributário na Faculdade de Direito de Niterói (UFF) e do Programa de Pós-graduação em Direito Constitucional da Universidade Federal Fluminense (PPGDC/UFF).

2 TORRES, Ricardo Lobo. A legitimidade democrática e o Tribunal de Contas. *Revista de Direito Administrativo (RDA)*. Rio de Janeiro, n. 194, p. 32, out./dez. 1993.

3 TORRES, Ricardo Lobo. A legitimidade democrática e o Tribunal de Contas. *Revista de Direito Administrativo (RDA)*. Rio de Janeiro, n. 194, p. 32, out./dez. 1993.

patrimonial, monetária, orçamentária, promocional etc. – (...) [do] permanente e íntimo contato com os direitos fundamentais"[4].

Naquele início da década de 1990, a propósito, refletir sobre os Tribunais de Contas era indispensável não só pela sua longa trajetória histórica como organização autônoma de controle da atividade financeira pública, mas, também, porque a nova discursividade constitucional (e também internacional) tenderia a produzir neles efeitos rápidos – embora, na prática, somente na primeira década do século XXI, ao que me parece, os Tribunais de Contas, notadamente o da União, venham assumindo uma nova compreensão de suas funcionalidades na sociedade e no regime democrático.

Não à toa, portanto, sempre atento ao seu momento histórico e à contribuição do direito comparado, de modo especial da dogmática alemã, o saudoso professor destacava que os novos critérios jurídicos de controle das finanças (a economicidade e a legitimidade) ultrapassavam o tradicional exame da legalidade e requeriam que se analisasse a própria justificação e aceitabilidade da atividade controladora.

Enfatizava o homenageado, ainda, as garantias institucionais (atrelada ao ponto de vista objetivo dos direitos fundamentais) e processuais (atrelada ao ponto de vista subjetivo dos direitos fundamentais) da liberdade como balizas delimitadoras do controle jurídico das finanças públicas. E, nessa direção, defendia que os próprios Tribunais de Contas (entidades fiscais superiores distintas, como se verá, dos conselhos fiscais ou instituições fiscais independentes) seriam "garantias institucionais da liberdade no Estado Liberal"[5], cujas normas protetoras do acesso à Justiça, como aquelas estampadas nos artigos 74, § 2º, e 31, § 3º da Constituição[6], manifestar-se-iam na "abertura do controle de contas à comunidade (...) como contraponto de outras garantias processuais da liberdade previstas na Constituição (...)"[7].

A crítica, no entanto, é sempre melhor homenagem. E, àquele tempo – e em toda a sua produção posterior –, os escritos do professor Ricardo Lobo Torres teriam se deixado limitar, a meu juízo, por certo apego à legitimação do controle das finanças pública por intermédio do recurso à discursividade do direito posto e sua revivificação pela conexão axiológica e pelas novidades atinentes à teoria da norma jurídica, ficando em alguma medida distanciados da temática do controle da atividade financeira pela sociedade e, notadamente, dos esforços de experimentação institucional capaz de pensar e projetar

4 Ibidem, p. 35.

5 Ibidem, p. 41.

6 Art. 74. (...) § 2º Qualquer cidadão, partido político, associação ou sindicato é parte legítima para, na forma da lei, denunciar irregularidades ou ilegalidades perante o Tribunal de Contas da União. Art. 34 (...) § 3º As contas dos Municípios ficarão, durante sessenta dias, anualmente, à disposição de qualquer contribuinte, para exame e apreciação, o qual poderá questionar-lhes a legitimidade, nos termos da lei.

7 TORRES, Ricardo Lobo. A legitimidade democrática e o Tribunal de Contas. *Revista de Direito Administrativo (RDA)*. Rio de Janeiro, n. 194, p. 41, out./dez. 1993.

novos ou renovados mecanismos fabricadores e controladores das finanças públicas.

A demonstração de apreço que se registra aqui, portanto, é no sentido de se pensar um desses esforços recentes de experimentação institucional no campo das reflexões atinentes ao controle das finanças públicas: a Instituição Fiscal Independente criada pela Resolução nº 42, de 01 de novembro de 2016, pelo e no Senado Federal. Apresentar-se-á, na próxima seção, a Instituição Fiscal Independente do Senado Federal. A seção seguinte trará um sucinto levantamento de como o assunto está inserido na literatura internacional. Na sequência discutiremos algumas problemáticas e potencialidades do experimento institucional do Senado. Enfim, as considerações finais.

2. A INSTITUIÇÃO FISCAL INDEPENDENTE (IFI) DO SENADO FEDERAL

Estruturas de controle e produção de análises e informações a respeito das finanças públicas associadas a mecanismos de modernização do planejamento orçamentário[8] e a regras e práticas fiscais responsáveis[9] auxiliam os Estados a aperfeiçoar suas vivências democráticas e seus regimes de bem-estar social e econômico. Facilitam, ainda, as interações com outros Estados e organismos públicos e privados com quem mantém relações comerciais. Essas estruturas, sobretudo no contexto democrático, contribuem para que os Estados fortaleçam a capacidade de efetivação de seus objetivos razoavelmente autônomos[10].

No Brasil existe um vasto conjunto de organizações direcionadas ao controle e à produção de informação no que diz respeito às finanças públicas. Constituídas por meio de um processo histórico de montagem que se inicia no século XIX, essas entidades, a partir da Constituição de 1988, assumiram novas feições, mais complexas, sistematizadas e democráticas.

No nível federal (a complexidade aumenta quando levada em conta toda a Federação), deixando de lado todo o aparato controlador por meio do Judiciário

8 Dentre as questões atinentes ao planejamento orçamentário, talvez a que requeira de nós, hoje, no país, uma reflexão mais urgente seja aquela relativa ao planejamento orçamentário e fiscal de médio prazo. A medida não está bem resolvida no sistema em vigor nem no projeto de substituição da lei geral de finanças já aprovado no Senado e atualmente na Câmara (PLP nº 295/2016). A experiência internacional estudada na OCDE e adotada com destaque na Suécia sobre os quadros de planejamento fiscal de médio prazo pode ser um importante ponto de partida para aprofundamento dos estudos. Sobre o assunto, veja-se, ainda: FORTIS, Martin e GASPARINI, Carlos. *Plurianualidade Orçamentária no Brasil*: Diagnóstico, Rumos e Desafios. Brasília: Enap, 2017; MOLANDER, Per e HOLMQUIST, Jörgen. Reforming Sweden's budgetary institutions – Background, design and experiences. Rapport till Finanspolitiska rådet, 2013; e TOLLINI, Hélio Martins. Planejamento Fiscal de Médio Prazo: o que o governo federal brasileiro pode aprender com a bem-sucedida experiência sueca. Estudo Técnico nº 24 da Consultoria de Orçamentos e Fiscalização Financeira (COF) da Câmara dos Deputados. Brasília: Câmara de Deputados, 2018.

9 Sobre as regras fiscais vale conferir Budina et al. (2012).

10 Cf. EVANS, P. B., RUESCHEMEYER, D., and SKOCPOL, T. (Edt). *Bringing the State Back In*. Cambridge: Cambridge University Press, 1985; CINGOLANI, L. *The state of State capacity*: a review of concepts, evidence and measures. Maastricht: UNO-MERIT, 2013. (Working Paper n. 53); e TILLY, Charles. *Democracy*. Cambridge: Cambridge University Press, 2007.

e as peculiaridades da atividade regulatória, notadamente nos setores da moeda, do câmbio e do crédito, o controle interno tem sido levado a efeito por um sistema estruturado de normas e organizações que traz a Controladoria Geral da União destacadamente à frente. Somam-se uma miríade de órgãos setoriais fragmentados e um amplo conjunto de deveres imputados a servidores e terceiros. Nesses órgãos superiores e setoriais, além de competências normativas, fiscalizatórias, sancionatórias e interventivas se produzem relatórios e estudos, como se vê, por exemplo, sobre a arrecadação tributária, na Receita Federal do Brasil.[11]

No controle externo, por sua vez, destacam-se o Poder Legislativo, o Tribunal de Contas da União e, a despeito da maior proximidade com a atuação perante o Judiciário, o Ministério Público. Dentro do Legislativo, com atribuições diretamente conectadas às finanças públicas e ao processo orçamentário, sobressaem a Comissão Permanente Mista de Planos, Orçamentos Públicos e Fiscalização (a CMO) e toda a rede de assessoramento técnico, como o Centro de Estudos e Debates Estratégicos, na Câmara de Deputados, e a Consultoria de Orçamentos, Fiscalização e Controle, no Senado.

Cooperam com a atividade controladora das finanças públicas, ademais, entidades e/ou órgãos com funções específicas de produção de análises e informações sobre questões econômicas e financeiras, como o Instituto Brasileiro de Geografia e Estatística (IBGE) e o Instituto de Pesquisa Econômica Aplicada (IPEA). E, fora da aparelhagem estatal, dependendo bastante do bom funcionamento dos órgãos controladores e produtores de informações para que se possa reforçar a *accountability* e o próprio Estado Democrático, toda a sociedade – por subjetividades individuais ou coletivas – é convocada a ver e examinar as questões atinentes às finanças públicas no país.

Essa complexa rede orgânica exerce atribuições com forte impacto na construção e fiscalização do orçamento público e da ação estatal, mas está longe de significar que se teria logrado obter, no Brasil, uma modelagem institucional que dispense aperfeiçoamento ou, talvez, reordenações.

É preciso avançar, por exemplo, na promoção da transparência e racionalização da atividade pública, na harmonização das pragmáticas regras de equilíbrio orçamentário e financeiro sem travar a atuação estatal indispensável para o enfrentamento da desigualdade, na participação dos cidadãos no processo orçamentário e, também, na melhoria do planejamento, da concretização e da fiscalização e avaliação das escolhas alocativas e distributivas que se manifestam no orçamento.

A Lei de Responsabilidade Fiscal (LC nº 101/00), nessa direção, trouxe muitos avanços em termos de regras e instituições fiscais para a construção

11 Na Receita Federal, estudos e dados podem ser encontrados no endereço eletrônico http://idg.receita.fazenda.gov.br/dados. Outros órgãos, entidades e ministérios no âmbito interno do sistema de controle produzem análises técnicas e informações. Destacam-se, apenas, a título de exemplo, os Ministérios da Fazenda (http://www.fazenda.gov.br/centrais-de-conteudos/publicacoes) e do Planejamento (http://www.planejamento.gov.br/publicacoes), a Secretaria do Tesouro, no próprio âmbito do Ministério da Fazenda (http://www.tesourotransparente.gov.br/) e o BACEN (https://www.bcb.gov.br/).

de uma governança financeira adequada às necessidades de desenvolvimento igualitário e sustentável, embora esteja sempre a requerer recalibragens e acomodações para não se congelar a visão específica de Estado que a inspirava no seu nascedouro.

No que toca especialmente à inovação organizacional, no seu artigo 67[12] trouxe previsão de uma nova organização para potencializar a já existente rede de controle e fabricação de informações: o Conselho de Gestão Fiscal, com atribuições de acompanhar e avaliar a política e a operacionalidade da gestão fiscal, disseminando práticas, normas e estudos que contribuíssem para a gestão responsável em toda a Federação. O Conselho foi previsto, porém jamais criado.[13]

À omissão legislativa associaram-se orientações que emergiram após a crise econômica de 2008 e os problemas financeiros nos Estados Unidos, na Europa e em diversos outros países, incluindo-se, de forma bastante grave, o Brasil. E, em meio ao conflito político que culminou no impedimento da presidente Dilma Rousseff – por fundamentos, não à toa, vinculados à questão financeira pública – recrudesceram esforços reformistas das instituições fiscais por partidos de oposição e corpos técnicos que já trabalhavam, desde antes da crise política, para a revisão da lei geral de finanças públicas (a Lei nº 4.320/64).

Esse ímpeto reformador, inspirado nas ideias disseminadas por alguns organismos internacionais (nomeadamente o Fundo Monetário Internacional – FMI, e a Organização para a Cooperação e Desenvolvimento Econômico – OCDE), manifestou-se no sentido de criar, em sede Constitucional (Projeto de Emenda Constitucional – PEC – nº 83/2015),[14] uma "Autoridade Fiscal Independente" (AFI), distinta, pela sua composição, estrutura e atribuições, das organizações mais conhecidas de fiscalização e controle, como os Tribunais de Constas, reconhecidos internacionalmente como entidades fiscalizadoras superiores.

---

12 Art. 67. O acompanhamento e a avaliação, de forma permanente, da política e da operacionalidade da gestão fiscal serão realizados por conselho de gestão fiscal, constituído por representantes de todos os Poderes e esferas de Governo, do Ministério Público e de entidades técnicas representativas da sociedade, visando a: I – harmonização e coordenação entre os entes da Federação; II – disseminação de práticas que resultem em maior eficiência na alocação e execução do gasto público, na arrecadação de receitas, no controle do endividamento e na transparência da gestão fiscal; III – adoção de normas de consolidação das contas públicas, padronização das prestações de contas e dos relatórios e demonstrativos de gestão fiscal de que trata esta Lei Complementar, normas e padrões mais simples para os pequenos Municípios, bem como outros, necessários ao controle social; IV – divulgação de análises, estudos e diagnósticos.

§ 1º O conselho a que se refere o caput instituirá formas de premiação e reconhecimento público aos titulares de Poder que alcançarem resultados meritórios em suas políticas de desenvolvimento social, conjugados com a prática de uma gestão fiscal pautada pelas normas desta Lei Complementar.

§ 2º Lei disporá sobre a composição e a forma de funcionamento do conselho.

13 Neste final de 2018 o Projeto que cria o Conselho de Gestão Fiscal parece haver retomado andamento, achando-se no aguardo de parecer da Comissão de Constituição e Justiça e de Cidadania da Câmara dos Deputados (PL 3744/2000).

14 A PEC foi proposta pelo Senador Renan Calheiros (MDB/AL), mas contou com a subscrição, também, de mais 36 senadores de partidos da oposição e do governo.

A AFI projetada no PEC nº 83[15], apresentado em junho de 2015, seria vinculada ao Congresso Nacional, cabendo-lhe o monitoramento e a avaliação da política fiscal. Com composição mais enxuta que a do previsto e não criado Conselho de Gestão Fiscal, teria a AFI, ainda, a incumbência (inspirada no *Congressional Budget Office* estadunidense) de identificar e mensurar custos, impactos fiscais e benefícios de proposições legislativas.[16]

Na sua justificativa, destacou o autor do PEC, senador Renan Calheiros, que a AFI assemelhar-se-ia, na sua autonomia, às agências reguladoras, diferenciando-se do Conselho de Gestão Fiscal da Lei Complementar nº 101/2000 por não se ater apenas ao "campo contábil", mas, também, ao aprimoramento dos mecanismos de avaliação e controle social da política fiscal, além de auxiliar a promoção da estabilidade e o crescimento econômico.[17]

Sem atribuições normativas ou fiscalizatórias - que no Brasil se acham atribuídas de maneira especial aos Tribunais de Contas e aos organismos de controle interno -, a AFI, como explicitado pelo senador José Serra no parecer inicialmente proferido como relator na Comissão de Constituição, Justiça e Cidadania (CCJC) do Senado, viria:

> Em resposta aos efeitos negativos da crise econômica e financeira de 2008, diversos países, particularmente os que compõem a Organização para Cooperação do Desenvolvimento Econômico (OCDE), criaram instituições dessa natureza, entre eles o Canadá, a Austrália e a Itália. Outros países já adotam tais instituições há mais tempo, como os Estados Unidos, onde, desde 1974, atua o emblemático Congressional Budget Office (CBO), a Coreia do Sul e o Japão. O objetivo de tais órgãos é bastante claro: conferir maior transparência e confiabilidade aos números das finanças públicas.[18]

Após emendas propostas principalmente pelos senadores Ricardo Ferraço (PSDB/ES) e Walter Pinheiro (PT/BA), concluiu-se na CCJC o avulso do PEC, encaminhando-o ao Plenário no mês de setembro de 2015. No novo texto, adotou-se a nomenclatura "Instituição Fiscal Independente" (IFI), modificaram-se algumas regras de composição e subtraíram a competência voltada especificamente à análise de proposições legislativas. O perfil de órgão de produção de informações e persuasão se consolidou.

Desde dezembro de 2015, entretanto, a tramitação do PEC, depois de não haver logrado o quantitativo de votos favoráveis em primeiro turno de votação, paralisou, "aguardando inclusão em Ordem do Dia".[19]

---

15 Interessante comentário técnico sobre o PEC nº 83 pode ser encontrado em texto para discussão de Fernando Bittencourt (2015).

16 O texto proposto na PEC pode ser visualizado no endereço eletrônico: https://legis.senado.leg.br/sdleg-getter/documento?dm=1399054&ts=1543018102598&disposition=inline.

17 A justificativa com o texto original da PEC nº 83/2000 pode ser visualizada no endereço eletrônico http://legis.senado.leg.br/diarios/BuscaDiario?tipDiario=1&datDiario=26/06/2015&paginaDireta=00162.

18 BRASIL. SENADO FEDERAL. COMISSÃO DE CONSTITUIÇÃO, JUSTIÇA E CIDADANIA. Parecer nº 685, do Senador José Serra, sobre a Proposta de Emenda à Constituição nº 83, de 2015. 2015, p. 3.

19 Confira-se a tramitação em: https://www25.senado.leg.br/web/atividade/materias/-/materia/121994.

Com o PEC sem previsão de andamento e acolhida, o grupo de políticos e técnicos que promoviam a criação da AFI lançaram, ainda no mês de dezembro de 2015, o Projeto de Resolução do Senado nº 61/2015, de autoria da Mesa Diretora do Senado, presidida por Renan Calheiros, que resultaria na Resolução nº 42, de 01 de novembro de 2016, três meses após a destituição definitiva da presidente Dilma Rousseff.[20] Conforme esclareceu o atual diretor-executivo da IFI do Senado, em entrevista ao portal Estadão no dia 02 de janeiro de 2017:

> O texto que previa a criação da IFI foi elaborado no gabinete do senador José Serra quando eu era assessor dele. Desse trabalho, que também envolveu consultores do Senado Federal e especialistas no tema, surgiu o projeto de resolução, de autoria do presidente Renan Calheiros, que criou a nova instituição. (...)
>
> O desmonte das regras que garantiam o controle da dívida pública foi provocado pelo uso deliberado, ao longo de muitos anos, de práticas contábeis questionáveis – a chamada contabilidade criativa, incluindo as pedaladas fiscais. O ex-ministro Mailson da Nóbrega e eu denunciamos em artigo no Estado (Contabilidade criativa turva meta fiscal, 30/11/2009) o início desse processo.
>
> A IFI é uma espécie de antídoto contra esse tipo de prática, pois será capaz de informar à população, em tempo hábil, sobre tudo o que acontece nas contas públicas.[21]

A Resolução nº 42/2016 reproduziu, nos seus quatro artigos, as competências da versão do PEC nº 83/2015 remetido ao Plenário do Senado, trazendo, contudo, adaptações relacionadas à composição do novo órgão, uma vez que deixaria de integrar o Congresso (como dispunha o PEC) para nascer, apenas, no âmbito do Senado Federal.

Pela Resolução, o Senado instituiu na sua estrutura administrativa um órgão com relativa autonomia para funcionar, em tese, como um escritório parlamentar de orçamento, forma de IFI propugnada pela OCDE e pelo FMI. Na hierarquia orgânico-administrativa, o órgão ficou alocado em nível superior aos órgãos de assessoramento e em linha de equiparação com o Comitê de Governança Corporativa e Gestão Estratégica, o Conselho Editorial, o Conselho de Supervisão do Sistema Integra de Saúde – SIS, e o Conselho de Supervisão do Instituto Legislativo Brasileiro – ILB.[22]

Nos termos do seu artigo 1º, a IFI do Senado Federal tem a finalidade de "divulgar suas estimativas de parâmetros e variáveis relevantes para a construção de cenários fiscais e orçamentários", "analisar a aderência do desempenho de

20 O texto da Resolução pode ser acessado no endereço eletrônico: https://legis.senado.leg.br/legislacao/DetalhaSigen.action?id=582564.

21 https://opiniao.estadao.com.br/noticias/geral,o-papel-da-instituicao-fiscal-independente,10000097557.

22 Vide o organograma do Senado no endereço: https://www12.senado.leg.br/institucional/estrutura.

indicadores fiscais e orçamentários às metas definidas na legislação pertinente", "mensurar o impacto de eventos fiscais relevantes, especialmente os decorrentes de decisões dos Poderes da República, incluindo os custos das políticas monetária, creditícia e cambial", bem como "projetar a evolução de variáveis fiscais determinantes para o equilíbrio de longo prazo do setor público".

Prevê-se no diploma, além do mais, que as competências da IFI não excluem as dos órgãos jurisdicionais e normativos de controle, sendo estruturada por um Conselho Diretor composto de três membros, para mandato de quatro anos, admitida uma recondução. Um dos membros é indicado pelo Presidente do Senado e exercerá a direção-executiva; outro, pela Comissão de Assuntos Econômicos (CAE); e outro, pela Comissão de Transparência, Governança, Fiscalização e Controle e Defesa do Consumidor (CTFC).

Todos os indicados devem ser brasileiros de "reputação ilibada" e "notório saber nos temas de competência da Instituição Fiscal Independente", sendo aprovados pelo Senado – assim como seus eventuais substitutos, na hipótese de vacância no curso do mandato – após arguição pública. Na primeira investidura, o diretor-executivo exercerá mandato de seis anos, o diretor indicado pela CAE mandato de quatro anos e o diretor indicado pela CTFC mandato de dois anos.[23] A partir da primeira investidura haverá renovação não coincidente de mandatos quadrienais.

Haverá, ainda, na IFI do Senado um Conselho de Assessoramento Técnico composto por até cinco brasileiros de reputação ilibada e detentores de notório saber nos temas de competência da Instituição. Os conselheiros técnicos serão nomeados pelo diretor-executivo do Conselho Diretor por tempo indeterminado (artigo 1º, § 9º).[24]

Para garantir alguma autonomia funcional ao órgão a Resolução 42/2016 veda aos membros do Conselho Diretor o exercício de atividade profissional paralela ou filiação político-partidária (artigo 1º, § 8º), prevendo suas exonerações apenas nos casos de renúncia, condenação judicial transitada em julgado, processo administrativo disciplinar ou voto de censura aprovado pela maioria absoluta dos membros do Senado Federal (artigo 1º, § 7º).

Pelo artigo 3º, por sua vez, assenta-se que as instituições oficiais competentes "deverão prestar todas as informações necessárias ao pleno e adequado desempenho das atribuições da Instituição Fiscal Independente". Também se confere à IFI competência para requisitar, via Mesa do Senado,

> [Pe]didos escritos de informações a Ministros de Estado e a quaisquer titulares de órgãos diretamente subordinados à Presidência da República,

---

23 Atualmente, exerce a direção-executiva o economista Felipe Scudeler Salto, que nos anos de 2015 e 2016 trabalhou na assessoria dos senadores José Serra e José Aníbal. Indicado pela CAE atua o também economista Gabriel Leal de Barros. Pela CTFC, o economista e pesquisador do IPEA Rodrigo Octávio Orair.

24 Atuam como analistas, no momento: os economistas Alessandro Ribeiro de Carvalho Casalecchi, Daniel Veloso Couri, Josué Alfredo Pellegrini e Rafael da Rocha Mendonça Bacciotti.

importando em crime de responsabilidade a recusa, o não atendimento no prazo de 30 (trinta) dias ou a prestação de informações.

A garantia de autonomia administrativa advém da previsão de que toda a estrutura necessária ao funcionamento da IFI será provida pelo Senado Federal mediante o remanejamento de servidores e serviços já existentes, "devendo 60% (sessenta por cento), no mínimo, dos profissionais que lhe forem designados possuir titulação acadêmica de mestre ou doutor em áreas temáticas compatíveis com o objeto de atuação da Instituição".

Assegura-se no texto, também, que a Comissão Diretora do Senado Federal atuará para a montagem e o funcionamento da IFI, concedendo-lhe, inclusive, fontes orçamentárias específicas, com proibição de "contingenciamento de seus recursos" (artigo 2º).

A IFI do Senado, assim, na perspectiva de seus idealizadores e promotores, consubstancia um esforço para instituir no Brasil uma nova estrutura organizacional que, conquanto já contasse com a experiência assemelhada de alguns países, viu proliferar sua modelagem e funcionalidade após a crise econômica e financeira do final da primeira década do século XXI. Vejamos, portanto, ainda que rapidamente, a experiência estrangeira padronizada.[25]

3. A IFI NO CENÁRIO INTERNACIONAL

O fato de existirem organizações assemelhadas à IFI do Senado em outros países não pode deixar o pensamento a seu respeito olvidar as particularidades. Com efeito, as instituições relativas às finanças públicas – amalgamadas que são à constituição histórica da aparelhagem estatal – são bastante dependentes da configuração específica que recebe em cada Estado.

Não raro, semelhanças formais e estruturais escondem divergências profundas de compreensão e práticas que enganam qualquer esforço comparativo. Noutras situações, semelhantes ideias e práticas não encaixam nos conjuntos variados de ordenamento jurídico, político e administrativo. Há de se levar em conta, além do mais, que em cada Estado, nas suas relações internas e externas, transformações institucionais – mesmo quando julgadas benéficas ao interesse público – não operam desconectadas dos conflitos políticos e sociais que se valem, mesmo que circunstancialmente, das ideias e estruturas novidadeiras para disputar o controle material e imaginativo do poder.

---

25 Desconheço, no campo do direito financeiro pátrio, tratamento doutrinário a respeito das instituições fiscais independentes. De todo modo, três textos técnicos, publicados no periódico "Orçamento em Discussão" pela Consultoria de Orçamentos, Fiscalização e Controle do Senado, mostram-se, já, importante referência de partida: BIJOS, Paulo R. S. Instituições Fiscais Independentes: subsídios para a implantação de um imperativo fiscal no país. *Orçamento em Discussão nº 15*. Brasília: Senado Federal, CONORF, 2015; BITTENCOURT, Fernando M. R. Uma nova organização não significa mudança institucional – o caso da PEC n o 83, de 2015. *Orçamento em Discussão nº 19*. Brasília: Senado Federal, CONORF, 2015; e ROCHA, Heloísa Rodrigues da. Avaliação da autoridade fiscal: O caso da IFI no Senado Federal. Orçamento em Discussão nº 41. Brasília: Senado Federal, CONORF, 2018.

Devidamente advertidos e acautelados, há de se reconhecer que a padronização arquitetônica das instituições fiscais independentes vem sendo levada a efeito, notadamente, pela Organização para Cooperação e Desenvolvimento Econômico (OCDE), pelo Fundo Monetário Internacional (FMI) e pelos normativos criados pela União Europeia com a finalidade de enfrentar as crises de endividamento que acometeram diversos se seus países membros nos anos recentes. Para a América Latina parece que ainda faltam estudos mais elaborados por organizações voltadas para a região, como a Comissão Econômica para a América Latina e Caribe (CEPAL) e a *Organización Latinoamericana y del Caribe de Entidades Fiscalizadoras Superiores* (OLACEFS).[26]

Vejamos, brevemente, a modelagem padronizada por cada uma dessas organizações e pela União Europeia.

No âmbito do FMI há uma preocupação, de longa data, com a condução da política fiscal. Calcada em reflexões majoritariamente ancoradas em teorias de escolha racional e focadas no controle do endividamento público dos países que se socorrem dos seus recursos, o Fundo busca orientar seus tomadores na organização das várias atividades integrantes das finanças públicas (além da política monetária e bancária), uma vez que a sua gestão austera e equilibrada servirá de garantia de posterior adimplemento.

Disputas de concepção à parte, as intervenções e orientações do Fundo vêm se mostrando relevantes em diversos aspectos atinentes à preservação do crédito (ou credibilidade) e das finanças públicas, notadamente no que toca à construção de instituições e regras fiscais.[27]

Com efeito, déficits excessivos têm aumentado mundo afora a razão entre o endividamento público e Produto Interno Bruto (PIB). Não é raro, além disso, a tendência de gastar de forma nem sempre consentânea com os critérios de justiça e sustentabilidade democraticamente estabelecidos, ancorando-se, ainda, em receitas inesperadas (fruto dos ventos econômicos temporários), sem salvaguardas que, futuramente, poderão requerer atuação anticíclica do governo. Visões de curto prazo acabam colonizando perspectivas mais abrangentes, desfavorecendo a sustentabilidade das finanças públicas e o equilíbrio intergeracional.

---

26 Conforme a base de dados da OCDE e do FMI, as denominadas instituições fiscais independentes constituem fenômeno majoritariamente recente, do século XXI. Para essas organizações, as experiências ocidentais mais antigas, além do CBO, seriam o "Hight Concil of Finance", da Bélgica, criado em 1936, o "Netherlands Bureau for Economic Policy Analysis", da Holanda, criado em 1945, o "Danish Economic Council", da Alemanha, criado em 1962, e alguns outros. O Japão, por exemplo, segundo o FMI, desde 1950 manteria o "Fiscal System Council". Na América do Norte, em 2008, o Canadá constituiu uma entidade com características de IFI, o "Parlamentary Budget Office", criando mais uma, em 2015, o "Financial Acoountability Office of Ontario". Na América Latina, o México instituiu o Centro de Estudios de Las Finanzas Públicas (CEFP) nos anos de 1998 e 1999 com direta inspiração no CBO. No Chile, em 2013, constituiu-se o "Consejo Fiscal Asesor" como espécie de IFI, embora vinculado ao Ministério da Fazenda em termos que parecem se distanciar em diversos pontos da padronização internacional.

27 Instituições e regras fiscais são limitações à discricionariedade ou liberdade de conformação dos fazedores de políticas públicas. Regras fiscais, grosso modo, são restrições constitucionais ou legais à polí-

Dentre as instituições fiscais promovidas pelo FMI se encontram as autoridades independentes (*independent authorities*), como os bancos centrais autônomos e órgãos superiores de controle e, também, instituições de influência e persuasão, arranjos suaves que incluem atividades de vigilância de rotina e organismos nacionais e internacionais de análise e vigilância (*watchdogs bodies*). Dentre essas se encontram os conselhos fiscais (*fiscal councils*)[28].

Os conselhos fiscais, para o FMI, correspondem ao que se vem mais comumente batizando IFI. São agências permanentes constituídas por atos normativos legais ou administrativos para avaliar com transparência e independência de influências partidárias políticas, planos e desempenhos atinentes aos objetivos macroeconômicos relacionados à sustentabilidade de longa duração das finanças públicas, a estabilidade macroeconômica de curto e médio prazo e quaisquer outros objetivos oficiais[29].

Os conselhos não precisam funcionar nos moldes normalmente concebidos pelo próprio FMI para os bancos centrais, ou seja, com uma delegação de competências normativas e fiscalizatórias próprias e delimitadas. A expectativa maior, em relação aos conselhos, é que sirvam como instrumento de separação e harmonização de poderes, produzindo avaliações e informações autônomas, sem subserviência à orientação oficial do governo[30].

Focados em problemáticas macroeconômicas e na etapa de planejamento e formulação das políticas, distanciar-se-iam os conselhos, também, dos órgãos de auditoria e controle punitivo, voltando-se principalmente às avaliações *ex post* e de maior detalhamento. Auxiliariam, além disso, nas previsões de tendências para a receita orçamentária e, dessa maneira, no controle de estimativas de custos e despesas irrealistas e insustentáveis.

Dada a variedade de experiências institucionais comparadas, as funções típicas dos conselhos fiscais ou instituições fiscais independentes são, para o FMI, (i) a análise, revisão e monitoramento de políticas e regras fiscais; (ii) a revisão dos parâmetros macroeconômicos empregados na fabricação dos orçamentos; (iii) a produção de recomendações e alternativas de políticas (*policy advise*), bem como (iv) a avaliação do custo de programas e ações específicas inclusive proposições legislativas para instituição de novas políticas públicas (*policy costing*)[31]. Os documentos e ações das IFI contribuiriam de igual modo, argumenta-se, para a difusão de informações e relatórios com impacto nos meios de comunicação e no debate público, ampliando a transparência e a *accountability*.

---

tica fiscal mediante o estabelecimento de um limite ou indicador. É o caso das metas fiscais e limites de gastos na legislação brasileira. Instituições fiscais, por sua vez, abrangeriam o conjunto de organizações e estruturas operacionais que podem promover o adequado controle da política fiscal e das próprias regras fiscais.

28 DEBRUN, X., KINDA, T., CURRISTINE, T., EYRAUD, L., HARRIS, J., SEIWALD, J. *The Functions and Impact of Fiscal Councils*. Relatório Técnico do Fundo Monetário Internacional (FMI), Julho de 2013, p. 6.

29 Fundo Monetário Internacional. *The functions and impact of fiscal councils*. FMI, 2013, p. 8.

30 Ibidem, p. 9.

31 Ibidem, p. 14-16.

As competências e funções dos conselhos (ou IFIs) são constituídas, de certo modo, vis-à-vis a conduta de agentes elaboradoras das políticas públicas e dos eleitores que, não raro, estariam na base de problemas de sustentabilidade fiscal e endividamento.

A correlação é facilmente observável na síntese elaborada, em quadro (aqui traduzido e adaptado), por Coleta, Graziano e Infantino com base nos dados do FMI[32]:

	Causas e manifestações da tendência de aumento do déficit e da dívida	**Funções dos Conselhos Fiscais**
Formuladores de políticas	Miopia, preocupações de reeleição, partidarismo, previsão de receitas super otimista, estimativas de gastos irrealistas, esforços para burlar as regras fiscais (contabilidade criativa)	Produzir previsões macrofiscais de modo imparcial ou ao menos avaliar as previsões oficiais; analisar no curto e no longo prazo as implicações das políticas vigentes; medir o custo fiscal; monitorar o cumprimento das regras fiscais e prestar relatório sobre a integridade das estatísticas do governo
	Inconsistência temporal (políticas concordadas anteriormente que não são cumpridas *ex post*)	Examinar os resultados fiscais à luz dos compromissos do governo e monitorar o cumprimento das regras fiscais
	Problemas comuns de repartição entre ministérios e diferentes níveis de governo	Análises abrangentes do governo geral (fortalecendo a centralização do orçamento e coordenando a política fiscal entre as entidades governamentais para evitar restrições orçamentárias brandas)
	Informação imperfeita por conta de subestimação de riscos e custos, além de opiniões otimistas sobre o crescimento, a percepção equivocada da restrição orçamentária do governo e falta de dados em tempo oportuno	Análise de questões complexas como a sustentabilidade fiscal, a equidade entre gerações e a análise do risco fiscal; avaliações de tendências de longo prazo e, possivelmente, recomendações sobre políticas apropriadas
	Falta de transparência e fraca *accountability* em decorrência da assimetria de informações em relação aos órgãos oficiais e do governo	Produzir informes regulares ao Legislativo e dar respostas a perguntas, contribuindo para o debate parlamentar sobre as questões fiscais
Eleitores	Imperfeita percepção da informação acerca da restrição orçamentária	Fornecer avaliação imparcial da sustentabilidade fiscal de médio e longo prazo para aumentar a conscientização pública sobre questões fiscais
	Negligência para com a geração futura e impaciência	Análise de impacto de políticas não sustentáveis e de custos de ajuste à restrição orçamentária intertemporal

32 COLETTA, Giovanni; GRANZIANO, Carmen; INFANTINO, Giancarlo. Do fiscal councils impact fiscal performance? Workin Papers nº 01, Mar./2015, p. 8-9.

Os desenhos pelos quais podem se exteriorizar os conselhos (ou IFIs) são variados, a depender das particularidades institucionais dos países em que criados. Podem ser instituições autônomas, sem vínculos orgânicos com os Poderes (excetuados os processos de nomeação de seus membros e de sua própria prestação de contas) e frequentemente previstos nas próprias leis de responsabilidade fiscal. Podem ser constituídos dentro das estruturas do Pode Executivo ou Legislativo, mas com autonomia funcional e administrativa assegurada. Enfim, podem estar associados ou incorporados a bancos centrais, órgãos de auditoria e instituições orçamentárias e de contas de nível superior[33].

Ainda de acordo com o FMI, embora não se possa atrelar a simples existência dos conselhos fiscais à melhora da sustentabilidade dos resultados das finanças públicas, haveria uma razoável correlação positiva entre a sua criação e o comportamento da política fiscal em ambientes democráticos que também adotem esforços de boa governança fiscal[34].

Na síntese, em quadro, de Heloísa Rodrigues da Rocha sobre os atributos mínimos dos conselhos fiscais (IFIs) no âmbito do FMI:

Atividades típicas	• Análise, revisão e monitoramento independente das políticas, dos planos e do desempenho fiscais do governo; • Desenvolvimento ou revisão de projeções orçamentárias ou macroeconômicas; • Elaboração de estimativas dos custos das propostas políticas, incluindo plataformas eleitorais; • Aconselhamento de gestores e legisladores sobre as opções disponíveis para as políticas públicas.
Público alvo	• Imprensa; • Sociedade; • Parlamento.
Critérios de independência	• Independência das influências partidárias e políticas; • Exigência legal de experiência e qualificação profissional; • Avaliação externa.
Forma jurídica	• Conforme as características político-econômicas e jurídicas de cada país e o contexto em que essa entidade foi criada.

Fonte: ROCHA, Heloísa Rodrigues da. Avaliação da autoridade fiscal: O caso da IFI no Senado Federal. Orçamento em Discussão nº 41. Brasília: Senado Federal, CONORF, 2018, p. 21.

A OCDE, por sua vez, não refere os conselhos fiscais como gênero, mas espécie de IFI ao lado dos escritórios parlamentares de orçamento[35].

---

33 COLETTA, Giovanni; GRANZIANO, Carmen; INFANTINO, Giancarlo. Do fiscal councils impact fiscal performance? Workin Papers nº 01, Mar./2015, p. 10.

34 Ibidem, p. 26 et seq.

35 Cf. BIJOS, Paulo R. S. Instituições Fiscais Independentes: subsídios para a implantação de um imperativo fiscal no país. *Orçamento em Discussão nº 15*. Brasília: Senado Federal, CONORF, 2015.

As IFIs, no âmbito daquela entidade, constituem órgãos independentes, financiados por fundos públicos, sob a autoridade do Executivo ou do legislativo, que fornecem supervisão e análise não partidária de políticas fiscais e seu desempenho[36]. Cofiguram instituições públicas independentes com mandato para avaliar criticamente e, em alguns casos, prestar assessoria não partidária sobre política fiscal e seu desempenho, contribuindo para o uso de previsões de políticas macroeconômicas e orçamentárias na preparação do orçamento, para a identificação de alternativas de política fiscal, para formular recomendações, monitorar e facilitar a implementação de regras fiscais, bem como estimular novas iniciativas políticas sustentáveis[37].

As IFIs, juntamente com as regras fiscais, prestar-se-iam à construção de políticas fiscais sólidas e finanças públicas sustentáveis. Sem tomar o espaço decisório do Legislativo e do Executivo – eleito democraticamente para conduzir o Estado – ou exercer poderes normativos e fiscalizatórios típicos de entidades fiscais superiores como os Tribunais de Contas e Auditorias, as IFIs promoveriam e operariam valores centrais de uma boa governança orçamentária e financeira, fortalecendo a transparência, a *accountability* e qualidade do regime democrática.

A efetividade dessas organizações dependeria, para a OCDE, da observância de 22 princípios agrupados em torno de nove categorias: (i) propriedade ou apropriação ao ordenamento local, (ii) independência e apartidarismo; (iii) mandato ou competências; (iv) recursos; (v) relacionamento com o Legislativo; (vi) acesso à informação; (vii) transparência; (viii) comunicação; e (ix) avaliação externa[38].

Na síntese de Heloísa Rodrigues da Rocha sobre os atributos mínimos das IFIs no âmbito da OCDE:

<table>
<tr><td>Atividades típicas</td><td>• Funções que são relevantes dentro do arcabouço fiscal do país;
• Projeções fiscais e econômicas;
• Análises da proposta orçamentária do Executivo;
• Monitoramento do cumprimento das regras fiscais ou metas oficiais;
• Estimativa do custo das principais propostas legislativas;
• Estudos analíticos sobre assuntos selecionados.</td></tr>
</table>

36 OCDE. Organização para Cooperação e Desenvolvimento Econômico. Recommendation of the Council on Principles for Independent Fiscal Institutions. OECD Network of Parliamentary Budget Officials and Independent Fiscal Institutions (PBO), 2014.

37 Idem, Designing effective independent fiscal institutions. OCDE, 2018a.

38 Cf. TRAPP, Lisa von; LIENERT, Ian; WEHNER, Joachim. Principles for independent fiscal institutions and case studies. OECD Jornal on Budget. Paris, v. 2/2015, p. 9-272, 2016. BIJOS, Paulo R. S. Instituições Fiscais Independentes: subsídios para a implantação de um imperativo fiscal no país. Orçamento em Discussão nº 15. Brasília: Senado Federal, CONORF, 2015.

Público alvo	• Imprensa; • Sociedade; • Parlamento; • Mercado Financeiro; • Especialistas locais e internacionais.
Critérios de independência	• Objetividade e excelência profissional, sem realizar estudos com qualquer viés político partidário; • Funcionários qualificados em economia, finanças públicas e orçamento público, além de serem selecionados por critérios similares aos servidores do Poder Executivo ou do Legislativo; • Acesso a informações necessárias; • Avaliação externa; • Transparência.
Forma jurídica	• *Accountability* da entidade perante o Legislativo; • Deve ser criada com base na realidade do seu país, sem importar modelo pronto de outros países; • Previsão legal.

Fonte: ROCHA, Heloísa Rodrigues da. Avaliação da autoridade fiscal: O caso da IFI no Senado Federal. Orçamento em Discussão nº 41. Brasília: Senado Federal, CONORF, 2018. p. 23-24.

Na Europa, o impacto fiscal decorrente da crise financeira e econômica no início do século XXI, notadamente após os anos de 2007 e 2008, fez aumentar o endividamento de diversos estados membros da União Europeia, intensificando a adoção de medidas de consolidação e aperfeiçoamento orçamentário.

A resposta lá construída – ancorada em exemplos históricos e estudos empíricos – foi o melhoramento da governança fiscal, por meio de regras e instituições fiscais, como fator importante para o desempenho das finanças públicas, na medida em que poderia ajudar a conter o viés deficitário da formulação de políticas fiscais observado nas últimas décadas.

Nesse sentido, o Conselho da União Europeia estabeleceu na Diretiva nº 85 de 2011 diversas orientações atinentes às práticas de contabilidade pública, destacando a necessidade da boa produção de dados e informações contábeis, além de prever, no artigo 6º, por exemplo, que as regras orçamentárias dos países vinculados à União devem conter especificações sobre o controlo de conformidade das regras com base numa "análise fiável e independente efetuada por organismos independentes ou organismos dotados de autonomia funcional em relação às autoridades orçamentais dos Estados-Membros"[39-40].

Sobrevieram, além do mais, renovados textos normativos conhecidos como "Six-Pack" ou "Two-Pack" que introduziram novas regras de governança

39 Cf. https://eur-lex.europa.eu/legal-content/PT/TXT/PDF/?uri=CELEX:32011L0085&from=DE.

40 O Pacto de Estabilidade e Crescimento já estabelecia desde o final da década de 1990 diretrizes e regras para a gestão, prevenção e correção de déficits nas administrações públicas.

econômica e financeira para os estados membros. É o caso do Regulamento do Parlamento Europeu e do Conselho nº 473, de 21/05/2013, no qual se recomenda a criação de organismos independentes com características de IFIs[41].

Esses "organismos" são definidos no artigo 2º do Regulamento como "estruturalmente independentes" ou "dotados de autonomia funcional em relação às autoridades orçamentais do Estado-Membro", sendo-lhes garantido pela a legislação nacional "grau elevado de autonomia funcional e de responsabilização". Cumpri-lhes, especialmente, produzir previsões macroeconômicas e fiscalizar o cumprimento de metas orçamentárias e regras fiscais.

Há pouco mais de uma década não havia distinção clara, na União Europeia, entre as IFIs e as entidades fiscais superiores como os Tribunais de Contas.

Desde 2006, nos trabalhos de construção de uma base de dados sobre governança e instituições fiscais independentes, compreendiam-se as IFIs como agências ou órgãos públicos independentes (ao lado do banco central, do governo ou do parlamento) voltados à preparação de previsões macroeconômicas para o orçamento, à confecção de análises sobre o desempenho fiscal do governo e ao aconselhamento em questões de política fiscal.

Tratava-se de instituições financiadas principalmente por fundos públicos e independentes das autoridades de governo que, na pesquisa para a base de dados, incluíam os Tribunais de Contas quando realizavam atividades além do controle contábil e da fiscalização sancionatória dos atos praticados na gestão pública[42,43].

A partir de 2015, sem embargo, as ideias foram aperfeiçoadas nas pesquisas de comparação institucional promovidas pela União Europeia, consolidando-se a compreensão das IFIs como organismos voltados à produção e multiplicação de informação fiscal de qualidade, com atribuições persuasivas de monitorar o cumprimento das regras fiscais, entabular previsões macroeconômicas, orçamentárias e de custo de políticas públicas, avaliar a sustentabilidade de projetos e normas, emitir recomendações de política fiscal e promover a transparência das finanças públicas.

Nos documentos da União Europeia, assim, as IFIs, melhor definidas, consubstanciariam organismos capazes, em princípio, de aumentar a probabilidade de que as escolhas políticas sustentáveis sejam levadas a efeito, fornecendo incentivos para que governo e oposição elevem sua atuação prudencial. Tudo

41 Cf. https://eur-lex.europa.eu/legal-content/PT/TXT/?uri=celex:32013R0473.

42 COMISSÃO EUROPEIA. Directorate-General for Economic and Financial Affairs. Independent fiscal institutions in the EU Member States in 2008. In: *Public finances in EMU 2009*. Bruxelas, European Economy, nº 5/2009.

43 A atual base de dados produzida pela União Europeia de modo independente daquelas do FMI e da OCDE se encontra disponível em https://ec.europa.eu/info/business-economy-euro/indicators-statistics/economic-databases/fiscal-governance-eu-member-states/independent-fiscal-institutions_en#-database-on-fiscal-institutions.

a depender, entretanto, da capacidade de a IFI disseminar sua contribuição sobre as finanças públicas com base no raciocínio econômico claro, na evidência empírica comprovada e no respaldo democrático.

A propósito, recentemente, László Jankovics and Monika Sherwood[44] procederam a um esforço de análise dos resultados que as IFIs têm gerado para o melhoramento do processo orçamentário e da política fiscal, especialmente no que toca ao contínuo aumento da dívida em relação ao Produto Interno Bruto (PIB) e ao caráter pró-cíclico da atuação governamental em diversas situações.

Embora admitindo não lhes haver sido possível, precocemente, chegar a um veredito, os autores apontaram que a criação e o bom desempenho das IFIs contribuem, notadamente, para uma previsão macroeconômica mais prudente e realista, bem como para o melhor monitoramento e fiscalização do cumprimento das regras fiscais[45].

Na síntese, em quadro, de Heloísa Rodrigues da Rocha, seguem os atributos mínimos das IFIs no âmbito da normatividade produzida pela União Europeia:

Atividades típicas	• No mínimo, monitoramento do cumprimento das regras fiscais deveria ir além da mera aferição e envolver o acompanhamento do próprio funcionamento da regra, em uma relação contínua entre os órgãos em oposição à visão tradicional de aferições pontuais *ex post* dessas regras fiscais; • Produzir ou endossar estimativas de cenários macroeconômicos usados nos orçamentos anuais e nos planos fiscais de médio prazo.
Público alvo	• Imprensa; • Sociedade; • Poder Executivo; • Comissão Europeia.
Critérios de independência	• Não recebimento de instruções de outros órgãos; • Capacidade de comunicação dos relatórios; • Dirigentes com experiência e competência; • Recursos adequados; • Acesso apropriado às informações.
Forma jurídica	• Podem ser órgãos autônomos diferentes, respeitadas as características do ordenamento jurídico de cada país; • Previsão legal.

Fonte: ROCHA, Heloísa Rodrigues da. Avaliação da autoridade fiscal: O caso da IFI no Senado Federal. Orçamento em Discussão nº 41. Brasília: Senado Federal, CONORF, 2018. p. 25.

Como se vem de expor, a experiência internacional com a instituição e reflexão sobre as IFIs é variada e – ao menos que toca ao seu tratamento

44 JANKOVICS, László. SHERWOOD, Monika. Independent fiscal institutions in the EU Member States: the early years. In: *European economy discussion Paper, nº 067*, Jul./2017.

45 Ibidem, p. 31-32.

conjugado e comparado – relativamente recente. As IFIs configuram importantes mecanismos de *accountability* horizontal e vertical, com forte potencial de contribuição para a observância das regras fiscais democraticamente fixadas e das projeções macroeconômicas que fundamentam ou servem de pressuposto de importantes decisões orçamentárias.

Nada obstante, a literatura que se vem produzindo sobre o tema, atrelada ao FMI, à OCDE e à União Europeia, reveste preocupações eminentemente comparativas e de desempenho como acredito haver deixado claro no breve mapeamento apresentado. E a limitação do recorte é manifesta.

Primeiro, pelo fato de reconhecer, sob o mesmo guarda-chuva conceitual, uma grande variedade de desenhos estruturais e funcionais dos organismos considerados como IFIs, bastando-se as pesquisas desenvolvidas no delineamento de traços gerais nem sempre suficientemente precisos. Suas definições servem, muito mais, para impulsionar nos países que ainda não teriam constituído organizações semelhantes às IFIs condutas de acuidade e prudência na atividade financeira pública em um momento de crise internacional econômica e financeira.

Em segundo lugar, no que diz respeito especialmente ao FMI e à União Europeia (mas a OCDE também não fica de fora desse jogo de economia política), não se pode ignorar o forte interesse dos estados e grupos emprestadores e economicamente mais desenvolvidos no controle da credibilidade e da garantia contra um possível risco sistêmico de crise e do esvaziamento patrimonial dos estados tomadores de crédito e economicamente mais fragilizados.

A terceira limitação – atrelada às duas anteriores – está relacionada ao fato de as recomendações internacionais privilegiarem um modelo de concentração de funções de produção informacional sobre finanças públicas em um único órgão. Talvez pela forte inspiração na CBO estadunidense, a opção de unidade parece-me que merecia ser revisada em favor de uma concepção mais funcional e pluralista – já existente em alguns países[46], que recomendasse mesmo a construção de uma rede, ainda que pequena, de IFIs, o que asseguraria maior representatividade, independência e impulso ao controle pela sociedade.

Resta vermos, agora, as problemáticas e potencialidades da IFI do Senado Federal, que, criada no fim do ano de 2016, somente no início de 2017 começou a operar e ainda completará seus dois anos de efetivo funcionamento. Como a IFI do Senado se enquadra na modelagem internacional e quais as suas problemáticas e potencialidades? Como se insere na rede de controles internos e externos do país? Haveria, além disso, espaço para a constituição de novos experimentos construtores de IFIs no Brasil?

46 Cf. TRAPP, Lisa von. Evolución Del proceso legislativo de presupuesto y de lãs instituciones fiscales independientes. In: ANINAT S.; RAZMILIC B. (Edt.). *Um Estado para la Ciudadania*: estudos para su modernización. Santiago de Chile: Centro de Estudios Públicos (CEP), 2018, p. 213-264.

4. PROBLEMÁTICAS E POTENCIALIDADES

Uma primeira avaliação da IFI do Senado no que toca ao seu enquadramento aos padrões internacionais revela, de imediato, sua discrepância no que se refere à forma jurídica de sua instituição e à sua autonomia.

A IFI do Senado Federal se acha constituída por meio de resolução e no âmbito exclusivo de apenas uma das casas do Congresso, o Senado, tradicionalmente compreendido como órgão atrelado à representação dos estados federados (embora, na prática, dada sua composição, montagem no processo políticos e funcionalidade, não passe de complementação bilateral da representação legislativa).

As resoluções, atos legislativos privativos do Senado voltados, em regra, à produção de efeitos no âmbito interno daquela casa legislativa, não contam com a colaboração do Executivo nem da Câmara dos Deputados. Ainda quando, eventualmente, por força da Constituição, as resoluções funcionem como técnica de reserva legal – reserva de resolução, como no artigo 155, §2º, IV, da Constituição –, essa atribuição é excepcional e dependente de expressa previsão no texto da Constituição, o que, na Resolução nº 42/2016, não ocorre. Falta à IFI do Senado, portanto, a instituição por meio de lei, medida recomendado expressamente pela OCDE e pela União Europeia por reforçar a estrutura e as funções das IFIs.

Quanto à sua autonomia, a IFI aqui criada está atrelada, na sua gênese, à derrocada da primeira tentativa de sua instituição, por iniciativa do presidente do Senado, por meio do PEC nº 83/2015.

A alocação no Senado (e não no Congresso, como previsto no PEC) seguiu uma clara estratégia política de acomodação. Seus membros diretores e técnicos, por conta disso, são designados apenas pelo Senado e sua *accountability* ocorre, unicamente, perante o Senado. Sua autonomia financeira e administrativa, dependendo de ato exclusivo do próprio Senado, é frouxa. Falta-lhe uma maior representatividade legislativa, um espaço mais amplo para a pluralidade de concepções atinentes à economia e às finanças públicas, bem como um mecanismo de controle e respaldo legitimador de maior largueza.

Não bastasse isso, a amarração estrutural ao Senado, sem que se achem suas linhas constitutivas postas em lei, deixa-lhe com fraca capacidade de obter informações de outros organismos do governo e de influir nos exames preparatórios da decisão orçamentária. Há claros prejuízos à sua autonomia e à sua legitimidade.

Isso se complica, ainda, por carecer a IFI do Senado Federal de uma efetiva gênese apartidária. A IFI do Senado, conquanto possa ter origem em debates anteriores, surgiu atrelada ao processo de impedimento da presidente da república, com forte apoio de atores políticos da oposição e seus assessores técnicos.

Exemplo mais emblemático dessa fragilidade é o da nomeação do seu primeiro e atual diretor-executivo, que atuava no assessoramento do Senador José Serra. Conquanto as instituições não possam ser forjadas fora do conflito político, tudo indica que somente com o transcorrer dos anos e o consequente distanciamento histórico associado ao trabalho levado a efeito com profissionalismo permitirá à IFI criada no Senado conquistar a imparcialidade padronizada na literatura internacional.

Essas dificuldades repercutem no próprio impacto comunicativo da IFI. Seus relatórios, estudos e informes – que estariam recebendo, com a ajuda da assessoria do Senado, razoável acolhida nos meios de comunicação[47] – parecem ainda soar como "assunto interno". Parece que demorará alguns anos até que a qualidade e a independência dos seus resultados analíticos ingressem no fórum público e no processo político decisório da política fiscal.

São dificuldades sérias, a propósito, na medida em que vão além de um mero juízo de encaixe e desencaixe aos padrões internacionais ou do reconhecimento de organismos como a OCDE,[48] requerendo, também, uma inserção mais clara da IFI do Senado na rede já existente de órgãos de controle e de produção de informações e análises atinentes às contas e à gestão do Estado.

Nesse sentido, é importante ter em vista que as IFIs integram um jogo dialógico de poderes, com potencial ressonância no incremento do controle das finanças pela sociedade. E, assim como ocorre com os órgãos de controle interno e externo no Brasil, os princípios da separação de poderes, da representatividade democrática e do controle de legitimidade, economicidade e eficiência são, para as IFIs, de extrema relevância para sua montagem, justificação e aceitabilidade (como ensinava, ao tratar dos Tribunais de Contas, o professor Lobo Torres).

Sob esses princípios mínimos é que seu desenho institucional padronizado em exercícios comparativos de experiências internacionais deve ser reproduzido, criticado e aperfeiçoado.

Do princípio da separação de poderes, notadamente da concepção de freios e contrapesos e da necessidade de harmonização de competências e funções, há de se extrair efeitos jurídicos condicionadores do desenho estrutural e institucional das IFIs.

A separação de poderes encaminha para o fortalecimento do Legislativo no controle do processo orçamentário, notadamente nos países presidencialistas e as IFIs, nomeadamente quando arranjadas ao estilo estadunidense de um escritório parlamentar de orçamento, contribuiria para esse processo, incrementando, ainda, a democracia representativa, além de subsidiar de informações o controle pela sociedade.

---

47 ROCHA, Heloísa Rodrigues da. Avaliação da autoridade fiscal: O caso da IFI no Senado Federal. *Orçamento em Discussão nº 41*. Brasília: Senado Federal, CONORF, 2018. p. 39-40.

48 Vale registrar que a OCDE, no relatório econômico para o Brasil divulgado em fevereiro de 2018, elogiou o fato de o país, finalmente, acatando suas recomendações anteriores, haver obtido "grande progresso em seu quadro fiscal, incluindo o novo teto de gastos e a recém-estabelecida Instituição Fiscal Independente, que tem publicado relatórios mensais de grande qualidade, com projeções e cenários fiscais". Cf. OCDE, Relatórios Econômicos OCDE: Brasil. OCDE, 2018, p. 34.

Vai além, contudo, o princípio, na medida em que produz efeitos não apenas no delineamento dos Poderes (horizontal) e entidades federativas (vertical), mas, igualmente, no âmbito interno de cada Poder ou entidade, exigindo, em temas tão sensíveis quanto à produção independente e imparcial de análises atinentes às finanças públicas, pluralidade, coordenação e colaboração.

O princípio democrático, por sua vez, no que diz respeito aos desenhos institucionais, impulsiona estruturas mais representativas das ideias e interesses da sociedade, além do cuidado com a independência e neutralidade das IFIs nas disputas políticas que se manifestam nas interconexões entre o Executivo e o Legislativo. As IFIs não devem ser insuladas, seguindo-se uma gramática histórica de nossas instituições econômicas e financeiras, mas, sob a Constituição de 1988, abertas. Tampouco devem se encastelar como simples escritórios parlamentares.

Como lembra Lisa Von Trapp, "(...) la verdadera independência no significa únicamente independência del Gobierno, sino también del Congresso"[49]. A IFI do Senado tolhe a representatividade mesma do Legislativo, porquanto caberia, ao menos, ser configurada no Congresso, para contar com a participação da Câmara de Deputados e uma relacionamento mais adequado com a Comissão Mista de Orçamento[50].

Talvez, em uma nova configuração ou mesmo na criação de outra IFI no Brasil fosse melhor alocá-la em uma entidade externa às disputas mais próximas pelo controle governamental que se processa predominantemente no Executivo e no Legislativo, com estrutura financeira e administrativa provida, quem sabe, por uma colaboração de recursos dos três Poderes da República e a montagem de um fundo específico de receitas.

Em relação ao controle de legitimidade, economicidade e eficiência, tem-se, aí, acima de tudo, como identificara o professor homenageado na lembrança que dele fizemos na introdução, o germe de uma renovada perspectiva para a reflexão jurídica sobre as finanças públicas que, em termos de construção de estruturas institucionais, parece apontar, também, para a necessidade de pluralização funcional do controle.

As IFIs atuam, aliás, como organismos de pluralização do controle da atividade financeira do Estado ao produzir análises e informações de caráter persuasivo (não punitivo ou sancionatório). Para esse fim, entretanto, é importante que suas atribuições (ou mandato, como emprega a literatura internacional) sejam bem delimitadas, com adequadas garantias de acesso a informações oficiais (e o correspondente dever de cuidado e guarda que o acesso imporá). Os modelos internacionais são bastante diferenciados, inclusive com

49 TRAPP, Lisa von. Evolución Del proceso legislativo de presupuesto y de lãs instituciones fiscales independientes. In: ANINAT S.; RAZMILIC B. (Edt.). *Um Estado para la Ciudadania*: estudos para su modernización. Santiago de Chile: Centro de Estudios Públicos (CEP), 2018, p. 224.

50 ROCHA, Heloísa Rodrigues da. Avaliação da autoridade fiscal: O caso da IFI no Senado Federal. *Orçamento em Discussão nº 41*. Brasília: Senado Federal, CONORF, 2018. p. 37.

organizações detentoras de poderes normativos figurando entre as IFIs estudadas pelos organismos internacionais[51], devendo-se buscar com cautela a estruturação mais adequada ao ordenamento brasileiro.

No que diz respeito à IFI do Senado, embora conte, a seu favor, com o descolamento do Executivo e com competências enumeradas, as suas atribuições dispostas no art. 1º da Resolução do Senado nº 42/2016 "são tão abrangentes que comportam diferentes interpretações quanto às atividades admitidas para a IFI e ao próprio limite de atuação da instituição brasileira"[52].

Há risco, na modelagem centralizadora de IFI adotada no Senado, de certo embaraço no que se refere às funções e ao relacionamento com os órgãos de assessoramento do Senado, com órgãos de controle interno da Administração e com o próprio TCU. Existem mesmo, em princípio, sobreposições de atribuições analíticas e informativas da IFI do Senado com o Sistema de Controle Interno do Governo Federal (Decretos nº 3.591/00 e nº 5.480/05).

À IFI do Senado, por exemplo, cabe, nos termos da Resolução nº 42/2016, a análise e a construção de informações atinentes à aderência "do desempenho de indicadores fiscais e orçamentários às metas definidas na legislação pertinente" e à "evolução de variáveis fiscais determinantes para o equilíbrio de longo prazo do setor público".

Paralelamente, desde o ano 2000 prevê-se ao controle interno do governo federal, capitaneado pela Controladoria Geral da União (Decreto nº 5.480/05), a finalidade de "avaliar o cumprimento das metas previstas no Plano Plurianual, a execução dos programas de governo e dos orçamentos da União", bem como de avaliar "os resultados, quanto à eficácia e à eficiência da gestão orçamentária, financeira e patrimonial nos órgãos e nas entidades da Administração Pública Federal" (incluindo-se os recursos públicos aplicados por entidades de direito privado) e "apoiar o controle externo no exercício de sua missão institucional" (Decreto nº 3.591/00, art. 2º).[53]

Como na padronização internacional há diversos casos de IFIs vinculadas ao Executivo, além de ser pouco adequado dizer que as funções da IFI do Senado são novidadeiras não se pode negar sua fragilidade, nos termos em que se acha instituída, quanto à sua capacidade de obter informações e *enforcement* – mais amplas, sem dúvida, no sistema de controle interno.

Há potenciais sobreposições, também, com a própria rede de assessoramento legislativo, notadamente com o Centro de Estudos e Debates Estratégicos, na Câmara de Deputados[54], e a Consultoria de Orçamentos, Fiscalização

---

51 TRAPP, Lisa von; LIENERT, Ian; WEHNER, Joachim. *Principles for independent fiscal institutions and case studies*. OECD Journal on Budget. Paris, v. 2/2015, p. 9-272, 2016.

52 Ibidem, p. 38.

53 O apoio ao controle externo – entendido em sentido amplo, inclusivo do controle pela sociedade – "consiste no fornecimento de informações e dos resultados das ações do Sistema de Controle Interno do Poder Executivo Federa" (Decreto nº 3.591/00, art. 5º, parágrafo único).

54 Cf. em: http://www2.camara.leg.br/a-camara/estruturaadm/altosestudos/publicacoes.

e Controle, no Senado[55]. Ambos atuam fortemente na produção de análises e informações sobre as políticas públicas e a atividade financeiro-orçamentária e, sem muita dificuldade, por uma simples adaptação normativa poderiam encampar todas as atribuições veiculadas na Resolução nº 42/2016 do Senado.

De igual modo, as atribuições da IFI, embora revestidas apenas de caráter informativo e persuasivo, poderiam se considerar incluídas nas competências de controle do TCU para, por exemplo, realizar, por iniciativa própria, "inspeções e auditorias de natureza contábil, financeira, orçamentária, operacional e patrimonial, nas unidades administrativas dos Poderes Legislativo, Executivo e Judiciário" (CRFB, art. 71, IV) e "prestar as informações solicitadas pelo Congresso Nacional, por qualquer de suas Casas, ou por qualquer das respectivas Comissões, sobre a fiscalização contábil, financeira, orçamentária, operacional e patrimonial e sobre resultados de auditorias e inspeções realizadas" (CRFB, art. 71, IV).

Embora não seja difícil divisar o papel da IFI do Senado em meio aos demais organismos funcionalmente aproximados, esses três casos (outros poderiam ser adicionais, tendo em vista a existência de órgãos produtores de análises e informações na Secretaria da Receita Federal, na Secretaria do Tesouro e no BACEN) bastam para lembrar que as pretensões que se mantém com relação às IFI já eram, de certo modo, acobertadas pela rede de controles existentes no país (o que tem escapado aos analistas internacionais) e que a IFI do Senado, se não avançar seu desenho institucional, correrá sério risco de se manter aprisionada a uma baixa pluralidade de compreensões sobre as finanças públicas e aos vínculos políticos e partidários cuja libertação dependerá, unicamente, da discricionariedade das composições senatoriais.

Como se encontra configurada atualmente, a IFI do Senado, por vezes, dá mesmo a sensação de se assemelhar a uma parceria entre o Legislativo e um grupo de pesquisadores para promoção de análises técnicas e, em princípio, apartidárias – o que, aliás, poderia ser um bom desenho para montar uma concepção pluralista e não centralizadora de IFIs, espraiando o experimento também para as demais entidades federativas.

A despeito dessas dificuldades de encaixe aos padrões internacionais e à rede de controles vigentes no Brasil, a IFI do Senado não configura experimento a ser descartado, mas aprimorado, reforçando-se o seu potencial para o aperfeiçoamento da *accountability* democrática. A mitigação dessa problemática, contudo, depende de se conferida uma compreensão pluralista (e não exclusivista) para a constituição de IFIs no Brasil, lendo, por essa chave, a motivação que embala o enunciado do artigo 1º, § 1º, da Resolução nº 42/2016, a teor do qual "as competências estabelecidas nos incisos do caput não excluem nem limitam aquelas atribuídas a órgãos jurisdicionais, normativos ou de controle".

55 Cf. em: https://www12.senado.leg.br/institucional/old-documentos/institucional/SF/OAS/CONORF.

Há potencialidades a serem exploradas, ademais, na experimentação institucional que envolve a criação da IFI do Senado. Destaco, aqui, apenas duas.

Primeiro, o fato de vir a IFI do Senado atuando de modo bastante operoso, destacadamente no que diz respeito à montagem e divulgação de suas estimativas, parâmetros e variáveis relevantes para a construção de cenários fiscais e orçamentários, bem como a análise do desempenho de indicadores fiscais e de eventos fiscais relevantes[56].

Com efeito, no endereço eletrônico da IFI Senado[57] é possível observar que seu produto informativo principal são os seus Relatórios de Acompanhamento Fiscal, com periodicidade mensal e foco no contexto macroeconômico, na conjuntura fiscal e no orçamento do ano em exercício. Estudos especiais e notas técnicas (sobre, dentre outros assuntos, reforma previdenciária e tributária, gastos tributários, riscos fiscais, resultado primário), além de apresentações, palestras, vídeos e outros documentos, a despeito de não trazerem periodicidade, também se destacam. A IFI do Senado oferta, também, ao público, suas bases de dados para avaliação de carga fiscal, cenários fiscais consolidados, conjuntura e margem fiscal, gastos tributários, filtros orçamentários, séries de PIB e de investimentos públicos, bem assim um interessante indicador de oscilações cíclicas da economia (o hiato do produto).

Há muita qualidade no material produzido e esforço de divulgação e inserção da IFI nos debates relativos às finanças públicas com o Executivo, o Legislativo e a sociedade, o que aponta no sentido de que mesmo com falhas constitutivas a requerer aperfeiçoamento a constituição e operacionalização de uma IFI pode contribuiu, significativamente, para os debates sobre as finanças públicas e as delicadas decisões alocativas e distributivas que se espelharam no orçamento público.

Em segundo lugar, potencialidade interessante me parece advir se no futuro migrarmos para a adoção de um modelo pluralista de IFIs, sanando alguns dos defeitos do atual arranjo pela sua migração do âmbito exclusivo do Senado para o do Congresso, a fim de melhorar a sua representatividade constitutiva no Poder Legislativo e sua interação com o processo de fabricação orçamentária levada a efeito na Comissão Mista de Orçamento.

Parece-me frutuoso mesmo que se reconstituísse a IFI do Senado ou mesmo que se constituísse outra IFI no país - vinculada, talvez, como na França e na Finlândia, aos órgãos de auditoria e controle -, o que não configuraria novidade, porquanto nos levantamentos dos organismos internacionais aqui consultados existem países que mantém conselhos fiscais, órgãos parlamentares independentes de orçamento ou uma mescla de varias instituições em que cada uma atua em uma das tarefas que os estudos padronizados conferem às

56 Cf. ROCHA, Heloísa Rodrigues da. Avaliação da autoridade fiscal: O caso da IFI no Senado Federal. *Orçamento em Discussão nº 41*. Brasília: Senado Federal, CONORF, 2018.

57 https://www12.senado.leg.br/ifi.

IFIs[58]. A situação de pluralidade, a bem da verdade, já existe no Brasil, com a atuação destacada dos órgãos do sistema de controle interno, do Banco Central, do TCU, da Controladoria Geral da União, da Receita Federal.

Outro potencial aproveitamento de um modelo pluralista mostra-se na possibilidade de constituição de IFIs regionais, capazes de ampliar a produção de informações e o controle persuasivo no âmbito dos estados, que nos últimos anos tem deixado à vista a crise não apenas contingencial, mas estrutural que os acomete.

Nos estados – e, quem sabe, nos maiores municípios – IFIs poderiam ser constituídas como conselhos fiscais forjados por meio de uma atuação conjugada entre os Poderes e o Ministério Público para assegurar autonomia financeira e independência funcional. Acordos de colaboração com Universidades poderiam, também, auxiliar na seleção do capital humano e na neutralidade dos produtos entregues periodicamente por essas IFIs.

Enfim, há pujante espaço para a imaginação construtiva no campo do direito voltado às finanças públicas no Brasil[59].

5. CONSIDERAÇÕES FINAIS

A IFI do Senado Federal constitui importante inovação no arcabouço das instituições atreladas às finanças públicas no Brasil.

Há, contudo, a bem da verdade, tensões que ainda precisam ser resolvidas no que tange ao seu desenho institucional e suas atribuições, tanto no que se refere à padronização internacional quanto no que toca à sua coordenação com a rede de controles em vigor no país.

Sem embargo, as fragilidades de origem e arquitetura acima apontadas não chegam ao ponto de obliterar os ganhos simbólicos e, com o tempo, potencialmente efetivos para o aperfeiçoamento do controle político, administrativo e social da atividade financeira do Estado.

Além do trabalho de qualidade que começou a desenvolver no ano de 2017, as potencialidades da IFI do Senado ampliam quando se tem em vista um modelo pluralista de IFIs.

É fácil ver os benefícios dessa concepção ao se levar em conta, por exemplo, a hipótese de vir ao mundo o previsto Conselho de Gestão Fiscal. De uma perspectiva plural de IFIs empecilho algum surgirá para a continuidade da IFI

58 TRAPP, Lisa von. Evolución Del proceso legislativo de presupuesto y de lãs instituciones fiscales independientes. In: ANINAT S.; RAZMILIC B. (Edt.). *Um Estado para la Ciudadania*: estudos para su modernización. Santiago de Chile: Centro de Estudios Públicos (CEP), 2018, p. 221.

59 Cf. CORVAL, P. R. S.. A sétima tese: uma contribuição ao pensamento jurídico-financeiro no Brasil. Revista Tributária e de Finanças Públicas, v. 22, p. 67-90, 2014. ______. Análise Integral do Direito (AID): primeiras aproximações e apontamentos para a pesquisa no direito público. Revista de informação legislativa: RIL, v. 54, n. 213, p. 81-111, jan./mar. 2017. Disponível em: http://www12.senado.leg.br/ril/edicoes/54/213/ril_v54_n213_p81.

criado no Senado. O advento do Conselho fortaleceria, antes, a compreensão da relevância de existir uma pequena rede de organizações de controle pela via da produção e difusão de análises e informações confiáveis e imparciais que se integrem ao fórum democrático de embates e aos demais organismos controladores de caráter sancionador.

Os benefícios para a *accountability* democrática podem ainda ser ampliados quando, sob essa inspiração pluralista, deixa-se aguçar a imaginação construtiva e se cogita mesmo da possibilidade de surgirem IFIs nos âmbitos estaduais (e, quem sabe, municipais) para reforçar a qualidade do controle das contas públicas regionais e locais em um momento que ninguém discorda que está em risco a própria sustentabilidade financeira da Federação.

A modernização e a reconstrução institucionais, entretanto, tendem a ficar travadas sob uma concepção jurídica das finanças públicas encantada pelas formas e valores. De fato, como sugerido pelo saudoso professor Ricardo Lobo Torres, as finanças públicas e a reflexão jurídica a seu respeito sujeitam-se, no regime constitucional de 1988, a uma abertura de perspectiva. O que parece pouco provável é que o caminho sugerido pelo homenageado para buscar esse novo espaço reflexivo seja, unicamente, aquele do afastamento "(...) de uma legitimidade apoiada na norma ou no fato social para buscá-la nos próprios valores"[60].

O apelo aos renovados valores trazidos pela Constituição de 1988 é imprescindível – como, aliás, se tem visto nos últimos anos no Brasil – para abrir a argumentação jurídica e democratizar, discursivamente, os embates sobre regras e instituições. Comporta, porém, exageros (como também se tem registrado nos últimos anos em nosso país) e, em termos de construção institucional em setores do saber mais sensíveis à dureza das descrições e dos números (como ocorre com as finanças públicas), são mais relevantes como fator de propulsão e ativação espiritual. Um motivo para a ação.

Isso não é pouco, sem dúvida. E, nas finanças públicas, a própria democracia se coloca como o maior valor a embalar as transformações institucionais em curso.

Democracia, contudo, é mais que um valor referencial a fomentar a criatividade argumentativa. Democracia é ação que, no campo das instituições, manifesta-se como potência de reforma e reestruturação.

A democratização, a bem da verdade, é a condição de possibilidade das finanças públicas voltadas à promoção dos direitos fundamentais e à emancipação do ser humano sem perder de vista o chão das restrições orçamentário-financeiras e das travas estruturais que a existência social impõe. Somente a luta contínua pela democratização das finanças públicas, que incluiu a mitigação dos defeitos do insulamento técnico do setor, promove o adequado

60 TORRES, Ricardo Lobo. A legitimidade democrática e o Tribunal de Contas. *Revista de Direito Administrativo (RDA)*. Rio de Janeiro, n. 194, p. 31-45, out./dez. 1993, p. 32.

balanceamento entre as constrições do ambiente e a potência espiritual e institucional para romper a fossilização do cenário de desigualdade e de abuso de poder que, não tenho dúvida, constituem a maior problemática e desafio do país.

Seja na via da arrecadação seja na via do planejamento, da gestão e da aplicação dos recursos públicos o melhoramento da atividade financeira requer ação reformadora e reestruturada por meio de uma ação democrática aberta ao experimentalismo institucional.

A IFI do Senado, com todas as suas limitações e virtudes, configura importante movimento nessa direção. Como tive oportunidade de escrever em outra ocasião, provocado pelas reflexões de Mangabeira Unger, experimentar constitui nada mais nada menos do que a própria interpretação da causa democrática no micro e no macrocosmo. Pelo exercício imaginativo experimental é possível enxergar nas instituições existentes potencialidades reprimidas, mudar o foco e encaminhar a renovadas e adequadas instituições para o país[61].

O desejo, neste momento, é que a IFI do Senado, tanto pela sua gênese política quanto pela sua estruturação e diálogo com a padronização internacional, revele-se, acima de tudo, um convite para que, movidos pela lembrança do legado intelectual ativo e enriquecedor do professor Ricardo Lobo Torres, o pensamento jurídico-financeiro reencontre seu lugar na tarefa de fortalecimento e renovação institucional da atividade financeira do Estado.

61 Cf. CORVAL, P. R. S.. A sétima tese: uma contribuição ao pensamento jurídico-financeiro no Brasil. Revista Tributária e de Finanças Públicas, v. 22, p. 67-90, 2014.

O Financiamento de Litígios no Brasil e no Direito Comparado

Marcos André Vinhas Catão [1]
Guilherme Garcias de Oliveira[2]

Sumário: 1. Breve homenagem ao Professor Ricardo Lobo Torres. 2. Introdução. 2.1. Financiamento de litígios. 2.2. Histórico e conceito do financiamento de litígios. 3. Interpretação sistemática das operações de financiamento de litígios. 3.1. Direito Constitucional. 3.2. Direito Civil. 3.3. Direito Comercial. 3.4. Direito Processual. 3.5. Direito Tributário. 4. Conclusão

1. BREVE HOMENAGEM AO PROFESSOR RICARDO LOBO TORRES

Este artigo foi escrito como forma de lembrar meu grande mestre, amigo e pessoa sem igual que foi Ricardo Lobo Torres.

À exemplo de muitos que aqui contribuíram, fui seu aluno nas fileiras da UERJ, depois no Mestrado e, ainda que ele não tenha participado da banca de Doutorado em Madri, sempre me acompanhou nos momentos de pesquisa e de reflexão sobre temas que eram dos mais variados. Não me lembro de ver Ricardo reclamando de algo, ou falando mal de alguém.

O artigo que encaminho, apesar de tratar de um tema que possa parecer não tão erudito quanto nosso mestre, tem algo que me lembra muito uma caraterística de Ricardo: a vontade de escrever sobre coisas contemporâneas. Além dos múltiplos adjetivos, Ricardo era *avant-garde*. Sempre conhecia aquele artigo diferente, de um professor que poucos conheciam. Era um sufoco achar algo ou alguém que ele já não conhecesse ou estivesse a ponto de ler. Lia em português, espanhol, inglês, francês e alemão. E lia o que havia de melhor.

Entre outras muitas coisas que me lembro, era a que dizia que todo pesquisador devia ter um tanto de solitário. E nada mais correto. Em tempos de tanta correria, *whatsapp* frenéticos, *brainstorms* para tudo, sucumbimos a perder uma das coisas que nos é mais caro: o tempo para reflexão diante de um livro ou de um artigo.

---

1 Diretor da ABDF. Membro do *Permanent Scientific Comitte* da IFA. Professor convidado da Escuela de Practica Juridica da Universidad Complutense de Madrid. Advogado.

2 Advogado. Pós-graduado pela Escola de Direito da FGV/SP.

Ricardo era um *gentleman*, um esplêndido professor, familiar e amigo. Que Deus o tenha e que possamos nos ver em breve junto ao Senhor.

2. INTRODUÇÃO

2.1. Financiamento de litígios

O último "Relatório Justiça em Números 2018" do Conselho Nacional de Justiça ("CNJ") traz a informação de que os recolhimentos de despesas com a fase de execução, custas, emolumentos e taxas totalizaram R$ 9,8 bilhões, compreendendo 20,3% da arrecadação[3] do Poder Judiciário.

O gasto de pessoas jurídicas e físicas com demandas judiciais pode ser extremamente alto, notadamente ao se considerar que nele não se incluem apenas as taxas judiciárias, mas também os honorários advocatícios e despesas com cópias, deslocamento e alimentação de advogados e testemunhas, honorários periciais, dentre diversos outros.

A título exemplificativo, no Tribunal de Justiça de São Paulo[4]o valor das custas para o ajuizamento de uma ação é de 1% sobre o valor da causa, tendo como mínimo para 2019 o montante de R$ 132,65 (cento e trinta e dois reais e sessenta e cinco centavos) e máximo o montante de R$ 79.590,00 (setenta e nove mil, quinhentos e noventa reais).

Caso seja necessário interpor um recurso de Apelação, o percentual passa a ser de 4% sobre o valor da causa. Os valores mínimos e máximos a serem recolhidos são os mesmos, de modo que em um processo com discussão de R$ 8.000.000,00 (oito milhões de reais), o montante mínimo a ser despendido para acesso aos dois graus de jurisdição será de R$ 159.180,00 (cento e cinquenta e nove mil, cento e oitenta reais). Não foram incluídos eventuais valores a serem pagos com honorários periciais e advocatícios, bem como outras despesas.

O cenário acima exposto comprova que o custo de determinado processo pode ser alto, impactando o orçamento até mesmo de empresas grandes.

Como sói acontecer em sociedades livres, e que evoluem, este cenário de complexidade, e muitas vezes de iniquidade na prestação jurisdicional nos traz uma figura extremamente nova que é o financiamento de litígios.

A operação de financiamento de litígios, também conhecida como *alternative legal financing*ou *third-partylitigationfunding* nos países de língua inglesa, é uma espécie de contrato em que as despesas de um determinado processo são financiadas por um terceiro alheio ao caso, o qual poderá ser um banco, uma seguradora ou até mesmo um fundo de investimentos. Entretanto, ainda não foi editada nenhuma norma concreta no sistema jurídico brasileiro a

3 Disponível em: http://www.cnj.jus.br/files/conteudo/arquivo/2018/08/44b7368ec6f888b383f6c3de40c32167.pdf Acesso em: 17 de janeiro de 2019, 20h30.

4 Disponível em: https://www.tjsp.jus.br/IndicesTaxasJudiciarias/DespesasProcessuais/TaxaJudiciaria Acesso em: 20 de janeiro de 2019, 15h43.

respeito do financiamento de litígios, seja para a sua correta definição, seja para definir qual a sua tributação.

Entretanto, a situação atual se insculpe dentro da fenomenologia que o Direito não vive prioritariamente para criar vida jurídica. O Direito, existe, antes de mais nada para se acoplar a fenômenos sociais, econômicos, entre outros. Sem querer criar aqui embaraços dogmáticos, seja de um direito mais ou menos positivo, não há como negar que o Direito, na maioria das vezes, acompanha realidades que vão sendo desenhadas pela sociedade.

E é exatamente isso que ocorre com o financiamento de litígios. Uma forma de dar solução inovadora a problemas seculares.

Esta é, na verdade, a razão pela qual as normas do nosso ordenamento jurídico são gerais, para que possam abranger o maior número de relações jurídicas possível.

Ocorre que a edição de normas gerais acaba por criar maneiras diferentes de se interpretar uma determinada relação jurídica. Disso, decorrem-se diversas interpretações a respeito da mesma norma jurídica, forte no magistério dePaulo de Barros Carvalho[5].

Assim, o fato de não haver a previsão de como determinadas relações jurídicas devem ser tributadas é decorrência das normas gerais feitas propositadamente desta maneira para que possam enquadrar o maior número de relações jurídicas possível.

Ante o cenário acima exposto, o presente artigo busca examinar a possibilidade de aplicação do financiamento de litígios no sistema jurídico brasileiro, bem como, ainda que de lege ferenda, as possibilidades que exsurgem de um futuro (e iminente) regulação.

E como sugere o nome do artigo, nossa abordagem parte de uma visão sistemática, aliás, uma das metodologias que mais agradava ao nosso homenageado.

2.2. Histórico e conceito do financiamento de litígios

Ainda que aparente ser uma figura nova, modalidades similares ao financiamento de litígios existem desde Atenas. Na sociedade ateniense não havia advogados como no sistema brasileiro, de modo que cabia a cada réu fazer a sua própria defesa, que normalmente era feita por intermédio de discursos. Em razão disso, existiam escritores profissionais de discursos que preparavam os discursos dos réus por um preço determinado.

No decorrer do tempo foram criados clubes cujas atividades principais eram os litígios e a política (*hetaireiai*). Os clubes buscavam o lucro ao financiar

5 "A norma jurídica é exatamente o juízo (ou pensamento) que a leitura do texto provoca em nosso espírito. Basta isso para nos advertir que um único texto pode originar significações diferentes, consoante as diversas noções que o sujeito cognoscente tenha dos termos empregados pelo legislador. Ao enunciar os juízos, expedindo as respectivas proposições, ficarão registradas as discrepâncias de entendimento dos sujeitos, a propósito dos termos utilizados."CARVALHO, Paulo de Barros. Curso de Direito Tributário/ Paulo de Barros Carvalho. – 23. Ed. – São Paulo: Saraiva, 2011. Pag. 40.

o êxito de processos ao contratar testemunhas, acusadores e escritores profissionais de discurso[6].

Em Roma também havia figura similar. No processo romano, as pessoas ricas tinham enorme vantagem sobre as pessoas pobres por razões específicas. Uma delas é a de que, na cultura romana, os ricos eram vistos como inerentemente melhores do que os pobres, de modo que o benefício da dúvida sempre pendia para o lado dos ricos.

Ademais, o processo apenas ocorria com a presença das duas partes litigantes, de modo que se uma das partes não comparecia a julgamento, o caso ficava parado.

Assim, um romano pobre poderia pedir auxílio para um "patrocinador" rico, o qual poderia atuar de diversas maneiras. Uma delas era forçando, através do seu poder, a outra parte a comparecer para julgamento. O patrono também poderia aumentar as chances de êxito do seu "cliente" ao se associar com o litigante, demonstrando que este estava associado com alguém de alta posição moral[7].

Como se vê, em Roma e em Atenas já existiam figuras muito similares ao financiamento de litígios.

Na Inglaterra da Idade Média também existia um costume muito análogo ao do financiamento de litígios. Na época, os processos judiciais mais importantes eram disputas de terra. Nesse sentido, havia o costume de pessoas com

---

6 *"Over time there developed political clubs (hetaireiai) whose chief activities were litigation and politics. Some of these clubs seem to have operated for profit by pooling money together in order to file and win petty claims through hiring witnesses, accusers, and speech-writers. Such associations were also used to defray the costs of adverse judgments through the assistance of other members. While poor or middle class members often contributed to these funds through their personal services as witnesses or voluntary prosecutors, many of the richer members preferred to make monetary contributions. This had the particular advantage of anonymity. This way, an affluent individual could simply convey funds whenever it was inexpedient for the connection between the litigant and his supporter to be generally known."* VELCHIK, Michael K., ZHANG, Jeffery Y. *ISLANDS OF LITIGATION FINANCE. (April 25, 2017)*. Harvard Law School. Discussion paper nº 71. Disponível em: http://www.law.harvard.edu/programs/olin_center/fellows_papers/pdf/Zhang_71.pdf, acesso em: 19 de janeiro de 2019, 16h07.

7 *"(...) Roman civil litigation similarly advantaged the rich over the poor, but for different reasons. First, Roman law lacked a reliable mechanism to compel parties to court. A more powerful adversary could therefore avoid judgment by refusing to show up to court. While American law affords plaintiffs a default judgment in the event that the defendant fails to appear, Roman law could not conceive of judgments without two cooperating parties present before a judge. Second, Roman culture conceived of rich individuals as inherently better than less powerful or less wealthy litigants; they therefore often received the benefit of the doubt in cases. Third, all judgments were for monetary damages; there were no "equitable" remedies. In an economy where most wealth was held in real estate, slaves, and other non-fungible matters, and where currency was tied to precious metals, it was often difficult for the poor to satisfy monetary judgments.*

A Roman could therefore seek to benefit from the patronage of a wealthy citizen. The patron could exert power to force his client's opposing party to appear. The patron could also increase the outcome on the merits through association with high moral standing. Finally, the patron in theory act as a financier by paying the judgment to an opposing party while requiring the client's allegiance or services in other respects, including his vote in political elections. Evidence of Roman law comes principally from its compilation by the sixthcentury emperor Justinian, rather than records of specific cases. There is thus very little evidence of Roman litigation practice. Nevertheless, the existence of legal proscriptions against litigation finance in the late empire implies that, at some point, litigants engaged in such schemes. (...)" Idem.

capital custearem as despesas do processo de um terceiro em troca de ficar com parte da terra.

Para os financiadores, a vantagem residia no fato de que o valor pago com as despesas processuais era muito menor do que o valor da parte da terra que era para eles repassada caso o processo lograsse êxito. Para o litigante, por sua vez, era dada a possibilidade de acesso à Justiça e, assim, obter ao menos parte da sua terra de volta.

Como as pessoas que financiavam essas disputas eram pessoas com capital e influencia, os processos em questão eram muitas vezes fraudulentos, o que fez com que as doutrinas de *barratry, maintenance* e*champetry,* fossem introduzidas na Inglaterra de modo a banir essa prática.

A *barratry* era a prática de dar azo a lides temerárias. A *maintenance*, por sua vez, era a prática de financiar um litígio do qual o financiador não era parte. Por fim, a *champerty* era a prática de financiar um litígio do qual o financiador não era parte visando o lucro.

Todas essas práticas foram proibidas pela legislação inglesa, o que, por consequência, fez com o que o desenvolvimento do financiamento de litígios fosse barrado[8].

Não obstante, atualmente o financiamento de litígios possui grande aplicação na Europa e nos Estados Unidos[9], mas ainda é novo no Brasil, o que demanda diversas discussões a respeito da possibilidade de sua aplicação em nosso ordenamento.

Para se verificar a sua aplicabilidade, é necessário antes defini-lo. No financiamento de litígios, as despesas de determinado processo ou arbitragem são financiadas por um terceiro alheio a discussão[10].

O capital utilizado no financiamento do litígio pode advir do mercado de capitais, de um fundo próprio para isso, de um banco ou até mesmo de

---

8 *"(...) The most important legal disputes at the time were suits for the recovery of land, which enabled persons with capital to become joint owners of land by paying a price below that it would have been paid if the land had not been the object of a claim. This fact led to an association of this practice with speculation and usury. Furthermore, the fact that persons of wealth and influence backed such claims made them more likely to succeed even in the case of doubtful or fraudulent claims. The doctrines of champerty, maintenance and barratry were introduced in medieval England to ban these practices and were adopted by various common law jurisdictions over time. In particular, the doctrine of champerty has represented a major obstacle for the development of TPLF in the entire common law world until recently."* COJO MANUEL, Oliver.*Third-Party Litigation Funding: Current State of Affairs and Prospects for its Further Development in Spain (November 10, 2014).EUROPEAN REVIEW OF PRIVATE LAW VOL. 22, 2014; MAASTRICHT EUROPEAN PRIVATE LAW INSTITUTE WORKING PAPER No.* 2014/20 . Disponível em: https://ssrn.com/abstract=2521347,acesso em: 16 de janeiro de 2019, 14h21.

9 VELJANOVSKI, Cento. *Third Party Litigation Funding in Europe* (December 9, 2011). Journal of Law, EconomicsandPolicy, Vol. 8, 2012. Disponível em: https://ssrn.com/abstract=1971502, acesso em 10 de novembro de 2018, 11h25.

10 *"Third party litigation funding is the commercial financing of an individual or portfolio of lawsuits by a person or entity that is not a party to the litigation itself."* KALAJDZIC, Jasminka; CASHMAN, Peter Kenneth; LONGMOORE, Alana.*Justice for Profit: A Comparative Analysis of Australian, Canadian and U.S. Third*

uma seguradora. O financiamento pode ser utilizado tanto por aqueles que não detém o capital necessário para ingressar com uma demanda judicial ou se defender de uma, bem como permite que aqueles que possuem o capital, mas não querem assumir as despesas de uma demanda judicial (custas processuais, honorários advocatícios etc) se blindem do risco[11].

O financiamento de litígios ainda possui outra finalidade que é a de ser uma alternativa de investimento para terceiros que não têm relação com o processo[12]. Como exemplo, pode-se destacar um fundo que financia litígios e cujo lucro é distribuído entre os seus investidores. A vantagem dessa hipótese é a de que os investidores ficam protegidos de eventuais variações de mercado e/ou da economia, na medida em que o lucro do fundo dependerá apenas dos êxitos nas demandas judiciais.

Nesse sentido, como regra geral, caso o financiado venha a sagrar-se vencedor, o financiador tem o direito de ganhar parte do benefício econômico[13]. Caso o financiado venha a ser derrotado, o financiador não ganha nada.

O acordo do financiamento do litígio pode prever que o financiador arcará com todas as despesas do processo ou até mesmo com apenas parte dessas despesas, *e.g.*, os honorários advocatícios advindos de eventual condenação judicial[14].

Assim, o contrato de financiamento de litígios pode ser definido como aquele em que as despesas de determinado litígio judicial, administrativo ou até mesmo de uma arbitragem são financiadas por um terceiro alheio ao

---

Party Litigation Funding (May 23, 2012). *American Journal of Comparative Law*, Vol. 61, No. 2, 2013; *Sydney Law School Research Paper* No. 12/59. Disponível em: https://ssrn.com/abstract=2064980,acesso em: 16 de janeiro de 2019, 11h04.

11 *"Third-party litigation funding is "a group of funding methods that rely on funds from the insurance markets or capital markets instead of, or in addition to, a litigant's own funds." In other words, it is the provision of funds by companies who have no other connection with the litigation. When provided to plaintiffs, third-party funding promotes access to justice by enabling plaintiffs who have meritorious cases to bring litigation they would otherwise be unable to bring and to avoid premature settlements at a discount due to the exhaustion of funds. When provided to defendants, it allows corporations who can afford to litigate but who do not want to incur any of the costs or risks associated with litigation to shift the costs and hedge the risks."*STEINITZ, Maya.*Whose Claim Is This Anyway? Third Party Litigation Funding (August 2, 2010). Minnesota Law Review*, Vol. 95, No. 4, 2011; *U Iowa Legal Studies Research Paper No.* 11-31. Disponível em: https://ssrn.com/abstract=1586053,acesso em: 16 de janeiro de 2019, 11h30.

12 *"Fourth, the worldwide market turmoil over the past several years has caused many investors to seek investments that do not dependent upon financial markets, stock prices, or company valuations. Each litigation or arbitration matter is a discrete investment and is independent from market conditions in terms of the value of the plaintiff's claim or defendant's liability. This independence shields the third-party funder's investment and potential profit from the general uncertainty present in global financial markets"*SAHANI, Victoria Shannon. *Judging Third-Party Funding*. UCLA Law Review nº 388 – 2016.

13 Idem.

14 *"Third-party litigation funding (3P Funding) derives from private and public sources. Generally, a third--party with no personal interest in the litigation provides funding to pay the costs of litigation. The nature of the funding arrangements and what the funding covers varies. It depends on whether the funding is from a private funder or is provided pursuant to a statutory scheme."Law Institute, British Columbia, Study Paper on Financing Litigation (October 4, 2017). BCLI StudyPaper No.* 9. Disponível em: https://ssrn.com/abstract=3067055,acesso em: 16 de janeiro de 2019, 11h59.

processo. O acordo pode prever que as despesas sejam financiadas integralmente pelo terceiro ou que apenas parte dessas despesas sejam financiadas.

Ainda que novo, já há notícias da existência da sua aplicação no Brasil para disputas judiciais[15], bem como para arbitragens, o que motivou o Centro de Arbitragem e Mediação da Câmara de Comércio Brasil-Canadá a editar uma Resolução sobre o financiamento de terceiros em arbitragens administradas pela mencionada entidade[16].

Nesse sentido, é de se indagar a respeito da possibilidade de sua aplicação imediata, sem a necessidade de eventual regulamentação por órgãos fiscalizadores como a Ordem dos Advogados do Brasil ("OAB")[17], a Comissão de Valores Mobiliários ("CVM")[18] e o Banco Central do Brasil ("Bacen")[19].

O primeiro ponto que se deve questionar antes da aplicação do financiamento de litígios é a respeito de quais seriam os seus limites éticos, isto sob uma perspectiva pré normativa.

A esse respeito, cabe destacar o caso *Gawker Media* e Peter Thiel / Hulk Hogan. Em 2007, o *site* de notícias *Gawker Media* teria revelado que o bilionário Peter Thiel, cofundador do *PayPal*, seria homossexual, o que foi o suficiente para fazer com que Thiel declarasse guerra ao site[20].

---

15 Disponível em: https://exame.abril.com.br/blog/primeiro-lugar/leste-vai-financiar-arbitragens-internacionais/ acesso em 10 de novembro de 2018, 11h37.

16 Disponível em: https://ccbc.org.br/cam-ccbc-centro-arbitragem-mediacao/resolucao-de-disputas/resolucoes-administrativas/ra-18-2016-financiamento-de-terceiros-em-arbitragens-cam-ccbc/ acesso em 10 de novembro de 2018, 11h39.

17 Lei nº 8.906/94:

"Art. 44. A Ordem dos Advogados do Brasil (OAB), serviço público, dotada de personalidade jurídica e forma federativa, tem por finalidade:

I – defender a Constituição, a ordem jurídica do Estado democrático de direito, os direitos humanos, a justiça social, e pugnar pela boa aplicação das leis, pela rápida administração da justiça e pelo aperfeiçoamento da cultura e das instituições jurídicas;

II – promover, com exclusividade, a representação, a defesa, a seleção e a disciplina dos advogados em toda a República Federativa do Brasil. (...)"

18 Lei nº 6.385/76:

"Art. 5º É instituída a Comissão de Valores Mobiliários, entidade autárquica em regime especial, vinculada ao Ministério da Fazenda, com personalidade jurídica e patrimônio próprios, dotada de autoridade administrativa independente, ausência de subordinação hierárquica, mandato fixo e estabilidade de seus dirigentes, e autonomia financeira e orçamentária."

19 Regimento Interno do Bacen:

"Art. 1º O Banco Central do Brasil (BCB), criado pela Lei nº 4.595, de 31 de dezembrode 1964, é uma autarquia federal vinculada ao Ministério da Fazenda, com sede e forona Capital da República e atuação em todo o território nacional.

Art. 2º O Banco Central tem por finalidade a formulação, a execução, oacompanhamento e o controle das políticas monetária, cambial, de crédito e de relaçõesfinanceiras com o exterior; a organização, disciplina e fiscalização do SistemaFinanceiro Nacional (SFN) e do Sistema de Consórcio; a gestão do Sistema dePagamentos Brasileiro (SPB) e dos serviços do meio circulante."

Disponível em: https://www.bcb.gov.br/Adm/RegimentoInterno/RegimentoInterno.pdf, acesso em: 10 de novembro de 2018, 10h24.

20 Disponível em: https://www.theguardian.com/technology/2016/aug/15/peter-thiel-gawker-bankruptcy-lawsuit-hulk-hogan-sextape,acesso em: 10 de novembro de 2018, 12h05.

Para tanto, financiou diversos processos judiciais contra o *Gawker Media*, do qual se destaca o processo do lutador Terry Gene Bollea, conhecido como Hulk Hogan. Nesse caso, o *Gawker Media* havia vazado um vídeo íntimo do lutador, o que rendeu a Hulk um acordo judicial de trinta e um milhões de dólares[21], forçando o fechamento do *Gawker Media*. Após o fechamento do *site*, o próprio Peter Thiel fez uma oferta para adquiri-lo[22].

O caso Peter Thiel e *Gawker Media* mostra que o financiamento de litígios, apesar da sua inquestionável habilidade de facilitar o acesso ao Judiciário, também pode ser utilizado como uma ferramenta para arruinar inimigos. Isso mostra a eventual necessidade da sua regulamentação, de modo a se evitar o seu uso para vinganças pessoais.

Considerando o exposto, o objetivo do presente artigo é o de efetuar uma análise do financiamento de litígios à luz da legislação brasileira, notadamente sob os campos constitucional, civil, comercial, processual e tributário.

3. INTERPRETAÇÃO SISTEMÁTICA DAS OPERAÇÕES DE FINANCIAMENTO DE LITÍGIOS

3.1. Direito Constitucional

A interpretação sistemática das operações de financiamento de litígios deve ser feita primeiramente à luz da Constituição Federal, que é a norma de maior hierarquia do sistema brasileiro.

Nesse sentido, a Constituição Federal Brasileira ("CF") contém dispositivos[23] sobre o livre acesso ao Judiciário, bem como a respeito da ampla defesa[24] e do contraditório[25].

21 Disponível em: https://www.nytimes.com/2016/11/03/business/media/gawker-hulk-hogan-settlement.html,acesso em 10 de novembro de 2018, 12h07.

22 Disponível em: https://www.theguardian.com/technology/2018/jan/11/peter-thiel-gawker-offer--buy-hulk-hogan-lawsuit,acesso em 10 de novembro de 2018, 12h04.

23 "Art. 5º Todos são iguais perante a lei, sem distinção de qualquer natureza, garantindo-se aos brasileiros e aos estrangeiros residentes no País a inviolabilidade do direito à vida, à liberdade, à igualdade, à segurança e à propriedade, nos termos seguintes: (...)

XXXV – a lei não excluirá da apreciação do Poder Judiciário lesão ou ameaça a direito; (...)

LV – aos litigantes, em processo judicial ou administrativo, e aos acusados em geral são assegurados o contraditório e ampla defesa, com os meios e recursos a ela inerentes;"

24 "A ampla defesa deve ser compreendida como a garantia conferida ao réu que lhe permite trazer para o processo todos os elementos e provas necessárias para esclarecimento da verdade dos fatos. Ela assume diversas feições durante o seu curso e engloba tanto a defesa técnica, efetuada por profissional habilitado, cuja escolha também é direito do acusado, como o direito de autodefesa." Princípios constitucionais fundamentais : estudos em homenagem ao professor Ives Gandra da SilvaMartins I Antonio Carlos Rodrigues do Amaral,Roberto Rosas, Carlos Mario da Silva Velloso(coordenadores). -- São Paulo : Lex Editora, 2005.

25 "Como já se disse, a raiz do contraditório é a garantia do *dueprocess of law*. Assim, bastaria que o texto constitucional afirmasse o respeito ao devido processo legal para que deste mandamento pudesse ser extraído o dever de obediência ao contraditório.

Parece-nos que o financiamento de litígios nada mais é do que a possibilidade de pessoas que não possuem recursos terem o seu livre acesso ao Poder Judiciário garantido. É certo que existem meios de garantir esse acesso, como a Defensoria Pública[26], a advocacia *pro bono* e até mesmo a gratuidade ou parcelamento das custas judiciais, nos termos do Código de Processo Civil brasileiro ("CPC")[27].

Não obstante, o financiamento de litígios não deixa de ser mais uma alternativa viável de acesso ao Judiciário, além de permitir que terceiros possam auferir lucro com isso.

Ademais, a CF estabeleceu de maneira expressa a livre iniciativa, bem como o livre exercício de qualquer atividade econômica[28], cuja prévia autorização por órgãos públicos só ocorrerá caso exigida por lei.

Ainda que a livre iniciativa não seja princípio absoluto, posto ser uma atividade que pode ser limitada[29], até o presente momento não houve edição de norma com o intuito de regular ou regulamentar o financiamento de litígios, sendo forçoso concluir que não há óbice constitucional para o exercício do financiamento de litígios no Brasil.

Assim, sob a égide do campo constitucional, conclui-se que não há qualquer impedimento para firmar um contrato de financiamento de litígios no Brasil.

Todavia, o legislador constituinte de 1988 preferiu estabelecer o contraditório de maneira expressa, assim como fez com outras garantias também decorrentes da garantia do devido processo legal. Tal postura foi adotada a fim de que dúvidas não pairassem com relação ao direito que todo o acusado tem de rebater e contrariar a acusação que lhe é imputada." Idem.

26 CF:

"Art. 134. A Defensoria Pública é instituição permanente, essencial à função jurisdicional do Estado, incumbindo-lhe, como expressão e instrumento do regime democrático, fundamentalmente, a orientação jurídica, a promoção dos direitos humanos e a defesa, em todos os graus, judicial e extrajudicial, dos direitos individuais e coletivos, de forma integral e gratuita, aos necessitados, na forma do inciso LXXIV do art. 5º desta Constituição Federal."

27 "Art. 98. A pessoa natural ou jurídica, brasileira ou estrangeira, com insuficiência de recursos para pagar as custas, as despesas processuais e os honorários advocatícios tem direito à gratuidade da justiça, na forma da lei. (...)

§ 6º Conforme o caso, o juiz poderá conceder direito ao parcelamento de despesas processuais que o beneficiário tiver de adiantar no curso do procedimento."

28 "Art. 170. A ordem econômica, fundada na valorização do trabalho humano e na livre iniciativa, tem por fim assegurar a todos existência digna, conforme os ditames da justiça social, observados os seguintes princípios: (...)

Parágrafo único. É assegurado a todos o livre exercício de qualquer atividade econômica, independentemente de autorização de órgãos públicos, salvo nos casos previstos em lei."

29 "EMENTA: DIREITO TRIBUTÁRIO. AGRAVO INTERNO NO RECURSO EXTRAORDINÁRIO COM AGRAVO. ALEGAÇÃO DE OFENSA AOS PRINCÍPIOS DO CONTRADITÓRIO E AMPLA DEFESA. OFENSA REFLEXA. PRINCÍPIO DA LIVRE INICIATIVA. ART. 170 DA CF. CLÁUSULA GERAL. (...)

2. O princípio da livre iniciativa, inserido no caput do art. 170 da Constituição nada mais é do que uma cláusula geral cujo conteúdo é preenchido pelos incisos do mesmo artigo. Esses princípios claramente definem a liberdade de iniciativa não como uma liberdade anárquica, mas social, e que pode, consequentemente, ser limitada. (...)" (Agravo Regimental no Recurso Extraordinário com Agravo nº 1.104.226, proferido pela Primeira Turma do Supremo Tribunal Federal, Relator Ministro Roberto Barroso).

3.2. Direito Civil

Por se tratar de um contrato que será firmado entre pessoas que, como regra geral, estarão sujeitas ao regime jurídico de Direito Privado, é importante que o financiamento de litígios seja analisado sob as normas de Direito Civil.

No âmbito do Direito Civil, por sua vez, faz-se necessária a conceituação do contrato de financiamento de litígios, de modo a se entender quais os seus efeitos no ordenamento jurídico pátrio[30].

Nesse sentido, no contrato de financiamento de litígios há duas partes: aquele que de fato é a parte do processo ("financiado") e tem as despesas processuais financiadas e aquele que financia as despesas do financiado ("financiador").

No caso, o financiador faz uma aposta quanto à possibilidade de êxito da lide o que poderá, até mesmo, impactar nas chances dele arriscar parte do seu patrimônio para financiar determinado processo.

Partindo-se dessas premissas e considerando a classificação clássica dos contratos do Direito Civil, o financiamento de litígios pode ser classificado como um contrato bilateral, oneroso, aleatório, atípico, consensual, não solene, principal, de duração, por prazo indeterminado e impessoal.

O financiamento de litígios é considerado por nós como bilateral[31] em virtude de ambas as partes (financiado e financiador) terem diferentes obrigações a serem adimplidas. Para o financiado, há a obrigação de efetuar o pagamento de parte do êxito na lide para o financiador, ao passo que para este há a obrigação de custear as despesas processuais conforme ajustado em contrato.

O contrato é oneroso[32] justamente em razão de haver a obrigação de o financiador efetuar o pagamento das despesas e de o financiado efetuar o

---

30 "A classificação dos contratos, examinando suas respectivas características e natureza, não tem utilidade meramente teórica. É questão propedêutica e pré-requisito do exame de qualquer contrato. De acordo com a espécie de contrato sob exame na prática jurídica, há distintas consequências com distintas formas de interpretação e enfoque da posição das partes e do objeto contratado. Cada contrato apresenta vestes diversas. A função do intérprete é examinar sua natureza. Classificar o contrato é uma premissa inicial para atingir sua natureza jurídica e, consequentemente, seus efeitos, assim como a classificação de todo e qualquer negócio jurídico tem essa finalidade. Doutra forma, o intérprete ficaria perplexo, sem poder iniciar o raciocínio lógico e jurídico." VENOSA, Sílvio de SalvoDireito civil : teoria geral das obrigações e teoria geral dos contratosI Sílvio de Salvo Venosa. - 3. ed. - São Paulo : Atlas, 2003. - (Coleçãodireito civil; v. 2).

31 "O contrato é uma fonte de obrigações, o que significa que, aperfeiçoado, gera obrigações que deverão ser cumpridas para que a relação jurídica produza os efeitos desejados pelos contratantes.

Essas obrigações poderão, contudo, ser apenas para uma das partes ou para as duas. Quando do contrato nascem obrigações apenas para uma das partes diz-se que esse contrato é unilateral; se as obrigações forem para as duas partes o contrato é bilateral." MARTINS, Fran.Contratos e obrigações comerciais, ed. rev. e atual. Rio de Janeiro, Forense,2010.

32 "O contrato, oriundo do acordo de vontades das duas partes, pode trazer vantagens para ambas ou apenas para uma delas. Diz-se gratuito o contrato de que resulta vantagem apenas para uma das partes, cabendo à outra um sacrifício que consiste na diminuição do seu patrimônio. Oneroso é o contrato em que há proveito para ambas as partes.

pagamento de sua parte, caso logre êxito na demanda financiada. Assim, nessa espécie contratual há vantagens para ambas as partes.

No tocante ao fato do contrato sob análise ser comutativo ou aleatório[33], optou-se pela sua classificação no sentido de ser aleatório[34]. Logicamente, é possível e até esperado que o financiador pesquisará as chances de êxito de determinada demanda judicial antes de financiá-la. Por óbvio, os financiadores também optarão por financiar ações que tenham boas chances de êxito, haja vista que o seu o objetivo final é o lucro.

Entretanto, exceto em situações específicas[35], *e.g.*, a existência de súmula vinculante, de um caso julgado sob a sistemática de repercussão geral ou em sede de controle concentrado de constitucionalidade, parece-nos que em todas as outras hipóteses haverá a possibilidade de perda e, consequentemente, um risco a ser suportado por parte do financiador. Com efeito, ainda que haja julgamento firmado em sede de recursos repetitivos pelo Superior Tribunal de Justiça, caso a discussão também veicule matéria constitucional, é possível que o Supremo venha a adotar posicionamento divergente.

Os contratos empresariais são sempre onerosos, dada a finalidade especulativa das atividades dos empresários." Idem.

33 Código Civil:

"Art. 458. Se o contrato for aleatório, por dizer respeito a coisas ou fatos futuros, cujo risco de não virem a existir um dos contratantes assuma, terá o outro direito de receber integralmente o que lhe foi prometido, desde que de sua parte não tenha havido dolo ou culpa, ainda que nada do avençado venha a existir.

Art. 459. Se for aleatório, por serem objeto dele coisas futuras, tomando o adquirente a si o risco de virem a existir em qualquer quantidade, terá também direito o alienante a todo o preço, desde que de sua parte não tiver concorrido culpa, ainda que a coisa venha a existir em quantidade inferior à esperada.

Parágrafo único. Mas, se da coisa nada vier a existir, alienação não haverá, e o alienante restituirá o preço recebido.

Art. 460. Se for aleatório o contrato, por se referir a coisas existentes, mas expostas a risco, assumido pelo adquirente, terá igualmente direito o alienante a todo o preço, posto que a coisa já não existisse, em parte, ou de todo, no dia do contrato."

34 "O contrato comutativo ou pré-estimado vem a ser aquele oneroso e bilateral em que cada contraente, além de receber do outro prestação relativamente à sua, pode verificar, de imediato, essa equivalência. (...)

O contrato aleatório seria aquele em que a prestação de uma ou de ambas as partes dependeria de um risco futuro e incerto, não se podendo antecipar seu montante. As partes colocam-se, portanto, sob a perspectiva de uma álea, que se irá refletir na existência ou na quantidade da prestação combinada, expondo-se elas à eventualidade recíproca de perda ou de ganho." (DINIZ, Maria Helena. Tratado teórico e prática dos contratos, v. 1 – 7. Ed. – São Paulo: Saraiva, 2013.

35 CPC:

"Art. 927. Os juízes e os tribunais observarão:

I – as decisões do Supremo Tribunal Federal em controle concentrado de constitucionalidade;

II – os enunciados de súmula vinculante;

III – os acórdãos em incidente de assunção de competência ou de resolução de demandas repetitivas e em julgamento de recursos extraordinário e especial repetitivos;

IV – os enunciados das súmulas do Supremo Tribunal Federal em matéria constitucional e do Superior Tribunal de Justiça em matéria infraconstitucional;

V – a orientação do plenário ou do órgão especial aos quais estiverem vinculados."

O financiamento de litígios é atípico em virtude de não haver lei que contenha previsão específica sobre essa modalidade contratual, imperando assim a autonomia da vontade[36], contanto que observadas as normas gerais do Código Civil[37].

Trata-se de contrato consensual[38], posto que basta para a sua concretização o mero consentimento – formal ou não. Difere-se do contrato real, em que se faz necessária a entrega da coisa para o seu aperfeiçoamento.

O financiamento de litígios é também não solene, posto não haver previsão legal sobre a sua existência, também não há forma especifica a ser seguida. Com efeito, só são formais os contratos cuja forma seja previamente estipulada pela lei, o que não ocorre no financiamento de litígios, dada a ausência de sua previsão e regulamentação no Brasil.

Seguindo na classificação, entendemos o financiamento de litígios como um contrato principal, na medida em que não está vinculado a nenhum outro contrato prévio, isto é, existe de *per se*, sua existência não supõe a de outro contrato a ele vinculado[39].

Trata-se ainda de contrato de duração, já que a sua execução não é instantânea, é dizer, as partes não adquirem e cumprem seus direitos e obrigações no mesmo momento do contrato. Trata-se de um contrato que se prolonga no tempo, haja vista que os seus efeitos têm início, via de regra, com o ajuizamento da ação e só findarão por ocasião do seu trânsito em julgado[40].

---

36 "No mundo negocial, especificamente no campo do contrato, negócio jurídico bilateral por excelência, impera a autonomia da vontade, como regrageral. As partes contratantes irão valer-se do instrumento contratual de quenecessitam. Esse instrumento pode ser um daqueles descritos na lei. Assimocorre pela importância da relação negocial descrita ou pela tradição jurídica. Se a avença contratual for daquelas descritas e especificadas na lei, estaremos diante de um contrato típico (ou nominado, embora não seja a terminologia mais correta, como veremos). Se a avença contratual tiver por objetoregular relações negociais menos comuns, ou sui generis, mais ou menos empregadas na sociedade, mas não descritas ou especificadas na lei, estaremosperante um contrato atípico (ou inominado, segundo a doutrina mais antiga)." VENOSA, Sílvio de SalvoDireito civil : teoria geral das obrigações e teoria geral dos contratosI Sílvio de Salvo Venosa. – 3. ed. – São Paulo : Atlas, 2003. – (Coleçãodireito civil; v. 2).

37 "Art. 425. É lícito às partes estipular contratos atípicos, observadas as normas gerais fixadas neste Código."

38 "Os contratos consensuais ou não solenes são os que se perfazem pela simples anuência das partes, sem necessidade de outro ato. A ordem jurídica não exige, para que se aperfeiçoem, senão o acordo das partes (RT, 502:218), não impondo, portanto, nenhuma forma especial para a sua celebração. Basta o consentimento dos contratantes para a sua formação."DINIZ, Maria Helena. Curso de direito civil brasileiro, volume 3 : teoria das obrigações contratuais e extracontratuais. – 34. Ed. rev. E atual. – São Paulo : Saraiva Educação, 2018.

39 Código Civil:

"Art. 92. Principal é o bem que existe sobre si, abstrata ou concretamente; acessório, aquele cuja existência supõe a do principal."

40 "O contrato é de execução instantânea quando as partes adquirem e cumprem seus direitos e obrigações no mesmo momento do contrato. (...)

Contratos de duração são os que se protraem no tempo. A doutrina fixa várias espécies nessa categoria, não estando de acordo. Os contratos são de execução sucessiva quando as relações das partes desenvolvem-se por um período mais ou menos longo, devido à própria natureza da relação. É o que sucede com o contrato de locação, de trabalho, de mútuo, comodato, sociedade, seguro etc. Também

Com efeito, para o financiador surgirão diversas obrigações no decurso do processo, como as atinentes ao pagamento de custas processuais recursais, aos honorários de eventuais peritos, os honorários advocatícios, dentre diversas outras, as quais somente findarão por ocasião do término efetivo do processo, que se dará com o seu transito em julgado.

Por ser contrato de duração, há que se indagar se se trataria de contrato com prazo determinado ou indeterminado. Considerando não ser possível estipular de maneira precisa o momento em que determinada demanda judicial ou de arbitragem findará, entendemos que se trata de contrato de duração com prazo indeterminado.

Por fim, o financiamento de litígios é contrato impessoal. No contrato pessoal, há a obrigação de que determinada pessoa venha a cumprir o contrato, diferentemente do contrato impessoal[41]. No financiamento de litígios, parece-nos que só faz sentido para o financiador financiar demandas patrimoniais cujos direitos, por consequência, são transmissíveis aos herdeiros do financiado[42].

Na eventualidade de o financiado vir a falecer e seus herdeiros passarem a representa-lo na demanda judicial, não nos parece haver qualquer impedimento para que o contrato continue vigente, na medida em que, para o financiador, o importante é o êxito na demanda judicial.

3.3. Direito Comercial

No âmbito do Direito Comercial, há que se perquirir da eventual necessidade de regulação do financiamento de litígios. Dessa forma, dado o seu eventual caráter de fundo de investimento, para o financiamento de litígios,

---

será de trato sucessivo o contrato que assim se torna pela vontade das partes, como, por exemplo, numa compra e venda com pagamento a prazo. Em todos esses contratos de trato sucessivo, situa-se o campo de aplicação da teoria da imprevisão, como a seguir será estudada. É no decurso de adimplemento do contrato que as condições originárias contratadas podem ser alteradas de molde a influírem jurídica e justificadamente no cumprimento de suas cláusulas. Daí então o grande interesse prático dessa distinção." VENOSA, Sílvio de SalvoDireito civil : teoria geral das obrigações e teoria geral dos contratosI Sílvio de Salvo Venosa. - 3. ed. - São Paulo : Atlas, 2003. - (Coleçãodireito civil; v. 2).

41 "Os contratos pessoais são aqueles em que a pessoa do contraente é considerada pelo outro como elemento determinante de sua conclusão. A pessoa do contratante, nesses contratos, tem influencia decisiva no consentimento do outro, que tem interesse em que as obrigações contratuais sejam por ele cumpridas, por sua habilidade particular, competência, idoneidade etc.

Os contratos impessoais são aqueles em que a pessoa do contratante é juridicamente indiferente. Pouco importa quem execute a obrigação; o único objetivo é que a prestação seja cumprida."DINIZ, Maria Helena. Curso de direito civil brasileiro, volume 3 : teoria das obrigações contratuais e extracontratuais. - 34. Ed. rev. E atual. - São Paulo : Saraiva Educação, 2018.

42 CPC:

"Art. 687. A habilitação ocorre quando, por falecimento de qualquer das partes, os interessados houverem de suceder-lhe no processo.

Art. 688. A habilitação pode ser requerida:

I - pela parte, em relação aos sucessores do falecido;

II - pelos sucessores do falecido, em relação à parte."

parece-nos necessária apenas a obediência às determinações da CVM, nos termos da Lei nº 6.385/76[43].

Com efeito, no financiamento de litígios o financiador pode estar constituído sob diversas formas: seguradora, banco, fundo de investimentos etc. Logicamente, a depender do modo de constituição, o financiador estará sujeito às regras da CVM, como asinstruções CVM 356[44], 444[45] e 489[46].

Assim, dada a ausência de norma específica que discipline o financiamento de litígios, entendemos que apenas haverá a necessidade de observância de eventuais normas editadas pela CVM que forem aplicáveis à maneira que o financiador de litígios tiver sido constituído.

3.4. Direito Processual

O CPC não contém norma específica que cuide do financiamento de litígios, tampouco de hipótese similar.

Não obstante, o CPC contém disposições específicas a respeito das partes se comportarem de acordo com a boa-fé[47][48], além de prever expressamente perdas e danos para aqueles que litigarem de má-fé como autor, réu ou interveniente[49].

As hipóteses de litigância de má-fé abarcam situações que poderiam ocorrer caso alguém se utilizasse do financiamento de litígios com a finalidade errada, nos termos do artigo 80, do CPC[50].

---

43 "Art. 2º São valores mobiliários sujeitos ao regime desta Lei: (...)
V – as cotas de fundos de investimento em valores mobiliários ou de clubes de investimento em quaisquer ativos;"

44 Regulamenta a constituição e o funcionamento de fundos de investimento em direitos creditórios e de fundos de investimento em cotas de fundos de investimento em direitos creditórios.

45 Dispõe sobre o funcionamento de Fundos de Investimento em Direitos Creditórios Não Padronizados

46 Dispõe sobre a elaboração e divulgação das Demonstrações Financeiras dos Fundos de Investimento em Direitos Creditórios – FIDC e dos Fundos de Investimento em Cotas de Fundos de Investimento em Direitos Creditórios – FIC-FIDC, regidos pela Instrução CVM nº 356, de 17 de dezembro de 2001, dos Fundos de Investimento em Direitos Creditórios no âmbito do Programa de Incentivo à Implementação de Projetos de Interesse Social – FIDC-PIPS, regidos pela Instrução CVM nº 399, de 21 de novembro de 2003 e dos Fundos de Investimento em Direitos Creditórios Não Padronizados – FIDC-NP, regidos pela Instrução CVM nº 444, de 8 de dezembro de 2006.

47 "Art. 5º Aquele que de qualquer forma participa do processo deve comportar-se de acordo com a boa-fé.
Art. 6º Todos os sujeitos do processo devem cooperar entre si para que se obtenha, em tempo razoável, decisão de mérito justa e efetiva. (...)"

48 "DIREITO CIVIL E AGRÁRIO. COMPRA E VENDA DE SAFRA FUTURA A PREÇO CERTO. ALTERAÇÃO DO VALOR DO PRODUTO NO MERCADO. CIRCUNSTÂNCIA PREVISÍVEL. ONEROSIDADE EXCESSIVA. INEXISTÊNCIA. VIOLAÇÃO AOS PRINCÍPIOS DA FUNÇÃO SOCIAL DO CONTRATO, BOA-FÉ OBJETIVA E PROBIDADE. INEXISTÊNCIA. (...)
A boa-fé objetiva se apresenta como uma exigência de lealdade, modelo objetivo de conduta, arquétipo social pelo qual impõe o poder-dever de que cada pessoa ajuste a própria conduta a esse modelo, agindo como agiria uma pessoa honesta, escorreita e leal. Não tendo o comprador agido de forma contrária a tais princípios, não há como inquinar seu comportamento de violador da boa-fé objetiva." (Recurso Especial nº 803.481 – GO, proferido pela Terceira Turma do Superior Tribunal de Justiça, Relatora Ministra Nancy Andrighi, DJ 01/08/2007).

49 "Art. 79. Responde por perdas e danos aquele que litigar de má-fé como autor, réu ou interveniente."

50 "Art. 80. Considera-se litigante de má-fé aquele que: (...)
II – alterar a verdade dos fatos;

A esse respeito, o CPC expressamente determina que as partes sempre devem comportar-se de acordo com a boa-fé, além de prever hipóteses de suspeição e impedimento dos julgadores, bem como dos membros do Ministério Público, dos auxiliares da justiça e dos demais sujeitos imparciais do processo (artigos 144, 145 e 148). Ademais, uma sentença objeto de simulação ou colusão pode ser rescindida por intermédio da ação rescisória[51].

As hipóteses de suspeição e de impedimento para os julgadores também são aplicáveis para os árbitros nos casos de arbitragem, nos termos da Lei nº 9.703/96[52].

Para os advogados, há previsões expressas no Estatuto da OAB a respeito da necessidade de se agir de acordo com a ética[53], além deste prever diversas hipóteses de infração disciplinar no artigo 34. Dentre elas, destaca- se o inciso XVII, que prevê que "prestar concurso a clientes ou a terceiros para realização de ato contrário à lei ou destinado a fraudá-la" é considerado infração ética.

Poderia se cogitar que no financiamento de litígios há a possibilidade de um terceiro se utilizar de um processo visando obter objetivo ilegal. O caso Peter Thiel / *Gawker Media* talvez esteja na linha tênue daquilo que seria um objetivo ilegal. Não obstante, além de tal ser vedado, nos termos artigo 80, inciso III, do CPC, ainda haveria questionamento quanto à efetiva ilegalidade do processo, na medida em que, de fato, havia ilegalidade na postura do *Gawker Media* ao vazar o vídeo íntimo do lutador Hulk Hogan.

Ainda que o CPC não se preste para regulamentar relações como a do financiamento de litígios, o Código possui diversas previsões no sentido de impedir que o processo seja utilizado para alcançar objetivos ilícitos.

Da mesma forma, há diversas penalidades para aqueles que se comportam de má-fé, bem como a possibilidade de que eventual sentença transitada em julgado decorrente de simulação para fraudar a lei seja rescindida.

III – usar do processo para conseguir objetivo ilegal; (...)

V – proceder de modo temerário em qualquer incidente ou ato do processo;"

51 Art. 966. A decisão de mérito, transitada em julgado, pode ser rescindida quando: (...)

III – resultar de dolo ou coação da parte vencedora em detrimento da parte vencida ou, ainda, de simulação ou colusão entre as partes, a fim de fraudar a lei;"

52 "Art. 14. Estão impedidos de funcionar como árbitros as pessoas que tenham, com as partes ou com o litígio que lhes for submetido, algumas das relações que caracterizam os casos de impedimento ou suspeição de juízes, aplicando-se-lhes, no que couber, os mesmos deveres e responsabilidades, conforme previsto no Código de Processo Civil.

§ 1º As pessoas indicadas para funcionar como árbitro têm o dever de revelar, antes da aceitação da função, qualquer fato que denote dúvida justificada quanto à sua imparcialidade e independência.

§ 2º O árbitro somente poderá ser recusado por motivo ocorrido após sua nomeação. Poderá, entretanto, ser recusado por motivo anterior à sua nomeação, quando:

a) não for nomeado, diretamente, pela parte; ou

b) o motivo para a recusa do árbitro for conhecido posteriormente à sua nomeação."

53 Lei nº 8.906/94:

"Art. 31. O advogado deve proceder de forma que o torne merecedor de respeito e que contribua para o prestígio da classe e da advocacia.

§ 1º O advogado, no exercício da profissão, deve manter independência em qualquer circunstância.(...)"

Considerando o exposto acima, conclui-se que o CPC contém diversas disposições de modo a se blindar eventual utilização do financiamento de litígios de maneira com objetivos ilícitos, de modo que, nesse campo, não nos parece ser necessária qualquer regulamentação específica.

3.5. Direito Tributário

O último ponto a ser examinado diz respeito a como se daria a tributação do financiamento de litígios.

O financiamento de litígios, por ser contrato atípico, poderá adotar inúmeras formas e modelos, o que por consequência impactará a forma como se dará a sua tributação.

Nesse sentido, o presente tópico não visa realizar um estudo exaustivo sobre a questão, mas sim estabelecer algumas das diretrizes básicas sobre a tributação atinente a essa espécie contratual, para o âmbito do financiado e do financiador.

No caso do financiado, este receberá o adiantamento das despesas processuais, bem como de eventuais outras despesas que se façam necessárias no decorrer do curso processual, de modo que, caso se trate de pessoa física, estará sujeito somente ao Imposto de Renda.

Por sua vez, caso se trate de pessoa jurídica, estará sujeito ao Imposto de Renda da Pessoa Jurídica ("IRPJ"), à Contribuição Social sobre o Lucro Líquido ("CSLL"), e, em tese, à Contribuição ao Programa de Integração Social ("PIS") e à Contribuição para o Financiamento da Seguridade social ("Cofins").

O questionamento que surge é qual seria o momento da tributação do adiantamento do financiador, o que dependerá da maneira em que firmado o contrato.

A título exemplificativo, pode ser estipulado que, na eventualidade da ação ser julgada procedente,o financiador terá direito de receber 40% (quarenta por cento) do benefício econômico, bem como o montante adiantado.

Nesse caso, a tributação do montante recebido pelo financiado somente poderá ocorrer com o êxito da ação e, ainda, após o trânsito em julgado da sua execução. Nesse momento é que se terá certeza sobre a definitividade do valor recebido e, consequentemente, a respeito da ocorrência do fato gerador[54] do Imposto de Renda.

---

54 Código Tributário Nacional:

"Art. 43. O imposto, de competência da União, sobre a renda e proventos de qualquer natureza tem como fato gerador a aquisição da disponibilidade econômica ou jurídica:

I – de renda, assim entendido o produto do capital, do trabalho ou da combinação de ambos;

II – de proventos de qualquer natureza, assim entendidos os acréscimos patrimoniais não compreendidos no inciso anterior.

§ 1º A incidência do imposto independe da denominação da receita ou do rendimento, da localização, condição jurídica ou nacionalidade da fonte, da origem e da forma de percepção.

É que somente se pode cogitar da tributação pelo Imposto de Renda quando a disponibilidade econômica e jurídica sejam definitivas[55]. Em nosso entender, a mesma lógica se aplica à CSLL, por possuir a mesma materialidade[56].

Outro questionamento que pode advir diz respeito à contribuição ao PIS e a Cofins. Nesse sentido, poder-se-ia questionar a incidência da contribuição ao PIS e da Cofinssobre os montantes recebidos pelo financiado pagos pelo financiador, isto sob o fundamento de que não se tratariam de receitas propriamente ditas da pessoa jurídica, posto não estarem relacionadas com o seu objeto social.

Com efeito, a Lei Complementar nº 07/70 instituiu a contribuição ao PIS[57], ao passo que a Lei Complementar nº 70/91[58] instituiu a Cofins.

---

§ 2º Na hipótese de receita ou de rendimento oriundos do exterior, a lei estabelecerá as condições e o momento em que se dará sua disponibilidade, para fins de incidência do imposto referido neste artigo."

55 "21. Após analisar a evolução da jurisprudência sobre a matéria, Bulhões Pedreira destaca a disponibilidade de renda como sendo a faculdade de utilizá-la prontamente (disponibilidade econômica), ao passo que a aquisição do direito de receber a renda (que seria a disponibilidade jurídica, na terminologia do CTN) ainda não corresponde à aquisição do poder de utilização, limitando-se a configurar uma faculdade de obtê-la. (...)

28. É nesse sentido, que figura no trecho transcrito em segundo lugar, que me parece ter sido empregado, no CTN, a expressão aquisição de disponibilidade jurídica de renda. Não basta, apenas, que seja adquirido o direito de auferir o rendimento (sua titularidade). É necessário que a aquisição desse direito assuma a forma de faculdade de adquirir disponibilidade econômica, mediante a simples tomada de iniciativa ou a prática de ato, que estejam no âmbito do arbítrio do interessado, a qualquer momento; em outras palavras, a disponibilidade jurídica não ocorre apenas com o aperfeiçoamento do direito à percepção do regimento, sendo, mais do isso, configurada somente quando seu recebimento em moeda ou quase-moeda dependa somente do contribuinte."CANTO, Gilberto de Ulhôa. A aquisição de disponibilidade e o acréscimo patrimonial no imposto sobre a renda. In: MARTINS, Ives Gandra da Silva, coord. Imposto de Renda: Conceitos, Princípios, Comentários. São Paulo: Atlas, 1996.

56 "Com razão, sabemos que o imposto de renda incide sobre rendas e proventos de qualquer natureza, isto é, sobre todos os fatores positivos de acréscimo patrimonial, os quais, face ao princípio da universalidade, são reunidos, juntamente com todos os fatores negativos, numa única hipótese de incidência de uma única obrigação tributária. Vimos isto longamente nos capítulos iniciais deste livro.

E sabemos que lucro, objeto da contribuição social em tela, é formado pela universalidade de fatores positivos e negativos, inclusive pelas rendas e pelos proventos de qualquer natureza, que afetam o patrimônio de uma pessoa jurídica em determinado período de tempo, representando o acréscimo patrimonial dessa pessoa.

Logo, a CSL incide sobre o mesmo acontecimento – a mesma "materialidade", como costuma falar a doutrina tributarística – que, constitucional e legalmente, constitui o fato gerador do imposto de renda, na sua aplicação a um determinado grupo de titulares de patrimônios, que são as pessoas jurídicas.

Somente por este último aspecto a abrangência da CSL é menos extensa do que a do imposto de renda, pois, no mais, o fato que gera o imposto de renda é absolutamente o mesmo que gera essa contribuição." OLIVEIRA, Ricardo Mariz de. Fundamentos do Imposto de Renda. São Paulo :QuartierLatin, 2008.

57 "Art. 1.º – É instituído, na forma prevista nesta Lei, o Programa de Integração Social, destinado a promover a integração do empregado na vida e no desenvolvimento das empresas.

§ 1º – Para os fins desta Lei, entende-se por empresa a pessoa jurídica, nos termos da legislação do Imposto de Renda, e por empregado todo aquele assim definido pela Legislação Trabalhista.

§ 2º – A participação dos trabalhadores avulsos, assim definidos os que prestam serviços a diversas empresas, sem relação empregatícia, no Programa de Integração Social, far-se-á nos termos do Regulamento a ser baixado, de acordo com o art. 11 desta Lei."

58 "Art. 1° Sem prejuízo da cobrança das contribuições para o Programa de Integração Social (PIS) e para o Programa de Formação do Patrimônio do Servidor Público (Pasep), fica instituída contribuição social para financiamento da Seguridade Social, nos termos do inciso I do art. 195 da Constituição Federal, devida pelas pessoas jurídicas inclusive as a elas equiparadas pela legislação do imposto de renda, destinadas exclusivamente às despesas com atividades-fins das áreas de saúde, previdência e assistência social."

Posteriormente, de modo a unificar as características de ambas as contribuições, foi editada a Lei nº 9.718/98, que determinou que a contribuição ao PIS e a Cofins incidiriam sobre o faturamento das pessoas jurídicas de direito privado[59]. Atualmente, nos termos do artigo 3º da Lei nº 9.718/98[60], entende-se faturamento como sendo a receita bruta de que trata o artigo 12 do Decreto-Lei nº 1.598/77[61], já com as alterações promovidas pela Lei nº 12.973/2014.

Assim, entende-se que a base de cálculo da contribuição ao PIS e da Cofins como as entradas decorrentes da atividade usual da pessoa jurídica, seja com a comercialização de mercadorias, seja com a prestação de serviços, seja com a locação de bens, dentre outras.

A discussão em tela, portanto, é similar à relativa a incidência da contribuição ao PIS e da Cofins sobre as chamadas "receitas financeiras" de empresas que não possuem referidas receitas relacionadas com a sua atividade principal. É sabido que, para o Superior Tribunal de Justiça ("STJ"),não há diferença de as receitas financeiras serem ou não rendimentos operacionais da pessoa jurídica desde o advento da Emenda Constitucional 20/98[62].

No nosso entender, para o Supremo Tribunal Federal ("STF"), por sua vez, não se poderia cogitar da incidência. A discussão em questão já é datada, mas voltou à pauta da Corte por ocasião da análise da inclusão do Imposto sobre Operações relativas à Circulação de Mercadorias e sobre Prestações de Serviços de Transporte Interestadual, Intermunicipal e de Comunicação ("ICMS") na base de cálculo da contribuição ao PIS e da Cofins.

De modo a não se alongar sobre matéria já objeto de exaustivo debate, destacamos que a Ministra CármenLúcia, relatora e redatora do voto vencedor,transcreveu trechos do voto do Ministro Cezar Peluso proferido nos Recursos Extraordinários ns.346.084, 358.273, 357.950 e 390.840. Nos aludidos

59 "Art. 2° As contribuições para o PIS/PASEP e a COFINS, devidas pelas pessoas jurídicas de direito privado, serão calculadas com base no seu faturamento, observadas a legislação vigente e as alterações introduzidas por esta Lei."

60 "Art. 3º O faturamento a que se refere o art. 2º compreende a receita bruta de que trata o art. 12 do Decreto-Lei nº 1.598, de 26 de dezembro de 1977."

61 "Art. 12. A receita bruta compreende:

I – o produto da venda de bens nas operações de conta própria;

II – o preço da prestação de serviços em geral;

III – o resultado auferido nas operações de conta alheia;

IV – as receitas da atividade ou objeto principal da pessoa jurídica não compreendidas nos incisos I a III."

62 "PROCESSUAL CIVIL E TRIBUTÁRIO. RESTABELECIMENTO DE ALÍQUOTA DE PIS E COFINS SOBRE RECEITA FINANCEIRA MEDIANTE DECRETO DO PODER EXECUTIVO. POSSIBILIDADE. CONFLITO ENTRE OS ARTS. 7º E 97, II, DO CTN E O ART. 27, CAPUT, E § 2º, DA LEI 10.865/04. PRINCÍPIO DA LEGALIDADE RESPEITADO. PRECEDENTES DO STJ. ACÓRDÃO RECORRIDO EM ACORDO COM O ENTENDIMENTO DO STJ. RECURSO ESPECIAL NÃO CONHECIDO.

1. O entendimento do STJ acerca da tese recursal é no sentido da legitimidade da incidência das alíquotas do PIS e da COFINS previstas no Decreto 8.426/2015 sobre as receitas financeiras, independentemente de terem ou não natureza operacional os rendimentos respectivos. Precedentes. (...)" (Recurso Especial nº 1.761.714 – PR, proferido pela Segunda Turma do STJ, Relator Ministro Herman Benjamin, DJe 19/11/2018).

recursos, restou entendido que faturamento seria apenas a percepção de valores oriundos da atividade econômica da empresa.

Dessa forma, entendemos que o montante recebido em razão do financiamento de litígiosnão poderia ser incluído na base de cálculo das referidas contribuições.

Há divergência também caso o financiado seja pessoa jurídica sujeita ao regime não cumulativo das contribuições em tela.

Por intermédio das Leis nº 10.637/03 e 10.833/03, foi instituída a cobrança não cumulativa para a contribuição ao PIS e da Cofins, respectivamente, por intermédio das quais foi autorizada a tomada de créditos em determinadas situações. Há discussão se a base imponível da contribuição ao PIS e da Cofins no regime não cumulativo é diferente da base imponível do PIS e da Cofins no regime cumulativo.

Isto porque, no regime não cumulativo pode-se entender que a base de cálculo é alargada, haja vista que, além de prever a mesma incidência constante do artigo 12 do Decreto-Lei nº 1.598/77, inclui também todas as demais receitas auferidas pela pessoa jurídica, nos termos do artigo 1º da Lei nº 10.637/02[63], o qual possui idêntica redação ao artigo 1º da Lei nº 10.833/03, que cuida da Cofins não cumulativa.

Para os fins deste artigo, parece-nos que a base de cálculo das contribuições em ambos os regimes é a mesma, haja vista que o artigo 1º da Lei nº 10.637/02 faz referência ao artigo 12 do Decreto-Lei nº 1.598/77, de modo que não poderiam ser incluídas as receitas que não estejam relacionadas com a atividade operacional da empresa.

A única diferença reside no fato de que o § 1º, do artigo 1º, da Lei nº 10.637/02 contém a expressão menciona que se incluirá na base de cálculo da contribuição"(...) todas as demais receitas auferidas pela pessoa jurídica com os respectivos valores decorrentes do ajuste a valor presente de que trata o inciso VIII do caput do art. 183 da Lei nº 6.404, de 15 de dezembro de 1976."

Entretanto, o inciso VIII, do artigo 183, da Lei nº 6.404/76[64]não nos parece incluir na base de cálculo da contribuição ao PIS e da Cofins valores que não estejam relacionados com a atividade operacional da empresa.

---

63 "Art. 1º A Contribuição para o PIS/Pasep, com a incidência não cumulativa, incide sobre o total das receitas auferidas no mês pela pessoa jurídica, independentemente de sua denominação ou classificação contábil.

§ 1º Para efeito do disposto neste artigo, o total das receitas compreende a receita bruta de que trata o art. 12 do Decreto-Lei nº 1.598, de 26 de dezembro de 1977, e todas as demais receitas auferidas pela pessoa jurídica com os respectivos valores decorrentes do ajuste a valor presente de que trata o inciso VIII do caput do art. 183 da Lei nº 6.404, de 15 de dezembro de 1976.

§ 2º A base de cálculo da Contribuição para o PIS/Pasep é o total das receitas auferidas pela pessoa jurídica, conforme definido no caput e no § 1º."

64 Art. 183. No balanço, os elementos do ativo serão avaliados segundo os seguintes critérios: (...)

VIII – os elementos do ativo decorrentes de operações de longo prazo serão ajustados a valor presente, sendo os demais ajustados quando houver efeito relevante.

No tocante à tributação do financiador, por sua vez, apenas haverá a incidência de tributos caso o financiado venha a sagrar-se vencedor na respectiva demanda. Nesse sentido, também haverá a incidência dos mesmos tributos, a saber: IRPJ, CSLL, contribuição ao PIS e Cofins.

Nesse sentido, o primeiro questionamento que se faz é se o serviço prestado pelo financiador estaria sujeito à incidência do Imposto sobre Serviços ("ISS"), haja vista que não há no anexo da Lei Complementar nº 116/03 menção à atividade similar a de financiamento de litígios.

A nosso ver, considerando que a lista de serviços constante da Lei Complementar nº 116/03 é taxativa[65], não poderia se cogitar da incidência de ISS sobre o montante fornecido pelo financiador ao financiado, notadamente ao se considerar o princípio da legalidade tributária[66]. Não se ignora que está sob análise perante o STF, em sede de repercussão geral[67], o efetivo caráter taxativo da mencionada lista; entretanto, enquanto não definida a questão, entendemos que o financiamento de litígios não pode ser tributado pelo ISS nos termos dos atuais moldes legislativos.

É que, da leitura do anexo da mencionada lei, não se encontra hipótese que se adequaria ao caso sob análise, de modo que a tributação pelo ISS somente seria possível caso a lista em questão fosse alterada.

Logicamente, entendimento diverso poderá advir a depender de como fixados os termos contratuais.

Saliente-se ainda que a incidência de ISS pode ser questionada à luz da Súmula Vinculante nº 31[68], na medida em que, no financiamento de litígios, não há a prestação efetiva de um serviço, mas apenas a cessão do capital para custear as despesas de determinada demanda.

Outro questionamento que poderá surgir diz respeito a se o financiador terá direito de deduzir da base de cálculo dos aludidos tributos o montante atinente ao quanto adiantado por ocasião do seu recebimento, o que dependerá do que foi firmado em contrato.

Caso a estipulação contratual tenha sido na mesma linha do exemplo acima citado para o financiado, parece-nos que o montante a título de adiantamento

---

65 "Os serviços tributáveis são os constantes da Lista anexa à Lei Complementar 116/03, que os enumera de forma exaustiva. Ocorre que nem todas as atividades descritas na referida Lista constituem serviço, e, assim, não podem ser tributadas. Por isto mesmo, o STF já decidiu que o ISS não incide sobre a locação de bens móveis."MACHADO, Hugo de Brito. Curso de direito tributária - 37. ed. ver., atual. e ampl. - São Paulo : Malheiros, 2016.

66 CF:

"Art. 150. Sem prejuízo de outras garantias asseguradas ao contribuinte, é vedado à União, aos Estados, ao Distrito Federal e aos Municípios:

I – exigir ou aumentar tributo sem lei que o estabeleça;"

67 Tema 296 da Repercussão Geral: "Caráter taxativo da lista de serviços sujeitos ao ISS a que se refere o art. 156, III, da Constituição Federal."

68 "É inconstitucional a incidência do imposto sobre serviços de qualquer natureza – ISS sobre operações de locação de bens móveis."

não poderá ser tributado, posto se tratar de mero reingresso de receita, sendo que o que estará sujeito à tributação será apenas aquilo que se traduzir como efetiva receita / renda nova, ou seja, tributar-se-á apenas o resultado da conta "valor recebido menos valor adiantado".

Como se vê, o contrato de financiamento de litígios poderá estar sujeito a diferentes maneiras de ser tributado, o que variará conforme a maneira que foi firmado. Longe de se prestar a ser um exame exaustivo, até porque as hipóteses são inúmeras, o objetivo deste tópico foi apenas o de trazer um pouco de luz sobre uma discussão que ainda é insipiente no Brasil.

4. CONCLUSÃO

Buscou-se com o presente artigo fazer um exame sucinto a respeito do financiamento de litígios à luz da legislação brasileira. Como mencionado na introdução, o financiamento de litígios é um exemplo vivo de como o Direito se adapta as exigências da sociedades. Estamos aqui de um negócio jurídico que pode apresentar variantes, no qual se acopla múltiplos subcontratos. É um contrato atípico, que pode envolver álea ou não, que pode ter a características de um empréstimo, que pode ser multilateral, entre outros. Ou seja, um tema desafiante e de avant-garde como gostava nosso mestre Ricardo.

E que por ser complexo, perpassa todo nosso ordenamento e toma de empréstimo conceitos do direito comparado, onde a prática hoje já é mais do que intensa.

Por aqui, nos âmbitos constitucional, civil e processual entendemos que a aplicação, além de imediata, independe de qualquer espécie de regulamentação. As normas já existentes são suficientes para permitir a sua aplicação com segurança jurídica. O que não significa que certa regulamentação não possa ser introduzida até como forma de outorgar mais segurança e permitir o crescimento desse instrumento de acessibilidade ao poder judicial.

A sua vez, a falta de regulamentação não impede que em sua aplicação não haja a possibilidade de aplicação pelo seu mal uso. Notadamente no âmbito processual, entendemos que existem previsões suficientes de penalidades para eventuais usos ilegais do processo, bem como de eventuais condutas pautadas pela má-fé.

No âmbito comercial, o financiamento de litígios pode ser apoiado nas normas de regulação já existentes sobre fundos, bancos e seguradoras, garantindo assim segurança jurídica para a sua utilização.

Por fim, na seara tributária destacamos alguns questionamentos que podem advir quanto ao financiamento de litígios, os quais são naturais. O surgimento de novas operações inexoravelmente traz dúvidas e, até mesmo, uma certa insegurança quanto à maneira de tributá-las.

Uma norma específica auxiliaria no tratamento tributário da operação. Não obstante, não podemos depender sempre da edição de uma nova norma sempre que surgirem novas operações. O intérprete pode e deve se valer das normas gerais para interpretar a tributação a ser aplicada, de modo que entendemos ser desnecessária a edição de eventual regulamentação.

Conclui-se, portanto, que o financiamento de litígios é importante ferramenta de acesso ao Judiciário, bem como nova alternativa de investimento, relativamente blindada das oscilações do mercado, de modo que o seu uso no Brasil é aguardado.

CAPÍTILO IV – SISTEMA CONSTITUCIONAL TRIBUTÁRIO

O Princípio da Legalidade Tributária no Brasil: do Normativismo-Conceitualista ao Pós-Positivismo

Fábio Zambitte Ibrahim[1]
Gustavo Carvalho Gomes Schwartz[2]

Sumário: 1. Introdução. 2. O surgimento histórico do princípio da legalidade tributária e o seu desenvolvimento no Brasil pela doutrina tributária tradicional: o normativismo-conceitualista. 3. Os equívocos do paradigma normativista-conceitualista e a contribuição do Professor Ricardo Lobo Torres. 4. O paradoxo da doutrina tributária tradicional: a (in)segurança jurídica do contribuinte. 5. A necessária mudança de paradigma: a legalidade tributária no pós-positivismo. 6. Conclusão

1. INTRODUÇÃO

Poucos temas não lembram tanto de Ricardo Lobo Torres como a temática da legalidade tributária. Seus escritos e aulas desafiam estudantes e acadêmicos de várias gerações, impondo reflexões importantes sobre o pensamento jurídico outrora dominante. Sua honestidade intelectual, conjugada com uma fluência absoluta nas ciências humanas, produziu textos que se inserem nas melhores leituras do direito tributário.

Embora o professor nos tenha deixado, seu legado permanecerá. A lembrança de suas aulas, em conjunto com sua vasta produção, nos permitirá apresentar seu pensamento a gerações futuras. Entre nós, resta a alegria e satisfação de termos tido a oportunidade de aproveitar de seu conhecimento. Nesse contexto, replicando os ensinamentos de nosso professor, nos cumpre apontar que o tributo, ao contrário do que possa parecer, é um instrumento assecuratório da liberdade.

É certo que o tributo também implica a supressão de uma parcela do patrimônio e, aparentemente, da liberdade individual. Daí porque parte

1 Professor Adjunto de Direito Financeiro da Universidade do Estado do Rio de Janeiro; Professor Titular de Direito Tributário e Previdenciário do IBMEC RJ; Doutor em Direito Público pela UERJ; Mestre em Direito Previdenciário pela PUC-SP; Advogado.

2 Mestre em Finanças Públicas, Tributação e Desenvolvimento pela Uerj. Graduado em Direito pela PUC--Rio. Advogado.

considerável da doutrina clássica do Direito Tributário compreenda o tributo como agressão à propriedade privada, verdadeira norma de rejeição social,[3] a limitar a liberdade de iniciativa de cada cidadão. A perspectiva soa contraditória: o tributo é restrição da liberdade ou garantidor? A corrente clássica do tributo como mera restrição de direitos incorre na falha de admitir a liberdade como algo pré-existente, independente do Estado.

O tributo, em fato, é o *preço da liberdade*. Não se trata de restrição, mas promoção. Todavia, assim como a distinção entre o remédio e o veneno pode ser ténue, é inegável que o tributo, em relação à liberdade, "possui a extraordinária aptidão para destruí-la",[4] de modo que o exercício do poder de tributar deve ser submetido a determinados limites e condições,[5] sem o que o valor da segurança jurídica não será concretizado no campo da tributação.

É nesse contexto que a ideia de *legalidade tributária*, entendida como limitação ao poder de tributar e condição de seu exercício legítimo, alcança a importância que detém no Direito Tributário brasileiro, podendo ser considerada, juntamente com a capacidade contributiva, um dos princípios constitucionais tributários de maior envergadura, e de que são corolários os princípios da tipicidade, irretroatividade e anterioridade.[6]

Não obstante o grau de importância alcançada, inúmeras foram, e ainda são as controvérsias em torno da *legalidade tributária*, controvérsias essas que despertaram, e continuam a despertar, intenso debate teórico e jurisprudencial, destacando-se, dentre elas, aquela relacionada ao grau de densidade normativa que a lei que institui ou majora tributos deve possuir, ou seja, o quanto de legalidade é exigido para que se considere atendido o artigo 150, I, da Constituição Federal.

Acerca dessa discussão, divide-se a doutrina entre aqueles que defendem que a *legalidade tributária* exige um desenho absolutamente fechado das hipóteses legais, no sentido quase literal dos termos utilizados na lei,[7] de modo que não apenas o fundamento do agir administrativo, como também o próprio critério de decisão no caso concreto estejam contidos de forma rígida e exata

---

3 MARTINS, Ives Gandra da Silva. *Uma Teoria do Tributo*. São Paulo: Quartier Latin, 2005. p. 79: "O tributo, que a sociedade jamais deseja pagar no nível em que os governos lhe cobram, é, talvez, a norma de rejeição social mais clara, mais nítida, no direito moderno, sempre suportada pela classe dominada em benefício da classe dominante."

4 TORRES, Ricardo Lobo. *Tratado de Direito Constitucional Financeiro e Tributário*. Valores e princípios constitucionais tributários. Rio de Janeiro: Renovar, 2005. v. 2: p. 59.

5 Id., p. 59: "o tributo nasce no espaço aberto pela *autolimitação da liberdade*, constitui o *preço da liberdade*, pois é o instrumento que distancia o homem do Estado, e pode implicar na opressão da *liberdade*, se o não contiver a *legalidade*."

6 Id., p. 400: "A ambiguidade do princípio da legalidade decorre, sob um primeiro ponto de vista, da circunstancia de que pode abranger outros princípios constitucionais, como os da tipicidade, irretroatividade e anterioridade."

7 Como representante do presente pensamento, ver CARVALHO, Paulo de Barros. *Teoria da Norma Tributária*. São Paulo: Max Limonad, 1998.

na lei;[8] e aqueles que, de modo diverso, defendem que a exigência constitucional é de uma *legalidade suficiente* e não de uma legalidade 'estrita'", admitindo a utilização pelo legislador tributário de tipos e conceitos indeterminados.

É nessa segunda corrente que se pode enquadrar o pensamento de Ricardo Lobo Torres. Com efeito, foi um dos primeiros a apontar os equívocos da tese da legalidade estrita e da tipicidade cerrada, apresentando novos paradigmas acerca da *legalidade* e *tipicidade* tributárias, mais consentâneos, no nosso entender, com o Estado Democrático de Direito instituído pela Constituição Federal de 1988 e com a sociedade de riscos em que estamos inseridos.

Assim, rendendo homenagens à memória e à doutrina do Professor Ricardo Lobo Torres, busca-se no presente estudo analisar o desenvolvimento do princípio constitucional da *legalidade tributária* no Brasil, desde o seu ingresso no ordenamento brasileiro, na Constituição de 1891,[9] até a sua conformação no pós-positivismo, a fim de que se possa demonstrar a necessidade de alteração do paradigma em que ainda se assenta o seu estudo, focado na produção legislativa da norma de incidência, para aquele respeitante ao processo de interpretação/aplicação da legislação tributária.

Para tanto, procurar-se-á no primeiro ponto apresentar uma brevíssima análise histórica da *legalidade tributária* até a sua conformação pelo normativismo-conceitualista. Em seguida, buscaremos expor, com esteio na contribuição de Ricardo Lobo Torres, os equívocos das premissas em que se assenta o paradigma normativista-conceitualista.

No ponto três, analisaremos como a persistência da doutrina tributária tradicional na defesa do paradigma normativista-conceitualista tem gerado, paradoxalmente, mais insegurança aos contribuintes, para que se possa, no ponto quatro, apresentar os argumentos que embasam a necessidade de alteração do paradigma em que ainda se assenta o estudo da *legalidade tributária*.

2. O SURGIMENTO HISTÓRICO DO PRINCÍPIO DA LEGALIDADE TRIBUTÁRIA E O SEU DESENVOLVIMENTO NO BRASIL PELA DOUTRINA TRIBUTÁRIA TRADICIONAL: O NORMATIVISMO-CONCEITUALISTA

O fenômeno da limitação do exercício do poder tributário é antigo. De fato, já no período do Estado Patrimonial, entre os séculos XII e XVIII, é possível encontrar normas de submissão do poder de tributar do monarca ao consentimento dos súditos (estamentos), a traduzir uma ideia de autoimposição, como forma de afastar o arbítrio e a imposição tributária desmedida. É exemplo dessas normas a previsão constante na Magna Carta inglesa, de 1215, que

8 CARRAZZA, Roque Antonio. *Curso de direito constitucional tributário*. 31. ed. ver., ampl. e atual. São Paulo: Malheiros, 2017. p. 291.

9 De fato, a primeira Constituição brasileira a contemplar uma expressão textual da *legalidade tributária* foi a de 1891. Contudo, embora a Constituição de 1824 não contivesse expressa previsão da *legalidade tributária*, previa o texto da Carta Imperial, em seu art. 171, a competência do Poder Legislativo para a tributação. Cf. LANNES, Daniel. *Legalidade tributária*. São Paulo: Quartier Latin, 2018. p. 89.

prescrevia a impossibilidade de o monarca impor tributos sem prévia autorização do Conselho dos Comuns.[10]

Contudo, é com o advento do Estado Moderno, em sua conformação de Estado de Direito, em que há a submissão do exercício do poder ao império da lei,[11] que surge a ideia de *legalidade tributária*, entendida como a submissão do poder de tributar ao Poder Legislativo. E sem embargo de o seu fundamento ter se alterado nos dias atuais, residindo sobretudo na superioridade democrática do Parlamento em relação ao Poder Executivo,[12] certo é que a concepção subjacente ao surgimento da *legalidade tributária*, bem como à sua introdução no Brasil, é a de autoconsentimento do contribuinte, como bem denota a seguinte passagem de Rui Barbosa, de 1918:[13]

> Ora, pelos textos constitucionais citados, na propriedade *só a lei pode* tocar, e, ainda assim, debaixo das ressalvas constitucionais, quer quanto à desapropriação, quer quanto ao impôsto, seja qual for, segundo o art. 72, § 30, a modalidade que êle revista, a categoria em que se inscreva. Só a lei; *porque a lei representa o concurso dos contribuintes,* a sua generalidade, a sua comunidade, a sua totalidade, assentindo no encargo, a que deliberaram ficar adstritos nos seus bens e pessoas.

---

10 Cf. TORRES, Ricardo Lobo. *Tratado de Direito Constitucional Financeiro e Tributário*. Valores e princípios constitucionais tributários. *Op. Cit.*, pp. 402/403.

11 Cf. TORRES, Ricardo Lobo. *Tratado de Direito Constitucional Financeiro e Tributário*. Constituição Financeira, Sistema Tributário e Estado Fiscal. Rio de Janeiro: Renovar, 2009. v. 1. pp. 521-522: "Do ponto de vista histórico, o Estado Fiscal coincide com o Estado de Direito. É inútil procura-lo antes da modernidade [...]. A *ideia de Estado Discal coincide com a de liberdade*. Só o Estado que cultiva a igualdade e a legalidade, no qual o poder tributário já nasce limitado pela liberdade, e que, ao mesmo tempo necessita de recursos provenientes da economia privada, mais abundantes que os da polis e das comunidades medievais, é que se pode classificar como Estado Fiscal."

12 Cf. NABAIS, José Casalta. *O dever fundamental de pagar* impostos: Contributo para a compreensão constitucional do estado fiscal contemporâneo. 3. reimpressão. Coimbra: Almedina, 2012. pp. 330-331: Mas, como facilmente se vê, isto apenas significa que o princípio da legalidade fiscal, separado do dualismo monárquico, já não traduz o vector negativo da ideia de autotributação, continuando esta, porém, a ser invocável como suporte daquele, na medida em que é encarada no seu aspecto ou aspectos positivos de garantia do que hoje designamos por direitos fundamentais, à qual, por via de regra e de algum modo, se reconduz a generalidade das reservas de lei (parlamentar). É que uma tal garantia é assegurada em termos mais adequados através da intervenção do parlamento, dada a indiscutível superioridade democrática ou representativa deste face ao governo, derivada quer da legitimidade democrática directa do órgão parlamentar, quer do facto de o processo legislativo (parlamentar) ser público e se desenvolver segundo o princípio do contraditório assente fundamentalmente nos poderes da oposição (ou oposições) e no peso da opinião pública.". Em sentido próximo, Ricardo Lodi Ribeiro defende que, atualmente, o principal fundamento da *legalidade tributária* "reside na garantia da democratização do procedimento de imposição das normas de repartição tributária, a partir de um juízo efetuado por um órgão que, pela sua composição e funcionamento, melhor assegura a proteção dos direitos coletivos, por meio da harmonização de interesses contrapostos nessa divisão, bem como constitui uma maior garantia de igualdade ou tratamento uniforme entre os cidadão diante das disparidades da carga fiscal entre as diferentes regiões do país." (Cf. RIBEIRO, Ricardo Lodi. *A Segurança Jurídica do Contribuinte*: Legalidade, não-surpresa e Proteção à Confiança Legítima. Rio de Janeiro: Lumen Juris, 2008. p. 84).

13 BARBOSA, Rui. As docas de Santos e as Taxas de Capatazia. *Obras Completas*, v. XLV (1918), t. 1. pp. 212-213. Disponível em <http://www.casaruibarbosa.gov.br/rbonline/obrasCompletas.htm>. Acesso em 14/11/2018.

Embora textualmente o princípio da legalidade tributária só venha a aparecer no Brasil na Constituição de 1891, já na Carta Imperial há previsão de submissão do poder de tributar ao parlamento, ao se atribuir à Câmara dos Deputados a competência privativa para legislar sobre impostos (Art. 36, I). No entanto, é apenas com o desenvolvimento do próprio Direito Tributário brasileiro, que se dá sobretudo após o advento da Constituição de 1946, que o princípio da legalidade tributária começa a ser mais bem definido, estudado e debatido,[14] até alcançar posição de predomínio na então novel disciplina jurídica, com o ingresso temporão entre nós do *positivismo formalista* ou *normativista*, que se dá contemporaneamente à publicação, em 1965, do Código Tributário Nacional.[15]

Com efeito, o *positivismo normativista* acabou encontrando terreno fértil no Direito Tributário brasileiro, inspirando de modo definitivo parte considerável da doutrina que, adotando o formalismo exacerbado decorrente do paradigma positivista normativista, passa a conceber a *legalidade tributária* como uma técnica especial de elaboração da lei de incidência (produção legislativa), isto é, como a exigência de que a lei tributária contenha em si mesma todos os elementos e aspectos do fato gerador, seu antecedente e consequente, de tal forma *precisados* e *determinados*, "que o órgão de aplicação do direito não possa introduzir critérios subjetivos de apreciação na sua aplicação concreta. "[16]

Para essa corrente doutrinária, que introduziu no direito tributário brasileiro a ideia de tipicidade cerrada, e que se deve, ao menos em sua formulação original, a Alberto Xavier, o legislador tributário deveria utilizar-se apenas de conceitos determinados para definir a hipótese de incidência, empregando linguagem o mais clara e unívoca possível, de forma a que o critério de aplicação (decisão aplicativa) se pudesse obter por mera dedução da lei de incidência,

---

14 Como bem anota Marco Aurélio Greco, até a Constituição de 1946 pouco se produziu em doutrina acerca da disciplina jurídica das relações tributárias. Com efeito, o grande desenvolvimento deu-se após o advento da Carta de 46, "bastando lembrar que poucos anos depois surgem as obras clássicas de Baleeiro (*Limitações constitucionais ao poder de tributar*) e de Rubens Gomes de Sousa (*Compêndio de legislação tributária*). Com elas e com a sucessiva produção de textos por inúmeros estudiosos, o Direito Tributário começa a se estruturar como conjunto sistematizado de conhecimento do ordenamento positivo." (grifos no original) (Cf. GRECO, Marco Aurélio. *Planejamento tributário. Op. Cit.*, p. 58.

15 Cf. TORRES, Ricardo Lobo. *Tratado de Direito Constitucional Financeiro e Tributário.* Valores e princípios constitucionais tributários. *Op. Cit.*, pp. 408/409.

16 XAVIER, Alberto. *Os princípios da legalidade e da tipicidade da tributação.* São Paulo: Editora Revista dos Tribunais, 1978. p. 93. No mesmo sentido, confira-se COÊLHO, Sacha Calmon Navarro. *Curso de direito tributário brasileiro.* 11. ed. Rio de Janeiro: Forense, 2010. p. 178-179: "A lei fiscal deve conter todos os elementos estruturais do tributo: o fato jurígeno sob o ponto de vista material, espacial, temporal e pessoal (*hipótese de incidência*) e a *consequência jurídica* imputada à realização do fato jurígeno (*dever jurídico*). Equivale dizer que a norma jurídico-tributária não pode ser tirada do *ordo juris* nem sacada por analogia; deve estar pronta na lei, de forma inequívoca, obrigando o *legislador a tipificar os fatos geradores e deveres fiscais.* [...] A obscuridade da lei fiscal abriria espaço para a *interpretação aplicativa do Executivo.* [...]

[...] a tipicidade tributária é *cerrada* para evitar que o administrador ou o juiz, mais aquele do que este, interfiram na sua modelação, pela via interpretativa ou integrativa." (grifos no original).

"limitando-se o órgão de aplicação do direito a nela subsumir o fato tributário",[17] independentemente de qualquer valoração. A norma jurídica tributária se colocaria, assim, à semelhança de um molde, em que os fatos concretos deveriam se encaixar.[18] Na exata formulação de Marciano Seabra de Godoi:[19]

> O normativismo conceitualista acredita que, após interpretar *corretamente* a lei (*descobrindo* seu *verdadeiro* sentido), o intérprete obtém algo como um metro articulado; basta colocar este metro articulado sobre os fatos concretos para, medindo-os segundo os parâmetros objetivamente definidos na lei, operar a subsunção lógica, cujo resultado acredita-se ser a fiel expressão da *vontade da lei* para aquele caso concreto. (grifos no original)

Subjaz às posições defendidas por essa corrente doutrinária duas concepções que são determinantes para as conclusões a que chegam esses autores. A primeira refere-se à crença de que o legislador teria a capacidade de, utilizando-se apenas da linguagem, "encapsular a realidade com tal nível de exatidão e certeza que não sobraria ao intérprete/aplicador do texto normativo qualquer liberdade de conformação".[20]

A segunda concepção consubstancia-se numa absoluta desconfiança quanto à atuação do Poder Executivo, através da Administração Tributária, atuação essa que, por ser considerada similar à atuação do monarca no período absolutista, que exercia o poder de tributar para atender às suas necessidades financeiras, e, assim, incorria quase sempre em arbitrariedades, deve ser extremamente restringida, limitando-se a uma atividade lógico-subsuntiva, de modo que não sobre qualquer margem à autoridade administrativa – e ao próprio Poder judiciário – para valorações que substituam ou acrescentem aquela contida no tipo legal.

Daí porque se pode sustentar que a pretensão de fechamento conceitual e de univocidade da linguagem empregada pelo legislador, que essa parte da doutrina tributária brasileira, que denominamos de *normativista-conceitualista*, busca alcançar, beira o exegetismo jurídico dos tempos do Código Napoleônico.[21]

---

17 XAVIER, Alberto. *Op. cit.*, p. 92.

18 Em sua Metodologia da Ciência do Direito, Karl Larenz já criticava essa concepção juspositivista da interpretação e aplicação do Direito, salientando que na "interpretação das normas jurídicas, só aparentemente se trata de um processo em que a norma aplicável se coloca, à semelhança de um metro articulado, sobre a situação de facto a julgar e esta é por ele mensurada. Isto pressuporia, em primeiro lugar, que a norma aplicável estivesse já em si tão determinada que o seu verdadeiro conteúdo estivesse fora de questão. Se assim fosse, não careceria de interpretação." (Cf. LARENZ, Karl. *Metodologia da Ciência do Direito*. 7. ed. Lisboa: Fundação Calouste Gulbenkian, 2014. p. 293)

19 GODOI, Marciano Seabra de. O quê e o porquê da tipicidade tributária. In: RIBEIRO, Ricardo Lodi; ROCHA, Sérgio André (Coord.). *Legalidade e Tipicidade no Direito Tributário*. São Paulo: Editora Quartier Latin, 2008, p. 76.

20 ROCHA, Sérgio André. *Da Lei à Decisão*: A segurança jurídica tributária possível na pós-modernidade. Rio de Janeiro: Editora Lumen Juris, 2017. p. 8.

21 Acertada, portanto, a crítica formulada por Sérgio André Rocha em seu livro *Da Lei à Decisão*, no sentido de que nosso formalismo tributário sequer pode ser considerado positivista. V. ROCHA, Sérgio André. *Da Lei à Decisão*: *Op. Cit.*, p. 13.

De fato, a deificação da atividade legislativa, associada à desconfiança na atuação da autoridade administrativa leva à adoção, por essa corrente doutrinária, de um paradigma hermenêutico que parte do pressuposto de que as atividades envolvidas no processo hermenêutico, quais sejam, interpretação e aplicação, seriam compartimentalizadas, ocorrendo em momentos distintos e de forma independente.

A interpretação se limitaria a um processo cognitivo, e consistiria em explicitar através de meios puramente lógico-racionais o conteúdo de normas jurídicas já dadas,[22] remontando do texto legislativo ora à vontade do legislador (*voluntas legislatoris*), ora à vontade da lei (*voluntas legis*).

À aplicação, por sua vez, é que competiria a análise dos contornos do caso concreto, para então subsumi-lo na norma jurídica descrita, por meio de um processo silogístico, no qual a norma jurídica seria a premissa maior, o fato concreto a premissa menor e a conclusão corresponderia à consequência jurídica.

Como bem aponta Ricardo Lobo Torres, "no Direito Tributário a aplicação era e por alguns ainda é vista como processo lógico de subsunção do fato à norma, desempenhando a interpretação o papel precedente de compreensão."[23]

Impende reconhecer, contudo, que as premissas em que se funda o paradigma do *normativismo-conceitualista*, base da doutrina clássica do direito tributário, estão equivocadas, como bem apontou o Professor Ricardo Lobo Torres nos trabalhos dedicados à legalidade e tipicidade tributárias, equívocos esses que serão analisados no ponto seguinte.

3. OS EQUÍVOCOS DO PARADIGMA NORMATIVISTA-CONCEITUALISTA E A CONTRIBUIÇÃO DO PROFESSOR RICARDO LOBO TORRES

Como apontamos na introdução do presente artigo, Ricardo Lobo Torres foi um dos pioneiros na formulação de questionamentos às premissas em que fundado o paradigma *normativista-conceitualista*, buscando, ao mesmo tempo, introduzir uma nova concepção acerca da *legalidade* e *tipicidade* tributárias, calcada em bases mais sólidas e, no nosso entender, mais consentâneas com a realidade do fenômeno jurídico.

Assim é que, o primeiro equívoco que se pode apontar às premissas do paradigma *normativista-conceitualista*, adotado pela doutrina tributária da tipicidade cerrada, consiste na crença de que seria viável o pleno fechamento dos conceitos utilizados pelo legislador, bem como que seria possível o emprego de apenas linguagem jurídica unívoca para descrever a hipótese de incidência e os demais elementos do fato gerador.

---

22 BOBBIO, Norberto. *Positivismo Jurídico*: lições de filosofia do direito. São Paulo: Ícone, 1995. p. 212: "[...] o positivismo jurídico concebe a atividade da jurisprudência como sendo voltada não para *produzir*, mas para *reproduzir* o direito, isto é, para explicitar com meios puramente lógico-racionais o conteúdo de normas jurídicas já dadas."

23 TORRES, Ricardo Lobo. *Normas de Interpretação e Integração do Direito Tributário*. 4. ed. rev. e atual. Rio de Janeiro: Renovar, 2006. p. 27.

Sucede, contudo, que a linguagem é, em maior ou menor grau, indeterminada, sendo muito raros no Direito os conceitos absolutamente determinados, somente figurando como tais aqueles estritamente numéricos.[24]De fato, constituindo a linguagem jurídica um meio de descrição da realidade, que, por sua natural complexidade, não pode ser plenamente retratada em conceitos, os quais, então, são construídos a partir da escolha de determinados elementos, características ou qualidades – as chamadas características definitórias, impende reconhecer que, em razão das próprias imprecisões e incertezas do processo de conceituação, quase todas as palavras possuem certo grau de indeterminação ou vagueza.[25]

Daí porque se dizer que os conceitos legais não são inequívocos, valendo-se o legislador também no Direito Tributário de conceitos indeterminados e tipos,[26] necessariamente abertos e dependentes de concretização, para veicular a hipótese de incidência tributária e os demais elementos do fato gerador, sem que isso signifique, necessariamente, infringência ao princípio da legalidade tributária, dado que a exigência de *determinação* decorrente da *tipicidade tributária* não significa determinação prévia, mas sim determinabilidade.[27]

É de se concluir, assim, que o apego à exigência de fechamento conceitual no Direito Tributário representa, em verdade, uma compreensão equivocada do fenômeno linguístico,[28] equívoco esse bem sintetizado por Ricardo Lobo Torres ao tratar da *legalidade tributária* no pós-positivismo (ou no não positivismo, como preferia o ilustre professor):[29]

> Supera-se também a crença algum tanto ingênua na possibilidade de permanente fechamento dos conceitos tributários, como se nesse ramo do direito

---

24 ENGISCH, Karl. *Introdução ao pensamento jurídico*. 11. ed. Trad. J. Baptista Machado. Lisboa: Fundação Calouste Gulbenkian, 2014. p. 208.

25 QUEIROZ, Luís Cesar Souza. *Imposto sobre a Renda*: Requisitos para uma Tributação Constitucional. Rio de Janeiro: Forense, 2003. Pp. 26-27: Dessarte, a questão dos *conceitos indeterminados* (expressão que se aceita como termo simplificador do complexo e multifário fenômeno anteriormente exposto) tem que ver, em rigor, com as incertezas, imprecisões, indeterminações, decorrentes do próprio processo de aquisição e constituição do conhecimento, sendo, pois, um fenômeno intrínseco a esse processo. Logo, a indeterminação dos conceitos não é peculiar à linguagem jurídica, mas, como se disse, acomete todas as linguagens por ser um fenômeno inerente ao processo de aquisição e construção do conhecimento. Por isso se diz que **quase todas** as "palavras" (conceitos) possuem certo grau de indeterminação (imprecisão), ou seja, são vagas em certo grau."

26 TORRES, Ricardo Lobo. *Normas de interpretação e integração do Direito Tributário. Op. Cit.*, pp. 197-198: "[...] com os progressos da linguística, não se pode mais defender a univocidade da linguagem do Direito e a plena aptidão da letra da lei para expressar a *ratio*. No Direito Tributário nem os conceitos fundamentais são unívocos, eis que reina a imprecisão a respeito do significado de 'imposto', 'taxa', 'fato gerador', etc. A linguagem do Direito se abre para os conceitos indeterminados e para os tipos, está intimamente ligada às fontes e à ciência do Direito, segrega valores e se apresenta como união de forma e conteúdo, o que a torna em larga medida polissêmica, ambígua e vaga, inclusive no Direito Tributário."

27 RIBEIRO, Ricardo Lodi. *Temas de Direito Constitucional Tributário*. Rio de Janeiro: Lumen Juris, 2009. p. 106

28 ROCHA, Sérgio André. *Da Lei à Decisão. Op. Cit.*, p. 33.

29 TORRES, Ricardo Lobo. *Tratado de Direito Constitucional Financeiro e Tributário*. Valores e princípios constitucionais tributários. *Op. Cit.*, pp. 425-426.

houvesse a perfeita adequação entre pensamento e linguagem e se tornasse viável a plenitude semântica dos conceitos. O direito tributário, como os outros ramos do direito, opera também por conceitos indeterminados, que deverão ser preenchidos pela interpretação complementar da Administração, pela contra-analogia nos casos de abuso do direito e pela argumentação jurídica democraticamente desenvolvida.

Em verdade, não apenas a indeterminação da linguagem impõe a utilização pelo legislador de conceitos indeterminados e tipos. Também a complexidade e mutabilidade constante, típicas da sociedade moderna, têm levado o legislador tributário a se valer de cláusulas abertas, demonstrando referidas características, ainda, o equívoco de outra premissa em que se assenta o paradigma *normativista-conceitualista*: a concepção de que o legislador teria capacidade de apreender e descrever a realidade com tal nível de exatidão e certeza, que não sobraria ao administrador qualquer margem de conformação.

Vivemos hoje na denominada *sociedade de riscos*, caracterizada pela ambivalência, imprevisibilidade e pelo pluralismo político,[30] que tornam imperiosa a busca por um novo paradigma de segurança jurídica, uma vez que certeza, estabilidade e previsibilidade não podem mais ser garantidas de forma absoluta para o futuro, sendo até mesmo relativas para o passado.[31]

O advento do fenômeno da globalização, associado ao significativo avanço científico e tecnológico verificados no final da segunda metade do século XX, acabam por provocar profundas mudanças sociais, econômicas e culturais, que tem como efeito o surgimento de novos dilemas e problemas para cuja solução os instrumentos pensados e elaborados no Estado de Direito e no Estado Social de Direito mostram-se insuficientes. Exemplo claro do que afirmamos refere-se aos problemas surgidos com a utilização maciça da internet nos dias atuais. Se, por um lado, ela se traduz em ferramenta de democratização da informação, encurtando o espaço físico entre pessoas situadas em pontos opostos do globo, por outro, ela traz inúmeros desafios para os quais não estamos preparados, como *(i)* a rápida disseminação de informações falsas; *(ii)* a cooptação de pessoas pelo terrorismo; *(iii)* os crimes cibernéticos; e *(iv)* os limites da liberdade de expressão, num ambiente de cada vez maior extremismo.

---

30 TORRES, Ricardo Lobo. *Tratado de Direito Constitucional Financeiro e Tributário*. Valores e princípios constitucionais tributários.. *Op. cit.*, p. 176: "O Estado de Direito, em sua configuração mais recente de Estado Democrático e Social, que se afirmou a partir da queda do Muro de Berlim (1989), traz nova inflexão na problemática da segurança jurídica, tendo em vista que se caracteriza como Estado da Sociedade de Risco.". No mesmo sentido, RIBEIRO, Ricardo Lodi. *A Segurança Jurídica do Contribuinte*. *Op. cit.*, p. 33-34; e ÁVILA, Humberto. *Teoria da Segurança Jurídica*. 3. ed. rev., atual. e ampl. São Paulo: Malheiros Editores, 2014. p. 54.

31 RIBEIRO, Ricardo Lodi. *A Segurança Jurídica do Contribuinte*. *Op. cit.*, p. 43. V., também, GRECO, Marco Aurélio. *Planejamento Tributário*. *Op. Cit.*, p. 67: "Segurança e certeza, portanto, só existem em relação ao passado porque este já aconteceu; mas não existem segurança e certeza absolutas para o futuro. A ideia de segurança e certeza para o futuro vinha de uma concepção de ciência objetiva que se apoiava na ideia de um mundo estático e determinista. Esta ideia de segurança e certeza, que vinha de uma ciência e de uma filosofia deterministas, foi desmentida pela realidade porque o mundo está em mutação e a existência de sistemas longe do equilíbrio é algo sempre possível de ocorrer."

Nesse cenário, o passado perde a capacidade de explicar o futuro, enfraquecendo a racionalidade do conhecimento baseado nas experiências anteriores.[32] E, assim, as ações adotadas na tentativa de gerar maior segurança, acabam por ser imprevisíveis quanto às suas consequências. Some-se a isso o fato de vivermos numa sociedade plural, em que os interesses e as expectativas em jogo raramente coincidem, sendo, na maior parte das vezes, absolutamente contraditórios. Ao se buscar solucionar problemas de determinado grupo de pessoas, criam-se outros problemas para um grupo distinto.[33] Diagnostica-se, destarte, o fenômeno da ambivalência, em que a ação humana, na tentativa de solucionar problemas, acaba criando novos, e, portanto, torna-se geradora de insegurança.

Em consequência, o Poder Legislativo perde a capacidade de dar respostas rápidas e seguras aos novos desafios que se apresentam à sociedade, seja, como já assinalado, pelos limites semânticos da própria linguagem associada à necessidade de generalidade e abstração da lei, ou seja pela ausência de conhecimentos técnicos necessários para disciplinar determinadas questões. Abre-se, espaço, então, para novas formas de regulamentação normativa.

De fato, cresce em importância, nesse cenário, a maior utilização, pelo legislador tributário, de conceitos indeterminados e tipos. Isso porque, de início, a utilização de cláusulas abertas pelo legislador permite, a um só tempo, que a lei tributária cumpra os requisitos de generalidade e abstração, veiculando hipótese de incidência não exclusiva para um específico caso concreto, que poderia ensejar a criação de privilégio odioso em razão da exclusão injustificada de determinados contribuintes ou fatos geradores, bem como que tenha sua vigência prolongada no tempo.

Ademais, com a ampliação, na *sociedade de riscos*, do rol de matérias técnicas - quase sempre inovadoras - a demandar regulamentação legal, a utilização de conceitos indeterminados pelo legislador tributário, sobretudo os de natureza técnica, geralmente associados aos elementos quantitativos do fato gerador, possibilita que o seu preenchimento ou concretização se dê pela Administração Tributária, mais bem preparada e capacitada para realizar complexos juízos de caráter técnico.[34]

Contudo, o Poder Legislativo, talvez não consciente de sua limitação, prossegue tentando disciplinar as novas e mais complexas relações sociais, cada vez mais especializadas, o que importa em leis pontuais, específicas e geralmente não permanentes. Tem-se aqui o fenômeno da abundância de informações, que no Direito se traduz na multiplicidade de documentos normativos. No entanto, mais Direito acaba por gerar ainda mais complexidade e incerteza do próprio Direito.[35]

32 RIBEIRO, Ricardo Lodi. *A Segurança Jurídica do Contribuinte. Op. cit.*, p. 34.

33 ÁVILA, Humberto. *Teoria da Segurança Jurídica. Op. cit.*, p. 55.

34 RIBEIRO, Ricardo Lodi. *Temas de Direito Constitucional Tributário. Op. Cit.*, p. 115.

35 ÁVILA, Humberto. *Teoria da Segurança Jurídica. Op. cit.*, p. 58.

Assim é que, o grande paradoxo da *sociedade de risco* – mormente se mantido o paradigma *normativista-conceitualista* – é que o combate à insegurança acaba por contribuir e gerar ainda mais insegurança.[36] Impende, pois, abandonar as velhas aspirações de certeza e segurança, calcadas na deificação da atividade legislativa, para que se possa, como já assinalado, alcançar a segurança possível.

O último equívoco do paradigma *normativista-conceitualista* reside na concepção que adota acerca da natureza da atividade hermenêutica, e no papel que lhe é atribuído, nomeadamente no processo de aplicação da lei aos fatos concretos.

Com efeito, ao contrário do que sustentam os defensores da doutrina da tipicidade cerrada, a interpretação "não se caracteriza como um ato de descrição de um significado previamente dado", uma vez que "o significado não é algo incorporado ao conteúdo das palavras, mas que depende precisamente do seu uso e interpretação".[37] A relação existente entre o signo (a linguagem, escrita ou falada) e a coisa significada (a ideia expressa em linguagem), como bem aponta Bobbio, "não é uma relação necessária, mas puramente convencional".[38]

Interpretar (juridicamente), portanto, consiste em atribuir sentidos ou significados a um determinado texto normativo,[39] de acordo com o uso comum da linguagem em determinada comunidade e com o contexto em que inserida a disposição a ser interpretada. A interpretação caracteriza-se, dessa forma, como ato de decisão, por meio do qual se constitui ou constrói o conteúdo da norma jurídica.[40]

Não por outra razão é que se pode afirmar que a norma jurídica não se confunde com o texto normativo. Há uma distinção essencial entre eles: os textos normativos (disposição) constituem o objeto da interpretação, ao passo

36 Id., p. 58.

37 ÁVILA, Humberto. *Teoria dos Princípios*: da definição à aplicação dos princípios jurídicos. 10. ed. ampl. e atual. São Paulo: Malheiro Editores, 2009. p. 31.

38 BOBBIO, Norberto. Op. cit., p. 212. Para o autor italiano, interpretar significa "remontar do signo (*signum*) à coisa significada (*designatum*), isto é, compreender o significado do signo, individualizando a coisa por este indicada."

39 GUASTINI, Riccardo. *Das Fontes às Normas*. São Paulo: Quartier Latin, 2005. p. 23.

40 LARENZ, Karl. Op. cit., p. 282-283: "'Interpretar' é uma actividade de mediação pela qual o intérprete compreende o sentido de um texto, que se lhe tinha deparado como problemático. Em que é que consiste esta actividade de mediação? O intérprete tem presente os diferentes significados possíveis de um termo ou de uma sequência de palavras e pergunta-se sobre qual é aqui o significado 'correcto'. Para tal, interroga o contexto textual e o seu próprio conhecimento do objecto de que no texto se trata, examina a situação que deu origem ao texto ou ao seu discurso, assim como outras circunstâncias 'hermeneuticamente relevantes', que possam ser consideradas como indícios relativamente ao significado procurado. A conclusão a que chega não é uma conclusão logicamente vinculante, mas uma opção, devidamente fundamentada, entre diferentes possibilidades de interpretação. 'Interpretar' um texto quer dizer, portanto, decidir-se por uma entre muitas possíveis interpretações, com base em considerações que fazem aparecer tal interpretação como a 'correcta". (Grifou-se). No mesmo sentido, ver ÁVILA, Humberto. *Teoria dos Princípios.Op. cit.*, p.31-32.

que as normas jurídicas correspondem ao seu resultado ou produto.[41] Essa diferenciação foi bem explorada na obra de Riccardo Guastini,[42] que assim sintetizou a distinção entre *disposição* e *norma*:

> (1) chamo 'disposição' qualquer enunciado que faça parte de um documento normativo, ou seja, qualquer enunciado do discurso das fontes;
>
> (2) chamo 'norma' todo enunciado que constitua o sentido ou significado atribuído (por qualquer um) a uma disposição (ou a um fragmento de disposição, ou a uma combinação de disposições, ou a uma combinação de fragmentos de disposições). Em outros termos, pode-se também dizer assim: a disposição é (parte de) um texto ainda por ser interpretado; a norma é (parte de) um texto interpretado.

Essa distinção entre texto normativo (disposição) e norma deixa transparecer a componente *volitiva* da atividade interpretativa, "que faz com que não seja possível estabelecer aprioristicamente uma única norma jurídica que seja extraível de um determinado texto legal".[43] A interpretação é uma atividade *criativa* e não meramente *cognitiva*, como defendem os autores tributários que almejam o pleno fechamento dos conceitos empregados pela lei de incidência, que a reduzem ao ato de conhecimento ou descobrimento da norma jurídica incerta no texto legal.

De fato, por mais objetiva que seja a sua prescrição literal, a lei tributária, ou qualquer outro texto normativo, sempre comporta interpretação.[44]

Essa situação agudiza-se na atualidade, em que a complexidade, ambivalência e a constante mutabilidade dos fatos sociais, que caracterizam, como assinalamos, a *sociedade de riscos*, impõe um modelo normativo aberto e ponderativo de interesses.[45] Nesse contexto, a atividade interpretativa torna-se ainda mais relevante, desempenhando o papel de atribuir normatividade ao Direito, através da construção de sentidos normativos para o texto interpretado.[46]

---

41 ÁVILA, Humberto. *Teoria dos Princípios.Op. cit.*, p. 30: "*Normas* não são textos nem o conjunto deles, mas os sentidos construídos a partir da interpretação sistemática de textos normativos. Daí se afirmar que os dispositivos se constituem no objeto da interpretação; e as normas, no seu resultado. O importante é que não existe correspondência entre norma e dispositivo, no sentido de que sempre que houver uma disposição haverá uma norma, ou sempre que houver uma norma deverá haver um dispositivo que lhe sirva de suporte".

42 GUASTINI, Riccardo. *Das Fontes às Normas.Op. cit.*, p. 25-26.

43 ROCHA, Sérgio André. *Da Lei à Decisão. Op. Cit.*, p. 26-27.

44 LARENZ, Karl. *Metodologia da Ciência do Direito. Op. Cit.*, p. 283-284: "Seria deste modo um erro aceitar-se que os textos jurídicos só carecem de interpretação quando surgem como particularmente 'obscuros', 'pouco claros' ou 'contraditórios'; pelo contrário, em princípio *todos* os textos jurídicos são susceptíveis e carecem de interpretação".

45 RIBEIRO, Ricardo Lodi. Os precedentes do STF e a coisa julgada tributária no novo CPC. In: ____. *Estudos de direito tributário*: tributação e cidadania. v. 1. Rio de Janeiro: Editora Multifoco, 2015, p. 169.

46 CAMPOS, Carlos Alexandre de Azevedo. Interpretação do sistema constitucional tributário. In: QUEIROZ, Luís Cesar Souza de; ABRAHAM, Marcus; CAMPOS, Carlos Alexandre de Azevedo. *Estado Fiscal e*

A conclusão de que os sentidos normativos são construídos por meio da atividade interpretativa impõe a constatação de que a interpretação da norma não é tarefa prévia e dissociada da sua aplicação ao caso concreto, constituindo, antes, aspectos de um processo unitário, qual seja, o processo hermenêutico.[47] Percebe-se, pois, o equívoco do papel atribuído à interpretação e à aplicação pelo paradigma *normativista-conceitualista*, que, a par de dissocia-las, limita a aplicação a um processo lógico-silogístico, de subsunção do fato concreto à norma jurídica descoberta pela interpretação no texto da lei.

Com efeito, ao interpretar um determinado texto normativo, o intérprete deve ter em conta, além da estrutura semântica dos enunciados legais e das possibilidades interpretativas relacionadas à linguagem, também o contexto de aplicação da norma jurídica.[48] Daí se afirmar que não existe interpretação, e, portanto, construção de uma norma jurídica, fora da problematização de um caso concreto, seja ele real ou fictício.

Embora seja evidente que o jurista não pode perder de vista o texto legal, sendo limitado em sua liberdade de conformação pela literalidade dos vocábulos empregados pelo legislador, é certo que o seu conteúdo normativo, isto é, a norma jurídica reconstruída a partir do texto, só pode ser determinada com respeito ao caso ao qual se trata de aplicá-la. Não por outra razão conclui Gadamer que "a tarefa da interpretação consiste em *concretizar a lei* em cada caso, isto é, em sua *aplicação*."[49]

Se é certo que a norma jurídica não existe antes ou independentemente da interpretação, também é certo que a interpretação não se concretiza sem a

---

Tributação. Rio de Janeiro: GZ Editora, 2015. p. 90: "Há que se dar valor ao *fundamento normativo* da interpretação, ou seja, à circunstância de ser por meio da interpretação dos textos legais, em um contexto problemático, que o Direito adquire *normatividade*." Em sentido semelhante, v. TORRES, Ricardo Lobo. *Normas de Interpretação e Integração do Direito Tributário. Op. Cit.*, pp. 67-68: "A lei abstrata só adquire concretude pelo trabalho conjunto dos poderes do Estado: a Administração complementa a norma legal pelo regulamento e o Judiciário se incumbe da aplicação ao caso concreto. O Direito Tributário é fruto da norma abstrata de imposição complementada pela norma concreta em que se converte a sentença judicial. A lei formal mostra-se insuficiente para lhe dar plena normatividade, posto que necessita da interpretação e do trabalho de complementação *intra legem* desenvolvido pelo juiz."

47 GADAMER, Hans-Georg *Verdade e método*: Traços fundamentais de uma hermenêutica filosófica. Trad. Flávio Paulo Meurer. 3. ed. Petrópolis: Editora Vozes, 1999. p. 463: "É a mesma cisão que atravessa a interpretação jurídica, na medida em que o conhecimento do sentido de um texto jurídico e sua aplicação a um caso jurídico concreto não são atos separados, mas um processo unitário." (grifou-se).

48 CAMPOS, Carlos Alexandre de Azevedo. Op. Cit., p. 88: "Diante de casos concretos, de situações que exijam a intermediação de normas jurídicas, os enunciados normativos devem ser compreendidos, dimensionados e dirigidos à aplicação concreta. Ao aplicar dispositivos legais, o intérprete realiza 'construções de sentidos normativos', tendo como referência primeira o próprio texto, mas considerando também o contexto de aplicação. A este processo de construção dá-se o nome de interpretação. Interpretação é, portanto, o processo, dirigido à realização concreta do Direito, por meio do qual o aplicador de textos normativos, diante de uma situação que requer a intermediação desses textos, constrói sentidos normativos tendo em conta a estrutura semântica dos enunciados legais, o contexto fático envolvido e as possíveis consequências e transformações decorrentes."

49 GADAMER, Hans-Georg. *Verdade e método. Op. Cit.*, p. 489. Do mesmo modo, v. TORRES, Ricardo Lobo. *Normas de Interpretação e Integração do Direito Tributário. Op. Cit.*, p. 30: Nem se aplica o Direito sem interpretá-lo (a não ser em casos excepcionais de normas técnicas) nem se interpreta a norma sem aplicá-la [...]".

aplicação. A interpretação é, ao mesmo tempo, aplicação, culminando no ato produtivo da norma jurídica.

Não obstante as críticas de Ricardo Lobo Torres ao paradigma *normativista-conceitualista* terem recebido a adesão de um número considerável de tributaristas,[50] dando início a uma linha doutrinária que se coloca em contraposição à tese da legalidade estrita e da tipicidade cerrada, certo é que, ainda hoje, a grande maioria dos tributarias, seja em doutrina ou na prática profissional, continua a defender, como forma de se atender aos princípios da legalidade e tipicidade tributárias, a necessidade de pleno fechamento dos conceitos legais tributários e o emprego, pelo legislador, de linguagem unívoca.

Ocorre, no entanto, que a busca por segurança jurídica dos contribuintes através da pretensão de fechamento conceitual e univocidade da linguagem empregada na lei tributária tem gerado, paradoxalmente, ainda mais insegurança.

4. O PARADOXO DA DOUTRINA TRIBUTÁRIA TRADICIONAL: A (IN)SEGURANÇA JURÍDICA DO CONTRIBUINTE

Embora tenha incorporado determinadas concepções que corrigiram certos equívocos da formulação original da tese da legalidade estrita e da tipicidade cerrada, como a ideia de que o tipo é sempre aberto, a constatação de que não há como se alcançar determinabilidade absoluta no texto legal e a conclusão de que a diferença de tipo para conceito classificatório é uma questão de grau, sendo mais adequado falar-se em tendências tipológicas ou conceituais, pode-se afirmar com certa tranquilidade que, ainda hoje, a maior parte da doutrina do Direito Tributário brasileiro continua a defender que, em razão da *suposta* prevalência dos princípios garantidores da segurança jurídica nesse ramo do direito, a utilização pelo legislador de conceitos classificatórios atenderia de forma mais adequada à função limitadora da norma tributária.[51]

---

50 Podemos citar, exemplificativamente, os professores Marco Aurélio Greco (v. GRECO, Marco Aurélio. *Planejamento Tributário. Op. Cit.*), Ricardo Lodi Ribeiro (v. RIBEIRO, Ricardo Lodi. *A segurança jurídica do contribuinte. Op. Cit.*), Sérgio André Rocha (v. ROCHA, Sérgio André. *Da lei à decisão. Op. Cit.*), Marciano Seabra de Godoi (GODOI, Marciano Seabra de. O quê e o porquê da tipicidade tributária. In: RIBEIRO, Ricardo Lodi; ROCHA, Sérgio André (Coord.). *Legalidade e Tipicidade no Direito Tributário. Op. Cit.*) e Marcus Lívio Gomes (v. GOMES, Marcus Lívio. *A interpretação da legislação tributária*: instrumentos para a unificação de critério administrativo em matéria tributária. São Paulo: Quartier Latin, 2010), dentre outros.

51 Nesse sentido, v. LIMA, Daniel Serra. *Definição, interpretação e evolução das normas de competência tributária*: teoria aplicada à jurisprudência do STF. São Paulo: Quartier Latin, 2018. pp. 48-49: "Considerando que os princípios norteadores do direito tributário (como a legalidade e segurança jurídica) exigem a maior cognoscibilidade possível quanto aos elementos da obrigação tributária (ainda que uma determinabilidade absoluta seja impossível), revela-se a primazia de uma função limitadora da norma tributária, aproximando-as do pensamento por conceitos.

"Em outras palavras, entendemos que a prevalência dos conceitos classificatórios no direito tributário (ao menos nas normas que formam a regra-matriz de incidência, independentemente da espécie tributária) decorre do maior peso conferido pelo Texto Constitucional aos princípios informadores da segurança jurídica do contribuinte."

Essa posição doutrinária, que ecoa na *práxis* do Direito Tributário, sem embargo de perseguir o ideal de maior segurança jurídica, acaba por gerar, paradoxalmente, mais insegurança aos contribuintes, que, crédulos de que seria possível alcançar certeza e segurança plenas, acabam por não perseguir a segurança jurídica possível.[52]

De fato, embora os *modernos* adeptos da doutrina da tipicidade cerrada – ainda que com atenuantes – sustentem atualmente que o princípio da legalidade tributária e da segurança jurídica estariam satisfeitos com a fixação dos elementos da obrigação tributária da forma mais cognoscível alcançável, isto é, com o emprego pelo legislador de linguagem o mais clara possível, não necessariamente unívoca, de modo a se atender à tendência classificatória que deve imperar no Direito Tributário, certo é que, na prática, esses autores usualmente rechaçam as tentativas do legislador tributário de legislar sobre determinados temas sensíveis, sob o reiterado fundamento de que a regulação legislativa é indeterminada, nebulosa ou aberta demais.

Sob a justificativa de que determinada lei tributária infringiria os comandos da *legalidade tributária* e do princípio da *tipicidade*, opõe-se à sua vigência, impedindo que chegue a ser promulgada, ou, caso publicada, perseguem judicialmente a declaração de sua inconstitucionalidade, lançando mão de um modelo de defesa dos contribuintes que, fundado em argumentos estritamente formais, não tem mais a mesma força persuasiva de tempos atrás,[53] acabando por não atingir o resultado esperado.

Assim, de duas, uma: ou determinada situação peculiar acaba ficando sem a regulamentação legal que possa, ao fim e ao cabo, fornecer aos contribuintes um norte mais seguro, deixando-os no *escuro*; ou se acaba obtendo a declaração de constitucionalidade de determinada norma tributária, sem que se tenha levado ao Judiciário argumentos outros que eventualmente poderiam levar a outro resultado. De todo modo, o que se procura demonstrar é que a busca por uma segurança jurídica semântica, que encarte o ideal de fechamento conceitual e clareza de linguagem, e, que, no mais das vezes é inatingível, acabar por arremessar os contribuintes em situações mais inseguras e iníquas.

O grande exemplo do que sustentamos encontra-se no tema do Planejamento Tributário. Até 2001, vigorava entre nós a concepção de que haveria uma absoluta autonomia das pessoas, físicas ou jurídicas, na gestão dos atos da vida civil. Assim, a análise dos atos e negócios jurídicos praticados pelo contribuinte se restringia à observância dos requisitos formais fixados em lei, ignorando-se a sua substância. Imperava, portanto, a ideia de que qualquer planejamento, respeitada as formas de direito civil, seria lícito.

---

52 ROCHA, Sérgio André. Os contribuintes perderam o bonde da história? *Revista fórum de direito tributário*. Belo Horizonte, v. 14, n. 81, maio/jun., 2016. p. 75: "Este é o grande paradoxo gerado pelas teorias que pregam ser 'pró-contribuinte': com a finalidade de buscar a máxima segurança, geram insegurança, impedindo que se alcance a segurança jurídica possível."

53 Id., p. 74.

No entanto, com a entrada em vigor da Lei Complementar n. 104/2001, que introduziu o parágrafo único no artigo 116, do CTN,[54] alterou-se profundamente a perspectiva das autoridades fiscais em relação aos limites do planejamento tributário lícito ou consistente, visto que referido dispositivo legal passou a autorizar a desconsideração de atos ou negócios jurídicos praticados com a finalidade de dissimular a ocorrência do fato gerador.

Delegou-se à lei ordinária a regulamentação dos procedimentos para a desconsideração dos atos e negócios jurídicos praticados pelo contribuinte. Conquanto tenha o Poder Executivo tentado editar a referida lei ordinária, de modo a disciplinar o procedimento a ser adotado pela administração tributária, a realidade é que citadas tentativas esbarraram, sempre, na oposição ferrenha dos representantes dos contribuintes, que taxaram os projetos de típicos de regimes totalitários, como ocorreu com a Medida Provisória 66/2002, sobretudo pela utilização de cláusulas abertas em seu texto.

A verdade, contudo, é que isso não impediu que as autoridades fiscais passassem a desconsiderar e requalificar as transações e estruturas societárias dos contribuintes, independentemente da existência de procedimento específico, em busca da real intenção negocial.

Com efeito, a ausência de regulamentação do parágrafo único do artigo 116, do CTN, não impediu que as autoridades fiscais desqualificassem os negócios jurídicos ou arranjos societários praticados pelos contribuintes, utilizando-se, para tanto, de outros dispositivos do Código Tributário Nacional, como o art. 149, VII, bem como de conceitos do Direito Civil, tais como a simulação, disciplinada no art. 167, do Código Civil.

Ou seja, a busca por segurança jurídica plena, encartada na ideia de certeza semântica, perseguida por boa parte da moderna doutrina tributária que, ainda que com nova roupagem, defende o máximo fechamento conceitual, acabou por gerar, em um tema inegavelmente sensível e controverso, ainda mais insegurança aos contribuintes, que passaram a se sujeitar à possibilidade de a Administração Tributária desconsiderar, sem um procedimento específico, os seus planejamentos fiscais, utilizando-se de fundamentos vários, que comprometem não apenas a própria segurança, mas sobretudo a uniformidade de tratamento que deve ser dispensada a casos tributários análogos.

Resta claro, assim, que o modelo de segurança insculpido pelo paradigma *normativista-conceitualista*, orientado por uma visão técnico-formal da *legalidade tributária*, entendida como dever prévio de maior fechamento semântico

54 Art. 116. Salvo disposição de lei em contrário, considera-se ocorrido o fato gerador e existentes os seus efeitos:

[...]

Parágrafo único. A autoridade administrativa poderá desconsiderar atos ou negócios jurídicos praticados com a finalidade de dissimular a ocorrência do fato gerador do tributo ou a natureza dos elementos constitutivos da obrigação tributária, observados os procedimentos a serem estabelecidos em lei ordinária.

possível, além de ser inalcançável na sua plenitude, tem gerado mais insegurança, em razão do esgotamento dos instrumentos que coloca à disposição dos contribuintes para a defesa de seus interesses.

Importa, pois, deslocar o paradigma da *legalidade tributária* do processo legislativo para o processo de regulamentação e aplicação da norma tributária, a fim de que se possa atingir a segurança jurídica possível.

5. A NECESSÁRIA MUDANÇA DE PARADIGMA: A LEGALIDADE TRIBUTÁRIA NO PÓS-POSITIVISMO

Até meados do século XX, as Constituições não eram vistas como documentos normativos. Antes, consubstanciavam um documento político, com o delineamento da organização formal do Estado, dirigindo-se essencialmente ao Poder Legislativo. Embora albergassem os direitos individuais, conquistados no período do Liberalismo burguês, era a lei, como produto resultante da vontade geral, emanada do Legislativo, que encerrava o ideal de segurança jurídica, mesmo no Estado Social de Direito, em que se verificou, como apontado, uma certa flexibilização do princípio da legalidade.

Com o fim da Segunda Guerra Mundial, e em reação às barbáries perpetradas durante o conflito, teve início o processo de superação dos positivismos jurídicos de todas as índoles, processo esse que culminou, na década de 1970, com a reaproximação do Direito e da Ética, a partir do resgate da justiça como valor fundamental. Dá-se, então, a retomada da Teoria dos Direitos Fundamentais e da Teoria da Justiça, cujo marco foi a obra de John Rawls, que consagrou o que ficou denominado de *virada kantiana*.[55]

O receio de que regimes totalitários pudessem vir a se instalar novamente no futuro fez com que os novos textos constitucionais se preocupassem de forma dominante com a consagração dos Direitos Fundamentais e com a introdução de determinados valores e finalidades que deveriam ser promovidos e realizados pelo Estado.[56] Consagrou-se, ainda, a força normativa da Constituição, que se tornou juridicamente obrigatória e imediatamente aplicável.

Esse fenômeno, designado como constitucionalismo moderno, deu origem e forma ao Estado Democrático de Direito, em que o valor da segurança jurídica é entendido como a segurança dos Direitos Fundamentais, em permanente

---

55 TORRES, Ricardo Lobo. *Tratado de Direito Constitucional Financeiro e Tributário.* Valores e princípios constitucionais tributários.. *Op. cit.*, p. 6: "A partir da década de 1970, coincidente com o início do declínio do Estado Socialista e do Estado de Bem-Estar, o pensamento ocidental volta a buscar o relacionamento entre moral e direito, sob o pálio do imperativo categórico, que agora se abre simultaneamente às ideias de liberdade e de justiça. Dá-se a retomada da Teoria dos Direitos Fundamentais e da Teoria da Justiça."

56 NABAIS, José Casalta. *O dever fundamental de pagar impostos. Op. Cit.*, p. 17: "Pois bem, como reação a tais regimes e procurando evitar que regimes desse tipo viessem a instalar-se de futuro com o beneplácito de alguma (ainda que pretensa) abertura ou pretexto constitucional susceptível de interpretação nesse sentido, tanto as constituições aprovadas logo a seguir à segunda guerra mundial, de que são paradigma a Constituição Italiana (de 1947) e a Lei Fundamental da República Federal da Alemanha

interação e ponderação com o valor da justiça.[57] Em verdade, deve-se reconhecer que "o conflito entre justiça e segurança jurídica só existe quando tomamos a justiça como valor absoluto, de tal maneira que o justo nunca pode transformar-se em injusto e nem o injusto jamais perder essa natureza."[58]

Por essa ordem de considerações, uma situação que se tenha constituído legitimamente no passado, pode, no presente, não mais se sustentar, por constituir discriminação ou privilégio odioso, vedados pelo valor justiça. Igualmente, pode ser que uma situação que se tenha constituído no passado de forma injusta ou ilegal, pelo decurso do tempo, deva ser mantida, porque seria iníquo desconstituí-la. De todo modo, o certo é que as soluções para as questões relacionadas à tensão entre segurança/justiça, passado/presente/futuro e estabilidade/mudança devem ser construídas por um processo dialogal, baseado na argumentação e no discurso jurídico racional e coerente, e que preserve os Direitos Fundamentais de todos. O valor da segurança jurídica no Estado Democrático de Direito se afirma, portanto, como segurança procedimental.

Sem embargo de a disciplina tributária não ter ficado infensa ao fenômeno de constitucionalização das relações sociais apontado acima, passando a Constituição de 1988 a prever inúmeros dispositivos relacionados ao Direito Tributário,[59] certo é que, em razão de a doutrina tributária majoritária continuar a sustentar que, pelo nosso sistema de Direito legislado, o valor da segurança jurídica teria supremacia axiológica, defendendo ainda hoje a necessidade de prévio fechamento semântico dos conceitos tributários empregados pelo legislador, a segurança jurídica do contribuinte continua a ser entendida como algo estático, compreendendo-se a *legalidade tributária* como uma técnica construtivista da lei de incidência.

Sucede, no entanto, que, como apontado no presente estudo, as premissas em que se assenta o paradigma *normativista-conceitualista* estão equivocadas, não sendo factível o pleno fechamento dos conceitos legais tributários e nem a supressão integral da margem de conformação do aplicador da lei tributária,

(de 1949), como, mais recentemente, as constituições da década de setenta, em que sobressaem a Constituição Portuguesa (de 1976) e a Constituição Espanhola (de 1978), preocuparam-se de uma maneira dominante, ou mesmo praticamente exclusiva, com os direitos fundamentais ou com os limites ao(s) poder(es) em que estes se traduzem [...]".

57 RIBEIRO, Ricardo Lodi. *A segurança jurídica do* contribuinte. *Op. cit.*, p. 47: "Por esta perspectiva, a ideia de segurança se desamarra da mordaça individualista liberal, bem como dos excessos sociológicos da *Jurisprudência dos Interesses*, para atingir uma dimensão valorativa que vai atuar na legitimação de todos os direitos do cidadão, não mais como um apanágio da defesa do indivíduo contra um poderoso Estado-Nação que, cada vez mais, vai perdendo importância como fonte de poder do mundo globalizado, mas sim um mecanismo de garantia dos direitos fundamentais de todos."

58 SILVA, Almiro do Couto e. Princípios da Legalidade da Administração Pública e da Segurança Jurídica no Estado de Direito Contemporâneo. *Revista da Procuradoria Geral do Estado do Rio Grande do Sul*, Porto Alegre, v. 27, n. 57 Supl., 2004. p., p. 14: "A contingência humana, os condicionamentos sociais, culturais, econômicos, políticos, o tempo e o espaço – tudo isso impõe adequações, temperamentos e adaptações, na imperfeita aplicação daquela ideia abstrata à realidade em que vivemos, sob pena de, se assim não se proceder, correr-se o risco de agir injustamente ao cuidar de fazer justiça.".

59 RIBEIRO, Ricardo Lodi. *Temas de Direito Constitucional Tributário. Op. Cit.*. p. 2.

seja em razão da própria indeterminação da linguagem, agravada pela ambivalência e complexidade que caracterizam a sociedade de riscos, seja porque a interpretação é processo de (re)construção, e não um processo meramente descritivo.

Assim, a manutenção dessa visão da segurança jurídica do contribuinte, que alça a *legalidade tributária* à posição de ascendência em relação aos demais princípios constitucionais tributários, tem gerado, paradoxalmente, mais insegurança às relações entre contribuinte e fisco, impondo-se, para que se possa alcançar uma segurança jurídica efetiva, ainda que não *plena*, o deslocamento do paradigma por meio do qual se tem analisado e definido a *legalidade tributária*, circunscrito que está à produção da lei de incidência, para o momento da regulamentação e aplicação normativas.A segurança jurídica do contribuinte deve assumir, assim, caráter instrumental, para assegurar a realização das liberdades, constituindo-se em valor inafastável para o êxito dos demais valores constitucionais.[60] Na exata formulação de Humberto Ávila:[61]

> A segurança jurídica deixa, assim, de ser, no seu núcleo, mero fator lingüístico baseado na determinação prévia de hipóteses legais, para centrar-se em um conjunto de processos de determinação, de legitimação, de argumentação e de fundamentação de premissas, de métodos e de resultados envolvidos na definição de normas gerais e individuais. Em vez de algo pronto ("o Direito como segurança"), a segurança jurídica denota algo a construir ("um direito à segurança"); no lugar da "certeza semântica", a "controlabilidade argumentativa"; no espaço da "atividade descritiva", um "conjunto de atividades reconstrutivas e decisionais". Intenta-se, com isso, ultrapassar a compreensão da segurança jurídica como *garantia de conteúdo*, baseada no paradigma da determinação, para a segurança jurídica como *garantia de respeito*, fundada no paradigma da controlabilidade semântico-argumentativa e cuja realização depende de elementos, de dimensões e de aspectos a serem conjunta, sintética e equilibradamente avaliados.

É nesse contexto que a *legalidade tributária* deve deixar de ser compreendida como mero dever prévio de maior fechamento semântico possível, abandonando-se a concepção de que ela determinaria uma técnica específica de

---

60 RIBEIRO, Ricardo Lodi. *A Segurança Jurídica do Contribuinte*. Op. cit., p. 51. Do mesmo modo, ÁVILA, Humberto. *Teoria da Segurança* Jurídica. *Op. cit.*, p. 279: "É um *instrumento de realização de outros fins*: de um lado, dos direitos fundamentais de liberdade e de propriedade, porque sem estabilidade e sem calculabilidade da atuação estatal, o indivíduo não tem como exercer o direito de autodeterminação livre da sua vida digna; de outro lado, das finalidades estatais, tendo em vista que o exercício da ação e do planejamento estatal, a médio e longo prazos (arts. 70 ss.), pressupõe uma permanência das regras válidas. Essa permanência, porém, não é em benefício do Estado, mas em benefício do particular, que pode, de um lado, controlar a atividade estatal e, de outro, planejar as suas atividades. Esse caráter instrumental é ainda mais visível no âmbito do Direito Tributário, porquanto, no Sistema Tributário Nacional, ancorado na CF/88, os princípios e as regras relacionados à segurança jurídica, instituídos como "garantias" e como "limitações ao poder de tributar", assumem feição protetiva em favor do contribuinte e não em favor do Estado."

61 ÁVILA, Humberto. *Teoria da Segurança Jurídica*. *Op. cit.*, p. 286.

se legislar, passando a ser entendida também como o dever de razoabilidade e proporcionalidade no processo de regulamentação da lei tributária e no de sua interpretação/aplicação: *legalidade tributária* como *controlabilidade semântico-argumentativa*.[62]

Por certo, não se está aqui a defender que bastaria ao legislador conferir autorização para a criação de determinada hipótese tributária. Deve-se, é claro, exigir a utilização de linguagem o mais determinável possível, com o emprego de tipos e conceitos que já tenham sido objeto de processos argumentativos de objetivação, respeitando-se os usos e costumes.

No entanto, não é perseguindo a inalcançável legalidade estrita e a tipicidade cerrada que melhor se garantirá aos contribuintes segurança em suas relações com o fisco. Com efeito, apenas o controle de legitimidade e proporcionalidade do processo hermenêutico levado à efeito pela administração tributária ou pelo judiciário, seja em abstrato ou em casos concretos, garantirá aos contribuintes maior cognoscibilidade, necessária ao planejamento de suas atividades.

6. CONCLUSÃO

A contribuição de Ricardo Lobo Torres ao direito tributário brasileiro é inestimável. Suas reflexões, desprovidas de partidarismos e conjugadas com profunda densidade filosófica, foram capazes de expor, com absoluta transparência, a inadequação das teorias tradicionais sobre a legalidade tributária. Com a chegada do Século XXI, a sociedade de risco tem mostrado todas as suas faces, não deixando dúvida sobre o anacronismo do ideal absoluto da certeza e previsibilidade do direito.

Mais do que ignorar e negar as incertezas da sociedade contemporânea, Ricardo Lobo Torres conseguiu, ao mesmo tempo, desconstruir a percepção equivocada do tributo como um mal, expor sua importância como instrumento de liberdade e, ainda, apresentar arcabouço dogmático que viabilize o novo papel da legalidade tributária. Não foi pouco.

A completude de sua obra é significativa. Seus textos não se limitaram a atacar as ideais clássicas da legalidade tributária. Pragmaticamente, reconheceu que o tributo, se usado inadequadamente, pode acabar por destruir aquilo que deveria patrocinar. As garantias dos contribuintes são importantes e necessárias. Aqui se insere a legalidade tributária. Todavia, tais garantias devem ser avaliadas e construídas dentro do contexto global da sociedade pós-moderna.

É certo que as indefinições e incertezas nos assustam. A legalidade tributária, na visão clássica da "tipicidade fechada" nos era confortável, mas, enfim, o mundo é outro. Não se ignora que a adoção de cláusulas abertas e conceitos

62 Id., pp. 340-341.

indeterminados possam, em determinado momento, servir de instrumento ao arbítrio fiscal, especialmente se previstos a partir de complexidades artificiais da legislação fiscal, como forma de o Executivo delegar a si mesmo a conformação das hipóteses de incidência.

Todos os riscos são reais, mas, novamente, essa é a realidade. Ao invés de ignorá-la, devemos buscar mecanismos de interpretação e aplicação do direito que promovam real controlabilidade no direito tributário, como a proporcionalidade, dentro de seus parâmetros de adequação, necessidade e proporcionalidade em sentido estrito. Como expunha nosso professor, é nesse ponto que devemos avançar. Se desejamos maior certeza e previsibilidade do direito tributário, não conseguiremos o desiderato ignorando a realidade, mas, ao revés, construindo modelos de decisão que sejam eficazes.

Imposto sobre a Renda e Segurança Jurídica

Luís Cesar Souza de Queiroz[1]

Sumário: 1. Introdução. 2. A alternância de entendimento em recentes decisões do Supremo Tribunal Federal. 3. A segurança jurídica no imposto sobre a renda e a origem da Súmula 584 do STF. 4. O sentido dos princípios da irretroatividade e da anterioridade. 4.1. O sentido do princípio da irretroatividade. 4.2. O sentido do princípio da anterioridade. 5. A plena aplicação dos princípios da irretroatividade e da anterioridade ao imposto sobre a renda. 6. A total incompatibilidade da interpretação consubstanciada na Súmula 584 com os sistemas constitucionais vigentes desde a época de sua elaboração até os dias de hoje. 7. Flagrante violação do princípio da irretroatividade previsto desde a Constituição de 1824 e preservado até a Constituição de 1988. 8. Flagrante violação do princípio da anterioridade tributária previsto pela a EC n.º 18/1965, pela EC n.º 1/1969 e preservado pela Constituição de 1988. 9. A segurança jurídica em matéria de imposto sobre a renda e a necessidade de a Constituição Brasileira ser plenamente cumprida

1. INTRODUÇÃO

O imposto sobre a renda e proventos de qualquer natureza ou simplesmente imposto sobre a renda é um imposto de enorme importância no Brasil, tanto em termos de arrecadação quanto pelo ângulo da justiça na tributação.

Sob a perspectiva da arrecadação tributária, segundo levantamento do CETAD – Centro de Estudos Tributários e Aduaneiros da Receita Federal, em 2017, o total da receita tributária no Brasil (considerados todos os entes tributantes) foi um pouco mais de 2 trilhões de reais (R$2.127.369.800.000,00), dos quais arrecadou-se a título de imposto sobre a renda (física, jurídica e fonte) quase 388 bilhões de reais (R$387.626,200.000,00), o que correspondente a 5,91% do PIB e a 18,22% de toda a arrecadação tributária brasileira.

Pela o ângulo da justiça tributária, costuma-se dizer que o imposto sobre a renda é o imposto pessoal por excelência, pois o conceito constitucional de renda, que designa acréscimo de valor patrimonial, é informado por fatos que informam o acréscimo (fatos-acréscimos – receitas, ganhos, rendimentos etc.) e por certos que informam o decréscimo (fatos-decréscimos – despesas, custos, perdas, encargos etc.), quais sejam, aqueles fatos-decréscimos relacionados à

1 Procurador Regional da República. Mestre e Doutor em Direito Tributário pela PUC/SP. Professor Associado de Direito Financeiro e Tributário da Faculdade de Direito da UERJ (Graduação e Mestrado/Doutorado).

preservação da existência digna de uma pessoa. Essa conformação do imposto sobre a renda aos vetores axiológicos constitucionais do mínimo existencial, da capacidade contributiva objetiva e subjetiva, da pessoalidade, da universalidade, da generalidade e da progressividade, conferem-lhe o condão de ser considerado o tributo que tem melhor condição de realizar a justiça tributária.

Ante o singular papel do imposto sobre a renda no sistema tributário brasileiro, sobreleva a relevância da adequada apreciação da questão atinente à segurança jurídica, com destaque para a compreensão e aplicação dos princípios da irretroatividade e da anterioridade, principalmente em função do oscilante entendimento do Supremo Tribunal Federal sobre a matéria, inclusive no tocante à aplicação da malsinada Súmula 584.

2. A ALTERNÂNCIA DE ENTENDIMENTO EM RECENTES DECISÕES DO SUPREMO TRIBUNAL FEDERAL

No ano de 1991, no julgamento da ADI 513[2], o STF aplicou, de forma plena, com efeitos *erga omnes* e vinculantes, os princípios da irretroatividade e da anterioridade, bem como afastou a aplicação da sua Súmula 584, para os fins de considerar inconstitucional um aumento do imposto sobre a renda para o mesmo ano da publicação da correspondente lei. A decisão foi assim ementada:

> *AÇÃO DIRETA DE INCONSTITUCIONALIDADE. Lei nº 8.134/90 e* ***Manual para o preenchimento da Declaração do Imposto de Renda, Pessoa Física, ano-base 1990, exercício 1991****, no ponto relativo às instruções sobre a aplicação do coeficiente de correção monetária do imposto e de sua restituição.*
>
> *I. No controle concentrado, de constitucionalidade, não se examina disposição não-normativa, tal o Manual de Declaração de Imposto de Renda. Ação não conhecida nessa parte.*
>
> ***II. O parágrafo único, art. 11, da Lei nº 8.134/90 institui coeficiente de aumento do imposto de renda e, não, índice neutro de atualização da moeda. Por isso, ele não pode incidir em fatos ocorridos antes de sua vigência, nem no mesmo exercício em que editado, sob pena de afrontar as cláusulas vedatórias do art. 150, inciso III, alíneas "a" e "b", da Constituição Federal****. Assim é, porque a obrigação tributária regula-se pela lei anterior ao fato que a gerou, mesmo no sistema de bases correntes da Lei nº 7.713/88 (imposto devido mensalmente, à medida em que percebidos rendimentos e ganhos de capital, não no último dia do ano) em vigor quando da norma impugnada. Ainda quando a execução da obrigação tributária se projeta no tempo, ela surge, também nesse sistema, contemporaneamente ao seu fato gerador.*
>
> *III. O ulterior acerto de créditos e débitos não é um novo fato gerador de obrigação tributária, mas, expediente destinado a permitir a aplicação da regra de progressividade do imposto direto.*
>
> *IV. Alegação de só poder ter efeito EX NUNC a decisão que nulifica lei que instituiu ou aumentou tributo auferido pelo Tesouro e já aplicado em serviços ou*

2 ADI 513/DF, Relator Min. Célio Borja, Pleno, julgamento em 14/06/1991, DJ 30-10-1992.

obras públicas. Sua inaplicabilidade à hipótese dos autos que não cogita, exclusivamente, de tributo já integrado ao patrimônio público, mas, de ingresso futuro a ser apurado na declaração anual do contribuinte e recolhido posteriormente. Também não é ela atinente à eventual restituição de imposto pago a maior, porque está prevista em lei e terá seu valor reduzido pela aplicação de coeficiente menos gravoso.

V. Não existe ameaça iminente à solvência do Tesouro, à continuidade dos serviços públicos ou a algum bem política ou socialmente relevante, que justifique a supressão, IN CASU, do efeito próprio, no Brasil, do juízo de inconstitucionalidade da norma, que é a sua nulidade. É de repelir-se, portanto, a alegada ameaça de lacuna jurídica ameaçadora (Bedrohliche Rechtslücke).

VI. ***Ação conhecida em parte e, nessa parte, julgada procedente para declarar a inconstitucionalidade do art. 11, parágrafo único, da Lei nº 8.134/90*** (grifo nosso)

De forma surpreendente, no ano de 1998, no julgamento do RE 194.612/SC[3], a Primeira Turma do Supremo Tribunal Federal (STF) adotou entendimento em sentido contrário ao antes referido e decidiu que um aumento da alíquota do imposto sobre a renda (para 18%) previsto pela Lei nº 7.988[4] (inciso I do art. 1º), publicada em 28.12.1989, já seria aplicável sobre o respectivo fato gerador concreto a se consumar no final do dia 31.12 desse mesmo ano. Na respectiva ementa, restou explicitado que tal entendimento era consonante com o enunciado da Súmula 584 do STF. Eis a ementa do aludido julgado:

DIREITO CONSTITUCIONAL, TRIBUTÁRIO E PROCESSUAL CIVIL. IMPOSTO DE RENDA SOBRE EXPORTAÇÕES INCENTIVADAS, CORRESPONDENTE AO ANO-BASE DE 1989. MAJORAÇÃO DE ALÍQUOTA PARA 18%, ESTABELECIDA PELO INC. I DO ART. 1º DA LEI Nº 7.968/89. ALEGAÇÃO DE VIOLAÇÃO AO ART. 150, I, "A", DA CONSTITUIÇÃO FEDERAL DE 1988. 1. O Recurso Extraordinário, enquanto interposto com base na alínea "b" do inciso III do art. 102 da Constituição Federal, não pode ser conhecido, pois o acórdão recorrido não declarou a inconstitucionalidade de tratado ou lei federal. 2. Pela letra "a", porém, é de ser conhecido e provido. 3. Com efeito, a pretensão da ora recorrida, mediante Mandado de Segurança, é a de se abster de pagar o Imposto de Renda correspondente ao ano-base de 1989, pela alíquota de 18%, estabelecida no inc. I do art. 1º da Lei nº 7.968, de 28.12.1989, com a alegação de que a majoração, por ela representada, não poderia ser exigida com relação ao próprio exercício em que instituída, sob pena de violação ao art. 150, I, "a", da Constituição Federal de 1988. ***4. O acórdão recorrido manteve o deferimento do Man-***

3 RE 194.612/SC, Relator Min. Sydney Sanches, Primeira Turma, julgamento em 24/03/1998, publicação no DJ 08-05-1998. Há decisões das 1ª e 2ª Turmas relacionadas ao tema da limitação à compensação de prejuízo fiscal prevista pelo art. 42 da Medida Provisória nº 812, de 31.12.94, convertida na Lei nº 8.981/85, que seguem esse entendimento (por exemplo: RE-AgR 433878/MG, 1ª Turma; RE-AgR 278466/RS, 2ª Turma). Até o presente instante, não há deliberação definitiva do Plenário sobre essa matéria, encontrando-se pendente de julgamento o RE 344994/PR.

4 Observa-se que há um erro material na ementa do acórdão. Faz-se referência à Lei n.º 7.968/88, quando a lei em exame é a Lei n.º 7.988/88.

> ***dado de Segurança. Mas está em desacordo com o entendimento desta Corte, firmado em vários julgados e consolidado na Súmula 584, que diz: "Ao Imposto de Renda calculado sobre os rendimentos do ano-base, aplica-se a lei vigente no exercício financeiro em que deve ser apresentada a declaração." Reiterou-se essa orientação no julgamento do R.E. nº 104.259-RJ (RTJ 115/1336). 5. Tratava-se, nesse precedente, como nos da Súmula, de Lei editada no final do ano-base, que atingiu a renda apurada durante todo o ano, já que o fato gerador somente se completa e se caracteriza, ao final do respectivo período, ou seja, a 31 de dezembro. Estava, por conseguinte, em vigor, antes do exercício financeiro, que se inicia a 1º de janeiro do ano subseqüente, o da declaração.*** *6. Em questão assemelhada, assim também decidiu o Plenário do Supremo Tribunal Federal, no julgamento do R.E. nº 197.790-6-MG, em data de 19 de fevereiro de 1997. 7. R.E. conhecido e provido, para o indeferimento do Mandado de Segurança. 8. Custas "ex lege".* (grifo nosso)

No ano de 2001, no julgamento do RE 199.352/PR[5], a Segunda Turma do STF decidiu que um adicional ao imposto sobre a renda instituído pelo Decreto-lei 2.462, publicado em 31 de agosto de 1988, já poderia (por ser constitucional) incidir sobre o fato gerador concreto a ser apurado em 31 de dezembro do próprio ano (1988), sem que restasse caracterizada ofensa aos princípios da irretroatividade e da anterioridade, pois a obrigação de pagar só venceria no ano subseqüente (1999). Eis a ementa:

> *CONSTITUCIONAL. TRIBUTÁRIO. DECRETO-LEI Nº 2.462/88. ADICIONAL DE IMPOSTO DE RENDA. OBEDECIDOS OS PRINCÍPIOS DA IRRETROATIVIDADE E DA ANTERIORIDADE DA LEI TRIBUTÁRIA. O fato gerador do imposto de renda é aquele apurado no balanço que se encerra em 31 de dezembro de cada ano. O Decreto-lei 2.462 foi publicado em 31 de agosto de 1988. Foi respeitado o princípio da anterioridade da lei tributária. Recurso não conhecido.* (grifo nosso)

Cabe destacar o decidido em 2003 no RE-AgR 321.778/MG[6], que em sua ementa faz expressa alusão à Súmula 584. O Relator desse acórdão, o Min. Carlos Velloso, cita como um dos precedentes o antes referido RE 194.612/SC. Segue a ementa daquele julgado:

> *CONSTITUCIONAL. PROCESSUAL CIVIL. TRIBUTÁRIO. PROVIMENTO DO RECURSO PELO RELATOR.* ***IMPOSTO DE RENDA: MAJORAÇÃO DE ALÍQUOTA. SÚMULA 584/STF.*** *I. – Legitimidade constitucional da atribuição conferida ao Relator para arquivar, negar seguimento a pedido ou recurso e dar provimento a este – R.I./S.T.F., art. 21, § 1º; Lei 8.038/90, art. 38; C.P.C., art. 557, redação da Lei 9.756/98 – desde que, mediante recurso, possam as decisões ser submetidas ao controle do Colegiado. II. – Agravo não provido.* (grifo nosso)

---

5 RE 199.352/PR, Relator para o acórdão Min. Nelson Jobim, Segunda Turma, julgamento em 06/02/2001, publicação no DJ 09-08-2002.

6 RE-AgR 321.778/MG, Relator Min. Carlos Velloso, Segunda Turma, julgamento em 02/09/2003, publicação no DJ 26-09-2003.

No ano de 2005, esse entendimento foi reiterado no julgamento do RE-AgR 177091/PR[7]. Eis a ementa:

> *AGRAVO REGIMENTAL. RECURSO EXTRAORDINÁRIO. CONSTITUCIONAL. TRIBUTÁRIO. ADICIONAL DE IMPOSTO DE RENDA. DECRETO-LEI Nº 2.462/88. ALEGADA OFENSA AOS PRINCÍPIOS DA IRRETROATIVIDADE E DA ANTERIORIDADE DA LEI TRIBUTÁRIA. PRECEDENTES DA SEGUNDA TURMA. Este excelso Tribunal, por meio de julgamentos proferidos pela egrégia Segunda Turma, firmou a orientação de que o Decreto-Lei nº 2.462, de 31 de agosto de 1988, não violou os princípios da irretroatividade e da anterioridade tributária. Precedentes: RE 199.352, Relator para o acórdão Min. Nelson Jobim, RE 197.981 e RE 229.147-AgR, ambos de relatoria do Min. Carlos Velloso. Agravo regimental a que se nega provimento.* (grifo nosso)

Nessa mesma linha de entendimento, cumpre mencionar a decisão da Segunda Turma do STF, tomada no julgamento do RE 553508 AgR/PR em 03/052011. Segue a ementa:

> *CONSTITUCIONAL E TRIBUTÁRIO. IMPOSTO SOBRE A RENDA. PRINCÍPIO DA ANTERIORIDADE DA LEI TRIBUTÁRIA. MP 492/1994.*
>
> *1. O Supremo Tribunal Federal possui o entendimento consolidado no sentido de que o fato gerador do imposto sobre a renda se materializa no último dia do ano-base, isto é, em 31 de dezembro. Assim, **a lei que entra em vigor antes do último dia do período de apuração poderá ser aplicada a todo o ano-base, sem ofensa ao princípio da anterioridade da lei tributária.** Precedentes.*
>
> *2. Agravo regimental a que se nega provimento.* (grifo nosso)

No julgamento da ADI 2588[8], o STF volta a afastar a aplicação da Súmula 584, à medida que considera inconstitucional, por ofensa aos princípios da irretroatividade e da anterioridade, que uma exação instituída em 2001 seja aplicada em relação aos lucros auferidos nesse mesmo ano. A decisão foi assim ementada:

> TRIBUTÁRIO. INTERNACIONAL. IMPOSTO DE RENDA E PROVENTOS DE QUALQUER NATUREZA. PARTICIPAÇÃO DE EMPRESA CONTROLADORA OU COLIGADA NACIONAL NOS LUCROS AUFERIDOS POR PESSOA JURÍDICA CONTROLADA OU COLIGADA SEDIADA NO EXTERIOR. LEGISLAÇÃO QUE CONSIDERA DISPONIBILIZADOS OS LUCROS NA DATA DO BALANÇO EM QUE TIVEREM SIDO APURADOS ("31 DE DEZEMBRO DE CADA ANO"). ALEGADA VIOLAÇÃO DO CONCEITO CONSTITUCIONAL DE RENDA (ART. 143, III DA CONSTITUIÇÃO). APLICAÇÃO DA NOVA METODOLOGIA DE APURAÇÃO DO TRIBUTO PARA A PARTICIPAÇÃO NOS LUCROS APURADA EM 2001. VIO-

7 ADI 2588, Relatora Min. Ellen Gracie. Relator p/ Acórdão: Min. Joaquim Barbosa. Julg.: 10/04/2013. Pleno, DJe-public 10/02/2014.

8 RE-AgR 177091/PR, Relator Min. Carlos Britto, Primeira Turma, julgamento em 22/03/2005, publicação DJ 10-03-2006.

> LAÇÃO DAS REGRAS DA IRRETROATIVIDADE E DA ANTERIORIDADE. MP 2.158-35/2001, ART. 74. LEI 5.720/1966, ART. 43, § 2º (LC 104/2000). 1. Ao examinar a constitucionalidade do art. 43, § 2º do CTN e do art. 74 da MP 2.158/2001, o Plenário desta Suprema Corte se dividiu em quatro resultados: 1.1. Inconstitucionalidade incondicional, já que o dia 31 de dezembro de cada ano está dissociado de qualquer ato jurídico ou econômico necessário ao pagamento de participação nos lucros; 1.2. Constitucionalidade incondicional, seja em razão do caráter antielisivo (impedir "planejamento tributário") ou antievasivo (impedir sonegação) da normatização, ou devido à submissão obrigatória das empresas nacionais investidoras ao Método de de Equivalência Patrimonial - MEP, previsto na Lei das Sociedades por Ações (Lei 6.404/1976, art. 248); 1.3. Inconstitucionalidade condicional, afastada a aplicabilidade dos textos impugnados apenas em relação às empresas coligadas, porquanto as empresas nacionais controladoras teriam plena disponibilidade jurídica e econômica dos lucros auferidos pela empresa estrangeira controlada; 1.4. Inconstitucionalidade condicional, afastada a aplicabilidade do texto impugnado para as empresas controladas ou coligadas sediadas em países de tributação normal, com o objetivo de preservar a função antievasiva da normatização. 2. Orientada pelos pontos comuns às opiniões majoritárias, a composição do resultado reconhece: 2.1. A inaplicabilidade do art. 74 da MP 2.158-35 às empresas nacionais coligadas a pessoas jurídicas sediadas em países sem tributação favorecida, ou que não sejam "paraísos fiscais"; 2.2. A aplicabilidade do art. 74 da MP 2.158-35 às empresas nacionais controladoras de pessoas jurídicas sediadas em países de tributação favorecida, ou desprovidos de controles societários e fiscais adequados ("paraísos fiscais", assim definidos em lei); **2.3. A inconstitucionalidade do art. 74 par. ún., da MP 2.158-35/2001, de modo que o texto impugnado não pode ser aplicado em relação aos lucros apurados até 31 de dezembro de 2001.** Ação Direta de Inconstitucionalidade conhecida e julgada parcialmente procedente, para dar interpretação conforme ao art. 74 da MP 2.158-35/2001, bem como para declarar a inconstitucionalidade da clausula de retroatividade prevista no art. 74, par. ún., da MP 2.158/2001. (grifo nosso)

Finalmente, em 03/12/2015, foi concluído o julgamento do RE 592396 RG/SP, cuja repercussão geral fora reconhecida em 2009[9], no qual se discutiu acerca da constitucionalidade da aplicação ao resultado apurado em 31.12.1989 do aumento da alíquota do imposto sobre a renda (para 18%) previsto pela Lei nº 7.988 (inciso I do art. 1º), publicada em 28.12.1989. Cabe lembrar que esse tema já havia sido julgado pela 1ª turma do STF no julgamento do RE 194.612/SC (antes citado). Destaca-se que a Súmula 584 teve sua "incidência afastada" não por força dos princípios da irretroatividade e da anterioridade, mas por razões extrafiscais, o que revela mais uma flutuação de entendimento. Eis a ementa:

> *RECURSO EXTRAORDINÁRIO. REPERCUSSÃO GERAL. REAFIRMAÇÃO DE JURISPRUDÊNCIA. DIREITO TRIBUTÁRIO. OPERAÇÕES DE EXPORTAÇÃO INCEN-*

9 RE 592396 RG/SP, Relator Min. Ricardo Lewandowski, julgamento em 04/06/2009, publicação DJe 19-06-2009.

TIVADAS. IMPOSTO DE RENDA PESSOA JURÍDICA. FUNÇÃO EXTRAFISCAL. SÚMULA 584 DO STF. OCORRÊNCIA DO FATO GERADOR EM CADA OPERAÇÃO. APLICAÇÃO RETROATIVA. RE 183.130, DE RELATORIA PARA ACÓRDÃO DO MINISTRO TEORI ZAVASCKI. PRECEDENTE VINCULANTE.

*1. **No RE 183.130**, de relatoria para o acórdão do Ministro Teori Zavascki, o Plenário desta Corte assentou que a **utilização do Imposto de Renda com conotação extrafiscal afasta a incidência da Súmula 584 do STF**.*

2. O fato gerador se consolida no momento em que ocorre cada operação de exportação incentivada pela redução da alíquota do imposto de renda, à luz da extrafiscalidade da tributação na espécie.

3. É inconstitucional a aplicação retroativa do art. 1º, I, da Lei 7.988/89, que majorou a alíquota incidente sobre o lucro proveniente de operações incentivadas ocorridas no passado, ainda que no mesmo ano-base. Precedente: RE 183.130, de relatoria para o acórdão do Ministro Teori Zavascki, Tribunal Pleno, DJe 14.11.2014.

4. Recurso extraordinário a que se dá provimento, reafirmando a jurisprudência desta Corte, em sede de repercussão geral, para reformar o acórdão recorrido e declarar a inconstitucionalidade, incidental e com os efeitos da repercussão geral, do art. 1º, I, da Lei 7.988/89, uma vez que a majoração de alíquota de 6% para 18% a qual se reflete na base de cálculo do Imposto de Renda pessoa jurídica incidente sobre o lucro das operações incentivadas no ano-base de 1989 ofende os princípios da irretroatividade e da segurança jurídica.

Esse recurso, teve seu julgamento encontra-se pendente e que envolve a aplicação da Súmula 584 do STF, é de extrema relevância para a sociedade brasileira, pois envolve a correta aplicação dos princípios da irretroatividade e da anterioridade ao sistema do imposto sobre a renda.

Lei nº 4.494 de 25/11/1964, em sua redação original:

"Art. 31. Os rendimentos percebidos por pessoas físicas ou jurídicas, proveniente de aluguéis de habitações cuja construção houver sido concluída na data da Lei, caracterizando-se a conclusão pela concessão do "habite-se" pela autoridade municipal ou pela ocupação efetiva do imóvel, ficarão sujeitos a um recolhimento equivalente a quatro por cento do valor dos ditos aluguéis auferidos no ano anterior, sob a forma de subscrição de letras de emissão do Banco Nacional de Habitação (Lei nº 4.380, de 21-8-64) adquiridas até o dia 31 de março de cada ano.

Parágrafo único. Ao apresentar sua declaração para pagamento do Impôsto de Renda, ficarão os contribuintes obrigados a provar o recolhimento previsto neste artigo.

Art. 32. Os aluguéis recebidos por pessoas físicas ou jurídicas de direito privado, pela locação de imóveis residenciais, de área útil superior a cento e oitenta metros quadrados, ficarão sujeitos ao recolhimento de seis por cento da importância total dos aluguéis auferidos no ano anterior, sob a forma de letras de emissão do Banco Nacional de Habitação adquiridas até o dia 31 de março de cada ano, sujeitos os contribuintes à comprovação prevista no parágrafo único do artigo anterior.

3. A SEGURANÇA JURÍDICA NO IMPOSTO SOBRE A RENDA E A ORIGEM DA SÚMULA 584 DO STF

A adequada compreensão da origem e do efetivo fundamento da interpretação consolidada na Súmula 584 é essencial pra que seja possível compreender a completa incompatibilidade dessa interpretação com o sistema constitucional vigente em nosso país. A súmula 584 do STF possui o seguinte enunciado:

> Ao imposto de renda calculado sobre os rendimentos do ano-base, aplica-se a lei vigente no exercício financeiro em que deve ser apresentada a declaração.

Essa súmula, foi aprovada na sessão plenária da Suprema Corte do dia 15/12/1976 e publicada no Diário de Justiça dos dias 3, 4 e 5 de janeiro de 1977. Teve como precedentes o RE 74.594 (publicado no DJ de 23/3/1973), o RE 80.250 (publicado no DJ de 18/2/1975), e o RE 80.620 (publicado no DJ de 2/6/1975).

O RE 74.594, julgado no dia 26 de fevereiro de 1973 e relatado pelo Ministro Xavier de Albuquerque, restou assim ementado:

> *IMPOSTO DE RENDA. ANO-BASE E EXERCÍCIO FINANCEIRO. INOCORRÊNCIA DE APLICAÇÃO RETROATIVA DA LEI. RECURSO EXTRAORDINÁRIO NÃO CONHECIDO.*

É bastante elucidativa a apreciação da íntegra do relatório e do voto (único publicado) dessa decisão unânime:

> *"RELATÓRIO. O SR. MINISTRO XAVIER DE ALBUQUERQUE: – A Primeira Turma do Tribunal Federal de Recursos decidiu nos termos desta ementa (f. 116): 'MAGISTRADO – IMPOSTO DE RENDA – LANÇAMENTO. Reconhecida a obrigação de pagar o tributo, o contribuinte não pode fugir ao sistema legal. O Decreto-lei n° 62/66, art. 15°, revogou o disposto no art. 2° da Lei n° 4.480/64, para efeito de declaração do imposto de renda, a partir de janeiro de 1967. Assim, a nova lei deve ser atendida no lançamento imediato do imposto, que corresponde ao ano da apresentação da declaração. O ano-base representa, apenas, o critério para calcular-se o tributo.'*
>
> *Recorrem extraordinariamente os interessados, pelas letras a_e d, alegando aplicação retroativa do Decreto-lei n° 62, de 21.11.66, e conseqüente ofensa ao art. 153, § 3° da Constituição, bem como dissídio com as Súmulas 97 e 112.*
>
> *A Procuradoria-Geral opina pelo não conhecimento, ou pelo improvimento do recurso.*
>
> *É o relatório.*
>
> *VOTO: O SR. MINISTRO XAVIER DE ALBUQUERQUE (Relator): Em vários julgados que versaram a subscrição de letras imobiliárias do Banco Nacional de Habitação sobre aluguéis vencidos no correr de 1964, o Supremo Tribunal acolheu a distinção entre ano-base e exercício financeiro e repeliu a alegação,*

> *que também se fazia, de aplicação retroativa da lei. Um desses julgados, o do RE 65.612 (RTJ 537 666), é citado pelo eminente Ministro Aliomar Baleeiro no seu Direito Tributário Brasileiro. 4a edição, pág. 180, na seção relativa ao imposto de renda e sob a rubrica "ano-base".*
>
> *À vista desses precedentes, a cuja doutrina se acostou o acórdão recorrido, não conheço do recurso."*

Como informa a ementa, sustentou-se, no caso sob exame, a "inocorrência de aplicação retroativa da lei". O objeto de discussão em tal julgado foi a existência ou não de retroatividade. Atesta-se pela leitura da íntegra do acórdão que, em momento algum, se instaurou qualquer debate acerca da aplicação do *princípio da anterioridade.*

O voto do Ministro Relator basicamente se reporta à tese já adotada em outros julgamentos, sendo mencionado especificamente o decidido no RE 65.612, que assim foi ementado:[10]

> *SUBSCRIÇÃO COMPULSÓRIA DE LETRAS IMOBILIÁRIAS DO B.N.H. INEXISTÊNCIA DE APLICAÇÃO RETROATIVA DA L. 4.494, DE 1964. DISTINÇÃO ENTRE ANO-BASE E EXERCÍCIO FINANCEIRO. RECURSO EXTRAORDINÁRIO CONHECIDO E PROVIDO.*

Mais uma vez, pede-se especial atenção para o que foi decidido em tal precedente.

No julgamento do RE 65.612, discutiu-se sobre a possibilidade de serem instituídos recolhimentos compulsórios mediante a subscrição de letras de emissão do BNH anteriormente à Lei n.º 4.494, de 25/11/1964. Tal lei dispôs acerca de duas exações (empréstimos compulsórios) que incidiriam sobre alugueres vencidos antes de ela entrar em vigor (vencidos durante todo o ano de 1964 – denominado *ano-base*), sendo certo, ainda, que o pagamento somente se daria no ano de 1965 (denominado *exercício financeiro*).[11]

Pelo exame dos arts. 31 e 32 da Lei n.º 4.494/64, atesta-se que, em rigor, o "fato gerador" (descrito no antecedente e confirmado pela base de cálculo – critério material do conseqüente) é *auferir alugueres no ano anterior* (no caso, o ano de 1964), devendo o pagamento se realizar até o dia 31 de março de cada ano (no caso, o ano de 1965). Ora, apesar de a Lei n.º 4.494 ter sido publicada somente em 25/11/1964, entendeu a Suprema Corte, vencidos o Ministro Raphael de Barros Monteiro, relator original, e o Ministro Aliomar Baleeiro, que todos os alugueres recebidos no ano de 1964, mesmo que antes de tal lei entrar em vigor, seriam tributados, inexistindo qualquer aplicação retroativa.

---

10 RE 65612/GB, Relator Min. Barros Monteiro, Julgamento: 25/03/1969, Primeira Turma, DJ 29-12-1969.

11 Parágrafo único. Entende-se por área útil a área total de construção, deduzidas as paredes, bem como as partes comuns, se se tratar de apartamento, habitação coletiva ou vila.

...

A partir da análise do voto do Ministro Djaci Falcão, percebe-se qual foi o fundamento da tese vencedora:

> *Ambas as regras deixam claro a incidência atual, Isto é, a partir da vigência da lei, da contribuição compulsória por ela instituída. Apenas adota como base de cálculo para a fixação do quantum da contribuição o rendimento proveniente de aluguéis 'auferidos no ano anterior'. Não há cogitar de retroatividade da lei, para efeitos da cobrança do empréstimo compulsório. Os aluguéis percebidos em 1964, vale insistir, entram apenas como base de cálculo.*

Desse modo, firmou-se na Suprema Corte a distinção entre o que foi denominado de *ano-base* (ano da ocorrência do fato, que tanto serve de critério para a incidência – referente ao *fato gerador abstrato* – quanto serve de base para a cobrança – *base de cálculo*) e *exercício financeiro* (ano da cobrança ou ano em que deve ser feito o pagamento).

Os outros dois precedentes da Súmula 584 – RREE 80.250 e 80.620 –, basicamente, limitam-se a realizar uma remissão à tese adotada no primeiro precedente, o referido RE 74.594.

Portanto, resta demonstrado que nos três precedentes da Súmula 584 decidiu-se a questão (a aplicação do DL 62, de 21.11.66, sobre a renda auferida no próprio ano de 1966) mediante a exclusiva consideração do *princípio da irretroatividade*, tendo como base para a decisão o que fora decidido no RE 65.612.

Reitera-se que nos citados precedentes, em nenhum momento, houve qualquer debate tendo em conta o princípio da anterioridade, o qual, em 1966, como explicitado anteriormente, já existia e era expressamente aplicável ao imposto sobre a renda.

4. O SENTIDO DOS PRINCÍPIOS DA IRRETROATIVIDADE E DA ANTERIORIDADE

A doutrina e a jurisprudência têm dissentido se os princípios da irretroatividade e da anterioridade informam a *validade*, a *vigência* ou a *eficácia* da norma jurídica.

Essa dissonância tem relação com a falta de consenso acerca das definições dos conceitos (fundamentais) de *validade, vigência* e *eficácia*. É de suma importância recobrar a definição desses três conceitos[12]:

a) validade – é a qualidade que toda e qualquer norma jurídica (norma que integra um sistema jurídico) possui, em função de ter sido regularmente produzida, isto é, em virtude de ter sido produzida em consonância com os requisitos estabelecidos pela correspondente norma de

Art. 34. As letras de emissão do Banco Nacional de Habitação serão resgatáveis a vinte anos do mês em que o recolhimento é devido, e vencerão juros de seis por cento ao ano, calculados sôbre o valor atualizado das letras."

12 *Sujeição passiva tributária*. RJ: Forense, 2003, p. 122 e segs.

produção normativa – por isso, ao se afirmar que uma norma é jurídica, está se afirmando que ela é válida, que existe juridicamente, que pertence a um dado sistema jurídico;

b) vigência – é a qualidade da norma jurídica (válida, portanto) que está apta a produzir efeitos jurídicos, mediante a incidência sobre (o conceito de) fatos (jurídicos) ;

c) eficácia, que se concebe em duas diferentes acepções:

c.1 – eficácia jurídica – considera-se expressão sinônima de *vigência*;

c.2 – eficácia social ou efetividade – é a qualidade da norma jurídica que é cumprida pela maior parte de um grupo social.

Considerando essas definições, pode-se, desde já, asseverar que os princípios da irretroatividade e da anterioridade estão relacionados com o fenômeno da *validade*, pois, como será adiante demonstrado, tais princípios, que são aspectos de norma constitucional de produção normativa[13], acabam por informar se a norma tem ou não fundamento constitucional de validade, ou seja, se a norma pertence ou não ao sistema jurídico.

4.1. O sentido do princípio da irretroatividade

É mister esclarecer o devido significado do fenômeno da retroatividade. Toda norma jurídica, tributária ou não, apresenta uma estrutura lógica dual (A → C), onde o antecedente (A), primeira parte da norma, descreve uma situação de fato e funciona como condicionante, como implicante (→) do efeito jurídico prescrito na segunda parte da norma, a qual se denomina conseqüente (C). Daí a expressão: deve ser (D), se A então C (D (A → C)). Uma norma jurídica é retroativa (há quem diga: a norma com "efeitos retroativos") sempre que se reporta a um fato que ocorreu ou pode ter ocorrido no passado. Mais precisamente, a norma jurídica é retroativa sempre que seu antecedente descreve fato ou fatos que ocorreram ou podem ter ocorrido no passado. Portanto, uma norma veiculada por uma lei publicada em 22 de outubro de 2007, cujo antecedente descreve fatos ocorridos em período anterior ao dia da sua publicação é evidentemente retroativa.

O caráter retroativo da norma refere-se sempre ao antecedente, nunca ao conseqüente (prescritor ou mandamento) normativo. O conseqüente normativo

13 Já se demonstrou em outro momento, que, quanto ao critério da espécie de conteúdo do antecedente e do conseqüente normativos – a norma jurídica se classifica em *de produção normativa* e *de conduta*. ***Norma de produção normativa*** é aquela cujo antecedente descreve uma específica situação de fato (de ocorrência possível), que se caracteriza por apresentar os requisitos necessários (sujeito, procedimento e declaração prescritiva) para que outra norma passe a pertencer (a ter validade – criação) ou deixe de pertencer (revogação) ao sistema jurídico, e cujo conseqüente apresenta uma estrutura relacional, composta por variáveis, que simboliza a norma jurídica a ser criada ou revogada. Distingue-se da ***norma de conduta*** que é aquela cujo antecedente descreve uma situação de fato qualquer (de possível ocorrência), e cujo conseqüente apresenta a regulação de uma conduta intersubjetiva, por meio de uma permissão (P), uma obrigação (O) ou uma proibição (V). *Imposto sobre a renda – requisitos para uma tributação constitucional*. RJ: Forense, 2003, p. 33.

está sempre projetado para o futuro. Carece de sentido deôntico (de sentido jurídico) um conseqüente normativo projetado para o passado. Eis elucidativo exemplo. Suponha que uma lei, publicada em 22 de outubro de 2007, prescreva a majoração do imposto sobre a renda. E que a norma veiculada por tal lei assim disponha: antecedente – se alguém tiver adquirido uma renda superior a um milhão de reais no ano de 2005; conseqüente – o titular da renda está obrigado a entregar à União Federal 50% do montante que superar aquele um milhão de reais, até o dia 31 de março de 2006. É um sem-sentido deôntico, em função da impossibilidade física (ôntica), obrigar alguém a cumprir uma conduta num instante anterior àquele em que a ordem é emanada.

Não resta dúvida de que haveria retroatividade ainda que o conseqüente estivesse projetado para o futuro. No exemplo citado, se o conseqüente prescrevesse que o contribuinte deveria pagar o tributo até o dia 31 de abril de 2008, esta norma, apesar de ter o conseqüente projetado para o futuro, seria evidentemente retroativa, pois seu antecedente se encontra projetado para o passado. Neste último exemplo, a norma é de cumprimento fisicamente possível (modo ôntico da possibilidade), que não significa dizer que é válida, que é constitucional.

O ponto de referência para que a norma seja qualificada como retroativa (ou seja, norma com o vetor semântico do antecedente projetado para o passado) é o átimo em que a norma começa a viger, ter vigência. Ao se falar em vigência é necessário ter em conta que ela é a qualidade da norma jurídica (válida, portanto) que está apta a produzir efeitos jurídicos, mediante a incidência sobre (o conceito de) fatos, descritos no antecedente normativo.

Norma com "efeito retroativo", diversamente do que possa parecer à primeira vista, nada tem que ver com a projeção para o passado do efeito jurídico disposto pelo conseqüente da norma (criação ou extinção de norma jurídica, se for efeito de norma de produção normativa ; ou criação ou extinção de relação jurídica, se for efeito de norma de conduta), mas, como se disse, relaciona-se estritamente com a circunstância de o antecedente descrever um fato ocorrido (concretamente) ou que possa ter ocorrido (conjetura, hipótese) no passado.

Falar em "efeito retroativo" de norma significa a possibilidade de a norma tomar um fato ocorrido (ou que possa ter ocorrido) no passado e atribuir, como resultado, a produção, a implicação, a geração de certo efeito jurídico, o qual se projeta necessariamente para o futuro.

A fim de evitar mal-entendidos, parece mais adequada a expressão *norma com caráter retroativo* ou, simplesmente, *norma retroativa*.

Assim, se o antecedente refere-se à situação de fato que pode ter ocorrido antes de a norma jurídica iniciar sua vigência, tal norma é retroativa. O caráter retroativo da norma independe da efetiva ocorrência, no passado, daquela situação descrita pelo antecedente. É prescindível a verificação empírica. É suficiente o mero exame da norma jurídica. Mesmo que a situação de fato do passado, hipoteticamente descrita pela norma, não tenha efetivamente (concretamente) ocorrido, a norma manterá o seu caráter retroativo.

Esclarecido o sentido de norma com caráter retroativo, vale firmar que a Constituição de 1988, no Capítulo I – *Dos Direitos e Deveres Individuais e Coletivos* – do Título II – *Dos Direitos e Garantias Fundamentais* –, manteve a tradição iniciada com a Constituição de 1934 (e silenciada pela Carta de 1937) e dispôs sobre a irretroatividade genérica, prescrevendo a fórmula segundo a qual "a lei não prejudicará o direito adquirido, o ato jurídico perfeito e a coisa julgada" (inciso XXXVI do art. 5º).[14]

Além disso, na Seção II – *Das Limitações do Poder de Tributar* – do Capítulo I – *Do Sistema Tributário Nacional* – do Título VI – *Da Tributação e do Orçamento* – a Constituição dispõe sobre três princípios relacionados ao fenômeno da *(ir)retroatividade* em matéria tributária. No inciso III do art. 150, encontram-se previstos os denominados *princípio da irretroatividade* (alínea "a" – irretroatividade pura e simples), *princípio da anterioridade* (alínea "b" – espécie de irretroatividade qualificada relacionada ao exercício financeiro) e *princípio da anterioridade nonagesimal* (alínea "c" – espécie de irretroatividade qualificada relacionada ao período de 90 dias). Além desse último dispositivo atinente ao princípio da anterioridade nonagesimal aplicável a todos os tributos (ressalvados os casos expressamente destacados –art. 150, § 1º), o qual somente foi introduzido pela Emenda Constitucional nº 42, de 19 de dezembro de 2003, a Constituição já dispunha, em sua redação original, sobre o princípio da anterioridade nonagesimal, contudo, exclusivamente aplicável às contribuições para a seguridade social, nos termos do § 6º do art. 195.[15]

A Constituição de 1988 é inovadora quanto ao tratamento do princípio da irretroatividade. Pela primeira vez na história brasileira, o texto constitucional garante uma *irretroatividade tributária específica* (relativa diretamente à instituição ou majoração de qualquer tributo), pura (não qualificada) e irrestrita (aplicável a todos os tributos sem qualquer limitação ou condicionamento material).

O princípio da irretroatividade em matéria tributária decorria (i) ora de uma *irretroatividade genérica ampla* (Constituição de 1824, art. 179, III, e Constituição de 1891, art. 11, item 1); (ii) ora de uma *irretroatividade genérica*

---

14 Constituição de 1988:

"Art. 5º Todos são iguais perante a lei, sem distinção de qualquer natureza, garantindo-se aos brasileiros e aos estrangeiros residentes no País a inviolabilidade do direito à vida, à liberdade, à igualdade, à segurança e à propriedade, nos termos seguintes:

...

XXXVI – a lei não prejudicará o direito adquirido, o ato jurídico perfeito e a coisa julgada".

15 Constituição de 1988:

Art. 150. Sem prejuízo de outras garantias asseguradas ao contribuinte, é vedado à União, aos Estados, ao Distrito Federal e aos Municípios:

I – exigir ou aumentar tributo sem lei que o estabeleça;

II – instituir tratamento desigual entre contribuintes que se encontrem em situação equivalente, proibida qualquer distinção em razão de ocupação profissional ou função por eles exercida, independentemente da denominação jurídica dos rendimentos, títulos ou direitos;

III – cobrar tributos:

relacionada à proteção do direito adquirido, do ato jurídico perfeito e da coisa julgada (Constituição de 1934, art. 17, inciso VII, e art. 113, nº 3; e Constituição de 1946, art. 141, § 3º; Constituição de 1967, art. 150, § 3º; e Constituição de 1967, com a redação conferida pela EC nº 1/1969, art. 153, § 3º); (iii) ora de uma *irretroatividade tributária qualificada, porém materialmente limitada*, designada como *princípio da anualidade tributária* (Constituição de 1946, art. 141, § 34; Constituição de 1967, art. 150, § 29); (iv) ora de uma *irretroatividade tributária qualificada, porém materialmente limitada*, designada como *princípio da anterioridade tributária* (art. 2º, inciso II, da EC n. 18/1965, que alterou o sistema tributário da Constituição de 1946; art. 153, § 29, da Constituição de 1967, com a redação conferida pela EC nº 1/1969 e com a redação conferida pela EC nº 8/1977).

O específico tratamento conferido ao *princípio da irretroatividade tributária* pela Constituição de 1988 dissipa toda e qualquer dúvida que pudesse existir acerca da completa impossibilidade de haver a instituição ou majoração de tributo com caráter retroativo. Por força do princípio da irretroatividade tributária, uma norma tributária (criada ou aumentada – com modificação aumentativa da respectiva carga) não pode se projetar, incidir sobre (o conceito de) fatos ocorridos antes de tal norma entrar em vigor. A projeção semântica da norma tributária está dirigida para fatos futuros, de possível ocorrência. Jamais poderá dirigir-se a fatos passados, já ocorridos no tempo e no espaço.[16]

O princípio da irretroatividade tributária está contido no aspecto material do antecedente de norma constitucional de produção normativa e pode ser assim definido:

> **Princípio da irretroatividade tributária** é um complemento condicionante do aspecto material (*declaração prescritiva*) do antecedente da norma constitucional de produção normativa, que estabelece a necessidade de, nas hipóteses de criação ou aumento de tributo, a declaração prescritiva (a ser elaborada pelo legislador infraconstitucional, em regra o ordinário) conter como *proposição implicante* (a qual corresponderá ao antecedente da norma tributária a ser produzida) a descrição do conceito de um fato de ocorrência

a) em relação a fatos geradores ocorridos antes do início da vigência da lei que os houver instituído ou aumentado;

b) no mesmo exercício financeiro em que haja sido publicada a lei que os instituiu ou aumentou;

c) antes de decorridos noventa dias da data em que haja sido publicada a lei que os instituiu ou aumentou, observado o disposto na alínea b;

...

Art. 195. A seguridade social será financiada por toda a sociedade, de forma direta e indireta, nos termos da lei, mediante recursos provenientes dos orçamentos da União, dos Estados, do Distrito Federal e dos Municípios, e das seguintes contribuições sociais:

...

§ 6º – As contribuições sociais de que trata este artigo só poderão ser exigidas após decorridos noventa dias da data da publicação da lei que as houver instituído ou modificado, não se lhes aplicando o disposto no art. 150, III, *b*."

16 *Imposto sobre a renda – requisitos para uma tributação constitucional*. RJ: Forense, 2003, p. 101.

possível e futura (com projeção semântica para o futuro), nunca a descrição do conceito de fato já ocorrido (concreto) ou que possa ter ocorrido (hipótese, conjetura) no passado (com projeção semântica para o passado).

Portanto, sempre que o princípio da irretroatividade tributária não for atendido, inexistirá a produção de norma jurídica (válida). Daí falar-se em norma inconstitucional – norma (não jurídica) que carece de fundamento constitucional de validade e que, por conseqüência, não pertence ao sistema jurídico brasileiro.

Esse entendimento tem sido adotado pelo Supremo Tribunal Federal, como demonstra a decisão dessa Corte, em sua composição plenária, no Recurso extraordinário nº 111.954-PR, quando decidiu que um "decreto-lei" (a norma veiculada pelo decreto-lei) era ***inconstitucional*** (sem fundamento constitucional de validade), por ter afrontado o Princípio da Irretroatividade. Segue:

> *Empréstimo Compulsório – Dec. – Lei 2.047, de 20/7/1983. Súmula 418.*
>
> *O empréstimo sujeita-se às imposições da legalidade e igualdade, mas, por sua natureza, não à anterioridade, nos termos do art. 153, parágrafo 29, 'in fine', da Constituição Federal (demais casos previstos na Constituição). O Dec. – Lei 2.047/83, contudo, sofre de vício incurável: a retroação a ganhos, rendas – ainda que não tributáveis – de exercício anterior, já encerrado.* ***Essa retroatividade é inaceitável*** *(art. 153, parágrafo 3., da Constituição Federal), fundamento diverso do em que se apoiou o acórdão recorrido. Recurso Extraordinário não conhecido,* ***declarada a inconstitucionalidade*** *do decreto-lei 2.047, de 20.7.83.* (grifado)

Em igual sentido, decidiu a Suprema Corte no julgamento do Recurso Extraordinário nº 204.133-MG :

> *TRIBUTÁRIO. ICMS. CORREÇÃO MONETÁRIA. TAXA REFERENCIAL DIÁRIA. INAPLICABILIDADE A FATOS GERADORES CONSUMADOS ANTERIORMENTE À SUA INSTITUIÇÃO. OFENSA AO* ***PRINCÍPIO DA IRRETROATIVIDADE*** *DAS LEIS. PRECEDENTE.*
>
> *2.* ***Fato gerador consumado anteriormente à vigência*** *da Lei nº 8.177/1991. Incidência da TRD. Impossibilidade em face do princípio da irretroatividade, dado que a referida taxa altera não apenas a expressão nominal do imposto, mas também o valor real da respectiva base de cálculo. Precedente.*
>
> *Recurso extraordinário conhecido e provido.* (grifado)

A doutrina mais arguta já construía a irretroatividade plena e irrestrita em matéria tributária a partir da proteção ao direito adquirido, ao ato jurídico perfeito e à coisa julgada, a qual é adequadamente interpretada tendo em conta os princípios da segurança jurídica, do estado de direito e da certeza do direito. Conforme ensina o mestre Paulo de Barros Carvalho "entre as limitações do poder de tributar inscreveu o constituinte de 1988 o princípio da irretroatividade (CF, art. 150, III, a). Por certo que a prescrição é despicienda, visto que a diretriz contida no art. 5.°, XXXVI, da Constituição Federal é portadora deste mesmo conteúdo axiológico, irradiando-se por todo o universo do direito positivo, incluindo, portanto, a região das imposições tributárias." [17]

4.2. O sentido do princípio da anterioridade

O princípio da anterioridade, tem assento no enunciado do art. 150, inciso III, alínea "b", da Constituição da República, segundo o qual "é vedado cobrar tributos no mesmo exercício financeiro em que haja sido publicada a lei que os instituiu ou aumentou."

Em termos mais rigorosos, como já se teve a oportunidade de expor[18], a norma constitucional de produção normativa, ao regular a produção ou modificação aumentativa (relativa ao aumento do montante de dinheiro a ser entregue ao Estado) da norma tributária, determina que a declaração prescritiva a ser produzida (e que se transformará na futura norma tributária, p. ex., a norma do IR) só prevalecerá após a ocorrência de um evento futuro e certo (termo), qual seja, o encerramento do "exercício financeiro em que haja sido publicada a lei que os (tributos) instituiu ou aumentou".

Assim, a norma constitucional de produção normativa, no que toca à produção ou modificação aumentativa de norma tributária, descreve, em seu antecedente, um "fato complexo" composto por (a) sujeitos de direito, (b) um procedimento e (c) uma declaração prescritiva ***submetida à ocorrência de um termo*** – o início do exercício financeiro seguinte àquele em que houver sido publicada a respectiva lei (a lei veiculadora da norma tributária).

Portanto, pode-se dizer que:

> **Princípio da anterioridade** é um complemento condicionante do aspecto material do antecedente da norma constitucional de produção normativa, que afeta o elemento *declaração prescritiva*, submetendo-o à ocorrência de um evento futuro e certo (termo) – o início do exercício financeiro seguinte àquele em que houver sido publicada a lei relativa à criação ou modificação aumentativa (que implique aumento do valor a ser entregue ao Estado a título de tributo) de norma tributária, ou seja, a norma tributária somente passará a integrar o sistema jurídico (ser válida, ter fundamento constitucional de validade) a partir do exercício financeiro seguinte àquele em que houver sido publicada a lei relativa à criação ou aumento do tributo.

Dessa maneira, somente com o advento do ***termo*** previsto, estabelecido, pela norma constitucional de produção normativa é que a ***declaração prescritiva***, produzida no mundo real, fenomênico, combinada com os outros fatos (cujos conceitos também se encontram descritos no antecedente da norma

---

17 CARVALHO, Paulo de Barros. *Curso de direito tributário*. SP: Saraiva, 2007, p. 169. No mesmo sentido: TORRES, Ricardo Lobo. Tratado de direito constitucional financeiro e tributário. RJ: Renovar, 2005, v. II, p. 512. CARRAZZA, Roque Antonio. *Curso de direito constitucional tributário*. SP: 2001, p. 304; COÊLHO, Sacha Calmon Navarro. *Curso de direito tributário brasileiro*. RJ: Forense, 2006, p. 265; DERZI, Misabel Abreu Machado. Nota da atualizadora, *In* Baleeiro, Aliomar. *Direito tributário brasileiro*. RJ: Forense, 1999, p. 664.

18 *Imposto sobre a renda – requisitos para uma tributação constitucional*. RJ: Forense, 2003, p. 102 e segs.

constitucional de produção normativa) – ***sujeitos de direito*** e ***procedimento*** – terá, como efeito jurídico, a criação ou modificação de uma norma tributária.

O princípio da anterioridade, por estar contido em norma constitucional de produção normativa, apresenta-se como um dos requisitos constitucionais de validade da norma tributária. Se o princípio da anterioridade não for respeitado (no caso de se exigir a entrega de certo valor em dinheiro a título de tributo ***no mesmo exercício financeiro em que é publicada a lei***) pelo legislador infraconstitucional, a norma (mensagem prescritiva) produzida é (juridicamente) inválida – não é norma jurídica, pois não integra o sistema jurídico. A norma tributária (válida) apenas exsurgirá (ingressará no sistema do Direito Positivo) quando do advento do ***termo***, isto é, após o encerramento do exercício financeiro em que haja sido publicada a respectiva lei (a lei veiculadora da norma tributária).

Importa repisar que o Princípio da Anterioridade não afeta somente a vigência de uma norma validamente produzida, mas informa a própria validade da norma, a qual, somente depois de atendê-lo, torna-se jurídica.

Um exemplo bem esclarece essa assertiva. No mundo fenomênico, real, o Presidente da República e o Congresso Nacional, seguindo o procedimento constitucional previsto, emitem uma declaração prescritiva (a qual corresponde ao conteúdo da futura norma do IR) no sentido do aumento (aumenta-se a alíquota) do IR, para prevalecer (vigorar) a partir da data em que ocorrer a publicação (no mesmo exercício financeiro) da lei. Uma vez publicada essa lei, alguém que examinasse a norma (a mensagem prescritiva) por ela veiculada teria razão em afirmar: a lei (**norma legal**) é inconstitucional, pois ofende o princípio constitucional da anterioridade, tendo em vista que o imposto aumentado só pode ser exigido depois de alcançado o termo determinado pelo antecedente da norma constitucional de produção normativa, isto é, a partir do exercício financeiro seguinte àquele em que houver sido publicada a lei relativa à criação ou aumento do tributo.

Enquanto não estiver atendido o princípio da anterioridade, não tem cabimento cogitar do problema relativo à vigência. A questão atinente à vigência, por razão lógica, apenas surge quando já se encontra superado o problema da validade: **vigência é qualidade de norma jurídica (válida)**.

Diversa seria a situação, se o legislador ordinário, além de atender todos os requisitos constitucionais, em especial o princípio da anterioridade, estabelecesse um prazo maior para a norma entrar em vigor, qual seja, 60 dias depois de iniciado o exercício financeiro seguinte ao da publicação da respectiva lei.

Nesta hipótese, as duas figuras podem ser bem destacadas. A norma adquire **validade** (torna-se jurídica) a partir do início do exercício financeiro seguinte ao da publicação da respectiva lei. Contudo, a norma tributária (já válida, pois foi regularmente produzida) somente terá **vigência** quando for alcançado o termo escolhido pelo legislador infraconstitucional, ou seja, 60 dias depois de iniciado o exercício financeiro seguinte ao da publicação da respectiva lei.

Em suma, a **validade** decorre do cumprimento, no plano dos fatos, dos requisitos estabelecidos pela norma (no caso, constitucional) de produção normativa (onde está presente o princípio da anterioridade). A **vigência** depende do modo pelo qual o legislador perfaz a declaração prescritiva, a qual pode ser:

a) produzida para gerar efeitos imediatamente, isto é, logo após a publicação da lei (desde que a norma legal tributária já possua validade – por já ter sido alcançado o termo relativo ao princípio da anterioridade ou por este princípio ter sido afastado pela própria Constituição Originária [19]); ou

b) feita *a termo* (submetida a um período de *vacatio* legis, por mera vontade do legislador, não por exigência da norma constitucional de produção normativa), quer dizer, a norma produzida, apesar de já ser válida, ainda não está apta a produzir efeitos jurídicos, só adquirindo a vigência após ser alcançado o *termo* estabelecido pelo sujeito produtor da norma (o legislador infraconstitucional).

Deve-se ressaltar que o Supremo Tribunal Federal já firmou entendimento no sentido de a ofensa ao princípio da anterioridade caracterizar hipótese de ***inconstitucionalidade***, isto é, de norma (*não jurídica*) que não tem fundamento de validade em norma constitucional de produção normativa. E mais, que o Princípio da Anterioridade apresenta-se como uma das denominadas *cláusulas pétreas* do sistema constitucional brasileiro, que mesmo por Emenda Constitucional não pode ser afastado. Seguem duas importantes decisões:

> **RE n.º 182191-RJ**[20]
>
> *TRIBUTÁRIO. IPTU. AUMENTO DA RESPECTIVA BASE DE CÁLCULO MEDIANTE APLICAÇÃO DE ÍNDICES GENÉRICOS DE VALORIZAÇÃO, APLICÁVEIS POR LOGRADOUROS, DITADOS POR LEI.*
>
> *Caso em que* ***o instrumento normativo não poderia ser aplicado no mesmo exercício em que foi publicado, sem ofensa ao princípio da anterioridade.***
>
> *Acórdão que, para contornar o* ***óbice constitucional****, entendeu haverem os referidos índices sido estabelecidos por meio de ato regulamentar, com o que não evitou o vício da inconstitucionalidade que, nesse caso, residiria em* ***violação ao princípio da anterioridade.***
>
> *Somente por via de lei, no sentido formal,* ***publicada no exercício financeiro anterior****, é permitido aumentar tributo, como tal, havendo de ser considera-*

---

19 A Constituição Brasileira em sua redação originária já dispunha no § 1º do art. 150 sobre a não-aplicação do princípio da anterioridade em certas hipóteses: "A vedação do inciso III, b, não se aplica aos impostos previstos nos arts. 153, I, II, IV e V e art. 154, II." Esse princípio também não era aplicável para a hipótese de empréstimo compulsório prevista no art. 148, I. Com o advento da Emenda Constitucional nº 42, de 19.12.2003, a redação do citado § 1º passou a ser a seguinte: "A vedação do inciso III, b, não se aplica aos tributos previstos nos arts. 148, I, 153, I, II, IV e V; e 154, II; e a vedação do inciso III, c, não se aplica aos tributos previstos nos arts. 148, I, 153, I, II, III e V; e 154, II, nem à fixação da base de cálculo dos impostos previstos nos arts. 155, III, e 156, I." Atesta-se que a EC 42/2003 não aumentos o rol das exceções ao princípio da anterioridade, além disso, tal emenda ampliou o âmbito de aplicação do princípio da anterioridade nonagesimal.

20 RE 182191/RJ, Relator Min. Ilmar Galvão, Primeira Turma, julgamento em 07/11/1995, publicação DJ 16-02-1996.

da a iniciativa de modificar a base de cálculo do IPTU, por meio de aplicação de tabelas genéricas de valorização de imóveis, relativamente a cada logradouro, que torna o tributo mais oneroso.

Recurso extraordinário conhecido e provido. (grifado)

ADIN nº 939 – DF[21]

Direito Constitucional e ***Tributário****.*

Ação Direta de Inconstitucionalidade de Emenda Constitucional e de Lei Complementar.

I.P.M.F.

Imposto Provisório sobre a Movimentação ou a Transmissão de Valores e de Créditos e Direitos de Natureza Financeira – I.P.M.F.

Artigos 5., par. 2., 60, par. 4., incisos I e IV, 150, incisos III, "b", e VI, "a", "b", "c" e "d", da Constituição Federal.

1. Uma Emenda Constitucional, emanada, portanto, de Constituinte derivada, incidindo em violação a Constituição originaria, pode ser declarada inconstitucional, pelo Supremo Tribunal Federal, cuja função precípua e de guarda da Constituição (art. 102, I, "a", da C.F.).

2. A Emenda Constitucional n. 3, de 17.03.1993, que, no art. 2., autorizou a União a instituir o I.P.M.F., ***incidiu em vício de inconstitucionalidade****, ao dispor, no parágrafo 2. desse dispositivo, que, quanto a tal tributo,* ***não se aplica "o art. 150, III, "b"*** *e VI",* ***da Constituição****, porque, desse modo,* ***violou os seguintes princípios e normas imutáveis*** *(somente eles, não outros):*

1. – o principio da anterioridade, que é garantia individual do contribuinte (art. 5., par. 2., art. 60, par. 4., inciso IV e art. 150, III, "b" da Constituição);

2. – o principio da imunidade tributária recíproca (que veda a União, aos Estados, ao Distrito Federal e aos Municípios a instituição de impostos sobre o patrimônio, rendas ou serviços uns dos outros) e que é garantia da Federação (art. 60, par. 4., inciso I,e art. 150, VI, "a", da C.F.);

3. – a norma que, estabelecendo outras imunidades impede a criação de impostos (art. 150, III) sobre:

"b"): templos de qualquer culto;

"c"): patrimônio, renda ou serviços dos partidos políticos, inclusive suas fundações, das entidades sindicais dos trabalhadores, das instituições de educação e de assistência social, sem fins lucrativos, atendidos os requisitos da lei; e

"d"): livros, jornais, periódicos e o papel destinado a sua impressão;

3. Em conseqüência, é inconstitucional, também, a Lei Complementar n. 77, de 13.07.1993, sem redução de textos, nos pontos em que determinou a incidência do tributo no mesmo ano (art. 28) e deixou de reconhecer as imunidades previstas no art. 150, VI, "a", "b", "c" e "d" da C.F. (arts. 3., 4. e 8. do mesmo diploma, L.C. n. 77/93).

21 ADI 939/DF, Relator Min. Sydney Sanches, Pleno, julgamento em 15/12/1993, publicação DJ 18-03-1994.

> *4. Ação Direta de Inconstitucionalidade julgada procedente, em parte, para tais fins, por maioria, nos termos do voto do Relator, mantida, com relação a todos os contribuintes, em caráter definitivo, a medida cautelar, que suspendera a cobrança do tributo no ano de 1993.* (grifado)

A partir do exame tanto da ementa quanto da íntegra desses acórdãos, fica evidenciado que, por força do princípio da anterioridade, a lei que dispuser acerca da instituição ou do aumento de tributo, se publicada em um exercício, somente pode implicar a incidência da nova norma sobre fato (fato jurídico tributário ou fato gerador concreto) que ocorra no exercício subseqüente. Como se disse anteriormente, o princípio da anterioridade afeta o momento em que a norma tributária ingressa no sistema jurídico. Ele informa, pois, a obtenção da validade jurídica da norma tributária.

É importante salientar esse aspecto. Ela revela a absoluta inconsistência da interpretação consubstanciada na tese de que o princípio da anterioridade somente vedaria a cobrança, no próprio exercício em que publicada a respectiva lei, do tributo instituído ou aumentado. Assim, por exemplo, se uma lei, publicada em novembro de 2007, dispuser sobre a majoração da alíquota do imposto sobre a renda, segundo tal entendimento, seria possível (constitucional) que a norma legal incidisse sobre o fato (fato jurídico tributário ou fato gerador concreto) que viesse a ocorrer no final do próprio ano de 2007, suscitando o surgimento da correspondente obrigação tributária. Serviria o princípio da anterioridade como mero *mecanismo de postergação do vencimento do prazo de pagamento do tributo* para o ano subseqüente ao da publicação da lei que dispusesse sobre a majoração, no caso em 2008.

Essa interpretação, que transforma o princípio da anterioridade em mero *mecanismo de postergação do vencimento do prazo de pagamento do tributo* mereceu a devida repulsa por parte da doutrina[22] e jurisprudência[23] nacionais ante sua total carência de fundamento.

5. A PLENA APLICAÇÃO DOS PRINCÍPIOS DA IRRETROATIVIDADE E DA ANTERIORIDADE AO IMPOSTO SOBRE A RENDA

É absolutamente incontestável que os princípios da irretroatividade e da anterioridade são aplicáveis ao imposto sobre a renda, como se conclui a partir de um exame da Constituição Brasileira.

---

22 Nesse sentido: CARVALHO, Paulo de Barros. *Curso de direito tributário.* SP: Saraiva, 2007, p. 167; CARRAZZA, Roque Antonio. *Curso de direito constitucional tributário.* SP: 2001, p. 167; COÊLHO, Sacha Calmon Navarro. *Curso de direito tributário brasileiro.* RJ: Forense, 2006, p. 263; DERZI, Misabel Abreu Machado. Nota da atualizadora, *In* Baleeiro, Aliomar. *Direito tributário brasileiro.* RJ: Forense, 1999, p. 658-660; TORRES, Ricardo Lobo. Tratado de direito constitucional financeiro e tributário. RJ: Renovar, 2005, v. II, p. 560.

23 ADI 513/DF, Relator Min. Célio Borja, Pleno, julgamento em 14/06/1991, DJ 30-10-1992; ADI 939/DF, Relator Min. Sydney Sanches, Pleno, julgamento em 15/12/1993, publicação DJ 18-03-1994; RE 448.558; RE 182191, Relator Min. Ilmar Galvão, Primeira Turma, julgamento em 07/11/1995, publicação DJ 16-02-1996; RE 234.605, Relator Min. Ilmar Galvão, Primeira Turma, julgamento em 08/08/2000, publicação DJ 01-12-2000 etc

Urge repisar que a Constituição Brasileira, no art 150, III, alíneas "a", "b" e "c" dispõe, de forma genérica, sobre a aplicação dos princípios da irretroatividade, da anterioridade e, a partir da Emenda Constitucional nº 42/2003, da anterioridade nonagesimal a todos os tributos.[24]

Por outro lado, o §1º do mesmo art. 150 estabelece as exceções à aplicação dos princípios da anterioridade e da anterioridade nonagesimal nos seguintes termos:

> *Art. 150. Sem prejuízo de outras garantias asseguradas ao contribuinte, é vedado à União, aos Estados, ao Distrito Federal e aos Municípios:*
>
> ...
>
> *§ 1º A vedação do inciso III, b, não se aplica aos tributos previstos nos arts. 148, I, 153, I, II, IV e V; e 154, II; e a vedação do inciso III, c, não se aplica aos tributos previstos nos arts. 148, I, 153, I, II, III e V; e 154, II, nem à fixação da base de cálculo dos impostos previstos nos arts. 155, III, e 156, I.*

Está evidente que ao imposto sobre a renda somente não é aplicável o *princípio da anterioridade nonagesimal*, entretanto, é plenamente aplicável o ***princípio da anterioridade***. E, quanto a este, assim está disposto desde o texto original da Constituição Brasileira de 1988.

Importa ainda destacar que, no sistema constitucional brasileiro, o princípio da irretroatividade é aplicável à instituição ou majoração de todo tributo e que não há qualquer exceção para a sua aplicação.

Na Constituição Brasileira, não há qualquer outra disposição especialmente aplicável ao imposto sobre a renda que disponha sobre a aplicação de tais princípios, pelo que não existe fundamento para qualquer dúvida acerca da plena aplicabilidade ao imposto sobre a renda dos ***princípios da irretroatividade*** e da ***anterioridade***.

6. A TOTAL INCOMPATIBILIDADE DA INTERPRETAÇÃO CONSUBSTANCIADA NA SÚMULA 584 COM OS SISTEMAS CONSTITUCIONAIS VIGENTES DESDE A ÉPOCA DE SUA ELABORAÇÃO ATÉ OS DIAS DE HOJE

Não há espaço para hesitações acerca da total incompatibilidade da interpretação consubstanciada na Súmula 584 com os sistemas constitucionais vigentes desde a época de sua elaboração até os dias de hoje. Para tanto, basta

---

24 *Art. 150. Sem prejuízo de outras garantias asseguradas ao contribuinte, é vedado à União, aos Estados, ao Distrito Federal e aos Municípios:*

...

III – cobrar tributos:

a) em relação a fatos geradores ocorridos antes do início da vigência da lei que os houver instituído ou aumentado;

b) no mesmo exercício financeiro em que haja sido publicada a lei que os instituiu ou aumentou;

c) antes de decorridos noventa dias da data em que haja sido publicada a lei que os instituiu ou aumentou, observado o disposto na alínea b.

um cotejo entre (a) o que foi disposto nas Constituições Brasileiras de 1946 a 1988 e (b) o fundamento de cada um dos precedentes da Súmula 584, bem como dos recentes julgados que ressuscitaram essa súmula.

7. FLAGRANTE VIOLAÇÃO DO PRINCÍPIO DA IRRETROATIVIDADE PREVISTO DESDE A CONSTITUIÇÃO DE 1824 E PRESERVADO ATÉ A CONSTITUIÇÃO DE 1988

Como esposado anteriormente (item II.2), a Súmula 584, aprovada na sessão plenária da Suprema Corte do dia 15/12/1976 e publicada no Diário de Justiça dos dias 3, 4 e 5 de janeiro de 1977, tem como precedentes o RE 74.594 (publicado no DJ de 23/3/1973), o RE 80.250 (publicado no DJ de 18/2/1975) e o RE 80.620 (publicado no DJ de 2/6/1975). Os dois últimos julgados – o RE 80.250 e o RE 80.620 – reportam-se à tese adotada no primeiro precedente, o referido RE 74594. Este primeiro precedente, por sua vez reporta-se à tese adotada em outros julgados (citando especificamente o RE 65.612), qual seja, a da distinção entre *ano-base* e *exercício financeiro.*

No RE 65.612, decidiu-se que, apesar de a Lei n.º 4.494/64, ter sido publicada somente em 25/11/1964, ela poderia considerar (arts. 31 e 32) como "fato gerador" (descrito no antecedente e confirmado pela base de cálculo – critério material do conseqüente) fatos ocorridos antes de tal lei entrar em vigor (no ano-base), sem que a correspondente norma tributária fosse caracterizada como retroativa, já que o pagamento deveria ser feito somente no ano subseqüente – em 1965 (exercício financeiro).

É preciso lembrar que no RE 65.612, apesar de ter sido considerada a existência de vedação constitucional a que norma tributária tivesse caráter retroativo, ainda assim se entendeu que a norma veiculada pelos arts. 31 e 32 da Lei n.º 4.494/64 não ofendia o princípio da irretroatividade.

Ora, tendo em conta o correto sentido do princípio da irretroatividade (*uma norma tributária criada ou aumentada não pode se projetar, incidir sobre o conceito de fatos ocorridos antes de tal norma entrar em vigor*), está patente que, no julgamento do RE 65.612, desprezou-se clara hipótese de desrespeito ao princípio da irretroatividade, no tocante aos fatos (fatos geradores concretos) ocorridos em 1964, sendo irrelevante para tanto a previsão de que o pagamento deveria ser feito somente no ano de 1965.

Acaso se aceitasse a tese contida no julgamento do RE 65.612, inexistiria norma tributária retroativa, pois o conseqüente de toda e qualquer norma é sempre projetado para o futuro, isto é, o conseqüente normativo prescreve o dever de pagar tributo cujo vencimento do prazo para pagamento é necessariamente posterior à data da publicação da lei. Como se disse, não tem sentido ôntico-jurídico uma norma tributária obrigar que alguém pague certo valor antes de a respectiva lei ser publicada. Ter-se-ia norma tributária de cumprimento fisica e juridicamente impossível.

É lamentável que tenha sido construída essa interpretação contida no julgamento do RE 65.612, que se revela, desde a sua gênese, absurda e flagrantemente ofensiva ao princípio da irretroatividade (previsto desde a primeira Constituição Brasileira – a Imperial de 1824 – e preservado até a Constituição de 1988), é mais lamentável ainda que tal interpretação tenha servido de referência para os RREE 74594, 80250 e 80620, os quais deram origem à Súmula 584, e revela-se absolutamente preocupante conceber que a Suprema Corte, sob a égide da atual Constituição, ainda aplique essa malfadada súmula.

8. FLAGRANTE VIOLAÇÃO DO PRINCÍPIO DA ANTERIORIDADE TRIBUTÁRIA PREVISTO PELA A EC N.º 18/1965, PELA EC N.º 1/1969 E PRESERVADO PELA CONSTITUIÇÃO DE 1988

Se não bastasse ser flagrantemente ofensiva do princípio da irretroatividade, a interpretação contida nos RREE 74594, 80250 e 80620 é manifestamente violadora do princípio da anterioridade tributária.

É preciso não olvidar que, à época do advento do *Decreto-lei n° 62/66* (instrumento legal debatido nos RREE 74594, 80250 e 80620), vigia a Constituição de 1946, já alterada pelo disposto na Emenda Constitucional n.º 18, de 1º de dezembro de 1965. Essa Emenda conferiu uma nova feição para o sistema constitucional tributário até então vigente.

Antes de adentrar no exame da realidade constitucional informada pela EC 18/1965, convém recordar que a primeira vez que surgiu no texto constitucional brasileiro uma garantia de irretroatividade qualificada em matéria tributária foi com o advento da Constituição de 1946, que dispôs no § 34 do art. 141 sobre a garantia que passou a ser designada como *princípio da anualidade tributária*. Por força dessa garantia, a instituição ou aumento de tributo passou a ficar condicionado à prévia autorização orçamentária, ressalvada a tarifa aduaneira e o imposto lançado por motivo de guerra.[25]

A EC 18/1965, entre outras disposições, determinou a abolição do *princípio da anualidade tributária* (art. 25), estabelecendo, em seu lugar, uma nova garantia tributária, uma nova espécie de irretroatividade qualificada em matéria tributária, a qual ficou conhecida como *princípio da anterioridade tributária* (inciso II do art. 2º).

25 Importa também lembrar que, no ano de 1963, antes portanto da alteração promovida pela referida EC n.º 18/65, que introduziu o *princípio da anterioridade*, o Supremo Tribunal Federal, ao interpretar o § 34 do art. 141 da Constituição de 1946, consolidou o entendimento de que seria suficiente que a lei que dispusesse sobre a criação ou aumento de tributo fosse publicada num exercício para valer para o subseqüente. Daí as Súmulas 66 e 67, ambas aprovadas na sessão plenária de 13/12/1963, que têm como referência o § 34 do art. 141 da Constituição de 1946, as quais assim dispõem:

"Súmula 66: É legítima a cobrança do tributo que houver sido aumentado após o orçamento, mas antes do início do respectivo exercício financeiro.";

"Súmula 67: É inconstitucional a cobrança do tributo que houver sido criado ou aumentado no mesmo exercício financeiro."

Pela garantia prevista neste dispositivo[26], a União, os Estados, o Distrito Federal e os Municípios não poderiam instituir imposto sobre o patrimônio e a renda, com base em lei posterior à data inicial do exercício financeiro a que corresponda. Alerta-se para o fato de o princípio da anterioridade ter sido introduzido pela EC n.º 18/65 somente para impostos sobre o patrimônio e a renda, nada dispondo quanto aos demais tributos.

Feito esse breve escorço sobre a realidade constitucional vigente em 1966, é surpreendente que, apesar de já existir no sistema brasileiro e ser expressamente aplicável ao imposto sobre a renda, nenhuma referência tenha sido feita ao princípio da anterioridade no julgamento do RE 74.594.

Uma possível explicação pode ser a circunstância de no julgamento do RE 65.612, precedente expressamente citado no RE 74.594, não se ter discutido acerca da aplicação do princípio da anterioridade ao previsto nos arts. 31 e 32 da Lei n.º 4.494/64.

É natural que a matéria disposta nos arts. 31 e 32 da Lei n.º 4.494/64 (publicada no DO de 25/11/1964) e que foi objeto de exame no RE 65.612 não tenha sido apreciada à luz do *princípio da anterioridade*, pois este só foi introduzido pela EC 18/1965. Por sua vez, também não poderia ser apreciada à luz do *princípio da anualidade tributária*, já que à época (novembro de 1964) o § 34 do art. 141 da Constituição de 1946 estava com a vigência suspensa pela EC 7/1964.

Todavia, quando do advento do DL n° 62/66, instrumento legal debatido nos RREE 74594, 80250 e 80620, já estava vigendo o princípio da anterioridade, não havendo, pois, a menor justificativa para esse princípio ter sido completamente ignorado.

Vale repisar que nos três precedentes da Súmula 584 decidiu-se a questão (a aplicação do DL 62, de 21.11.66, sobre a renda auferida no próprio ano de 1966) mediante a exclusiva consideração do princípio da irretroatividade, sem proceder a qualquer discussão relativa ao princípio da anterioridade. Ora, tendo em conta que o princípio da anterioridade foi inserido no sistema constitucional brasileiro pelo inciso II do art. 2º da Emenda Constitucional n.º 18, de 1º de dezembro de 1965, e que tal princípio era expressamente aplicável ao imposto sobre a renda, é inadmissível que essa inovação constitucional tenha sido completamente ignorada naqueles três precedentes.

---

26 Emenda Constitucional n.º 18, de 1º de dezembro de 1965:

"Art. 2º É vedado à União, aos Estados, ao Distrito Federal e aos Municípios:

...

II — cobrar imposto sobre o patrimônio e a renda, com base em lei posterior à data inicial do exercício financeiro a que corresponda;

...

Art. 25. Ressalvado o disposto no artigo 26 e seus parágrafos, ficam revogados ou substituídos pelas disposições desta Emenda o art. 15 e seus parágrafos, o art. 21, o § 49 do art. 26, o art. 27, o art. 29 e seu parágrafo único, os de ns. I e II do art. 30 e seu parágrafo único, o art. 32, o § 34 do art. 141, o art. 202 e o art. 203 da Constituição, o art. 5º da Emenda Constitucional nº 3, a Emenda Constitucional nº 5 e os arts. 2º e 39 da Emenda Constitucional nº 10."

Considerando (i) esse gravíssimo vício que contaminou a gênese da Súmula 584, (ii) que o sentido do princípio da anterioridade restou preservado pela Constituição de 1988 e (iii) que o Supremo Tribunal Federal decidiu que tal princípio representa uma cláusula pétrea do sistema constitucional brasileiro (ADI 939), conclui-se que é totalmente insustentável aplicar nos dias atuais a interpretação consubstanciada na vetusta Súmula 584.

Urge ainda dizer que o completo afastamento da aplicação da Súmula 584, bem como a plena aplicação do princípio da anterioridade ao imposto sobre a renda independem da circunstância de o período de apuração do imposto sobre a renda ser anual, semestral, trimestral ou mensal (respectivamente, fato ocorrido, consumado no último instante do dia de cada ano, semestre, trimestre ou mês), porquanto, por força do princípio da anterioridade, seja qual for o período de apuração, a lei que dispuser sobre a instituição ou a majoração do imposto sobre a renda, se publicada em um exercício, somente poderá implicar a incidência da nova norma com relação ao fato (ou aos fatos, no caso de período de apuração inferior ao anual) que ocorra(m) no exercício subseqüente.[27]

9. A SEGURANÇA JURÍDICA EM MATÉRIA DE IMPOSTO SOBRE A RENDA E A NECESSIDADE DE A CONSTITUIÇÃO BRASILEIRA SER PLENAMENTE CUMPRIDA

A existência de recentes decisões do STF que aplicam o entendimento consubstanciado na Súmula 584 (ao lado de outras do STF que não aplicam) representa gravíssimo risco para toda a sociedade brasileira, pois:

a) denota o menosprezo a um dos princípios mais caros do nosso sistema, presente desde a primeira Constituição Brasileira (a Imperial de 1824), qual seja o *princípio da irretroatividade* de normas que afetam a liberdade do cidadão, à medida que se permite que uma norma tributária possa incidir sobre fatos ocorridos antes de ela entrar em vigor (ano-base), ainda que prescreva que o pagamento será feito em momento posterior (exercício financeiro);

b) revela a possibilidade de serem criadas normas retroativas (com o critério temporal do antecedente da norma projetado para alcançar fato que ocorreu ou que pode ter ocorrido antes de a norma entrar em vigor) em qualquer área jurídica (tributária ou não), desde que o momento do cumprimento da obrigação (critério temporal do conseqüente normativo) seja posterior ao do início de vigência da norma;

27 Segundo a sistemática do imposto sobre a renda das pessoas jurídicas atualmente vigente no Brasil (art. 1º da Lei n.º 9.430/96), o lucro real dessas pessoas é determinado, de forma definitiva, com base numa apuração trimestral (período de apuração do fato *Renda*). Também pode ser apurado *anualmente*, desde que sejam feitos pagamentos mensais calculados *por estimativa*, sujeito a ajuste com base em declaração anual (art. 2º da Lei n.º 9.430/96). O tema da periodicidade mínima para a apuração do fato *Renda* foi objeto de minuciosa apreciação em outra oportunidade. *Imposto sobre a renda* ..., pp. 247 e segs.

c) torna sem qualquer utilidade a existência do princípio da anterioridade para o sistema do imposto sobre a renda, apesar de a Constituição Brasileira dispor que esse princípio a tal imposto é aplicável – ter-se-ia-se o equivalente a uma *interpretação contrária à Constituição* vigente ou a uma *reforma constitucional sem mudança de texto e ofensiva à cláusula pétrea* (o que expressa uma séria contradição, já que o próprio Supremo Tribunal Federal decidiu na ADI 939 que o princípio da anterioridade sequer por emenda constitucional pode ser afastado); e

d) provoca nefastos efeitos sobre o sobre o valor Segurança Jurídica, com sérios prejuízos para a higidez do sistema jurídico nacional e para toda a sociedade.

Ante todas as razões expostas é salutar que toda a comunidade jurídica una esforços no sentido de promover a plena aplicação dos princípios da irretroatividade e da anterioridade tributárias, e, por conseguinte, afastar, uma vez por todas, a aplicação da interpretação consubstanciada na Súmula 584, porquanto essa é a única solução capaz de devolver coerência e racionalidade ao sistema constitucional brasileiro, em especial ao subsistema constitucional tributário atinente ao imposto sobre a renda.

Alcançar esse desiderato é missão essencial, que pode ser conquistada de modo mais rápido e eficiente, acaso não se perca de vista que o próprio Supremo Tribunal Federal, por duas vezes,- na ADI 513 e na ADI 2588, decidiu de modo lapidar, com efeito *erga omnes*, *ex tunc* e vinculante, pela aplicação plena dos princípios da irretroatividade e da anterioridade tributária ao imposto sobre a renda, bem como pela impossibilidade de a interpretação consubstanciada na Súmula 584 subsistir ante as claras disposições da Constituição Brasileira de 1988.

O entendimento firmado no julgamento da ADI 513 e da ADI 2588 possui extrema relevância para o tema em comento, não só por ser dotado de efeitos *erga omnes*, *ex tunc* e vinculante, mas, principalmente, por denotar um marco na história da Suprema Corte, em função da forma ampla e percuciente pela qual a matéria foi analisada. Nessas decisões, restou devidamente pontificado que:

a) os princípios da irretroatividade e da anterioridade são plenamente aplicáveis ao imposto sobre a renda, por força do disposto no art. 150, III, "a", "b" e § 1 º, da Constituição;

b) independentemente de o período de apuração do imposto sobre a renda ser anual (fato ocorrido, consumado no final do dia 31 de dezembro de cada ano) ou mensal (fato ocorrido, consumado no final do último dia de cada mês), por força do princípio da anterioridade, a lei que dispuser sobre a instituição ou a majoração do imposto sobre a renda somente poderá implicar a incidência com relação aos fatos ocorridos no exercício subseqüente ao da sua publicação; e

c) o entendimento consolidado na Súmula 584 é totalmente incompatível com o sistema constitucional vigente, sendo seus fundamentos insustentáveis – o que explica a arguta afirmação do Ministro Sepúlveda Pertence em seu voto na ADI 513, acompanhando as manifestações dos Ministros Célio Borja, relator, e Marco Aurélio: "nunca me entusiasmei, para dizer o menos, com a doutrina subjacente à Súmula 584".

Esses emblemáticos julgamentos da reafirmam a necessidade e restauram a esperança de que o Supremo Tribunal Federal supere, de uma vez por todas, o entendimento consubstanciado na sua malsinada Súmula 584, fazendo com que prevaleça a interpretação consonante com a coerência do sistema, com a racionalidade dos argumentos e com os mais elevados valores constitucionais, a qual confere plena aplicação dos princípios da irretroatividade e da anterioridade ao imposto sobre a renda e proventos de qualquer natureza.

Moralidade e Capacidade Contributiva

Betina Treiger Grupenmacher[1]

Sumário: 1. A homenagem. 2. Introdução. 3. Os princípios da moralidade e da eficiência administrativa. 4. Moralidade e capacidade contributiva. 4.1. Justiça, ética e distributividade segundo o pensamento aristotélico. 4.2. Princípio da Capacidade Contributiva e Moralidade. 5. Interesse público e capacidade contributiva

1. A HOMENAGEM

O presente ensaio é uma singela homenagem ao inesquecível e querido professor Ricardo Lobo Torres.

A par de ser um ilustre jurista, cujas pertinentes lições iluminaram o caminho de muitos, como o meu, o professor Ricardo era uma pessoa incrível. Era muito bom ter tempo para conversar demoradamente com ele. Sempre muito carinhoso, suas palavras e atenção tinham o efeito de um forte abraço, aquele dos quais ninguém pode prescindir.

Suas abordagens interdisciplinares do Direito Tributário, Direito Financeiro e Direito Constitucional foram, são e serão importantes para o crescimento intelectual daqueles que se dedicam ao estudo do Direito Público, e comprovam a absoluta inexistência de autonomia entre os vários ramos do direito.

Certamente sentiremos sua ausência como amigo, e das suas lições, como alunos.

2. INTRODUÇÃO

Buscamos, no presente estudo, investigar a importância do princípio da moralidade administrativa no campo da tributação, especialmente no que diz respeito ao princípio da capacidade contributiva, quando da instituição e majoração dos tributos.

---

1 Advogada. Pós-Doutora pela Universidade de Lisboa. Doutora pela Universidade Federal do Paraná onde é professora associada de Direito Tributário. Visiting Scholar pela Universidade de Miami.

Os princípios da capacidade e da moralidade são recorrentemente investigados e invocados pela doutrina e pela jurisprudência, sobretudo pelos tribunais superiores, em razão da aparente despreocupação com a sua observância pelos legisladores e agentes do Poder Executivo. Este último, com não rara frequência, cria e aumenta tributos, valendo-se de instrumentos secundários introdutórios de normas jurídicas, agredindo com isso os princípios da estrita legalidade tributária e da capacidade contributiva, agindo, portanto, imoralmente.

O princípio da moralidade administrativa adquire relevo no campo do direito tributário, exemplificativamente, quando se investiga a justiça da tributação e do sistema tributário como um todo, com especial atenção ao princípio da capacidade contributiva. Relacionada ao sistema tributário justo está, inclusive, a preocupação com a sustentabilidade das riquezas passíveis de tributação. A impossibilidade de utilização de precatórios para pagamento/compensação de tributos e a vedação de repetição de indébito a quem prove ter suportado o ônus da tributação relativa aos chamados tributos indiretos, entre outros, são temas estreitamente relacionados ao princípio da moralidade.

Importa destacar que o estudo da moralidade não é apenas uma preocupação do operador do direito brasileiro, mas de todos aqueles que integram Estados democráticos.

É fato que a crise que abate a economia brasileira incrementou sensivelmente a preocupação com a observância do princípio da moralidade, pois, com não rara frequência, em nome do interesse público, as autoridades fazendárias, e também os legisladores, justificam o atropelo a vários direitos e garantias individuais.

Definitivamente, estamos diante de mais uma hipótese em que se verifica antinomia entre os princípios do interesse público e o da moralidade administrativa, e a solução definitiva cabe, neste caso, ao Poder Judiciário.

3. OS PRINCÍPIOS DA MORALIDADE E DA EFICIÊNCIA ADMINISTRATIVA

A Constituição Federal dispõe em seu art. 37 que: "A administração pública direta e indireta de qualquer dos Poderes da União, dos Estados, do Distrito Federal e dos Municípios obedecerá aos princípios da legalidade, impessoalidade, moralidade, publicidade e eficiência".

O princípio da moralidade administrativa deve nortear a atuação dos agentes administrativos, sendo-lhes defeso agir em descompasso com os padrões éticos e moralmente aceitos pela sociedade.

Hely Lopes Meirelles, sintetizando as lições de Maurice Hauriou, leciona acerca de tal princípio:

> A moralidade administrativa constitui, hoje em dia, pressuposto da validade de todo ato da Administração Pública (Const. Rep., art. 37, caput). Não se trata – diz Hauriou, o sistematizador de tal conceito – da moral comum,

> mas sim de uma moral jurídica, entendida como 'o conjunto de regras de conduta tiradas da disciplina interior da Administração'. Desenvolvendo a sua doutrina, explica o mesmo autor que o agente administrativo, como ser humano dotado da capacidade de atuar, deve, necessariamente, distinguir o Bem do Mal, o honesto do desonesto. E, ao atuar, não poderá desprezar o elemento ético de sua conduta. Assim, não terá que decidir somente entre o legal e o ilegal, o justo e o injusto, o conveniente e o inconveniente, o oportuno e o inoportuno, mas também entre o honesto e o desonesto. Por considerações de direito e de moral, o ato administrativo não terá que obedecer somente à lei jurídica, mas também à lei ética da própria instituição, porque nem tudo que é legal é honesto, conforme já proclamavam os romanos – *non omne quod licet honestum* est. A moral comum, remata Hauriou, é imposta ao homem para sua conduta externa; a moral administrativa é imposta ao agente público para a sua conduta interna, segundo as exigências da instituição a que serve, e a finalidade de sua ação: o bem comum.[2]

No âmbito tributário, o princípio da moralidade é incompatível com medidas que constranjam o patrimônio dos particulares, impeditivas do livre exercício de suas atividades pessoais e profissionais, como, por exemplo, ocorre quando a administração fazendária se nega a restituir valores indevidamente recebidos e/ou impede a compensação com tributos devidos pelo sujeito passivo.

O princípio da eficiência, por seu turno, está consagrado no *caput* do artigo 37 da Constituição Federal e, em matéria tributária, revela-se com a atuação ótima das administrações fazendárias, o que ocorre, por exemplo, quando a arrecadação se dá em sua plenitude com o menor sacrifício do contribuinte. Tal circunstância revela proporcionalidade e equivalência na equação "custo-benefício". Exemplo de atuação ineficiente da administração fazendária verifica-se, entre outras hipóteses, quando os sujeitos ativos se negam a autorizar a quitação de tributos com precatórios. Tal postura demonstra que, no Brasil, a autoridade fazendária é eficiente em arrecadar, mas ineficiente no pagamento de suas dívidas.

O princípio da eficiência em matéria tributária deve ser uma "via de mão dupla". A eficiência na devolução dos valores – indevidamente recebidos com o pagamento de tributos – deve se dar na mesma proporção da eficiência quanto à sua cobrança, pois o referido princípio, agregado ao da moralidade, veda o enriquecimento sem causa do Estado.

O princípio da moralidade demanda também o comportamento ético por parte dos agentes administrativos e a sua submissão com rigor à lei, observada a pauta de valores morais vigentes no corpo social. O atuar da Administração sem lisura, de má--fé, desviada da finalidade legal ou motivada por interesse particular, implica violação ao princípio da moralidade.

---

2 MEIRELLES, Hely Lopes. **Direito Administrativo Brasileiro**. 15. ed. São Paulo: Revista dos Tribunais, 1990. p. 79-80.

Segundo pondera a Ministra Carmem Lúcia Antunes Rocha,

> (...) a moralidade administrativa deve ser admitida como parte integrante do conteúdo dos demais princípios administrativos, acrescentando que no Estado Democrático de Direito o que se exige é legalidade moral. Desta forma, não basta o simples alcance do fim público, necessário se faz que as decisões administrativas sejam tomadas observando-se a virtude do bem, da boa-fé, da lealdade, garantindo-se a honestidade.[3]

Sobre a aplicabilidade do artigo 37 da Constituição Federal ao direito tributário, em artigo que versa sobre o princípio da moralidade pública, Marçal Justen Filho, afirma: "No âmbito tributário, isso significa que a autuação administrativa do Fisco somente se configura válida quando compatível com os postulados da moralidade pública".[4]

A moralidade é princípio de observância obrigatória em toda conduta administrativa, seja na atuação vinculada seja na discricionária. É no campo de discricionariedade, porém, em que se verifica, com maior frequência, a prática de atos imorais.

Ao optar por determinada medida administrativa, no exercício de atribuição discricionária, o administrador público não pode distanciar-se dos valores éticos vigentes na sociedade. Deve atuar com lisura, boa-fé, honestidade, satisfazendo as exigências legais e, também, as morais que permeiam a coletividade.

A discricionariedade da administração pública é limitada pelo direito e pela moral e, em razão disso, deve adotar comportamentos que assegurem a conduta que seja ética, entre as várias soluções legais possíveis.[5]

4. MORALIDADE E CAPACIDADE CONTRIBUTIVA

4.1. Justiça, ética e distributividade segundo o pensamento aristotélico

É certo que os conceitos de justiça, ética e moral são conceitos dotados de alta carga valorativa, em razão do que os seus conteúdos são, *a priori*, indeterminados.

Muitos foram e são os filósofos dedicados ao estudo do conceito e da definição de justiça, sendo extremamente relevantes as pesquisas existentes nessa matéria. No entanto, adotaremos, para os fins do presente estudo, a doutrina aristotélica, que nos parece mais pertinente com o tema aqui investigado.

---

3 ANTUNES ROCHA, Carmen Lúcia. **Princípios Constitucionais da Administração Pública**. Belo Horizonte: Del Rey, 1994. p. 214.

4 JUSTEN FILHO, Marçal. **O Princípio da Moralidade Pública e o Direito Tributário**. Revista de Direito Tributário, São Paulo, nº 67, p. 65.

5 Lopes, Maurício Antônio Ribeiro. **Ética e Administração Pública**. São Paulo: Revista dos Tribunais, 1993. p. 75.

A utilização da tributação com vistas à distributividade teve seu berço na doutrina aristotélica que, ao mesmo tempo em que propôs um conceito de distribuição, relacionou-o às virtudes da justiça e da ética.

Na democracia ateniense, a relação entre iguais só existia entre os homens livres, aqueles que tinham tempo e condições econômicas para participar das assembleias e decisões, ficando, portanto, excluídos os escravos, mulheres, crianças e estrangeiros.

No mundo grego, o cidadão não era um mero espectador, era coparticipe da *polis*, com direito de voz e voto em todas as discussões e decisões. Fazer parte da máquina política era motivo de honra e, por isso, a distribuição de cargos políticos e honrarias deveria ser justa, observando-se a condição de liberdade, a riqueza e a virtude dos homens livres.

A chave para compreender a justiça, a ética e a política, segundo o pensamento de Aristóteles, partia da relação existente entre elas.

Quanto ao conceito de justiça, Aristóteles acreditava que as discussões sobre o seu conteúdo levavam a debates sobre honra, virtude e a natureza de uma vida boa.

Tudo o que foi desenvolvido sobre justiça sob a orientação de Aristóteles o foi no *peripatos* (passeio arborizado, pois a escola aristotélica desenvolvia os estudos caminhando por campos).

Aristóteles usou a justiça muitas vezes em sua obra por considerá-la um ótimo pressuposto para analisar várias outras questões sociais.

O problema da justiça para a filosofia de Aristóteles é uma questão de ética e a eticidade não se distancia da racionalidade. A compreensão do ser racional possui razões práticas e razões teóricas (teorética).

A racionalidade, segundo o referido filósofo grego, é inerente ao ser humano, que possui a faculdade de alcançar a felicidade (*eudaiomonia*) por meio das faculdades racionais.

A decisão sobre a ética do comportamento humano acontece dentro do indivíduo, que ao exteriorizar alguma ação pode se valer de meios com alcance coletivo.

O que Aristóteles quis dizer, segundo pensamos, é que a aferição do justo ou injusto depende da moral média da sociedade, ou seja, do que é socialmente aceito, ou ainda, noutro giro linguístico, da adequação ou não da conduta do indivíduo ao meio social em que se insere. A justiça verifica-se, portanto, nas atitudes dos homens com reflexo na sociedade que atingem o coletivo.

Uma ação ética que, superado o juízo racional individual, tenha sido praticada de acordo com o socialmente aceito era, para Aristóteles, uma ação justa e, portanto, virtuosa. Por outro lado, as ações injustas eram antiéticas, por ele classificadas como um vício social.

Portanto, para a doutrina aristotélica a justiça é a virtude que corresponde à sociabilidade. A justiça sendo uma virtude completa podia ser classificada em: a) justiça *total, integral* ou *universal*, segundo a qual a sociedade e a lei têm um denominador comum, que é a necessidade de regulamentar a conduta humana em interação. A legalidade é a garantia da coexistência humana de modo harmônico. A lei não é apenas um veículo que prescreve condutas sociais, é principalmente o que mantém a estrutura social.

Estar inserido em uma estrutura social pressupõe a intenção de observar as respectivas leis. É o que promove a harmonia social, porque estão contempladas na legislação as normas para a conformação do indivíduo à sociedade.

Para Aristóteles, há justiça universal quando as ações justas alcançam todos os que vivem no mesmo espaço social. Essa concepção só leva em consideração a ideia do coletivo, ignorando os comportamentos individuais.

Segundo Aristóteles, além da justiça *universal*, há a justiça particular que se verifica nas relações entre dois indivíduos, sejam elas voluntárias ou involuntárias.

Em "Ética a Nicómaco", Aristóteles buscou esclarecer o significado de distribuição justa e injusta segundo a sua racionalidade.

A racionalidade da justiça Aristotélica é uma racionalidade teleológica, ele argumentava que, para precisar a justiça da distribuição, é necessário investigar o seu *telos*, ou seja, o seu propósito. A distribuição justa é a proporcional, a isonômica. Em sentido oposto, a injusta é aquela mais vantajosa para uns do que para outros e isonomia, na visão aristotélica, implica no tratamento desigual, observadas as desigualdades, já que não somos todos absolutamente iguais.

Assim, a justa distribuição de cargos e honrarias era aquela que, respeitada a racionalidade das atribuições, parte de concepções éticas internas, que observam a moral média da sociedade, os méritos de cada qual e que, nessa medida, sejam isonômicas. Isso é o que o filósofo qualifica como uma ação virtuosa.

Aristóteles considerava que o propósito da política era promover a vida boa. Para ele, a participação dos cidadãos na política era essencial para alcançar uma vida boa e, nessa medida, os cargos e as honrarias políticas deviam ser distribuídos com justiça, segundo o seu mérito e merecimento, tudo com o objetivo de realizar, por meio da política, a vida boa.

Aristóteles introduziu a ideia de linguagem como veículo pelo qual se manifesta o justo e o injusto, o certo e o errado, o que concebeu partindo do entendimento de que os seres humanos, diferentemente dos outros animais, possuem a faculdade de se comunicar por meio dela.

Acreditava que a associação política permite o exercício da linguagem, porque, em razão das decisões da *polis*,eram realizadas asdeliberações sobre o justo e o injusto, vertidos em linguagem.

A concepção de distribuição na doutrina aristotélica não tem correspondência com a compreensão que dela temos na atualidade, porque hoje ela está vinculada à ideia de acúmulo e não de distribuição. A relação entre o cidadão e a *polis*, na Grécia Antiga, era a de acionista e não a de contribuinte, como é hoje. O cidadão disponibilizava suas riquezas e conhecimentos para a comunidade e recebia em troca segurança, estabilidade, honra e bens.

Segundo Aristóteles a moral como virtude é algo que aprendemos na prática, devemos, de alguma forma, desenvolver primeiramente hábitos corretos. Entendia ser este o princípio primordial da lei – cultivar hábitos que façam de nós indivíduos de bom caráter.

A lei se vinculava à conquista da *eudaimonia* como felicidade, conduzindo o homem sério a uma vida de sucesso no contexto de sua comunidade concreta.

Conforme se verifica do trecho ora transcrito, o termo *injusto* é expresso tanto como indicativo do indivíduo que transgride a lei, quanto do indivíduo que toma mais do que lhe é devido, o indivíduo não equitativo:

> Considera-se como injusto aquele que viola a lei, aquele que toma mais do que lhe é devido, como também aquele que viola a igualdade (tomando, no que respeita às coisas más, menos do que sua parte), de sorte que evidentemente o homem justo (ao contrário) é, portanto, o que observa a lei e respeita a igualdade. O justo é, portanto, o que é conforme a lei e respeita a igualdade, e o injusto o que é contrário à lei e falta à igualdade.[6]

Esta categorização do indivíduo como injusto ou o não equitativo, determina-se no horizonte da relação entre os homens, mediada pelos bens exteriores; trata-se especialmente da repartição dos bens de que depende o êxito e o fracasso. A justiça como virtude é própria do homem que não deseja nem mais nem menos do que a parte que lhe é devida e do que merece, enquanto o injusto quer demais do que é bom e de menos do que é mau.

Acreditava não ser possível ser justo sem observar as virtudes do caráter, sobre as quais a lei dispõe. Ser justo, para a doutrina aristotélica, significava ser respeitador da lei, ser corajoso, generoso e deter todas as demais virtudes que tornam o homem excelente em cada situação concreta da vida.

Segundo o referido filósofo, a justiça ou a injustiça vinculada à ideia de ética estão relacionadas à prática humana, ao fazer individual que transborda da esfera privada para alcançar a esfera pública, o coletivo. Uma conduta pode ser considerada ética quando estiver em conformidade com os objetivos sociais. À justiça se opõe a um único vício, qual seja, a injustiça. Aquele que age de modo injusto está em excesso, por ter interferido no domínio alheio, enquanto aquele que sofre a injustiça está em defeito, por ter sido o sujeito passivo da relação.[7]

Para a doutrina aristotélica, a justiça distributiva verificava-se entre quatro elementos de uma relação: dois sujeitos comparados entre si e dois objetos.

---

6 ARISTOTELES. **Ética a Nicômaco**. 1967, V, I, 1129a, p. 216.

7 BITTAR, Eduardo C. B. **Curso de Filosofia Aristotélica**: Leitura e Interpretação do Pensamento Aristotélico. São Paulo: Manole, 2003, p. 1043.

Segundo concebeu o pensador, a distribuição era justa quando atribuía a cada um aquilo que lhe era devido, na medida de seus méritos.

Aristóteles, inicialmente, vinculou a ideia de justiça à de méritos, considerando justo o tratamento desigual segundo o mérito dos sujeitos em comparação.

Para cada comunidade política correspondia um tipo diferente de critério de diferenciação na distribuição de riquezas, honra e encargos. A cada sistema político correspondia uma forma diferente de se fazer justiça distributiva.[8]

Já a justiça corretiva é uma justiça reguladora das relações mútuas, tende a fazer com que cada uma das partes se encontre com a outra em uma condição de paridade, sem que nenhuma delas receba mais ou menos. Pressupõe-se uma relação de coordenação. É uma igualdade aritmética. Não há análise de mérito, de honras. Há apenas uma ideia de divisão perfeita, de abstração.

A abstração e a impessoalidade devem nortear as leis posto que devem alcançar uma pluralidade de cidadãos e uma multiplicidade de casos.

No entanto, é certo que não existe lei capaz de ditar regras aplicáveis a toda gama de relações sociais; não se trata de uma deficiência da lei, mas sim de uma riqueza infinita de fatos e sujeitos.

O dever de pagar impostos, assim como o direito de cobrá-los, devem observar a moral e a ética de parte a parte, ou seja, do Estado para com o contribuinte e vice-versa.[9]

A adoção de uma postura ética por parte do contribuinte verifica-se, sobretudo, com o adimplemento das obrigações tributárias. O Estado, ao seu turno, atua justa e eticamente, quando, ao exercer o poder de imposição tributária, observa fielmente os direitos e garantias do contribuinte, tal como o princípio da capacidade contributiva, cobrando os tributos de acordo com as condições individuais dos sujeitos passivos.

4.2. Princípio da Capacidade Contributiva e Moralidade

A cobrança de tributos, mormente nos Estados Fiscais, presta-se, fundamentalmente, a financiar as instituições democráticas e a prover o Estado de recursos para fazer frente aos custos públicos, especialmente no que concerne a serviços e investimentos. Por outro lado, além de atuar como fonte de

---

8 Ibdem, p. 1047-1048.

9 Acerca da moral do Estado e bem assim da do contribuinte, escreveu Klaus TIPKE: "No debate sobre questões fiscais se fala com frequência de moralidade tributária. Em particular, o sindicato fiscal alemão e os autores pertencentes à administração tributária costumam queixar-se da deficiente moralidade fiscal de muitos cidadãos. A federação de contribuintes e os assessores fiscais costumam responder que uma moral tributária deficiente é reflexo da deficiente moral fiscal do Estado, pois um fenômeno é consequência do outro. (...). Por conseguinte, a ética tributária é a teoria que estuda a moralidade das atuações em matéria tributária desenvolvidas pelos poderes públicos – legislativo, executivo e judiciário – e pelo cidadão contribuinte". (TIPKE, Klaus. **Moral Tributaria del Estado y de los Contribuyentes**. Madrid: Marcial Pons, Ediciones Jurídicas y Sociales, S. A., 2002. p. 21.)

financiamento do Estado, a tributação é, sem dúvida, o mais poderoso e eficiente instrumento de redistribuição de riquezas, com o que se opera a redução de diferenças sociais, e implementa-se a justiça fiscal e a justiça social.

Na atualidade, a ideia de solidariedade no âmbito da tributação é fruto da investigação e do estudo de doutrinadores italianos capitaneados por Francesco Moschetti, que realizou um dos mais abrangentes estudos sobre o disposto no artigo 53 de sua Constituição italiana, cuja formulação exprime o dever de observância ao princípio da capacidade contributiva.

Todos têm o dever de fazer frente aos custos despendidos com a consecução do bem comum. A solidariedade na tributação reflete um sacrifício individual em benefício do interesse geral. O respeito à capacidade contributiva é uma projeção do princípio da solidariedade.[10]

Como ponderou Ricardo L. Torres, "com a reaproximação entre a ética e o direito procura-se hoje justificar a capacidade contributiva pelas ideias de solidariedade ou fraternidade".[11]

No Brasil, são vários os dispositivos constitucionais que estabelecem normas e princípios tendentes à realização da solidariedade. Além do artigo 3º, inciso I, da Constituição Federal,[12] todas as normas que disciplinam a atividade cooperativa têm como "pano de fundo" a realização da economia solidária.

O princípio da solidariedade, portanto, é um dos fundamentos da atividade impositiva, a qual se deve reger pelos postulados da ética e da justiça, ao observar a progressividade, a proporcionalidade e a generalidade na instituição e cobrança de tributos.

Segundo leciona Clotilde C. Palma:

> No que se reporta concretamente à justiça fiscal, é hoje em dia reconhecido unanimemente que implica que todos aqueles que se encontrem nas mesmas condições devem pagar o mesmo montante de imposto (igualdade horizontal), devendo aqueles que se encontrem em diferentes condições pagar

---

10 Ensina Pedro Manuel H. MOLINA que: "En la doctrina más moderna, ha renacido el interés hacia el principio de solidaridad como fundamento del ordenamiento financiero. La literatura española lo considera el fundamento del deber de contribuir. En Italia, el profesor MOSCHETTI estima que el deber de 'todos' a 'concurrir a los gastos públicos en relación a su capacidad contributiva' es expresión del genérico deber de solidaridad económica, política y social recogido en el art. 2 de la Constitución. A juicio de este autor, el fundamento de la prestación tributaria está en «el *deber de solidaridad* que vincula al bien común la potencialidad de todo sujeto que forme parte de una comunidad». En Alemania, la capacidad económica se considera directamente como exigencia del principio de solidaridad, o como corolario del Estado social". (MOLINA, Pedro Manoel Herrera. **Capacidad Económica y Sistema Fiscal**: Análisis del ordenamiento español a la luz del Derecho alemán, p. 93-94.)

11 TORRES, Ricardo Lobo. Existe um Princípio Estrutural da Solidariedade? In: GRECO, Marco Aurélio; GODÓI, Marciano Seabra (Coords.). **Solidariedade Social e Tributação**. São Paulo: Dialética, 2005. P. 200.

12 Art. 3º Constituem objetivos fundamentais da República Federativa do Brasil: I – construir uma sociedade livre, justa e solidária; II – garantir o desenvolvimento nacional; III – erradicar a pobreza e a marginalização e reduzir as desigualdades sociais e regionais; IV – promover o bem de todos, sem preconceitos de origem, raça, sexo, cor, idade e quaisquer outras formas de discriminação.

montantes diversos de imposto, de forma que a carga tributária recaia mais intensamente sobre aqueles que estejam em melhores condições (igualdade vertical).[13]

O conceito de justiça é fundamental para o direito, mas é dotado de elevado nível de abstração, por ser um conceito com alta carga valorativa, o que, no mais das vezes, torna-o vago e impreciso.

Em um Estado Social Fiscal de Direito, as leis devem ser materialmente justas, observando-se a igualdade, a solidariedade e a liberdade.

Esta é, precisamente, a razão pela qual o legislador constituinte inseriu o artigo 3º, inciso I, no texto constitucional, regra em que declara expressamente como objetivo do Estado brasileiro "constituir uma sociedade livre, justa e solidária".

Só há sociedade livre, justa e solidária quando o sistema tributário é composto por leis tributárias materialmente justas. A política tributária há de ser, nessa medida, a política da justiça, aquela que reflita um comportamento revestido de moralidade no exercício do poder de tributar. É a chamada ética fiscal, pressuposto necessário para que os cidadãos ajam com moral igualmente, suportando e cumprindo seu dever de pagar impostos.

A vinculação entre o direito tributário e os direitos fundamentais é reconhecida pela doutrina contemporânea, que se consolida a partir da conscientização de que a tributação existe como forma de realização da justiça social, sendo um importante instrumento para que se alcance uma vida digna para todos.

A liberdade, a solidariedade e a igualdade são os sustentáculos do Estado Democrático de Direito e bem assim do Estado Social de Direito. A justiça fiscal só se realiza com a edição de leis tributárias que distribuam igualmente a carga impositiva, onerando mais pesadamente aqueles que têm mais aptidão para contribuir e desobrigando do pagamento de tributos aqueles que, embora tenham capacidade econômica, não possuam capacidade para arcar com o ônus da tributação, pois toda a sua disponibilidade financeira é absorvida com a sua manutenção e a de sua família.

Para Klaus Tipke, a ética é a teoria do comportamento justo e moral. A ética tributária é, segundo afirma, a teoria que estuda a moralidade da atividade tributária dos Poderes Legislativo, Executivo e Judicial e bem assim do comportamento do contribuinte.[14]

De acordo com citado autor, a moral tributária envolve, ao mesmo tempo, a necessidade de o legislador observar a teoria do direito tributário justo e a postura do cidadão que paga tributos decorrentes de leis tributárias justas.

---

13 PALMA, Clotilde Celorico. **Da Evolução Do Conceito de Capacidade Contributiva. Ciência e Técnica Fiscal**. Coimbra: Ministério das Finanças, abr./jun. de 2001. p. 117.

14 TIPKE, Klaus. **Moral Tributaria del Estado Y de los Contribuyentes**, p. 30.

Quanto à relação entre ética e moral, merece referência a lição de Juarez Freitas, que pondera:

> Logo, o agir eticamente universalizável desponta como uma imposição válida para todas as relações jurídicas (no tocante aos deveres de transparência e de informação fidedigna, isto é, sem ardis, enganos intencionais ou má-fé). Tudo de molde a requerer, na sociedade democrática, a superação da postura infecunda que entendia o Direito e a Moralidade como inconciliáveis conceitualmente.[15]

A Constituição Federal estabeleceu um conjunto de direitos e garantias dirigidas aos contribuintes e refletidas em princípios norteadores da tributação, tais como o da igualdade e o seu consectário, o da capacidade contributiva, o da legalidade, o da anterioridade, o da irretroatividade, o da vedação de cobrança de tributo com efeito de confisco e o da segurança jurídica que os agrega e deles é decorrente.

No Brasil, os princípios constitucionais tributários e as imunidades compõem um rol de limitações impostas ao Estado no exercício do poder de tributar, razão pela qual são reconhecidas como direitos individuais contra a atividade tributária arbitrária do Poder Público.

O Estado Democrático está adstrito aos compromissos de liberdade e igualdade materiais, objetivando uma vida digna para todos. Neste contexto, a observância dos citados princípios impõe que o tributo deixe de ser apenas uma fonte de renda e passe a ser um instrumento de realização de justiça.

Segundo Klaus Tipke, não existe um critério uniforme de justiça para todo o direito. Cada ramo do direito deve eleger o seu.[16] No direito tributário, a justiça revela-se com a observância do princípio da capacidade contributiva.

É certo que o Estado Fiscal cobra tributos para abastecer os cofres públicos e, assim, assegurar uma vida digna ao cidadão, proporcionando-lhe condições adequadas de habitação, educação e saúde. Por esta razão, seria incoerente que o Estado Fiscal suprimisse o que o Estado social deve proporcionar, no sentido de garantir o bem-estar social.

O *walfarestate* ou *Estado de bem-estar social* decorre naturalmente de um sistema tributário justo que observe o princípio da capacidade contributiva, o qual está inserto no § 1º do artigo 145 da Constituição Federal e prevê que as imposições tributárias deverão ser graduadas segundo a capacidade econômica dos contribuintes.[17]

---

15 FREITAS, Juarez. **Reflexões sobre moralidade e direito**. Disponível em: <https://online.unisc.br/seer/index.php/direito/article/download/671/462>. Acesso em: 12/09/2017.

16 TIPKE, Klaus. **Moral Tributaria del Estado Y de los Contribuyentes**, p. 25.

17 Art. 145 (...) § 1º – Sempre que possível, os impostos terão caráter pessoal e serão graduados segundo a capacidade econômica do contribuinte, facultado à administração tributária, especialmente para conferir efetividade a esses objetivos, identificar, respeitados os direitos individuais e nos termos da lei, o patrimônio, os rendimentos e as atividades econômicas do contribuinte.

O princípio da capacidade contributiva tem como principal consequência propiciar a realização da justiça fiscal, onerando aqueles que manifestem maior capacidade contributiva e desonerando a renda utilizada para fazer frente às despesas necessárias a uma vida com dignidade.

A chamada "renda consumida" há de ser excluída da base tributável para fins de aferição de capacidade contributiva. Trata-se da intributabilidade do mínimo existencial referida por Francesco Moschetti, que afirmou:

> (...) a capacidade contributiva é dada por aquela parte de potência econômica, da riqueza de um sujeito, que supera o mínimo vital. Com efeito, se capacidade significa aptidão, possibilidade concreta e real, não pode existir capacidade de concorrer para com os gastos públicos quando falte ou se tenha apenas o necessário para as exigências individuais. (Traduzimos)[18]

A capacidade contributiva tem como limite mínimo o mínimo existencial, vinculado à dignidade da pessoa humana, e como limite máximo a vedação da cobrança de tributo com efeito de confisco, garantia esta decorrente do direito de propriedade.

A propósito do tema merece referência a importante lição do homenageado, Ricardo Lobo Torres:

> Em síntese, a jusfundamentalidade dos direitos sociais se reduz ao mínimo existencial, em seu duplo aspecto de proteção negativa com a incidência de tributos sobre os direitos sociais mínimos de todas as pessoas e de proteção positiva consubstanciada em entrega de prestações estatais materiais em favor dos pobres. Os direitos sociais máximos devem ser obtidos na via do exercício da cidadania reivindicatória e de prática orçamentária, a partir do processo democrático. Esse é o caminho que leva à superação da tese do primado dos direitos sociais sobre os direitos da liberdade, que inviabilizou o Estado Social de Direito, e da confusão entre direitos fundamentais e direitos sociais, que não permite a eficácia destes últimos sequer na sua dimensão mínima.[19]

A observância do princípio da capacidade contributiva se concretiza a partir de leis que instituam tributos respeitando a aptidão para contribuir *(ability to pay)*, tributando-se mais pesadamente quem tem maior capacidade contributiva, menos intensamente quem tem menor capacidade contributiva e exonerando do dever de pagar tributos aqueles que não têm condições financeiras para tanto.

---

18 "(...) la capacidad contributiva viene dada por aquella parte de la potencia económica, de la riqueza de un sujeto, que supera el mínimo vital. En efecto, si "capacidad" significa aptitud, posibilidad concreta y real, no puede existir capacidad de concurrir a los gastos públicos cuando falte o se tenga solo necesario para las exigencias individuales." (MOSCHETTI, Francesco. **El Principio De Capacidad Contributiva**: Instituto de Estudios Fiscales, 1980. p. 68.)

19 TORRES, Ricardo Lobo. **O Direito ao Mínimo Existencial:** Renovar,2009. p.80/81.

Os sistemas que contemplam o princípio da capacidade contributiva impõem que a tributação alcance apenas a renda disponível das pessoas naturais e jurídicas para pagamento de tributos, estando implícito neste princípio a vedação absoluta de tributação incidente sobre a renda necessária à sobrevivência. Trata-se de regra imunitória implícita.

O respeito à dignidade humana implica, portanto, na intributabilidade da renda mínima para garanti-la. Queremos afirmar com isso, que observar o princípio da capacidade contributiva implica respeitar a intributabilidade do chamado mínimo existencial. Enquanto a renda não ultrapassar o mínimo existencial, não há capacidade contributiva, ou seja, se a renda auferida não superar o montante mínimo para fazer frente às necessidades existenciais do contribuinte e de sua família, não existe riqueza disponível a ser tributada.

O princípio da capacidade contributiva é dotado de alta carga valorativa, revelando elevado índice de indeterminação, o que se deve, segundo pensamos, à sua estreita ligação à ideia de justiça.

Não cremos que os princípios-valor, entre os quais se insere o da capacidade contributiva, sejam apenas ideias sem força normativa, mas sem dúvida a sua "textura aberta" e, sobretudo, a sua íntima ligação à ideia de justiça tributária impõe que o sentido da norma que o veicula seja construído segundo a lógica por meio de atividade hermenêutico-analítica.

Certamente, nenhum dos princípios constitucionais tributários está mais relacionado à ideia de justiça do que o da capacidade contributiva. Não temos dúvida de que a fiel observância do referido princípio imprime justiça ao sistema tributário, qualquer que seja ele. Não é diferente em relação ao sistema tributário brasileiro. Ocorre que, assim como o princípio da capacidade contributiva, o conceito de justiça é vago e impreciso, tendo sido, ao longo da história, objeto de investigação por parte dos estudiosos da filosofia e assim também da filosofia jurídica.

O conteúdo dos princípios de justiça e da capacidade contributiva não se extrai diretamente do texto constitucional, dependendo de construção de sentido, a qual invariavelmente dependerá os valores do intérprete, do momento histórico em que a atividade hermenêutica esteja sendo feita e, também, da ética e da moral média da sociedade, que nada mais são do que os critérios materiais de justiçaque devem presidir as decisões intrassistêmicas.

O que é certo é que o conceito de justiça está atrelado ao de moral e ao de ética, os quais também são vagos e de textura aberta, eis que visceralmente ligados a valores.

5. INTERESSE PÚBLICO E CAPACIDADE CONTRIBUTIVA

Em face do que até aqui foi exposto, impõe-se a análise das hipóteses em que, sob o argumento da atenção ao interesse público relevante, sacrifica-se o princípio da capacidade contributiva e, com ele, o da moralidade, o que se revela, sobretudo, em face da tributação injusta.

Frequentemente, observamos no recinto do direito tributário a cobrança de tributos com efeitos confiscatórios e lesivos ao mínimo existencial, sempre sob a justificativa de que interesse público de arrecadação assim o requer. É o que tem se verificado, com ênfase, em razão da crise econômica que assola o país.

Definitivamente, são hipóteses em que há antinomia entre os princípios em questão, cuja solução definitiva incumbe ao Supremo Tribunal Federal.

O incremento na arrecadação tributária é inquestionavelmente uma exteriorização do interesse público. No entanto, em caso de conflito com princípios constitucionais tributários, o princípio do interesse público há de ser abrandado, pois, por veicularem direitos subjetivos, aqueles devem prevalecer.

Como esclarece Juarez de Freitas, os princípios constitucionais devem ser "preservados intactos, uma vez que funcionam como diretrizes supremas, ostentando uma fundamentalidade que se põe como condição insuprimível de preservação do edifício constitucional".[20]

Com relação à eficácia dos direitos fundamentais, merece referência a lição de Ingo Wolfgang Sarlet:

> Da mesma forma, em face do dever de respeito e aplicação imediata dos direitos fundamentais em cada caso concreto, o Poder Judiciário encontra-se investido do poder-dever de aplicar imediatamente as normas definidoras de direitos e garantias fundamentais, assegurando--lhes sua plena eficácia. A falta de concretização não poderá, de tal sorte, constituir obstáculo à aplicação imediata pelos juízes e tribunais, na medida em que o Judiciário – por força do disposto no art. 5º, § 1º, da CF – não apenas se encontra na obrigação de assegurar a plena eficácia dos direitos fundamentais, mas também autorizado a remover eventual lacuna oriunda da falta de concretização.[21]

Não raras vezes, em nome do "interesse público", opõem-se argumentos insólitos contra pedidos de repetição de indébito e de compensação, por exemplo. Tal comportamento fere, por certo, o princípio da moralidade administrativa.

Leciona Marçal Justen Filho que:

> O princípio da moralidade pressupõe a existência e o respeito aos interesses privados, mesmo que egoísticos, dos não exercentes do Poder Público. A expressão "interesse público" deve ser interpretada em consonância com os princípios norteadores de um Estado de Direito democrático, o que significa o reconhecimento da multiplicidade de interesses e a impossibilidade de eliminar sua contraposição.[22]

---

20 FREITAS, Juarez. O intérprete e o poder de dar vida à constituição. In: **Revista da Faculdade de Direito da Universidade Federal do Paraná**, Curitiba,v. 34, p.59/76, p.72, 2000.

21 SARLET, Ingo Wolfgang. **A Eficácia dos Direitos Fundamentais**. Uma teoria geral dos direitos fundamentais na perspectiva constitucional. 10. ed. Porto Alegre: Livraria do Advogado, 2009. p. 269.

22 JUSTEN FILHO, Marçal. **O Princípio da Moralidade Pública e o Direito Tributário**. Revista de Direito Tributário, São Paulo, nº 60, p. 73.

Segundo pondera o referido autor, o Estado de Direito democrático reconhece que a hegemonia do interesse público não compreende a supressão de interesses privados. Para ele, o sacrifício prepotente e desarrazoado do interesse privado, representa severo atentado à moralidade. Afirma: "O Estado não existe contra o particular, mas para o particular." Segundo aduz, a tentativa de obter a maior vantagem possível só é legítima se forem observados os limites naturalmente impostos pelo direito, pois o Estado só está autorizado a atuar para a realização do bem comum. E finaliza: "Não se legitima o ardil sob o argumento de que se destina a abarrotar de recursos os cofres públicos".[23]

O princípio do interesse público, assim como o da moralidade, o da capacidade contributiva, do da justiça e o da eficiência, tem textura aberta, veiculando conceito jurídico indeterminado, no entanto, há de ser relativizado quando em conflito com os demais, que exteriorizam direitos e garantias constitucionais dos sujeitos passivos das obrigações tributárias que devem prevalecer sobre todo e qualquer interesse público, relevante ou não.

23 JUSTEN FILHO, Marçal. **O Princípio da Moralidade Pública e o Direito Tributário**. Revista de Direito Tributário, São Paulo, nº 60, p. 73.

A Capacidade Contributiva nas Taxas

Donovan Mazza Lessa[1]

Sumário: 1. Introdução. 2. Princípios constitucionais tributários aplicáveis às taxas. 3. A capacidade contributiva nos tributos em geral. 4. Aplicação da capacidade contributiva às taxas. 5. Jurisprudência do STF quanto à capacidade contributiva aplicada às taxas

1. INTRODUÇÃO

Fico honrado pelo convite formulado pelos professores Carlos Alexandre de Azevedo Campos, Gustavo da Gama Vital de Oliveira e Marco Antônio Ferreira Macedo para participar desta obra coletiva em homenagem ao grande professor e eminente jurista Ricardo Lobo Torres. Sua vasta obra deixou um legado de imensa valia ao meio acadêmico e profissional no Direito Financeiro e Tributário brasileiro. Destaca-se, entre a vasta obra do saudoso mestre, a análise dos diversos princípios tributários protetivos do contribuinte.

Em nossa Carta Política, o constituinte cuidou desde logo de apresentar as espécies tributárias da competência comum dos Entes da Federação (União, Estados, Distrito Federal e Municípios), impostos, taxas e contribuições de melhoria, o que foi feito no art. 145 da CF/88. Além destes, o constituinte apresenta ainda as outras espécies tributárias de competência exclusiva da União, as contribuições (arts. 149[2] e 195 da CF/88) e o empréstimo compulsório (art. 148 da CF/88). Após a delimitação das espécies tributárias, a Constituição passa a fazer uma rígida distribuição da competência dos impostos, entregando a cada Ente materialidades reveladoras de capacidade contributiva que poderão ser exploradas mediante a instituição dos impostos. Definidas as espécies tributárias e a distribuição das competências, a Constituição dedica um capítulo às limitações ao poder de tributar, onde são encartados princípios e regras para proteção dos contribuintes, além das imunidades. Todo este cuidado com a tributação é reforçado pela Constituição por meio da relevantíssima função

---

1 Doutorando em Finanças Públicas, Tributação e Desenvolvimento pela Universidade do Estado do Rio de Janeiro (UERJ). Mestre em Direito Tributário pela Universidade Cândido Mendes (UCAM). Advogado.

2 Há também a contribuição para custeio do serviço de iluminação pública, inserida no art. 149-A da CF/88 pela EC nº 39/02, de competência exclusiva dos Municípios.

que é dada à lei complementar em matéria tributária, que, além de estabelecer normas gerais, dispor sobre conflitos de competência e regular as limitações constitucionais ao poder de tributar, deve descrever os fatos geradores, base de cálculo e contribuintes dos impostos.

Este cuidado do constituinte originário com a delimitação e controle da tributação também se expressa em relação às taxas, cujos fatos geradores estão expressamente delimitados no inc. II do art. 145 da CF/88. Não apenas os fatos geradores – prestação de serviço público específico e divisível e exercício do poder de polícia – mas também a base de cálculo desta espécie tributária mereceu atenção do constituinte, que, mais uma vez para delimitar a tributação por meio desta espécie tributária, ressaltou no § 2º do referido art.145 que a taxa não poderá ter base de cálculo própria de imposto.

Note-se que a taxa é a única espécie tributária cujo fato gerador foi delimitado expressamente pelo próprio legislador constituinte originário[3], delimitação esta reforçada pelo cuidado em restringir sua base de cálculo para que tal tributo não fosse desvirtuado.

Com essa introdução, chegamos ao tema que é o objeto deste trabalho: os parâmetros legais e constitucionais para a exigência das taxas a partir do princípio da capacidade contributiva.

2. PRINCÍPIOS CONSTITUCIONAIS TRIBUTÁRIOS APLICÁVEIS ÀS TAXAS

Todos os princípios constitucionais tributários protetivos ao contribuinte são aplicáveis aos tributos em geral e, em especial, às taxas. Com efeito, o rol do art. 150, CF/1988 (à exceção das imunidades ali inseridas) se aplica indistintamente aos tributos, gênero do qual as taxas são espécie[4]. Assim, também as taxas só podem ser instituídas ou cobradas por meio de lei, que deve obedecer ainda aos princípios da isonomia, anterioridade, irretroatividade e vedação ao confisco.

A seu turno, o art. 145, § 1º, da Constituição Federal estabelece o seguinte:

> Art. 145. A União, os Estados, o Distrito Federal e os Municípios poderão instituir os seguintes tributos: (...)

3 Nos impostos, a Constituição se limita a selecionar os espaços econômicos que poderão ser utilizados pelo legislador do ente federativo competente para fixação do fato gerador, sendo que nas contribuições há apenas a indicação de quais finalidades poderão justificar sua instituição pela União.

4 "Art. 150. Sem prejuízo de outras garantias asseguradas ao contribuinte, é vedado à União, aos Estados, ao Distrito Federal e aos Municípios: I – exigir ou aumentar tributo sem lei que o estabeleça; II – instituir tratamento desigual entre contribuintes que se encontrem em situação equivalente, proibida qualquer distinção em razão de ocupação profissional ou função por eles exercida, independentemente da denominação jurídica dos rendimentos, títulos ou direitos; III – cobrar tributos: a) em relação a fatos geradores ocorridos antes do início da vigência da lei que os houver instituído ou aumentado; b) no mesmo exercício financeiro em que haja sido publicada a lei que os instituiu ou aumentou; c) antes de decorridos noventa dias da data em que haja sido publicada a lei que os instituiu ou aumentou, observado o disposto na alínea b; IV – utilizar tributo com efeito de confisco; V – estabelecer limitações ao tráfego de pessoas ou bens, por meio de tributos interestaduais ou intermunicipais, ressalvada a cobrança de pedágio pela utilização de vias conservadas pelo Poder Público;"

> II – taxas, em razão do exercício do poder de polícia ou pela utilização, efetiva ou potencial, de serviços públicos específicos e divisíveis, prestados ao contribuinte ou postos a sua disposição;
>
> (...)
>
> § 1º Sempre que possível, os impostos terão caráter pessoal e serão graduados segundo a capacidade econômica do contribuinte, facultado à administração tributária, especialmente para conferir efetividade a esses objetivos, identificar, respeitados os direitos individuais e nos termos da lei, o patrimônio, os rendimentos e as atividades econômicas do contribuinte.

Como se vê, o dispositivo constitucional não estende textualmente a aplicação do princípio da capacidade contributiva às taxas. A partir daí, surge a pergunta: haveria então uma vedação a que a capacidade contributiva seja aplicável, como princípio, à espécie tributária das taxas?

De antemão, pode-se dizer que, por sua própria natureza, o princípio formatador da espécie tributária taxa não é o da capacidade contributiva. Entretanto, cumpre examinar se o princípio é ou não aplicável às taxas, e em que medida. Para esta tarefa, será preciso primeiro delimitar o que se entende por capacidade contributiva, tendo em vista as múltiplas acepções que o tempo pode compreender[5].

3. A CAPACIDADE CONTRIBUTIVA NOS TRIBUTOS EM GERAL

Como já foi dito, a capacidade contributiva está positiva na Constituição em norma cujo teor diz que "Sempre que possível, os impostos terão caráter pessoal e serão graduados segundo a capacidade econômica do contribuinte, facultado à administração tributária, especialmente para conferir efetividade a esses objetivos, identificar, respeitados os direitos individuais e nos termos da lei, o patrimônio, os rendimentos e as atividades econômicas do contribuinte" (§1º do art. 145).

Como se observa, a norma fala em impostos, e não em tributos. Ademais, utiliza-se a expressão "sempre que possível", o que indicaria que, quando isto não ocorrer, mesmo os impostos estariam desobrigados de observar a capacidade contributiva.

Assim, uma leitura isolada do dispositivo poderia conduzir à conclusão de que o princípio só seria aplicável aos impostos, e, ainda assim, apenas quando houvesse possibilidade.

Importante lembrar que o princípio da capacidade contributiva apresenta diversos conteúdos, que podemos assim resumir: a) cláusula protetiva de só admitir a tributação onde houver riqueza (capacidade contributiva objetiva) apta à tributação; b) critério de graduação dos tributos, conforme a riqueza

5 MOLINA, Pedro Manuel Herrera. Capacidad Económica y Sistema Fiscal. Madrid: Marcial Pons Ediciones Jurídicas y Sociales, 1998, p. 145.

disponível, erigindo-se ainda em proteção ao mínimo existencial. No aspecto subjetivo, o princípio é efetivado por meio da proporcionalidade, da progressividade e da personalização, sendo que esta última, assim entendida como a verificação mais detida da realidade econômica de cada contribuinte, somente é aplicável aos tributos pessoais.

Feita esta recordação, cabe agora dizer que, a nosso ver, a correta interpretação do §1º do art. 145 é no sentido de que a expressão "sempre que possível" vincula-se apenas ao "caráter pessoal" do imposto, e não à capacidade econômica do contribuinte. Realmente, a personalização (apreciação efetiva da realidade econômica de cada contribuinte, o que se faz por meio das deduções no imposto de renda, por exemplo), até porque questões de praticidade, não é aplicável a todos os tributos, e nem mesmo a todos os impostos. Deste modo, o constituinte originário, reconhecendo haver situações em que a personalização não é possível de ser adotada, exige sua adoção apenas quando isto seja viável, daí o uso da expressão "sempre que possível".

Por outro lado, quanto à capacidade contributiva, esta é aplicável a todos os impostos em qualquer circunstância, seja no aspecto de cláusula de bloqueio onde não houver riqueza, seja no aspecto de graduar o tributo mediante a aplicação da proporcionalidade e da progressividade (quando assim tiver optado o legislador). Não faria sentido algum permitir-se, especialmente quanto aos impostos, a criação de exações que não partissem da eleição pelo legislador de fatos que sejam reveladores de riqueza (capacidade contributiva objetiva), e que não fossem graduados a partir da riqueza captada pelo fato gerador (capacidade contributiva subjetiva). A única dispensa que se pode fazer nos impostos quanto à capacidade contributiva é a do seu desdobramento como "personalização".

Por isso, concordamos com HUGO DE BRITO MACHADO quando diz que "o sempre que possível do §1º do art. 145, diz respeito apenas ao caráter pessoal dos tributos, pois na verdade nem sempre é tecnicamente possível um tributo com caráter pessoal"[6]. No mesmo sentido, cite-se ainda o entendimento de RICARDO LODI[7]. Mas esta posição não é unânime, podendo-se citar ROQUE CARRAZA, que entende que há impostos nos quais não é possível a aplicação da capacidade contributiva, como no caso dos impostos indiretos, pois pobres e ricos pagarão o mesmo imposto caso adquiram uma mesma mercadoria[8]. As considerações de CARRAZA são importantes, e, de fato, nos tributos indiretos, a capacidade contributiva, inclusive quanto à forma de repartição da carga tributária, tem âmbito de atuação mais estreito, mas isto não afasta por completo sua aplicação. Por exemplo, o legislador continua sendo obrigado a adotar fatos que sejam reveladores de potencial econômico (realizar venda de mercadorias), bem como, a nosso ver, fica obrigado a implementar isenções

6 MACHADO, Hugo de Brito. Curso de Direito Tributário, 27ª ed., Malheiros, 2006, p. 63.

7 RIBEIRO, Ricardo Lodi. Op. cit., p. 166.

8 Op. cit., pp. 90-91.

de bens essenciais e, ainda, a graduar as alíquotas do imposto de conforme a essencialidade dos produtos (capacidade contributiva como seletividade).

Enfim, entendemos que a capacidade contributiva, como cláusula de proteção à tributação onde não houver riqueza e como critério de repartição da carga fiscal, se aplica a todos os impostos, ainda que de maneira distinta. Por isso, inclusive, pensamos ser inconstitucional qualquer forma de imposto fixo, visto que tal modalidade de tributação implica exigir iguais quantias de contribuintes em posições econômicas distintas. Outrossim, esta inconstitucionalidade advém, ainda, do descompasso entre a quantificação do imposto e seu fato gerador, posto que a base de cálculo do tributo deve ser a mensuração econômica da hipótese de incidência (e, se o imposto é fixo, pouco importa qual foi a extensão econômica do fato gerador).

Mas se expressão "sempre que possível" não impede a aplicação da capacidade contributiva a todos os impostos, a pergunta que deve ser feita agora é se, ao utilizar apenas o termo imposto, o §1º do art. 145 exclui o princípio das outras espécies tributárias (taxas, contribuições de melhoria, contribuições especiais e empréstimos compulsórios). Mais uma vez, a resposta a esta pergunta depende da correta compreensão da total extensão do princípio da capacidade contributiva.

É preciso lembrar que a capacidade contributiva, como proteção à tributação onde não houver riqueza disponível, pode ser extraída de uma série de regras, valores e princípios constitucionais, como da proteção da propriedade, da dignidade humana e da solidariedade social. De modo semelhante, a capacidade contributiva como repartição da carga tributária pode ser extraída a partir do princípio da igualdade, em sua vertente material. Por isso, ainda que não estivesse positivada no §1º do art. 145 da CF/88, a capacidade contributiva, nas acepções acima, seria aplicável a todos os tributos[9].

Contudo, sua aplicação não se dá de maneira uniforme e nem na mesma extensão em todas as espécies tributárias.

Veja-se o caso das contribuições especiais que são tributos não vinculados, pois não decorrem de uma ação estatal específica do Estado em relação ao contribuinte. Ainda que se caracterizem por serem financiadoras de uma finalidade (especial destinação do produto da arrecadação), o que faz pressupor que o Estado tenha que agir de algum modo na implementação desta finalidade, o fato gerador do tributo não é a ação estatal, mas sim um ato, fato, ou situação de fato do contribuinte escolhido pelo legislador como gerador da obrigação tributária. Assim, a hipótese de incidência da contribuição especial se assemelha a dos impostos, visto não se tratar de um ato praticado pelo Estado, e sim de uma situação relacionada ao contribuinte. Ademais, nas contribuições atua a noção de solidariedade de grupo, no sentido de que devem ser chamados a financiar a finalidade estabelecida na lei um determinado grupo

9 RIBEIRO, Ricardo Lodi. Op. cit., pp. 165-166.

de pessoas que guarde relação com esta finalidade. Isto é o que se chama de referibilidade, mas que não exige que o grupo chamado ao pagamento da contribuição deva ser beneficiado com a ação estatal. Embora isto possa acontecer, o que importa é que o grupo de contribuintes mantenha algum tipo de relação com a finalidade para qual o tributo foi criado. Outrossim, repita-se, a necessidade de referibilidade não significa dizer que o fato gerador do tributo é uma ação estatal em relação ao contribuinte. Na verdade, o fato gerador é um fato ou ato próprio do contribuinte, que leva ao pagamento do tributo que irá financiar a ação estatal, que pode ser inclusive futura.

Para instituir uma contribuição especial, o legislador certamente estará obrigado a eleger como gerador da obrigação tributária um ato, fato ou situação de fato que seja revelador de disponibilidade econômica. Não poderá adotar como hipótese de incidência do tributo o fato de alguém ser alto ou baixo, gordo ou magro. Por isso, fica claro que, no aspecto objetivo, de só permitir a tributação onde houver riqueza disponível, a capacidade contributiva é plenamente aplicável às contribuições. De mesmo modo, a quantificação do tributo irá variar conforme a riqueza captada no fato gerador da contribuição, de modo que a capacidade contributiva como critério de repartição da carga tributária é igualmente aplicável. Se o fato gerador da contribuição é auferir receita com a venda de um determinado produto (café, por exemplo), não se pode cobrar maior contribuição dos produtores de determinado município, salvo por motivos extrafiscais.

Logo, como se pode perceber, tanto em sua concepção objetiva como subjetiva, a capacidade contributiva se aplica às contribuições especiais, ainda que o §1º do art. 145 da CF/88 não lhes faça referência.

Consequentemente, também não é a falta de menção expressa às taxas no §1º do art. 145 da CF que afastaria, de plano, o princípio da capacidade contributiva a esta espécie tributária.

No entanto, sendo a taxa um tributo vinculado, a aplicação do princípio tem contornos específicos, que devem ser analisados cuidadosamente, o que normalmente não vem sendo feito pela doutrina. Em muitos casos, os autores, e mesmo a jurisprudência, se limitam a dizer que o princípio se aplica ou não se aplica às taxas, mas sem a preocupação de delimitar em quais aspectos se aplicam e quais deixam de ser aplicáveis.

4. APLICAÇÃO DA CAPACIDADE CONTRIBUTIVA ÀS TAXAS

Certamente, são insatisfatórias as assertivas de que o princípio da capacidade contributiva se aplica às taxas, assim como as que dizem o contrário. Na verdade, nem o princípio se aplica em toda extensão ao tributo, e nem é ele de todo inaplicável às taxas.

O surgimento da taxa como espécie tributária está ligada às distinções do financiamento estatal formulado pela Ciência das Finanças, a partir da qual se desenvolveu a ideia de que os custos específicos e divisíveis gerados pelos particulares deveriam ser por eles recompostos, ao passo que os demais gastos gerais do Estado deveriam ser financiados por todos através dos impostos. Isto partiu de uma concepção de justiça na repartição dos encargos fiscais, que foi afinal incorporada pelo Direito em diversos países.

ARTHUR FERREIRA NETO, ao estudar a classificação constitucional dos tributos, o faz tomando como critério os conceitos aristotélicos de justiça distributiva ou corretiva (também conhecida como comutativa)[10]. No campo tributário, diz o autor, a relação "que envolver uma exigência movida por um critério de justiça distributiva será aquela que admitir a imputação do encargo de acordo com uma qualificação específica daquele que se sujeita à tributação", ou, ainda "aquela que exige a observância da capacidade contributiva"[11]. Já a exigência tributária quemanifeste uma relação de justiça comutativa deverá obrigatoriamente buscar sua justificação na necessidade de se preservar a equivalência estrita entre aquilo que foi entregue pelo Estado e a contraprestação arcada pelo particular, não podendo envolver uma atribuição de encargos fundada aleatoriamente em determinada característica circunstancial do contribuinte.[12]

Afinal, seguindo tal critério, classifica como tributos ligados à uma concepção de justiça distributiva os impostos, impostos extraordinários, empréstimos compulsórios e contribuições. Já os ligados à concepção de justiça comutativa seriam a taxa e a contribuição de melhoria[13].

De fato, nos tributos vinculados não se tributa em razão da existência de capacidade contributiva por parte do contribuinte. Ao contrário dos tributos não vinculados, onde a existência de riqueza disponível é fundamental para a exigência do tributo, nos tributos vinculados o que importa é o agir do Estado gerador de custos específicos imputáveis a determinados particulares.

Por isso, haver ou não disponibilidade financeira por parte do contribuinte é irrelevante para fins de taxa e contribuição de melhoria, pois, antes disto, é preciso que o Estado aja e venha incorrer em custos que sejam atribuíveis a pessoas determinadas. A taxa não tributa manifestações de riqueza. Ela apenas exige a recomposição dos custos da ação estatal específica e divisível. A existência ou não de condições financeiras do contribuinte para suportar o pagamento da taxa só passa as ter relevância em um segundo momento, como será visto (mesmo nos tributos vinculados, a capacidade contributiva impede a cobrança do tributo daquele que não tenha disponibilidade econômica – proteção ao mínimo existencial).

Logo, quanto à capacidade contributiva nas taxas, inclusive do ponto de vista da justiça fiscal, já é possível dizer que, ao contrário do que ocorre nos

10 FERREIRA NETO, Arthur M. Classificação Constitucional de Tributos pela Perspectiva da Justiça. Editora Livraria do Advogado, 2006, pp. 70-75.

11 Ibidem, p. 72.

12 Ibidem, pp. 75-76.

13 Ibidem, pp. 104-105.

impostos (e nos tributos não vinculados de forma geral), a capacidade contributiva não é o critério que as norteia.

No aspecto objetivo, a capacidade contributiva garante o contribuinte contra a tributação onde não houver riqueza disponível, o que se implementa pela obrigação do contribuinte de eleger para a tributação fatos que sejam reveladores de riqueza[14]. Neste aspecto, o princípio não se amoldas às taxas, pois os seus fatos geradores são realizados pelo Estado (prestação de serviço público específico e divisível e atuação de polícia), e não pelo contribuinte.

Note-se que, embora algumas taxas de polícia sejam cobradas em razão de uma atividade do particular (por exemplo, extrair minério, extrair petróleo, prestar serviços de telecomunicação, etc.), o fato gerador do tributo não é propriamente o exercício da atividade pelo particular, mas sim a ação de polícia implementada pelo Poder Público. Sem dúvida, não haverá obrigação do pagamento do tributo caso o contribuinte exerça a atividade submetida por lei à fiscalização sem que o Poder Público venha efetivamente a praticar os atos de política. Por isso, repita-se, o fato gerador da taxa não é nunca a ação ou situação do particular, mas sim a ação estatal sem a qual o tributo não é devido. A situação ou ação ou atividade do particular pode demandar restrições de polícia conforme previsão legislativa, mas, se o Estado ficar inerte, não se terá realizado o fato gerador da taxa. Por outro lado, praticado pelo Poder Público os atos de polícia, e assim, tendo incorrido nos custos desta prática, não interessa saber se a ação, situação ou atividade do contribuinte que gerou a prática dos atos de polícia é ou não reveladora de riqueza.

Logo, parece-nos claro que o princípio da capacidade contributiva não obriga o legislador ordinário a identificar situações reveladoras de riqueza por parte do contribuinte para instituição do tributo, por absolta impertinência de tal exigência, já que o fato gerador da taxa é praticado pelo Estado[15].

No aspecto subjetivo, a capacidade contributiva é critério de repartição da carga tributária, o que se obtém com a proporcionalidade, progressividade e personalização (apenas para os impostos pessoais). Assim, os tributos variam conforme a riqueza do contribuinte manifestada pela realização do fato gerador do tributo[16].Neste aspecto, a aplicação do princípio às taxas precisa ser vista com muito cuidado, para que possa ser bem compreendida.

14 CASANOVA, Gustavo J. Naveira. "El principio Constitucional de Capacidad Contributiva", in Princípios de Direito Público – Ênfase em Direito Financeiro e Tributário, Coord. ABRAHAM, Marcos; PEREIRA, Vítor Pimentel, Editora Fórum, 2018, p. 49.

15 Em sentido contrário, RICADO LODI: "Como todos os tributos, a taxa também é informada pelo princípio da capacidade contributiva, o que se revela, porém, em um plano diverso, pelo menos em parte, do que ocorre nos impostos. Como nestes, a capacidade contributiva nas taxas serve, sob o aspecto objetivo, como fundamento da tributação e como obrigatoriedade de escolha pelo legislador de uma conduta praticada pelo contribuinte que seja reveladora da sua riqueza como fato gerador. Mesmo nos tributos vinculados, a hipótese de incidência não pode ser uma conduta desprovida de conteúdo econômico, como poluir o meio ambiente, por exemplo (...)." (RIBEIRO, Ricardo Lodi. Tributos: Teoria Geral e Espécies, Ed. Impetus, 2013, p. 32.

16 CASANOVA, Gustavo J. Naveira. Op. cit., p. 49.

Como já foi dito, as taxas regem-se por critérios compensatórios. Por isso, o tributo apresenta o limite da "cobertura geral de custos", segundo o qual o valor total a ser arrecadado deve ser igual ao custo da atividade pública que gerou a taxa. Em paralelo, o tributo limita-se também pela "cobertura especial de custos", de modo que só se pode exigir de cada contribuinte os custos que ele, individualmente, gerou ao Estado em função do serviço público ou ato de polícia. E, devido às dificuldades da medição exata dos custos gerais e individuais, aceita-se que esta correspondência de custos e taxa seja feita de forma aproximada, o que se chama de "razoável equivalência".

Estes são limites jurídicos intrínsecos à espécie tributária, pois se o fato gerador da taxa é a ação pública específica e divisível em relação a um particular, a única ordem econômica apta a servir como critério quantitativo é o custo incorrido pelo poder público (equivalência)[17]. Ademais, como também já foi dito, a taxa não tributa manifestações de riqueza, pois sua função é recompor o custo estatal provocado por um determinado contribuinte.

Por estas razões, a capacidade contributiva não é o critério adequado para a repartição do valor das taxas entre os contribuintes. Na verdade, as taxas devem ser fixadas de acordo com os custos incorridos na atividade estatal, motivo pelo qual a situação financeira dos particulares envolvidos é indiferente[18]. Se a vistoria anual de automóveis tem o custo por veículo de R$ 100,00 (estimado, dentro do critério de razoável equivalência), este deverá ser o valor da taxa pelo exercício do ato de polícia, tanto para o carro importado de última geração quanto para o carro popular. Não se pode cobrar R$ 150,00 do proprietário do carro mais valorizado apenas porque este dispõe de melhores condições financeiras.

O que dissemos acima – que a capacidade contributiva não é o instrumento a guiar a fixação do valor das taxas, pois nelas vige o princípio da equivalência entre o custo e o tributo – já é possível concluir, a partir da própria natureza jurídica das taxas e de seus fatos geradores. Entretanto, isto se reforça, a nosso ver, pelo § 2º do art. 145 da CF/88, que impede que as taxas tomem bases de cálculo "próprias de impostos". Como vimos, base de cálculo própria de imposto é aquela que mede a riqueza do contribuinte demonstrada a partir da realização o do fato gerador do imposto, ou, em outras palavras, sua capacidade contributiva.

Enfim, por não haver conexão do custo da atividade do poder público com a riqueza do contribuinte, o princípio da capacidade contributiva não exige que a taxa varie conforme a sua condição econômica. Pelo contrário, se duas pessoas geram o mesmo custo ao Estado, a taxa, em princípio, deverá ser igual

17 O outro critério possível, que seria o do benefício individual obtido com a ação pública, não é correto, pois, além de ser de difícil aferição, não se aplica a todas as hipóteses das taxas, uma vez que a submissão a atos do poder de polícia normalmente traz desvantagens – limitações – ao contribuinte.

18 BALEEIRO, Aliomar. Direito Tributário Brasileiro, 12ª ed. atual. por DERZI, Misabel de Abreu Machado. Rio de Janeiro: Forense, 2013, p. 860.

para ambas, independente da riqueza de cada um, tendo em vista o fato gerador e a finalidade do tributo.

Contudo, embora se possa afirmar que a capacidade contributiva não é o critério mensurador do valor da taxa devida por cada contribuinte, pois aqui o princípio reitor é o da equivalência com os custos, o princípio da capacidade contributiva, se assim quiser o legislador, poderá ser utilizado nas taxas para a definição do tributo, ainda que de forma subsidiária.

Como critério de repartição da carga tributária, a taxa é informada pelo princípio da equivalência, e não o da capacidade contributiva. Ela é fixada em função dos custos provocados por cada contribuinte, e não em razão de sua riqueza. Assim, pode-se concluir, como já fizemos acima, que: a) o princípio da capacidade contributiva não obriga o legislador a fixar o tributo a partir de elementos reveladores de riqueza dos contribuintes; b) o princípio da capacidade contributiva não autoriza o legislador a cobrar do contribuinte nada além do custo por ele provocado ao poder público, ainda que ostente elevada capacidade econômica.

No entanto, a nosso ver, o legislador ordinário pode invocar o princípio da capacidade contributiva para aplicar uma política de redução ou isenção das taxas, de acordo com um critério econômico.

Sabe-se que o legislador tem liberdade para decidir se uma taxa deverá ou não ser instituída. Isto significa que, mesmo quando estiver diante de serviços específicos e divisíveis, ou, ainda, diante de atos de polícia diretamente relacionados e com custos diretamente imputáveis a determinadas pessoas, o legislador não está obrigado a instituir a cobrança da taxa. Certamente, até para não onerar toda a sociedade com custos provocados por apenas uma parcela da população, é recomendável que a taxa seja instituída, mantendo-se assim o custeio destas atividades por aqueles que as demandaram. Quem não tem automóvel, não deve ser chamado a custear as atividades de inspeção veicular, por exemplo. Mas é fato que o legislador poderá não o fazer se, por qualquer razão, entender que estas atividades devam continuar a ser custeadas pelo caixa geral do Estado, que é composto prioritariamente por impostos. E se o legislador tem liberdade para cobrar ou não a taxa, também terá ele liberdade para, por razões de política fiscal, decidir se irá cobrar taxas em montante suficiente para arcar com todo o custo gerado no serviço ou nas ações de polícia, ou apenas parte dele.

Com isto estamos a dizer que o legislador ordinário pode, se assim achar conveniente, fixar para as taxas valores inferiores ao custo efetivamente incorrido em suas ações. Por exemplo, se o custo global da prestação e manutenção de determinado serviço é de um milhão de reais, pode ele mensurar as taxas de modo que o total arrecadado seja de apenas quinhentos mil reais. De mesmo modo, se o custo individual por contribuinte pelo serviço é de R$ 100,00, pode o legislador fixar a taxa no valor de R$ 50,00. O que não poderá fazer, como já foi exposto anteriormente, é o inverso, ou seja, cobrar do contribuinte mais do que o custo individualmente por ele gerado.

Neste sentido, para justificar uma política de redução das taxas, a capacidade contributiva pode ser adotada como critério de mensuração da carga fiscal. Mas, é importante que isto fique claro, apenas para que se reduza o valor da taxa para os que ostentarem menor disponibilidade econômica, e nunca para agravar a cobrança daqueles que mais bem situados.

Para não corrermos o risco de sermos mal interpretados, ao fazermos a firmação acima, não estamos a admitir que a capacidade contributiva seja o parâmetro a ser adotado pelo legislador para definir o valor das taxas, pois estas se definem pelo princípio da equivalência, sendo o custo estatal um limite intrínseco do tributo (e, até pelo princípio da igualdade, se dois contribuintes geram o mesmo custo estatal, as taxas deles exigidas devem ser iguais). Contudo, o que estamos dizendo é que, se o legislador julgar conveniente, poderá adotar uma política de **redução** da taxa de acordo com índices que revelem menor disponibilidade econômica do particular.

Para deixar claro nosso entendimento, usando o exemplo da taxa de polícia de vistoria anual de automóveis, o raciocínio é o seguinte: a) considerando o custo global do serviço e a estimativa de pessoas fiscalizadas, chega-se ao valor de R$ 100,00 devidos por automóvel, que, a princípio, deverá exigido de todos os proprietários dos veículos vistoriados; b) contudo, se considerar necessária, o legislador poderá adotar uma política de redução das taxas conforme a situação econômica indicada pelos contribuintes, de modo a não exigir o valor integral de todos; c) assim, pode fixar um critério para redução do valor da taxa conforme o valor do automóvel, de modo que alguns carros demandarão o pagamento de apenas R$ 50,00, por exemplo; d) por outro lado, o valor para os carros de maiores valores (qualquer que seja) deverá permanecer R$ 100,00, pois este é o limite do custo individual gerado pelo contribuinte, sendo que a taxa não poderá ser majorada em razão de sua situação econômica; e) tampouco se poderá cobrar mais dos carros de maior valor para compensar o desconto concedido para os de menor valor, pois esta política de subsídio é incompatível com as taxas, que apresentam o limite – jurídico – decorrente da equivalência com o custo da atividade estatal (ainda que dentro da "razoável equivalência").

Pelo exemplo acima queremos demonstrar que, embora as taxas se liguem ao critério da equivalência e da justiça comutativa, o que recomenda que todos os contribuintes paguem o tributo conforme o custo individualmente gerado, é possível que haja uma variação no valor das taxas, mas apenas para reduzi-las em face do custo real gerado por parte de alguns contribuintes. E o único critério que poderá ser adotado este tratamento desigual – cobrar de alguns menos do que a taxa que será cobrada de outros, ainda que todos gerem o mesmo custo ao poder público – é o da capacidade contributiva.

Já vimos também que as taxas podem variar conforme características pessoais do contribuinte, desde que tais características venham impactar diretamente no maior ou menor esforço estatal na prestação do serviço ou na execução do ato de polícia (por exemplo, cobra-se mais taxa de coleta de lixo de um imóvel maior, no pressuposto de que quanto maior o imóvel maior será o número de habitantes e maior será a quantidade de lixo produzida). Esta variação, contudo, não diz respeito à condição financeira do contribuinte, mas está diretamente ligada ao princípio da equivalência, já que apenas deverão ser consideradas as características pessoais do contribuinte ou de sua atividade que de alguma forma interferiram na ação estatal geradora do pagamento das taxas. Ocasionalmente, pode ocorrer que a mesma circunstância que implique maior esforço estatal também represente maior disponibilidade econômica do contribuinte. Voltando ao exemplo da taxa de coleta de lixo, quanto maior a casa (o que faz presumir ser maior a riqueza do proprietário) maior será o lixo o produzido (o que aumentará o custo do serviço). Ou ainda, a taxa de fiscalização e funcionamento cobrada de empresas de maior porte (que se presumem mais lucrativas) será maior do que a cobrada das empresas menores, pois naturalmente demanda maior esforço fiscalizatório. No entanto, trata-se de simples coincidência, sendo que o relevante para fixação do valor da taxa será sempre a adoção de critérios que observem a variação do esforço estatal, e não a riqueza do contribuinte. Até porque o inverso também pode ocorrer, como, por exemplo, o da empresa de menor porte que pratique atividade potencialmente mais perigosa ao meio ambiente. Neste caso, por gerar maior custo fiscalizatório (emprego de número maior de fiscais, mais gastos com insumos, etc.), a empresa de menor porte pagará mais a título de taxa de fiscalização ambiental do que a empresa de maior porte que se dedique a atividades menos poluidoras. Novamente, o relevante nestes exemplos não é a riqueza do contribuinte, mas sim as suas circunstâncias que impactem no maior ou menor esforço estatal.

As variações da taxa por contribuinte, em função de suas características pessoais diretamente relacionadas à intensidade da atividade estatal não ferem a isonomia, mas pelo contrário, a reforçam, pois desigual seria cobrar o mesmo a título de taxa de fiscalização para empresas que causem custos distintos.

Por outro lado, quando isto não ocorrer, ou seja, quando as características pessoais dos contribuintes não interferirem no custo da ação estatal, a taxa deverá, a princípio, ser igual para todos, pois, pelo princípio da generalidade (que representa um dos aspectos do princípio da igualdade), todos deverão pagar o tributo de acordo com os custos individualmente gerados ao poder público.

A única exceção à regra acima que, a nosso ver, não violaria o princípio da igualdade, seria a discriminação com base na capacidade contributiva, mas, repita-se, exclusivamente para reduzir o valor da taxa para os mais pobres.

A capacidade contributiva é princípio de justiça fiscal, que visa a melhor distribuição dos encargos fiscais à sociedade. Assim, fora casos justificados de extrafiscalidade, qualquer discriminação entre as pessoas em matéria tributária somente será considerada válida se tomar por base a situação econômica dos indivíduos. Por isso, embora nas taxas o critério de sua mensuração seja o da equivalência, a única exceção à regra geral da generalidade e igualdade na tributação pelas taxas poderá ser a que for estabelecida a partir do critério da capacidade contributiva.

Mas é importante notar que o princípio da capacidade contributiva não obriga que o legislador ordinário venha a implementar esta política de redução da taxa conforme a situação econômica do contribuinte. A regra geral, nesta espécie tributária, é que a cobrança seja igual para todos, conforme os custos individualmente gerados. Porém, se assim desejar, o legislador ordinário poderá invocar a capacidade contributiva para implementar uma política de redução das taxas, e, se assim o fizer, não se estará a violar o princípio da igualdade. Consequentemente, se a lei instituidora da exação não trouxer previsão de redução das taxas conforme as condições econômicas dos contribuintes, estes não a poderão exigir judicialmente, pois estaremos no campo da discricionariedade legislativa[19].

Devemos destacar, entretanto que, reiterando o que já dissemos, eventual política de redução das taxas para os menos favorecidos não poderá representar um agravamento da cobrança em relação aos que tem melhores condições econômicas. O custo individual cobrado pelo contribuinte é o teto – jurídico – para a cobrança da taxa, que não pode ser desrespeitado nem mesmo sob pálio da capacidade contributiva. Com isto, entendemos que não se pode cobrar maiores taxas dos mais ricos para subsidiar as prestações aos mais pobres[20].

Importante destacar que não será válida a implementação de uma política de subsídios que venha a cobrar taxas superiores ao custo individualmente gerado pelos mais ricos, mesmo que seja com a finalidade de financiar prestações de serviços públicos aos mais pobres. E assim deve ser mesmo que o limite do custo global do serviço ou das ações de polícia seja respeitado. Veja-se o seguinte exemplo: se o custo global da atividade fiscalizatória é de um milhão de reais, sendo que esta atividade é dirigida a 20 empresas (que não apresentam características relevantes no que tange à modificação do esforço fiscalizatório), a taxa devida por cada uma seria de R$ 50.000,00; no entanto, considerando que dentre as vinte, dez são empresas de pequeno porte e lucratividade, o legislador pretende delas cobrar apenas metade do valor da taxa, ou seja, R$ 25.000,00; para compensar, o legislador distribui o valor que deixará de ser arrecadado com as empresas de menor porte para as empresas maiores, cobrando dessas últimas o valor de R$ 75.000,00; com isto, o total arrecadado permaneceria em um milhão de reais, isto é, dentro do limite global de custos. O fato de se respeitar o "limite da cobertura geral de custos" não convalidaria a exação cobrada conforme o exemplo acima, pois o "limite da cobertura individual de custos" terá sido desrespeitado para os contribuintes maior porte econômico, o que não é admissível, nem mesmo para justificar

19 MORAES, Bernardo Ribeiro de. *Doutrina e Prática das Taxas*. 2ª Ed. São Paulo: Quartier Latin. pp. 236-237.

20 Em sentido contrário: SEIXAS FILHO, Aurélio Pitanga. Taxa, Doutrina, Prática e Jurisprudência. 2ª ed.; Rio de Janeiro: Forense, 2002, p. 78.

políticas de subsídio voltadas à redução das taxas em função do princípio da capacidade contributiva.

A nosso ver, nas taxas, não há espaço para discussões a respeito de justiça tributária ou solidariedade social, a justificar a cobrança mais agravada dos mais ricos em benefício dos mais pobres. Estas questões são inerentes aos impostos, tributos cuja causa é a disponibilidade financeira dos cidadãos para participarem do custeio social. Nas taxas, a causa é uma ação do Estado, e, por isso, não são elas instrumentos para políticas fiscais que visem reduzir desigualdades sociais[21].

Seja como for, pensamos que, nas situações em que a taxa não é cobrada de maneira uniforme de todos os contribuintes, o importante é avaliar o seguinte: a) se a taxa não está sendo agravada para além do custo em função da capacidade contributiva; b) se o critério para diferenciação atende à capacidade contributiva, pois este é o único critério que autoriza a quebra de isonomia – no sentido de que todos que gerarem os mesmos custos ao poder público devem recolher o mesmo tributo.

Ainda no aspecto subjetivo, a capacidade contributiva, como progressividade tributária, não se aplica às taxas.

Progressividade é a exasperação do tributo na medida em que aumenta a riqueza do contribuinte (por exemplo, a tabela progressiva do IRPJ, a aumentar a alíquota do imposto conforme o rendimento).

No entanto, como as taxas não visam tributar a riqueza do contribuinte, mas apenas a recomposição dos custos estatais individualmente por ele gerados, a progressividade é inapropriada ao tributo. Além disto, a taxa tem como limite jurídico de sua cobrança à correspondência ao custo individual causado pelo contribuinte, motivo pelo qual não se poderia, de nenhum modo, cobrar o tributo além deste valor.

Na taxa prevalece, como já vimos, a regra geral de que todos que causarem custos estatais específicos e divisíveis devem recompô-los, de maneira igual. Apesar disto, e como exceção, admite-se a cobrança do tributo em valor inferior daqueles que tiverem menores condições econômicas, sendo esta uma faculdade do legislador. A discriminação em sentido inverso, ou seja, cobrar taxas maiores em função da maior disponibilidade econômica, em nome da progressividade, não é tolerável, já que este não é um critério adequado para a repartição da carga fiscal nas taxas (que não são norteadas pela capacidade contributiva) e também por ser o custo estatal limitador da exação[22].

Outrossim, nas hipóteses em que admitimos a adoção de taxas com valores inferiores ao custo estatal em razão da faculdade do legislador de assim

21 PAULSEN, Leandro. Direito Tributário – Constituição e Código Tributário à luz da doutrina e da jurisprudência. 15ª ed. Ed. Livraria do Advogado. Porto Alegre, 2013, p. 60.

22 CONTI, José Maurício. Sistema Constitucional Tributário/Interpretado pelos Tribunais. Ed. Oliveira Mendes, 1997, p. 15.

proceder em nome da capacidade contributiva, o caso certamente não implicará progressividade, ainda que haja alguns contribuintes pagando taxas maiores do que os outros. Na verdade, nesta hipótese, a tributação não está sendo agravada diante da maior disponibilidade econômica dos contribuintes (a taxa devida pelos mais ricos continuará limitada ao valor correspondente ao seu custo individual), mas, ao contrário, o que estará havendo é a redução da carga para os menos favorecidos.

Em síntese, podemos dizer que, em relação às taxas, o princípio da capacidade contributiva, no seu aspecto subjetivo (assim entendido como critério de repartição da carga fiscal entre os contribuintes): a) não exige que o tributo seja fixado de acordo com a riqueza do contribuinte, pois o critério reitor da mensuração das taxas é o da equivalência; b) não exige do legislador ordinário uma política de redução do tributo em função da situação econômica dos sujeitos passivos; c) autoriza o legislador, se assim desejar, a adotar uma política de redução das taxas conforme indícios de riqueza do contribuinte.

Há ainda um outro aspecto da capacidade contributiva que se aplica às taxas: aquele que impede a tributação onde não houver riqueza disponível, de onde surgem a proteção do mínimo existencial e a vedação à tributação confiscatória.

De fato, nesta última acepção, o princípio da capacidade contributiva se levanta como uma limitação ao poder de tributar, e, por isso mesmo, se aplica a todos tributos[23].

Apesar do caráter compensatório das taxas, a capacidade contributiva impede a tributação do mínimo existencial, quando se estiver em face de prestação de serviço ou exercício do poder de polícia relacionados a indivíduos que não disponham de recursos suficientes para sua manutenção digna.

De fato, se um indivíduo é obrigado a submeter a um ato de polícia estatal, haverá então à imposição tributária da taxa, caso esta tenha sido instituída. Entretanto, se este indivíduo não dispõe de recursos para a manutenção de uma vida digna, a mesma razão pela qual ele não poderá ser tributado por meio de impostos será aplicada para a taxa: ausência de capacidade contributiva. O fato de haver provocado o ato de polícia e, assim, o custo estatal, não impede o alcance da capacidade contributiva como um limite ao poder de tributar.

O mesmo acontece com as taxas decorrentes da prestação de um serviço público específico e divisível. O fato de o particular requerer ou usufruir do serviço não faz com que ele seja obrigado ao pagamento da taxa se a ele faltar a capacidade de contribuir com os gastos do Estado, mesmo que específicos e direcionados a ele.

No caso do serviço público, pensamos, isto fica ainda mais evidente, na medida em que um serviço só é público se for de relevante interesse de toda sociedade. Então, se um serviço é de tal forma necessário e essencial que cabe

23 PAULSEN, Leandro. Op. cit., p. 51.

ao Estado prestar, não faria qualquer sentido que o Poder Público se negasse a oferecê-lo para aqueles que não tem condições de pagar[24].

A necessidade desta dispensa do pagamento das taxas por serviços relevantes ou por atos de polícia é reconhecida, em alguns casos, pela própria Constituição, que veicula uma série de imunidades de taxas[25]. Através destas imunidades, o próprio constituinte confirma que o caráter compensatório das taxas (recomposição dos gastos dos Estados relacionados com determinada pessoa) não é impeditivo para que se afaste sua exigência daqueles que não tem condições econômicas mínimas à vida digna.

Pensamos que este mesmo racional adotado pelo constituinte originário para a formulação das imunidades das taxas há de ser acolhido pelo legislador ordinário, que deve conceder isenções toda vez que estiver diante de serviço público ou exercício de poder de polícia relativo a indivíduos sem disponibilidade econômica. Aqui, entretanto, é importante destacar que, se o princípio da capacidade contributiva pode autorizar o legislador a excepcionar a regra geral da igualdade nas taxas para cobrar taxas menores conforme a situação econômica do contribuinte, como já vimos acima, esta faculdade não existe quando se está a tratar do mínimo existencial. Em situações que envolvam a inexistência de disponibilidade econômica além daquela necessária à manutenção da vida digna, a capacidade contributiva obriga o legislador a conceder isenções, e, ainda que este não o faça, o contribuinte poderá resistir à exigência sob a invocação do princípio da capacidade contributiva como norma de bloqueio à tributação onde não houver riqueza disponível[26].

Se a capacidade contributiva como vedação à tributação ao mínimo existencial é aplicável às taxas, também o seu outro extremo, de vedação à tributação excessiva - além da riqueza disponível dos contribuintes - pode ser invocado em matéria de taxas. Neste sentido, a exigência de taxas para além do que seja suportável pelo particular também violará a capacidade contributiva, como cláusula de bloqueio à tributação onde não houver riqueza disponível. O não confisco nas taxas, contudo, envolve outras considerações, que serão apresentadas no tópico posterior.

---

24 TORRES, Ricardo Lobo; Tratado de Direito Constitucional Financeiro e Tributário - Valores e princípios constitucionais tributários. Rio de Janeiro: Renovar, 2005, pp. 309-310.

25 "Art. 5º. XXIV - são a todos assegurados, independentemente do pagamento de taxas: a) o direito de petição aos Poderes Públicos em defesa de direitos ou contra ilegalidade ou abuso de poder; b) a obtenção de certidões em repartições públicas, para defesa de direitos e esclarecimento de situações de interesse pessoal; (...) LXXIII - qualquer cidadão é parte legítima para propor ação popular que vise a anular ato lesivo ao patrimônio público ou de entidade de que o Estado participe, à moralidade administrativa, ao meio ambiente e ao patrimônio histórico e cultural, ficando o autor, salvo comprovada má-fé, **isento de custas judiciais** e do ônus da sucumbência; LXXIV - o Estado prestará **assistência jurídica integral e gratuita** aos que comprovarem insuficiência de recursos; (...) LXXVI - são gratuitos para os reconhecidamente pobres, na forma da lei: a) o registro civil de nascimento; b) a certidão de óbito; (...) Art. 206. O ensino será ministrado com base nos seguintes princípios: (...) IV - gratuidade do ensino público em estabelecimentos oficiais; (...) "Art. 226. A família, base da sociedade, tem especial proteção do Estado. (...) § 1º - O casamento é civil e gratuita a celebração."

26 SCHOUERI, Luís Eduardo. Direito Tributário. 2 ed. Saraiva: 2012, p. 321-322.

Em síntese, e como dissemos no início desse tópico, a resposta quanto à aplicabilidade ou não do princípio da capacidade contributiva às taxas depende de se saber em qual aspecto e em que extensão se está analisando o princípio[27].

Quando tomada a capacidade contributiva como limitação ao poder de tributar, a princípio é aplicável às taxas, para evitar a tributação do mínimo existencial ou a que exceda as possibilidades econômicas dos contribuintes.

Quando tomada como critério de repartição da carga fiscal, o princípio é apenas parcialmente aplicável, pois a taxa é mensurada pelo critério da equivalência, sendo irrelevante, neste ponto, a riqueza individual. No entanto, apesar de não obrigar o legislador, a capacidade contributiva pode autorizá-lo a reduzir a taxa para abaixo do valor que seria definido pelo critério da equivalência, atendendo a critérios econômicos dos contribuintes. Em nenhuma hipótese, o princípio poderá justificar o agravamento da tributação dos contribuintes para além do custo individual por ele causado ao poder público.

Enquanto nos impostos, como diz TIPKE, a capacidade contributiva pergunta para os contribuintes o que estes podem fazer pelo Estado, e não o que o Estado fez pelos contribuintes, nas taxas, a pergunta a ser feita é qual foi o custo que o contribuinte, de maneira específica e divisível, causou ao Estado, e a partir desta resposta, cobra-se o tributo. Nas taxas, portanto, a única pergunta que decorre do princípio é para saber se o contribuinte tem condições econômicas mínimas para pagar o tributo, e, se a resposta for negativa, a exação não poderá ser cobrada. No mais, o princípio autoriza, mas não exige, que o legislador implemente uma política de redução das taxas conforme elementos reveladores da capacidade econômica dos indivíduos.

5. JURISPRUDÊNCIA DO STF QUANTO À CAPACIDADE CONTRIBUTIVA APLICADA ÀS TAXAS

Caso digno de nota é o da Taxa de Fiscalização do Mercado de Valores Mobiliários, instituída pela Lei nº 7.940/89. Esta taxa, mais conhecida como "Taxa de Fiscalização da CVM", tem por hipótese de incidência o "exercício do poder de polícia legalmente atribuído à Comissão de Valores Mobiliários - CVM" (art. 2º). Sua base de cálculo é apontada por meio de uma tabela, que apresenta uma série de valores fixos que variam conforme o capital social da empresa fiscalizada. Discutia-se, pois, se esta era uma base de cálculo adequada para a taxa, pois sua variação (ainda que por meio de valores tabelados) em função do capital social estaria a revelar tributação de acordo com a capacidade contributiva do contribuinte.

O Plenário do STF, ao examinar a taxa, entendeu por sua constitucionalidade nos termos da ementa abaixo:

27 COELHO, Sacha Calmon Navarro. Curso de Direito Tributário, 9ª ed. Rio de Janeiro, 2006, pp. 161-162.

> CONSTITUCIONAL. TRIBUTÁRIO. TAXA DE FISCALIZAÇÃO DOS MERCADOS DE TÍTULOS E VALORES MOBILIÁRIOS - TAXA DA CVM. Lei nº 7.940, de 20.12.89. FATO GERADOR. CONSTITUCIONALIDADE.
>
> I. - A taxa de fiscalização da CVM tem por fato gerador o exercício do poder de polícia atribuído à Comissão de Valores Mobiliários - CVM. Lei 7.940/89, art. 2º. A sua variação, em função do patrimônio líquido da empresa, não significa seja dito patrimônio a sua base de cálculo, mesmo porque tem-se, no caso, um tributo fixo. Sua constitucionalidade.
>
> II. - R.E. não conhecido". (RE nº 177.835/PE, Tribunal Pleno, Rel. Min. Carlos Velloso, j. 24.02.99, dj. 24.05.01)

O referido julgamento foi iniciado na Segunda Turma, quando o Ministro Relator, Carlos Velloso, deixava de conhecer do recurso extraordinário do contribuinte, por entender que não haveria violação ao art. 145, §2º da CF/88. No entanto, a Turma acatou pedido do Ministro Marco Aurélio para interromper o julgamento, afetando-se o caso ao Plenário.

Retomado o julgamento em Plenário, o Relator, Min. Velloso, reiterou o seu voto anterior que basicamente diz o seguinte: a) a taxa da CVM é um tributo fixo, calculado a partir de uma tabela que apresenta valores que variam, por faixas, conforme o capital social da empresas; b) logo, a "base de cálculo da taxa" não é o capital social das empresas, já que se trata de tributo fixo; o capital social seria mero critério para identificar em qual "faixa" a empresa se enquadraria; c) consequentemente, não há violação ao §2º do art. 145 da CF/88, já que se trata de tributo fixo e que, portanto, não adotou base de cálculo própria de imposto.

Para fechar o voto, e naquilo que para nós não passou de *obiter dictum*, o Ministro Relator afirma que

> O que a lei procura realizar, com a variação do valor da taxa, em função do patrimônio líquido da empresa, é o princípio da capacidade contributiva — C.F., art. 145, § 1º. Esse dispositivo constitucional diz respeito aos impostos, é certo. Não há impedimento, entretanto, na tentativa de aplicá-lo relativamente às taxas, principalmente quando se tem taxa de polícia, isto é, taxa que tem como fato gerador o poder de polícia.

Seja como for, o fato é que o voto do Min. Relator, Carlos Velloso, não se aprofundou na questão da capacidade contributiva, não passando do excerto transcrito acima. Não se disse em que medida, e como a capacidade contributiva seria aplicável às taxas, ou se tal aplicação seria apenas para impedir a sua cobrança em casos de evidente inexistência de condições para o seu pagamento (que é inclusive o sentido que parece ter o voto proferido pelo então Desembargador Federal Hugo de Brito Machado, que participou do julgamento do caso no TRF da Quinta Região, transcrito pelo Min. Relator Carlos Velloso).

Após o voto do Min. Relator no Plenário, os ministros Maurício Correa, Nelson Jobim e Ilmar Galvão também votaram pelo não conhecimento do recurso extraordinário, sem fazer nenhuma consideração ou debate. Foi quando então pediu vista o Ministro Marco Aurélio, que, em voto-vista, reporta sua preocupação no sentido de que "a busca incessante de receita tem levado a distorções, ante a razão de ser desta espécie tributária, que é a taxa". Por isso, reafirmou que

> Invariavelmente, esta Corte vem proclamando a necessidade de o valor cobrado estar ligado, em si, a dispêndio pela administração, quer se trate do exercício do poder de polícia, quer da colocação à disposição de contribuintes de serviços públicos específicos e divisíveis. Jamais placitou hipótese de instituição de taxa sem o respaldo em tal fator, ou seja, o gasto realizado.

E seguiu o Ministro Marco Aurélio demonstrando que a taxa deve manter proporcionalidade com o gasto estatal que lhe dá origem, para questionar o seguinte: qual a relação entre o poder de polícia e o patrimônio líquido do contribuinte? E prossegue para concluir que:

> Inexiste elo que justifique o cálculo a partir da saúde da empresa. Aliás, surge até mesmo um contrassenso: quanto menor esta última, maior, presume-se, a necessidade de fiscalização. Em síntese, o patrimônio líquido, considerada a ordem natural das coisas, não serve a dimensionar o dispêndio, pela administração, no exercício do poder de polícia.

Como se nota, o Ministro Marco Aurélio divergiu do relator por considerar que a variação da taxa conforme o capital social era inconstitucional porque este não seria um elemento vinculado à atuação estatal, isto é, em nada impactaria no maior ou menor esforço estatal. E, por fim, ressalta que o princípio da capacidade contributiva

> Mostra-se como balizamento inadequado à espécie de tributo que é a taxa, porquanto o valor respectivo há de ter íntima vinculação com o citado exercício do poder de polícia ou o serviço público prestado ou colocado à disposição do contribuinte, conforme visto nos precedentes citados.

Após o voto do Ministro Marco Aurélio, as notas taquigráficas do julgamento registram que se seguiu um breve debate, no qual o Ministro Nelson Jobim afirmou que, ao contrário do que entendeu o Ministro Marco Aurélio, considerava que o maior capital social da empresa impactaria, via de regra, no maior esforço estatal de fiscalização. Por isso, este critério – de aumento da taxa em função do capital social da empresa – seria adequado ao tributo, que deve ser dimensionado com os custos da atividade fiscalizatória. Em linha com a opinião do Ministro Nelson Jobim, manifestaram-se os ministros Ilmar Galvão, Moreira Alves e Carlos Velloso.

Na sequência, foi proferido o voto do Ministro Sepúlveda Pertence, que acompanha o Ministro Relator Carlos Velloso para não conhecer do recurso extraordinário. Em seu voto, Pertence destaca que as premissas teóricas adotadas pelo Ministro Marco Aurélio (de que a taxa deve ser cobrada na medida do custo estatal gerado pelo particular) são indiscutíveis, mas que

> Sobretudo em matéria de taxa de polícia — que remunera uma atividade permanente e não atos concretos de fiscalização — há de tomar-se como base de cálculo um dado que razoavelmente indique a exigência da atividade de polícia provocada pelo contribuinte.

E, concluiu que

> O voto do Ministro Nelson Jobim deixou muito claro não se pode negar razoabilidade a que se tome como índice da necessidade de fiscalização do vulto e da quantidade de operações das empresas que atuam no mercado de valores mobiliários o seu patrimônio líquido.

Ou seja, o Ministro aquiesceu com a taxa por entender que o critério de variação conforme o capital social era adequado pois seria efetivamente um elemento razoável para medir a variação do esforço estatal.

Na sequência do julgamento, o Ministro Neri da Silveira proferiu voto, no qual levanta que "minha dúvida é se realmente essa fiscalização realizar-se-ia relativamente ao volume de operações da empresa", mas, após debater com o Ministro Marco Aurélio, disse que

> Parto da presunção de que esse patrimônio traduza o volume de operações da empresa na Bolsa. Isso seria bastante a justificar progressividade nessa taxa. A razão da progressividade não é aquela mesma, por exemplo, que o Tribunal tem recusado em se tratando do IPTU. É diferente.

Tivemos a preocupação de fazer todos os apontamentos acima sobre o julgamento do RE nº 177.845/PE para fazer a seguinte pergunta: neste julgamento, pode-se dizer que o Plenário do STF afirmou ser a capacidade contributiva aplicável às taxas? O Tribunal autorizou que taxas maiores sejam cobradas em função da riqueza dos contribuintes?

Antes de responder estas perguntas, é importante fazer algumas considerações sobre o julgamento acima relatado.

De início, vale destacar que o voto apresentado pelo relator apenas confirma todas as nossas preocupações sobre a correta compreensão do que seja base de cálculo nas taxas. Em sentido estrito, se o tributo é apresentado com valor fixo na lei (ainda que a variar conforme tabela de acordo com o capital social da empresa), não há operações matemáticas de quantificação do valor da taxa, o que poderia levar ao entendimento, adotado pelo Ministro Relator, de que não haveria base de cálculo nesta taxa. Por isso, concluiu o Ministro Carlos Velloso que a norma protetiva do § 2º do art. 145 da CF seria inaplicável, já que a taxa não foi calculada "diretamente" em função do capital social da empresa, o que só ocorreria, por exemplo, se o tributo fosse um percentual a ser aplicado sobre o capital social.

Com todas as vênias, não podemos concordar com o racional adotado no voto.

Em primeiro lugar porque, conforme já expusemos, mesmo as taxas apresentadas em valor fixo na lei (inclusive aquelas que são depois multiplicas por um elemento quantitativo ligado ao contribuinte ou sua atividade) apresentam base de cálculo, daí termos construído a noção de base de cálculo primária e secundária nas taxas.

Em segundo lugar porque, se em qualquer tributo fixo não houver base de cálculo, então a norma de proteção do §2º do art. 145 da CF/88 terá pouquíssima (ou nenhuma) aplicabilidade, já que a maioria absoluta das taxas ou são fixas por contribuinte ou apresentam valor fixo a ser multiplicado por algum outro elemento de medição (desconhecemos taxas que não sejam assim descritas).

Em terceiro lugar porque parece-nos claro que, ao impedir que as taxas tenham base de cálculo própria de impostos, o §2º do art. 145 da CF pretendeu justamente impedir a flutuação do valor em função de elementos que evidenciassem a riqueza do contribuinte, que é justamente o que parece ocorrer em taxas que variem (ainda que a partir de tabela com valores prefixados) conforme o capital social de uma empresa.

A situação fica ainda mais complexa se for notado que a "variação conforme o capital social da empresa" pode denotar ao mesmo tempo um critério de variação da capacidade contributiva (quanto maior a empresa, mais disponibilidade econômica se presume que ela terá) e variação do esforço estatal (como decidiram os ministros, quanto maior a empresa maior fiscalização da CVM ela receberá).

Se a variação do capital social for tomada apenas como um índice de capacidade contributiva, de potencialidade econômica do contribuinte, então não poderá servir para mensurar a taxa, já que a riqueza do particular é indiferente para fins de cobrança deste tributo que permanece relacionado ao custo estatal (a única exceção é para a redução do valor tributo de modo a ficar aquém do custo efetivamente causado, conforme já foi exposto no item anterior).

Por outro lado, se a variação do capital social for tomada como índice diretamente relacionado ao custo da atividade estatal, então a taxa poderá variar conforme este índice, cobrando-se mais (porque geram mais custos) de empresas de maior porte econômico.

Foi pela segunda opção que o Plenário do STF, a nosso ver, caminhou. Decidiu-se que era constitucional se tributar mais empresas maiores porque estas serão mais fortemente fiscalizadas, e não porque devem pagar mais taxa as empresas mais ricas (capacidade contributiva).

Particularmente, pensamos como o Ministro Marco Aurélio, no sentido de que não há correspondência direta entre o porte da empresa e o custo da atividade estatal. Haveria seguramente outros critérios mais adequados para se modular o valor da taxa, como por exemplo o número de atos registrados anualmente, etc. Por isso, não nos parece adequada a formulação geral de uma presunção, para fins de avaliação do custo individualmente gerado por cada contribuinte, de que quanto maior a empresa maior será o custo de fiscalização. Como já expusemos, a vinculação da taxa ao custo estatal é uma exigência jurídica desta espécie tributária, de modo que não se pode fragilizar tal exigência por meio de presunções elásticas, que podem apenas "indicar" um maior ou menor agir do Poder Público.

De todo modo, ainda que não consideremos o mais correto, o Plenário do STF entendeu que este critério – capital social – seria adequado à taxa da CVM, pois ele garantiria, de algum modo, a proporção necessária entre a taxa e o custo da atividade estatal.

Em síntese: ainda que também possa aferir a capacidade contributiva (o que não foi o relevante para a decisão do Plenário, conforme transcrições acima), a variação conforme o capital social da empresa seria também critério para verificar a intensidade do esforço estatal, motivo pelo qual a adoção do critério pela Lei nº 7.940/89 seria constitucional[28].

Note-se, portanto, que o Plenário do STF não chegou a examinar, objetivamente, como e em que extensão o princípio da capacidade contributiva se aplica às taxas, até porque isto demandaria uma análise muito mais profunda do princípio e da natureza do tributo, o que efetivamente não ocorreu, a se tomar pela singeleza dos votos apresentados no RE nº 177.835.

Ocorre que, apesar de, a nosso ver, o STF não ter endossado a aplicação da capacidade contributiva às taxas (no sentido de se autorizar a maior cobrança do tributo conforme maior for a riqueza do contribuinte), o próprio Tribunal passou a formular ementas de julgamentos seguintes como se o Plenário tivesse expressamente admitido, sobretudo para as taxas de polícia, a aplicação do princípio da capacidade contributiva[29]. E o próprio Plenário do STF chegou a se manifestar no mesmo sentido, como se vê na ADI nº 453[30].

---

28 NETO, Arthur Ferreira. Classificação Constitucional dos Tributos. Editora: Livraria do Advogado, 2006, pp. 86-89.

29 "TAXA DE FISCALIZAÇÃO DOS MERCADOS DE TÍTULOS E VALORES MOBILIÁRIOS - COMISSÃO DE VALORES MOBILIÁRIOS - LEI Nº 7.940/89 - LEGITIMIDADE CONSTITUCIONAL - PRECEDENTES FIRMADOS PELO PLENÁRIO DO SUPREMO TRIBUNAL FEDERAL - POSSIBILIDADE DE JULGAMENTO IMEDIATO DE OUTRAS CAUSAS VERSANDO O MESMO TEMA PELAS TURMAS OU JUÍZES DO SUPREMO TRIBUNAL FEDERAL, COM FUNDAMENTO NO LEADING CASE (RISTF, ART. 101) - AGRAVO IMPROVIDO. A TAXA DE FISCALIZAÇÃO DA COMISSÃO DE VALORES MOBILIÁRIOS, INSTITUÍDA PELA LEI Nº 7.940/89, É CONSTITUCIONAL. - A taxa de fiscalização da CVM, instituída pela Lei nº 7.940/89, qualifica-se como espécie tributária cujo fato gerador reside no exercício do Poder de polícia legalmente atribuído à Comissão de Valores Mobiliários. A base de cálculo dessa típica taxa de polícia não se identifica com o patrimônio líquido das empresas, inocorrendo, em conseqüência, qualquer situação de ofensa à cláusula vedatória inscrita no art. 145, § 2º, da Constituição da República. O critério adotado pelo legislador para a cobrança dessa taxa de polícia busca realizar o princípio constitucional da capacidade contributiva, também aplicável a essa modalidade de tributo, notadamente quando a taxa tem, como fato gerador, o exercício do poder de polícia." (2ª T, ArgREx 176.382/CE, Min. Celso de Melo, d.j. 19.05.00)

30 "Ação Direta de Inconstitucionalidade. 2. Art. 3o, da Lei nº 7.940, de 20.12.1989, que considerou os auditores independentes como contribuintes da taxa de fiscalização dos mercados de títulos e valores mobiliários. 3. Ausência de violação ao princípio da isonomia, haja vista o diploma legal em tela ter estabelecido valores específicos para cada faixa de contribuintes, sendo estes fixados segundo a capacidade

Com a devida vênia, por tudo que foi visto, o Plenário do STF não decidiu no RE nº 177.835 que o princípio da capacidade contributiva é aplicável às taxas, ao menos no sentido de que se pode cobrar valores maiores conforme a variação da riqueza do contribuinte. Ao contrário, decidiu apenas que o capital social é índice adequado para se aferir a maior ou menor intensidade fiscalizatória, o que levou a Corte a julgar constitucional a Lei nº 7.940/89. Isto é o que também foi compreendido por HUMBERTO ÁVILA a respeito do referido julgado[31].

Logo, os julgamentos que se seguiram e que passaram a afirmar que o Plenário do STF julgou válida a variação da taxa conforme a riqueza do contribuinte, representam, na verdade, uma grave deformação do real conteúdo do RE nº 177.835.

De se notar ainda que, na taxa da CVM, os valores do tributo são fixos, embora variem conforme uma tabela progressiva de acordo com o capital social das empresas. Por isso, o tributo sempre terá um teto. Isto é importante porque, ainda que se tome o precedente da CVM como autorizador da tributação progressiva nas taxas conforme a capacidade contributiva, não se pode dizer que lá foi autorizada a tributação ilimitada pela taxa de acordo com a riqueza evidenciada do contribuinte, pois, repita-se, na taxa da CVM há um teto. Até porque, se assim não for, a variação da taxa conforme a capacidade contributiva poderá levar o tributo a alcançar valores altíssimos, em clara desproporção com o custo da atividade estatal.

Registre-se, ainda, que, em 2003, o STF editou a Súmula nº 665, segundo a qual "é constitucional a Taxa de Fiscalização dos Mercados de Títulos e Valores Mobiliários instituída pela Lei 7.940/89".

Uma outra discussão possível é a respeito de se saber se o critério adotado pela lei e admitido pelo STF – de que quanto maior o capital da empresa maior será o esforço fiscalizatório – está correto, como foi questionado pelo Ministro Marco Aurélio, que não via essa necessária correlação entre intensidade fiscalizatória e capital social.

Enfim, colocada perspectiva correta, a decisão do Plenário do STF no RE nº 177.835 se torna razoável, pois, como dissemos acima, as taxas podem (e devem) variar de acordo com a intensidade da atividade estatal provocada pelo contribuinte. Também por esta razão, o STF já decidiu ser constitucional a "Taxa de licença para localização e estabelecimento", apurada com base no tamanho do imóvel, pois este seria um critério válido para aferir a intensidade da atividade estatal[32].

---

contributiva de cada profissional. 4. Taxa que corresponde ao poder de polícia exercido pela Comissão de Valores Mobiliários, nos termos da Lei nº 5.172, de 1966 – Código Tributário Nacional. (...)". (ADI nº 453, Tribunal Pleno, Rel. Min. Gilmar Mendes, DJ. 16.03.07).

31 ÁVILA, Humberto. Sistema Constitucional Tributário, 5ª ed., Editora Saraiva, 2012, p. 397.

32 "(...) Taxa de licença para localização de estabelecimento. Constitucionalidade. Base de cálculo. Proporcionalidade com o custo da atividade estatal de fiscalização. Precedentes. (...) 2. A base de cálculo

Por outro lado, taxas mensuradas em critérios que não guardam coerência com o esforço estatal têm sido repelidas pelo STF. Como exemplo, tem-se a Taxa de Fiscalização de Estabelecimento fixada com base no número de empregados[33].

Em síntese, a jurisprudência de nossa Suprema Corte ainda tem um longo caminho a trilhar em matéria de aplicação do princípio da capacidade contributiva às taxas.

da taxa de fiscalização e funcionamento fundada na área de fiscalização é constitucional, na medida em que traduz o custo da atividade estatal de fiscalização. Quando a Constituição se refere às taxas, o faz no sentido de que o tributo não incida sobre a prestação, mas em razão da prestação de serviço pelo Estado. A área ocupada pelo estabelecimento comercial revela-se apta a refletir o custo aproximado da atividade estatal de fiscalização. (...)."(RE 856185 AgR, Relator Min. Roberto Barroso, Primeira Turma, julgado em 04/08/2015, DJe-190, 24-09-2015)

33 "(...) Tributário. Taxa de fiscalização de estabelecimentos – TFE. Base de cálculo. Número de empregados. Dados insuficientes para aferir o efetivo poder de polícia. 1. As taxas comprometem-se tão somente com o custo do serviço específico e divisível que as motiva, ou com a atividade de polícia desenvolvida. 2. Os critérios do número de empregados ou da atividade exercida pelo contribuinte para aferir o custo do exercício do poder de polícia desvinculam-se do maior ou menor trabalho ou atividade que o Poder Público se vê obrigado a desempenhar. Precedentes. (...)."(ARE 744804 AgR, Relator Min. Dias Toffoli, Primeira Turma, julgado em 05/08/2014, DJe-196, 08-10-2014)"

Guerra Fiscal, Federalismo e Reforma Tributária

Eduardo Maneira[1]

Sumário: 1. Introdução. 2. A Guerra Fiscal. 3. Sistema Tributário na Constituição de 1988 e a Necessária Reforma Tributária. 4. Conlusão.

1. INTRODUÇÃO

Homenagens ao professor Ricardo Lobo Torres são sempre bem-vindas. Jurista de destaque da sua geração, o querido professor era antes de tudo um humanista. A sua ampla cultura sempre esteve a serviço da justiça e do bem comum. Agradeço ao honroso convite formulado pelos professores Carlos Alexandre de Azevedo Campos, Gustavo da Gama Vital de Oliveira e Marco Antônio Ferreira Macedo para participar desta obra coletiva.

O trabalho que ora se apresenta vai tratar da reforma tributária como a única ferramenta eficaz para conter a guerra fiscal, que se instaurou no Brasil em torno da tributação do consumo.

2. A GUERRA FISCAL

A concorrência e a competitividade são marcas do nosso tempo e não ocorrem apenas entre empresas e no ambiente privado. O setor produtivo, em um mundo globalizado, de mercado cada vez mais integrado, procura se instalar nos Estados que lhes possam oferecer maiores vantagens financeiras e fiscais.

Assim, o manejo da carga tributária para atrair investimento é um fenômeno que alcança países e comunidades de países – Comunidade Europeia, Mercosul, etc. Mas esse é um fenômeno que também se dá entre os Estados que integram uma Federação. No Brasil, essa guerra é travada até mesmo entre os Municípios, principalmente entre as capitais e os Municípios próximos das capitais, em torno do Imposto sobre Serviços de Qualquer Natureza – ISSQN.

Mas aqui iremos tratar da Guerra Fiscal no sentido mais estrito, isto é, daquela que afeta diretamente o pacto federativo e a federação. Trataremos

---

1 Professor associado de Direito Tributário da Faculdade Nacional de Direito da Universidade Federal do Rio de Janeiro (UFRJ). Conselheiro da Ordem dos Advogados do Brasil – Seccional Rio de Janeiro (OAB/RJ).

especificamente da Guerra Fiscal no âmbito dos Estados em torno do ICMS. Assim, conceituaremos Guerra Fiscal como sendo aqueles benefícios fiscais concedidos pelos Estados à revelia da Constituição.

Essa é uma realidade gravíssima no Brasil. Provavelmente, a principal causa da Guerra Fiscal é o fato de sermos uma federação assimétrica, no sentido de termos muitas desigualdades regionais, e o fato de sermos uma federação cooperativa meio capenga, faltando a batuta da União para coordenar ações que promovam isonomia e oportunidades iguais para as regiões que integram o Brasil. Essas desigualdades – eu não tenho a menor dúvida – são a grande causa da Guerra Fiscal entre os Estados.

Não temos, no nosso federalismo, fóruns de negociação e cooperação horizontal: falta coesão horizontal nos governos intermediários. Na Alemanha, por exemplo, os Estados têm elevada participação na elaboração da legislação federal, por meio da Câmara Alta, que é composta por parlamentares indicados pelos governos estaduais. O Conselho Nacional de Política Fazendária – CONFAZ[2] é a única instituição horizontal brasileira. Não busca consenso político nem é fonte de novas ideias para o federalismo vigente. Apresenta, a rigor, um clima de conflito acirrado em um ambiente de negociação de varejo administrativo-tributário.

A segunda causa é o modo como o Brasil tributa o consumo. O consumo no Brasil é dividido entre a União, com o IPI; os Estados, com o ICMS; os Municípios, com o ISS; e ainda temos as contribuições sociais sobre a receita – PIS e COFINS – de competência da União, que, apesar de não incidirem sobre cada operação, mas sobre o somatório das receitas de cada operação, acabam também onerando o consumo. Ainda temos outra contribuição, a CIDE-Combustível, que onera, sem dúvida, o consumo, ao gravar a venda de combustível. Então esse fatiamento causa distorções no nosso Sistema Tributário, e o mais grave é o fato de 26 Estados mais o Distrito Federal terem competência tributária para instituir o ICMS – que tem nítido caráter nacional, mas é, como se disse, de competência dos Estados.

Qual é o problema desse imposto de caráter nacional ser de competência dos Estados? É que o cidadão que compra uma mercadoria num Estado B pode estar financiando o Estado A, que produziu essa mercadoria por meio de incentivos ilegítimos. Explica-se: como o nosso sistema de cobrança do ICMS é na origem, a mercadoria, quando sai do Estado A para o Estado B, vem carregada de crédito do imposto que supostamente foi pago na origem (Estado A).

2 "O Conselho Nacional de Política Fazendária – CONFAZ é o colegiado formado pelos Secretários de Fazenda, Finanças ou Tributação dos Estados e do Distrito Federal, cujas reuniões são presididas pelo Ministro de Estado da Fazenda, competindo-lhe, precipuamente, celebrar convênios para efeito de concessão ou revogação de isenções, incentivos e benefícios fiscais e financeiros do Imposto sobre Operações relativas à Circulação de Mercadorias e sobre Prestações de Serviços de Transporte Interestadual, Intermunicipal e de Comunicação – ICMS (Constituição, art. 155, inciso II e § 2°, inciso XII, alínea g e Lei Complementar n° 24, de 7.1.1975)."
Disponível em https://www.confaz.fazenda.gov.br/menu-de-apoio/historico. Acesso em 18.12.2018.

Essa mercadoria, que vai ser consumida no Estado B, vai gerar menos imposto para o Estado de consumo B por conta de créditos de imposto verdadeiramente não pago.

Há ainda uma terceira causa que ajuda a entender a Guerra Fiscal. O ICMS é uma fonte inesgotável de problemas e de uma complexidade incrível. O ICMS é um imposto sobre o consumo e não-cumulativo. A implementação da não-cumulatividade segue, basicamente, dois modelos: o do crédito financeiro e o do crédito físico. Pelo crédito financeiro, tudo que a empresa adquire que tenha por finalidade a sua atividade empresarial – seja bem do ativo, seja uso e consumo, matéria-prima ou produto intermediário – dá direito ao crédito. Pelo critério do crédito físico, apenas aquele bem que se incorpora ao produto ou aquele bem que é comprado para fins de revenda é o que dá direito ao crédito. Obviamente a adoção do crédito físico torna muito mais complexa a sistemática de apuração do imposto. Os tribunais estão abarrotados de causas que questionam se a energia elétrica dá crédito ou não dá crédito, porque vai depender se ela é tratada como insumo ou não da indústria ou do supermercado ou da empresa de telefonia; se o óleo diesel dá crédito para transportadora, para a indústria ou para a empresa ferroviária. Todas essas questões deixariam de existir, todos esses problemas seriam evitados se adotássemos de modo amplo, geral e irrestrito o crédito financeiro. Quais países do mundo adotam o crédito físico? Brasil e Haiti, apenas esses dois países, Brasil e Haiti. Por que não adotamos o crédito financeiro? Não temos a resposta.

Há outra questão que parece ser o ponto central da Guerra Fiscal, e que é a seguinte: os governos não abrem mão do poder de conceder benefícios e isenções. Isso porque, em decorrência das desigualdades regionais, a neutralidade fiscal é maléfica para os Estados mais pobres, localizados fora do eixo Sul-Sudeste. Uma empresa dificilmente faria a opção por se instalar na Região Norte, por exemplo, em vez de Rio de Janeiro ou São Paulo, se não recebesse um atrativo na forma de benefício fiscal.

Ocorre que Guerra Fiscal pode ter um efeito positivo imediato para quem a pratica, mas, com o tempo, ela se torna autofágica. Todos perdem. Há dados que mostram que, em decorrência da Guerra Fiscal, o ICM atualmente arrecada menos do que arrecadava antes da Constituição de 1988, não fosse o "S" acrescentado ao nome do imposto, que permite tributar serviços de comunicação e transporte, e a ampliação das suas hipóteses de incidência fazendo gravar a energia elétrica, as operações com minerais e combustíveis. Isto é, se for levada em conta a arrecadação decorrente das vendas de mercadorias, fato gerador do antigo ICM, a renúncia dos Estados é imensa. Hoje, a cada R$ 100,00 investidos pelos Estados, outros R$ 217,00 são dados em incentivo fiscal. Ou seja: essa política é autofágica.

Em suma, enquanto esse imposto – que o mundo todo tem como federal, unificado e com crédito financeiro – estiver repartido em três competências e com todos os outros anacronismos aqui apontados, a Guerra Fiscal vai perdurar. Quando há um problema para o qual não se encontra solução e esse problema dura muito tempo, é de se desconfiar que muitos ganhem com ele. É o caso da Guerra Fiscal, em que muitos têm interesse que ela continue, mas esses interesses certamente não são legítimos ou, dificilmente, são "interesses republicanos".

3. SISTEMA TRIBUTÁRIO NA CONSTITUIÇÃO DE 1988 E A NECESSÁRIA REFORMA TRIBUTÁRIA

Em 05 de outubro de 2018, a nossa Constituição fez 30 anos. É um aniversário que merece comemoração! A Assembleia Nacional Constituinte, eleita em 1986 e instalada no início de 1987, realizou um trabalho monumental pela democracia brasileira, possibilitando a transição do regime militar para um regime democrático. A partir da Constituição de 1988, o Brasil poderia novamente ser chamado de Estado Democrático de Direito.

O Sistema Tributário Nacional contemplado na Constituição de 1988 não representou uma mudança significativa em sua estrutura, se comparado à Emenda Constitucional nº 18/1965, à Constituição de 1967, à Emenda Constitucional nº 1/1969, bem como em relação ao Código Tributário Nacional, Lei nº 5.172/1966.

As mudanças mais significativas, infelizmente, foram no sentido de reforçar uma anomalia histórica do nosso sistema, que é a de atribuir aos Estados-membros o poder de tributar o consumo por intermédio do ICMS. Na Constituição anterior, os Estados tinham o ICM e, a partir da Constituição de 1988, passaram a ter o ICMS, que, além de todos os campos de incidência do antigo imposto, passou a alcançar os serviços de comunicação, transporte e os impostos especiais da União incidentes sobre operações relativas a combustíveis, lubrificantes, energia elétrica e minerais.

Diga-se, de passagem, perdeu-se uma grande oportunidade em 1965, quando se fez efetivamente um esforço de racionalização do sistema tributário que culminou na EC nº 18/65 e logo depois, no CTN, de passar para a União a tributação do consumo, concentrada em um único imposto. Mas mesmo o regime militar não teve força política para romper com a tradição em que os Estados-membros tributavam o comércio de mercadorias - IVC[3], que se tornou "imposto sobre operações relativas à circulação de mercadorias" - ICM; a União, as mercadorias industrializadas (antigo imposto de consumo, atual IPI); e os municípios, os serviços (antigo imposto de indústrias e profissões), atual ISS.

Estruturado para atender à forma federativa de Estado, o nosso sistema trata de repartir as competências tributárias entre a União, Estados, Distrito Federal e Municípios e de limitar o exercício dessas competências por meio dos princípios constitucionais tributários e das imunidades.

Apesar de os 30 anos da Constituição merecerem aplausos, certo é que todos dizem querer a reforma tributária. As Fazendas Públicas em geral, os contribuintes, pessoas jurídicas e físicas. Embora haja um consenso nacional em torno

3 Imposto sobre Vendas e Consignação.

da necessidade de se reformar o Sistema Tributário, há um enorme conflito em torno das propostas. A União diz que quer a reforma, mas não abre mão de um centavo da sua arrecadação extraordinária; os Estados e Municípios a querem para arrecadar mais; os contribuintes, para pagar menos tributos.

Com essa disparidade de interesses, a discussão se arrasta no Congresso Nacional. Então de que reforma tributária estaríamos tratando e quais os pontos críticos do nosso sistema que merecem alteração? Além disso, qual é o arcabouço jurídico a ser observado no momento de realizar uma reforma tributária?

Quando se fala em reforma tributária, estamos falando, obviamente, da reforma do Sistema Tributário Nacional, na Constituição. Assim, o primeiro ponto a ser observado são os limites estabelecidos no art. 60, § 4º, da Constituição, ao Poder Constituinte Derivado[4].

Ou seja, a reforma tributária deve observar especialmente a forma federativa de Estado e os direitos e garantias individuais. Desse modo, sabemos que devem ficar fora os princípios constitucionais tributários que são garantias do cidadão-contribuinte e, portanto, cláusulas pétreas, no entendimento do Supremo Tribunal Federal[5].

Além disso, qualquer mudança de competência tributária deve respeitar a forma federativa de Estado. Neste ponto, importante fazermos um parêntese para tratarmos um pouco da questão federativa – a começar da própria dificuldade de se conceituar o federalismo.

É certo que a ideia de federalismo nos leva a pensar em pelo menos dois níveis de governo, com autoridade sobre o mesmo território e o mesmo povo,

4 Constituição Federal de 1988: "Art. 60. (...) § 4º Não será objeto de deliberação a proposta de emenda tendente a abolir: I – a forma federativa de Estado; II – o voto direto, secreto, universal e periódico; III – a separação dos Poderes; IV – os direitos e garantias individuais."

5 Foi o que o Supremo Tribunal Federal decidiu no julgamento da Ação Direta de Inconstitucionalidade nº 939, que recebeu a seguinte ementa: "Direito Constitucional e Tributário. Ação Direta de Inconstitucionalidade de Emenda Constitucional e de Lei Complementar. I.P.M.F. Imposto Provisório sobre a Movimentação ou a Transmissão de Valores e de Créditos e Direitos de Natureza Financeira – I.P.M.F. Artigos 5., par. 2., 60, par. 4., incisos I e IV, 150, incisos III, "b", e VI, "a", "b", "c" e "d", da Constituição Federal. 1. Uma Emenda Constitucional, emanada, portanto, de Constituinte derivada, incidindo em violação a Constituição originaria, pode ser declarada inconstitucional, pelo Supremo Tribunal Federal, cuja função precípua e de guarda da Constituição (art. 102, I, "a", da C.F.). 2. A Emenda Constitucional n. 3, de 17.03.1993, que, no art. 2., autorizou a União a instituir o I.P.M.F., incidiu em vício de inconstitucionalidade, ao dispor, no paragrafo 2. desse dispositivo, que, quanto a tal tributo, não se aplica "o art. 150, III, "b" e VI", da Constituição, porque, desse modo, violou os seguintes princípios e normas imutáveis (somente eles, não outros): 1. – o princípio da anterioridade, que e garantia individual do contribuinte (art. 5., par. 2., art. 60, par. 4., inciso IV e art. 150, III, "b" da Constituição); 2. – o princípio da imunidade tributaria reciproca (que veda a União, aos Estados, ao Distrito Federal e aos Municípios a instituição de impostos sobre o patrimônio, rendas ou serviços uns dos outros) e que e garantia da Federação (art. 60, par. 4., inciso I, e art. 150, VI, "a", da C.F.); 3. – a norma que, estabelecendo outras imunidades impede a criação de impostos (art. 150, III) sobre: "b"): templos de qualquer culto; "c"): patrimônio, renda ou serviços dos partidos políticos, inclusive suas fundações, das entidades sindicais dos trabalhadores, das instituições de educação e de assistência social, sem fins lucrativos, atendidos os requisitos da lei; e "d"): livros, jornais, periódicos e o papel destinado a sua impressão; 3. Em consequência, e inconstitucional, também, a Lei Complementar n. 77, de 13.07.1993, sem redução de textos, nos pontos em que

com garantia de uma certa autonomia para cada governo atuar em uma ou mais áreas.

O federalismo pressupõe também a existência de ordens jurídicas parciais, que são os Estados-membros, e a ordem jurídica nacional, da qual emanam normas jurídicas válidas para todo o território nacional, tais como a lei complementar brasileira[6] e a Constituição Federal.

O federalismo ressalta a subsidiariedade, valorizando a participação do cidadão na comunidade, promovendo a solidariedade e a colaboração entre diferentes. Além disso, o que o distingue, em especial, de um Estado Unitário, é a colaboração e a solidariedade entre os entes que compõem a federação na busca de um ideal comum de justiça.

E, falando de federalismo, devemos reconhecer as nossas peculiaridades. Nos Estados Unidos da América – EUA, temos o exemplo do federalismo clássico, fruto de uma progressão histórica de um movimento de fora para dentro, em que as 13 colônias celebraram, em 1781, um contrato para a formação da Confederação de Estados; firmaram a Convenção da Filadélfia, em 1787; evoluindo para o que hoje são os Estados Unidos da América.

No Brasil, ao contrário do modelo clássico americano, o federalismo é um movimento de dentro para fora. Na monarquia, Constituição de 1824, éramos um Estado Unitário dividido em províncias com quase nenhuma autonomia[7]. Na República, nos tornamos Estado federal por Decreto, confirmado na Constituição de 1891[8]. Esse artificialismo na implementação do federalismo brasileiro é uma das razões históricas de termos uma concentração de poder e renda na União, em desfavor dos Estados.

determinou a incidência do tributo no mesmo ano (art. 28) e deixou de reconhecer as imunidades previstas no art. 150, VI, "a", "b", "c" e "d" da C.F. (arts. 3., 4. e 8. do mesmo diploma, L.C. n. 77/93). 4. Ação Direta de Inconstitucionalidade julgada procedente, em parte, para tais fins, por maioria, nos termos do voto do Relator, mantida, com relação a todos os contribuintes, em caráter definitivo, a medida cautelar, que suspendera a cobrança do tributo no ano de 1993. (ADI 939, Relator Min. Sydney Sanches, Tribunal Pleno, julgado em 15/12/1993, DJ 18-03-1994 PP-05165 EMENT VOL-01737-02 PP-00160)

6 Constituição de 1988: "Art. 146. Cabe à lei complementar: I – dispor sobre conflitos de competência, em matéria tributária, entre a União, os Estados, o Distrito Federal e os Municípios; II – regular as limitações constitucionais ao poder de tributar; III – estabelecer normas gerais em matéria de legislação tributária, especialmente sobre: a) definição de tributos e de suas espécies, bem como, em relação aos impostos discriminados nesta Constituição, a dos respectivos fatos geradores, bases de cálculo e contribuintes; b) obrigação, lançamento, crédito, prescrição e decadência tributários; c) adequado tratamento tributário ao ato cooperativo praticado pelas sociedades cooperativas. d) definição de tratamento diferenciado e favorecido para as microempresas e para as empresas de pequeno porte, inclusive regimes especiais ou simplificados no caso do imposto previsto no art. 155, II, das contribuições previstas no art. 195, I e §§ 12 e 13, e da contribuição a que se refere o art. 239. (Incluído pela Emenda Constitucional nº 42, de 19.12.2003)"

7 Constituição de 1824: "Art. 165. Haverá em cada Provincia um Presidente, nomeado pelo Imperador, que o poderá remover, quando entender, que assim convem ao bom serviço do Estado".

8 Constituição de 1891: "Art 1º – A Nação brasileira adota como forma de Governo, sob o regime representativo, a República Federativa, proclamada a 15 de novembro de 1889, e constitui-se, por união perpétua e indissolúvel das suas antigas Províncias, em Estados Unidos do Brasil".

O nosso federalismo tem ainda uma outra característica única, que é o fato de os municípios terem status de ente federado[9], o que resulta em autonomia financeira e competência tributária para mais de 5 mil entes[10].

Assim, é fundamental que pensemos a reforma tributária a partir da nossa estrutura de Estado Federal. E há, aqui, alguns equívocos. O primeiro é o de que pensamos na reforma tributária mirando a relação Estado-contribuinte, ou seja, nas questões ligadas à competência e às limitações ao poder de tributar, mas não cuidando de outra questão fundamental, que é a repartição de receitas.

Ou seja, a reforma tributária, vista pela lente do Direito Financeiro, poderá contribuir, em muito para uma mudança que promova simplificação e segurança jurídica.

A discussão deve começar, portanto, pelo Direito Financeiro e depois chegar ao Direito Tributário. Deveria começar com a definição clara das responsabilidades, das obrigações e dos deveres de cada um dos entes federados. Evitar as sobreposições hoje existentes.

Por exemplo: o munícipio está sobrecarregado com o ensino infantil, educação fundamental, sistema de saúde, com especial destaque para a rede de urgência e emergência, além da limpeza urbana, preservação dos espaços públicos, praças, etc.[11] É importante que o município cuide disso tudo e que se deem condições financeiras para que ele arque com todas essas responsabilidades.

Isso não quer dizer que ele tenha que necessariamente ter competência para instituir e cobrar ISS. São coisas diferentes. O que precisa são de regras claras de repartição de receitas tributárias.

---

9 Constituição de 1988: "Art. 1º A República Federativa do Brasil, formada pela união indissolúvel dos Estados e Municípios e do Distrito Federal, constitui-se em Estado Democrático de Direito e tem como fundamentos: (...)".

10 Constituição de 1988: "Art. 145. A União, os Estados, o Distrito Federal e os Municípios poderão instituir os seguintes tributos: I – impostos; II – taxas, em razão do exercício do poder de polícia ou pela utilização, efetiva ou potencial, de serviços públicos específicos e divisíveis, prestados ao contribuinte ou postos a sua disposição; III – contribuição de melhoria, decorrente de obras públicas. (...)

Art. 156. Compete aos Municípios instituir impostos sobre: I – propriedade predial e territorial urbana; II – transmissão 'inter vivos', a qualquer título, por ato oneroso, de bens imóveis, por natureza ou acessão física, e de direitos reais sobre imóveis, exceto os de garantia, bem como cessão de direitos a sua aquisição; III – serviços de qualquer natureza, não compreendidos no art. 155, II, definidos em lei complementar.(Redação dada pela Emenda Constitucional nº 3, de 1993)"

11 Constituição de 1988: "Art. 30. Compete aos Municípios: (...) III – instituir e arrecadar os tributos de sua competência, bem como aplicar suas rendas, sem prejuízo da obrigatoriedade de prestar contas e publicar balancetes nos prazos fixados em lei; IV – criar, organizar e suprimir distritos, observada a legislação estadual; V – organizar e prestar, diretamente ou sob regime de concessão ou permissão, os serviços públicos de interesse local, incluído o de transporte coletivo, que tem caráter essencial; VI – manter, com a cooperação técnica e financeira da União e do Estado, programas de educação infantil e de ensino fundamental; (Redação dada pela Emenda Constitucional nº 53, de 2006) VII – prestar, com a cooperação técnica e financeira da União e do Estado, serviços de atendimento à saúde da população; VIII – promover, no que couber, adequado ordenamento territorial, mediante planejamento e controle do uso, do parcelamento e da ocupação do solo urbano; IX – promover a proteção do patrimônio histórico-cultural local, observada a legislação e a ação fiscalizadora federal e estadual."

Eventual concentração da competência legislativa/tributária no âmbito da União não significa, *a priori*, ofensa ao federalismo. Ninguém questiona que a Alemanha é um Estado Federal composto pela União e por 16 estados. Nós temos 26 estados, o Distrito Federal e mais 5 mil e tantos municípios com status de entes federados.

Na Alemanha, que tem uma estrutura muito mais simplificada, a competência tributária – isto é, o poder de instituir tributos – é concentrada na União, com divisão de competências administrativas, bem como de divisão de receitas, visando, dentre outros objetivos, ao equilíbrio federativo[12]. No Brasil, foca-se muito na competência para instituir tributo e pouco na importantíssima questão da repartição de receitas.

A tributação do consumo no Brasil, Estado Federal, como já se disse, é repartida entre a União (IPI), os Estados (ICMS) e os Municípios (ISSQN). Esta

---

12 É o que dispõem os arts. 72(2), 105 e 106 da Lei Fundamental da Alemanha, conforme tradução oficial para o inglês:

"Article 72 [Concurrent legislative powers]

(1) On matters within the concurrent legislative power, the Länder shall have power to legislate so long as and to the extent that the Federation has not exercised its legislative power by enacting a law.

(2) The Federation shall have the right to legislate on matters falling within items 4, 7, 11, 13, 15, 19a, 20, 22, 25 and 26 of paragraph (1) of Article 74, if and to the extent that the establishment of equivalent living conditions throughout the federal territory or the maintenance of legal or economic unity renders federal regulation necessary in the national interest.

(...)

Article 105 [Distribution of powers regarding tax laws]

(1) The Federation shall have exclusive power to legislate with respect to customs duties and fiscal monopolies.

(2) The Federation shall have concurrent power to legislate with respect to all other taxes the revenue from which accrues to it wholly or in part or as to which the conditions provided for in paragraph (2) of Article 72 apply.

(2a) The Länder shall have power to legislate with regard to local taxes on consumption and expenditures so long and insofar as such taxes are not substantially similar to taxes regulated by federal law. They are empowered to determine the rate of the tax on acquisition of real estate.

(3) Federal laws relating to taxes the revenue from which accrues wholly or in part to the Länder or to municipalities (associations of municipalities) shall require the consent of the Bundesrat.

Article 106 [Apportionment of tax revenue and yield of fiscal monopolies]

(1) The yield of fiscal monopolies and the revenue from the following taxes shall accrue to the Federation: 1. customs duties; 2. taxes on consumption insofar as they do not accrue to the Länder pursuant to paragraph (2), or jointly to the Federation and the Länder in accordance with paragraph (3) or to municipalities in accordance with paragraph (6) of this Article;

(...)

(2) Revenue from the following taxes shall accrue to the Länder: 1. the property tax; 2. the inheritance tax; 3. the motor vehicle tax; 4. such taxes on transactions as do not accrue to the Federation pursuant to paragraph (1) or jointly to the Federation and the Länder pursuant to paragraph (3) of this Article; 5. the beer tax; 6. the tax on gambling establishments.

(3) Revenue from income taxes, corporation taxes and turnover taxes shall accrue jointly to the Federation and the Länder (joint taxes) to the extent that the revenue from the income tax and the turnover tax is not allocated to municipalities pursuant to paragraphs (5) and (5a) of this Article. The Federation and the Länder shall share equally the revenues from income taxes and corporation taxes. The respective shares of the Federation and the Länder in the revenue from the turnover tax shall be determined by a federal law requiring the consent of the Bundesrat. Such determination shall be based on the following principles: (...)"

Disponível em: https://www.btg-bestellservice.de/pdf/80201000.pdf. Acesso em 18.12.2018.

tripla competência para se tributar o consumo sempre gerou problemas. Além disso, são 26 Estados e o Distrito Federal com competência para instituir o ICMS, e mais de 5.000 municípios para instituir o ISSQN, gerando ambiente propício para que os Estados e os municípios lutem entre si, para atrair o maior número de investimentos, por meio de concessão de benefícios fiscais.

A reforma tributária deveria, assim, tratar especialmente dos impostos sobre o consumo (ICMS, IPI, ISSQN), das contribuições sociais e da repartição das receitas tributárias.

A reforma ideal deveria reunir os tributos sobre o consumo – ICMS, IPI, ISS, bem como o PIS e a COFINS – em um único imposto – o Imposto sobre Valor Agregado (IVA) nacional. Simplificaria e daria maior eficiência ao sistema, poderia diminuir a carga e praticamente eliminaria a guerra fiscal.

Há pelo menos vinte anos, defendemos a reforma tributária nestes moldes. O ICMS é um imposto complexo, que gera litígios bilionários e guerra fiscal. A rigor, pela quantidade de benefícios fiscais concedidos pelos Estados-Membros, o ICMS se deformou, tornando-se uma espécie de "COFINS estadual", isto é, um imposto que incide sobre a receita bruta das empresas, afastando da sua apuração a sistemática da não-cumulatividade (conta-corrente de débito/crédito).

Assim, quando se fala em uma reforma para valer, temos que mirar a tributação do consumo, com o objetivo de diminuir o número de tributos e de simplificar! Um único imposto federal – IVA (ou IBS – Imposto sobre Bens e Serviços, que é a denominação utilizada pelo Deputado Luiz Carlos Hauly na sua proposta de reforma[13]) sem que isso signifique qualquer arranhão ao princípio federativo, que seria preservado com um remanejamento dos outros tributos, bem como por regras claras, na Constituição, de repartição de receitas.

Toda a Europa, inclusive o leste europeu que saiu em um passado recente do comunismo/socialismo para o capitalismo, adota o IVA, toda a América Latina e a África também. O Brasil, ao lado da Índia, eram praticamente os únicos países que não o adotavam. Entratanto, a Índia promoveu uma reforma na tributação do consumo em 2017, passando a adotar o IVA, lá denominado de

13 Conforme noticiado no portal da Câmara dos Deputados:
"Relator da reforma tributária apresenta os principais pontos da proposta
(...)
A minuta delineia as mudanças, que incluem a extinção de 10 tributos (IPI, IOF, CSLL, PIS/Pasep, Cofins, Salário-Educação, Cide-Combustíveis, todos federais, ICMS estadual e o Imposto sobre Serviços (ISS municipal). No lugar deles seria criado um imposto sobre o valor agregado de competência estadual, chamado de Imposto sobre Operações com Bens e Serviços (IBS), e um imposto sobre bens e serviços específicos (Imposto Seletivo), de competência federal.
O IBS seria criado nos moldes do que existe em países industrializados, e sem tributar medicamentos e alimentos. Como será de competência estadual, mas com uma única legislação federal, o deputado propõe que a arrecadação seja administrada por uma associação de fiscos estaduais." Disponível em http://www2.camara.leg.br/camaranoticias/noticias/ECONOMIA/541571-RELATOR-DA-REFORMA-TRIBUTARIA-APRESENTA-OS-PRINCIPAIS-PONTOS-DA-PROPOSTA.html. Acesso em 18.12.2018.

GST[14], ficando o Brasil em uma posição retrógrada e solitária. Aliás, em recente visita ao Brasil, Pascal Saint-Amans, diretor de política tributária da OCDE[15], recomendou que o Brasil seguisse o exemplo da Índia[16], cujos resultados extremamente positivos já se fazem notar. Os EUA não adotam o IVA porque tributam o consumo de modo monofásico, ou seja, por uma sistemática absolutamente diferente da nossa.

Além disso, o IVA eliminaria a tributação da receita bruta, que hoje existe por conta do PIS e da COFINS. Nenhum país elege a receita como fato revelador de capacidade contributiva e, portanto, tributável.

A tributação da receita é uma das grandes anomalias do nosso sistema, e a sua sistemática gera muitas distorções. Tributa-se como receita aquilo que é cobrado, mas que não foi pago, ou seja, tributa-se a inadimplência[17]; tributa-se

---

14 "Nova Délhi – A maior reforma tributária da história da Índia, um imposto indireto comum para seus 29 estados e sete territórios da União, entrou em vigor na meia-noite desta sexta-feira durante uma sessão parlamentar com a presença dos mais altos cargos do governo, mas da qual esteve ausente a oposição.
'O alcance do GST (Imposto de Bens e Serviços) não se limita ao sistema financeiro. Agora a Índia começará a mover-se em uma nova direção', declarou o primeiro-ministro indiano, Narendra Modi, pouco antes de apertar um botão com o qual lançou simbolicamente a reforma.
Modi, que qualificou o GST como uma demonstração de "federalismo cooperativo", afirmou que o novo sistema ajudará a acabar com o dinheiro sujo e a corrupção, beneficiará os mais pobres e facilitará a integração econômica dos estados." Disponível em: https://exame.abril.com.br/economia/maior-reforma-tributaria-da-historia-da-india-entra-em-vigor/. Acesso em 18.12.2018.

15 Pascal Saint-Amans – Director, Centre for Tax Policy and Administration. Disponível em http://www.oecd.org/ctp/pascal-saint-amans.htm. Acesso em 18.12.2018.

16 Conforme relatou Pascal Saint-Amans, no original: "In Brasilia to celebrate the 50th anniversary of Receita federal with CG Rachid and many other guests. Brazil more involved in intl #tax cooperation. Now on a panel on #VAT: Brazil should follow the Indian path. A federal harmonized VAT." Disponível em https://twitter.com/PSaintAmans/status/1065244600883912704. Acesso em 18.12.2018.

17 "EMENTA TRIBUTÁRIO. CONSTITUCIONAL. COFINS/PIS. VENDAS INADIMPLIDAS. ASPECTO TEMPORAL DA HIPÓTESE DE INCIDÊNCIA. REGIME DE COMPETÊNCIA. EXCLUSÃO DO CRÉDITO TRIBUTÁRIO. IMPOSSIBILIDADE DE EQUIPARAÇÃO COM AS HIPÓTESES DE CANCELAMENTO DA VENDA. 1. O Sistema Tributário Nacional fixou o regime de competência como regra geral para a apuração dos resultados da empresa, e não o regime de caixa. (art. 177 da Lei nº 6.404/"76). 2. Quanto ao aspecto temporal da hipótese de incidência da COFINS e da contribuição para o PIS, portanto, temos que o fato gerador da obrigação ocorre com o aperfeiçoamento do contrato de compra e venda (entrega do produto), e não com o recebimento do preço acordado. O resultado da venda, na esteira da jurisprudência da Corte, apurado segundo o regime legal de competência, constitui o faturamento da pessoa jurídica, compondo o aspecto material da hipótese de incidência da contribuição ao PIS e da COFINS, consistindo situação hábil ao nascimento da obrigação tributária. O inadimplemento é evento posterior que não compõe o critério material da hipótese de incidência das referidas contribuições. 3. No âmbito legislativo, não há disposição permitindo a exclusão das chamadas vendas inadimplidas da base de cálculo das contribuições em questão. As situações posteriores ao nascimento da obrigação tributária, que se constituem como excludentes do crédito tributário, contempladas na legislação do PIS e da COFINS, ocorrem apenas quando fato superveniente venha a anular o fato gerador do tributo, nunca quando o fato gerador subsista perfeito e acabado, como ocorre com as vendas inadimplidas. 4. Nas hipóteses de cancelamento da venda, a própria lei exclui da tributação valores que, por não constituírem efetivos ingressos de novas receitas para a pessoa jurídica, não são dotados de capacidade contributiva. 5. As vendas canceladas não podem ser equiparadas às vendas inadimplidas porque, diferentemente dos casos de cancelamento de vendas, em que o negócio jurídico é desfeito, extinguindo-se, assim, as obrigações do credor e do devedor, as vendas inadimplidas – a despeito de poderem resultar no cancelamento das vendas e na consequente devolução da mercadoria –, enquanto não sejam efetivamente canceladas, importam em crédito para o vendedor oponível ao comprador. 6. Recurso extraordinário a que se nega

como receita própria o que, muitas vezes, é receita de terceiros, que simplesmente passou pelo caixa da empresa, mas que não foi apropriada por ela; tributa-se como receita até mesmo o reembolso de despesas. Ou seja, substituir a tributação da receita bruta por um imposto único e não-cumulativo sobre o consumo representaria um enorme avanço.

O principal argumento contrário ao IVA nacional, como já se disse, é o de que o novo imposto afrontaria o princípio federativo, na medida em que estaria restringindo a competência tributária dos Estados e dos municípios. Discordamos desse argumento, porque o importante é que os entes federados tenham autonomia financeira, e não necessariamente ampla competência tributária.

Basta que a Constituição contemple regras claras de repartição de receitas. As máquinas estaduais e municipais continuariam a ser utilizadas na fiscalização e arrecadação desse novo imposto, de perfil nacional, de competência da União e cuja receita seria repartida por rígidas regras constitucionais.

A participação de entes federais na arrecadação de outros não é novidade, pelo contrário: a experiência brasileira da participação dos municípios em 25% da arrecadação do ICMS, por exemplo, é muito bem sucedida, além de todos os repasses que são feitos de impostos federais e estaduais por meio dos fundos de participação[18].

---

provimento. (RE 586482, Relator Min. Dias Toffoli, Tribunal Pleno, julgado em 23/11/2011, DJe-119 DIVULG 18-06-2012 PUBLIC 19-06-2012 RDDT n. 204, 2012 , p. 149-157 RT v. 101, n. 923, 2012, p. 691-706)"

18 Vide, por exemplo, as atuais regras de repartição das receitas tributárias na Constituição de 1988:

"Art. 157. Pertencem aos Estados e ao Distrito Federal: I - o produto da arrecadação do imposto da União sobre renda e proventos de qualquer natureza, incidente na fonte, sobre rendimentos pagos, a qualquer título, por eles, suas autarquias e pelas fundações que instituírem e mantiverem; II - vinte por cento do produto da arrecadação do imposto que a União instituir no exercício da competência que lhe é atribuída pelo art. 154, I.

Art. 158. Pertencem aos Municípios: I - o produto da arrecadação do imposto da União sobre renda e proventos de qualquer natureza, incidente na fonte, sobre rendimentos pagos, a qualquer título, por eles, suas autarquias e pelas fundações que instituírem e mantiverem; II - cinqüenta por cento do produto da arrecadação do imposto da União sobre a propriedade territorial rural, relativamente aos imóveis neles situados, cabendo a totalidade na hipótese da opção a que se refere o art. 153, § 4º, III; (Redação dada pela Emenda Constitucional nº 42, de 19.12.2003) III - cinqüenta por cento do produto da arrecadação do imposto do Estado sobre a propriedade de veículos automotores licenciados em seus territórios; IV - vinte e cinco por cento do produto da arrecadação do imposto do Estado sobre operações relativas à circulação de mercadorias e sobre prestações de serviços de transporte interestadual e intermunicipal e de comunicação. (...)

Art. 159. A União entregará: I - do produto da arrecadação dos impostos sobre renda e proventos de qualquer natureza e sobre produtos industrializados, 49% (quarenta e nove por cento), na seguinte forma: (Redação dada pela Emenda Constitucional nº 84, de 2014) a) vinte e um inteiros e cinco décimos por cento ao Fundo de Participação dos Estados e do Distrito Federal; b) vinte e dois inteiros e cinco décimos por cento ao Fundo de Participação dos Municípios; c) três por cento, para aplicação em programas de financiamento ao setor produtivo das Regiões Norte, Nordeste e Centro-Oeste, através de suas instituições financeiras de caráter regional, de acordo com os planos regionais de desenvolvimento, ficando assegurada ao semi-árido do Nordeste a metade dos recursos destinados à Região, na forma que a lei estabelecer; d) um por cento ao Fundo de Participação dos Municípios, que será entregue no primeiro decêndio do mês de dezembro de cada ano; (Incluído pela Emenda Constitucional nº 55, de

Em relação à repartição da receita, defendemos que os Estados e municípios participem da arrecadação de todos os impostos e contribuições federais, e não apenas da arrecadação do imposto de renda, IPI e ITR.

Com isso, evita-se que a União conceda isenções e reduções de impostos que devam ser repartidos com os Estados e Municípios, mantendo, de outro lado, a cobrança integral das contribuições que não são repartidas.

Seria uma ilusão pensarmos em uma reforma que tivesse por objetivo diminuir a carga. O que aumenta ou diminui a carga tributária é a graduação da alíquota.

Em suma, uma reforma tributária deve ter por objetivo: a) tornar mais simples o sistema e mais seguro; b) unificar a tributação do consumo; c) eliminar a tributação da receita; d) estabelecer uma nova fórmula de repartição de receitas que tenha por objetivo promover o equilíbrio federativo e eliminar a guerra fiscal.

4. CONCLUSÃO

Não se pode negar que, apesar de todas as tentativas da Constituição e da legislação complementar de evitar que a Guerra Fiscal se instale entre os Estados, ela é um dado da realidade e tem, como principal causa, o fato dos Estados se utilizarem do ICMS como instrumento de atração de investimento e de estímulo ao desenvolvimento regional, aniquilando sua desejada neutralidade tributária.

Neutralidade significa que o que deve nortear o mercado são as leis da livre concorrência e da competitividade, sendo que a carga tributária, principalmente dos impostos sobre o consumo, deveria ser indiferente para as decisões empresariais. No entanto a realidade está distante da neutralidade tributária. Os empresários fazem verdadeiros leilões, dos quais participam os Estados em um movimento autofágico, passando por cima da Constituição para oferecer vantagens aos contribuintes, com a finalidade de atrair os disputados investimentos.

O Ministro Sepúlveda Pertence, aliás, já teve oportunidade de se manifestar no sentido de que na guerra fiscal não há inocentes:

> Na "guerra fiscal", portanto, a solitária força da paz aquartela-se neste salão: é o Supremo Tribunal que tem feito recolher-se ao bom comportamento constitucional todos beligerantes que, um dia denunciam, mas, no outro, são denunciados. (ADI nº 2.377, DJ 07.11.2003, Rel. Min. Sepúlveda Pertence).

2007) e) 1% (um por cento) ao Fundo de Participação dos Municípios, que será entregue no primeiro decêndio do mês de julho de cada ano; (Incluída pela Emenda Constitucional nº 84, de 2014) II - do produto da arrecadação do imposto sobre produtos industrializados, dez por cento aos Estados e ao Distrito Federal, proporcionalmente ao valor das respectivas exportações de produtos industrializados. III - do produto da arrecadação da contribuição de intervenção no domínio econômico prevista no art. 177, § 4º, 29% (vinte e nove por cento) para os Estados e o Distrito Federal, distribuídos na forma da lei, observada a destinação a que se refere o inciso II, c, do referido parágrafo.(Redação dada pela Emenda Constitucional nº 44, de 2004)"

O Supremo Tribunal Federal, devidamente provocado, pode e deve, inclusive liminarmente, declarar a inconstitucionalidade de benefícios fiscais violadores destas normas, bem como legitimar, com as cautelas necessárias, a aplicação de sanções. E é isto que vem ocorrendo[19]. No entanto, tais decisões não são proferidas com a agilidade que a questão exige.

Além do mais, os instrumentos normativos existentes de combate à Guerra Fiscal têm se demonstrado ineficazes, além de injustos. O mecanismo previsto nos artigos 1º e 2º da LC nº 24/75, de os Estados submeterem a um órgão colegiado, que representa a federação como um todo, a sua pretensão de conceder benefícios fiscais e a exigência de aprovação unânime para que tais benefícios possam ser implantados[20], parece-nos uma solução engenhosa e criativa, mas a unanimidade tem se demonstrado um incentivo de boicote ao mecanismo legal.

O problema reside, ainda e principalmente, nas sanções previstas para os casos em que os Estados concedem os benefícios sem obedecer ao rito da LC nº 24/75, razão pela qual entendemos que qualquer proposta deve ter por pressuposto uma mudança de foco: o Estado recebedor de mercadoria, que

---

19 Vide, p. ex.: "Ação direta de inconstitucionalidade. 2. Lei n. 15.054/2006 do Estado do Paraná que restabelece benefícios fiscais no âmbito dos programas Bom Emprego, Paraná Mais Emprego e Desenvolvimento Econômico, Tecnológico e Social do Paraná (PRODEPAR). 3. Vício de iniciativa. Matéria tributária. Inexistência de iniciativa exclusiva do Chefe do Executivo. Precedentes. 4. Violação do art. 14 da Lei de Responsabilidade Fiscal. Afronta ao art. 163, I, da Constituição Federal. Impossibilidade de adoção de dispositivos infraconstitucionais como parâmetro de controle. Precedentes. 5. Inexistência de violação à isonomia. 6. Causa de pedir aberta. Ofensa à alínea "g" do inciso XII do § 2º do art. 155 da Constituição ("guerra fiscal".) Concessão unilateral de benefício fiscal no âmbito do ICMS. Inconstitucionalidade. Precedentes. 7. Ação direta de inconstitucionalidade julgada procedente." (ADI 3796, Relator Min. Gilmar Mendes, Tribunal Pleno, julgado em 08/03/2017, DJe-168 DIVULG 31-07-2017 PUBLIC 01-08-2017)

20 Lei Complementar nº 24/1975:

"Art. 1º - As isenções do imposto sobre operações relativas à circulação de mercadorias serão concedidas ou revogadas nos termos de convênios celebrados e ratificados pelos Estados e pelo Distrito Federal, segundo esta Lei.

Parágrafo único - O disposto neste artigo também se aplica:

I - à redução da base de cálculo;

II - à devolução total ou parcial, direta ou indireta, condicionada ou não, do tributo, ao contribuinte, a responsável ou a terceiros;

III - à concessão de créditos presumidos;

IV - à quaisquer outros incentivos ou favores fiscais ou financeiro-fiscais, concedidos com base no Imposto de Circulação de Mercadorias, dos quais resulte redução ou eliminação, direta ou indireta, do respectivo ônus;

V - às prorrogações e às extensões das isenções vigentes nesta data.

Art. 2º - Os convênios a que alude o art. 1º, serão celebrados em reuniões para as quais tenham sido convocados representantes de todos os Estados e do Distrito Federal, sob a presidência de representantes do Governo federal.

§ 1º - As reuniões se realizarão com a presença de representantes da maioria das Unidades da Federação.

§ 2º - A concessão de benefícios dependerá sempre de decisão unânime dos Estados representados; a sua revogação total ou parcial dependerá de aprovação de quatro quintos, pelo menos, dos representantes presentes."

arca com o crédito concedido ilegalmente, deverá acionar o Estado de origem da mercadoria para buscar uma reparação. Isso significaria a revogação das sanções do artigo 8º da LC 24/75,[21] desonerando o contribuinte de um ônus para o qual ele não concorreu, e transferindo essa responsabilidade para os Estados.

Então qual seria a solução para Guerra Fiscal?

A solução mais óbvia é a realização de uma reforma tributária com a implantação de um IVA Federal. Ora, o leste europeu, que recentemente fez a transição do regime socialista para o capitalista, já fez o dever de casa e adotou o IVA. A África toda adota o IVA. Recentemente a Índia implantou. Só o Brasil não tem. Essa é uma questão central que deveria ser enfrentada com seriedade para, de fato, mudar-se o Sistema Tributário Nacional, fortalecer a federação e eliminar, de uma vez por todas, a guerra fiscal.

21 Lei Complementar nº 24/1975:

"Art. 8º – A inobservância dos dispositivos desta Lei acarretará, cumulativamente:

I – a nulidade do ato e a ineficácia do crédito fiscal atribuído ao estabelecimento recebedor da mercadoria;

II – a exigibilidade do imposto não pago ou devolvido e a ineficácia da lei ou ato que conceda remissão do débito correspondente.

Parágrafo único – As sanções previstas neste artigo poder-se-ão acrescer a presunção de irregularidade das contas correspondentes ao exercício, a juízo do Tribunal de Contas da União, e a suspensão do pagamento das quotas referentes ao Fundo de Participação, ao Fundo Especial e aos impostos referidos nos itens VIII e IX do art. 21 da Constituição federal."

Tributação de Novas Tecnologias e o Histórico Conflito entre os Princípios da Origem e do Destino na Delimitação da Competência Tributária

Alexandre Teixeira Jorge[1]
Vanessa Benelli Corrêa[2]
Vanessa Huckleberry Portella Siqueira[3]

1. INTRODUÇÃO

O presente artigo tem como finalidade analisar, no contexto da economia digital, os princípios de origem e destino, utilizados na implementaçãodoméstica da tributação indireta. Sabe-se que a tributação pressupõe a existência de signos presuntivos de riquezas indicados pelo legislador como materialidades potencialmente geradoras da obrigação tributária. Por essa razão, a tributação alcança, principalmente, fatos relacionados à renda, propriedade econsumo. No cenário da economia digital, a identificação dos fatos econômicos, até então típicos da economia industrial, tem representado um dos grandes desafios para o direito tributário.

O modelo brasileiro de tributação sobre produção e consumo de bens e serviços é composto por tributos alocados na competência da União, Estados, Distrito Federal e Municípios. Desse modo, a primeira parte do trabalho

---

1 Mestrando em Finanças Públicas, Tributação e Desenvolvimento pela Universidade do Estado do Rio de Janeiro (UERJ), Especialista em Direito Tributário e Contabilidade Tributária pelo IBMEC, advogado.

2 Doutoranda em Finanças Públicas, Tributação e Desenvolvimento pela Universidade do Estado do Rio de Janeiro (UERJ), advogada.

3 Doutoranda em Finanças Públicas, Tributação e Desenvolvimento pela Universidade do Estado do Rio de Janeiro (UERJ), Procuradora do Estado do Rio de Janeiro (PGE-RJ), Professora de Direito Financeiro e Tributário da Universidade Federal do Rio de Janeiro (UFRJ), Professora da Pós-Graduação em Direito Tributário da Universidade Federal Fluminense (UFF), Professora da Escola da Magistratura do Estado do Rio de Janeiro (EMERJ), Professora da Pós-Graduação em Advocacia Pública – UERJ/PGE-RJ.

cuidará da exposição das particularidades desse modelo de tributação, destacando as suas principais características a fim de viabilizar a compreensão sobre a imposição indireta no atual contexto econômico.

No panorama ora descortinado, a especialização da atividade produtiva caracterizadora da economia industrial do século XX cede terreno a uma nova realidade, ditada não apenas pela desintermediação dos negócios, mas pela virtualização das transações, a culminar na quebra das cadeias produtivas, tornando irrelevante, para fins de classificação dos bens que circulam na economia, a distinção entre o material e o imaterial.

A crescente desmaterialização e os novos modelos de negócios desenvolvidos ou aprimorados no cenário da economia digital apresentam significativo impacto nos fatos geradores dos impostos sobre o consumo.

Por essa razão, será apresentada a estrutura constitucional do sistema tributário brasileiro, delineada sistematicamente pelo constituinte originário no texto de 1988. O prestígio ao pacto federativo e a autonomia dos entes políticos resultaram na repartição da competência tributária referente aos impostos que compõem a tributação sobre o valor agregado, instituída no bojo da reforma do sistema tributário implementada pela Emenda Constitucional nº 18/1965.

Nesse sentido, torna-se necessário apreender os aspectos centrais dos princípios de origem e destino, que servem de instrumento para a implementação da tributação sobre o consumo. Os referidos critérios, normalmente utilizados para demarcação da competência tributária no cenário internacional, são utilizados na delimitação e resolução dos conflitos federativos relacionados à cadeia interna de circulação econômica de bens e serviços.

Assim, na sequência, será realizada uma investigação histórica da controvérsia envolvendo a imposição indireta, averiguando a aplicação dos princípios de origem e destino desde a Constituição de 1934, quando restou prevista a competência estadual para a instituição e a cobrança do Imposto sobre Vendas e Consignações (IVC). Com suporte nesse exame, permitir-se-á a compreensão do interesse arrecadatório envolvido nas disputas entre as unidades produtora e consumidora localizadas em territórios federativos distintos. A partir da contextualização histórica do objeto da pesquisa, serão observadas as disposições da Constituição de 1988, percorrendo as alterações desde a sua promulgação, bem como os diplomas normativos que tratam, principalmente, da tributação indireta incidente sobre as novas tecnologias.Por fim, serão expostas reflexões propositivas sobre o tema, a partir das exposições histórica, legislativa, jurisprudencial e doutrinária, indicando medidas que podem contribuir para a composiçãodos interesses arrecadatórios dos entes federativos e, assim, dirimir os conflitos instaurados entre os entes federativos.

2. TRIBUTAÇÃO INDIRETA NO DIREITO BRASILEIROE O IMPACTO DAS NOVAS TECNOLOGIAS

O consumo de bens e serviços, fato econômico analisado no presente estudo, apresenta relevante impacto arrecadatório na composição da carga tributária brasileira. De acordo com a pesquisa realizada[4], a base de incidência sobre a produção e circulação de bens e serviços representou, na última década, 49% do montante total arrecadado no Brasil[5].

Percebe-se que a arrecadação proveniente dos tributos incidentes sobre-bens e serviços representa grande parte dos recursos tributários angariados. Ainda que não seja o escopo do estudo, vale registrar quea composição da base arrecadatória, formada expressivamente por valores oriundos da tributação sobre o consumo, não é compatível com o modelo adotado pelos países da OCDE, que priorizam a tributação sobre a renda em detrimento do consumo, tornando o sistema brasileiro excessivamente regressivo[6].

Não seria demais observar que, somados, os tributos indiretos chegaram a representar, aproximadamente, 45% da carga tributária no ano de 2017. Já os tributos diretos, agrupados (renda, lucros e ganhos e patrimoniais), refletiram 25% do total da carga, a corroborar afacetaacima desvelada, no sentido de que a estrutura do sistema tributário nacional é regressiva, onerando relativamente mais as famílias das classes de renda mais baixas do que as famílias das classes de renda mais altas, aniquilando, por conseguinte, a capacidade de o Estado minorar a concentração de rendas pela via da redistribuição orçamentária[7].

Muito embora constatada a existência de diversos modelos de tributação do consumo[8], há adesão majoritária ao modelo de tributação sobre o valor agregado, que atinge a cadeia de circulação econômica de bens e serviços. No sistema tributário brasileiro esse modelo foi adotado a partir de 1965, com

---

4 O "Estudo da Carga Tributária no Brasil de 2016", elaborado pela Secretaria da Receita Federal do Brasil, corresponde a uma série histórica, iniciada em 1995, de dados que permitem a análise e comparação da carga tributária brasileira ao longo dos anos. No último estudo divulgado, a arrecadação total, em 2016, representou 32,38 % do PIB. Desse montante, na análise por ente federativo, 22,11% corresponde à participação da União; 8,23% representa a participação dos Estados; e, 2,05% é a fatia correspondente à participação dos Municípios. Quanto à participação dos entes federativos na arrecadação total de 2016, o Governo Federal atingiu de 68,27%; o Governo Estadual, 25,40%; e, o Governo Municipal alcançou 6,34% do total arrecadado. Em relação à análise por base de incidência, considerando o enfoque econômico, bens e serviços representaram 47,39% do total da arrecadação em 2016 e 49,37% em 2015. Já a renda e a propriedade representaram 19,97% e 4,67%, respectivamente, do montante arrecadado no ano de 2016.

5 A porcentagem representa a média da arrecadação referente à tributação de bens e serviços, no período de 2007 a 2016. Disponível em:< http://idg.receita.fazenda.gov.br/dados/receitadata/estudos-e-tributarios-e-aduaneiros/estudos-e-estatisticas/carga-tributaria-no-brasil/carga-tributaria-2016.pdf>. Acesso em 29 set. 2018.

6 A base arrecadatória brasileira, de acordo com os dados de 2007 a 2016, referente a renda, propriedade e consumo, está na contramão da composição da carga tributária observada nos países da OCDE. A tributação no Brasil é considerada excessivamente regressiva, visto a preferência pela arrecadação proveniente dos tributos indiretos, incidentes sobre o consumo. A regressividade do sistema, em síntese, resulta na proporção inversa entre a tributação e o nível de renda do sujeito passivo. Disponível em: <http://www.oecd.org/ctp/tax-global/BRAZIL_PT_countrynote_final.pdf>. Acesso em: 17 out. 2018.

7 REZENDE, Fernando. Apresentação: Os desafios da tributação na economia digital. PISCITELLI, Tathiane (Coord.). In: *Tributação de bens digitais: a disputa tributária entre estados e municípios Notas sobre o Convênio ICMS 106/ 2017 e outras normas relevantes (versão digital)*. São Paulo: InHouse, 2018.

8 Sérgio Vasques analisa os modelos de tributação do consumo e destaca cinco variáveis: impostos monofásicos sobre produtores, impostos monofásicos sobre grossistas, impostos monofásicos sobre retalhis-

reforma tributária implementada pela Emenda Constitucional nº 18. De acordo com Ricardo Varsano[9], "o principal evento tributário da segunda metade do século XX foi a adoção do imposto sobre o valor adicionado (IVA) por um grande número de países".

No Brasil, a tributação sobre o valor agregado, inspirada no modelo francês[10], apresenta particularidades que a destoa do arquétipo universalmente adotado. Com a reforma do sistema tributário da década de 60, a tributação sobre o valor agregado foi implementada de forma descentralizada, não seguindo o modelo geral que concentra a imposição em um único tributo. Dessa maneira, cada entidade federativa detém competência para instituir e cobrar um imposto incidente sobre a circulação de bens e serviços ao longo da cadeia produtiva.

Seguindo a repartição constitucional da competência tributária, o imposto sobre produtos industrializados – IPI, foi alocado na competência da União (artigo 153, IV, CF/88), o imposto sobre operações relativas à circulação de mercadorias e sobre prestações de serviços de transporte interestadual e intermunicipal e de comunicação, ainda que as operações e as prestações se iniciem no exterior – ICMS, compõe a competência dos Estados (artigo 155, II, CF/88) e o imposto sobre serviços de qualquer natureza –ISS, está inserido na competência dos Municípios (artigo 156, III, CF/88).

Há forte crítica a respeito dessa estrutura sistematizada pelo constituinte, razão pela qual os estudos sobre reforma do sistema tributário destacam a necessidade de unificação dessas imposições[11]. Cabe apontar que os estudos sobre a tributação das novas tecnologias, típicas da economia digital, reafirmam a necessidade de aprimorar o sistema tributário nacional, tendo destaque as reformas relacionadas à tributação incidente sobre o consumo[12].

---

tas (varejo), impostos cumulativos sobre as transações e imposto sobre o valor acrescentado. VASQUES, Sérgio. *O imposto sobre o valor acrescentado*. Coimbra: Almedina, 2015.

9 De acordo com o autor, mais de 150 países no mundo adotam o IVA. Os Estados Unidos é a única economia relevante que não adota um modelo geral de tributação sobre o consumo, tendo as unidades federativas competência para cobrar o imposto sobre vendas a varejo (*saletax*). VARSANO, Ricardo. A tributação do valor adicionado, o ICMS e as reformas necessárias para conformá-los às melhores práticas internacionais. Banco Interamericano de Desenvolvimento – BID, 2014, p. 2. No mesmo sentido, Sérgio Vasques destaca a relevância desse modo de tributação, afirmando que "o imposto sobre o valor acrescentado constitui o mais importante imposto geral sobre o consumo da modernidade, encontrando-se espalhado pelos quatro cantos do mundo". VASQUES, Sérgio. *O imposto sobre o valor acrescentado*. Coimbra: Almedina, 2015.

10 VARSANO, Ricardo. *A tributação do valor adicionado, o ICMS e as reformas necessárias para conformá-los às melhores práticas internacionais*. Banco Interamericano de Desenvolvimento – BID, 2014, p. 2.

11 VARSANO, Ricardo. *A tributação do valor adicionado, o ICMS e as reformas necessárias para conformá-los às melhores práticas internacionais*. Banco Interamericano de Desenvolvimento – BID, 2014.

12 Na emenda substitutiva global à PEC nº 293-A, de 2004, é proposta uma ampla reforma do modelo brasileiro de tributação de bens e serviços, substituindo os tributos incidentes sobre o consumo (IPI, ISS, ICMS, PIS e COFINS) por um único imposto sobre bens e serviços (IBS), que incidirá sobre base ampla de bens, serviços e direitos, tangíveis e intangíveis. Disponível em:< http://www.ccif.com.br/wp-content/uploads/2018/08/PEC-e-JUSTIFICATIVA-Emenda-Mendes-Thame-1-1.pdf>. Acesso em: 23 out. 2018.

Vale notar que as expressões "tributação sobre o consumo" e "tributação indireta" são utilizadas como sinônimas, indicando a existência, nessas hipóteses, de repercussão jurídica ou econômica do encargo fiscal ao longo da cadeia produtiva. Desse modo, o ônus tributário é repassadopara o consumidor final, prestigiando a neutralidade das operações.

Nessa linha, aclassificação dos tributos em diretos ou indiretosexige a análise darepercussãodo impacto econômico decorrente da tributação para o comprador ou consumidor final. Em relação aos tributos diretos, as imposições tributárias não apresentam a transferência econômica do ônus financeiro. Nesse caso, o sujeito passivo absorve diretamente o impacto da exigência fiscal.

Os tributos indiretos, por outro lado, são aqueles que apresentam repercussão econômica e o ônus é transferido pelo contribuinte de direito ao contribuinte de fato. Isso acontece porque, em respeito à não cumulatividade e neutralidade na competição, o tributo compõe a formação do preço dos bens e serviços. O entendimento doutrinário predominantereconhece como característica dos tributos indiretos o fato de que, legalmente, são devidos por um sujeito (contribuinte de direito) e economicamente são suportados por outro sujeito (contribuinte de fato)[13].

No sistema tributário brasileiro, o imposto sobre operações relativas à circulação de mercadorias e sobre prestação de serviços de transporte interestadual e intermunicipal e de comunicação (ICMS) e o imposto sobre produtos industrializados (IPI)são impostos indiretos por presunção constitucional. Assim, em razão de sua natureza jurídica, sujeitam-se à transferência do ônus tributário.

> Como vimos, segundo a Constituição, tanto o ICMS quanto o IPI não são impostos que devem ser suportados, economicamente, pelo contribuinte de direito (o comerciante ou o prestador do serviço de transporte e comunicação). São, a rigor, impostos sobre o consumo, não devendo onerar a produção ou o comércio. Essa não é uma constatação econômica, financeira, ou extrajurídica, mas princípio decorrente de ditames constitucionais. Afirmar que tributos como o Imposto de Importação (II), o Imposto sobre Operação de Circulação de Mercadorias e Serviços de Transporte e Comunicação (ICMS), o Imposto sobre Produtos Industrializados (IPI), o Imposto sobre Serviços de Qualquer Natureza (ISS) ou a Contribuição para o Financiamento da Seguridade (COFINS) são indiretos ou suportados pelo consumidor é uma conclusão de cunho econômico. Entretanto, essa afirmação, que é simplesmente econômica para a maior parte dos tributos que oneram a pessoa, independentemente do resultado da atividade, no caso do ICMS e do IPI, ao contrário, encontra apoio jurídico na Constituição brasileira.[14]

13 MACHADO, Hugo de Brito. Tributação indireta no direito brasileiro. In: ____. *Tributação indireta no direito brasileiro*. São Paulo: Malheiros, 2013, p. 182.

14 BALEEIRO, Aliomar. *Direito Tributário Brasileiro*. 13. ed. Atualizado porMisabelAbreu Machado Derzi. Rio de Janeiro: Forense, 2015, p. 1303-1306.

A repercussão jurídica do ônus tributário encontra amparo normativo nas disposições constitucionais relacionadasao ICMS (artigo 155, II, § 2º, I, CF/88) e ao IPI (artigo 153, IV, § 3º, II, CF/88), sendo depreendida do princípio da não cumulatividade[15]. Nestes casos, juridicamente, haverá a transferência do encargo para o contribuinte de fato. Cabe notar que a repercussão jurídica não corresponde necessariamente à repercussão econômica. Isso porqueé reconhecida a possibilidade de o contribuinte de direito repassar, ao consumidor final, o ônus tributário relacionado a outros tributos, até mesmo aqueles que são, em regra, classificados como diretos. Por essa razão, é possível identificar diferentes classificações dos tributos considerados indiretos.[16]

Para o desenvolvimento do presente trabalho, é fundamental analisar os princípios da origem e do destino, utilizados na implementação da tributação incidente ao longo da cadeia de produção e circulação de bens e serviços, indispensáveis em razão das dimensões geográficas do território brasileiro, do modelo de tributação sobre o valor agregado adotado e do prestígio ao pacto federativo.

A eleição de cada um desses princípios, ou a combinação de ambos, conforme será analisada, representa a delimitação da competência tributária no âmbito nacional.Os princípios são analisados a partir da estrutura constitucional prevista para o ICMS, devido nas operações interestaduais, bem como para definição do Município competente para a cobrança do ISS.

A adoção do princípio da origem culmina na tributação da produção interna, localizada no território do produtor, industrial ou comerciante. Por outro lado, o princípio do destino implica a permissão que a tributação recaia no território do consumidor, destinatário da mercadoria ou serviço. O debate sobre os referidos princípios envolve o desequilíbrio entre as unidades federativas, uma vez que as regiões mais desenvolvidas economicamente concentram fortemente a arrecadação[17].

Fernando Rezende[18] registra que as tradicionais bases tributárias dos Estados e dos Municípios são sensíveis ao impacto das mudanças advindas das

---

15 Segundo André Mendes Moreira, além de configurar uma regra de abatimento do imposto pago nas etapas anteriores, a não cumulatividade é um verdadeiro princípio constitucional. MOREIRA, André Mendes. *A não-cumulatividade dos tributos*. 2. ed. São Paulo: Noeses, 2012, p. 122.

16 Ricardo Lodi Ribeiro entende, por exemplo, que apenas o IPI e o ICMS são classificados como impostos indiretos. Afirma que o ISS é um imposto direto, pois, embora incida sobre as fases da cadeia de serviço, a eventual repercussão jurídica existente não tem relevância jurídica, não gera o direito de crédito, salvo na construção civil (cf. RIBEIRO, Ricardo Lodi. *Tributos*: teoria geral e espécies. Niterói: Impetus, 2013, p. 122; 242; 316). Para VacirGassen, IPI, ICMS e ISS são impostos indiretos, pois o ônus é transferido para o contribuinte de fato. Considera ainda, o IOF, PIS e COFINS como tributos que repercutem ao consumidor final o ônus tributário suportado, podendo, por isso, serem considerados como tributos incidentes sobre o consumo (cf. GASSEN, Valcir; D'ARAÚJO, Pedro Júlio Sales; PAULINO, Sandra Regina da F. Tributação sobre o consumo: o esforço em onerar mais quem ganha menos. *Seqüência*, n. 66, jul. 2013, p. 218).

17 Disponívelem:https://www.confaz.fazenda.gov.br/legislacao/boletim-doicms/@@consulta_arrecadacao

18 REZENDE, Fernando. *A Reforma tributária e a federação*. Rio de Janeiro: Editora FGV, 2009, p. 33.

novas tecnologias[19], sendo a sua erosão um fator que contribui para a ampliação das disparidades fiscais da federação brasileira.No mesmo sentido, ValcirGassen[20] ressalta que a análise da tributação e, especialmente, dos tributos indiretos, apresenta relevância significativa, pois estão relacionados aos processos regionais de integração econômica, ao processo de globalização e ao processo de alocação econômica. Os princípios jurisdicionais da tributação sobre o consumo circunscrevem as principais delimitações da competência tributária, promovendo ajustamentos de fronteira. Além do caráter técnico, o autor menciona que os princípios desempenham funções política e econômica.

Importante registrar que o estudo, apesar de perpassar pela análise de um conflito histórico, conforme será analisado adiante, tem sua relevância enaltecida pela complexidade dos fatos econômicos da economia digital, resultado dos avanços tecnológicos experimentados pela sociedade intensamente globalizada.

As novas tecnologias demonstram claramente a interferência da economia digital no sistema tributário. As inovações e reformulações das expressões econômicas apresentam diversos desafios em matéria tributária. Nota-se que a conectividade e a intangibilidade dificultam a categorização de determinadas manifestações como mercadorias ou serviços, demonstrando a tênue linha entre os conceitos delimitados constitucionalmente diante da realidade posta em 1988.

Os avanços na informatização, por outro lado, possibilitam maior transparência fiscal e controle da arrecadação, viabilizando a construção de sistemas dotados de segurança e eficiência.Desse modo, no tópico a seguir será observado o delineamento histórico da controvérsia levantada no presente estudo, visualizando a aplicação dos princípios da tributação na origem e no destino, pautados na tentativa de composição dos interesses dos entes federativos.

3. HISTÓRICO DA CONTROVÉRSIA ENVOLVENDO A IMPOSIÇÃO INDIRETA NA ORIGEM E NODESTINO

O conflito entre origem e destino em matéria de tributação não é novo e remonta ao antigo Imposto sobre Vendas e Consignações (IVC).O referido imposto foi atribuído à competência dos entes estaduais, por força do art. 8º, inciso I, alínea "e" da Constituição de 1934, sendo que o parágrafo 1º do citado dispositivo constitucional determinava que o imposto seria uniforme em todo território nacional, sem distinção quanto à procedência, destino ou espécie dos produtos.

19 Vale notar que a desmaterialização impacta, além dos impostos sobre o consumo (ISS e ICMS), a incidência, sobre serviços, do Imposto de Renda na Fonte (IRRF), da Contribuição para o Financiamento da Seguridade Social (COFINS), Contribuição para o PIS/Pasep e da Contribuição de Intervenção de Domínio Econômico destinada a financiar o Programa de Estímulo à Integração Universidade-Empresa para o Apoio à Inovação (CIDE-Tecnologia). In: MACEDO, Alberto, p. 68-69.

20 GASSEN, Valcir. *Tributação na origem e destino*: tributos sobre o consumo e processos de integração econômica. 2. ed. São Paulo: Saraiva, 2013.

Naquela época, por ser a principal fonte de receita dos Estados, o IVC foi alvo de inúmeras controvérsias em torno do local para o qual seria devido o imposto, quando as mercadorias eram transferidas para outros estabelecimentos de mesma titularidade ou para depósitos, localizados em diferentes Unidades da Federação, para fins de posterior comercialização.

Diante da base tributária restrita do IVC, limitada às operações de venda e de consignação, havia um inconformismo por parte dos Estados produtores, que se consideravam prejudicados pelo fato de as mercadorias produzidas em seu território, ao serem transferidas para outro ente estadual, acabarem sendo tributadas pelo Estado de destino (que efetuava a venda), e não pelo Estado de origem.

Com isso, nenhum dos Estados se contentou com a tributação das vendas e consignações realizadas em seus limites territoriais, buscando igualmente gravar as operações de tal natureza efetuadas fora de suas fronteiras geográficas, mas cuja mercadoria tivesse sido produzida em seus lindes. Na tentativa de dirimir os conflitos de competência entre os Estados a respeito do lugar em que era devido o IVC, a União Federal editou a Lei nº 187/36, cujo art. 37 assim dispunha:

> Art. 37. As vendas e consignações por comerciantes e produtores, inclusive industriais, consideram-se efetuadas na localidade em que tenha sede o estabelecimento do vendedor ou consignante; e, quando o vendedor, ou consignante tenha mais de um estabelecimento, consideram-se realizadas onde se ache situado o de que se fez originariamente a expedição da mercadoria, ou em que o produto vendido consignado, foi obtido, ou preparado, inicial ou definitivamente.

Paradoxalmente, o advento do referido diploma legal intensificou os conflitos de competência, em matéria tributária, na medida em que os critérios nele previstos não eram interpretados pelos Estados como sendo sucessivos, e sim alternativos, de modo que cada ente estadual invocava um dos critérios trazidos na lei para justificar a tributação de determinada operação.[21]

Com a promulgação da Constituição de 1937, passou a constar no texto constitucional a vedação à bitributação (art. 24), o que, contudo, não teve o condão de impor aos Estados produtores um ajustamento de suas condutas, subsistindo a queixa de que eles não tributavam as mercadorias produzidas em seu território quando da sua remessa para estabelecimento do mesmo

21 Fausto de Freitas e Castro noticia que "o resultado [da Lei nº 187/36] foi legalizar a politributação. Ninguém queria entender como sucessivos os critérios estabelecidos; cada Estado invocava um pretexto para cobrar, procurado no mesmo dispositivo. Alegava um, ter sido, no estabelecimento situado em seu território, obtido inicialmente o produto; outro invocava em seu favor a "preparação definitiva"; outro, a "expedição originária"; outro, o local onde a venda realmente se realizara.

4 – Também o rótulo de "imposto de vendas e consignações" era aplicado a tudo quanto se queria tributar, embora inconstitucionalmente. As leis estaduais se satisfaziam em "considerar venda" este ou aquele ato que de venda nada tinha: – pintura e consertos de casas, locação de filmes cinematográficos, etc., etc.

contribuinte situado em outro Estado, para fins de posterior comercialização. Havia claramente um incômodo por parte dos Estados produtores com o desenho tributário do IVC, segundo o qual, na sua visão, privilegiava exclusivamente o comércio, sem levar em conta o local de produção da mercadoria.

Diante das crescentes pressões exercidas pelos Estados produtores, a União publicou o Decreto-lei nº 140/37[22], o qual estabelecia que, nas hipóteses de transferência de mercadorias entre estabelecimentos de mesma titularidade, o IVC seria pago adiantadamente e no ato da transferência ao Estado produtor, sendo irrelevante o local em cujo território a venda viesse a realmente se efetuar.

Ocorre que a redação do dispositivo era falha, porquanto equiparava às vendas e consignações as transferências a esses fins destinadas. Com isso, de um lado, o Estado produtor cobrava o IVC aduzindo se tratar de uma "venda", enquanto que, do outro lado, o Estado de destino também exigia o imposto argumentando que a venda realmente se efetuava em seu território.[23]Ante a manutenção do impasse, sobreveio o Decreto-lei nº 348/38, que acabou tornando a questão ainda mais espinhosa ao atender, em certa medida, aos interesses dos Estados consumidores.

O Decreto-lei nº 348/38[24] buscou uma solução intermediária, estabelecendo que a venda das mercadorias transferidas e cujo imposto tivesse sido previamente pago no Estado de origem ficaria "isenta", desde que destinada a comerciante atacadista. Sem embargo, a leitura do Decreto-lei nº 348/38 implicava a assunção de uma premissa bastante controversa: a de que a venda real da mercadoria também estaria sujeita à incidência IVC, porém, em razão de uma "isenção", essa venda não seria objeto de tributação, quando realizada a comerciante exclusivamente atacadista.

As relações entre estabelecimentos do mesmo comerciante, se consideravam "venda ou consignação" quando situados em Estados diversos, e assim se tributava a exportação interestadual (cf. CASTRO, Fausto de Freitas e. *Vendas mercantis (transferência de mercadorias)*: notas ao decreto-lei nº 915 de 1 de dezembro de 1938. Rio de Janeiro: Biblioteca da Associação Comercial do Rio de Janeiro, 1939, p. 13-14). Em idêntico sentido, ainda, vide: COSTA, Alcides Jorge da. Impôsto de vendas e consignações. *Revista de Direito Administrativo*, Rio de Janeiro, v. 59, abr. 1960, p. 27.

22 Art. 1º O imposto sobre vendas e consignações a que se refere a letra d do nº 1 do artigo 23 da Constituição é devido no local de origem da operação, e para efeito da tributação consideram-se vendas ou consignações as transferências de mercadorias a esses fins destinadas.

§ 1º As mercadorias que não forem de produção do Estado, quando transferidas para outro, afim de formar stocks em agências ou filiais, não serão tributadas pelo Estado de procedência.

23 CASTRO, Fausto de Freitas e. *Vendas mercantis (transferência de mercadorias)*: notas ao decreto-lei nº 915 de 1 de dezembro de 1938. Rio de Janeiro: Biblioteca da Associação Comercial do Rio de Janeiro, 1939, p. 14-15; COSTA, Alcides Jorge da. Impôsto de vendas e consignações. *Revista de Direito Administrativo*, Rio de Janeiro, v. 59, abr. 1960, p. 27-28.

24 Art. 1º. Fica isenta do imposto de vendas e consignações a primeira venda feita a comerciante, exclusivamente atacadista, de mercadorias transferidas para o lugar em que a mesma se efetue, desde que haja prova do pagamento do imposto devido pela transferência ou de sua isenção legal, no lugar de procedência, conforme preceitua o art. 1º do Decreto-lei n. 140, de 29 de dezembro de 1937.

Art. 2º. Considera-se "transferência", para os efeitos deste decreto-lei, a remessa de mercadoria a filiais ou depósitos dos próprios remetentes ou vice-versa.

Além disso, o alcance limitado do Decreto-lei nº 348/38 perpetuou o cenário de bitributação naqueles casos em que o comprador das mercadorias transferidas não era comerciante "exclusivamente atacadista", pelo que a hipótese restrita de "isenção" abria caminho, consequentemente, para a tributação das demais operações de venda e consignações. Afinal, só se isenta aquilo que, em princípio, está sujeito ao imposto.

Em seguida, o Governo Federal editou o Decreto-lei nº 915/38 – posteriormente alterado pelo Decreto-lei nº 1.061/39 – que considerou como local de venda o lugar de depósito da mercadoria, exceto nos casos em que a mercadoria era transferida do Estado produtor para outro, para fins de ali ser vendida, hipótese em que o lugar da venda é aquele onde a mercadoria foi produzida (art. 1º[25]).

Ademais, o caput do art. 2º do Decreto-lei nº 915/38[26] estabeleceu que as operações entre estabelecimentos da mesma pessoa, bem como entre esta e seus agentes ou representantes não estariam sujeitas à incidência do IVC, pondo-se fim na confusão e nos abusos até então cometidos ao deixar claro que os termos "venda" e "consignação" pressupõem a existência de duas pessoas independentes, duas partes contratantes (vendedor e comprador; consignante e consignatário), não havendo que se cogitar na exigência do imposto sob a alegação de haver "consignação feita à filial" ou "pagamento da filial à matriz" e vice-versa.[27]

Em continuidade, o art. 2º, §1º do Decreto-lei nº 915/38[28] privilegiou os Estados produtores, atribuindo-lhes a receita do IVC decorrente da venda das mercadorias de sua produção, prevendo que, quando as mercadorias destinadas à venda ou consignação forem produzidas em um Estado e transferidas para outro pelo fabricante ou produtor, a fim de formar estoque, o imposto seria pago adiantadamente, por ocasião da saída, ao Estado em cujo território foram produzidas.[29]

---

25 Art. 1º O imposto sobre vendas e consignações a que se refere a letra d, do n. 1, do art. 23 da Constituição Federal [de 1937], é devido no lugar em que se efetuar a operação.

Parágrafo único. Para os efeitos fiscais considera-se lugar em que se efetua a operação (venda ou consignação) o em que tem sede o estabelecimento do vendedor ou consignante, seja matriz, filial, sucursal, agência ou representante, com depósito a seu cargo das mercadorias vendidas ou consignadas, salvo quando se tratar de venda efetuada diretamente pelo próprio fabricante ou produtor, caso em que o lugar da operação será aquele onde foi fabricada ou produzida a mercadoria.

26 Art. 2º Não estão sujeitas ao imposto as operações entre os vários estabelecimentos da mesma pessoa, bem como as realizadas entre esta e seus agentes ou representantes, observando-se, nos casos de consignação, os arts. 8º e 9º da Lei n. 187, de 15 de janeiro de 1936.

27 CASTRO, Fausto de Freitas e. *Vendas mercantis (transferência de mercadorias)*: notas ao decreto-lei nº 915 de 1 de dezembro de 1938. Rio de Janeiro: Biblioteca da Associação Comercial do Rio de Janeiro, 1939, p. 30-31.

28 Art. 2º [*omissis*]§ 1º Quando as mercadorias destinadas a venda ou consignação forem produzidas em um Estado e transferidas para outro pelo fabricante ou produtor, afim de formar estoque em filial, sucursal, depósito, agência ou representante, o imposto será pago adiantadamente, por ocasião da saída, ao Estado em cujo território foram produzidas.

29 Enquanto os Decretos-leis nº 140/37 e nº 348/38 dispunham que o IVC era pago no ato da transferência da mercadoria, desde que a esta fosse produzida no Estado de onde era transferida, sendo irrele-

A seu turno, o parágrafo 2º do art. 2º do Decreto-lei nº 915/38[30]proibia que o Estado de destino das mercadorias transferidas efetuasse nova cobrança do IVC por ocasião da efetiva venda ou consignação, estabelecendo, ainda, que, na hipótese de a venda ou a consignação serem praticadas em valor superior àquele informado no ato da transferência, caberiaao Estado produtor das mercadorias a diferença entre o imposto pago adiantadamente no ato da transferência e aquele devido com base no valor real da operação de venda ou consignação.

Tal disciplina legal perdurou até o final do ano de 1963, quando advém a Lei nº 4.299/63, que prestigiava claramente os Estados consumidores ao prever em seu art. 1º, §1º[31]que somente nas hipóteses de venda ou consignação de produto "agrícola, pecuário ou extrativo" é que o IVC seria devido ao Estado de origem dos produtos em caso de transferência para outro estabelecimento da mesma firma.

Com a Emenda Constitucional nº 18/65 e a substituição do IVC pelo Imposto sobre Circulação de Mercadorias (ICM), seguida pela edição do Decreto-lei nº 406/68, pacificou-se em certa medida o conflito entre os entes estaduais no tocante à tributação na origem e no destino. Como regra geral, conferiu-se aos Estados de origem a sujeição ativa do ICM, nomeando-se a saída de mercadorias de estabelecimento comercial, industrial ou produtor como aspecto temporal da regra-matriz de incidência. A exceção ficava por conta das operações de importação, em que o ICM era devido ao Estado importador, seguindo a prática internacional de adoção do princípio do destino.

Em paralelo, no âmbito dos Municípios, verificou-se idêntica inconformidade com o desenho tributário do Imposto Sobre Serviços de Qualquer Natureza (ISS).

Atribuído originariamente à competência tributária dos Municípios pelo art. 15 da EC nº 18/65, o ISS teve suas normas gerais estabelecidas no Decreto-lei nº 406/68 – parcialmente alterado pelo Decreto-lei nº 834/69 e pela Lei Complementar nº 56/87 –, que previa o aspecto espacial da regra-matriz de incidência do imposto em seu art. 12, *in verbis*:

---

vante a pessoa que promovia esse deslocamento, o art. 2º, §1º do DL nº 915/38 estabelecia que essa exigência antecipada do IVC só se daria quando a transferência fosse feita pelo produtor ou fabricante.

30 Art. 2º [*omissis*]

§ 2º Ao serem vendidas ou consignadas essas mercadorias no Estado para que foram transferidas, não será devido novo imposto por essa primeira operação feita pela mesma pessoa, natural ou jurídica, que as transferiu, se o preço da venda ou o constante da consignação for o mesmo que lhes houver sido atribuído no ato da transferência, conforme o disposto no parágrafo anterior. Se for maior o preço da venda ou consignação a diferença de imposto relativa ao excesso será devida ao Estado em que foram produzidas tais mercadorias.

31 Art. 1º O impôstosôbre vendas e consignações, a que se refere o artigo 19 nº IV da Constituição Federal [de 1946], é devido no lugar em que se efetuar a operação.

§ 1º Considera-se lugar da operação aquêle onde se encontrar a mercadoria na ocasião da venda ou consignação. Quando o objeto do contrato fôr produto agrícola, pecuário ou extrativo, sôbre a operação de venda ou consignação para fora do Estado incidirá a tributação do Estado em que foi produzida a coisa vendida ou consignada.

Art. 12. Considera-se local da prestação do serviço:

a) o do estabelecimento prestador ou, na falta de estabelecimento, o do domicílio do prestador;

b) no caso de construção civil o local onde se efetuar a prestação.

Em que pese a eleição do local do estabelecimento prestador como critério legal para definição do sujeito ativo do ISS, salvo na hipótese de prestação de serviço de construção civil (em que o imposto seria devido no local da prestação), o Superior Tribunal de Justiça (STJ) firmou jurisprudência em sentido diametralmente oposto ao que dispunha o Decreto-lei nº 406/68, assentando que o local da prestação do serviço seria o critério a prevalecer em todos os casos, transformando a exceção em regra.

EMBARGOS DE DIVERGÊNCIA. ISS. COMPETÊNCIA. LOCAL DA PRESTAÇÃO DE SERVIÇO. PRECEDENTES.

I – Para fins de incidência do ISS – Imposto Sobre Serviços –, importa o local onde foi concretizado o fato gerador, como critério de fixação de competência do Município arrecadador e exigibilidade do crédito tributário, ainda que se releve o teor do art. 12, alínea "a" do Decreto-Lei n.º 406/68.

II – Embargos rejeitados.[32]

O entendimento adotado pela Primeira Seção do STJ desafiava o desenho tributário do ISS vigente à época, beneficiandoas Municipalidades onde as atividades eram executadas (princípio do destino). Por outro lado, contrariava frontalmente o critério adotado pelo legislador (princípio da origem), criando um cenário de insegurança jurídica que perdura até os dias atuais e que não logrou ser solucionado pelo novo texto constitucional.

Aliás, a Constituição Federal de 1988 (CF/88) sofreu fortes influências por parte dos Estados e dos Municípios que se consideravam prejudicados financeiramente com os desenhos tributários até então vigorantes em matéria de ICM e ISS.Desse modo, no próximo tópico serão analisadas as disposições constitucionais e as legais relacionadas ao cenário da economia digital.

4. OS DESDOBRAMENTOS DOS CONFLITOS NO CONTEXTO DA ECONOMIA DIGITAL

A economia digital representa um novo modelo de realização de negócios, marcado pela desmaterialização e conectividade. Os desafios da tributação diante desse cenário decorrem das dificuldades técnicas em compreender e alcançar as novas materialidades econômicas, delimitar o alcance das competências tributárias, bem como identificar os sujeitos da relação jurídico-tributária. No capítulo anterior, foi possível observar a complexidade do sistema

32 STJ, EREsp 130.792/CE, Rel. Ministro Ari Pargendler, Rel. p/ Acórdão Ministra Nancy Andrighi, Primeira Seção, julgado em 07/04/2000, DJ 12/06/2000.

tributário brasileiro relacionado à formatação da tributação sobre o valor agregado que, por si só, envolve conflitos arrecadatórios entre os entes federados desde o texto constitucional de 1934.

Diante do cenário apresentado, é notória a influência desses conflitos na sistematização e delimitação das competências tributárias na Constituição de 1988.No âmbito estadual, foi criada em favor dos Estados consumidores a figura do diferencial entre as alíquotas interna e interestadual do ICMS, atribuindo tal parcela da receita tributária aos Estados destinatários de mercadorias adquiridas por contribuinte do imposto, na condição de consumidor final (art. 155, §2º, VIII da CF/88).

Sem embargo, o alcance restrito do dispositivo constitucional, somado à expansão do comércio eletrônico[33] – em larga escala envolvendo consumidores que não são contribuintes do ICMS, não havendo,portanto, o recolhimento do diferencial de alíquotas em favor do Estado de destino –, gerou um cenário de descontentamento por parte de alguns entes estaduais, cujo ápice se materializou na celebração do Protocolo ICMS nº 21/2011, o qual subvertia o arquétipo constitucional do ICMS, dispondo que, nas vendas efetuadas de forma não presencial por meio de internet, o imposto seria devido à unidade federada de destino (e não de origem).

Instada a se manifestar, a Suprema Corte[34] declarou a inconstitucionalidade do Protocolo ICMS nº 21/2011, porém, pouco depois, sobreveio a EC nº 87/15, que, privilegiando os Estados consumidores, estabeleceu que nas operações e prestações interestaduais que destinem bens e serviços a consumidor final, *contribuinte ou não do imposto*, caberá ao Estado de localização do destinatário o imposto correspondente à diferença entre a alíquota interna do Estado destinatário e a alíquota interestadual (art. 155, §2º, VII da CF/88).

Para efetivação da nova redação do texto constitucional, a referida emenda incluiu o art. 99 no Ato das Disposições Constitucionais Transitórias(ADCT), prevendo que a partir de 2019 o imposto relativo aodiferencial de alíquotas será integralmente devido ao Estado de destino. Entre 2015 e 2018, em caráter transitório, o montante devido foi partilhado entre os Estados de origem e de destino, nos termos mensurados nos incisos do artigo mencionado[35].

As disposições acima comentadas envolvem o histórico conflito entre os Estados de origem e destino, bem como demonstram os contornos atuais relacionados à economia digital. O protocolo, declarado inconstitucional, surgiu

33 Comércio eletrônico pode ser entendido como um modelo de transações pela rede de computadores, considerado indireto quando envolve comercialização de bens tangíveis, com a entrega física da mercadoria, e direto quando envolve bens intangíveis, comercializados e entregues por meio eletrônico.

34 STF, ADI 4.628/DF, Rel. Min. Luiz Fux, Tribunal Pleno, julgado em 17/09/2014, DJe 21/11/2014.

35 De acordo com o artigo 99 do ADCT, a proporção da partilha do imposto entre os Estados de origem e destino seria, para o ano de 2015: 20% (vinte por cento) para o Estado de destino e 80% (oitenta por cento) para o Estado de origem; para o ano de 2016: 40% (quarenta por cento) para o Estado de destino e 60% (sessenta por cento) para o Estado de origem; para o ano de 2017: 60% (sessenta por cento) para o Estado de destino e 40% (quarenta por cento) para o Estado de origem; para o ano de 2018:

no contexto da evolução do comércio eletrônico[36].Apesar da invalidade do referido instrumento, a alteração posteriormente implementada pela EC nº 87/15 teve como objetivo desconcentrar a arrecadação nas unidades federativas de origem, prestigiando o critério de destino nas operações interestaduais com consumidor final.

Percebe-se que o crescimento do comércio eletrônico (*e-commerce*) intensificou os conflitos entre os Estados de origem e destino, tendo em vista o interesse arrecadatório resultante na concentração da receita nas unidades produtoras, de um lado, e as investidas descentralizadorasdas unidades consumidoras, de outro. Contudo, os desafios da economia digital vão além do modelo de comercialização adotado para as operações relativas à circulação de mercadorias.

Nessa linha, o Convênio ICMS 181, de 28 de dezembro de 2015, autorizou determinadas unidades federadasa conceder redução de base de cálculo nas operações com *softwares*, programas, jogos eletrônicos, aplicativos, arquivos eletrônicos e congêneres.Posteriormente, o Convênio ICMS 106, de 29 de setembro de 2017, por sua vez, disciplinou os procedimentos de cobrança do ICMS nas operações com bens e mercadorias digitais, que deverá ser recolhido nas saídas internas e nas importações de mercadorias digitais. A desmaterialização e a conectividade são algumas das características da economia digital, termo utilizado para demarcar os novos modelos de negócios advindos da revolução implementada pela internet. Assim, com a edição dos referidos convênios, os Estados sinalizaram o interesse arrecadatório sobre as operações com bens digitais.

Nos termos das disposições do Convênio, o imposto incide nas operações de *download* de músicas e nos acessos aos programas de computador padronizados na nuvem, mediante pagamento periódico de assinatura. Os Estados, nos termos do Convênio 106/2017, estão autorizados a promover a cobrança do ICMS sobre as referidas operações, desde o dia 1º de abril de 2018, sendo o imposto devido ao Estado onde estiver o consumidor final, preconizando a adoção do princípio de destino.Muito emboraessa seja a recomendação de diversos estudiosos desse tema, a eleição do referido critério por meio de convênio viola as disposições constitucionais que regem a matéria[37], alterando o arquétipo previsto pelo constituinte originário.

80% (oitenta por cento) para o Estado de destino e 20% (vinte por cento) para o Estado de origem; a partir do ano de 2019: 100% (cem por cento) para o Estado de destino. O Convênio ICMS 93/2015 estabelece os procedimentos a serem observados nas operações e prestações eu destinem bens e serviços a consumidor final não contribuinte do imposto, localizado em outra unidade federada.

36 Na tentativa de defender a validade do Protocolo ICMS nº 21/2011, o Estado do Pará destacou a evolução do comércio eletrônico, que havia movimentado em 2013 cerca de R$ 28 bilhões no Brasil. Desse modo, as modificações introduzidas buscaram evitar a concentração da receita nos Estados produtores. Disponívelem:<http://www.stf.jus.br/portal/cms/verNoticiaDetalhe.asp?idConteudo=275382>. Acesso em: 23 out. 2018.

37 Percebe-se que os Convênios dispuseram sobre matérias reservadas à lei complementar, ferindo dispositivos da Constituição de 1988: artigo 146, I, III, a; artigo 155, § 2º, VII.

A tributação incidente sobre bens digitais, nos termos previstos nos referidos convênios, conflita com disposições aprovadas para a lei complementar que disciplina as normas gerais do ISS. Contudo, apesar de ser notório os conflitos instaurados entre Estados e Municípios para a tributação de bens digitais, o objetivo do artigo é destacar os conflitos entre os princípios de origem e destino.

Na esfera da competência municipal, foi publicada a Lei Complementar nº 116/03, que favoreceu, em determinadas hipóteses, as Municipalidades onde ocorre a prestação do serviço, ampliando as exceções à regra geral de tributação do ISS na origem (art. 3º). Mais recentemente, com a edição da Lei Complementar nº 157/16, alargou-se ainda mais o rol de exceções ao caput do art. 3º da Lei Complementar nº 116/03, deslocando a sujeição ativa do ISS para os Municípios de destino em relação à algumas atividades[38].

Além dos conflitos horizontais de competência, internalizado pela adoção dos princípios de origem e destino, notam-se conflitos de competência entre ICMS e ISS em relação à incidência dos impostos sobre as operações com *softwares* por meio de *download* e *streaming*. Conforme observado, a partir do Convênio 181/2015 e 106/2017, alguns Estados passaram a promover a cobrança do ICMS nessas operações. Por outro lado, os Municípios, apoiados nas alterações da LC nº 157/2016, estão aptos a tributar esse mesmo fato.[39]

Com efeito, percebe-se que o dilema entre a tributação do consumo na origem ou no destino faz parte da realidade federativa brasileira há bastante tempo e simboliza a crítica por parte de alguns entes (própria do federalismo) aos desenhos tributários concebidos pelo legislador como resultado de escolhas feitas pelas forças majoritárias de uma época.Com o passar do tempo, tais opções legislativas voltam naturalmente a ser objeto de escrutínio popular como forma de avaliação dos seus efeitos. Somado a isso, há também uma intensa evolução tecnológica, que impõe novos desafios às Administrações Tributárias.

5. REFLEXÕES ACERCA DAS MEDIDAS VIABILIZADORAS DA SOLUÇÃO DO CONFLITO

De acordo com as exposições anteriores é possível verificar que o conflito interno acerca da aplicação dos princípios de tributação na origem e no destino representa um dos intrincados aspectos de composição dos interesses

38 Nos autos da ADI 5.835/DF, o Ministro Alexandre de Moraes concedeu liminar para suspender dispositivos da LC 116/2003 alterados pela LC 157/2016. Na ação, questiona-se os dispositivos que determinam que o ISS será devido no município do tomador do serviço no caso dos planos de medicina em grupo ou individual, de administração de fundos e carteira de clientes, de administração de consórcios, de administração de cartão de crédito ou débito e de arrendamento mercantil (*leasing*).

39 LC 116/2003. Lista Anexa. Item 1. Serviços de Informática e congêneres. 1.09 – Disponibilização, sem cessão definitiva, de conteúdos de áudio, vídeo, imagem e texto por meio da internet, respeitada a imunidade de livros, jornais e periódicos (exceto a distribuição de conteúdos pelas prestadoras de Serviço de Acesso Condicionado, de que trata a Lei no 12.485, de 12 de setembro de 2011, sujeita ao ICMS). (Incluído pela Lei Complementar nº 157, de 2016)

federativos. Fernando Rezende[40] registra que a ausência de mecanismos, formais ou informais, instituídos com o objetivo de negociar os conflitos federativos, é uma das principais deficiências da federação brasileira. Não é por outra razão que restou delineada a histórica controvérsia envolvendo a tributação indireta nas unidades produtoras e consumidoras, bem como o seu desdobramento para o cenário da economia digital.

A partir da realidade observada, verifica-se a necessidade de instituição de mecanismos para coordenação e composição dos interesses federativos. Por outro lado, serão expostas as razões pelas quais a reforma tributária torna-se inevitável, sobretudo na transição de uma economia industrial, baseada em bens e serviços, para um modelo marcado pela crescente inovação disruptiva que torna o ambiente suscetível ao surgimento de novas tecnologias e modelos de negócios desconhecidos.

Conforme já assinalado, o sistema brasileiro adota, em relação à tributação sobre o consumo, os princípios de origem e destino. A tributação na unidade produtora é identificada no ordenamento jurídico doméstico como regra a informar a competência tributária. O sistema é misto porque o princípio do destino é utilizado, excepcionalmente, para estabelecer as situações nas quais a competência será transferida para a unidade consumidora.Contudo, de acordo com as pesquisas desenvolvidas sobre o tema, constata-se que a adoção do princípio do destino é recomendada por diversos estudiosos sobre a matéria[41].

Ademais, é notória a necessidade de considerar, no desenho de uma reforma tributária, os fatos econômicos e as características típicas da economia digital. Na justificativa apresentada na emenda substitutiva global à PEC nº 293-A/2004, que propõe os fundamentos e detalhamentos de uma ampla reforma do modelo brasileiro de tributação de bens e serviços a partir do atual contexto econômico, é registrada a eleição do princípio de destino para sistematizar as transações interestaduais e intermunicipais.Neste cenário, a implementação será por meio da escrituração individual de cada estabelecimento do mesmo contribuinte. Assim, no modelo proposto, haverá a consolidação dos créditos e débitos dos estabelecimentos, com uma única apuração e um único recolhimento.

No mesmo sentido, de acordo com Fernando Rezende[42], os avanços tecnológicos permitiram, por meio do sistema de escrituraçãoe da nota fiscal

---

40 REZENDE, Fernando. *A Reforma tributária e a federação*. Rio de Janeiro: Editora FGV, 2009, p. 162.

41 Nas diretrizes do cenário de reforma da tributação indireta, apresentadas pelo Programa "Fórum Fiscal dos Estados Brasileiros & Fundação Getúlio Vargas", afirma-se que "a adoção do princípio do destino na tributação subnacional sobre bens e serviços é uma necessidade que já há algum tempo tem contado com amplo reconhecimento, tendo sido analisada com razoável grau de detalhamento em trabalhos anteriores do Fórum Nacional Fiscal dos Estados Brasileiros". BARATTO, Gedalva; LOBATO, José Roberto Soares. Cenário de Reforma Tributária com Tributação Dual sobre o Consumo. REZENDE, Fernando (Coord.). *Cadernos Fórum Fiscal*, n. 5, 2007, p. 20. Na mesma linha: VARSANO, Ricardo. *A tributação do valor adicionado, o ICMS e as reformas necessárias para conformá-los às melhores práticas internacionais*. Banco Interamericano de Desenvolvimento – BID, 2014. CARVALHO et. al. *Uma reforma dual e modular da tributação sobre o consumo no Brasil*. Reforma Tributária IPEA-OAB/DF. Rio de Janeiro: 2018.

42 REZENDE, Fernando. *A Reforma tributária e a federação*. Rio de Janeiro: Editora FGV, 2009, p. 147.

eletrônica, a operacionalização do princípio do destino. A operacionalização do princípio do destino poderia ocorrer por meio de (i) sistema de diferimento do pagamento do tributo e/ou (ii) sistema de compensação. No primeiro modelo, a arrecadação tributária é efetivada integralmente pelo Estado de destino. No segundo modelo, a tributação ocorre no Estado de origem, mas há, posteriormente, compensação dos débitos e créditos dos diversos Estados.

O projeto de reforma tributária mencionado prevê que a operacionalização da distribuição da receita entre os Estados e Munícios será regulamentada por lei complementar, sendo proporcional aos débitos e créditos atribuíveis a cada ente federativo. Para composição dos interesses, seria necessário a instituição de um comitê gestor nacional, para, nos termos das sugestões apresentadas, arrecadar e distribuir a receita entre os entes políticos.

Seguindo a linha apontada, nos estudos sobre Reforma Tributária IPEA-OAB/DF são estabelecidas premissas para o desenvolvimento de um novo modelo. Entre elas, destaca-se a necessidade de analisar os aspectos tributários relacionados às novas tecnologias. Aponta-se, ainda, que a arrecadação pode ser beneficiada pelo aparato tecnológico, como o Sistema Público de Escrituração Digital (Sped) e a Nota Fiscal Eletrônica (NF-e), que podem ser utilizados na repartição de receitas entre os Estados com a adoção da alíquota do destino[43].

Foi possível perceber latente posicionamento para a adoção do critério do destino, notadamente em relação às operações de circulação de mercadorias e serviços. De outro lado, há estudos que buscam compreender o impacto na arrecadação dos estados produtores e consumidores, analisando o cenário para eventuais alterações do critério para definição da competência tributária relativa à tributação sobre o consumo, destacando a inexistência de neutralidade.

> Entretanto, tal alteração não é neutra do ponto de vista dos Estados. Como se viu nos resultados, os Estados produtores têm perdas de arrecadação que chegam a quase R$ 1,4 bilhão, como no caso de São Paulo, em valor absoluto, ou 13,4%, para o Espírito Santo, em termos relativos. Já os ganhadores são os Estados consumidores, em geral, os menos desenvolvidos da federação, mas que também inclui alguns dos mais desenvolvidos e com relativamente pouca produção de mercadorias. Em termos absolutos, os maiores ganhos estão no Rio de Janeiro, quase R$ 1 bilhão, e Distrito Federal, R$ 576 milhões. Em termos relativos, os mais favorecidos são Piauí, com um acréscimo de 37% na sua arrecadação, e Alagoas com um incremento de 33%.
>
> Dado o impacto significativo nas finanças dos Estados prejudicados pelo princípio do destino, é recomendável que a transição de um regime para outro seja feita num intervalo de tempo razoável e com o apoio do governo federal, de forma a minimizar os custos de bem-estar que serão impostos à população. Políticas de aumento da eficiência na Administração Tributária são importantes tanto para ganhadores quanto para perdedores. Os primei-

43 CARVALHO et. al. *Uma reforma dual e modular da tributação sobre o consumo no Brasil*. Reforma Tributária IPEA-OAB/DF. Rio de Janeiro: 2018, p. 101.

> ros para que a receita potencial com a nova sistemática se torne real, e os últimos como tentativa de recuperar parte das perdas.[44]

De acordo com as pesquisas, a adoção do princípio de origem nas transações interestaduais, além de agravar as desigualdades regionais, ocasiona forte desequilíbrio na distribuição da arrecadação, visto que a produção é bem mais concentrada do que o consumo. Assim, as unidades federativas consumidoras, tornam-se mais dependentes de transferências federais para reduzir os desequilíbrios regionais[45]. Outro ponto destacado é a sonegação nas operações interestaduais haja vista a ausência de controle eficiente para a circulação de mercadorias.

Nesse sentido, a tributação no destino viabilizaria a correção da injusta distribuição da receita tributária entre os Estados; eliminaria as distorções acerca da alocação dos recursos produtivos; e, tornaria a arrecadação mais eficaz. Por outro lado, importante apontar os potenciais impactos imediatos, uma vez que alguns entes sofreriam prejuízos na implementação do princípio de destino como critério de definição da competência tributária. No trecho acima destacado, o autor sugere que a transição seja efetivada em um intervalo de tempo razoável e com apoio do governo federal a fim de minimizar o impacto negativo para determinados entes.Nos termos das sugestões apresentadas pela emenda substitutiva global à PEC nº 293-A/2004, um comitê gestor nacional pode suprir a ausência de coordenação efetiva dos conflitos federativos.

Diante das exposições, percebe-se que a adoção do princípio do destino na tributação sobre o consumo é uma das medidas sugeridas no bojo de sugestões para a reforma tributária. Conforme analisado anteriormente, aalteraçãopromovida pela Emenda Constitucional nº 87/2015 representa a eleição do referido critério na reformulação da competência tributária, indicada, anteriormente, para os Estados de origem. Percebe-se, portanto, que a eleição do princípio de destino, instrumentalizado pelas tecnologias disponíveis, poderá potencializar a arrecadação, reduzir os conflitos federativos e as desigualdades regionais.

6. CONSIDERAÇÕES FINAIS

A estrutura do sistema tributário nacional, centrada na força arrecadatória dos tributos incidentes sobre o consumo, destaca a importância dos estudos relacionados à tributação indireta, quetem como característica a repercussão jurídica ou econômica do ônus tributário para o contribuinte de fato, uma vez que o ônus fiscal érepassado pelo contribuinte de direito no valor da mercadoria ou do serviço ao consumidor final.

---

44 PAES, Nelson Leitão. A implantação do princípio do destino na cobrança do ICMS e suas implicações dinâmicas sobre os Estados. *Revista Brasileira de Economia*, Rio de Janeiro, v. 63, n. 3, 2009, p. 246-247.

45 FONSECA, Ricardo Coelho da; BORGES, Djalma Freire. Tributação interestadual do ICMS e adoção do princípio do destino. *Revista de Administração Pública*, Rio de Janeiro, v. 39, n. 1, jan. 2005, p. 21.

Os princípios da tributação na origem e da tributação no destino representam, no plano interno, critérios para definição da competência tributária das imposições que recaem sobre o consumo.A análise histórica realizada no presente estudo demonstrou que, desde a Constituição de 1934, com a alocação do imposto sobre venda e consignação (IVC) na competência das unidades federadas, os conflitos entre unidades produtoras e consumidorassão observados como fator decorrente do interesse arrecadatório, interferindo na eleição dos referidos princípios.

No contexto brasileiro, ao adotar um sistema misto, observa-se que, em regra, as unidades produtoras detêm a competência para arrecadação e, excepcionalmente, são previstas hipóteses nas quais a competência é deslocada para os entes consumidores.

Contudo, verificou-se que, a partirda edição do Protocolo ICMS 21/2011, no cenário de crescente valorização do comércio eletrônico, foi iniciado um movimento de descentralização da arrecadação do imposto, concentrada nos entes produtores. Muito embora declarado inconstitucional pelo Supremo Tribunal Federal, com o advento da Emenda Constitucional nº 87/2015, institucionalizando o alargamento da competência dos Estados de destinos, foi possível notar forte atuação dos Estados para ampliação da cobrança do imposto sobre estrutura diversa daquela prevista no texto constitucional.

Assim, diante das características que permeiam a economia digital, notadamente em razão da desmaterialização das novas tecnologias, os Estados editaram no âmbito do CONFAZ os Convênios ICMS 181/2015 e 106/2017 para regulamentar as operações com bens digitais. Neste último caso, percebe-se que, unilateralmente, sem amparo no texto constitucional, restou modificada a competência tributária, repassando a arrecadação das referidas operações para os Estados consumidores. Com efeito, ao estabelecer que o imposto será inteiramente devido aos Estados nos quais estiverem localizados os adquirentes dos bens digitais, o ConvênioICMS 106/2017 ignoraa divisão do aludido imposto entre Estados de origem e de destino, pisoteando a letra do art. 155, §2º, inciso VII, alínea "b" da Constituição da República, cuja redação determina a adoção de alíquotas interestaduais em semelhantes operações. Nessa esteira, a afronta ao pacto federativo revela-se evidente, mesmo porque a normativa interfere no repasse do produto da arrecadação do ICMS aos Municípios[46], conforme prescreve o art. 158, inciso IV, da Constituição, em flagrante avilte à sistemática da repartição de receitas, o que, ao fim e ao cabo, reverbera na discriminação de rendas.

No âmbito municipal, igualmente foi possível perceber um movimento para reformulação da competência tributária, indicando o local de destino

---

46 BARROS, Maurício. O papel dos convênios no sistema tributário brasileiro e os Convênios 181/2015 e 106/2017: invalidade do ICMS nas operações com os chamados "bens digitais". PISCITELLI, Tathiane (Coord.). In: *Tributação de bens digitais: a disputa tributária entre estados e municípios Notas sobre o Convênio ICMS 106/ 2017 e outras normas relevantes (versão digital).* São Paulo: InHouse, 2018.

como competente para cobrança do ISS a partir das alterações promovidas pela Lei Complementar nº 157/2016. Por essas alterações, as exceções previstas na Lei Complementar nº 116/2003 foram ampliadas, difundindo as hipóteses nas quais o princípio de destino atua como critério delimitador da competência tributária.

Desse modo, é possível concluir que há forte respaldo doutrinário para indicação do princípio de destino como critério definidor da competência para a tributação sobre o consumo, sendo possível instrumentalizá-lo por meio de mecanismos tecnológicos de controle, seja de um sistema de diferimento do pagamento do tributo ou de compensação dos débitos e créditos dos diversos Estados. Nessa linha, as propostas de reforma tributária, alinhadas às pesquisas desenvolvidas pelos estudiosos da matéria, indicam, da mesma forma, o critério de destino como o mais adequado para a composição e coordenação dos interesses federativos.

A Industrialização por Encomenda e os Conflitos de Competência

Gustavo Brigagão[1]
Pedro Grillo[2]

Sumário: 1. Introdução. 2. Regras para solução de conflitos de competência. 3. Da competência constitucionalmente atribuída à União e aos Municípios, respectivamente, para tributar atividades de industrialização (ipi) e serviços de qualquer natureza (iss). 4. As regras de solução de conflitos relativos ao ipi e ao iss até a vigência da lc 116/03. 5. A incidência do IPI e do ISS na "industrialização por encomenda" após a vigência da lc 116/03. 6. Conclusão

1. INTRODUÇÃO

Foi com extrema honra e satisfação que aceitamos o convite formulado pelos Professores Carlos Alexandre de Azevedo Campos, Gustavo da Gama Vital de Oliveira e Marco Antônio Ferreira de Macedo para participar desta obra, elaborada em homenagem ao nosso querido e saudoso Professor Doutor Ricardo Lobo Torres.

A homenagem é mais do que merecida. Professor Emérito da Universidade do Estado do Rio de Janeiro, sua produção acadêmica é de tal ordem abrangente e profunda que se tornou referência para tributaristas, constitucionalistas, publicistas e operadores do direito em geral.

De fato, a multidisciplinariedade é a marca registrada da sua obra, na medida em que o nosso homenageado não se contentava em compreender o Direito de maneira estanque. Inúmeros foram os frutos dessa abordagem pioneira, como os emblemáticos estudos sobre direitos humanos e tributação, interpretação jurídica e aproximação do Direito com a Ética e Filosofia.

---

1 Presidente da Associação Brasileira de Direito Financeiro (ABDF); professor em cursos de pós-graduação na Fundação Getulio Vargas; membro do Comitê Executivo da International Fiscal Association (IFA); presidente da Câmara Britânica no Estado do Rio de Janeiro (BRITCHAM-RJ); diretor de relações internacionais do Centro de Estudos das Sociedades de Advogados (Cesa); diretor da Federação das Câmaras de Comércio do Exterior (FCCE); e sócio do escritório Brigagão, Duque Estrada, Emery – Advogados.

2 Pós-graduando em Direito Fiscal pela PUC/RJ; membro da Associação Brasileira de Direito Financeiro (ABDF Jovem); e advogado do escritório Brigagão, Duque Estrada, Emery – Advogados.

Apesar da sua contribuição de valor inestimável para o estudo do Direito, as melhores recordações que se tem do Professor Ricardo Lobo Torres são aquelas em que afloram a simpatia, humildade e cordialidade que o caracterizavam.

Esta é, portanto, uma homenagem que se faz não apenas ao grande profissional e acadêmico, mas também à formidável pessoa que foi Ricardo Lobo Torres, seja pela forma como sempre tratou os que o cercam, como pelos valores que sempre defendeu e pelo brilho com que lidou com as questões relacionadas ao Direito.

Nesta oportunidade, abordaremos tema que é marcado por constantes inovações legislativas e jurisprudenciais: como, no Direito Tributário brasileiro, devem ser tributadas as operações de "industrialização por encomenda".

Na Europa, a tributação indireta se dá por meio de um único tributo, o Imposto sobre Valor Agregado (IVA), cuja cobrança é promovida pelo governo central de cada um dos Estados-membros.

No Brasil, o cenário é bem diferente: a competência para a tributação indireta é dividida entre as três esferas de governo. Paralelamente à incidência das contribuições sociais, outorga-se à União competência para tributar a cadeia industrial (com o Imposto sobre Produtos Industrializados – IPI), aos estados, a circulação de mercadorias (com o Imposto sobre Circulação de Mercadorias e Serviços – ICMS), e aos municípios, o setor de serviços (com o Imposto sobre Serviços – ISS).

Não obstante essa divisão de competências, há atividades que, objetivamente consideradas, apresentam características próprias tanto de industrialização como de prestação de serviços, o que lhes deixa vulneráveis à incidência de mais de um tributo (apesar da ocorrência de um só fato gerador).

É o caso, por exemplo, das atividades de recondicionamento, acondicionamento, montagem e beneficiamento, exercidas em bens de terceiros ("industrialização por encomenda"), que, por má técnica legislativa, estão previstas como hipótese de incidência tanto do ISS quanto do IPI, nas respectivas legislações de regência.

Como será demonstrado no decorrer deste estudo, a Lei Complementar ("LC") 116, de 31.07.2003, promoveu diversas alterações nas regras de incidência do Imposto sobre Serviços (ISS), e revogou a quase totalidade[3] das normas contidas no Decretolei ("DL") 406, de 31.12.1968, que antes regulavam a matéria.

Uma dessas alterações retirou a ressalva antes existente de que o ISS somente incidiria sobre determinados serviços se eles tivessem por objeto bens não destinados à industrialização ou à comercialização (v.g. recondicionamento, acondicionamento e beneficiamento). Na redação atual dos itens que tratam dessas atividades, a única condição existente para a incidência do ISS é a de que sejam tais atividades exercidas em bens de terceiros.

3 O art. 9° não foi revogado nem expressa nem tacitamente.

Surge, então, a dúvida sobre o tratamento tributário a ser dado à denominada "industrialização por encomenda", na modalidade em que o encomendante envia produtos intermediários ou outros materiais de sua propriedade ao executor da encomenda, que, após industrializá-los (o que poderá ser feito mediante o beneficiamento, recondicionamento, montagem ou acondicionamento desses bens), retorna-os ao encomendante que, por sua vez, destina-os ao comércio ou a novas etapas de industrialização.

Tratando-se de atividades exercidas "em bens de terceiros", teriam elas, por força do tratamento dado pela LC 116/03, passado a se sujeitar ao ISS, mesmo sendo os bens destinados à comercialização ou à industrialização? Ou os impostos incidentes continuariam a ser o ICMS e o IPI, a despeito dessa alteração na lei complementar?

É o que se examinará neste estudo.

2. REGRAS PARA SOLUÇÃO DE CONFLITOS DE COMPETÊNCIA

Até o advento da Emenda Constitucional (EC) 18/65, inexistia regra constitucional ou infraconstitucional que dispusesse, genérica ou especificamente, sobre os conflitos de competência em matéria tributária, cabendo, então, ao Poder Judiciário, quando instado, decidir se determinada incidência incorria em inconstitucionalidade por extrapolação ou invasão de competência.

Com a promulgação da EC 18/65, que reformulou integralmente o Sistema Tributário Nacional e promoveu a única "reforma tributária" efetivamente experimentada em nosso ordenamento jurídico, introduziu-se regra que previa a edição de lei complementar para dirimir conflitos de competência tributária especificamente entre o ISS e o antigo ICM. Eis o que dispunha o art. 15, parágrafo único da EC 18/65:

> "Art. 15. (...) Parágrafo único. Lei complementar estabelecerá critérios para distinguir as atividades a que se refere este artigo [serviços sujeitos ao imposto municipal] das previstas no art.12 [incidência do ICM]. "

Essa atribuição de competência à lei complementar para dispor sobre conflito de competência foi alargada com o advento da Constituição Federal de 24.01.1967 e da Emenda Constitucional 1, de 17.10.1969[4], culminando com a Constituição Federal de 1988 (CF/88), cujo art. 146, I, determina que a primeira função atribuída à lei complementar é justamente a de "dispor sobre

4 De fato, com o advento da Constituição Federal de 24.01.1967 (CF/67), a questão passou a ser regulada pelo § 1° do art. 18, nos seguintes termos:

"Art. 18. (...)

§1° Lei complementar estabelecerá normas gerais de direito tributário, disporá sobre os conflitos de competência tributária entre a União, os Estados, o Distrito Federal e os Municípios, e regulara as limitações constitucionais do poder de tributar (...)".

Já a Emenda Constitucional l, de 17.l0.1969 (EC 1/69), alterou ligeiramente a redação do dispositivo constitucional acima transcrito, mantendo intacto seu conteúdo. Eis a sua redação:

conflitos de competência, em matéria tributária, entre a União, os Estados, o Distrito Federal e os Municípios".

Note-se que a previsão em lei complementar quanto à forma mediante a qual conflitos de competência devem ser dirimidos constitui premissa de incidência do tributo. A ausência dessa norma compromete a própria cobrança do imposto.

Nesse particular, o Plenário do Supremo Tribunal Federal (STF) possui precedente em que declarou a inconstitucionalidade da cobrança do já extinto Adicional do Imposto sobre a Renda (ADIR), exatamente por não ter havido lei complementar que dispusesse sobre as regras que solucionariam os eventuais conflitos de competência que decorriam das leis estaduais instituidoras do tributo.

O ADIR recaia sobre o que fosse pago à União a título do Imposto sobre a Renda incidente sobre lucros, ganhos ou rendimentos percebidos por pessoas físicas ou jurídicas.

Considerando que não havia regra única sobre os critérios de cálculo e cobrança do ADIR, os Estados adotaram regras incompatíveis entre si, que acabavam por resultar em problemas diversos, inclusive dupla tributação.

Em razão disso, o STF julgou procedentes 27 (vinte e sete) Ações Diretas de Inconstitucionalidade (ADIs) ajuizadas contra o ADIR, por entender que o tributo poderia ser validamente instituído pelos Estados e pelo Distrito Federal enquanto lei complementar não dispusesse sobre as matérias referidas no artigo 146 da CF/88.

Eis a ementa do acórdão exarado pelo C. Plenário do E. STF em uma das 27 ADIs por ele julgadas, que ilustra, com exatidão, o entendimento do Tribunal sobre a matéria:

> "Ação Direta de Inconstitucionalidade. Lei n. 6.352, de 29 ele dezembro de 1988, do Estado de São Paulo. Tributário. Adicional de Imposto de Renda (CF, art 155, II), arts. 146 e 24, § 3 da parte permanente da CF e art. 34, §§ 3º, 4° e 5º do ADCT. <u>O adicional do imposto de renda, de que trata o inciso II do art. 155, não pode ser instituído pelos Estados e Distrito Federal, sem que, antes, a lei complementar nacional, prevista no caput do art. 146, disponha sobre as matérias referidas em seus incisos e alíneas, não estando sua edição dispensada pelo § 3° do art. 24 da parte permanente da Constituição Federal, nem pelos §§ 3º, 4° e 5° do art. 34 do ADCT</u>. Ação julgada procedente, declarada a inconstitucionalidade da Lei n. 6.352, de 29 de dezembro de 1988, do Estado de São Paulo." (ADIN 28-4-SP, Revista Trimestral de Jurisprudência, v. 151, p. 657) (grifamos)

Outro precedente jurisprudencial que tratou do tema em análise foi a ADI 1.600, de que foi relator o ministro Nelson Jobim. Nessa ação, julgou-se

"Lei complementar estabelecerá normas gerais de direito tributário, disporá sobre os conflitos de competência <u>nesta matéria</u> entre a União, os Estados, o Distrito Federal e os Municípios, e regulará as limitações constitucionais do poder de tributar (...)" (grifamos a modificação).

inconstitucional a incidência do ICMS sobre transporte aéreo de pessoas, entre outros motivos, porque faltava lei complementar que dispusesse sobre eventuais conflitos de competência.

Nessa ocasião, o decano da Corte, ministro Celso de Mello, salientou que a lei complementar em matéria tributária deve disciplinar adequadamente as situações que pretende atingir, sob pena de descumprir o relevante papel que lhe foi atribuído pelo art. 146, I, da CF/88, qual seja, o de dirimir conflitos de competência instaurados entre os entes tributantes. É o que se depreende da passagem do seu voto, destacada abaixo:

> "(...) Impregnada dessa relevante destinação constitucional, a lei complementar – ao veicular regras disciplinadoras dos conflitos de competência em matéria tributária (...) – deve fazê-lo de modo apropriado, disciplinando, com inteira adequação, a realidade fática ou econômica sobre a qual deva incidir, sob pena de comprometer a sua própria razão de ser, frustrando, por completo, a realização das finalidades a que se refere o art. 146 da Constituição da República." (ADI 1600, Tribunal Pleno, Rel. Min. Sydney Sanches, Rel. p/ acórdão Min. Nelson Jobim, DJ 20.06.2003) (grifamos)

Recentemente, o ministro Alexandre de Moraes adotou fundamentação idêntica ao deferir monocraticamente liminar pleiteada na ADI 5.835 para suspender a eficácia da LC 157, de 29.12.2016, que havia deslocado a competência para a cobrança do ISS incidente sobre determinados serviços para o Município em que situado o "tomador do serviço". Nesse sentido, cite-se breve passagem da referida decisão:

> "(...) Diferentemente do modelo anterior, que estipulava, para os serviços em análise, a incidência tributária no local do estabelecimento prestador do serviço, a nova sistemática legislativa prevê a incidência do tributo no domicílio do tomador de serviços. Essa alteração exigiria que a nova disciplina normativa apontasse com clareza o conceito de "tomador de serviços", sob pena de grave insegurança jurídica e eventual possibilidade de dupla tributação, ou mesmo inocorrência de correta incidência tributária. A ausência dessa definição e a existência de diversas leis, decretos e atos normativos municipais antagônicos já vigentes ou prestes a entrar em vigência acabarão por gerar dificuldade na aplicação da Lei Complementar Federal, ampliando os conflitos de competência entre unidades federadas e gerando forte abalo no princípio constitucional da segurança jurídica, comprometendo, inclusive, a regularidade da atividade econômica, com consequente desrespeito à própria razão de existência do artigo 146 da Constituição Federal." (DJe 04.04.2018) (grifamos)

Portanto, considerando que, no exercício da competência impositiva que lhes é deferida pela CF/88, os entes tributantes costumam criar regras colidentes entre si, o que propicia a ocorrência de conflitos de incidência, torna-se indispensável que, nessas hipóteses, lei complementar disponha sobre a forma como esses conflitos devem ser dirimidos, sob pena de a própria competência impositiva não poder ser exercida, como já decidido pelo STF, nos casos acima indicados.

3. DA COMPETÊNCIA CONSTITUCIONALMENTE ATRIBUÍDA À UNIÃO E AOS MUNICÍPIOS, RESPECTIVAMENTE, PARA TRIBUTAR ATIVIDADES DE INDUSTRIALIZAÇÃO (IPI) E SERVIÇOS DE QUALQUER NATUREZA (ISS)

O IPI e o ISS foram criados pela EC 18/65 e, desde então, sempre foram da competência da União e dos Municípios, respectivamente. Os dispositivos da EC 18/65 que os regulavam eram os seguintes:

> "Art. 11. Compete à União o imposto sobre produtos industrializados.
>
> (...)
>
> Art. 15. Compete aos Municípios o imposto sobre serviços de qualquer natureza, não compreendidos na competência tributária da União e dos Estados.
>
> Parágrafo único. Lei complementar estabelecerá critérios para distinguir as atividades em que se refere este artigo das previstas no art. 12 [ICM]." (grifamos)

A CF/67 determinava em seus arts. 22 e 25, respectivamente, que:

> "Art. 22. Compete à União decretar impostos sobre:
>
> (...)
>
> V – produtos industrializados."

> "Art. 25. Compete aos Municípios decretar impostos sobre:
>
> (...)
>
> II – serviços de qualquer natureza não compreendidos na competência tributária da União ou dos Estados, definidos em lei complementar." (grifamos)

A EC 1/69 não modificou a redação desses dispositivos, simplesmente renumerando-os para arts. 21 e 24, respectivamente.

Nos termos do art. 153, IV, da CF/88, compete à União Federal instituir imposto sobre "produtos industrializados". Já nos termos do seu art. 156, III, compete aos Municípios instituir o imposto sobre "serviços de qualquer natureza, não compreendidos no art. 155, II, [ICMS] definidos em lei complementar".

Vê-se que a Constituição em vigor, diferentemente do que faziam as anteriores, não mais faz referência à impossibilidade de o ISS incidir sobre serviços que estejam compreendidos na competência tributária da União. Ela simplesmente veda que os Municípios tributem com o ISS os serviços que sejam da competência dos Estados (que estão enumerados no art. 155, II, da CF/88)[5].

5 A ausência de referência à impossibilidade de o ISS incidir sobre serviços que estejam sujeitos à incidência de tributos federais parece-nos se dever ao fato de que, com o advento da CF/88, os serviços

Mas, isso não implica dizer que os Municípios possam tributar atividades que sejam exercidas no ciclo de industrialização, na medida em que elas estão compreendidas na competência privativa da União. E, por ciclo de industrialização, deve-se entender o conjunto de etapas necessárias à fabricação do produto ou ao seu recondicionamento.

Essas etapas se dão na fase anterior à aquisição do produto para consumo final e, por conseguinte, estão sujeitas aos impostos que oneram a produção e a circulação (IPI e ICMS). A partir daquela aquisição, as atividades que tenham aqueles bens por objeto passam a ter a natureza de serviço, sujeitando-se, consequentemente, ao ISS (se constarem da lista dos serviços tributáveis pelo imposto municipal).

Essa foi, portanto, a forma adotada pelo legislador constituinte, para definir, de forma exata, as competências da União e dos Municípios: à primeira cabe tributar o ciclo de produção industrial em todas as suas fases; aos Municípios permite-se a tributação de serviços que tenham por objeto produtos cujo ciclo industrial já tenha terminado ou que sejam realizados de forma personalizada e destinados a consumidor final.

Cabe mencionar que, caso fosse permitida a incidência do ISS em etapa intermediária da cadeia econômica, estar-se-ia inserindo um tributo cumulativo entre atividades realizadas no âmbito da produção ou comercialização, o que acarretaria o estorno dos créditos anteriormente apropriados e impediria o respectivo creditamento pelas empresas adquirentes. Nesse caso, estar-se-ia frustrando um dos principais objetivos do sistema tributário constitucional brasileiro, que é justamente o de evitar os malefícios econômicos causados pela cumulatividade de incidências na cadeia produtiva.

4. AS REGRAS DE SOLUÇÃO DE CONFLITOS RELATIVOS AO IPI E AO ISS ATÉ A VIGÊNCIA DA LC 116/03

Tão logo promulgada a EC 18/65, foi editado o Código Tributário Nacional (CTN)[6], que, ao tratar da incidência do IPI, determinou que:

> "Art. 46 (...) Parágrafo Único. Para os efeitos deste imposto [IPI], considera-se industrializado o produto que tenha sido submetido a qualquer operação que lhe modifique a natureza ou a finalidade, ou o aperfeiçoe para o consumo."

Por serem compatíveis com as novas regras, foram recepcionados pelo CTN e estão em vigor até hoje os dispositivos da legislação referente ao antigo

que antes eram da competência da União (transportes e comunicações) passaram, em sua totalidade, à competência dos Estados.

6 Embora editado como lei ordinária – Lei 5.172, de 25.10.1966 – foi recepcionado como lei complementar *ratione materiae*, pelo menos no que respeita às matérias que o texto constitucional previu fossem disciplinadas por lei dessa natureza.

Imposto sobre Consumo (Lei 4.502, de 30.11.1964), pelos quais o conceito de "industrialização" abrange as seguintes operações: transformação, beneficiamento, montagem, recondicionamento (restauração), acondicionamento e reacondicionamento.

Nos termos do art. 4º do Regulamento do IPI (RIPI – Decreto 7.212, de 15.06.2010), caracteriza industrialização qualquer operação que modifique a natureza, o funcionamento, o acabamento, a apresentação ou a finalidade do produto, ou o aperfeiçoe para consumo, tais como:

> "I – a que, exercida sobre matérias-primas ou produtos intermediários, importe na obtenção de espécie nova (transformação);
>
> II – a que importe em modificar, aperfeiçoar ou, de qualquer forma, alterar o funcionamento, a utilização, o acabamento ou a aparência do produto (beneficiamento);
>
> III – a que consista na reunião de produtos, peças ou partes e de que resulte um novo produto ou unidade autônoma, ainda que sob a mesma classificação fiscal (montagem);
>
> IV – a que importe em alterar a apresentação do produto, pela colocação da embalagem, ainda que em substituição da original, salvo quando a embalagem colocada se destine apenas ao transporte da mercadoria (acondicionamento ou reacondicionamento); ou
>
> V – a que, exercida sobre produto usado ou parte remanescente de produto deteriorado ou inutilizado, renove ou restaure o produto para utilização (renovação ou recondicionamento)."

Por força do art. 4º, III, da Lei 4.502/64, acima referida, equiparam-se a industrial os estabelecimentos que "enviarem a estabelecimento de terceiro, matérias-primas, produtos intermediários, materiais de embalagem, moldes, matrizes ou modelos destinados à industrialização de produtos do seu comércio". Criou-se, assim, o instituto da "industrialização por encomenda", sujeita à incidência do IPI porque realizada na fase de circulação industrial do bem a ser comercializado.

Ao tratar do ISS, o CTN determinou:

> "Art. 71. O imposto de competência dos Municípios sobre serviços de qualquer natureza tem como fato gerador a prestação por empresa ou profissional autônomo, com ou sem estabelecimento fixo, de serviço que não configure, por si só, fato gerador de imposto de competência da União ou dos Estados.
>
> Parágrafo Único. Para os efeitos deste artigo, considera-se serviço:
>
> I – o fornecimento de trabalho, com ou sem utilização de máquinas, ferramentas ou veículos, a usuários ou consumidores finais." (grifamos)

Muito embora a regra constitucional em vigor à época em que editado o CTN previsse apenas a edição de lei complementar que distinguisse os serviços que ficariam sujeitos à incidência do imposto municipal das atividades que se sujeitariam ao ICM (hoje, ICMS), na definição dos primeiros, o art. 71, parágrafo único, inciso I, do CTN, já estabelecia parâmetro que servia para distinguir, igualmente, os serviços que poderiam se submeter ao ISS das atividades de industrialização que configuram a incidência do IPI.

De fato, ao estabelecer a incidência do ISS sobre o fornecimento de trabalho "a usuários finais ou consumidores" (expressão que grifamos quando transcrevemos o artigo), o CTN traçou a linha divisória entre serviços e atividades que envolvessem mercadorias destinadas ao comércio ou à indústria pelo seu proprietário.

Com o advento do DL 834/69, o ISS passou a incidir sobre:

> "41. Conserto e restauração de quaisquer objetos (exclusive, em qualquer caso, o fornecimento de peças e partes de máquinas e aparelhos, cujo valor fica sujeito ao imposto de circulação de mercadorias).
>
> (...)
>
> 47. Beneficiamento, lavagem, secagem, tingimento, galvanoplastia, acondicionamento e operações similares, de objetos não destinados à comercialização ou industrialização.
>
> (...)
>
> 57. Recauchutagem ou regeneração de pneumáticos."

A última alteração da lista de serviços antes da edição da LC 116/03 foi introduzida pela LC 56/87. Dos 100 itens que compunham essa lista, destacamos os seguintes, que interessam para o presente estudo:

> "70 – Recondicionamento de motores (o valor das peças fornecidas pelo prestador do serviço fica sujeito ao ICM).
>
> 71- Recauchutagem ou regeneração de pneus <u>para o usuário final</u>.
>
> 72 – Recondicionamento, acondicionamento, pintura, beneficiamento, lavagem, secagem, tingimento, galvanoplastia, anodização, corte, recorte, polimento, plastificação e congêneres, <u>de objetos não destinados a industrialização ou comercialização</u>.
>
> 73 – Lustração de bens móveis <u>quando o serviço for prestado para usuário final</u> do objeto lustrado.
>
> 74 – Instalação e montagem de aparelhos, máquinas e equipamentos, <u>prestado ao usuário final do serviço</u>, exclusivamente com material por ele fornecido.
>
> 75 – Montagens industrial, <u>prestada ao usuário final do serviço</u>, exclusivamente com material por ele fornecido." (grifamos)

Vê-se, portanto, que as regras em vigor até a edição da LC 116/03 relativas aos possíveis conflitos de competência entre o IPI e o ISS, estavam contidas nos itens 71, 72, 73 e 75 da lista de serviços anexa ao DL 406/68, com a redação que lhe foi conferida pela LC 56/87. De acordo com essas regras, a destinação dos bens objetos daquelas atividades é que determinava a incidência de um imposto ou de outro.

Havia, assim, em consonância com o estabelecido no texto constitucional, nítida distinção dos campos de incidência do IPI e do ISS no que concerne a atividades relacionadas à "industrialização por encomenda": tratando-se de bens destinados ao comércio ou à indústria, dentro, portanto, do ciclo comercial/industrial do produto, os impostos incidentes seriam o ICMS e o IPI; se tais atividades fossem exercidas fora desse ciclo ou personalizadas (destinadas ao usuário final), o imposto incidente seria o ISS.

Na vigência dessas regras, houve várias decisões dos nossos tribunais a respeito das atividades de composição gráfica, em que se deixou claro que é a "personalização" (destinação a consumo final) que caracteriza a incidência do imposto municipal (em contraposição à do ICMS e, por conseguinte, do IPI).

De fato, em 18.06.1976, a 2ª Turma do STF, por unanimidade, sendo relator o Ministro Thompson Flores, decidiu que os serviços de composição gráfica (aí compreendidas a confecção e impressão de notas fiscais, fichas, talões, cartões e outros) sujeitavam-se apenas ao ISS (Recurso Extraordinário - RE 84.387).

Nesse julgado, ficaram assentadas algumas questões importantes na matéria. Acatando os argumentos constantes da decisão de primeira instância em mandado de segurança, tanto o Tribunal de Justiça do Estado de São Paulo quanto o STF decidiram que os serviços de impressão e feitura de notas fiscais, fichas de contas correntes, cartas, talões de pedidos, cartões e similares confeccionados com papel adquirido pelo contribuinte ou fornecidos pelos encomendantes ficariam sujeitos apenas ao ISS, porque personalizados.

Em 20.11.1984, por unanimidade, a 1ª Turma do STF, ao julgar o RE 102.608, sob a relatoria do Ministro Néri da Silveira, assentou os seguintes conceitos:

> "Constata-se que a embargante possui atividades diversas, efetuando impressos personalizados para uso dos encomendantes, como também efetua impressos destinados à comercialização como mercadorias sujeitos à revenda.
>
> (...)
>
> Exato é que a jurisprudência tem sido pacífica no entendimento de que o imposto cobrado (ICM) não incide sobre fornecimentos de trabalhos gráficos encomendados por fregueses finais, personalizados em nome destes.
>
> (...)
>
> Quando, todavia, a composição gráfica é destinada à comercialização em geral, não sendo personalizada, aí deve incidir o ICM.
>
> (...)
>
> Entre os impressos encomendados, (os que não foram sujeitos ao ICM) apurar-se-á os que foram adquiridos para consumo do próprio encomendante, estando nesse caso os rótulos, embalagens, etiquetas e outros nessas circunstancias, muito embora tenham-se integrado ao produto a ser vendido, como roupagem. Sobre esses não incidirá o ICM e apenas o imposto sobre serviços."

Em decisão datada de 11.10.1985, no RE 106.069, a 1ª Turma do STF, sendo relator o Ministro Rafael Mayer, assim decidiu:

> "ISS. Serviço gráfico por encomenda e personalizado. Utilização em produtos vendidos a terceiros. A feitura de rótulos, fitas, etiquetas adesivas e de identificação de produtos e mercadorias, sob encomenda e personalizadamente, é atividade de empresa gráfica sujeita ao ISS, o que não se desfigura por utilizá-los o cliente e encomendante na embalagem de produtos por ele fabricados e vendidos a terceiro."

Apreciando o RE interposto pelo contribuinte, afirmou o Min. Rafael Mayer:

> "(...) a atividade da Recorrente se cumpre na feitura de rótulos, fitas, etiquetas adesivas e de identificação de produtos e mercadorias, para embalagens etc. Não há a menor dúvida de que tais serviços são prestados por encomenda do cliente, e o que a empresa oferece nos seus trabalhos é rigorosamente personalizado em atenção ao exclusivo interesse do encomendante.
>
> A diferença que o venerando acórdão tem por específica, capaz de desfigurar a prestação do serviço gráfico, por encomenda e personalizado, está em que eles são utilizados pelos encomendantes nos produtos por eles fabricados e vendidos a terceiros. Assim os artigos não seriam consumidos pelo encomendante mas por este utilizados em produtos para revenda. Diz o acórdão que essa finalidade é tão importante quanto a marca nele impressa, o que não se dá em relação a outros impressos, cuja composição é principal em relação ao papel que as recebe.
>
> Na verdade, a atividade da empresa é típica prestação de serviços a determinados clientes, por encomenda, e para a confecção de artigos que somente eles utilizam.
>
> Não há, nessa atuação, um ingresso na circulação dos produtos pela qual se devesse sujeitar ao ICM. Tenho que o uso feito pelo encomendante, e o uso a que se destina o artigo, não reflui para descaracterizar a tipicidade do serviço gráfico personalizado, que faz subsumi-lo na incidência do ISS, por suas características, sendo aquela uma atividade de empresa prestadora de serviço."

No âmbito do Superior Tribunal de Justiça (STJ), chegou a ser sumulado o entendimento de que "a prestação de serviço de composição gráfica, personalizada e sob encomenda, ainda que envolva fornecimento de mercadorias, está sujeita, apenas, ao ISS." (Súmula 156, 1ª Seção, DJ 15.04.1996).

Eis as ementas de algumas das várias decisões que levaram o Tribunal a editar essa Súmula:

> "Tributário. Serviço gráfico por encomenda e personalizado. Incidência, apenas, de ISS. A feitura de rótulos, fitas, etiquetas adesivas e de identificação de produtos e mercadorias sob encomenda e personalizadamente, é atividade de empresa gráfica sujeita ao ISS, o que não se desfigura por utilizá-los o cliente e encomendante na embalagens de produtos por ele fabricados e vendidos a terceiros. Precedentes do STF e do STJ. Recurso co-

nhecido e provido." (REsp. 1.235/SP, 2ª Turma, Rel. Min. Hélio Mosimann, j. em 21.08.1991, Revista do Superior Tribunal de Justiça – RSTJ n. 86, p. 137)

"Tributário. ISS. ICM. Etiquetas adesivas feitas sob encomenda. Adjunção a produtos destinados à venda. DL 406/68. CC, art. 615, § 1º. A composição de etiquetas adesivas, feitas sob encomenda de determinado cliente que as ajuntará a produtos finais como elemento de identificação garantia ao DL 406/66, como hipótese incidência de ISS – não de ICM. A circunstância de tais etiquetas serem ajuntadas a produtos vendidos pelo encomendante, é irrelevante, pois a etiqueta terá perdido identidade, pelo fenômeno da adjunção (CC, art. 615, § 1°)." (REsp 5.808-0/SP, 1ª Turma, Rel. Min. Humberto Gomes de Barros, j. em 02.12.1992, RSTJ n. 86, p. 140)

Da jurisprudência do STF e do STJ acima citada, extraem-se as seguintes conclusões:

a) para se sujeitar apenas ao ISS, deveria o serviço gráfico ser realizado sob "encomenda" do cliente;

b) era indispensável que os produtos se destinassem ao uso próprio do encomendante, isto é, que não se destinassem à industrialização ou comercialização, entendida a expressão "uso próprio" como a utilização do produto no fim a que se destina; não era necessário que o produto fossem consumido em definitivo pelo encomendante, mas que este desse ao produto sua destinação própria (cartões de visita destinam-se a ser entregues a terceiros; notas fiscais são emitidas para remessa aos compradores de mercadorias, etiquetas são utilizadas na marcação de produtos do encomendante e assim por diante); e

c) os produtos deveriam ser "personalizados", de forma a torná-los impróprios ao uso de terceiros, e confeccionados, desde o início, para certo e determinado cliente.

Se, por outro lado, não houvesse a personalização acima referida e as atividades em questão fossem exercidas no ciclo industrial, o imposto incidente seria o ICMS (e, consequentemente, o IPI), conforme se verifica na decisão cuja ementa transcrevemos abaixo:

"Tributário. Acondicionamento de gases industriais. Comercialização. Incidência de ICM. O item 47 da relação anexa ao DL 406/68 referia-se ao acondicionamento de coisas não destinadas à industrialização ou comercialização. O acondicionamento de gases industriais, vendidos pelo fabricante, não constitui operação geratriz do ISS. Recurso Improvido." (REsp 38.587/SP, 1ª Turma, Rel. Min. Humberto Gomes de Barros, DJ 06.06.1994)

5. A INCIDÊNCIA DO IPI E DO ISS NA "INDUSTRIALIZAÇÃO POR ENCOMENDA" APÓS A VIGÊNCIA DA LC 116/03

Como visto na seção anterior, pela regra em vigor antes da edição da LC 116/03, as operações de "industrialização por encomenda" ficavam sujeitas ao IPI e ao ICMS se os produtos dela resultantes se destinassem à indústria ou ao comércio, e se submetiam ao ISS caso destinados ao uso próprio do encomendante (desde que constassem da lista dos serviços tributáveis pelo imposto municipal).

Sob essa lógica, o DL 406/68 (com a redação dada pela LC 56/87) fazia expressa referência ao fato de que as atividades listadas nos itens 71 a 75 não sofreriam a incidência do ISS nas hipóteses em que os bens objeto das referidas prestações não fossem "prestados ao usuário final do serviço" ou fossem "destinados a industrialização ou comercialização".

Ocorre que, no dia 31 de julho de 2003, esses dispositivos do DL 406/68 foram revogados pela LC 116/03, que passou a regular o ISS em âmbito nacional. A lista de serviços anexa à referida LC estabelece que o imposto municipal pode recair sobre "serviços relativos a bens de terceiros" (item 14), sem alusão ao fato de que esses "terceiros" devem ser os consumidores finais do produto. De fato, veja-se a redação original da LC 116/03 ao descrever os serviços relativos a bens de terceiros cuja prestação pode atrair a incidência do ISS:

> "14 – Serviços relativos a bens de terceiros
>
> 14.01 – Lubrificação, limpeza, lustração, revisão, carga e recarga, conserto, restauração, blindagem, manutenção e conservação ele máquinas, veículos, aparelhos, equipamentos, motores, elevadores ou ele qualquer objeto (exceto peças e partes empregadas, que ficam sujeitas ao ICMS).
>
> (...)
>
> 14.03 – Recondicionamento de motores (exceto peças e partes empregadas, que ficam sujeitas ao ICMS).
>
> 14.04 – Recauchutagem ou regeneração de pneus.
>
> 14.05 – Restauração, recondicionamento, acondicionamento, pintura, beneficiamento, lavagem, secagem, fingimento, galvanoplastia, anodização, corte, recorte, polimento, plastificação e congêneres, de objetos quaisquer.
>
> (...)
>
> 14.08 – Encadernação, gravação e douração de livros, revistas e congêneres.
>
> (...)
>
> 14.11 – Tapeçaria e reforma de estofamentos em geral.
>
> 14.12 – Funilaria e lanternagem."

A ausência de referência na LC 116/03 ao fato de que o serviço deve se destinar ao consumidor final para que possa ser tributado pelo ISS (como havia feito o DL 406/68) fez com que Municípios pretendessem a incidência do imposto sobre a denominada "industrialização por encomenda". Afinal, diziam os municípios, tal industrialização se dá sobre bens de terceiros. Logo, por determinação literal dos dispositivos de lei aplicáveis, ela deveria estar sujeita à incidência do imposto municipal.

Em um primeiro momento, ambas as Turmas de Direito Público do STJ se manifestaram pela validade da cobrança do imposto municipal, sob o fundamento de que a "industrialização por encomenda" configura obrigação de fazer especificamente listada como serviço tributável na LC 116/03. A título ilustrativo, citamos os seguintes precedentes:

> "TRIBUTÁRIO. ISSQN. 'INDUSTRIALIZAÇÃO POR ENCOMENDA'. LEI COMPLEMENTAR 116/2003. LISTA DE SERVIÇOS ANEXA. PRESTAÇÃO DE SERVIÇO (OBRIGAÇÃO DE FAZER). ATIVIDADE FIM DA EMPRESA PRESTADORA. INCIDÊNCIA.
>
> 1. O artigo 153, III, da Constituição Federal de 1988, dispõe que compete aos Municípios instituir impostos sobre prestação de serviços de qualquer natureza, não compreendidos no artigo 155, II, definidos em lei complementar.
>
> (...)
>
> 9. A "industrialização por encomenda" constitui atividade-fim do prestador do aludido serviço, tendo em vista que, uma vez concluída, extingue o dever jurídico obrigacional que integra a relação jurídica instaurada entre o "prestador" (responsável pelo serviço encomendado) e o "tomador" (encomendante): a empresa que procede ao corte, recorte e polimento de granito ou mármore, de prioridade de terceiro, encerra sua atividade com a devolução, ao encomendante, do produto beneficiado.
>
> (...)
>
> 11. Destarte, a "industrialização por encomenda", elencada na Lista de Serviços da Lei Complementar 116/2003, caracteriza prestação de serviço (obrigação de fazer), fato jurídico tributável pelo ISSQN, não se enquadrando, portanto, nas hipóteses de incidência do ICMS (circulação de mercadoria – obrigação de dar – e prestações de serviço de comunicação e de transporte transmunicipal)." (REsp 888.852, 1ª Turma, Rel. Min. Luiz Fux, DJ 01.12.2008) (grifamos)
>
> "PROCESSUAL CIVIL E TRIBUTÁRIO. CORTE, RECORTE E POLIMENTO. GRANITO E MÁRMORE. PRESTAÇÃO DE SERVIÇO POR ENCOMENDA. ISSQN. INCIDÊNCIA.
>
> 1. O Tribunal de origem consignou que sociedade empresária contratou serviços da recorrida, relacionados ao corte, recorte e polimento de granito e mármore. A mercadoria pertence à empresa contratante, que a entregou exclusivamente para o beneficiamento.
>
> 2. O trabalho executado representa atividade-fim da recorrida, uma vez que, concluído, extingue a relação obrigacional entre as contratantes. Por amoldar-se à hipótese listada no item 14.05 do anexo da Lei Complementar 116/2006, está sujeito à incidência do ISSQN." (REsp 959.258, 2ª Turma, Rel. Min. Herman Benjamin, DJ 27.08.2009) (grifamos)

Esse entendimento foi, inclusive, objeto de decisão proferida pela 1ª Seção do STJ, em sede de recurso repetitivo (REsp 1.092.206, Rel. Min. Teori Zavascki, DJe 23.03.2009), que se manifestou pela validade da incidência do ISS sobre operações de composição gráfica de embalagens destinadas ao acondicionamento de produtos que eram posteriormente comercializados.

Entretanto, essa posição adotada pelo STJ afrontava o princípio da competência privativa que informa o sistema tributário nacional, pelo qual, como visto acima, reserva-se à competência federal e estadual os impostos sobre a produção e a circulação de mercadorias, respectivamente, impossibilitando, assim, a incidência do ISS sobre atividades que tenham aquela natureza.

Com efeito, a única interpretação da LC 116/03 consentânea com a CF/88 é aquela segundo a qual a ressalva que antes constava do DL 406/68 (de não incidência do ISS quando o bem fosse destinado a industrialização ou comercialização) se encontra atualmente implícita no item 14 da lista de serviços, de forma que esse imposto só poderia incidir sobre atividades/serviços realizados em bens que fossem destinados ao consumo dos respectivos beneficiários.

Não é outro o entendimento da doutrina especializada a respeito do tema:

> "(...) a lista atual omitiu a referência àquela condição essencial para a caracterização da atividade como serviço, talvez com o propósito de ampliar o conceito para alcançar as atividades (...) independentemente de se saber se (...) feita para o usuário final (...) ou (...) em objetos não destinados à industrialização ou comercialização. A nosso ver, porém, a referência à condição essencial está implícita, pois a lei complementar não pode alterar a Constituição para autorizar o Município a tributar o que na verdade não é serviço." (MACHADO, Hugo de Brito. Restauração, Conserto e Beneficiamento de Produtos: Impossibilidade de Incidência do IPI e do ISS sobre o Mesmo Fato. In: Revista Dialética de Direito Tributário nº 128. São Paulo: Dialética, maio/2006, pp. 36-37) (grifamos)

Do contrário, tendo em vista ser essa claramente uma hipótese em que não se admite a bitributação (por se tratar de competências privativas explicitamente definidas na Constituição Federal[7]), ter-se-ia que a lei complementar não teria exercido uma de suas principais funções: dirimir, nessas circunstâncias, o conflito de competência deflagrado entre a União (IPI) e os Estados (ICMS), de um lado, e os Municípios (ISS), do outro.

Essa conclusão levaria à consequente impossibilidade de cobrança de tributos sobre tais operações, conforme decidiu o Supremo Tribunal Federal, nos precedentes antes apresentados relativos à cobrança do ADIR e do ICMS sobre transporte aéreo.

Resultado semelhante na hipótese em exame ("industrialização por encomenda") só será evitado caso a LC 116/03 seja interpretada no sentido de que as atividades realizadas sobre bens de terceiros somente são alcançadas pela incidência do ISS se forem realizadas fora do respectivo ciclo de industrialização ou comercialização. Adotar-se-ia, no caso, a interpretação conforme a Constituição.

7 Alertamos que a Receita Federal, em diversas soluções de consulta, vem se manifestando pela possibilidade de incidência simultânea do ISS e do IPI. Para ilustrar esse entendimento equivocado, destacamos a seguinte passagem: "(...) quanto à incidência do ISS na operação, observe-se que, sendo o conceito legal de industrialização bastante amplo (...) em determinadas situações uma operação caracterizada pela legislação do IPI como industrialização também poderá ser, simultaneamente, enquadrada como prestação de serviço pela legislação do ISS. Entretanto, não existe, na legislação tributária federal, nenhum dispositivo legal que determine a não incidência do IPI em operações que possam ser, concomitantemente, caracterizadas como industrialização e prestação de serviços. A incidência do ISS nessas operações é inteiramente irrelevante para determinar a incidência, ou não, do IPI." (Solução de Consulta DISIT/SRRF06 27, de 26.02.2013) (grifamos)

Em 2011, essa linha de entendimento foi acolhida pelo Plenário do STF, que ao julgar a Medida Cautelar proposta na ADI 4.389, definiu, por unanimidade, que não poderia haver incidência do ISS na impressão gráfica realizada em embalagens, uma vez que elas seriam destinadas a comercialização e, portanto, estariam no campo de incidência do ICMS (e do IPI).

De fato, como bem assinalou o ministro relator, Joaquim Barbosa, em seu voto, "o fato gerador deve ser interpretado de acordo com (...) o contexto da cadeia produtiva", sendo que "a solução está no papel que essa atividade ["industrialização por encomenda"] tem no ciclo produtivo."

Além disso, fazemos especial referência ao voto da ministra Ellen Gracie, que se fundamentou, entre outros elementos, no fato de que a adoção de conclusão diversa acarretaria a já mencionada cumulatividade da cadeia produtiva:

> "Cabe destacar, ainda, que a incidência de ICMS na venda de embalagens preserva o mecanismo da não-cumulatividade, permitindo que flua o sistema de créditos e débitos respectivos. Conforme bem esclarecido por Marco Aurélio Greco (...), a fabricação das embalagens é "evento que se encontra no meio do ciclo de fabricação do produto final a ser colocado no mercado", sendo que a sua caracterização como simples prestação de serviços gráficos, além de equivocada, implicaria o estorno dos créditos anteriormente apropriados pelas indústrias gráficas e impediria o creditamento pelas empresas adquirentes. Ademais, geraria "uma distorção na não cumulatividade do ICMS; a rigor, frustra o objetivo constitucional desse mecanismo (diluir a exigência do ICMS por todo o ciclo econômico de circulação de mercadorias), pois introduz um imposto cumulativo (ISS) no ciclo econômico de mercadorias sujeitas a um imposto não-cumulativo (ICMS). Rompe-se a sequência da não-cumulatividade e oneram-se os custos de ambos (fabricantes e adquirentes de embalagens)". (grifamos)

O posicionamento adotado pelo Plenário do STF na análise da Medida Cautelar mencionada acima tem sido reforçado em precedentes mais recentes[8] proferidos por ambas as Turmas do Tribunal, que vêm se empenhando no estabelecimento de critérios que sirvam para balizar a exata delimitação dos campos de competência dos impostos potencialmente incidentes nas atividades de "industrialização por encomenda". Nesse sentido, cite-se breve passagem do voto do Ministro Dias Toffoli no AgRg no AI 803.296:

> "A verificação da incidência nas hipóteses de industrialização por encomenda deve obedecer dois critérios básicos: (i) verificar se a venda opera-se a quem promoverá nova circulação do bem; e (ii) caso o adquirente seja consumidor final, avaliar a preponderância entre o dar e o fazer mediante a averiguação de elementos de industrialização. À luz dos critérios propostos, só haveria incidência do ISS nas situações em que a resposta ao primeiro item

8 A título ilustrativo, cite-se os seguintes precedentes: AgRg no AI 803.296, 1ª Turma, Rel. Min. Dias Toffoli, DJe 06.06.2013; AgRg no AgRg no RE 606.960, 1ª Turma, Rel. Min. Dias Toffoli, DJe 13.05.2014; AgRg

for negativa e se no segundo item o fazer preponderar sobre o dar." (AgRg no AI 803.296, 1ª Turma, Rel. Min. Dias Toffoli, DJ 06.06.2013)

Entretanto, de forma surpreendente, o STJ, mesmo após o julgamento da Medida Cautelar na ADI 4.389, manteve, em um primeiro momento, o seu entendimento no sentido de que as "industrializações por encomenda" estariam sempre sujeitas ao ISS. Essa divergência jurisprudencial restou evidenciada no seguinte acórdão:

> "(...) Registre-se que não se desconhecem recentes decisões da Primeira Turma do STF no sentido de que a incidência do ISSQN "na industrialização por encomenda" será legítima quando o produto encomendado não for destinado a nova circulação e não houver preponderância entre o dar e o fazer mediante averiguação de elementos de industrialização. (...) No entanto, tenho que a subsistência da orientação jurisprudencial firmada por esta Corte Superior ainda é medida que se impõe, seja por questões técnicas, seja em razão da inexistência de orientação vinculante do Supremo Tribunal Federal. Sob o ponto de vista técnico, tem-se que o fato gerador do ISSQN independe da destinação do produto resultado do cumprimento de uma obrigação de fazer, pois o objeto da tributação corresponde ao "processo de prestação do serviço" e não ao bem si, que decorre do serviço, nem à sua destinação." (AgRg no REsp 1.323.284, 2ª Turma, Rel. Min. Og Fernandes, DJe 28.08.2014) (grifamos)

Após anos de indefinição, o STJ parece ter finalmente se adequado ao entendimento firmado pelo STF, como se depreende do recente acórdão proferido pela 1ª Seção:

> "ICMS. OPERAÇÕES COM EMBALAGENS PERSONALIZADAS. READEQUAÇÃO DO ENTENDIMENTO DESTA CORTE AO CONSOLIDADO NO SUPREMO TRIBUNAL FEDERAL. ADI 4389-MC. (...) Inexiste atualmente controvérsia de entendimento entre as Turmas que integram a Primeira Seção desta Corte no que se refere à incidência de ICMS/ISS sobre operações de industrialização por encomenda de embalagens destinadas à subsequente utilização em processo de industrialização ou posterior circulação de mercadoria, uma vez que ambas readequaram seu posicionamento ao que ficou consolidado pelo STF no julgamento da ADI 4389-MC" (AgInt nos Embargos de Divergência em REsp 1.050.643, 1ª Seção, Rel. Min. Mauro Campbell Marques, DJe 08.11.2016)

Muito embora o STJ tenha passado a julgar a matéria em linha com a jurisprudência do STF, ainda não é possível afirmar que a questão esteja pacificada no âmbito dos Tribunais Superiores. De fato, em precedentes recentes:

a) a 1ª Turma do STJ entendeu que o beneficiamento de blocos de granito/mármore configura fato gerador do ISS, apesar de o caso concreto indicar que se o produto da "industrialização por encomenda" se destinava à integração do processo subsequente de industrialização ou de circulação de mercadoria (AgRg no AREsp 134.459, rel. min. Napoleão

no ARE 839.976, 1ª Turma, Rel. Min. Roberto Barroso, DJe 12.03.2015; AgRg na AC 3.466, 2ª Turma, Rel. Min. Gilmar Mendes, DJe 28.04.2017.

Nunes Maia Filho, DJe 06.03.2018 e AgInt no AREsp 1.321.944, rel. min. Sérgio Kukina, DJe 16.10.2018); e

b) a 2ª Turma do STJ decidiu que "a galvanoplastia, como serviço relativo a bens de terceiros, ainda que componha etapa intermediária no processo de industrialização do bem, sujeita-se à incidência de ISSQN" (AgInt no AgInt no AREsp 843.680, Rel. Min. Herman Benjamin, DJe 13.12.2016).

Além disso, em que pese a firme jurisprudência do STF, o referido tribunal, em breve, irá reanalisar a matéria sob a ótica específica dos serviços constantes do subitem 14.05[9] da lista de serviços anexa à LC 116/03, pois o tema é objeto do Recurso Extraordinário (RE) 882.461, que teve sua repercussão geral reconhecida em 2015[10], e da Ação Direta de Inconstitucionalidade (ADI) 5.952, ajuizada pela Associação Brasileira da Indústria Têxtil e de Confecção (ABIT).

Tendo em vista a incessante oscilação jurisprudencial a respeito do tema em exame, é de se lamentar que o legislador tenha perdido, por ocasião da edição da recente LC 157/16, excelente oportunidade de encerrar definitivamente a controvérsia.

De fato, entre as mudanças introduzidas pela LC 157/16, alterou-se a redação do subitem 13.05 (composição gráfica), de forma que passasse a conter expressa ressalva no sentido de que o ISS não incide na hipótese em que o produto encomendado se destine "a posterior operação de comercialização ou industrialização"[11].

Por que não promover alteração similar no item 14 ("Serviços relativos a bens de terceiros"), de forma a sanar, de uma vez por todas, o conflito de competência relativo às situações em que haja "industrialização por encomenda"?

Note-se, nesse particular, que a LC 157/16 alterou a redação do subitem 14.05, mas apenas para incluir a "costura", o "acabamento", e o "polimento" entre as atividades tributáveis pelo ISS, nada dispondo sobre as hipóteses de "industrialização por encomenda"[12].

No curso da tramitação do projeto de lei que resultou na LC 157/16 (PLS 386/12), chegou a ser proposta emenda com o objetivo de inserir novo inciso no art. 2º da LC 116/03, para tornar expresso que o ISS não incide sobre as "operações de industrialização por encomenda que não tiverem por encomendante o usuário final da mercadoria ou produto".

---

9 "14.05 – Restauração, recondicionamento, acondicionamento, pintura, beneficiamento, lavagem, secagem, tingimento, galvanoplastia, anodização, corte, recorte, plastificação, costura, acabamento, polimento e congêneres de objetos quaisquer."

10 RE 882.461, Rel. Min. Luiz Fux, Plenário, DJe em 12.06.2015.

11 Registre-se que a análise de mérito da ADI 4.389 (célebre caso em que o Plenário do STF deferiu medida cautelar para afastar a incidência do ISS, analisada acima) restou prejudicada justamente em razão da alteração do subitem 13.05 pela LC 157/16, que passou a reconheceu a não incidência do imposto municipal nos casos em que houver etapa posterior de circulação ou industrialização da mercadoria.

12 Tramita no Congresso Nacional projeto (PLP 33/2015) que pretende reinserir no subitem 14.05 a expressão "não destinados a industrialização ou comercialização", o que, no nosso entender, dá trata-

Contudo, essa simples alteração legislativa, que bastaria para pôr fim à discussão, não foi aprovada.

6. CONCLUSÃO

A tributação da denominada "industrialização por encomenda" é matéria bastante controversa. De fato, por guardar características próprias tanto de atividades de industrialização quanto de prestação de serviços, a referida operação é constantemente objeto de questionamentos por parte das autoridades fiscais federais, estaduais e municipais.

Se, por um lado, os fiscos estaduais e a Receita Federal do Brasil (RFB) entendem que a movimentação dos bens envolvidos em operações dessa natureza constitui fato gerador do ICMS e do IPI, por outro, as autoridades municipais costumam exigir o ISS sobre as atividades realizadas pela empresa executora da "industrialização por encomenda".

Apesar da discussão existente, parece-nos que a resolução dessa controvérsia depende das características próprias de cada caso e, invariavelmente, deve levar em consideração o papel do produto oriundo da "industrialização por encomenda" no ciclo produtivo.

De fato, em linha com a melhor doutrina e com a jurisprudência que atualmente prevalece nos Tribunais Superiores, estando as atividades relacionadas à operação de "industrialização por encomenda" inseridas no ciclo de produção e comercialização do bem, elas ficarão sujeitas à incidência do ICMS e do IPI. Caso contrário, ou seja, na hipótese de essas atividades serem desenvolvidas em favor do consumidor final do bem, elas constituirão serviços e, se inseridas na lista anexa à Lei Complementar (LC) 116, de 31.07.2003, serão tributadas pelo ISS.

No entanto, considerando que a matéria ainda será revisitada pelo STF e o entendimento destacado acima encontra certa resistência no âmbito do STJ, o ideal seria que sobreviesse alteração legislativa para reintroduzir, na LC 116/03, as ressalvas constantes dos itens 71, 72, 73 e 75 do DL 406/68, que demarcavam adequadamente os campos de incidência do ISS e, *a contrario sensu,* do IPI e do ICMS, nas operações de "industrialização por encomenda".

De qualquer forma, caso o Poder Legislativo permaneça inerte, será necessário que os nossos Tribunais sigam interpretando a LC 116/03 à luz da CF/88, no sentido de que as atividades nela elencadas, quando realizadas no contexto de "industrialização por encomenda" em que os bens encomendados sejam integrados, pelo encomendante, em subsequente etapa de industrialização, ou mesmo de simples revenda, não poderão se sujeitar à incidência do ISS.

---

mento adequado à matéria, esclarecendo quando se dará a incidência do imposto federal e do imposto municipal, pelo menos em relação às atividades nele elencadas. Eis o texto do projeto: "14.05 – Restauração, recondicionamento, acondicionamento, pintura, beneficiamento, lavagem, secagem, tingimento, galvanoplastia, anodização, corte, recorte, polimento, plastificação e congêneres, de objetos não destinados à industrialização ou comercialização.". Alertamos, contudo, que, no passado, proposições legislativas similares fracassaram (PLPs 289/2005 e 560/2010).

CAPÍTULO V - INTERPRETAÇÃO TRIBUTÁRIA

Metodologia em Direito Tributário

Paulo Caliendo[1]

Sumário: 1. Introdução. 2. Contributo de Ricardo Lôbo Tôrres para uma teoria sistemática do Direito Tributário. 3. Metodologia da Ciência do Direito: a proposta positivista. 4. Metodologia da Ciência do Direito: a proposta pós-positivista. 5. Fundamentos para uma Metodologia Sistemática do Direito Tributário. 6. Considerações finais

1. INTRODUÇÃO

O presente texto pretende verificar os fundamentos de uma metodologia jurídica do Direito Tributário, com base em uma Teoria dos Direitos Fundamentais. Essa metodologia pretende compreender os elementos constitutivos do sistema jurídico tributário, suportada em três pilares teórico: uma Teoria da Justiça, uma Teoria do Ordenamento Constitucional e uma Teoria da Argumentação. Essa concepção sistemática se afasta dos dualismos extremados do formalismo e do essencialismo axiomático; do normativismo e do contextualismo; do objetivismo e do decisionismo.

Trata-se de metodologia estruturalista-funcionalista, que rompe com o reducionismo e o sincretismo metodológico. Essa permitirá a adequada compreensão das relações entre o Direito Tributário e os Direitos Fundamentais, afastando as teorias essencialistas, de afirmação da auto-evidência de bens e direitos; e as teorias normativistas, de negação de possibilidade de afirmação universal de direitos. O objeto de estudo não será limitada à mera forma do estudo da norma, nem tampouco aberta ao extremo, sem delimitação clara entre a análise sociológica, econômica ou histórica.

O objeto de estudo será eminentemente jurídico, sem contudo, limitar este ao estudo da forma das normas jurídicas. O conteúdo normativo e seus

---

1 Doutor em Direito pela Pontifícia Universidade Católica de São Paulo (2002), Doutorado Sandwich na Ludwig-Maximilians Universität em Munique (Alemanha) (2001). Mestre em Direito pela Universidade Federal do Rio Grande do Sul (1996). Graduado em Direito pela Universidade Federal do Rio Grande do Sul (1992). Participou do Program of Instruction for Lawyers da Harward Law School (2001). Árbitro da lista brasileira do Sistema de Controvérsias do Mercosul. Atualmente, é professor permanente da Pontifícia Universidade Católica do Rio Grande do Sul. Autor da obra finalista do Prêmio Jabuti "Direito Tributário e Análise Econômica do Direito" e da obra "Direito Tributário: três modos de pensar a tributação".

efeitos jurídicos possuem relevância inafastável pela metodologia do estudo do Direito.

2. CONTRIBUTO DE RICARDO LÔBO TÔRRES PARA UMA TEORIA SISTEMÁTICA DO DIREITO TRIBUTÁRIO

O Prof. *Ricardo Lôbo Tôrres* é o mais importante e proeminente representante de uma teoria pós-positivista, por nós denominada de sistemática, no Brasil. Seus estudos remontam à década de 80 e se tornaram absolutamente pioneiros e revolucionários nos estudos sobre o fenômeno da tributação no país. Dentre as principais obras do autor, podemos destacar: "*Sistemas Constitucionais Tributários*" (1986); "*A Idéia de Liberdade no Estado Patrimonial e no Estado Fiscal*" (1991); "*Os Direitos Humanos e a Tributação: Imunidades e Isonomia*" (1995); "*Legitimação dos Direitos Humanos*"; "*Teoria dos Direitos Fundamentais*" (Org. -1999) e "*O Direito ao Mínimo Existencial*" (2008).

Segundo *Ricardo Lôbo Tôrres*, o conceito de tributo é o conceito fundamental da Constituição Tributária e do Estado Fiscal, e a sua instituição coincide com o surgimento do Estado Liberal e do Estado Fiscal. Para o autor, o conceito de tributo surge com o Estado Moderno, visto que anteriormente os rendimentos devidos ao príncipe resultavam de mera relação de vassalagem. Esse conceito irá evoluir ao longo da história do constitucionalismo moderno do Estado Liberal Clássico ao Estado Social de Direito e ao Estado Democrático de Direito.

O autor irá demonstrar uma relação entre o Estado Social Fiscal e o predomínio das ideias positivistas. Assim, "*a relação essencial com a liberdade, por exemplo, foi relegada a um segundo plano, substituída pelos aspectos econômicos da incidência tributária (...) O problema do valor passou a ser considerado extrajurídico. Dilui-se a finalidade ínsita no tributo, de ser uma prestação destinada a atender às necessidades públicas. Enfatizaram-se, em contrapartida, o vínculo obrigacional existente no tributo e a forma de arrecadação*"[2].

O conceito de tributo em um Estado Democrático de Direito deve ser entendido no interior de uma "*visão pluralista e finalista*" do Direito Constitucional Tributário. Dessa forma, esse conceito se desenha no relacionamento com a liberdade, os direitos fundamentais e os princípios constitucionais da segurança (legalidade), da justiça (capacidade contributiva, custo-benefício e solidariedade); bem como da recuperação da importância do conceito de destinação pública[3].

Uma das grandes observações feitas por *Ricardo Lôbo Tôrres* está na conceituação de tributo como sendo um "*dever fundamental estabelecido pela*

---

2 Cf. Tôrres, Ricardo Lôbo. O Conceito Constitucional de Tributo *in* Tôrres, Heleno (Coor.). Teoria Geral da Obrigação Tributária. Estudos em homenagem ao Professor José Souto Maior Borges. São Paulo: Malheiros, 2005, p. 563.

3 Cf. Tôrres, Ricardo Lôbo. O Conceito Constitucional de Tributo *in* Tôrres, Heleno (Coor.). Teoria Geral da Obrigação Tributária. Estudos em homenagem ao Professor José Souto Maior Borges. São Paulo: Malheiros, 2005, p. 564.

Constituição no espaço aberto pela reserva de liberdade e pela declaração dos direitos fundamentais"[4]. Desse modo, trata-se de um conceito superior a mera obrigação prevista em lei, dada a sua estatura constitucional, correspectivo à liberdade e aos direitos fundamentais. Para o autor não se trata de um conceito pré-constitucional como a liberdade, mas como uma obra de natureza exatamente constitucional. A natureza dúplice deste dever impõe de um lado o direito do Estado em cobrar tributos, e de outro o dever deste em prestar serviços públicos e para o contribuinte o direito de exigir tais serviços.

Para *Ricardo Lôbo Tôrres*, "*a dimensão axiológica, apesar de tudo o que em contrário possam dizer os positivistas, é absolutamente indispensável na construção do conceito de tributo. Sendo um dever fundamental, limitado pelas liberdades, o tributo, em sua normatividadde, isto é, em sua complementação na via legislativa ordinária e judicial, vai se afirmar de acordo com os princípios, as diretivas e os programas ínsitos na Constituição*". O autor chega ao ponto de afirmar que "*qualquer prestação exigida pelo Estado em desconformidade com os princípios constitucionais da irretroatividade, da boa-fé, da anualidade, da territorialidade, etc. não será tributo, mas ingresso inconstitucional, violência, despojo*"[5].

Pode-se afirmar que *Ricardo Lôbo Tôrres* erigiu de modo cuidadoso as bases para uma nova metodologia do Direito Tributário.

3. METODOLOGIA DA CIÊNCIA DO DIREITO: A PROPOSTA POSITIVISTA

O objeto da Ciência do Direito, para Kelsen, são as normas jurídicas. Aprender juridicamente significa estudar as normas jurídicas. Não há propriamente um estudo das relações inter-humanas, salvo no contexto determinado pela Ciência Jurídica[6]. Assim, o conhecimento do jurídico se limita à descrição das normas jurídicas e de suas relações. O Direito, como Ciência Normativa, se distinguiria de outras Ciências Naturais. Estas são informadas pelas leis da causalidade, essa pela lei da imputabilidade[7].

As ciências sociais versam sobre a conduta humana sob leis distintas da pura aplicação das regras de causa e efeito. Assim, a sociedade é uma ordem distinta da natureza, de suas leis e de seu modo de compreensão. A aplicação das leis jurídicas segue uma lógica análoga às leis naturais, conforme Kelsen. Tal como estas a proposição jurídica liga dois elementos. Determina que se alguém comete um delito, então deve ser aplicada uma pena. Nas leis da natureza há igualmente uma relação entre dois elementos. Se, por exemplo, aplicado

---

4 Cf. Tôrres, Ricardo Lôbo. O Conceito Constitucional de Tributo *in* Tôrres, Heleno (Coor.). Teoria Geral da Obrigação Tributária. Estudos em homenagem ao Professor José Souto Maior Borges. São Paulo: Malheiros, 2005, p. 567.

5 Cf. Tôrres, Ricardo Lôbo. O Conceito Constitucional de Tributo *in* Tôrres, Heleno (Coor.). Teoria Geral da Obrigação Tributária. Estudos em homenagem ao Professor José Souto Maior Borges. São Paulo: Malheiros, 2005, p. 572.

6 KELSEN, Hans. Teoria Pura do Direito. São Paulo: Martins Fontes, 1997, p. 79.

7 KELSEN, Hans. Teoria Pura do Direito. São Paulo: Martins Fontes, 1997, p. 84.

calor a um metal, então este se dilata. A distinção está no elemento de ligação, na cópula entre os dois elementos. Nas leis naturais diz-se que se A, então é B; enquanto que nas leis jurídicas a proposição toma outra forma, pelo seu conectivo; se A, deve ser B[8].

Para Kelsen o jurista científico, que descreve a norma jurídica, não emite qualquer concordância ou discordância com os valores emanados pela autoridade competente, que emite a norma. Ele apenas relata, tal como o cientista natural, a existência de uma ligação funcional entre dois elementos proposicionais.

Por óbvio as normas jurídicas possuem valores embutidos, mas a Ciência do Direito apenas descreve se determinada conduta é conforme ou contrária ao Direito, sendo a resposta uma afirmação se esta conduta é prescrita ou proibida, independentemente de juízos morais que possam ser formulados em relação a esta[9].

O entendimento da Ciência do Direito como uma expressão de uma Teoria Pura do Direito se tornou o modelo prevalente no Brasil. O pensamento normtivista representou uma revolução no pensamento jurídico, baseando-se na noção de que o Direito deve estar livre de considerações políticas ou ideológicas. Havia uma missão a ser realizada, libertá-lo dos interesses egoísticos e caprichosos do príncipe, por meio da autonomia do Direito. Aliás, um erro grosseiro seria identificar o positivismo jurídico justamente com o seu oposto: a defesa intransigente do príncipe. Longe de ser um modelo conceitual *ex parte principis* e legitimador do poder, o positivismo é uma teoria potencialmente democrática, visto que assume a cisão social, o pluralismo de valores, a diversidade de ideias e o respeito e tolerância pela diferença ideológica, religiosa, moral e política.

Talvez nenhum autor tenha escrito com tamanha desenvoltura e propriedade sobre a necessária revolução que o Direito Tributário necessitava para se libertar do poder quanto *Alfredo Augusto Becker*. Expressiva é a apresentação de sua obra Teoria Geral do Direito Tributário, em que o autor releva o papel central da teoria jurídica como forma de limitação ao poder de tributar:

> "Manicômico jurídico-tributário – Durante muitos séculos, os tributos foram manipulados por Príncipes e Assembléias sem qualquer conhecimento científico sobre estas questões, simplesmente porque a Ciência das Finanças Públicas não havia surgido"[10].

O pensamento normativista realiza uma velada crítica ao fracasso do pensamento conceitual de natureza política ou ética em deter ou limitar o poder arbitrário. Indiretamente questionava a teoria que legitimava o aumento

8 KELSEN, Hans. Teoria Pura do Direito. São Paulo: Martins Fontes, 1997, p. 87.

9 KELSEN, Hans. Teoria Pura do Direito. São Paulo: Martins Fontes, 1997, p. 89.

10 Cf. Becker, Alfredo Augusto. Teoria Geral do Direito Tributário. São Paulo: Saraiva, 1963, p. 03.

abusivo dos tributos, ou seja, a retirada de recursos da população para sustentar os desejos de uma classe dominante. Afirmava categoricamente a necessidade de uma teoria científica sobre a tributação:

> "Em épocas mais próximas, no século XVIII, já se pode considerar existente um núcleo de princípios sobre as finanças públicas. Porém êsses princípios eram de natureza econômica e a ordenação jurídica das finanças públicas continuava rudimentar até o fim do século XVIII" [11].

Como bem observa o autor, somente uma teoria que afirmasse a dignidade dos direitos perante a vontade do poder ou as necessidades da economia é que garantiriam um sistema tributário efetivo e justo. Para tanto, era necessário separar o direito da economia e da política, dotando a ciência jurídica de um método e um objeto próprio (normativo), pois somente uma teoria assim estabelecida imporia uma genuína limitação à soberania fiscal, dado que: "*o verdadeiro e genuíno sentido da expressão 'autonomia' é o poder (capacidade de agir) de o Ser Social impor uma disciplina aos indivíduos (que o estão, continuamente, criando) e a si próprio numa autolimitação*"[12]. A confusão conceitual em vivia o Direito Tributário se refletia na confusão legislativa e na profusão de abusos praticados pelos soberanos. Para Becker:

> "Nesta perigosa atitude mental, incorrem muitos daqueles que põem o fundamento do tributo (e consequentemente do Direito Tributário) na soberania do Estado e cujo raciocínio em síntese é este: o Estado tem necessidade de meios financeiros para custear suas atividades e com tal finalidade (...) tributa e tributa (inclusive extrafiscalmente) porque é soberano (...)"[13].

Cita Alfredo Augusto Becker a obra de Luigi Einaudi, sobre o péssimo estado da teoria tributária naquela época:

> "Me dejaba um sabor amargo aquel ir cogiendo flor a flor em los campos más diversos de la Economía política (translación de los impustos), Del Derecho (leys tributarias), de la Historia (precedentes de las instituciones tributarias y de la legislación comparada (income tax, Einkommensteuer y otras maravillas análogas que sólo se vem em el extranjero), como se observa em uma sinopsis anterior de mis lecciones, hecha también com suma diligencia por el ilustre Cesare Jarach (Casale, 1907). Tenía la sensasión de que aquello no era uma construcción científica, sino um batiborrillo incoherente, uma espécie de diccionario de doctrinas y hechos unidos por um hilo sumamente sutil y tenue, consistente nada más em referir todas esas doctrinas y todos esos hechos a los ingressos y gastos del estado"[14].

---

11 Cf. Becker, Alfredo Augusto. Teoria Geral do Direito Tributário. São Paulo: Saraiva, 1963, p. 03.

12 Cf. Becker, Alfredo Augusto. Teoria Geral do Direito Tributário. São Paulo: Saraiva, 1963, p. 28.

13 Cf. Becker, Alfredo Augusto. Teoria Geral do Direito Tributário. São Paulo: Saraiva, 1963, p. 11.

14 Cf. Einaudi, Luigi. Principios de Hacienda Publica. Madrid: Aguilar, 1955, p. 440.

Procede Becker a uma crítica devastadora da fundamentação do Direito Tributário na noção de soberania, que estava na base do pensamento conceitual, ao afirmar categoricamente que:

> "Aquêles que fundamentam o tributo na soberania do Estado estão certos, mas (embora o fundamento não seja errado) eles constroem a teoria jurídica do tributo apenas sôbre um fragmento das bases jurídicas integrais (note-se que não se está fazendo referência à causa-impositionis ética ou ao direito tributário natural); eles edificam todo o Direito Tributário sôbre um fundamento considerado óbvio que, como será demonstrado, nada tem de óbvio"[15].

O remédio ou a terapia para este estado de manicômio jurídico-tributário somente poderia ser encontrado na forma de uma nova postura teórica e científica sobre o método e o objeto de estudo do Direito Tributário. Para Becker:

> "Êste livro tem por finalidade desenvolver os dotes jurídicos do leitor, de modo a conferir-lhe aquela sensibilidade específica: a atitude mental jurídica tributária que lhe será útil para manejar – em qualquer tempo e lugar – o Direito Tributário"[16].

Nesta linha de pensamento não existem considerações sobre se os indivíduos querem ou creem que se devem pagar os tributos e obedecer às leis, mas tão somente que eles devem pagar tributos e obedecer às leis. Trata-se de um pensamento normativo e prescritivo e não descritivo ou valorativo (axiológico). Assim, o sistema jurídico não justifica preferências morais pessoais, mas tão somente indica quais as preferências morais que foram escolhidas socialmente para serem obrigatoriamente seguidas, mesmo que individualmente não esteja de acordo ou tenha participado de suas escolhas. Dessa forma, os modais deônticos (obrigatório, proibido e permitido) são a densificação dos valores sociais mais apreciados, positiva ou negativamente, pela sociedade. Se algo é proibido é porque a sociedade valora negativamente determinada conduta, caso contrário tornará certo comportamento como sendo permitido ou obrigatório.

Um dos primeiros ataques realizados por Becker será contra a ideia de justiça, que deve ser extirpada das preocupações da Teoria Geral do Direito, de tal forma que ao apresentar o seu conceito do objeto das preocupações jurídicas irá retirar flagrantemente o justo das preocupações do jurista, passando-o para as indagações filosóficas, como assim lecionou: "*Conceituação do Direito – A justiça não tem nada a ver com a Teoria Geral do Direito, mas é precisamente o objeto da Filosofia do Direito*"[17].

Igualmente danosa para Becker é a atitude mental que permite a abertura do raciocínio jurídico para considerações extrajurídicas, de tal modo que: "*o*

15 Cf. Becker, Alfredo Augusto. Teoria Geral do Direito Tributário. São Paulo: Saraiva, 1963, p. 12-13.

16 Cf. Becker, Alfredo Augusto. Teoria Geral do Direito Tributário. São Paulo: Saraiva, 1963, p. 14.

17 Cf. Becker, Alfredo Augusto. Teoria Geral do Direito Tributário. São Paulo: Saraiva, 1963, p. 18.

maior equívoco no Direito Tributário é a contaminação entre princípios e conceitos jurídicos e princípios e conceitos pré-jurídicos (econômicos, financeiros, políticos e sociais, etc.)"[18]. Assiste razão a Becker o questionamento e o combate à corrupção do pensamento jurídico, por considerações econômicas e políticas, de tal modo que assistimos a um enfraquecimento teórico sem precedentes da teoria e dos direitos fundamentais, sob o manto da teoria da economia política. A teoria tributária sofreu de um "*raquitismo*" intelectual sem precedentes, fruto de uma corrupção por conceitos políticos e ideológicos.

O remédio para este caso de "*demência*" está no uso rigoroso da linguagem jurídica como base para uma verdadeira ciência do Direito. Trata-se, na opinião do autor, de um programa de reeducação mental com a substituição das velhas estruturas mentais e linguísticas por novos modelos e padrões, de tal modo que essa reeducação somente poderá ser alcançada com a atitude de dissecar, reexaminar e rever todos os conceitos e princípios jurídicos, extirpando os fundamentos óbvios que a doutrina tributária (pensamento conceitual) construiu ao longo dos séculos.

Trata-se de uma tarefa fundamental de substituição de velhos esquemas mentais por novos e não apenas uma agregação eclética e sem critérios, uma vez que se trata de um mero sincretismo teórico. Pelo contrário, todo um esquema mental deve ser substituído por outro em uma verdadeira mudança de paradigmas e atitudes mentais. A "*nova atitude mental jurídico-tributária é um reflexo condicionado à incidência da regra jurídica tributária (estimulante condicionador) transmitida pela linguagem (palavra oral ou escrita)*".

A partir destes postulados nasceu uma verdadeira revolução no pensamento jurídico-tributário que imantou e empolgou toda uma geração de juristas, na busca de uma renovação da teoria tributária e na sua blindagem contra os abusos do poder. A grande tarefa de renovação foi entregue aos intelectuais e a sua grande arma seria o manejo cuidadoso e criterioso da linguagem jurídica. Sua missão seria extirpar terapeuticamente todos os conceitos e princípios jurídicos dos males do sincretismo, superstições e fundamentos óbvios e assentá-los na base sólida de uma linguagem científica.

A própria Teoria geral do Direito seria a melhor defesa dos direitos fundamentais do contribuinte, agindo como uma verdadeira limitação ao poder de tributar. Desse modo, o jurista seria o principal defensor do cidadão ao propor uma ciência tributária pura, de considerações particulares ou dirigidas por determinada ideologia ou linha de pensamento. Para Becker: "*finalmente, não deve o leitor estranhar que esta Teoria Geral do Direito Tributário estruture suas conclusões, fazendo-as decorrer de premissas fornecidas por múltiplos autores das mais diversas ideologias*"[19].

A beleza dos fundamentos da teoria expressa por *Alfredo Augusto Becker* não encontra paralelo na doutrina estrangeira, de tal modo que seus

18 Cf. Becker, Alfredo Augusto. Teoria Geral do Direito Tributário. São Paulo: Saraiva, 1963, p. 35.

19 Cf. Becker, Alfredo Augusto. Teoria Geral do Direito Tributário. São Paulo: Saraiva, 1963, p. 18.

ensinamentos se tornaram referência para os autores posteriores. A sua construção, contudo, não foi seguida com toda a sua riqueza, de maneira que os autores posteriores simplesmente não adotaram a sua teoria em toda a sua riqueza. Os pressupostos de uma teoria normativista, como defesa contra os abusos do Estado, foram timidamente assumidos, por sua vez o raciocínio lógico-jurídico foi adotado com toda a intensidade, e aprofundado ao ponto de alcançar uma grande clareza na análise lógico-semântica das normas jurídico-tributárias, sem a correspondente ênfase nos direitos fundamentais.

Esta situação talvez encontre explicação na própria obra de Becker, visto que podemos encontrar na postura desconfiada destes autores contra os direitos naturais, uma certa atitude de menosprezo pela ideia de "direitos fundamentais". Afinal, o que seriam direitos fundamentais? Seriam os velhos e metafísicos direitos naturais travestidos com uma nova roupagem? Foi esta desconfiança exagerada e desnecessária contra a nova teoria dos direitos fundamentais que prejudicou fortemente o pensamento normativista e o próprio positivismo jurídico, impedindo-o de ver a maior contribuição da ciência jurídica do século XX. O positivismo jurídico, eterno desconfiado, ficou refém de seus temores e praticamente perdeu décadas de desenvolvimento teórico, amargando um estancamento conceitual ao ponto de voltar-se tão somente para o estudo dos fundamentos de incidência, da linguagem e do sistema jurídico, sem conduzir a resultados práticos de progresso intelectual. A própria história do neoconstitucionalismo indicou a dificuldade do positivismo jurídico em tratar com a questão da justiça, dos valores e das soluções materiais.

Vejamos, por exemplo, o injusto e desproporcional ataque de Alfredo Augusto Becker ao princípio da capacidade contributiva:

> "Regra de Direito Natural é o 'princípio da capacidade contributiva'. Sua 'ripugnanza' a uma juridicização. – A origem histórica do princípio da capacidade contributiva, bem como a fertilíssima proliferação de teorias, cada uma sustentando uma especial visão do problema de tal modo que é impossível agrupa-las em diferentes sistemas orgânicos, são dois fatos que denunciam a natureza essencialmente jusnaturalista do princípio da capacidade contributiva"[20].

Mas de onde o autor retira este preconceito? Becker irá fundamentar sua posição da seguinte forma:

> "O princípio da capacidade contributiva é o corolário (tributar desigualmente os desiguais, na medida em que se desigualam) do fundamentalíssimo Princípio da Igualdade que rege a contínua integração ou desintegração atômica do Estado. Capacidade contributiva é sinônimo de justiça tributária. Em síntese: o princípio da tributação segundo a capacidade contributiva é uma genuína regra de Direito Natural"[21].

20 Cf. Becker, Alfredo Augusto. Teoria Geral do Direito Tributário. São Paulo: Saraiva, 1963, p. 447.

21 Cf. Becker, Alfredo Augusto. Teoria Geral do Direito Tributário. São Paulo: Saraiva, 1963, p. 447.

> Como se percebe, o entendimento de que o princípio da capacidade contributiva é uma regra de direito natural decorre de sua derivação da ideia de justiça tributária, ou seja, o que macula o princípio é o seu conteúdo fundamentado no justo. Logo, como este justo metafísico, inatingível, inexplicável, intocável pela ciência, poderia ser fundamento de todo direito se não possui uma expressão linguística clara e objetiva, nem tão pouco um conteúdo determinado e racional?

Igualmente o raciocínio aplicado ao princípio da capacidade contributiva poderia ser extensivo a todos os demais princípios e conceitos fundamentados na ideia de justiça. Vejamos por sua vez os princípios. Como fundamentá-los cientificamente na teoria jurídica se eles não possuem precisão linguística, conteúdo determinado e pior de tudo: são expressão de valores constitucionais. Segundo Becker: *"a certeza e a praticabilidade são atributos essenciais da juridicidade"*[22].

Para fundamentar seu entendimento Becker irá citar Emilio Betti:

> "Na verdade, 'princípio' designa qualquer coisa que se contrapõe conceitualmente - ensina Emilio Beti - ao acabamento, à conseqüência que dêle se origina, e assim, à norma acabada e formulada: é a idéia germinal, o critério de valorização, do qual a norma se constitui a manifestação, baixada numa específica formulação preceptiva. Ele faz confrontação ao problema prático resolvido pela norma: inspira-lhe a 'ratio juris' sob o aspecto teleológico, enquanto fornece-lhe o critério de solução"[23].

Esta crítica direta à insuficiência linguística e lógico-semântica dos princípios irá *"feri-los de morte"*, como instrumento de um raciocínio jurídico apropriado. Como afinal poderia o jurista promover uma nova atitude mental sadia se continuasse utilizando uma linguagem confusa e obscura (doentia)? Este preconceito contra os princípios se instalou em toda uma geração de juspositivistas e não mais foi superado pelas gerações que se seguiram. O sucesso desta nova compreensão isolou o debate em Direito Tributário das inovações produzidas no exterior por autores tão diferentes como Rawls, Dworkin ou Alexy.

Os valores constitucionais, por sua vez, também não encontrarão nenhuma forma de recepção calorosa na teoria normativista, visto que, padecem dos mesmos defeitos dos princípios e da justiça: são históricos, contextuais, referenciais, imprecisos, subjetivos e indeterminados. Dessa forma, os direitos fundamentais, os princípios jurídicos, os valores e a justiça fiscal seriam exilados de uma teoria normativista do Direito Tributário, por não cumprirem os requisitos mínimos exigidos para serem *"os tijolos"* e os fundamentos de uma nova atitude mental científica do Direito Tributário.

22 Cf. Becker, Alfredo Augusto. Teoria Geral do Direito Tributário. São Paulo: Saraiva, 1963, p. 450.

23 Cf. Betti *apud* Becker, Alfredo Augusto. Teoria Geral do Direito Tributário. São Paulo: Saraiva, 1963, p. 449. No original veja-se Betti, Emilio. Teoria Generalle della Interpretazione. Milano, 1955, vol. II, op. 847-848.

Para o autor: "*embora a regra constitucional que 'canoniza' o princípio da capacidade contributiva seja um exemplo notável do fenômeno jurídico contemporâneo da constitucionalização dos equívocos, e não obstante aquêle princípio de Direito Natural oferecer uma 'ripugnanza' a sua juridicização, apesar de tudo, naquela regra constitucional ainda se encontra um mínimo de certeza e praticabilidade que revela a sua natureza jurídica e fixa a sua restrita eficácia jurídica*", ou seja, para Becker, a mera constitucionalização do equívoco não tem o "*condão*" de curar o erro, de tal modo que o princípio permanece no sistema jurídico mas sob "*violenta pressão constritora*", de tal modo que a sua permanência revela-se como uma regra muito simples e sua eficácia muito restrita.

O mesmo descaso aplicado à constitucionalização do princípio da capacidade contributiva pode ser imputado aos demais princípios jurídico-tributários: vedação de confisco, neutralidade fiscal, solidariedade, isonomia, entre outros. Dessa forma, cada vez mais o normativismo se afastou dos grandes debates tributários, imputando-os o grave crime da imprecisão e da prática metafísica. O que sobraria estudar, portanto, no direito tributário além da norma, da incidência tributária e do plexo deôntico?

Como se pode notar, o normativismo, fundamentado em justos propósitos de crítica ao uso abusivo do poder, promoveu uma verdadeira revolução teórica, que infelizmente não avançou no estudo da estrutura lógico-semântica dos princípios e dos valores jurídicos. Seria somente com o movimento de convergência teórica entre a filosofia analítica e a continental que surgiriam as bases para o estabelecimento destes dois mundos que tanto tempo permaneceram separados por preconceitos recíprocos. A teoria sistemática do Direito Tributário surge do legado das tradições anteriores, superando alguns limites e avançando nas descobertas anteriormente realizadas, e pode ser sintetizada na fórmula de que não pode existir uma teoria sem um método ou preocupação com o sentido (conteúdo material). Ricardo Lôbo Tôrres será um dos construtores dessa ponte.

4. METODOLOGIA DA CIÊNCIA DO DIREITO: A PROPOSTA PÓS-POSITIVISTA

Dentre as diversas posições críticas ao positivismo kelseniano, se destaca a formulação proposta por *Robert Alexy*[24]. O autor irá apresentar uma teoria do discurso prático racional, em sua obra sobre a teoria da argumentação jurídica (*Theorie der juristischen Argumentation*). Neste trabalho irá revisitar a tradição filosófica de *Stevenson, Wittgenstein, Habermas* e *Perelman* para finalmente propor a teoria do discurso prático racional (*Theorie des allgemeinen rationalen praktischen Diskurses*), que irá entender que o discurso jurídico é um caso especial (*Sonderfall*) do discurso prático geral (*allgemeinen praktischen*

24 Robert Alexy (1945) é um jurista e filósofo alemão. É autor, dentre outras obras, de: *Theorie der juristischen Argumentation. Die Theorie des rationalen Diskurses als Theorie der juristischen Begründung* (1983), *Theorie der Grundrechte* (1986) e *Begriff und Geltung des Rechts* (1992).

Diskurses). Definirá regras procedimentais para a determinação da correção do discurso prático, ou seja, de regras que possam distinguir as boas das más razões[25]. A correção prática de uma decisão significa a possibilidade de se alcançar juízos práticos capazes de dar conta da complexidade dos jogos argumentativos que compõe institucionalmente o Estado democrático de direito[26].

Um discurso prático será tido por racional se nele estiverem contidos as condições de possibilidade da argumentação racional, tais como: não-contradição, universalidade de sentido, clareza linguística, verdade empírica, consideração de efeitos e ponderação. A garantia da liberdade e igualdade no discurso deve ser atingida por meio da imparcialidade e não da neutralidade. A imparcialidade significa que se realize uma racionalidade prática de caráter universalista do discurso. Esta deve responder às seguintes "*regras específicas do discurso*":

> "1. Todo aquele que pode falar, pode tomar parte no discurso.
>
> 2a. Todos podem questionar qualquer afirmação.
>
> 2b. Todos podem introduzir qualquer afirmação no discurso.
>
> 3. Nenhum falante pode ser impedido de exercer a salvaguarda de seus direitos fixados no (1) e (2), quando dentro ou fora do discurso predomina a força"[27].

Para o estabelecimento do discurso serão listadas algumas pré-condições para o agir comunicativo que fundamenta o agir prático. O pensamento do autor alerta para a possibilidade do surgimento de dilemas valorativos concretos no âmbito do discurso. A solução racional para este confronto somente pode ser a utilização da ponderação de interesses, na medida em que não existe um critério absoluto para a solução inquestionável desse conflito. Assim, as medidas de peso somente podem ser verificadas na observância dos interesses em jogo e considerando o fenômeno do respeito aos sujeitos do discurso.

Em relação aos direitos fundamentais, *Alexy* irá assumir uma postura kantiana, assegurando uma posição privilegiada para os direitos humanos e as

---

25 Segundo *Alexy*: *„Es ist oben die These aufgestellt worden, dass der juristische Diskurs ein Sonderfall des allgemeinen praktischenDiskurs ist. Dies wurde damit begründet, dass es (l) in juristischen Diskussionenum praktische Fragen geht, d.h. darum, was zu tun oder zu unterlassen ist oder getan oder unterlassen werden darf, und dass (2) diese Fragen mit dem anspruch auf Richtigkeit diskutiert werden. Um einen Sonderfall handelt es sich, weil die juristische Diskussion (3) unter einschränkenden Bedingungen der erwähnten Art statfindet*"; ver *in:* Alexy, Robert. *Theorie der juristischen Argumentation. Die Theorie des rationalen Diskurses als Theorie der juristischen Begründung*. Frankfurt am Main: Suhrkamp, 1991, p. 263.

26 Cf. Duarte, Écio Oto Ramos. Teoria do Discurso & Correção Normativa do Direito. São Paulo: Landy, 2004, p. 141.

27 Cf. *Alexy*: „(2.1) Jeder, der sprechen kann, darf an Diskursen teilnehmen", em seguida estabelece as regras de *„liberdade discursiva"* (*Freiheit des Diskutierens*), que são: *„2.2) (a) Jeder darf jede Behauptung problematisieren. (b) Jeder darf jede Behauptung in den Diskurs einführen. (c) Jeder darf seine Einstellungen, Wünsche und Bedürfnisse äußern*"; ver in Alexy, Robert. *Theorie der juristischen Argumentation. Die Theorie des rationalen Diskurses als Theorie der juristischen Begründung*. Frankfurt am Main: Suhrkamp, 1991, p. 240. Vejam-se, igualmente, as observações de: Duarte, Écio Oto Ramos. Teoria do Discurso & Correção Normativa do Direito. São Paulo: Landy, 2004, p. 146.

suas características de universalidade e autonomia[28]. A característica da universalidade expressa que os direitos abragem todos os homens, e a autonomia assegura a livre escolha dos princípios que irão nortear a ação individual e a escolha pública de valores comuns. Para que as regras de fala permitam passar-se para as regras de ação torna-se necessária a adoção de premissas adicionais do consenso e da democracia[29].

A noção de *autonomia* se complementa com a ideia de imparcialidade e igualdade decorrente do consenso. A noção de igualdade postula que todo o indivíduo deve ser considerado como um interlocutor legítimo. O *consenso* conduz à noção de igualdade dos direitos humanos. Por fim, para o autor uma verdadeira teoria do discurso pressupõe a existência de um sistema democrático, onde estejam presentes os direitos fundamentais.

A *democracia* é entendida como sendo a figuração jurídica do princípio do discurso[30], visto que somente na democracia é que se pode verificar a aproximação entre legitimidade e correção. Para *Alexy*, os direitos da pessoa, especialmente, à liberdade e igualdade é que exigem que as decisões sociais sejam tomadas por meio de procedimentos democráticos, ou seja, a centralidade dos direitos fundamentais é que funda o núcleo constitutivo do Estado democrático[31].

Assim, conforme *Alexy*, existirão alguns direitos fundamentais que são pressupostos de uma ética discursiva, tais como: o direito à vida, à integridade física, à personalidade, à religião, entre outros. Esses direitos são *discursivamente necessários* para uma ética do discurso e o seu afastamento ofende o núcleo essencial do próprio discurso[32].

Alexy irá propor um *modelo em três níveis* dos direitos fundamentais: i) da fundamentação dos direitos individuais; ii) dos direitos individuais como posições e relações jurídicas e iii) da imponibilidade dos direitos individuais. Na fundamentação dos direitos individuais conceituam-se todos os direitos do indivíduo como sendo direitos individuais, sejam estes relativos a bens individuais ou coletivos. Nesse sentido, a noção de direito subjetivo é intercambiável

---

28 Cf. Wilson de Abreu Pardo, David. *Direitos fundamentais não enumerados – justificação e aplicação*. Tese apresentada ao Curso de Pós-Graduação em Direito da Universidade Federal de Santa Catarina como requisito parcial para a obtenção do título de Doutor em Direito. Prof. Orientador: Professor Doutor Sílvio Dobrowolski. Florianópolis, 2005, p. 160.

29 Cf. Duarte, Écio Oto Ramos. Teoria do Discurso & Correção Normativa do Direito. São Paulo: Landy, 2004, p. 152.

30 Cf. Wilson de Abreu Pardo, David. *Direitos fundamentais não enumerados – justificação e aplicação*. Tese apresentada ao Curso de Pós-Graduação em Direito da Universidade Federal de Santa Catarina como requisito parcial para a obtenção do título de Doutor em Direito. Prof. Orientador: Professor Doutor Sílvio Dobrowolski. Florianópolis, 2005, p. 166.

31 Para um estudo sobre a teoria do discurso em *Alexy* como fundamentante dos direitos fundamentais, veja-se: Duarte, Écio Oto Ramos. Teoria do Discurso & Correção Normativa do Direito. São Paulo: Landy, 2004, p. 138 e ss.

32 Cf. Duarte, Écio Oto Ramos. Teoria do Discurso & Correção Normativa do Direito. São Paulo: Landy, 2004, p. 161.

com a noção de direitos individuais[33]. Os direitos individuais, por outro lado, sempre corresponderão a uma relação triádica entre destinatário, titular e objeto do direito sob a forma de direito a algo, liberdades ou competências. Por fim, a sua imponibilidade decorre da característica de que a existência de um direito é uma razão substancial para a sua imponibilidade, visto que o direito subjetivo é, em certo sentido, a imposição de um dever[34].

A centralidade dos direitos no sistema jurídico irá implicar uma nova postura interpretativa, que não será livre, mas comprometida com resultados materiais. A grande contribuição deste modelo para uma nova teoria da interpretação está na centralidade da concretização dos direitos fundamentais e não de normas ou conceitos. Outra consequência direta está na noção de que uma metodologia sistemática irá receber desta tradição a ideia fundamental de ponderação de interesses e princípios na realização de direitos e valores. Ricardo Lôbo Tôrres será amplamente influenciado por esse novo modo de enxergar a Ciência do Direito.

5. FUNDAMENTOS PARA UMA METODOLOGIA SISTEMÁTICA DO DIREITO TRIBUTÁRIO

O estudo do Direito Tributário foi marcado por concepções que devem ser superadas. De um lado, o essencialismo, que entende que os conceitos são representação exata da realidade. Diversos são os modos de afirmação desse realismo radical, dentre os quais a defesa de verdades, bens e direitos auto-evidentes, como se tal fosse possível. Deve ser ultrapassado igualmente o normativismo puro, que parte do postulado oposto, de um relativismo radical e desconhece a possibilidade de conhecimento das essências e, portanto, o estudo da norma pura e formal é o único estudo válido.

O uso das acepções Teoria, Filosofia e Ciência do Direito tem sido confuso pela doutrina jurídica. Kelsen apresentava a sua visão filosófica como sendo "*a ciência pura do Direito*". O objeto dessa ciência logicamente neutra seriam as normas jurídicas. John Austin buscava igualmente uma ciência jurídica livre de considerações morais, e identificava o objeto do Direito no comando coercitivo do soberano. Ambos estavam fazendo estudos de filosofia de ciência do Direito e não propriamente aplicando o método científico. Se assim o fizessem veriam que o Direito era bem mais do que uma descrição de normas válidas, o Direito era um fenômeno dinâmico, pragmático e ético. O melhor exemplo pode ser encontrado na *jurisprudentia* romana. O estudo científico do pensamento dos teóricos romanos demonstraria que eles se preocupavam mais com o "*bom e o equitativo*" no caso concreto, do que com um mero estudo neutro de normas[35].

---

33 Cf. Alexy, Robert. El concepto y la validez del derecho. Barcelona: Gedisa, 1997, p. 180-181.

34 Cf. Alexy, Robert. El concepto y la validez del derecho. Barcelona: Gedisa, 1997, p. 180-181.

35 BARZOTTO, Luís Fernando. Filosofia do Direito. Os conceitos fundamentais e a tradição jusnaturalista. Porto Alegre: Livraria do Advogado, 2010, p. 177-178.

A teoria sistemática questiona tanto o realismo radical, quanto o seu oposto, o relativismo puro. Defender proposições auto-evidentes é um claro contransenso, na medida em que o fundamento moderno do racionalismo dá-se com a ideia de pensamento e com a assunção de falibilidade do conhecimento humano. Se existisse mero conhecimento dado, claro, indubitável, o papel da filosofia se resumiria a mera contemplação e o da ciência a mera descrição do mundo.

Defender proposições auto-evidentes é construir todo um sistema lógico a partir de intuições fundamentais. O intuitivismo acaba sendo uma forma de exclusão dos domínios da razão, impedindo a construção da filosofia e da ciência, dado que ambas fundamentam-se na noção de discurso crítico e racional. O intuitivismo se auto refuta, dado que o critério de validação de uma intuição é a própria intuição, ou, melhor dizendo, o critério de verificação de uma verdade auto-evidente é circular, porque se auto-referencia. Não há como fazer ciência objetiva desse modo, pois todo o intuicionismo impõe um subjetivismo, afinal, qual o critério de decisão quando a minha intuição é diferente de outra? A premissa *interpretatio cessat in claris* esquece que a filosofia principia por uma admiração e por uma indagação para além do dado ou do óbvio.

Somente um realismo moderado pode passar pelas exigências de um discurso racional e crítico. A assunção da racionalidade decorre da possibilidade de estabelecer argumentos necessários decorrentes de determinadas premissas e a metodologia crítica parte da compreensão do caráter provisório, incompleto, falseável do conhecimento.

O conceito central autonomia da vontade, decorrente do livre arbítrio, impede construções automáticas. Este não é um conceito auto-demonstrável, sua consistência deriva de um modelo filosófico articulado.

Três grandes pilares irão fundamentar uma visão sistemática: i) uma teoria da justiça; ii) uma teoria do Ordenamento Constitucional; e iii) uma Teoria da Argumentação; conforme já defendemos em nossa obra *"Direito Tributário: três modos de pensar a tributação. Elementos para uma teoria sistemática"* (2009).

Estes três pilares estão intimamente conectados e vinculados, dado que a teoria moderna do constitucionalismo afirma que o objetivo do Estado Democrático de Direito é se constituir em um Estado de Direitos Fundamentais, ou seja, um Estado que pretende realizar os direitos fundamentais de primeira, segunda e terceira dimensão. Dado que a Constituição Democrática pretende realizar os Direitos Fundamentais esta deve prover os meios para custear estes direitos, que devem ser financiados com o pagamento de tributos.

Os tributos, por sua vez, devem ter o seu encargo dividido entre os cidadãos de modo equitativo e justo, de tal modo que uma teoria sistemática do Direito Tributário exige a compreensão de uma teoria da justiça. A aplicação concreta da teoria da justiça em matéria jurídica não pode ser entendida como mera aplicação, incidência ou subsunção normativa, de tal modo que a resolução legítima do inevitável conflito de valores em uma sociedade democrática somente pode ser encontrada no interior de uma teoria do discurso jurídico que privilegie a coerência argumentativa no âmbito de uma teoria da argumentação. A teoria da argumentação irá fornecer o instrumental teórico adequado para que ocorra a formação de um consenso no conflito entre valores distintos em uma sociedade democrática, por meio da ponderação de interesses legítimos.

Esse modelo de pensamento se contrapõe a tese kelseniana de que o Direito possui somente elementos de coerência formal, no sentido de que não existem elementos materiais próprios à norma jurídica. Para este, a norma pode ser preenchida com os mais diversos valores sem comprometer a sua existência como fenômeno jurídico. Somente a correção formal (validade de uma norma) é um problema jurídico. O problema da justiça seria um tema pré-jurídico.

Para Kelsen, o caráter jurídico de uma norma decorre de sua pertinência ao sistema de normas jurídicas. Assim, a validade é característica de uma norma pertencer ou não ao sistema jurídico. O sistema recebe, então, o seu fechamento. Trata-se de um critério de identificação interno. Todas as normas cuja validade possa ser deduzida de uma mesma norma fundamental formam um sistema.

Essa concepção é falha por reduzir o problema jurídico a um mero problema formal. O Direito não é somente texto, nem tampouco somente norma. Ele é a combinação de valores e elementos fáticos.

Não partilhamos da alternativa proposta por *Dworkin*, de que a decisão judicial deve estar lastreada em conteúdo moral encontrável no ordenamento. Não se trata de encontrar ou extrair a fórceps a decisão correta, mas em construí-la, com base nos elementos materiais e formais no ordenamento jurídico. A sua crítica é correta ao afirmar que o julgador não se encontra totalmente livre na atividade interpretativa, contudo, erra em afirmar que essa é uma responsabilidade em razão de sua condição de autoridade pública, como responsável politicamente por seus julgamentos.

A correção na aplicação do direito deve ser analisada com o auxílio dos conceitos de consistência e coerência.

a) Teoria do Ordenamento Constitucional

A concepção sistemática parte do postulado de que o ordenamento jurídico tem em sua essência a preocupação com a realização de determinados "estados de coisas" (fins). O direito em suas prescrições emanará não somente comandos normativos, mas proposições estruturadas com fulcro em valores afirmados socialmente no texto constitucional. Desse modo, a concepção sistemática terá um caráter deontológico orientado por valores e não apenas axiológico, visto que o sistema jurídico não pode ser composto meramente por uma afirmação de valores, mas deve prever como estes valores constitucionalizados irão se concretizar por meio de comandos normativos.

Dentre os diversos valores que podemos citar, tomamos como núcleo axiológico dos sistemas constitucionais democráticos a afirmação da dignidade da pessoa humana. Esta por sua vez tem sido identificada com a entrega de bens básicos ou primários, contudo, essa acepção deve ser matizada com a noção de estados e relações jurídicas.

A centralidade dos direitos no sistema jurídico irá implicar uma nova postura interpretativa, que não será livre, mas comprometida com resultados materiais. A grande contribuição deste modelo para uma nova teoria da interpretação está na centralidade da concretização dos direitos fundamentais e não de normas ou conceitos.

b) Teorias da justiça

Ao lado da afirmação dos direitos fundamentais no novo constitucionalismo, outra relevante tendência convergente da filosofia contemporânea pode ser buscada no chamado giro ético, a que procederam diversos pensadores do século XX. Este novo período é caracterizado por uma virada ético-prática, com a retomada da centralidade de preocupações éticas, sem a consequente fundamentação metafísica que marcou os momentos anteriores. Não se trata simplesmente de uma ênfase em problemas éticos de cunho prático, mas principalmente em uma elaboração de considerações éticas como uma espécie de meta-filosofia e não apenas como mais um capítulo de preocupações transcendentais, mas como o problema central que influencia a visão sobre todos os problemas filosóficos.

Essa viragem ética é representada por um movimento conceitual que relembra a dialética hegeliana (tese-antítese-síntese) onde inicialmente encontramos uma afirmação da centralidade da justiça no raciocínio prático (Aristóteles e São Tomás de Aquino), passamos para um momento de esvaziamento material do conceito de justiça, até que se torne vazia de conteúdo (Kant, Kelsen e Luhman), e, finalmente, encontramos uma retomada do conceito de justiça incorporando elementos presentes nos momentos anteriores. Trata-se de uma nova síntese onde os elementos para a construção de uma teoria da justiça buscam referenciais materiais, mas sob a ótica da utilização de um instrumental analítico anteriormente ausente da experiência continental.

Essa viragem é caracterizada por uma visão contextualizada da filosofia, com base na ideia de pluralismo axiológico e de valores, bem como numa rediscussão sobre o problema da incomensurabilidade das teorias éticas. São características deste movimento:

1) Crítica ao cientificismo e ao racionalismo exacerbado: há um movimento de crítica ao objetivismo científico, de tal modo passará a defendido um novo estatuto da filosofia perante a ciência. De um lado, a hermenêutica filosófica irá defender a filosofia como um tipo especial de racionalidade diversa científica (Dilthey) ou em uma crítica da ciência tradicional (Husserl). De outro lado, o neopositivismo irá exigir igualmente um novo posicionamento da filosofia perante a ciência, em que a filosofia deixa de ser considerada como "ciência rigorosa" sob a ótica das ciências naturais;

2) Crítica à visão de mundo fundada na técnica: há um questionamento da racionalidade técnica e científica planificadora, bem como da redução da condição humana ao mundo das coisas e da manipulação calculadora por trás de uma ideologia do progresso e da técnica;
3) Crítica da neutralidade descritiva: há um questionamento da separação entre método e objeto, bem como da ausência da problematização de perspectivas. Dessa forma, produz-se uma superação da noção de que a objetividade que se afirma sobre a ideia de subjetividade na construção do conhecimento;
4) D sujeito crítico: outro aspecto relevante é a crítica à subjetividade tecnocrática e a substituição por uma noção de um sujeito crítico e autocrítico (Habermas e Apel), que se reconhece principalmente na impura noção de intersubjetividade, que por sua vez se reconhece na dimensão linguística.

Estes pressupostos constituem os fundamentos de uma nova viragem interpretativa, caracterizando o entendimento de que a incomensurabilidade das teorias éticas decorre da concepção de que não existe apenas uma "ética" ou uma "filosofia", que o próprio olhar sobre o objeto constitui ou gera a coisa observada.

Tendo em vista uma profunda desconfiança com a capacidade de formulação de um conceito objetivo de justiça, que não fosse meramente formal, o relativismo moral em Kelsen é o fundamento para um absoluto ceticismo sobre um único conceito de justiça ou uma única moral válida.

Isto não significa, conforme o autor, que o Direito não tenha qualquer relação com a moral, mas tão simplesmente que o Direito não escolhe qual dentre os diversos sistemas morais é correto. Assim, o conceito de "bom" somente pode ser considerado como aquilo que corresponde ao Direito, ou seja, como aquilo que "deve-ser". Deste modo, o que é conforme ao Direito é em si um bem. Tal compreensão será partilhada por autores posteriores que irão defender que os modais obrigatório, proibido e permitido apresentam intrinsecamente valores de aceitação ou rejeição de determinada conduta.

As modernas teorias da justiça pretenderão realizar descontruir a argumentação kelseniana e retomarão a centralidade do problema da justiça, buscando construir um sentido material mínimo para a sua compreensão. O Direito não é mera descrição de observação de condutas violentas, mas possui razões superiores ou externas de justificação.

Partindo da noção de que o poder de tributar não encontra fundamento exclusivamente no poder nem pode ser explicado unicamente em termos formais, devem-se encontrar fundamentos materiais ao poder de tributar nos direitos fundamentais e na noção de justiça fiscal.

A necessidade de definição do conceito de justiça fiscal é algo fundamental. Trata-se, porém, de uma tarefa ainda inacabada. Das divergentes e diversas configurações do conceito, podemos procurar entender a sua utilização na linguagem ordinária do constitucionalismo democrático contemporâneo.

Podemos dizer que a justiça fiscal reflete-se como um modo de tratamento que respeita critérios isonômicos e diferenças, restabelecendo a correta relação entre cidadãos e esfera pública. Assim, três soluções são possíveis: 1) exigir o mesmo tratamento dado às demais atividades econômicas, considerando-as como partes do todo (justiça comutativa); 2) exigir um tratamento diferenciado, considerando que esta atividade possui uma diferença substantiva em relação às demais atividades econômicas (justiça distributiva) ou 3) exigir um tratamento adequado ao bem comum, ou seja, em correta correlação entre o privado e a contribuição que este deve realizar a manutenção de uma esfera de liberdade e igualdade.

Como se verifica, todas as três posições podem indicar, legitimamente, uma solução coerente no sistema jurídico.

c) Teoria da Argumentação

A Teoria da Argumentação se constitui em uma das grandes inovações para a moderna teoria jurídica, visto que estabelece novos métodos, funções e objetos de interpretação. A hermenêutica conceitual falhava por sua inaceitável vinculação à ideia de correspondência entre essência e conceito. Tal entendimento é incapaz de se sustentar em uma sociedade marcada pela cisão nas visões de mundo e no pluralismo axiológico. Não há como aceitar normas jurídicas sem revelar que elas expressam visões políticas, valorativas e mesmo ideológicas da sociedade e da realidade.

A hermenêutica positivista clássica falhava justamente na tentativa de superação das incompletudes do modelo conceitual. Ao negar uma visão única da realidade e mesmo a possibilidade de conhecimento preciso da essência, a teoria do conhecimento positivista substituía o objeto-material por um objeto-formal, ou seja, provocava uma passagem da ênfase no estudo do ser (objeto) para o estudo da metodologia e dos instrumentos de conhecimento (linguagem). Assim, a precisa delimitação dos cortes lógicos e epistemológicos de cada teoria (T1, T2,... Tn) é que irá permitir uma construção teórica consistente e coerente da realidade e do fenômeno jurídico.

A hermenêutica sistemática irá estabelecer um novo padrão de compreensão do fenômeno jurídico, ao combinar o rigor do método herdado pela filosofia analítica com uma compreensão material decorrente da combinação de uma hermenêutica ética, das modernas teorias da justiça e da afirmação de um neoconstitucionalismo, fundado na teoria dos direitos fundamentais. Essa nova arquitetura teórica somente será possível, contudo, sobre as bases da teoria do discurso, legada pela moderna filosofia analítica nos seus estudos sobre a função pragmática da linguagem.

As teorias da argumentação irão se debruçar com o complexo problema da linguagem em sua perspectiva complexa ou contextual, especialmente em uma crítica ao modelo positivista pela sua impossibilidade de compreender o fenômeno jurídico mais como modelo do discurso, do que como sistema de normas.

6. CONSIDERAÇÕES FINAIS

Uma metodologia sistemática irá deslocar o problema das escolhas entre falsos dualismos (forma e conteúdo ou subjetivo e objetivo), para uma compreensão integral do fenômeno jurídico, englobando o estudo da estrutura (sintática), a do sentido (semântica) e do sentido da estrutura (pragmática). Desse modo, deve-se estudar a estrutura normativa, mas também os valores que são transmitidos por estas normas.

O Papel da Realidade Econômica na Interpretação da Lei Tributária na Obra de Ricardo Lobo Torres

Ricardo Lodi Ribeiro[1]

Sumário: 1. Introdução. 2. A Consideração Econômica como Reflexo do Método Teleológico no Direito Tributário. 3. A Interpretação da Lei Tributária no Brasil. 4. A Interpretação das Normas Isencionais. 5. A Vedação da Analogia. 6. Conclusões

1. INTRODUÇÃO

No dia 25 de maio de 2018, o Direito Tributário Brasileiro perdeu aquele que foi o seu maior expoente, em especial para os que acreditam que a disciplina vai muito além dos seus aspectos formais. Exemplo notável de homem e de pesquisador da ciência jurídica, Ricardo Lobo Torres, professor de várias gerações de tributaristas, foi o grande responsável pela abertura do referido ramo aos valores e à Filosofia, sem perder o compromisso com as suas ideias liberais e com a garantia do mínimo existencial a todos os brasileiros. Sem dúvida alguma, é uma perda inestimável para a Faculdade de Direito da UERJ, sua segunda casa, que tanto deve à sua memória, e para todos os estudiosos do Direito Público, e em especial do Direito Tributário.

Dentre a sua vasta obra que muito contribuiu para o estudo de tantos campos do Direito, vale realçar o tema da interpretação da lei tributária, não só pelo destaque que o autor conferiu ao assunto, tendo a ele dedicado a obra "*Normas de Intepretação e Integração do Direito Tributário*"[2], mas pela relevância que a discussão guarda hoje diante do abandono os limites da lei, por parte de vários operadores relevantes do Direito, quase sempre em nome de uma suposta ideia de justiça.

E nesse particular, poucos autores souberam prestigiar a efetivação da ideia de justiça entre os sentidos possíveis oferecidos pelo ordenamento

---

1 Professor Adjunto de Direito Financeiro da UERJ. Diretor da Faculdade de Direito da UERJ. Presidente da Sociedade Brasileira de Direito Tributário (SBDT). Advogado e Parecerista.

2 TORRES, Ricardo Lobo. *Normas de Interpretação e Integração do Direito Tributário*.4. ed., Rio de Janeiro: Renovar, 2006.

jurídico. E tal esforço não foi atingido sem a contextualização do fenômeno hermenêutico pelas várias fases da nossa jurisprudência. A partir de uma perspectiva histórica, Ricardo Lobo Torres identifica a prevalência do método literal e sistemático sob a égide da jurisprudência dos conceitos, do método teleológico durante a prevalência da jurisprudência dos interesses e, por fim, após a virada kantiana, do pluralismo metodológico na era da jurisprudência dos valores.

Deste modo, em homenagem ao saudoso mestre, o presente estudo objetiva analisar, ainda que de forma sintética, a interpretação da lei tributária, inserida dentro da problemática da interpretação da lei em sentido genérico, recusando a adoção de fórmulas especiais aplicáveis ao Direito Tributário. Neste contexto, será demonstrada a influência da consideração econômica na obra de Ricardo Lobo Torres, enfatizando as diferenças de sua metodologia, baseada na jurisprudência dos valores, introduzida por Karl Larenz, e aplicada no Direito Tributário por Klaus Tipke, com a teoria da intepretação econômica do fato gerador, criada por Enno Becker, na Alemanha, e que teve no Brasil a adesão de Amílcar de Araújo Falcão.

2. A CONSIDERAÇÃO ECONÔMICA COMO REFLEXO DO MÉTODO TELEOLÓGICO NO DIREITO TRIBUTÁRIO

O uso geral das palavras, ou o uso específico oferecido por outro ramo do direito ou outra disciplina jurídica, se por outros métodos interpretativos este não tiver a aplicação afastada, vão dar ao intérprete, a partir do método literal, uma pluralidade de resultados. A escolha do resultado correto será obtida pela utilização dos métodos histórico, lógico-sistemático e teleológico.

Na era da jurisprudência dos valores, a interpretação teleológica não se prende ao positivismo sociológico que investigava os interesses socias acima do texto da lei, mas, antes, vai buscar os fins e os objetivos da norma a partir da intenção reguladora do legislador, abrindo a interpretação do texto a uma perspectiva valorativa. Sendo o ordenamento legal um instrumento a regular as relações entre as pessoas em sociedade, é natural pesquisar-se o elemento finalístico a ser atingido, estabelecendo uma conexão do procedimento hermenêutico com a realidade social e os princípios éticos-jurídicos.

Por isso, dentre as possibilidades oferecidas pelo sentido literal possível e o contexto significativo da norma, o intérprete deve buscar como resultado, aquele que melhor se coadune a uma *regulação materialmente adequada* ao caso concreto,obtida com base nos fins objetivos do direito, como a "manutenção da paz social e a justa resolução dos litígios, o equilíbrio de uma regulação no sentido da consideração otimizada dos interesses que se encontram em jogo, a proteção dos bens jurídicos e um procedimento judicial justo".[3]

3 LARENZ, Karl. *Metodologia da Ciência do Direito*. Tradução de José Lamego. 3.ed. Lisboa: Fundação Calouste Gulbenkian, 1997, p. 469.

De acordo com a metodologia proposta por Larenz,[4] que resgatou o elemento teleológico dos exageros perpetrados pela jurisprudência dos interesses, o método em estudo se baseia em dois pilares: o das *estruturas materiais* oferecidas pelo *âmbitoda norma* e o dos *princípios ético-jurídicos.* Larenz os chama de critérios teleológico-objetivos porque independem da consciência que o legislador histórico teve de sua existência, por ocasião da elaboração da norma.

Como adverte Friedrch Muller, a norma vai muito além do seu teor literal, não prescindindo da realidade fática, uma vez que seu texto representa, juntamente com o ordenamento jurídico, o *programa da norma.* No entanto, a norma é composta ainda por outro elemento: o *âmbitoda norma,* revelado pelo segmento da realidade social escolhido como seu âmbito de regulação.[5] Por essa razão, a norma não pode ser conhecida sem o exame da realidade fática a que se destina, que determina o significado dos conceitos jurídicos nela contidos,[6] já que nenhuma regra pode regular inteiramente a sua própria aplicação.[7]

Por outro lado, em uma jurisprudência informada pelos valores, os princípios ético-jurídicos antecedem a qualquer regulação; é o que ocorre, em especial com a ideia de justiça, informada pelo valor da igualdade. A adoção de diferentes tratamentos pelo legislador para situações que devam ser valoradas em igual medida, constitui uma contradição valorativa violadora do princípio da isonomia.[8] Evitá-la é obrigação não apenas do legislador, como também do intérprete que, dentro do sentido literal possível e do contento normativo, deve optar pela solução que não resulte em contradição valorativa, muito embora isso nem sempre seja possível.[9]

É que, como bem observa Canaris,[10] enquanto na contradição de normas – assim entendida como duas regras que propõem um comando diferente para a

---

4 *Ibidem.*

5 MÜLLER, Friedrich. *Métodos de Trabalho do Direito Constitucional.* Trad. Peter Naumann. Rio de Janeiro: Renovar, 3. ed., 2005, p. 42: "O teor literal expressa o 'programa da norma", a 'ordem jurídica' tradicionalmente assim compreendida. Pertence adicionalmente à norma, em nível hierárquico igual, o âmbito da norma, i. é, o recorte da realidade social na sua estrutura básica, que o programa da norma 'escolheu' para si ou em parte criou para si com seu âmbito de regulamentação (como amplamente no caso de prescrições referentes à forma e questões similares).

6 WITTGENSTEIN, L. Philosophische Untersuchungen, 1967, nº 43: "Die Bedeutung eines Wortes ist sein Gebrauch in der Sprache", *apud*: KAUFMANN, Arthur. *Filosofía del Derecho.* Trad. Luis Villar Borda e Ana María Montoya. Bogotá: Universidad Externato de Colombia, 1996, p. 204.

7 HABERMAS, Jürgen. *Direito e Democracia – Entre Facticidade e Validade. Vol. I.* Trad. Flávio Beno Siebeneichler. Rio de Janeiro: Tempo Brasileiro, 2003, p. 247: "Um estado de coisas conforme regras só se constitui a partir do momento em que é descrito em conceitos de uma norma a ele aplicada, ao passo que o significado da norma é concretizado pelo fato de ela encontrar aplicação num estado de coisas especificado por regras. Uma norma "abrange" seletivamente uma situação complexa do mundo da vida, sob o aspecto da relevância, ao passo que o estado de coisas por ela constituído jamais esgota o vago conteúdo significativo de uma norma geral, uma vez que também o faz valer de modo seletivo. Essa descrição circular caracteriza um problema metodológico, a ser esclarecido por toda a teoria do direito".

8 CANARIS, Claus-Wilhelm. *Pensamento Sistemático e Conceito de Sistema na Ciência do Direito.* 2.ed. Lisboa: Calouste Gulbenkian, 1996, p. 207.

9 LARENZ, Karl. *Metodologia da Ciência do Direito,* p. 472.

10 CANARIS, Claus-Wilhelm. *Pensamento Sistemático e Conceito de Sistema na Ciência do Direito.* 2.ed. Lisboa: Calouste Gulbenkian, 1996, p. 219.

mesma situação jurídica – há uma contradição lógica, que é inaceitável, devendo ser resolvida pelo afastamento de uma delas, pelos critérios da hierarquia, generalidade e cronologia; na contradição de valores e princípios se dá uma contradição axiológica, que pode vir a ser aceita, mediante a ponderação do valor da igualdade com outro imanente no caso concreto, como o da segurança jurídica. É o que acontece, como adiante veremos, nas regras que vedam o uso da analogia, e na unificação da ordem jurídica internacional.[11]

Assim, como observa Larenz, as contradições valorativas não podem ser eliminadas totalmente, mas de modo aproximativo. Para evitá-las deve o intérprete se socorrer dos princípios ético-jurídicos, sendo necessário examinar até que ponto a regulação legal deixa espaço a um ou outro princípio.[12]

Exemplo de contradição valorativa no direito tributário nos é dado por Adilson Rodrigues Pires.[13] O autor alude ao caso do imposto de renda, tributo que a Constituição Federal, atendendo aos princípios da capacidade contributiva e da igualdade, determina que seja informado pelos subprincípios da generalidade, da universalidade e da progressividade, além da personalização, prevista no art. 145, § 1º. No entanto, a Lei nº 7.713/88 reduziu as antigas dez faixas de alíquota para apenas duas e uma de isenção.

Suprimiu ainda o diploma legal em comento a possibilidade de dedução de várias despesas necessárias à manutenção da fonte, como as de habitação e de aquisição de livros técnicos, e promoveu a redução dos limites relativos a dependentes e gastos com instrução. Ora, leis desse tipo fazem tabula rasa dos princípios e valores constitucionais, levando a contradições axiológicas violadoras da justiça e igualdade tributárias, mas que o Estado brasileiro procura justificar em nome de uma discutível praticidade administrativa.

É que, como bem ressalta Klaus Tipke, a parte da renda que inevitavelmente deve ser gasta com finalidades profissionais ou empresariais não está disponível para o pagamento de imposto, assim como também não está a renda necessária para a manutenção do contribuinte e de seus familiares. Em consequência, não pode a empresa, segundo o festejado tributarista alemão, ser tributada além do seu lucro, pois tal exação contrariaria sua capacidade contributiva.[14] Observa-se que, no Brasil, desde há muito, a legislação tem descurado de tais princípios produzindo normas tributárias que superam a capacidade econômica dos cidadãos.

---

11 Exemplos oferecidos por CANARIS (CANARIS, Claus-Wilhelm. *Pensamento Sistemático e Conceito de Sistema na Ciência do Direito.* 2.ed. Lisboa: Calouste Gulbenkian, 1996, p. 227).

12 LARENZ, Karl. *Metodologia da Ciência do Direito*, p. 475.

13 PIRES. Adilson Rodrigues. *Contradições no Direito Tributário.* (2.ed. Rio de Janeiro: Forense, 1999, p. 58 e 59, onde o autor apresenta vários exemplos de contradições valorativas.

14 TIPKE. TIPKE, Klaus. "Sobre a Unidade da Ordem Jurídica Tributária". *In: SCHOUERI, Luiz Eduardo/ZILVETI, Fernando Aurélio (Coordenadores). Direito Tributário. Estudos em Homenagem a Brandão Machado.* São Paulo: Dialética, 60-70, 1998, p. 65.

Restou demonstrado, a metodologia jurídica de Larenz resgatou o aspecto teleológico da atividade hermenêutica, fundamentando o referido método nas *estruturas materiais do âmbito da norma* e nos *princípios éticos-jurídicos*.

Tais elementos, que são eminentemente valorativos, vão se revelar, no direito tributário, pelo exame do conteúdo econômico, não apenas dos conceitos utilizados pelo legislador, mas também dos fatos tributários previstos na norma.[15]

Esse exame não vai resultar necessariamente na atribuição de um sentido tributário diverso para os conceitos adotados pela lei civil, na definição dos fatos jurídicos tributados, como propunham os causalistas. Mas deverá, partindo do processo hermenêutico comum a todos os ramos do direito, buscar, diante da ausência de univocidade da linguagem jurídica e dentro do sentido literal possível da norma, a finalidade da lei tributária, sempre – embora quase nunca com exclusividade –, vinculada à repartição da carga tributária, de acordo com a capacidade contributiva de cada um.

É que, como já vimos, não é incomum que o legislador utilize conceitos de mesmo significado linguístico para designar situações de conteúdo normativo diverso. Deste modo, a interpretação dos conceitos utilizados mais de uma vez pelo legislador de uma ou várias normas, orienta-se pela função que cada um deles possui no sistema jurídico. São os, chamados por Larenz,[16] conceitos jurídicos determinados pela função.

De acordo com o sentido que Larenz conferiu ao elemento teleológico, o aplicador da lei tributária deverá, na busca da *regulamentação materialmente adequada*, interpretar, inicialmente, a norma abstrata procurando, dentro dos limites da atividade hermenêutica, evitar contradições valorativas pela utilização dos princípios ético-jurídicos, notadamente o da igualdade.

Deste modo, dentro do sentido literal possível da norma, deve o intérprete optar pelo resultado que se coadune com a igualdade, com a generalidade e com a capacidade contributiva, a não ser que da própria norma se extraia uma acepção sugerida por outros princípios a ela imanentes, tais como as soluções baseadas na segurança jurídica e as sugeridas pela extrafiscalidade ou pela praticidade administrativa, a partir de um juízo de ponderação entre os princípios fundados na justiça e aqueles alicerçados nos outros valores objetivados pelo legislador.

E justamente dos princípios da igualdade, da capacidade contributiva e da generalidade, utilizados como parâmetros da interpretação da lei fiscal, vai derivar, segundo Perez de Ayala,[17] o *princípio da luta contra a evasão fiscal*. Em

15 BEISSE, Heinrich. "O Critério Econômico na Interpretação das Leis Tributárias Segundo a Mais Recente Jurisprudência Alemã." *In: Brandão Machado (coord.). Estudos em Homenagem ao Prof. Ruy Barbosa Nogueira*. São Paulo: Saraiva, 1-39, 1984, p. 6.

16 LARENZ, Karl. *Metodologia da Ciência do Direito*, p. 692.

17 PEREZ DE AYALA, Jose Luis. *Derecho Tributario I*. Madrid: Editorial de Derecho Financiero, 1968, p. 114.

consequência, o aplicador, dentro do sentido literal possível, irá optar pelo resultado hermenêutico que não permita ao contribuinte evadir-se da obrigação de pagar o tributo previsto em lei.

Por outro lado, deverá o intérprete atentar para a estrutura material do domínio da norma, que deflui da natureza das coisas. No direito tributário, tal ideia irá permitir ao aplicador a busca do verdadeiro conteúdo econômico do negócio jurídico praticado, independentemente da forma exterior escolhida pelo contribuinte.

Assim, há uma íntima ligação entre o método teleológico – a partir da interpretação dos fatos jurídicos praticados pelo contribuinte, com base na consideração econômica destes, revelada pela estrutura material do âmbito da norma e pelo princípio da luta contra a evasão fiscal e o combate à elisão fiscal abusiva.

Se é verdade que o legislador tributário não pode alterar a natureza do ato praticado pelo contribuinte, não é menos verdade que este também não pode escamotear os efeitos tributários que brotam do ato por ele praticado, por meio da escolha de uma forma jurídica que não se coaduna à sua intenção negocial, aos resultados pretendidos com a prática daquela atividade – em suma, com a realidade econômica subjacente.

Porém, não cabe a associação dessas ideias desenvolvidas pelos tributaristas vinculados à jurisprudência dos valores com as teorias causalistas que predominaram na Alemanha, no início do século XX, inspiradas na jurisprudência dos interesses, como a teoria da *interpretação econômica do fato gerador* com a obra de Enno Becker, autor do anteprojeto do Código Tributário Alemão de 1919,[18] que tem como pano de fundo histórico a Alemanha do período entre as duas Grandes Guerras, marcada pela profunda crise econômica que a arrasou após a Primeira Guerra Mundial e pôs a pique a jovem República de Weimar. Não se deve olvidar que se tratava de um país sem grande tradição liberal, marcado pelos conflitos entre o movimento comunista mais forte da Europa em contraposição ao conservadorismo militar-burocrático, herdeiro do II Reich bismarckiano.[19] No plano constitucional, a crítica à democracia liberal é voz corrente, onde se destaca a obra de Carl Schmitt.[20]

18 O referido diploma, bastante influenciado por essas ideias, assim dispunha em seu art. 4º: "Na interpretação das leis tributárias, devem ser observadas sua finalidade, seu significado econômico e o desenvolvimento das relações". *Apud* LEHNER, Moris. "Considerações Econômicas e Tributação conforme a Capacidade Contributiva. Sobre a Possibilidade de Uma Interpretação Teleológica de Normas com Finalidades Arrecadatórias". In:SCHOUERI, Luiz Eduardo e ZILVETI, Fernando Aurélio (Coordenadores). *Direito Tributário. Estudos em Homenagem a Brandão Machado*. São Paulo: Dialética, 1998, p. 147.

19 ELIAS, Nobert. *Os Alemães – A Luta pelo Poder e a Evolução do Habitus nos Séculos XIX e XX*. Trad. Álvaro Cabral. Rio de Janeiro: Jorge Zahar Editor, 1997, p. 21: "Para entender a ascensão de Hitler ao poder, é importante ter em mente que os grupos que apoiavam a República de Weimar eram, desde o começo, muito restritos".

20 SCHMITT, Carl. *Teoría de la Constitución*. Trad. Francisco Ayala. Madrid: Alianza Editorial. 3. reimpressão da 1 ed. 2001, p. 62: "La tendencia del Estado burgués de Derecho va en sentido de desplazar lo po-

Nesse ambiente de crítica à democracia burguesa, surge espaço para a flexibilização da legalidade com as doutrinas economicistas de Enno Becker e Hensel,[21] que sobrepõem a realidade econômica sobre o fato gerador previsto na lei. Na Itália, a flexibilização da legalidade empolga os causalistas, como Griziotti, Jarach e Vanoni, que, de uma forma ou de outra, vão entronizar a capacidade contributiva como causa do tributo. Com menor intensidade, o fenômeno chega ao Brasil com as obras de Aliomar Baleeiro e Amílcar de Araújo Falcão, que, embora seguidores das teses economicistas, não chegam a romper com a legalidade.[22]

Contudo, esse positivismo economicista, ao flexibilizar a legalidade em nome da ideia de justiça social, acabou, em seu país de origem, sendo presa fácil para o totalitarismo hitlerista, que estabeleceu a tributação de acordo com os ideais no nacional-socialismo, como, por exemplo, a taxação dos judeus em razão dessa condição.

Com a queda do nazi-fascismo, a teoria da interpretação econômica do fato gerador, apesar de ainda sobreviver por alguns anos, mais em função do marasmo ideológico do pensamento alemão diante da perplexidade oriunda das descobertas do Holocausto, dá lugar em meados da década de 1950, a uma retomada formalista a que o Direito Tributário não se mostrou insensível.[23]

Historicamente, a teoria da interpretação econômica do fato gerador foi concebida, primordialmente, como uma regra de interpretação orientada à função de auferir mais receitas. Como salienta Moris Lehner, a norma do Código Alemão de 1919 consistia em regra voltada para a arrecadação.[24] Ao

---

lítico, limitar en una serie de normaciones todas las manifestaciones de la vida del Estado y transformar toda la actividad del Estado en competencias, limitadas en principio, rigurosamente circunscritas".

21 HENSEL, Albert. *Derecho Tributario*. Trad. Andrés Báez, Maria Luisa González-Cuéllar Serrano y Enrique Ortiz Calle. Madrid: Marcial Pons,2005, p. 148-149: " En un campo relativamente cerrado, como es hoy el Derecho tributario, no debería infundir temor, em los supuestos de incursión de un determinado concepto jurídico, la atribución al miesmo de un nuevo significado o la presunción de tal atribución. En especial, el sistema de conceptos del Derecho civil, que tiene como misión la regulación de las relaciones jurídicas entre sujetos de Derecho privado, no puede ni debe ser aplicado de manera igual en sus eventuales consecuencias tributarias. Esto puede dar un margen a los órganos administrativos que aplican la norma para, em la interpretación de las leyes tributarias, apoyarse em el núcleo económico de la relación vital al realizar la subsunción em el presupuesto de hecho , trascendiendo la configuración jurídica exterior de las partes".

22 RIBEIRO, Ricardo Lodi. *Justiça, Interpretação e Elisão Tributária*. Rio de Janeiro: Lumen Juris, 2003, p. 58.

23 A discussão e a promulgação do nosso Código Tributário Nacional num período de transição entre a influência, no Brasil, da teoria da interpretação econômica e a retomada formalista explica, em parte, suas insuperáveis contradições no que tange à interpretação da lei tributária. O atraso na chegada ao nosso país, naquela época, das idéias jurídicas estrangeiras explica o caráter tardio que marcou por aqui a influência das duas tendências, uma vez que, entre nós, o economicismo causalista ganhou sobrevida, embalado pelo keynesianismo desenvolvimentista, demorando dar lugar ao formalismo kelseniano, que chega ao Brasil nos anos de 1970, quando a retomada formalista na Europa e nos Estados Unidos já cedia espaço para a virada kantiana. Por aqui, o formalismo jurídico, que até hoje predomina na visão de grande parte da doutrina tributária, começou a ser superado nas searas constitucionalistas e administrativistas a partir da promulgação da Constituição de 1988.

24 Moris Lehner reproduz uma citação de Enno Becker, onde fica clara a associação que o autor do anteprojeto de Código Tributário Alemão de 1919 faz entre os interesses da arrecadação e a interpretação

contrário, a utilização, nos dias atuais, do critério econômico como decorrência do aspecto teleológico, não deriva de uma preocupação arrecadatória, mas de uma apreciação baseada nos valores da igualdade e da justiça.

No entanto, se o Código Tributário Alemão de 1919 consagrava, expressamente, a teoria da consideração econômica, a não previsão de dispositivo análogo no código de 1977 não impediu a apreciação do critério econômico na interpretação da lei tributária daquele país, como assinalam Lehner[25] e Beisse,[26] uma vez que o correto procedimento hermenêutico não depende de regras codificadas.[27]

Desta forma, o traço fundamental de distinção entre a teoria da consideração econômica do fato gerador desenvolvida por Enno Becker e o exame do critério econômico realizado no âmbito da interpretação teleológica, encontra-se nos limites da atividade hermenêutica da metodologia de Larenz. Enquanto Becker e seus seguidores se inclinavam, como observou Beisse,[28] para a livre criação do direito, sem vinculação estreita com a lei,[29] os seguidores da concepção hoje dominante na Alemanha, como se verifica nas obras de Tipke, de Vogel, de Lehner e do próprio Beisse, encontram no sentido literal possível da norma um limite à atividade de interpretação.

E é a partir do sentido literal possível das palavras utilizadas pelo legislador que podemos pesquisar a influência das acepções já utilizadas pelo direito civil, e que são encontradas na legislação tributária. Assim, Beisse, a partir da metodologia de Larenz e das decisões do Tribunal Federal de Finanças da Alemanha, estabeleceu uma sistemática cuja aplicabilidade traz benefícios ao

econômica: "Diante da importância para a coletividade do procedimento da tributação", seria "um requisito de primeiríssima ordem que, pouco importando a forma escolhida pelas partes, (...) ou a roupagem de qualquer caso, fosse encontrada, pelo imposto, seu significado econômico (...) A valorização da situação fática conforme seu significado econômico e a interpretação da lei tributária conforme sua finalidade se encontram em casos como esses". (LEHNER, Moris. "Considerações Econômicas e Tributação conforme a Capacidade Contributiva. Sobre a possibilidade de Uma Interpretação Teleológica de Normas com Finalidades Arrecadatórias", p. 147 e 148).

25 LEHNER, Moris. "Considerações Econômicas e Tributação conforme a Capacidade Contributiva. Sobre a possibilidade de Uma Interpretação Teleológica de Normas com Finalidades Arrecadatórias", p. 148.

26 BEISSE, Heinrich. "O Critério Econômico na Interpretação das Leis Tributárias Segundo a Mais Recente Jurisprudência Alemã.", p. 6.

27 PEREZ DE AYALA. *Derecho Tributário*, p 119.

28 BEISSE, Heinrich. "O Critério Econômico na Interpretação das Leis Tributárias Segundo a Mais Recente Jurisprudência Alemã.", p. 21.

29 Na doutrina italiana funcionalista, representada especialmente pelos autores da Escola de Pavia, também predominou uma tendência que se caracterizou por não enxergar na lei um limite à atividade hermenêutica. Nesse sentido, é emblemática a posição de Ezio Vanoni: "Quando o intérprete pesquisa a vontade da lei, ainda que vá além da vontade dos órgãos legislativos que elaboraram a norma, não cria direito, mas atribui à lei todo o valor, que o ambiente no qual se movimenta lhe confere. Desta maneira, a extensão da lei tributária a hipóteses não expressamente previstas por ele, quando ocorra segundo as regras jurídicas e lógicas de interpretação que temos mencionado, não pode contrariar a disposição do art. 30 da Constituição, porque essa extensão não representa a criação de um novo tributo, mas a integral realização da norma tributária." (VANONI, Ezio. *Natureza e Interpretação das Leis Tributárias*. Tradução: Rubens Gomes de Sousa. Rio de Janeiro: Edições Financeiras, 1952, p. 189).

tema da relação do direito tributário com o direito civil, não só para aquele país, mas também para outros sistemas jurídicos, como o nosso, a despeito das inócuas regras do CTN brasileiro. Assim, segundo Beisse, a interpretação dos conceitos de direito tributário segue três princípios:

Conceitos econômicos de direito tributário criados pelo legislador tributário, ou por ele convertidos para os seus objetivos, devem ser interpretados segundo critério econômico. É exemplo desta modalidade, em nossa legislação pátria, a expressão *renda e proventos de qualquer natureza*, que não é encontrada no direito civil, sendo inteiramente delineada pelo legislador tributário, na Constituição Federal, no CTN, e na legislação ordinária.

Conceitos de direito civil devem ser interpretados, dentro do sentido literal possível, economicamente, quando o objetivo da lei tributária impõe, de forma objetivamente justificada, um desvio do conteúdo do conceito de direito privado, em nome do princípio da igualdade, que poderia ser violado por meio de uma interpretação civilística da expressão legal. Serve mais uma vez como exemplo a expressão *empregadores*, contida no artigo 195 da Constituição Federal, para definir os contribuintes das contribuições da seguridade social, que não tem a concepção do direito do trabalho, abarcando empresas que não mantém empregados próprios.[30]

Conceitos de direito civil devem ser interpretados de acordo com a definição contida na legislação civil quando, conforme o sentido e o objetivo da lei tributária, se tem certeza de que o legislador cogitou exatamente do conceito de direito privado. Da mesma forma, quando o sentido literal possível da norma tributária não confere outra possibilidade senão aquela oferecida pela lei civil. A definição do fato gerador do ITR constitui exemplo bem ilustrativo desta categoria jurídica. De fato, do próprio texto da lei, se extrai que será tributada a propriedade imóvel por natureza, conforme definida na lei civil.[31]

Ricardo Lobo Torres, em lição que não discrepa da sistemática de Beisse, sustenta que a interpretação será mais ou menos vinculada ao critério econômico, de acordo com o tributo em exame. Assim, os impostos sobre a propriedade se baseiam numa interpretação que preserva os conceitos de direito privado; já os impostos sobre a renda e o consumo, por se constituírem de conceitos tecnológicos ou elaborados pelo próprio direito tributário, melhor se abrem à interpretação econômica.[32]

Como é sabido, o objetivo da lei de incidência é a identificação da manifestação de riqueza capaz de suportar determinado quinhão do custeio das despesas públicas. Deste modo, mais do que a forma jurídica adotada, o operador do direito tributário deve se preocupar com a essência econômica

30 No sentido do texto foi a interpretação autêntica do dispositivo pela EC nº 20/98, que equiparou aos empregadores às empresas e entidades assemelhadas.

31 Artigo 29, do Código Tributário Nacional.

32 TORRES, Ricardo Lobo. *Normas de Interpretação e Integração do Direito Tributário*, p. 206.

efetivamente praticada. Não é outra a posição de Tipke: "Juristas não raro se equivocam, no direito tributário, quando tomam por *bem tributável* o pressuposto técnico-jurídico, em lugar do pressuposto econômico-tributário."[33]

Portanto, num sistema jurídico orientado por valores, e donde deriva a consequente necessidade do intérprete evitar contradições valorativas, a acepção econômica há que prevalecer, em caso de dúvida, sobre a interpretação civilística.[34] A essa afirmação não deve ser oposto o princípio da unidade da ordem jurídica, uma vez que esta não é realizada pelo primado do direito civil.[35] Ademais, a ideia de unidade do sistema jurídico repousa muito mais no plano axiológico do que no linguístico, não havendo portanto qualquer óbice para que determinada palavra tenha um sentido diferente no direito tributário.

3. A INTERPRETAÇÃO DA LEI TRIBUTÁRIA NO BRASIL

A aceitação no Brasil das doutrinas causalistas baseadas na jurisprudência dos interesses, que desaguaram a teoria da interpretação econômica do fato gerador, nunca foi integral. Embora a teoria da interpretação econômica do fato gerador tenha tido em Amílcar Falcão um seguidor, e a tese causalista da capacidade contributiva tenha encontrado apoio em Aliomar Baleeiro, tais ideias nunca penetraram em nosso país com a radicalidade verificada nos ordenamentos de seus precursores.

De fato, a teoria da consideração econômica do fato gerador na obra de Falcão não chegou aos extremos verificados na Alemanha, com o afastamento da legalidade e a confusão entre as ideias de capacidade contributiva e da busca do aumento da arrecadação. Segundo Falcão,[36] a interpretação econômica se daria diante da atipicidade da forma jurídica adotada pelo contribuinte com a finalidade exclusiva de evitar o fato gerador, a partir da prática de ato com os mesmos efeitos econômicos daquele descrito pela lei. Na verdade, o pensamento de Falcão se aproxima muito mais das ideias hoje defendidas pelos juristas pós-positivistas do que com os seguidores da escola funcionalista, o que denota a modernidade, ainda nos dias atuais, da obra do autor brasileiro.

Por outro lado, Baleeiro, ao adotar as teorias causalistas, não descurou no respeito à legalidade tributária como limite à ação do aplicador da lei em busca do princípio da capacidade contributiva – principal equívoco incorrido pelos juristas da *Escola de Pavia*.

---

33 TIPKE, Klaus. Princípio da Igualdade e a Idéia de Sistema no Direito Tributário". In: BRANDÃO MACHADO (coord.). *Estudos em Homenagem ao Prof. Ruy Barbosa Nogueira*. São Paulo: Saraiva, 517-527, 1984, p. 522.

34 BEISSE, Heinrich. "O Critério Econômico na Interpretação das Leis Tributárias Segundo a Mais Recente Jurisprudência Alemã.", p. 23.

35 *Ibidem*, p. 37.

36 FALCÃO, Amílcar de Araújo. *Fato Gerador da Obrigação Tributária*. 4.ed. Anotada e atualizada por Geraldo Ataliba. São Paulo: Revista dos Tribunais, 1977, p. 71.

Em nosso país, ao contrário, os problemas relativos à interpretação da lei tributária se devem, em grande parte, ao positivismo formalista de nossa doutrina, o que acabou por influenciar nossa legislação, em especial o CTN, que, no capítulo relativo à interpretação da lei tributária, cria regras que se chocam, determinando a adoção de métodos hermenêuticos apriorísticos. E o que é pior: métodos inteiramente contraditórios, sendo reivindicados tanto pelos formalistas, defensores de uma interpretação civilística, como pelos seguidores da teoria da interpretação econômica do fato gerador, como apontado por Ricardo Lobo Torres.[37]

De fato, a primeira parte do artigo 109 do CTN parece optar por uma interpretação civilística, ao determinar que os princípios gerais do direito privado são utilizados para a pesquisa da definição, do conteúdo e do alcance de seus institutos, conceitos e formas. Mas sugere conclusão diversa, que acena para o critério econômico, ao estabelecer que os efeitos tributários de tais institutos podem ser definidos pela lei tributária.

Qualquer conclusão fica ainda mais tormentosa, se interpretarmos a referida norma juntamente com o art. 110 do CTN, segundo o qual a lei tributária não pode alterar a definição, conteúdo e o alcance de institutos, conceitos e formas de direito privado, utilizados, expressa ou implicitamente, pela Constituição Federal, dos Estados e Leis Orgânicas do Distrito Federal e dos Municípios, para definir ou limitar competências tributárias. Assim, num primeiro momento, a norma parece optar pela orientação civilista. Mas limitando sua disciplina aos conceitos constitucionais, o art. 110 não estaria autorizando o critério econômico para os demais casos? A resposta é complicada. Os dois artigos são dúbios, contraditórios e inúteis, na medida em que nada contribuem para o intérprete da lei tributária.[38]

Por sua vez, o artigo 118 esvazia a possibilidade de uma interpretação civilística, ao desconsiderar, na interpretação do fato gerador, a validade jurídica dos atos efetivamente praticados e de seus efeitos efetivamente ocorridos. Nota-se que o dispositivo revela-se dispensável, como quase todas as normas interpretativas, uma vez que a consideração econômica deriva dos princípios ético-jurídicos e da natureza dos atos econômicos praticados pelo contribuinte.

Se o citado artigo tem um mérito, é o de desautorizar a teoria, dominante entre a nossa doutrina positivista, de prevalência da forma jurídica sobre a essência econômica do fato jurídico escolhido pelo legislador como hipótese de incidência tributária.

Porém, deve ser evitado o entendimento, que poderia brotar do exame exclusivamente literal do dispositivo em comento, segundo a qual, a ocorrência

37 Segundo TORRES: "O art. 109 do CTN é ambíguo e contraditório, pois pretende hierarquizar métodos de interpretação de igual peso, sem optar com clareza pelo sistemático ou pelo teleológico. Demais disso, mistura posições teóricas divergentes, se filia a correntes doutrinárias conflitantes e emburilha as conseqüências das opções metodológicas, confundindo as relações entre o Direito Tributário e o Privado e entre diversas fontes do Direito." (TORRES, Ricardo Lobo. *Normas de Interpretação e Integração do Direito Tributário*, p. 188).

38 *Ibidem*, p. 197.

do fato gerador não depende da eficácia do negócio jurídico (resultados efetivamente ocorridos). Se a forma jurídica não é relevante, a ponto de ser tributável o ato ilícito ou inválido, do ponto de vista do direito civil ou comercial, o mesmo não se pode dizer do ato ineficaz.

É que a ineficácia do ato não se prende necessariamente à sua invalidade ou ilicitude, uma vez que a produção de efeitos poderá se dar a despeito de sua irregularidade jurídica, devendo ser tributado, na forma do art. 108, já que ocorrido o fato gerador. No entanto, se a invalidade do ato evita a sua produção de efeitos no mundo fático, não ocorre o fato gerador, inexistindo capacidade contributiva a ser tributada.

Como bem observa Ricardo Lobo Torres, a disciplina do art. 118 do CTN é despicienda, já que a solução por ele proposta deriva dos próprios princípios da legalidade e da capacidade contributiva.[39]

No entanto, como a atividade hermenêutica, atividade do espírito humano que é, não se vincula a regras interpretativas, há quase consenso, nos meios jurídicos tributários quanto à inserção da norma fiscal no ordenamento jurídico geral, e em consequência, à necessidade de superação de uma forma peculiar de interpretar a lei tributária, a despeito das regras interpretativas previstas no CTN.

O passo seguinte será, portanto, a consolidação entre os operadores e estudiosos do direito tributário brasileiro, de uma tendência, ainda muito incipiente nesse início de século XXI, valorizadora do tema da justiça para a defesa do direito do contribuinte, não só sob uma perspectiva individual, para principalmente com vistas à criação de um sistema tributário nacional efetivamente justo.

Reflexo dessa tendência, empurrada pelo princípio da transparência, é a adoção, em nosso país, de medidas já consagradas em várias nações como as cláusulas antielisivas, a flexibilização do sigilo bancário e o fortalecimento dos direitos dos contribuintes como contrapartida às novas armas obtidas pela Administração Tributária.[40]

Por outro lado, a despeito de termos defendido ao longo desse trabalho que o princípio da legalidade tributária não apresenta as singularidades apontadas pela doutrina pátria, e que a interpretação tributária se dá de acordo com a mesma metodologia aplicável aos demais ramos do direito, é forçoso reconhecer um outro dado, que não deriva do CTN, mas da Constituição Federal, e que caracteriza a interpretação da lei tributária no Brasil.

É que, a partir do elemento lógico-sistemático, torna-se fácil compreender que o fato gerador da lei tributária, fixado em lei ordinária,[41] deve se adequar

---

39 *Ibidem*, p. 270.

40 TORRES, Ricardo Lobo. "Princípio da Transparência Fiscal". *Revista de Direito Tributário* 79: 7.

41 Salvo nos casos de empréstimo compulsório (art. 148, CF), de imposto sobre grandes fortunas (art. 153, VI, CF) e de tributos residuais (art. 154, I, e art. 195, § 4º, ambos da CF), em que sendo a lei de incidência uma lei complementar, esta é que deverá definir o fato gerador.

ao dispositivo constitucional, que confere competência à União, Estados, Distrito Federal e Municípios para instituir tributos, e à lei de normas gerais de direito tributário (CTN), bem como, em relação aos impostos, à lei complementar definidora do fato gerador, da base de cálculo e dos contribuintes.[42]

Aqui sim, temos uma peculiaridade brasileira que, embora esteja longe de ter os efeitos apontados pelos formalistas, deriva de uma repartição constitucional de competências tributárias bastante detalhada e da figura uniformizadora da lei complementar.

Se essas singularidades não impõem uma tipicidade fechada ou um maior peso à segurança jurídica em sua ponderação com a justiça, ao menos recomendam, ao aplicador, uma maior cautela no manejo do método lógico-sistemático, a fim de interpretar o fato gerador do imposto de acordo com a lei complementar definidora do fato gerador, da base de cálculo e dos contribuintes, bem como com o dispositivo constitucional definidor da competência tributária.

4. A INTERPRETAÇÃO DAS NORMAS ISENCIONAIS

Após termos verificado que as normas de incidência tributária, não constituindo comandos odiosos, devem ser interpretadas como qualquer outra, observado o sentido literal possível do texto – o que vai permitir inclusive a sua interpretação extensiva –, cabe examinar se a mesma ideia é válida em relação à norma que concede isenção.

De acordo com a doutrina mais antiga, na esteira de Rubens Gomes de Sousa,[43] a isenção se traduziria na dispensa legal do pagamento do tributo. Logo, o fato gerador ocorreria, mas a lei dispensaria o pagamento. Essa corrente, apesar dos seus fracos arcabouços teóricos[44], acabou por consagrada pelo verbete nº 615 da súmula do STF.

No entanto, prevalece hoje na doutrina a corrente que defende ser a isenção uma não incidência legalmente qualificada, o que pressupõe a ocorrência do fato gerador, conforme sustentou Souto Maior Borges.[45]

De acordo com Flávio Bauer Novelli,[46] a relação entre a lei de isenção e a lei de incidência, é uma relação de especialidade. No caso, a lei de incidência é a regra geral, que vai se aplicar a todos os casos; já a lei de isenção é a lei especial, que vai ser aplicada a determinado caso. Assim, prevalecerá a lei específica sobre a lei geral, ocorrendo, portanto, o fenômeno da derrogação, e não o da revogação.

---

42 Art. 146, III, *a*, da Constituição Federal.

43 SOUSA, Rubens Gomes. Compêndio de Legislação Tributária. São Paulo: Resenha Tributária, 1975, p. 97.

44 *Para uma contundente, mas procedente, crítica à tese de Rubens Gomes de Sousa sobre o conceito de isenção: NOVELLI, Flávio Bauer. "Anualidade e Anterioridade na Constituição de 1988".* Revista de Direito Tributário 51*: 62-88, 1990, p. 68.*

45 BORGES, José Souto Maior. *Teoria Geral da Isenção Tributária.* 3. ed. São Paulo: Malheiros, 2001, p. 155.

46 NOVELLI. Flávio Bauer. "Anualidade e Anterioridade na Constituição de 1988", p. 68.

Tendo sido demonstrado o caráter específico da lei de isenção, resta saber se às leis especiais se dirige uma interpretação restritiva, como muitos sustentam.[47]

De acordo com Larenz, a ideia de que a norma excepcional deve ser interpretada restritivamente merece reservas, pois a regra especial se traduz em uma derrogação da regra geral em relação a determinados casos, cuja aplicação pareceu ao legislador pouco prática ou oportuna.[48] A possibilidade de extensão dessa disciplina especial a outras situações contidas na franja marginal do conceito será revelada pelo processo hermenêutico, de acordo com o princípio da igualdade e da capacidade contributiva.

Como assevera Vanoni, "na interpretação das normas tributárias excepcionais, da mesma forma que na interpretação das normas tributárias gerais, o intérprete deve unicamente procurar por em relevo a vontade da lei, sem se preocupar com saber se, assim fazendo, ultrapassa as palavras da norma, ou se atribui ao preceito um alcance mais restrito que aquele que a fórmula pudesse admitir."[49]

Deste modo, não há qualquer óbice a uma interpretação extensiva da lei de isenção, desde que esta, como atividade hermenêutica que é, não transmute o propósito regulador do legislador.[50]

Nesse sentido, deve ser compreendida a regra contida no artigo 111, II, do CTN, segundo a qual as leis de isenção devem ser interpretadas literalmente. Não se pode daí procurar extrair a opção exclusiva pelo o método literal,[51] pois nenhum processo hermenêutico pode a ele se limitar. Também não é lícito compreender a expressão *literalmente* como se fosse *restritivamente*, não só pelas razões expostas a partir dos argumentos de Larenz, mas também porque a interpretação restritiva fica aquém das possibilidades oferecidas pela literalidade da norma.

Na verdade, o dispositivo em tela tem o condão de vedar a integração da norma de isenção, ao limitar a atividade de seu o aplicador ao sentido literal possível. Ou seja, sendo a literalidade do texto um limite da interpretação, o dispositivo do art. 111, II, do CTN, ao prescrever a interpretação literal, está afastando a analogia, que ultrapassa o sentido literal possível, prestigiando o valor da segurança jurídica.[52] Em que medida são válidas e eficazes as normas

47 Por todos: MAXIMILIANO, Carlos. *Hermenêutica e Aplicação do Direito.* 11.ed. Rio de Janeiro: Forense, 1991, p. 225.

48 LARENZ, Karl. *Metodologia da Ciência do Direito*, p. 502.

49 VANONI, Ezio. *Natureza e Interpretação das Leis Tributárias.* Tradução: Rubens Gomes de Sousa. Rio de Janeiro: Edições Financeiras, 1952., p. 321.

50 LARENZ, Karl. *Metodologia da Ciência do Direito,* p. 503.

51 BORGES, José Souto Maior. *Teoria Geral da Isenção Tributária*, p.131.

52 Nesse sentido, TORRES, Ricardo Lobo. *Normas de Interpretação e Integração do Direito Tributário*, p. 242.

que vedam o uso da analogia, constitui uma indagação a ser respondida no item seguinte.

5. A VEDAÇÃO DA ANALOGIA

Embora o estudo da analogia extrapole o âmbito desse trabalho, já que se insere entre as modalidades de integração da lei tributária, não podemos nos furtar, ainda que sucintamente, a examinar as normas do CTN que vedam o uso desse método de integração em relação à norma de incidência e à de isenção, temas umbilicalmente ligados à interpretação da lei tributária.

No trato do tema, partiremos da ideia, extraída da metodologia de Larenz,[53] de que a analogia se traduz no preenchimento de lacuna contrária ao plano do legislador, a partir da transposição de uma regra, prevista na lei para a hipótese legal (A), para uma outra hipótese (B), que guarda com a primeira uma identidade valorativa, como decorrência do princípio da igualdade. Observe-se que as duas hipóteses não guardam semelhanças em todos os aspectos, caso em que não seriam análogas, mais iguais. Mas devem concordar precisamente nos aspectos decisivos para a valoração jurídica.

No direito tributário é, até hoje, dominante a doutrina, aqui e alhures, que enxerga no princípio da legalidade tributária e no valor da segurança jurídica óbices instransponíveis ao uso da analogia gravosa, ou seja, na aplicação da lei de incidência a uma situação não inserida dentro do seu sentido literal possível.[54]

No entanto, na Alemanha, desde o início da década de 80, a doutrina, ainda que de forma não unissonante, tem admitido o uso da analogia gravosa, reconhecendo as dificuldades de se promover a distinção entre a interpretação extensiva e a analogia. Admitindo-a como método de integração da lei de incidência, Tipke[55] afirma que o recurso à analogia decorre dos princípios da igualdade e da capacidade contributiva e nega que seu uso contrarie o princípio da legalidade, porque "efetiva a vontade do legislador manipulada de maneira imperfeita e com lacunas no texto da lei." No entanto, o Catedrático Emérito de Colônia adverte que, em nome da segurança jurídica, a analogia só é lícita quando a lacuna e o princípio suscetível de aplicação analógica possam ser reconhecidos com segurança, pois, caso contrário, deve se decidir contra o fisco.[56]

---

53 LARENZ, Karl. *Metodologia da Ciência do Direito*, p. 541.

54 Por todos os autores que sustentam ser a analogia gravosa vedada pelo princípio da legalidade, vide FERRERO LAPATZA ("La Interpretacion en el Derecho Financiero Especial Referencia al Derecho Tributario". *Revista de Direito Tributário* 51: 7-20, p. 9) e, entre nós: FALCÃO, Amílcar de Araújo. *Introdução ao Direito Tributário*. 3.ed. Atualizada por Flávio Bauer Novelli. Rio de Janeiro: Forense, 1987, p. 84. Vozes dissonantes na doutrina foram Enno Becker (*apud* VANONI, Ezio. *Natureza e Interpretação das Leis Tributárias*, p. 206) e, com menos radicalidade, o próprio Ezio Vanoni (*Ibidem.*, p. 329), que aceitaram a analogia gravosa.

55 TIPKE, Klaus. "Limites da Integração em Direito Tributário". *In: Ruy Barbosa Nogueira (org.). Direito Tributário Atual Vol. 3.* São Paulo Resenha Tributária, 505-525, 1983, p. 521.

56 *Ibidem*, p. 522.

Como se vê, a vedação da analogia gravosa, que era dogma há algum tempo, começa a ser questionada pela doutrina moderna, não havendo mais consenso entre os autores. No entanto, a despeito da controvérsia, duas conclusões se revelam claras. A primeira é a de que a vedação da analogia não é, como demonstrou Tipke, uma decorrência automática da previsão constitucional do princípio da legalidade tributária. Assim, a sua existência depende de norma expressa.

A segunda conclusão é a de que, a despeito de não haver vedação constitucional ao uso da analogia gravosa no direito tributário, não há óbice a que a legislação infraconstitucional, prestigiando o valor da segurança jurídica, a estabeleça.

Essa última conclusão resta fortalecida pelas lições de Larenz,[57] que ressalvam as regras proibitivas do uso da analogia, no que tange à ineficácia das regras interpretativas. De acordo com Canaris,[58] tais vedações representam um limite válido, baseado na segurança jurídica, à eliminação das contradições valorativas.

É de se observar que os próprios defensores da analogia gravosa no direito tributário e da sua compatibilidade com o princípio da legalidade, como Tipke[59] e Vanoni,[60] admitem a possibilidade de sua vedação pela lei de cada país.

Nesse sentido, não há obstáculo constitucional ou metodológico para que nosso Código Tributário Nacional vede o uso da analogia, não só para a regra de incidência – o que é por ele efetivado no § 1º do art. 108 –, como também para a regra de isenção, tarefa levada a cabo pelo art. 111, II. No entanto, enquanto no primeiro caso a vedação se dá exclusivamente com base no dispositivo do CTN, não derivando da Constituição ou da natureza das coisas, no segundo, a proibição da integração analógica é uma decorrência metodológica. Afinal, sendo a regra de isenção uma exceção à regra de incidência, a não ocorrência da situação configurada daquela norma não revelará uma lacuna. É que a não inclusão da situação jurídica em exame no campo normativo na lei de isenção, a manterá inserida na esfera legal da regra de incidência.[61]

Contudo, a despeito da impossibilidade dogmática da utilização da analogia nas leis de incidência e de isenção, é forçoso reconhecer a dificuldade prática de distinguir tais hipóteses daquelas em que se admite o uso da interpretação extensiva, o que, de certa forma, esvazia a vedação. Na verdade, muitos juízes e doutrinadores, diante da vedação à analogia, procuram transformar artificialmente um raciocínio nitidamente analógico em interpretação

57 LARENZ, Karl. *Metodologia da Ciência do Direito*, p. 455.

58 CANARIS, Claus-Wilhelm. *Pensamento Sistemático e Conceito de Sistema na Ciência do Direito*, p. 212.

59 TIPKE, Klaus. "Limites da Integração em Direito Tributário", p. 556.

60 VANONI, Ezio. *Natureza e Interpretação das Leis Tributárias*, p. 336.

61 O texto diverge da posição de LARENZ (LARENZ, Karl. *Metodologia da Ciência do Direito*, p. 503), que admite o uso de analogia nas normas especiais, desde que não desnature a intenção reguladora da norma geral.

extensiva, dada a imprecisão quanto à exatidão da fronteira que separa a franja marginal do conceito utilizado pelo legislador das acepções que ultrapassam o sentido possível do texto.

6. CONCLUSÕES

Ao longo de todo este estudo, procurou-se demonstrar que o ideal de justiça tributária não se limita a uma mera figura de retórica a ilustrar o discurso do legislador constituinte. Ao contrário, a justiça é o valor que, ao lado da segurança jurídica, deve alicerçar todo o ordenamento jurídico.

Esse ideal de justiça vai se realizar, não pela fixação de regras de ouro, mas por meio da abertura do direito tributário aos valores e princípios da igualdade, da capacidade contributiva e da generalidade, a partir de uma interpretação, que longe de se basear em premissas preestabelecidas, vai dar efetividade a esse arcabouço axiológico.

Como fica claro no decorrer do presente trabalho, o ideal de justiça fiscal e a efetividade do princípio da capacidade contributiva não vão se revelar apenas pela adequada configuração legal do fato gerador da lei tributária, vista no plano abstrato da norma. Ao contrário, o triunfo de tais ideias passa necessariamente pelo resgate ético da vida tributária nacional, a partir de um eficaz combate não só à evasão fiscal, mas principalmente à elisão desarrazoada, praticada por meio do abuso de direito, em suas mais variadas nuances. Tal combate pode ser efetivado por meio da atividade hermenêutica, e ainda da atividade legislativa que promova o fechamento das brechas legais e estabeleça cláusulas antielisivas.

Tais conclusões se baseiam em várias proposições defendidas ao longo deste trabalho, em especial nas seguintes ideias, abaixo relacionadas.

Estão superadas historicamente as teses, desenvolvidas pela doutrina formalista, herdeira da jurisprudência dos conceitos, de que a segurança jurídica constitui um valor absoluto a informar o direito tributário.

Por outro lado, estão igualmente superadas as teorias causalistas, influenciadas pela jurisprudência dos interesses, de afastamento da legalidade em nome de uma ideia de capacidade contributiva, vinculada aos interesses arrecadatórios.

Predomina, hoje, uma tendência à ponderação da legalidade com a capacidade contributiva, a partir de uma interpretação mais aberta aos valores e princípios, como os da justiça, da igualdade e da segurança jurídica.

A interpretação da lei tributária, hoje, não se baseia em critérios apriorísticos, sejam eles favoráveis ao fisco ou ao contribuinte, mas na metodologia pluralista extraída da teoria geral do direito.

Modernamente, a interpretação jurídica se abre aos princípios e valores, e baseia-se numa metodologia que não dispensa o estudo do sentido literal das palavras contidas na lei, representando este o início da atividade hermenêutica, e também o seu limite.

O método teleológico busca os fins e objetivos da lei, baseia-se na regulação materialmente adequada ao caso concreto, a partir das estruturas materiais oferecidas pelo âmbito da norma e pelos princípios ético-jurídicos imanentes ao caso concreto.

No direito tributário, o método teleológico se manifesta pela intenção do legislador de repartir a carga tributária, de acordo com a capacidade contributiva; assim, as estruturas materiais oferecidas pelo domínio da norma vão revelar a realidade econômica subjacente à forma jurídica.

Por sua vez, os princípios ético-jurídicos vão subordinar a interpretação aos princípios da isonomia, da generalidade e da capacidade contributiva. E a partir dessas ideias, surge o princípio da luta contra a evasão fiscal.

A partir do sentido literal possível da norma, pode-se pesquisar a influência da definição e conceito oferecidos pelo direito civil, para os negócios praticados pelo contribuinte.

Deste modo, os conceitos criados pelo legislador tributário, ou por ele convertidos para seus objetivos, devem ser interpretados de acordo com o critério econômico.

Os conceitos de direito civil também são interpretados economicamente quando o direito tributário promove o seu desvio em nome do princípio da igualdade.

Os conceitos de direito civil têm suas acepções preservadas quando há certeza de que o legislador tributário cogitou esse sentido.

O princípio da unidade da ordem jurídica não se efetiva pelo primado do direito civil, mas depende, antes de tudo, da compreensão do sentido da norma pela utilização de todos os métodos interpretativos.

No nosso Código Tributário Nacional convivem regras inócuas e contraditórias sobre interpretação, sendo reivindicadas tanto pelos formalistas como pelos causalistas.

Na interpretação das normas isencionais não há óbice à interpretação extensiva, mas à integração analógica.

A vedação ao uso da analogia não decorre do princípio da legalidade e nem de qualquer dispositivo constitucional, mas, tão somente, do artigo 108, § 1º do CTN.

Diálogo Constitucional no Direito Tributário Brasileiro

Gustavo da Gama Vital de Oliveira[1]

Sumário: 1. Introdução. 2. A teoria do diálogo constitucional. 3. Correção legislativa da jurisprudência e supremacia judicial no Direito Tributário Brasileiro. 4. A correção legislativa da jurisprudência no Direito Constitucional Tributário brasileiro. 4.1. A ECno 20/1998 e o art. 195, inc. I da CRFB/1988. 4.2. A EC no 29/2000 e a progressividade fiscal do IPTU. 4.3. A EC no 33/2001 e o ICMS na importação por pessoa física e pelo não contribuinte de ICMS. 5. Conclusões

1. INTRODUÇÃO

Umas das diversas contribuições relevantes do grande professor Ricardo Lobo Torres ao Direito Público brasileiro, em especial ao Direito Tributário, foi estudar ainda na década de 1990 as constantes interações entre a interpretação judicial e a atividade legislativa.[2]

Umas das modalidades mais comuns da referida interação é a correção legislativa da jurisprudência. Na lição de Ricardo Lobo Torres, a correção legislativa da jurisprudência

> [...] dá-se através de emenda constitucional, lei complementar ou lei ordinária. Implica: a) o radical repúdio à interpretação judicial, pela edição de norma intencionalmente contrastante com a jurisprudência; b) a retificação da norma anterior que, por ambigüidade ou falta de clareza, tenha levado o Judiciário a adotar interpretação incompatível com os pressupostos doutrinários da matéria.[3]

A correção legislativa da jurisprudência mantém estreita relação com o tema do novo dimensionamento que o princípio clássico da separação de poderes vem recebendo da filosofia política contemporânea, podendo ser

---

1 Mestre e Doutor em Direito Público pela UERJ. Professor-Adjunto de Direito Financeiro e Tributário na graduação, mestrado e doutorado da UERJ. Procurador do Município do Rio de Janeiro. Advogado.

2 TORRES, Ricardo Lobo. A interação entre a lei e a jurisprudência em matéria tributária. *Revista dos Tribunais - Cadernos de Direito Tributário e Financeiro*, v. 3, p. 7-20, 1993.

3 Torres, Ricardo Lobo. *Tratado de direito constitucional financeiro e tributário*, v. II. Rio de Janeiro: Renovar, 2005, p. 447-448.

considerada uma das facetas do sistema de freios e contrapesos, ideia que permeia a moderna definição da separação de poderes.

A soma de todos os aspectos descritos acima com outro, específico da realidade constitucional brasileira – a extensão exagerada da Constituição da República Federativa do Brasil de 1988 (CRFB/1988) –, não torna difícil a tarefa de explicar os motivos que levam a correção legislativa da jurisprudência a ser fenômeno tão comum no Brasil. Se o Judiciário está autorizado a exercer o controle de constitucionalidade de leis com base em prescrições constitucionais de conteúdo semântico impreciso, a possibilidade de dissenso entre o entendimento do Judiciário e o do Legislativo acerca do real conteúdo das cláusulas constitucionais é bastante evidente.

O estudo do tema proposto também pode constituir excelente oportunidade para que se examinem criticamente os julgados emanados dos tribunais. É intuitivo pensar que uma das causas das freqüentes correções legislativas pode ser o descompasso entre os critérios de argumentação utilizados pelo Judiciário e os considerados relevantes pelo Legislativo. Tal constatação pode propiciar ao Judiciário uma autocrítica de suas decisões, de forma a possibilitar até mesmo a absorção de alguns dos parâmetros adotados pelos outros poderes na interpretação constitucional, o que poderia reduzir o número de correções legislativas, evitando possíveis desgastes institucionais entre os Poderes.

Isto pode ser observado com facilidade no direito tributário brasileiro. As constantes correções legislativas podem levar o Judiciário à reavaliação de seus critérios argumentativos tradicionais para incorporar critérios novos, mais afinados com a realidade constitucional contemporânea. Neste ponto, o estudo do tema pode dar importante contribuição para a análise dos motivos que levam a experiência constitucional brasileira recente a ser marcada por tão significativo número de emendas constitucionais, especialmente na seara tributária.[4]

2. A TEORIA DO DIÁLOGO CONSTITUCIONAL

Conforme destaca Sthéphane Bernatchez, a teoria do diálogo constitucional pode ser considerada a principal contribuição canadense ao debate mundial acerca da legitimidade democrática da jurisdição constitucional.[5] O marco do desenvolvimento da teoria do diálogo constitucional no Canadá costuma ser considerado a publicação, em 1997, de um artigo dePeter W. Hogg e Allison Bushell[6] que tinha como escopo analisar as implicações da *judicial review* em relação aos dispositivos contidos na denominada *Charter of Rights,*

4 OLIVEIRA, Gustavo da Gama Vital de. *Direito Tributário e Diálogo Constitucional*. Niterói: Impetus, 2013, p. 10 e s.

5 Bernatchez, Sthéphane. *Juger les lois*: la legitimité démocratique et la fonction du controle judiciaire de constitutionnalité. Montreal: Faculdade de Direito da Universidade de Montreal, 2006. Tese (Doutorado em Direito), p. 26.

6 HOGG, Peter W.; BUSHELL, Allison A. The charter dialogue between courts and legislatures: or perhaps the charter isn´t such a bad thing after all. *Osgoode Hall Law Journal*. Toronto: Osgoode Law School, v. 35, n. 1, p. 75-124, 1997.

promulgada em 1982, que continha a declaração de direitos fundamentais daquele país.

A metáfora do diálogo constitucional foi referida expressamente em alguns julgados pela Suprema Corte do Canadá, tais como *Vriend vs. Alberta*[7]e *Bell Express Vu Limite Partnership vs. Rex*[8]. Em *R. vs. Mills*[9], a Suprema Corte utilizou a doutrina do diálogo constitucional para reconhecer a validade de lei que contrariava parâmetros adotados pela própria Corte em precedente anterior (*R. vs. O`Connor*[10]).

No cenário norte-americano, a expressão "diálogo constitucional" começou a ganhar destaque com Louis Fisher. Em obra publicada em 1988,[11] o autor desenvolve a ideia de que a interpretação constitucional não é responsabilidade apenas dos juízes da Suprema Corte norte-americana, mas sim um processo político que envolve também os demais poderes do Estado e o público em geral.[12] Em trabalho mais recente, Fisher ratifica tal teoria[13] e critica explicitamente a ideia de que a supremacia judicial seria um método de assegurar a estabilidade na interpretação constitucional, pois a história demonstra que o fato de a Suprema Corte ter decidido determinado tema não o retira do âmbito do debate político nacional. Na verdade, a estabilidade da interpretação dos dispositivos constitucionais só seria realmente assegurada por meio de um processo de interpretação compartilhada entre os poderes.

A ideia do diálogo constitucional também produziu ecos importantes em trabalhos da ciência política norte-americana. Nessa linha, destaca-se a doutrina de Jeb Barnes, que, a partir de uma nova leitura da visão tradicional da separação de poderes, introduz a noção de que as definições sobre os diversos temas em debate na seara política decorrem de um processo de interação entre os poderes.[14]

No Supremo Tribunal Federal, já houve referência explícita às noções da teoria do diálogo constitucional, tal como no julgamento da ADI 5105,[15] no qual a ementa do julgado destaca que *"o hodierno marco teórico dos diálogos constitucionais repudia a adoção de concepções juriscêntricas no campo da*

---

7 1. S.C.R. 493 (1998).

8 2. S.C.R. 559 (2002).

9 3. S.C.R. 668 (1999).

10 4. S.C.R. 411 (1995).

11 Fisher, Louis. *Constitutional dialogues*: interpretation as political process. Princeton: Princeton University Press, 1988.

12 Harriger, Katy J. Cues and miscues in the constitutional dialogues. *The Review of Politics*. Notre Dame: The University of Notre Dame, v. 60, n. 3, 1998, p. 497.

13 Fisher, Louis. Interpreting the Constitution: more than what the Supreme Court says. *Extensions*. Norman, OK: Carl Albert Congressional Research and Studies Center – University of Oklahoma, 2008.

14 Barnes, Jeb. Adversarial legalism, the rise of judicial policymaking, and the separation-of-powers doctrine. *In*: Miller, Mark C.; ____ (Eds.). *Making policy, making law*: an interbranch perspective. Washington, D.C.: Georgetown University Press, 2004, p. 35-50.

15 ADI 5105, Relator: Min. LUIZ FUX, Tribunal Pleno, julgado em 01/10/2015, pub. 16-03-2016.

hermenêutica constitucional, na medida em que preconiza, descritiva e normativamente, a inexistência de instituição detentora do monopólio do sentido e do alcance das disposições magnas, além de atarir a gramática constitucional para outros fóruns de discussão, que não a cortes."

3. CORREÇÃO LEGISLATIVA DA JURISPRUDÊNCIA E SUPREMACIA JUDICIAL NO DIREITO TRIBUTÁRIO BRASILEIRO

A ideia do reconhecimento da força normativa da Constituição se tornou indiscutivelmente vitoriosa após a promulgação da CRFB/1988. Ademais, desde o início de sua vigência, a jurisdição constitucional foi vista pela doutrina brasileira como o principal caminho que garantiria a consagração do postulado da supremacia da Constituição, sendo inegável o sensível incremento da jurisdição constitucional nos anos de vigência da nova Carta.

Todavia, afirmar que o direito constitucional brasileiro consagra a doutrina da supremacia judicial não significa concluir que o Poder Legislativo não seja também legitimado para empreender a interpretação da Constituição. O reconhecimento do Poder Legislativo como intérprete legitimado da Constituição constitui, como é intuitivo, um passo lógico para o reconhecimento, no direito brasileiro, da legitimidade da própria correção legislativa da jurisprudência, que nada mais é do que um exercício interpretativo produzido pelo Legislativo em oposição ao entendimento judicial.

Ressalte-se que o reconhecimento da legitimidade do Poder Legislativo como intérprete da Constituição compõe o núcleo central de um dos mais relevantes princípios de interpretação constitucional, que é o da presunção de constitucionalidade das leis, segundo o qual o Poder Judiciário só deve declarar a inconstitucionalidade de uma lei se houver manifesta contrariedade ao texto da Carta.[16]

Vale salientar ainda que, no Brasil, há pelo menos dois argumentos de direito constitucional positivo em favor da legitimidade da atividade interpretativa do legislador e, por conseqüência, da viabilidade da correção legislativa da jurisprudência.

Em primeiro lugar, o art. 102, § 2º da CRFB/1988, ao dispor sobre os destinatários do efeito vinculante das decisões proferidas em ação direta de inconstitucionalidade e em ação declaratória de constitucionalidade, omite o Poder Legislativo. Desta forma, não há impedimento constitucional no sentido de obstar que o legislador edite norma de conteúdo idêntico ou similar a ato normativo outrora declarado inconstitucional. Em sentido semelhante, o art. 103-A da CRFB/1988, incluído pela EC nº 45/2004, também não incluiu o Poder Legislativo no rol de destinatários da súmula vinculante formulada pelo STF. Logo, não há óbice constitucional a que o legislador edite ato normativo em sentido contrário ao entendimento consubstanciado na súmula.

16 Barroso, Luís Roberto. *Interpretação e aplicação da Constituição*. São Paulo: Saraiva, 2004, p. 177.

Em relação à possibilidade de serem editadas correções legislativas com o intuito de superar entendimentos jurisprudenciais acerca de dispositivos constitucionais, parece não haver dúvida na doutrina.[17] As divergências podem surgir em relação aos limites de atuação legítima do Poder Legislativo na utilização do instrumento em estudo.

Cumpre, todavia, deixar claro que a defesa da condição do Poder Legislativo como intérprete legitimado da Constituição no direito brasileiro independe do juízo de valor que se possa fazer em relação ao grau de legitimidade democrática real de que o Legislativo possa desfrutar atualmente no País. Em outros termos, não se está afirmando que o papel de relevância à interpretação constitucional realizada pelo Legislativo deva ser reconhecido em virtude de sua suposta aptidão em traduzir os reais anseios populares e em desenvolver o projeto constitucional de 1988. As evidentes mazelas do atual sistema político e eleitoral pátrio são bastante conhecidas e não precisam ser detalhadas no presente trabalho, mas, inegavelmente, elas reduzem a legitimidade real do Poder Legislativo brasileiro junto à sociedade.

A defesa da legitimidade da atividade interpretativa constitucional do Legislativo pode ser assumida no Brasil por intermédio de um viés *mais pragmático do que idealista*, no sentido de que tal legitimidade seria recomendada pela própria natureza extensiva e detalhista do texto constitucional de 1988. Diante de tal cenário, a assunção de um modelo maximizador da doutrina da supremacia judicial no País traria evidentes prejuízos de ordem democrática, além de desconsiderar as eventuais limitações institucionais do próprio Judiciário.

Desta forma, a ideia do diálogo constitucional pode ser justificada como uma decorrência natural da adoção de uma postura de *desencantamento em relação às visões idealizadas do Judiciário e do Legislativo*. Assumindo o fato de que eles apresentam dificuldades que maximizam a possibilidade de erros de ambos os lados, a postura do diálogo, ao afirmar que nenhum dos dois poderes tem o dom natural da "melhor interpretação constitucional", procura possibilitar que o erro interpretativo cometido por um seja rediscutido ou corrigido pelo outro, por intermédio de contínua interação em busca da melhor solução constitucional para o caso.

No direito brasileiro, a supremacia judicial é inafastável da interpretação constitucional, pela razão singela de que cabe ao STF o controle de constitucionalidade de emendas constitucionais no que se refere aos limites materiais tratados no art. 60, § 4º da CRFB/1988. Assim, pode-se dizer que, pelo menos em relação aos temas que constituem cláusulas pétreas, embora o diálogo

17 "Salvo em relação às matérias protegidas por cláusulas pétreas, a última palavra acerca de qual deve ser o direito constitucional positivo em dado momento é do Congresso Nacional, no exercício de seu poder constituinte derivado. De fato, discordando o Poder Legislativo da inteligência dada pelo Supremo Tribunal Federal a uma norma constitucional, poderá sempre emendá-la, desde que seja capaz de preencher o quorum de três quintos dos membros de cada casa, observando os demais requisitos do processo legislativo próprio (CF, art. 60 e parágrafos)" Barroso, Luís Roberto. *O controle de constitucionalidade no direito brasileiro*,São Paulo: Saraiva, 2008, p. 74.

constitucional não esteja impedido de ocorrer, inclusive pela via de correções legislativas, há importante limite ao desenvolvimento do diálogo, que é o poder judicial de dar a última palavra sobre o tema na hipótese de o mesmo dispor sobre cláusula pétrea.

A afirmação da legitimidade do Poder Legislativo como um dos intérpretes da Constituição afasta a possível alegação de que a emenda constitucional de cunho corretivo de jurisprudência, independentemente de seu conteúdo e pelo simples fato de ser portadora dessa qualidade, seria inconstitucional, por violação ao princípio da separação de poderes consagrado como cláusula pétrea no art. 60, § 4º, inc. III da CRFB/1988, sob o argumento de que implicaria a invasão pelo Legislativo de seara própria do Poder Judiciário. Desta forma, a constitucionalidade de emendas que pretendam corrigir a jurisprudência, assentada pelo Supremo Tribunal Federal em matéria constitucional, deve ser aferida em relação a seu conteúdo e com base nos parâmetros comuns relativos ao controle de constitucionalidade de todas as emendas ao texto – ou seja – o art. 60 da CRFB/1988, especialmente em seu § 4º.

Note-se que, no enredo da correção legislativa da jurisprudência, uma ideia subjacente permeia todo o seu desenrolar e apresenta nítida conexão com a tese central do diálogo constitucional: *a interpretação judicial de um tema constitucional não necessariamente encerra o debate sobre o assunto, visto que a legitimidade interpretativa que se reconhece ao legislador possibilita que o mesmo prossiga o debate sobre o tema* e busque a alteração de tal interpretação.

A jurisdição constitucional pelo STF é exercida de forma bastante diversa se adotada a tese da supremacia judicial sem o tempero da teoria do diálogo constitucional. A adoção da supremacia judicial extremada conduz a uma postura de antipatia irrefletida a normas que tenham o viés corretivo da jurisprudência da Corte em matéria constitucional, impedindo a criação de clima propício para que ela possa reavaliar o acerto do próprio entendimento jurisprudencial que gerou a reação do Poder Legislativo. A tendência da Corte será rejeitar de início a correção legislativa, sob a argumentação única de desrespeito à postura adotada pelo STF, que se constitui como intérprete final da Constituição, sem preocupação com as razões que levaram o legislador a adotar tal norma corretiva, ou seja, sem possibilitar que temas de relevância possam ser rediscutidos.

Já o exercício da jurisdição constitucional pelo STF com a supremacia judicial temperada pela teoria do diálogo constitucional conduz a postura significativamente diversa. As correções legislativas são examinadas não com antipatia, mas como oportunidade de o próprio Tribunal rever o entendimento jurisprudencial que gerou a reação legislativa, considerando que a interpretação conferida pelo legislador é razoável e compatível com um sentido possível do texto constitucional e verificando até mesmo a possibilidade de ter ocorrido uma mutação constitucional.

Em razão da supremacia judicial, a correção legislativa pode até ser rejeitada pelo STF, mas não o será com base apenas em critério puramente formal

– ou seja, pelo simples fato de ter contrariado a interpretação do Tribunal. A rejeição da correção legislativa se dará com base em argumentação que ratificará a postura adotada pela Corte no precedente que gerou a reação legislativa, combinada com a circunstância de que o legislador ofereceu uma solução alternativa *materialmente* incompatível com a Constituição, segundo a interpretação conferida pela Corte. Em outros termos, a adoção da supremacia judicial temperada pela teoria do diálogo garante que a rejeição de correções legislativas pelo STF seja obrigatoriamente fundamentada à luz dos aspectos materiais da questão envolvida, ou seja, possibilita que a questão em exame possa ser novamente revisitada pelo Tribunal após ter sido objeto de deliberação pelo Poder Legislativo.

4. A CORREÇÃO LEGISLATIVA DA JURISPRUDÊNCIA NO DIREITO CONSTITUCIONAL TRIBUTÁRIO BRASILEIRO

Como é sabido, as cláusulas pétreas constantes da CRFB/1988 (art. 60, §4º) foram veiculadas por intermédio de expressões semânticas de definição bastante difícil, em ambiente de desacordo de ideias constante na sociedade contemporânea. Expressões como "*forma federativa de Estado*", "*separação de poderes*" e "*direitos e garantias individuais*" podem justificar o temor de uma leitura bastante imprevisível do Poder Judiciário no exercício do controle de constitucionalidade de emendas constitucionais.

Neste ponto, é possível identificar em parcela da doutrina do direito tributário uma reação negativa a determinadas emendas constitucionais editadas nos últimos tempos (especialmente as de cunho corretivo),[18] baseada em interpretações que, a nosso ver, inflacionam em demasia o conteúdo das cláusulas pétreas e não são compatíveis com o parâmetro democrático que deve ser seguido pelo Judiciário na definição dos contornos desses limites ao poder de reforma constitucional.

Sobre este ponto, vale anotar a aguçada crítica de Ricardo Lobo Torres, tratando da questão relativa à inclusão do § 7º ao art. 150 da CRFB/1988 pela EC nº 3/1993 (substituição tributária "para frente"):

> Sempre se entendeu que a norma constitucional goza de presunção de constitucionalidade. Depois da divulgação da obra de Bachof, que admitia a possibilidade de ser inconstitucional a norma da própria Constituição nos casos excepcionais de conflito com o direito supralegal, e da promulgação do art. 60, § 4º, da Constituição de 1988, que dispõe sobre as cláusulas pétreas, *tornou-*

18 Nesta linha, ANTONELLI, Leonardo Pietro. O limite das reformas constitucionais em matéria tributária. *In*: Pires, Adilson Rodrigues; Torres, Heleno Taveira (Orgs.). *Princípios de direito financeiro e tributário*: estudos em homenagem ao Professor Ricardo Lobo Torres. Rio de Janeiro: Renovar, 2006, p. 691-718. Em sentido diverso, ressaltando a legitimidade da correção legislativa da jurisprudência na seara constitucional tributária, TROIANELLI, Gabriel Lacerda. A vacina contra a inconstitucionalidade. In: Peixoto, Marcelo Magalhães; Fernandes, Edison Carlos (Orgs.). *Tributação, justiça e liberdade*. Curitiba: Juruá, 2005, p. 209-210.

> *-se moda no Brasil a presunção oposta de que as emendas constitucionais e as próprias normas legais ficam sob a suspeita de ilegitimidade constitucional.*[19]

O problema verifica-se especialmente em relação à correta definição da limitação material consubstanciada no art. 60, § 4, inc. IV – *"direitos e garantias individuais"*. Cabe destacar que, mais recentemente, a doutrina constitucionalista brasileira vem empreendendo esforços no sentido de conferir ao art. 60, § 4º, inc. IV da CRFB/1988 uma interpretação mais afinada com as tentativas de conciliação entre as cláusulas pétreas e o princípio democrático. Parece-nos que tal postura doutrinária é a mais correta, e sua contribuição pode ser de grande valia para a interpretação do mencionado dispositivo constitucional na seara tributária, conforme será explicitado.

Nesta linha, Cláudio Pereira de Souza Neto critica a tentativa de se investir em critérios formais para a delimitação dos limites do constituinte derivado em relação ao art. 60, § 4º, inc. IV da CRFB/1988, destacando a necessidade de se buscar fundamentar tal limite em critérios materiais concernentes à teoria constitucional da democracia deliberativa.[20]

Desta forma, não se nega que, em certas situações, o STF poderá invalidar emendas constitucionais corretivas de jurisprudência, caso esteja convencido de que o entendimento jurisprudencial consolidado acerca de determinada norma que considere cláusula pétrea seja avaliado como insuperável e necessário para a tutela efetiva de um direito individual na seara tributária, ou para assegurar o núcleo essencial da forma federativa de Estado. O que se propugna é que o fator democrático (no caso, representado pela edição da emenda constitucional corretiva) seja considerado pelo STF como um dos elementos a serem sopesados no momento da decisão acerca da manutenção ou da alteração do entendimento jurisprudencial objeto da correção legislativa.

O fato é que parte da doutrina tributária, ao interpretar o limite ao poder de reforma contido no art. 60, § 4º, inc. IV da CRFB/1988, confere ao mesmo, em muitas ocasiões, um alcance que nos parece francamente incompatível com os recentes aportes da doutrina constitucionalista acerca da necessária observância do princípio democrático pelo Poder Judiciário no exercício da interpretação das cláusulas pétreas.

A ideia de que as cláusulas pétreas em matéria tributária precisam ser compatibilizadas com o princípio democrático é reforçada pelo argumento de que a tributação certamente consiste em um dos campos do direito em que seja mais necessária a afirmação da importância da ideia de autogoverno popular. A discussão acerca do sistema tributário desejável para uma sociedade é permeada por questões que transcendem considerações de ordem meramente

---

19 Torres, Ricardo Lobo. *Tratado de direito constitucional financeiro e tributário*, v. IV, *cit.*, p. 285 (grifo nosso).

20 Souza Neto, Cláudio Pereira de. *Teoria constitucional e democracia deliberativa*. Rio de Janeiro: Renovar, 2006, p. 236-237.

técnica, acerca da definição de conceitos estritamente jurídicos, próprias da visão tradicional do papel do Judiciário. São questões de ordem axiológica, que tocam temas controvertidos relacionados à ética e à justiça. Ademais, os delineamentos do sistema tributário influenciam decisivamente a própria política de desenvolvimento do País.

Tais implicações axiológicas do sistema tributário, que despertam divergências de acordo nas diferentes correntes políticas em disputa na sociedade, militam em favor da tese de que deve caber precipuamente aos órgãos de governo democraticamente eleitos a definição acerca das melhores políticas tributárias a serem adotadas para a concretização dos objetivos previstos na Constituição.

Em tal situação, consoante preconiza a melhor doutrina constitucionalista, anteriormente mencionada, o que se espera é que o Poder Judiciário se mantenha no campo da neutralidade política.[21] A atribuição do papel de concretizador principal das políticas tributárias aos órgãos democraticamente legitimados não retira, obviamente, a importância do papel do Judiciário como garantidor da continuidade das condições para o correto funcionamento da democracia, freando eventuais tentativas das maiorias de solapamento dessas condições. Entre essas condições de funcionamento correto do jogo democrático, destacam-se os direitos materialmente fundamentais, inclusive, é claro, em sua vertente tributária.

4.1. A ECnº 20/1998 e o art. 195, inc. I da CRFB/1988

O art. 195, inc. I da CRFB/1988, em sua redação original, ao prever a possibilidade de instituição da contribuição previdenciária do empregador, utilizava a expressão "folha de salários". Interpretando o dispositivo, o STF, no RE nº 166.772[22], havia definido o entendimento de que a expressão deveria ser considerada em seu sentido estritamente técnico, ou seja, como autorizando a exigência de contribuição previdenciária apenas em relação aos empregados em sentido estrito, aqueles regidos pela Consolidação das Leis do Trabalho (CLT), com vínculo empregatício. Desta forma, estaria desautorizada a incidência de contribuição previdenciária em relação aos trabalhadores sem vínculo empregatício - como administradores e autônomos. Por tal razão, o STF reconheceu a inconstitucionalidade da Lei nº 7.787/1989, que previa tal exação.

21 "A Constituição não pode ser ubíqua. Observados os valores e fins constitucionais, cabe à *lei*, votada pelo parlamento e sancionada pelo Presidente, fazer as escolhas entre as diferentes visões alternativas que caracterizam as sociedades pluralistas. Por essa razão, o STF deve ser deferente para com as deliberações do Congresso. Com exceção do que seja essencial para preservar a democracia e os direitos fundamentais, em relação a tudo mais os protagonistas da vida política devem ser os que têm votos. Juízes e tribunais não podem presumir demais de si próprios - como ninguém deve, aliás, nessa vida - impondo suas escolhas, suas preferências, sua vontade. Só atuam, legitimamente, quando sejam capazes de fundamentar racionalmente suas decisões, com base na Constituição" (Barroso, Luís Roberto. Judicialização, ativismo judicial e legitimidade democrática. *Advocacia Dinâmica Seleções Jurídicas*. Rio de Janeiro: COAD, p. 34-40, 2009).

22 Rel. Min. Marco Aurélio, Pleno, julg. 12/05/1994, DJ 16/12/1994.

Na ADIN nº 1.102[23], o STF ratificou o entendimento, reconhecendo a inconstitucionalidade das expressões "empresários" e "autônomos" constantes do art. 22, inc. I da Lei nº 8.212/1991, pelas mesmas razões. Na própria ementa do acórdão constou, todavia, a observação de que *a contribuição previdenciária em exame poderia ser criada por intermédio de lei complementar*, em razão do disposto no art. 195, § 4º da CRFB/1988, que possibilitava a criação de nova fonte de custeio para a seguridade social desde que observado o art. 154, I, que exige lei complementar para instituição de novos tributos. Após a decisão do STF, foi editada a Lei Complementar nº 84/1996, que previu a incidência da contribuição previdenciária na hipótese. Note-se que a própria decisão judicial, embora tenha reconhecido a inconstitucionalidade de um ato normativo, já indicou ao legislador que caminhos este deve adotar para regular novamente a matéria de forma a afastar o óbice da inconstitucionalidade.

A EC nº 20/1998 alterou a redação do art. 195, inc. I, para estabelecer que a contribuição previdenciária poderia incidir sobre "a folha de salários *e demais rendimentos do trabalho pagos ou creditados, a qualquer título, à pessoa física que lhe preste serviço, mesmo sem vínculo empregatício*". O escopo da emenda foi, claramente, corrigir o entendimento jurisprudencial do STF, que tinha conferido à incidência da contribuição previdenciária sobre folha de salários um caráter muito restrito. Com fulcro na alteração realizada pela Emenda, sobreveio a Lei nº 9.876/1999, que manteve a contribuição previdenciária incidente sobre administradores e autônomos e revogou a Lei Complementar nº 84/1996.

Note-se que todo o longo processo descrito teve sua origem na primeira decisão do STF, que havia conferido à expressão "folha de salários" um sentido muito restrito, de forma a impossibilitar, como já afirmado, a incidência de contribuição previdenciária em relação a autônomos e empresários. Ricardo Lobo Torres menciona essa decisão como um caso de "complicação do direito tributário pelo Judiciário", pelas seguintes razões:

> Do ponto de vista prático [...], o STF impôs inusitada complicação econômica e funcional, pois os autônomos, que até a decisão judicial pagavam a contribuição social, deixaram de pagá-la e ainda repetiram o indébito; mas não perderam o direito aos benefícios previdenciários adquiridos. A nova legislação repôs a situação em seu *status quo ante*, com o imenso prejuízo financeiro do Tesouro e sem qualquer avanço do direito dos trabalhadores sob a perspectiva da justiça social. Mera complicação judicial, em suma.[24]

A decisão do STF também comporta críticas à luz dos questionamentos relativos às questões ligadas aos aspectos institucionais da interpretação, ventiladas por Sunstein e Vermeule.[25] A excessiva preocupação do STF com os

23 Rel. Min. Maurício Corrêa, Pleno, julg. 05/10/1995, DJ 17/11/1995.

24 Torres, Ricardo Lobo. *Tratado de direito constitucional financeiro e tributário*, v. II, *cit.*, p. 467.

25 Sunstein, Cass; Vermeule, Adrian. Interpretation and institutions. *Michigan Law Review.* Ann Arbor, MI: The University of Michigan Law School, v. 101, p. 885-951, 2003.

aspectos semânticos da expressão "folha de salários" contida na CRFB/1988 acabou obscurecendo questões importantes acerca dos efeitos sistêmicos que a decisão judicial poderia acarretar, visto que, apesar de o STF ter reconhecido a impossibilidade de incidência de contribuição previdenciária em relação aos autônomos, estes continuaram vinculados à Previdência Social, sendo possível assim usufruírem dos benefícios previdenciários, apesar de a Previdência Social ter perdido, durante tempo razoável, importante fonte de custeio.[26]

4.2. A EC nº 29/2000 e a progressividade fiscal do IPTU

O STF, no julgamento do RE no153.771,[27] fixou a tese de que, ante a natureza de imposto real do IPTU, não seria admissível a progressividade fiscal desse imposto com fulcro na capacidade contributiva prevista no art. 145, § 1º da CRFB/1988. O voto que conduziu a maioria vitoriosa no precedente em tela, do Ministro Moreira Alves, considerou ser a progressividade fiscal inaplicável, com fulcro na capacidade contributiva, aos impostos de caráter real, como o IPTU, sendo possível a progressividade apenas nas hipóteses em que a finalidade seja extrafiscal, nos termos do art. 182, §§ 2º e 4º da CRFB/1988, como forma de cumprimento da função social da propriedade.

A matéria sempre foi objeto de intensa polêmica doutrinária. Alguns autores sustentavam que a progressividade do IPTU admitida pela CRFB/1988 seria destinada apenas a atender à finalidade extrafiscal do art. 182 - inadmitindo, portanto, a progressividade fiscal. Pode-se dizer, contudo, que a corrente majoritária da doutrina admitia a progressividade fiscal do IPTU, sustentando inexistir qualquer incompatibilidade entre a técnica da progressividade e os impostos reais.

A EC nº 29/2000 alterou a redação do art. 156, § 1º da CRFB/1988 para estabelecer explicitamente que o IPTU poderá ser "progressivo em razão do valor venal do imóvel" (inc. I). Cuida-se obviamente de típica correção legislativa da jurisprudência constitucional do STF.

O STF acatou a correção legislativa de sua jurisprudência, editando a Súmula nº 668. Todavia, alegando violação à cláusula pétrea estabelecida no art. 60, § 4º, inc. IV da CRFB/1988, corrente doutrinária minoritária apontou suposta inconstitucionalidade da emenda. Em suma, tal doutrina sustenta que não se admitiria a progressividade fiscal do IPTU, pois constituiria suposto direito individual o alegado princípio de que apenas os impostos pessoais poderiam ser progressivos, não sendo esse o caso do IPTU, que configura imposto real.[28]

---

26 A defesa do precedente adotado pelo STF no RE nº 166.772 foi feita por Ávila, Humberto. *Sistema constitucional tributário*. São Paulo: Saraiva, 2006, p. 212.

27 Rel. p/ acórdão Min. Moreira Alves, Pleno, julg. 20/11/1996, DJ 05/09/1997.

28 Neste sentido, Barreto, Aires F.; Martins, Ives Gandra da Silva. IPTU: por ofensa a cláusulas pétreas, a progressividade prevista na Emenda nº 29/2000 é inconstitucional. *Revista Dialética de Direito Tributário*. São Paulo: Dialética, n. 80, p. 105-126, 2002; Torres, Ricardo Lobo. *Tratado de direito constitucional*

A mencionada posição doutrinária pode ser objeto de intensos questionamentos. É cediço que a classificação que busca apartar de forma consistente os impostos reais dos impostos pessoais é bastante criticada pela doutrina tributária. Por outro lado, ainda que se admita, por amor ao debate, a validade científica de tal classificação para o direito tributário, não haveria razão a justificar que a técnica da progressividade, que consiste na forma mais adequada de realização do princípio da capacidade contributiva, estivesse vedada aos impostos reais. Aliás, o próprio texto do artigo mencionado (art. 145, § 1º) menciona expressamente que o "patrimônio" é um dos índices de riqueza possíveis de utilização pelo legislador para dar aplicação à capacidade contributiva.

Porém, se o entendimento de que a CRFB/1988 em sua redação original não possibilitava a progressividade fiscal do IPTU já se afigurava equivocado, na linha de sólidos entendimentos doutrinários, pretender que o constituinte derivado fosse impedido de decidir a questão em sentido contrário ao entendimento do STF sob a alegação de violação de cláusula pétrea afigura-se, a nosso ver, francamente inaceitável. Tal conclusão baseia-se nas contribuições trazidas pela significativa parcela da doutrina constitucionalista que defende a necessidade de que a interpretação das cláusulas pétreas pelo Poder Judiciário seja conjugada com o princípio democrático, conforme visto acima. Desta forma, parece evidente, à luz do princípio democrático, a legitimidade de o constituinte derivado tornar clara a possibilidade de cobrança do IPTU por alíquotas progressivas, ainda mais se considerarmos, juntamente com boa parte da doutrina tributária, que a Emenda nº 29/2000 teve caráter meramente declaratório,[29] visto que já se admitia, sob a égide do texto original de 1988, a progressividade fiscal do IPTU.

Na hipótese, o alegado "direito individual de não ser tributado de forma progressiva nos impostos reais", que consistiria a apontada cláusula pétrea, além de não encontrar previsão formal no texto constitucional, também não podia ser extraído do sistema tributário constitucional. Mesmo que admitíssemos que a questão em torno da aplicação da progressividade dos impostos reais pudesse ser classificada como controversa, a seara legislativa, ainda mais por maioria qualificada, seria a mais indicada para a resolução da questão, conforme entendimento explicitado acima. Desta forma, o direito fundamental a ser tutelado pelo art. 60, § 4º, inc. IV é a capacidade contributiva como projeção tributária da igualdade e da justiça tributária e não "a capacidade contributiva realizada pelo critério x ou y". Se há divergência razoável em torno de qual técnica melhor concretiza o mencionado direito fundamental, não cabe

financeiro e tributário, v. IV, *cit.,* p. 342-344; Antonelli, Leonardo Pietro. Correção de decisões judiciais pelo poder legislativo. *In*: Torres, Ricardo Lobo (Org.). *Temas de interpretação do direito tributário.* Rio de Janeiro: Renovar, 2003, p. 159-191.

29 "A Emenda Constitucional nº 29/2000 tem caráter declaratório e, antes de ofender, concretiza e realiza os princípios fundamentais do sistema constitucional tributário" Clève, Clemerson Merlin; Sehn, Sólon. IPTU e Emenda Constitucional nº 29/2000; legitimidade da progressão das alíquotas em razão do valor venal do imóvel. *Revista Dialética de Direito Tributário.* São Paulo: Dialética, n. 94, 2003, p. 139.

ao Poder Judiciário no controle de constitucionalidade decidir tal aspecto, pois a matéria deve ser debatida nas instâncias democráticas. Do contrário, o Judiciário estaria adotando uma "doutrina particular abrangente" sobre o tema, em prejuízo das instâncias democráticas.

4.3. A EC nº 33/2001 e o ICMS na importação por pessoa física e pelo não contribuinte de ICMS

O STF, ao julgar o Recurso Extraordinário nº 203.075,[30] firmou o entendimento de que o art. 155, § 2º, inc. IX, al. "a" da CRFB/1988 não autorizava a incidência do ICMS sobre a importação de bem realizado por pessoa física. O voto condutor da maioria, proferido pelo Ministro Maurício Corrêa, foi baseado especialmente nos aspectos semânticos do dispositivo, que empregava os termos "circulação de mercadoria" e "estabelecimento". Desta forma, o dispositivo seria dirigido apenas a pessoas que exercessem atos de comércio com habitualidade, e, portanto, inaplicável à pessoa física, que não praticaria atos de circulação de mercadoria nem possuiria estabelecimento. Além disso, exigir o ICMS na hipótese de importação por pessoa física tornaria impossível a aplicação do princípio constitucional da não-cumulatividade, pois somente ao comerciante seria assegurada a possibilidade de compensação do que é devido em cada operação com o montante exigido nas operações anteriores.

A EC nº 33/2001 alterou a redação do dispositivo em exame para claramente corrigir o entendimento jurisprudencial do STF, estabelecendo que o ICMS incidirá "sobre a entrada de bem ou mercadoria importados do exterior por pessoa física ou jurídica, ainda que não seja contribuinte habitual do imposto, qualquer que seja a sua finalidade [...]"

Conforme leciona Ricardo Lobo Torres, a correção legislativa é plenamente justificável, pois o entendimento jurisprudencial do STF, apegado de forma excessiva aos aspectos semânticos do texto constitucional, ignorou os aspectos científicos, jurídicos e econômicos que envolvem a questão da incidência dos impostos sobre o valor acrescido, tal como o ICMS na importação.

No Brasil e no âmbito internacional, há a prevalência do princípio do país de destino, que, inspirado na ideia de capacidade contributiva, estabelece que a tributação deva ser deixada para o país onde serão consumidos os bens. Nesta lógica, as exportações devem sofrer desonerações tributárias; já na importação, deve haver incidência do imposto compensatório capaz de igualar o preço da mercadoria estrangeira ao preço da mercadoria nacional.[31] Desta forma, a incidência do ICMS na importação mantém uma função equalizadora e vinculada à última etapa da circulação internacional da mercadoria, sendo indiferente a pessoa do destinatário do bem.[32]

30 Rel. p/ acórdão Min. Maurício Corrêa, Pleno, julg. 05/08/1998, DJ 29/10/1999.

31 Torres, Ricardo Lobo. *Tratado de direito constitucional financeiro e tributário*, v. IV, *cit.*, p. 319.

32 Torres, Ricardo Lobo. *Tratado de direito constitucional financeiro e tributário*, v. II, *cit.*, p. 452. Em sentido semelhante, MizabelDerzi (Derzi, Mizabel. Aspectos essenciais do ICMS como imposto de mercado.

Com base neste raciocínio, o entendimento do STF de reconhecer a não-incidência do ICMS na importação por pessoa física criava uma série de distorções: 1) implicava enriquecimento injustificável da pessoa física importadora, que iria apropriar-se do tributo do qual fora isento no país exportador, justamente em atenção ao princípio do país de destino; 2) criava distinção inconstitucional (art. 150, inc. II) entre os importadores brasileiros, privilegiando a pessoa física em detrimento de outros que pagavam o ICMS na importação; 3) trazia prejuízo injustificável à Fazenda Pública, pois, na hipótese inversa, de mercadorias exportadas para pessoa física estrangeira, a mercadoria é desonerada do ICMS (art. 155, § 2º, inc. X, al. "a" da CRFB/1988)[33]. Tais aspectos, contudo, não foram debatidos no precedente que originou o entendimento jurisprudencial do STF.

A nosso ver, portanto, trata-se de típico caso de correção legislativa, que buscou superar entendimento jurisprudencial que, ao privilegiar os aspectos semânticos do enunciado constitucional, acabou por ignorar as sérias distorções que a jurisprudência formada causava no sistema constitucional do ICMS e o aspecto internacional da incidência tributária na hipótese. Além disso, o entendimento jurisprudencial não atentou para as consequências sistêmicas que poderia ocasionar: desequilíbrio nos preços entre mercadorias nacionais e importadas, com possível prejuízo para a indústria nacional, e criação de distinção entre importadores brasileiros (com violação ao princípio da igualdade tributária – art. 150, inc. II). Desta forma, a decisão judicial do STF nos parece plenamente criticável também à luz dos questionamentos relativos às questões ligadas aos aspectos institucionais da interpretação de forma que a correção legislativa foi plenamente justificada.

É certo que houve manifestações doutrinárias levantando dúvidas em relação à constitucionalidade da alteração realizada pela EC nº 33/2001. Neste sentido, Clélio Chiesa questiona a possibilidade da modificação em exame,[34] argumentando que a CRFB/1988 introduziu "regra de fechamento do sistema constitucional tributário brasileiro" por meio da combinação do art. 154, inc. I, e dos arts. 155 e 156, estabelecendo que a instituição de novos impostos pela União só seria admissível se fossem não-cumulativos e não tivessem fato gerador ou base de cálculo própria dos impostos já discriminados na Constituição. Essa regra seria insuscetível de modificação mesmo por emenda, pois integraria o conjunto de direitos e garantias do cidadão em matéria tributária (art. 60, § 4º, inc. IV). Desta forma, a nova redação trazida pela EC nº 33/2001, ao possibilitar a incidência do ICMS na importação realizada por pessoa física,

In: SCHOUERI, Luis Eduardo; ZILUETI, Fernando Aurélio (Coords.). *Direito tributário:* estudos em homenagem a Brandão Machado. São Paulo: Dialética, 1998, p. 120). No mesmo sentido, Sacha Calmon Navarro Coêlho Coêlho, Sacha Calmon Navarro. *Curso de direito tributário brasileiro.* Rio de Janeiro: Forense, 2002, p. 497.

33 Torres, Ricardo Lobo. *Tratado de direito constitucional financeiro e tributário,* v. IV, *cit.,* p. 320.

34 Chiesa, Clélio. EC 33: dois novos impostos rotulados de ICMS. *Revista Dialética de Direito Tributário.* São Paulo: Dialética, n. 90, 2003, p. 37.

teria feito incidir novo imposto, além do imposto de importação, na operação realizada.

Não concordamos com a posição aludida, pois, com fulcro nas razões já mencionadas, entendemos que não houve criação de novo imposto, que poderia, em tese, atrair a incidência do art. 154, inc. I da CRFB/1988. Ainda assim, parece questionável pretender que a regra contemple cláusula pétrea que configuraria direito individual, insuscetível de modificação pelo constituinte derivado, pois tal raciocínio poderia conferir excessivo grau de inalterabilidade ao sistema tributário, insustentável à luz de considerações relativas ao princípio democrático. A modificação introduzida pela EC nº 33/2001 não criou novo imposto, apenas corrigiu uma hipótese de não-incidência do ICMS reconhecida pela jurisprudência, mas incompatível com a mecânica da incidência do imposto considerando a circulação internacional de bens e mercadorias.

A matéria restou definida no julgamento de dois Recursos Extraordinários (RE 439796 e 474267)[35] de relatoria do Ministro Joaquim Barbosa. O voto do Ministro Joaquim Barbosa salientou que inovação trazida pela EC nº 33/2001 atendeu ao princípio da isonomia e da livre concorrência, na linha do que restou explicitado anteriormente, inexistindo qualquer violação de cláusula pétrea pela ampliação da competência tributária para abarcar, no espectro do ICMS, a entrada de bens isoladamente considerados. O Ministro frisou que a exoneração das operações de importação poderia impor relevante vantagem competitiva aos produtos estrangeiros, especialmente no caso de haver similar nacional.

5. CONCLUSÕES

A correção legislativa da jurisprudência manifesta a insatisfação do Poder Legislativo com determinado entendimento jurisprudencial considerado equivocado acerca da interpretação de determinado tema. A intensificação de seu emprego no constitucionalismo atual pode ser explicada pela franca ascensão do Poder Judiciário e dos precedentes judiciais no âmbito da interpretação constitucional, de forma que as divergências de interpretação entre Judiciário e Legislativo em torno dos conteúdos constitucionais tendem a aumentar de forma significativa.

A teoria do diálogo constitucional surge no ambiente constitucionalista como tentativa de atingir conciliação entre supremacia judicial e supremacia legislativa na interpretação constitucional. Cuida-se de doutrina que encontrou, com algumas críticas, respaldo em significativa parcela da doutrina canadense, bem como em alguns julgados da Suprema Corte daquele país. A teoria do diálogo constitucional conta com importantes adeptos no âmbito da doutrina norte-americana, inclusive na ciência política. O cerne da doutrina consiste na afirmação de que a interpretação constitucional não pode ser monopólio

35 Tribunal Pleno, julgado em 06/11/2013, PUBLIC 17-03-2014.

do Poder Judiciário, visto que o sentido das cláusulas constitucionais deve ser construído por intermédio da contínua interação entre os Poderes do Estado.

O direito constitucional positivo brasileiro inclina-se a favor do reconhecimento da supremacia judicial exercida pelo STF em matéria de interpretação constitucional. No atual estágio do constitucionalismo brasileiro, a supremacia judicial advinda do exercício da jurisdição constitucional cumpre relevante papel de garantia da efetividade das normas constitucionais, conquista que o Brasil somente experimentou verdadeiramente após a promulgação da CRFB/1988. Todavia, há elementos de direito positivo constitucional e considerações ligadas ao perfil analítico da Carta de 1988 que militam a favor do entendimento de que o Poder Legislativo deve ser também considerado um intérprete legitimado da Constituição.

Nesta linha de raciocínio, as ideias centrais da doutrina do diálogo constitucional podem cumprir relevante papel no direito constitucional brasileiro como forma de evitar uma concepção de supremacia judicial extremada que possa ser adotada pelo STF, com evidentes prejuízos de ordem democrática. Neste ponto, a correção legislativa da jurisprudência, sendo uma das manifestações mais eloquentes das ideias do diálogo constitucional, pode servir como instrumento legítimo de participação do Poder Legislativo no processo de interpretação constitucional no País.

Pelo menos três emendas constitucionais tiveram nítido caráter corretivo da jurisprudência do STF em matéria constitucional tributária. A EC nº 20/1998 modificou a redação do art. 195, inc. I da CRFB/1988 para superar entendimento do STF que conferia sentido restrito à expressão "folha de salários". A EC nº 29/2000 explicitou a possibilidade da progressividade fiscal do IPTU; a EC nº 33/2001 reconheceu a incidência do ICMS na importação de bens por pessoa física e pelo não contribuinte do ICMS.

Interpretação e Elusão Legislativa da Constituição no Direito Tributário

Carlos Alexandre de Azevedo Campos[1]

Sumário: 1. O homenageado. 2. Ricardo Lobo Torres e a interpretação (constitucional) tributária. 3. Introdução ao tema do artigo. 4. Estudo de caso e delimitação do objeto. 4.1. A Lei nº 18.371/2014, do Estado do Paraná. 4.2. A ADI nº 5.282/PR. 5. A elusão da Constituição pelo legislador tributário. 5.1. Configuração da elusão tributária. 5.2. Elusão legislativa da Constituição. 5.2.1. Fraude à Constituição. 5.2.2. Abuso ou desvio do poder de legislar. 5.3. Elusão legislativa, Estado Democrático Fiscal e limitações constitucionais ao poder de tributar. 5.4. Elusão legislativa, interpretação constitucional e ativismo judicial. 6. A elusão da Constituição pelo legislador paranaense. 6.1. A fraude à Constituição pelo legislador paranaense. 6.2. O abuso de poder pelo legislador paranaense. 6.3. A violação direta à isonomia como implicação da ruptura do sistema. 7. Conclusão

1. O HOMENAGEADO

Em vinte e cinco de maio do ano de 2018, faleceu o mais importante defensor da interpretação da constituição e das leis tributárias voltada à concretização dos direitos fundamentais, da ética e da justiça tributária: o **professor Ricardo Lobo Torres**. O valor de sua obra é inestimável, tendo formado e influenciado diversos autores, professores e pesquisadores. Mesmo aqueles que com ele não concordavam sempre destacaram a sofisticação e a coerência de suas abordagens. Eu tive a felicidade e o privilégio de ter sido seu aluno no Mestrado em Direito Público na UERJ, na disciplina "Direitos Fundamentais", uma dos muitos temas que Lobo Torres abordou com maestria e ineditismo argumentativo. Minha maior honra acadêmica tem sido lecionar essa mesma disciplina no âmbito do Mestrado/Doutorado em Finanças Públicas em sua querida UERJ. Em todas as aulas, Ricardo Lobo Torres é sempre minha maior referência teórica.

---

1 Mestre e Doutor em Direito Público pela UERJ. Professor-Adjunto de Direito Financeiro e Tributário na graduação, mestrado e doutorado da UERJ. Coordenador do Curso de Direito dos Institutos Superiores do CENSA – ISECENSA. Ex-Assessor de Ministro do STF. Advogado. Membro da Associação Brasileira de Direito Financeiro – ABDF, da Sociedade Brasileira de Direito Tributário – SBDT e da *International Fiscal Association* – IFA.

2. RICARDO LOBO TORRES E A INTERPRETAÇÃO (CONSTITUCIONAL) TRIBUTÁRIA

O professor Ricardo Lobo Torres foi, acima de tudo, um humanista. Sempre abordou o direito sob a perspectiva da "virada kantiana", da intensificação das relações entre ética e direito, sustentando, na contramão da grande maioria dos teóricos do Direito Tributário brasileiro de seu tempo, a superação do positivismo formalista em suas diferentes vertentes. Para Lobo Torres, o inegável movimento do direito em direção aos valores implica, necessariamente, "a inclusão da regra da justiça, ao lado da liberdade, no imperativo categórico; a positivação jurídica da norma ética abstrata; o equilíbrio entre justiça e direitos humanos; a projeção da ética tributária para as dimensões cosmopolita, internacional, nacional e local; a efetividade do mínimo ético; a perspectiva orçamentária do justo tributário"[2].

O pensamento valorativo não lhe permitia enxergar a interpretação jurídica como atividade meramente mecânica e formalista, acorrentada à semântica e realizada mediante processos puramente lógicos de revelação normativa[3]. Para Lobo Torres, "a interpretação jurídica está inteiramente vinculada aos valores e aos princípios gerais do Direito e, ao mesmo tempo, é um dos caminhos para a concretização desses valores"[4]. A interpretação legítima seria apenas aquela voltada ao equilíbrio entre justiça e segurança, que assegurasse a liberdade como limitação ao poder estatal, harmonizasse os princípios fundamentais, recusasse a hierarquia de métodos – justamente porque recusa a hierarquia de valores – e, portanto, cuja prática se abrisse ao pluralismo metodológico.

Essa perspectiva antiformalista, que recusa o encerramento da interpretação jurídica aos aspectos puramente semânticos dos textos normativos, que persegue assegurar em equilíbrio os valores constitucionais da justiça e da segurança, é a adotada neste artigo. Busca-se aqui uma interpretação constitucional, orientada aos valores, que sirva de censura às condutas do Poder Legislativo que, embora a princípio formalmente corretas, sejam moralmente ilegítimas. Como anotou Lobo Torres, no plano da formulação abstrata da norma, deve o legislador "elaborar o direito tributário justo e conforme os direitos fundamentais", o que se reveste de uma das dimensões da moral tributária do Estado[5]. O controle da moralidade legislativa como requisito de legitimidade

2 TORRES, Ricardo Lobo. *Tratado de Direito Constitucional Financeiro e Tributário. Vol. II – Valores e Princípios Constitucionais Tributários.* Rio de Janeiro: Renovar, 2005, p. 5.

3 LARENZ, Karl. *Metodologia da Ciência do Direito.*3ª ed. Trad. de José Lamego. Lisboa: Fundação Calouste Gulbenkian, 1997, p. 298: "Nestes termos, 'compreender' uma norma jurídica requer o desvencar da valoração nela imposta e o seu alcance. A sua aplicação requer valorar do caso a julgar com conformidade a ela, ou, dito de outro modo, acolher de modo adequado a valoração contida na norma ao julgar o 'caso'".

4 TORRES, Ricardo Lobo.*Normas de Interpretação e Integração do Direito Tributário.* 4ª ed. Rio de Janeiro: Renovar, 2006, p. 375-376.

5 TORRES, Ricardo Lobo. *Tratado de Direito Constitucional Financeiro e Tributário. Vol. II – Valores e Princípios Constitucionais Tributários.* Op. cit., p. 13.

do direito é um problema de interpretação constitucional. A moralidade do legislador tributário é um problema da interpretação direta e indireta das normas fundamentais de nossa Constituição Tributária.

3. INTRODUÇÃO AO TEMA DO ARTIGO

> *"Alegar-se-á que a lei pode tudo, até mesmo converter o vermelho em verde, para eliminar proibições e permitir a passagem de benesses, mas há erro grave nesse raciocínio. As vedações constitucionais, quando ladeadas em virtude de processos oblíquos, caracterizam desvio de poder e, como tais, são nulas de pleno direito".*
>
> – Miguel Reale[6]

No Estado Democrático Fiscal, caracterizado pela liberdade econômica do indivíduo, como pela responsabilidade do cidadão solidário, direitos e deveres tributários devem conviver em equilíbrio, em uma relação de implicações recíprocas. Isso significa, de um lado, que o Estado não pode exercer o poder de tributar de forma arbitrária; de outro, que o particular não possui a faculdade libertária de não contribuir ao custeio das tarefas gerais e sociais do Estado. O contribuinte tem o dever fundamental de pagar impostos, que sejam justos e democraticamente instituídos. Surge o dever tributário legítimo e fundamental quando estabelecido na forma e nos limites previstos nas constituições democráticas.

No campo do planejamento tributário, esse estado de coisas implica que os contribuintes possuem a liberdade fundamental de sempre conduzirem seus negócios de modo a alcançarem os melhores resultados econômicos possíveis, mas o exercício desse direito apenas surtirá efeitos perante os deveres tributários se observadas as proibições de fraude à lei e de abuso do direito. O ponto envolve as fronteiras nada claras entre o planejamento tributário legítimo (elisão fiscal) e o abusivo (*elusão tributária*). O pensamento filosófico-constitucional contemporâneo e a ideia de Justiça, refletidos sobre o Direito Tributário, admitem "o planejamento fiscal como forma de economizar imposto, *desde que não haja abuso de direito*; só a *elisão abusiva* ou o *planejamento inconsistente* se tornam ilícitos"[7].

A escolha pelos contribuintes de determinadas formas jurídicas não pode produzir efeitos no campo da fiscalidade quando, porque sem qualquer motivo ou fundamento negocial, a eleição tiver por objetivo apenas evitar a ocorrência do fato gerador *desejada* pela lei ante a substância econômica dos negócios jurídicos praticados, sendo assim sutilmente *contornado* o surgimento do

---

6 REALE, Miguel. Abuso do Poder de Legislar. *Revista de Direito Público* Ano VII, nºs 39/40, São Paulo: RT, 1976, p. 76.

7 TORRES, Ricardo Lobo. *Planejamento Tributário: elisão abusiva e evasão fiscal*. Rio de Janeiro: Elsevier, 2012, p. 9.

dever tributário ou reduzido o seu montante. Sem embargo, a *elusão* tributária é um desvalor jurídico.

Neste artigo, sem negligenciar particularidades teóricas e metodológicas, problematizo se a mesma lógica, que limita a liberdade de ação dos contribuintes, pode ser aplicada em face da discricionariedade ou liberdade de conformação do legislador tributário: existem restrições possíveis à adoção pelo legislador tributário de estratégias sutis, dirigidas ao *contorno* da incidência de regras e de princípios constitucionais "indesejados"? O uso dessas estratégias, apesar de formalmente válido e de sua constitucionalidade aparente, pode vir a configurar fraude à Constituição ou abuso (desvio) do poder de legislar? Esse *contorno*, mormente quanto às limitações constitucionais ao poder de tributar, pode implicar inconstitucionalidade? Em síntese: pode cogitar-se de uma *elusão* da Constituição pelo legislador tributário? Eu responderei *sim* a todas essas perguntas neste trabalho.

Este texto terá a seguinte divisão: além desta Introdução **(3)**, delimito, no próximo item **(4)**, o objeto do artigo ao discorrer sobre a Lei n°18.371, de 15 de dezembro de 2014, do Estado do Paraná, e acerca dos elementos da ADI nº 5.282/PR, controvérsia essa que servirá como estudo de caso a auxiliar o presente desenvolvimento teórico; no tópico seguinte **(5)**, formulo a hipótese de *elusão* legislativa da Constituição pelo legislador tributário e a tese da sua inconstitucionalidade; na sequência **(6)**, testo a hipótese e a tese ao propor uma solução à questão em torno da aludida lei paranaense. Ao final **(7)**, conclusões.

4. ESTUDO DE CASO E DELIMITAÇÃO DO OBJETO

Para melhor desenvolvimento do tema, explorarei aqui um *estudo de caso*. Como enfrento controvérsia pouco desenvolvida, surge a necessidade de maior empenho na investigação científica. O estudo de caso permite melhor compreensão, avaliação e reavaliação dos problemas, assim como a construção e reconstrução de hipóteses. Segundo já apontei, vou abordar o conflito em torno da Lei nº 18.371/2014, do Paraná, cujas características permitem sejam extraídas lições generalizáveis.

4.1. A Lei nº 18.371/2014, do Estado do Paraná

O Estado do Paraná, por meio da Lei nº 18.371, publicada em 16/12/2014, republicada em 17/12/2014, promoveu importantes alterações em sua legislação tributária, incluída a modificação da Lei nº 14.260, de 22/12/2003, que versa o Imposto sobre Propriedade de Veículos Automotores – IPVA. Mediante o artigo 4º da Lei nº 18.371/2014, foi majorada a alíquota do imposto de 2,5% para 3,5% para os casos gerais de veículos registrados ou cadastrados nos órgãos competentes do estado.

Na redação anterior da Lei nº 14.260/2003, além de prevista a alíquota de 2,5%, o seu artigo 2º, § 1º, letra "e", dispunha que o fato gerador do imposto ocorresse todo dia 1º de cada ano, em relação aos veículos adquiridos em anos anteriores. Daí que, como houve majoração de alíquota, e a Lei nº

18.371/2014 foi publicada apenas em 16/12/2014, o aumento praticado não poderia, a princípio, surtir efeitos para o ano de 2015, haja vista o dever de observância da anterioridade nonagesimal do artigo 150, inciso III, alínea "c", da Constituição: a norma que majorou a alíquota do IPVA apenas poderia *incidir* noventa dias após a publicação, ou seja, a partir de 16/3/2015. Como o fato gerador então ocorria no dia 1º de cada ano, a aplicação do aumento para o ano de 2015 esbarraria na proibição de retroatividade da lei tributária mais gravosa, prevista na norma constitucional da alínea "a" do mesmo inciso III.

O que fez então o legislador paranaense? Alterou a data do fato gerador do imposto **exclusivamente** para o ano de 2015, dispondo que esse ocorresse no dia 1º/4/2015. É o que consta no artigo 5º da Lei nº 18.371/2014:

> Art. 5º O fato gerador do imposto de que trata a Lei nº 14.260, de 2003, referente ao exercício de 2015, em relação aos veículos automotores adquiridos em anos anteriores, ocorrerá no dia 1º de abril de 2015.
>
> § 1º O IPVA de que trata o caput deste artigo terá seu vencimento em 1º de abril de 2015.
>
> § 2º O disposto no caput deste artigo não se aplica nas transferências de veículos automotores usados para outras unidades federadas, adquiridos em exercício anterior ao de 2015, hipótese em que considerar-se-á ocorrido o fato gerador na data da transferência.

Não obstante as leis paranaenses, seguindo prática nacional, terem estabelecido, até então, que o fato gerador do IPVA, nesses casos, ocorresse no dia 1º de cada ano, foi estabelecida regra exclusiva para o ano de 2015: o fato gerador ocorre no dia 1º/4. Importante destacar que, segundo o previsto no aludido artigo 5º, a partir de 2016 o fato gerador do imposto voltaria – como voltou – a ocorrer no primeiro dia do ano. A alteração foi apenas para o ano de 2015. Por óbvio que o legislador visou escapar da aplicação conjunta das alíneas "a" e "c" do inciso III do artigo 150, da Carta da República, que, naturalmente, impediria a incidência do aumento para o ano de 2015.

A medida revela, de maneira exemplar, o problema enfrentado neste artigo. O legislador paranaense possui competência tributária e certa liberdade de conformação para majorar a alíquota do IPVA e alterar a data de ocorrência do fato gerador. Resta saber se essa competência e essa liberdade, tal como atribuídas pelo constituinte, podem servir ao propósito de *driblar* ou *contornar* limitações impostas por esse mesmo constituinte (incluído o derivado). Leis da espécie podem ser reconhecidas como atos que fraudam à Constituição ou revelam desvio do poder de legislar? Podem ser consideradas tão inconstitucionais como são as normas que violam frontal e ostensivamente a Constituição? Os autores da ADI nº 5.282/PR defendem que sim.

4.2. A ADI nº 5.282/PR

Contra a incidência da majoração do IPVA no ano de 2015, particularmente acusando a inconstitucionalidade da estratégia de alteração da data do fato gerador do imposto exclusivamente para esse ano, o Partido dos Trabalhadores – PT e o Partido Comunista do Brasil – PC do B propuseram ação direta de inconstitucionalidade, que tramita sob o nº 5.282/PR, da relatoria do ministro Marco Aurélio. Os requerentes defendem a inconstitucionalidade dos artigos 5º, § 1º, e 6º, da Lei nº 18.371/2014, por violação aos princípios da irretroatividade, da anterioridade nonagesimal e da isonomia tributária. Alegam que, tendo a lei sido publicada em 16 de dezembro de 2014, a cláusula que alterou a data do fato gerador para 1º de abril de 2015 teve o propósito único de "fraudar a restrição nonagesimal da Constituição" à majoração e cobrança de tributos.

Arguem ainda a transgressão ao princípio da isonomia tributária, na medida em que a majoração promovida alcançou apenas os veículos adquiridos antes de 2015 e depois de 1º de abril do mesmo ano. Restaram sujeitos à alíquota anterior, portanto, mais reduzida, os contribuintes que adquirissem veículos entre 1º de janeiro e 31 de março de 2015, o que implicaria discriminação injustificada.

A Assembleia Legislativa e o Governador defenderam a constitucionalidade da lei. Disseram que não há violação à anterioridade nonagesimal e à irretroatividade na medida em que foi observado o prazo de 90 dias contados da data da publicação da lei. Afirmaram que a modificação possibilitou que a majoração se desse sem que houvesse "qualquer tipo de surpresa na cobrança do tributo", não incorrendo em inconstitucionalidade de qualquer tipo. Alegaram que os legisladores estaduais são livres para escolher a data em que consideram ocorrida a materialidade do IPVA, podendo até optar por "mais de uma incidência durante o mesmo exercício". Assim sendo, a fixação de 1º de janeiro como fato gerador "não passa de costume".

O Procurador-Geral da República preconizou a liberdade do legislador estadual de alterar a data da ocorrência do fato gerador do imposto, podendo postergar o momento para fazer valer a majoração realizada. Daí ter concluído que, ao contrário de violar, o legislador cumpriu o comando da alínea *c* do inciso III do artigo 150, da Carta da República. Com relação à isonomia tributária, o Procurador-Geral assume que "a distinção legal constitui apenas efeito transverso decorrente da observância da noventena", mas que não há inconstitucionalidade nesse aspecto. Segundo conclui, "da obrigatoriedade de um preceito constitucional não pode resultar a violação de outro".

O conteúdo da Lei paranaense n° 18.371/2014, os argumentos da inicial, as informações prestadas e o parecer do PGR dão a exata noção do desafio enfrentado neste artigo: como identificar, avaliar e controlar casos em que o legislador tributário, exercendo competência constitucionalmente atribuída e observando as formalidades próprias do processo legislativo correspondente, cria normas que, de validade aparente, constitui autêntico contorno ou fugaa limitação constitucional ao poder de tributar? A minha resposta: tem-se, nesses casos, uma *elusão legislativa da Constituição*, de estrutura similar à *elusão* fiscal praticada pelos contribuintes e igualmente merecedora de censura. É o que passo a desenvolver.

5. A *ELUSÃO* DA CONSTITUIÇÃO PELO LEGISLADOR TRIBUTÁRIO

Este artigo é sobre *violação de normas constitucionais pelo legislador tributário*. No entanto, investigo modo – e não grau – diferente de afronta à Constituição: não se trata de violação direta, frontal, aberta, ostensiva, mas sim, indireta, sutil, disfarçada, sub-reptícia, oblíqua. Nessa hipótese, o legislador tributário realiza uma *elusão da Constituição*. A prática tem uma estrutura similar à *elusão fiscal* do contribuinte: por meio de um comportamento formalmente adequado, aparentemente válido, realiza-se um *contorno*, um *drible* a um determinado dever, proibição ou limitação normativa. Enquanto o contribuinte busca fugir ao dever positivo de pagar tributos, o legislador tenta escapar de alguma limitação constitucional ao poder de tributar. Essa atitude do legislador, como a do contribuinte, é passível de censura sob o ângulo da legitimidade. É preciso, no entanto, explicar melhor essa analogia.

5.1. Configuração da *elusão* tributária

A tarefa de realizar e justificar a analogia pretendida neste trabalho deve ser precedida, logicamente, da adequada delimitação dos contornos do instituto tomado como parâmetro. A clareza quanto aos elementos da configuração da *elusão tributária* é essencial para o sucesso do argumento comparativo da *elusão legislativa da Constituição*. A analogia, na realidade, só é possível em razão da relativa identidade entre os elementos configuradores de ambas as práticas – dos contribuintes e dos legisladores tributários. Portanto, há que se deixar bem claro quais são esses elementos. Esse esclarecimento deve se dar pela diferenciação da *elusão fiscal* das outras figuras que com ela compõem a *trilogia* da "economia fiscal": o planejamento tributário (ou elisão tributária) e a evasão fiscal.

A evasão, a elisão e a *elusão* fiscais, embora sejam figuras adjacentes, possuem elementos estruturais e pressupostos próprios; ostentam dinâmicas distintas de atuação; ocupam "planos normativos diversos e se colocam em relação de recíproca exclusão"[8]. Por serem noções diferentes, mas de fronteiras na prática pouco precisas[9], há a necessidade de rigor – principalmente, por razões de certeza do direito – na delimitação dos confins. Como não são iguais as consequências jurídicas que decorrem de cada uma das figuras, as distorções aplicativas devem ser vigorosamente combatidas – essas distorções, além de causar insegurança, são fatores de injustiça.

O rigor na delimitação deve começar pela precisão dos termos empregados. É fato que a doutrina nunca chegou a um acordo terminológico sobre

8 CONTRINO, Angelo. La trama dei rapporti tra abuso del diritto, evasione fiscale e lecito risparmio d'imposta. *Diritto e Pratica Tributaria* Vol. LXXXVII, nº 4. Milão: CEDAM, jul/ago 2016, p. 1409.

9 PREBBLE, Zoë; PREBBLE, John. The morality of tax avoidance. *Creighton Law Review* Vol. 43, 2010, p. 708: "Os parágrafos acima deixam sem solução o problema de localizar as fronteiras entre evasão (*evasion*) e *elusão* (*avoidance*) de um lado, e *elusão* e elisão (*mitigation*) de outro. Esta incerteza é um desfio em qualquer discussão sobre *elusão* fiscal (*tax avoidance*).

essas figuras. No Brasil, por meio de Sampaio Dória, distinguiu-se, inicialmente, a evasão ilícita (conluio, sonegação e fraude) da evasão lícita, que seria a elisão ou o planejamento tributário. Para o autor, que se preocupou com a exatidão terminológica, haveria uma evasão fiscal *lato sensu*, correspondente a "toda e qualquer ação ou omissão tendente a elidir, reduzir ou retardar o cumprimento de obrigação tributária". Desse gênero, ter-se-iam duas espécies de natureza comissiva: a evasão ilícita, que seria a "fraude em sentido genérico"; e a "evasão legítima, ou evasão *stricto sensu*, que melhor soaria como elisão ou economia fiscal"[10].

Importante destacar que, com Sampaio Dória, a elisão tributária seria sempre lícita. Dessa perspectiva discordava Lobo Torres, que diferenciava evasão tributária, sempre ilícita, da elisão fiscal, essa podendo ser lícita (planejamento tributário consistente) ou ilícita (planejamento tributário abusivo). Tal diferenciação recusaria tanto a abordagem puramente lógico-sistemática da norma tributária e do "primado dos conceitos de direito civil", que apoia a licitude ontológica da elisão, quanto a corrente da "consideração econômica do fato gerador e da autonomia do direito tributário", que sustenta a ilicitude essencial das práticas elisivas[11]. A "elisão lícita" corresponde ao planejamento tributário legítimo, ao passo que a "elisão ilícita" configura a economia mediante fraude à lei ou abuso de direito.

Há ainda os que discordam do uso dos termos "elisão lícita" e "elisão ilícita". Por exemplo, Heleno Torres prefere equiparar o planejamento tributário legítimo à figura da elisão tributária, reservando o uso do termo "elusão tributária" para a economia fiscal abusiva[12]. No mesmo sentido, Sérgio André Rocha diz que "elisão lícita" encerra uma redundância, e "elisão ilícita" ou "planejamento abusivo", uma contradição nos termos. A elisão e o planejamento são sempre lícitos e legítimos, senão assim não poderiam ser chamados[13]. Desse modo, assim como Heleno Torres, ele defende o uso da expressão *elusão tributária* para designar a prática ilegítima de economia fiscal. Em sentido contrário, Saldanha Sanches destaca que, "em virtude da excessiva proximidade verbal" entre essas expressões, é útil o uso do adjetivo "abusivo". O qualificativo "abusivo" teria uma "particular utilidade expressiva, uma vez que permite exprimir a distinção axiológica entre os dois tipos de evitação fiscal" (a lícita e a ilícita)[14].

Tem razão Marco Aurélio Greco ao afirmar que "a preocupação terminológica é útil, mas é importante que não se transforme em mera discussão quanto

---

10 SAMPAIO DÓRIA, Antonio Roberto. *Elisão e Evasão Fiscal*. 2ª ed. São Paulo: J. Bushatsky, 1977, p. 21-30, 43-56.

11 TORRES, Ricardo Lobo. *Planejamento Tributário: elisão abusiva e evasão fiscal*. Op. cit., p. 8-9.

12 TÔRRES, Heleno Taveira. *Direito Tributário e Direito Privado. Autonomia Privada, Simulação e Elusão tributária*. São Paulo: RT, p. 173-194.

13 O professor Sérgio André Rocha expressou essa posição em debate informal sobre o tema realizado entre nós, professores de Direito Financeiro e Tributário da UERJ.

14 SALDANHA SANCHES, J. L. *Os limites do Planejamento Fiscal*. Coimbra: Coimbra, 2006, p. 21-22: o autor utiliza a expressão "evitação" em vez de "elisão".

a 'palavras'". O importante, segundo o autor, é o acerto "quanto ao objeto à qual se refere e que, para aquele objeto, sempre utilizarmos a mesma palavra"[15]. Seguindo a advertência de Greco, adotei aqui expressão única para designar a figura que tomo como parâmetro para a analogia proposta: a "elusão tributária". Importa, portanto, para este estudo, que sejam delimitados os contornos da *elusão tributária* em relação à evasão e à elisão tributárias. É por meio da exata diferenciação dos "perfis estruturais" dessas figuras que se alcança a compreensão de suas fronteiras[16]. Um ótimo ponto de partida é a delimitação feita por Henrich Wilhelm Kruse na Alemanha:

> Economia de imposto [elisão ou planejamento tributário], elusão e evasão são três conceitos, três conteúdos e três categorias com um único objetivo [...]: subtrair-se da obrigação tributária. O comportamento no primeiro caso é autorizado por lei, no segundo, constitui um abuso ou uma fraude à lei e, no terceiro, é contrário à lei. No primeiro caso, o sujeito atua de acordo com a lei de maneira que não nasça a obrigação tributária; no segundo, faz que a obrigação não surja mediante um comportamento não tipificado e fiscalmente irrelevante, porém que assegura a obtenção de um resultado econômico que haveria sido alcançado com o pressuposto do imposto; e no terceiro, oculta o nascimento[17].

No mesmo sentido, o professor argentino Alberto Tarsitano diz que "nos extremos da conduta do contribuinte estão a *economia de opção*[18][planejamento tributário]e a *evasão*", não havendo dúvidas sobre essas figuras: "a economia de opção se traduz em uma economia fiscal legítima, que evita o fato gerador mediante a utilização de alternativas normais previstas no ordenamento jurídico"; por sua parte, "na evasão fiscal está claro que existe uma violação frontal do ordenamento jurídico, realizada através de uma conduta dolosa tendente a ocultar ou desnaturalizar a obrigação tributária". E entre esses dois extremos "aparece uma gama de comportamentos", como a fraude à lei e o abuso do direito, que pode ser reunida sob o rótulo comum da "elusão tributária", cuja nota essencial, mais problemática para o autor, é a prática de "evitar o dever tributário sem violar diretamente a lei"[19].

Portanto, em um extremo, tem-se a elisão ou planejamento tributário (*tax planning, mitigation, Steuerplanung, lecito risparmio d'imposta, economia de opción*), que configura a economia lícita do imposto e encontra fundamento

15 GRECO, Marco Aurélio. *Planejamento Tributário.* Op. cit., p. 85.

16 CONTRINO, Angelo. La trama dei rapporti tra abuso del diritto, evasione fiscale e lecito risparmio d'imposta. *Diritto e Pratica Tributaria* Vol. LXXXVII, nº 4. Milão: CEDAM, jul/ago 2016, p. 1413.

17 KRUSE, Heinrich Wilhelm. El ahorro de imposto, la elusión fiscal e la evasión. *In*: AMATUCCI, Andrea (Dir.) *Tratado de Derecho Tributario,* Tomo I. Bogotá: Temis, 2001, p. 589.

18 Sobre a origem da expressão na obra de José Larraz, cf. PALAO TABOADA, Carlos. *La aplicación de las normas tributarias y la elusión fiscal.* Valladolid: Lex Nova, 2009, p. 22-23.

19 TARSITANO, Alberto. El principio de la realidade econômica y el excesso de la potestad calificadora del fisco. *In:* ASOREY, Rubén O. (Dir.) *Protección Constitucional de los Contribuyentes.* Madrid: Marcial Pons, 2000, p. 273-275.

na liberdade de escolha legítima do contribuinte entre negócios jurídicos que importem cargas tributárias distintas. Sua nota essencial é o alcance da economia fiscal mediante a observância da lei ou mesmo induzido pelo ordenamento tributário. Na outra ponta, encontra-se a evasão tributária (*tax evasion, Steuerhinterziehung, evasione fiscale, evasión fiscal*), que "dá-se após a ocorrência do fato gerador e consiste na sua ocultação com o objetivo de não pagar o tributo devido de acordo com a lei"[20]. É tipificado como crime e compreende a sonegação, a simulação e a fraude fiscal. Sua nota essencial é a economia fiscal mediante a violação direta, aberta, frontal à lei tributária.

A *elusão* tributária (*tax avoidance, Steuerumgehung, elusione fiscale, elusión fiscal*) ocupa, portanto, uma *zona intermediária* entre a economia lícita de impostos, previsto e incentivado pelo legislador, e a evasão fiscal, vetada e repreendida também no plano penal. Pode-se falar em uma "incompatibilidade ontológica" entre as figuras da *elusão* e da evasão tributária: na evasão, a economia fiscal se obtém por meio da violação frontal, direta e ostensiva das normas de imposição tributária; já a *elusão* é uma economia "conforme a letra da lei, mas não à *ratio* das normas tributárias"[21];a vantagem do contribuinte é indevida porque alcançada por meio da violação indireta da lei, "do desfrute da diferença entre a letra e o espírito de uma norma tributária, a configurar o abuso"[22]. Por sua vez, vem a ser a presença da fraude à lei ou do abuso do direito que diferencia a *elusão* da elisão ou do planejamento tributário.

O ponto aqui é fundamental: tanto a evasão quanto a *elusão* são comportamentos antijurídicos, porém a *elusão* se distancia da evasão na medida em que não se constitui pela violação *direta* da norma tributária, mas sim pelo *contorno* da norma, pela violação *indireta* da lei tributária; por sua vez, é esse *contorno*, no qual a letra é observada às custas do espírito da lei, que marca a distinção entre *elusão* e economia lícita do imposto: enquanto a economia lícita ou elisão tributária é alcançada mediante a observância da lei, a *elusão* tributária identifica-se como economia ilícita porque obtida mediante a fraude à lei, o abuso de direito ou de forma jurídica, ou ainda pela prática da simulação relativa[23]. Na *elusão* tributária, não há violação frontal e manifesta da lei, e sim a "sutileza" própria da fraude à lei e do abuso de direito.

A fraude à lei é modo de violação indireta da lei. Diz-se que a violação é indireta porque a fraude à lei caracteriza-se, na lição de Pedro Baptista Martins, pela adoção de meios lícitos "para a realização de fins contrários ao preceito legal e, por eles, proibidos" – "todo o ato jurídico, que se conclui para realizar por meio indireto um fim prático que a lei não permite atingir diretamente,

---

20 TORRES, Ricardo Lobo. *Planejamento Tributário: elisão abusiva e evasão fiscal*. Op. cit., p. 9-10.

21 TESAURO, Francesco. *Istituzioni di Diritto Tributario. Vol. I.* 8ª ed. Torino: UTET, p. 248.

22 CONTRINO, Angelo. La trama dei rapporti tra abuso del diritto, evasione fiscale e lecito risparmio d'imposta. *Diritto e Pratica Tributaria* Vol. LXXXVII, nº 4. Milão: CEDAM, jul/ago 2016, p. 1409, 1413.

23 A simulação pode ser absoluta ou relativa. A simulação absoluta implica a evasão fiscal; a relativa, a *elusão* fiscal. A hipótese de simulação relativa, contudo, não será desenvolvida neste artigo.

enquadra-se na categoria de atos fraudatórios"[24]. Por meio de atos lícitos, o agente, de forma oblíqua, alcança o mesmo resultado prático que a lei veda, ou deixa de fazer o que a lei impõe. O meio é lícito; o resultado, ilícito. No Direito brasileiro, a fraude à lei, segundo o artigo 166, inciso VI, do CC, é motivo de *nulidade* dos negócios jurídicos. No campo tributário, a fraude à lei é hipótese de violação indireta, obliqua à norma de imposição fiscal.

Por sua vez, o abuso do direito é motivo, segundo o artigo 187 do Código Civil, de *ilicitudeatípica* dos atos jurídicos. A categoria surgiu "no intuito de reprimir os atos que, embora praticados com estrita observância da lei, violam o seu espírito"[25], daí por que falar-se em *ilicitude atípica*. Para Lobo Torres, a proibição da *elusão* tributária (da elisão ilícita em suas palavras) "nada mais é que a especificação geral, jurídico e moral, da vedação do abuso de direito"[26]. O contribuinte abusa da tipificação ou da interpretação[27], havendo descolamento entre forma e substância (abuso das formas jurídicas), com prejuízo à *ratio* ou ao "espírito" da lei, embora prestigiada a sua expressão textual mais imediata.

5.2. ***Elusão* legislativa da Constituição**

Delimitados os contornos das hipóteses que compõem a *trilogia da economia fiscal,* é possível traçar o seguinte grupo de analogia: (i) comparadas à economia lícita de impostos, têm-se leis tributárias que promovem restrições às escolhas dos contribuintes (*v.g.* medidas extrafiscais) ou discriminações (*v.g.* benefícios fiscais), implicando, desse modo, certa tensão com direitos fundamentais, porém, serão válidas se veicularem medidas induzidas, exigidas, justificadas pela própria Constituição; (ii) comparadas à evasão fiscal, têm-se leis tributárias que violam diretamente normas constitucionais, máxime as limitações ao poder de tributar; e (iii) comparada à *elusão* fiscal, têm-se as leis tributárias que *contornam* as limitações constitucionais ao poder de tributar, vindo a violar indiretamente, de forma sutil, essas normas.

Essa última analogia é o objeto deste artigo. Como disse Francesco Tesauro, a *elusão* "não é conceito só fiscal: há *elusão* de preceitos fiscais como de preceitos de outros setores do ordenamento"[28]. Normas que disciplinam diferentes matérias podem ser contornadas, sub-repticiamente violadas, incluída a norma constitucional. É assim com a *elusão* porque assim é com a fraude à lei e o abuso do direito. Porque a fraude à lei encerra "um problema relativo à infração às normas jurídicas", o vício pode ocorrer em qualquer espécie de ato jurídico, inclusive de natureza legislativa. Nesse caso, há "inconstitucionalidade

24 MARTINS, Pedro Baptista. *O Abuso do Direito e o Ato Ilícito.* 3ª ed. Rio de Janeiro: Forense, 2002, p. 121.

25 TEPEDINO, Gustavo; BARBOZA, Heloisa Helena; MORAES, Maria Celina Bodin de. *Código Civil Interpretado Conforme a Constituição da República.* Vol. I. 2ª ed., Rio de janeiro: Renovar, 2007, p. 345-346.

26 TORRES, Ricardo Lobo. *Planejamento Tributário: elisão abusiva e evasão fiscal.* Op. cit., p. 19.

27 Atribuiu-se a Albert Hensel a frase que "a elisão fiscal começa quando a hermenêutica deixa de funcionar".

28 TESAURO, Francesco. *Istituzioni di Diritto Tributario.* Vol. I. Op. cit., p. 248

por fraude a preceito constitucional"[29] – a *fraus legis* pode ser *fraus constitutioni*. Já o abuso pertence ao direito civil, administrativo, tributário, constitucional "porque pertence ao direito em geral: é *ius*, não *lex*"[30]. Assim, perante a Constituição, pode-se ter o *abuso ou desvio do poder de legislar*.

Assim como a fraude à lei e o abuso do direito são elementos constitutivos da *elusão* tributária, os simétricos **fraude à constituição** e **abuso (desvio) do poder de legislar** informam a *elusão* da Constituição pelo legislador tributário. Entre as hipóteses de inconstitucionalidade material, pode haver a violação ostensiva ao texto constitucional, como a indireta ou sutil. Nessa última subcategoria enquadram-se a fraude à constituição e o abuso ou desvio do poder de legislar como condutas dirigidas a eludir a aplicação de normas constitucionais, não diferindo da violação típica e direta em resultado, e sim no modo como age o legislador. Esses são os elementos constitutivos da *elusão* legislativa da Constituição que passo a abordar e diferenciar.

5.2.1. Fraude à Constituição

Como visto, a fraude à lei é um dos elementos constitutivos da *elusão* tributária. O contribuinte, por meio lícito, alcança resultado prático que a lei tributária veda, ou deixa de realizar atividade que a lei tributária impõe. Indiretamente, por meio oblíquo, atinge resultado que não seria possível obter diretamente se observasse a norma tributária fraudada. O mesmo raciocínio deve ser aplicado à relação entre lei e constituição: a expressão "fraude à lei" serve para designar hipótese de violação indireta às normas constitucionais. A fraude à lei é um problema de violação à norma jurídica, de modo que a *fraus legis* pode vir a configurar *fraus constitutioni* quando a norma fraudada for da Constituição. A fraude à Constituição dá causa, portanto, à inconstitucionalidade por violação indireta a normas constitucionais: quando o legislador frustra a aplicação dessas normas, ladeando imposições e limitações constitucionais.

O professor Marcos Bernardes de Mello fala no "expediente de legislar com aparente normalidade, quando, em verdade, estão sendo infringidas normas constitucionais"[31]. Não se trata de violação que se dá *pura e simplesmente* pela não observância das determinações constitucionais. Na fraude à Constituição, diferentemente, o legislador se apoia em uma norma constitucional (norma de cobertura) – normalmente uma norma de competência –, que dá aparência de validade ao ato, para driblar ou contornar outra norma constitucional, de caráter cogente, que vem a ser a norma fraudada. Exercendo competência constitucionalmente atribuída, observando o devido processo

29 MELLO, Marcos Bernardes de. *Teoria do Fato Jurídico. Plano da Validade.* 5ª ed. São Paulo: Saraiva, 2003, p. 83.

30 GIOVANNINI, Alessandro. L'abuso del diritto tributario. *Diritto e Pratica Tributaria* Vol. LXXXVII, nº 3. Milão: CEDAM, mai/jun, 2016, p. 896.

31 MELLO, Marcos Bernardes de. Da fraude à constituição no sistema jurídico nacional. *Revista da Faculdade de Direito da UFPR*, nº 52, Curitiba, 2010, p. 139-140.

legislativo formal, o legislador pratica ato que configura meio ardiloso para, em última análise, evitar o que a Constituição proíbe, limita ou mesmo impõe. Tem-se vício material especial, atípico.

As normas constitucionais cogentes, passíveis de serem contornadas ou ladeadas, não são apenas as explicitamente previstas, mas também as implícitas ou as inferidas das inter-relações estruturais da Constituição[32]. Com efeito, a norma constitucional fraudada não precisa estar expressamente disposta, mas deve ser cogente. Por certo que, considerada a diferença da conduta legislativa na violação direta e indireta, há um ônus maior do intérprete, ainda mais se envolvida norma constitucional implícita como violada. Contudo, ônus argumentativo maior não significa impossibilidade ou inviabilidade de conclusão pela inconstitucionalidade.

Comentando a Carta de 1967/69, Pontes de Miranda já acusava a possibilidade de fraude à Constituição. Sobre o disposto no artigo 102, § 1º, da Constituição de 1967/69 – regra que exigia que os proventos de inatividade fossem revistos sempre que, "por motivo de alteração do poder aquisitivo da moeda", fossem alterados os vencimentos dos servidores em atividade –, Pontes de Miranda reconhecia que a norma não impunha a "equiparação, nem índice para o aumento dos proventos da inatividade". Ante tal contexto normativo, para Pontes de Miranda duas situações ilícitas poderiam ocorrer:

> [...] a) o problema da lei ordinária que eleva os proventos dos funcionários públicos em atividade e não contém regra jurídica sobre aumento dos inativos; b) o problema da lei ordinária que eleva os proventos dos funcionários públicos em atividade e adota, quanto aos inativos, critério que praticamente não constitui aumento.[33]

De acordo com Pontes de Miranda, "a *ratio legis* do art. 102, § 1º, da Constituição de 1967 está na necessidade de adaptar os proventos da inatividade, isto é, os proventos que tocam aos inativos, às novas circunstâncias pecuniárias da vida". Desse modo, a inexistência de qualquer alteração em favor dos inativos seria uma violação direta da regra constitucional, ao passo que a "alteração ilusória" seria um meio oblíquo, ardiloso de frustrar a imposição constitucional, ou seja, uma *fraus constitutioni*:

> O texto constitucional não exige que a percentagem ou outro critério para aumento dos vencimentos dos funcionários públicos em atividade seja o mesmo que se assenta para os inativos, pois a inatividade não tem as mesmas despesas que a atividade e pode deixar margem ao exercício de outros misteres. Mas a alteração ilusória é *fraus legis* ao art. 102, § 1º da Constituição de 1967 e tanto ofenderia a Constituição [...] a lei ordinária que aumen-

32 Cf. BLACK JR., Charles. *Structure and Relationship in Constitutional Law*. Baton Rouge: Lousiana State University Press, 1969.

33 PONTES DE MIRANDA, Francisco Cavalcanti. *Comentários à Constituição de 1967. Com a Emenda nº 1, de 1969.* Tomo III (Artigos 32-117). 3ª ed. Rio de Janeiro: Forense, 1987, p. 518.

> tasse os vencimentos de funcionários públicos em atividade, sem aumentar os vencimentos dos inativos, quanto a lei que só aumentasse a êsses, em relação àqueles, em proporção mínima, que não correspondesse à necessidade do reajustamento.[34]

O Supremo Tribunal Federal já reconheceu hipóteses de fraude à Constituição, sempre identificando-as com tentativas de contornar ou driblar normas constitucionais cogentes. O tema esteve em jogo em duas ações diretas em que envolvida a possibilidade ou não de edição de medida provisória anteriormente revogada. Primeiramente, a questão foi debatida na ADI 2.984/DF[35], versada a constitucionalidade ou não de revogação de medida provisória, por outra medida provisória, que estivesse trancando a pauta do Congresso na forma do artigo 62, § 6º, da CF/88. O Tribunal, por maioria, assentou a constitucionalidade da revogação. Não obstante, surgiu, por decorrência da decisão, um outro debate: o risco de fraude à Constituição por eventuais excessos na estratégia de revogação de medidas provisórias pelo Executivo.

Os autores da ADI levantaram a preocupação e fizeram a advertência: uma vez permitida pelo Supremo a revogação de medidas provisórias em curso de apreciação, estar-se-ia abrindo as portas para sucessivas edições, revogações, e novas edições de medidas provisórias de mesmo conteúdo, sempre com a estratégia de desobstrução da pauta. Embora não fosse o tema central da ADI 2.984/DF, o assunto mereceu atenção especial. Os ministros discutiram o alcance do § 10 do artigo 62, da Constituição, segundo o qual "é vedada a reedição, na mesma sessão legislativa, de medida provisória que tenha sido rejeitada ou que tenha perdido sua eficácia por decurso de prazo". Como não há menção expressa à proibição de reedição de "medida provisória revogada", surgiu o temor de a conclusão da ADI 2.984/DF realmente viabilizar práticas fraudulentas.

A relatora fez questão de, em *obter dictum*, afastar a possibilidade de abuso na reedição de medidas provisórias revogadas, sob pena de violação ao "sistema instituído pela EC 32". O ministro Gilmar Mendes também expressou essa interpretação, destacando que não poderia ser permitida a "burla" ao comando do § 10 do artigo 62, verdadeira fraude à Constituição pela edição de medida provisória com o mesmo teor de medida revogada. Para ele, "do contrário teria sido inócuo todo o esforço que se fez para produzir essa difícil solução em torno da Emenda nº 32". O temor de Gilmar Mendes era permitir que "se retom[asse] uma prática que a emenda constitucional afastou": a das alterações sucessivas das medidas provisórias. O voto mais contundente foi, entretanto, do ministro Sepúlveda Pertence:

34 PONTES DE MIRANDA, Francisco Cavalcanti. *Comentários à Constituição de 1967. Com a Emenda nº 1, de 1969.*Tomo III (Artigos 32-117). Op. cit., p. 518-519.

35 STF – Pleno, ADI 2.984/DF, Rel.ª Min.ª Ellen Gracie, DJ 14/5/2004.

> Com efeito, o argumento, uma vez mais, tem por si uma interpretação literal do § 10 do artigo 62: [...]
>
> A letra desse parágrafo, efetivamente, não abrangeria a hipótese de ser a medida provisória revogada no curso de sua apreciação, donde, concluem os requerentes, estaria aberto o espaço para o Governo do jogo de "gato e rato": [já transcrito acima].
>
> Creio, Sr. Presidente, que isso seria possível, mas tenho fé que não o será enquanto existir o Supremo Tribunal Federal – parafraseando Holmes –, **porque o que a Constituição proíbe obter diretamente, não se pode obter por meios transversos, que configuraria hipótese clássica de fraude à Constituição**. [...]
>
> Creio que estamos de acordo em que não há proibição explícita. E que essa proibição, que não está explícita, não se pode extrair do temor de abrir-se margem à reedição imediata de medida provisória com o mesmo conteúdo, a qual, **como fraude à Constituição, seria inconstitucional**.

O risco de fraude à Constituição pela reedição de medida provisória revogada constou expressamente da ementa do julgado:

> [...] 5. O sistema instituído pela EC nº 32 leva à impossibilidade – **sob pena de fraude à Constituição** – de reedição da MP revogada, cuja matéria somente poderá voltar a ser tratada por meio de projeto de lei.
>
> 6. Medida cautelar indeferida.

Importante destacar que o dispositivo constitucional tido como passível de ser fraudado – o § 10 do artigo 62 –, apesar de veicular norma cogente, não oferece expressão textual quanto à proibição de reedição de medida provisória revogada, é norma implícita. Esse dilema deu a tônica dos debates travados na oportunidade seguinte em que o Tribunal enfrentou o tema diretamente, na ADI – MC 3.964/DF, da relatoria de nossa homenageado, ministro Ayres Britto. Na espécie, discutiu-se a validade da MP nº 394, de 20/9/2007, que dava nova redação ao § 3º do artigo 5º da Lei nº 10.826/2003, que dispõe sobre registro, posse e comercialização de armas de fogo. A acusação de inconstitucionalidade deu-se em razão de a MP nº 394 veicular matéria idêntica à de parte da MP nº 379, de 28/6/2007, que havia sido revogada.

O ministro Ayres Britto votou pela inconstitucionalidade utilizando o decidido na ADI 2.984 como fundamento de seu voto. O ministro transcreveu o voto de Sepúlveda Pertence, em especial a parte que versa a fraude à Constituição, para dizer que não destoa desse entendimento, assentando que a reedição de medida provisória revogada constitui "fraude à EC 32/01", além de "violação ao princípio da Separação dos Poderes". O ministro Cezar Peluso concluiu da mesma forma, destacando um ponto interessante: que o Presidente da República promoveu alterações apenas "adjetivas", irrelevantes, nada substanciais no texto da MP nº 394, em relação à revogada MP nº 379, para "dar aparência de mudança que excluísse a ideia de reedição, com o propósito de contornar o que a Constituição proíbe em duas normas: primeiro, na do §

3º; e, segundo, na do § 6º do art. 62". Para Cezar Peluso, "convalidar tal procedimento significaria fraudar a Constituição numa dessas proibições". Também o ministro Marco Aurélio foi enfático em denunciar a fraude à Constituição:

> Conforme ressaltado, as revogações foram sucessivas, e repito que nada surge sem uma causa. Qual teria sido a causa dessas revogações sucessivas? Digo sem desassombro: **o drible à Constituição Federal**, ou seja, **afastar o efeito querido pela Constituição Federal** quando não se tem a apreciação da medida provisória dentro dos quarenta e cinco dias após a vigência e, com isso, desobstruir-se a pauta. [...] E, logicamente, **não estaremos atuando como legisladores positivos ao interpretar a Constituição Federal** e tirar dela a maior eficácia possível, **evitando o que tenho como verdadeira fraude**.

A preocupação com a atuação do Tribunal como legislador positivo[36] foi levantada pelo ministro Eros Grau que, votando pela constitucionalidade, abriu amplo debate acerca dos limites da interpretação constitucional em casos da espécie. Eros Grau ressaltou que não há no § 10 do artigo 62 referência expressa à proibição de reedição, na mesma sessão legislativa, de medida provisória revogada, e que o Tribunal não poderia, como se constituinte derivado fosse, acrescentar ao texto nova hipótese proibitiva. Para o ministro, o Supremo estaria a reescrever o § 10 do artigo 62. O ministro Ricardo Lewandowski acompanhou o voto de Eros Grau.

Os ministros Cezar Peluso, Ayres Britto e Gilmar Mendes rebateram o argumento. Peluso disse que, "do ponto de vista da substância das coisas, uma medida revogada [] tem a mesma consequência de ordem prática, para efeito de interpretação do § 10, de uma que perdeu a eficácia". Para Cezar Peluso, se admitida como correta a tese de Eros Grau, o Tribunal estaria aceitando a "tentativa de fraude contra as proibições dos §§ 3º e 6º" do artigo 62, ou seja, o "meio indireto de obter ou dilatação de eficácia ou, então, desbloqueio das deliberações legislativas". Significa dizer: meio indireto de obter aquilo que a Constituição proíbe. Ayres Britto chamou a atenção para a necessidade de considerar a lógica do § 10 do artigo 62, que seria justamente a de impedir que o Poder Executivo dite "como vai trabalhar o Legislativo". Ao fim, a maioria concluiu pela inconstitucionalidade, asseverando a fraude à Constituição.

O importante debate na ADI 3.964/DF serviu para revelar que nem sempre as normas constitucionais cogentes, passíveis de serem fraudadas, são expressamente estabelecidas na Constituição. Não raramente, são normas implícitas, ou inferidas por meio de consideração da interação entre as estruturas da Constituição. Muitas vezes, a norma constitucional impositiva é construída mediante o raciocínio estruturante. Isso é verdade para a interpretação constitucional em geral e, portanto, alcança também as hipóteses de violação direta

36 Sobre o tema, cf. BREWER-CARÍAS, Allan R. *Constitutional Courts as Positive Legislators. A Comparative Study.* New York: Cambridge University Press, 2011.

da Constituição. Contudo, é no exame da violação indireta que a questão se torna ainda mais dramática. Não bastasse a norma constitucional tida como violada ser implícita ou inferida das estruturas da Constituição, a acusação ainda é de violação mediante ato de aparente validade. Como eu já disse, tal circunstância, apesar de não inviabilizar a declaração de inconstitucionalidade, impõe maior ônus argumentativo ao juiz constitucional.

Esses são os contornos da fraude à Constituição como elemento da *elusão* legislativa da Constituição, notadamente no campo tributário. O outro elemento é o abuso ou desvio do poder de legislar, tema do próximo tópico.

5.2.2. Abuso ou desvio do poder de legislar

O abuso do direito é um dos elementos constitutivos da *elusão* tributária. O contribuinte abusa da interpretação, seguindo a letra da lei com prejuízo à *ratio* ou ao "espírito" da norma, para contornar o dever tributário. Falta-lhe boa-fé objetiva, que vem a ser o "núcleo invariável caracterizante da categoria" abuso para qualquer ramo do Direito: abuso é o "oposto simétrico da boa-fé, da confiança e da lealdade"[37]. É um desvalor constitucional. Falta congruência entre o ato formalmente realizado e o fim substancial a que se propõe. Não há uma violação direta à norma tributária como ocorre com a evasão, e sim uma contrariedade à *ratio* normativa – o contorno da finalidade da lei vem a ser o elemento estrutural da conduta do contribuinte na *elusão* tributária realizada mediante o abuso do direito.

No campo do exercício do poder público, essa discussão se colocou, primeiramente, em relação aos atos administrativos. O desvio de finalidade, como modo abusivo do exercício do poder, surgiu, segundo Caio Tácito, como vício mediante o qual o administrador busca alcançar "fins estranhos ou incompatíveis com a norma legal"[38]. A originalidade no âmbito do Direito Administrativo coube ao supremo tribunal administrativo francês, o *Conseil d'Etat*. Na França, a ideia de abuso de poder surgiu no "período revolucionário", aplicada para controlar a ingerência ou usurpação de poder pelos juízes em face do executivo e do legislativo[39]. Progressivamente, contudo, "no campo administrativo o excesso de poder assum[iu] sem dúvida uma representação e uma significação diversa daquela tida no campo judicial"[40]. Como anota Francesco D'Alessio, a evolução foi no sentido da possibilidade de assentar-se a nulidade dos atos administrativos como ilegais quando "praticados para um fim estranho ao que a lei tinha em vista"[41]. A teoria do desvio de poder (*détournement de pouvoir*)

37 GIOVANNINI, Alessandro. L'abuso del diritto tributario. *Diritto e Pratica Tributaria* Vol. LXXXVII, nº 3. Milão: CEDAM, mai/jun, 2016, p. 896.

38 TÁCITO, Caio. O Abuso do Poder Administrativo no Brasil: Conceito e Remédios. *Revista de Direito Administrativo* Vol. 56, Rio de Janeiro: FGV, abr./jun. 1959, p. 11-13.

39 ALESSI, Renato. *Sistema Istituzionale del Diritto Amministrativo Italiano*. 2ª ed. Milão: Giuffrè, p. 344.

40 D'ALESSIO, Francesco. *Istituzioni di Diritto Amministrativo*. Vol. 2. 4ª ed. Torino: UTET, p. 241.

41 D'ALESSIO, Francesco. *Istituzioni di Diritto Amministrativo*. Op. cit., p. 241.

adquiriu assim *status* autônomo dentro do quadro de vícios de ilegitimidade dos atos do poder público.

O comportamento abusivo é marcado pela sutileza, assim como se dá com a fraude à lei. O ato é caracterizado pela malícia dirigida a contornar os fins legais. Para Caio Tácito, "longe de ser um erro grosseiro e ostensivo, [o desvio de poder] se distingue pela sutileza com que procura esconder-se sob a capa da regularidade, esmerando-se o agente em ocultar a desfiguração substancial do ato administrativo"[42]. No mesmo sentido disse Celso Antônio Bandeira de Mello:

> Com efeito, o agente tanto pode ofender a lei violando-a à força aberta, ou seja, pisoteando à boca cheia e sem recato às disposições normativas, caso em que agride ostensivamente o padrão legal, como pode fazê-lo à capucha, à sorrelfa, de modo soez, embuçado sob capuz de disfarce – para usar uma expressão de Hely Lopes Meirelles – a pretexto de atender o interesse público. Essa forma de proceder é mais grave, é mais perigosa ainda do que aquela que resulta de violação desabrida da lei. Por ser mais sutil, por vestir-se com trajes de inocência, é mais censurável. Revela uma conduta soez, maculada pelo vício da má fé. [43]

Na Itália, a teoria do desvio de poder logo evoluiu para o campo dos atos legislativos como modalidade diversa, sutil e indireta, de vício material de inconstitucionalidade: o *sviamento di potere legislativo*. Santi Romano, em texto publicado em 1902, portanto, escrito sob a égide de uma constituição flexível – o *Statuto Albertino* –, já advertia, pioneiramente, ocorrer desvio de poder quando o legislador, no âmbito de sua discricionariedade, "exorbita dos limites" de sua competência, exercendo-a em desconformidade à "finalidade da qual esse mesmo poder deriva"[44]. Poucos autores foram mais influentes sobre o tema do que o importante constitucionalista e ex-presidente da Corte Constitucional italiana Livio Paladin. Em artigo paradigmático de 1956, Paladin problematizou não haver uma categoria unitária de vício material, mas sim hipóteses distintas de violação substancial à Constituição: violação direta da norma constitucional, vício de incompetência e excesso de poder legislativo.

A premissa fundamental de Paladin, a justificar a distinção entre os vícios substanciais, foi a de existirem diferentes tipos de normas constitucionais, e que isso implica a possibilidade de haver espécies diferentes de vícios. Segundo as suas palavras, "variando a natureza das normas, parece de fato necessário que varie a natureza, ou ao menos a dimensão, dos próprios vícios"[45].

42 TÁCITO, Caio. Teoria e Prática do Desvio de Poder. *Revista de Direito Administrativo* Vol. 117, Rio de Janeiro: FGV, jul./set. 1974, p. 18.

43 MELLO, Celso Antônio Bandeira de. *Discricionariedade e Controle Jurisdicional.* 2ª ed. São Paulo: Malheiros, 2001, p. 58.

44 SANTI ROMANO. Osservazioni preliminar per uma teoria sui limitti dela funzione legislativa nel diritto italiano. *In: Scritti Minori Vol. I: Diritto Costituzionale.* Milão: Giuffrè, 1950, p. 199.

45 PALADIN, Livio. Osservazioni sulla discrezionalità e sull'eccesso di potere del legislatore ordinario. *Rivista Trimestrale di Diritto Pubblico* Ano VI, n° 1, Milão: Giuffrè, jan/mar de 1956, p. 1002.

Para o autor, a diferença estaria entre as normas constitucionais preceptivas e programáticas. O excesso de poder tocaria à atividade legislativa discricionária conferida pelo programa constitucional que dirige "a futura atividade do legislador"[46]. Em relação às normas constitucionais preceptivas, poder-se-ia falar em "violação em sentido estrito", ao passo que o excesso de poder seria o vício substancial relacionado às normas programáticas.

Como disse Paladin, toda função discricionária possui limites finalísticos; "somente em uma esfera discricionária podem encontrar-se atos viciados por excesso de poder"[47], de forma que são os fins constitucionais, uma vez suficientemente identificados, que devem funcionar como parâmetros do controle de constitucionalidade. No entanto, Paladin não desenvolveu uma teoria do controle forte do excesso ou desvio do poder legislativo. Ao contrário, preocupado com possíveis consequências políticas e com o risco de "onipotência da Corte Constitucional", o autor formulou uma teoria de controle restrito de constitucionalidade, admitindo apenas a intervenção excepcional da Corte. A preocupação era com o risco de a Corte usurpar a discricionariedade legislativa, vindo a controlar o mérito dos atos legislativos[48].

Os constitucionalistas portugueses também se dedicaram ao tema. Blanco de Morais diz que ocorre desvio do poder legislativo "quando o fim real do acto discrepa do fim que o princípio ou a norma de referência constitucional estipula para a sua emissão"[49]. Jorge Miranda sustenta que tem-se *desvio de poder legislativo* "através da contradição entre os fins da norma e do acto e os fins da norma constitucional"[50]. O autor vincula o desvio ao uso das faculdades constitucionais para a realização de fins diversos dos que a própria Constituição tinha em vista quanto atribuiu a competência. Em Portugal, nenhum autor aprofundou mais o tema que J. J. Gomes Canotilho. Para Canotilho, a figura do excesso de poder legislativo é espécie de vício material da lei que pode ser revelado tanto no confronto da "lei consigo mesma, tendo em especial atenção os fins por ela prosseguidos", como no confronto da lei com os "*fins* estabelecidos na constituição, pelo que sempre se poderá dizer que, em última análise, a *lei* é vinculada ao fim constitucionalmente fixado". Nesse segundo caso, que é o versado neste trabalho, estaria envolvido "um vício funcional da lei – 'vício no fim' ou na 'causa' – deduzido do confronto dos fins decorrentes da constituição com os fins imanentes da legislação"[51].

---

46 PALADIN, Livio. Osservazioni sulla discrezionalità e sull'eccesso di potere del legislatore ordinario. *Rivista Trimestrale di Diritto Pubblico* Ano VI, n° 1, Milão: Giuffrè, jan/mar de 1956, p. 1020.

47 PALADIN, Livio. Osservazioni sulla discrezionalità e sull'eccesso di potere del legislatore ordinario. *Rivista Trimestrale di Diritto Pubblico* Ano VI, n° 1, Milão: Giuffrè, jan/mar de 1956, p. 1040.

48 Cf. PALADIN, Livio. *Diritto Costituzinale*. 3ª ed. Padova: CEDAM, 1998, p. 766. No mesmo sentido, cf. CRISAFULLI, Vezio. *Lezioni di Diritto Costituzionale*. Vol. II. 4ª ed. Padova: CEDAM, 1976, p. 331-332.

49 MORAIS, Carlos Blanco de. *Justiça Constitucional*. Tomo II. 2ª ed. Coimbra: Coimbra Editora, 2006, p. 148.

50 MIRANDA, Jorge. *Manual de Direito Constitucional*. Tomo VI. 2ª ed. Coimbra: Coimbra, 2005, p. 41.

51 CANOTILHO, José Joaquim Gomes. *Constituição Dirigente e Vinculação do Legislador*. 2ª ed. Coimbra: Coimbra, 2001, p. 257.

A doutrina nacional também tem reconhecido a possibilidade de inconstitucionalidade da lei pelo vício de desvio do poder legislativo. Caio Tácito falava em "abandono ostensivo do fim a que se destina a atribuição constitucional" como conduta do legislador a caracterizar "autêntico desvio de poder"[52]. Miguel Reale disse da inconstitucionalidade material da lei, por vício de abuso do poder de legislar, quando essa "configurar o emprego malicioso de processos tendentes a camuflar a realidade, usando-se dos poderes inerentes ao 'processo legislativo' para atingir objetivos que não se compadecem com a ordem constitucional"[53]. Gilmar Mendes também defendeu a possibilidade de a inconstitucionalidade substancial da lei decorrer do excesso do poder legislativo, isto é, de não haver "coincidência entre a norma e o fim consagrado constitucionalmente". Para o constitucionalista, haveria excesso de poder legislativo porque violado o princípio da proporcionalidade ou da proibição de excesso[54]. Já Luís Roberto Barroso vincula o tema ao princípio da razoabilidade[55]. Carlos Ari Sundfeld diz de uma "inconstitucionalidade oculta sob o manto da aparente normalidade"[56].

A Jurisprudência do Supremo, com muito pouco rigor conceitual, reconhece há bom tempo[57] a figura do desvio do poder legislativo. As menções recentes estão sempre presentes nos votos do ministro Celso de Mello. O decano do Tribunal vinculou a teoria, em última análise, à dimensão substancial da cláusula do devido processo legal (artigo 5º, inciso LIV, da CF/88), ou seja, à falta de razoabilidade das leis[58]. Para o ministro, "achando-se o conteúdo da norma legal tisnado pelo vício da irrazoabilidade, incide, o legislador, em causa configuradora do excesso de poder, o que compromete a própria função jurídico-constitucional dessa espécie normativa".

Como se percebe, sem rigor conceitual e bem ao seu estilo maximalista[59], Celso de Mello - assim como o próprio Supremo - contribuiu muito pouco ao tema, notadamente por equiparar o desvio do poder legislativo a qualquer "legislação que se revele opressiva ou destituída do necessário coeficiente de razoabilidade", a leis produzidas "de forma imoderada e irresponsável" e à

---

52 TÁCITO, Caio. O Desvio de Poder no Controle dos Atos Administrativos, Legislativos e Jurisdicionais. *Revista de Direito Administrativo* Vol. 228, Rio de Janeiro: FGV, abr./jun. 2002, p. 5, 8.

53 REALE, Miguel. Abuso do Poder de Legislar. *Revista de Direito Público* Ano VII, nºs 39/40, São Paulo: RT, p. 76-77.

54 MENDES, Gilmar Ferreira. *Controle de Constitucionalidade. Aspectos jurídicos e políticos.* São Paulo: Saraiva, p. 40-42.

55 BARROSO, Luís Roberto. *Interpretação e Aplicação da Constituição.* 5ª ed. São Paulo: Saraiva, 2003, p. 234.

56 SUNDFELD, Carlos Ari. Inconstitucionalidade por desvio de poder legislativo. *Cadernos de Direito Constitucional e Ciência Política* ano 2, nº 8. São Paulo: RT, julho-setembro 1994, p. 140-142.

57 Para um inventário dessas decisões antigas, cf. TÁCITO, Caio. O Desvio de Poder no Controle dos Atos Administrativos, Legislativos e Jurisdicionais. *Revista de Direito Administrativo* Vol. 228, Rio de Janeiro: FGV, abr./jun. 2002, p. 5 *et seq.*.

58 Cf. STF – Pleno, ADI – MC 2.667/DF, Rel. Min. Celso de Mello, j. 19/6/2002, DJ 12/3/2002; STF – Pleno, ADI – MC 1.407/DF, Rel. Min. Celso de Mello, j. 7/3/1996, DJ 24/11/2000.

59 Sobre o maximalismo judicial do ministro Celso de Mello, cf. CAMPOS, Carlos Alexandre de Azevedo. *Dimensões do Ativismo Judicial do STF.* Rio de Janeiro: Forense, 2014, p. 303 e ss.

"subversão dos fins que regem o desempenho da função estatal"[60]. Essa falta de rigor, tanto do ministro Celso de Mello em particular, quanto do Tribunal em geral, foi alvo, inclusive, de crítica aberta pelo ministro Eros Grau quando relator de controvérsia em que concluída ausência de desvio de poder legislativo no caso concreto[61]. Eros Grau fez expressamente referência negativa aos votos sobre o tema do ministro Celso de Mello[62].

O abuso ou desvio do poder de legislar pode, no entanto, receber definição mais analítica. Trata-se de comportamento sutil, malicioso, por meio do qual o legislador atua fora dos limites teleológicos de sua competência ou contorna a *ratio* ou espírito de normas constitucionais, apesar de observar a expressão mais literal do dispositivo constitucional. Há abuso de literalidade contra a *ratio* da norma constitucional ou desvio da finalidade que fundamenta a outorga de competência constitucional. O nosso caso de estudo pode ser tido como exemplo de abuso do poder de legislar, um uso ardiloso da regra de competência tributária para driblar limitação constitucional: exercendo a competência constitucional para definir os elementos da obrigação tributária relativos ao IPVA, o legislador paranaense abusa da literalidade da norma da anterioridade nonagesimal, vindo a violar o seu espírito, a *ratio* de sua introdução no sistema constitucional tributário mediante a EC nº 42/2003.

Esses são os contornos da fraude à Constituição e do abuso do poder de legislar como elementos da *elusão* legislativa da Constituição. Notadamente no campo tributário, essas condutas ilícitas são realizadas para driblar as limitações constitucionais ao poder de tributar. Como desenvolvo no próximo tópico, a afirmação de inconstitucionalidade desse comportamento é plenamente justificado em nosso Estado Democrático Fiscal.

5.3. *Elusão* legislativa, Estado Democrático Fiscal e limitações constitucionais ao poder de tributar

Segundo a perspectiva deste texto, o legislador realiza uma *elusão da Constituição* quando pratica fraude à Constituição ou abuso do poder de legislar. Em ambos os casos, há fuga às limitações e imposições constitucionais sem violar diretamente a Carta da República. A configuração dessa moldura revela a viabilidade da comparação com a *elusão tributária*. As práticas têm estrutura e dinâmica similares: por meio de um comportamento formalmente adequado, realiza-se um *contorno*, um *drible* a um determinado dever, proibição ou limitação

60 Trechos do voto do ministro Celso de Mello em STF – Pleno, ADI – MC 1.063/DF, Rel. Min. Celso de Mello, j. 18/5/1994, DJ 27/4/2001.

61 Cf. STF – Pleno, RE 543.974/MG, Rel. Min. Eros Grau, j. 26/3/2009, DJ 29/5/2009.

62 Não obstante as merecidas críticas à falta de rigor analítico da construção de Celso de Mello acerca da relação entre o desvio do poder de legislar e os princípios da proporcionalidade e da razoabilidade, os seus votos são comumente utilizados como os paradigmas ou, nas palavras do ministro Luiz Fux, como o "lúcido referencial acerca da aplicabilidade da teoria do desvio de poder ao plano das atividades normativas". Cf. o voto de Luiz Fux no STF – Pleno, ADI 5.468/DF, Rel. Min. Luiz Fux, j. 30/6/2016, DJ 2/8/2017.

normativa. Ambas as práticas são de validade aparente. Ocorre, no entanto, violação indireta, sutil, disfarçada, sub-reptícia, oblíqua ao ordenamento jurídico. Na *elusão tributária*, a norma violada é a de imposição tributária e o infrator, o contribuinte; na *elusão legislativa*, a norma violada é a Constituição e o infrator, a autoridade responsável pela edição do ato, mormente o legislador tributário. Sob esse ângulo meramente estrutural, a analogia parece convincente.

Ocorre que a proposta aqui não é a de ofertar uma analogia puramente semântico-estrutural; não se trata de apenas oferecer um novo "termo" para um assunto já existente. A intenção, com a analogia, é chamar a atenção para a relevância do controle sobre medidas legislativas dessa natureza, da mesma forma como se reconhece na atualidade a importância de se combater a *elusão* tributária, os planejamentos tributários abusivos. O combate à *elusão tributária* é uma exigência de justiça tributária[63]. Como eu disse no começo do texto, no Estado Democrático Fiscal, direitos e deveres tributários devem conviver em equilíbrio, em uma relação de implicações recíprocas. Ou seja: da mesma forma que é vedado ao contribuinte abusar de suas liberdades fundamentais para fugir do dever solidário de custeio das tarefas gerais e sociais do Estado, é vedado ao poder tributante abusar de sua liberdade de conformação normativa para fugir sutil, mas arbitrariamente, das limitações constitucionais.

Os fins a que se destinam os tributos, e os impostos em particular, variam de acordo com a concepção de estado. À evolução das ideias, que os ordenamentos procuram acompanhar, seguem novos desafios acerca da legitimidade de deveres e limites no campo tributário. O fenômeno tributário apenas pode ser explicado se levados em conta esses estágios evolutivos filosóficos, políticos, econômicos e sociais. Adolph Wagner, em 1880, já advertia que a justiça tributária só pode ser explicada pelo método histórico: "a 'justa repartição dos impostos' evolui necessariamente com as alterações do *fundamento jurídico* da economia e da sociedade e do *juízo* que vai se formando na consciência popular em torno de dito fundamento"[64]. O método histórico-empirista de Adam Smith nos ensinou isso há quase 250 anos[65].

Nesse sentido, na atual quadra evolutiva, a *fundamentalidade material do dever tributário* está atrelada à escolha constitucional pelo caráter fiscal e democrático dos estados contemporâneos. O dever fundamental, como norma implícita, decorre *das* e é delimitado *pelas* diretrizes estruturantes e fundantes do Estado constitucional e democrático de direito[66]. A fundamentalidade do dever tributário, informada pelos importantíssimos papéis econômico

63 FALSITA, Gaspare. *L'interpretazione antielusiva della norma tributaria come clausola generale immanente al sistema e direttamente ricavabile dai principi costituzionali. In:* MAISTO, Guglielmo (Coord.) *Elusione ed Abuso del Diritto Tributario.* Milão: Giufrrè, 2009, p. 15: "A interpretação antileisiva ou, se se preferir, antiabuso, é uma cláusula geral de justiça na repartição da carga tributária".

64 WAGNER, Adolph. *La Scienza delle Finanze.* Vol. II. Torino: UTET, 1891, p. 830.

65 Cf. SMITH, Adam. *Wealth of Nations.* (1776). Hertfordshire: Wordsworth, 2012.

66 Cf. Cf. NABAIS, José Casalta. *O Dever Fundamental de Pagar Impostos.* Coimbra: Almedina, 2004.

(arrecadação), social (redistributivo) e interventivo (regulatório) que cumpre hoje o tributo[67], justifica o combate à *elusão* tributária. Por sua vez, se deveres e direitos fundamentais devem estar em reciprocidade, o mesmo rigor deve ser observado no controle das práticas elusivas levadas a efeito pelo próprio poder público contra as limitações constitucionais ao poder de tributar.

Sob esse ângulo, a analogia proposta ultrapassa qualquer contribuição terminológica que possa ter ofertado, para alcançar o verdadeiro objetivo: contribuir no sentido valorativo ao combate às práticas legislativas elusivas contra as limitações constitucionais ao poder de tributar. São essas limitações constitucionais a sede dos direitos fundamentais dos contribuintes. Reforçar a tutela do respeito a essas limitações é levar a sério a exigência de reciprocidade entre deveres e direitos que informa o moderno Estado Democrático Fiscal - que é o modelo da irrecusável dialética entre direitos e deveres fundamentais, num *jogo de implicações recíprocas*.

Portanto, o discurso ético de combate ao comportamento malicioso do contribuinte voltado a contornar obrigações tributárias só tem validade se envolvido em reciprocidade. Um arranjo institucional que não tutele efetivamente as limitações constitucionais ao poder de tributar não possui legitimidade para restringir a liberdade de ação dos contribuintes. Um arranjo dessa espécie seria autoritário. Esse é o verdadeiro sentido normativo da analogia proposta - a reciprocidade -, para além das interessantes similaridades semântico-estruturais.

5.4. *Elusão* legislativa, interpretação constitucional e ativismo judicial

Não obstante a adequação constitucional do combate à *elusão* legislativa, a identificação e avaliação desses comportamentos levantam importantes questionamentos de natureza interpretativa e institucional. Tem-se sempre presente tensão entre texto, contexto e fins, o que requer rigor analítico no trabalho com os métodos de interpretação de modo a evitarem-se subjetivismos intoleráveis. Assim, apontar e controlar as violações indiretas à Constituição podem sugerir questões interpretativas e institucionais dramáticas relacionadas aos princípios democrático e da separação de poderes. Porém, esses "dramas metodológicos e institucionais" também marcam o controle dos comportamentos elusivos dos contribuintes.

Sob a perspectiva puramente metodológica, o combate à *elusão* tributária reclama o uso de método menos formalista de interpretação, menos vinculado à letra da lei, evolutivo, que se abre à flexibilidade na construção normativa levando-se em conta os princípios de justiça do sistema em que inserida a norma, os fins da norma aplicada, a sua *ratio* ou espírito. Se entender-se que o combate à *elusão* tributária é um valor constitucional, esse então será o método constitucionalmente mais adequado. Ao contrário, a rejeição às medidas

67 Cf. AVI-YONAH, Reuven S. The Three Goals of Taxation. *Texas Law Review* Vol. 60 (1), 2006, p. 3*et seq*.

antielusivas reclama o uso de métodos formalistas, que privilegiam a letra do dispositivo legal em detrimento de suas conexões de sentido e valorativas dentro do sistema em que inserido ou de seu escopo ou espírito. Se entender-se que o combate à *elusão* tributária não possui fundamento constitucional, este será então o método mais constitucionalmente adequado.

Há aqui um paralelo a ser traçado, vinculado à própria analogia proposta: a censura à *elusão* legislativa também reclama o uso de método menos formalista de interpretação, menos vinculado à letra do dispositivo constitucional, que se abre à possibilidade de construção de normas implícitas a partir das conexões sistêmicas e axiológicas dos enunciados constitucionais, e que considere a *ratio* ou espírito das normas constitucionais como parâmetro de validade das normas infraconstitucionais, e não necessariamente as suas expressões literais mais imediatas. Se entender-se que o combate à *elusão* legislativa é um valor constitucional, essa atitude metodológica do juiz constitucional pode ser considerada adequada. Ao contrário, a rejeição ao combate às medidas legislativas *elusivas* reclama o uso de métodos formalistas, que privilegiam a letra do dispositivo constitucional em vez de suas conexões de sentido e axiológicas no sistema em que inserido, ou de seu escopo ou espírito. Se entender-se que o combate à *elusão* legislativa não possui fundamento constitucional, este poderá então ser o método constitucionalmente adequado.

Métodos menos formalistas, menos literais, mais finalísticos, favorecem o enquadramento dos comportamentos como elusivos e, com isso, implicam menor deferência do intérprete/aplicador às escolhas negociais dos contribuintes, promovendo certa tensão com a autonomia individual. Ao contrário, métodos formalistas, mais literais, dificultam o enquadramento dos comportamentos como elusivos e, com isso, implicam maior deferência do intérprete/aplicador às escolhas negociais dos contribuintes, privilegiando a autonomia individual. Dessa forma, agora sob a perspectiva institucional, o agente, no primeiro caso, atua mais livremente, mais ativamente, com menor deferência à liberdade dos contribuintes; no segundo caso, o agente responsável por identificar e avaliar a conduta elusiva possui restrita margem de ação, atuando com maior deferência à liberdade dos contribuintes.

É possível então novo paralelo decorrente da analogia formulada: a censura à *elusão* legislativa requer maior margem de controle pelo juiz constitucional sobre as decisões do legislador e, assim, implica menor deferência judicial às decisões e medidas legislativas. Se entender-se que o combate à *elusão* legislativa é um valor constitucional, essa atitude institucional do juiz constitucional pode ser considerada legítima. Ao contrário, a rejeição ao combate às medidas legislativas *elusivas* requer reduzir as possibilidades de controle pelo juiz constitucional em favor da maior liberdade de conformação normativa e comportamental do legislador, ou seja, requer maior deferência judicial em favor do espaço de discricionariedade legislativa. Se entender-se que o combate à *elusão* legislativa não possui fundamento constitucional, este será então o único comportamento institucional legítimo.

Essas duas perspectivas, como acima desenvolvidas, revelam que o controle de constitucionalidade da *elusão* legislativa pode implicar acusações de ativismo judicial sob as dimensões *metodológica* e *estrutural*[68]. Sem embargo, a preocupação é relevante. Contudo, ativismo judicial não é sinônimo de ilegitimidade, e essa correlação simplesmente não pode ser feita de modo apriorístico e em nível puramente conceitual. Ademais, como exposto acima, o combate à *elusão* legislativa é uma exigência da necessária reciprocidade entre deveres e direitos fundamentais tributários. Portanto, a preocupação com o excesso judicial requer, na realidade, maior prudência por parte dos juízes constitucionais, que esses absorvam o maior ônus argumentativo desses casos, mas nunca o passivismo judicial!

Para atuarem legitimamente, proponho que os juízes constitucionais, ao julgarem os casos de *elusão* legislativa, devam: (i) se manter dentro das amplas possibilidades de sentido do texto constitucional envolvido, ainda que lancem mão para tanto de interpretações extensivas ou restritivas, de extensões ou reduções teleológicas; (ii) demonstrar analiticamente a construção de eventual norma implícita tomada como parâmetro de validade, identificando os enunciados expressos interpretados, pertencentes ao sistema e às estruturas da Constituição, e como se deu a interação entre esses enunciados para a produção da aludida norma não expressa; (iii) fundamentar, sob o ângulo teleológico, a conclusão pela *ratio* do dispositivo constitucional violada, e como essa conclusão corresponde a um sentido possível da norma, ou seja, a um sentido que não contrarie frontalmente as possibilidades textuais desse dispositivo constitucional; e, por fim, (iv) demonstrar fundamentadamente como a lei ou ato normativo controlado violou indiretamente a norma constitucional implícita (fraude à Constituição) ou a *ratio* dodispositivo constitucional (desvio do poder de legislar), e que isso revela contrariedade a alguma ou mais norma de limitação constitucional ao poder de tributar.

Assim agindo os juízes constitucionais, acredito que o ativismo judicial de dimensões metodológica e estrutural estará justificado, devendo ser reconhecida legítima a declaração de inconstitucionalidade de lei ou ato normativo tributário que tenha configurado uma *elusão* à Constituição – um drible ou contorno às limitações constitucionais ao poder de tributar.

6. A *ELUSÃO* DA CONSTITUIÇÃO PELO LEGISLADOR PARANAENSE

Fixados os contornos da *elusão* legislativa da Constituição e os limites e possibilidades do controle judicial, impõe-se justificar o porquê considero a Lei nº 18.371/2014 uma hipótese da espécie e julgo que o legislador paranaense incorreu em vício de inconstitucionalidade. Como desenvolvo nos tópicos seguintes, é possível arguir que o legislador fraudou à Constituição ou

68 Sobre essas dimensões do ativismo judicial, cf. CAMPOS, Carlos Alexandre de Azevedo. *Dimensões do Ativismo Judicial do STF.* Rio de Janeiro: Forense, 2014, p. 276-305 e 314-322.

praticou desvio de poder a depender do alcance da anterioridade nonagesimal ao IPVA que venha a ser fixado mediante a interpretação constitucional. Diferentes construções podem levar ou à violação sutil de norma constitucional cogente implícita (fraude à Constituição) ou à afronta à *ratio* da norma constitucional (desvio do poder de legislar).

6.1. A fraude à Constituição pelo legislador paranaense

É possível afirmar que há, pela combinação dos princípios constitucionais da irretroatividade, da anterioridade - geral e nonagesimal - e da isonomia tributárias, uma norma constitucional cogente implícita que limita temporalmente as leis que sirvam a majorar a alíquota dos impostos anuais como o IPVA: a lei correspondente deve ser publicada até 2/10. Essa construção leva em conta a natureza do fato gerador desses impostos: fato gerador "continuado", "representado por situação que se mantém no tempo e que é mensurada em cortes temporais"[69]. O legislador paranaense, de forma sutil, disfarçada e oblíqua, buscou resultado prático equivalente ao que essa norma constitucional implícita proíbe, incorrendo, assim, em fraude à Constituição - em *elusão* da Constituição.

No caso dos impostos lançados por período de tempo e de fato gerador continuado, que incidem uma vez a cada ano - como o ITR, o IPVA e o IPTU -, tem-se que o legislador deve escolher um momento de fato instantâneo como ficção que irá representar o fato continuado de todo o respectivo período de tempo. Em se tratando de impostos anuais - lançados e cobrados pelo período de um ano -, o legislador deve escolher um dia do ano (fato instantâneo) que representará o fato que perdurou ou permaneceu (continuou) durante todo esse mesmo ano. Portanto, no âmbito do exercício de sua competência tributária, o ente tributante tem relativa discricionariedade para escolher a data do ano que, por ficção, representará o aspecto temporal de um fato gerador que, por sua natureza, é permanente ou continuado. Resta saber a exata latitude dessa margem de conformação legislativa.

Com efeito, é uma exigência de justiça tributária (isonomia) que todos que se encontrem em idêntica situação suportem o mesmo ônus tributário, o que inclui estarem sujeitos aos mesmos critérios de quantificação dos respectivos deveres tributários. É o que se pode denominar de *igualdade horizontal*[70]. Essa norma está contida em nossa Constituição no inciso II do artigo 150. Assim, é uma exigência de isonomia que, durante o mesmo período de um ano, todos em situação de igualdade estejam sujeitos à mesma norma de imposição tributária. Significa dizer: tanto os contribuintes que assim se tornaram em anos anteriores e assim continuam a ser (adquiriram imóveis e veículos antes do ano do fato gerador), como os que passaram a ser contribuintes durante

69 AMARO, Luciano. *Direito Tributário Brasileiro.* 18ª ed. São Paulo: Saraiva, 2012, p. 294.

70 Cf. ELKINS, David. Horizontal Equity as a Principle of Tax Theory. *Yale Law & Policy Review* Vol. 24, 2006, p. 43-90.

o ano em questão (adquiriram imóveis e veículos durante o ano do fato gerador), todos devem estar sujeitos aos mesmos critérios de tributação, sem prejuízo da aplicação, obviamente, dos critérios de progressividade e de seletividade constitucionalmente estabelecidos.

Relativa ressalva deve ser feita apenas para as hipóteses de finalidades extrafiscais ou de praticidade. É possível que o legislador, consideradas as diferentes funções dos tributos, tenha o propósito de induzir ou inibir comportamentos, buscando assim alcançar resultados sociais e econômicos constitucionalmente desejados ou maior eficiência fiscal; ou seja, é possível que o legislador encerre um projeto de transformações sociais ou econômicas e venha a utilizar os impostos como mecanismo para tal fim, ou busque otimizar sua atividade administrativo-tributária. Nesses casos, o legislador, cumprindo tarefa a ele reservada na própria Constituição, pode promover discriminações legítimas a fim de alcançar esses objetivos – vale a analogia feita com a elisão tributária. Por certo que tais discriminações criam um estado de tensão com outras normas constitucionais, notadamente com a isonomia tributária, mas aí não há que se falar em inconstitucionalidade apriorística, e sim deve-se examinar a legitimidade da discriminação tendo em conta a medida do tratamento diferenciado e o fim a que se propõe[71].

Porém, inexistindo razões extrafiscais, de praticidade ou comodidade da arrecadação, deve prevalecer o tratamento rigorosamente igual. Seguindo justamente essa diretriz constitucional, os legisladores estaduais, mais do que por costume, sempre estabeleceram a propriedade de veículo automotor no primeiro dia de cada ano como o fato instantâneo representativo do fato continuado de todo o período anual, relativo à obrigação tributária do IPVA. Assim também sempre fizeram o legislador federal para o ITR e os legisladores municipais para o IPTU. A regra geral sempre foi essa, portanto, por exigência de isonomia tributária: ocorrendo o fato gerador no primeiro dia de cada ano, "velhos" e "novos" contribuintes estariam sempre sujeitos à mesma norma de imposição tributária.

Portanto, não tem razão o Governador do Paraná ao afirmar, em suas informações, que o uso legislativo do dia primeiro de cada ano nunca passou de "costume" e que os legisladores estaduais são absolutamente livres para escolherem a data em que ocorrida a materialidade do IPVA, inclusive podendo escolher "mais de uma incidência durante o mesmo exercício". Ora, podem escolher sim, inclusive mais de uma data de incidência, desde que não promovam, com suas escolhas, discriminações inconstitucionais, que atentem contra o inciso II do artigo 150 da CF/88 (a isonomia tributária). Há margem de conformação para discriminações que se justifiquem constitucionalmente. Fora isso, longe de ser mero costume, a escolha do dia primeiro de cada ano impõe-se como melhor maneira de observar-se o princípio da isonomia tributária, promovendo a justa repartição do ônus fiscal (justiça tributária).

71 Cf. ÁVILA, Humberto. *Teoria da Igualdade Tributária.* 3ª ed. São Paulo: Malheiros, 2015. P. 166 e ss.

Por sua vez, considerada a proibição de retroatividade da norma tributária estabelecida na alínea "a" do inciso III do artigo 150 da CF/88, a fixação do dia primeiro de cada ano é a única forma de assegurar, para o mesmo período, a incidência linear da norma de imposição dos impostos anuais sobre os contribuintes que se encontrem em mesma situação. Por conta do princípio da irretroatividade tributária, o tratamento diferenciado torna-se consequência inerente ao expediente de escolher outra data para o fato gerador que não seja o dia primeiro. Inevitavelmente, se estabelecida lei que majora o imposto anual e define como data do fato gerador algo diferente do dia primeiro, necessariamente os que realizarem o fato gerador após a vigência da nova lei arcarão com a majoração; os que realizarem anteriormente terão o privilégio de suportar ônus inferior, pois a nova norma não poderá retroagir. Desse modo, caso não haja motivos constitucionais que legitimem tal diferenciação, haverá inconstitucionalidade.

Contudo, esse aspecto temporal não era um verdadeiro problema quando a Constituição previa apenas a anterioridade geral na alínea "b" do inciso III do seu artigo 150. Então, os legisladores dos impostos anuais não tinham muita dificuldade com tal arranjo. A lei respectiva, instituindo ou majorando o imposto, podia ser publicada até 31/12, que vigeria logo no dia seguinte – 1º de janeiro. Assim, publicada no último dia de cada ano, majorado o imposto, a respectiva lei poderia fixar o dia 1º de janeiro como data do fato gerador que, ainda assim, alcançaria, sob as mesmas bases normativas, todos os contribuintes, "velhos" e "novos". Nesses casos, a segurança jurídica era sacrificada tendo em vista a "surpresa indesejada" dos aumentos[72], mas a isonomia era preservada. Havia a igualdade na insegurança.

A situação mudou totalmente com a introdução, pela EC nº 42/2003, do princípio da anterioridade nonagesimal na alínea "c" do inciso III do artigo 150 da Constituição. Para manter a ocorrência do fato gerador no dia 1º de cada ano, sem que isso viole o princípio da irretroatividade da lei tributaria mais gravosa, passou a ser necessário que a respectiva lei seja publicada não mais apenas no ano anterior, mas noventa dias antes da pretendida data de início de incidência da nova norma. É importantíssimo lembrar que o Supremo já definiu, acertadamente, que a anterioridade não impede simplesmente a cobrança do tributo, mas a própria vigência da norma tributária. O Tribunal tem compreendido a expressão "cobrar tributos", contida no aludido inciso III, como abrangendo a proibição do próprio início de vigência da norma. Nesses termos, referindo-se à anterioridade nonagesimal do artigo 195, § 6º, o ministro Sepúlveda Pertence, no Recurso Extraordinário nº 141.602/PE[73], asseverou:

---

72 BORGES, José SoutoMaior. O princípio da segurança na Constituição Federal e na Emenda Constitucional 45/2004. Implicações fiscais. In: PIRES, Adilson Rodrigues; TORRES, Heleno Taveira (Org.). *Princípios de Direito Financeiro e Tributário. Estudos em Homenagem ao Professor Ricardo Lobo Torres.* Rio de Janeiro: Forense, 2009, p. 249: "A surpresa fiscal dos contribuintes é um contra-valor enquanto tal incompatível com o valor segurança jurídica".

73 STF – 1ª T., RE 141.602/PE, relator ministro Sepúlveda Pertence, j. 28/8/1992, DJ 18/9/1992. Conta na ementa a seguinte lição didática: "O art.195, § 6º, não se limita a impor o intervalo de 90 dias entre a

> O Tribunal repeliu, na oportunidade, a exegese literal que reduz o alcance da norma constitucional à imposição de uma anterioridade da lei em relação ao momento da exigência ou da cobrança e afirmou, ao contrário, que, por força dela, o que se vedava é a incidência mesma da lei de criação ou alteração onerosa do tributo.
>
> Disse a propósito, na modesta e improvisada adesão ao voto-condutor da decisão plenária:
>
> Quanto ao ponto decisivo do caso concreto, também me ponho de acordo com o eminente Relator. O "cobrar", a que se refere o art. 153 (*sic*)[74], e o "exigir", a que alude a norma específica do art. 195, § 6º, a meu ver, não podem ser reduzidos a uma mera regra de retardamento da exigibilidade ou mesmo do lançamento da exação tributária. [...]
>
> Inconcebível, assim porque esvaziaria de todo o sentido finalístico do princípio da anterioridade – ou desse princípio específico da anterioridade mitigada do art. 195, § 6º – entendê-los como relativo apenas à cobrança ou ao lançamento.

O ministro Sepúlveda Pertence fez referência ao voto que proferiu no Recurso Extraordinário nº 146.733/SP, versada a irretroatividade tributária[75]. Naquele julgado, o relator, ministro Moreira Alves, seguido por todos os demais membros do Pleno, deixou claro que a anterioridade não diz respeito à cobrança dos tributos, e sim à incidência das leis tributárias que instituem ou majoram tributos. Nestes termos, resta evidente que se o legislador pretender que o fato gerador continuado dos impostos anuais ocorra no primeiro dia de cada ano, a lei respectiva deverá ser publicada até 2/10. Nesse mesmo sentido, analisando a aplicação da própria anterioridade nonagesimal da EC nº 42/2003, o ministro Gilmar Mendes disse:

> A EC nº 42, de 2003, pretendendo evitar a burla à regra da anterioridade por meio da publicação de leis tributárias nos últimos dias do ano civil, inseriu a alínea "c" no inciso III do art. 150 da Constituição, para exigir, além da anterioridade da lei ao exercício financeiro de sua aplicação, o prazo de 90 (noventa dias) da publicação para o início de sua incidência. Esse prazo nonagesimal, como parece óbvio, só tem aplicação nos casos em que a lei foi publicada no último trimestre do ano. As leis publicadas até o fim do mês de setembro terão incidência coincidente com o início do exercício financeiro seguinte (1º de janeiro)[76].

E quanto à discussão travada na ADI nº 5.282/PR? Para "salvar" a observância da anterioridade nonagesimal, poderia o legislador simplesmente

---

lei e o lançamento ou a cobrança da contribuição criada ou alterada: o que se impede, até o termo final daquele prazo de anterioridade, é a própria incidência da norma legal".

74 A toda evidência, o ministro quis referir-se ao artigo 150, inciso III, da Constituição.

75 STF – Pleno, RE 146.733/SP, relator ministro Moreira Alves, j. 29/9/1992, DJ 6/11/1992.

76 STF – Pleno, ADI – MC 4.016/PR, relator ministro Gilmar Mendes, j. 1º/8/2008, DJ 24/4/2009.

alterar a data do fato gerador normalmente estabelecida, postergando-a? A resposta é negativa! Como explicado, em se tratando de impostos anuais, fixar o fato gerador em data diversa de 1º de janeiro é, em havendo majoração, criar discriminações, isto é, formular tratamento diferenciado entre contribuintes que, a princípio, encontram-se em situação igual. Isso apenas seria possível se a discriminação visasse fins extrafiscais, como estimular a aquisição de bens imóveis ou veículos durante certo período de tempo, ou buscasse maximizar a eficiência fiscal.

A interpretação sistemática, combinando isonomia, irretroatividade e anterioridade, e levando em conta o caráter anual dos impostos de fato gerador continuado (como o IPTU ou o IPVA), produz a norma constitucional implícita que impõe a publicação de leis que majorem as alíquotas desses impostos até o dia 2/10. A exceção contida na parte final do § 1º do artigo 150 da Carta da República, excluindo do alcance da anterioridade nonagesimal a fixação das bases de cálculos desses impostos, confirma essa regra. É a exceção explícita que confirma a regra implícita ora formulada. Para as alíquotas, a anterioridade nonagesimal; para base de cálculo, norma constitucional expressa excluindo a incidência do princípio[77].

O legislador paranaense, de forma sútil, oblíqua, buscou escapar a essa norma constitucional cogente implícita, violando indiretamente a Constituição. O legislador estadual, por meio da artimanha de alterar a data do fato gerador, buscou contornar essa norma constitucional implícita, que se constrói – como acima analiticamente demonstrado – a partir da interação de elementos essenciais de nosso Sistema Constitucional Tributário: anterioridade – geral e nonagesimal –, irretroatividade e isonomia. A violação à isonomia, em última análise, decorreu da tentativa de ruptura desse sistema, de contrariedade lógica às conexões de sentido entre os elementos desse conjunto de garantias dos contribuintes. Porque não se tratou de violação direta, frontal, ostensiva, mas indireta, oblíqua e sutil de norma constitucional, concluo ter o legislador estadual incorrido em *elusão* da Constituição mediante fraude à norma constitucional cogente, configuradora de limitação ao poder de tributar.

6.2. O abuso de poder pelo legislador paranaense

É possível ainda afirmar a inconstitucionalidade da Lei nº 18.371/2014 por ter incorrido o legislador estadual em desvio de poder, seja por violar a *ratio* da EC nº 42/2003 na parte em que introduziu a anterioridade nonagesimal no sistema de garantias constitucionais dos contribuintes, seja porque trai a competência constitucional que possui para fixar os elementos da obrigação tributária relativa ao IPVA, particularmente a definição do aspecto temporal do seu fato gerador.

---

77 MACHADO, Hugo de Brito. *Curso de Direito Constitucional Tributário*. São Paulo: Malheiros, 2012, p. 237: para o autor, "a extensão da ressalva à fixação da base de cálculo do imposto sobre a propriedade de veículos automotores tem o propósito de facilitar a utilização do mesmo com finalidade extrafiscal".

Como se sabe, a anterioridade nonagesimal foi introduzida pela EC nº 42/2003 como um mecanismo voltado a "fortalece[r] a segurança jurídica dos cidadãos"[78]. A mudança visou obstruir a prática de publicação de leis, por meio das quais eram majorados tributos no fim do ano com vigência imediata dias depois – ou no dia seguinte – já no ano sucessivo. Apenas a anterioridade geral não era capaz de coibir tais práticas, vindo a nonagesimal a formar com essa e com a irretroatividade um modelo que verdadeiramente tutelasse a segurança dos contribuintes; que conferisse efetividade de fato a esse direito fundamental. O escopo da EC nº 42/2003, quanto a esse ponto, foi bem demonstrado por Leandro Paulsen:

> A alínea "c" [do inciso III do artigo 150 da CF/88] estabelece uma anterioridade nonagesimal mínima, exigindo o decurso de pelo menos 90 dias antes que a lei instituidora ou majoradora de tributos possa incidir e gerar obrigações tributárias.
>
> O presente dispositivo constitucional vem atender uma necessidade dos contribuintes, prestigiando a segurança jurídica em matéria tributária. Faz com que não mais possam ocorrer alterações na legislação em 31 de dezembro, como muitas vezes ocorreu, instituindo ou majorando tributos para vigência já a partir de 1º de janeiro. [...] Com a nova regra da alínea "c" do inciso II [sic] do art. 150, acrescida pela EC 42/2003, supre-se a deficiência da anterioridade de exercício relativamente às alterações de final de ano, fazendo com que o contribuinte possa efetivamente conhecer com antecedência as normas instituidoras ou majoradoras de tributos. Viabiliza-se, com isso, planejamento do contribuinte.[79]

A *ratio* da EC nº 42 manifesta-se, assim, bastante clara. Qualquer medida voltada a contorná-la representa esvaziamento desse reforço da segurança jurídica. O reforço opera diferentemente para cada tributo, ainda havendo importantes exceções, como o imposto de renda. No caso dos impostos anuais, o constituinte derivado trabalhou com a realidade legislativa comum de o fato gerador continuado ser considerado ocorrido todo o dia primeiro de cada ano. Assim, em se tratando de impostos anuais, a reforma operada pela EC nº 42/2003 só faz pleno sentido se observado o prazo de noventa dias considerada a ocorrência do fato gerador em todo o dia 1º de janeiro. A preocupação é com a incidência da norma de imposição, e não com a data a partir da qual a cobrança do tributo iniciar-se-á. Qualquer coisa diversa seria permitir que o legislador ordinário, manipulando a data do fato gerador, inclusive equivalendo-a à de cobrança, venha a fazer pouco caso da razão de ser da EC nº 42/2003, debilitando o "reforço da segurança jurídica" perseguido pelo constituinte derivado.

78 ÁVILA, Humberto. *Sistema Constitucional Tributário.* 5ª ed. São Paulo: Saraiva, 2012, p. 217.

79 PAULSEN, Leandro. *Segurança Jurídica, Certeza do Direito e Tributação.* Porto Alegre: Livraria do Advogado, 2006, p. 149-150.

Importante chamar a atenção para esse ponto: deve haver rigor no controle de atos que busquem ladear reformas constitucionais que foram realizadas justamente para corrigir aquilo que estava em mau funcionamento. Como vimos no tocante à caracterização da fraude à Constituição (item 3.2.1, *supra*), essa preocupação deu a tônica dos debates na ADI nº 2.984/DF. A ministra Ellen Gracie, relatora, fez questão de ressaltar que o Tribunal, ao recusar a possibilidade de reedição de medidas provisórias revogadas, assim deveria fazê-lo para prestigiar "o sistema instituído pela EC 32". Caso contrário, como disse o ministro Gilmar Mendes, a burla na reedição de medidas provisórias com mesmo conteúdo de medidas revogadas tornaria "inócuo todo o esforço" que se fez para produzir a solução da Emenda nº 32. Para Gilmar Mendes, permitir a burla seria permitir que "se retom[asse] uma prática que a emenda constitucional afastou": a das alterações sucessivas das medidas provisórias. Seria permitir voltar o mau funcionamento daquilo que a emenda constitucional procurou corrigir – é menoscabar a finalidade da mudança constitucional.

Com efeito, a mesma preocupação do Supremo com a efetividade da Emenda Constitucional nº 32 deve existir para a Emenda Constitucional nº 42/2003, no tocante à introdução da anterioridade nonagesimal. Como demonstrado, a Emenda nº 42 veio justamente acabar com o abuso de leis que majoravam tributos e eram publicadas no último mês do ano velho, às vezes com vigência imediata já no dia seguinte, o primeiro do novo ano. E isso foi assim inclusive para o aumento das alíquotas dos impostos anuais IPTU e IPVA, pois para esses foi feita exceção apenas às modificações de base de cálculo. Portanto, é essencial que o esforço do constituinte derivado da Emenda nº 42 também não seja anulado por práticas legislativas abusivas. Permitir que os legisladores estaduais possam casuisticamente manipular a data do fato gerador do IPVA, quando não conseguem publicar suas leis majoradoras até 2/10 de cada ano, significa desprezar o esforço do constituinte derivado na construção da solução aos abusos legislativos do passado, que veio sob a forma da anterioridade nonagesimal. Seria permitir o que justamente se pretendeu coibir com a EC nº 42/2003.

Em nosso estudo de caso, o legislador abusou da literalidade do inciso III do artigo 150, da Constituição, considerada a expressão "cobrar tributos", para driblar ou esvaziar o verdadeiro sentido finalístico da anterioridade que é vedar a própria incidência da lei de criação ou majoração do tributo. Esse sentido, afastada a exegese literal, foi assentado pelo Supremo nos já aludidos RE nº 141.602/PE e RE nº 146.733/SP, quando o Tribunal rejeitou a redução da interpretação dessa norma constitucional como sendo relativa ao mero momento de exigência ou cobrança do tributo, para definir o seu alcance ao momento de incidência da norma tributária, ou seja, ao momento de ocorrência do fato gerador e surgimento da obrigação tributária. Portanto, dizer, como fizeram o Governador e a Assembleia Legislativa do Paraná, que a anterioridade nonagesimal foi respeitada porque a cobrança ocorreu mais de noventa dias da publicação da lei majoradora é abusar da literalidade do inciso III do artigo 150, distorcer o seu verdadeiro sentido constitucional e esvaziar todo o seu sentido finalístico, como bem decidiu o Supremo Tribunal Federal. Em síntese: é abuso do poder legislativo, *elusão* da Constituição.

Ademais, acreditar que é possível legitimar medidas da espécie por meio da alteração casuística da data do fato gerador significa deixar de tratar a anterioridade como direito fundamental dos contribuintes. É enfraquecer a "dignidade institucional do princípio da segurança jurídica"[80]. No século XIX, John Stuart Mill já enfatizava que a segurança é uma utilidade social de vital importância para todo indivíduo: "Praticamente todos os outros benefícios na terra são necessários a uma pessoa e não a outra; e muitos desses podem, se preciso, ser tranquilamente renunciados ou substituídos por algo diferente; mas nenhum ser humano pode viver sem segurança; dela depende a nossa imunidade em relação ao mal [...]"[81].

Particularmente em matéria tributária, um século antes, Adam Smith incluiu a "certeza" como uma das suas quatro "máximas" (equidade, certeza, conveniência e eficiência[82]) que deveriam fundamentar a criação dos tributos e dos sistemas tributários. Mais do que isso, Adam Smith erigiu a segurança jurídica ao status de principal máxima, superior inclusive à equidade. Segundo Adam Smith:

> O imposto que cada indivíduo é obrigado a pagar deve ser certo e não arbitrário. O momento do pagamento, o modo do pagamento, a quantia a ser recolhida, tudo deve ser claro e simples ao contribuinte, e a todas as pessoas. [...] A certeza do que cada indivíduo deve pagar é, na tributação, uma questão de tão grande importância, que um grau muito considerável de desigualdade parece, acredito eu, tendo em vista a experiência de todas as nações, não ser nem de perto um mal tão grande como um nível muito pequeno de incerteza.[83]

Com efeito, a própria existência do Direito deve ser vista como fator de segurança. Sem oferecer segurança, faltaria essência ao Direito. Como ensina Garcia Maynez, a ordem jurídica, para assim merecer essa qualificação, deve oferecer aos cidadãos: conhecimento e clareza quanto às normas de conduta impostas – segurança da orientação; certeza, estabilidade e previsibilidade quanto ao *status* e consequências dos próprios atos – segurança da

80 BORGES, José SoutoMaior. O princípio da segurança na Constituição Federal e na Emenda Constitucional 45/2004. Implicações fiscais. In: PIRES, Adilson Rodrigues; TORRES, Heleno Taveira (Org.). *Princípios de Direito Financeiro e Tributário. Estudos em Homenagem ao Professor Ricardo Lobo Torres.* Op. cit., p. 246.

81 MILL, John Stuart. Utilitarism (1861). *In:* ______. *Essays on Ethics, Religion and Society.* Toronto: University of Toronto Press, 1969, p. 251: "Nearly allother earthly benefits are needed by one person, not needed by another; and many of them can, if necessary, be cheerfully foregone, or replaced by something else; but security no human being can possibly do without; on it we depend for all ourimmunity from evil [...]"

82 Sobre as máximas de Smith, cf. MURPHY, Richard. *The Joy of Tax. How a fair tax system can create a better society*. Londres: Bantam Press, 2015, p. 128-130.

83 SMITH, Adam. *Wealth of Nations* (1776).Op. cit., p. 824-825 (*Book 5, Chapter 2, Part 2*).

realização[84]. Deve haver, em síntese, confiança no papel das instituições e das leis como garantidores da paz social - segurança político-institucional. Daí a noção de segurança jurídica ter se desenvolvido com a de Estado de Direito: mesmo se não prevista expressamente em textos constitucionais, a segurança jurídica deve ser reconhecida sempre como "princípio essencial na Constituição material do Estado de Direito"[85].

A segurança jurídica, ao lado e junto à justiça, é valor fundamental do Estado de Direito. Sua observância implica certeza, objetividade e inteligibilidade do Direito pela exigência de clareza e adequado grau de densidade normativa das regras jurídicas, previsibilidade pela proibição de retroatividade onerosa, e *confiabilidade pela estabilidade das normas no tempo*. Assim deve ser com o Direito Tributário em especial.

Assim deve ser porque "a segurança do ordenamento jurídico é uma condição básica em uma constituição baseada nas liberdades" fundamentais[86]. Para Souto Maior Borges, na Constituição de 1988, "a segurança jurídica é [...] um sobreprincípio, metanorma, proposição normativa que, nesse sentido, incide sobre outras normas-princípios"[87]. Em matéria tributária, a segurança jurídica revela-se, na Carta de 1988, embora nesses não se esgote, nos princípios da legalidade, irretroatividade e anterioridade. O conjunto desses princípios, que expressam segurança, é de relevância prática espetacular para o Direito Tributário brasileiro. Esses princípios, porque expressões da segurança jurídica, consagram direitos fundamentais dos contribuintes. E só assim podem ser compreendidos.

A estabilidade do ordenamento jurídico-tributário diz com a exigência de "constância da lei no tempo". Como adverte José Casalta Nabais, "o princípio da segurança jurídica não é afetado apenas através de normas retroactivas, já que também é posto em causa quando a exigência da justiça, traduzida na *constancy of the law* (*Gesetzeskonstanz*), é desrespeitada, nomeadamente sempre que uma lei, em cuja manutenção e estabilidade os destinatários tenham confiado, seja revogada ou alterada para o futuro [...]"[88]. Não se trata de impor a absoluta inalterabilidade das leis e de regimes jurídicos, e sim de reclamar que a eficácia dessas alterações, em nome da segurança jurídica, observe lapso

84 MAYNEZ, Eduardo Garcia. *Filosofia del Derecho*. 1ª ed. México: Editorial Porrua, 1974, p. 477.

85 NOVAIS, Jorge Reis. *Os Princípios Constitucionais Estruturantes da República Portuguesa*. Coimbra: Coimbra Editora, 2004, p. 261. GRIBNAU, J. L. M. Legal Certainty: A matter of principle. *In:* GRIBNAU, J. L. M.; PAUWELS, M. R. S. (Eds). *Retroactivity of tax legislation*. Amsterdam: European Association of Tax Law Professors, 2013, p. 91: "Segurança jurídica é a quintessência normativa das ações estatais sob o Estado de direito".

86 TIPKE, Klaus. La retroactividad nel derecho tributário. *In:* AMATUCCI, Andrea (Dir.) *Tratado de Derecho Tributario*. Tomo I. Bogotá: Temis, 2001, p. 343.

87 BORGES, José SoutoMaior. O princípio da segurança na Constituição Federal e na Emenda Constitucional 45/2004. Implicações fiscais. In: PIRES, Adilson Rodrigues; TORRES, Heleno Taveira (Org.). *Princípios de Direito Financeiro e Tributário. Estudos em Homenagem ao Professor Ricardo Lobo Torres*. Op. cit., p. 249.

88 NABAIS, José Casalta. *O Dever Fundamental de Pagar Impostos*. Op. cit., p. 409. GRIBNAU, J. L. M. Legal Certainty: A matter of principle. *In:* GRIBNAU, J. L. M.; PAUWELS, M. R. S. (Eds). *Retroactivity of tax le-*

temporal suficiente a reduzir os impactos indesejados contra as expectativas legítimas dos destinatários. Este aspecto da segurança jurídica – estabilidade normativa – diz diretamente com a *anterioridade tributária*.

Os contribuintes brasileiros têm direito fundamental à estabilidade normativa, como concretização da segurança jurídica, na forma e medidas exatas em que estabelecida na Constituição de 1988. Sem embargo, a depender das circunstâncias, o tributo apresenta-se como variável decisiva no cálculo de escolhas essenciais: para o exercício de liberdades fundamentais como são a econômica e a profissional. Em poucas áreas do Direito e das práticas sociais, mostram-se tão indispensáveis a calculabilidade ou previsibilidade das normas jurídicas[89]. Sem segurança jurídica, os contribuintes não podem ajustar seus negócios econômicos, contratos e empreendimentos levando em conta o custo dos tributos. É a segurança da realização a qual se referiu Garcia Maynez. Em última análise, a previsibilidade normativa, a ser alcançada também mediante a anterioridade tributária, tutela liberdades fundamentais dos contribuintes[90].

Essa fundamentalidade do princípio da anterioridade foi desprezada pelo legislador paranaense ao tratá-lo como mero "calibrador de prazo de cobrança do tributo". Ao contrário do que afirmaram a Assembleia Legislativa e o Governador do Paraná, a mudança de data do fato gerador não foi medida para atender a anterioridade nonagesimal, mas sim para fugir do que pretendido pelo espírito da norma constitucional derivada: colocar um prazo mínimo para publicação das leis que instituam ou majorem os impostos e, no caso dos impostos anuais, a data-limite apenas pode ser 2/10. Conclusão diversa seria permitir o arbítrio do legislador em produzir leis em qualquer data até 31/12, bastando, para tanto, alterar a data do fato gerador com a postergação da cobrança. Como dito, não é a data da cobrança, mas a data de incidência da norma e surgimento da obrigação tributária que são o objeto do exercício do direito fundamental à anterioridade. A violação sutil a essa garantia do contribuinte constituiu abuso ou desvio de poder pelo legislador paranaense; significa não levar a fundamentalidade da anterioridade nonagesimal à sério[91].

Pode-se também falar de abuso ou desvio do poder de legislar se considerado que o legislador estadual utilizou de sua discricionariedade – particularmente para definir o aspecto temporal do fato gerador do IPVA – para fim que não pode ser considerado adequado ao propósito da competência tributária. O Governador afirmou que o legislador é absolutamente livre para definir a

gislation. Op. cit., p. 90: "Constância da lei, consistência temporal, oferece aos contribuintes uma base confiável para suas futuras ações".

89 GARCÍA NOVOA, César. *El Principio de Seguridad Jurídica em Materia Tributaria*. Madrid: Marcial Pons, 2000, p. 113: "A ideia de 'previsibilidade' é um elemento fundamental do sistema tributário, principal consequência da constitucionalização do tributo".

90 GRIBNAU, J. L. M. Legal Certainty: A matter of principle. *In:* GRIBNAU, J. L. M.; PAUWELS, M. R. S. (Eds). *Retroactivity of tax legislation*. Op. cit., p. 80: "O valor intrínseco da certeza jurídica respeita à noção de liberdade individual".

91 Na ADI nº 939/DF (Pleno, relator ministro Sydney Sanches, j. 15/12/1993, DJ 18/3/1994), o Supremo assentou ser a anterioridade uma cláusula pétrea como direito fundamental dos contribuintes.

ocorrência do fato gerador, como se a competência tributária, nesse ponto, fosse um "cheque em branco" conferido pelo constituinte. Contudo, como descrito no tópico sobre a Lei n° 18.371/2014, a mudança apenas para o ano de 2015 revela o seu casuísmo, seu propósito exclusivo de impedir a incidência da norma da EC nº 42/2003. É o casuísmo que revela o desvio do poder de legislar. Na realidade, o exercício casuístico de qualquer competência caracteriza o poder de legislar.

Não se pode admitir que a liberdade normativa na escolha da data do fato gerador do imposto, sem prejuízo do questionamento anterior sob o ângulo da isonomia, possa servir de mecanismo para o disfarce, a malícia, o contorno de uma limitação constitucional ao poder de tributar – para a violação sutil e indireta de direito fundamental dos contribuintes. Sem embargo, o legislador não deixou meramente de seguir prática nacional de estabelecer o fato gerador do IPVA em 1º de janeiro, mas assim fez – e o fez apenas para o específico ano de 2015 – porque agiu casuisticamente como artimanha ou último recurso para fugir de limitação constitucional ao poder de tributar. Há aqui, portanto, abuso dessa discricionariedade, verdadeiro desvio de finalidade da competência tributária.

A compreensão teleológica da EC nº 42/2003 conduz, portanto, à inquestionável conclusão de a estratégia do legislador paranaense ter se dirigido contra a *ratio* dessa mudança constitucional. Considerar válida essa fuga sutil à limitação temporal imposta pela anterioridade nonagesimal implica, além de desconsiderar a anterioridade como direito fundamental dos contribuintes, tornar inócua a iniciativa do constituinte derivado em corrigir aquilo que estava em mau funcionamento: a segurança jurídica dos contribuintes não estava suficientemente protegida contra as leis majoradoras de tributos que eram publicadas no apagar das luzes do mês de dezembro de cada ano. Não pode o legislador tributário amputar o espírito da EC nº 42/2003, e isso deve ser assim para qualquer tributo sujeito ao princípio da anterioridade nonagesimal, incluídos os impostos anuais. Deve o juiz constitucional coibir tal prática.

6.3. A violação direta à isonomia como implicação da ruptura do sistema

A violação indireta à anterioridade nonagesimal implicou a violação direta à isonomia. É muito equivocada a opinião do Procurador-Geral da República quando disse que da observância da anterioridade nonagesimal não poderia resultar a violação da isonomia. De fato, ocorreu totalmente o contrário: da violação sutil, disfarçada da anterioridade nonagesimal resultou a violação à isonomia. E isso foi assim porque esses dois princípios integram, de forma concatenada, o mesmo e harmônico sistema normativo: o constitucional tributário[92]. Considerada a unidade normativa e valorativa do sistema, a fuga à anterioridade provocou o "atropelo" da isonomia. Sem embargo, a transgressão à isonomia foi uma decorrência da ruptura desse sistema, sub-repticiamente

92 ÁVILA, Humberto. *Segurança Jurídica. Entre permanência, mudança e realização no Direito Tributário.* São Paulo: Malheiros, 2011, p. 223: "Embora não pareça, a proteção da igualdade é uma forma indireta de se proteger a segurança jurídica"".

levada a efeito pelo legislador paranaense. Não se passa por cima da coerência interna dos sistemas normativos sem se pagar um preço alto.

O sistema constitucional de direitos e garantias dos contribuintes é um todo coerente e consistente. É assim porque forma uma unidade normativa e valorativa. A iniciativa legislativa em mascarar ou esconder a violação a um desses elementos do sistema acarreta, inexoravelmente, a violação ostensiva e indisfarçável de outro elemento desse mesmo sistema. Do contrário, não se teria uma unidade consistente e coerente. Admitir que a legislação ordinária possa romper impunemente com essa consistência sistêmica equivale a ignorar a hierarquia das normas constitucionais sobre as demais. Por isso, a violação direta e ostensiva da isonomia é verdadeira "prova dos nove" da violação disfarçada à anterioridade nonagesimal.

7. CONCLUSÃO

Não é incomum que os legisladores ordinários dos três níveis federativos utilizem meios oblíquos e práticas sutis para desviarem-se das limitações constitucionais ao poder de tributar. Daí a relevância prática de aprofundar-se a temática da *elusão* da Constituição pelo legislador tributário. Ademais, a importância é também valorativa: trata-se de medida necessária para alcançar-se a reciprocidade entre direitos e deveres fundamentais dos contribuintes. A *elusão* tributária é um desvalor constitucional em um sistema normativo em que vige o equilíbrio entre legalidade e capacidade contributiva – entre segurança e justiça. Simetricamente, a *elusão* legislativa é um desvalor constitucional em um sistema normativo em que deve viger o equilíbrio entre democracia e as limitações constitucionais ao poder de tributar. Este artigo, em homenagear o **professor Ricardo Lobo Torres**, é, em última análise, uma homenagem à interpretação da Constituição orientada aos valores.

Interpretação Constitucional Evolutiva e Imunidade Tributária: o Tema do "Livro Eletrônico"

Marco Aurélio Mello[1]

1. A HOMENAGEM

Em 1º de novembro de 2018, proferi palestra na sede da Associação Brasileira de Direito Fluminense – ABDF, sobre a "Construção da Jurisprudência Tributária no STF". Na ocasião, destaquei a trajetória intelectual e profissional da mais alta envergadura de um dos ilustres Presidentes daquela histórica casa: a do professor Ricardo Lobo Torres. Dono de profundo conhecimento literário, pensador coerente e sempre atual, Ricardo Lobo Torres foi um dos maiores expoentes do Direito Tributário do Brasil e da América Latina, além de autor de destaque no campo dos Direitos Humanos e Fundamentais. Um teórico que nos fará muita falta.

Os professores Carlos Alexandre de Azevedo Campos, Gustavo da Gama Vital de Oliveira e Marco Antonio Ferreira Macedo, os dois primeiros da Universidade do Estado do Rio de Janeiro (UERJ), o terceiro da Universidade Federal Fluminense (UFF), mas todos ex-alunos e discípulos do homenageado, honraram-me com o convite para participar desta coletânea em memória de Ricardo Lobo Torres. O professor foi, acima de tudo, um grande liberal e democrata: defensor das liberdades fundamentais e entusiasta da discussão ampla e contínua das grandes controvérsias que só surgem em ambientes verdadeiramente democráticos. Com esse espírito deliberativo e dialógico em mente,

---

1 Ministro do Supremo Tribunal Federal. Presidente do Supremo Tribunal Federal (maio de 2001 a maio de 2003) e do Tribunal Superior Eleitoral (maio de 1996 a junho de 1997, maio de 2006 a maio de 2008, novembro de 2013 a maio de 2014).

ofereço texto no qual defendo posição contrária à anteriormente exposta pelo festejado professor[2]. Tenho certeza que ele aprovaria a postura.

2. INTRODUÇÃO

Qual papel deve ser desempenhado pelo juiz constitucional do século XXI? Quais os limites da interpretação constitucional ante as intermináveis (r)evoluções morais, sociais, econômicas, tecnológicas de nosso tempo? E que tempos! Essas são questões difíceis, que desafiam os constitucionalistas contemporâneos, a jurisdição constitucional e os intérpretes constitucionais. São temas tormentosos que dão o tom dos debates teóricos e filosóficos da atualidade acerca de como melhor realizar as promessas e observar as normas constitucionais.

O juiz constitucional do século XXI enfrenta as grandes questões morais, políticas e sociais do tempo em que vive. Desafios no campo da bioética, a envolveram o aborto, a clonagem, a fertilização *in vitro*, a eutanásia, as pesquisas com célula tronco; na seara do reconhecimento das opções sexuais, da transexualidade e do direito à identidade própria; em matéria ambiental; em temas relacionados aos processos eleitorais e o dever moral de implementar uma democracia inclusiva, entre outros. A solução de casos dessa natureza exige a atuação moderna e modernizante do juiz constitucional. Requer interpretação construtiva a revelar normas jurídicas dentro dos marcos textuais da Carta da República.

Dificuldades também surgem ante as rápidas e radicais transformações das circunstâncias sobre as quais as leis e a Constituição devem ser aplicadas, resultantes da revolução tecnológica em andamento e cujos limites ninguém pode imaginar. Nesses casos, em que a passagem do tempo traz mudanças extraordinárias e, para muitos, até incompreensíveis, ao juiz constitucional cabe adaptar-se e, ao mesmo tempo, adaptar o material normativo que se lhe apresenta, visando encontrar as soluções mais justas. O juiz constitucional do século XXI há de saber dialogar com essas novas ferramentas, sob pena de aproximar-se, sim, de um juiz do século XX, do começo do século XX.

Abordo, neste artigo, um dos temas mais complexos, controvertidos e importantes – ficando na interseção entre as áreas do Direito Tributário, Constitucional e a aludida "Revolução Digital" – discutidos no Supremo Tribunal Federal: a vigência, ou não, da imunidade tributária do denominado "livro eletrônico". Cuida-se de definir se consta, na Carta de 1988, delimitação negativa, por meio de regra de imunidade, do exercício de competência tributária a respeitoda produção e da comercialização dos livros digitais e congêneres, considerada preocupação voltada a bens fundamentais de nosso sistema constitucional: a proteção à liberdade de manifestação do pensamento, o acesso às informações e a promoção da cultura e da educação.

---

2 Sobre a posição aludida, cf. TORRES, Ricardo Lobo. Imunidade Tributária nos Produtos de Informática. *In:* MACHADO, Hugo de Brito (Coord.). *Imunidade Tributária do Livro Eletrônico.* 2ª ed. São Paulo: Atlas, 2003, p. 223-238.

A matéria foi versada em dois recursos extraordinários apreciados, sob o ângulo da repercussão geral, no Supremo: o de nº 595.676/RJ, de minha relatoria, a veicular questão mais restrita, mas cujas premissas são as mesmas do litígio relativo ao "livro eletrônico", e o de nº 330.817/RJ, relator ministro Dias Toffoli, específico quanto ao "livro eletrônico". Em ambos os casos, o Supremo reconheceu, em definitivo, que a imunidade prevista na alínea "d" do inciso VI do artigo 150 da Carta da República alcança, respectivamente, componentes eletrônicos que compõem com fascículos em papel uma unidade didática, e o "livro eletrônico" propriamente dito. Os acórdãos dos julgamentos dos recursos foram assim ementados:

> IMUNIDADE – UNIDADE DIDÁTICA – COMPONENTES ELETRÔNICOS. A imunidade prevista no artigo 150, inciso VI, da Constituição Federal alcança componentes eletrônicos, quando destinados, exclusivamente, a integrar a unidade didática com fascículos periódicos impressos.[3]
>
> Recurso extraordinário. Repercussão geral. Tributário. Imunidade objetiva constante do art. 150, VI, d, da CF/88. Teleologia multifacetada. Aplicabilidade. Livro eletrônico ou digital. Suportes. Interpretação evolutiva. Avanços tecnológicos, sociais e culturais. Projeção. Aparelhos leitores de livros eletrônicos (ou e-readers). 1. A teleologia da imunidade contida no art. 150, VI, d, da Constituição, aponta para a proteção de valores, princípios e ideias de elevada importância, tais como a liberdade de expressão, voltada à democratização e à difusão da cultura; a formação cultural do povo indene de manipulações; a neutralidade, de modo a não fazer distinção entre grupos economicamente fortes e fracos, entre grupos políticos etc; a liberdade de informar e de ser informado; o barateamento do custo de produção dos livros, jornais e periódicos, de modo a facilitar e estimular a divulgação de ideias, conhecimentos e informações etc. Ao se invocar a interpretação finalística, se o livro não constituir veículo de ideias, de transmissão de pensamentos, ainda que formalmente possa ser considerado como tal, será descabida a aplicação da imunidade. 2. A imunidade dos livros, jornais e periódicos e do papel destinado a sua impressão não deve ser interpretada em seus extremos, sob pena de se subtrair da salvaguarda toda a racionalidade que inspira seu alcance prático, ou de transformar a imunidade em subjetiva, na medida em que acabaria por desonerar de todo a pessoa do contribuinte, numa imunidade a que a Constituição atribui desenganada feição objetiva. A delimitação negativa da competência tributária apenas abrange os impostos incidentes sobre materialidades próprias das operações com livros, jornais, periódicos e com o papel destinado a sua impressão. 3. A interpretação das imunidades tributárias deve se projetar no futuro e levar em conta os novos fenômenos sociais, culturais e tecnológicos. Com isso, evita-se o esvaziamento das normas imunizantes por mero lapso temporal, além de se propiciar a constante atualização do alcance de seus preceitos. 4. O art. 150, VI, d, da Constituição não se refere apenas ao método gutenberguiano de produção de livros, jornais e periódicos. O vocábulo "papel" não é, do mesmo modo, essencial ao conceito desses bens finais. O suporte das publicações é apenas o continente (corpus mechanicum) que

3 STF – Pleno, RE 595.676/RJ, Rel. Min. Marco Aurélio Mello, j. 8/3/2017, DJ 18/12/2017.

> abrange o conteúdo (corpus misticum) das obras. O corpo mecânico não é o essencial ou o condicionante para o gozo da imunidade, pois a variedade de tipos de suporte (tangível ou intangível) que um livro pode ter aponta para a direção de que ele só pode ser considerado como elemento acidental no conceito de livro. A imunidade de que trata o art. 150, VI, d, da Constituição, portanto, alcança o livro digital (e-book). 5. É dispensável para o enquadramento do livro na imunidade em questão que seu destinatário (consumidor) tenha necessariamente que passar sua visão pelo texto e decifrar os signos da escrita. Quero dizer que a imunidade alcança o denominado "audio book", ou audiolivro (livros gravados em áudio, seja no suporte CD-Rom, seja em qualquer outro). 6. A teleologia da regra de imunidade igualmente alcança os aparelhos leitores de livros eletrônicos (ou e-readers) confeccionados exclusivamente para esse fim, ainda que, eventualmente, estejam equipados com funcionalidades acessórias ou rudimentares que auxiliam a leitura digital, tais como dicionário de sinônimos, marcadores, escolha do tipo e do tamanho da fonte etc. Esse entendimento não é aplicável aos aparelhos multifuncionais, como tablets, smartphone e laptops, os quais vão muito além de meros equipamentos utilizados para a leitura de livros digitais. 7. O CD-Rom é apenas um corpo mecânico ou suporte. Aquilo que está nele fixado (seu conteúdo textual) é o livro. Tanto o suporte (o CD-Rom) quanto o livro (conteúdo) estão abarcados pela imunidade da alínea d do inciso VI do art. 150 da Constituição Federal. 8. Recurso extraordinário a que se nega provimento. TESE DA REPERCUSSÃO GERAL: 9. Em relação ao tema nº 593 da Gestão por Temas da Repercussão Geral do portal do STF na internet, foi aprovada a seguinte tese: "A imunidade tributária constante do art. 150, VI, d, da CF/88 aplica-se ao livro eletrônico (e-book), inclusive aos suportes exclusivamente utilizados para fixá-lo.[4]

Este texto reproduz o voto que proferi, como Relator, no julgamento do primeiro processo e terá a estrutura a seguir delineada: além da homenagem ao professor Ricardo Lobo Torres (1) e desta introdução (2), descrevo, no tópico (3), o ambiente em que travado o debate relativo ao tema, no (4), menciono as balizas jurídicas da controvérsia. No (5), aponto a correlação entre a realidade digital contemporânea e os meios de ensino e informação. No (6), trato das funções políticas e sociais das imunidades tributárias descritas nas alíneas "a", "b", "c" e "e" do artigo 150, inciso VI, da Carta Federal, segundo os precedentes do Supremo. No (7), discorro sobre essas funções e pronunciamentos no tocante à imunidade preconizada na alínea "d" do aludido preceito constitucional. Então, com base nas premissas fixadas, no (8), demonstro minha óptica a respeito do alcance da imunidade ao "livro eletrônico", propósito central deste estudo. Ao final, no (9), lanço as conclusões.

3. O "AMBIENTE" DO DEBATE

Diante das controvérsias legais próprias da chamada era digital, os juízes e tribunais, mais do que resolver problemas de ordem jurídica, devem enfrentar

4 STF – Pleno, RE 330.817/RJ, Rel. Min. Dias Toffoli, j. 8/3/2017, DJ 31/8/2017.

desafios promovidos pela modernidade, pelas alterações cada vez mais rápidas e profundas decorrentes do avanço da tecnologia. Como consequência direta dessa evolução, mudam a sociedade e os comportamentos humanos. O Direito, a Constituição e o Supremo Tribunal Federal, como "guarda da Constituição", não podem ficar alheios às transformações, sob pena de assistirem passivamente à inocuidade das normas constitucionais ante o avanço dos fatos.

O Direito sofre influência dessa realidade, à qual deve se ajustar e, a um só tempo, conformá-la. A relação é de reciprocidade, ainda que assimétrica, a depender da matéria e dos valores em jogo. Nesse sentido fala-se da necessidade – e é o que enfrentamos – de uma "reflexão sobre a evolução do Direito para atender à sociedade digital".[5]

No século XX, a humanidade presenciou o grande avanço da informatização, principalmente depois do surgimento da rede mundial de computadores, nos anos 90, marco da evolução digital. Com a chegada da internet às residências, novos cenários sociais, educacionais e comerciais surgiram – as pessoas nunca mais se comunicaram, buscaram o conhecimento e informações ou realizaram transações comerciais como antes. Tanto sob a óptica quantitativa como qualitativa, no século XXI, tem havido maior expansão dessas inovações. Na realidade, e sem exageros, pode-se dizer que, desde a criação do primeiro computador, nos meados da década de 40 do século passado, a vida humana já estava fadada a ser influenciada e transformada por toda essa ascensão tecnológica.[6]

Até mesmo a política está submetida ao forte impacto desses recentes paradigmas de comunicação. As redes sociais são um importante canal de diálogo entre os eleitores e entre esses e os candidatos, modificando, em boa medida, o perfil das eleições, já bastante impactadas pelo uso das urnas eletrônicas. As oportunidades de crítica aos governantes, elemento fundamental de qualquer democracia real, foram ampliadas de modo extraordinário com os blogues e as redes sociais digitais. Fala-se hoje em "democracia digital". Sem dúvida, os "movimentos populares de junho de 2013", ocorridos, principalmente, nas grandes cidades do Brasil, não teriam sido os mesmos sem a prévia articulação virtual.

A capacidade institucional dos órgãos judiciais tem sido constantemente colocada à prova ante toda essa evolução tecnológica que resultou, conforme já consignado, em profundas mudanças sociais e comportamentais, portanto, jurídicas.[7] Novas modalidades de litígios surgem a todo tempo. Discussões envolvendo o direito à informação e à liberdade de pensamento, de um lado, e o direito à privacidade e à honra, de outro, foram verdadeiramente reinauguradas na era digital. Controvérsias relacionadas ao intrincado mundo das

---

5 PINHEIRO, Patrícia. *Direito Digital*. 5ª ed. São Paulo: Saraiva, 2013, p. 48.

6 CARVALHO, André Castro. *Tributação de Bens Digitais: Interpretação do art. 150, VI, d, da Constituição Federal*.São Paulo: MP Editora, 2009, p. 25 e ss.

7 PINHEIRO, Patrícia. Direito Digital. Op. cit., p. 48.

empresas virtuais, dos serviços e comércio eletrônicos, repercutindo a necessidade de proteção à figura do "consumidor *online*", à propriedade intelectual e aos direitos autorais consideradas as novas mídias eletrônicas, aos limites comportamentais dos trabalhadores no ambiente de trabalho em relação ao acesso à internet, entre muitas outras, fazem parte do cenário judicial contemporâneo. O próprio aperfeiçoamento, no Judiciário, do processo eletrônico vem sendo um desafio.

O Direito Tributário tem, particularmente, oferecido momentos desafiadores. Não é incomum o enfrentamento, na seara das relações entre o Fisco e os contribuintes, de questões duvidosas que aparecem em função dos avanços tecnológicos de nossos dias e da necessidade de oferecer respostas no tocante à maneira correta de tributação das novas práticas envolvidas. Cabe destacar as inúmeras demandas atinentes ao uso das chamadas "notas fiscais eletrônicas" – NFe e dos mecanismos de "escrituração fiscal digital" – EFD. Paradigmáticos têm sido os conflitos federativos concernentes à titularidade de competências tributárias tanto em virtude de dúvidas acerca da caracterização de operações virtuais como prestação de serviços ou circulação de mercadorias, quanto em razão do problema da territorialidade, de todo complexo ante a forma virtual de comércio.

Esse é o contexto de transformações que deu margem ao debate relativo à chamada imunidade tributária do denominado "livro eletrônico", versada diretamente no recurso extraordinário nº 330.817/RJ, da relatoria do ministro Dias Toffoli, e cujos fundamentos decisivos compõem a discussão travada, sob o ângulo da repercussão geral, no recurso extraordinário de nº 595.676/RJ, de minha relatoria. Seguem as balizas da controvérsia, assim como as premissas e razões teóricas em virtude das quais estou convencido da extensão da imunidade ao "livro eletrônico".

4. AS BALIZAS DA CONTROVÉRSIA

Segundo o estabelecido no artigo 150, inciso VI, alínea "d", da Constituição Federal, é vedado à União, aos Estados, ao Distrito Federal e aos Municípios instituir impostos sobre "livros, jornais, periódicos e o papel destinado a sua impressão". Cabe definir o alcance dessa norma de imunidade tributária, encerrada no dispositivo, no tocante ao comércio de "bens e materiais eletrônicos" que cumprem função didática e informativa, em auxílio ou em substituição aos livros e periódicos impressos em papel. Apenas os meios tradicionais de ensino e informação, veiculados em papel, gozam da imunidade ou os bens e componentes eletrônicos, quando desempenham função didática e informativa complementar ou autônoma, também são abrangidos pela norma constitucional? Essa é a pergunta a ser respondida pelo Supremo.

De um lado, a interpretação literal, mais direta e imediata do enunciado constitucional, favorece, de início, o alcance restrito da regra de imunidade, excluídos da abrangência os ditos elementos ou bens eletrônicos. De outro, a interpretação sistêmico-teleológica do dispositivo aponta em sentido diverso, na direção da conclusão de imunidade quanto aos bens e componentes eletrônicos que veiculem informações e conteúdos didáticos junto com os livros e periódicos impressos ou em substituição a esses.

O Tribunal teve de escolher um desses dois caminhos hermenêuticos para trilhar. Essa definição deve ser precedida da compreensão adequada da razão das imunidades tributárias no sistema constitucional brasileiro, especificamente a dos livros, jornais e periódicos, e da interpretação da norma do artigo 150, inciso VI, alínea "d", orientada a esses objetivos e considerada a citada evolução tecnológica. O Supremo não poderia ignorar toda a realidade transformadora da era digital relativamente aos meios de ensino e comunicação.

5. A REALIDADE DIGITAL E OS MEIOS DE ENSINO E INFORMAÇÃO

A informática revolucionou os meios de ensino e de difusão da cultura e do pensamento. O acesso aos conteúdos didáticos e às informações mais variadas, seja em razão da rede mundial de computadores, seja graças aos CD-ROMs ou similares, foi ampliado de forma extraordinária. No chamado "ambiente virtual", a troca de informações e a aquisição de conteúdos didáticos, principalmente por meio de cópias de arquivos realizadas em sítios especializados, até mesmo em periódicos das mais prestigiadas universidades do mundo, impõem o redimensionamento da compreensão tradicional acerca desses meios. O ensino e a exposição de ideias via digital tornaram-se parte essencial e construtiva da cultura moderna - diferente em estrutura, procedimento, velocidade e em pretensão de facilidade e amplitude de acesso em relação ao que existia antes. Não é algo do qual se possa ou deva escapar.

Nada disso significa abandono por completo dos livros ou das mídias impressas. Em vez de exclusão de formas, presencia-se, ao menos até a quadra atual, fenômeno de integração ou de complementação de meios. A difusão de ideias e a profusão da cultura ainda ocorrem por vias tradicionais, mas não mais apenas por elas. O invento de Gutemberg, mantendo utilidade e relevância, vem agora acompanhando e integrando os meios digitais e os elementos eletrônicos. Mostra-se impossível saber se um dia a transição completa ocorrerá.[8] Certo apenas é que, na quadra atual, em vez de extremos de modelos, vivemos momento em que, ou idênticos conteúdos didáticos e informativos são simultânea e separadamente veiculados por livros, jornais, bem como periódicos impressos e digitais, ou são divulgados mediante um conjunto integrado de elementos impressos e eletrônicos que se complementam.

Essa situação ainda não se fazia presente em 1988, quando da promulgação da Constituição Federal. À época, o legislador constituinte não poderia antever tamanha evolução tecnológica. Conforme registra André Castro

8 RIBEIRO, Ricardo Lodi. A imunidade do livro eletrônico e o pluralismo metodológico na interpretação do art. 150, VI, d, CF. *Revista Trimestral de Direito Civil*, Vol. 46, abril/junho de 2011, p. 249.

Carvalho, somente dez anos depois, teve início a propagação mundial dos chamados *e-books*, crescendo, a partir de então, de modo expressivo e contínuo, a utilização das ferramentas digitais na propagação do ensino e das informações em geral.[9] É estreme de dúvida, ante a variedade de usos desse processo – desde a maior capacidade de concentração de informações até a vantagem fundamental de proteção ao meio ambiente, passando pelo menor custo de aquisição –, tratar-se de avanço sem a mínima chance de retrocesso!

Daí a necessidade de aperfeiçoamento interpretativo da nova e irreversível realidade digital no que tange aos campos da informação, da comunicação e da educação. A interpretação indispensável à solução da controvérsia versada neste texto há de ser modernizante, sem afastar-se do que preconizado na Constituição. Nesse desafio hermenêutico ao qual foi lançado, o Supremo adentrou o tema discutido, desempenhando o papel de intérprete contemporâneo na medida do possível. Isso significa que precisou compreender as funções políticas e sociais das imunidades tributárias e, particularmente, da relativa aos livros, jornais e periódicos, consideradas as transformações próprias do mundo contemporâneo e, especificamente no caso concreto, as modificações operadas pela chamada era digital.

6. AS FUNÇÕES POLÍTICAS E SOCIAIS DAS IMUNIDADES TRIBUTÁRIAS SOB A ÓPTICA DO SUPREMO

As principais imunidades do Sistema Tributário Nacional estão previstas na Seção II – Das Limitações ao Poder de Tributar – do Título VI – Da Tributação e do Orçamento –, mais precisamente no inciso VI do artigo 150 da Constituição Federal:

> Art. 150. Sem prejuízo de outras garantias asseguradas ao contribuinte, é vedado à União, aos Estados, ao Distrito Federal e aos Municípios:
>
> [...]
>
> VI – instituir impostos sobre: (Vide Emenda Constitucional nº 3, de 1993)
>
> a) patrimônio, renda ou serviços, uns dos outros;
>
> b) templos de qualquer culto;
>
> c) patrimônio, renda ou serviços dos partidos políticos, inclusive suas fundações, das entidades sindicais dos trabalhadores, das instituições de educação e de assistência social, sem fins lucrativos, atendidos os requisitos da lei;
>
> d) livros, jornais, periódicos e o papel destinado a sua impressão.
>
> e) fonogramas e videofonogramas musicais produzidos no Brasil contendo obras musicais ou literomusicais de autores brasileiros e/ou obras em geral interpretadas por artistas brasileiros bem como os suportes materiais ou arquivos digitais que os contenham, salvo na etapa de replicação industrial

9 CARVALHO, André Castro. *Tributação de Bens Digitais: Interpretação do art. 150, VI,* d, *da Constituição Federal.* Op. cit., p. 27.

de mídias ópticas de leitura a laser. (Incluída pela Emenda Constitucional nº 75, de 15.10.2013)

Essas normas visam proteger valores políticos, morais, culturais e sociais essenciais, não permitindo que os entes tributem certas pessoas, bens, serviços ou situações ligadas a esses valores. Onde há regra constitucional de imunidade não poderá haver exercício da competência tributária – e isso em razão de uma seleção de motivos fundamentais.

Segundo José Souto Maior Borges, as imunidades servem a "assegurar certos princípios fundamentais ao regime, a incolumidade de valores éticos e culturais consagrados pelo ordenamento constitucional positivo e que se pretende manter livres das interferências ou perturbações da tributação".[10] Como disse Humberto Ávila, "a causa justificativa da imunidade é facilitar, por meio da exclusão de encargos tributários, a consecução de finalidades que devem ser atingidas pelo próprio Estado".[11] Nesse sentido, é também a opinião de Aires Fernandino Barreto:

> [...] o exame das situações descritas pelo constituinte, no art. 150 da C.F., como imunes à tributação por via de impostos, revela que essas situações representam valores privilegiados, protegidos, consagrados pela ordem constitucional e, de conseguinte, impõe a conclusão no sentido de que essas imunidades constituem uma forma de assegurar, de garantir a eficácia jurídica dos princípios constitucionais que consagram a proteção a tais valores.[12]

As regras de imunidade apresentam-se como elementos de um sistema harmônico e integrado de normas e propósitos constitucionais, cabendo interpretá-las em função do papel que cumprem em favor dos valores prestigiados por esse sistema. Isso refere-se, especialmente, às imunidades previstas no artigo 150, inciso VI, considerados os impostos.

Os precedentes do Supremo, no tocante às imunidades das alíneas "a", "b" e "c" do aludido inciso VI,[13] deixaram clara a atenção do Tribunal com as funções políticas e sociais dessas normas, revelando-se prática de interpretação teleológica para a solução das controvérsias surgidas e buscando-se sempre a melhor realização dos valores protegidos. Como afirmado pelo ministro Sepúlveda Pertence, no recurso extraordinário nº 237.718, da relatoria de Sua Excelência, julgado em 29 de março de 2001, a linha jurisprudencial do Tribunal vem sendo "decisivamente inclinada à interpretação teleológica das normas de imunidade tributária, de modo a maximizar-lhes o potencial de efetividade,

10 BORGES, José Souto Maior. *Teoria Geral da Isenção Tributária*. 3ª ed. São Paulo: Malheiros, 2011, p. 221.

11 ÁVILA, Humberto. *Sistema Constitucional Tributário*. 5ª ed. São Paulo: Saraiva, 2012, p. 273.

12 BARRETO, Aires Fernandino. Imunidades Tributárias: Limitações Constitucionais ao Poder de Tributar. 2ªed. São Paulo: Dialética, 2001, p. 34.

13 Por se tratar de norma muito recente, ainda não há julgados do Supremo relativos à imunidade prevista na alínea "e". Os precedentes quanto à imunidade da alínea "d", objeto deste texto, serão abordados no tópico seguinte.

como garantia ou estímulo à concretização dos valores constitucionais que inspiram limitações ao poder de tributar."

A imunidade recíproca, versada na alínea "a" do preceito constitucional, tem em vista a relevância do princípio federativo e da isonomia entre os entes políticos – artigo 1º, cabeça, da Carta Federal. O dispositivo proíbe União, Estados, Distrito Federal e Municípios de instituírem impostos sobre o patrimônio, a renda e os serviços uns dos outros, com o propósito, conforme Roque Carrazza, de evitar que determinada pessoa política impeça outra de cumprir objetivos institucionais em razão de dificuldades econômicas geradas pela incidência de impostos. Se não existisse a regra de imunidade, diz o tributarista, poderia haver um estado de sujeição em vez de isonomia entre os entes federados.[14] Esse propósito nuclear orienta a interpretação de modo que a imunidade seja assegurada até o ponto que não represente restrição à autonomia política dos entes. O intérprete deve levar em conta o fim maior da norma – a salvaguarda da Federação, princípio estruturante de nossa ordem política e constitucional – e, a partir dessa premissa, definir a abrangência da imunidade.

Sob essa óptica, o Supremo tem interpretado amplamente os parágrafos 2º e 3º do artigo 150 da Lei Maior, assegurando o alcance da imunidade recíproca, por exemplo, ao Instituto Nacional de Colonização e Reforma Agrária – INCRA quanto à absorção, para si, de unidade agroindustrial – Primeira Turma, recurso extraordinário nº 242.827/PE, relator ministro Menezes Direito, julgado em 2 de setembro de 2008 – e a empresa pública que realize atividades, simultaneamente, em regime de exclusividade e de concorrência – recurso extraordinário nº 601.392/PR, repercussão geral, relator ministro Joaquim Barbosa, redator do acórdão o ministro Gilmar Mendes, examinado em 28 de fevereiro de 2013, no qual fiquei vencido, na companhia do relator e dos ministros Luiz Fux, Cármen Lúcia e Cezar Peluso.

A imunidade prevista na alínea "b" do preceito, que faz referência aos "templos de qualquer culto", objetiva assegurar e estimular a liberdade de crença e a prática de cultos religiosos, direitos fundamentais consagrados expressamente pela Constituição de 1988 no artigo 5º, inciso VI. A Carta busca impedir obstáculos de ordem econômico-financeira ao exercício dessas liberdades fundamentais. Considerado esse propósito e afastada a interpretação literal, deve ser implementada aplicação da lei voltada a proteger da imposição fiscal quaisquer bens e serviços vinculados às atividades essenciais das entidades religiosas.

O Supremo tem adotado essa perspectiva na interpretação do § 4º do artigo 150, assentando não se restringir a imunidade aos imóveis destinados especificamente ao exercício do culto, mas a todo patrimônio, renda e serviços vinculados, ainda que indiretamente e de forma complementar, à manutenção das entidades religiosas. O Pleno assim decidiu no recurso extraordinário nº

---

14 CARRAZZA, Roque Antonio. *Curso de Direito Constitucional Tributário*. 26º ed. São Paulo: Malheiros, 2010, p. 761-762.

325.822/SP, relator ministro Ilmar Galvão, acórdão redigido pelo ministro Gilmar Mendes, julgado em 18 de dezembro de 2002:

> 1. Recurso extraordinário. 2. Imunidade tributária de templos de qualquer culto. Vedação de instituição de impostos sobre o patrimônio, renda e serviços relacionados com as finalidades essenciais das entidades. Artigo 150, VI, "b" e § 4º, da Constituição. 3. Instituição religiosa. IPTU sobre imóveis de sua propriedade que se encontram alugados. 4. A imunidade prevista no art. 150, VI, "b" da Constituição Federal, deve abranger não somente os prédios destinados ao culto, mas, também, o patrimônio, a renda e os serviços "relacionados com as finalidades essenciais das entidades nelas mencionadas". 5. O § 4º do dispositivo constitucional serve de vetor interpretativo das alíneas "b" e "c" do inciso VI do art. 150 da Constituição Federal. Equiparação entre as hipóteses das alíneas referidas. 6. Recurso extraordinário provido.

A alínea "c" trata da imunidade referente ao patrimônio, renda ou serviços dos partidos políticos e fundações, das entidades sindicais dos trabalhadores e das instituições de educação e de assistência social, sem finalidade lucrativa. Como descrito por Humberto Ávila, a norma tem em conta o "dever do Estado em garantir o processo democrático, em erradicar a pobreza e promover o desenvolvimento social".[15] O constituinte objetivou estimular a criação de partidos políticos e de entidades sindicais, assegurando-lhes autonomia financeira e favorecendo o pleno exercício da democracia representativa – artigo 1º, parágrafo único, da Carta –, da liberdade política – artigo 17 – e da liberdade sindical – artigo 8º. Buscou também incentivar a iniciativa privada no auxílio ao Estado para cumprimento dos deveres e das funções sociais previstas nos artigos 6º, 196 – saúde –, 203 – assistência social – e 205 – educação. A definição do âmbito normativo da imunidade não pode ser alheia a esses fins políticos e sociais, de extrema relevância, visados pela Constituição, de tal forma que interpretação a considerar essas conexões valorativas será sempre mais pertinente.

No que diz respeito ao alcance adequado do § 4º do artigo 150, o Supremo tem decidido que essa espécie de imunidade não se limita às atividades típicas das instituições de educação e de assistência social, mas abrange todas as atividades desempenhadas pelas entidades desde que os rendimentos sejam empregados nos respectivos fins institucionais. Esse é o sentido do verbete nº 724 da Súmula do Tribunal, de 26 de novembro de 2003, consignando a inexigibilidade do Imposto sobre Propriedade Territorial Urbana em relação aos imóveis alugados a terceiros pelas entidades de educação e assistência social quando a renda for destinada às finalidades essenciais:

> Ainda quando alugado a terceiros, permanece imune ao IPTU o imóvel pertencente a qualquer das entidades referidas pelo art. 150, VI, "c", da Constituição, desde que o valor dos aluguéis seja aplicado nas atividades essenciais de tais entidades.

15 ÁVILA, Humberto. *Sistema Constitucional Tributário*. Op. cit., p. 273.

A imunidade estabelecida na alínea "e", incluída no inciso VI do artigo 150 da Constituição pela Emenda nº 75, de 15 de outubro de 2013, implica a desoneração de impostos em face de fonogramas e videofonogramas produzidos no Brasil nos quais contidas obras musicais ou literomusicais de autores brasileiros, ou obras em geral interpretadas por artistas brasileiros, alcançados ainda os suportes materiais ou arquivos digitais que os contenham. Sendo recente, a norma ainda não suscitou controvérsias a serem solucionadas pelo Supremo no exercício da interpretação constitucional. Não obstante, a redação do preceito, a revelar a abrangência da imunidade aos "arquivos digitais" que surjam como suportes materiais das obras musicais ou literomusicais, por si só, demonstra a importância de reconhecer atualidade à interpretação das imunidades de modo a prestigiar as novas e modernas tecnologias por meio das quais são exercidas as liberdades de expressão e artística.

Os precedentes acima examinados quanto às imunidades definidas nas alíneas "a", "b" e "c" do inciso VI representam, de modo inequívoco, a linha metodológica do Tribunal – a interpretação teleológica das imunidades. É importante destacar a necessidade permanente de compatibilizar a abordagem finalística das imunidades com o conjunto normativo e axiológico que é a Constituição. Com a Carta compromissória que temos, existe uma variedade de objetivos opostos, estabelecidos em normas de igual hierarquia. Nesse âmbito de antinomias potenciais, o elemento sistemático adquire relevância prática junto ao teleológico. Sob tal perspectiva, "cada norma jurídica deve ser interpretada com consideração de todas as demais, e não de forma isolada", levando em conta a busca pela harmonia e integridade sistêmica da Constituição. Combinados os elementos sistemático e teleológico, a interpretação deve cumprir função harmonizante, influenciada, prioritariamente, por princípios como o da "dignidade da pessoa humana, da igualdade, do Estado Democrático de Direito, da República e da Federação".[16]

Por esse motivo, tenho me manifestado contrariamente à extensão da imunidade recíproca a empresas públicas e a sociedades de economia mista ante a vedação constitucional de tratamento diferenciado em comparação às empresas do setor privado, considerados os princípios da livre iniciativa e da livre concorrência – artigo 173, § 2º, da Carta –, como fiz ver no mencionado recurso extraordinário nº 601.392/PR. Não se trata de negar validade ao método teleológico quanto à matéria, mas de conjugá-lo ao elemento sistemático. A interpretação finalística da imunidade deve buscar a orientação valorativa na própria Constituição, ante o conjunto normativo e axiológico. Assim, a atividade interpretativa de cada imunidade em particular, sob pena de transgressão à própria Carta, não pode ser estrita a ponto de inviabilizar que o objetivo protecionista seja satisfeito, nem tão ampla de modo a promover privilégios odiosos e desmedidos em detrimento de outros bens e valores, ignorando a

16 SOUZA NETO, Cláudio Pereira de; SARMENTO, Daniel. *Direito Constitucional. Teoria, História e Métodos de Trabalho*. Belo Horizonte: Fórum, 2012, p. 415-416.

Constituição como um todo. A interpretação deve ser teleológica e sistematicamente adequada, de modo que a norma de imunidade alcance o máximo de efetividade em harmonia com os demais valores de nosso sistema constitucional. Essa é a primeira diretriz metodológica que deve orientar a solução do caso concreto.

7. A IMUNIDADE DOS LIVROS, JORNAIS E PERIÓDICOS NA VISÃO DO SUPREMO

A postura hermenêutica do Supremo alusiva às normas de imunidade das alíneas "a", "b" e "c" do inciso VI do artigo 150, acima demonstradas, vem sendo a mesma adotada para a norma da alínea "d" do preceito constitucional, isto é, em relação à imunidade dos livros, jornais e periódicos. O dispositivo visa promover a educação, garantir o princípio da liberdade de manifestação do pensamento e da expressão da atividade intelectual, artística, científica e de comunicação, facilitando e estimulando a circulação de ideias, o direito de informar e de ser informado e a própria liberdade de imprensa. Considerados esses propósitos, a imunidade apresenta-se como essencial ao desenvolvimento da cultura, da democracia e da cidadania participativa e reivindicatória. A relevância político-democrática dessa imunidade foi bem expressa nas palavras do ministro Celso de Mello, no julgamento da ação cautelar nº 2.559/RJ, da relatoria de Sua Excelência, medida acauteladora referendada pela Segunda Turma em 14 de junho de 2010:

> É preciso ter presente, na análise do tema em exame, que a garantia da imunidade estabelecida pela Constituição, em favor dos livros, dos jornais, dos periódicos e do papel destinado à sua impressão (CF, art. 150, VI,"d"), reveste-se de significativa importância de ordem político-jurídica, destinada a preservar e a viabilizar o próprio exercício das liberdades de manifestação do pensamento, de acesso à cultura e de informação jornalística, valores em função dos quais essa prerrogativa de índole constitucional foi prevista, instituída e assegurada.
>
> Não se pode desconhecer, nesse contexto, que as imunidades tributárias de natureza política destinam-se a conferir efetividade e a atribuir concreção a determinados direitos e garantias fundamentais reconhecidos e assegurados às pessoas e às instituições. Constituem, por isso mesmo, expressões que traduzem significativas garantias de ordem instrumental, vocacionadas, na especificidade dos fins a que se dirigem, a proteger o exercício da liberdade de expressão intelectual e da liberdade de informação.

A definição interpretativa do alcance da norma constitucional deve guardar relação mais do que íntima com a compreensão da função política e social que a imunidade cumpre em favor da difusão das ideias, da educação, da cultura, da democracia e da cidadania. Deve-se ter presente que a norma objetiva proteger não simplesmente o livro, jornal ou periódico como "suportes físicos de ideias e comunicação", mas o valor intrínseco do conteúdo veiculado, de natureza educacional, informativa, expressiva do pensamento individual ou coletivo. O meio é secundário, importando, precipuamente, promover e assegurar o direito fundamental à educação, à cultura, à informação, à participação política dos cidadãos. O Supremo tem compreendido bem a distinção e aplicado a norma de imunidade valendo-se dessa diretriz.

No recurso extraordinário nº 183.403/SP, de minha relatoria, apreciado em 7 de novembro de 2000, a Segunda Turma assentou o alcance da imunidade às denominadas "apostilas" – "veículo de transmissão de cultura simplificado". Na ocasião, fiz ver "que o preceito constitucional, no que voltado ao implemento da educação e da cultura, alcança tanto o livro quanto a apostila, porquanto têm o mesmo objetivo, ou seja, a veiculação de mensagem, a comunicação do pensamento". Destaquei que incumbe dar "a maior eficácia possível ao Texto Constitucional, postura básica quando se vive em um Estado Democrático de Direito" e que o objetivo precípuo da norma de imunidade "realmente não é outro senão o estímulo, em si, à cultura, pouco importando que, no preceito, não se aluda, de forma expressa, a apostilas que, em última análise, podem ser tidas como a simplificação de um livro". Defendi o abandono "da interpretação meramente verbal, gramatical", e o emprego do método teleológico.

No recurso extraordinário nº 199.183/SP, de minha relatoria, julgado em 17 de abril de 1998, a Segunda Turma afirmou a extensão da imunidade tributária às listas telefônicas ainda que considerados anúncios e publicidades. Ressaltei que, embora ausente o caráter noticioso, discursivo, literário, poético ou filosófico, a inegável utilidade pública das informações oferecidas pelas listas telefônicas justificaria o gozo do direito. O Tribunal, em 25 de maio de 2004, no recurso extraordinário nº 221.239/SP, também concluiu pela imunidade relativamente aos "álbuns de figurinhas". A ministra Ellen Gracie, relatora, observou que desoneração da espécie seria maneira de estimular o público infantil a se familiarizar com meios de comunicação impressos, atendendo à finalidade almejada pela Carta. Segundo Sua Excelência, "não cabe ao aplicador da norma constitucional em debate afastar este benefício fiscal, instituído para proteger direito tão importante ao exercício da democracia, por força de um juízo subjetivo acerca da qualidade cultural ou do valor pedagógico destinado ao público infanto-juvenil".

As decisões revelam proposta interpretativa teleológica bem assentada quanto aos produtos acabados. No tocante aos insumos e à previsão normativa concernente ao "papel destinado à impressão", o Supremo encontra-se em processo de evolução hermenêutica. Nos extraordinários de nº 174.476/SP e 190.761/SP, julgados em 26 de setembro de 1996, relator ministro Maurício Corrêa, acórdãos por mim redigidos, a maioria do Plenário assentoualcançar a norma de imunidade não só o papel utilizado diretamente na confecção dos bens referidos, mas também insumos como os filmes e papéis fotográficos.

Votando com a maioria, após destacar a ênfase constitucional da liberdade de imprensa, o fundamento político e cultural da alínea "d" do inciso VI do artigo 150 e o dever de resguardar princípios, ideias ou postulados essenciais ao regime político, asseverei que o preceito constitucional merecia interpretação que permitisse atingir, de "forma plena, o objetivo visado, que outro não é senão afastar procedimentos que, de algum modo, possam inibir a produção material e intelectual de livros, jornais e periódicos". Apontei que interpretação literal da parte final do preceito, a revelar exaustiva a redação, "redundaria no esvaziamento da regra constitucional", principalmente se considerado que a "impressão de livros, jornais e periódicos faz-se não apenas mediante o uso de papel em que grafadas as matérias, mas a partir de uma gama de outros produtos". Ressaltei:

> Abandone-se, na espécie, a tentação ligada ao literalismo, perquirindo-se o objetivo maior da norma constitucional, isso diante da impossibilidade, e, diria mesmo, da inconveniência de o legislador ser casuísta. [...] A alusão ao papel, destinado à impressão, outro sentido não tem senão o de exemplificar um dos itens que entram na produção do bem. Os demais também estão abrangidos pela imunidade tributária, sob pena de tornar-se restrita a imunidade, desconhecendo-se o objetivo precípuo que, há de ser incansavelmente repetido, é o de verdadeiro estímulo à veiculação de notícias e ideias, tal como inerente ao próprio Estado Democrático de Direito.

No recurso extraordinário nº 203.859/SP, relator ministro Carlos Velloso, acórdão redigido pelo ministro Maurício Corrêa, apreciado em 11 de dezembro de 1996, a maioria do Pleno entendeu abranger a imunidade filmes e papéis fotográficos, mas não a "solução alcalina" utilizada para impressão de livros, jornais e periódicos. Fiquei vencido, na companhia do relator e do ministro Celso de Mello, sustentando, como havia feito três meses antes, nos recursos extraordinários nº 174.476/SP e 190.761/SP, que a imunidade deve alcançar "todo e qualquer produto que seja consumido na confecção" desses bens, incluída a referida solução química. De qualquer forma, foi confirmada a interpretação ampla da expressão "papel", vindo o Tribunal, em sucessivas decisões, a concluir pelo alcance quanto ao "papel fotográfico, papel telefoto, filmes fotográficos, sensibilizados, não impressionados, para imagens monocromáticas, papel fotográfico para fotocomposição por *laser*" – recursos extraordinários nº 178.863/SP, relator ministro Carlos Velloso, julgado pela Segunda Turma em 25 de março de 1997, e nº 203.706/SP, relator ministro Moreira Alves, apreciado pela Primeira Turma em 25 de novembro de 1997. Nesse sentido, em 24 de setembro de 2003, foi aprovado o verbete nº 657 da Súmula do Supremo, segundo o qual "a imunidade prevista no art. 150, VI, 'd', da Constituição Federal abrange os filmes e papéis fotográficos necessários à publicação de jornais e periódicos".

Seguindo esses precedentes e tendo em conta os limites então assentados no tocante às possibilidades semânticas da expressão "papel", as Turmas do Tribunal excluíram da incidência da norma de imunidade: tintas especiais utilizadas na impressão de jornais – Segunda Turma, recurso extraordinário nº 273.308/SP, relator ministro Moreira Alves, julgado em 22 de agosto de 2000 –, máquinas, peças e equipamentos usados no parque gráfico – Segunda Turma, agravo regimental no recurso extraordinário nº 195.576/SP, de minha relatoria, examinado em 22 de maio de 1998, quando ressalvei a óptica pessoal –, tiras plásticas para amarração de jornais – Primeira Turma, agravo regimental no recurso extraordinário nº 208.638/RS, relator ministro Sepúlveda Pertence, analisado em 2 de março de 1999 –, serviços de composição gráfica necessários à confecção do produto final – Primeira Turma, recurso extraordinário nº 230.782/SP, relator ministro Ilmar Galvão, julgado em 13 de junho de 2000 –, serviços de distribuição, transporte ou entrega dos produtos – Primeira Turma, agravo regimental no recurso extraordinário nº 530.121/PR, relator ministro Ricardo Lewandowski, examinado em 9 de novembro de 2010, ocasião em que votei vencido, consignando o direito à imunidade.

Decisão mais recente da Primeira Turma do Supremo demonstra, todavia, estar o tema ganhando novo rumo interpretativo, considerado, especificamente, o conjunto de bens indispensáveis à produção dos veículos informativos e educacionais. No julgamento do recurso extraordinário nº 202.149/RS, relator ministro Menezes Direito, acórdão por mim redigido, o Colegiado assentou, em 26 de abril de 2011, abranger a imunidade não apenas o papel, mas todo e qualquer bem e insumo empregado na produção, inclusive máquinas e chapas de impressão. Estava em jogo recurso da União contra acórdão por meio do qual o Tribunal Regional Federal da 4ª Região havia reconhecido imunidade quanto ao Imposto de Importação e ao Imposto sobre Produtos Industrializados alusivos à importação de "peças sobressalentes para equipamentos de preparo e acabamento de chapas de impressão *offset* para jornais". O relator, forte nos precedentes do Supremo acima mencionados, proveu o extraordinário para declarar que a imunidade não alcança essa espécie de insumos – peças sobressalentes –,acompanhado pelo ministro Ricardo Lewandowski.

Abrindo a divergência, votei, como venho fazendo desde a primeira vez em que enfrentei a matéria, anotando que a imunidade discutida "apanha todo e qualquer insumo e mesmo ferramenta indispensável à edição desses veículos de comunicação". Afirmei a necessidade de conferir interpretação teleológica ao artigo 150, inciso VI, alínea "d", destacando o propósito normativo de viabilizar, sem ônus maiores, a divulgação de ideias e a comunicação, do que deve resultar a conclusão no sentido de ser a expressão "e do papel", contida na parte final do preceito, "simplesmente exemplificativa". Fui acompanhado pelos ministros Carlos Ayres Britto e Cármen Lúcia, tendo sido formada maioria na direção de evoluir no entendimento do Tribunal, ampliando a abrangência da imunidade para insumos fora do alcance semântico da expressão "papel". Essa óptica ficou bem expressa no voto-desempate da ministra Cármen Lúcia:

> À força da interpretação compreensiva dos eminentes Ministros Ayres Britto e Marco Aurélio, que potencializaram a abrangência da imunidade discutida sob o fundamento de tê-lo como um instrumento de estímulo à circulação de informações e de cultura, alinho-me exatamente em homenagem a não apenas ao princípio da liberdade de imprensa – que fica muito mais assegurada segundo estes fundamentos – sem embargo de, no voto do Ministro Menezes Direito, ter ele homenageado o princípio da segurança jurídica.

> Entretanto, essas mudanças sobre os insumos foram ao pouco se transformando, verificando exatamente as novas condições para apresentação do que se considera hoje a imprensa e os instrumentos necessários a que os livros e outras publicações possam ser feitas.

Como bem destacado por Sua Excelência, envolvida a interpretação teleológica e sistemática da norma constitucional, cabe aos Ministros do Supremo perceber as transformações relacionadas com os insumos necessários para as novas formas com as quais a imprensa, livros e periódicos se apresentam à sociedade na quadra atual e, atentos a essas mudanças, evoluir na interpretação do artigo 150, inciso VI, alínea "d", da Carta, no tocante tanto aos produtos como aos insumos. Essa perspectiva mostra-se inafastável, principalmente ante a extraordinária evolução tecnológica, e requer o que pode ser considerada uma interpretação modernizante da Constituição.

8. A INTERPRETAÇÃO DO ARTIGO 150, INCISO VI, ALÍNEA "D", DA CARTA, ANTE A REVOLUÇÃO DA "ERA DIGITAL" – A IMUNIDADE DO CHAMADO "LIVRO ELETRÔNICO"

Consideradas todas as premissas desenvolvidas ao longo deste texto, tem-se o momento de definição do alcance da imunidade tributária relativamente aos chamados "livros eletrônicos". Revela-se, a mais não poder, que a interpretação a ser dada pelo Supremo deve ser aquela que assegure a mais ampla abrangência da norma imunizante ante o novo "cenário digital" das práticas de ensino e comunicação.

Interpretação jurídica é a atividade, inserida em amplo processo hermenêutico, dirigida à realização concreta do Direito. O intérprete constrói, como ato de vontade e de inspiração humanística, significados a partir de enunciados textualmente expressos ou decorrentes do sistema normativo, visando a aplicação das normas no plano real e concreto. Interpretar vai além de compreender, consiste em aplicar. A discussão do Direito pode ocorrer em abstrato. Há discursos descritivos e críticos sobre normas e situações jurídicas, mas interpretação jurídica apenas se dá diante de casos concretos e com o propósito de conformá-los. Isso é exatamente verdade no tocante à interpretação da Constituição, espécie de interpretação jurídica. Como afirmou Jorge Miranda:

> A interpretação constitucional não é de natureza diferente da que se opera noutras áreas. Como toda a interpretação jurídica, está estreitamente conexa com a aplicação do Direito; não se destina à enunciação abstracta de conceitos, destina-se à conformação da vida pela norma.[17]

A tarefa de conformar o dia a dia à Constituição verifica-se em reciprocidade, em diálogo. As normas nela constantes devem ser aplicadas aos fatos da

17 MIRANDA, Jorge. Manual de Direito Constitucional. Constituição. Tomo II. 5ª ed. Coimbra: Coimbra, 2003, p. 288.

vida, mas o intérprete há de observar o contexto cuja regulação configura o fim da norma e, sensibilizado ou mesmo influenciado por esse, definir a extensão e o conteúdo da aplicação. As normas também precisam se conformar aos fatos sociais e políticos. Assim, em busca de equilíbrio entre a realidade e o texto normativo, a interpretação constitucional não pode olhar apenas para o passado, mas também para o presente e o futuro, visando que a concretização da Lei Maior não resulte em retrocessos sociais indesejados quanto aos valores por ela própria prestigiados.

A abordagem teleológica e sistemática da imunidade discutida deve, portanto, conformar a Constituição de 1988 à evolução tecnológica vivida já nesta segunda década do século XXI. Há de ser essa a interpretação do texto constitucional, mas do texto que se pretende compatibilizar com as transformações operadas pelos meios eletrônicos, magnéticos e digitais relativamente aos campos da educação, cultura e informação. A evolução interpretativa do preceito constitucional, revelada com cores fortes no recurso extraordinário nº 202.149/RS, julgado pela Primeira Turma, deve avançar ainda mais, observando as novas dimensões dos meios de ensino e comunicação, sob pena de ter-se uma Constituição ultrapassada. O impacto tecnológico implicou a ampliação dos conceitos de livro, imprensa e revistas periódicas, fenômeno ao qual o Supremo não pode ficar alheio.

Ignorar essa realidade coloca em risco a própria efetividade da Constituição. Tendo em vista o uso progressivo, cada vez maior, de meios digitais e magnéticos em substituição aos tradicionais livros e jornais, não evoluir na interpretação significará "reduzir, dia após dia, o alcance da imunidade em referência".[18] Considerada a realidade fático-tecnológica, pode-se dizer que negar a imunidade aos novos formatos de transmissão de educação, cultura e informação resulta, hoje, em amesquinhar a norma constitucional e, amanhã, em esvaziá-la por completo.

Ainda mais grave, essa perda gradativa de efetividade não concerne apenas à norma de imunidade em si, mas aos valores sociais, éticos e políticos cuja proteção e promoção são, verdadeiramente, o propósito constitucional. Existe o perigo de enfraquecimento dos direitos fundamentais que serviram de razão última para a instituição da imunidade pelo constituinte desde 1946. O risco é destacado por Ricardo Lodi Ribeiro, referindo-se à liberdade de imprensa, o que se mostra observável quanto aos demais valores em jogo:

> No caso em questão, o âmbito da norma se revela pela necessidade de harmonizar a intenção reguladora do legislador histórico, a liberdade de expressão e de difusão de informações, com os desafios da sociedade atual. Nesse contexto, as estruturas normativas são extraídas do advento da cultu-

18 MOSQUERA, Roberto Quiroga; NOVELLO, Guilherme Lautenschlaeger. Imunidade dos Livros Eletrônicos e a Extensão do Art. 150, VI, *d*, da Constituição Federal. In: PISCITELLI, Tathiane. *O Direito Tributário na prática dos Tribunais Superiores: Sistema Tributário Nacional e Código Tributário Nacional em debate.* São Paulo: Saraiva, 2013, p. 37.

> ra cibernética, caracterizada por um ambiente em que a veiculação de informações e de opinião já não se faz exclusivamente pelos meios tradicionais impressos, que, gradualmente, vão perdendo importância em relação aos mecanismos virtuais. Negar essa realidade é contrariar a *natureza das coisas*. Nesse ambiente, restringir a liberdade de imprensa aos meios impressos é reduzir, todos os dias um pouco mais, o campo dessa liberdade, na medida em que, gradualmente, as publicações impressas deixarão de existir.[19]

Eis então a segunda e essencial diretriz que deve orientar a definição da matéria discutida – a interpretação teleológica e sistematicamente adequada da norma de imunidade deve ser evolutiva, prospectiva, modernizante. O futuro é difícil de prever e, obviamente, pior de controlar. Existem, todavia, algumas zonas de certeza, prognósticos possíveis. A não interrupção do avanço tecnológico e digital da educação, da cultura e da mídia, a exigir evolução dos sentidos das normas constitucionais, habita esse espaço. Essa é a perspectiva de solução da controvérsia.

Dessa forma, revela-se fora de dúvidas que, estando envolvidos bens e componentes eletrônicos que não só acompanham o material de ensino, mas o complementam para fins didáticos, há de ser reconhecida a imunidade. Do mesmo modo, se existe elemento eletrônico ou digital que cumpra, de forma autônoma, função didática ou informativa, como ocorre com os "livros eletrônicos", a norma constitucional imunizante deve incidir plenamente.

A extensão da imunidade tributária em favor desses elementos e bens eletrônicos ou digitais justifica-se, em razão de constituírem, tal como os veículos em papel, material de conteúdo educativo ou informativo. A circunstância de esses elementos revestirem forma eletrônica ou digital não conduz a negar a validade constitucional dessa conclusão, considerado o alcance interpretativo que o Supremo deve conferir ao aludido preceito na atual quadra.

Cabe afastar a interpretação literal como método isolado para a solução de casos tão complexos quanto o abordado, podendo servir como ponto de partida à utilização dos demais métodos segundo os valores envolvidos e imanentes à norma.[20] Ante os conceitos tradicionais de livro, jornal e periódico, vinculados à forma em papel, o emprego exclusivo do método literal não resolve a controvérsia com segurança e pode contribuir para a estagnação da Carta.

Mesmo como limite da interpretação, a expressão literal do enunciado constitucional não impede o progresso dos sentidos na direção da conclusão assentada. Sobre esse argumento, Ives Gandra, distinguindo quatro regras de imunidade previstas no dispositivo da Carta de 1988 – três no tocante aos produtos acabados e a quarta relativamente ao insumo –, afirma:

19 RIBEIRO, Ricardo Lodi. A imunidade do livro eletrônico e o pluralismo metodológico na interpretação do art. 150, VI, d, CF. *Revista Trimestral de Direito Civil*, Vol. 46, abril/junho de 2011, p. 260.

20 RIBEIRO, Ricardo Lodi. A imunidade do livro eletrônico e o pluralismo metodológico na interpretação do art. 150, VI, d, CF. *Revista Trimestral de Direito Civil*, Vol. 46, abril/junho de 2011, p. 240.

> O constituinte claramente cuidou de quatro hipóteses de imunidades, a saber:
>
> 1) livros;
>
> 2) periódicos;
>
> 3) jornais; e
>
> 4) papel de imprensa.
>
> Não está escrito, no texto constitucional, que os livros, os jornais e os periódicos só serão imunes quando forem confeccionados de papel.
>
> Fosse esta a sua intenção, o constituinte teria escrito "livros, jornais, periódicos de papel, assim como o papel destinado à sua impressão".
>
> O fato de o constituinte ter considerado que as hipóteses são quatro, separando o papel dos veículos, tem sua razão de ser.[21]

Comungo dessa opinião. Nada ocorre sem uma causa, e o constituinte diferenciou, propositalmente, a imunidade dos produtos, dos meios de veicular a educação, a cultura e a informação, daquela dos insumos, de modo que, não sendo textual e expressamente exigido que esses veículos sejam imunes apenas quando revestirem forma em papel, tem-se como possível o sentido que resulte no alcance da norma constitucional aos livros, jornais e periódicos em formato digital ou eletrônico e, com a mesmíssima razão, às publicações mistas, integradas por partes impressas e componentes eletrônicos ou digitais como um todo didático ou informativo. Deve-se rejeitar qualquer oposição a essa óptica sob o pretexto de um "silêncio eloquente" da Constituição. A ausência de previsão expressa do formato eletrônico ou digital desses meios pode ser explicada pela realidade tecnológica em 1988. Sem dúvida, imunizar veículos nesse formato inovador não podia ser preocupação do constituinte.

Prosseguindo com a atividade interpretativa, cabe afirmar que o sentido normativo, acima referido, não se mostra possível apenas conforme os limites do texto. É o mais teleológica e sistematicamente adequado segundo os propósitos normativos e o conjunto axiológico da Carta, muito bem assentados em anos de pronunciamentos do Tribunal sobre a imunidade questionada, além de ser o melhor historicamente situado ante a revolução digital, que permanece em constante progresso. Fixada a premissa da finalidade didática dos bens e componentes eletrônicos, a abordagem sistêmico-teleológica da imunidade, marcante na jurisprudência do Supremo, não permite outra definição senão a do alcance da imunidade.

Ainda que se parta de premissa fática diversa, qual seja, a caracterização dos elementos e bens eletrônicos como insumos, a conclusão pela imunidade se mantém. Conforme fiz ver no mencionado recurso extraordinário nº 202.149/RS, a referência a "papel", na cláusula final do preceito constitucional, é meramente exemplificativa. Isso quer dizer que, apenas quando destinado à

---

21 MARTINS, Ives Gandra da Silva. Aspectos referentes a imunidade dos livros eletrônicos, assim como das obrigações que estão tais bens e serviços desvinculados de controle pela Ancine e Condocine. *Revista Dialética de Direito Tributário – RDDT* nº 180. São Paulo: Dialética, 2010, p. 162.

confecção de produtos imunes, o papel goza da imunidade, e não que insumos de naturezas diversas, qualificados pela mesma utilidade e destinação, não sejam alcançados pela norma constitucional.

A interpretação desenvolvida, em última análise, é reforçada por decisão recente do constituinte derivado que, ao incluir a alínea "e" no inciso VI do artigo 150 do Diploma Maior – Emenda nº 75/2013 –, não se limitou a imunizar de impostos os fonogramas e videofonogramas produzidos no Brasil, veiculadas obras musicais ou literomusicais, e sim estendeu a desoneração aos arquivos digitais que os contenham. Cada um, por meio de atuação própria – o Supremo, em interpretação constitucional, e o constituinte derivado, mediante emenda constitucional –, deve contribuir para a constante atualização da Carta da República perante o contexto social e político do qual faz parte.

9. CONCLUSÃO

Assegurar o alcance da imunidade de que trata a alínea "d" do inciso VI do artigo 150 da Constituição Federal de 1988 ao "livro eletrônico" mostra-se a única construção de significados a atender nosso sistema constitucional de valores e propósitos, exigida do intérprete incumbido de manter a Carta viva diante do avanço dos fatos. Mudanças sociais e políticas requerem alterações constitucionais, que podem advir da interpretação do Supremo, quando assim o for permitido e o sistema o reclamar. Acredito que esse era o verdadeiro tema envolvido – o momento de o Supremo aprofundar a interpretação teleológica e sistemática que tem historicamente empregado quanto às imunidades tributárias e contribuir para a adequação do texto constitucional à incontestável revolução digital vivenciada, que a passagem do tempo nos trouxe e contra a qual não devemos lutar.

Por tudo isso, acredito ter andado muito bem o Tribunal ao conferir interpretação evolutiva, prospectiva, modernizante da imunidades tributária dos livros, jornais e periódicos em contexto de avanço tecnológico e digital ininterrupto da educação, da cultura e da mídia. O papel da interpretação constitucional do século XXI é impedir que a Carta da República torne-se "coisa do passado", "peça de museu". O juiz constitucional deve ser instrumental, ao lado dos outros dois poderes constituídos, direcionado à modernização dos significados constitucionais, de modo que a Lei Maior possa sempre servir à sociedade, à estabilidade institucional, à democracia. Isso vale para a interpretação do Direito Tributário, como para qualquer outro ramo do Direito, todos devendo ser lidos e aplicados sob as lentes de nossa Constituição.

CAPÍTULO VI - ÉTICA E PLANEJAMENTO TRIBUTÁRIO

Educação Fiscal: o que os tributaristas têm a ver com isso?

Marciano Seabra de Godoi[1]
Elisângela Inês Oliveira Silva de Rezende[2]

1. INTRODUÇÃO

O tributarista brasileiro, dedicado a estudos acadêmicos e/ou à prática advocatícia ou contábil, está bastante familiarizado com dezenas de siglas e abreviaturas (CIDE, IRRF, CSLL, SAT, PIS, COFINS, CARF, etc.), mas muito provavelmente não faz a menor ideia do que significa a sigla PNEF.

O problema investigado no presente estudo é: como explicar a ignorância da ciência do direito tributário em relação ao Programa Nacional de Educação Fiscal (PNEF) brasileiro, que existe há 20 anos e só desperta curiosidade e análises científicas nos economistas, contadores, sociólogos e demais cientistas sociais? Seria realmente um tema alheio ao real objeto e aos legítimos interesses da ciência do direito tributário ou se trata de uma omissão que revela o quão descomprometida socialmente é a ciência oficial do direito tributário?

Para analisar o problema, será tomada como marco a teoria da educação tributária construída por Fernando Sainz de Bujanda, elo jurista responsável

1 Doutor (Universidade Complutense de Madrid) e Mestre (UFMG) em Direito Tributário, com pós-doutorado (bolsa CAPES) na Universidade Autônoma de Madrid. Professor da Pontifícia Universidade Católica de Minas Gerais. Presidente do Instituto de Estudos Fiscais (IEFi). Advogado.

2 Mestranda em Direito Público PUC Minas (bolsa CAPES). Especialista em Direito Tributário (Faculdades Milton Campos). Especialista em Direito de Empresa (PUC Minas). Advogada.

pela autonomia científica e consolidação institucional da ciência do direito financeiro e tributário na Espanha. A partir desse marco teórico, será analisado o perfil atual da ciência do direito tributário brasileiro em busca de uma resposta para o seu total desinteresse pelo tema da educação fiscal.

Numa segunda parte do trabalho, serão estudados os programas nacionais de educação fiscal atualmente existentes no mundo, bem como, com especial ênfase, o programa brasileiro, em suas diversas facetas.

Espera-se com o presente trabalho despertar o adormecido interesse da academia tributária pelo problema da educação fiscal e sua relação com a justiça na imposição e cobrança de tributos, abrindo caminho para uma nova linha de pesquisa sobre essa temática.

2. A TEORIA DA EDUCAÇÃO TRIBUTÁRIA FORMULADA POR FERNANDO SAINZ DE BUJANDA

O professor espanhol Fernando Sainz de Bujanda (1915-1999), precursor e principal sistematizador da ciência do direito financeiro e tributário na Espanha, reservou em sua vasta obra um espaço privilegiado para estudar o tema da educação tributária. A este tema o professor de Madri dedicou dois capítulos do volume III[3] e dois capítulos do volume V[4] de sua obra *Hacienda y Derecho*. No volume I de sua obra posterior *Sistema de Derecho Financiero*, o autor voltou a tratar do tema[5].

De tudo o que escreveu sobre o assunto, a parte mais significativa é a Teoria da Educação Tributária desenvolvida pelo autor nos capítulos II e III do volume V de sua obra *Hacienda y Derecho*[6]. Vejamos, em linhas gerais, em que consiste esta teoria.

2.1. Conceito de educação tributária e os riscos do "psicologismo fiscal"

O tema da educação tributária atraiu por muitos anos a atenção deSainz de Bujanda, conforme é reconhecido pelo próprio autor, que considera equivocada a postura tradicional do professor universitário *especialista* que pensa ser uma perda de tempo o estudo de questões pedagógicas e somente se interessa sobre assuntos relativos a seu campo e sua temática de estudo e especialização. O que moveu a curiosidade e o esforço intelectual do autor foi a convicção de que "educação e justiça tributária mal podem caminhar divorciadas"[7].

3 SAINZ DE BUJANDA, Fernando. **Hacienda y Derecho**, vol. III, Madrid, 1965. O conteúdo do capítulo II dessa obra também foi publicado separadamente – SAINZ DE BUJANDA, Fernando. **La enseñanza del Derecho tributario a universitários, a funcionários y a contribuyentes**, Madrid: Prensa Española, 1965.

4 SAINZ DE BUJANDA, Fernando. **Hacienda y Derecho**, vol. V, Madrid, 1967.

5 SAINZ DE BUJANDA, Fernando. **Sistema de Derecho Financiero**, vol. I, Madrid: Facultad de Derecho da la Universidad Complutense, 1977.

6 SAINZ DE BUJANDA, Fernando. **Hacienda y Derecho**, vol. V, Madrid, 1967, p. 71-261.

7 SAINZ DE BUJANDA, Fernando. **Hacienda y Derecho**, vol. V, Madrid, 1967, p. 82.

Sua teoria da educação tributária é, portanto, o fruto de um longo período de indagações e estudos sobre tal relação entre educação e justiça tributária.

A educação tributária é, antes de tudo, educação, um processo lento voltado a desenvolver, formar e modificar seres humanos, desenvolvendo e aperfeiçoando suas potencialidades. Neste sentido, a educação tributária é parte da pedagogia e não da ciência das finanças ou do direito tributário. O que ocorre é que a ciência das finanças e o direito financeiro e tributário dependem da educação tributária para efetivamente atingir seus objetivos globais, daí a necessidade de um constante diálogo entre essas disciplinas científicas. O que o autor propõe é um diálogo ou troca de experiências e visões entre as ciências que estudam/explicam (de um ponto de vista econômico ou psicológico) o comportamento efetivo do contribuinte, a ciência da pedagogia (aplicada ao campo financeiro-tributário) e a própria ciência do direito:

> (...) O fenômeno tributário não pode encastelar-se, como esterilmente se pretendeu tantas vezes, em uma só ciência. A consideração do problema educativo vem agora nos mostrar que se o tributo é objeto de estudo no campo da ciência econômica, jurídica ou sociológica – para indicar somente os exemplos mais representativos – também o é no âmbito da ciência pedagógica.[8]

Um conceito fundamental para compreender a teoria da educação tributária de Sainz de Bujanda é o que o autor chama de "psicologismo fiscal". Com esta expressão, o autor descreve a política fiscal em que a administração tributária (como na Espanha da época) usa os conhecimentos sobre a psicologia que move/explica as atitudes e comportamentos ilícitos dos contribuintes para moldar regras de tributação que, deixando intocados ou mesmo se aliando aos vícios comportamentais dos contribuintes, logram garantir um nível de arrecadação tributária satisfatório para a conjuntura do curto prazo.

Toda a teoria de Sainz de Bujanda se dirige contra essa estratégia do psicologismo fiscal, que, segundo o autor, desrespeita o princípio da dignidade humana, destroi a noção de responsabilidade/solidariedade fiscal e é incapaz de, no médio e longo prazo, garantir o equilíbrio orçamentário da atividade estatal.

O autor valoriza os conhecimentos econômicos e psicológicos que procuram conhecer os móveis efetivos e a racionalidade por detrás dos comportamentos dos contribuintes. O que é criticado pelo Sainz de Bujanda é a utilização desses conhecimentos pela política tributária para, abrindo mão de tentar educar o contribuinte e conscientizá-lo sobre seus direitos e deveres, desenhar métodos de tributação que, à margem dos princípios de justiça informadores do sistema, exploram e se aliam aos vícios do contribuinte para garantir determinado nível de arrecadação.

2.2. O enfoque pedagógico e seus objetivos

A abordagem econômica/psicológica comportamental não consegue contribuir para a definição do que se espera dos contribuintes, de que maneira

8 Ibid., p. 101.

eles devem se comportar. É preciso incluir nesta equação certos juízos de valor, a partir do enfoque pedagógico. A pretensão do autor é exatamente essa: "averiguar quando se pode dizer que o contribuinte está educado"[9].

A visão tradicional e oficial é a de que um contribuinte educado e consciente é aquele que cumpre rigorosamente suas obrigações tributárias principais e os deveres acessórios ligados à fiscalização tributária. O autor não discorda dessa assertiva, mas afirma que isso não é suficiente, que é necessário incluir no repertório de ações do contribuinte educado uma constante fiscalização do cumprimento das leis fiscais e tributárias pelo Estado, com a utilização de todos os remédios e recursos processuais ao seu alcance[10]. Em suma, o objetivo principal da educação tributária é formar contribuintes que são conscientes e se esforçam para cumprir com rigor seus deveres e obrigações fiscais, mas também exigem o mesmo grau de comprometimento para com seus deveres em relação ao Estado e à administração tributária, seja na fase legislativa, seja na fase de fiscalização ou cobrança dos tributos, utilizando todos os remédios e recursos previstos em lei para resistir a exigências ilegais.

O objetivo da educação tributária é fortalecer o sentido de responsabilidade social do contribuinte. Nem sempre isso é buscado pela administração tributária, como era o caso, segundo o autor, no momento histórico vivido pela Espanha de então. Segundo uma visão cética e pessimista em relação à educação tributária ("psicologismo fiscal"), o melhor a fazer é conhecer profundamente como age o contribuinte médio e engendrar habilmente métodos de cobrança pelos quais ele não resista ao tributo, não resista à fiscalização e sequer tenha uma ideia precisa de como lhe são extraídos os recursos[11]. Por outras palavras, uma postura fiscal antieducativa busca fazer com que o contribuinte, como realmente é não como deveria ser, tolere, sob as formas mais convenientes, o dever de pagar o tributo, que dele deve ser de algum modo ocultado ou disfarçado.

Sainz de Bujanda opõe-se a essa postura antieducativa para defender, contra a via da menor resistência, a via da "máxima adesão e aquiescência", combatendo a estratégia da anestesia fiscal e propondo um fortalecimento da consciência fiscal, devendo-se "despertar e avivar a consciência, em vez de adormecê-la", de modo que as obrigações tributárias não sejam encobertas e disfarçadas, mas sim "inteligíveis e livremente aceitas, gerando sacrifícios mensuráveis que o contribuinte realize com o apoio moral de um sentimento de solidariedade".[12]

A atividade pedagógica, voltada a formar contribuintes educados no sentido acima mencionado, naturalmente deve ser acompanhada de uma constante e rigorosa punição dos comportamentos ilícitos dos contribuintes. A atividade pedagógica não pretende substituir a atividade punitiva do Estado, o

9 SAINZ DE BUJANDA, Fernando. **Hacienda y Derecho**, vol. V, Madrid, 1967, p. 97.

10 Ibid., p. 106.

11 SAINZ DE BUJANDA, Fernando. **Hacienda y Derecho**, vol. V, Madrid, 1967, p. 113-117.

12 Ibid., p. 120.

que seria uma ingenuidade imperdoável. Sainz de Bujanda destaca em muitos momentos de sua teoria que a crença na via educativa não é incompatível com uma constante luta contra a fraude e a sonegação tributária, que constitui uma missão fundamental do poder público:

> A educação tributária e a luta contra a fraude são tarefas que o Estado deve cumprir simultaneamente, com o apoio de conhecimentos que a ciência psicológica lhe oferece sobre o modo de ser do contribuinte médio, e com o apoio que a Ética e a Política lhe oferecem para definir as metas ideais às quais ambas as missões devem se dirigir[13].

A atividade punitiva, contudo, será estéril se não for acompanhada da abordagem pedagógica, que inclui, como se verá mais à frente, uma atividade persuasiva do Estado por meio de uma política de informação tributária que traga transparência para a realidade da destinação efetiva dos gastos públicos e para a existência de critérios justos de divisão da carga tributária entre as classes e os grupos sociais.

2.3. Os métodos da educação tributária

A educação tributária, a ser fomentada e exercida concretamente pelas instituições de ensino públicas e privadas, além de naturalmente pela própria administração tributária, deve, segundo Sainz de Bujanda, adotar dois métodos ou estratégias básicas.

A primeira estratégia consiste em eliminar duas presunções do senso comum bastante antigas e que possuem efeitos sociais profundamente negativos. A primeira presunção que a educação tributária deve combater e eliminar é a do fisco-usurpador e a segunda, de signo oposto, é a do contribuinte-defraudador. A segunda estratégia, complementar e concomitante à primeira, é conceber e colocar em prática uma potente política de informação tributária. Vejamos a seguir cada uma dessas estratégias.

A presunção do fisco-usurpador ou do Estado-ladrão é bastante antiga, e o autor reconhece que alguns contribuintes apelam ou recorrem estrategicamente a essa ideia como mera desculpa para defraudar e sonegar; contudo, muitos contribuintes de boa-fé realmente creem nisso, e não estão de todo errados. O autor se refere não especialmente a casos de corrupção estatal do ponto de vista penal, mas a casos em que o uso da arrecadação é pouco claro e voltado a manter privilégios de alguns grupos poderosos. A arma para acabar com essa presunção seria esclarecer para o público de um modo simples e inteligível quanto realmente se arrecada, como se arrecada e como se gasta o volume arrecadado pelo fisco. Somente assim se poderá destruir essa presunção do fisco usurpador.[14]

13 Ibid., p. 229.

14 SAINZ DE BUJANDA, Fernando. **Hacienda y Derecho**, vol. V, Madrid, 1967, p. 125-128.

O efeito nocivo da presunção do fisco-usurpador é não somente o retraimento do grau de cumprimento dos deveres tributários pelos contribuintes, mas também, e principalmente, "a perda da fé na missão que ao Estado incumbe cumprir", "a dissolução do sentimento cooperativo sobre o qual há de cimentar-se uma vida política retamente ordenada"[15].

O autor adverte que esta presunção será tanto mais forte e difícil de combater pela educação tributária quanto mais abandonados houverem sido, pelo legislador ordinário, os critérios constitucionais de justiça no reparto da carga tributária (princípio de imposição pessoal progressiva e capacidade econômica), e quanto menos transparência pública houver quanto à realidade efetiva da arrecadação e sua destinação orçamentária concreta a cada item da despesa pública.

Um aspecto muito importante é que Sainz de Bujanda percebe claramente que a presunção do fisco-usurpador está diretamente relacionada à existência de regimes opacos e viciados de remuneração das funções públicas, especialmente das funções públicas de elite[16].

Já a presunção do contribuinte fraudador consiste no "princípio da incredulidade sistemática por parte dos órgãos estatais a respeito da veracidade das declarações tributárias" dos contribuintes.[17]

Segundo Sainz de Bujanda, o sistema de impostos e mecanismos tributários não pode presumir a existência em todo contribuinte de uma intenção defraudatória. Esta presunção traduz uma total falta de respeito para com a personalidade moral do contribuinte. Adicionalmente, se o contribuinte percebe que o fisco nega por princípio sua probidade e praticamente não permite que esta se possa provar, é provável que o egoísmo do contribuinte seja muito mais forte do que a solidariedade sobre a qual se cimenta a educação fiscal.

Essa presunção do contribuinte defraudador estava presente na legislação tributária da Espanha à época em que Sainz de Bujanda formulou sua teoria. Com efeito, a espinha dorsal da reforma tributária espanhola de 1957era a aplicação de bases de cálculo estimadas ou arbitradas global e objetivamente por meio de acordos entre as autoridades fiscais e determinadas agrupações de contribuintes. Se o contribuinte individual se opusesse à aplicação das bases de cálculo arbitradas nos convênios e pedisse à administração fiscal a aplicação das bases de cálculo tal como definidas em lei segundo a real capacidade econômica individual, colocava-se em marcha um mecanismo processual destinado a impedir, na prática, que as bases de cálculo individuais prevalecessem sobre as bases de cálculo arbitradas pelos convênios. Na avaliação grave de Sainz de Bujanda, a reforma de 1957 teria sido "o germe da decomposição do estatuto jurídico de garantias do contribuinte espanhol"[18].

---

15 SAINZ DE BUJANDA, Fernando. **Hacienda y Derecho**, vol. V, Madrid, 1967, p. 200.

16 Ibid., p. 220.

17 Ibid., p. 129.

18 SAINZ DE BUJANDA, Fernando. **Hacienda y Derecho**, vol. V, Madrid, 1967, p. 174.

Para o autor, é preciso eliminar de raiz essa presunção do contribuinte defraudador, sem prejuízo, naturalmente, de que o aparato de fiscalização e cobrança combatam com eficácia os contribuintes que defraudam.

2.4. Política de informação tributária

Para afastar a presunção do fisco-usurpador ou do Estado-ladrão, é preciso convencer/argumentar/demonstrar na esfera pública que tal presunção é um preconceito e não um juízo solidamente fundado. Para isso, não basta que o comportamento objetivo das instituições estatais esteja correto, é preciso haver informação adequada aos contribuintes e à sociedade em geral sobre todo o desenvolvimento da atividade financeira do Estado.

Mas não se deve confundir propaganda política com informação. Na síntese do autor, "a informação forma a opinião pública; a propaganda a deforma"[19]. Não é necessário que o público geral tenha conhecimentos técnicos aprofundados sobre o direito financeiro e atividade financeira do Estado, basta que ele seja informado objetiva e fielmente sobre certos fatos fundamentais: o volume de ingressos e gastos públicos de cada ente público, a distribuição por setores dos gastos e do tipo de serviço que é financiado com a arrecadação dos tributos. A isso se deve agregar posições e comentários críticos feitos com didatismo por pessoas de variadas posições políticas e ideológicas. O autor afirma que isso não é uma utopia, e sim a realidade na imprensa de diversos países do ocidente europeu àquela época.

A administração tributária e os centros públicos e privados de ensino devem realizar as atividades de educação tributária. Os centros de ensino, segundo o autor, devem ter a mais ampla autonomia, não podendo ser manietados ou controlados pela administração tributária oficial. Os centros de ensino devem procurar fazer com que os contribuintes estejam preparados e dispostos a cumprir seus deveres e obrigações tributários e, ao mesmo tempo, fiscalizar com muita energia a atuação administrativa de arrecadação e aplicação do tributo.

O conhecimento do direito financeiro por parte dos universitários e do público em geral contribui com muita eficácia, segundo o autor, para o cumprimento dos dois ideais da educação tributária: o cumprimento das obrigações principais e acessórias pelo contribuinte e suaconstante luta contra a arbitrariedade administrativa na aplicação do tributo. Por isso é necessário que, na formação dos universitários, não se fique exclusivamente preso a conceitos e técnicas puramente normativas ou puramente econômicas. Segundo o autor, é preciso também definir e revigorar no ensino universitário do direito financeiro alguns objetivos éticos que fazem parte da educação tributária[20].

19 Ibid., p. 133.

20 SAINZ DE BUJANDA, Fernando. **Hacienda y Derecho**, vol. V, Madrid, 1967, p. 136.

2.5. Resultados esperados da educação tributária

Os resultados são as consequências que a educação tributária provoca para a sociedade como um todo e para a atividade financeira do Estado em particular.Sainz de Bujanda apresenta três espécies de resultados que se esperam da educação tributária.

O primeiro resultado é um maior grau de justiça e racionalidade do sistema tributário como um todo. Com mais educação tributária, o legislador não necessita assentar suas exigências sobre disfarces e estratagemas psicológicos para vencer a resistência fiscal. Com mais educação tributária, o contribuinte tende a aceitar o imposto como um sacrifício justo, não havendo necessidade de a legislação disfarçar tal sacrifício e, em assim o fazendo, criar um complexo sistema paralelo ao desenhado abstratamente no texto constitucional[21].

O segundo resultado é a simplificação das atividades de administração tributária. Com mais educação tributária, haverá a médio e longo prazo menos fraudes e resistência fiscal, com o que será possível diminuir gradativamente o aparato necessário à função exclusivamente repressora.

O terceiro resultado da educação tributária, segundo Sainz de Bujanda, é a criação de um "novo sentido" para o processo tributário. O autor identifica dois tipos de litígios ou processos tributários: aqueles que decorrem de um comportamento antijurídico da administração ou dos particulares, e os que não supõem uma antijuridicidade, mas se destinam somente a obter uma interpretação judicial final para a norma do caso controvertido, sem haver qualquer fraude ou descumprimento da lei.

Com mais educação tributária, tende a haver menos processos e litígios do primeiro tipo, podendo os órgãos jurisdicionais se concentrar na resolução dos casos do segundo tipo[22].

2.6. Estado da educação tributária na Espanha da época

Sainz de Bujanda admitia que, à época em que escrevia sua teoria da educação tributária, era muito alta e mesmo alarmante a frequência da fraude fiscal entre os contribuintes espanhóis. Mas o autor considerava que a reforma tributária iniciada pelo governo em 1957 adotava uma estratégia equivocada.

Em vez de combinar um enfoque pedagógico com um enfoque repressor da fraude tributária, a reforma tributária espanhola dos anos 1950 e 1960 usava e abusava do psicologismo fiscal, preferindo estruturar o sistema tributário e os procedimentos de liquidação e fiscalização dos impostos de modo a não *combater*, mas apenas *frustrar* estrategicamente, a supostamente incorrigível vocação do contribuinte para a fraude, fazendo com que essa vocação provocasse o mínimo de danos possível ao erário[23].

21 Ibid., p. 138.

22 SAINZ DE BUJANDA, Fernando. **Hacienda y Derecho**, vol. V, Madrid, 1967, p. 141.

23 Ibid., p. 151.

O autor chama esse enfoque de via positivo-pragmática para enfrentar a fraude fiscal. Sua tese é de que, na história da Espanha, a via educativa ou pedagógica havia coexistido e tido um predomínio sobre a via pragmática, mas, a partir da reforma tributária de dezembro de 1957, isso teria mudado, adotando-se exclusivamente a via positiva ou psicológica em detrimento da via educativa.

A partir dessa reforma tributária, vigorava uma virtual ausência de estímulos para o contribuinte fiscalizar a aplicação correta da legislação tributária por parte da administração. A legislação dificultava, ou mesmo procurava anular esses estímulos de modo contínuo e sistemático. A lei da reforma tributária de 1957 e a Lei Geral Tributária de 1963 restringiram enormemente, por um "sutil mecanismo", a possibilidade de o contribuinte impugnar os atos administrativos tributários, renunciando-se completamente ao ideal educativo de que o contribuinte fiscalize a juridicidade dos atos da administração tributária.[24]

A legalidade tributária, erigida "com perfis especialmente rigorosos" no art. 10 da Lei Geral Tributária de 1963, na prática não tinha eficácia, visto que a legislação dava muito mais peso a procedimentos formais para o arbitramento negocial das bases de cálculo do que a aspectos materiais sobre a definição legal de bases de cálculo e alíquotas. A espinha dorsal da reforma de 1957 era exatamente a possibilidade de definição de bases de cálculo e alíquotas dos impostos conforme convênios fiscais com agrupações de contribuintes.

Uma consequência disso era a suplantação do espírito de solidariedade pelo espírito de negociação, e a verdadeira "comercialização" do tributo, com a agrupação de contribuintes assumindo o protagonismo na vida tributária, pois o imposto passou a ser sistematicamente objeto de negociação entre o executivo e as agrupações de contribuintes.

Sainz de Bujanda propunha que a presunção do contribuinte defraudador (sobre a qual se assentava as medidas da reforma tributária de 1957) fosse substituída pela presunção do contribuinte cumpridor da lei tributária. Com isso ele não queria dizer que a realidade mostrasse que havia muito mais contribuintes cumpridores que defraudadores. O que ele apontava é para a questão do método ou dos meios para fazer com que a fraude fosse combatida e diminuísse. O autor admitia que o ordenamento devesse reservar sanções eficazes contra a fraude fiscal e que esta era muito alta na Espanha; o que o autor negava é que o sistema jurídico se assentasse na premissa de que todo contribuinte defrauda, pois isso violaria a dignidade da pessoa humana[25].

Mas como compatibilizar a presunção do contribuinte cumpridor com a necessidade de defender a justiça tributária e a eficiência arrecadatória? Segundo o autor, as medidas seriam uma maior clareza e simplificação da legislação tributária (facilitando a vida do contribuinte e da fiscalização), um fortalecimento constante do controle automático dos fatos e dados que influem no

24 SAINZ DE BUJANDA, Fernando. **Hacienda y Derecho**, vol. V, Madrid, 1967, p. 165.

25 Ibid., p. 226.

montante dos débitos tributários, e um fortalecimento das sanções fiscais com enérgica função dissuasória (desde que houvesse clareza e simplificação da legislação e desde que a aplicação das penas não se fizesse de modo arbitrário e discricionário, de modo a convencer o contribuinte a concordar com pretensões ilegais da administração)[26].

3. POR QUE OS CIENTISTAS DO DIREITO TRIBUTÁRIO DEVEM ESTUDAR O TEMA DA EDUCAÇÃO FISCAL?

Antes de responder a pergunta acima, é preciso fazer outras: cabe ao cientista do direito tributário conhecer/explicar a real e concreta "eficácia configuradora do ordenamento tributário" (na expressão de Sainz de Bujanda)? Ou deve o cientista do direito limitar sua atividade à interpretação e sistematização das normas que compõem o direito tributário? Deve circunscrever-se a questões dogmáticas e ao mundo exclusivo das normas e suas compreensões jurisprudenciais, ou deve também incluir em seu objeto de estudo os condicionantes da eficácia social dessas normas?

Vejamos o caso da sonegação tributária. Se se adota uma postura exclusivamente dogmática, o trabalho do cientista do direito tributário será o de pesquisar as fontes formais e a tipificação legal das condutas que constituem crimes de sonegação, bem como as sanções previstas para referidas condutas e o regime jurídico das condições para propositura da ação penal, da extinção da punibilidade pelo pagamento etc. O máximo a que se chega com essa postura é o exame da jurisprudência, a fim de verificar como os dispositivos legais são efetivamente aplicados pelos tribunais.

Se se adota uma postura mais ampla, à ciência do direito tributário caberá, além das questões postas no parágrafo antecedente, examinar e indagar, como auxílio de disciplinas informativas como a Ciência das Finanças, o seguinte:

- em que setores econômicos a sonegação tributária está mais ou menos presente, que formas operacionais concretas ela assume e quais os seus impactos sobre a concorrência e a concentração empresarial?
- o que é o *acordo fiscal* (e o conceito correlato de *resistência fiscal*) e qual sua relação com o fenômeno social da "presunção do fisco-ladrão" e com os índices de sonegação tributária?
- o que se entende por ações e programas de "transparência" e "informação" tributárias e de que modo essas ações impactam as crenças e atitudes dos contribuintes em relação à legitimidade das obrigações tributárias e aos índices de sonegação fiscal?
- como a política legislativa dos constantes programas de anistia de infrações e de extinção da punibilidade pelo pagamento afetam as atitudes dos contribuintes, os índices de sonegação tributária?

---

26 Ibid., p. 227.

A nós nos parece que o correto é adotar a postura mais ampla, de modo que a ciência do direito tributário dialogue com ciências afins e com disciplinas informativas como a ciência das finanças. Somente dessa forma se poderá ter uma clara visão sobre a concreta eficácia configuradora do ordenamento tributário. E para alcançar essa visão, estudar e trabalhar com o tema da educação fiscal se mostra essencial.

É curioso:nenhum cientista do direito tributário brasileiro discordará da afirmação de Sainz de Bujanda de que a justiça tributária, tal como configurada na Constituição, nunca será razoavelmente atingida sem um alto nível de educação fiscal. Nas palavras do autor, "educação e justiça tributária mal podem caminhar divorciadas". Contudo, os cientistas do direito tributário brasileiro "oficial"[27]não se interessam e não se dedicam a investigações e estudos sobre o tema da educação tributária/fiscal, que há décadas vem sendo estudado quase que exclusivamente por economistas e cientistas sociais (vide seções seguintes do presente artigo). Portanto, ocorre uma espécie de renúncia doutrinária ao estudo de uma justiça tributária concreta e operante no mundo social.

Como já se começa a constatar em alguns trabalhos[28], a produção bibliográfica dos cientistas do direito tributário brasileiro é em sua quase totalidade voltada ao exame direto ou indireto de teses jurídicas formais e materiais judicializadas por grandes contribuintes. É profundamente menosprezado pelos cientistas do direito tributário brasileiro o estudo das condições sociais e institucionais necessárias para uma real eficácia configuradora global dos princípios jurídicos de nosso sistema tributário. Estuda-se e teoriza-se muito sobre aquelas normas tributárias (por exemplo, a não-cumulatividade) que podem ser aplicadas num caso concreto para pedir uma providência específica em benefício de alguém para o magistrado da causa; por outro lado, estuda-se muito menos sobre aquelas normas (por exemplo, a pessoalidade ou a seletividade) voltadas a exigir que o sistema tributário como um todo tenha determinadas características de justiça. Na verdade, é como se só interessassem à ciência do direito tributário os problemas que afetassem individualmente os contribuintes, especialmente aqueles com mais condições de levar suas queixas aos juízes, ficando na sombra os problemas gerais relacionados à justiça do próprio sistema.

Reflita-se, por exemplo, sobre a vasta produção bibliográfica e o alto número de eventos acadêmicos em torno ao art. 150, § 7.º da Constituição (substituição tributária progressiva) e o diminuto número de trabalhos sobre o art. 150, § 5.º da Constituição (direito à informação tributária e à transparência sobre a incidência dos impostos indiretos). Um dos motivos pelos quais a ciência

27 Sobre o significado do direito tributário "oficial" no Brasil, cf. GODOI, Marciano Seabra de. O que está em jogo com a afirmação de que o pagamento de tributos é um dever fundamental? In: GODOI, Marciano Seabra de & ROCHA, Sergio André (Orgs.). **O dever fundamental de pagar impostos**, Belo Horizonte: D´Plácido, 2017, p. 185-213.

28 GODOI, Marciano Seabra de. Os clássicos das finanças públicas e do direito financeiro e seu paulatino abandono pela ciência do direito tributário brasileiro, In: CAMPOS, Carlos Alexandre de Azevedo; CAVALCANTE, Denise Lucena & CALIENDO, Paulo (Coords.). **Leituras Clássicas de Direito Tributário**, Salvador: Juspodium, 2018, p. 533-580.

"oficial" do direito tributário se interessa tanto por um tema e tão pouco pelo outro é que o primeiro tema sempre esteve na pauta dos tribunais e nas causas movidas por grandes empresas, ao passo que o segundo não apresenta potencial de judicialização por parte dos contribuintes mais poderosos. O mesmo se pode dizer com relação à vasta produção bibliográfica sobre o regime tributário das controladas e coligadas no exterior e o diminuto interesse da ciência do direito tributário "oficial" sobre o regime tributário das micro e pequenas empresas (Simples Nacional).

4. PROGRAMAS NACIONAIS DE EDUCAÇÃO FISCAL DESENVOLVIDOS NO MUNDO CONTEMPORÂNEO

Pode-se dizer que a maioria dos países de médio e alto desenvolvimento econômico-social conta atualmente com ações institucionais organizadas relacionadas à educação fiscal. Em todos esses programas, trabalha-se pela preservação e melhoria do "acordo fiscal" necessário à promoção de um nível satisfatório de coesão social, procurando-se sensibilizar os cidadãos, desde a mais tenra idade, para a importância do pagamento voluntário do tributo, de sua função social e da importância do controle dos gastos públicos pelo cidadão e pela opinião pública. Em sua grande maioria, a iniciativa e a execução dos programas ficam a cargo das administrações tributárias, muitas vezes com o apoio de órgãos ligados à educação.

Para Díaz Rivillas e Lindemberg Baltazar, a educação fiscal é um processo democrático fundamental e tem como objetivo desenvolver a consciência das pessoas em relação aos direitos e deveres relacionados à função socioeconômica dos tributos, além de fomentar o controle social do Estado, estimulando o exercício efetivo da cidadania[29].

Lobo *et al*[30] ePereira e Cruz[31] afirmam que o programa norte americano *Understanding Taxes,* de 1954, desenvolvido pelo IRS (*Internal Revenue Service*), é o mais antigo do mundo. Em termos históricos, a educação fiscal passou a figurar entre as políticas públicas em um período relativamente recente, a partir da segunda metade do século passado. Na América Latina, essas iniciativas datam da década de 90, e foram apoiadas financeiramente por organismos internacionais como Banco Interamericano de Desenvolvimento (BID), UNESCO, ONU, UNICEF, PNUD e Comissão Europeia – EUROSOCIAL[32].

---

29 RIVILLAS, Borja Díaz; BALTAZAR, Antonio Henrique Lindemberg. Educación Fiscal y Construcción de Ciudadanía en América Latina. **Revista de Estudos Tributários e Aduaneiros**, Brasília, v. 1, n. 1, p. 326-354, ago./dez. 2014, p. 331.

30 LOBO, Maria Luisa Delgado *et al.* La educación fiscal en España. **Documentos**, Madri: Instituto de Estudios Fiscales, v. 5, n. 29, p. 12-18, 2005, p. 12.

31 PEREIRA, Daisy; CRUZ, Sérgio Rayara. Educação Fiscal: Revisão de Literatura. **Estudos do ISCA**, Aveiro, v. 4, n. 14, 2016, p. 6.

32 RIVILLAS, Borja Díaz; VILARDEBÓ, Andrea. Orígenes y situación de los programas de Educación Fiscal en América Latina. In. RIVILLAS, Borja Díaz; PÉREZ, Ángeles Fernández (Coords.). **Educación Fiscal y cohesión social:** experiencias de América Latina. Madrid: Instituto de Estudios Fiscales, 2010, p. 37. &

A Espanha se destaca como centro de reflexões e produções bibliográficas sobre o tema da educação fiscal e dos programas governamentais a ele relacionados. Um trabalho seminal muito utilizado por autores brasileiros e portugueses é o de Lobo *et al*, *La educación fiscal en España*[33], no qual se realiza uma profunda análise das experiências em educação fiscal na Espanha e em outros países. Em Portugal, os autores Daisy Pereira e Sérgio Ravara Cruz[34] revisaram a literatura sobre o tema baseando-se no trabalho espanhol acima mencionado, da mesma forma que o faremos nas seções seguintes.

4.1. América do Norte

A literatura especializada aponta que os EUA têm o programa governamental de educação fiscal mais antigo no mundo. O público alvo são os jovens do ensino secundário entre 14 e 18 anos. A temática da educação fiscal faz parte das unidades curriculares como História, Economia, Matemática, Educação Cívica e Educação Empresarial.

No Canadá, o foco também são os jovens entre 16 e 18 anos, e o responsável pelo programa é a Administração Tributária. Os professores lecionam de forma voluntária e o *Canada Revenue Agency* – CRA disponibiliza curso *online* em 4 módulos com 18 temas que vão desde a história, a origem dos impostos até informações detalhadas sobre como cumprir as obrigações fiscais. Os alunos são encorajados a auxiliar pessoas carentes, idosos e portadores de deficiência quanto ao preenchimento de suas declarações fiscais.

4.2. Europa

Entre os anos 50 e 60 do século XX, os países europeus deram início ao desenvolvimento de programas de educação fiscal. Os países nórdicos foram os pioneiros, mais especificamente a Dinamarca, Suécia e Noruega. Nestes países, os programas eram compostos essencialmente por materiais audiovisuais, tendo sido a Administração Tributária seu principal planejador e executor. A exceção foi a Suécia, cujo programa não teve a iniciativa da administração tributária[35]. Em 2002, foi realizado um programa pelo governo da Suécia consistente em um anúncio televisivo de como seria a sociedade sem a existência de impostos. O foco eram os jovens entre 16 a 20 anos. Na Dinamarca e na Noruega, a administração tributária exerceu um forte papel na consolidação e na disseminação da temática, tendo como público alvo os jovens entre 14 e 16 anos.

PEREIRA, Daisy; CRUZ, Sérgio Ravara. Educação Fiscal: Revisão de Literatura. **Estudos do ISCA**, Aveiro, v. 4, n. 14, 2016, p. 16.

33 LOBO, Maria Luisa Delgado *et al*. La educación fiscal en España. **Documentos**, Madri: Instituto de Estudios Fiscales, v. 5, n. 29, p. 12-18, 2005.

34 PEREIRA, Daisy; CRUZ, Sérgio Ravara. Educação Fiscal: Revisão de Literatura. **Estudos do ISCA**, Aveiro, v. 4, n. 14, 2016.

35 PEREIRA, Daisy; CRUZ, Sérgio Ravara. Educação Fiscal: Revisão de Literatura. **Estudos do ISCA**, Aveiro, v. 4, n. 14, 2016, p. 6.

Na Finlândia, a administração tributária atua em parceria com a Academia da Juventude, por meio de campanhas informativas, tais como oficinas, palestras e cursos ministrados aos alunos de ensino secundário.

A França criou na década de 80 o programa denominado *Marianne fait ses comptes*, mas não houve continuidade. Atualmente, o portal do Ministério das Finanças disponibiliza informações úteis para os jovens, como por exemplo, informação econômica e industrial, orçamento público, primeiros impostos etc. O Ministério da Educação contribui com a criação de materiais didáticos.

Na Itália, há o programa *Fisco e Scuola,* que é desenvolvido de acordo com cada região, tendo público alvo as crianças, os adolescentes e os jovens também com formação profissional. A metodologia se resume por exemplo, em jogos, contos infantis, vídeos, programas de televisão e rádios.

No Reino Unido, a administração tributária e a administração educativa (*Qualifications and curriculum authority* – QCA) introduziram em 2002 a disciplina Cidadania, com abordagem sobre a responsabilidade social e moral integrantes da educação fiscal. Atualmente, existem duas páginas na *web*, uma voltada para crianças entre 5 e 11anos, *The Big Blue Office* com jogos e desenhos animados. E a outra página, *Tax Matters* destinada para os docentes que lecionam para os jovens do ensino secundário de 11 a 19 anos.

Há também programas de educação fiscal na Ucrânia com o slogan "Melhore o futuro dos seus filhos. Pague impostos". Foi criado o museu da história dos impostos e campanhas entre as crianças envolvendo cartazes, desenhos para demonstrarem a importância do tributo, do conhecimento fiscal e o papel dos impostos no bem-estar dos cidadãos. As empresas privadas patrocinam prêmios que são entregues em cerimônias cujos participantes são divididos em faixa etária entre 5 a 9 anos, 10 a 13 anos e 14 a 17 anos.

Na Espanha, após a redemocratização, em 1980 ocorre o lançamento do livro *La Hacienda para Todos* (1980). A partir de 2005, como uma das soluções para o combate à fraude e evasão fiscal, o Ministério das Finanças integrou a educação fiscal no Plano de Luta contra a Fraude Fiscal.

Portugal foi o país europeu que mais tardou em fomentar o programa de educação fiscal. De acordo com os estudos de Pereira e Cruz[36], em 2007 deu-se início aos trabalhos de conscientização cívico-fiscal, com lançamentos de livros e jogos. A partir de 2015, com o desenvolvimento de projetos de várias instituições de ensino superior de Lisboa e Coimbra, patrocinados pela Ordem dos Contabilistas Certificados (OCC) e pelo Governo de Angola, teve início o projeto de investigação sobre a lusofonia e a educação fiscal. Em 2015 houve a 1ª Conferência Internacional para a Cidadania e a Educação Fiscal e o lançamento do livro infantil *Joaninha e os impostos.*

No contexto europeu, em 21 de novembro de 2017, em Bruxelas, foi realizado o evento de lançamento formal do novo Portal da União Europeia.

---

36 PEREIRA, Daisy; CRUZ, Sérgio Ravara. Educação Fiscal: Revisão de Literatura. **Estudos do ISCA**, Aveiro, v. 4, n. 14, 2016, p. 9.

Trata-se de um Projeto Piloto da União Europeia denominado de *Tax Edu*[37]. Lançado em 22 idiomas, incluindo o português, o projeto foi liderado pelas Administrações Tributárias da Áustria e da Bélgica, com a adesão dos principais países da União Europeia, tendo sido conduzido pelo Parlamento Europeu e pela Comissão Europeia (Direção-Geral da Fiscalidade e da União Aduaneira) com a participação das autoridades tributárias nacionais.

O *Tax Edu* tem como objetivo a formação de cidadãos conscientes da matéria tributária e de como a tributação afeta a vida de todos. O slogan do programa é *Tax buids my future,* e o portal é organizado de forma lúdica e didática, organizando seu conteúdo de aprendizagem com informações individualizadas e diversos recursos focados em grupos etários divididos em ciclos de 9 a 12 anos, 13 a 17 anos e jovens adultos. As informações são transmitidas por meio de *games*, material de aprendizagem (*elearning*), clipes, vídeos, GIFS, fotografias, infográficos e outros que abordam temas como o conceito de tributos, origem histórica, quem paga, a quem se paga, os tipos de tributos e os benefícios gerados para toda a sociedade.

Uma informação importante é a de que os jovens europeus foram consultados durante a criação do portal e deram a sua opinião sobre o conteúdo pedagógico do portal.

Em contato com o Centro de Contato *Europe Direct,* que visa esclarecer as dúvidas sobre a União Europeia e suas instituições, indagamos se a o Portal *Tax Edu* substituiria os programas de educação fiscal desenvolvidos por cada país. A resposta[38] que tivemos é que "a educação é uma matéria da competência nacional, pelo que cada país individualmente define os seus programas de estudos, critérios de acesso e de avaliação".

4.3. Oceania e Ásia

Na Austrália, a administração tributária criou a CECU - *Client Education and Communication Unit* para desenvolver programas de educação fiscal. Atualmente, o foco é em jovens de 14 a 25 anos, e a CECU oferece apoio aos centros educativos e professores, com informações básicas sobre o sistema fiscal e a função social dos tributos.

Na Nova Zelândia, são responsáveis pelo programa de educação fiscal a Administração Tributária e o Ministério da Juventude, que juntos preparam jovens de 13 a 25 anos para a cidadania fiscal. Um dos objetivos consiste na transmissão de informações para o cumprimento das obrigações fiscais.

O Japão tem como objetivo informar os futuros contribuintes conscientes da importância dos tributos e do sistema fiscal. O país preocupa-se em transmitir conhecimentos sobre o orçamento público, *déficit* fiscal, bem como a forma como sistema fiscal deve ser estruturado para cumprir seus objetivos sociais.

---

37 Informações disponíveis em https://europa.eu/taxedu/home_en. Acesso em 30 out. 2018.

38 Resposta recebida por e-mail em 25/10/2018.

4.4. África

Em alguns países da África há uma forte campanha de sensibilização da população jovem para o papel dos impostos, destacando-se a criação de personagens para atrair a atenção das crianças. Como exemplo, produziu-se pelo governo de Angola o vídeo informativo "Justinho e a mala fantástica", com uma breve exposição da história dos impostos e sua função social.

O Quênia elaborou em 2012 o *The school Outreach Programme* de modo a explicar a origem, a história e a importância dos tributos no dia a dia do cidadão. Em 2013 foi realizada uma competição nacional em diferentes escolas, promovendo o debate de temas relacionados com matérias fiscais, cuja avaliação é de responsabilidade dos professores e especialistas na área da fiscalidade[39].

Há ainda programas de educação fiscal em Marrocos(2000), Moçambique, Nigéria (série televisa), Ruanda, Senegal (2008), Zâmbia e África do Sul[40].

4.5. América Latina

Na América Latina, os programas governamentais de educação fiscal ganharam força a partir da década de 90, após o início dos processos de redemocratização desses países. Há registros de algumas iniciativas ligadas à educação fiscal, como por exemplo no Brasil, que datam da década de 70, conforme abordaremos na seção seguinte. Conforme aponta a literatura especializada,

> Obviamente, durante los regímenes autoritários que proliferaron em América Latina entre 1970 y 1980 la fuerte restricción de las libertades civiles y políticas era radicalmente contraria a la promoción de uma ciudadanía activa y solidaria, comprometida com los valores democráticos.[41]

Segundo Díaz Rivillas e Lindemberg Baltazar[42], na América Latina a maioria dos programas foi criada entre 2005 e 2011. Os programas mais antigos são os da Argentina (1998) e do Brasil (1996). Posteriormente foram desenvolvidos programas nos seguintes países: Equador (2002), Bolívia (2011), Peru (2005), Guatemala (2005), Chile (2006), México (2001), República Dominicana (2006), Honduras (2007), El Salvador (2008), Paraguai (2008), Costa Rica (2009) e Uruguai (2005). Os autores acima mencionados ressaltam que Colômbia, Nicarágua, Panamá e Venezuela ainda não contam com programas de educação fiscal estruturados nacionalmente.

---

39 PEREIRA, Daisy; CRUZ, Sérgio Ravara. Educação Fiscal: Revisão de Literatura. **Estudos do ISCA**, Aveiro, v. 4, n. 14, 2016, p. 13.

40 Ibid., p. 14-15.

41 RIVILLAS, Borja Díaz; VILARDEBÓ, Andrea. Orígenes y situación de los programas de Educación Fiscal en América Latina. In. RIVILLAS, Borja Díaz; PÉREZ, Ángeles Fernández (Coords.). **Educación Fiscal y cohesión social:** experiencias de América Latina. Madrid: Instituto de Estudios Fiscales, 2010, p. 17.

42 RIVILLAS, Borja Díaz; BALTAZAR, Antonio Henrique Lindemberg. Educación Fiscal y Construcción de Ciudadanía en América Latina. **Revista de Estudos Tributários e Aduaneiros**, Brasília, v. 1, n. 1, p. 326-354, ago./dez. 2014, p. 340-341.

Para a consolidação dos programas, é fundamental a sua institucionalização pelas administrações tributárias, além das alianças com instituições educativas para que os programas de educação fiscal sejam concebidos como programas de Estado e não de governo[43].

Na Argentina e no Brasil, as ações são sistematizadas por meio de programas institucionais, por isso são mais disseminadas e eficientes. No Brasil, o programa não é coordenado pela Receita Federal do Brasil e sim pela ESAF – Escola da Administração Fazendária. Díaz Rivillas e Vilardebó[44] afirmam que o Brasil e a Argentina são os países com mais recursos humanos dedicados aos programas de educação fiscal.

Em países como El Salvador, Costa Rica, Chile e Argentina, os programas procuram envolver os servidores públicos em visitas às escolas, como iniciativas do tipo *Hacienda va a la escuela*[45]. Na República Dominicana[46], há acordos firmados entre o departamento de educação fiscal e as universidades públicas e privadas, com o objetivo de disseminar ações de educação fiscal para todos os estudantes, por meio de palestras, seminários, *workshops* que promovam uma atitude consciente em relação às obrigações tributárias e do exercício responsável de seus deveres e direitos como contribuintes.

4.6. Programas de cooperação internacional

Por se tratar de uma tendência mundial, a educação tornou-se pauta de várias ações internacionais de cooperação para o seu fomento, mediante o intercâmbio das experiências realizadas pelos países. Neste cenário, em 2008 foi criada a *Red de Educación Fiscal,* um programa de cooperação entre a União Europeia e os países da América Latina para coesão social (EUROsocial[47-48]). O objetivo foi o de fomentar o conhecimento especializado e difundir as experiências no âmbito da educação fiscal entre a União Europeia e a América

43 Ibid., p. 341.

44 RIVILLAS, Borja Díaz; VILARDEBÓ, Andrea. Orígenes y situación de los programas de Educación Fiscal en América Latina. In. RIVILLAS, Borja Díaz; PÉREZ, Ángeles Fernández (Coords.). **Educación Fiscal y cohesión social:** experiencias de América Latina. Madrid: Instituto de Estudios Fiscales, 2010, p. 30.

45 RIVILLAS, Borja Díaz; BALTAZAR, Antonio Henrique Lindemberg. Educación Fiscal y Construcción de Ciudadanía en América Latina. **Revista de Estudos Tributários e Aduaneiros**, Brasília, v. 1, n. 1, p. 326-354, ago./dez. 2014, p. 343.

46 Cf. http://www.dgii.gov.do/et/nivelUniversitario/acuerdoconUniversidades/Paginas/default.aspx. Acesso em 30 out. 2018.

47 **O EUROsocial é um programa de cooperação entre a América Latina e a União Europeia que busca contribuir para a melhoria da coesão social nos países latino-americanos, bem como para o fortalecimento** institucional, apoiando seus processos de desenho, reforma e implementação de políticas públicas nas áreas sociais, de gênero e governança. É um programa financiado pela Comissão Europeia, que ao longo de 10 anos tem oferecido um espaço para a aprendizagem entre países e a troca de experiências entre as instituições, por meio de uma compreensão elusiva e multidimensional da Coesão Social, focada no bem-estar baseado na igualdade de oportunidades, um sentimento de pertença e solidariedade; durante suas duas primeiras fases (EUROsocial I (2005-2010) e EUROsocial II (2011-2015)). Atualmente, está em sua terceira fase denominada EUROsociAL +.

48 Cf. http://eurosocial.eu/en. Acesso em 30 out. 2018.

Latina. Em 2013, quando da visita de intercâmbio para conhecer o Programa de Educação Fiscal de El Salvador, os países firmaram uma Carta de Intenções, conhecida como *Carta de Intenciones sobre la Educación Tributaria y la Cultura Fiscal EUROsocial II – Sonsonate 2013*. Sucintamente, o acordo firmado considera a Educação Fiscal como uma política de Estado estável e permanente, tendo como objetivo fomentar a cidadania ativa, solidária e participativa,destacando que os tributos são recursos para o bem-estar de toda a sociedade e que é necessário lutar contra a corrupção e a evasão fiscal, buscando a eficiência do gasto público. Para lograr tais objetivos, os representantes dos Ministérios da Fazenda, da Educação e as Administrações Tributárias dos países participantes firmaram o compromisso conhecido como *Carta de Sonsonate*. Este documento reconhece a importância da Educação Fiscal e vincula os países participantes[49] à promoção e inclusão dessa temática nos ensinos básico, fundamental, médio e superior.

Atualmente, a presidência da *RED – Red de Educación Fiscal*é exercida pelo Brasil por meio da Receita Federal. Em 2014, representantes da Receita Federal do Brasil e das Universidades do Brasil, Peru, Costa Rica, México Paraguai, Chile, Honduras e Equador assumiram o compromisso com a *Red de Educación Fiscal* para compartilhar as experiências do NAF – Núcleo de Apoio Contábil e Fiscal, que tem como objetivo o atendimento, pelos universitários, da população de baixa renda. Este documento ficou conhecido como *Carta de Intenciones de Lima.*

5. O PROGRAMA NACIONAL DE EDUCAÇÃO FISCAL BRASILEIRO

5.1. Histórico

Em 2002 se criou oficialmente o PNEF – Programa Nacional de Educação Fiscal. Segundo o Convênio de Cooperação Técnica[50] firmado entre o Ministério da Fazenda, Distrito Federal e os Estados, define-se educação fiscal como:

> Um Programa que visa compartilhar conhecimentos e interagir com a sociedade sobre a origem, ampliação e controle dos recursos públicos, a partir da adoção de uma abordagem didático-pedagógica interdisciplinar e contextualizada, capaz de favorecer a participação social[51].

O PNEF é caracterizado nos documentos oficiais como um programa de Estado e não de governo, no mesmo sentido do que aponta a doutrina[52].

49 Brasil, El Salvador, Paraguai, Chile, Peru, Honduras, Equador, Bolívia, Costa Rica, Uruguai, Guatemala e Espanha.

50 Preâmbulo da Portaria Interministerial MF/MEC nº 413/2002.

51 Informações disponíveis em:http://educacaofiscal.gov.br/sobre-o-programa/. Acesso em 30 out. 2018.

52 RIVILLAS, Borja Díaz; BALTAZAR, Antonio Henrique Lindemberg. Educación Fiscal y Construcción de Ciudadanía en América Latina. **Revista de Estudos Tributários e Aduaneiros**, Brasília, v. 1, n. 1, p. 326-354, ago./dez. 2014, p. 341.

Os objetivos do Programa, na mesma linha do que se verificou na seção seguinte, são os de promover e institucionalizar a Educação Fiscal para o pleno exercício da cidadania, sensibilizando o cidadão para a função socioeconômica do tributo, buscando, com isso, "criar condições para uma relação harmoniosa entre o Estado e o cidadão" - Portaria MF/MEC nº 413/02, Artigo 1.º.

A implementação do programa é de responsabilidade do Grupo de Trabalho de Educação Fiscal - GEF (artigo 2º) e a coordenação e a Secretaria-Executiva do PNEF e do GEF estão a cargo da ESAF (artigo 4º). O GEF conta com a cooperação de vários órgãos públicos ligados tanto à administração fazendária quanto à educação, tais como (artigo 3º) I - Ministério da Educação; II - Escola de Administração Fazendária - ESAF; III - Secretaria da Receita Federal; IV - Secretaria do Tesouro Nacional; V - Secretaria de Fazenda de cada Estado e do Distrito Federal; VI - Secretaria de Educação de cada Estado e do Distrito Federal.

Grzybovski e Hahn[53], Lindemberg Baltazar e Aquino[54] e Baptistucci[55]registram que a primeira ação educativa realizada pela União ocorreu em 1969, quando a Receita Federal do Brasil criou a **Operação Bandeirante**, que se resumia à saída às ruas dos agentes do Fisco, no intuito de propagar informações sobre os tributos e sua função socioeconômica. O objetivo do programa era simplesmente "orientar a população a não pagar multas" Baptistucci[56], Grzybovski e Hahn[57]. Em 1970, foi a vez da **Operação Brasil do Futuro** também capitaneada pela Receita Federal, que distribuía material didático nas escolas com o intuito de abordar temas como o antagonismo entre Estado e sociedade. Seu marco histórico, primeiro material pedagógico, foi a publicação da obra infantil "Dona Formiga, Mestre Tatu e o Imposto de Renda" da autoria de Cecília Lopes da Rocha Bastos. Foram distribuídos 5milhões de exemplares nas escolas, porém a ação sofreu descontinuidade em 1972[58].

Para Grzybovski e Hahn[59], esses programas iniciais atacavam os vícios culturais, promovendo a aceitação popular de ideias como a indispensabilidade dos tributos nas aspirações de desenvolvimento e as vantagens da cooperação

53 GRZYBOVSKI, Denize; HAHN, Tatiana Gaertner: **Educação fiscal: premissa para melhor percepção da questão tributária.** Revista de Administração Pública, Rio de Janeiro, v. 40, n. 5, set./out. 2006, p. 849.

54 BALTAZAR, Antonio Henrique Lindemberg; AQUINO, Mónica de. El Programa Nacional de Educación Fiscal de Brasil. RIVILLAS, Borja Díaz; PÉREZ, Ángeles Fernández (Coords.). **Educación Fiscal y cohesión social**: experiencias de América Latina. Madrid: Instituto de Estudios Fiscales, 2010, p. 73-74.

55 BAPTISTUCCI, Fabiana Feijó de Oliveira. **Programa Nacional de Educação Fiscal: 17 anos de história.** Programa Nacional de Educação Fiscal - PNEF, 02 fev. 2017, p. 2.

56 Ibid., p. 2.

57 GRZYBOVSKI, Denize; HAHN, Tatiana Gaertner: **Educação fiscal: premissa para melhor percepção da questão tributária.** Revista de Administração Pública, Rio de Janeiro, v. 40, n. 5, set./out. 2006, p. 849.

58 BAPTISTUCCI, Fabiana Feijó de Oliveira. **Programa Nacional de Educação Fiscal: 17 anos de história.** Programa Nacional de Educação Fiscal - PNEF, 02 fev. 2017, p. 2.

59 GRZYBOVSKI, Denize; HAHN, Tatiana Gaertner: **Educação fiscal: premissa para melhor percepção da questão tributária.** Revista de Administração Pública, Rio de Janeiro, v. 40, n. 5, set./out. 2006, p. 849.

social. Para estas autoras, a descontinuidade da ação ocorreu pelo fato de a atividade pertencer ao sistema educacional e a obtenção de resultados somente ocorrer em um prazo muito distante.

Em 1977 a Receita encampou o **Programa Contribuinte do Futuro**, que se utilizava de material didático (livros, cartilhas) para a discussão de temas nas salas de aulas, dedicando muita atenção apenas ao objetivo de aumentar a arrecadação. De acordo com Baptistucci[60], o projeto se desenvolveu até 1980 e, nos anos em que esteve vigente, "o programa atingiu 40 milhões de livros distribuídos em 50 mil escolas, contando com amplo apoio do Ministério da Educação".

Não localizamos, na escassa literatura brasileira sobre educação fiscal, maiores detalhes e evidências sobre esses projetos das décadas de 70 e 80. No sítio eletrônico da SRFB há somente uma cronologia dos programas e a informação da quantidade de livros produzidos e de escolas visitadas.

Com a redemocratização do país, alguns estados brasileiros começaram a desenvolver projetos focados na educação fiscal, como Espírito Santo e Ceará. Nesta década de 90 foi deliberado que o Brasil teria um Programa Nacional de Educação Tributária. Numa reunião do Confaz de 1998, foi criado um Grupo de Trabalho com o objetivo de "promover e coordenar as ações necessárias à colaboração e à implantação de um programa nacional permanente de educação tributária." Em 1999, passaram a integrar esse grupo de trabalho representantes da Secretaria do Tesouro Nacional (STN) e do Ministério da Educação (MEC).

Ainda em 1999, o CONFAZ, reunido na Paraíba, diante da necessidade de discutir questões que ultrapassavam os tributos, alcançando a gestão dos recursos públicos, alterou a nomenclatura do Programa, que passou a se chamar Programa Nacional de Educação Fiscal - PNEF[61].

Para Oliveira,a mudança de nome do Programa tem a ver essencialmente com os valores envolvidos:

> O PNET não vincula-se a valores sociais, mas sim a valores tributários. A arrecadação tributária é um fim em si mesma. Interessa-lhe a competitividade e a eficiência, como o fiz livrando-me, competente e eficientemente, do mendigo. O PNEF vincula-se a valores sociais, sobretudo a solidariedade. Importa a satisfatória alocação dos recursos tributários na solução dos problemas sociais. Este é o fim dos tributos, dar visibilidade aos miseráveis, presentes e invisíveis, a fim de combater a doença social chamada miséria, desigualdade incompatível com o desenvolvimento democrático.[62]

---

60 BAPTISTUCCI, Fabiana Feijó de Oliveira. **Programa Nacional de Educação Fiscal: 17 anos de história.** Programa Nacional de Educação Fiscal - PNEF, 02 fev. 2017, p. 2.

61 GRZYBOVSKI, Denize; HAHN, Tatiana Gaertner: **Educação fiscal: premissa para melhor percepção da questão tributária.** Revista de Administração Pública, Rio de Janeiro, v. 40, n. 5, set./out. 2006, p. 850. & BAPTISTUCCI, Fabiana Feijó de Oliveira. **Programa Nacional de Educação Fiscal: 17 anos de história.** Programa Nacional de Educação Fiscal - PNEF, 02 fev. 2017, p. 3.

62 OLIVEIRA, Luiz Carlos Diógenes de. **Da cidadania fiscal à cidadania cultural (teoria da educação fiscal)**. 2012. 144p. Dissertação (Mestrado). Programa de Pós-Graduação em Direito Constitucional, Centro de Ciências Jurídicas, Universidade de Fortaleza, Fundação Edson Queiroz, Fortaleza, 2012, p. 82.

Para o mesmo autor[63], "educação fiscal dista da educação tributária". A primeira seria "política pública de Estado social, distribuidora de renda, através da progressividade tributária no atendimento ao princípio constitucional da capacidade contributiva", enquanto a segunda seria "política de Estado neoliberal, obediente no papel de sangrar a sociedade pela regressividade tributária".

Discordamos do autor. A "educação tributária" não tem necessariamente esse conteúdo ideológico, como ficou claro com o estudo da obra de Sainz de Bujanda. Além disso, o autor não apresenta evidências históricas de que, no Brasil, o programa de educação tributária tinha efetivamente esses objetivos, que teriam sido transformados radicalmente com a mudança do nome do programa para "educação fiscal". Ao que parece, a alteração da nomenclatura do programa de deu pelo fato de ter sido incluída a vertente fiscal sobre os gastos públicos, e não por uma radical alteração na concepção ideológica do programa.

5.2. Ações atuais do PNEF e respectivos recursos orçamentários

Martinello e Nascimento[64] afirmam que o PNEF avançou na direção de compartilhar conhecimentos e interagir com a sociedade sobre as questões políticas fiscais, "promovendo intercâmbios de experiencias entre órgãos e Estados, produzindo material pedagógico, vídeos, encontros entre tantas experiências mundo afora".

Dentre todos os tipos de ações, pela possibilidade de alcançar um maior númerode pessoas, destaca-se o Curso de formação de Disseminadores *online* de Educação Fiscal, com carga horária de 120 horas/aula, ofertado de forma gratuita. O curso teve início em 2004 e essa parece ser uma das ações que se mostrou mais efetivas no PNEF.

Para Baptistucci[65], o curso DEF – Disseminadores de Educação Fiscal, ao longo dos últimos 10 anos, mostrou-se "uma das iniciativas mais efetivas para divulgar os conceitos de cidadania fiscal a todos os estados brasileiros, com mais de 125mil professores[66] capacitados para desenvolver o tema em salas de aula".

A tabela a seguir registra o número de alunos capacitados entre 2004 e 2015 com mais de 129 mil pessoas em todos os estados brasileiros. Observa-se

63 Ibid., p. 9.

64 MARTINELLO, Dirce Maria; NASCIMENTO, Edes Marcondes do. **É possível construir a cidadania através do programa de educação fiscal?** Sindicato Nacional dos Auditores Fiscais da Receita Federal do Brasil, 13 maio 2013, p. 4.

65 BAPTISTUCCI, Fabiana Feijó de Oliveira. **Programa Nacional de Educação Fiscal: 17 anos de história.** Programa Nacional de Educação Fiscal – PNEF, 02 fev. 2017, p. 9.

66 Segundo informações obtidas no site do PNEF, verificamos que o curso tem como como público alvo servidores e agentes públicos, professores universitários e graduados, além de lideranças comunitárias. Logo, quando a autora Baptistucci se refere a "mais de 125 mil professores capacitados", acreditamos que esteja se referindo a todos os alunos que foram capacitados pelo curso.

que nos últimos dois anos analisados (2014/2015) houve uma drástica queda no número de alunos capacitados. Não há informação segura para saber se esta redução se deu em razão da inexistência de alunos interessados ou se foi por restrições orçamentárias ou outro motivo qualquer. O fato é que a tabela revela uma diminuição expressiva quanto à participação de alunos/disseminadores numa das principais iniciativas do PNEF:

Tabela 1 – Quantidade de alunos capacitados no Curso a distância – Disseminadores de Educação Fiscal

Quantidade de alunos capacitados

Nº	UF	2002	2004	2005	2006	2007	2008	2009	2010	2011	2012	2013	2014	2015	Total
1	Acre	-	12	105	183	319	64	17	48	-	-	-	-	-	748
2	Alagoas	-	40	80	34	332	427	388	482	582	933	560	161	12	4.031
3	Amapá	-	17	74	68	258	184	292	128	79	191	43	-	-	1.334
4	Amazonas	-	27	89	114	374	343	93	192	346	336	778	-	-	2.692
5	Bahia	-	52	140	212	385	1.018	196	121	149	71	130	93	63	2.630
6	Ceará	-	51	272	482	653	588	933	792	1052	1325	454	199	213	7.014
7	Ceará RFB	-	-	-	-	-	-	-	-	-	-	52	-	41	93
8	Distrito Federal	-	45	271	187	170	346	272	318	242	164	291	97	69	2.472
9	ESAF	-	85	44	-	-	-	-	-	759	-	-	-	-	888
10	Espírito Santo	-	36	153	426	169	289	200	274	116	160	96	178	98	2.195
11	Goiás	-	37	288	236	1.207	903	1064	1154	1379	948	709	352	133	8.410
12	Maranhão	-	28	322	372	808	453	351	292	237	69	41	-	-	2.973
13	Mato Grosso	-	97	306	153	-	-	48	63	-	-	-	27	31	725
14	Mato Grosso do Sul	-	29	53	411	430	273	189	142	281	919	816	442	365	4.350
15	Minas Gerais SEFAZ	-	79	865	1.139	646	937	395	507	528	1085	605	161	69	7.016
16	Minas Gerais CENTRESAF Mais Educação	-	-	-	-	-	-	-	-	-	-	187	204	-	391
17	Pará	-	20	158	210	745	205	274	188	288	318	178	39	49	2.672
18	Paraíba	-	24	26	19	64	186	194	-	-	-	-	41	-	554
19	Paraná	-	126	811	728	1.800	1.271	1602	3048	3168	3751	2525	1629	297	20.756
20	Pernambuco	-	53	310	216	186	185	265	159	259	73	330	248	135	2.419
21	Piauí	-	27	212	365	243	369	382	221	347	-	210	263	95	2.734
22	Rio de Janeiro	-	117	467	353	568	288	197	339	155	40	163	70	44	2.801
23	Rio Grande do Norte	-	34	157	117	55	45	155	97	23	299	304	94	64	1.444
24	Rio Grande do Sul	-	95	836	689	1.188	952	525	515	1416	1216	887	-	159	8.478
25	Rio Grande do Sul RFB	-	-	-	-	-	-	-	-	-	-	224	102	106	432
26	Rondônia	-	33	123	186	121	152	184	183	198	109	267	171	33	1.760
27	Roraima	-	30	60	63	53	22	94	158	113	135	128	-	62	918
28	Santa Catarina	-	57	384	776	1.141	827	560	530	724	643	369	125	76	6.212
29	São Paulo	-	207	1.076	986	1.256	942	817	1531	1744	2732	2818	1866	1217	17.192
30	Sergipe	-	30	89	92	-	189	77	165	565	396	583	366	108	2.660
31	SRFB	-	232	60	-	105	-	818	961	1.063	-	-	-	-	3.239
32	Tocantins	-	28	191	667	930	912	673	830	838	499	1029	246	133	6.976
Total Brasil		600	1.748	8.022	9.484	14.206	12.370	11.255	13.438	16.651	16.412	14.777	7.174	3.672	129.809

Fonte: BRASIL. Programa Nacional de Educação Fiscal, 2018.

O curso é desenvolvido e executado pela ESAF, possui conteúdo programático explorado em quatro apostilas disponíveis em versão *pdf* no sítio eletrônico da ESAF e é dividido da seguinte forma:

> **Caderno 1–Educação Fiscal no Contexto Social**: aborda as diretrizes do Programa, seus objetivos e abrangência, no contexto da educação fiscal e na educação pública; trata do cenário sociopolítico do Brasil e do mundo;
>
> **Caderno 2–Relação Estado-Sociedade:** são temas relativos à organização da vida em sociedade e suas implicações na garantia do estado democrático de direito e da cidadania, trata da formação do Estado brasileiro;
>
> **Caderno 3–Função Social dos Tributos**: destaca a importância do tributo na atividade financeira do Estado para a manutenção das políticas públicas

e melhoria das condições de vida do cidadão, trata da história dos tributos no cenário global e brasileiro, o sistema tributário nacional, tributos e espécies;

Caderno 4–Gestão Democrática dos Recursos Públicos: temas relativos ao orçamento, ao compromisso social e fiscal do gestor público e ao exercício do controle social.[67]

Há ainda dois cursos ofertados pela ESAF no âmbito do PNEF[68]: Curso de Cidadania Fiscal e Curso de Educação Fiscal: Tributação, Orçamento e Coesão Social. Ambos são cursos gratuitos e auto instrucionais. Não logramos êxito em colher informações sobre quando se iniciou cada curso[69] e o número de pessoas capacitadas.

O financiamento das ações do PNEF deve ser feito, prioritariamente, com recursos orçamentários próprios, sem prejuízo de fontes alternativas. O que tem sido também um dos desafios contínuos para a perenidade do programa. Conforme consta no Relatório 2014, a "GEREF em articulação com a Comissão de Orçamento da Câmara dos Deputados, inseriu no PLOA emenda de bancada no valor R$ 3.000.000,00 (três milhões de reais) para o Programa". Contudo, informa-se que durante a execução "não ocorreu liberação de financeiro para ser executado pela ESAF e o recurso foi totalmente perdido".

Como este é o único documento disponível no site do PNEF sobre o tema, entramos em contato com a Diretoria Nacional do Programa, que nos informou que o orçamento do PNEF no ano de 2018 foi de R$ 1.700,000,00, mas que a maior parte desse valor foi contingenciado, restando apenas R$ 300.000,00. Até mesmo esse valor de R$ 300.000,00 teve sua utilização prejudicada em razão das restrições orçamentárias impostas pelo TCU e da Emenda Constitucional do Teto de Gastos (EC 95/16).

Segundo Oliveira[70], "sem orçamento público não se concretiza programas sócios-educativos". Sobre o PNEF, afirma o autor que "falta aos entes federados, com raríssimas exceções, vontade política e orçamento público para executar o programa" - indicar páginas.

---

67 BRASIL. Programa Nacional de Educação Fiscal. **Curso a distância** - Disseminadores de Educação Fiscal. 2018. Disponível em: < http://educacaofiscal.gov.br/ead-esaf/curso-disseminadores-de-educacao--fiscal/>. Acesso em: 30 ago. 2018.

68 Todas as informações foram obtidas no sitio eletrônico do PNEF http://educacaofiscal.gov.br/. Acesso em 30 out. 2018.

69 No Relatório de atividades da Gerência de Educação Fiscal - Geref (encontrado na página eletrônica do PNEF) há informação que o PNEF adaptou o curso de Cidadania Fiscal em 2014, em parceria com a RFB. Em dezembro de 2014, abriu-se a primeira turma dirigida à sociedade em geral com 1.576 inscritos, sendo 974 aprovados. Este é o único documento disponibilizado no site do PNEF.

70 OLIVEIRA, Luiz Carlos Diógenes de. **Da cidadania fiscal à cidadania cultural (teoria da educação fiscal)**. 2012. 144p. Dissertação (Mestrado). Programa de Pós-Graduação em Direito Constitucional, Centro de Ciências Jurídicas, Universidade de Fortaleza, Fundação Edson Queiroz, Fortaleza, 2012, p. 86.

No já citado documento intitulado Relatório de atividades da Gerência de Educação Fiscal - GEREF de 2014[71], elaborado para fins de se apurar uma análise macro do PNEF, foram enviados questionários aos representantes estaduais, e conforme gráfico abaixo, apurou-se o percentual do orçamento de 2014 destinado à educação fiscal. Não há informações por regiões do país ou estados, mas podemos concluir que 35% dos orçamentos destinados à educação fiscal ficaram abaixo de 200mil reais, e apenas 3% acima de 1 milhão de reais.

Gráfico 1 - Orçamento destinado à educação fiscal em 2015

Fonte: BRASIL. Programa Nacional de Educação Fiscal, 2015.

Em vista destes dados, é de se duvidar se, na prática, é mesmo verdadeira a afirmação oficial de que o PNEF é um programa permanente de Estado e não de governo.

Além dos cursos antes mencionados, existem outras ações que são importantes para a prática da educação fiscal. Dentre elas, destacam-se o NAF – Núcleo de Apoio Contábil e Fiscal e o NAOS – Núcleo de Apoio ao Observatório Social do Brasil.

Consta no sítio eletrônico da *Red de Educación Fiscal*[72], que em 2014, representantes da Receita Federal do Brasil e das Universidades do Brasil, Peru, Costa Rica, México Paraguai, Chile, Honduras e Equador assumiram o compromisso de compartilhar as experiências do NAF – Núcleo de Apoio Contábil e

71 Não há disponível no site relatórios mais recentes. (BRASIL. Programa Nacional de Educação Fiscal. **Relatório de atividades da Gerência de Educação Fiscal - GEREF**: Exercício 2014. 2015. Disponível em: <http://educacaofiscal.gov.br/pdf/relatorio-de-atividades-geref-2014.pdf>. Acesso em: 30 ago. 2018). Consta no referido documento (pag. 15) que em 2014 a GEREF em articulação com a Comissão de Orçamento da Câmara dos Deputados, inseriu no PLOA, emenda de bancada no valor R$ 3.000.000,00 (três milhões de reais) para o Programa. Curiosamente, no decurso do prazo de execução não ocorreu a liberação de financeiro para ser executado pela ESAF e o recurso foi totalmente perdido.

72 Cf. http://www.educacionfiscal.org/pagina/origen. Acesso em 30 out. 2018.

Fiscal que tem como objetivo o atendimento pelos universitários da população de baixa renda. Este documento ficou conhecido como *Carta de Intenciones de Lima.*

O NAF é um projeto que foi concebido pela Receita Federal do Brasil em parceria com as Instituições de Ensino Superior – IES.De acordo com as informações disponíveis no *site* da Receita Federal do Brasil[73], existem atualmente mais de 300 núcleos formalizados no Brasil e mais de 200 em 11 países da América Latina. Em Belo Horizonte/MG há o registro de 13 NAF em atividade, inclusive na PUC Minas.O NAF conta também com um portal internacional denominado Red NAF[74] para sua ampla divulgação no mundo.

O programa se assemelha aos Serviços de Atendimento Jurídico – SAJ das faculdades de Direito (estágio), sendo desempenhado pelas Instituições de Ensino possuidoras de cursos de Ciências Contábeis ou de Comércio Exterior.O NAF não é um órgão público nem um posto de atendimento avançado da Receita Federal, é uma extensão da instituição de ensino superior que se destina a qualificar o seu corpo discente por meio da prestação de serviços de orientação contábil e fiscal a pessoas carentes que não têm condições de contratar escritórios de contabilidade.

Os NAF não prestam nem podem prestar serviços de representação e defesa dos interesses dos contribuintes perante a RFB, por isso não se lhes pode comparar com os 134 escritórios públicos de defesa dos contribuintes de baixa renda dos EUA (financiados parcialmente pelo tesouro norte-americano) que atendem anualmente a aproximadamente 20 mil contribuintes (*Low Income Taxpayer Clinics*)[75].

A outra ação de fomento à educação fiscal refere-se ao NAOS. Recentemente, foi postada a notícia no sítio eletrônico do PNEF[76] de que o Grupo de Educação Fiscal do Distrito Federal inaugurou o 1º NAOS – Núcleo de Apoio ao Observatório Social do Brasil, projeto piloto voltado para fomentar a criação de observatórios sociais nas instituições de ensino superior do Distrito Federal. De acordo com a notícia veiculada, este grupo em parceria com a UDF – Centro Universitário do Distrito Federal, com apoio da Secretaria da Receita Federal e o Observatório Social de Brasília, deu início ao projeto intitulado Observatório Social Universitário. Este projeto também se assemelha aos serviços de

73 BRASIL. Ministério da Fazenda. Receita Federal. **Conheça o projeto**: Núcleo de Apoio Contábil e Fiscal – NAF. Disponível em: < http://idg.receita.fazenda.gov.br/acesso-rapido/direitos-e-deveres/educacao-fiscal/naf/conheca>. Acesso em: 30 ago. 2018.

74 NATURALEZA de los NAF. Núcleos de Apoyo Contable y Fiscal. Disponível em: <http://rednaf.educacionfiscal.org/pagina/naturaleza-de-los-naf>. Acesso em: 30 ago. 2018.

75 Informações disponíveis em https://taxpayeradvocate.irs.gov/news/litc-20-years. Acesso em 16 set. 2018.

76 SANTOS, Vinicius. **Grupo de Educação Fiscal do DF inaugura 1º Núcleo de Apoio ao Observatório Social do Brasil**. Programa Nacional de Educação Fiscal – PNEF, 21 set. 2018. Disponível em: <http://educacaofiscal.gov.br/grupo-de-educacao-fiscal-do-df-inaugura-1o-nucleo-de-apoio-ao-observatorio-social-do-brasil/>. Acesso em: 30 set. 2018.

prática jurídica das faculdades de Direito e ao NAF – Núcleo de apoio contábil e fiscal das faculdades de Ciências Contábeis, na medida que tem como objetivo a criação de "um espaço de aprendizagem dentro das universidades através de projetosdeextensão, disciplinas optativas, oficinas ou minicursos". Inicialmente, o projeto foi destinado aos alunos de Ciências Contábeis da UDF, mas há a pretensão de se estender para os demais cursos da instituição e a exemplo do NAF, para outras universidades do país. A ideia foi de ampliar as ações dos Observatórios Sociais contando com os estudantes na pesquisa e acompanhamento da aplicação de recursos públicos, fomentando a transparência nas contas públicas.

A título de informação, no Brasil há 134 observatórios sociais em 16 Estados[77], o que demonstra um enorme potencial para o desenvolvimento da democracia participativa e ações de cidadania fiscal. Isso porque, dentre outros fatores, os observatórios sociais possuem independência e não dependem de verbas públicas, sendo integrado por cidadãos brasileiros voluntários.

5.3. A educação fiscal nas universidades

Sem levarmos em consideração o NAF e o recente NAOS, chama a atenção o fato de a introdução do tema "educação fiscal" no ambiente acadêmico das Universidades se revelar ainda muito tímido, com pouquíssimos cursos voltados para essa temática no ensino superior.

Um exemplo isolado é o fato de a USP/Leste e a UFRN terem introduzido a temática Educação Fiscal nos cursos de Gestão de Políticas Públicas e Ciências Contábeis, respectivamente.

Em 2016, a disciplina optativa livre"Educação Fiscal e Coesão Social"foi ofertada aos alunos do curso de Gestão de Políticas Públicas da USP-Leste e despertou o interesse de 86 alunos que se matricularam nesta primeira turma. A Unifesp incluiu no curso de Ciências Contábeis a disciplina "Política Fiscal e Cidadania", com carga horária de 30 horas/aula, a partir das turmas de 2015. A matéria já fazia parte dos cursos de Medicina e Enfermagem desde 2013[78]. A UNESP/campus Franca também oferece a disciplina "Educação Fiscal e Coesão Social" para o Curso de Graduação em Serviço Social (optativa livre) com carga horária de 60h.

Silva, Oliveira e Rocha[79] concluíram recente pesquisa acerca das ementas do Curso de Ciência Contábeis nas Universidades Federais do Brasil e

77 OBSERVATÓRIO SOCIAL DO BRASIL. **Observatórios pelo Brasil**. OSBrasil, Curitiba. Disponível em: <http://osbrasil.org.br/observatorios-pelo-brasil/>. Acesso em: 30 ago. 2018.

78 AGÊNCIA INVESTIMENTOS E NOTÍCIAS. **Educação fiscal chega às universidades**. Investimentos e Notícias. 10 mar. 2016. Disponível em: <http://www.investimentosenoticias.com.br/financas-pessoais/carreiras-e-cursos/educacao-fiscal-chega-as-universidades>. Acesso em: 30 ago. 2018.

79 SILVA, Roseane Patrícia de Araújo; OLIVEIRA, Edivaní Cinthia Frazão de; ROCHA, Maria Eloísa Rodrigues Moura da: Educação Fiscal nas Universidades Públicas Federais do Brasil: uma avaliação das ementas do Curso de Ciências Contábeis. **Revista Mangaio Acadêmico**, v. 2, n. 3, jul./dez. 2017, p. 36.

localizaram a disciplina Educação Fiscal compondo a grade curricular nas Universidades Federais do Amazonas, Rio Grande do Norte e São Paulo. O objetivo da pesquisa foi analisar as ementas das universidades públicas federais do Brasil que possuem o curso de Ciências Contábeis, com o intuito de verificar em quais dela consta a temática educação fiscal na estrutura curricular. Os autores concluíram pela carência da abordagem do tema da educação fiscal nos cursos de Ciências Contábeis, o que prejudica "o despertar da consciência cidadã voltada para a melhoria do bem-estar social".

No Planejamento Estratégico PNEF 2016/2018[80], constou como um dos objetivos estratégicos do biênio a viabilização financeira do PNEF, além de "ampliar a capilaridade do programa" e "institucionalizar a educação fiscal nas instituições de ensino superior", entre outros.

Para Baptistucci[81], a inserção do tema da educação fiscal no ambiente acadêmico das universidades revela-se uma meta arrojada. O objetivo seria alcançar primeiramente graduandos em contabilidade e economia, que poderiam utilizar "os conhecimentos técnicos adquiridos nas Universidades Públicas e Privadas em benefício da sociedade, atuando no controle social, por exemplo, em observatórios sociais".

Pelo que verificamos, não há iniciativas institucionais para introduzir o tema da educação fiscal nos cursos de Direito. Em contato com a diretora nacional do PNEF, foi confirmada a inexistência dessa temática nos cursos de Direito.

6. CONCLUSÃO

O campo de estudos da educação fiscal não vem historicamente interessando os professores e autores do direito tributário brasileiro em virtude de a ciência do direito tributário ter assumido em nosso país, especialmente com a hegemonia da escola paulista a partir da década de 70 do século passado[82], uma postura de total isolamento frente a ciências e disciplinas afins, como se um maior grau de isolamento implicasse maior grau de rigor científico. Confundiu-se a necessidade real de distinguir o direito financeiro/tributário da ciência das finanças com uma equivocada postura de isolamento e incomunicabilidade entre os dois campos científicos.

O resultado foi a construção de uma doutrina desequilibrada, em que quase todos os esforços heurísticos e teóricos sobre o ordenamento tributário vão desaguar na judicialização de teses sobre os limites do poder de tributar por

80 BRASIL. Programa Nacional de Educação Fiscal. **Planejamento Estratégico PNEF 2016-2018**. 2018. Disponível em: <http://educacaofiscal.gov.br/pdf/planejamento-estrategico-2016-2018.pdf>. Acesso em: 30 ago. 2018.

81 BAPTISTUCCI, Fabiana Feijó de Oliveira. **Programa Nacional de Educação Fiscal: 17 anos de história.** Programa Nacional de Educação Fiscal – PNEF, 02 fev. 2017, p. 9.

82 Cf. TEODOROVICZ, Jeferson. **História Disciplinar do Direito Tributário Brasileiro**, São Paulo: Quartier Latin, 2017.

parte dos contribuintes com maior poder econômico e social, relegando-se a um papel secundário, quase marginal, o estudo e o combate das condicionantes econômico-sociais e dos fatores institucionais que impedem que princípios centrais do ordenamento constitucional consigam realmente informar e configurar a tributação brasileira em sua dimensão ampla e global.

A literatura especializada sobre a educação fiscal conta com autores sempre ligados às áreas das ciências sociais (economia, sociologia, psicologia social) e da educação, mas nunca ao direito. É muito grave constatar que o programa nacional de educação fiscal brasileiro, com mais de 20 anos de história e que é referência e modelo de inspiração para outros países, seja completamente ignorado pela ciência do direito tributário no Brasil, que por ele simplesmente não se interessa.

Ao que parece, os produtores da ciência do direito tributário no Brasil só se interessam por uma análise estritamente dogmático-normativa da tributação, e não consideram relevante conhecer e estudar o processo social pelo qual a população toma contato com o conceito de tributo. Ao contrário do que propõe Sainz de Bujanda em sua teoria estudada no início desse artigo, os tributaristas brasileiros parecem não ver qualquer relação palpável entre justiça tributária e educação tributária, entre justiça fiscal e educação fiscal.

Outra observação crítica em relação ao cenário brasileiro é que nosso programa nacional de educação fiscal tem como objetivo despertar os cidadãos para a importância social do tributo e para necessidade de um controle social dos gastos públicos. Contudo, não há qualquer preocupação institucional em informar os cidadãos sobre seus direitos como contribuintes, sobre as diversas normas de cunho constitucional e infraconstitucional que protegem os cidadãos contra cobranças abusivas e indevidas de tributos.

Conforme a proposta teórica de Sainz de Bujanda analisada neste artigo, o objetivo principal da educação fiscal deve ser formar contribuintes que são conscientes e se esforçam para cumprir com rigor seus deveres e obrigações fiscais, mas também formar cidadãos que exigem o mesmo grau de comprometimento do Estado-fisco em relação a seus deveres para com os contribuintes, seja na fase legislativa, seja na fase de fiscalização ou cobrança dos tributos, daí a educação fiscal deve sensibilizar os cidadãos para a existência de remédios e recursos processuais destinados a combater exigências tributárias ilegais e abusivas. No programa brasileiro, esse segundo aspecto da educação fiscal é completamente inexistente. Em nossa opinião, essa ausência deve ser corrigida, devendo ser incluída no PNEF a dimensão da consciência cidadã sobre as limitações do poder de tributar e a necessidade de constante fiscalização sobre a legalidade/constitucionalidade dos atos de fiscalização e cobrança tributária.

Planejamento Tributário: Atualização Conceitual

Agostinho do Nascimento Netto[1]

Sumário: 1. Introdução. 2. Nota inaugural. 2.1. Nota biográfica. 2.2. Nota sobre a vigente Ordem Constitucional. 3. Estado Orçamentário, Fiscal e Tributário. 4. Tributação constitucional. 4.1. Isonomia tributária e capacidade contributiva. 4.2. Neutralidade tributária e preservação do equilíbrio concorrencial. 5. Conceito de Planejamento Tributário. 6. Atualização conceitual de Planejamento Tributário. 6.1. Nota introdutória. 6.2. Abuso de Direito no contexto do Planejamento Tributário. 6.3. Conclusões conceituais atualizadas para o Planejamento Tributário

1. INTRODUÇÃO

O presente escrito integrará Obra que, sob a coordenação dos Professores Alexandre de Azevedo Campos e Gustavo da Gama Vital de Oliveira, da Universidade do Estado do Rio de Janeiro (UERJ), e Marco Antônio Ferreira Macedo, da Universidade Federal Fluminense (UFF), homenageará, pela passagem dos seus oitenta anos de nascimento, o saudoso e insigne Professor Ricardo Lobo Torres.

2. NOTA INAUGURAL

Esse Trabalho conjunto, antecipando o propósito festivo, também e, certamente, de modo destacado a se voltar ao núcleo da Obra do, mais que Jurista, Humanista Ricardo Lobo Torres, leva o título de "Direitos Fundamentais e Estado Fiscal". Assenta-se, portanto, naquilo que absorveu sem rivalidades, produzindo magistrais conteúdos e contribuições, as atenções do notável Professor. É impossível que se fale no Brasil em Direitos Humanos, e ainda mais em Direitos Humanos nas relações jurídicas constitucionais, financeiras públicas, orçamentárias e tributárias, sem se atentar devida detidamente para as imorredouras linhas traçadas por Ricardo Lobo Torres.

---

1 Procurador da Fazenda Nacional. Graduado pela Universidade Federal Fluminense (UFF). Mestre em Direito, Estado e Constituição pena Universidade de Brasília (UnB). Doutor em Finanças Públicas, Tributação e Desenvolvimento pela Universidade do Estado do Rio de Janeiro (UERJ).

2.1. Nota biográfica

O Professor Ricardo Lobo Torres nasceu na bela cidade de Niterói, antiga capital do estado do Rio de Janeiro, onde frequentou os primeiros bancos escolares e onde, em 1958, concluiu a primeira parte da sua formação universitária, graduando-se, antes do que, no ano de 1962, como Filósofo, pela Faculdade de Direito da Universidade Federal Fluminense.

Já como Procurador da nobilíssima Procuradoria-Geral do Estado do Rio de Janeiro, correndo o ano de 1984, recebeu o visionário convite pelo Professor Flávio Bauer Novelli para assunção das funções de Professor Auxiliar na Faculdade de Direito da Universidade do Estado do Rio de Janeiro, a prestigiosa UERJ. Aí, o início da solidamente construída carreira docente, cujo cume foi atingido, após, sempre por concurso público, os níveis de Professor Adjunto e Professor Titular, com a titulação como Livre Docente.

Dedicando-se destacadamente ao magistério – e aqueles que tiveram o privilégio de o ouvir, fosse ministrando as suas profundas, mas sempre esclarecedoras e didáticas lições em salas de aulas, fosse proferindo as suas instigantes, as sempre magnas em qualquer congresso científico, palestras ou até em conversas menos formais, compreendem bem as referências –, estabelece amplo e profícuo espaço aos mais verticais estudos daquelas que se afiguram sempre como das mais provocativas indagações jurídicas, as inseridas no âmbito dos sensíveis problemas, os quais dão a característica tonalidade grave às sempre tensionadas relações político-jurídicas verificadas entre a cidadania e o poder tributante. Desse âmbito, oferece o reconhecido Doutrinador, dentre outras tantas, as festejadas e premiadas Obras "A Idéia de Liberdade no Estado Patrimonial e no Estado Fiscal"[2] e "Os Direitos Humanos e a Tributação – Imunidades e Isonomia"[3], e o seu insuperável, em cinco volumes, "Tratado de Direito Constitucional, Financeiro e Tributário"[4]. Vale a transcrição do seguinte trecho do volume II do Tratado de Direito Constitucional, Financeiro e Tributário, porque simbólico daquilo que dava norte na incessante busca honesta da verdade científica, sem, porém, qualquer traço de menoscabo pelo valorativo papel do Direito:

> [...] o relacionamento entre moral e direito no plano normativo abstrato, [que] volta a ser permanente e intenso. Os positivismos é que procuraram estabelecer radicalmente o corte entre as duas ordens normativas. As ciências sociais, fundadas no modelo das ciências da natureza, exacerbaram-lhes a diferença e

2 TORRES, Ricardo Lobo. *A idéia de liberdade no estado patrimonial e no estado fiscal*. Rio de Janeiro: Renovar, 1991.

3 TORRES, Ricardo Lobo. *Os direitos humanos e a tributação* – imunidades e isonomia. Rio de Janeiro: 1995.

4 TORRES, Ricardo Lobo. *Tratado de direito constitucional, financeiro e tributário* – volume I: constituição financeira, sistema tributário e estado fiscal – volume II: valores e princípios constitucionais tributários – volume III: os direitos humanos e a tributação- imunidades e isonomia volume IV: os tributos na constituição – volume V: o orçamento na constituição. Rio de Janeiro: Renovar, 2009, 2012, 2012, 2007, 2008.

> a projetaram também para o próprio imperativo categórico. Da mesma forma procedeu o positivismo normativista, que, com Kelsen, estremou a norma ética da justiça da norma válida do direito e baniu do mundo jurídico os direitos da liberdade, salvo se a Constituição os assegurasse. Hoje com a releitura da obra de Kant, percebeu-se que a definição do direito por ele oferecida opera no campo do imperativo categórico e da regra moral. O direito, portanto, em seus fundamentos e em suas premissas normativas, relaciona-se intimamente com a ética, o que conduz à superação do positivismo, que se define exatamente pela rígida separação entre as duas instâncias [...].[5]

Não há, para Ricardo Lobo Torres, em sua concepção congruente com a modernidade jurídica, uma clivagem absoluta, considerados os fins da Justiça, entre o conjunto e arcabouço normativos e o conteúdo valorativo próprio. Aceitar o contrário é arriscadamente admitir como premissa para a solução dos problemas jurídicos uma determinação à subordinação acrítica do justo ao utilitário.

2.2. Nota sobre a vigente Ordem Constitucional

A centralidade das constituições modernamente entronizou a noção de superação de um constitucionalismo formal. Para assim serem entendidos os fenômenos político-jurídicos se cobriu longo trajeto histórico que foi desde a noção de Estado liberal de Direito, passando pela de proteção máxima, ou ao menos a pretensão a assim de dar, dos Direitos Humanos sob qualquer das suas roupagens, até o momento presente que amalgama os conceitos de Estado de Direito, de Direitos Fundamentais e de Democracia efetiva e que pode ser traduzido como Estado Constitucional de Direito.

Para o Estado Constitucional de Direito, não basta atenção às formas e formalidades próprias às práticas, por assim dizer, manualizadas para uma realidade que se pretenda democrática[6], verificadas eleições periódicas, participação popular a mais livre, alternância no exercício poder, mas é igualmente importante que os direitos previstos, direta e claramente ou indireta e implicitamente, sejam promovidos de modo concreto e efetivo, incluídos aqueles esperados e voltados ao atendimento aos reclamos e às opiniões minoritárias[7]. Cedeu o passo a defesa da percepção meramente programática de uma constituição, muito embora não se concebendo como verdadeiramente alcançáveis

---

5 TORRES, Ricardo Lobo. *Tratado de direito constitucional, financeiro e tributário* – volume II – valores e princípios constitucionais tributários, *op. cit.*, pp. 4/5.

6 Doutrinam Cláudio Pereira de Souza Neto e Daniel Sarmento que, observadas a teoria constitucional e a filosofia política contemporâneas, um "modelo meramente procedimental é insuficiente". Cf. SOUZA NETO, Cláudio Pereira; SARMENTO, Daniel. *Direito constitucional*: teoria, história e métodos de trabalho. Belo Horizonte: Editora Fórum, 2013, p. 238.

7 Segundo Luís Roberto Barroso, são objetivos de uma realidade constitucional democrática, a par com a atenção ao desenvolvimento econômico e à justiça social e ao cuidado nas práticas desenvolvidas em âmbito da Administração Pública, o asseguramento e o respeito aos direitos fundamentais, em especial aos diretos fundamentais "minorias políticas". BARROSO, Luís Roberto. *Curso de direito constitucional contemporâneo*: os conceitos fundamentais e a construção do novo modelo. 1ª ed., 2ª tiragem. São Paulo: Saraiva, 2009, pp. 90/91.

expectativas irrealistas, daquelas que afrontam a realidade política, a cultural, a social e, destaque-se fortemente, a econômica[8] da sociedade relativamente à qual se pretende ser a consubstanciação do acordo essencial, o documento que exterioriza jurídica e normativamente o seu pacto fundante[9]. Tudo porque uma constituição não pode ser tomada como não mais que uma pauta de objetivos metafísicos. A Constituição brasileira vigente não se compreende, e não se deve assim a compreender, devidas antes a defesa "de seu amplo repertório de direitos"[10], a "concretização contínua de suas promessas"[11] e a rejeição da possibilidade de um contexto de frustração constitucional[12] [13].

Basilar à sua caracterização é a qualidade da Constituição de 1988, repise-se, de ser um ideário – sempre observada a inexistência de espaços para meras formulações de boas intenções – voltado à proteção das liberdades, apresentando-se como reforço a tanto a sua capacidade de oitiva atenta dos reclamos sociais. Ao lado dessa propriedade, a de igualmente se permitir aberta e transigente para com novas compreensões políticas, sociais, econômicas e jurídicas, isso apesar da sua natureza essencialmente voltada à quase rigidez, ao detalhismo, apresentando-se – para deleite dos seus críticos, os quais parecem desconsiderar a complexidade da vida moderna, a realidade e a acidentada história nacionais – como enorme, alongada e mesmo caudalosa.

Os mesmos fatores que servem de munição aos seus detratores, no entanto, quando filtrados pela dinâmica histórica e por sua própria essência compromissária, dão-lhe a maior das forças, a de se perpetuar. A Constituição brasileira vigente não recusa o desafio de se voltar a novos reclamos da sociedade a que serve.

---

8 Ao lado de considerações mais puramente econômicas, onde se alcançam conclusões como a de que os limites da economia nacional impedem que a todos seja garantida a totalidade dos direitos pretendidos e previstos constitucionalmente, invocável invariavelmente a noção de "reserva do possível" e mais propriamente a de "reserva do possível orçamentária". Sobre o tema, o Professor Ricardo Lobo Torres informa que a expressão "reserva do possível", tradução do alemão de *Vorberhalt der Moglichen*, é concepção do Tribunal Constitucional da Alemanha a partir do julgamento BVerfGE 33 – p. 303/33, tendo sido adotada a partir de então pela doutrina jurídica do mesmo país e de outros, como a de Portugal. Conforme TORRES, Ricardo Lobo, *in Tratado de direito constitucional, financeiro e tributário* – volume V – o orçamento na constituição, *op. cit.*, p. 18, nota de rodapé nº 53.

9 Para uma conceituação de constituição efetivamente adensada, consulte-se POZZOLO, Suzanna. Anotações sobre a história neoconstitucional. Ana Letícia Salomão e Ribeiro (trad.). In: ASENSI, Felipe Dutra; PAULA, Daniel Giotti de (Org.). *Tratado de direito constitucional*: constituição no século XXI. Vol. 2. Rio de Janeiro: Elsevier, 2014, pp. 609-639.

10 FOSTES, Pedro Rubim Borges. A constituição ativista. *In*: ASENSI, Felipe Dutra; PAULA, Daniel Giotti de (Org.). *Tratado de direito constitucional*: constituição no século XXI. Vol. 2, *op.cit.*, pp. 558/559.

11 FOSTES, Pedro Rubim Borges, *ibid.*

12 Conforme BARROSO, Luís Roberto. *O direito constitucional e a efetividade de suas normas*: limites e possibilidades da constituição brasileira, *op. cit.*, pp. 47-73.

13 A Constituição de 1988 foi desde o seu albor alvo de severas censuras. Destaque-se a de lavra do Senador Roberto Campos, emérito frasista, a quem a Constituição brasileira seria a um só tempo "saudavelmente libertária no político, cruelmente liberticida no econômico e comoventemente utópica no social". (Cf. BONAVIDES, Paulo, ANDRADE, Paes de. *História constitucional do Brasil*. 3ª edição. Rio de Janeiro: Paz e Terra, 1991, p. 493 (referência a manifestação do Senador da República externada ao jornal O Estado de S. Paulo, edição de 4 de outubro de 1988).

A busca pela efetivação dos objetivos constitucionais, os novos ou os renovados, não se faz, porém, sem o incontornável concurso cívico[14] de enfrentamento dos custos sempre e inevitavelmente decorrentes, e assim pela singela razão de inexistirem direitos realizáveis graciosamente. Não se pode voltar as costas à consagrada máxima de serem "os recursos públicos [ ] a força, os nervos e a realidade de uma Constituição"[15] [16].

3. ESTADO ORÇAMENTÁRIO, FISCAL E TRIBUTÁRIO

Superadas as quadras nas quais as demandas por recursos públicos eram saciadas com emprego de práticas autocráticas e absolutistas, violência, imposição arbitrárias, pela submissão da sociedade a meios por definição injurídicos[17], incorporaram-se os avanços civilizacionais da orçamentação e de fiscalidade. Modernamente, passa o poder dirigente ou estatal a se submeter, deixando a posição de satapria ou suserania, ao jurídico, ao normativo e ao, sublinhe-se, constitucional. O súdito dá lugar ao cidadão e, por consequência, também ao cidadão-contribuinte.

Leciona Ricardo Lobo Torres ser a dimensão orçamentária do Estado – o Estado Orçamentário – "a particular dimensão do Estado de Direito apoiada nas receitas, especialmente a fiscal, como instrumento de realização das despesas"[18], inadmitida qualquer invasão estatal, não importa sob que argumento ou motivo, com inobservância dos cuidados para com as limitações originadas pela compreensão jurídica moderna.

Ainda para o Doutrinador, o Estado Fiscal – conceito que se aproxima mas não se confunde com o de Estado Tributário[19] – seria, por sua vez, "aquele que

14 Inexiste, uma vez sendo admitido como um preço civilizacional, um "pretenso direito fundamental ao não pagamento de impostos". Cf. NABAIS, José Casalta. *O dever fundamental de pagar impostos.* 3ª reimpressão. Coimbra: Almedina, 2012, p. 186, apud FUCK, Luciano Felício, Luciano Felício. *Estado Fiscal e Supremo Tribunal Federal.* São Paulo: Saraiva, 2017 (Série IDP: Linha de Pesquisa Acadêmica), p. 62.

15 Klaus Vogel, *in* Grundzuge des finanzrechts des grundgesetzes. *In* ISENSEE, Josef. KIRCHHOF, Paul (coord.). *Handbuch des Staatsrecht.* 2ª ed. Heidelberg: C. F. Muller, 1999, v.4, p. 3 (4) apud FUCK, Luciano Felício, *op.cit.*, p. 59.

16 [...] todos os direitos fundamentais, independentemente de sua classificação, dependem intrinsecamente da ação do Estado e, consequentemente, de recursos públicos em grandes quantidades [...]".FUCK, Luciano Felício, *ibid.*

17 Ensina Ricardo Lobo Torres que é somente com a superação da quadra histórica do absolutismo, que a legalidade, o jurídico, surge como limitação do poder real e "garantia da fiscalidade periférica". É a partir desse momento que passa a se tomar o tributo como um justo a se poder exigir como instrumento para atendimento às necessidades públicas. Conforme TORRES, Ricardo Lobo. *A idéia de liberdade no estado patrimonial e no estado fiscal.* Rio de Janeiro: Renovar, 1991, p.14.

18 TORRES, Ricardo Lobo. *Tratado de direito constitucional, financeiro e tributário* – volume V – o orçamento na constituição, *op. cit.*, p. 10.

19 "*Estado tributário*, por sua vez, destaca-se por ser financiado prioritariamente por receitas derivadas, ou seja, provenientes da transferência de riquezas produzidas por particulares ao Estado, tais como tributos e as multas. Ao contrário do Estado fiscal, o Estado tributário não se assenta nos impostos, mas em tributos bilaterais ou vinculados, como as taxas e contribuições de melhoria". Conforme, respectivamente, NABAIS, José Casalta. Reflexões sobre quem paga a conta do Estado social. Revista Tributária e de Finan-

tem os impostos como a principal fonte de financiamento"[20] e que ao arrecadar recursos para o financiamento das suas atividades sempre se subordina aos ditames constitucionais, financeiros públicos – em suas múltiplas dimensões conceituais – e orçamentários.

O Estado, na execução das políticas públicas eleitas, sempre a partir das determinações constitucionais, precisa assumir o papel de arrecadador, o que importa em observar, simultaneamente, as estritas disciplinas dos processos orçamentário[21] e financeiro público, centrado este nos conceitos de dispêndio público[22] e de máximo rigor na disciplina fiscal[23]; obedecidos, necessariamente nos momentos da formulação normativa e da sua aplicação em concreto, aos ditames principiológicos constitucionais tributários da igualdade (isonomia tributária), da capacidade contributiva, do equilíbrio concorrencial, sem que se descure do elenco identificado como de limitações ao poder de tributar.

4. TRIBUTAÇÃO CONSTITUCIONAL

As relações jurídicas tributárias em qualquer quadrante civilizado do globo se apoiam em valores, princípios e normatizações, cujas expressões são reflexas ao assentado, explícita ou implicitamente, em patamar constitucional.

ças Públicas, ano 17, n. 88, p. 269 (275), set.-out. 2009 e SCHOUERI, Luíz Eduardo. Direito tributário. São Paulo: Saraiva, 2011, p. 28 *apud* FUCK, Luciano Felício, *op. cit.*, p. 105, notas de rodapé nºs 54 e 55.

20 Conforme BIRK, Dieter. *Steuerrecht*. 7ª ed. Heidelberg: C. F. Muller, 2004, p. 19. NABAIS; José Casalta. O dever fundamental de pagar impostos. 3ª reimpressão. Coimbra: Almedina, 2012, p. 192, *apud* FUCK, Luciano Felício, *op. cit.*, p. 97, nota de rodapé nº 19.

21 Observe-se, a propósito, o art. 165, incisos I, II e III, e §§ 1º, 2º e 5º, da Constituição Federal: Art. 165. Leis de iniciativa do Poder Executivo estabelecerão: I – o plano plurianual; II – as diretrizes orçamentárias; III – os orçamentos anuais. § 1º A lei que instituir o plano plurianual estabelecerá, de forma regionalizada, as diretrizes, objetivos e metas da administração pública federal para as despesas de capital e outras delas decorrentes e para as relativas aos programas de duração continuada.§ 2º A lei de diretrizes orçamentárias compreenderá as metas e prioridades da administração pública federal, incluindo as despesas de capital para o exercício financeiro subseqüente, orientará a elaboração da lei orçamentária anual, disporá sobre as alterações na legislação tributária e estabelecerá a política de aplicação das agências financeiras oficiais de fomento.(...) § 5º A lei orçamentária anual compreenderá: I – o orçamento fiscal referente aos Poderes da União, seus fundos, órgãos e entidades da administração direta e indireta, inclusive fundações instituídas e mantidas pelo Poder Público; II – o orçamento de investimento das empresas em que a União, direta ou indiretamente, detenha a maioria do capital social com direito a voto; III – o orçamento da seguridade social, abrangendo todas as entidades e órgãos a ela vinculados, da administração direta ou indireta, bem como os fundos e fundações instituídos e mantidos pelo Poder Público.

22 Observe-se, a propósito, o art. 167, *e.g.*, incisos I e II, da Constituição Federal: Art. 167. São vedados: I – o início de programas ou projetos não incluídos na lei orçamentária anual; II – a realização de despesas ou a assunção de obrigações diretas que excedam os créditos orçamentários ou adicionais.

23 Observe-se, a propósito, o art. 167, inciso III, da Constituição Federal: Art. 167 (...) III – a realização de operações de créditos que excedam o montante das despesas de capital, ressalvadas as autorizadas mediante créditos suplementares ou especiais com finalidade precisa, aprovados pelo Poder Legislativo por maioria absoluta. Ainda, a Lei de Responsabilidade Fiscal (LRF), a Lei Complementar 101, de 2000, seu art. 1º, § 1º, que "A responsabilidade na gestão fiscal pressupõe a ação planejada e transparente, em que se previnem riscos e corrigem desvios capazes de afetar o equilíbrio das contas públicas, mediante o cumprimento de metas de resultados entre receitas e despesas e a obediência a limites e condições no que tange a renúncia de receita, geração de despesas com pessoal, da seguridade social e outras, dívidas consolidada e mobiliária, operações de crédito, inclusive por antecipação de receita, concessão de garantia e inscrição em Restos a Pagar".

Dessa forma, como antes observado, a tributação deixou para trás como um ou o seu fundamento a soberania, trocando o sujeito passivo a posição de súdito pela de cidadão. No Brasil não se deu, por evidente, diferentemente.

Confirmando essa compreensão, profundamente reforçada pelo histórico político e pelo histórico jurídico nacionais, a Constituição brasileira de 5 de outubro de 1988 tratou detidamente das relações jurídicas tributárias.

Também confirmou a sua, por assim dizer, opção compromissária, mantendo o desenho detalhista ao máximo.

E como o mesmo padrão de resposta aos estímulos da renovação, veio ao longo dos seus trinta anos aceitando se reformar para permanecer.

Do conjunto de diretrizes e condicionantes para que o exercício do poder de tributar se mantivesse identificado como dotado de juridicidade, podem-se apontar como seminais[24] o princípio voltados à isonomia tributária a par com a capacidade contributiva; e o voltado à neutralidade tributária e o seu consectário da preservação do equilíbrio concorrencial.

4.1. Isonomia tributária e capacidade contributiva

O conceito de igualdade jurídica geral demanda esforço especial de compreensão em ao menos dois níveis. Um primeiro é observável a partir da verificação de que a noção pura de igualdade, aplicável a toda e qualquer situação, é incompleta, impondo invariavelmente a invocação de outros e específicos conteúdos. É daí que deriva o segundo nível de abordagem.

Não raras vezes, aparece associada ao emprego de uma noção linear de igualdade a percepção incômoda de que, longe de configurar um padrão adequado de justiça, aprofunda-se o de injustiça. Isso porque, como assevera

24 Evidentemente, assinale-se, tais princípios ou diretrizes não excluem os demais, a serem destacados os compreendidos pelo elenco das limitações ao poder de tributar, que, conforme o art. 150 e seus incisos, são também os seguintes explicitamente referidos: i) legalidade; ii) irretroatividade: iii) anterioridade; iv) não-confisco; v) liberdade de tráfego; e vi) imunidades. Nos termos do Art. 150: sem prejuízo de outras garantias asseguradas ao contribuinte, é vedado à União, aos Estados, ao Distrito Federal e aos Municípios: I – exigir ou aumentar tributo sem lei que o estabeleça; II – instituir tratamento desigual entre contribuintes que se encontrem em situação equivalente, proibida qualquer distinção em razão de ocupação profissional ou função por eles exercida, independentemente da denominação jurídica dos rendimentos, títulos ou direitos; III – cobrar tributos: a) em relação a fatos geradores ocorridos antes do início da vigência da lei que os houver instituído ou aumentado; b) no mesmo exercício financeiro em que haja sido publicada a lei que os instituiu ou aumentou; c) antes de decorridos noventa dias da data em que haja sido publicada a lei que os instituiu ou aumentou, observado o disposto na alínea b; IV – utilizar tributo com efeito de confisco; V – estabelecer limitações ao tráfego de pessoas ou bens, por meio de tributos interestaduais ou intermunicipais, ressalvada a cobrança de pedágio pela utilização de vias conservadas pelo Poder Público; VI – instituir impostos sobre a) patrimônio, renda ou serviços, uns dos outros; b) templos de qualquer culto; c) patrimônio, renda ou serviços dos partidos políticos, inclusive suas fundações, das entidades sindicais dos trabalhadores, das instituições de educação e de assistência social, sem fins lucrativos, atendidos os requisitos da lei;d) livros, jornais, periódicos e o papel destinado a sua impressão; e) fonogramas e videofonogramas musicais produzidos no Brasil contendo obras musicais ou literomusicais de autores brasileiros e/ou obras em geral interpretadas por artistas brasileiros bem como os suportes materiais ou arquivos digitais que os contenham, salvo na etapa de replicação industrial de mídias ópticas de leitura a laser.

Ricardo Lobo Torres, é o princípio da igualdade vazio[25] e ainda bipolar "no sentido de que o seu antônimo (desigualdade) pode não contraditá-la"[26].

Exatamente por razões de obediência a diretrizes adotadas constitucionalmente a partir das noções valorativas de justiça, de segurança e de liberdade, de que são exemplos a superação de acentuados desníveis socioeconômicos ou regionais, ou a rejeição a situações odiosamente injustas em termos tributários, é que a igualdade geral e a sua expressão específica para o campo tributário, a isonomia tributária, sempre se afastando de critérios de discriminação arbitrária, confirmam-se a partir da desigualação e da anti-isonomia. São palavras de Ricardo Lobo Torres:

> [...] só será proibida a desigualdade na apreciação da capacidade contributiva[27] do cidadão ou da necessidade de desenvolvimento econômico se não tiver fundamento na justiça ou na utilidade social, hipótese em que estará ferida a liberdade alheia.[28]

Na mesma linha, Ávila, para quem a igualdade é uma metanorma estruturadora para aplicação de outras, e que "somente adquire significado normativo quando relacionada a critérios normativos materiais, sob pena de ser apenas uma forma despida de qualquer conteúdo"[29].

Equivale assim a dizer que a essência de um quadro de tributação constitucional está em, observada específica situação, determinar a invocação de tratamento desigual como a mais acabada medida de amoldamento à noção de justiça.

O princípio da capacidade contributiva[30], de sua parte, nada mais seria do que a concretização – tomada como incontornável a necessidade de orientação ao princípio da igualdade, sob pena de, como argumentado, mostrar-se esse não mais que um pronunciamento vazio de conteúdo normativo, isto é, ser tomado por tudo aquilo por que não se permite mais tomar o jurídico, ou seja, o Direito distante da sua efetivação –, da noção de igualdade no campo das relações tributárias. Invocada a capacidade contributiva, cada contribuinte será tributado na proporção das forças da sua riqueza descontada dos favores fiscais isencionais reconhecidos como não odiosos. Desse modo, como corolário

25 TORRES, Ricardo Lobo. *Tratado de direito constitucional, financeiro e tributário* – volume II – valores e princípios constitucionais tributários, *op. cit.*, p. 141.

26 TORRES, Ricardo Lobo, *ibid.*

27 Para Ricardo Lobo Torres, o princípio da capacidade contributiva "se subordina à idéia de justiça distributiva", compreensão que se alinha congruentemente, pois, à, na linha do exposto acima, de isonomia tributária. Conforme TORRES, Ricardo Lobo, *in Curso de direito financeiro e tributário*. 2ª ed. (aualiz. e ampliada). Rio de Janeiro: Renovar, 1995, p. 79.

28 TORRES, Ricardo Lobo, *op. cit.*, p. 65.

29 ÁVILA , Humberto. *Sistema constitucional tributário*, São Paulo: Saraiva, 2004, pp. 357/356.

30 Conforme o art. 145, § 1º, parte final, da Constituição Federal: Sempre que possível, os impostos terão caráter pessoal e serão graduados segundo a capacidade econômica do contribuinte, facultado à administração tributária, especialmente para conferir efetividade a esses objetivos, identificar, respeitados os direitos individuais e nos termos da lei, o patrimônio, os rendimentos e as atividades econômicas do contribuinte.

de uma igualdade estofada, nos termos do determinado constitucionalmente, pela noção de justiça distributiva, a capacidade de contribuir aponta para a aptidão econômica de cada um.

Chancelando esse entendimento, outro dos clássicos, Aliomar Baleeiro anota que

> Quer do ponto de vista objetivo, para conhecimento da base possível do imposto, quer do ponto de vista valorativo, ou axiológico, para fundamento racional da justiça do tributo, é fundamental fixar-se a noção da capacidade contributiva[31].

O princípio da capacidade contributiva é exigência ética da Justiça[32]

4.2. Neutralidade tributária e preservação do equilíbrio concorrencial

Um sistema tributário adequadamente desenhado precisa deter como propriedades - além da consideração pela isonomia tributária e pela consequente capacidade econômica dos contribuintes ou atentar para equidade e a proporcionalidade - a da clareza, a da comodidade, a da modicidade para os custos administrativos de cumprimento da obrigação e a da economicidade, esta última como rejeição a níveis de pressão fiscal exagerada, e ainda as da eficiência e a neutralidade. Sem perda de importância das quatro diretrizes smithianas[33] [34], incorporaram-se aos estudos da tributação ótima as noções, que se conjugam, de eficiência e de neutralidade[35].

Mesmo, no entanto, um sistema tributário, ao qual são trazidos máximos aperfeiçoamentos, termina gerando fatores geradores de distorções e de perdas para a eficiência econômica, essa aqui entendida como a capacidade de alocar produtivamente os fatores integrantes de um processo produtivo. Isso ocorre na exata medida em que uma incidência fiscal promove distorções nas

31 BALEEIRO, Aliomar. *Uma introdução à ciência das finanças*. Dejalma de Campos (Atual.). 15ª ed. Rio de Janeiro: Editora Forense, 1998, pp. 275/276.

32 OLIVEIRA, José Marcos Domingues de. *Direito tributário - capacidade contributiva*. 2. ed. Rio de Janeiro: Renovar, 1998, p. 21.

33 Equidade, clareza, comodidade, economicidade são as máximas para uma tributação ótima segundo Adam Smith. Em suas palavras: "Os súditos de todos os estados devem contribuir para a manutenção o governo, em proporção às respectivas capacidades"; "O imposto que todo indivíduo é obrigado a pagar deve ser certo e não arbitrário. O tempo e o modo de pagamento, o quanto a ser pago , tudo deve ser claro e simples para todos"; "O imposto deve ser lançado no tempo e modo mais convenientes para o pagamento por parte do cidadão"; "Todo imposto deve ser concebido para tirar o mínimo possível das pessoas, além do que carreia para o erário". Em outro dizer, justiça, certeza, comodidade e economicidade. Conforme SMITH, Adams. *In A riqueza das nações* - investigação sobre sua natureza e suas causas - volume II - livro quinto - capítulo I - parte segunda - impostos. Luiz João Baraúna (trad.) São Paulo: Nova Cultural 1996, pp. 282/283.

34 Para uma compreensão atualizada do mesmo tópico, consulte-se, por todos, SIQUEIRA, Rozane Bezerra de, NOGUEIRA, José Ricardo, BARBOSA, Ana Luiza Neves de Holanda. Teoria da tributação ótima, *in* BIBERMAN, Ciro, ARVATE, Paulo. *Economia do setor público no Brasil*. Rio de Janeiro: Elsevier, 2004, p. 174.

35 REZENDE, Fernando. *Finanças Públicas*. 2ª ed. Edilberto Carlos Pontes Lima, José Oswaldo Cândido Jr. (colaboradores). São Paulo: Atlas, 2001, pp.158-162.

relações econômicas, forçando a que deixem de "ocorrer [...] transações que teriam ocorrido sem o imposto"[36].

A explicação a tanto está no fato de que o preço de equilíbrio da transação econômica ferida pela incidência tributária termina afetado. Com o preço ao consumidor se elevando ou se deslocando para ponto mais acima, a decisão de consumo naturalmente se altera, o mesmo ocorrendo com a decisão de produzir e ofertar. A variável tributária, seja para quem produz, seja para quem consome, em que pese não se posicionar verdadeiramente na equação da atividade produtiva econômica propriamente dita, tem influência inequívoca na definição dos custos, dos preços e, afinal, dos comportamentos adotados pelos agentes econômicos. Objetivamente, "para além da receita tributária arrecadada, o imposto [...] impõe custos na forma de ineficiência, que ocorre porque o imposto desestimula transações mutuamente benéficas"[37].

É daí que decorre, considerados os padrões vocacionais mais diretos para a tributação, isto é, de arrecadar recursos para o financiamento aos custos das políticas públicas, tomado por excepcional o emprego da tributação com fins extrafiscais, a determinação pela busca, em prestígio à livre iniciativa e à livre concorrência, por um máximo de neutralidade[38] nas relações tributárias. A neutralidade em tais termos é, a um só tempo, tradução de eficiência econômica e parte importante do significado de qualificação no campo da tributação.

Um reflexo da compreensão de ser a neutralidade na tributação, sinônima quase integral de eficiência no mesmo terreno, é a atenção, considerada a mesma espécie de relação econômica e jurídica, à preservação da concorrência.

Nesse contexto, a se manter presente a visão compromissária da Constituição, em que a economia de mercado e a livre iniciativa convivem com valores que permitem – *rectius*: determinam – atuações reguladoras e normalizantes por parte do Estado. A preservação da concorrência plena se alinha com o modelo escolhido pela Constituição de, repise-se, economia de mercado e de livre iniciativa[39-40].

---

36 Conforme KRUGMAN, Paul, WELLS, Robin. *Microeconomia* – uma abordagem moderna. MACEDO, Regina Célia Simille de Macedo (trad.). 3ª ed. Rio de Janeiro: Elsevier, 2015, p. 162.

37 Conforme KRUGMAN, Paul, WELLS, Robin, *op. cit.*, pp. 162/163.

38 STIGLITZ, Joseph E., WALSH, Carl., *op. cit.*, p. 269.

39 Nas palavras de Luís Eduardo Schoueri: "Ao apontar como fundamento da Ordem Econômica a Livre-Iniciativa e como princípio a Livre Concorrência, o Constituinte deixa claro, por um lado, que nem um nem outro é a finalidade daquela. A primeira é um pressuposto, i.e., a Ordem Econômica preconizada pelo Constituinte baseia-se, ao lado do trabalho humano, na livre-iniciativa. Trata-se do oposto de uma ordem fundada na propriedade coletiva dos meios de produção. Esta Ordem Econômica, por sua vez, não existe para assegurar a Livre-Iniciativa nem a Livre Concorrência. Ela existe para assegurar a todos a existência digna. Esta é a razão de ser da Ordem Econômica fundada na Livre-iniciativa. Uma ordem econômica que esteja baseada na Livre-iniciativa mas que não tenha por finalidade assegurar a existência digna a todos não é aquela preconizada pelo Constituinte. Não merece proteção constitucional uma tal ordem". Cf. SCHOUERI, Luís Eduardo. *Direito tributário*. 7ª ed. São Paulo: Saraiva, 2017, pp. 378/379.

40 "[...] a Livre Concorrência pressupõe a Livre-Iniciativa, mas com ela não se confunde, já que, enquanto a primeira inexiste sem a segunda, a recíproca não é verdadeira". Cf. BASTOS, Celso Ribeiro. Direito Eco-

Em um quadro em que as trocas econômicas se fazem em ambiente essencialmente livre, isto é, sem a interferência injurídica do Estado, alguns fatores especiais devem estar presentes. Assim, será sempre necessário número ampliado de agentes participantes; livre movimentação de entradas e saídas desses agentes; acesso livre, facilitado e isonômico a recursos e insumos; e, sublinhe-se, transparência máxima, com acesso aberto a informações, sem, idealmente, qualquer traço de assimetria na posse desse que é um bem de inestimável valor (informação). Presentes os referidos fatores, evitam-se externalidades, que são os efeitos econômicos suportados (externalidade negativa) ou auferidos (externalidade positiva), para os quais o agente não concorreu em causa. Qualquer fator que gere resultados artificiais, com lucratividade advinda não de reais ganhos econômicos, mas, antes, de artifícios, deve ser refutado. Uma interferência artificiosa nas regulares relações econômicas e jurídicas tecidas no mercado promove, em consequência, perdas para o conjunto social, seja, por exemplo, a partir de concentrações empresariais mono ou oligopolísticas, tendentes, portanto, à dominância; imposição artificial de preços com lucros descalibrados; ou ganhos de lucratividade obtidos não por melhora no processo de produção.

Tal ordem de preocupações se inseriu também nas relações tributárias, afirmando a atenção constituinte (derivada). O art. 146-A, derivado da Emenda Constitucional 42[41], é disposição que concretizou normativamente a preocupação. Por intermédio desse artigo do Texto Constitucional se passou a prever a edição de lei complementar para estabelecimento de critérios especiais de tributação centrados na prevenção de desequilíbrios concorrenciais.

Mais importante, todavia, que a mensagem que se extrai da gramaticalidade do art. 146-A é a que dela se absorve dela implicitamente. Para a Constituição brasileira, considerada a sua posição topográfica no Texto Maior, ao lado de um princípio para prestígio obrigatório à capacidade contributiva, passa-se a ter uma norma de conteúdo igualmente axiológico e principiológico, qual seja, o de preservação da concorrência econômica equilibrada. Essa é uma diretriz a qual, em proteção à economia de mercado e à livre iniciativa, escolhas constituintes originárias e pétreas, deverá o poder estatal perseguir, inadmitindo distorções que atentem ao equilíbrio concorrencial.

5. CONCEITO DE PLANEJAMENTO TRIBUTÁRIO

O termo Planejamento Tributário guarda equivocidade, que necessita ser precisamente tratada, sob pena de, não fugindo a regra, dificultar a construção de um seu conteúdo conceitual adequado.

De início, de se assentar ser Planejamento Tributário o processo por intermédio do qual se adotam medidas tendentes à eliminação, minoração ou

---

nômico brasileiro. São Paulo: Instituto Brasileiro de Direito Constitucional, 2000, p. 132, *apud* SCHOUERI, Luís Eduardo, *op. cit.*, p.379, nota de rodapé nº 251.

41 BRASIL. Constituição (1988). Diário Oficial da União, Brasília, DF, 5 out 1988. Disponível em: <http://www.planalto.gov.br/ccivil_03/Constituicao/Constituicao.htm >. Acesso em: 28 dez. 2018.

postergação da incidência fiscal específica e própria. A economia fiscal ou tributária ou a elisão fiscal lícita, não abusiva ou eficaz é, portanto, o produto[42] ou resultado do Planejamento Tributário. Nesse caminho, confira-se:

> Um modelo de ação para o contribuinte, que poderá consistir tanto em uma escolha dos atos jurídicos que coincidam com hipóteses de não-incidência, quanto de isenção (total ou parcial) ou mesmo de negócios mais favoráveis, para obter o resultado desejado, de eliminação ou de redução do tributo devido[43].

O Planejamento Tributário seria ainda, para expressivo segmento doutrinário, mais que um direito do contribuinte, um seu dever, consideradas as atribuições e obrigações dos empreendedores e administradores diligentes. Um administrador responsável, cujas atribuições apontam para a condução da produção a, simultaneamente, menos custos e despesas possíveis e máxima lucratividade, nada mais estaria fazendo, ao buscar a diminuição dos montantes tributários devidos, que, fundado nas liberdades e direitos de auto-organização, contratual e de empreender, levar a cabo os seus deveres profissionais, jurídicos e legais. Importante fala doutrinária encampa esse enfoque. Vale a confirmação:

> Em nenhum momento o nosso ordenamento exige do contribuinte a busca da via negocial mais custosa em termos tributários. Por se tratar de prerrogativa assegurada juridicamente, esta circunstância independe de qualquer planejamento tributário. É a Constituição Federal que lhe reserva autonomia para auto-organizar-se, garantindo-lhe o direito de propriedade (art. 5º, XXII) e o direito ao pleno exercício da autonomia da vontade (art. 5º, IV, IX, XIII, XV, XVII e XXIII; art. 170 e seus incisos), dentre outros. A liberdade de ação das pessoas, reconhecida e tutelada pela Constituição Federal, legitima o direito à economia de tributos, pela garantia de liberdade para desenvolver atividades econômicas, inclusive a liberdade contratual[44-45].

Bastaria para tanto ao administrador diligente que esse não se descurasse da observância dos precisos limites das práticas autorizadas, que seriam todas aquelas que não expressamente vedadas em lei. Vale dizer, planejar-se tributariamente com vistas à obtenção de economia nos custos fiscais é, notada a condição de administrado, localizar o espaço jurídico em que não se percebam proibições normativas diretas e explícitas. Essa visão termina por explicar o

42 Consulte-se TÔRRES, Heleno Tavares, *in*, *Direito tributário e direito privado* – autonomia privada – simulação – elusão tributária, São Paulo: Editora Revista dos Tribunais, 2003, p. 175.

43 *Ibid.*

44 TÔRRES, Heleno Taveira. Limites do planejamento tributário e a norma brasileira anti-simulação (lc 104/01). Valdir de Oliveira Rocha (Coord.). *Grandes questões atuais do direito tributário – 5º volume*. São Paulo: Dialética, 2001, p. 108.

45 Sobre o ponto, vale a observação de, em sendo a figura da empresa um modelo contratual, haver " (...) estreita correlação, nem sempre percebida pelo operador do direito, entre o negócio jurídico _ com especial atenção para o contrato _ e a propriedade. Muitas das faculdades inerentes à propriedade são exercitadas por intermédio de contratos". Conforme LOUREIRO, Francisco Eduardo. *A propriedade como relação jurídica complexa*. Rio de Janeiro: São Paulo: Editora Renovar, 2003, p. 82.

Planejamento Tributário e sua refutação como exercício hermenêutico[46] [47]. Por essa razão, para Ricardo Lobo Torres[48],

> Na prática da elisão fiscal o contribuinte opera além da possibilidade expressiva da letra da lei (*mogliche Wortsinn*), para empregar novamente a expressão de Larenz[49], isto é, monta o seu negócio ou estrutura a sua empresa ultrapassando os limites da interpretação jurídica[50], caindo, abusivamente, no campo da lacuna[51] ou da analogia[52].
>
> Por isso mesmo a elisão não pode ser combatida pela *interpretação*, mas apenas pela *integração jurídica*, mormente pela contra-analogia e pela redução teleológica, ínsitas nas normas antielisivas.

Contribuições importantes, de outro giro, a partir de escorço histórico, o que no Brasil não se admite desconsideradas as elaborações de Sampaio Dória, colaboram para um conceito de Planejamento Tributário.

Para Sampaio Dória, há um conceito genérico, o de evasão lícita, que é a "concretizada na conduta individual preventiva tendendo a, por processos sempre lícitos, afastar, reduzir ou retardar a ocorrência do próprio fato

---

46 Para Ricardo Lobo Torres, o exercício hermenêutico integral abarca a interpretação, a integração e a concretização do Direito. Falando sobre o Código Tributário Nacional (CTN) e censurando a opção legislativa de embutir um capítulo (Capítulo II) dedicado à interpretação e integração da legislação tributária ("Melhor teria sido não existir o tal capítulo no CTN"), afirma o Autor: "Ao separar a interpretação da aplicação e da integração e ao desconsiderar a correção o CTN deixou de apreender o processo hermenêutico em sua totalidade e em sua verdadeira natureza de *concretização* do direito". Conforme TORRES, Ricardo Lobo. Normas de interpretação e integração do direito tributário. 2ª ed. Rio de Janeiro: Forense, 1984, pp. 29/30.

47 O inovildável Rubens Gomes de Souza, uma vez mais com maestria afirma que "Em contrário à tese de que a interpretação é um mecanismo ou um sistema destinado a solver dúvidas [pensamos que], é pacífico o entendimento atual de que a interpretação é um elemento integrante da metodologia aplicativa do direito". Prossegue o Mestre; "Toda aplicação de uma norma jurídica, mesmo a aparentemente mais simples, envolve um processo mental, um processo de análise, processo, diríamos, declarativo". SOUZA, Rubens Gomes de. Normas de interpretação no código tributário nacional. *In Interpretação no direito tributário*. São Paulo: EDUC;Saraiva. 1975, pp. 363/364, *apud* CASSONE, Vittorio. *Interpretação do sistema tributário nacional e o STF* - teoria e prática - sistema tributário nacional interpretado pelo STF - método gramatical, teleológico, histórico, sistemático - duas grandes escolas: legalista e interpretativista - devido processo legal na tributação - caminho a ser percorrido na interpretação das leis. São Paulo: Atlas, 2013, p. 11..

48 TORRES, Ricardo Lobo. Normas gerais antielisivas *in Temas de interpretação do direito tributário*. Ricardo Lobo Torres (org.). Rio de Janeiro/São Paulo: Renovar, 2003, p. 317.

49 LARENZ, Karl. Methodenlehre der rechtswissenschaft. Berlin: Springer-Verlag, 1983, p. 329, *apud* TORRES, Ricardo Lobo. *Normas gerais antielisivas, op. cit., loc. cit.,* nota de rodapé nº 120.

50 LUPI, Rafaello. Elusione, esperienzze europee l'uso e l'abuso del diritto tributário. *In* ADRIANO, Pietro Di (ed.), *L'elusione fiscale nell'esperienza europea*. Milano: Giuffrè, 1999, p. 268, *apud* TORRES, Ricardo Lobo. *Normas gerais antielisivas, op. cit., loc. cit.,* nota de rodapé nº 121.

51 TIPKE, Klaus. Die steuerreschtsordnung, Koln: Otto Schmidt, 1985, p. 1329, *apud* TORRES, Ricardo Lobo. *Normas gerais antielisivas, op. cit., loc. cit.,* nota de rodapé nº 122

52 KIRCHHOF, Paul. Steuerumgehung und auslegungsmethoden, *Steuer und wirtschaft* 60: 173 - 183, 1983, p. 176, *apud* TORRES, Ricardo Lobo. *Normas gerais antielisivas, op. cit., loc. cit.,* nota de rodapé nº 123. A mesma nota de rodapé, em linha similar, cita Rosembuj *(in* La simulación y El fraude em La nueva ley general tributaria. Madri: Marcial Pons, 1996, p. 88, conforme TORRES, Ricardo Lobo. *Normas gerais antielisivas, op. cit., loc. cit.).*

gerador"[53]. Evasão irrepreensível abrigaria, dessa forma, qualquer conduta tendente à economia fiscal, mas que, assinala o Autor, dê-se obrigatoriamente antes da ocorrência do fato gerador e seja rigorosamente lícita.

Segundo, porém, para outro Autor de nomeada para o tema, Hermes Huck, haveria uma necessária nota distintiva a ser observada entre as figuras das práticas elisivas fiscais lícita e ilícita. Elegendo o termo gênero elisão fiscal, Huck esclarece a diferença entre as suas formas lícita (elisão fiscal lícita) e ilícita (elisão fiscal ilícita), reservando a esta última a ideia de práticas anormais e abusivas, cujo objetivo único e exclusivo se volta ao de obtenção de vantagem fiscal[54].

Escolhendo o termo elusão tributária para a figura com opção por emprego de meios dolosos[55], Tôrres de igual forma expõe a compreensão de haver campos definidamente distintos para as práticas elisivas.

Vê-se, assim, que já aqui as práticas do Planejamento Tributário podem produzir quadro inaceitável do ponto de vista jurídico, bastando a tanto que se flagrem opções inusuais e apoiadas em desenhos abusivos, o que pode ser aferido ante um escopo exclusivamente minimizador da carga fiscal, afastado de qualquer outro conteúdo.

Greco[56], por sua vez, ao historiar a evolução no tratamento da economia fiscal tributária, expõe-a como uma travessia de três momentos, dois já superados e o terceiro em curso. Aponta como primeiro critério para exame de eventual injuridicidade na prática elisiva o princípio da capacidade contributiva, asseverando ser este o autêntico princípio constitucional tributário. Para o Autor, mesmo prestigiada a liberdade empresarial e contratual nas iniciativas empreendedoras, essa precisa estar harmonizada com outros critérios para além da gramaticalidade normativa. Nesse campo, estar em linha com a juridicidade importa em atentar para a capacidade contributiva como expressão da igualdade e da solidariedade social[57], valores especialmente adotados e protegidos na Constituição vigente.

Uma tributação, é a suma do momento conceitual presente, submetida positivamente à valoração constitucional, não se abre, pois, para o desrespeito ao direito de propriedade, à pressão tributária confiscatória[58-59], à desatenção

53 DÓRIA, Antônio Roberto Sampaio. *Elisão e evasão fiscal*. São Paulo: Lael, 1971, p. 20.

54 HUCK, Hermes Marcelo. *Evasão e elisão* – rotas nacionais e internacionais do planejamento tributário, Evasão e elisão – rotas nacionais e internacionais do planejamento tributário. São Paulo: Editora Saraiva, 1997, p. 47.

55 TÔRRES, Heleno Taveira. *Direito tributário e direito privado* – autonomia privada – simulação – elusão tributária, *op. cit.*, p. 113.

56 GRECO, Marco Aurélio. *Planejamento tributário*. São Paulo: Dialética, 2004, p. 74.

57 *Ibid.*

58 Para Castilho, confisco tributário é " ... uma ação do Estado, empreendida pela utilização de tributo, a qual retira a totalidade ou uma parcela considerável da propriedade do cidadão contribuinte, sem qualquer retribuição econômica ou financeira por tal ato". *In* CASTILHO, Paulo César Bária de. *Confisco tributário*. São Paulo: Editora Revista dos Tribunais, 2002, p. 39.

59 Ricardo Lobo Torres, explorando o conceito de confisco tributário, informa que a Declaração dos Direitos do Homem (art. 17), a Constituição Brasileira de 1824 (art. 179, XXII) e a 5ª Emenda à Constituição

ao pleno exercício do direito à auto-organização e à liberdade de empreender, de empresariar, de contratar e de negociar, mas, igualmente, não desatende à efetivação dos conteúdos veiculados pelo princípio da capacidade contributiva, esse como projeção da igualdade e da justiça tributárias.

6. ATUALIZAÇÃO CONCEITUAL DE PLANEJAMENTO TRIBUTÁRIO

6.1. Nota introdutória

Os problemas objeto do Direito Tributário são fruto das abordagens jurídicas de fenômenos econômicos. É o que pontifica o indispensável, não somente por ser clássico, Amílcar de Araújo Falcão, ao explicar a figura nuclear desse ramo de conhecimento jurídico, o fato gerador, como um fato econômico de relevância jurídica. Uma questão tributária demanda assim exame específico, considerando-se a como também um problema econômico, a partir da compreensão de ser o Direito Tributário estatuição jurídica de fato econômico. Mesmo com advertência de não "ser o fato gerador, simplesmente, um fato econômico"[60], Falcão percebe o Direito como o que empresta efeitos ou qualificações juridicamente relevantes aos fatos políticos, sociais e econômicos.

Não está solitário esse de sempre ser lembrado Autor em sua percepção. Palavras de Schoueri:

> A tributação pode ser estudada por diversas aproximações [...].
>
> Ao jurista, fica reservado o papel de descrever e sistematizar o ordenamento jurídico tributário. [...]
>
> Sendo a tributação um fenômeno histórico, político, econômico e social, as contribuições oferecidas por essas aproximações não podem ser desprezadas na busca da construção de um sentido ao todo tributário[61].

Diante o jurista de um problema jurídico tributário para o qual o instrumental puramente jurídico, sublinhe-se, claudica, uma situação em que sob exame caso destacadamente difícil, a importância de contribuições de outros ramos científicos ganha relevo, incabendo o isolar e encapsular.

---

dos Estados Unidos avançaram, mas somente para permitir a perda da propriedade pela via da desapropriação e desde que mediante justa indenização. Nas palavras do Autor, "Se desaparece o confisco e se a desapropriação se faz com justa indenização, segue-se que não se admitirá sequer o imposto com efeito confiscatório". Prossegue Ricardo Lobo Torres, afirmando que "No pensamento luso-brasileiro o problema não chega a ser objeto de reflexão de maior fôlego", em reflexões acerca da ideia de liberdade no Estado Fiscal, cuja estrutura econômica era capitalista, sendo politicamente fundado no liberalismo político. Desse ponto do conjunto de apoios conceituais, permitiu-se a ampliação das liberdades, , limitando-se, contudo, no tratamento do injusto social à proteger o mínimo existencial, sem traços de proatividade política e econômica. Conforme TORRES, Ricardo Lobo. *A idéia de liberdade no estado patrimonial e no estado fiscal*. Rio de Janeiro: Renovar, 1991, pp. 97/98 e 133-138.

60 FALCÃO, Amílcar de Araújo. *Fato gerador da obrigação tributária*. Geraldo Ataliba (atualiz.). 4ª ed. São Paulo: Revista dos Tribunais, 1977, p. 65.

61 SCHOUERI, Luís Eduard. *Direito tributário, op. cit.*. p. 23.

É nessa compreensão que um fenômeno jurídico tributário, dada a sua essencial, mas não exclusiva, natureza econômica, tem a sua análise qualificada acaso admitida uma sua abertura ao ferramental construído pela Ciência Econômica. Submetida a adequada filtragem, as contribuições advindas da Economia em diálogo com a Ciência Jurídica podem se oferecer como soluções indispensáveis.

Linhas acima, ao se cuidar dos efeitos da eleição pelo Texto Constitucional da interação entre a noção de neutralidade na tributação com o seu consequente cuidado com o equilíbrio concorrencial, fez-se menção ao art. 146-A, cuja mensagem dita que (por intermédio de lei complementar) poderão ser estabelecidos critérios especiais de tributação com o objetivo de prevenir desequilíbrios da concorrência. A contribuição que uma aperfeiçoada leitura dessa disposição constitucional pode trazer à análise do problema nos efeitos elisivos decorrentes de abusividade em desenhos produzidos no terreno do Planejamento Tributário não pode ser dispensada.

Antes que se mais avance, breves linhas sobre a figura do Abuso de Direito, fundamental na formulação de alguma das técnicas atuais para classificação e eventual tratamento do Planejamento Tributário.

6.2. Abuso de Direito no contexto do Planejamento Tributário

O exercício de um direito deve guardar relação – superada a aceitação do conceito de mera aderência a uma sua prescrição normativa e de absolutidade sempre admitida em seu exercício – com a noção de exercício regular. Afastadas, pois, práticas simplesmente emulativas, aquelas que voltadas unicamente à imposição injustificada de prejuízos a terceiro, e o exercício incontido, imoderado, irrazoável e desproporcional de um direito. Na lição de Tôrres, modernamente

> [...] deve-se entender por negócios jurídicos com 'abuso de direito', o uso de configurações jurídicas que se apresentem inadequadas com relação ao regime jurídico típico ou atípico, gerando a possibilidade de obtenção de 'vantagens injustificáveis', além do quanto ordinariamente possível[62-63].

Adotando tal compreensão, a atual Codificação Civil (art. 187, do Código Civil[64]) impôs, ao lado das noções de boa-fé e de bem comum e fins sociais, a noção de fins econômicos, no que terminou acompanhada e chancelada por

62 TÔRRES, Heleno. *Direito tributário e direito privado* – autonomia privada – simulação – elusão tributária, *op. cit.*, p. 335.

63 O Código Civil de 1916 empregava para tratamento do tema linguagem de onde se extraia indiretamente o conceito de Abuso de Direito.Relembre-se: "Art. 160: Não constituem atos ilícitos: I – Os praticados (...) no exercício regular de um direito reconhecido". Na atual Ordenação (Lei 10.406, de 10 de janeiro de 2002), a aproximação é direta. Confira-se: Art. 187. Também comete ato ilícito o titular de um direito que, ao exercê-lo, excede manifestamente os limites impostos pelo seu fim econômico ou social, pela boa-fé ou pelos bons costumes.

64 Vide nota de rodapé acima (nº 61).

qualificada Doutrina. Para essa Doutrina, a teoria do abuso de direito dirige o processo de identificação de patologias jurídicas, observadas demasias no exercício regular dos direitos. Noções como de contrato e de empresa "passam a ser funcionalizados socialmente, condicionando sua validade ao atendimento dos valores que informa o ordenamento, gerando uma nova noção de antijurídico que vai além do juízo de licitude"[65]. Em última análise, isso pode permitir que se tomem dadas opções contratuais e organizacionais empresariais, as quais cuidem de atender a não mais que a gramaticalidade normativa, como injurídicas, uma vez que adotadas com eventual abuso no exercício de um direito.

6.3. Conclusões conceituais atualizadas para o Planejamento Tributário

Se estiver com a razão Tipke, citado por Lodi Ribeiro, para quem a "elisão tributária é a ruptura da igualdade da tributação segundo a capacidade contributiva (assinale-se) através dos meios formais"[66]; e estiver correto se perceber que a neutralidade na tributação é objetivo a ser buscado, ostentada ela como fundamento ao tratamento como princípio tributário o da preservação da concorrência em equilíbrio, o poder fiscal tributário deve atuar na terapêutica do quadro economicamente adoentado e que tenha como agente patológico dada prática organizacional de conteúdo tributário. Situações que afetem o livre mercado – de que são exemplos as monopolísticas ou oligopolísticas; dominância irrazoável de mercado; lucratividade desproporcional; inadimplemento sistemático, reiterado e contumaz das obrigações tributárias; adoção de métodos abusivos de economia fiscal tributária; etc. –, gerada vantagem competitiva artificial, devem ser ingentemente tratadas. Como já sustentado, inexiste que espaço constitucional para um enfoque que deságue em absoluto direito de auto-organização.

Ainda que se adote como premissa o tipo ideal da noção de mercado em regime de livre iniciativa e de concorrência rigorosamente equilibrada, opções elisivas fiscais vazias de outros propósitos que não os de mitigação da carga fiscal própria promovem distorções e ineficiências econômicas, assim na exata medida em que delas decorrem vantagens que nada tem que ver com um processo produtivo submetido a avanços e ganhos administrativos e de eficiência concretos. Exemplo claro desse estado de coias é o acesso a conceitualmente fórmulas especiais de informações e de conhecimentos sobre práticas jurídicas contratuais e organizacionais proporcionadas por assessoria jurídica e contábil especializada.

Daí que a figura do Planejamento Tributário, assentada a percepção de que o ponto de partida para a aplicação da compreensão jurídica tributária é a

65 Conforme GAMA, Guilherme Calmon Nogueira da, *in Direito civil – parte geral*. São Paulo: Atlas, 2006, p. 197.

66 TIPKE, Karl, *in* Steuerrechtsordenung, p. 1332, *apud* TORRES, Ricardo Lobo, *in Normas de interpretação e integração do direito tributário*. 3ª ed. Rio de Janeiro: Renovar, 2000, p. 148, *apud* RIBEIRO, Ricardo Lodi, *op. cit.*, p. 137.

atenção à igualdade ante a incidência fiscal tributária e à consequente submissão aos efeitos da capacidade contributiva, considerado o fenômeno tributário em sua essência econômica, mostrar-se-á ineficaz sempre que decorrente de formatos especiais obrigacionais e contratuais, aos quais acessa o agente de mercado – contribuinte potencial – de modo exclusivo e privilegiado, em claro aproveitamento de situação anti-isonômica de assimetria informacional. Gera-se como resultado, a partir dessa fórmula de assimetria informacional, um modelo distorcivo na formação de preços de mercado em equilíbrio concorrencial. O quadro que daí deriva é juridicamente abusivo e economicamente promotor de ineficiência, com lucratividade e ganhos que são artificiosamente apartados de atividades empresariais finalísticas aperfeiçoadas.

Planejamento Tributário se aninha nos valores e diretrizes constitucionais somente quando respeitada a igualdade na tributação e protegida a economia de mercado e o equilíbrio concorrencial, fruto que seja não de artificialismos jurídicos e contábeis, mas consequência de desenhos organizacionais e contratuais empresariais fundados e motivados por propósitos efetiva e primariamente negociais.

Planejamento Tributário e Ética: a Construção de um Dever Geral de Combate a Práticas Abusivas

Daniel Giotti de Paula[1]

Sumário: 1. O homenageado. 2. Introduzindo o tema: um dever geral de vedação a elisão como uma questão de ética fiscal. 3. A liberdade, a igualdade e a solidariedade como fundamentos da tributação. 4. Planejamento tributário e autonomia privada a partir de uma leitura constitucionalmente adequada. 5. A construção de um dever constitucional de se afastar práticas abusivas e o ônus argumentativo das autoridades fiscais. 6. Conclusão

1. O HOMENAGEADO

Em boa hora, os professores Carlos Alexandre de Azevedo Campos, Gustavo da Gama Vital de Oliveira e Marcos Antônio Ferreira Machado, organizaram este livro com estudos em homenagem ao professor Ricardo Lobo Torres.

Além das justificativas normais a se elencar para homenagear este que foi um dos maiores tributaristas brasileiros de todos os tempos, enuncio algumas razões próprias.

"Conheci" Ricardo Lobo Torres desde 2001. Cursava a disciplina de Direito Financeiro, ministrada por meu saudoso professor José Wilson Ferreira Sobrinho. José Wilson referia-se ao Ricardo como um cavalheiro. Talvez esse tenha sido o primeiro adjetivo que vi associado a ele.

O professor José Wilson apresentava-me o clássico "Curso de Direito Financeiro e Tributário" do professor, parecerista, procurador do Estado e advogado Ricardo Lobo Torres, e reportava-se, com entusiasmo, entre as muitas ideias do mestre, ideia do mínimo existencial, que fascinou o jovem estudante que eu era à época.

Tentei, junto com amigos, escolher esse tema para apresentar um trabalho ao final do semestre. Faltou coragem acadêmica, e optamos por discorrer sobre a tributação de *softwares*, muito antes da questão de serem ou não de

---

1 Doutor em Finanças Públicas, Tributação e Desenvolvimento pela UERJ, Procurador da Fazenda Nacional, Professor e Presidente-fundador do Institutos de Estudos Tributários e Finanças Públicas de Juiz de Fora e Região.

prateleira, estarem ou não nas nuvens. A tributação sobre intangíveis apenas começava.

De qualquer sorte, o amor pelo Direito Tributário se contemplava em uma tríade: primeiro meu pai, Célio; contador, que me fez entender pela primeira vez que figurava estranha para uma criança, era essa a do tributo; segundo José Wilson, meu primeiro professor na matéria em sentido amplo; e, finalmente, Ricardo Lobo Torres, o primeiro doutrinador que me descortinou os fenômenos da tributação e das finanças públicas.

Anos mais tarde, em 2010, divido uma mesa com o professor Ricardo Lobo Torres, além de outros colegas advogados e professores. Era um jovem mestrando, a falar ao lado de um de seus ídolos acadêmicos. Lembro-me da felicidade em ver que o professor ouvia o que eu dizia. Um amor à academia e ao diálogo genuíno, que somente os verdadeiros docentes possuem.

Estar no rol dos autores desta obra é tentar retribuir, postumamente, o que aprendi e aprendo na fecunda obra do professor Ricardo Lobo Torres,

2. INTRODUZINDO O TEMA: UM DEVER GERAL DE VEDAÇÃO A ELISÃO COMO UMA QUESTÃO DE ÉTICA FISCAL

Há alguns anos tive a grata oportunidade de participar do Seminário sobre Norma Geral Antielisiva, coordenado pela Receita Federal do Brasil, nos dias 04 e 05 de outubro de 2010, em Brasília. Tal participação me motivou a escrever este artigo, publicado originalmente na Revista da PGFN, n. 1, que incorpora, porém, algumas novas reflexões e revê parte do que escrevera, o que o configura como artigo novo, pois novas ideias tive e a novas conclusões chego.

Aquele seminário não configura a primeira vez em que a Receita Federal do Brasil tratou do tema, pois entre 06 e 08 de agosto de 2001 houve seminário internacional sobre elisão fiscal em Brasília, disponibilizado na forma de anais no sítio do órgão fazendário, numa tentativa de regulamentar o artigo 116, do CTN, eis que os artigos 13 a 19 da Medida Provisória n. 66, de 29 de agosto de 2002, não tinham sido convertidos em lei.

Como participante naquele congresso, registrei que alguns consensos se formavam: 1) a liberdade de conformação dos negócios privados pelo particular não está imune ao controle dos órgãos fazendários se abusivos; uma vez que 2) o Direito Tributário não mais pode conviver com a tipicidade cerrada em um ambiente de solidariedade e neutralidade concorrencial da tributação; embora 3) não se admita deixar ao juízo exclusivo do Poder Executivo o estabelecimento do que seja ou não prática elisiva, sob pena se gerar insegurança e arbítrio.

A partir dessas premissas, das quais não me afasto, proponho estudo sobre a existência de um dever geral de repúdio a normas abusivas em planejamentos tributários, fundamentado, sobretudo, no valor da solidariedade e nos seus princípios corolários, isonomia tributária e capacidade contributiva.

O que quero demonstrar é este dever geral, de certa forma, decorre da assunção de que direito e moral realmente se aproximaram, um dos alicerces de toda teoria do professor Ricardo Lobo Torres e que é designada como a "virada katiana"[2].

Naquilo que interesse ao presente artigo, o jurista enuncia que essa aproximação entre direito e moral traria a projeção da ética tributária para as dimensões cosmopolita, internacional, nacional e local[3].

Nas páginas seguintes, trata de estabelecer o que seria a moral tributária esperada da Administração e dos contribuintes, em nítido diálogo com a obra de Klaus Tipke.

Impressiona, porém, que a aproximação entre direito e moral se intensificou, em nível internacional, com o estabelecimento das quinze ações do BEPS (*Base Erosition and Profit Shifting Project*), ao se coibir o chamado planejamento tributário agressivo, o que se notabilizou pela ação 12, que estabelece a necessidade de impor ao contribuinte o dever de informá-lo ao fisco[4].

Além de ser interessante verificar como o diagnóstico de Ricardo Lobo Torres estava certo na projeção da ética tributária em dimensão interacional, sugere-se que deva haver algum tipo de controle e sanção do Direito Tributário frente a planejamentos tributários que não sejam moralmente aceitáveis, pois isso passou a preocupar a sociedade civil.

Exemplo emblemático disso foi a afirmação que Margareth Hodge, presidente do Comitê de Contas Públicas do Parlamento Britânico, em audiência realizada em 12 de novembro de 2012, fez ao se dirigir a Matt Brittin, vice-presidente de vendas e operações da Google, cuja estrutura societária e gerava perda de arrecadação para o Reino Unido.

A presidente do comitê disse que a acusação sobre os atos praticados pelos executivos da Google eram, não por haver neles ilegalidade, mas imoralidades[5].

Independente dos desdobramentos dessa discussão específica no Reino Unido e mesmo os problemas de internalização das ações do BEPS nos países, percebe-se que as mudanças na moralidade tributária e a tolerância social a ela, tem motivado que uma série de países adotem normas gerais antielisivas ou pensam, seriamente, em criá-las[6].

Autores que se fiam em uma perspectiva de maior proteção de direitos fundamentais do contribuinte, afirmaram que "a imoralidade gerada pelas

---

2 TORRES, Ricardo Lobo. *Tratado de Direito Constitucional Financeiro e Tributário: Valores e Princípios Constitucionais Tributários.* Vol. II, Rio de Janeiro: Renovar, 2005, pp.3-5.

3 *Ibidem*, p. 6.

4 OCED. *Mandatory Disclouse Rules, Action 12 – 2015 Final Report, OECD/G20* Base Erosion and Profit Shifting Project. Paris: OECD Publishing, 2015, disponível em https://read.oecd-ilibrary.org/taxation/mandatory-disclosure-rules-action-12-2015-final-report_9789264241442-en, acesso em 30.11.2018.

5 CALDAS, Marta. *O conceito de Planejamento Fiscal Agressivo: Novos Limites ao Planejamento Fiscal?* – Cadernos IDEFF n. 18. Coimbra: Almedina, 2015, p. 160.

6 ROSENBLATT, Paulo. *Normas gerais antielisivas como princípio de direito internacional: os desafios do Brasil em se compatibilizar ao BEPS.* In: "REVISTA DIREITO TRIBUTÁRIO INTERNACIONAL ATUAL, n, 2, 2017, pp. 213-214.

incongruências e assimetrias dos ordenamentos jurídicos, quando articuladas em um planejamento tributário que reduz significativamente a arrecadação de tributos deve exercer caráter pedagógico ao legislador", cabendo-lhe corrigir essa imperfeição do sistema jurídico, à luz de critérios de justiça tributária, para coibir casos futuros[7].

Isso pareceria reafirmar uma análise reducionista do Direito Tributário, focando-se apenas na norma de incidência tributária, desconsiderando-se o contexto que deve nortear a interpretação e aplicação de quaisquer normas jurídicas.

Assim, mesmo reconhecendo que Ricardo Lobo Torres, parafraseando Johanna Hey, afirma que "não há nenhum dever patriótico que leve a alguém pagar o imposto mais alto"[8], é curioso pensar que, da obra dele, pode-se extrair, sim, um dever geral de vedação à práticas elisivas, tanto pela postura que afirmava ter, de repulsa ao positivismo pelo reducionismo que gerava na interpretação e aplicação do Direito[9].

Se as dimensões individual e coletiva da tributação parecem ser preocupação na obra de Ricardo Lobo Torres, no que se vê em sua constatação de que a imoralidade existe em ambas as partes da relações jurídico-tributárias, pretende-se com este artigo reafirmar que, apesar de existir uma norma geral antielisiva positivada no Brasil, este dever geral existe com base nos princípios que fundamentam o Direito Tributário nacional.

Coibir planejamentos eivados de patologia[10] é algo possível e desejável, a par das discussões de quais os procedimentos que deve tomar o fisco. A questão se cinge a estabelecer critérios para evitar que a fundamentação contra um planejamento tributário seja muito genérica, algo como recorrer exclusivamente a valores jurídicos abstratos, prática que o artigo 20 da LINDB, desde a alteração da lei federal n. 13.655 de 2018, parece indicar como juridicamente equivocada.

Pretende-se demonstrar que a aproximação entre direito e moral, exigindo-se que planejamentos tributário se orientem sob uma prisma ético, tanto pelo fisco, quanto pelos contribuintes, com esteio na obra de Ricardo Lobo Torres, não implica desconsiderar a liberdade desses últimos em organizar seus negócios, antes reforçar que a interpretação do Direito Tributário brasileiro não se baseia mais na tipicidade cerrada ou na especificação conceitual.

---

7 COIMBRA, Rainer. *O conceito de planejamento tributário agressivo*. In: GODOI, Marciano Seabra de; ROCHA, Sérgio André. *Planejamento tributário: limites e desafios*. Belo Horizonte: Ed. D'Plácido, 2018, p. 390.

8 TORRES, Ricardo Lobo. *Planejamento fiscal – elisão abusiva e evasão fiscal*. 2ª ed., Rio de Janeiro: Elsevier, 2013, p. 10.

9 Ver, por exemplo, TORRES, R. L. *Op. cit.*, 2005, p. 5: "O direito, portanto, em seus fundamentos em suas premissas normativas, relaciona-se intimamente com a ética, o que conduz à superação do positivismo, que se define exatamente pela rígida separação entre as duas instâncias, qualquer que seja a sua corrente teórica: pandetismo, sociologismo, utilitarismo, normativismo etc.".

10 GRECO, Marco Aurélio. *Planejamento Tributário*. Dialética: São Paulo, 2011, pp. 194 e seguintes.

3. A LIBERDADE, A IGUALDADE E A SOLIDARIEDADE COMO FUNDAMENTOS DA TRIBUTAÇÃO

O Direito atual, afastando-se do liberalismo político clássico, não trabalha mais no campo da liberdade absoluta. Discute-se, nos lindes do Estado Democrático de Direito, o *status* que a liberdade deve ter. Não que se esqueça da influência da filosofia contratualista na formulação do próprio conceito de Estado, concebido como um ente abstrato para garantir a segurança dos cidadãos, antes ameaçados por um ambiente no qual todos podiam tudo. Uma pretensa liberdade absoluta, sem limitações institucionais, escondia o risco de se instaurar uma guerra de todos contra todos[11].

Liberdade e igualdade andam lado a lado nesse sentido. Seria possível argumentar que em uma sociedade sem Estado a igualdade tenderia à plena concretização, pois os bens estariam disponíveis ao alcance de todos. Mas isso nada mais é que a gramática ilusória da igualdade[12], pois seria a institucionalização do monopólio da força, como o veículo próprio da conquista dos bens da sociedade.

A solução inicial, e aqui se está pisando sobre o terreno do Estado de Direito, foi conceber o Estado como um ente que garantisse a segurança, interferindo o menos possível no campo da autonomia privada dos agentes econômicos.

No que concerne à tributação, tinha-se uma visão individualista-protetiva, de modo que se criaram normas jurídicas veiculando proibições ou restrições à atividade estatal. Falava-se aqui nos princípios da legalidade, irretroatividade, anterioridade e tipicidade[13].

Dentre os princípios, o que era visto como mais importante era o da legalidade tributária. Embora se possa associá-lo a movimentos anteriores às revoluções liberais do Século XVIII, como à Magna Carta de 1215, estreme de dúvidas que ele encontrou eco, sobretudo, nas constituições surgidas após as revoluções americana e francesa. Do princípio derivou a máxima "no taxation without representantion", assumindo-se que como a tributação invadia a esfera de liberdade privada só o consentimento poderia levar à legitimidade do tributo[14].

Com a criação de Estados Sociais, tentaram-se anular os reducionismos que a proposta liberal fazia da sociedade, que em essência mantinham uma gramática ilusória da igualdade, pois se contentavam apenas em mitigar a força física como critério justo de distribuição de recursos por outros tipos de força, mais veladas, como a força política, a força econômica, a força social etc.

O discurso de que com liberdade se garantia um campo próprio para a realização do homem escondia as relações de hipossuficiência que os momentos constituintes ignoravam.

---

11 HOBBES, Thomas. *O Leviatã.* organizado por Richard Turk. São Paulo: Martins Fontes, 2003, p. 109.

12 VIEIRA, Oscar Vilhena. *Direitos fundamentais*: uma leitura da jurisprudência do STF. 2006, p. 206.

13 GRECO, Marco Aurélio. *Perspectivas teóricas do debate sobre planejamento tributário. Revista Fórum de Direito Tributário*, Belo Horizonte, ano 7, n. 42, ano 2009.

14 RIBEIRO, Ricardo Lodi. *O fundamento da legalidade tributária: do autoconsentimento ao pluralismo político. Revista de Informação Legislativa*, Brasília a. 45 n. 177 jan./mar. 2008, pp. 216-217,

Criaram-se, então, direitos econômicos, sociais e culturais, tentativas de o Estado equilibrar relações que, analisadas sob o prisma da realidade, já se regiam pela diferença e não pela igualdade. O direito de propriedade, por exemplo, não era mais visto como absoluto, devendo atender a uma função social . Essa tentativa de conciliar liberdade e igualdade gerou releituras em todo o Direito, não ficando o Direito Tributário infenso ao novo papel que se lhe atribuía.

A partir dessa nova perspectiva, os tributos deixam de ser excepcionais, passando a instrumentos de receita pública derivada, dos quais, continuadamente, o Estado se valia para atender aos objetivos assumidos na redução das desigualdades socioeconômicas.

Nesse sentido, não bastava mais a observância de critérios formais para se chegar à juridicidade de um tributo, sendo importante a observância da capacidade de cada cidadão ou sociedade empresária para arcar com a tributação devida.

A dinâmica das relações sociais, porém, não se contentou com a pretensa conciliação entre liberdade e igualdade. Não bastava a mera preservação de um espaço próprio para a realização do ser humano, nem que as desigualdades fossem atenuadas por atuação do Estado ou de particulares, tornando-se premente um terceiro passo, dando-se concretude ao valor da solidariedade.

Na verdade, sem adotar a postura de que tributo é norma de rejeição social, parece que "é um fato cultural, histórico, desconfiar do Estado e ver a arrecadação dos impostos como 'subtração', ao invés de contribuição a um Erário comum"[15].

Além de se buscar igualdade material no ônus de suportar a carga tributária, enfatiza-se um dever geral de que todos arquem com o custeio das despesas públicas. O exemplo mais claro de país em que se adota, expressamente, a solidariedade como fundamento da tributação é a Itália, em cuja Constituição está estabelecido que "todos devem concorrer com as despesas públicas em relação com sua capacidade contributiva" (art. 53, da Constituição italiana).

Segundo o jurista italiano Claudio Saccheto, a mudança não é apenas semântica, significando, sim, que a prestação tributária deixa de ser entendida como "fruto de uma autoimposição da comunidade organizada à vista da atuação dos valores compartilhados de liberdade e dignidade da pessoa humana, mas, ao contrário, como imposição heterônoma desarticulada das razões do vínculo social mais geral e abrangente, entre aqueles que se entrelaçam na comunidade politicamente organizada"[16].

A seguir, o tributarista pontua que a Constituição italiana fez uma opção pela solidariedade como "critério de avaliação primária do legislador quando

---

15 SACCHETTO, Claudio. *O Dever de Solidariedade no Direito Tributário: o Ordenamento Italiano*. In: GRECO, Marco Aurélio; GODOI, Marciano Seabra de. *Solidariedade social e tributação*. São Paulo: Dialética,2005, p. 14.

16 *Idem*.

tiver de decidir se os interesses que irá regular devem ser entregues à autonomia privada ou a disciplinas de natureza pública"[17].

Essa ideia, expressa na Constituição italiana, porém, não é meramente paroquial. No Brasil, entende-se que a solidariedade na tributação advém do próprio propósito que se tem com o Estado brasileiro de construir uma sociedade livre, justa e solidária (art. 3º, CR/88).

A partir dessa perspectiva, não há como se entender o tributo apenas radicado na liberdade, como se fora prestação correspectiva-comulativa diante da distribuição de vantagens específicas para o obrigado, mas como dever de concorrer para a própria subsistência do Estado[18].

Não se deve olvidar, portanto, que o tributo, embora originariamente vinculado às liberdades civis, atualmente, ganha contornos mais amplos. Prossegue sendo o preço da liberdade, segundo Ricardo Lobo Torres[19] com apoio na lição de Josef Isensee, mas tem algo mais, pois representa, a um só tempo, um dever fundamental e gera o direito de exigir a prestação de serviços públicos.

Essa ideia de que o tributo é o preço da liberdade, na obra de Ricardo Lobo Torres, traria o tributo como um dever fundamental, pois seria resultado do pacto social celebrado[20].

Entretanto, deve-se lembrar que, de sua obra, não se extrai da ideia de um dever fundamental de pagar tributos uma cláusula geral para chancelar qualquer interpretação a favor do fisco, como se apenas a dimensão coletiva da tributação valesse, relegando a segundo plano os direitos fundamentais do contribuinte.

Sabe-se que a ideia de dever fundamental de pagar imposto é fruto da obra de José Casalta Nabais, em livro já clássico sobre o tema[21], erigida pela doutrina, por órgãos administrativos e judiciais como um dever fundamental geral de pagar tributos e argumento retórico para interpretações e aplicações da legislação tributárias ditas fiscalistas.

Esforços doutrinários para se interpretar devidamente a obra do autor português têm sido feitos nos últimos anos[22], mas deve se deixar vincado que ele reconhece que o Estado se guiaria pelo interesse geral ou comunitário, enquanto os contribuintes, operando sob regime de mercado, seriam guiados pelo critério do lucro[23].

---

17 *Idem.*

18 *Ibidem*, p. 21.

19 TORRES, R. L. *Op. cit.*, 2005, p. 567.

20 TORRES, R. L. *Tratado de Direito Constitucional e Financeiro: Constituição financeira, sistema tributário e estado fiscal.* Vol 1, Rio de Janeiro: Renovar, 2009.

21 NABAIS, José Casalta. *O Dever Fundamental de Pagar Impostos: Contributo para a compreensão constitucional do estado fiscal contemporâneo.* Coimbra: Almedina, 2015.

22 Para ter acesso uma série de artigos que tratam do tema, ver GODOI, Marciano Seabra de; ROCHA, Sérgio André (orgs.). *O dever fundamental de pagar impostos: o que realmente significa e como vem influenciando nossa jurisprudência?* Belo Horizonte: Ed. Plácido, 2017.

23 NABAIS, J. C. *Op. cit.*, p. 196.

É dizer: o dever de pagar impostos, representativo da busca de critérios de justiça tributária, depende da lei, sendo um trabalho legislativo, por excelência.

Será que essa compreensão afastaria, por completo, a fundamentação do tributo na solidariedade, a partir de seus corolários da isonomia e da capacidade contributiva, e mais, do que isso, traria para os contribuintes um direito fundamental a não pagar tributos?

Tratando de planejamento tributários, tem-se que a liberdade de auto-organização é vista como limitada atualmente. Exemplar dessa posição se vê no seguinte voto de um julgado do CARF, à época ainda Conselho de Contribuintes: "o princípio da liberdade de auto-organização, mitigado que foi pelos princípios constitucionais da isonomia tributária e da capacidade contributiva, não mais endossa a prática de atos sem motivação negocial, sob o argumento de exercício de planejamento tributário[24].

À luz do pensamento de Ricardo Lobo Torres, existe uma coessencialidade entre Estado Social e Estado Fiscal[25], de modo que seu objetivo é criticar o pensamento libertário criticando a ilegitimidade da defesa de *um direito fundamental de não pagar impostos*[26].

O conceito contemporâneo de tributo, assim, não pode afastar o fundamento da solidariedade, embora deva ser temperado com os valores da liberdade e da igualdade, que não foram superados, por óbvio, o que se percebe, uma vez mais, na obra de Ricardo Lobo Torres, ao apontar como valores da tributação a liberdade, a justiça, a igualdade, a segurança e a solidariedade e propor que estejam eles em "permanente *interação* e em incessante busca de equilíbrio, sem qualquer *hierarquia*", embora exibam "a tendência à *polaridade*, no sentido de que caminham sempre para sua contrariedade"[27].

Em resumos: os direitos ligados à liberdade e à igualdade devem e podem ser relidos a partir da solidariedade. O planejamento tributário, decorrente da liberdade de iniciativa dos contribuintes, é um exemplo dessa releitura, como se verá a seguir.

4. PLANEJAMENTO TRIBUTÁRIO E AUTONOMIA PRIVADA A PARTIR DE UMA LEITURA CONSTITUCIONALMENTE ADEQUADA

Está claro que não se vive mais sob as hostes de um liberalismo político clássico, em que a liberdade ganha contornos absolutistas, estando o Estado

24 BRASIL. Ministério da Fazenda, Acórdão n. 104-21.675 da 4ª Câmara do 1º Conselho de Contribuintes, proferido na Sessão de 22.06.2006, Relator Nelson Mallmann, disponível em http://www.conselhos.fazenda.gov.br, acesso em 30 de junho de 2010.

25 TORRES, R. L. *Op. cit.*, 2009, p. 536.

26 CAMPOS, Carlos Alexandre de Azevedo. *O dever fundamental de pagar "tributos"* na Constituição de 1988. In: GODOI, M.S.; ROCHA, S.A. *Op. cit.*, p. 155.

27 TORRES, R. L. *Op. cit.*, 2005, p. 42.

Fiscal e o Estado Social incorporados na moderna concepção de Estado Democrático de Direito.

Admite-se, assim, que haja um espaço próprio para a livre atuação dos indivíduos nas mais variadas esferas, entre as quais a econômica, por óbvio, mas, assumindo que a liberdade sem limites pode levar a uma situação de opressão de uns pelos outros, opta por colocá-la no mesmo plano de outros valores, como a igualdade e a solidariedade.

Essa opção por conjugar valores que podem, concretamente, conflitar entre si, ausente a hierarquia entre eles e possuindo o atributo da polaridade como aponta Ricardo Lobo Torres, levou a adoção também de normas jurídicas que, sob o prisma dogmático-jurídico, podem colidir, reclamando dos intérpretes juízos de ponderação.

Tratando especificamente da autonomia privada, se essa era louvada como a essência de um Estado liberal, ao qual caberia apenas se autoconter e conter os outros indivíduos para não agir em posição conflituosa contra a liberdade dos sujeitos de direito; nas Constituições dos Estados Sociais, que estabeleceram metas para a atuação do Estado e da sociedade e inseriram um catálogo de direitos econômicos, sociais e culturais, não mais tutelaram uma autonomia da vontade hipertrofiada, cobrando de todos atuação que vise à concretização das muitas promessas constituintes assumidas.

Essa equação ficou mais complexa, quando os Estados Democráticos de Direito incorporam direitos fundamentais novos, ligados à solidariedade, como a busca de um meio-ambiente equilibrado, paz mundial e tolerância entre os povos.

Segundo lição comezinha da dogmática constitucional, os direitos fundamentais não se sucedem em gerações, sendo conquista dos povos que merecem releituras conforme mudanças da própria sociedade.

Inviável que se defenda a ampla liberdade de auto-organização, como se fosse possível planejar a melhor forma de pagar tributos, sem qualquer restrição jurídica. Marciano Seabra de Godoi coloca que essa postura parte de certos valores arraigados e que não mais se compatibilizam com o atual estado de arte da dogmática constitucional e tributária nacional, quais sejam, o tributo visto como uma agressão ou um castigo que se aceita mas não se justifica; a segurança jurídica como um valor absoluto; a aplicação mecânica e não valorativa da lei como um mito sagrado; o individualismo e a autonomia da vontade sobrevalorizados e hipertrofiados, como se vivêssemos em pleno século XXI[28].

Frise-se que essa maneira de enxergar o problema, que parece retomar a liberdade em sua fase primeira, e por isso incompatível com a Constituição

28 GODOI, Marciano Seabra de. *Uma proposta de compreensão e controle dos limites da elisão fiscal no direito brasileiro. Estudo de casos.* Disponível em http://d.yimg.com/kq/groups/22127195/329815936/name/Artigo, acesso em28 out. 2010, p. 4. Para ver o artigo publicado, cf. JYAMASHITA, Douglas (Org.). *Planejamento tributário à luz da jurisprudência.* São Paulo: LEX, 2007, p.237-288.

Federal de 1988, bem diversa das Constituições liberais do século XIX, não vem sendo aceita pelos órgãos fazendários . Ademais, essa perspectiva tem sido afastada por doutrinadores que se esforçam por encontrar um conceito constitucionalmente adequado para o planejamento tributário.

Proposta interessante é de Marcus Abraham, que erige como premissas necessárias para o entendimento adequado do problema: 1) a aproximação entre o Direito Público e o Direito Privado, instaurando-se mútua influência entre as normas de cada um deles; 2) a introdução de uma preocupação com o reflexo externo dos negócios particulares pelo Novo Código Civil, a partir dos princípios da função social, da boa-fé objetiva e da ética social.

Daí que Abraham conclua que, como o Direito Tributário é um direito de sobreposição, na análise dos negócios particulares realizados pelos contribuintes, deve a autoridade administrativa, ao dar apreciação fiscal a esses fatos, atos e negócios jurídicos, considerar se o propósito econômico dos negócios é apenas o de reduzir a carga tributária, não havendo um motivo intrínseco ao próprio negócio, sob pena de declaração da nulidade[29].

Perceba, porém, que o valor que norteou um novo direito civil constitucional, no Brasil, foi a solidariedade, compatibilizando-se com estudos da doutrina tributária brasileira que colocam a solidariedade como fundamento da tributação.

Com base nessas premissas, existe uma razoável fundamentação para entender que a liberdade de auto-organização não é mais absoluta, estando certo os tribunais administrativos, quando assim enunciam.

Isso leva a uma postura de interpretação e aplicação do Direito mais realista com a forma como as relações jurídico-tributárias assumiram modernamente. Não se duvida que, como as práticas realizadas pelos contribuintes, em planejamentos tributários, possuem certo grau de criatividade "que a legislação, sempre voltada ao passado – já que determinados comportamentos só são objeto de regulação jurídica quando existem e não antes de sua existência –, não é capaz de prever"[30].

Por esse motivo, ao contrário de se pensar que a liberdade de auto-organização seria absoluta, interpretando-se que o que não está vedado estaria permitido, cogita-se que haja instrumental jurídico para o fisco desconsiderar atos com nítidos propósitos de reduzir abusivamente a carga tributária.

Perceba-se que não se está defendendo que não haja qualquer possibilidade de auto-organização, sob pena de a liberdade terminar, como se o dito dever fundamental de pagar tributos chancelasse qualquer interpretação e aplicação da legislação tributária fazendária.

29 ABRAHAM, Marcus. *O Planejamento tributário e o direito privado.* São Paulo: Quartier Latin, 2007.

30 COIMBRA, R. *Op. cit.*, p. 382.

Nem, ao revés, cogita-se que a liberdade continua a ser plena e que, como o mercado visa ao lucro, existiria, sim, um direito fundamentar a não pagar tributos. A ausência de hierarquia entre esses valores, constitucionalizados que foram em princípios, e a polaridade que possuem, determinam uma postura que tente equilibrar os interesses fazendários e dos contribuintes, no sentido de que não é qualquer economia no pagamento de tributos que gerará a configuração de práticas abusivas, nem que a ausência de uma restrição positivada claramente em fonte social, contra a organização e reorganização societária e atuação econômica, garanta ampla liberdade de auto-organização.

Isso nos conduz a uma conclusão - a de que existe, sim, um dever geral de vedação a práticas abusivas na liberdade de atividade econômica dos contribuintes -, mas também a novas perguntas: como esse dever geral não se configurará em atos abusivos do próprio fisco? Esse dever geral pode ser um fundamento apriorístico para controlar a liberdade de negociação? O propósito negocial deve ser levado em conta? A substância sobre a forma pode ser invocada? Esse tema é constitucional ou de legislação infraconstitucional tributária?

Os próximos itens enfrentam esses problemas.

5. A CONSTRUÇÃO DE UM DEVER CONSTITUCIONAL DE SE AFASTAR PRÁTICAS ABUSIVAS E O ÔNUS ARGUMENTATIVO DAS AUTORIDADES FISCAIS

O artigo 116, parágrafo único, do CTN, gera celeumas das mais variadas. Já foi dito que ele introduziu uma norma geral antielisiva, antievasão, antielusão, antidissimulação. Apropriando-se de um termo de Nelson Azevedo Jobim[31], a doutrina tributária sobre elisão é anárquica e parece um extraordinário caos de ideias claras.

O que, afinal de contas, é elisão? Ela é lícita ou ilícita? Há quem adote uma divisão tripartite quanto às condutas de planejamento jurídico, que poderia caracterizar evasão, elisão e elusão, utilizando na diferenciação critérios cronológico, causal, econômico e sistemático[32].

Não existe dúvida de que a evasão se realiza após a ocorrência do fato gerador, por meio de "conduta de má-fé do contribuinte, por ação ou omissão, de descumprimento direto, total ou parcial, das obrigações ou deveres tributários"[33].

Os dois outros conceitos, ao contrário, têm levado a enormes discussões na doutrina, embora haja predominância no entendimento de que elisão configura "uma conduta lícita em planejar os negócios privados de modo a produzir

31 JOBIM, Nelson Azevedo. *Os limites da interpretação da lei tributária e o papel do Poder Judiciário.* In: *Anais do Seminário Internacional sobre Elisão Fiscal,* Disponível em http://www.receita.fazenda.gov.br/publico/estudotributarios/eventos/seminariointer/anaisseminariointerelisaois2002.pdf, acesso em: 30 out. 2010, p. 93.

32 CALIENDO, Paulo. *Direito Tributário e Análise Econômica do Direito: uma visão crítica.* Rio de Janeiro: Elvesier, 2009, pp. 237-238.

33 *Ibidem*, p. 238.

o menor impacto fiscal"[34], enquanto elusão seria "conduta em que o contribuinte modifica e distorce artificiosamente as formas jurídicas de sua atuação, com o objetivo de se colocar fora do alcance de uma norma tributária ou com o objetivo de se colocar dentro de um regime tributário mais benéfico criado pela legislação para criar outras situações"[35].

Em verdade, seguindo-se um rigor analítico, a norma positivada no artigo 116, parágrafo único, do CTN, seria uma norma geral antielusiva, algo próximo do modelo alemão, como afirmam André Elali e Fernando Zilveti[36],o que para Marco Aurélio Greco nada mais é explicitar algo "que já decorre do ordenamento jurídico, ou seja, não há proteção a condutas que visem neutralizar a eficácia ou a imperatividade de seus preceitos"[37].

Tem-se que a solidariedade, como fundamento da tributação, trouxe uma visada principiológica ao planejamento tributário, de modo que se entende que a liberdade de conformação dos negócios privados não pode frustrar a própria razão de ser da norma impositiva tributária, permitindo-se um truísmo, que é incidir e gerar o carreamento de recursos ao Estado Fiscal e Social.

Não se desconhece o perigo de princípios servirem como atalhos interpretativos para o que Eurico Diniz de Santi chama de "planejamento tributário ao contrário", que é a postura de o próprio fisco "explorar lacunas da legislação, interpretações específicas da jurisprudência ou conceitos indeterminados para cobrar mais tributo sem qualquer alteração legislativa institucional, com a intenção de cobrar mais tributos e, por consequência, arrecadar mais"[38].

Admite-se, porém, que as teorias da substância sobre a forma e do propósito negocial possam servir como controle da fiscalização, em postura diversa à da doutrina que vê, justamente nelas, a impossibilidade de se captar a prova de intenções ou encontro da verdade real, que elas pregariam[39].

Coibir práticas elisivas, portanto, não pode ser mera retórica, nem desculpa para aumentar arrecadação, inserido em um projeto maior de reaproximação da moral e do direito.

Não se contenta mais com o feitichismo da lei, como se os códigos pudessem tudo prever, sem desconhecer, é verdade, que a incompreensão da legislação tributária é uma das dimensões da complexidade do Direito Tributário e

---

34 *Idem.*

35 GODOI, M.S. *Op. cit.*, 2010, p.2.

36 ELALI, André; ZILVETI, Fernando. *Planejamento Tributário – resistência ao poder de tributar.* In: "GODOI, M.S.; ROCHA, S. A. *Op. cit.*, 2018, p. 68.

37 GRECO, M. A. *Op. cit.*, 2009, p. 8.

38 SANTI, Eurico Diniz de. *Kafka, alienação e deformidades da legalidade: exercício do controle social rumo à cidadania fiscal.* São Paulo: Revista dos Tribunais, 2014, p. 214

39 *Ibidem*, p. 215.

se deve resguardar espaço para que interpretações razoáveis feitas pelo contribuinte sejam admitidas[40].

Também não se deve tomar a forma sobre a substancia, algo que ganhou mais força com a discussão travada na OCDE no projeto do BEPS sobre a existência de um dever m moral de contribuir com os gastos públicos[41]

Desse modo, deve-se valorizar a inquirição sobre os motivos e as intenções dos sujeitos de direito, mas sem cair em um subjetivismo, antes analisando as condutas a partir de um prisma de objetividade.

A doutrina do propósito negocial (*business purpose)* e da substância sobre a forma (*substance over form)*, segundo Arnaldo Sampaio de Godoy, foi fixada a partir de 07 de janeiro de 1935 pela Suprema Corte dos Estados Unidos (case Gregory v. Helvering)[42].

Trata-se de postura jurisprudencial que pronunciou ser a substância negocial e, não a formatação jurídica do negócio, a demarcadora do alcance fiscal das transações.

Posturas teóricas que veem insuficiência normativa no artigo 116, do CTN, na verdade, desconhecem a nova dimensão da liberdade de auto-organização que a Constituição da República de 1988 inaugurou.

Não seria adequado constitucionalmente, também, defender, como fazem Hamilton Souza Dias e Hugo Funaro, que o art. 109, CTN, atendendo o art. 146, III, CF, afastaria a possibilidade de a substância econômica prevalecer sobre a forma jurídica[43], como se os conceitos de direito privado não pudessem ser interpretados e aplicados à luz da solidariedade, como o próprio Código Civil de 2002 parece sugerir.

Entender, portanto, que os princípios da isonomia tributária e capacidade contributiva se dirigiriam apenas ao legislador, e não ao intérprete[44] é desconsiderar uma nova perspectiva do direito nas sociedades contemporâneas, que não podendo ser extraído de uma única fonte social acaba sendo interpretado por vários atores sociais, a começar pelo próprio contribuinte que, previamente e analisando a jurisprudência administrativa e judicial, realiza a conduta que lhe parece adequada e menos onerosa do ponto de vista fiscal.

---

40 Sobre a complexidade no Direito Tributário, remeto o autor à minha tese de doutorado: PAULA, Daniel Giotti de. *A Praticabilidade no Direito Tributário: controle jurídico da complexidade.* Rio de Janeiro: Ed. Multifoco, 2018.

41 ROCHA, Sérgio André. *O que é formalismo tributário?*In: "QUEIROZ, Luís Cesar Souza de; OLIVEIRA, Gustavo da Gama Vital (orgs.) *Tributação Constitucional, Justiça Fiscal e Segurança Jurídica.* Rio de Janeiro: GZ Editora, 2014, p. 55.

42 GODOY, Arnaldo Sampaio de. *Interpretação econômica do Direito Tributário: o caso Gregory v. Helvering e as doutrinas do propósito negocial (business purpose) e da substância sobre a forma (substance over form).* Biblioteca Digital *Revista Fórum de Direito Tributário* – RFDT, Belo Horizonte, ano 8, n. 43, jun. 2010.

43 DIAS, Hamilton Souza; FUNARO, Hugo. *A insuficiência da densidade normativa da "Norma Antielisão" (art. 116, parágrafo único, do Código Tributário Nacional). Revista Dialética de Direito Tributário* – RDDT, São Paulo, n. 146, 2007, p. 63.

44 *Ibidem*, p. 63.

Afastando-se a hegemonia do legislador, não se pode admitir que o administrador não possa definir condutas como elisivas. Embora atreladas ao *common law*, as doutrinas do business purpose e substance over form tem aplicação em países de direito legislado, como é exemplo característico a Itália.

Na Sentenza 1465/2009, mencionado por Marco Greggi durante o seminário mencionado no início deste artigo, a Corte Italiana definiu que à Administração Tributária incumbe a definição do que seja planejamento tributário lícito, ou na tradução literal do termo, poupança de imposto.

Veja que essa decisão revela um ponto que será explorado no próximo tópico, que é o de que a Administração Tributária teria *expertise* para definir práticas lícitas ou não de planejamento tributário. Isso, porém, não afasta a participação do legislador que pode, a partir da experiência sobre o tema, prever leis e do judiciário, que pode sindicar atos e decisões administrativas.

O Direito Tributário recuperou a análise da substância dos atos, perspectiva que vem sendo chancelada, tanto pela jurisprudência administrativa, quanto pelo Judiciário. A verdade é que se tem uma nova dimensão de entendimento do direito, que admitindo a limitação cognitiva do homem que, seja como legislador, seja como julgador, seja como administrador, seja como contribuinte, não consegue tudo prever, não mais se fiando que apenas as regras jurídicas possam dar conta de todo o fenômeno tributário, como se fosse possível estabelecer todas as hipóteses de incidência para um tributo e quais as condutas do contribuinte se adéquam ou não ao fato gerador.

Como anuncia Cassiano Menke, o conhecimento do Direito é obtido por um discurso racional de interpretação de textos e de elementos não textuais[45]. Daí que, ao contrário do que afirma Eurico Diniz de Santi, sobre a substancial intenção do agente ser algo metafísico, extrajurídico, no que é acompanhado por boa parte da doutrina, sob a perspectiva de uma perspectiva do Direito estrutural-argumentativa, há espaço, sim, para a análise do planejamento tributário à luz dessas teorias.

É, por isso, que não se admite lógica a tentativa de se introduzir discussões sobre o abuso de formas jurídicas e o desrespeito ao propósito negocial para aferição da licitude de um planejamento tributário desnatura a tipicidade cerrada do Direito Tributário, que deve se utilizar apenas de regras claras e prévias na definição do fato gerador e de todos os outros elementos do tributo.

A insistência na tipicidade cerrada parece ser uma ideia fora de lugar no Direito Tributário brasileiro e, para mim, na esteia do pensamento de Luís Cesar Souza de Queiroz, existiriam graus variáveis de determinação dos

45 MENKE, Cassiano. *Irretroatividade Tributária Material: definição, conteúdo e eficácia*. Malheiros: São Paulo, 2015. p 34.

conceitos que, inclusive, não são impossíveis de serem atualizados pelo fenômeno da mutação[46].

Por isso, se a interpretação e aplicação da legislação tributária utiliza conceitos, não existe óbice que a Administração Tributária os interprete, sequer que o faça à luz do contexto dos casos.

Nesse sentido, abandona-se qualquer tentativa de se criar uma interpretação que seja unicamente jurídica e uma subserviência total do Direito Tributário ao Direito Civil, representada pela Escola Positivista do Direito Tributário brasileira, bem representada pelo Professor Paulo de Barros Carvalho, como apontou o Ricardo Lobo Torres durante o 1º Seminário sobre Normal Antielisiva promovido pela Receita Federal do Brasil[47] .

Lembre-se ainda de que, embora a teoria do propósito negocial tenha raiz no direito norte-americano, a fraude à lei e o abuso do direito são construções que o próprio Estado liberal já repudiava, havendo jurisprudência das décadas de 50 e 60 do STF as vedando, o que configura uma tradição de repúdio a planejamentos tributários abusivos.

O problema, assim, não está no uso das teorias, mas em seu controle, motivo pelo qual se repudia que se chancelem autos de infração calcados apenas em meras menções às teorias ou a uso dos princípios da capacidade contributiva e isonomia e ao valor da solidariedade.

Pode-se trabalhar com a ideia de que o artigo 20, da LIDNB, apresentou para os administradores o cuidado que devem ter na invocação de valores jurídicos abstratos, aumentando-se o ônus argumentativo. Importa, de fato, analisar todo o contexto que envolve o planejamento tributário, sob pena de decisões arbitrárias.

6. CONCLUSÃO

Ricardo Lobo Torres apostou na aproximação entre direito e moral para refundar as bases do Direito Tributário brasileiro. Suas lições influenciaram boa parte da doutrina brasileira, abrindo espaço para que a interpretação e a aplicação da legislação tributária não deixasse de observar os fundamentos éticos da tributação.

O tema do planejamento tributário é um daqueles que mais mostra isso. Cobram-se deveres éticos do contribuinte, no sentido de não fraudar a intenção das normas de incidência tributária abusivamente, e do fisco, no sentido de não se utilizar de valores jurídicos abstratos para chancelar qualquer auto de infração coibindo a auto-organização dos contribuintes.

---

46 QUEIROZ, Luís César Souza de . *Imposto sobre a renda: requisitos para uma tributação constitucional.* Rio de Janeiro: LMJ Mundo Jurídico, 2016, p. 95.

47 TORRES, Ricardo Lobo. *A experiência alemã. In: Anais do Seminário Internacional sobre Elisão Fiscal.* Disponível em http://www.receita.fazenda.gov.br/publico/estudotributarios/eventos/seminariointer/anaisseminariointerelisaois2002.pdf, acesso em 30 out. 2010.

Os limites são tênues entre liberdade e solidariedade, valores que influenciam o Direito Tributário. Sua polaridade e ausência de hierarquia exigem de intérpretes e aplicadores do Direito posturas racionais.

Está claro, porém, que existe um dever geral de vedação a planejamentos tributários abusivos, o que deve influenciar administradores, legisladores e julgados.

Do ponto de vista administrativo, há espaço para a adoção de teorias como a do propósito negocial e da substância sobre a forma, mas, a partir de uma perspectiva estrutural-argumentativa, devem-se levar os fatos a sério, o contexto das estruturações econômicas dos contribuintes, para, afinal, definir se aquele ato e ou não abusivo.

Tais reflexões se robustecem com as discussões travadas na OCDE quando discutidas as ações do BEPS, pois, em linhas gerais, discutiu-se muito o dever de contribuir com recursos para os cofres públicos deve ser robustecido.

Ricardo Lobo Torres demonstra como sua intuição, própria daqueles estudiosos que se dedicam verdadeiramente ao estudo, estava certa. A ética fiscal deve ser buscada no controle dos planejamentos tributários, afinal.

Responsabilidade Social Corporativa: um Novo Limite ao Planejamento Fiscal?

Marcus Lívio Gomes[1]
Paula Santos de Abreu[2]

Sumário: 1. Introdução. 2. Os Planejamentos Tributários Abusivos. 3. Estado Subsidiário de Direito e Responsabilidade Social. 4. Os Fundamentos Principiológicos da Responsabilidade Social Corporativa. 5. O que é Responsabilidade Social Corporativa (RSC)? 6. RSC e Planejamento Fiscal. 7. As iniciativas internacionais de regulação da RSC. 8. Conclusão

1. INTRODUÇÃO

Em anos de crise internacional, em que o aprofundamento do déficit público e dos desequilíbrios fiscais exigem medidas de "austeridade fiscal" como redução dos gastos públicos, corte de benefícios sociais e aumento da carga tributária, histórias como a publicada pelo jornal *O Globo*, em 6 de maio de 2015, relatando que uma gigante rede americana de *fast food* teria driblado o pagamento de cerca de 1 bilhão de euros entre 2009 e 2013, por meio de uma manobra que envolveu a troca de sua sede do Reino Unido para a Suíça e a utilização de uma subsidiária em Luxemburgo[3], têm provocado fortes reações na comunidade internacional e criado uma certa urgência para combater os planejamentos tributários abusivos das grandes corporações[4]. Estima-se que

1 Juiz federal, Associate Fellow at University of London (SAS/IALS) e professor adjunto de Direito Financeiro e Tributário da UERJ.

2 Advogada, mestre em Direito Internacional pelo UniCEUB e doutoranda em Direito Tributário pela UERJ.

3 O GLOBO. **Mc Donald's é suspeito de evasão fiscal de €1 bi**. O Globo, Rio de Janeiro, 6 de maio 2015. Caderno de Economia, p. 23.

4 Outros exemplos são os casos das contas da Apple na Irlanda, da Starbuks na Holanda e da Amazon em Luxemburgo. Veja mais detalhes em: *"Double Irish with a Dutch Sandwich"*. TheNY Times, 28/04/2012. Disponível em: https://www.taxjustice.net/faq/tax-havens/. Acesso em 12.10.2018. http://www.nytimes.com/interactive/2012/04/28/business/Double-Irish-With-A-Dutch-Sandwich.html. Acesso em: 9 maio 2015. DRUCKE, Jesse. "***Google 2.4% Rate Shows How $60 Billion is Lost to Tax Loopholes***". Bloomberg. 21 out. 2010. Disponível em: http://www.bloomberg.com/news/2010-10-21/google-2-4-rate-shows-how-60-billion-u-s-revenue-lost-to-tax-loopholes.html. Acesso em: 9 maio 2015. No Brasil, os casos Vale, Eagle, entre outros, têm provocado uma enxurrada de processos não apenas administrativos, mas também judiciais sobre a legalidade de seus planejamentos tributários.

entre 21-32 trilhões de dólares estejam alocados em paraísos fiscais no mundo[5] e que as práticas que facilitam a alocação de lucros tributáveis para jurisdições que cobram nenhum ou poucos tributos provocam a erosão da base tributária dos países.

Embora se reconheça que a prática das empresas, na maioria das vezes, é legal e compreensível[6], há também um sentimento por parte dos governos de que o sistema atual não dispõe de regras adequadas para lidar com esse problema no plano nacional e tampouco no plano internacional[7]. Assim, tornou-se premente a criação e sofisticação de regras e métodos para combater os planejamentos tributários considerados abusivos[8].

---

5 Veja: *"Shocking abuse of public trust': Columbia University prof estimates $20tln hidden in tax havens",* RT.Com.16 jan. 2014. Disponível em: http://rt.com/business/tax-evasion-columbia-sachs-701/ Acesso em: 13 maio 2015. *"It's estimated that there are maybe $20 trillion of assets put in these tax havens around the world," Sachs told RT on the sidelines of the fifth annual economic forum in Moscow. "And who creates this? Not these little islands, but the US government by approving these arrangements, the UK government because after all these are British territories," Sachs told RT. An estimate by Boston Consulting Group pegs offshore wealth at $8.5 trillion. The British Virgin Islands, the Cayman Islands, and Bermuda are among the key destinations for "offshore wealth" – money that is kept abroad for tax purposes.*

6 O Prof. Ricardo Lobo Torres acredita que o planejamento tributário legítimo, "pode e deve ser executado pelas empresas no ambiente do Estado Democrático Fiscal" (TORRES, Ricardo Lobo. **Planejamento Tributário. Elisão Abusiva e Evasão.** Rio de Janeiro:Elsevier, 2012, p. 6). No entanto, dedicou-se a estudar o que denominou elisão abusiva. Para o professor, a elisão abusiva se encontra entre o planejamento fiscal legítimo e a evasão tributária, "eminentemente delituosa e punida pela legislação como crime" (TORRES, Ricardo Lobo. **Planejamento Tributário. Elisão Abusiva e Evasão.** Rio de Janeiro:Elsevier, 2012, p. 6). A elisão abusiva caracteriza-se pelo abuso da forma jurídica e de outros ilícitos atípicos (fraude à lei, prevalência da forma sobre a substância, falta de propósito mercantil etc.), revestindo o ato que de forma lícita e prevista em lei, mas contrária ao seu espírito. Sacha Calmon Coelho (COELHO, Sacha Calmon Navarro. **Os limites atuais do planejamento tributário.** In: ROCHA, Valdir de Oliveira (coord.) O Planejamento Tributário e a Lei Complementar 104. São Paulo: Dialética, 2001, p. 279-304, p.283), por sua vez, acredita que o planejamento tributário configura um dever, um objetivo empresarial de maximizar ganhos e minimizar custos, desde que não se configure fraude ou simulação. O autor é contundente em defender que a elisão deve ser tratada como instrumento inerente ao sistema capitalista que demanda uma atuação competitiva das empresas. Para HUCK (HUCK, Hermes Marcelo. **Evasão e Elisão. Rotas Nacionais e Internacionais do Planejamento Tributário.** São Paulo: Saraiva, 1997, p. 258-259), a utilização de um paraíso fiscal nem sempre enseja uma prática fraudulenta ou ilícita, mas pode servir a finalidades lícitas, contribuindo para um maior dinamismo do comércio e/ou do sistema financeiro internacional. Sobre o mesmo assunto, veja artigo interessante do Prof. Daniel Gutmann sobre a criminalização do planejamento tributário abusivo (GUTMANN, Daniel. **Planejamento tributário pode ser um crime? Perspectivas doméstica e Internacional.** Revista Direito Tributário atual, São Paulo: Dialética, v. 26, p.129-136, 2011).

7 OECD (2014). ***Bringing the International Tax Rules into the 21st Century: Update on Base Erosion and Profit Shifting (BEPS), Exchange of Information, and The Tax and Development Programme.*** Disponível em: www.oecd.org/tax/C-MIN(2014)6-ENG.pdf. Acesso em: 6 jul. 2015.

8 Para RIBEIRO (RIBEIRO, Ricardo Lodi. **Justiça, interpretação e elisão tributária.** Rio de Janeiro: Lumen Juris, 2003, p.137), a elisão tributária deve ser combatida pela legislação e pela administração, pois fere o princípio da igualdade, segundo a capacidade contributiva. Para K. TIPKE, *Die Steuerrechtsordnung*, p. 1332 apud TORRES (TORRES, Ricardo Lobo. **Normas Gerais Antielisivas.** In:TORRES, Ricardo Lobo (org). Temas de Interpretação do Direito Tributário. Rio de Janeiro: Renovar, 2003, p. 302): "O combate à elisão fiscal é uma tarefa constitucional da legislação e da administração" (*Die Bekämpfung der Steuerumgehung ist daher eine verfassungsmässige Aufgabe von Gesetzgebung und Verwaltung*). GRECO (GRECO, Marco A., **Planejamento Fiscal e Interpretação da Lei Tributária**. São Paulo: Dialética, 1998, p.71 e seguintes) também participa da corrente que admite a aplicação de normas antielisivas no combate ao planejamento tributário abusivo.

No entanto, apesar de haver um movimento internacional para melhorar a regulamentação e as legislação de combate à elisão fiscal abusiva[9], os governos nacionais, em paralelo, apostam e fomentam o desenvolvimento de mecanismos voluntários que possam entregar benefícios sociais e ambientais a um custo-benefício mais racional que a implantação de instrumentos regulatórios e normas.

Nesse artigo, trataremos dessas iniciativas de incentivar a responsabilidade social corporativa (RSC) no combate aos planejamentos tributários abusivos.

2. OS PLANEJAMENTOS TRIBUTÁRIOS ABUSIVOS

Para o Prof. Ricardo Lobo Torres [10], somente a partir da década de 1970, é que o estudo do planejamento abusivo ou da elisão abusiva teve uma metodologia melhor definida[11]. A abordagem dada aos planejamentos tributários das empresas centrava-se, até pouco tempo, nas discussões que pretendiam estabelecer as diferenças entre evasão fiscal ilícita e elisão fiscal[12].

---

9 Entre as iniciativas mais recentes, encontra-se o BEPS (*Base Erosion and Profit Shifting*), atualmente considerado o maior projeto de Reforma Tributária Internacional da história. Ver M.L. Gomes, International Taxation and the Challenges for Multilateralism in the Context of the OECD Multilateral Instrument, 72 Bull. Intl. Taxn. 2 (2018); M.L. Gomes, Implementation in Practice of the Principal Purpose Test in the Multilateral Convention, 46 Intertax 1 (2018), at 45-57, TAVARES, Romero J. S.. **Política Tributária Internacional: OCDE, BEPS e Brasil. Como deve se posicionar o setor industrial brasileiro.** RBCE Nº 121, Outubro - Dezembro de 2014. Disponível em: http://www.funcex.org.br/publicacoes/rbce/rbce_sobre.asp. Acesso em 02/06/2015, p. 53). O projeto, desenvolvido no âmbito da OCDE por solicitação do G20, conta com a participação efetiva de 94 países, compreendendo mais de 90% da economia mundial. O BEPS compreende quinze ações complementares entre si e tem como objetivo criar instrumentos multilaterais para implementar alterações significativas no modelo atual de tributação internacional. Entre as diversas recomendações, o projeto sugere que a substância econômica dos planejamentos tributários seja avaliada pelas jurisdições nacionais, mas ao mesmo tempo, enfatiza a necessidade de prover as empresas com mecanismos que forneçam certeza, transparência e segurança para que elas possam tomar decisões sobre investimentos estrangeiros (OECD (2013). ***Addressing Base Erosion and Profit Shifting***. OECD Publishing. Disponível em: http://dx.doi.org/101787/9789264192744-en. Acesso em: 13. 05. 2015).

10 TORRES, Ricardo Lobo. **Planejamento Tributário. Elisão Abusiva e Evasão.** Rio de Janeiro:Elsevier, 2012, p.6.

11 Até então, a jurisprudência se dividia entre: "a) o positivismo formalista e civilista, que considera o planejamento tributário das empresas um instrumento lícito de economia de tributos, coincidindo a forma jurídica com o substrato econômico dos negócios tributários e, b) o positivismo historicista ou economicista, que, rejeitava qualquer prevalência da forma sobre o conteúdo ou a coincidência entre ambos" (TORRES, Ricardo Lobo. **Planejamento Tributário. Elisão Abusiva e Evasão.** Rio de Janeiro:Elsevier, 2012, p.6).

12 Para Huck (HUCK, Hermes Marcelo. **Evasão e Elisão. Rotas Nacionais e Internacionais do Planejamento Tributário.** São Paulo: Saraiva, 1997, p.15), o conceito "evasão fiscal seria um "gênero", que abrigaria duas espécies: a evasão fiscal ilícita e a evasão fiscal lícita, denominada elisão fiscal. Para o autor, o conceito amplo de evasão fiscal corresponde a "toda e qualquer ação ou omissão tendente a elidir, reduzir ou retardar o cumprimento de uma obrigação tributária, não importando serem lícitos ou ilícitos os meios utilizados." Há muita discussão acerca dos conceitos de elisão e evasão fiscal. (BALEEIRO, Aliomar. **Direito Tributário Brasileiro.** 13ª ed.Rio de Janeiro: Forense, 2015, p. 1103) ensina que "a doutrina e a jurisprudência, de longa data, admitem, não obstante, a elisão fiscal, nome que designa todas as formas e meios lícitos, empregados pelo contribuinte, para evitar a ocorrência do fato gerador do tributo, reduzindo ou

Para muitos autores, enquanto a evasão fiscal corresponde a uma ilicitude praticada pelo contribuinte ao fraudar a lei, a elisão fiscal é uma maneira lícita de organização tributária pelos contribuintes em que se busca uma economia tributária.

Assim, em uma concepção legalista, o Planejamento Tributário das empresas é definido como uma "técnica de organização preventiva de negócios jurídicos, visando a uma lícita economia de tributos"[13], sendo legítimas as opções tomadas dentro da esfera de liberdade do contribuinte para otimizar os custos fiscais[14].

De fato, considerando a liberdade que os particulares possuem para organizar seus negócios, é compreensível que se utilizem dos benefícios oferecidos pelos sistemas tributários internacionais e nacionais conforme suas necessidades e interesses.

Não obstante, entre os dois extremos entre a ilicitude de se fraudar a lei e se utilizar de benefícios tributários conferidos pelas jurisdições onde as empresas atuam, haveria uma zona cinza, controvertida no qual o planejamento tributário seria enquadrado e que enfrenta diversas discussões acerca de como deve ser tratado. Daí, surge, nos últimos anos, uma terceira espécie de

impedindo o surgimento do dever ou da obrigação tributária e diferenciando-se, radicalmente, da evasão ilícita". Alguns autores, tomam elisão por evasão e evasão por elisão (MACHADO, Hugo de Brito. **Curso de Direito Tributário.** 36ª ed. São Paulo: Malheiros Editores Ltda, 2015, p. 134). Outros, como XAVIER (XAVIER, Alberto. **Direito Tributário Internacional**. Coimbra: Almedina, 2007, p. 45) entendem que a elisão fiscal internacional "corresponde, de certo modo, à figura de fraude à lei internacional" enquanto outros autores segregam a evasão e a elisão da sonegação e da fraude (DORIA *apud* BALEEIRO, Aliomar. **Direito Tributário Brasileiro.** 13ª ed.Rio de Janeiro: Forense, 2015, p. 1.103). Vale a pena mencionar que os conceitos internacionais de elisão (*tax avoidance*) e evasão (*tax evasion*) estão intimamente ligados à legitimidade dos meios utilizados para o não pagamento de tributos. O *International Bureau of Fiscal Documentation* (IBFD. International Tax Glossary. 6th Edition. Amsterdam: IBFD, 2009, pp. 165 e 418) traz os conceitos de elisão e evasão fiscal. Para o órgão, elisão fiscal é o termo utilizado para denotar a redução dos encargos tributários por meios legais. Frequentemente é usado em sentido pejorativo, como quando é utilizado para descrever a economia de impostos atingida através de arranjos artificiais dos negócios pessoais ou empresariais, aproveitando-se da existência de lacunas, anomalias ou outras deficiências no direito tributário. (...). Em contraste com a elisão, a evasão fiscal é a redução de impostos obtida por meios ilícitos (...), incluindo-se nestes a omissão da renda tributável ou de transações realizadas das declarações de tributos, ou a redução da quantia devida por meios fraudulentos". Podemos verificar que o conceito de elisão fiscal varia conforme as posições teóricas fundamentais em torno da interpretação do direito tributário. Assim, para o positivismo normativista e conceptualista, a elisão, partindo de instrumentos jurídicos válidos, seria sempre lícita. Essa posição foi defendida com veemência por Sampaio Dória (DÓRIA, A. R. Sampaio. **Elisão e Evasão Fiscal.** São Paulo: Bushatsky, 1977, p.141) e Baleeiro (BALEEIRO, Aliomar. **Direito Tributário Brasileiro.** 13ª ed.Rio de Janeiro: Forense, 2015, p. 1107). Por outro lado, para o positivismo sociológico e historicista, com fundamento na teoria da consideração econômica do fato gerador, a elisão representaria abuso da forma jurídica escolhida pelo contribuinte para revestir juridicamente o seu negócio jurídico, tornando-se assim, sempre ilícita. Nessa linha, Falcão (FALCÃO, Amílcar de Araújo. Introdução ao Direito Tributário. Rio de Janeiro: Forense, 1994, p.81) defende esta hipótese no Brasil. Já a jurisprudência dos valores e o pós-positivismo aceitam o planejamento fiscal como forma de economizar imposto, desde que não haja abuso de direito. Para estas correntes, somente a elisão abusiva ou o planejamento inconsistente se tornam ilícitos (TORRES, Ricardo Lobo. **Normas Gerais Antielisivas.** In:TORRES, Ricardo Lobo (org). Temas de Interpretação do Direito Tributário. Rio de Janeiro: Renovar, 2003, p. 267).

13 TORRES, Ricardo Lobo. **Normas Gerais Antielisivas.** In:TORRES, Ricardo Lobo (org). Temas de Interpretação do Direito Tributário. Rio de Janeiro: Renovar, 2003, p. 175

14 MARTINS, Alexandra Coelho. **A Admissibilidade de uma Cláusula Geral Anti-Abuso em Sede de IVA.** Coimbra: Almedina, 2007, p.18

elisão fiscal[15], que considera não apenas a legalidade de um planejamento fiscal, mas também sua legitimidade[16].

Assim, conceitos de planejamento fiscal "agressivo" foram desenvolvidos e refinados, passando a compreender arranjos fiscais que, embora compatíveis e conformes com a legislação tributária, levariam a uma redução significativa da carga tributária do contribuinte, incompatíveis com a efetiva transação.

Para AVI-YONAH[17], planejamento tributário "agressivo" ou "estratégico" significa o uso de transações que não são motivadas por propósitos negociais válidos, ainda que revestidos de uma forma que possa parecer como tal. Em outras palavras, planejamentos tributários agressivos são aqueles em que a escolha do menor custo fiscal, colidindo com o dever solidário de contribuir para os gastos públicos, é feita por meio da adoção de formas negociais anormais e montagem de estruturas ou operações atípicas com o único fim de obter um tratamento fiscal menos oneroso.

Tais planejamentos se caracterizam por perseguirem três objetivos básicos: a) evitar que a obrigação tributária se materialize com a ocorrência do fato gerador; b) reduzir o valor a pagar por meio da minoração de sua base de cálculo ou alíquotas; e c) diferir o momento do pagamento do tributo[18].

No plano internacional, as multinacionais passaram a se aproveitar de arranjos benéficos envolvendo o estabelecimento de empresas controladas ou coligadas em paraísos fiscais ou jurisdições de regimes fiscais privilegiados[19]. Embora os planejamentos fiscais já envolvessem essa prática, as mudanças na estrutura das empresas multinacionais com a divisão de funções

---

15 Marcus Abraham (ABRAHAM, Marcus. **O Planejamento Tributário e o Direito Privado.** São Paulo: Quartier Latin, 2007, p. 229) entende que conforme a configuração adotada pelo contribuinte, o resultado poderá ser considerado como "evasão fiscal, elisão fiscal ilícita ou elisão fiscal lícita".

16 PANAYI, Christiana HJI. ***Is Aggressive Tax Planning Socially Irresponsible?*** INTERTAX, vol. 43, Issue 10 (2015). Kluwer Law International BV, The Netherlands, p.545.

17 AVI-YONAH, Reuven S. ***Corporate Taxation and Corporate Social Responsibility***.N. Y. U. J. L. & Bus. 11, no. 1 (2014): 1-29, p.2)

18 CASTRO, Flávia Almeida Viveiros de [et al.]. **Gestão e Planejamento de Tributos**. 2. ed. Rio de Janeiro: Editora FGV, 2001, p.43.

19 Em termos gerais, segundo os critérios da OCDE, são considerados paraísos fiscais aquelas jurisdições onde há falta de tributação ou a tributação da renda é muito baixa, isso combinado a uma legislação que favoreça a constituição de pessoas jurídicas sem uma atividade empresarial efetiva, permitindo que não residentes possam escapar da tributação em seu país de residência. Outra característica inclui dificuldade para troca de informações entre países para fins fiscais. Além dos paraísos fiscais, há outras jurisdições que, apesar de contarem com estrutura fiscal normal, adotam, excepcionalmente, regimes tributários favorecidos, a fim de atrair um fluxo de capital volátil, prática que pode se tornar prejudicial à comunidade internacional (BIANCO, João Francisco. **Transparência Fiscal Internacional**. São Paulo: Dialética, 2007, p. 18). São considerados países de regimes fiscais privilegiados aqueles que, além de tributarem a renda em níveis muito baixos ou não a tributarem, o fazem de modo preferencial aos não residentes e de forma isolada da economia doméstica. Outros elementos, como a falta de transparência na concessão desses benefícios e falta de instrumentos para troca de informações com outros países sobre os contribuintes que se beneficiam desse regime preferencial, também são caracterizadores de tais tipos. No Brasil, a Lei 9.430, de 27 de dezembro de 1996, alterada pela Lei 11.727, de 23 de junho de 2008, define o que são países com tributação favorecida e regimes fiscais privilegiados. Para a lista atual dos países, vide Instrução Normativa RFB n. 1474, de 18 de junho de 2014, publicada no DOU de 20/06/14

especializadas do processo produtivo (tanto dentro da mesma empresa quanto entre empresas comerciais não relacionadas) puderam maximizar a eficiência operacional, financeira e tributária dessas empresas[20]. Sob a pressão dos mercados de ações públicas e dos investidores, as empresas passaram a tratar o imposto como qualquer outro custo de negócios que deve ser minimizado. Além de dedicar recursos ao cumprimento dos requisitos contábeis e tributários de várias jurisdições, as empresas multinacionais dedicam energia substancial à redução ou à evitação de impostos[21].

Em uma pesquisa realizada pela KPMG, já no ano de 2006, com altos executivos de 120 multinacionais, 62% responderam que tinham planos de transferir operações e capital para países de regimes de baixa tributação; 14% admitiram que já possuíam parte de suas operações nesses países[22].

Nesse contexto, o exercício da autonomia privada das grandes empresas multinacionais, por meio da utilização de planejamentos tributários agressivos, passou a ser relevante em relação ao nível de sua oneração fiscal, afetando o poder de redistribuição oferecido pelos Estados, determinado não mais por suas escolhas políticas, mas pelo que podem realmente arcar.

É certo que, para que tais planejamentos possam trazer os benefícios esperados, eles devem ser facilitados pelas jurisdições estatais, que estimulam essas práticas.

A solução, portanto, poderia estar centrada no desenvolvimento de um Regime de Tributação Internacional que desencorajasse tais arranjos. Com efeito, há na comunidade internacional um movimento para que isso ocorra[23], mas, dada a dificuldade de coordenação dos interesses dos Estados soberanos para o estabelecimento de regras internacionais que mitiguem essas práticas, outras avenidas estão sendo perseguidas e as atenções estão voltadas ao combate ao planejamento tributário abusivo. Além disso, é provável que mais normas e regras rígidas não consigam alcançar os resultados esperados nesses casos.

20 No original: *"Globalisation has resulted in a shift from country-specific operating models to global models based on matrix management organisations and integrated supply chains that centralise several functions at a regional or global level. Moreover, the growing importance of the service component of the economy, and of digital products that often can be delivered over the Internet, has made it much easier for businesses to locate many productive activities in geographic locations that are distant from the physical location of their customers. These developments have been exacerbated by the increasing sophistication of tax planners in identifying and exploiting the legal arbitrage opportunities and the boundaries of acceptable tax planning, thus providing MNEs with more confidence in taking aggressive tax positions".* (OECD (2013,b), ***Action Plan on Base Erosion and Profit Shifting***, OECD Publishing. http://dx.doi.org/10.1787/9789264202719-en, p.7)

21 AULT, Hugh J.; SCHON, Wolfgang, & SHAY, Stephen E., ***Base Erosion and Profit Shifting: A Roadmap for Reform***, 68 Bull. Int'l Tax'n 275 (2014), p. 276.

22 MILLER, Angharad; BUS, Lynne Oats B.. **Principles of International Taxation**. [s.l.]: Tottel Publishing, 2009, p.255.

23 Como é o caso do BEPS, um projeto liderado pela OCDE que engloba quinze ações complementares entre si para combate ao planejamento tributário abusivo de empresas multinacionais e tem como objetivo criar instrumentos multilaterais para implementar alterações significativas no modelo atual de tributação internacional. Para mais informações veja: OECD (2013), *Action Plan on Base Erosion and Profit Shifting*, OECD Publishing. Disponível em: http://www.oecd.org/ctp/BEPSActionPlan.pdf

Assim, os instrumentos de Responsabilidade Social Corporativa (RSC) se tornam cada vez mais relevantes. E, se primariamente definiam parâmetros de atuação em áreas como meio ambiente e responsabilidade social, a responsabilidade quanto ao pagamento de tributos passou a ser matéria de fundamental relevância nesses instrumentos.

3. ESTADO SUBSIDIÁRIO DE DIREITO E RESPONSABILIDADE SOCIAL

A partir da crise do Estado do Bem-Estar Social provocada, em grande parte pela "voracidade na extração de recursos financeiros da sociedade para financiar as políticas desenvolvimentistas e o pleno emprego"[24], o Estado Democrático de Direito vai se consolidando como Estado Subsidiário.

O Estado Subsidiário reflete um novo relacionamento entre Estado e sociedade, onde a Sociedade é a verdadeira responsável pela solução de seus problemas[25], enquanto o Estado, de forma subsidiária, atuaria apenas como mero intermediário, controlando, incentivando, coordenando e fomentando a atuação da iniciativa privada[26]. Caberia ao Estado assim, a função regulatória e mediação e solução de conflitos que não puderam ser resolvidos de forma privada.

Ricardo Lobo Torres[27], associa o Estado Subsidiário com a Sociedade de Riscos[28], sendo esta uma característica daquele. Para o professor, "a sociedade de risco se caracteriza por algumas notas relevantes: a ambivalência, a

24 TORRES, Ricardo Lobo. **Planejamento Tributário. Elisão Abusiva e Evasão.** Rio de Janeiro:Elsevier, 2012, p.9.

25 TORRES, Ricardo Lobo. **O Princípio da Transparência no Direito Financeiro**. Disponível em: www.agu.gov.br/page/download/index/id/886223. Acesso em 10.10.2018. Publicado na Revista de Direito da Associação dos Procuradores do Novo Estado do Rio de Janeiro. V.VIII. Rio de Janeiro, 2001, p. 133-156 e na Revista Eletrônica da AGU (www.agu.gov.br), p.2.

26 FURTADO, Lucas Rocha. **Curso de Direito Administrativo**. Belo Horizonte: Editora Fórum, 2007, p. 546.

27 TORRES, Ricardo Lobo. **O Princípio da Transparência no Direito Financeiro**. Disponível em: www.agu.gov.br/page/download/index/id/886223. Acesso em 10.10.2018. Publicado na Revista de Direito da Associação dos Procuradores do Novo Estado do Rio de Janeiro. V.VIII. Rio de Janeiro, 2001, p. 133-156 e na Revista Eletrônica da AGU (www.agu.gov.br), p. 4.

28 O termo Sociedade de Risco foi inicialmente utilizado pelo sociólogo alemão Ulrich Beck em seu livro Risikogesellschaft (1986). Segundo ele, a sociedade industrial clássica, caracterizada pela produção e a distribuição de riquezas está se transformando em uma sociedade (também industrial) em que a produção de bens é sobrepujada pela distribuição de perigos e mazelas. De acordo com esta nova concepção produtiva, os riscos seriam mais democráticos e globalizados, isto é, não ficam restritos ao presente, mas se projetam para o futuro, afetando outras gerações. Tampouco se limitam no espaço, ultrapassando fronteiras. Segundo o autor, tais riscos não podem ser compensados pois são de difícil mensuração (LASH, Scott & WYNNE, Brian In: BECK, Ulrich (3 September 1992). *Risk Society: Towards a New Modernity*.SAGE Publications. pp. 260–. ISBN 978-0-8039-8346-5, p. 2). O professor Sergio André Rocha (ROCHA, Sérgio André. **Tributação Internacional.** São Paulo: Quartier Latin, 2013, p. 17) esclarece que os riscos presentes na sociedade de risco são aqueles decorrentes "do próprio desenvolvimento técnico da humanidade e da forma como os seres humanos exercem o papel de espécie predominante na Terra." Tais riscos ultrapassam a esfera individual sendo difundidos por toda a coletividade. O conceito de Sociedade de Risco também foi desenvolvido pelos sociólogos britânicos Anthony Giddens (1990) e Scott Lash (1992). Segundo Giddens, "risco e confiança se entrelaçam, a confiança normalmente servindo para reduzir ou minimizar os perigos aos quais estão sujeitos tipos específicos de atividade." (GIDDENS, Anthony. **As conseqüências da Modernidade** (trad. Raul Fiker). São Paulo: Editora UNESP, 1991, p.36).

insegurança, a procura de novos princípios e o redesenho do relacionamento entre as atribuições das instituições do Estado e da própria sociedade."[29]. No Estado subsidiário, "os riscos e a insegurança da sociedade hodierna não podem ser eliminados, mas devem ser aliviados por mecanismos de segurança social, econômica e ambiental"[30].

Os reflexos da sociedade de risco sobre a tributação foram tratados por Ricardo Lobo Torres com maestria. O professor considera que o risco fiscal se consubstancia com o descontrole orçamentário, a gestão irresponsável de recursos públicos e a corrupção dos agentes do Estado, para nomear alguns. Por outro lado, o risco fiscal também compreende aquele provocado pela conduta do contribuinte, ao implementar planejamentos abusivos e evadir tributos, por exemplo.

A Sociedade de Riscos e a emergência do Estado Subsidiário, portanto, exigem maior protagonismo e responsabilidade dos contribuintes no que concerne a organização de seus empreendimentos e aos planejamentos fiscais. Isso não significa que o Estado estaria sendo conduzido pelos mecanismos da deslegalização, da desregulamentação ou da autoregulação[31], mas sim, que há necessidade de se buscar novos princípios para a fundamentação do ordenamento jurídico e para as relações entre Estado e sociedade.

4. OS FUNDAMENTOS PRINCIPIOLÓGICOS DA RESPONSABILIDADE SOCIAL CORPORATIVA

É indiscutível que a obrigação de pagar tributos é um dever fundamental que emana do conceito de solidariedade. A ideia de solidariedade no direito tributário corresponde ao mesmo tempo a um valor ético e jurídico, constituindo uma obrigação moral de contribuir para o custeio dos serviços públicos[32].

Muito embora o dever de pagar tributos não seja pré-constitucional como a liberdade, ele transcende o conceito de mera obrigação estabelecida por lei, uma vez que possui dimensão constitucional[33], ainda que não esteja positivado em muitas constituições.

---

29 TORRES, Ricardo Lobo. **Tratado de Direito Constitucional Financeiro e Tributário, vol. II – Valores e Princípios Constitucionais Tributários,** 2ª ed.. Rio de Janeiro: Renovar, 2014, p.174.

30 TORRES, Ricardo Lobo. **O Princípio da Transparência no Direito Financeiro**. Disponível em: www.agu.gov.br/page/download/index/id/886223. Acesso em 10.10.2018. Publicado na Revista de Direito da Associação dos Procuradores do Novo Estado do Rio de Janeiro. V.VIII. Rio de Janeiro, 2001, p. 133-156 e na Revista Eletrônica da AGU (www.agu.gov.br), p.4.

31 TORRES, Ricardo Lobo. **O Princípio da Transparência no Direito Financeiro**. Disponível em: www.agu.gov.br/page/download/index/id/886223. Acesso em 10.10.2018. Publicado na Revista de Direito da Associação dos Procuradores do Novo Estado do Rio de Janeiro. V.VIII. Rio de Janeiro, 2001, p. 133-156 e na Revista Eletrônica da AGU (www.agu.gov.br), p. 3.

32 Martinez (apud TORRES, Ricardo Lobo. **Tratado de Direito Constitucional Financeiro e Tributário, vol. II – Valores e Princípios Constitucionais Tributários,** 2ª ed.. Rio de Janeiro: Renovar, 2014, p. 178) considera que a diferença entre a solidariedade e os demais valores que fundamentam diretamente os direitos é que a solidariedade fundamenta os direitos indiretamente, por meio de deveres

33 TORRES, Ricardo Lobo. **Tratado de Direito Constitucional Financeiro e Tributário, vol. II – Valores e Princípios Constitucionais Tributários,** 2ª ed.. Rio de Janeiro: Renovar, 2014, p. 178.

Da mesma forma, é também certo que os contribuintes possuem direitos e liberdades constitucionais que garantem seu direito de não pagar mais tributos do que está previsto em lei, bem como de organizar seus negócios como lhes aprouver, considerando que sejam lícitos e que tenham forma definida, ou não proibida, por lei.

Assim, as corporações, do mesmo modo que os indivíduos, possuem direitos e também o dever de pagar seus tributos na medida de suas responsabilidades. Portanto, faz sentido esperar que os instrumentos de Responsabilidade Social Corporativa contemplem o compromisso das empresas em se organizarem de forma não apenas lícita mas também ética, em seus planejamentos tributários.

Todavia, como traçar a linha divisória entre a liberdade dos contribuintes na organização de seus negócios (incluindo local do investimento, formas, preços das transações, entre outros) e o dever de contribuir com o custeio dos serviços públicos com sua parcela justa de tributos?

A resposta estaria na aplicação de outros princípios de extraordinária relevância no direito tributário como a boa-fé[34] e a transparência fiscal.

a. O princípio da boa-fé

O princípio da boa-fé se distingue entre a boa-fé objetiva e a boa-fé subjetiva, que são conceitos distintos, mas não antagônicos, porquanto complementares entre si. Enquanto a boa-fé objetiva visa primordialmente a estabelecer um padrão ético de conduta para as partes nas relações obrigacionais (apesar de transcender para outros ramos do direito, incluindo o tributário), a boa-fé subjetiva refere-se ao caráter psicológico dos sujeitos, suas convicções e verdadeiras intenções das partes nos negócios jurídicos.

Em outras palavras, a boa-fé subjetiva é aquela na qual o indivíduo pratica um ato, ignorando seu caráter ilícito. A boa-fé objetiva, por sua vez, deve ser compreendida como uma norma de conduta fundamentada na confiança, na proibição do comportamento contraditório e na retidão, funcionando como uma efetiva forma de verificação do abuso de direito e limitando o exercício dos poderes dos contratantes[35].

No direito tributário, a boa-fé tem "extraordinária relevância", nas palavras de Ricardo Lobo Torres[36], pode ser exigida tanto do Fisco quanto do contribuinte.

34 TORRES, Ricardo Lobo. **Tratado de Direito Constitucional Financeiro e Tributário, vol. II - Valores e Princípios Constitucionais Tributários,** 2ª ed.. Rio de Janeiro: Renovar, 2014, p. 593.

35 Para Ricardo Lobo Torres (TORRES, Ricardo Lobo. **Tratado de Direito Constitucional Financeiro e Tributário, vol. II - Valores e Princípios Constitucionais Tributários,** 2ª ed.. Rio de Janeiro: Renovar, 2014, pp. 593-595), a boa-fé é objetiva quando positivada como princípio moral, cláusula jurídica geral ou norma jurídica.

36 TORRES, Ricardo Lobo. **Tratado de Direito Constitucional Financeiro e Tributário, vol. II - Valores e Princípios Constitucionais Tributários,** 2ª ed.. Rio de Janeiro: Renovar, 2014, p. 593.

A confiança[37] se estabelece quando as expectativas das partes, quando legítimas, são confirmadas e é justo que seja protegida pelo direito. Segundo Humberto Ávila[38], as expectativas podem ser produzidas de duas formas.

A primeira ocorre em razão de ato jurídico de cunho geral, impessoal e abstrato, ou seja, a expectativa decorre da presunção de validade de uma norma editada pelo Poder Público, que deve ser cumprida. Para o autor "quando um ato normativo, com validade presumida, cria, na esfera jurídica do particular, uma razoável expectativa quanto ao seu cumprimento, há incidência do princípio da proteção da confiança"[39].

A expectativa também pode ser formada em razão de ato jurídico de cunho individual, pessoal e concreto. No caso da Administração Pública, quando esta pratica atos administrativos[40] que ensejam uma expectativa de cumprimento pelos contribuintes. Da mesma forma, espera-se que o contribuinte aja de boa-fé no cumprimento de suas obrigações tributárias e acessórias bem como no exercício de seus direitos.

Na concepção da boa-fé objetiva, a atuação do contribuinte em desconformidade com os padrões de conduta exigíveis, como o exercício do seu direito de liberdade de forma excessiva, caracteriza a violação do dever de agir de boa-fé. Isso não significa que esteja praticando um ilícito, pois a ausência de boa-fé nem sempre configura a má-fé ou o dolo, mas tal conduta não deve ser permitida. Assim, os planejamentos tributários abusivos adotados por contribuintes, sem a observância dos preceitos da boa-fé, devem ser combatidos.

b. O Princípio da Transparência Fiscal

A transparência, como ensina o professor Ricardo Lobo Torres[41], exerce papel legitimador das normas jurídicas, "orientando a positivação das normas jurídicas segundo as ideias de clareza, abertura, simplicidade e publicidade". Em linhas gerais, a transparência assegura aos indivíduos o direito de participação na atividade estatal, seja na esfera legislativa quanto no controle da administração pública pela sociedade.

Ainda, segundo o professor Ricardo Lobo Torres,

> "o dever de transparência incumbe ao Estado, subsidiariamente, e à Sociedade. A Sociedade deve agir de tal forma transparente que no seu relacio-

37 Torres (TORRES, Ricardo Lobo. **Tratado de Direito Constitucional Financeiro e Tributário, vol. II – Valores e Princípios Constitucionais Tributários,** 2ª ed.. Rio de Janeiro: Renovar, 2014, p. 581) entende que o princípio da confiança se aproxima do princípio da boa-fé mas dela se distingue.

38 AVILA, Humberto. **Benefícios fiscais inválidos e a legítima expectativa dos contribuintes**. In: Revista Tributária e de Finanças Públicas, v. 42, ano 10, jan./fev. 2002, p. 42.

39 AVILA, Humberto. **Benefícios fiscais inválidos e a legítima expectativa dos contribuintes**. In: Revista Tributária e de Finanças Públicas, v. 42, ano 10, jan./fev. 2002, p. 42.

40 "Quando um ato administrativo cria uma expectativa para o particular quanto ao seu cumprimento, há incidência do princípio da boa-fé objetiva." (AVILA, Humberto. **Benefícios fiscais inválidos e a legítima expectativa dos contribuintes**. In: Revista Tributária e de Finanças Públicas, v. 42, ano 10, jan./fev. 2002, p. 42).

41 TORRES, Ricardo Lobo. **Tratado de Direito Constitucional Financeiro e Tributário, vol. II – Valores e Princípios Constitucionais Tributários,** 2ª ed.. Rio de Janeiro: Renovar, 2014, p. 254.

namento com o Estado desapareça a opacidade dos segredos e da conduta abusiva fundada na prevalência da forma sobre o conteúdo dos negócios jurídicos. O Estado, por seu turno, deve revestir a sua atividade financeira da maior clareza e abertura, tanto na legislação instituidora de impostos, taxas, contribuições e empréstimos como na feitura do orçamento e no controle da sua execução."[42]

Portanto, não é apenas da Administração Pública que se espera transparência. A transparência na conduta dos contribuintes passa a ocupar papel de relevo como mecanismo de superação de riscos[43], principalmente no que se refere ao pagamento de tributos, pautando seus planejamentos tributários na ética e na substância sob a forma.

Considerando o protagonismo da atuação dos contribuintes no Estado Subsidiário, a implantação de programas de Responsabilidade Social Corporativa que contemplem medidas de transparência fiscal pelas corporações vem sendo fomentada não apenas por alguns Estados[44], mas também por entidades supranacionais (como a OCDE, por exemplo) e por organizações locais.

Busca-se, dessa forma, a valorização da liberdade por meio do incentivo à livre iniciativa e da responsabilidade dos indivíduos no exercício de seus direitos e obrigações, tendo como norte, os princípios da solidariedade e boa-fé.

5. O QUE É RESPONSABILIDADESOCIAL CORPORATIVA (RSC)?

O conceito de RSC compreende a ideia de que as empresas devem perseguir objetivos sociais que vão além de gerar lucros para os acionistas[45]. Tal conceito não é novo, mas sua definição está longe de ser pacificada[46].

Para Carroll[47], uma definição adequada de RSC deve considerar três aspectos da atuação corporativa que devem estar articulados e inter-relacionados.

O primeiro corresponde à responsabilidade que as empresas devem ter com a sociedade, envolvendo aspectos econômicos, legais, éticos e

42 TORRES, Ricardo Lobo. **Tratado de Direito Constitucional Financeiro e Tributário, vol. II – Valores e Princípios Constitucionais Tributários,** 2ª ed.. Rio de Janeiro: Renovar, 2014, p. 254.

43 Vide Item III que trata da Sociedade de Riscos.

44 O Reino Unido é pioneiro na promoção da responsabilidade social e vem desempenhando um papel fundamental nos últimos 40 anos no desenvolvimento de políticas de incentivo à RSC. No governo de Tony Blair (1997-2007), o Reino Unido nomeou, em março de 2000, o primeiro ministro de RSC do mundo, Kim Howells.

45 Frank Adams, ex-executivo da Standard Oil Company já em 1951, entendia que com a profissionalização dos negócios, as empresas tinham que pensar não apenas em lucros, mas em seus empregados, clientes e no público em geral (ABRAMS, 1951). Veja também em: EUROPEAN COMMISSION (2001); EUROPEAN COMMISSION (2002).

46 Veja diversas definições em CAROLL (CARROLL, Archie. B. (1979). ***A Three-Dimensional Conceptual Model of Corporate Performance***. The Academy of Management Review, Vol. 4, No. 4 (Oct., 1979), pp. 497-505. URL: http://www.jstor.org/stable/257850. p.497-498.

47 CARROLL, Archie. B. (1979). ***A Three-Dimensional Conceptual Model of Corporate Performance***. The Academy of Management Review, Vol. 4, No. 4 (Oct., 1979), pp. 497-505. URL: http://www.jstor.org/stable/257850. p.499-501.

discricionários (filantrópicos). Nesse contexto, a empresa deve atuar com o objetivo primordial de produzir bens e gerar lucro, operando, não apenas dentro da lei, mas também conforme parâmetros éticos definidos pelas expectativas da sociedade em que atuam.

Carroll também acredita que há ainda uma dimensão ampliada da valoração ética a pautar as ações das corporações[48]. Essa dimensão vai além das expectativas da sociedade e são relegadas às escolhas individuais que cada empresa faz, voluntariamente, para perseguir fins sociais[49], ainda que conflitem com o desejo dos acionistas em majorar seus lucros[50].

O segundo aspecto a ser considerado são as áreas sociais às quais as responsabilidades acima estão ligadas. Neste ponto, não há consenso sobre quais áreas a RSC deve considerar, mas nos últimos anos, a matéria relativa ao uso de planejamentos tributários abusivos vem sendo considerada, quando se trata do desenho de um modelo de RSC.

Por fim, para completar o modelo conceitual da RSC, é necessário que a "responsividade social" seja avaliada. Essa responsividade decorre da suposição de que as empresas possuem uma responsabilidade social que exige não apenas a aceitação de uma obrigação moral, mas a necessidade de agir, que pode variar de nenhuma ação ao engajamento total na concretização de um objetivo social[51].

Para a ActionAid, uma organização internacional sem fins lucrativos e presente em 45 países, a definição de RSC deve compreender aspectos que vão além de meras "considerações morais"[52]. O conceito de RSC deve abranger tanto o impacto da empresa na sociedade e no meio ambiente, para além das obrigações de cumprir a letra da lei, bem como o potencial impacto das ações da empresa em questões ambientais e sociais no longo prazo. Para a organização, o planejamento fiscal tem correlação com estes dois aspectos da RSC.

Nas últimas décadas, as discussões sobre RSC que antes ficavam restritas no âmbito dos negócios domésticos, se popularizaram no cenário internacional[53], com o desenvolvimento de várias iniciativas conduzidas por organizações

48 CARROLL, Archie. B. (1979). ***A Three-Dimensional Conceptual Model of Corporate Performance.*** The Academy of Management Review, Vol. 4, No. 4 (Oct., 1979), pp. 497-505. URL: http://www.jstor.org/stable/257850. p. 500.

49 Essas atividades envolvem contribuições a instituições e causas filantrópicas, fomento à educação, curadorias culturais, entre outras. Daí não serem consideradas responsabilidades, e, caso as empresas não se engajem nessas iniciativas, não são consideradas antiéticas CAROLL, 1979, p.500).

50 FISHER, Jasmine N. ***Fairer Shores: Tax Havens, Tax Avoidance, and Corporate Social Responsibility.*** Boston University Law Review [Vol. 94:337], 2014.

51 CARROLL, Archie. B. (1979). ***A Three-Dimensional Conceptual Model of Corporate Performance.*** The Academy of Management Review, Vol. 4, No. 4 (Oct., 1979), pp. 497-505. URL: http://www.jstor.org/stable/257850. p. 501.

52 ACTIONAID. ***Tax responsibility – The business case for making tax a corporate responsibility issue.*** July 2011. Disponível em: https://www.actionaid.org.uk/sites/default/files/doc_lib/tax_responsibility.pdf. Acesso em 10.03.2018, p.3.

53 CARROLL, Archie B. and SHABANA, Kareem M. ***The Business Case for Corporate Social Responsibility: A Review of Concepts, Research and Practice.*** International Journal of Management Reviews (2010) DOI: 10.1111/j.1468-2370.2009.00275.x., pp. 85-86.

internacionais e Estados para implantar novos modelos de governança corporativa adequados a umarealidade afetada pela globalização[54] e que fossem mais abrangentes em relação às responsabilidades assumidas[55].

Nesse sentido, diversos estudos foram conduzidos para explicar se a RSC seria autossustentável. Essa questão revela-se de suma importância, não apenas aos administradores de uma empresa, que, como já dissemos, tem o objetivo de gerar lucros, mas também aos acionistas, que desejam ver o retorno sobre seus investimentos. O resultado financeiro da RSC é também importante para os ativistas sociais, pois as empresas deverão ser capazes de sustentar as atividades para as quais tais ativistas estão advogando. Além disso, as autoridades governamentais também têm interesse na sustentabilidade da RSC, uma vez que os resultados alcançados por meio dessas iniciativas voluntárias podem ser mais racionais do ponto de vista de custo-benefício quando comparadas às inciativas regulatórias impostas por lei[56].

Kurucz et al[57] acreditam que há mais motivos além dos potenciais retornos financeiros para que uma empresa se engaje em RSC. Esses motivos incluem: a) redução de custos e riscos dos *stakeholders*[58] se oporem aos interesses das empresas; b) aquisição de vantagens competitivas ao atender aos anseios e expectativas dos *stakeholders*; c) o desenvolvimento de boa reputação e legitimidade, como uma "licença para operar"; e, d) a busca de resultados vantajosos

---

54 A Globalização Econômica provocada pelo avanço tecnológico e pela revolução nos meios de informação e comunicação, é caracterizada pelo fortalecimento do papel das empresas transnacionais, despertando a atenção da comunidade internacional sobre as questões ambientais, os direitos das minorias, a pobreza mundial e exigindo que os assuntos públicos e privados sejam tratados à luz da transparência (RIBEIRO, Ricardo Lodi. **Piketty e a Reforma Tributária Igualitária no Brasil.** RFPTD, v. 3, n.3, 2015, p.30).

55 KURUCZ, Elizabeth c.; COLBERT, Barry a.; WHEELER, David. ***The Business Case For Corporate Social Responsibility.*** In A. Crane, A. McWilliams, D. Matten, J. Moon, D. Seigel (Eds.) The Oxford Handbook on Corporate Social Responsibility, 2008 p. 83-112. Oxford University Press: Oxford. ISBN: 978-0-19-921159-3. Available from: https://www.researchgate.net/publication/235771847_The_Business_Case_for_Corporate_Social_Responsibility [accessed Mar 17 2018], p. 85.

56 CARROLL, Archie B. and SHABANA, Kareem M. ***The Business Case for Corporate Social Responsibility: A Review of Concepts, Research and Practice.*** International Journal of Management Reviews (2010) DOI: 10.1111/j.1468-2370.2009.00275.x., p. 92.
O Governo do Reino Unido, em relatório sobre o assunto, definiu RSC como a forma que uma empresa se responsabiliza pelos impactos sociais, econômicos e ambientais causados por sua atuação, de modo a maximizar os benefícios nessas áreas e mitigar os impactos negativos. O relatório, no entanto, ressalta que a RSC não significa altruísmo, mas deve ser bom para a sustentabilidade de longo prazo dos negócios quanto para a sociedade (UK GOVERNMENT, ***Corporate Social Responsibility A Government update.***Department of Trade and Industry: May 2004. DTI/Pub 7201/1k/05/04/NP. Disponível em: http://webarchive.nationalarchives.gov.uk/20090327083102/http://www.berr.gov.uk/files/file48771.pdf . Acesso em 10.03.2018, p.3).

57 KURUCZ, Elizabeth c.; COLBERT, Barry a.; WHEELER, David. ***The Business Case For Corporate Social Responsibility.*** In A. Crane, A. McWilliams, D. Matten, J. Moon, D. Seigel (Eds.) The Oxford Handbook on Corporate Social Responsibility, 2008 p. 83-112. Oxford University Press: Oxford. ISBN: 978-0-19-921159-3. Available from: https://www.researchgate.net/publication/235771847_The_Business_Case_for_Corporate_Social_Responsibility [accessed Mar 17 2018], pp. 85-92.

58 *Stakeholders* aqui definidos como partes interessadas, como acionistas, clientes, fornecedores, entre outros.

a todos, por meio de criação de valores sinérgicos, ao se conectar aos valores dos *stakeholders*.

Mas como essa matéria se relaciona com a reponsabilidade da empresa quanto ao engajamento em planejamentos tributários abusivos?

6. RSC E PLANEJAMENTO FISCAL

Os estudos e abordagens relativos à responsabilidade social dos negócios têm sido pouco abrangentes em relação à matéria dos planejamentos tributários abusivos[59].

Tal constatação é de fato interessante, devido à noção de que todos os cidadãos possuem o "dever fundamental" de contribuir para o custeio dos serviços públicos.[60]Além disso, o pagamento de impostos é geralmente considerado um exemplo básico de comportamento cidadão de uma empresa, podendo ser facilmente mensurado.

No entanto, o fato de que o pagamento de tributos pode ser licitamente evitado, constitui certo limite para a RSC e, embora a lei e a RSC sugiram que uma empresa deve pagar sua parcela justa de tributos, muitas empresas bem-sucedidas evitam se comprometerem voluntariamente e ativamente contra a utilização de planejamentos tributários arrojados por meio da RSC, para que não sejam, posteriormente, consideradas socialmente irresponsáveis[61].

Mas, não obstante a falta de compromisso das grandes corporações multinacionais em não utilizar planejamentos tributários agressivos, esta postura tem sofrido várias críticas da mídia e da opinião pública, levando governos a se posicionarem contrariamente em relação aos planejamentos tributários, especialmente de grandes multinacionais.

Investigações conduzidas sobre os planejamentos tributários de gigantes transnacionais como Apple, Caterpillar, Vodafone, Amazon, Google, Starbucks, entre outras[62], chegaram à conclusão que, embora nenhuma ilegalidade tenha

---

59 Veja DESAI, Mihir A. & DHARMAPALA, Dhammika, ***CSR and Taxation: The Missing Link***, Leading Perpectives, Winter 2006, p. 4 e SIKKA, Prem, ***Smoke and Mirrors: Corporate Social Responsibility and Tax Avoidance***, 34 ACCT. F. 153, 154 (2010).

60 Vide José Casalta Nabais. **O Dever Fundamental de Pagar Tributos: contributo para a compreensão constitucional do estado fiscal contemporâneo.** Coimbra: Almedina, 2012.

61 DOWLING, G.R. ***The Curious Case of Corporate Tax Avoidance: Is it Socially Irresponsible?*** Journal of Business Ethics (2014) 124: 173. https://doi.org/10.1007/s10551-013-1862-4. p. 1.

62 Para mais detalhes sobre os casos, veja: TING, Antony. ***iTax – Apple's International Tax Structure and the Double Non-Taxation Issue.*** (March 19, 2014). British Tax Review 2014 No.1. Disponível em: SSRN: https://ssrn.com/abstract=2411297. Acesso em 01.02.2018.; AVI-YONAH, Reuven S. ***Corporate Taxation and Corporate Social Responsibility***. N. Y. U. J. L. & Bus. 11, no. 1 (2014): 1-29; CASTRO, Leonardo Freitas de Moraes. **Caso VODAFONE.**In: CASTRO, Leonardo Freitas de Moraes (coord.) Tributação Internacional – Análise de Casos. Vol.3.1ª ed. São Paulo: MP Editora, 2015; *http://www.theguardian.com/business/taxavoidance; http://www.mirror.co.uk/news/uk-news/tax-avoidance-soars-35billion-under-2362328;* http://www.independent.co.uk/news/uk/politics/revealed-47bn-corporation-tax-lost--through-evasion-and-avoidance-as-royal-mail-is-sold-for-650m-less-than-it-is-worth-8874873.html; *http://www.telegraph.co.uk/finance/personalfinance/tax/9673358/Starbucks-Amazon-and-Google-ac-*

sido praticada, foi a moralidade e a lisura de tais arranjos que acabaram sendo avaliados. No caso da Starbucks, por exemplo, temendo boicotes de seus clientes no Reino Unido, a empresa confirmou o pagamento de mais de 20 milhões de libras em tributos nos anos seguintes (2013-2014) aos das investigações.

Com efeito, as empresas estão tendo que aderir a parâmetros definidos não apenas na lei, mas em um regime mais incerto e volátil, determinado pela opinião pública[63] em relação à parcela de contribuição no custeio dos gastos públicos[64].

Mas, quais seriam os limites para a economia tributária, considerando o objetivo básico das empresas de gerar lucros e o caráter voluntário da RSC, como já mencionamos? Haveria flexibilidade em utilizar planejamentos tributários mais arrojados em países que oferecessem um nível menor de serviços aos contribuintes? Há espaço para essa "autonomia privada" por parte do contribuinte?

7. AS INICIATIVAS INTERNACIONAIS DE REGULAÇÃO DA RSC

Autores como Panayi[65] acreditam que o sistema tributário internacional oferece múltiplas oportunidades aos contribuintes de planejamento tributário, tanto em relação ao local quanto a forma de seus investimentos e, se algumas escolhas estão se tonando inaceitáveis aos olhos da comunidade internacional, então caberia às organizações internacionais, como a OCDE, bem como aos Estados, a função de prestar o suporte às empresas multinacionais no desenho da RSC.

Knuutinen[66], por sua vez, acredita que é preferível que os Estados incentivem o engajamento das empresas em RSC e não partam diretamente para a regulação no combate aos planejamentos tributários abusivos. Para o autor, em alguns casos, as empresas estariam mais bem posicionadas para melhor avaliar qual a abordagem mais adequada em relação a um planejamento tributário.

---

cused-of-being-immoral.html; http://rt.com/news/googlestarbucks-amazon-uk-556/; Reuters (Special Report: How Starbucks avoids UK taxes, by Tom Bergin of Reuters, disponível em:http://uk.reuters.com/article/2012/10/15/us-britain-starbucks-tax-dUKBRE89E0EX20121015; *e http://www.bbc.com/news/business-20288077*. Para as audiências, veja: US SENATE – Permanent Subcommittee on Investigations of the Committee on Homeland Security and Government Affairs, *Caterpillar's Offshore Tax Strategy, Majority Staff Report Permanent Subcommittee on Investigations*. United States Senate - Released in conjunction with the Permanent Subcommittee on Investigations 1 Apr. 2014 Hearing;US SENATE – Permanent Subcommittee on Investigations of the Committee on Homeland Security and Government Affairs, *Hearing on Offshore Profit Shifting and the US Tax Code* – Part 2 (Apple Inc.) (21 May 2013) (Apple Hearings).

63 CHRISTIANS, Allison. ***The Big Picture: How Starbucks Lost Its Social License – And Paid £20 Million to Get It Back***. Tax Analysts: 2013, p. 637.

64 DESAI & DHARMAPALA (2006, p. 2) adiciona que práticas de evasão fiscal não são tão bem vistas pelos investidores no mercado de ações, talvez pela possibilidade de estarem ligadas à má-gestão empresarial.

65 PANAYI, Christiana HJI. ***Is Aggressive Tax Planning Socially Irresponsible?*** INTERTAX, vol. 43, Issue 10 (2015). Kluwer Law International BV, The Netherlands, p. 556.

66 KNUUTINEN, Reijo. ***Corporate Social Responsibility, Taxion and Aggressive Tax Planning.***Turku, 2014. 1 Nordic Tax Journal, (2014), DOI: 10.1515/ntaxj-2014-0003. p. 39.

É que, face à complexidade e pouca transparência dos sistemas tributários, gerando insegurança no planejamento tributário e "grave ineficiência das decisões econômicas"[67], as empresas multinacionais utilizam sua grande mobilidade e estruturas para elaborar planejamentos fiscais cada vez complexos e elaborados, colocando a regulação em posição de desvantagem quanto à antecipação para coibir tais arranjos[68].

Com efeito, a natureza voluntária da RSC implicando em ação sem regulação, é uma abordagem que tem sido fomentada por vários governos no mundo todo, bem como por organizações privadas[69].

A Comissão Europeia, em 2001 por meio de um *Green Paper*[70]reconhece que RSC é o meio pelo qual as empresas consideram aspectos sociais e ambientais em suas operações e a forma de interagir com seus "*stakeholders*", de forma voluntária[71], indo além do mero cumprimento da legislação.

Já o *Institute of Business Ethics*[72], em pesquisa conduzida no ano de 2016 com consumidores do Reino Unido sobre quais problemas das empresas que precisam ser observados, constatou que, desde 2012, o primeiro ano em que a pesquisa foi conduzida, o problema da elisão fiscal ocupa o primeiro lugar na preocupação dos britânicos, seguido dos pagamentos vultosos aos administradores das empresas e da necessidade de relações de trabalho justas.

No Brasil, contudo, pesquisa conduzida pelo Instituto Akatu (2005, p. 34), em parceria com o Instituto Ethos em 2005, já indicava que apesar de questões sobre qualidade e segurança do produto, tratamento dado aos empregados e a observância com o "mínimo ético", de que todos precisamos cumprir a lei e pagar impostos, serem "sempre importante atributos" na avaliação das

---

67 TORRES, Ricardo Lobo. **Tratado de Direito Constitucional Financeiro e Tributário, vol. I – Constituição Financeira, Sistema Tributário e Estado Fiscal**. Rio de Janeiro: Renovar, 2009, p. 329.

68 São os Estados que estimulam os planejamentos tributários por parte das empresas. A utilização da tributação com fins extrafiscais, a complexidade dos sistemas tributários, a oferta de incentivos fiscais e por vezes, a inconsistência da legislação tributária gera uma mentalidade baseada em regras focadas no planejamento tributário (GRIBNAU, 2015, 245). Da mesma forma, é fundamental que as empresas, assim como os indivíduos tenham certa liberdade para planejar suas vidas: onde estabelecer, em que investir e onde economizar.

69 Veja: Institute of Business Ethics (2013) e ActionAid (2011) e o Instituto Ethos, no Brasil (INSTITUTO AKATU, 2005).

70 EUROPEAN COMMISSION (2001). ***Promoting a European Framework for corporate social reasonability*** (Green Paper, Luxembourg: Office for Official Publications of the European Communities, July 2001), p. 6.

71 Na íntegra: *"Most definitions of corporate social responsibility describe it as a concept whereby companies integrate social and environmental concerns in their business operations and in their interaction with their stakeholders on a voluntary basis.Being socially responsible means not only fulfilling legal expectations, but also going beyond compliance and investing "more" into human capital, the environment and the relations with stakeholders. The experience with investment in environmentally responsible technologies and business practice suggests that going beyond legal compliance can contribute to a company's competitiveness and (...) can also have a direct impact on productivity. It opens a way of managing change and of reconciling social development with improved competitiveness".*

72 INSTITUTE OF BUSINESS ETHICS. ***Business Ethics Briefing – Tax Avoidance as an Ethical Issue for Business***. Issue 31, April 2013. Disponível em: https://www.ibe.org.uk/userassets/briefings/ibe_briefing_31_tax_avoidance_as_an_ethical_issue_for_business.pdf. Acesso em 10.03.2018, p. 3.

empresas pelos consumidores, essas pouco fazem no sentido de implantar ações mais ousadas e assertivas em relação a tais tópicos.

Esse comportamento, não é exclusivo das empresas brasileiras. A grande maioria das empresas prefere não se comprometer em relação a questões tributárias, ainda que possuam alta aderência a programas de RSC[73].

Por este motivo, a sociedade e a mídia internacional vêm exercendo uma pressão nos governos por maior regulação sobre a matéria[74].

Em janeiro de 1999, o Parlamento Europeu adotou a Resolução "*EU standards for European enterprises operating in developing countries: towards a European Code of Conduct*"[75] clamando por uma padronização nos Códigos de Conduta voluntários, que fossem baseados em padrões internacionais, bem como na instauração de uma Plataforma de Monitoramento Europeu que pudesse verificar os termos e condições dos Códigos, e a instauração de procedimentos de reclamação e ações corretivas. A Resolução, contudo, reforça a voluntariedade dos códigos de conduta, e reconhece que esses documentos não devem ser utilizados para submeter as empresas multinacionais a padrões mais elevados que aqueles estabelecidos na lei de cada país onde operam[76]. As recomendações consideraram questões de tributação internacional, no entanto, apenas no quesito do combate à evasão tributária ilícita.

Entre as recentes inciativas, destacam-se as diretrizes para elaboração do Código Europeu dos Contribuintes[77], as Diretrizes da OCDE para Empresas Multinacionais e os Princípios de Governança Corporativa do G20 e da OCDE.

A OCDE é, na atualidade, uma das organizações mais atuantes em matéria de tributação internacional e suas recomendações possuem forte aderência

---

73 Vide nota 18 supra.

74 LYNCH-WOOD, Gary and WILLIAMSON, David. ***A Contextual Review of CSR Policy and Law in the UK.*** Mountbatten Journal of Legal Studies, December 2005, 9 (1 2), pp. 4-20. Downloaded from: http://ssudl.solent.ac.uk/995/, p.5.

75 EUROPA (1999). ***Resolution on EU standards for European Enterprises operating in developing countries towards a European Code of Conduct***. *Official Journal C 104, 14/04/1999 P. 0180.*

76 No original: *"Welcomes and encourages voluntary initiatives by business and industry, trade unions and coalitions of NGOs to promote codes of conduct, with effective and independent monitoring and verification, and stakeholder participation in the development, implementation and monitoring of these codes; emphasises, however, that codes of conduct cannot replace or set aside national or international rules or the jurisdiction of governments; considers that codes of conduct must not be used as instruments for putting multinational enterprises beyond the scope of governmental and judicial scrutiny".* (EUROPA (1999). ***Resolution on EU standards for European Enterprises operating in developing countries towards a European Code of Conduct***. *Official Journal C 104, 14/04/1999 P. 0180*).

77 O Código é um instrumento não-vinculativo que visa a estabelecer um modelo de comportamento a seguir tanto pelos contribuintes europeus como pelas administrações fiscais dos Estados Membros. Apesar de não ser um código rigoroso, estabelece alguns direito e deveres aos contribuintes como "o direito de apresentar queixa, sobretudo nos casos em que os recursos internos não estejam previstos", como por exemplo, uma queixa em relação ao comportamento de um funcionário, o tratamento de determinada questão fiscal a prestação de serviços aos contribuintes. (COMISSÃO EUROPEIA DIREÇÃO-GERAL DA FISCALIDADE E UNIÃO ADUANEIRA (2016). **Orientações para um modelo de Um Código Europeu do Contribuinte.** Disponível em: https://ec.europa.eu/taxation_customs/sites/taxation/files/guidelines_for_a_model_for_a_european_taxpayers_code_pt.pdf. Acesso em 10.03.2018, p. 16).

pela comunidade internacional. Por este motivo, os documentos e recomendações oferecidas pela organização são tão relevantes para o assunto.

As Diretrizes da OCDE para Empresas Multinacionais[78] são um instrumento normativo flexível, não vinculativo, que estabelece padrões de conduta responsável, que a OCDE reputa "consistentes com as leis aplicáveis e parâmetros internacionalmente reconhecidos". Entre esses padrões de conduta que as multinacionais devem atender, a OCDE incluiu um capítulo inteiro para "tributação".

De acordo com as diretrizes da OCDE, cidadania societária na área de tributação implica no cumprimento da legislação nos países onde opera, não apenas conforme a letra da lei, mas também conforme seu "espírito". Isso significa dizer que as corporações devem implantar medidas para que a "intenção" da norma seja obedecida e que a interpretação da legislação tributária seja consistente com tal intenção, levando-se em consideração a literalidade, bem como o contexto histórico contemporâneo da norma. A organização complementa que os planejamentos tributários não devem ser estruturados de tal forma que os resultados alcançados sejam inconsistentes com as consequências subjacentes das estruturas utilizadas, a menos que expressamente permitido por lei[79].

Nesse caso, a OCDE foi além da iniciativa da União Europeia mencionada acima e subiu a barra ao estabelecer que a RSC deveria fazer com que as empresas estruturassem suas transações de forma que o resultado tributário não fosse contrário à intenção da lei, isto é, a elisão tributária estaria em foco.

Já o documento "*Principles of Corporate Governance*"[80] tem como objetivo assistir os governos dos países a avaliar e melhorar a estrutura regulatória, legal e institucional da governança corporativa a fim de "subsidiar a eficiência econômica, crescimento sustentável e estabilidade financeira" bem como estabelecer os papéis e responsabilidades dentro da estrutura da empresa.

A OCDE reconhece que não há um modelo único para a governança das sociedades, mas entende que há elementos comuns subjacentes que devem ser obedecidos por todos[81] .

Entre esses princípios ou elementos comuns, a OCDE lista, (i) a cooperação com as autoridades para fornecer as informações relevantes para aplicação adequada da legislação tributária; (ii) transparência e cumprimento das leis; (iii) estabelecimento de sistemas de avaliação de riscos tributários para que o conselho possa ter visibilidade de tais riscos para orientar as empresas.

78 OECD (2011), ***OECD Guidelines for Multinational Enterprises***, OECD Publishing. http://dx.doi.org/10.1787/9789264115415-en. Aceso em 18.01.2018, p.3.

79 OECD (2011), ***OECD Guidelines for Multinational Enterprises***, OECD Publishing. http://dx.doi.org/10.1787/9789264115415-en. Aceso em 18.01.2018, p. 60.

80 OCDE (2016). **Princípios de Governo das Sociedades do G20 e da OCDE**, Éditions OCDE, Paris. http://dx.doi.org/10.1787/9789264259195-pt , pp. 3-4.

81 OCDE (2016). **Princípios de Governo das Sociedades do G20 e da OCDE**, Éditions OCDE, Paris. http://dx.doi.org/10.1787/9789264259195-pt , p. 11.

Nesse sentido, ao estabelecer as diretrizes para os conselhos de administração[82], advoga para que as jurisdições exijam "cada vez mais que os conselhos supervisionem as estratégias de planeamento financeiro e tributário permitidas à gestão e, assim, desencorajem práticas como, por exemplo, o planeamento tributário agressivo, que não contribui para os interesses de longo prazo das sociedades e dos seus acionistas e poderá causar riscos legais e à reputação da sociedades"[83].

Por fim, a OCDE[84] recomenda que os programas de RSC observem as regras de preços de transferência estabelecidos na Convenção Modelo de Tributação da OCDE[85] e na Convenção Modelo da ONU sobre bi-tributação entre Países desenvolvidos e em desenvolvimento[86], por serem padrões internacionalmente aceitos para ajustes de lucros entre empresas relacionadas. A observância às regras de preços de transferência, segundo a OCDE, é importante porque elas materialmente influenciam a divisão da base tributária entre os países nos quais as multinacionais operam.

Os instrumentos da OCDE também preveem instrumentos de monitoramento para garantir o atendimento e implantação de suas diretrizes.

Como se verifica, a comunidade internacional tem cada vez mais trabalhado para fechar o cerco aos planejamentos tributários agressivos, seja por meio de maior regulação, como implantação de normas para combate a preços de transferência e regras CFCs[87], como pela demanda da comunidade internacional às empresas multinacionais para, além do mero cumprimento da legislação tributária, "voluntariamente" abandonar arranjos tributários agressivos.

8. CONCLUSÃO

Atualmente, as iniciativas de RSC tem, cada vez mais, sido compelidas a considerar a matéria da tributação em seu escopo, seja pelos *stakeholders*, governos ou pela opinião pública.

Os *stakeholders*, apesar de não haver uma dinâmica uniforme no sentido de condenar a utilização de planejamentos tributários agressivos, observam o impacto que tais práticas provocam nos resultados finais financeiros de seus

82 Ainda que não haja um conceito definido para tal conselho, pois a estrutura das empresas pode variar de uma para outra.

83 OCDE (2016). **Princípios de Governo das Sociedades do G20 e da OCDE**, Éditions OCDE, Paris. http://dx.doi.org/10.1787/9789264259195-pt, p. 53.

84 OECD (2011), ***OECD Guidelines for Multinational Enterprises***, OECD Publishing. http://dx.doi.org/10.1787/9789264115415-en. Aceso em 18.01.2018, p. 61.

85 OECD (2017b), ***Model Tax Convention on Income and on Capital: Condensed Version2017***, OECD Publishing, Paris. http://dx.doi.org/10.1787/mtc_cond-2017-en

86 UNITED NATIONS. Department of Economic & Social Affairs. ***Model Double Taxation Convention between Developed and Developing Countries.*** New York, 2011.

87 *Controlled Foreign CorporationsRules* ou regras de transparência internacional, são regras gerais antielisivas que deixam empresas interpostas, "transparentes" para fins fiscais.

investimentos. A opinião pública, por sua vez, insuflada pela mídia, tem reagido fortemente à elisão fiscal, com manifestações e boicotes alavancados nas mídias sociais.

Apesar de as autoridades e organizações internacionais reconhecerem a legalidade na utilização de planejamentos tributários pelas empresas, tem havido um movimento para enquadrar certos planejamentos tributários, mais agressivos, em uma zona de controle fora do debate evasão ilícita e elisão lícita.

Isso porque é necessário que as empresas contribuam para o custeio dos serviços públicos, de forma mais solidária, sendo uma peça relevante no controle da concorrência fiscal internacional.

Com efeito, a "voluntariedade" no engajamento a comportamentos mais comedidos em relação aos planejamentos fiscais é preferível à regulação. Primeiramente porque tira a pressão dos governos por fiscalizações mais constantes e complexas. Em segundo lugar porque grandes corporações multinacionais possuem recursos e estruturas para encontrar sempre alternativas disponíveis para pagar menos tributos.

Do ponto de vista da RSC, apesar da premissa básica no desenho das iniciativas de RSC ser a de que a empresa deve gerar lucro e valor aos seus acionistas, o combate aos planejamentos tributários agressivos, não é inconsistente com tal princípio. Mas, uma das dificuldades das empresas em incluir o tema da tributação no âmbito da RSC é a falta de regras de tributação claras e transparentes, trazendo certa insegurança e rigidez para escolhas legítimas das empresas em relação a planejamentos tributários.

Assim, considera-se que, certa harmonização no desenho da RSC norteada por princípios e parâmetros "internacionalmente aceitos" possa contribuir com o combate aos planejamentos tributários agressivos fortalecendo as diretrizes e sugestões da OCDE, que tem sido ativa nessa matéria.

Nesse caso, faz-se necessário aos países que não pertencem a OCDE que avaliem as sugestões oferecidas, contribuindo para o debate. De outra forma, poderão ser forçados a se adequar a tais parâmetros, dada a interconectividade no mundo de hoje.

Ainda que há quem advogue que as diretrizes da OCDE sejam normas não compulsórias (*soft law*) e, as iniciativas de RSC serem voluntárias e não constituírem obrigações que possam ser "cobradas" das empresas, o reconhecimento das diretrizes da OCDE pelos Estados cria uma força normativa que os força a agir.

Por outro lado, com base nos princípios da boa-fé e transparência, o compromisso das empresas feito por meio de suas iniciativas de RSC passa a vincular as empresas. Talvez de forma mais difícil no âmbito da legislação tributária, mas certamente do ponto de vista contratual, por seus *stakeholders* e clientes, que contrataram com determinada empresa, considerando sua postura cidadã. Assim, a boa-fé na atuação das empresas, sobretudo para aquelas que se declaram socialmente responsáveis, deve, portanto, nortear todas as práticas internas, incluindo o modo em que age diante das questões tributárias.

Abuso dos Acordos de Bitributação e Teste do Objetivo Principal: Repensando o Teste do Objetivo Principal à Luz da Segurança Jurídica

Luís Eduardo Schoueri[1]
Clara Gomes Moreira[2]

Sumário: 1. Introdução. 2. Conceito do teste do objetivo principal. 2.1. "Não obstante outras disposições da presente Convenção...". 2.2. "... um benefício da presente Convenção [...] em relação a um componente de renda ou de capital...". 2.3. "... obter esse benefício constituiu um dos objetivos principais de um acordo ou operação que tenha resultado, direta ou indiretamente, nesse benefício...". 2.4. "... se for razoável concluir, com base em todos os fatos e circunstâncias relevantes....". 2.5. "a menos que seja demonstrado que a concessão de tal benefício nessas circunstâncias estaria de acordo com o objeto e propósito das disposições pertinentes da presente Convenção". 2.6. "... um benefício da presente Convenção não será concedido." 3. Segurança jurídica e teste do objetivo principal. 3.1. GAARs e segurança jurídica. 3.2. Teste do objetivo principal como uma norma de exceção: "... o objetivo principal..." (teste subjetivo), a alocação ao Estado do teste objetivo e o significado da substância. 3.3. Medida alternativa: a cumulação do teste do objetivo principal com a cláusula da limitação de benefícios. 4. Conclusão

1. INTRODUÇÃO

O teste do objetivo principal (*principal purpose test*) foi proposto no bojo da Ação nº 6 (*Preventing the Granting of Treaty Benefits in Inappropriate Circumstances*, 2015), compreendida nos planos de ação de combate à erosão da base tributária e transferência de lucros (BEPS). No mesmo contexto, apresenta-se a Convenção Modelo OCDE/2017 (artigo 29, parágrafo 9º) e a *Multilateral Convention to Implement Tax Treaty Related Measures to Prevent BEPS* (MLI, 2018) (artigo 7º, parágrafo 1º[3]). Muito embora o Brasil não componha

---

1 Professor Titular de Direito Tributário da Universidade de São Paulo. Vice-Presidente do Instituto Brasileiro de Direito Tributário. Advogado.

2 Doutoranda em Direito Tributário pela Universidade de São Paulo. Advogada.

3 *"Notwithstanding any provisions of a Covered Tax Agreement, a benefit under the Covered Tax Agreement shall not be granted in respect of an item of income or capital if it is reasonable to conclude, having regard*

a OCDE nem tenha assinado o MLI[4], os seus compromissos no *inclusive framework* e a sua firme atuação quando da elaboração dos planos de ação BEPS, na qualidade de integrante do G-20, não deixam dúvidas quanto à relevância do tema para o País.

Não por outra razão em outubro de 2017, o Brasil firmou com a Argentina um protocolo de emenda[5] ao acordo de bitributação celebrado entre esses Estados, objetivando "favorecer [...] os investimentos argentinos no Brasil, assim como os investimentos brasileiros na Argentina"; "reduzi[r] as possibilidades de planejamento tributário [...] [, por isso] adotou-se artigo de amplo alcance destinado a combater a elisão fiscal e o uso abusivo do acordo"; dentre outros fins. Esse acordo de bitributação é o primeiro assinado pelo Brasil a possuir o teste do objetivo principal nos moldes propostos pela OCDE, além de, em termos domésticos, ser a primeira norma antiabuso geral (*general anti-avoidance rule* – GAAR) eficaz.

A noção de "objetivo principal" ou "principal propósito", no entanto, não é nova nos acordos brasileiros. Nos acordos realizados com África do Sul (2003), Chile (2001), México (2003), Peru (2006), Rússia (2004), Trinidad e Tobago (2008), Ucrânia (2002) e Venezuela (2005), prevê-se, genericamente, quanto aos dividendos, juros e *royalties*, que o respectivo benefício não se aplica, caso "o principal propósito" ou "um dos principais propósitos" do negócio jurídico seja de "tirar proveito" da norma jurídica em questão.

Existe, todavia, um grande debate na doutrina[6] quanto ao conteúdo e compatibilidade do teste do objetivo principal com o direito doméstico (nacional e comunitário europeu), especialmente no que se refere à segurança jurídica.

---

to all relevant facts and circumstances, that obtaining that benefit was one of the principal purposes of any arrangement or transaction that resulted directly or indirectly in that benefit, unless it is established that granting that benefit in these circumstances would be in accordance with the object and purpose of the relevant provisions of the Covered Tax Agreement."

4 Cf. GALENDI JÚNIOR, Ricardo; SCHOUERI, Luís Eduardo. Interpretative and Policy Challenges Following the OECD Multilateral Instrument (2016) from a Brazilian Perspective. **Bulletin for International Taxation**, p. 340-348, jun./2017.

5 Decreto Legislativo nº 136/2018 e Decreto nº 9.482/2018.

6 BARRETO, Paulo Ayres; TAKANO, Caio Augusto. The Prevention of Tax Treaty Abuse in the BEPS Action 6: A Brazilian Perspective. **Intertax**, vol. 43, issue 12, p. 825-838, 2015, p. 838. CUNHA, Rita C. BEPS Action 6: Uncertainty in the Principal Purpose Test Rule. **Global Taxation**, vol. 1, p. 186-190, jun./2016, p. 189. DANON, Robert J. Treaty Abuse in the Post-BEPS World: Analysis of the Policy Shift and Impact of the Principal Purpose Test for MNE Groups. **Bulletin for International Taxation**, p. 31-55, jan./2018, p. 47-48. DE BROE, Luc; LUTUS, Joris. BEPS Action 6: Tax Treaty Abuse. **Intertax**, vol. 43, issue 2, p. 122-146, 2015, p. 146. KUŹNIACKI, Błażej. The Principal Purpose Test (PPT) in BEPS Action 6 and the MLI: Exploring Challenges Arising from Its Legal Implementation and Practical Application. **World Tax Journal**, vol. 10, issue 2, p. 233-294, mai./2018, p. 277-285. LANG, Michael. BEPS Action 6: Introducing an Antiabuse Rule in Tax Treaties. **Tax Notes International**, vol. 74, issue 7, p. 655-664, mai./2014, p. 663-664. PINETZ, Erik. Use of Principal Purpose Test to Prevent Treaty Abuse. In: LANG, Michael; PISTONE, Pasquale; RUST, Alexander; SCHUCH, Josef; STARINGER, Claus (eds.). **Base Erosion and Profit Shifting (BEPS): The Proposal to Revise the OECD Model Convention.** Wien: Linde, 2016, p. 293-294. ROLIM, João Dácio. The General Anti-Avoidance Rule: Its Expanding Role in International Taxation. **Intertax**, vol. 44, issue 11, p. 815-822, 2016, p. 817.

Esse artigo examina essas controvérsias considerando o acordo de bitributação Brasil-Argentina e o sistema constitucional tributário nacional.

2. CONCEITO DO TESTE DO OBJETIVO PRINCIPAL

O teste do objetivo principal conota uma GAAR a ser prescrita em acordos de bitributação, visando a combater, dentre outras formas de abuso dos acordos, o *treaty shopping*. Esse ocorre quando um contribuinte, objetivando se aproveitar de um acordo de bitributação, em relação ao qual ele não é um beneficiário, estrutura o seu negócio jurídico interpondo entre si e a sua fonte outra pessoa que é contemplada por esse acordo, e, desse modo, atrai a sua aplicação.[7] Essa norma antiabuso possui termos genéricos e ampla aplicação[8]. Vale dizer, enquanto uma GAAR, o teste do objetivo principal secaracteriza por não ter limites quanto à matéria coberta ou às soluções adotadas.

As GAARs se diferenciam das *special anti-avoidance rules* – SAARs, as quais se restringem a prescrever um consequente normativo para um comportamento determinado que o legislador deseja evitar; e das *targeted anti-avoidance rules* – TAARs, as quais, conquanto igualmente genéricas, têm o seu escopo de atuação reduzido. Assim, enquanto o acordo Brasil-Argentina apresenta uma GAAR (porque é aplicável a qualquer dispositivo), os demais acordos antes referidos contêm TAARs, uma vez que elas são voltadas a uns poucos dispositivos (dividendos, juros e *royalties*).

Naquele primeiro acordo, além disso, a redação da GAAR se aproxima do modelo da OCDE, conforme se observa abaixo:

Artigo 29, parágrafo 9º, CM OCDE	Artigo 27, parágrafo 1º, do acordo de bitributação Brasil-Argentina
"Notwithstanding the other provisions of this Convention, a benefit under this Convention shall not be granted in respect of an item of income or capital if it is reasonable to conclude, having regard to all relevant facts and circumstances, that obtaining that benefit was one of the principal purposes of any arrangement or transaction that resulted directly or indirectly in that benefit, unless it is established that granting that benefit in these circumstances would be in accordance with the object and purpose of the relevant provisions of this Convention."	"Não obstante outras disposições da presente Convenção, um benefício da presente Convenção não será concedido em relação a um componente de renda ou de capital se for razoável concluir, com base em todos os fatos e circunstâncias relevantes, que obter esse benefício constituiu um dos objetivos principais de um acordo ou operação que tenha resultado, direta ou indiretamente, nesse benefício, a menos que seja demonstrado que a concessão de tal benefício nessas circunstâncias estaria de acordo com o objeto e propósito das disposições pertinentes da presente Convenção."

7 SCHOUERI, Luís Eduardo. **Planejamento Fiscal através de Acordos de Bitributação: *Treaty Shopping***. São Paulo: Revista dos Tribunais, 1995, p. 21.

8 KUŹNIACKI, Błażej. The Principal Purpose Test (PPT) in BEPS Action 6 and the MLI: Exploring Challenges Arising from Its Legal Implementation and Practical Application. **World Tax Journal**, vol. 10, issue 2, p. 233-294, mai./2018, p. 245.

Essa condição pode ser um indicativo de que o Brasil pretende se orientar pelo modelo da OCDE, em que pese as autoridades nacionais poderem se posicionar diversamente, o que demanda um acompanhamento das suas futuras ações nessa temática. Apresentamos, nos tópicos subsequentes, o conteúdo do teste do objetivo principal, segundo a sua interpretação literal, finalística e contextual, sem prejuízo da consideração anterior.

2.1. "Não obstante outras disposições da presente Convenção..."

O teste do objetivo principal geralmente não é a única norma antiabuso prescrita em um acordo de bitributação. Os comentários 171 a 173 ao artigo 29 da CM OCDE/2017[9] sustentam que essa GAAR tem caráter "suplementar" em relação às demais SAARs constantes nos acordos. É possível, por assim dizer, que uma situação não configure abuso do acordo segundo uma SAAR, mas o seja em consonância com a GAAR.

Levantam-se argumentos em contrariedade a esse entendimento de duas ordens: uma primeira posição sustenta que a norma especial prevalece sob a norma geral, em linha com o brocardo '*lex speciali derrogat lex generalis*'[10]; uma segunda posição acrescenta que a SAAR é mais "rigorosa" do que a GAAR, não havendo utilidade prática em aplicar ambas normas antiabuso[11].

Há quem defenda, diversamente, inexistir uma antinomia entre a GAAR e a SAAR, sob o argumento de que essas normas possuem requisitos cumulativos à caracterização do abuso, sem que exista uma relação hierárquica entre elas. Uma situação não abusiva, nesse sentido, é aquela que atende a ambas normas, por serem elas independentes entre si[12]. Uma analogia clarifica essa ideia: cada uma dessas normas constituiria um filtro pelo qual uma situação passa, não sendo ela abusiva, ao passar pelos dois filtros.[13]

---

9 *"171. Paragraph 9 supplements and does not restrict in any way the scope or application of the provisions of paragraphs 1 to 7 (the limitation-on-benefits rule) and of paragraph 8 (the rule applicable to a permanent establishment situated in a third jurisdiction): a benefit that is denied in accordance with these paragraphs is not a "benefit under the Convention" that paragraph 9 would also deny. [...]*
172. Conversely, the fact that a person is entitled to benefits under paragraphs 1 to 7 does not mean that these benefits cannot be denied under paragraph 9. Paragraphs 1 to 7 are rules that focus primarily on the legal nature, ownership in, and general activities of, residents of a Contracting State. As illustrated by the example in the next paragraph, these rules do not imply that a transaction or arrangement entered into by such a resident cannot constitute an improper use of a treaty provision.
[...]"

10 BAÉZ MORENO, Andrés. GAARs and Treaties: From the Guiding Principle to the Principal Purpose Test. What Have We Gained from BEPS Action 6? **Intertax**, vol. 45, issue 6 e 7, p. 432-446, 2017, p. 441.

11 PERDELWITZ, Andreas. International Tax Structuring for Holding Activities. In: COTRUT, Madalina. **International Tax Structures in the BEPS Era: An Analysis of Anti-Abuse Measures.** Amsterdam: IBFD, 2015, p. 321.

12 PALAO TABOADA, Carlos. OECD Base Erosion and Profit Shifting Action 6: The General Anti-Abuse Rule. **Bulletin for International Taxation**, p. 602-608, oct./2015, p. 605.

13 Cf. CHAND, Vikram. The Interaction of the Principal Purpose Test (and the Guiding Principle) with Treaty and Domestic Anti-Avoidance Rules. **Intertax**, vol. 46, issue 2, p. 115-123, 2018, p. 116. DE BROE, Luc; LUTUS, Joris. BEPS Action 6: Tax Treaty Abuse. **Intertax**, vol. 43, issue 2, p. 122-146, 2015, p. 132.

É interessante notar que o problema exposto não se confunde com o debate que se faz nos diferentes ordenamentos jurídicos que contemplam GAAR e SAAR. Afinal, no âmbito interno, essas normas produzem consequências distintas e, portanto, configuram uma antinomia. Um exemplo ilustra essa distinção: enquanto uma norma concernente ao preço de transferência (SAAR) provoca um ajuste de preços, segundo um dos métodos legais de cálculo, a GAAR, normalmente, leva à desconsideração do negócio efetuado, impondo a sua substituição por outro. Em tal cenário, torna-se mandatória a decisão sobre a norma aplicável, sendo correto o raciocínio pelo critério da especialidade. Isto é, como regra, no direito interno, a aplicação de uma SAAR se faz no lugar de uma GAAR.

Pode haver a sua aplicação concomitante, no entanto, somente quando a GAAR assegura que a SAAR tenha lugar. Assim, por exemplo, se um contribuinte se vale de uma estrutura abusiva para fugir da aplicação de uma SAAR, então a GAAR será aplicada primeiro e, em decorrência disso, poderá haver a aplicação da SAAR. De qualquer modo, não se pode confundir essa situação doméstica com aquela dos acordos, já que, como apontado, nesse último caso, não há uma antinomia entre a GAAR e a SAAR, pois elas produzem consequências idênticas (a inaplicabilidade da norma do acordo). Por essa razão, essas normas se aplicam de modo independente e sucessivo.

Quanto à utilidade da GAAR, lembramos que a especialidade da norma antiabuso nada nos diz sobre o seu "rigor". A especialidade somente se refere à limitação do seu escopo de aplicação. A GAAR, nesse sentido, será "útil", quando ela preveja critérios diversos da SAAR e/ou verse sobre situações não compreendidas por essa última.

Por último, para afastarmos qualquer cogitação quanto à aplicação cumulativa da GAAR e da SAAR nos acordos, ressaltamos que o texto do dispositivo antes reproduzido ("*não obstante outras disposições da presente Convenção*") afasta qualquer dúvida quanto à correção desse entendimento.

2.2. "... um benefício da presente Convenção [...] em relação a um componente de renda ou de capital..."

A norma antiabuso serve a outra norma, no sentido de impedir que se aplique essa segunda norma, quando os seus requisitos foram atendidos, porém de forma abusiva. O comentário 175 ao artigo 29, § 9º, da CM OCDE/2017[14]

KUŹNIACKI, Błażej. The Principal Purpose Test (PPT) in BEPS Action 6 and the MLI: Exploring Challenges Arising from Its Legal Implementation and Practical Application. **World Tax Journal**, vol. 10, issue 2, p. 233-294, mai./2018, p. 245-246. LANG, Michael. BEPS Action 6: Introducing an Antiabuse Rule in Tax Treaties. **Tax Notes International**, vol. 74, issue 7, p. 655-664, mai./2014, p. 658.

14 *"The term "benefit" includes all limitations (e.g. a tax reduction, exemption, deferral or refund) on taxation imposed on the State of source under Articles 6 through 22 of the Convention, the relief from double taxation provided by Article 23, and the protection afforded to residents and nationals of a Contracting State under Article 24 or any other similar limitations. This includes, for example, limitations on the taxing rights of a Contracting State in respect of dividends, interest or royalties arising in that State, and paid to a resident of the other State (who is the beneficial owner) under Article 10, 11 or 12. It also includes limitations on the taxing rights of a Contracting State over a capital gain derived from the alienation of movable property*

sustenta que o "benefício" deve ser lido como toda limitação imposta pelo acordo ao poder de tributar do Estado fonte, ou seja, as regras relativas à alocação do poder de tributar e as que impedem a dupla tributação e concedem proteção aos residentes ou nacionais[15].

A doutrina[16], por sua vez, discute sobre o sentido de "benefício", uma vez que ele conota uma comparação entre duas situações, sendo uma melhor do que a outra em atenção a um critério. Os acordos de bitributação visam a promover a maior troca comercial entre os indivíduos residentes ou nacionais – a depender do critério de conexão eleito – de diferentes Estados[17], ao evitar a bitributação jurídica e, em alguns casos, econômica da renda.

O benefício, a nosso ver, deriva, portanto, da aplicação de uma norma do acordo a um rendimento ou capital, os quais, em uma situação contrária, estariam submetidos à dupla tributação ou à aplicação de uma norma de consequência mais onerosa. A condição mais vantajosa, em outras palavras, diz respeito ao cotejo sob o viés financeiro entre a situação de aplicação de uma norma do acordo e aquela de mera aplicação da legislação doméstica, de outro acordo de bitributação ou ainda de outra norma do mesmo acordo.

Apesar dessa percepção econômica do benefício, em consonância com os comentários e a própria doutrina, não se impõe à autoridade fiscal a comprovação da economia fiscal para a caracterização do abuso. Pode-se conceber duas justificativas para tanto: presume-se a economia tributária e/ou pretende-se preservar a integralidade do acordo em atenção aos seus fins, independentemente da obtenção da benesse financeira. Entendemos, todavia, que a obtenção ou não de uma vantagem financeira pode ser um "[d]os fatos e circunstâncias relevantes" para concluir sobre o abuso, no sentido de ser um indício, dentre outras provas avaliadas pela autoridade fiscal nesse exame, como exploraremos mais à frente.

2.3. "... obter esse benefício constituiu um dos objetivos principais de um acordo ou operação que tenha resultado, direta ou indiretamente, nesse benefício..."

Se a aplicação da norma do acordo for um dos objetivos principais para a celebração de um negócio jurídico segundo uma estrutura determinada, satisfaz-se o teste subjetivo, ainda que existam outros fundamentos, e.g., comerciais

located in that State by a resident of the other State under Article 13. When a tax convention includes other limitations (such as a tax sparing provision), the provisions of this Article also apply to that benefit."

15 KOK, Reinout. The Principal Purpose Test in Tax Treaties under BEPS 6. **Intertax**, vol. 44, issue 5, p. 406-412, 2016, p. 408.

16 LANG, Michael. BEPS Action 6: Introducing an Antiabuse Rule in Tax Treaties. **Tax Notes International**, vol. 74, issue 7, p. 655-664, mai./2014, p. 657-658.

17 KUŹNIACKI, Błażej. The Principal Purpose Test (PPT) in BEPS Action 6 and the MLI: Exploring Challenges Arising from Its Legal Implementation and Practical Application. **World Tax Journal**, vol. 10, issue 2, p. 233-294, mai./2018, p. 264-267; 271-272.

de igual relevância que a justifiquem. O comentário 180 ao artigo 29, parágrafo 9º, da CM OCDE/2017[18] é no mesmo sentido.

Em resposta, parcela da doutrina[19] defende que esse teste possui um *standard* muito baixo, o que permite que hipóteses despidas de abuso sejam abrangidas por esse teste. Isso porque é difícil concluir que um contribuinte abusou de um acordo, caso ele possua razões outras de igual relevância, mas de cunho não tributário para a realização de um negócio jurídico de certo modo. É sugestivo, por conseguinte, mudar a redação do dispositivo para "o propósito essencial ou predominante"[20] ou "o propósito exclusivo ou predominante"[21].

Argumenta-se, em oposição, quanto às operações transfronteiriças, haver um limite à capacidade institucional do Estado de conseguir informações sobre as operações dos contribuintes, o que justificaria essa norma.[22] A veracidade desse último posicionamento, contudo, é bastante controvertida nos casos em que existentes mecanismos de intercâmbio de informações entre os Estados. Ora, considerando que os acordos de bitributação costumam prever o mecanismo de troca de informações, deve-se partir da premissa de que há, normalmente, meios para os Estados obterem informações sobre as atividades dos contribuintes.

Para iniciarmos o enfretamento dessa divergência – essa temática será retomada mais à frente –, definimos, precipuamente, os "objetivos principais" (*one of the principal purposes*). A palavra *"purpose"* foi traduzida para o português como *"objetivo"*, sendo que a doutrina em língua inglesa[23] prefere falar em *"motivo"* (*motive*). Independentemente de qualquer imprecisão terminológica[24], somos da opinião que o "objetivo" não trata propriamente da razão para a eleição de um Estado[25] ou para a economia tributária; não se confunde

18 *"The reference to "one of the principal purposes" in paragraph 9 means that obtaining the benefit under a tax convention need not be the sole or dominant purpose of a particular arrangement or transaction. It is sufficient that at least one of the principal purposes was to obtain the benefit."*

19 KOK, Reinout. The Principal Purpose Test in Tax Treaties under BEPS 6. **Intertax**, vol. 44, issue 5, p. 406-412, 2016, p. 408.

20 KUŹNIACKI, Błażej. The Principal Purpose Test (PPT) in BEPS Action 6 and the MLI: Exploring Challenges Arising from Its Legal Implementation and Practical Application. **World Tax Journal**, vol. 10, issue 2, p. 233-294, mai./2018, p. 257-261.

21 DE BROE, Luc; LUTUS, Joris. BEPS Action 6: Tax Treaty Abuse. **Intertax**, vol. 43, issue 2, p. 122-146, 2015, p. 132.

22 DRÜEN, Klaus-Dieter; DRISSEN, Daniel. Burden of proof and anti-abuse provisions. In: MEUSSEN, Gerard. **The burden of proof in tax law.** Amsterdam: IBFD, 2013, p. 32.

23 CUNHA, Rita C. BEPS Action 6: Uncertainty in the Principal Purpose Test Rule. **Global Taxation**, vol. 1, p. 186-190, jun./2016, p. 188. LANG, Michael. BEPS Action 6: Introducing an Antiabuse Rule in Tax Treaties. **Tax Notes International**, vol. 74, issue 7, p. 655-664, mai./2014, p. 658-661. PIANTAVIGNA, Paolo. Tax Abuse in European Union Law: A Theory. **EC Tax Review**, nº 3, p. 134-147, 2011, p. 144.

24 PIANTAVIGNA, Paolo. The Role of the Subjective Element in Tax Abuse and Aggressive Tax Planning. **World Tax Journal**, p. 193-232, mai./2018, p. 230.

25 KOK, Reinout. The Principal Purpose Test in Tax Treaties under BEPS 6. **Intertax**, vol. 44, issue 5, p. 406-412, 2016, p. 408.

com as intenções de um contribuinte[26] e as consequências produzidas por um negócio jurídico[27]; nem se trata em verdade de um exame de artificialidade[28].

Ao controlar o objetivo principal, busca-se a substância de um negócio jurídico, ou seja, o seu grau de sustentabilidade[29] em atenção às razões apresentadas para o seu desenvolvimento. Um ponto interessante nessa construção é o comentário 178 ao artigo 29, parágrafo 9º, da CM OCDE/2017: "quando [...] um negócio jurídico *somente* puder ser explicado *razoavelmente* [ou *racionalmente*] por um benefício que deriva de um acordo"[30] [tradução livre]. Com base nessa explicação, os objetivos principais são os pilares de sustentação do desenho de um negócio jurídico, sem o qual ele não se mantém e/ou não se equilibra. Em outras palavras, sem um deles, não se justifica esse negócio ou se o faz de maneira incompleta.[31]

Ainda com tal explicação, não nos parece despropositado mencionar que essa fórmula tende a trazer problemas na sua aplicação. Afinal, dificilmente se encontrará uma transação em que os benefícios obtidos por um acordo não tenham sido considerados, quando da estruturação do negócio jurídico, especialmente caso se tenha em mente ser cediço que uma das funções primordiais dos acordos de bitributação é a atração de investimentos. Espera-se que o investidor busque países com os quais os acordos de bitributação foram celebrados, havendo, pois, sempre a preferência pela estruturação do negócio jurídico envolvendo essas localidades. Se é verdade que a existência dos acordos é determinante para a realização do investimento, então será improvável encontrar um caso em que, na ausência do benefício do acordo, a estrutura se manteria inabalada.

2.4. "... se for razoável concluir, com base em todos os fatos e circunstâncias relevantes...."

À autoridade fiscal compete realizar o teste subjetivo em atenção a "todos os fatos e circunstâncias relevantes" do caso, quando alcançará uma conclusão "razoável" sobre a matéria. Alguns doutrinadores argumentam que no teste subjetivo

26 Cf. em sentido contrário: BAÉZ MORENO, Andrés. GAARs and Treaties: From the Guiding Principle to the Principal Purpose Test. What Have We Gained from BEPS Action 6? **Intertax**, vol. 45, issue 6 e 7, p. 432-446, 2017, p. 436.

27 PIANTAVIGNA, Paolo. The Role of the Subjective Element in Tax Abuse and Aggressive Tax Planning. **World Tax Journal**, p. 193-232, mai./2018, p. 198, 213-214, 221.

28 DOURADO, Ana Paula. The Meaning of Aggressive Tax Planning and Avoidance in the European Union and the OECD: An Example of Legal Pluralism in International Tax Law. In: ENGLISCH, Joachim (ed.). **International Tax Law: New Challenges to and from Constitutional and Legal Pluralism.** Amsterdam: IBFD, 2016, p. 273.

29 PIANTAVIGNA, Paolo. Tax Abuse in European Union Law: A Theory. **EC Tax Review**, nº 3, p. 134-147, 2011, p. 145, 230-231.

30 *"Where* [...] *an arrangement can only be reasonably explained by a benefit that arises under a treaty* [...]."

31 Cf. em sentido contrário: CUNHA, Rita C. BEPS Action 6: Uncertainty in the Principal Purpose Test Rule. **Global Taxation**, vol. 1, p. 186-190, jun./2016, p. 187. PINETZ, Erik. Use of Principal Purpose Test to Prevent Treaty Abuse. In: LANG, Michael; PISTONE, Pasquale; RUST, Alexander; SCHUCH, Josef; STARINGER, Claus (eds.). **Base Erosion and Profit Shifting (BEPS): The Proposal to Revise the OECD Model Convention.** Wien: Linde, 2016, p. 287.

há um pequeno ônus da prova[32] do Estado, o qual, com efeito, "é fácil"[33] de ser atendido; outros afirmam, diferentemente, que esse exame "não é fácil" e a razoabilidade não mede o ônus da prova das autoridades fiscais. Elas em quaisquer casos se baseiam nos fatos e circunstâncias relevantes[34]; outro posicionamento é que a razoabilidade é a qualidade da decisão produzida, ou seja, uma decisão justificada[35]. Essas proposições doutrinárias precisam ser melhor exploradas.

Essa redação, inicialmente, foi inspirada no modelo britânico: "tendo em conta todas as circunstâncias, seria razoável concluir"[36] [tradução livre] (parte 5 do *Financial Act 2013*, seção 207 (1)). Essa "razoabilidade", entretanto, tal como antes empregada e no teste do objetivo principal, mais se assemelha à "racionalidade". Isso porque a razoabilidade, geralmente, se atrela a um juízo moral (certo ou errado, segundo determinados valores), em contraposição ao sentido da racionalidade como uma virtude intelectual (e.g., escolher um meio compatível com o fim pretendido).[37] O "razoável concluir", logo, a nosso ver, se refere ao raciocínio cuidadoso em consideração aos elementos de prova[38]. Não se "pula" às conclusões sem avaliar as provas pertinentes.[39]

Por assim dizer, afirmações como 'É fácil.' ou 'É difícil.' não são aplicáveis. A complexidade da análise depende do seu objeto, podendo ser mais "fácil" ou mais "difícil" a depender do caso concreto, sem que generalizações a seu respeito sejam verdadeiras. Não é possível, de igual modo, prever abstratamente a extensão do ônus da prova. Ele pode ser menor ou maior em consonância com os "fatos e circunstâncias relevantes". Essa delimitação do objeto de prova, não obstante, obviamente é menor do que se todos os elementos fáticos relativos a um negócio jurídico fossem examinados, o que não significa, todavia, que todos esses fatos sejam necessários à resolução da questão.

Concordamos, por outro lado, com a definição da razoabilidade como um critério para a produção de um ato justificado. As razões que justificam essa

---

32 CUNHA, Rita C. BEPS Action 6: Uncertainty in the Principal Purpose Test Rule. **Global Taxation**, vol. 1, p. 186-190, jun./2016, p. 188.

33 PINETZ, Erik. Use of Principal Purpose Test to Prevent Treaty Abuse. In: LANG, Michael; PISTONE, Pasquale; RUST, Alexander; SCHUCH, Josef; STARINGER, Claus (eds.). **Base Erosion and Profit Shifting (BEPS): The Proposal to Revise the OECD Model Convention.** Wien: Linde, 2016, p. 287.

34 WEBER, Dennis. The Reasonableness Test of the Principal Purpose Test Rule in OECD BEPS Action 6 (Tax Treaty Abuse) versus the EU Principle of Legal Certainty and the EU Abuse of Law Case Law. **Erasmus Law Review**, nº 1, p. 48- 59, ago./2017, p. 50-51.

35 CUNHA, Rita C. BEPS Action 6: Uncertainty in the Principal Purpose Test Rule. **Global Taxation**, vol. 1, p. 186-190, jun./2016, p. 188.

36 *"having regard to all the circumstances, it would be reasonable to conclude"*

37 SIBLEY, W. M. The Rational Versus the Reasonable. **The Philosophical Review**, nº 62, p. 554–560, 1953, p. 556-557.

38 Artosi, Alberto. Reasonableness, Common Sense, and Science. In: BONGIOVANNI, Giorgio; SARTOR, Giovanni; VALENTINI, Chiara (eds.). **Reasonableness and Law.** Dordrecht, Heidelberg, London, New York: Springer, 2009, p. 69.

39 MacCormick, Neil. **Rhetoric and the Rule of Law: A Theory of Legal Reasoning.** Oxford: Oxford University Press, 2005, p. 166.

decisão dizem respeito a "todos os fatos e circunstâncias relevantes". "Fatos e circunstâncias relevantes", porém, em relação ao quê? Propomos, em linha com o ponto anterior, que a importância se refira à substância de um negócio jurídico[40]; e.g., à estrutura física, pessoal e financeira das sociedades; às atividades exercidas e a sua conexão com a atividade fim do grupo econômico; à assunção de riscos; à história das sociedades e/ou do grupo econômico; ao decurso do tempo; à economia tributária produzida; e às circunstâncias externas relacionadas às decisões tomadas. A cada caso concreto, como já dito, haverá um novo critério de relevância da prova a ser observado pelo aplicador racional. Desse modo, enquanto a estrutura física pode ser relevante para uma atividade industrial, no caso da *holding* pura parece ser despropositado (ou incoerente) inquirir sobre as suas instalações ou o seu número de empregados.

2.5. "a menos que seja demonstrado que a concessão de tal benefício nessas circunstâncias estaria de acordo com o objeto e propósito das disposições pertinentes da presente Convenção"

O teste subjetivo não resulta em uma afirmação conclusiva sobre o abuso, havendo um teste subsequente: o objetivo. Em outras palavras, em se insurgindo contra a conclusão do teste subjetivo, ao contribuinte faculta-se demonstrar que a aplicação da norma de tributação do acordo de bitributação nessa situação não contraria "o objeto e propósito das disposições pertinentes" desse acordo.

Afirma-se, entretanto, que não é fácil definir o fim das normas de um acordo[41], principalmente porque nem sempre as razões para a sua assinatura são públicas, além do que qualquer generalização a seu respeito desconsidera que os Estados celebram acordos por razões diferentes. Não é precisa, ademais, a distinção entre o fim principal e o secundário de uma norma.[42] Discute-se, ainda, se o fim "das disposições pertinentes" se refere ao acordo como um todo, às normas principais (e.g., à norma alocativa) ou ao próprio teste do objetivo principal.[43]

Antes que prossigamos, analisamos os comentários à CM OCDE, apesar de não desconhecermos, como visto, que eles não vinculam vários Estados[44], como o Brasil. Esses comentários descrevem exemplos de aplicação do teste objetivo que são relevantes a esse estudo e cujos elementos principais são os seguintes:

---

40 PIANTAVIGNA, Paolo. The Role of the Subjective Element in Tax Abuse and Aggressive Tax Planning. **World Tax Journal**, p. 193-232, mai./2018, p. 198.

41 KUŹNIACKI, Błażej. The Principal Purpose Test (PPT) in BEPS Action 6 and the MLI: Exploring Challenges Arising from Its Legal Implementation and Practical Application. **World Tax Journal**, vol. 10, issue 2, p. 233-294, mai./2018, p. 262.

42 DE BROE, Luc; LUTUS, Joris. BEPS Action 6: Tax Treaty Abuse. **Intertax**, vol. 43, issue 2, p. 122-146, 2015, p. 131-132.

43 KOK, Reinout. The Principal Purpose Test in Tax Treaties under BEPS 6. **Intertax**, vol. 44, issue 5, p. 406-412, 2016, p. 409.

44 KUŹNIACKI, Błażej. The Principal Purpose Test (PPT) in BEPS Action 6 and the MLI: Exploring Challenges Arising from Its Legal Implementation and Practical Application. **World Tax Journal**, vol. 10, issue 2, p. 233-294, mai./2018, p. 271.

Exemplos A e B: a sociedade beneficiária (CCo) atua como uma *conduit company*, enquanto um mero corredor para a circulação de valores entre a sociedade beneficiária efetiva desse negócio jurídico (ACo) e a sociedade fonte (BCo), sem agregar qualquer valor à atividade econômica e, inclusive, podendo não obter qualquer vantagem financeira por semelhante função ou a sua remuneração é incompatível com as condições de mercado. Aplica-se o teste do objetivo principal.

Exemplo J: em que pese o negócio jurídico entre as sociedades BCo e CCo, a sociedade ACo (sociedade relacionada à sociedade CCo) assume a responsabilidade pela execução do contrato perante a sociedade BCo em benefício da sociedade CCo, sem receber remuneração por semelhante função ou em condições incompatíveis com as de mercado. Aplica-se o teste do objetivo principal.

Exemplos C, F, G, H, I, K e M: a sociedade CCo, efetivamente, desenvolve a empresa, agregando valor à atividade econômica realizada no Estado C, conforme se depreende de sua estrutura física, financeira e pessoal compatível com a função exercida. Essa função pode ser até mesmo de gestão de outras sociedades. Compreende-se, ainda, nessa hipótese a constituição da sociedade CCo como uma expansão normal ou previsível da empresa. Não se aplica o teste do objetivo principal.

Exemplos D e L: no que se refere às sociedades relativas aos investimentos financeiros, a sua qualificação como beneficiária dos acordos de bitributação depende de a opção de seus investidores por ela ocorrer independentemente da localização dos seus investimentos – e.g., há uma pluralidade de investimentos em inúmeros Estados – e de essa sociedade, outrossim, não considerar a localização dos investidores como um critério para a sua aceitação – e.g., há investidores de diversos Estados. Não se aplica o teste do objetivo principal.

Exemplo E: no que se diz respeito à sociedade que, e.g., aumenta a sua participação societária em outra para atender a um requisito numérico estabelecido no acordo de bitributação para a sua aplicação a uma dada situação, afirma-se que atende ao próprio fim da norma em questão. Não se aplica o teste do objetivo principal.

Esses exemplos não são exaustivos nem, admitamos, absolutamente claros, mas eles indicam alguns critérios empregados pela OCDE para se afastar o abuso: (1) a sociedade residente exerce uma atividade econômica, agregando valor; (2) há uma estrutura física, pessoal e financeira compatível com as atividades exercidas; (3) a constituição da sociedade segue o curso previsível de condução da empresa; (4) atenta-se para as condições de mercado; (5) não se contrariam os critérios legais; e (6) quanto às sociedades de investimento, os investimentos eleitos e os investidores aceitos independem da sua localização. Todos esses elementos funcionam como indícios que se somam e são ponderados em uma situação concreta, sem prejuízo de outros que venham a ser considerados para a compreensão da substância de um negócio jurídico.

Com isso em mente, voltamos à redação desse dispositivo: "o objeto e propósito das disposições pertinentes da presente Convenção". Visando a responder quais são "o objeto e propósito", necessitamos, em primeiro lugar, definir as "disposições pertinentes da [...] Convenção". Essas disposições obviamente não dizem respeito ao acordo como um todo, caso contrário, não se limitaria o seu escopo de aplicação a somente algumas das suas disposições; se escreveria "o objeto e propósito da presente Convenção". Elas também não compreendem o teste do objetivo principal. Isso porque, como visto, essa GAAR serve a outra norma que versa sobre a repartição do poder de tributar propriamente. Não por outra razão, quando um contribuinte abusa de um acordo, ele não abusa de uma GAAR, TAAR ou SAAR, mas sim das mencionadas normas de repartição (ou dos benefícios). As "disposições pertinentes", logo, são as normas relativas aos limites impostos pelo acordo de bitributação à atividade tributária de um dos Estados Contratantes.

Pergunta-se, em segundo lugar, sobre "o objeto e propósito" desses benefícios. Muito se discutiu acerca de o "objeto" e "propósito" possuírem conceitos autônomos, contudo, prevaleceu o entendimento de que a expressão "objeto e propósito" é uma unidade conceitual referente à interpretação teleológica.[45] O fim dessa norma, precipuamente, nada diz sobre a intenção (o subjetivo) das autoridades celebrantes do acordo. A interpretação teleológica é uma análise objetiva[46], segundo o texto do acordo, o contexto, outros instrumentos normativos conexos, as práticas entre os Estados Contratantes e o direito internacional, sem prejuízo de, em caráter suplementar, se avaliarem os trabalhos preparatórios e circunstâncias de conclusão do acordo (artigos 31 e 32 da Convenção de Viena sobre Direito dos Tratados (CVDT)).

Há quem sustente, nesse sentido, que os fins desses benefícios são a distribuição justa dos rendimentos e capitais entre os Estados Contratantes, eliminar as barreiras comerciais e incentivar os investimentos estrangeiros (os fins últimos), e evitar a dupla tributação (o fim operacional).[47] Esses fins, não obstante, à primeira vista, não traduzem a busca da substância de um negócio jurídico, em linha com os exemplos da OCDE. Para tanto, exploramos a seguir a proibição do abuso, partindo de um exemplo – para os fins desse exemplo, desconsidere a existência de qualquer norma antiabuso aplicável.

Duas sociedades: (1) a matriz BCo, residente no Brasil; e (2) a subsidiária ACo, residente na Alemanha. A BCo pretende financiar o desenvolvimento de softwares pela ACo. Destacamos, por um lado, que o acordo de bitributação Brasil-Alemanha (1975) se encontra sem efeito desde 2005[48]. Caso o empréstimo, portanto, fosse feito entre a BCo e a ACo, poderia haver a bitributação jurídica dos juros, o que pode ser evitado pela interposição de uma sociedade

45 JONAS, David S.; SAUNDERS, Thomas N. The Object and Purpose of a Treaty: Three Interpretive Methods. **Vanderbilt Journal of Transnational Law**, vol. 43, nº 3, p. 565-609, mai./2010, p. 578-579.

46 RUST, Alexander; VOGEL, Klaus. Introduction. In: REIMER, Ekkehart; RUST, Alexander (eds.). **Klaus Vogel on Double Taxation Conventions.** vol. I. 5. ed. Alphen aan den Rijn: Kluwer Law International, 2015, p. 39.

47 KUŹNIACKI, Błażej. The Principal Purpose Test (PPT) in BEPS Action 6 and the MLI: Exploring Challenges Arising from Its Legal Implementation and Practical Application. **World Tax Journal**, vol. 10, issue 2, p. 233-294, mai./2018, p. 265.

48 Decreto nº 5.654/2005.

na Holanda. Isso porque o acordo Alemanha-Países Baixos (2012), por outro lado, no seu artigo 11, parágrafo 1º[49], prevê a tributação exclusiva dos juros pelo Estado de residência. Constitui-se, consequentemente, (3) a subsidiária HCo, residente nos Países Baixos, a qual não exerce qualquer atividade econômica, salvo deter um ativo muito grande. Ressaltamos que, caso houvesse dois empréstimos (BCo-HCo e HCo-ACo), no pagamento de juros pela HCo à BCo, em consonância com o acordo Brasil-Países Baixos (1990), artigo 11, parágrafo 2º[50], haveria a tributação na fonte e na residência, sem prejuízo do mecanismo brasileiro de dedução do imposto pago nos Países Baixos, observado o disposto no artigo 23, parágrafo 5º[51].

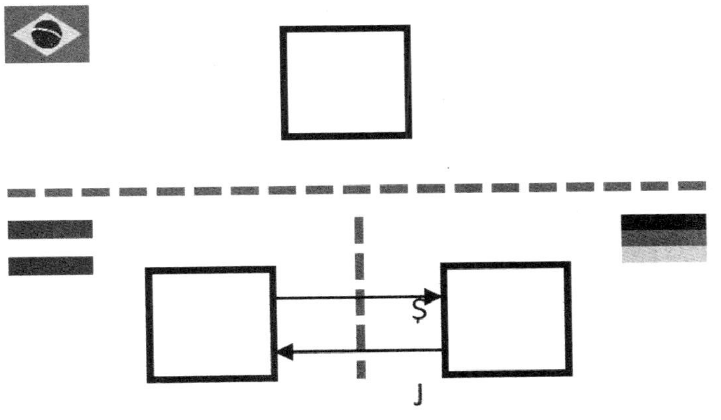

Em atenção ao posicionamento da OCDE, a HCo é uma *cash box*, uma "caixa" cujo único conteúdo econômico são os bens do ativo de sua titularidade, sem que exista a correlação entre o seu poder econômico e as suas atividades desempenhadas. A OCDE conclui que essa estrutura negocial se justifica, exclusivamente, pelo objetivo de tirar proveito do acordo de bitributação Alemanha-Países Baixos, além de ser incompatível com "o objeto e propósito" da norma relativa à tributação dos juros. Isso porque essa norma não pretende

49 *"Interest arising in a Contracting State and beneficially owned by a resident of the other Contracting State shall be taxable only in that other State."*

50 "Todavia, esses juros podem ser também tributados no Estado de que provém e nos termos das leis desse Estado mas se quem os receber for o beneficiário efetivo dos juros, o imposto assim incidente não poderá exceder:

(a)10 por cento (dez por cento) do montante bruto dos juros, se quem os receber for um banco e se o empréstimo for concedido por um prazo mínimo de 7 anos e relacionado com s compra de equipamento industrial, com estudo, compra ou instalação de unidades industriais ou científicas, bem como com o financiamento de obras públicas

(b)15 por cento (quinze por cento) do montante bruto dos juros, nos demais casos."

51 "Quando um residente no Brasil receber rendimentos que, nos termos desta Convenção, possam ser tributados na Holanda, o Brasil permitirá, como dedução do imposto de renda dessa pessoa, um valor igual ao imposto de renda pago na Holanda. Todavia, a dedução não será maior do que a parcela do imposto que seria devido antes da inclusão do crédito correspondente aos rendimentos que podem ser tributados na Holanda."

compreender as situações de abuso, as quais são identificadas pela ausência da substância[52].

Admitimos, entretanto, que similar conclusão decorre da pré-compreensão de que os acordos de bitributação *não devem* funcionar como um meio de transferência de lucros entre as jurisdições. A substância, dessa forma, conota um critério não somente de delimitação do escopo de aplicação de um acordo, como também de repartição do poder de tributar entre os Estados – maiores críticas a essa última parte ultrapassam o escopo desse estudo, sendo deixadas para outra oportunidade.

Observamos, todavia, que o significado de substância é amplo, alargando o seu conteúdo em função da experiência nacional e internacional. O abuso dos acordos do presente não se reveste nem se revestirá das mesmas caraterísticas do abuso do passado e do futuro. Não é possível, ademais, falar em uma definição global de substância, isto é, os Estados atribuem diferentes conteúdos à substância, principalmente no que toca àqueles países não membros da OCDE. Por todo o exposto, apesar de concordarmos com a associação do "objeto e propósito" dos benefícios ao exame de substância de um negócio jurídico, alertamos que essa conclusão atrai inúmeras dificuldades com relação à segurança jurídica, seja quanto à amplitude do seu significado e a cognoscibilidade, seja quanto à possibilidade da sua modificação e a irretroatividade e a previsibilidade – essa última temática não será aprofundada nesse artigo.

2.6. "... um benefício da presente Convenção não será concedido."

Quanto à consequência da aplicação do teste do objetivo principal, a doutrina[53] critica a imprecisão do texto do dispositivo e a inexistência de uma manifestação expressa da OCDE sobre a temática. Questiona-se se o acordo de bitributação não se aplica como um todo ou somente uma norma específica desse. Entendemos que a configuração do ato abusivo do contribuinte não impede a aplicação de outra norma do acordo, caso o contribuinte remanesça

52 KUŹNIACKI, Błażej. The Principal Purpose Test (PPT) in BEPS Action 6 and the MLI: Exploring Challenges Arising from Its Legal Implementation and Practical Application. **World Tax Journal**, vol. 10, issue 2, p. 233-294, mai./2018, p. 264-267; 271-272. WEBER, Dennis. The New Common Minimum Anti-Abuse Rule in the EU Parent-Subsidiary Directive: Background, Impact, Applicability, Purpose and Effect. **Intertax**, vol. 44, issue 2, p. 98-129, 2016, p. 108. WEBER, Dennis. The Reasonableness Test of the Principal Purpose Test Rule in OECD BEPS Action 6 (Tax Treaty Abuse) versus the EU Principle of Legal Certainty and the EU Abuse of Law Case Law. **Erasmus Law Review**, nº 1, p. 48- 59, ago./2017, p. 57.

53 BAÉZ MORENO, Andrés. GAARs and Treaties: From the Guiding Principle to the Principal Purpose Test. What Have We Gained from BEPS Action 6? **Intertax**, vol. 45, issue 6 e 7, p. 432-446, 2017, p. 441-442. DE BROE, Luc; LUTUS, Joris. BEPS Action 6: Tax Treaty Abuse. **Intertax**, vol. 43, issue 2, p. 122-146, 2015, p. 133-134. KUŹNIACKI, Błażej. The Principal Purpose Test (PPT) in BEPS Action 6 and the MLI: Exploring Challenges Arising from Its Legal Implementation and Practical Application. **World Tax Journal**, vol. 10, issue 2, p. 233-294, mai./2018, p. 272-273. LANG, Michael. BEPS Action 6: Introducing an Antiabuse Rule in Tax Treaties. **Tax Notes International**, vol. 74, issue 7, p. 655-664, mai./2014, p. 661-662.

compreendido no escopo subjetivo do acordo à semelhança de uma GAAR doméstica[54].

Ressaltamos que posicionamento diverso possui um efeito punitivo sobre as situações que, a despeito da aplicação do teste do objetivo principal, remanescem compreendidas no escopo subjetivo do acordo.[55] Deve-se redirecionar, nesses casos, o negócio jurídico à norma adequada, pois o teste do objetivo principal não visa a punir o contribuinte, mas sim a impedir a aplicação "inapropriada" do acordo de bitributação.

3. SEGURANÇA JURÍDICA E TESTE DO OBJETIVO PRINCIPAL

O princípio da segurança jurídica foi objeto de um estudo vasto realizado por Ricardo Lobo Torres[56], segundo o qual, a legalidade tributária, enquanto uma concretização da segurança jurídica, não exige o fechamento da linguagem empregada pelo legislador, admitindo a sua "complementação" pelo poder executivo, especialmente diante dos conceitos indeterminados[57]. Esse autor prossegue para afirmar que a legalidade, em que pese vincular a Administração, restringindo a sua discricionariedade, se opõe à possibilidade de o contribuinte abusar das normas.[58]

No que se refere às GAARs, ele ressaltou não haver uma posição clara na jurisprudência e doutrina nacional acerca da sua constitucionalidade ou inconstitucionalidade[59]. Não por outra razão, como mencionado no início desse estudo, a doutrina nacional e a estrangeira divergem sobre a compatibilidade do teste do objetivo principal com a segurança jurídica.

3.1. GAARs e segurança jurídica

Há notícia de ao menos duas decisões de tribunais constitucionais sobre a inconstitucionalidade de GAARs domésticas. No julgamento K 4/03, de 11 de maio de 2004[60], o Tribunal Constitucional Polonês (*Trybunał Konstytucyjny*)

---

54 DANON, Robert J. Treaty Abuse in the Post-BEPS World: Analysis of the Policy Shift and Impact of the Principal Purpose Test for MNE Groups. **Bulletin for International Taxation**, p. 31-55, jan./2018, p. 51-52. PALAO TABOADA, Carlos. OECD Base Erosion and Profit Shifting Action 6: The General Anti-Abuse Rule. **Bulletin for International Taxation**, p. 602-608, oct./2015, p. 606.

55 BAÉZ MORENO, Andrés. GAARs and Treaties: From the Guiding Principle to the Principal Purpose Test. What Have We Gained from BEPS Action 6? **Intertax**, vol. 45, issue 6 e 7, p. 432-446, 2017, p. 443.

56 TORRES, Ricardo Lobo. A legalidade tributária e os seus subprincípios constitucionais. **Revista Fórum de Direito Tributário**, ano 1, nº 3, mai./jun. 2003. Disponível em: <http://www.bidforum.com.br/bid/PDI0006.aspx?pdiCntd=13036>. Acesso em: 01º de setembro de 2018, p. 5.

57 TORRES, Ricardo Lobo. O princípio da tipicidade no direito tributário. **Revista de Direito Administrativo**, jan./mar. 2004, p. 217.

58 TORRES, Ricardo Lobo. A legalidade tributária e os seus subprincípios constitucionais. **Revista Fórum de Direito Tributário**, ano 1, nº 3, mai./jun. 2003. Disponível em: <http://www.bidforum.com.br/bid/PDI0006.aspx?pdiCntd=13036>. Acesso em: 01º de setembro de 2018, p. 1.

59 TORRES, Ricardo Lobo. **Planejamento Tributário: elisão abusiva e evasão fiscal.** 2. ed. Rio de Janeiro: Elsevier, 2013, p. 86.

60 A nova legislação foi objeto da decisão K 3/05, de 14 de junho de 2006, sendo declarada constitucional.

decidiu que o artigo 24b § 1º do *Tax Ordinance Act*[61] é incompatível com a segurança jurídica, uma vez que as suas disposições são muito vagas e imprecisas, não permitindo aos seus destinatários conhecer os seus direitos e deveres. Argumentou-se que o uso de uma linguagem aberta não pode ensejar interpretações arbitrárias por parte das autoridades fiscais, principalmente pela necessidade de manter a uniformidade na aplicação da norma tributária.

Com relação ao artigo L 64 do *Livre des procédures fiscales*[62], o Tribunal Constitucional Francês (*Conseil Constitutionnel*) na Decisão nº 2013-685 DC, de 29 de dezembro de 2013[63], concluiu pela sua inconstitucionalidade, dentre outros fundamentos, pela violação do dever do legislador de atender à acessibilidade e inteligibilidade da lei, devendo redigir as disposições de forma suficientemente precisa, evitando o juízo arbitrário da autoridade fiscal.

Quanto ao teste do objetivo principal, a OCDE reconhece, por um lado, que ele "possui pontos fortes e fracos"[64]. Não desconhecemos, por outro lado, que enquanto um *standard* mínimo observado por uma coletividade de Estados, é difícil que haja um consenso sobre ele[65]. Sempre há divergências entre os Estados sobre essa matéria, o que não significa que não se possam instituir padrões mínimos e flexíveis para alcançar um objetivo comum: o combate ao uso inapropriado dos acordos de bitributação. Repensamos nos pontos subsequentes o teste do objetivo principal, considerando o sistema constitucional tributário nacional.

---

61 *"Tax authorities and authorities of tax audit, in deciding in tax cases, shall disregard the tax effects of [taxpayers'] legal actions, if these authorities have proved that entry into these legal actions could not have resulted in other important benefits than those stemming from diminution of the amount of tax obligation, increase of loss, increase of overpaid tax or the tax to be reimbursed."* KUŹNIACKI, Błażej. The Principal Purpose Test (PPT) in BEPS Action 6 and the MLI: Exploring Challenges Arising from Its Legal Implementation and Practical Application. **World Tax Journal**, vol. 10, issue 2, p. 233-294, mai./2018, p. 278.

62 *"Afin d'en restituer le véritable caractère, l'administration est en droit d'écarter, comme ne lui étant pas opposables, les actes constitutifs d'un abus de droit, soit que ces actes ont un caractère fictif, soit que, recherchant le bénéfice d'une application littérale des textes ou de décisions à l'encontre des objectifs poursuivis par leurs auteurs, ils n'ont pu être inspirés par aucun autre motif que celui d'éluder ou d'atténuer les charges fiscales que l'intéressé, si ces actes n'avaient pas été passés ou réalisés, aurait normalement supportées eu égard à sa situation ou à ses activités réelles.*

En cas de désaccord sur les rectifications notifiées sur le fondement du présent article, le litige est soumis, à la demande du contribuable, à l'avis du comité de l'abus de droit fiscal. L'administration peut également soumettre le litige à l'avis du comité.

Si l'administration ne s'est pas conformée à l'avis du comité, elle doit apporter la preuve du bien-fondé de la rectification.

Les avis rendus font l'objet d'un rapport annuel qui est rendu public."

63 Observe-se também a decisão nº 2015-726 DC, de 29 de dezembro de 2015.

64 "has strengths and weaknesses" [tradução livre] OECD. **Preventing the Granting of Treaty Benefits in Inappropriate Circumstances, Action 6 – 2015 Final Report, OECD/G20 Base Erosion and Profit Shifting Project.**Paris: OECD Publishing, 2015. Acesso em 20 de agosto de 2018. Disponível em: <http://dx.doi.org/10.1787/9789264241695-en>, p. 10.

65 *"Little international consensus exists on how these rules must be designed and whether they are useful at all."* [tradução livre] LANG, Michael. BEPS Action 6: Introducing an Antiabuse Rule in Tax Treaties. **Tax Notes International**, vol. 74, issue 7, p. 655-664, mai./2014, p. 656.

3.2. Teste do objetivo principal como uma norma de exceção: "... o objetivo principal..." (teste subjetivo), a alocação ao Estado do teste objetivo e o significado da substância

Já dissemos antes que o teste do objetivo principal teve inspiração na legislação britânica[66] (parte 5 do *Financial Act 2013*[67]). Não pretendemos aqui esmiuçar essa norma, mas sim estressar as suas distinções relevantes no que diz respeito ao modelo da OCDE. A GAAR britânica possui dois testes: o subjetivo e o objetivo, os quais são realizados pelo Estado. Quanto ao teste subjetivo, avalia-se se a obtenção de um tratamento tributário favorecido é "o objetivo principal" ou "um dos objetivos principais" de um negócio jurídico – esse teste é considerado mais "simples" do que o subsequente. Quanto ao teste objetivo, examina-se se um negócio jurídico segue um curso racional de ação em atenção às normas tributárias aplicáveis, segundo uma pluralidade de fatores enumerados exemplificativamente pela norma referentes à sua substância (e.g., a economia tributária supera o ganho econômico da operação; credita-se imposto que dificilmente será pago em outra jurisdição).[68]

A translação incompleta da GAAR britânica ao teste do objetivo principal é objeto de críticas, uma vez que atos não abusivos são compreendidos no teste subjetivo e apenas retirados do escopo de aplicação da GAAR, caso o contribuinte comprove a sua concordância com o fim da norma de tributação do acordo. Essa situação, entretanto, impõe um rigor incompatível com a própria teleologia da norma antiabuso, ou seja, essa norma é desproporcional[69], considerando o exame de necessidade ou proporcionalidade em sentido estrito, a depender da avaliação realizada. Isso porque há outros meios para alcançar

---

66 Cf. BAKER, Philip. The BEPS Action plan in the light of EU Law: Treaty abuse. **British Tax Review**, nº 3, p. 408-416, 2015.

67 *"207 Meaning of "tax arrangements" and "abusive"*

(1) Arrangements are "tax arrangements" if, having regard to all the circumstances, it would be reasonable to conclude that the obtaining of a tax advantage was the main purpose, or one of the main purposes, of the arrangements.

(2) Tax arrangements are "abusive" if they are arrangements the entering into or carrying out of which cannot reasonably be regarded as a reasonable course of action in relation to the relevant tax provisions, having regard to all the circumstances including —

(a) whether the substantive results of the arrangements are consistent with any principles on which those provisions are based (whether express or implied) and the policy objectives of those provisions,

(b) whether the means of achieving those results involves one or more contrived or abnormal steps, and

(c) whether the arrangements are intended to exploit any shortcomings in those provisions.

[...]

209 Counteracting the tax advantages

(1) If there are tax arrangements that are abusive, the tax advantages that would (ignoring this Part) arise from the arrangements are to be counteracted by the making of adjustments.

[...]"

68 SEILER, Markus. **GAARs and Judicial Anti-Avoidance in Germany, the UK and the EU.** Wien: Linde, 2016, p. 162-182.

69 CHAND, Vikram. The Interaction of the Principal Purpose Test (and the Guiding Principle) with Treaty and Domestic Anti-Avoidance Rules. **Intertax**, vol. 46, issue 2, p. 197.

idêntica consequência (o combate ao abuso), causando restrições menos intensas aos direitos dos contribuintes, tal como defendemos a seguir.

Sugerimos, assim, *em primeiro lugar, modificar a redação do teste subjetivo para prever "o objetivo principal", ao invés de "um dos objetivos principais"; e, em segundo lugar, alocar ao Estado o teste objetivo*, sem prejuízo da possibilidade de o contribuinte efetuar prova em contrário. Essa última alteração independe da modificação da redação desse dispositivo, sendo recomendável, porém, que os Estados Contratantes acordem sobre a temática.

Ambas alterações se baseiam no fato de a GAAR conotar uma norma de exceção e, portanto, a inclusão de uma cláusula ampla, como "um dos objetivos principais", ser incompatível com essa qualidade (é uma norma *superinclusiva*), além de ensejar questionamentos sobre a sua própria utilidade (se muito ampla, torna-se inútil). Há também uma má-compreensão sobre a relação entre o teste subjetivo e o objetivo. Esse último *não é uma exceção* àquele primeiro, eles são sucessivos e cumulativos, na medida em que o aplicador percorre essa dualidade de testes, sendo o primeiro somente um corte indiciário e, apenas com o atendido desse último teste, há a configuração definitiva do abuso.

Uma analogia traduz essa ideia: imaginem-se esses testes como filtros para a identificação do uso inapropriado das normas do acordo de bitributação. Caso o primeiro filtro (o teste subjetivo) tenha uma abertura muito grande, ele não cumpre com a sua função, porque todas as situações passam por ele. Se, ademais, se retirar o segundo filtro (o teste objetivo) o exame é incompleto, já que o abuso do acordo não ocorre em razão de o objetivo principal de um negócio jurídico ser o de tirar proveito de uma norma do acordo de bitributação. É necessário demonstrar que esse negócio é despido de substância. Em outras palavras, o teste subjetivo funciona como um indício do abuso, devendo obrigatoriamente ser seguido pelo teste objetivo sobre a substância do negócio. O fracionamento proposto pela atual redação dessa GAAR, com efeito, desconsidera o conteúdo e modo de aplicação dessa norma, sendo incoerente com ela.

As considerações anteriores não afastam o posicionamento de parcela da doutrina que defende que o teste do objetivo principal é "totalmente aberto"[70] ou vago[71], principalmente quando o comparamos com a cláusula de limitação de benefícios (*limitation on benefits clause* - LOB) (artigo 29, parágrafos 1 a 7, da CM OCDE/2017).

Essa última norma conota uma SAAR, uma vez que ela possui um escopo limitado de hipóteses da sua aplicação. Ela prescreve em seu antecedente elementos objetivos (e.g., percentual de titularidade de ações com direito de voto, lugar de direção efetiva do negócio, despesas anuais incorridas) em função

70 BAÉZ MORENO, Andrés. GAARs and Treaties: From the Guiding Principle to the Principal Purpose Test. What Have We Gained from BEPS Action 6? **Intertax**, vol. 45, issue 6 e 7, p. 432-446, 2017, p. 435.

71 KOLOSOV, Valentyn. Guidance on the Application of the Principal Purpose Test in Tax Treaties. **Bulletin for International Taxation**, vol. 71, nº 3 e 4, p. 1-8, fev./2017, p. 2.

da espécie de contribuinte (e.g., pessoas físicas, Estados, sociedades abertas e suas subsidiárias, fundos de pensão e organizações isentas). Quando o contribuinte não atende a todos esses elementos, permite-se, contudo, à autoridade fiscal o reconhecer como beneficiário do acordo, em consideração, e.g., ao "objeto e propósito" das disposições pertinentes da Convenção e/ou ao "objetivo principal" do negócio jurídico.

Afirma-se, logo, que a LOB emprega termos de "fácil" identificação concreta e, assim, é "uma norma [de aplicação] mais "automática""[72] [tradução livre]. Nem todos os tipos de LOB, todavia, possuem idêntico nível de clareza e precisão, sendo possível verificarmos uma pluralidade de controvérsias acerca dos seus requerimentos, a depender do acordo de bitributação.[73] A parte final da LOB, além disso, prevê uma exceção em favor do contribuinte, a qual compreende expressões de significado amplo, como, e.g., a substância (inserida no aludido "objeto e propósito"), e uma avaliação subjetiva. Relativiza-se, com efeito, a objetividade dessa norma.

Não podemos deixar de concordar, porém, que a GAAR é mais restritiva à segurança jurídica do que a LOB, sob essa perspectiva, na medida em que, enquanto essa última norma, como regra, atrai avaliações discricionárias em situações pontuais, aquela primeira distingue-se pela amplitude da sua linguagem e pela subjetividade do seu exame.

Isso posto, enfatizamos também que a GAAR britânica, em contraponto ao modelo da OCDE, enumera alguns elementos que informam a substância do negócio jurídico, sem estabelecer uma pauta fixa, pois a substância se amolda ao seu objeto (ao negócio jurídico em análise), dada a sua natureza eminentemente concreta. O fechamento do seu significado, portanto, não é possível, muito embora os Estados possam prescrever elementos exemplificativos do seu conteúdo.

Recomendamos, em terceiro lugar, outrossim, que *o teste do objetivo principal descreva exemplificativamente os elementos que informam a substância*, por meio de um acordo entre os Estados Contratantes. Similar previsão não permite a pré-compreensão direta pelo contribuinte de todos critérios a serem empregados pela autoridade fiscal, mas sim de uma parcela deles, sem prejuízo de o contribuinte poder inferir os demais com base naqueles positivados. A definição exaustiva do conteúdo da substância restringe a eficácia da GAAR, perante a infinidade de hipóteses da sua aplicação, sendo inadequada em relação a essa.

Esclarecemos, de qualquer modo, que, diante da aplicação do teste do objetivo principal de forma incompatível com o acordo de bitributação

72 OECD. **Preventing the Granting of Treaty Benefits in Inappropriate Circumstances, Action 6 – 2015 Final Report, OECD/G20 Base Erosion and Profit Shifting Project.**Paris: OECD Publishing, 2015. Acesso em 20 de agosto de 2018. Disponível em: <http://dx.doi.org/10.1787/9789264241695-en>, p. 26.

73 KOLUNDŽIJA, Slobodanka. OECD Minimum Standard: Comparing LOB and PPT. In: BLUM, Daniel W.; SEILER, Markus(eds.). **Preventing Treaty Abuse.**Wien: Linde, 2016, p. 361-362.

Brasil-Argentina, o protocolo de emenda a esse acordo fornece uma importante ferramenta de controle da ação estatal pelo contribuinte: *o procedimento amigável* (artigo 25[74])[75]. O contribuinte questiona por meio dele, em uma situação concreta, se a atividade tributária de um dos Estados Contratantes se conforma ao acordo de bitributação. O Estado consultado poderá alcançar, nesse caso, um acordo com o outro Estado sobre a temática, tornando pública a sua decisão, a qual serve de orientação aos contribuintes em casos idênticos.

As modificações que propomos nesse estudo atraem um questionamento: *'Ao alterar nesses termos a redação do teste do objetivo principal, satisfaz-se a Ação nº 6?'*. Somos da opinião que *sim*. Isso por dois fundamentos: em primeiro lugar, seguir esse plano não depende da translação aos acordos de bitributação de idêntica redação ao modelo da OCDE. Não por outra razão defende-se que, "à condição que os mecanismos eleitos pelo país efetivamente enfrentem o abuso dos acordos em linha com esse relatório, alguma flexibilidade é possível" [tradução livre][76]; em segundo lugar e em consonância com a passagem anteriormente transcrita, essas alterações não impactam no atendimento da finalidade dessa norma, a qual remanesce direcionada ao combate ao uso inapropriado dos acordos. Trata-se de uma medida para seguir os limites traçados pelo sistema constitucional tributário brasileiro, segundo o admitido pela própria OCDE[77].

3.3. Medida alternativa: a cumulação do teste do objetivo principal com a cláusula da limitação de benefícios

A despeito das considerações anteriores, poder-se-ia mesmo assim questionar a extensão da discricionariedade da autoridade fiscal na aplicação da GAAR. Destacamos, nesse sentido, que a Ação nº 6 apresenta um cenário alternativo: em havendo a introdução dessa norma, admite-se a sua cumulação com a LOB (SAAR). Poder-se-ia argumentar, em sentido contrário, que qualquer

---

74 "1. Quando uma pessoa considerar que as medidas tomadas por um ou ambos os Estados Contratantes resultam, ou poderão resultar, em relação a si, em uma tributação em desacordo com a presente Convenção, poderá, independentemente dos recursos previstos pelas legislações internas desses Estados, submeter o seu caso à apreciação da autoridade competente de qualquer dos Estados Contratantes. [...]
2. A autoridade competente, se a reclamação se lhe afigurar justificada e não estiver em condições de lhe dar solução satisfatória, esforçar-se-á para resolver a questão mediante comum acordo com a autoridade competente do outro Estado Contratante, a fim de evitar uma tributação em desacordo com esta Convenção. [...]"

75 Regulamentado pela Instrução Normativa RFB nº 1.669/2016.

76 *"As long as the approach that countries adopt effectively addresses treaty abuses along the lines of this report, some flexibility is therefore possible."* OECD. **Preventing the Granting of Treaty Benefits in Inappropriate Circumstances, Action 6 - 2015 Final Report, OECD/G20 Base Erosion and Profit Shifting Project.**Paris: OECD Publishing, 2015. Acesso em 20 de agosto de 2018. Disponível em: <http://dx.doi.org/10.1787/9789264241695-en>, p. 23.

77 OECD. **Preventing the Granting of Treaty Benefits in Inappropriate Circumstances, Action 6 - 2015 Final Report, OECD/G20 Base Erosion and Profit Shifting Project.**Paris: OECD Publishing, 2015. Acesso em 20 de agosto de 2018. Disponível em: <http://dx.doi.org/10.1787/9789264241695-en>, p. 18, 23.

pretensão de reunião dessas normas ignora que, ao final, a GAAR se sobrepõe à LOB, uma vez que aquela primeira tem a última palavra sobre a temática, o que torna essa última dispensável.

Em que pese a veracidade dessa premissa (a GAAR se sobrepõe à SAAR), ela menospreza a eficácia da LOB. Isso porque os critérios da LOB buscam identificar a substância de um negócio jurídico. Por assim dizer, para que a autoridade fiscal desvie da conclusão em sentido favorável ao contribuinte (a ausência do abuso do acordo) alcançada em razão da aplicação da LOB, ela deverá desconstitui-la, ao aplicar sucessivamente a GAAR.

Isto é, caberá ao Estado comprovar, no caso concreto, que a pluralidade de critérios que compõe a LOB não é suficiente para demonstrar a substância do negócio jurídico e a existência de outros mais relevantes que atestam o inverso (a ocorrência do abuso de acordo). Não pretendemos, nesse estudo, aprofundar a comparação entre a GAAR e a LOB – temática que deixamos para um estudo específico –, mas tão somente enfatizar que, sem prejuízo do posicionamento anterior sobre a necessidade de alterar a redação e a interpretação da GAAR, a adoção conjunta dessas normas produz uma importante consequência em atenção à segurança jurídica.

4. CONCLUSÃO

Reconstruímos, nas páginas anteriores, o conceito do teste do objetivo principal como uma GAAR calcada na análise da substância de um negócio jurídico. Essa GAAR reparte o ônus argumentativo entre a autoridade fiscal e o contribuinte, em função do teste subjetivo e do objetivo, respectivamente; ela possui caráter auxiliar em relação às normas de tributação propriamente desse acordo (aos benefícios); e a configuração do abuso da norma do acordo admite a possibilidade de haver a aplicação de outra norma do acordo, caso o contribuinte remanesça em seu escopo subjetivo.

Concluímos que o teste do objetivo principal, em princípio, é incompatível com o ordenamento jurídico pátrio, devendo sofrer alterações com relação à exigência do objetivo principal no teste subjetivo; à alocação do teste subjetivo e objetivo ao Estado, em atenção à sua relação intrínseca na configuração do uso inapropriado das normas do acordo; e à relevância da enumeração exemplificativa dos elementos que informam a substância, sem prejuízo da possibilidade de o contribuinte formular uma consulta a um Estado Contratante sobre determinada interpretação ou aplicação de uma norma do acordo. Em uma análise conjunta das normas direcionadas ao combate ao uso inapropriado dos acordos, entendemos que a cumulação da GAAR com a LOB, pode ser um mecanismo de garantia de maior objetividade ao exame.

EDITORA
*Jus*PODIVM
www.editorajuspodivm.com.br